**Veröffentlichungen
der Vereinigung der Deutschen Staatsrechtslehrer
Band 81**

MACHTVERSCHIEBUNGEN

Angelika Nußberger, Philipp Dann
Regieren

Anna-Bettina Kaiser, Mehrdad Payandeh
Die Organisation politischer Willensbildung

Markus Müller, Michael Droege
Neutralität als Verfassungsgebot?

Claudio Franzius, Heinrich Amadeus Wolff
Prävention durch Verwaltungsrecht

Referate und Diskussionen
der Tagung der Vereinigung der Deutschen Staatsrechtslehrer
in Mannheim vom 6. bis 9. Oktober 2021

De Gruyter

Redaktion: Christian Walter (München)

ISBN 978-3-11-075752-1
e-ISBN (PDF) 978-3-11-075755-2
e-ISBN (EPUB) 978-3-11-075761-3

Library of Congress Control Number: 2021951801

Bibliografische Information der Deutschen Nationalbibliothek
Die Deutsche Nationalbibliothek verzeichnet diese Publikation in der Deutschen Nationalbibliografie; detaillierte bibliografische Daten sind im Internet über http://dnb.dnb.de abrufbar.

© 2022 Walter de Gruyter GmbH, Berlin/Boston
Satz: Satzstudio Borngräber, Dessau-Roßlau
Druck und Bindung: CPI books GmbH, Leck

www.degruyter.com

Inhalt

Jahrestagung 2021 5

Machtverschiebungen

Erster Beratungsgegenstand

Regieren

1. Regieren: Staatliche Systeme im Umbruch?
   Referat von Professorin Dr. Angelika Nußberger............ 7
   Leitsätze der Referentin 58
2. Regieren: Global Governance auf dem Rückzug?
   Referat von Professor Dr. Philipp Dann.................. 63
   Leitsätze des Referenten............................. 83
3. Aussprache und Schlussworte 89

Zweiter Beratungsgegenstand

Die Organisation politischer Willensbildung

1. Die Organisation politischer Willensbildung: Parteien
   Referat von Professorin Dr. Anna-Bettina Kaiser............ 117
   Leitsätze der Referentin 165
2. Die Organisation politischer Willensbildung: Parlamente
   Referat von Professor Dr. Mehrdad Payandeh 171
   Leitsätze des Referenten............................. 222
3. Aussprache und Schlussworte 227

Dritter Beratungsgegenstand

Neutralität als Verfassungsgebot?

1. Neutralität als Verfassungsgebot? Der Staat und religiöse oder weltanschauliche Überzeugungen
   Referat von Professor Dr. Markus Müller 251
   Leitsätze des Referenten............................. 289

2. Neutralität als Verfassungsgebot?
   Die Exekutive und der politische Prozess
   Referat von Professor Dr. Michael Droege................. 297
   Leitsätze des Referenten............................... 349
3. Aussprache und Schlussworte 355

Vierter Beratungsgegenstand

Prävention durch Verwaltungsrecht

1. Prävention durch Verwaltungsrecht: Klimaschutz
   Referat von Professor Dr. Claudio Franzius............... 383
   Leitsätze des Referenten............................... 432
2. Prävention durch Verwaltungsrecht: Sicherheit
   Referat von Professor Dr. Heinrich Amadeus Wolff 437
   Leitsätze des Referenten............................... 494
3. Aussprache und Schlussworte 501

Verzeichnis der Rednerinnen und Redner 527

Verzeichnis der Mitglieder der Vereinigung
der Deutschen Staatsrechtslehrer e.V. 529

Satzung der Vereinigung 609

Jahrestagung 2021

Die 80. Jahrestagung der Vereinigung fand vom 6. bis 9. Oktober 2021 in Mannheim statt – zum zweiten Mal nach 1973 an diesem Universitätsstandort, ein Jahr später als ursprünglich geplant. 303 Mitglieder und 33 Begleitpersonen nahmen vor Ort teil, pandemiebedingt jedoch lediglich fünf Gäste. Weitere Gäste und etliche Mitglieder nutzten die Möglichkeit, die Tagung zuhause am Bildschirm zu verfolgen. Die Vereinigung dankt dem kooptierten Vorstandsmitglied *Ralf Müller-Terpitz*, den Kollegen *Hans-Joachim Cremer*, *Thomas Fetzer* und *Benjamin Straßburger* sowie ihren Mitarbeiterinnen und Mitarbeitern für die hervorragende Organisation auf das Herzlichste.

In der Mitgliederversammlung am 6. Oktober wurde der seit der Marburger Jahrestagung verstorbenen Mitglieder gedacht: *Wolfgang Knies, Heiko Faber, Jörg Luther, Hans Heinrich Rupp, Luzius Wildhaber, Klaus Lange, Hartmut Schiedermair, Walter Rudolf, Martin Kriele, Jost Delbrück, Hartmut Söhn, Alexander Hollerbach, Hasso Hofmann, Martin Bullinger, Jutta Stender-Vorwachs, Michael Stolleis, Hans-Peter Schneider, Dieter Birk, Franz-Joseph Peine, Walter Berka, Herbert Haller* und *Jan Hecker*. Die Vereinigung wird ihnen ein ehrendes Andenken bewahren.

Zuvor hatten sich, erstmals am frühen Nachmittag, die Gesprächskreise zu ihren Beratungen getroffen. In dem von *Anna Leisner-Egensperger* geleiteten Gesprächskreis „Verwaltung" wurde erörtert, was das Allgemeine Verwaltungsrecht vom Sozialrecht und vom Steuerrecht lernen könne. Grundlage waren Referate von *Stephan Rixen* und *Roman Seer*, die von *Michael Mayerhofer* und *Michael Beusch* aus österreichischer bzw. schweizerischer Perspektive ergänzt wurden. Der Gesprächskreis „Europäisches Verfassungsrecht" behandelte unter der Leitung von *Daniel Thym* das Thema „Ebenenübergreifende Koordinierung beim Grundrechtsschutz"; Vorträge von *Andrea Edenharter*, *Claus Dieter Classen* und *Mattias Wendel* bereiteten der Diskussion den Boden. Die Debatten in dem von *Anna-Bettina Kaiser* präsidierten Gesprächskreis „Grundlagen des Öffentlichen Rechts" gingen der Frage „Renaissance der Rechtsvergleichung?" nach. Referentin war *Susanne Baer*, deren Thesen von *Armel Le Divellec* und von *James Fowkes* kommentiert wurden.

Vor den Gesprächskreisen fand auf Einladung von *Ute Sacksofsky* und weiteren Kolleginnen zum zweiten Mal ein „Ladies' Lunch" statt, bei dem die Teilnehmerinnen ihre Erfahrungen und Gedanken über „Zugangswege zur Professur" austauschten.

Das wissenschaftliche Hauptprogramm stand unter dem Gesamtthema „Machtverschiebungen". Acht Referate zu vier Doppelthemen griffen zentrale Aspekte auf und fanden in der Aussprache, die von *Christian Walter* und von *Pascale Cancik* geleitet wurde, ein denkbar lebhaftes Echo. Die Berichte und Diskussionen sind in diesem Band abgedruckt. Obschon er die 80. Jahrestagung dokumentiert, handelt es sich in der Reihe der Veröffentlichungen der Vereinigung um den bereits 81. Band. Nachdem bis zur Berliner Sondertagung 1990 die Zahl der Bände jener der Jahrestagungen nachgehinkt war (vgl. VVDStRL 55, S. 6), schreitet sie ihr nach der Wiener Sondertagung 2021 um eine Ziffer voran. Das lässt es ratsam erscheinen, die Jahrestagungen, statt sie zu zählen, künftig schlicht mit ihrem Jahr zu benennen, wie es vor 1990 üblich war.

Eingerahmt wurden die Berichte und Diskussionen durch abendliche Empfänge. Am Vorabend der Tagung fand das traditionelle Begrüßungsessen für die neu aufgenommenen Mitglieder statt, die von ihren Mentorinnen und Mentoren begleitet wurden. Am Mittwochabend hießen der Oberbürgermeister der Stadt Mannheim, *Peter Kurz*, und der Rektor der Universität Mannheim, Kollege *Thomas Puhl*, die Mitglieder und Gäste im Technoseum willkommen. Der Empfang der Landesregierung Baden-Württemberg am folgenden Abend führte in den Rittersaal des Schlosses, wo die Ministerin der Justiz und für Migration, *Marion Gentges*, die Vereinigung begrüßte. Der Abschlussabend am Freitag begann im Rittersaal mit einem Konzert des Kurpfälzischen Kammerorchesters, das Werke von *Franz Xaver Richter*, *Wolfgang Amadeus Mozart* und *Gustav Holst* darbot. Es folgte ein festliches Essen im Gartensaal, währenddessen *Ralf Müller-Terpitz* mit Ironie, Witz und Dank die Bürden und Mühen der Organisation einer Jahrestagung Revue passieren ließ.

Der Samstagsausflug führte in die Pfalz: nach Bad Dürkheim, zur Klosterruine Limburg, auf die Hardenburg und in den Deidesheimer Hof. Die Mitglieder genossen wunderbare Landschaft, geschichtskundige Führung und kulinarische Verwöhnung.

Unvergessen bleiben wird die heitere Atmosphäre, die über diesen Tagen lag, den Masken und den Kontrollen zum Trotz. Die Mitglieder kamen in Mannheim an mit einem Lächeln auf den Lippen, voller Freude, einander endlich wieder zu sehen, und gingen in konzentrierter Gelassenheit an die Arbeit.

Ewald Wiederin

Erster Beratungsgegenstand:

1. Regieren: Staatliche Systeme im Umbruch?

Referat von *Angelika Nußberger*, Köln[1]

Inhalt

		Seite
I.	Regieren in Zeiten von Demokratiepessimismus............	8
II.	Regieren als zentrale verfassungsrechtlich bestimmte Staatsfunktion............................	11
	1. Regieren als richtunggebendes Entscheiden für Staat und Gesellschaft................................	11
	2. Regieren als „freie Tätigkeit"? – Zu den Grenzen des Regelbaren.................................	15
III.	Regieren im Spiegel aktueller Verfassungsreformen.........	19
	1. Neuordnung von Kompetenzzuweisungen..............	19
	2. Veränderte Perzeptionen von Regieren – neue Narrative...	22
IV.	Neujustierung des gewaltenteiligen Modells...............	24
	1. Juridifizierung der Politik.........................	24
	a) Verfassungsgerichte und Verfassungspolitik..........	24
	b) Mitregieren durch Kontrolle.....................	27
	c) Veränderung demokratischen Entscheidens..........	37
	2. Machtverschiebung zugunsten der Exekutive............	40
	a) Kontrollverlust und Dominanz....................	40
	b) Regieren in der Krise...........................	43
	3. Wiederentdeckung des Volkes im Populismus...........	50
V.	Verfassungsrechtlicher Kipppunkt?.....................	53
	1. Marginalisierung des Parlaments.....................	53
	2. Uneindeutigkeit der Zeichen des Wandels..............	55
	3. Gefahren und Rückversicherungen....................	56

---

[1] Mein Kölner Kollege *Michael Sachs* hat mich als Gesprächspartner bei der Ausarbeitung meines Referats über Monate begleitet – dafür möchte ich ihm sehr herzlich danken. Mein Dank gilt auch meinem Team an der Akademie für europäischen Menschenrechtsschutz, ganz besonders meiner Doktorandin *Lisa Kujus*, für die großartige Unterstützung bei Recherche und Korrektur.

I. Regieren in Zeiten von Demokratiepessimismus

Demokratiepessimismus hat Hochkonjunktur. Titel wie „Die unregierbare Gesellschaft",[2] „Der Weg in die Unfreiheit",[3] „Wie Demokratien sterben",[4] „Postdemokratie revisited"[5] und „(Ent-)Demokratisierung der Demokratie"[6] sind Bestseller und prägen den juristischen Zeitgeist. Man

---

[2] Der französische Originaltitel lautet: *Grégoire Chamayou* La société ingouvernable – Une généalogie du libéralisme autoritaire, 2018. *Chamayou* zeichnet darin die Ursprünge eines von ihm als für die Gegenwart charakteristisch diagnostizierten „autoritären Liberalismus" nach; dieser sei eine Reaktion auf die strukturell bedingte „Unregierbarkeit" der Gesellschaft im demokratischen Wohlfahrtsstaat, in dem die Politik dem Markt unterworfen werde, die Forderungen, die er kreiere, aber nicht einlösbar seien. Mit dem „autoritären Liberalismus" werde als Antwort auf die Krise eine Form des Regierens geschaffen, die wirtschaftliche Freiheit garantiere, zugleich aber das Regierungshandeln im wirtschaftlichen Bereich eingrenze und im Übrigen autoritäre Machtausübung zulasse; die Grundlagen dafür sieht *Chamayou* vor allem in den Theorien von *Friedrich August von Hayek* und *Carl Schmitt*.

[3] Der englische Originaltitel lautet: *Timothy Snyder* The Road to Unfreedom – Russia, Europe, America, 2018. Nach *Snyder* könnte die Entwicklung in Russland beispielgebend sein: „What has already happened in Russia is what might happen in America and Europe: the stabilization of massive inequality, the displacement of policy by propaganda, the shift from the politics of inevitability to the politics of eternity." (ebd., 10).

[4] Der englische Originaltitel lautet: *Steven Levitsky/Daniel Ziblatt* How Democracies Die, 2018. Aus Sicht der Autoren ist nicht die Missachtung der Regeln der Gewaltenteilung fatal, sondern der ungeschriebenen Grundprinzipien, der „shared beliefs and practices": „Treating rivals as legitimate contenders for power and underutilizing one's institutional prerogatives in the spirit of fair play are not written into the American Constitution. Yet without them, our constitutional checks and balances will not operate as we expect them to." (ebd., 261).

[5] Der englische Originaltitel lautet: *Colin Crouch* Post-Democracy – After the Crises, 2020 (deutsche Ausgabe von 2021). Darin erläutert *Crouch* das aufgrund der Pandemie veränderte Modell der „Postdemokratie", in dem die demokratischen Institutionen und Haltungen nur noch als Fassade existieren, die Demokratie geschwächt und die Macht innerhalb des politischen Systems auf eine kleine Elite aus Politikern übergegangen ist; die Pyrrhussiege des Neoliberalismus hätten im „nostalgischen Pessimismus" eine Gegenbewegung gefunden, die „die neoliberale Politik in Hinblick auf ihre enervierende Wertfreiheit immer wieder vor große Herausforderungen" (ebd., 239 [deutsche Ausgabe]) stelle; die Neue Rechte bedrohe die Demokratie, da sie die Institutionen angreife, die sie schützen sollten, und dafür die sozialen Medien erfolgreich instrumentalisiere.

[6] *Philipp Manow* (Ent-)Demokratisierung der Demokratie, 2020; *Manow* geht von den neuen populistischen Bewegungen aus und argumentiert auf dieser Basis, der Demokratie drohe vor allem Gefahr von ihr selbst: „Die Krise der Repräsentation, [...] hat diesen Reentry befördert, der den politischen Streit *innerhalb* der Demokratie zu einem Streit *über* die Demokratie hat werden lassen. Ein solcher Streit ist aber demokratisch kaum zu führen,

sieht die Macht zunehmend konzentriert in den falschen Händen, sei es von Autokraten, sei es von Populisten, sei es von demokratisch nicht legitimierten Richtern und Experten oder von globalen Unternehmen. Der Abgesang auf den Parlamentarismus ist omnipräsent.[7]

Weltweit wird aber nicht nur die abnehmende Attraktivität und Durchsetzungskraft des demokratischen Modells,[8] sondern auch die Ohnmacht des Verfassungsstaats bei der effektiven Begrenzung und Regelung von Macht diagnostiziert.[9] Aufgrund der Pandemie, die ein schnelles Reagieren auf immer neue Herausforderungen einfordert und – zumindest vordergründig – den Vergleich von in Zahlen messbaren internationalen Erfolgen von Regierung und Verwaltung ermöglicht,[10] hat der Wettbewerb zwischen verschiedenen staatlichen Systemen[11] an Intensität gewonnen.[12]

---

nicht zuletzt deswegen, weil sich beide Seiten gleichermaßen auf die Demokratie, wenn auch auf ganz unterschiedliche Konzeptionen von ihr, berufen." (ebd., 21 [Hervorhebungen im Original]).

[7] Differenziert zum „bedrohten" Parlament *Pascale Cancik* Wahlrecht und Parlamentsrecht als Gelingensbedingungen repräsentativer Demokratie, VVDStRL 72 (2013), 268 (270 ff.).

[8] Nach den Erhebungen von Freedom House waren im Jahr 1987 nur 66 Staaten auf grundsätzlich fairen und freien Wahlen beruhende Demokratien, während diese Zahl bis zum Jahr 2003 auf 121 Staaten angewachsen ist. Seitdem ist der Saldo der demokratischen Entwicklung konstant negativ, ohne dass ein genauer Umschlagspunkt angegeben werden könnte; vgl. *Sarah Repucci* Freedom in the World 2020 – A Leaderless Struggle for Democracy, 2, <https://freedomhouse.org/sites/default/files/2020-02/FIW_2020_REPORT_BOOKLET_Final.pdf> (Stand 16.8.2021).

[9] Vgl. die einzelnen Beiträge in *Mark A. Graber/Sanford Levinson/Mark Tushnet* (Hrsg.) Constitutional Democracy in Crisis?, 2018; in der Rezension zu dem Band konstatiert *Uwe Volkmann* (Krise der konstitutionellen Demokratie? – Reflexionen anlässlich der Lektüre einschlägiger Literatur, Der Staat 58 [2019], 643 [649]) mit Blick auf die 19 Staatenberichte eine „geschwundene Attraktivität konstitutioneller Demokratie" und „eine tiefere und grundlegende Erschütterung […], eine Vertrauenskrise, die an die innersten Legitimationsgründe des Projekts eines demokratischen Konstitutionalismus rührt".

[10] Vgl. die während der Pandemie täglich verfügbaren statistischen Angaben zu Infektions- und Todesraten sowie Impfquoten in den verschiedenen Staaten (z.B. *Rainer Radtke* Statistiken und Zahlen zur Corona-Pandemie 2019–2021, Statista, <https://de.statista.com/themen/6018/corona/> [Stand 16.8.2021), die allerdings dennoch nur bedingt vergleichbar sind (vgl. *Wolfgang Merkel* Who Governs in Deep Crises? – The Case of Germany, Democr Theory 7 [2020], 1 [8]); vgl. zu auf Statistiken basierenden Vergleichen zurecht kritisch *Andreas Voßkuhle* Das Konzept des rationalen Staates, in: ders./Gunnar F. Schuppert (Hrsg.) Governance von und durch Wissen, 2008, 11 (24): „Die Abbildung der Wirklichkeit durch verrechenbare Indikatoren erweist sich bei näherem Hinsehen als äußerst problematische Konstruktion, die auch historisch gesehen Tür und Tor öffnet für Manipulationen und symbolische Politik."

Der Demokratiepessimismus erklärt sich nicht nur aus enttäuschten Hoffnungen mit Blick insbesondere auf die ehemaligen kommunistischen Staaten in Mittel- und Osteuropa, die sich nicht zu liberalen Verfassungsstaaten gewandelt haben, sondern in denen in aller Regel die autoritären Muster der Herrschaft erhalten geblieben sind.[13] Wohl noch beunruhigender sind die nicht übersehbaren Zeichen, dass auch die demokratische Herrschaftsausübung in Staaten, die demokratisch gefestigt zu sein schienen, gefährdet ist.[14] Auf Letzteres ist im Folgenden der Schwerpunkt zu legen. Dabei gilt es zunächst nach verfassungsrechtlichen Weichenstellungen zu fragen, die eine Kehrtwende im Verständnis der Ausübung von Macht offenlegen könnten. Im Übrigen sind Machtverschiebungen in der verfassungsrechtlichen Praxis zu untersuchen. Orientierungspunkt für die Analyse sind fünf dominante Narrative – das Narrativ des „Gouvernement des Juges", das Narrativ der „entfesselten Exekutive", das Narrativ des Populismus, das Narrativ der Expertokratie und das Narrativ von der Verlagerung des Regie-

---

[11] Der Systembegriff wird hier im Sinne von *Wolfgang Merkel* bezogen auf „Manifestationen politischer Herrschaft, die über unterschiedliche Formen der Legitimation verfügen" und „[e]ntsprechend der Art und Weise ihrer Legitimation […] bestimmte Strukturen und Mechanismen des Zugangs zu und der Sicherung von politischer Macht [ausbilden]", verstanden (Systemtransformation – Eine Einführung in die Theorie und Empirie der Transformationsforschung, 2. Aufl. 2010, 21).

[12] Vgl. *Eugénie Mérieau* Covid-19, Authoritarianism vs. Democracy: What the Epidemic Reveals About the Orientalism of our Categories of Thought, SciencesPo Center for International Studies v. 28.8.2020, <https://www.sciencespo.fr/ceri/en/content/covid-19-authoritarianism-vs-democracy-what-epidemic-reveals-about-orientalism-our-categorie> (Stand 16.8.2021); *Thomas Brussig* Mehr Diktatur wagen, SZ Nr. 32 v. 9.2.2021, 9.

[13] Vgl. zum demokratieoptimistischen Diskurs *Samuel Huntington* The Third Wave – Democratization in the Late Twentieth Century, 1991; *Larry Diamond/Marc F. Plattner* (Hrsg.) The Global Resurgence of Democracy, 2. Aufl. 1996 („greatest period of democratic ferment in the history of modern civilization" [ebd., ix]); zum demokratiepessimistischen Diskurs *dies.* (Hrsg.) Democracy in Decline?, 2015 („Once promising democratic transitions have failed, are failing, or remain incomplete." [ebd., viii]); *dies./Christopher Walker/Christopher Walker* (Hrsg.) Authoritarianism Goes Global – The Challenge to Democracy, 2016; speziell zur Entwicklung in Mittel- und Osteuropa vgl. *Otto Luchterhandt* (Hrsg.) Neue Regierungssysteme in Osteuropa und der GUS – Probleme der Ausbildung stabiler Machtinstitutionen, 2. Aufl. 2002; *Ivan Krastev/Stephen Holmes* The Light that Failed – A Reckoning, 2019; *Francis Fukuyama* (Why is Democracy Performing so Poorly?, in: Diamond/Plattner [Hrsg.] Democracy Decline [Fn. 13], 11 [22]) erklärt den Misserfolg vor allem damit, dass die demokratisch gewählten Regierungen es versäumt hätten zu „regieren", d.h. auf legitime Weise Macht auszuüben, die Grundversorgung der Bevölkerung sicherzustellen und eine moderne Staatlichkeit aufzubauen.

[14] Der Fokus der Debatte liegt auf der Entwicklung in den USA, insbesondere unter der Regierung Trump (vgl. *Levitsky/Ziblatt* Democracies [Fn. 4], 2), aber nicht nur; zu Deutschland vgl. *Wilhelm Heitmeyer* Autoritäre Versuchungen – Signaturen der Bedrohung I, 2018, der von „[n]eue[n] deutsche[n] Brüche[n]" spricht (ebd., 14 ff.).

rens von der staatlichen auf die internationale Ebene; die Untersuchung konzentriert sich auf die ersten drei Narrative. Die Definition des Regierens sowie auch die Frage, inwieweit das Recht Regieren bestimmen kann, sind einleitend zu erörtern.

II. Regieren als zentrale verfassungsrechtlich bestimmte Staatsfunktion

1. Regieren als richtunggebendes Entscheiden für Staat und Gesellschaft

Regieren ist nicht gleichzusetzen mit „Regierung"[15] oder „Exekutive"[16] bzw. „vollziehende Gewalt"[17] und nicht übersetzbar mit „gouverner", „régner" oder „to govern". Und auch der Begriff „government" ist ein Aliud.[18] Französisch-deutsche Wortspiele wie „Le roi règne et ne gouverne

---

[15] Im Grundgesetz wird der Begriff „Regierung" in dreifacher Weise verstanden: im „funktionellen oder materiellen Sinne als Wahrnehmung staatsleitender Aufgaben (Funktionen), in denen sich vorwiegend das ‚Politische' entfaltet", im „formellen Sinne als die Gesamtheit der von der Bundesregierung wahrgenommenen Aufgaben und Befugnisse, gleichgültig, ob sie Rechtsetzung, Verwaltung oder Regierung im materiellen Sinne sind" und im „organisatorischen Sinne als die Spitze der vollziehenden Gewalt, im Bund verkörpert in der Bundesregierung" (*Klaus Stern* Das Staatsrecht der Bundesrepublik Deutschland II, 1980, § 31 I 3).

[16] „Exekutive" lässt sich negativ bestimmen als jene Staatstätigkeit, „die übrig bleibt, wenn Gesetzgebung, d.i. Rechtssetzung und Rechtsprechung, wegfällt" (*Hans Kelsen* Die Lehre von den drei Gewalten oder Funktionen des Staates, ARWP 17 [1923], 374 [377 f.]); vgl. auch *Christoph Möllers* Dogmatik der grundgesetzlichen Gewaltenteilung, AöR 132 (2007), 493 (514 f.). Auch für den englischen Begriff „executive power" wird die Negativdefinition verwendet; anschaulich *Eric A. Posner/Adrian Vermeule* (The Executive Unbound – After the Madisonian Republic, 2011, 5): „By the ‚executive', we mean the gigantic complex of national political institutions that are not part of either the legislative or the judicial branch." Dazu zählen die Autoren in den USA etwa zwei Millionen Beschäftigte.

[17] Der Begriff „vollziehende Gewalt" wird in Art. 1 Abs. 3 GG (ursprünglich „Verwaltung", 1956 mit der Wehrverfassungsnovelle durch „vollziehende Gewalt" ersetzt, um die Grundrechtsbindung der Streitkräfte klarzustellen [BGBl I 111]) sowie Art. 20 Abs. 2 und Abs. 3 GG verwendet, bezieht die Regierung und das Regieren mit Blick auf die Grundrechtsbindung ein, ermöglicht aber keine definitorische Abgrenzung (zur materiell-funktionellen neben der formell-institutionellen Verwendung des Begriffs vgl. *Wolfram Höfling* in: Michael Sachs [Hrsg.] GG, 9. Aufl. 2021, Art. 1 Rn. 85); allgemein zu den Ausformungen der drei klassischen Gewalten im Grundgesetz vgl. *Michael Sachs* in: Sachs GG (ebd.), Art. 20 Rn. 82 ff.

[18] „Government" in der angelsächsischen Tradition bezeichnet die Ausübung von Herrschaft ganz allgemein; vgl. *Werner Frotscher* Regierung als Rechtsbegriff – Verfassungsrechtliche und staatstheoretische Grundlagen unter Berücksichtigung der englischen und französischen Verfassungsentwicklung, 1975, 21; *Peter Badura* Regierung, in: Roman Herzog (Hrsg.) Evangelisches Staatslexikon II, 3. Aufl. 1987, 2951 (2951); zur Unterscheidung

pas."¹⁹ – „[B]ei uns aber regiert der König selbst, die Minister redigieren wohl, was der König befohlen hat, aber sie regieren nicht."²⁰ zeigen das je nach Epoche und Nation unterschiedliche Herrschaftsverständnis auf; die Zuweisung eines Amtes an der Spitze des Staates muss nicht mit der Wahrnehmung einer bestimmten Funktion zusammenfallen.

Für eine allgemeine, auch rechtsvergleichende Betrachtung ist das Verständnis dessen, was die Funktion des Regierens ausmacht und von anderen Staatsfunktionen abgrenzt, entscheidend. Im Folgenden soll eine einfache Formel verwendet werden: Regieren bedeutet, für Staat und Gesellschaft richtunggebende Entscheidungen zu treffen, die implementiert werden.²¹ Mit dieser Formel lässt sich an die Diskussionen in der Staatsrechtslehre anknüpfen, in der es als Konsens gelten darf, dass es die Merkmale „rich-

---

zwischen „government" und „Regierung" auch schon BVerfGE 1, 70 (73) – Grundrechtsgeltung in West-Berlin. Den Begriff „government" gilt es wiederum von dem auf einer höheren Abstraktionsebene angesiedelten Begriff „governance" abzugrenzen; vgl. dazu *Vasudha Chhotray/Gerry Stoker* Governance Theory and Practice – A Cross-Disciplinary Approach, 2009, 3: „Governance is about the rules of collective decision-making in settings where there are a plurality of actors or organisations and where no formal control system can dictate the terms of the relationship between these actors and organisations." Vgl. *Gunnar F. Schuppert* Governance – auf der Suche nach Konturen eines „anerkannt uneindeutigen Begriffs", in: ders./Michael Zürn (Hrsg.) Governance in einer sich wandelnden Welt, 1. Aufl. 2008, 13 (16); *Wolfgang Hoffmann-Riem* Governance als Perspektivenerweiterung in der Rechtswissenschaft, ALJ 1 (2014), 3 (6 f.).

¹⁹ *Adolphe Thiers* Articles Publiés Dans Le National – De janvier à juillet 1830, Revue Française d'Histoire des Idées Politiques 5 (1997), 127 (155 – Article du 19 février 1830); dabei nimmt er Bezug auf die vorangehenden Ausführungen, ebd., 138 – Article du 20 janvier 1830: Du gouvernement par les chambres: „Le roi garde le trône, poste toujours menacé, pour qu'un ambitieux ne s'en empare pas. […] Le pays se gouverne sous ses yeux, avec son assentiment, et à sa gloire, car on vient tous les ans le féliciter de la prospérité publique, qu'il n'a pas faite, mais qu'il a suffisamment faite s'il ne l'a pas empêchée. […] En un mot, il règne, et le pays se gouverne […]."

²⁰ Das Zitat *Otto von Bismarcks* findet sich in den Stenographischen Berichten über die Verhandlungen des Reichstages, V. Legislaturperiode, I. Session 1881/82, 893 (895).

²¹ Ähnlich *Eric A. Posner* Balance-of-Powers Arguments, the Structural Constitution, and the Problem of Executive „Underenforcement", Univ PA Law Rev 2016, 1677, der erläutert, dass es bei Machtausübung darum ginge, „[to] play a role in determining policy outcomes" (ebd., 1678). Die offene Definition des Regierens ermöglicht, rechtsvergleichende Bezüge aufzuzeigen, da auf die Funktion des Entscheidens unabhängig von der konkreten Ausgestaltung des Regierungssystems abgestellt wird (vgl. zu einer Systematisierung der verschiedenen demokratischen Systeme *Arend Lijphart* Patterns of Democracy – Government Forms and Performance in Thirty-Six Countries, 2. Aufl. 2012; *Merkel* Systemtransformation [Fn. 11], 21 ff.).

tunggebend", „auf den Staat als Ganzes bezogen" und „politisch"[22] sind, die das Regieren als zentrale Staatsfunktion definieren.[23]

Den Begriff „richtunggebend" hebt etwa *Hans Kelsen* in seiner Staatslehre als „das Moment" hervor, „das innerhalb der Verwaltung einen besonderen Bereich als Regierung hervortreten läßt".[24] *Otto Mayer* betont, es gehe um die „Oberleitung des Ganzen".[25] Aus Sicht von *Rudolf Smend* fällt die Regierung „in den Kreis der Politik, in dem der Staat sich und sein Wesen bestimmt und durchsetzt".[26]

---

[22] Als „politisches Handeln" lässt sich nach *Andreas Voßkuhle* (Die politischen Dimensionen der Staatsrechtslehre, in: Helmuth Schulze-Fielitz (Hrsg.) Staatsrechtslehre als Wissenschaft, 2007, 135 [138]) „das auf die Gestaltung des öffentlichen Lebens gerichtete Verhalten von Individuen, Gruppen, Organisationen, Parteien, Klassen, Parlamenten und Regierungen" erklären; nach *Peter Badura* (Regierung [Fn. 18], 2953) vermag eine „organisierte Gesellschaft ohne einheitsstiftende, koordinierende und kontrollierende politische Gestaltung nicht als organisierte zu bestehen"; zugleich ist Politik nach *Max Weber* (Politik als Beruf [Oktober 1919], in: Johannes Winckelmann (Hrsg.) Gesammelte Politische Schriften, 4. Aufl. 1980, 505 [506]) das „Streben nach Machtanteil oder Beeinflussung der Machtverteilung".

[23] Neben der Abgrenzung der drei „klassischen" Staatsfunktionen Exekutive, Legislative und Judikative geht es dabei um die Ausweisung einer besonderen Funktion eines Teilbereichs der Exekutive als „Regierung" („Gubernative") im Gegensatz zu „Verwaltung". *John Locke* und *Montesquieu* beziehen sich in ihren grundlegenden Traktaten nicht auf „Regierung", sondern auf exekutive Macht („executive power", „puissance exécutrice"). *Locke* definiert sie als allgemein auf das „public good" bezogen (*John Locke* Two Treatises of Government, 1689, Nachdr. 1960, 384 f.); *Montesquieu* zählt Beispiele auf: auf Grund der exekutiven Befugnis stiftet der Herrscher „Frieden oder Krieg, sendet oder empfängt Botschaften, stellt die Sicherheit her, sorgt gegen Einfälle vor" (*Montesquieu* Vom Geist der Gesetze, 1748, Nachdr. 1965, 216). Darauf aufbauend wird die Frage unterschiedlich beantwortet, ob ein gewaltenteiliges System die Regierung notwendigerweise in die Exekutive einbinden muss oder ob die Regierung auch zwischen den drei Gewalten vermittelnd und/oder über ihnen stehend interpretiert werden kann; dazu ausführlich *Frotscher* Regierung (Fn. 18), 149 ff.

[24] *Hans Kelsen* Allgemeine Staatslehre, 1925, Nachdr. 1966, 245.

[25] *Otto Mayer* Deutsches Verwaltungsrecht I, 3. Aufl. 1924, 2; vgl. auch *Georg Kassimatis* Der Bereich der Regierung, 1967, 30 ff.

[26] *Rudolf Smend* Die politische Gewalt im Verfassungsstaat und das Problem der Staatsform, in: ders. (Hrsg.) Staatsrechtliche Abhandlungen, 2. Aufl. 1968, 68 (79). Nach *Badura* ist Regierung die „spezifisch *politische*' Ausübung von Staatsgewalt", „die leitende schöpferische, das Ganze und die Einheit von Staat und Gesellschaft betr., die Staatsziele setzende Staatstätigkeit" (Regierung [Fn. 18], 2954 [Hervorhebung im Original]); zu weiteren Definitionen vgl. *Konrad Hesse* Grundzüge des Verfassungsrechts der Bundesrepublik Deutschland, 20. Aufl. 1999, 211 ff.: „politische Staatsführung" und die „verantwortliche Leitung des Ganzen der inneren und äußeren Politik"; *Stern* Staatsrecht II (Fn. 15), § 39 I 2: „Wahrnehmung der politischen Leitungsaufgaben, die der Staatstätigkeit die Richtung geben"; *Udo Di Fabio* Gestalt der Gewaltenteilung, in: HStR II, 3. Aufl. 2004, § 27 Rn. 22: „Die Regierung leitet den Staat gemeinsam mit dem Parlament in schöpferischer Gestaltungsfreiheit, konkretisiert durch ihre Entwürfe den offenen Begriff des Regierens

Die Analyse des Regierens ist so nicht nur auf die Regierung im institutionellen Sinne als Teil der Exekutive zu fokussieren;[27] vielmehr sind Legislative[28] und Judikative[29] sowie auch das Volk als Souverän,[30] soweit sie richtunggebende Entscheidungen treffen oder daran mitwirken, mit einzubeziehen.

Das über diese Merkmale definierte „Regieren" lässt sich nicht vom „Regiertwerden" trennen. Sätze wie „Wir schaffen das!",[31] oder „Let's get Brexit done!"[32] bezeichnen das Scharnier zwischen den Regierenden und den Regierten, den Moment, an dem zwei Räder ineinandergreifen müssen, um die Richtungsvorgaben, die von einem imaginären „Oben" kommen,

---

und wird so funktionsbestimmend und funktionsausfüllend tätig, ist insofern Auftraggeber und Beauftragter zugleich." Dass Regieren nicht nur auf den Staat, sondern auch auf die Gesellschaft bezogen ist, wird gerade auch in jüngerer Zeit hervorgehoben: vgl. *Arnd Uhle/ Sebastian Müller-Franken* (in: Bruno Schmidt-Bleibtreu/Hans Hofmann/Hans-Günter Henneke [Hrsg.] GG, 14. Aufl. 2018, Art. 62 Rn. 44 f.), die auf „die richtungsweisende und integrative Gestaltung der gesellschaftlichen Verhältnisse unter Aufnahme der gesellschaftlich zu konstatierenden Entwicklungen und Bedürfnisse" verweisen.

[27] Bei der Exekutive sind das monistische und das dualistische Modell voneinander zu unterscheiden; vgl. *Louis Favoreu/u.a.* Droit constitutionnel, 23. Aufl. 2021, Rn. 903 ff.

[28] So schon *Georg Jellinek* Allgemeine Staatslehre, 3. Aufl. 1914, Nachdr. 1976, 619: Regierung „kann auch von Organen der Gesetzgebung geübt werden; selbst die oberste, richtunggebende Regierungsgewalt wird von diesen da versehen, wo ihnen die höchste Gewalt zusteht"; anders: *Kelsen* Staatslehre (Fn. 24), 245: „Die Akte der [Parlamentsmitglieder] sollen durch den Begriff der ‚Regierung' nicht gedeckt werden."

[29] Ablehnend *Jellinek*, der zwar anerkennt, dass „im Rechtsprechen ein schöpferisches, durch Regeln nicht bestimmtes Element verborgen" sei, vgl. *Jellinek* Staatslehre (Fn. 28), 620, allerdings könne kein „streitentscheidender richterlicher Akt bei aller möglichen Zulassung freien Ermessens den Charakter einer rein arbiträren Festsetzung annehmen" (ebd., 621).

[30] Das Volk als Entscheidungsträger in der Demokratie steht vor allem im System des Schweizer Staatsrechts im Vordergrund, da den Bürgerinnen und Bürgern über das Wahlrecht hinaus das Recht zusteht, auch in Sachfragen zu entscheiden (Standesinitiative und Verfassungsreferendum, Gesetzes- und Staatsvertragsreferendum); vgl. *Ulrich Häfelin/ Walter Haller/Helen Keller/Daniela Thurnherr* Schweizerisches Bundesstaatsrecht, 10. Aufl. 2020, Rn. 175 ff.

[31] So die Erklärung von Bundeskanzlerin *Angela Merkel* auf einer Pressekonferenz am 31.8.2015 während der so genannten „Flüchtlingskrise"; vgl. Bundesregierung, Sommerpressekonferenz von Bundeskanzlerin Merkel, Mitschrift im Wortlaut v. 31.8.2015, <https://www.bundesregierung.de/breg-de/aktuelles/pressekonferenzen/sommerpressekonferenz-von-bundeskanzlerin-merkel-848300> (Stand 18.8.2021).

[32] So der Wahlkampfslogan bei der Wahl zum Unterhaus in Großbritannien am 12.12.2019, mit dem das Bemühen der Regierung, den mit dem Referendum vom 23.6.2016 geäußerten Willen des Volkes umzusetzen, betont werden sollte; vgl. *Billy Perrigo* „Get Brexit Done" – The Three Words that Helped Boris Johnson Win Britain's Election, TIME v. 13.12.2019, <https://time.com/5749478/get-brexit-done-slogan-uk-election/> (Stand 18.8.2021).

umzusetzen.³³ Ob und, wenn ja, warum die Richtungsvorgaben akzeptiert werden, ist eine Frage ihrer Legitimität.³⁴ Regieren und Regiertwerden³⁵ sind die Grundbausteine des Staates, integrativ und Identität schaffend.³⁶

2. *Regieren als „freie Tätigkeit"? – Zu den Grenzen des Regelbaren*

Bedeutet Regieren, richtunggebende Entscheidungen zu treffen und damit für Staat und Gesellschaft gewissermaßen das Navigationssystem zu programmieren, so fragt sich, inwieweit das Recht in diesem Zusammenhang eine determinierende Funktion übernehmen kann.³⁷

Willkürherrschaft, charakterisiert durch die Formel „car tel est notre bon plaisir",³⁸ ist die Kontrastfolie, von der man sich im Verfassungsstaat abzugrenzen sucht.³⁹ So klar der Ausgangspunkt ist, so sehr bleibt doch

---

[33] Vgl. *Gunnar F. Schuppert* Regierung und Verwaltung, in: Ernst Benda/Werner Maihofer/Hans-Jochen Vogel (Hrsg.) Handbuch des Verfassungsrechts der Bundesrepublik Deutschland, § 31 Rn. 1, der als „Minimalausstattung" für Regieren und Verwalten „politische Richtlinienbestimmung, ein entsprechendes Personal, das diese Richtlinien umsetzt und ein[en] organisatorische[n] Rahmen, in dem sich diese Regierungs- und Verwaltungstätigkeit vollzieht" sowie eine „gewisse Finanzausstattung" und eine „rechtliche Grundordnung" fordert.

[34] Vgl. zur Legitimität als Voraussetzung für die Anerkennungsfähigkeit von Machtausübung in den Augen derer, die ihr unterworfen sind *Thomas Würtenberger* Legitimität, Legalität, in: Otto Brunner/Werner Conze/Reinhart Koselleck (Hrsg.) Geschichtliche Grundbegriffe III, 1982, Neudr. 2004, 677 (678 f.); grundlegend *Max Weber* Die drei reinen Typen legitimer Herrschaft, in: Johannes Winckelmann (Hrsg.) Gesammelte Aufsätze zur Wissenschaftslehre, 5. Aufl. 1982, 475; vgl. dazu *Hasso Hofmann* Legitimität und Legalität – Zur Kritik der Herrschaftssoziologie Max Webers, JZ 2020, 585.

[35] Vgl. zur Regierbarkeit („gouvernabilité") *Chamayou* Société ingouvernable (Fn. 2), 8: „Le terme désigne en ce sens une disposition interne à l'objet qu'il s'agit de conduire, sa propension à se laisser diriger, la docilité ou la ductilité des gouvernés." Der *„disposition à être gouverné"* stellt er die *„aptitude* à gouverner" gegenüber (ebd., 8 [Hervorhebungen im Original]); vgl. in diesem Zusammenhang auch die Überlegungen von *Pierre Rosanvallon* (Das Jahrhundert des Populismus: Geschichte – Theorie – Kritik, 2020, 227 ff., 230 [Hervorhebungen im Original]) zu *„interaktive[r] Demokratie"* und *„narrative[r] Repräsentation"*.

[36] Vgl. zu diesem Aspekt vor allem die ältere Staatslehre, insbesondere *Smend* Politische Gewalt (Fn. 26), 85 ff.; *Walter Leisner* Regierung als Macht kombinierten Ermessens, JZ 1968, 727; *Ulrich Scheuner* Der Bereich der Regierung, in: ders./Erich Kaufmann/Werner Weber (Hrsg.) FS Rudolf Smend, 1952, 253.

[37] Vgl. zu rechtlichen und außerrechtlichen Grenzen des Regierungshandelns ausführlich *Kassimatis* Regierung (Fn. 25), 133 ff.

[38] Vgl. *Angelika Nußberger* Was ist Willkür? – Auf der Suche nach europäischen Standards, JZ 2021, 965 ff.

[39] Zu der nur sehr langsamen Durchsetzung eines neuen, die absolutistische Herrschaftsmacht im Sinne der Gewaltenteilung einschränkenden Regierungsbegriffs ab dem 19. Jahrhundert vgl. *Frotscher* Regierung (Fn. 18), 105 ff.

die rechtliche Einhegung des Regierens schwierig. Wie lässt sich bei Richtungsentscheidungen die Richtung vorbestimmen? Schon für *John Lockes* Verständnis von „executive power" ist die Idee des Handelns außerhalb des Rechts oder sogar gegen das Recht konstitutiv.[40]

Georg Jellinek unterscheidet mit Blick auf die Staatsfunktionen zwischen „freier und gebundener Tätigkeit" und definiert die „freie Tätigkeit" – mithin das Regieren – als „die nur durch das Gemeininteresse, aber durch keine spezielle Rechtsregel bestimmte [Tätigkeit]".[41] *Kelsen* wehrt sich dagegen, „daß dasjenige, was man ‚Regierung' eines Staates nennt, außerhalb jeder rechtlichen Beurteilung stehe, daß die ‚Regierung' sich in einem rechtsfreien Raum bewege".[42] Zwar gesteht er ein, „die Formel der rechtsfreien Regierung" sei „nur um eine Nuance von einer korrekten Begriffsbildung entfernt"; aber man bemerke „hinter der scheinbar so unbedeutenden Differenz eine offenkundig politische Absicht, die verstimmt".[43] Nach *Kelsens* Ansicht stellt Regierungstätigkeit „nur einen Fall *rechtlich gebundenen* – wenn auch *relativ* sehr freien – Ermessens dar".[44] *Carl Schmitt* identifiziert in seiner Schrift „Politische Theologie" „Normalfall" und „Ausnahmefall" als die entgegengesetzten Pole mit Blick auf die Rechtsgebundenheit des Entscheidens für Staat und Gesellschaft: „So wie im Normalfall das selbständige Moment der Entscheidung auf ein Minimum zurückgedrängt werden kann, wird im Ausnahmefall die Norm vernichtet."[45]

Es ist diese Diskussion um die „Verrechtlichung der Herrschaft" und das „Politische des Regierens",[46] die sich in der Gegenwart wiederholt. Für *Eric A. Posner* und *Adrian Vermeule* sind, in Anlehnung an *Schmitt*, rechtliche Bindungen der Exekutive in normalen Zeiten „brüchig", in Krisen-

---

[40] *Locke* Government (Fn. 23), 384 f.: „power to act according to discretion for the public good, without the prescription of the law and sometimes even against it".

[41] *Jellinek* Staatslehre (Fn. 28), 616; nach seiner Meinung könne „[ü]ber die Richtung der von der Regierung ausgehenden Staatstätigkeit" „niemals eine Rechtsregel entscheiden" (ebd., 617), die freie Tätigkeit der Regierung sei „die der Bedeutung nach erste, logisch primäre, aller übrigen Tätigkeit zugrunde liegende" (ebd., 616).

[42] *Kelsen* Staatslehre (Fn. 24), 244.

[43] *Kelsen* Staatslehre (Fn. 24), 245.

[44] *Kelsen* Staatslehre (Fn. 24), 245 [Hervorhebungen im Original].

[45] *Carl Schmitt* Politische Theologie – Vier Kapitel zur Lehre von der Souveränität, 10. Aufl. 2015, 19. Weiter schreibt er: „Trotzdem bleibt auch der Ausnahmefall der juristischen Erkenntnis zugänglich, weil beide Elemente, die Norm wie die Entscheidung, im Rahmen des Juristischen verbleiben." Unklar ist allerdings, wie der „Rahmen des Juristischen" erhalten bleiben soll, wenn die Norm „vernichtet" wird; ähnlich argumentiert auch *Jellinek* Staatslehre (Fn. 28), 358 f., dass dem Recht „niemals die Macht inne[wohne], den Gang des Staatslebens in kritischen Zeiten zu bestimmen".

[46] *Badura* Regierung (Fn. 18), 2954.

zeiten „schwach oder nicht existent".[47] Dem treten *Hans-Michael Heinig, Thorsten Kingreen, Oliver Lepsius, Christoph Möllers, Uwe Volkmann* und *Hinnerk Wißmann* mit der Idee der Verfassung als „Verrechtlichung politischer Herrschaft und zwar in einem umfassenden Sinne" entgegen und betonen, dass es „keine politische Herrschaft außerhalb der Verfassung" geben könne.[48] Dies gälte gerade auch in der Krise: „Der prinzipielle Ordnungsanspruch der Verfassung wird in diesem Sinne durch die Krise nicht suspendiert, sondern muss sich gerade in ihr bewähren; im Grunde zeigt sich erst hier, inwieweit auf ihn überhaupt zu bauen ist."[49]

Die Frage aber ist, wie weit der Ordnungsanspruch einer Verfassung[50] reichen kann. Die Antwort liegt in den Händen der Verfassungsinterpreten,[51] die sich in diesem Kontext in der Regel nicht auf explizite, das Regieren regelnde Bestimmungen in der Verfassung[52] stützen

---

[47] *Posner/Vermeule* Executive Unbound (Fn. 16), 4: „the executive governs, subject to legal constraints that are shaky in normal times and weak or nonexistent in times of crisis".

[48] *Hans-Michael Heinig/Thorsten Kingreen/Oliver Lepsius/Christoph Möllers/Uwe Volkmann/Hinnerk Wißmann* Why Constitution Matters – Verfassungsrechtswissenschaft in Zeiten der Corona-Krise, JZ 2020, 861 (862).

[49] *Heinig/Kingreen/Lepsius/Möllers/Volkmann/Wißmann* Verfassungsrechtswissenschaft (Fn. 48), 862; ebenso *Ernst-Wolfgang Böckenförde* Der verdrängte Ausnahmezustand – Zum Handeln der Staatsgewalt in außergewöhnlichen Lagen, NJW 1978, 1881 (1883): „Ungeachtet der Auseinandersetzung um den Verfassungsbegriff und das Verhältnis von Staat und Verfassung [...] stellt die rechtsstaatliche Verfassung eine verbindliche, nicht nur ausschnittsweise, sondern umfassende und daher abschließende Regelung der Handlungsbefugnisse staatlicher Organe dar. [...] Der Grundsatz des übergesetzlichen Notstandes, auf der Verfassungsebene zum überverfassungsmäßigen Notstand transportiert, bedeutet so nichts anderes, als die Auflösung der Integrität der rechtsstaatlichen Verfassung und die Preisgabe des Prinzips des Verfassungsstaates."

[50] Nach *Oliver Lepsius* (Gesetz und Gesetzgebung, in: Matthias Herdegen/Johannes Masing/Ralf Poscher/Klaus F. Gärditz [Hrsg.] Handbuch des Verfassungsrechts – Darstellung in transnationaler Perspektive, 2021, § 12 Rn. 26) ist der umfassende Ordnungsanspruch des Grundgesetzes materiell-rechtlich begründet in Art. 1 Abs. 3 GG (Grundrechtsbindung der Gesetzgebung, vollziehenden Gewalt und Rechtsprechung), Art. 20 Abs. 3 GG (Gewaltenteilung, „Normenhierarchie mit einer abgestuften Rechtsbindung der Gewalten") und Art. 80 Abs. 2 GG („inhaltliche Anforderungen an Delegationsgesetze"); darin liegt nach *Lepsius* „eine auch im Verfassungsvergleich bemerkenswert innovative Leistung des Parlamentarischen Rates" (ebd., Rn. 26).

[51] Dies gilt zumindest dann, wenn Verfassungen Rechtscharakter zuerkannt wird und sie damit zum „durch Richterrecht bewehrten Konfliktlösungsinstrument [avancieren]" (*Matthias Jestaedt* Phänomen Bundesverfassungsgericht. Was das Gericht zu dem macht, was es ist, in: ders./Oliver Lepsius/Christoph Möllers/Christoph Schönberger [Hrsg.] Das entgrenzte Gericht – Eine kritische Bilanz nach sechzig Jahren Bundesverfassungsgericht, 2011, 77 [100]).

[52] Explizite Definitionen des Regierens finden sich etwa in Art. 174 der Schweizerischen Verfassung (der Bundesrat wird als „oberste vollziehende und leitende Behörde des Bundes" bestimmt) sowie in Art. 20 der Französischen Verfassung („Die Regierung

können. Das Regieren als Funktion ist oftmals, wie etwa im Grundgesetz,[53] weitgehend eine Leerstelle.[54] Die Frage, „wer" „mit wem" „wie" welche grundlegenden Entscheidungen trifft, ist so auf der Grundlage einer Gesamtschau der Verfassung zu beantworten.[55]

---

bestimmt und leitet die Politik der Nation."). Auffällig ist, dass die Verfassungen der Staaten Mittel- und Osteuropas Aufgaben und Kompetenzen der obersten Verfassungsorgane, auch von Präsident und Regierung, in der Regel in langen Listen zusammenfassen; vgl. z.B. Art. 83–90 der Russischen Verfassung (Kompetenzen des Präsidenten) und Art. 114–115 der Russischen Verfassung (Kompetenzen der Regierung).

[53] Im Grundgesetz wird das Regieren als Funktion nicht explizit geregelt, ebenso wenig wie die Aufgaben der Bundesregierung in Abgrenzung zu anderen Verfassungsorganen. Dies entspricht dem auf *Hugo Preuß* zurückgehenden Modell der Weimarer Verfassung, in der Regieren gleichfalls nicht definiert wurde (*Ralf Brinktrine* in: Sachs GG [Fn. 17], Art. 62 Rn. 2–4). Gerechtfertigt wird die Nicht-Regelung damit, eine bündige Formel ließe sich für die Beschreibung des Regierens nicht finden, Flexibilität sei essentiell, und in einer parlamentarischen Demokratie bestehe darüber auch kein Streit und damit kein Regelungsbedürfnis (*Meinhard Schröder* in: Hermann v. Mangoldt/Friedrich Klein/Christian Starck [Hrsg.] GG II, 7. Aufl. 2018, Art. 62 Rn. 21; *Stern* Staatsrecht II [Fn. 15], § 31 I 1; *Roman Herzog* in: Theodor Maunz/Günter Dürig [Hrsg.] GG IV, 94. EL Januar 2021, Art. 62 Rn. 57 [2008]). Nach *Schröder* in: v. Mangoldt/Klein/Starck (Fn. 53), Art. 62 Rn. 21 hat sich der Verfassungsgeber damit „einer Regelungstechnik bedient, die der Eigenart der Regierungsfunktion in besonderer Weise Rechnung trägt".

[54] Nach *Paul Craig/Adam Tomkins* (Hrsg.) The Executive and Public Law – Power and Accountability in Comparative Perspective, 2005, 4 ist dies kritisch zu sehen: „The inadequacy of formal, constitutional definitions of executive power is a widely shared phenomenon." So ist in Großbritannien die Rolle von Premierminister und Kabinett nicht Teil des – ungeschriebenen – Verfassungsrechts, sondern hat sich lediglich „out of political convenience" entwickelt (ebd., 17); zu den historischen Gründen vgl. *Adam Tomkins* The Struggle to Delimit Executive Power in Britain, in: ders./Craig (Hrsg.) Executive (Fn. 54), 17. In der US-amerikanischen Verfassung ist dem Präsidenten zwar ein eigenes Kapitel gewidmet und wird ihm in einer Allgemeinklausel die „executive power" zugeordnet. Allerdings spiegeln auch hier die aufgelisteten Kompetenzen nicht den tatsächlichen Umfang der Macht; vgl. dazu *Ernest Young* Taming the Most Dangerous Branch – The Scope and Accountability of Executive Power in the United States, in: Craig/Tomkins (Hrsg.) Executive (Fn. 54), 161.

[55] So bereits *Ernst Friesenhahn* Parlament und Regierung im modernen Staat, VVDStRL 16 (1957), 9; nach Ansicht des Bundesverfassungsgerichts setzt das Grundgesetz „die Kompetenz der Bundesregierung zur Staatsleitung im Sinne einer – abschließender Regelung nicht zugänglichen – verantwortlichen Leitung des Ganzen der inneren und äußeren Politik […] jedoch stillschweigend voraus" (BVerfGE 138, 102 [114 Rn. 39] – Äußerungsbefugnis Bundesministerin); verwiesen wird insoweit entweder auf die „traditionelle Staatsauffassung" (vgl. z.B. BVerfGE 131, 152 [195] – Euro-Plus-Paket, bezogen auf den Bereich auswärtiger Politik) oder die „Funktionsgerechtigkeit" (vgl. BVerfGE 143, 101 [136 Rn. 118] – NSA-Selektorenliste); das Fehlen einer „Regierungskompetenz zur Staatsleitung" wird explizit als Besonderheit der Regierungstätigkeit im Gegensatz zu Gesetzgebung und Verwaltung ausgewiesen (vgl. BVerfGE, 105, 252 [270 ff.] – Glykolwarnung); zur Gewaltenteilung und zum Kernbereich der verschiedenen Gewalten vgl. BVerfGE 95, 1 (15) – Südumfahrung Stendal.

III. Regieren im Spiegel aktueller Verfassungsreformen

1. Neuordnung von Kompetenzzuweisungen

Blickt man rechtsvergleichend auf den äußeren verfassungsrechtlichen Rahmen der staatlichen Systeme, so ist zu konstatieren, dass die auf das Regierungssystem bezogenen Regelungen seit der Jahrtausendwende nur in Einzelfällen geändert wurden. Die Zeit der großen und umfassenden Verfassungsreformen, bei denen die Form des Regierens sowie die Machtverteilung im Staat zur Disposition standen und Systeme auf dem Reißbrett entworfen oder grundlegend neu konfiguriert wurden,[56] liegt lange zurück, in den Staaten Südeuropas mehr als vier Jahrzehnte,[57] in den Staaten Lateinamerikas setzte der Wandel in den späten 70er, frühen 80er Jahren ein,[58] in Mittel- und Osteuropa war die Zäsur der Fall der Mauer.[59] Der so genannte „Arabische Frühling" hat aufgrund fortdauernder Konflikte keinen nachhaltigen verfassungsrechtlichen Fußabdruck hinterlassen.[60]

Allerdings sind gegenwärtige Reformen bedeutungsvoll wie jene in der Türkei im Jahr 2017[61] oder in Russland im Jahr 2020,[62] die während des

---

[56] *Bruce Ackermann* The Rise of World Constitutionalism, Va Law Rev 1997, 771.

[57] Vgl. *Merkel* Systemtransformation (Fn. 11), 169 ff.

[58] Vgl. *Peter Thiery/Wolfgang Merkel* Systemtransformation (Fn. 11), 205 ff.

[59] Vgl. *Aurel Croissant/Wolfgang Merkel* Systemtransformation (Fn. 11), 324.

[60] Vgl. *Anja Schoeller-Schletter* Mapping Constitutional Review in the Middle East and North Africa: Historic Developments and Comparative Remarks, in: dies. (Hrsg.) Constitutional Review in the Middle East and North Africa, 2021, 13.

[61] Änderung der Türkischen Verfassung von 1982 mit Gesetz Nr. 6771 v. 16.4.2017, T.C. Resmî Gazete Nr. 229976 v. 11.2.2017; dazu Venedig-Kommission, Turkey – Opinion on the Amendments to the Constitution, Opinion No. 875/2017, CDL-AD(2017)005; hier wird von einem „'Turkish-style' presidential system" gesprochen, das kein Gewaltenteilungssystem kenne (ebd., Rn. 126); *Felix Petersen/Zeynep Yanaşmayan* The Final Trick? Separation of Powers, Checks and Balances, and the Recomposition of the Turkish State, VerfBlog v. 28.1.2017, <https://verfassungsblog.de/the-final-trick-separation-of-powers-checks-and-balances-and-the-recomposition-of-the-turkish-state/> (Stand 19.8.2021), die von einer deutlichen Machtverschiebung zugunsten des Präsidenten ausgehen; *Mahir Tokatlı* Ein als „Präsidialsystem" verkleidetes (autokratisch-)parlamentarisches Regierungssystem: Die Präsidentschafts- und Parlamentswahlen in der Türkei vom 24. Juni 2018, ZParl 50 (2019), 791, der argumentiert, dass die Türkei sich „mit dem ‚seltsamen parlamentarischen System' ohne robuste Checks and Balances endgültig zu einer semi-kompetitiven Autokratie mit einer starken Gewaltenkonzentration auf die aus dem Präsidenten bestehende Exekutive" entwickele (ebd., 809); *Ozan O. Varol* Stealth Authoritarianism in Turkey, in: Graber/Levinson/Tushnet (Fn. 9), 339 (347 ff.): „all powerful constitutional executive unencumbered by any real checks on his authority" (ebd., 353).

[62] Änderung der Russischen Verfassung von 1993, in Kraft getreten auf der Grundlage des Dekrets Nr. 445 des Präsidenten v. 3.7.2020; Venedig-Kommission, Russian Federation – Interim Opinion on Constitutional Amendments and the Procedure for their Adoption, Opi-

Ausnahmezustands durchgeführt wurden.⁶³ Hier wie auch in einigen Staaten Zentralasiens wird insbesondere die zeitliche Beschränkung der Amtszeit des Präsidenten *ad personam*⁶⁴ umgangen;⁶⁵ außerdem werden seine Kompetenzen zur Ernennung und Abberufung wichtiger Funktionsträger im Staat und damit die Gesamtdominanz über Entscheidungen erweitert.⁶⁶ Verfassungsrechtliche Dauerbaustellen gibt es etwa in Venezuela⁶⁷ und in der Ukraine.⁶⁸ In Ungarn hat die neue Verfassung von 2011 vor allem die

---

nion No. 992/2020, CDL-AD(2021)005, die schlussfolgert, die Verfassungsänderungen hätten „disproportionately strengthened the position of the President of the Russian Federation and have done away with some of the checks and balances originally foreseen in the Constitution" (ebd., Rn. 182); zentral ist die eindeutige Unterstellung der Regierung unter den Präsidenten; vgl. dazu *Caroline v. Gall* Präsident, Regierung und Staatsrat – Die einfachgesetzliche Umsetzung der russischen Verfassungsreform, OstEurR 2021, 41 (45 ff.); vgl. auch *Otto Luchterhandt* Missachtung der Verfassung – Eine Zwischenbilanz der „Ära Putin", OstEur 2020, 29.

⁶³ Vgl. zur verfassungsrechtlichen „best practice", Verfassungsänderungen während Notstandsregimen auszuschließen *Tom Ginsburg/Mila Versteeg*, The Bound Executive: Emergency Powers During the Pandemic, Virginia Public Law and Legal Theory Research Paper No. 2020-52, University of Chicago Public Law Working Paper No. 747.

⁶⁴ Vgl. die in Art. 81 Abs. 3.1 der Russischen Verfassung eingefügte Regelung, nach der die Mandatsbegrenzung nur für die Zukunft gilt und damit die vorangegangenen Mandate unter der neu gefassten Verfassung außer Betracht bleiben. Diese „Null-Setzung" („obnulenije") ermöglichte Präsident *Wladimir Putin* nach Amtszeiten von 2000–2008 und 2012–2020 weiter im Amt zu bleiben.

⁶⁵ Vgl. z.B. Aserbaidschan: Aufhebung von Art. 101 Abs. 1 der Verfassung vom 12.11.1995 (Begrenzung der Amtszeit auf zwei Mandate) durch Referendum vom 18.3.2009; Kasachstan: Ergänzung von Art. 42 Abs. 5 der Verfassung vom 30.8.1995 um eine Regelung, wonach die Dauer der Amtszeit geändert wird und für den Amtsinhaber neu zu laufen beginnt; Turkmenistan: Referendum vom 22.5.2016, mit dem für den Amtsinhaber alle zuvor bestehenden Beschränkungen der Mandatszeit aufgehoben werden.

⁶⁶ Beispielsweise kann nach der Reform im Jahr 2020 (s.o. in Fn. 62) der Präsident nach Art. 83 lit. a der Russischen Verfassung den Vorsitzenden der Regierung entlassen, ohne dass die gesamte Regierung zurücktreten muss; nach der Reform der Türkischen Verfassung im Jahr 2017 (s.o. in Fn. 61) kann der Präsident seine Stellvertreter und die Minister ernennen und entlassen (Art. 104 der Türkischen Verfassung).

⁶⁷ Vgl. *David Landau* Constitution-Making and Authoritarianism in Venezuela – The First Time as Tragedy, the Second as Farce, in: Graber/Levinson/Tushnet (Fn. 9), 161 ff.

⁶⁸ Die grundlegende Änderung der aus dem Jahr 1996 stammenden Verfassung im Jahr 2004 war eine Reaktion auf die so genannte „Orangene Revolution". Die neue Verfassung trat am 1.1.2006 in Kraft, wurde aber durch das Verfassungsgericht im Jahr 2010 wegen eines Formfehlers für nichtig erklärt. Aufgrund der Euromaidan-Proteste beschloss das Parlament im Jahr 2014, wieder die Verfassung von 2004 in Kraft zu setzen; vgl. *Agnes Gilka-Bötzow* „The Perils of Semipresidentialism"? Gewaltenteilung in der Ukraine vor und nach der Verfassungsreform, in: Sabine Kropp/Hans-Joachim Lauth (Hrsg.) Gewaltenteilung und Demokratie – Konzepte und Probleme der „horizontal accountability" im interregionalen Vergleich, 2007, 261 (265 ff.).

Rolle des Verfassungsgerichts als politisches Gegengewicht beschnitten;[69] Reformen des Notstandsrechts folgten im Jahr 2020.[70] Bei dem zu den europäischen und amerikanischen Demokratiemodellen im Gegensatz stehenden kommunistischen Modell in China wurden im Jahr 2018 Korrekturen an der Verfassung vorgenommen, die eine vor allem symbolische Bedeutung haben und die zaghaften Ansätze zur Begrenzung der Macht aus der 1978 eingeleiteten Reformära rückgängig machen.[71]

Auch wenn es bei diesen nicht oder nicht mehr demokratischen Staaten[72] – in den Worten *Günter Frankenbergs* – vor allem darum geht, „Machtansprüche zu legitimieren und autoritärer Herrschaftspraxis die Dignität des Rechts zu verleihen",[73] ist doch das den Verfassungsänderun-

---

[69] Vgl. dazu *Gábor Spuller* Transformation of the Hungarian Constitutional Court: Tradition, Revolution, and (European) Prospects, GLJ 2014, 637; *Petra L. Láncos* Passivist Strategies Available to the Hungarian Constitutional Court, ZaöRV 79 (2019), 971. Auch wenn die Machtverteilung zwischen Regierung und Parlament, so wie sie in der 1989 revidierten ungarischen Verfassung von 1949 angelegt war, bei der Neufassung von 2011 nicht grundlegend geändert wurde, wurde die Verfassung doch inhaltlich ausgehöhlt; nach *Gábor Halmai* (A Coup Against Constitutional Democracy – The Case of Hungary, in: Graber/Levinson/Tushnet [Fn. 9], 243) handelt es sich um eine „constitutional counter-revolution", da mit der neuen Verfassung weder die Gewaltenteilung aufrechterhalten noch die Grundrechte wirklich geschützt werden (ebd., 246).

[70] Die entsprechende Neuregelung, die insbesondere den Nationalen Verteidigungsrat abschafft und die Befugnisse auf die Regierung überträgt, soll allerdings erst am 1.7.2023 in Kraft treten; vgl. dazu Venedig-Kommission, Hungary – Opinion on the Constitutional Amendments Adopted by the Hungarian Parliament in December 2020, Opinion No. 1035/202, CDL-AD(2021)029; *Renáta Uitz* Unbounding the Hungarian Executive and Cementing Illiberal Christian Identity Politics, ConstitutionNet v. 23.11.2020, <https://constitutionnet.org/news/unbounding-hungarian-executive-and-cementing-illiberal-christian-identity-politics> (Stand 19.8.2021).

[71] Bei der Verfassungsänderung im Jahr 2018 wurde unter anderem die Begrenzung des Amts des Staatspräsidenten auf zwei Amtszeiten abgeschafft und die führende Rolle der Kommunistischen Partei in Art. 1 der Chinesischen Verfassung aufgenommen. Da das Amt des Generalsekretärs der Kommunistischen Partei und des Vorsitzenden der Zentralen Militärkommission, die beide unbefristet sind, aber mit dem Amt des Staatspräsidenten in Personalunion zusammenfallen, ist die Änderung kaum von praktischer Bedeutung, ebenso wie auch die Festschreibung der Rolle der Kommunistischen Partei in der Verfassung nur die bisherige Praxis bestätigt; vgl. *Feng Lin* The 2018 Constitutional Amendments – Significance and Impact on the Theories of Party-State-Relationships in China, China Perspectives 116 (2019), 11; *Heike Holbig* Making China Great Again – Xi Jinpings Abschied von der Reformära, GIGA Focus Asien 2018, 1.

[72] *Günter Frankenberg* (Autoritarismus – Verfassungstheoretische Perspektiven, 2020, 13 f.) spricht in Bezug unter anderem auf die Türkei, Russland, Weißrussland, Polen, Ungarn und Venezuela davon, dass sie im Vergleich zu besonderen Extremen wie Turkmenistan oder Simbabwe einen „weniger auffälligen und deshalb nicht weniger gefährlichen Standard des Autoritarismus markieren".

[73] *Frankenberg* Autoritarismus (Fn. 72), 17.

gen zugrundeliegende Leitmotiv, die Spitze der Exekutive zu stärken und Machtwechsel zu verhindern, ein Befund, der den Demokratiepessimismus zu verstärken geeignet ist.

Die Regelungen zu den Regierungssystemen der so genannten „alten" Demokratien sind dagegen verfassungsrechtlich seit der unmittelbaren Nachkriegszeit weitgehend unverändert geblieben; insbesondere das Westminster-Modell in Großbritannien[74] und das Präsidialsystem in den USA[75] fußen auf jahrhundertealten Traditionen. Umfassende Verfassungsreformen sind selten; wenn es sie gibt, haben sie, wie etwa in der Schweiz,[76] das Regierungssystem in seinen Grundstrukturen nicht angetastet.

2. Veränderte Perzeptionen von Regieren – neue Narrative

Trotz der relativen Stabilität der verfassungsrechtlichen Regelungen in demokratischen Systemen hat sich aber die Wahrnehmung des Regierens und des Regiertwerdens verändert. Fünf Narrative stehen gegeneinander, widersprechen sich und bedingen sich zugleich gegenseitig: Im Vordergrund steht das Narrativ der „entfesselten Exekutive", benannt nach dem von *Posner* und *Vermeule* für ihr Buch zur Beschreibung des Endes des liberalen Systems gewählten Titels.[77] Damit konkurriert das Narrativ des „Gouvernement des Juges", das sich unter dem französischen Begriff eingeprägt hat, obwohl es sich gerade nicht um ein für das französische System typisches Phänomen handelt.[78] Ein drittes Narrativ sieht das Regieren

---

[74] Zu den charakteristischen Zügen vgl. *Arend Lijphart* Democracy (Fn. 21), 9 ff.

[75] *Winfried Brugger* Einführung in das öffentliche Recht der USA, 2. Aufl. 2001, 70 ff.

[76] Schweizerische Verfassung vom 18.4.1999, SR 101. Dabei ging man grundsätzlich von einer „Nachführung des geltenden Verfassungsrechts" aus. Die Staatsleitung betreffende Reformen wurden ausgeklammert und sollten zu einem späteren Zeitpunkt „wie Module in den neuen ‚Baukasten' eingepasst werden"; vgl. *Häfelin/Haller/Keller/Thurnherr* Schweizerisches Bundesstaatsrecht (Fn. 30), Rn. 58 ff.; vgl. zu den Änderungen auch *Helen Keller/Reto Walther* 20 Jahre „neue" Bundesverfassung: Plus ça change, plus c'est la même chose?, ZSR 2021, 259 (272). Ein Gegenbeispiel ist Finnland; dort hat die Macht des Präsidenten in der neuen Verfassung aus dem Jahr 2000 deutliche Einschränkungen erfahren; nach Einschätzung der Venedig-Kommission wurde das semipräsidentielle in ein parlamentarisches System umgewandelt; vgl. dazu Venedig-Kommission, Opinion on the Constitution of Finland, Opinion No. 420/2007, CDL-AD(2008)010, Rn. 34 ff.

[77] *Posner/Vermeule* Executive Unbound (Fn. 16).

[78] Der Begriff wurde in Frankreich durch *Édouard Lambert* geprägt (Le gouvernement des juges et la lutte contre la législation sociale aux États-Unis: l'expérience américaine du contrôle judiciaire de la constitutionnalité des lois, 1921, Neudr. 2005); es handelt sich um die Übersetzung des von *Louis B. Boudin* im Jahre 1911 genutzten Ausdrucks „government by judiciary" (Government by Judiciary, Political Sci Q 26 [1911], 238 ff.). Ausgehend von *Lamberts* kritischer Darstellung des sogar Verfassungsänderungen überspielenden weiten Interpretationsrechts des US-amerikanischen Supreme Court hat der Begriff eine klar nega-

von der nationalen auf die internationale Ebene verlagert,[79] ein viertes Narrativ Politik durch Expertentum ersetzt.[80] Und das fünfte Narrativ, in gewisser Weise ein Respons zur Beobachtung von grundsätzlichen Verschiebungen bei der Ausübung von Macht, fasst der französische Soziologe *Pierre Rosanvallon* unter dem Titel „Jahrhundert des Populismus"[81] zusammen.[82]

---

tive Konnotation im Französischen erhalten; vgl. dazu *Luc Heuschling* Edouard Lambert – Le gouvernement des juges et la lutte contre la législation sociale aux États-Unis. L'expérience américaine du contrôle judiciaire de la constitutionnalité des lois, RIDC 59 (2007), 958 (959); *Michael H. Davis* A Government of Judges: An Historical Re-View, AJCL 35 (1987), 559.

[79] Werden richtunggebende Entscheidungen außerhalb des nationalen Rahmens getroffen und verselbständigen sich dabei Entscheidungsprozesse, so dass die vom Volk gewählten Repräsentanten darauf keinen unmittelbaren Einfluss mehr nehmen können, wird ein neues Legitimationsmodell notwendig; vgl. dazu *Johannes Masing* Verfassung im internationalen Mehrebenensystem, in: HbVerfR (Fn. 50), § 2 Rn. 153 ff., der als offen ansieht, „unter welchen Bedingungen überstaatliche Regelungen Folgebereitschaft ermöglichen und verdienen" (ebd., Rn. 193); ebenso *Horst Dreier* Vom Schwinden der Demokratie, in: Friedrich W. Graf/Heinrich Meier (Hrsg.) Die Zukunft der Demokratie – Kritik und Plädoyer, 2018, 29 (41): „weithin ungelöste Aufgabe"; *Sebastian Müller-Franken* Die demokratische Legitimation öffentlicher Gewalt in Zeiten der Globalisierung – Zur unhintergehbaren Rolle des Staates in einer durch Europäisierung und Internationalisierung veränderten Welt, AöR 134 (2009), 542, der eine „sich verflüchtigende demokratische Legitimation" konstatiert und daher den innerstaatlichen Willensbildungsprozess auch in europäischen und internationalen Fragen verstärkt parlamentarisieren will (ebd., 570); *Gertrude Lübbe-Wolff* Europäisches und nationales Verfassungsrecht, VVDStRL 60 (2001), 246, die als „Entschärfungsoptionen" (ebd., 273 ff.) vor allem Transparenz und Partizipation nennt; zu den Gefahren potentiell willkürlicher Machtausübung postnationaler Akteure wie des Sicherheitsrats oder der WTO vgl. *William E. Scheuerman* Die Globalisierung von Carl Schmitt?, KJ 50 (2017), 30.

[80] Wird der Ermessensspielraum von Entscheidern aufgrund wissenschaftlicher Erkenntnisse auf null reduziert, ändern sich die Grundvoraussetzungen demokratischen Regierens. Dies gilt in anderer Weise auch, wenn – wie etwa zu Beginn der Pandemie – wissenschaftliche Erkenntnisse für Entscheidungen notwendig, aber nicht in ausreichender Weise vorhanden sind; vgl. *Klaus F. Gärditz* Freie Wissenschaft als Gelingensbedingung der politischen Willensbildung in der Pandemie, JöR 69 (2021), 505; zu den Legitimationsproblemen einer „Expertokratie" vgl. *Andreas Voßkuhle* Sachverständige Beratung des Staates, in: HStR III, 3. Aufl. 2005, § 43 Rn. 50 ff.; zur Veränderung von Staat und Gesellschaft durch Wissen vgl. *ders.* Konzept des rationalen Staates (Fn. 10), 11 ff.

[81] *Rosanvallon* Populismus (Fn. 35).

[82] Es gibt ein weiteres wichtiges Narrativ, das darauf abstellt, dass die staatlichen Strukturen des Regierens aufgrund der Einflussnahme von Lobbygruppen zunehmend inhaltlich entleert würden (vgl. z.B. *Chamayou* Société ingouvernable [Fn. 2], 235: „Entthronung der Politik"; *Crouch* Post-Democracy [Fn. 5], 21 [deutsche Ausgabe]: „kleine Elite an Politikern und Konzernen […], die eine Politik nach den Wünschen Letzterer betreiben"). Diese mehr soziologische Perspektive soll um einer Fokussierung auf die verfassungsrechtliche Perspektive willen im Folgenden aber nicht im Vordergrund stehen.

Alle fünf Narrative haben gemeinsam, dass das Parlament marginalisiert und Grundideen demokratischen Regierens, die für das parlamentarische System konstitutive politische Verantwortung der Regierung gegenüber dem Parlament wie auch die das präsidentielle System prägenden Checks and Balances, neu interpretiert oder in Frage gestellt werden. Gewaltenteilung wird neu gelesen.

IV. Neujustierung des gewaltenteiligen Modells

1. Juridifizierung der Politik

a) Verfassungsgerichte und Verfassungspolitik

Die Formel von *Ernst Friesenhahn*, die Staatsleitung stehe Parlament und Regierung „gewißermaßen zur gesamten Hand zu",[83] ist zwar berühmt, war aber schon im Jahr 1957, als er sie bei der Staatsrechtslehrertagung entwickelte, nicht adäquat und ist es erst recht in der Gegenwart nicht. *Friesenhahn* hat gerade diejenige Institution nicht als staatsleitend angesehen, die *Martin Drath* schon im Jahr 1950 auf der Staatsrechtslehrertagung als „Regierungsorgan besonderer Art" bezeichnete,[84] die bereits in den ersten Jahren ihrer Existenz auf die Entscheidung der wichtigsten Fragen der Nachkriegsgeschichte prägenden Einfluss genommen[85] und die sich selbst mit den anderen Verfassungsorganen gleichgestellt hat[86] – das Bundesver-

---

[83] *Friesenhahn* Parlament und Regierung (Fn. 55), 38; den Begriff der Staatsleitung hat *Friesenhahn* allerdings nicht definiert; hier wird er unter Bezugnahme auf die in Fn. 24, 25 und 26 zitierte Literatur verwendet.

[84] *Martin Drath* Die Grenzen der Verfassungsgerichtsbarkeit, VVDStRL 9 (1952), 17 (96); das Zitat ist im Original auf Verfassungsgerichte bezogen und daher im Plural; zudem legt *Drath* insoweit den angelsächsischen Begriff des „government" zugrunde, s.o. Fn. 18.

[85] Vgl. dazu *Johannes Masing* Das Bundesverfassungsgericht, in: HbVerfR (Fn. 50), § 15 Rn. 3 mit Verweis u.a. auf das Südweststaat-Urteil (BVerfGE 1, 14), das Urteil zur Europäischen Verteidigungsgemeinschaft (BVerfGE 2, 79) und das KPD-Verbot (BVerfGE 5, 85).

[86] Vgl. *Bundesverfassungsgericht* Denkschrift des Bundesverfassungsgerichts vom 27. Juni 1952, JöR 6 (1957), 144; wörtlich heißt es, das Bundesverfassungsgericht würde „das Politische selbst an Hand der bestehenden Normen zum Gegenstand der richterlichen Beurteilung" machen; *Gerhard Leibholz* (Bericht des Berichterstatters an das Plenum des Bundesverfassungsgerichts in der sogenannten „Statusfrage", JöR 6 [1957], 120 [128]) hatte in seinem Bericht ausgeführt, das Bundesverfassungsgericht nehme auch „Funktionen der Regierung und Gesetzgebung" wahr; vgl. zum historischen Kontext der Diskussion über die Rolle des Bundesverfassungsgerichts *Felix Lange* Der Dehler-Faktor – Die widerwillige Akzeptanz des Bundesverfassungsgerichts durch die Staatsrechtslehre, Der Staat 56 (2017), 77.

fassungsgericht.⁸⁷ Ganz grundsätzlich darf die fortschreitende Juridifizierung der Politik und damit das Mit- oder Gegenregieren der Verfassungsgerichte als Vetospieler im politischen System⁸⁸ als wichtiges Novum bei der Ausübung von Macht nach dem Zweiten Weltkrieg,⁸⁹ verstärkt nach 1989,⁹⁰ gelten. Gerade auch bei wahlentscheidenden Themen wie Klimaschutz⁹¹

---

⁸⁷ Vgl. zur Diskussion um den Anteil des Bundesverfassungsgerichts an der Staatsleitung *Klaus Schlaich* Die Verfassungsgerichtsbarkeit im Gefüge der Staatsfunktionen, VVDStRL 39 (1981), 99 (116), der für die 80er Jahre die „manchmal schon führende ‚staatsleitende' Stellung" als „ein Stück Kompensation für den tiefergreifenden Mangel an demokratischer Tradition und an Einübung der Demokratie in Deutschland" interpretiert, sich dennoch aber dagegen verwahrt, aus der Beschreibung dogmatische und normative Rückschlüsse zu ziehen; ebenso zurückhaltend *Christoph Möllers* Legalität, Legitimität und Legitimation des Bundesverfassungsgerichts, in: ders./Jestaedt/Lepsius/Schönberger (Fn. 51), 281 (359), der darauf abstellt, dass das Gericht keine eigene Agenda definiere und keine politischen Handlungsspielräume ausgestalte; anders *Florian Meinel* (Das Bundesverfassungsgericht in der Ära der Großen Koalition: Zur Rechtsprechung seit dem LissabonUrteil, Der Staat 60 [2021], 43), der im Bundesverfassungsgericht einen „Protagonisten einer verfassungspolitischen Agenda", „in deren Zentrum die Neutralisierung der parlamentarischen Mehrheitsherrschaft steht", sieht; aus der älteren Literatur die Staatsleitungsfunktion des Bundesverfassungsgerichts bejahend *Leisner* Regierung (Fn. 36), 728; vgl. zur Rolle des US Supreme Court als „national policy-maker" *Robert A. Dahl* Decision-Making in a Democracy: The Supreme Court as a National Policy-Maker, J Pub L 6 (1957), 279 (281): „It must [...] choose among controversial alternatives of public policy by appealing to at least some criteria of acceptability on questions of fact and value that cannot be found in or deduced from precedent, statute, and Constitution."
⁸⁸ Vgl. *George Tsebelis* Veto Players – How Political Institutions Work, 2002, 222 ff.
⁸⁹ Vgl. die auf einem Rechtsvergleich zwischen dem deutschen, französischen, spanischen und italienischen System beruhende These von *Alec Stone Sweet* (Governing with Judges – Constitutional Politics in Europe, 2000, 31), es habe sich aufgrund der Verfassungsrechtsprechung nach 1945 ein „new constitutionalism" herausgebildet; vgl. auch *Tom Ginsburg* The Global Spread of Constitutional Review, in: Keith Whittington/Daniel Kelemen/Gregory Caldeira (Hrsg.) Oxford Handbook of Law and Politics, 2008, 81; *Ran Hirschl* Towards Juristocracy – The Origins and Consequences of the New Constitutionalism, 2004, 2011 ff.
⁹⁰ Vgl. *Georg Brunner* Die neue Verfassungsgerichtsbarkeit in Osteuropa, ZaöRV 53 (1993), 819 (826 ff.): „Siegeszug der Verfassungsgerichtsbarkeit nach der politischen Wende"; vgl. auch *Wojciech Sadurski* Constitutional Justice, East and West: Introduction, in: ders. (Hrsg.) Constitutional Justice, East and West – Democratic Legitimacy and Constitutional Courts in Post-Communist Europe in a Comparative Perspective, 2002, 1.
⁹¹ Vgl. z.B. Beschwerden gegen die Klimapolitik der Regierung stattgebend: Oberster Gerichtshof von Lahore (Pakistan), Urt. v. 25.1.2018, Ashgar Leghari v Federation of Pakistan, (2015) W.P. No. 25501/2015; Hoge Raad der Nederlanden, Urt. v. 20.12.2019, 19/00135, NL:HR:2019:2007 – Urgenda; Supreme Court of Ireland, Urt. v. 31.7.2020, Friends of the Irish Environment v The Government of Ireland, Appeal No. 205/19; High Court of New Zealand, Urt. v. 2.9.2017, Thomson v Minister for Climate Change Issues, [2017] NZHC 733; Tribunal Administratif de Paris, Entsch. v. 3.2.2021 und 14.10.2021, Notre Affaire à Tous v France, Nos. 1904967, 1904968, 1904968, 1904972, 1904976/4-1; BVerfG, NJW

und dem Schutz sexueller Minderheiten[92] haben verschiedene Gerichte weltweit – oftmals aufeinander Bezug nehmend[93] – grundsätzliche Richtungsänderungen, bewusst abweichend vom Willen des Gesetzgebers,[94] herbeigeführt.

2021, 1723 – Klimaschutz; nicht stattgebend: US Ninth Circuit Appeal Court, Urt. v. 17.1.2020, Juliana v United States, No. 18-36082; Tribunal de première instance francophone de Bruxelles (Belgien), Urt. v. 17.6.2021, 2015/4585/A; Supreme Court of Norway, Urt. v. 22.12.2020, Greenpeace Nordic Ass'n v Ministry of Petroleum and Energy, HR-2020-2472-P, No. 20-051052SIV-HRET; Schweizerisches Bundesgericht, Urt. v. 5.5.2020, 1C_37/2019; die Entscheidungen sind über die Website <www.climatecasechart.com> abrufbar.

[92] Vgl. die Rechtsprechung des Bundesverfassungsgerichts zur Gleichstellung von gleich- und gemischtgeschlechtlichen Partnerschaften/Ehen in allen Lebensbereichen BVerfGE 124, 199; 126, 400; 131, 239; 132, 179; 133, 59; 133, 377; vgl. die Entscheidung des Südafrikanischen Verfassungsgerichts vom 1.12.2005, in der dem Gesetzgeber eine Frist von einem Jahr zur Implementierung gesetzt wird (Constitutional Court of South Africa, Urt. v. 1.12.2005, Minister of Home Affairs v Fourie, CCT 60/04); vgl. die Entscheidung des US Supreme Court, in der die demokratietheoretische Problematik der Rechtssetzung durch das Gericht in diesem Zusammenhang explizit diskutiert wird (US Supreme Court, Obergefell v Hodges, 576 U.S. 644 [2015], Justice Kennedy delivering the opinion of the Court, ebd., IV 676 f.); vgl. auch die Entscheidungen des Kolumbianischen Verfassungsgerichts, die nach dem Verstreichen einer Frist für den Erlass eines Gesetzes gleichgeschlechtliche Ehen ab einem bestimmten Zeitpunkt für gültig erklären: Corte Constitucional de Colombia, Urt. v. 26.6.2011, Sentencia C-577/11 de 2011; Urt. v. 28.4.2016, Sentencia SU214/16 de 2016; weitere Entscheidungen gibt es etwa für Kanada mit dem Ontario Superior Court of Justice, Urt. v. 12.7.2002, Halpern v Canada (A.G.), 60 OR (3d) 312 (Div. Ct.), <https://www.canlii.org/en/on/onscdc/doc/2002/2002canlii42749/2002canlii42749.pdf> (Stand 10.1.2022); Brasilien (Conselho Nacional de Justiça, Urt. v. 14.5.2013, Resolução No. 175); Indien (Supreme Court of India, Urt. v. 6.9.2018, Navtej Johar v Union of India, Writ Petition (Criminal) No. 76 of 2016); und Mexiko (Suprema Corte de Justicia de la Nación, Urt. v. 19.6.2015, No. 25680, <https://sjf.scjn.gob.mx/SJFSem/Paginas/DetalleGeneralScroll.aspx?id=25680&Clase=DetalleTesisEjecutorias> [Stand 24.8.2021]).

[93] Vgl. dazu *Christoph Tometten* Die Ehe für alle als Ausfluss der Menschenwürde. Anmerkungen zum Urteil des Verfassungsgerichtshofs von Kolumbien, VRÜ 50 (2017), 75 mit Nachweisen zu rechtsvergleichenden Bezügen; zur weltweiten Ausstrahlungswirkung einzelner Klimaschutzentscheidungen vgl. *Suryapratim Roy/Edwin Woerdman* Situating Urgenda v the Netherlands Within Comparative Climate Change Litigation, J Energy Nat Resour Law 34 (2016), 165 (177 ff.); *Jaap Spier* „The 'Strongest' Climate Ruling Yet": The Dutch Supreme Court's Urgenda Judgment, NILR 67 (2020), 319 (336 ff.).

[94] Dies rechtfertigend *Masing* Bundesverfassungsgericht (Fn. 85), § 15 Rn. 146, der argumentiert, in der Bevölkerung noch nicht akzeptierte Entwicklungen müssten „um des Rechts willen – etwa von Minderheiten" – durchgesetzt werden; vgl. auch die Begründungen in den Fällen zur Suizidhilfe einerseits des Bundesverfassungsgerichts (BVerfGE 153, 182 [266]), nach dessen Ansicht die existentielle Bedeutung des in Frage stehenden Rechts dem Gesetzgeber „strenge Bindungen bei der normativen Ausgestaltung eines Schutzkonzepts" auferlege, andererseits des Österreichischen Verfassungsgerichtshofs (Urt. v. 11.12.2020, G 139/2019-71), wonach ein rechtspolitischer Gestaltungsraum zu verneinen

b) Mitregieren durch Kontrolle

Aber auch wenn Verfassungsgerichtsbarkeit heute – in den Worten von *Matthias Jestaedt* – „Grundausstattung eines Verfassungsstaates" ist,[95] bedeutet dies nicht, dass alle mit Verfassungskontrolle beauftragten Gerichte[96] in gleicher Weise „mitregieren" und die für Staat und Gesellschaft richtunggebenden Entscheidungen selbst treffen oder entscheidend beeinflussen würden. Die Spannbreite von einem „Hüter der Verfassung" im Kelsen'schen Sinne, „der Sicherheit dafür schafft, dass Rechtsschranken nicht überschritten werden",[97] bis zu einem „entgrenzten Gericht",[98] das für sich eine „maßstabsetzende Gewalt" beansprucht und dessen Rechtsprechung zu „Politikverdrängung" führen kann,[99] ist weit.[100]

Inwieweit richterliches (Mit-)Entscheiden dem Narrativ eines den politischen Prozess *de facto* dominierenden „Gouvernement des Juges"[101] entspricht, hängt von der jeweiligen juristischen Infrastruktur, damit vor allem von den konkreten Kompetenzzuweisungen und – in starkem

---

sei mit Blick darauf, dass die Entscheidung „ganz wesentlich das Selbstbestimmungsrecht des Einzelnen" betreffe.

[95] *Jestaedt* Bundesverfassungsgericht (Fn. 51), 105.

[96] Dies können im System der konzentrierten Verfassungsgerichtsbarkeit auf Verfassungskontrolle spezialisierte Gerichte und im System der diffusen Verfassungsgerichtsbarkeit grundsätzlich alle Gerichte sein; vgl. zu den unterschiedlichen Systemen *Georg Brunner* Der Zugang des Einzelnen zur Verfassungsgerichtsbarkeit im europäischen Raum, JöR 50 (2002), 191.

[97] *Hans Kelsen* Wer soll der Hüter der Verfassung sein? – Abhandlungen zur Theorie der Verfassungsgerichtsbarkeit in der pluralistischen, parlamentarischen Demokratie, in: Robert Chr. van Ooyen (Hrsg.) 2. Aufl. 2019, 58.

[98] Vgl. den Titel des Buches von *Jestaedt/Lepsius/Möllers/Schönberger* Das entgrenzte Gericht (Fn. 51); konkret zur „Entgrenzung" *Möllers* Bundesverfassungsgericht (Fn. 87), 406 ff. mit Blick auf die „Bindung an eigene Maßstäbe" anstelle der „Bindung an Recht".

[99] In diesem Sinne affirmativ *Oliver Lepsius* Die maßstabsetzende Gewalt, in: ders./Jestaedt/Möllers/Schönberger (Fn. 51), 174.

[100] Vgl. die These von *Masing* (Bundesverfassungsgericht [Fn. 85], § 15 Rn. 1), das Bundesverfassungsgericht sei „eines der mächtigsten Verfassungsgerichte der Welt – vielleicht zurzeit dasjenige, das innerstaatlich die einflussreichste Stellung überhaupt hat"; *Ewald Wiederin* (Entgrenzung der Verfassungsgerichtsbarkeit?, BayVBl 2020, 583 [584]) spricht bewusst polemisch beim Bundesverfassungsgericht von einer „totale[n] Verfassungsgerichtsbarkeit", um diesen Befund aber mit Blick auf vielfache rechtliche Begrenzungen gleich wieder zu relativieren; zu einem rechtsvergleichenden Ansatz vgl. *Sascha Kneip* Rolle und Einfluss des Bundesverfassungsgerichts in international vergleichender Perspektive, ZfP 60 (2013), 72.

[101] Die Kritik an einem „Gouvernement des Juges" oder an einem „Richterstaat" knüpft vor allem an dem Element der Dominanz der Richtenden, der Intransparenz des Entscheidungsprozesses und dem Spannungsverhältnis zum Demokratieprinzip an (vgl. die Nachweise oben Fn. 78).

Maße – von der Verfassungsrechtskultur,[102] ab. Verfassungsgerichtliche Machtausübung[103] hat dabei eine grundsätzlich doppelte Stoßrichtung: das Entscheiden, wer entscheidet,[104] und das Durchentscheiden.[105] Paradox bei der Herausbildung eines „Gouvernement des Juges" ist, dass mit dem Verweis, das Recht zu schützen, die Gerichte geltendes Recht bei der Neudefinition ihrer Rolle gerade nicht beachtet, sondern eigeninitiativ verändert haben[106] – die Entwicklungslinie beginnt bei Marbury v Madison,[107] als Richter das Recht, Gesetze an der Verfassung kontrollieren zu dürfen, erfanden, und reicht bis zur eigenmächtigen Definition eines neuen Grundrechtskontrollmaßstabs durch das Bundesverfassungsgericht.[108] Auch mit

---

[102] Dazu gehören eine Vielzahl von „weichen" Faktoren, wobei im vorliegenden Kontext vor allem das (Selbst-)Verständnis von der Richterrolle im staatlichen System, die Methodik der Auslegung des Rechts und die Bedeutung der rechtsstaatlichen und demokratischen Tradition für die Entscheidungsfindung relevant sind; vgl. dazu *Andreas Voßkuhle* Karlsruhe Unlimited? Zu den (unsichtbaren) Grenzen der Verfassungsgerichtsbarkeit, BayVBl 2020, 577; zur Verfassungsrechtskultur *Werner Gephart/Jan C. Suntrup* (Hrsg.) Dynamics of Constitutional Cultures – The Cultural Manifestation and Political Force Field of Constitutionalism, 2021.

[103] Vgl. in diesem Zusammenhang auch die Definition *Webers* von Politik (Politik als Beruf [Fn. 22]), 506.

[104] In dieser Funktion sind die Verfassungsgerichte Schiedsrichter im Verhältnis der verschiedenen Verfassungsorgane zueinander oder auch mit Blick auf die Kompetenzverteilung innerhalb der Verfassungsorgane; Prototyp eines „Entscheidens, wer entscheidet", wären die Entscheidungen des UK Supreme Court zur Rolle von Regierung und Parlament bei der Implementierung des Brexit (dazu unten Fn. 113) oder die Entscheidungen des Bundesverfassungsgerichts im Organstreitverfahren.

[105] Von „Durchentscheiden" kann man sprechen, wenn Verfassungsgerichte konkrete inhaltliche Vorgaben für eine auf Staat oder Gesellschaft als Ganze bezogene Frage machen, etwa (negativ), indem sie mit der Verfassungswidrigkeitserklärung eines Gesetzes eine bestimmte vom Gesetzgeber gewählte Lösung ausschließen, oder (positiv), indem sie mit einer bestimmten Auslegung der Verfassung eine oder mehrere Lösungen vorgeben; Prototyp eines „Durchentscheidens" wäre die Entscheidung des Bundesverfassungsgerichts zur Suizidhilfe (BVerfGE 153, 182). Für das britische System gilt diese Form des „Durchentscheidens" als ausgeschlossen; vgl. dazu die Erklärung des UK Supreme Court in R (Miller) v Secretary of State for Exiting the European Union („Miller I"), [2017] UKSC 5, 43: „It was famously summarised by Professor Dicey as meaning that Parliament has 'the right to make or unmake any law whatsoever; and further, no person or body is recognised by the law as having a right to override or set aside the legislation of Parliament' […]."

[106] Vgl. dazu *Dietrich Herrmann* Akte der Selbstautorisierung als Grundstock institutioneller Macht von Verfassungsgerichten, in: Hans Vorländer (Hrsg.) Die Deutungsmacht der Verfassungsgerichtsbarkeit, 2006, 141 (157 ff.); *Möllers* Bundesverfassungsgericht (Fn. 87), 330 ff.; *Alec Stone Sweet* The Juridical Coup d'État and the Problem of Authority, GLJ 2007, 915.

[107] US Supreme Court, Marbury v Madison, 5 U.S. 137 (1803).

[108] Vgl. BVerfGE 152, 216 – Recht auf Vergessen II; *Meinel* (Bundesverfassungsgericht [Fn. 87], 96) nennt die Neubestimmung des Maßstabs – *Schmitt* zitierend – einen „apokryphe[n] Souveränitätsakt". Ähnliches gilt für die mit der „Integrationsverantwor-

1. Regieren: Staatliche Systeme im Umbruch?

den jüngsten Entscheidungen zum Klimaschutz nehmen manche Gerichte eine ihnen *de lege lata* nicht zugedachte Rolle als gesellschaftliche Kümmerer bei alle betreffenden und auf die Zukunft bezogenen Fragen ein,[109] bei der es schwer ist, eine Lösung für die „counter-majoritarian difficulty" zu finden,[110] es sei denn, man gesteht den zukünftigen Generationen oder der Natur und Umwelt selbst einen gegen die Mehrheit zu verteidigenden Minderheitenstatus zu.[111] Im Übrigen haben auch die Entscheidung des französischen Conseil Constitutionnel, für Grundrechtsschutz zuständig zu sein,[112] sowie die Entscheidungen des Britischen Supreme

---

tung" ermöglichte Jedermannskontrolle (BVerfGE 89, 155 [171 ff.] – Maastricht; 123, 267 [330 ff.] – Lissabon-Vertrag); nach *Meinel* Bundesverfassungsgericht (Fn. 87), 63 „substituiert" Art. 38 Abs. 1 GG „mittlerweile weitgehend die fehlende unmittelbare Demokratie auf Bundesebene"; zu den Legalitäts- und Legitimitätsproblemen in diesem Zusammenhang instruktiv *Möllers* Bundesverfassungsgericht (Fn. 87), 328 ff.; weitere Gerichtsentscheidungen, die als „Selbstautorisierung" angesprochen werden, sind die Entscheidung des Israelischen Obersten Gerichts (Urt. v. 9.11.1995, Mizrahi Bank v Migdal Village, CA 6821/93 [1995]) und des Indischen Obersten Gerichts (Urt. v. 24.4.1973, Kesavananda Bharati v State of Kerala, 4 SCC 225 [1973]).

[109] Für die Gegenwart zu kritisieren ist in der Regel nur das Unterlassen von Freiheitsbeschränkungen, nicht aber, dass sie zu weit gingen; potentiell zu weit gehende Freiheitsbeschränkungen werden erst in der Zukunft gesehen; vgl. *Michael Sachs* Grundrechte: Klimawandel, JuS 2021, 708 (710).

[110] Der Begriff stammt von *Alexander M. Bickel* The Least Dangerous Branch – The Supreme Court at the Bar of Politics, 1. Aufl. 1962, 16; zu den einerseits auf das Ergebnis, andererseits auf das Verfahren bezogenen Argumenten gegen „judicial review" vgl. *Jeremy Waldron* The Core of the Case Against Judicial Review, Yale Law J 2006, 1346; vgl. dazu *Dieter Grimm* Neue Radikalkritik an der Verfassungsgerichtsbarkeit, Der Staat 59 (2020), 321.

[111] In diesem Sinne *Olivier van Geel* Urgenda and Beyond: The Past, Present and Future of Climate Change Public Interest Litigation, Maastricht University Journal of Sustainability Studies 3 (2017), 56 (57), der davon ausgeht, es gehe um die Verteidigung derer „with no voice" (ebd., 58); zu den legitimationstheoretischen Problemen vgl. auch *Maurits Helmich* Restraint as a Source of Judicial "Apoliticality" – A Functional Reconstruction, NJLP 49 (2020), 179; *Heather Colby/Ana S. Ebbersmeyer/Lisa M. Heim/Marthe Kielland Røssaak* Judging Climate Change: The Role of the Judiciary in the Fight Against Climate Change, Oslo Law Rev 7 (2020), 168 (170 ff.); *Kars J. de Graaf/Jan H. Jans* The Urgenda Decision: Netherlands Liable for Role in Causing Dangerous Global Climate Change, J Environ Law 27 (2015), 517 (523 ff.); *Gerhard van der Schyff* The Urgenda Case in the Netherlands on Climate Change and the Problems of Multilevel Constitutionalism, Const Rev 6 (2020), 210; *Ingrid Leijten* Human Rights v. Insufficient Climate Action: The Urgenda Case, NQHR 37 (2019), 112.

[112] Nach dem von *Charles de Gaulle* durchgesetzten Verfassungsdesign wurde der Conseil Constitutionnel nicht als eigenständiges Verfassungsgericht geschaffen, sondern sollte vielmehr die Dominanz der Exekutive gegenüber einem schwachen Parlament sicherstellen („arme contre la déviation du régime parlementaire", so der ehemalige Justizminister *Michel Debré* 1958, zitiert nach *Bernard Stirn/Yann Aguila* Droit public français et européen, 3. Aufl. 2021, 794). Mit seiner Entscheidung Nr. 71-44 DC v. 16.7.1971 – Contrat

Court zur Rolle des Parlaments bei der Umsetzung des Brexit[113] etwas Selbstermächtigendes.

Das Besondere aber ist, dass die von den Richtern definierten Neuansätze im politischen Prozess in aller Regel akzeptiert[114] und in der Folge institutionalisiert und in den politischen Prozess als unverrückbare Größen integriert werden.[115] Dynamisierend sind der internationale Wettbewerb und

---

d'association behauptete der Conseil Constitutionnel aber seine Unabhängigkeit und beanspruchte das Recht, die Grundrechtskompatibilität von Gesetzen zu überprüfen; damit machte er sich selbst zum Wächter der in die Verfassung über die Präambel integrierten Erklärung der Menschen- und Bürgerrechte aus dem Jahr 1789; vgl. dazu *Stirn/Aguila* Droit public (Fn. 112), 793 ff.; *Stone Sweet* Governing with Judges (Fn. 89), 41; *Olivier Jouanjan* Verfassungsrechtsprechung in Frankreich, in: IPE VI – Verfassungsgerichtsbarkeit in Europa: Institutionen, 2016, § 99 Rn. 22 ff.

[113] UK Supreme Court, R (Miller) v Secretary of State for Exiting the European Union („Miller I"), [2017] UKSC 5: Austritt des Vereinigten Königreichs aus der EU nur nach Zustimmung des Parlaments und nicht durch die alleinige Entscheidung der Regierung aufgrund ihrer „royal prerogative"; vgl. dazu *Mark Elliott* (The Supreme Court's Judgment in Miller: in Search of Constitutional Principle, Camb Law J 76 [2017], 257), der die Berechtigung des Gerichts, die Frage zu entscheiden, zwar anerkennt, das Urteil der Mehrheit aber als „inchoate instinctualism" (ebd., 288) kritisiert; vgl. auch *Alison Young* Miller and the Future of Constitutional Adjudication, in: Mark Elliott/Jack Williams/Alison Young (Hrsg.) The UK Constitution after Miller – Brexit and Beyond, 2018, 277, die eine neue Rolle des UK Supreme Court als Verfassungsgericht konstatiert; UK Supreme Court, R (Miller) v Prime Minister („Miller II"), [2019] UKSC 41: Nichtigkeit der Suspendierung („prorogation") des Parlaments durch den Premierminister; vgl. dazu *Mark Elliott* Constitutional Adjudication and Constitutional Politics in the United Kingdom: The Miller II Case in Legal and Political Context, EuConst 16 (2020), 625 (643), der das Urteil positiv bewertet; dagegen *Richard Ekins/Stephen Laws* The Supreme Court Has Done Lasting Damage to Our Constitution, Prospect Magazine v. 4.10.2019, nach deren Meinung „the radical legal intervention in high politics" durch nichts gerechtfertigt sei; zu den politischen Reaktionen vgl. *Sam Shirazi* The U.K.'s Marbury v. Madison: The Prorogation Case and How Courts Can Protect Democracy, Univ Ill Law Rev 2019, 108 (115), die so weit gingen, eine Abschaffung des UK Supreme Court zu fordern.

[114] Vgl. z.B. der Erlass des European Union (Notification of Withdrawal) Bill 2017, HC Bill [132] (UK) als unmittelbare Reaktion auf die Entscheidung des UK Supreme Court, R (Miller) v Secretary of State for Exiting the European Union („Miller I"), [2017] UKSC 5; Verabschiedung des Ersten Gesetzes zur Änderung des Bundes-Klimaschutzgesetzes v. 18.8.2021 (BGBl I 3905) als unmittelbare Reaktion auf die Entscheidung des Bundesverfassungsgerichts zum Klimaschutz (BVerfG, NJW 2021, 1723).

[115] Vgl. z.B. die gesetzliche Bestätigung des Status des Bundesverfassungsgerichts in § 1 Abs. 1 BVerfGG; vgl. die Änderung der französischen Verfassung vom 29.10.1974, mit der die inhaltlich erweiterte Kontrollmöglichkeit des Conseil Constitutionnel auch prozedural nachgezeichnet und der Opposition ein eigenständiges Antragsrecht eingeräumt wird (vgl. dazu *Stirn/Aguila* Droit public [Fn. 112], 794 f.); die Prüfung der Verfassungswidrigkeit von Gesetzen ist in den USA seit Marbury v Madison konstitutiver Bestandteil des Verfassungssystems; vgl. dazu *Paul W. Kahn* The Reign of Law – Marbury v. Madison and

1. Regieren: Staatliche Systeme im Umbruch?   31

Nachahmungseffekt, inhärent im so genannten „Dialog der Gerichte",[116] in den auch internationale Gerichte wie insbesondere der Europäische Gerichtshof für Menschenrechte und der Gerichtshof der Europäischen Union einbezogen sind[117] – ein Phänomen, das ein eigenständiges Narrativ zur Beschreibung von Machtverlagerungen bildet.[118]

Aber es gibt auch Gegenbewegungen. So haben auch das Türkische,[119] das Polnische[120] und das Ungarische Verfassungsgericht[121] – inspiriert von

---

the Construction of America, 1997, der in der Entscheidung den juristischen Gründungsmythos der USA und den Übergang von „revolution" zu „rule of law" sieht.

[116] Urheber des Ausdrucks „Dialog der Gerichte" ist *Bruno Genevois*, der diesen in seinen Schlussfolgerungen im Urteil des Conseil d'Etat vom 6.12.1978, Ministère de l'Intérieur v Cohn-Bendit, No. 11604 verwendet hat: „À l'échelon de la Communauté européenne, il ne doit y avoir ni gouvernement des juges, ni guerre des juges. Il doit y avoir place pour le dialogue des juges." Vgl. *Régis de Gouttes* Le dialogue des juges, <https://www.conseil-constitutionnel.fr/nouveaux-cahiers-du-conseil-constitutionnel/le-dialogue-des-juges> (Stand 28.8.2021). Der Begriff wurde aufgegriffen von *Andreas Voßkuhle* Der europäische Verfassungsgerichtsverbund, NVwZ 2010, 1 (8); *ders.* Multilevel Cooperation of the European Constitutional Courts – Der Europäische Verfassungsgerichtsverbund, EuConst 6 (2010), 175; ähnlich *Anne Marie Slaugther*, die von „transjudicial communication" spricht (A Typology of Transjudicial Communication, U Rich L Rev 29 [1994], 99 [103–112]) sowie von einer „global community of courts" (A Global Community of Courts, Harv Int Law J 44 [2003], 191).

[117] Für den Europäischen Gerichtshof für Menschenrechte: *Carla M. Zoethout* The European Court of Human Rights and Transnational Judicial Dialogue, ICL Journal 9 (2017), 398; für den Gerichtshof der Europäischen Union: *Allan Rosas* The European Court of Justice in Context: Forms and Patterns of Judicial Dialogue, EJLS 1 (2007), 1 (6–14); *Koen Lenaerts* Human Rights Protection Through Judicial Dialogue between National Constitutional Courts and the European Court of Justice, in: André Alen/Veronique Joosten/Riet Leysen/Willem Verrijdt (Hrsg.) Libera e cogitationes – Liber amicorum Marc Bossuyt, 2013, 367.

[118] Die dynamische Interpretation von internationalen (Menschenrechts-)Verträgen führt zu demokratischen Legitimationsdefiziten (s.o. Fn. 79); sehr kritisch *Jonathan Sumption* Trials of the State – Law and the Decline of Politics, 2019, der Richterrecht zu Menschenrechten ohne legitimierende politische Debatte als Charakteristikum eines „totalitären Staates" ansieht (ebd., 50); für eine Gegenposition *Alec Stone Sweet* A Cosmopolitan Legal Order: Constitutional Pluralism and Rights Adjudication in Europe, Global Constitutionalism 1 (2012), 53.

[119] *Varol* Authoritarianism (Fn. 61), 348 ff. mit Verweis auf Entscheidungen zur Reduzierung der öffentlichen Gelder für die AKP sowie die Verfassungswidrigkeitserklärung einer verfassungsrechtlichen Neuregelung zu religiösen Symbolen.

[120] Zur „transformatorischen Rolle" des polnischen Verfassungsgerichts in den 90er Jahren: *Piotr Tuleja* Der polnische Verfassungsgerichtshof, in: IPE VI (Fn. 112), § 103 Rn. 5 ff., 96.

[121] Vgl. zu der teilweise gegen den Willen der Bevölkerung gerichteten Rechtsprechung des ungarischen Verfassungsgerichts, etwa das Urteil zum Rückwirkungsverbot, mit dem die Bestrafung der Verbrechen während des kommunistischen Regimes unmöglich wurde *Christian Boulanger* Europeanization Through Judicial Activism? The Hungarian Constitutional Court's Legitimacy and the "Return to Europe", in: Wojciech Sadurski (Hrsg.) Sprea-

ausländischen Modellen[122] – in ihrer Frühphase dem Narrativ des „Gouvernement des Juges" entsprochen und aktiv auf Gesetzgebung und Regierung eingewirkt. Mit Verfassungs- und Verfassungsgerichtsgesetzänderungen, Court Packing und der Berufung regierungsloyaler Richter wurde dem ein Ende gesetzt;[123] die Verfassungsgerichtsreformen waren Menetekel der Systemumbrüche.[124] Aus Vetospielern der Regierungen wurden Katalysatoren der Regierungspolitik, von *Wojciech Sadurski* als „governmental enabler[s]" bezeichnet.[125] Es sind nun diese Gerichte, die von der Regie-

---

ding Democracy and the Rule of Law – The Impact of EU Enlargement on the Rule of Law, Democracy and Constitutionalism in Post-Communist Legal Orders, 2006, 263 (271 f.); *Herbert Küpper* Die Justizreform in Ungarn, OstEurR 1998, 253; *Lázlo Sólyom* Die ungarische Perspektive – Die Rolle des ungarischen Verfassungsgerichts im Stabilisierungsprozeß der jungen Demokratie, in: Klaus Stern (Hrsg.) Zukunftsprobleme der Europäischen Union – Erweiterung nach Osten oder Vertiefung oder beides?, 1998, 53; *Christian Boulanger* Vergleichende Verfassungsgerichtsforschung: Konjunkturen verfassungsgerichtlicher Autorität am Beispiel Bundesverfassungsgericht und ungarisches Verfassungsgericht, in: Robert Chr. van Ooyen/Martin H. Möllers (Hrsg.) Handbuch Bundesverfassungsgericht im politischen System, 2. Aufl. 2015, 911.

[122] Die Imitation ausländischer Modelle halten *Krastev/Holmes* Light (Fn. 13) für das konstitutive, zugleich aber das zum Misserfolg der Demokratisierung führende Element der Entwicklung der postkommunistischen Staaten nach 1989.

[123] Vgl. zur Entwicklung in Polen: *Piotr Niezgóka* Justizreform in Polen: Angriff der Exekutive auf die Justiz, NJ 2017, 360; *Anna Śledzińska-Simon* The Rise and Fall of Judicial Self-Government in Poland: On Judicial Reform Reversing Democratic Transition, GLJ 2018, 1839; *Piotr Czarny* Der Streit um den Verfassungsgerichtshof in Polen 2015–2016, OstEurR 2018, 5; *Andrzej Dziadzio* Quis custodiet ipsos custodes? Die Auseinandersetzung um den Verfassungsgerichtshof in Polen (2015–2016), OstEurR 2018, 39; *Wojciech Sadurski* Anti-Constitutional Transformation in Poland: Dimensions, Sources, and Prospects, OstEurR 2018, 624; vgl. zur Entwicklung in Ungarn: *Zoltán Fleck* Changes of the Judicial Structure in Hungary – Understanding the New Authoritarianism, OstEurR 2018, 583; *Viktor Z. Kazai/Ágnes Kovács* The Last Days of the Independent Supreme Court of Hungary, VerfBlog v. 13.10.2020, <https://verfassungsblog.de/the-last-days-of-the-independent-supreme-court-of-hungary/> (Stand 21.8.2021); für die Entwicklung in Polen und Ungarn im Vergleich: *Felix Jacobs/Mareike Wiemker* Instruktive Analyse der Verfassungskrise Polens und Ungarns, OstEurR 2018, 213; vgl. zur Entwicklung in der Türkei *Varol* Authoritarianism (Fn. 61), 348 ff.

[124] *Levitsky/Ziblatt* Democracies (Fn. 4), 94 sehen die Ausschaltung der Verfassungsgerichte als entscheidenden Schritt beim Umbruch demokratischer in autoritäre Systeme an; konkret zu Polen: *Klaus Bachmann* Zur Entwicklung der polnischen Demokratie, APuZ 2018, 9; konkret zu Ungarn: *Gábor Tóth* Macht statt Recht – Deformation des Verfassungssystems in Ungarn, OstEur 2013, 21.

[125] *Wojciech Sadurski* Polish Constitutional Tribunal Under PiS: From an Activist Court, to a Paralysed Tribunal, to a Governmental Enabler, HJRL 11 (2019), 63; vgl. dazu auch *Levitsky/Ziblatt* Democracies (Fn. 4), 156 zur Transformation des Venezolanischen Obersten Gerichts vom „watchdog" zum „lapdog".

rung gewünschte Reformen anstoßen, bekräftigen und sakralisieren, man denke beim Polnischen Verfassungsgerichtshof etwa an das Verfahren zur Abtreibung.[126]

Schwierig in Theorie und Praxis ist bei richterlichem Mitentscheiden, wie weit der eingangs thematisierte Ordnungsanspruch der Verfassung reicht und nicht nur gegenüber der Gesetzgebung, sondern auch gegenüber exekutivischem Regierungshandeln geltend gemacht werden kann.

Der Streit über das „vernünftigerweise überhaupt Verregelbare"[127] wurde prominent zwischen Mehrheit und Minderheit der Richterinnen und Richter im Beschluss des Bundesverfassungsgerichts zum ersten Vorlageverfahren an den Gerichtshof der Europäischen Union ausgefochten, in dem es, wie dann auch im PSPP-Urteil,[128] um die Frage ging, ob auch ein „Hinwirken", ein „geeignete-Vorkehrungen-Treffen" und ein „sich-aktiv-mit-einer-Frage-Auseinandersetzen"[129] als Inhalt einer Rechtspflicht[130] darstellbar[131] und

---

[126] Polnischer Verfassungsgerichtshof, Urt. v. 22.10.2020, Ref. Nr. K 1/20, 22 X 2020 (Verbot von Schwangerschaftsabbrüchen); vgl. auch das Urteil zum Vorrang der polnischen Verfassung vor dem EU-Recht, Polnischer Verfassungsgerichtshof, Urt. v. 7.10.2021, Ref. Nr. K 3/21, 7 X 2021.

[127] Vgl. BVerfGE 134, 366 (Sondervotum Lübbe-Wolff, 421 Rn. 110) – OMT-Beschluss. Das Problem sei die „Unmöglichkeit einer rechtsgeleiteten Bestimmung, zu welchen konkreten Schritten Bundestag und Bundesregierung angesichts einer qualifizierten Verletzung deutscher Souveränitätsrechte verfassungsrechtlich verpflichtet wären" (ebd., 426 f. Rn. 129). Aus der Sicht des ebenfalls dissentierenden Richters *Michael Gerhardt* steht „[d]ie Entscheidung darüber, wie die Bundesrepublik Deutschland auf Souveränitätsverletzungen reagiert, [...] grundsätzlich im politischen Ermessen der zuständigen Verfassungsorgane, namentlich der Bundesregierung und des Bundestages" (BVerfGE 134, 366 [Sondervotum Gerhardt, 433 f. Rn. 143] – OMT-Beschluss).

[128] BVerfGE 154, 17 – PSPP-Programm der EZB.

[129] Vgl. BVerfGE 134, 366 – OMT-Beschluss: „verpflichtet, [...] mit rechtlichen oder mit politischen Mitteln [...] hinzuwirken" (ebd., 395 Rn. 49); „geeignete Vorkehrungen zu treffen, dass die innerstaatlichen Auswirkungen soweit wie möglich begrenzt bleiben" (ebd., 396 Rn. 49); „sich aktiv mit der Frage auseinandersetzen, wie die Kompetenzordnung wiederhergestellt werden kann, und eine positive Entscheidung darüber herbeiführen, welche Wege dafür beschritten werden sollen" (ebd., 397 Rn. 53).

[130] Diese Rechtspflicht wird aus der so genannten „Integrationsverantwortung" abgeleitet, die in der Verfassung zwar nicht explizit genannt, aber in BVerfGE 123, 267 – Lissabon-Vertrag auf der Grundlage von Art. 23 Abs. 1 GG entwickelt wurde; zur Definition der daraus für die Verfassungsorgane erwachsenden Pflicht vgl. BVerfGE 134, 366 (395 Rn. 49) – OMT-Beschluss. Verboten ist danach die Übertragung der Kompetenz-Kompetenz ebenso wie die Unterlaufung der begrenzten Einzelermächtigung (ebd., 395 Rn. 48). Nach BVerfG, NJW 2021, 2187 (2190 Rn. 94) zur Vollstreckungsanordnung im PSPP-Verfahren (BVerfGE 154, 17 – PSPP-Programm der EZB) ist aber eine Verletzung nur gegeben, wenn es an „jeglichen Schutzvorkehrungen fehlt, die getroffenen Regelungen und Maßnahmen offensichtlich ungeeignet oder völlig unzureichend sind oder wenn sie erheblich hinter dem Schutzziel zurückbleiben".

am Grundgesetz messbar wären.[132] Im Ergebnis wurde dies bejaht; angesichts der extraterritorialen Ausdehnung[133] von Schutzpflichten könnte hier in Zukunft eine weite Spielwiese für die Definition unterschiedlich konkreter Maßnahmen sein. Nur selten in seiner Geschichte war das Bundesverfassungsgericht, wie etwa im Schleyer-Beschluss, um eine Antwort verlegen.[134] Auch wenn verfassungsrechtliche Entscheidungsmaßstäbe zur Beurteilung der Handlungsoptionen der Exekutive fehlten, wurde eine „political questions doctrine" nicht explizit anerkannt.[135]

---

[131] Diese Rechtsprechung beruht auf der Prämisse, Regieren sei inhaltlich auch dann, wenn es um Reaktionen auf noch nicht vorhersehbare Situationen gehe, rechtlich bestimmt. Die jeweiligen Reaktionen seien aus sehr allgemein formulierten Prinzipien oder der Gesamtschau des Verfassungstextes ableitbar. Das Verfassungsrecht sei nicht nur ein Maßstab für das positive Tun von Regierung und Parlament, sondern könne im Fall eines Unterlassens auch rechtfertigen, ein positives Tun einzufordern (vgl. auch BVerfGE 6, 257 [264]; 23, 242 [249]; 56, 54 [70 f.]) und dies selbst dann, wenn es – anders als etwa der Erlass eines Gesetzes mit einem bestimmten Inhalt – sich nicht zu einer konkreten Handlungspflicht verdichten ließe und das Ergebnis von der Mitwirkung anderer abhinge.

[132] BVerfGE 142, 123 (LS 3) – OMT-Programm fordert ein „Entgegentreten". Was darunter zu verstehen ist, wird im Einzelnen in Rn. 163 ff. ausgeführt. Diese Rechtsprechung wurde in BVerfGE 154, 17 (150 ff. Rn. 229 ff.) – PSPP-Programm der EZB bestätigt; dabei ist allerdings unklar, ob ein bloßes Tätigwerden oder ein Erfolg geschuldet ist. Heißt es, Bundesregierung und Bundestag seien „aufgrund ihrer Integrationsverantwortung verpflichtet, auf eine Verhältnismäßigkeitsprüfung durch die EZB hinzuwirken" oder sie müssten „ihre Rechtsauffassung gegenüber der EZB deutlich machen" (ebd., 151 Rn. 232), so scheint es zu genügen, etwas zu versuchen. Wird dagegen gefordert, „auf sonstige Weise für die Wiederherstellung vertragskonformer Zustände [zu] sorgen" (ebd., 151 Rn. 232), so ist der Pflicht erst genügt, wenn dieses Ziel auch tatsächlich erreicht ist.

[133] Der Umfang der Geltung der Grundrechte des Grundgesetzes für „im Ausland lebende Ausländer" wurde bisher bewusst offengelassen, das Bundesverfassungsgericht hält sie aber für „nicht von vornherein ausgeschlossen", sondern „prinzipiell denkbar" und „jedenfalls möglich"; vgl. BVerfG, NJW 2021, 1723 (1726 Rn. 101, 1736 Rn. 173 ff.) – Klimaschutz bezogen auf die extraterritoriale Geltung von staatlichen Schutzpflichten; BVerfGE 154, 152 (205 Rn. 61) – BND Ausland-Ausland-Fernmeldeaufklärung bezogen auf die extraterritoriale Geltung von Abwehrrechten; vgl. dazu *Michael Sachs* in: Sachs GG (Fn. 17), Vorb. zu Abschn. I Rn. 20.

[134] BVerfGE 46, 160 (165) – Schleyer; wörtlich heißt es: „Angesichts dieser verfassungsrechtlichen Lage kann das Bundesverfassungsgericht den zuständigen staatlichen Organen keine bestimmte Entschließung vorschreiben. Es liegt in der Entscheidung der Antragsgegner, welche Maßnahmen zur Erfüllung der ihnen obliegenden Schutzpflichten zu ergreifen sind."

[135] Vgl. aber die Rechtsprechung des US Supreme Court, für den, wie in Baker v Carr (369 U.S. 186, 210 [1962]) ausgeführt, ein „lack of judicially discoverable and manageable standards" ein entscheidendes Kriterium für eine „non-justiciable political question" ist; dazu und zum vergleichbaren Ansatz des UK Supreme Court *Jackson Myers* Transatlantic Perspectives on the Political Question Doctrine, Va Law Rev 2020, 1007 (1015 ff.); vgl. dagegen *Andreas Voßkuhle* in: v. Mangoldt/Klein/Starck (Fn. 53), Art. 93 Rn. 53, der auch in „Ermangelung anderweitiger verfassungsrechtlicher Maßstäbe" auf die Möglichkeit

Welche Entscheidungsfreiheit aber verbleibt Regierung und Parlament dann, wenn Ziele und Wege zu den Zielen verfassungsrichterlich vorgegeben werden, wie können sie politische Verantwortung übernehmen?¹³⁶ Entscheidungen wie jene des Bundesverfassungsgerichts zur Integrationsverantwortung suggerieren, dass es beim Regieren nur um eine Auswahl unter verschiedenen Alternativen geht,¹³⁷ so wie man im Navigationssystem, wenn das Ziel einprogrammiert ist, noch zwischen dem kürzesten, dem schnellsten und dem effektivsten Weg wählen kann; der „weite politische Gestaltungsspielraum"¹³⁸ ist deutlich eingeschränkt.¹³⁹ Bei Entscheidungen

---

einer Verfahrens- und Willkürkontrolle von Exekutivakten verweist. Ein weiter Gestaltungsspielraum wird aber im Bereich der auswärtigen Gewalt (BVerfGE 84, 90 [127 f.]; 94, 12 [35]; 118, 244 [259]; 126, 158 [168 ff.]), bei der Verteidigungspolitik (BVerfGE 66, 39 [61 f.]; 68, 1 [97]; 90, 286 [389]) und bei sonstigen politisch bedeutsamen Fragen (BVerfGE 36, 1 [18]; 40, 141 [178 f.]; 55, 349 [364 ff.]; 62, 1 [50 f.]; 114, 121 [155 ff.]) gelassen. In diesem Zusammenhang verweist das Bundesverfassungsgericht auf die Funktionsgrenzen der Rechtsprechung (vgl. z.B. BVerfGE 40, 141 [178] – Ostverträge; 55, 349 [364] – Rudolf Hess) und die Ermangelung rechtlicher Maßstäbe (BVerfGE 68, 1 [2] – Pershing II).

¹³⁶ Vgl. die Gegenargumentation des Bundestages in BVerfGE 129, 124 (153 f.) – Griechenlandhilfe Euro-Rettungsschirm: „Bei allen Rechtmäßigkeitserwägungen sei schließlich zu berücksichtigen, dass es um einen Sachbereich gehe, in dem erhebliche wirtschaftliche und politische Einschätzungs- und Prognosespielräume zu gewähren seien. Verantwortlich für die Währungsstabilität seien Bundestag und Bundesregierung. Das Bundesverfassungsgericht könne den politisch verantwortlichen Akteuren diese Verantwortung nicht durch Auslegung des Verfassungsrechts abnehmen." *Sumption* Trials of State (Fn. 118), 36 spricht von einer „constitutional anomaly", wenn Richter aufgrund vager Normen nach ihren eigenen Präferenzen Entscheidungen treffen, die sie nicht politisch zu verantworten haben: „If judges assert a power to give legal effect to their opinions and values, what is that but a claim to political power without political responsibility?"

¹³⁷ Neben der eher theoretischen, da von allen EU-Mitgliedstaaten mitzutragenden Änderung des Primärrechts wird für die Bundesregierung genannt: eine Klage vor dem Gerichtshof der Europäischen Union, eine Beanstandung der Maßnahme, Weisungen an nachgeordnete Stellen, die Maßnahmen nicht anzuwenden; für den Bundestag wird auf das Frage-, Debatten- und Entschließungsrecht, auf die Subsidiaritätsklage, das Enquêterecht und das Misstrauensvotum verwiesen (BVerfGE 142, 123 [212 Rn. 171] – OMT-Programm); vgl. auch BVerfG, NJW 2021, 2187 (2190 Rn. 92 f.) – Vollstreckungsanordnung im PSPP-Verfahren.

¹³⁸ BVerfGE 125, 39 (78) – Berliner Ladenöffnungszeiten; 142, 123 (207 f. Rn. 163, 169) – OMT-Beschluss; 151, 202 (299 Rn. 148) – Europäische Bankenunion; 154, 17 (89 f. Rn. 109) – PSPP-Programm der EZB; BVerfG, NJW 2021, 2187 (2189 f. Rn. 90) – Vollstreckungsanordnung im PSPP-Verfahren.

¹³⁹ Die Idee des politischen Gestaltungsspielraums zieht sich durch die Literatur zum Regieren, beschrieben mit dem aus dem Verwaltungsrecht stammenden Begriff des „Ermessens" (vgl. *Leisner* Regierung [Fn. 36], 729: „Regierung ist Koordinierung und Kombination vielfachen Ermessens nach einheitlichen Gesichtspunkten, in Richtung auf einheitliche Ziele"; *Kassimatis* Regierung [Fn. 25], 45) oder mit der Betonung des Politi-

zum Klimaschutz, die bei den auf die *ratio* gegründeten Anforderungen an den Gesetzgeber[140] internationale Standards als Bezugspunkt nehmen,[141] bilden an dieser Stelle das Narrativ der Expertokratie, das Narrativ der Internationalisierung des Regierens und das Narrativ des „Gouvernement des Juges" eine Einheit[142] – was internationale Experten sagen, wird umgemünzt in einen Auftrag, dessen Erfüllung ein Gericht von Regierung und Parlament einfordern kann.[143]

---

schen (vgl. *Scheuner* Regierung [Fn. 36], 478: „schöpferische Entscheidung, politische Initiative"); vgl. auch die rechtsvergleichenden Ausführungen bei *Smend* Politische Gewalt [Fn. 26], 70 ff.

[140] Nach Ansicht von *Christoph Möllers/Nils Weinberg* (Die Klimaschutzentscheidung des Bundesverfassungsgerichts, JZ 2021, 1069 (1072) handele das Bundesverfassungsgericht „als Vertreter eines elementaren Gebots praktischer Vernunft, die sich dem im philosophischen Sinne akratischen Gesetzgeber" entgegenstelle.

[141] Vgl. insbesondere Hoge Raad der Nederlanden, Urt. v. 20.12.2019, 19/00135, NL:HR:2019:2007, Rn. 7.1 ff. – Urgenda; BVerfG, NJW 2021, 1723 (1733 Rn. 159 ff., 1742 Rn. 211) – Klimaschutz.

[142] Vgl. *Matthias Goldmann* Judges for Future – The Climate Action Judgment as a Postcolonial Turn in Constitutional Law?, VerfBlog v. 30.4.2021, <https://verfassungsblog. de/judges-for-future/> (Stand 24.9.2021): „the BVerfG's use of IPCC reports resuscitates the functionalist hope in international institutions as havens of rational discourse"; vgl. auch die detaillierte Analyse zu den auf eine „duty of care" anwendbaren Standards *Petra Minnerop* Integrating the „Duty of Care" under the European Convention on Human Rights and the Science and Law of Climate Change, J Energy Nat Resour Law 37 (2019), 149.

[143] Vgl. Hoge Raad der Nederlanden, Urt. v. 20.12.2019, 19/00135, NL:HR:2019:2007, Rn. 7.1 ff. – Urgenda zum Recht der Gerichte, Parlament und Regierung konkrete Mindeststandards zum Klimaschutz vorzugeben: „Under certain circumstances, there may also be such clear views, agreements and/or consensus in an international context about the distribution of measures among countries that the courts can establish what – in accordance with the widely supported views of states and international organisations, which view is also based on the insights of climate science – can in any case be regarded as the State's minimum share" (ebd., Rn. 6.3; zu Gewaltenteilungsfragen unter Rn. 8.1 ff.); anders das Bundesverfassungsgericht, das, obwohl es das Gesetz im Ergebnis teilweise für unvereinbar mit dem Grundgesetz erklärt, Sachverständigenwissen und internationale Vorgaben nicht als eigenständige Größen sieht, sondern sie nur insoweit berücksichtigt, als der Gesetzgeber sie selbst dem Klimaschutzgesetz zugrunde gelegt hat. Der Rückgriff auf Expertenwissen und internationale Standards zur Konkretisierung des verfassungsrechtlichen Maßstabs von Art. 20 a GG wird somit gewissermaßen durch den Gesetzgeber mediatisiert; vgl. BVerfG, NJW 2021, 1723 (1742 Rn. 210): „Dabei ist die gewählte Temperaturschwelle nicht allein Ausdruck des politisch aktuell Gewollten, sondern auch als Konkretisierung gerade des verfassungsrechtlich gebotenen Klimaschutzes zu verstehen. Dafür spricht vor allem, dass es sich bei dem in § 1 Abs. 3 KSG genannten Klimaschutzziel um die international vereinbarte Temperaturschwelle des Art. 2 Abs. 1 lit. a PA handelt, die der Gesetzgeber bewusst und ausdrücklich als solche zugrunde gelegt hat."

c) *Veränderung demokratischen Entscheidens*

Beteiligen sich Verfassungsgerichte an richtunggebenden Entscheidungen für Staat und Gesellschaft, so verändert sich demokratisches Regieren. Die Bedeutung des Mehrheitsprinzips wird relativiert,[144] auch wenn es paradoxerweise für die richterlichen Entscheidungen selbst ohne Einschränkungen weitergilt[145] und damit das Problem „konkurrierender richtiger" Verfassungsinterpretationen nicht aufgelöst wird.[146] Rechtssetzung wird zum Prozess ohne klaren Abschluss, wenn nachträglich Veränderungen bereits in Kraft getretener Gesetze gefordert und auch die daraufhin erfolgenden Änderungen wieder überprüft werden können.[147] Findet ein Gesetzgebungsprozess erst mit einer Verfassungsmäßigkeitsentscheidung seinen Abschluss, reduziert sich politisches Gestalten letztlich auf einen Syllogismus.[148] Über den Ausschluss bestimmter politischer Optionen zur Lösung gesellschaftlicher Probleme wird der Radius der politischen Gestaltungsalternativen verengt; mit der Dichotomie „verfassungsmäßig" – „verfassungswidrig" wird Regieren in gewisser Weise moralisiert.[149] Demokratie ist grundsätzlich Herrschaft auf Zeit; Entscheidungen können mit Machtwechseln zur Disposition gestellt werden. Verfassungsgerichtsentscheidungen können aber in einzelnen Bereichen Richtungsvorgaben sakralisieren und dem Wandel entziehen, wenn sie sie auf Ewigkeitsgarantien stützen.[150]

---

[144] *Meinel* Bundesverfassungsgericht (Fn. 87), 55.
[145] Vgl. dazu *Wolfgang Ernst* The Fine-Mechanics of Judicial Majoritarianism, in: ders./ Birke Häcker (Hrsg.) Collective Judging in Comparative Perspective – Counting Votes and Weighing Opinions, 2020, 3.
[146] *Helmich* Restraint (Fn. 111), 183.
[147] *Masing* Bundesverfassungsgericht (Fn. 85), § 15 Rn. 122 ff.
[148] *Stone Sweet* Governing with Judges (Fn. 89), 143 f.
[149] Es macht einen Unterschied, ob ein bestimmter Lösungsansatz für ein gesellschaftliches Problem keine Mehrheit im Parlament findet oder für „verfassungswidrig" und damit für argumentativ nicht vertretbar erklärt wird; zum Problem der Moralisierung der Politik vgl. *Dreier* Demokratie (Fn. 79), 79 ff.
[150] Vgl. *Möllers* Bundesverfassungsgericht (Fn. 87), 390: Bereiche der Normativität des Grundgesetzes, „die für immer jeglichem Zugriff des politischen Prozesses entzogen sind"; *Meinel* Bundesverfassungsgericht (Fn. 87), 54: „selbst gegenüber überwältigenden Mehrheitsentscheidungen unempfindliches Modell staatlicher Demokratie"; pointiert *Wiederin* Verfassungsgerichtsbarkeit (Fn. 100), 584: „Wo die Menschenwürde beginnt, dort ist die Demokratie am Ende." Problematisch ist in diesem Zusammenhang insbesondere auch, dass für das Bundesverfassungsgericht selbst im technischen Sinne keine Selbstbindung an seine Entscheidungen gilt; vgl. dazu *Masing* Bundesverfassungsgericht (Fn. 85), § 15 Rn. 120; *Oliver Klein* Zur Frage der Bindung höchster Gerichte an ihre Rechtsprechung, JZ 2018, 64 (66).

Indem Politik rationalisiert wird,[151] verlieren die Mechanismen der politischen Verantwortung an Bedeutung. Tätig werden Entscheider „im Off", die allgemeine Öffentlichkeit wird mit der beschränkten Gerichtsöffentlichkeit vertauscht, die richterlichen Beratungen bleiben geheim.[152] Zugleich eröffnen sich für Bürger mit *de facto* Popularklagen[153] zusätzliche Möglichkeiten, um als Vetospieler der staatlichen Entscheidungsmacht entgegenzutreten, dies allerdings in einem umgekehrt reziproken Verhältnis zu den tatsächlich bestehenden Mehrheiten: es sind gerade die Minderheiten, denen eine Offerte gemacht wird, ihre Agenda prioritär durchzusetzen.[154]

---

[151] Vgl. zu Bedeutung und Problematik des Rationalitätsarguments *Philipp Dann* Verfassungsgerichtliche Kontrolle gesetzgeberischer Rationalität, Der Staat 49 (2010), 630; *Horst Risse* Rechtsprechung und Parlamentsfreiheit – Versuch einer Vermessung der geschützten parlamentarischen Gestaltungs- und Entscheidungsräume, JZ 2018, 71; vgl. *Masing* Bundesverfassungsgericht (Fn. 85), § 15 Rn. 13, der argumentiert, in bestimmten Fällen ginge es nicht mehr nur um eine „Auseinandersetzung über frei verhandelbare Gerechtigkeitsvorstellungen und Haushaltserwägungen"; vielmehr würden „Rationalitätsanforderungen" gestellt, die den Entscheidungen „einen technischen Charakter geben". *Meinel* Bundesverfassungsgericht (Fn. 87), 49 sieht als Folge der entpolitisierenden Rechtsprechung ein neues Modell der Gewaltenteilung, bei dem die Regierung „nicht durch die politische Führung parlamentarischer Mehrheiten legitimiert [ist], sondern durch ein administratives Ethos der Sachlichkeit, Neutralität, Unparteilichkeit und Gemeinwohlverantwortung"; dies entspreche nicht dem demokratischen Prinzip, da die Entscheidungen der Mehrheit „nicht durch die für sie sprechenden Gründe, sondern durch die in demokratischer Wahl auf Zeit errungene Mehrheit selbst legitimiert" seien (ebd., 67); allgemein zum Kontext eines „Rationalitätsversprechens des modernen Staates" vgl. *Voßkuhle* Konzept des rationalen Staates (Fn. 10), 13 f.

[152] Vgl. dazu *Christoph Schönberger* Anmerkungen zu Karlsruhe, in: ders./Jestaedt/Möllers/Lepsius (Fn. 51), 9 (52): „politische Entscheidungen ohne das, was für politische Entscheidungen ansonsten kennzeichnend ist: das freie öffentliche Einstehen, Werben, Rechenschaftgeben und die möglichen Sanktionen im politischen Prozess"; *Möllers*, der von „demokratisch-politischem Output" der Verfassungsgerichte spricht, „der aus einem gerichtlich-juridischen Input hervorgeht" (Bundesverfassungsgericht [Fn. 87], 321); daraus leitet er ein Legitimationsproblem ab; ebd., 318: „Die Verfahrensbeteiligten bringen eine Rechtsfrage vor das Gericht, die potenziell ‚alle' angeht. ‚Alle' werden aber nicht am Verfahren beteiligt."

[153] So mit Blick auf den Klimabeschluss des Bundesverfassungsgerichts *Möllers/Weinberg* (Klimaschutzentscheidung [Fn. 140], 1069 [1074]), die der Meinung sind, „dass es dem Senat nicht gelingt, den nicht nur politisch bedeutsamen, sondern eben auch verfassungsrechtlich relevanten Gegenstand des Verfahrens in die Form des Individualrechts zu pressen".

[154] Vgl. in diesem Zusammenhang die Bedeutung strategischer Prozessführung, die erfolgreich zur Durchsetzung von Positionen eingesetzt werden kann, die im demokratischen Prozess kein Gehör fänden; vgl. dazu *Alexander Graser/Christian Helmrich* (Hrsg.) Strategic Litigation – Begriff und Praxis, 2019; speziell zu Klimaschutzklagen *van Geel* Urgenda (Fn. 111), 57 ff.

Eine derartige Verrechtlichung[155] des Politischen[156] ist nicht das unentrinnbar vorbestimmte Schicksal eines Verfassungsstaates mit einer starken Verfassungsgerichtsbarkeit; dafür müssen sehr viele Weichen sehr bewusst gestellt werden.[157] Wenn in Le Monde „A Karlsruhe, [...], des juges audessus de tout" (in Karlsruhe stehen die Richter über allem) getitelt wird, ist das nicht als nachahmenswert gemeint.[158] Die Auseinandersetzung um den von dem ehemaligen Richter am Britischen Supreme Court *Jonathan Sumption* beschworenen „Untergang der Politik"[159] wird in der Gegenwart zu einer politischen Glaubens- und Systemabgrenzungsfrage. Sie ist untrennbar mit dem Demokratieverständnis verbunden,[160] in der aktuellen Debatte auf den Punkt gebracht vom Schweizerischen Bundesgericht, wenn es in seinem Klimaschutz-Urteil schreibt, der Klimaschutz sei „nicht auf dem Rechtsweg, sondern mit politischen Mitteln durchzusetzen, wozu das schweizerische System mit seinen demokratischen Instrumenten hinreichende Möglichkeiten" eröffne.[161]

---

[155] Zum Begriff der Verrechtlichung *Möllers* Bundesverfassungsgericht (Fn. 87), 310: „Als ,verrechtlicht' wollen wir entsprechend im Folgenden Entscheidungen bezeichnen, die sich nur oder weitgehend auf rechtliche, auf juristische Begründungen berufen, also auf Normen oder Gerichtsentscheidungen. [...] ,politisiert' [...] wenn sie sich mit politischen, also programmatischen Präferenzen rechtfertigen, zu denen es legitime Alternativen gibt und die mit der Absicht einer übergreifenden, auf die Zukunft bezogenen Gesellschaftsgestaltung ergehen."

[156] Aufschlussreich mit Blick auf das Paradoxon einer „politically defined apoliticality" *Helmich* Restraint (Fn. 111), 179; nach *Stone Sweet* Governing with Judges (Fn. 89), 130 ist der Unterschied zwischen dem Politischen und dem Rechtlichen dagegen „little more than academic constructions".

[157] Vgl. einerseits zum proaktiven Ansatz des UK Supreme Court in R (Miller) v Secretary of State for Exiting the European Union („Miller I"), [2017] UKSC 5 und andererseits zum zurückhaltenden Ansatz des US Supreme Court in Rucho v Common Cause (139 S.Ct. 2484 [2019]) *Myers* Transatlantic Perspectives (Fn. 135), 1015 ff.

[158] *Thomas Wieder* A Karlsruhe, en Allemagne, des juges au-dessus de tout, Le Monde v. 12.5.2020, <https://www.lemonde.fr/international/article/2020/05/12/a-karlsruhe-des-juges-au-dessus-de-tout_6039439_3210.html> (Stand 22.8.2021); vgl. auch aus deutscher Sicht kritisch zur „Politikvergessenheit, der Sehnsucht nach konfliktfreien Formen politischen Entscheidens" (*Möllers* Bundesverfassungsgericht [Fn. 87], 297).

[159] *Sumption* Trials of State (Fn. 118).

[160] Vgl. kritisch zum Demokratieverständnis des Bundesverfassungsgerichts (konkret des Zweiten Senats): *Meinel* Bundesverfassungsgericht (Fn. 87), 79, der von einem „Bruch des Bundesverfassungsgerichts mit den Prinzipien der parlamentarischen Demokratie" spricht.

[161] Schweizerisches Bundesgericht, Urt. v. 5.5.2020, 1C_37/2019, Rn. 5.5; vgl. US Ninth Circuit Appeal Court, Urt. v. 17.1.2020, Juliana v United States, No. 18-36082: die Mehrheit spricht von einem „host of complex policy decisions entrusted to the wisdom and discretion of the executive and legislative branches" (ebd., 5).

Mit der Staatsleitung ist es wie beim Bauen – sind Regierung und Parlament die Bauherren und verantwortlich dafür, dass gebaut und der Bau bezahlt wird, ordnet aber die Denkmalschutzbehörde an, was wie zu gestalten ist, bleibt für demokratisches Entscheiden wenig Raum. Dass die Regierten, soweit sie sich ihres Einflusses als vermeintliche Mehrheit beraubt fühlen, ihre Stimme zurückfordern, ist eine erwartbare Konsequenz und Grundlage populistischer Entwicklungen.[162]

2. Machtverschiebung zugunsten der Exekutive

a) Kontrollverlust und Dominanz

Scheinbar unvereinbar mit dem Bild eines zunehmend verrechtlichten Regierens sind Kommentare zum deutschen Regierungssystem von Beobachtern aus der Außenperspektive, die, wie etwa der amerikanische Verfassungsjurist *Russell A. Miller* in einer Studie aus dem Jahr 2021, von „executive extremes" sprechen.[163]

Miller konstatiert Risiken aufgrund eines Verfassungsrahmens, der eine aus seiner Sicht „emboldened and unchecked executive"[164] vorsieht, deutlich etwa bei Reaktionen auf akute Krisen, in denen die Bundesregierung ohne oder nur auf unsicherer Rechtsgrundlage Fakten schaffen kann

---

[162] Vgl. die Argumente für ein „populist constitutional law" in der amerikanischen Debatte; dazu *Grimm* Radikalkritik (Fn. 110), 322 ff.; zum Populismus unter IV. 3.

[163] *Russell A. Miller* Executive Extremes – German Lessons for our Authoritarian Era, JöR 69 (2021), 311; bezogen auf die Flüchtlingspolitik *Angela Merkels* 2015 schreibt er: „Our sympathy for the substance of the Chancellor's policy should not cloud our abstract inquiry into the risks posed by a constitutional framework that envisions such an emboldened and unchecked executive. At least that is the kind of concern stimulating so much commentary on executive power and executive abuses today when the subjects are populists such as Trump, Orban, or Erdogan." „Executive extremes" lassen sich aber auch (oder noch mehr) beim US-amerikanischen Regierungssystem beobachten; nicht umsonst spricht der Historiker *Arthur M. Schlesinger* von „imperial presidency" (The Imperial Presidency, 1973); vgl. dazu auch *Levitsky/Ziblatt* Democracies (Fn. 4), 157; auch das französische Regierungssystem ist nach der Grundkonzeption imperial; vgl. die Aussage von *de Gaulle* am 31.1.1964: „l'autorité indivisible de l'État est confiée tout entière au Président par le peuple qui l'a élu, qu'il n'en existe aucune autre, ni ministérielle, ni civile, ni militaire, ni judiciaire, qui ne soit conférée et maintenue par lui" (zitiert nach *Stirn/Aguila* Droit public [Fn. 112], 30; zu aktuellen Entwicklungen vgl. *Michaela Wiegel* Ein Zuspätkommender? Wie Emmanuel Macron Europa und Frankreich erneuern will, in: Deutsch-Französisches Institut (Hrsg.) Frankreich Jahrbuch 2018 – Das Phänomen Macron und die Krise der Demokratie in Europa, 2019, 79 (85 ff.).

[164] Vgl. das Zitat von *Miller* Executive Extremes (Fn. 163), 329; insbesondere hält er auch die Wesentlichkeitstheorie, die eine Mitwirkung des Parlaments bei den wichtigsten Entscheidungen garantieren soll, für ineffektiv (ebd., 343 f.).

1. Regieren: Staatliche Systeme im Umbruch?

und verfassungsgerichtliche Kontrolle weitgehend ausbleibt.[165] Beispiele wären die Anordnung des Ausschaltens von sechs Atommeilern unmittelbar nach dem Atomunfall im japanischen Fukushima am 11.3.2011,[166] die mündliche Anweisung vom 13.9.2015, Schutzsuchende an den Grenzen nicht zurückzuweisen,[167] oder die in einer gemeinsamen Pressemitteilung vom 16.3.2020 von Bundesregierung und Regierungschefinnen und -chefs der Länder veröffentlichten Leitlinien zur Bekämpfung der Corona-Epidemie.[168] Dass dies nicht nur richtunggebende, sondern herausragend wichtige Entscheidungen waren, wird man kaum in Abrede stellen können;

---

[165] *Miller* Executive Extremes (Fn. 163), 332: „For all its heroic work elevating individual liberty and constraining the state, the German Constitutional Court nevertheless embraces a significant measure of governmental intrusion on individual liberty. The federal government and the chancellor benefit from this windfall just as much as the legislature does." Vgl. zur eingeschränkten Kontrolle von Exekutivhandlungen auch *Voßkuhle* in: v. Mangoldt/Klein/Starck (Fn. 53), Art. 93 Rn. 53.

[166] Aufgrund dessen wurde am 14.3.2011 durch ein Pressestatement der Bundesregierung zum Atommoratorium die Energiewende eingeleitet (Presseerklärung v. 14.3.2021, <https://www.bundesregierung.de/breg-de/suche/moratorium-616608> [Stand 22.8.2021]); die Atommeiler wurden ausgeschaltet, bevor die Bundeskanzlerin dazu in einer Regierungserklärung dem Bundestag gegenüber Stellung genommen hatte (Regierungserklärung „Der Weg zur Energie der Zukunft" [Mitschrift] v. 9.6.2011, <https://www.bundesregierung.de/breg-de/themen/energiewende/regierungserklaerung-von-bundeskanzlerin-angela-merkel-zur-energiepolitik-der-weg-zur-energie-der-zukunft-mitschrift--1008562> [Stand 22.8.2021]).; vgl. zum Verstoß der Maßnahmen gegen Art. 20 Abs. 3 GG *Dreier* Demokratie (Fn. 79), 63 ff.

[167] Vgl. Deutscher Bundestag, Antwort der Bundesregierung v. 23.2.2018 auf die Kleine Anfrage der Abgeordneten Lars Herrmann, Stephan Brandner, Jochen Haug, weiterer Abgeordneter und der Fraktion der AfD v. 10.1.2018 (BTDrucks 19/559), Verantwortlichkeit für die Grenzöffnung am 4.9.2015, BTDrucks 19/883; danach war es der damalige Bundesminister des Innern *Thomas de Maizière*, der den Präsidenten des Bundespolizeipräsidiums mündlich über die Entscheidung der Bundesregierung, die Schutzsuchenden an den Grenzen nicht zurückzuweisen, informierte; vgl. zu einer wenig überzeugenden Argumentation, ein Verstoß gegen den Parlamentsvorbehalt liege nicht vor *Gerrit H. Stumpf* Der Ruf nach der „Rückkehr zum Recht" bei der Bewältigung der Flüchtlingskrise – Eine Untersuchung der Rechtmäßigkeit des derzeitigen Regierungshandelns, DÖV 2016, 357 (361 ff.).

[168] „Leitlinien zum einheitlichen Vorgehen zur weiteren Beschränkung von sozialen Kontakten im öffentlichen Bereich angesichts der Corona-Epidemie in Deutschland"; Presse- und Informationsamt der Bundesregierung, Vereinbarung zwischen der Bundesregierung und den Regierungschefinnen und Regierungschefs der Bundesländer angesichts der Corona-Epidemie in Deutschland, Pressemitteilung 96 v. 16.3.2020. Angeordnet wurde (auf der Grundlage der ursprünglichen Fassung des IfSG) die Schließung aller öffentlichen Begegnungsstätten wie Museen, Opernhäuser und Fitnesseinrichtungen; verboten wurden Zusammenkünfte in Vereinen oder religiösen Einrichtungen; für Krankenhäuser, Universitäten und das Gaststättengewerbe wurde der Erlass besonderer Regelungen angekündigt; vgl. dazu die Analyse der Rechtmäßigkeit bei *Horst Dreier* Rechtsstaat, Föderalismus und Demokratie in der Corona-Pandemie, DÖV 2021, 229.

Miller nennt die – vom Parlament nicht diskutierte[169] und vom Bundesverfassungsgericht nicht überprüfte[170] – Entscheidung im Jahr 2015 „one of the most momentous political acts in recent history".[171]

All diese Entscheidungen fügen sich ein in das von *Posner* und *Vermeule* entwickelte Narrativ von der „entfesselten Exekutive". In ihrer im Jahr 2011 erschienenen Schrift „The Executive Unbound"[172] verkünden die beiden Autoren das Ende des auf *James Madison* zurückgehenden Modells eines liberalen Legalismus und damit auch das Ende einer auf Checks and Balances aufbauenden Gewaltenteilung.[173] Diese habe sich als ineffektiv erwiesen, da Begrenzungen von Macht *ex ante* leicht überwunden werden könnten; Kontrolle *ex post* käme zu spät und sei nicht wirksam. Macht werde im Allgemeinen, besonders aber in Krisenzeiten, von der Legislative auf die Exekutive delegiert. Unter den gegenwärtigen Umständen gäbe es

---

[169] *Dreier* Demokratie (Fn. 79), 71.

[170] Das dagegen angestrengte Organstreitverfahren der Fraktion der AfD wurde im Jahr 2018 für unzulässig erklärt mit dem Argument, dem Deutschen Bundestag obliege keine allgemeine Rechtmäßigkeitskontrolle und es sei ein *venire contra factum proprium*, wenn man ein Entscheidungsrecht des Bundestages einfordere, gleichzeitig aber erkläre, den Erlass eines entsprechenden Gesetzes abzulehnen (BVerfGE 150, 194 [200 ff. Rn. 18 ff.] – AfD gegen die Flüchtlingspolitik). In einem nahezu identischen Fall (BVerfGE 68, 1 [63 ff.] – Pershing II) hatte das Bundesverfassungsgericht aber gegenteilig entschieden und den im Organstreitverfahren gestellten Antrag der Fraktion Bündnis 90/Die Grünen gegen die Aufstellung von Mittelstreckenraketen der NATO in Deutschland ohne vorherige Zustimmung des Bundestages für zulässig erklärt, obwohl auch hier die Antragsteller sich gegen die Verabschiedung eines entsprechenden Gesetzes ausgesprochen hatten; vgl. zur Kritik *Michael Sachs* Verfassungsprozessrecht: Organstreitverfahren, JuS 2019, 731 (732); *Christian Hillgruber* Zu den Voraussetzungen der Antragsbefugnis einer Fraktion des Deutschen Bundestages, die im Organstreitverfahren in Prozessstandschaft für den Deutschen Bundestag gegen die Bundesregierung klagt, JA 2019, 315. Im Gegensatz zu den oben erläuterten Verrechtlichungstendenzen nimmt das Bundesverfassungsgericht (nur) in diesem Verfahren Regierungshandeln weitgehend von verfassungsrechtlicher Kontrolle aus: „[Das] Verhalten [der Bundesregierung] kann im Organstreitverfahren aber nicht isoliert beanstandet werden; ebenso wenig kann auf diesem Wege eine Respektierung von (Verfassungs-)Recht erzwungen werden." (BVerfGE 150, 194 [202 Rn. 24] – AfD gegen die Flüchtlingspolitik).

[171] Vgl. *Miller* Executive Extremes (Fn. 163), 327 mit Verweis auf die „immense social consequences" der Entscheidung.

[172] S.o. *Posner/Vermeule* Executive Unbound (Fn. 16).

[173] Zu einer radikalen Kritik sowohl des deskriptiven als auch des normativen Ansatzes von *Posner/Vermeule* vgl. *Saikrishna B. Prakash/Michael D. Ramsey* The Goldilocks Executive, Tex L Rev 2012, 973; zu einer auf die Krise der Pandemie bezogenen Gegenthese vgl. *Ginsburg/Versteeg* Bound Executive (Fn. 63), 1 ff., die es für nötig halten, zwischen verschiedenen Krisen zu differenzieren und aufgrund einer empirischen Studie zu dem Ergebnis kommen, in der Pandemie habe sich das Modell von Checks and Balances gerade bewährt.

daher aus pragmatischen Gründen keine Alternative zu einem „executive government".[174] Dies gelte für präsidentielle wie auch für parlamentarische Regierungssysteme.[175]

Im Gegensatz zum Narrativ des „Gouvernement des Juges" ist Prämisse bei *Posner* und *Vermeule*, dass Regieren gerade nicht „vernünftigerweise überhaupt verregelbar" ist, zumindest nicht im Zustand der Krise. Die beiden Autoren variieren *Schmitts* These von „Regel" und „Ausnahme" und führen aus: „Modern formuliert, besagt diese These, dass *ex ante* verabschiedete Regeln eine Krise nicht im Voraus regulieren können, weil in letzterer unweigerlich unvorhergesehene Dinge passieren werden. Der Gesetzgeber verzichtet daher entweder auf den Versuch, Dinge antizipierend zu regulieren, oder er erlässt Notstandsgesetze mit so vagen Standards, dass sie einer gerichtlichen Durchsetzung *ex post* entgegenstehen."[176]

b) *Regieren in der Krise*

Im Grundgesetz findet sich – anders als etwa in Frankreich[177] – zum allgemeinen Notstand keine Generalklausel;[178] die Bewältigung von Ausnah-

---

[174] *Posner/Vermeule* Executive Unbound (Fn. 16), 5; die Autoren widersprechen aber der Annahme, der Wegfall rechtlicher Bindungen der Exekutive würde zu autokratischer Herrschaft führen und desavouieren jede Form von „Tyrannophobie". Vielmehr hielte – auf die USA bezogen – Politik und öffentliche Meinung eine rechtlich ungebundene Exekutive besser im Zaum als eine rechtlich abgesicherte Gewaltenteilung.

[175] Die Thesen von *Posner* und *Vermeule* sind auf präsidentielle Regierungssysteme bezogen; die Autoren bejahen aber eine Übertragbarkeit auf parlamentarische Systeme (*Posner/Vermeule* Executive Unbound [Fn. 16], 17).

[176] *Posner/Vermeule* Executive Unbound (Fn. 16), 42 [Übersetzung der Verf.]; *Posner/Vermeule* geht es aber in diesem Zusammenhang weniger um die – theoretische – Frage des Regelbaren, als vielmehr um die in der sozialen Realität zu verortende Frage, ob der Gesetzgeber ein Interesse an einer entsprechenden Regelung haben kann; dies verneinen sie mit Blick auf die US-amerikanische Geschichte. So hätten die Rahmenregelungen („framework statutes") nach der Watergate-Affäre das Handeln der Exekutive in Krisenzeiten kaum eingeschränkt („proven to impose little constraint on executive action in crisis" [ebd., 43]), was vor allem daran läge, dass es dem Kongress an der Motivation fehle, sie durchzusetzen.

[177] Neben den in der Französischen Verfassung (Art. 16 und Art. 38, letzterer 2008 modifiziert) vorgesehenen Notstandsregimen ist der Conseil d'État ermächtigt, einen „état d'urgence" bei außergewöhnlichen Verhältnissen auszurufen. Bei der Pandemie wurde zusätzlich mit Gesetz vom 23.3.2020 (Loi No. 2020-290) ein „état d'urgence sanitaire" eingeführt, mit dem Kontrolle und Mitwirkung des Parlaments weiter reduziert werden; vom Conseil d'État wurde dies als verfassungsmäßig angesehen (Urt. v. 22.12.2020, No. 439800); kritisch dazu *Mireille Delmas-Marty* Le rêve de perfection transforme nos États de droit en États policiers, Le Monde v. 1.3.2021, <https://www.lemonde.fr/idees/article/2021/03/01/mireille-delmas-marty-le-reve-de-perfection-transforme-nos-etats-de-droit-en-etats-policiers_6071518_3232.html> (Stand 25.9.2021), die von „dérives sécuritaires" und „basculement vers un régime autoritaire" spricht; vgl. auch *Paul Cassia* En

mesituationen ist „in den normalen Geschäftsgang eingeordnet".[179] Allerdings treffen in Krisenfällen[180] in der Regel all jene Faktoren, die für eine sehr weitreichende Einschätzungsprärogative der Exekutive[181] und eine Zurücknahme der oft im Eilverfahren durchgeführten verfassungsgerichtlichen Kontrolle sprechen,[182] zusammen – Zwang zu schnellem Handeln, Unsicherheit bei der Situationsbeurteilung, Unklarheit der Kurz- und Langzeitprognose[183] und Zielkonflikte zwischen verschiedenen Verfassungsgütern.[184] Aus der Verfassung, insbesondere aus dem Verhältnismäßigkeits-

---

République française, le gouvernement légifère, Mediapart v. 8.7.2020, <https://blogs.mediapart.fr/paul-cassia/blog/070620/en-republique-francaise-le-gouvernement-legifere> (Stand 8.9.2021); *Sébastien Platon* Reinventing the Wheel ... and Rolling over Fundamental Freedoms? The Covid-19 Epidemic in France and the "State of Health Emergency", Theory Pract Legis 8 (2020), 293; *Olivier Beaud/Cécile G. Bargues* L'état d'urgence sanitaire: était-il judicieux de créer un nouveau régime d'exception?, Recueil Dalloz 2020, 891.

[178] Grundlegend *Anna-Bettina Kaiser* Ausnahmeverfassungsrecht, 2020.

[179] *Heinig/Kingreen/Lepsius/Möllers/Volkmann/Wißmann* Verfassungsrechtswissenschaft (Fn. 48), 862; vgl. zu den Einzelregelungen im Detail *Kaiser* Ausnahmeverfassungsrecht (Fn. 178), 151 ff., die im Grundgesetz von 1949 mit der „Konstitutionalisierung der Verfassungsstörung und der Wehrhaften Demokratie" einen „dritten Weg" angelegt sieht, der in der Folge mit verschiedenen Grundgesetzänderungen ausdifferenziert wurde. Darin sieht sie den „Versuch [...], auch existentielle Krisensituationen rechtsstaatlich demokratisch zu meistern" (ebd., 264).

[180] Zum Begriff der Krise als „für Gefährdungsereignisse stehen[d], die als grundlegende Systemstörung begriffen und für die die gewöhnlichen Abwehrmechanismen als unzureichend empfunden werden" *Anika Klafki* Kontingenz des Rechts in der Krise – Rechtsempirische Analyse gerichtlicher Argumentationsmuster in der Corona-Pandemie, JöR 69 (2021), 583 (586); ausführlich dazu auch *Kaiser* Ausnahmeverfassungsrecht (Fn. 178), 49 ff., 68 ff.

[181] Vgl. dazu *Anna K. Mangold* Relationale Freiheit. Grundrechte in der Pandemie, VVDStRL 80 (2021), 7 (23, 33 LS 18).

[182] Vgl. BVerfG, ZD 2013, 126 (127 Rn. 25) – Dauerobservation, wonach die Rechtsgrundlage einer Maßnahme unter Umständen nicht im vorläufigen Rechtsschutz, sondern erst im Hauptverfahren zu prüfen ist, insofern aber eine Reaktionsverantwortung des Gesetzgebers besteht.

[183] Vgl. dazu *Maryam K. Abdulsalam* Die Stunde der Exekutive: Ein Wendepunkt im Umgang mit Tatsachen?, JöR 69 (2021), 487.

[184] Zur auf der Basis des US-amerikanischen Rechts entwickelten These eines so genannten „common law cycle", nach dem Gerichte in Krisenzeiten nachgiebigere Maßstäbe anlegten als in normalen Zeiten vgl. *Kaiser* Ausnahmeverfassungsrecht (Fn. 178), 264; für das Grundgesetz schließt sie aus einer Rechtsprechungsanalyse, „dass die Gerichte in kleinen und großen Krisensituationen gewillt sind, mehr Flexibilität zu gewähren, als vom Grundgesetz und der konkretisierenden Dogmatik vorgesehen ist" (ebd., 265); vgl. *Alexander Blankenagel* Did Constitution Matter? – Von der Entkoppelung von der Gefahr und Gefahrenabwehr, der Erosion von Grundrechten und Verhältnismäßigkeit und der Hinnahme staatlicher Inkonsistenz in Corona-Zeiten, JZ 2021, 702 (707), der den einstweiligen Rechtsschutz in Corona-Zeiten als „Achillesferse des Grundrechtsschutzes" bezeichnet; vgl. auch *Uwe Volkmann* Heraus aus dem Verordnungsregime – Die erheblichen Grund-

prinzip, lassen sich in der Regel keine präzisen Regieanweisungen für das Regieren in der Krise entnehmen.[185]

Dies zeigt sich bei der rechtlichen Beurteilung der Maßnahmen in der Corona-Pandemie. Rechtsbrüche werden mit Blick auf offen formulierte und überstrapazierte Ermächtigungsnormen,[186] zu Unrecht beanspruchte Regelungskompetenzen,[187] die zu weitgehende Delegation von Entscheidungsmacht vom Parlament auf die Exekutive,[188] die Missachtung der Normenhierarchie,[189] das Fehlen von Begründungen für Normen[190] und unverhältnismäßige Grundrechtseingriffe[191] moniert.[192]

---

rechtseingriffe der Corona-Krise bedürfen endlich einer tragfähigen Rechtsgrundlage, NJW 2020, 3153 (3160 Rn. 54).

[185] Nach *Kaiser* (Ausnahmeverfassungsrecht [Fn. 178], 237) komme das Verhältnismäßigkeitsprinzip aufgrund der Hochrangigkeit der zu schützenden Rechtsgüter an seine strukturellen Grenzen, da es nicht „zu einem Ausgleich von individueller Freiheit und widerstreitenden kollektiven Interessen" führe.

[186] Vgl. dazu *Oliver Lepsius* Vom Niedergang grundrechtlicher Denkkategorien in der Corona-Pandemie, VerfBlog v. 6.4.2020, <https://verfassungsblog.de/vom-niedergang-grundrechtlicher-denkkategorien-in-der-corona-pandemie/> (Stand 22.8.2021); *Dreier* Corona-Pandemie (Fn. 168), 230 ff.; für Österreich vgl. *Bernhardt Müller/Eugen Sonnleitner* Covid-19-Maßnahmen in Österreich: Operation gelungen, Patient tot?, CoVuR 2021, 84 (86): „Blankoscheck an die Verwaltung".

[187] Vgl. dazu *Dreier* Corona-Pandemie (Fn. 168), 238 ff.

[188] Vgl. im Detail *Lars Brocker* Exekutive versus parlamentarische Normsetzung in der Corona-Pandemie – Sind verordnungsvertretende Gesetze nach Art. 80 IV GG geeignet, den Parlamentsvorbehalt in der Krise zu gewährleisten?, NVwZ 2020, 1485; *Christoph Brüning* Was wirklich nottut – Parlamentsroutine statt Notparlament, NVwZ 2021, 272; *Sarah Gölzer/Annika Fischer-Uebler/Annkathrin Schaub* Die ungenutzte Macht der Parlamente in der Covid-19-Pandemie – Verfassungsrechtliche Probleme mangelhafter Ermächtigungsgrundlagen im IfSG, NVwZ 2021, 928.

[189] Vgl. dazu *Dreier* Corona-Pandemie (Fn. 168), 235 ff.

[190] Dies wird vor allem an der Verordnungsgebung in Österreich moniert; vgl. *Roman Friedrich* Corona und Grundrechte: Status Quo in Österreich, NLMR 2020, 321 (325).

[191] Vgl. dazu im Detail *Mangold* Relationale Freiheit (Fn. 181), 23 ff., 30; *Dietrich Murswiek* Schutz – Freiheit – COVID – Zum Verhältnis von Schutzpflicht und Abwehrrechten in der Pandemie, DÖV 2021, 505; *Blankenagel* Constitution (Fn. 184), 703; *Andrea Edenharter* Grundrechtseinschränkungen in Zeiten der Corona-Pandemie, JöR 69 (2021), 555; vgl. dazu auch die Auseinandersetzung zwischen *Lepsius* Niedergang (Fn. 186), der ein „Verwetten" der Grundrechte kritisiert, und *Friedhelm Hase* (Corona-Krise und Verfassungsdiskurs, JZ 2020, 697 [699]), der betont, in einer derartigen Krisensituation führe „ein Anrufen und Abwägen von Werten (etwa: ‚Menschenwürde' vs. ‚Recht auf Leben') nicht weiter, wenn die Bedingungen einer solchen Erzeugung und Verwirklichung von Ordnung nicht in die Betrachtung einbezogen werden".

[192] Umfassend und in der Kritik an einer „Parallelrechtsordnung" besonders deutlich *Oliver Lepsius* Grundrechtsschutz in der Corona-Pandemie, RuP 56 (2020), 258.

Das Bundesverfassungsgericht hat im Krisenmodus der einstweiligen Anordnung entschieden,[193] auf die Folgenabwägung abgestellt[194] und sich im Übrigen darauf beschränkt zu fragen, ob es *„eindeutig und unzweifelhaft* auf der Hand" läge, dass eine bestimmte Maßnahme „zur Bekämpfung der Pandemie unter Berücksichtigung des Einschätzungsspielraums des demokratischen Gesetzgebers *offensichtlich* nicht geeignet, nicht erforderlich oder unangemessen wäre".[195] Da in einer derartigen Krisensituation aber kaum etwas „eindeutig, unzweifelhaft und offensichtlich" ist, ist der Maßstab, mit dem gemessen wird, anders als bei den weitgehend verrechtlichten Materien, grob.[196] Die Verfassungswidrigkeitserklärung von Einzelmaßnahmen bleibt für Karlsruhe[197] wie im Übrigen auch für ausländische Verfassungsgerichte[198] – bei entsprechend heruntertransformierten Prü-

---

[193] Vgl. z.B. BVerfG, NJW 2020, 1427 (Gottesdienstverbot); NJW 2020, 1429 (vorübergehende Ausgangsbeschränkung); kritisch dazu *Oliver Lepsius* Partizipationsprobleme und Abwägungsdefizite im Umgang mit der Corona-Pandemie, JöR 69 (2021), 705 (751 f.), der dem Bundesverfassungsgericht vorwirft, aufgrund des Verfassungsprozessrechts „weder dem Normsetzer noch der Fachgerichtsbarkeit eine verfassungsrechtliche Orientierung" geboten zu haben (ebd., 758).

[194] Damit bleiben inhaltliche Fragen zur Vereinbarkeit der Maßnahmen mit dem Grundgesetz notwendigerweise offen; vgl. z.B. BVerfG, NJW 2021, 1808 (1810 Rn. 28) (bundesweite nächtliche Ausgangsbeschränkungen: formelle Anforderungen an das Gesetzgebungsverfahren betreffend die Mitwirkung des Bundesrates, Verhältnismäßigkeit der Ausgangsbeschränkung).

[195] BVerfG, NJW 2021, 1808 (1810 Rn. 33 [Hervorhebungen der Verf.]) (bundesweite nächtliche Ausgangsbeschränkungen).

[196] Die Einschätzungsprärogative wurde „sowohl auf die Einschätzung und Bewertung der tatsächlichen Verhältnisse erstreckt als auch auf die etwa erforderliche Prognose und die Wahl der Mittel, um seine Ziele zu erreichen"; vgl. BVerfG, NJW 2021, 1808 (1811 Rn. 36) (bundesweite nächtliche Ausgangsbeschränkungen).

[197] Vgl. BVerfG, NJW 2020, 1426 (kein generelles Verbot von Versammlungen unter freiem Himmel); NVwZ 2020, 711 (grundsätzliches Versammlungsverbot mit Erlaubnisvorbehalt); NVwZ 2020, 783 (kein generelles Verbot von Gottesdiensten).

[198] Kosovarisches Verfassungsgericht, Beschl. v. 3.4.2020, KO54/20 (Verfassungswidrigkeit der Ausgangssperre); Verfassungsgericht von Bosnien-Herzegowina, Beschl. v. 22.4.2020, AP-1217/20, Official Gazette BiH 26/20 v. 8.5.2020 (Beschränkung der Freizügigkeit); Österreichischer Verfassungsgerichtshof, Beschl. v. 14.7.2020, V 363/2020-25 (keine Rechtsgrundlage für allgemeines Betretungsverbot von öffentlichen Orten); Tschechisches Verfassungsgericht, Beschl. v. 22.2.2021, TZ 14/2021 (Geschäftsschließungen nicht ausreichend begründet und transparent); Spanisches Verfassungsgericht, Beschl. v. 14.7.2021, 2020-2054STC (Lockdown in erster Welle verfassungswidrig); US Supreme Court, Roman Catholic Diocese of Brooklyn v Cuomo, 141 S.Ct. 63 (2020) (Verletzung des Free Exercise Clause des 1st Amendment); South Bay United Pentecostal Church v Newsom, 141 S.Ct. 716 (2021) (Verfassungswidrigkeit des Verbotes von Gottesdiensten in

fungsmaßstäben wenig überraschend – zumindest zu Beginn der Krise eine seltene Ausnahme. Auch wenn untergeordnete Gerichte bei Fortdauer der Pandemie nachjustiert haben,[199] sind – im Sinne der Diagnose von *Posner* und *Vermeule* – Verfassungsverstöße teilweise nicht sanktioniert worden.[200] Von einer Verrechtlichung des Regierens lässt sich nicht mehr sprechen. Das Regieren kehrt in den politischen Modus zurück;[201] die Akzeptanz der Bevölkerung, so es sie denn gibt,[202] beruht nicht auf Legalität, sondern auf Effektivität. Das Parlament, so die allseitige Diagnose vor allem zu Beginn der Krise, entmachtet sich selbst.[203]

---

geschlossenen Räumen während Filmstudios etc. geöffnet bleiben dürfen); vgl. auch die Einzelnachweise bei *Ginsburg/Versteeg* Bound Executive (Fn. 63), 26 ff.

[199] Hinweise auf die rechtliche Problematik deutlich z.B. bei OVG Münster, COVuR 2020, 423 (429 Rn. 63 ff.) (Generalklausel für den Eingriff nur in einer Übergangszeit hinzunehmen); VGH Mannheim, BeckRS 2020, 6351 (6351 LS 3) (Frage der ausreichenden Ermächtigungsgrundlage offengelassen); VGH München, BeckRS 2020, 28521 (28521 LS) (Verschärfung der Anforderungen an Parlamentsvorbehalt durch Zeitablauf); zu Einzelentscheidungen, die Maßnahmen für unverhältnismäßig erklärt haben vgl. *Volkmann* Verordnungsregime (Fn. 184), 3154; *Klafki* Krise (Fn. 180), 584 (592 ff.).

[200] Dies gilt insbesondere für die §§ 5 Abs. 2, 28, 32 IfSG in den Fassungen vom 27.3.2020 (BGBl I 587) und vom 19.5.2020 (BGBl I 1018), und damit für die dem Vorrang des Gesetzes widersprechende Ermächtigung des Bundesministeriums für Gesundheit, von Gesetzen abzuweichen und entgegen Art. 83, 84 GG Verwaltungskompetenzen wahrzunehmen, die den Ländern zustehen, die den Anforderungen der Wesentlichkeitstheorie nicht entsprechende generalklauselartige Ermächtigung zu „notwendigen Schutzmaßnahmen" und die dem Bestimmtheitsgebot des Art. 80 Abs. 1 S. 2 GG nicht entsprechende Verordnungsermächtigung; vgl. dazu statt vieler *Dreier* Corona-Pandemie (Fn. 168), 237, 240; *Thomas Mayen* Der verordnete Ausnahmezustand – Zur Verfassungsmäßigkeit der Befugnisse des Bundesministeriums für Gesundheit nach § 5 IfSG, NVwZ 2020, 828; *Thomas Kingreen* Das Studium des Verfassungsrechts in der Pandemie, Jura 2020, 1019.

[201] Dies steht im offenen Kontrast zur Idee des im Grundgesetz ausdifferenzierten „Ausnahmeverfassungsrechts", dem nach *Kaiser* (Ausnahmeverfassungsrecht [Fn. 178], 181 f.) als rechtliches Instrument „selbst in existentiellen Zeiten" zugetraut würde, „das adäquate Problemlösungssystem" zu sein. Allerdings betont *Kaiser* (schon vor der Corona-Pandemie), die „Forderungen nach Demokratisierung und Verrechtsstaatlichung" würden nicht durchgehend eingelöst; dies gelte insbesondere mit Blick auf die nicht ausreichende Einbeziehung des Parlaments in die Entscheidungsprozesse.

[202] *Merkel* Who Governs (Fn. 10), 6 beobachtet eine „compliance of the demos" (ebd., 5) und fragt kritisch, ob sich hierin in Deutschland die von *Erich Fromm* und *Theodor W. Adorno* beschriebene „autoritäre Persönlichkeit" zeige (ebd., 6); zum Nachweis des Phänomens des „rallying behind the flag" und des „Stunde-der-Exekutive-Effekts" an Umfragen im Ländervergleich vgl. *Philip Manow* COVID-19, Europa und der Populismus, GG 46 (2020), 536 (543 ff.).

[203] Vgl. zur Rolle des Parlaments in der Pandemie *Volker Boehme-Neßler* Das Parlament in der Pandemie – Zum Demokratiegrundsatz am Beispiel von § 28a InfSchG, DÖV 2021,

Dass dabei neuen, demokratisch nicht legitimierten Entscheidern, den Experten, eine besondere Rolle zufällt, indem sie Exekutiventscheidungen nicht nur als rational, sondern als zwingend geboten darstellen, kann bei den Regierten den Eindruck des Nicht-mehr-Mitentscheiden-Könnens verschärfen.[204] So kommt es zu einer Engführung des Narrativs der „entfesselten Exekutive" und des Narrativs der Expertokratie.

Werden, wie *Giorgio Agamben* behauptet, Krisen von der Ausnahme zur Regel und wird der Schnellmodus des Regierens zum Normalfall,[205] verschiebt sich die gewaltenteilige Balance. Wie weit sie sich verschiebt, hängt in jedem einzelnen staatlichen System von der politischen Kultur der Regierenden und Regierten[206] sowie von den institutionellen und verfassungsrechtlichen Widerstandskräften ab, insbesondere von der zeitlichen Einschränkung der Geltung von Sonderregelungen,[207] von den Rechten des Parlaments, an die Exekutive delegierte Befugnisse zurückzunehmen,[208]

243; *Anika Klafki* Mehr Parlament wagen? – Die Entdeckung des Art. 80 IV GG in der Corona-Pandemie, NVwZ 2020, 1718; *Michael Fuchs* Corona, „Gesundheitsdiktatur" und „Legiszid", DÖV 2020, 653; *Matthias Mahlmann* Demokratie im Notstand? Rechtliche und epistemische Bedingungen der Krisenresistenz der Demokratie, VVDStRL 80 (2021), 69 (70 ff.).

[204] Zugleich aber kann in Krisensituationen wie der Pandemie die Unsicherheit wissenschaftlicher Vorhersagen zu Entscheidungen trotz Unwissen führen; vgl. dazu *Abdulsalam* Tatsachen (Fn. 183), 487 ff.

[205] Vgl. die Diagnose bei *Giorgio Agamben* Ausnahmezustand, 7. Aufl. 2017, 9, der den „Ausnahmezustand in der Politik der Gegenwart" als „herrschendes Paradigma des Regierens" ansieht; *Merkel* Who Governs (Fn. 10), 10 warnt vor einer „new normality".

[206] Die Kritik an der fehlenden Verfassungsrechtskultur ist insbesondere bei Staaten Mittel- und Osteuropas virulent; vgl. z.B. zu Ungarn: *Hálmai* Constitutional Democracy (Fn. 69), 243: „the populist government misuses the country's lack of constitutional culture"; zur Verfassungsrechtskultur allgemein Fn. 102.

[207] Viele der Gesetze mit Sonderregelungen für die Pandemie enthalten so genannte „sunset clauses" und können nur mit Zustimmung des Parlaments verlängert werden; zum Teil aber werden Ausnahmeregelungen oder auch der Ausnahmezustand fortlaufend – und auch krisenübergreifend – verlängert; vgl. z.B. Großbritannien: Geltung des Notstandsgesetzes („A Bill to make provision in connection with coronavirus; and for connected purposes") für zwei Jahre mit einer sechsmonatigen Frist, in der die Zustimmung des Parlaments erforderlich ist (vgl. *Graeme Cowie* Coronavirus Bill: Amended Time Limits and Post-Legislative Review, House of Commons Library v. 25.3.2020, <https://commonslibrary.parliament.uk/coronavirus-bill-amended-time-limits-and-post-legislative-review/> [Stand 22.8.2021]); Ungarn: Erlass eines Notstandsgesetzes vom 11.3.2020 mit zeitlich unbefristeter Übertragung von Vollmachten, im Mai 2020 zurückgenommen.

[208] Vgl. die Möglichkeit zur schrittweisen Ausdifferenzierung und Präzisierung der Verordnungsermächtigungen durch das Parlament in Deutschland; vgl. die Regelung in Ungarn, nach der die Gefahrenlage gilt, bis die Regierung die Seuche für beendet erklärt, aber keine Möglichkeit besteht, diese Erklärung gegen den Willen der Regierung herbeizu-

von der Existenz besonderer Vetospieler, etwa in föderalen Systemen,[209] von der Fortsetzung einer inhaltlichen Debatte über die Notwendigkeit der Maßnahmen[210] und von der Lernbereitschaft des Systems.[211] In der andauernden Pandemie ist die Dominanz exekutiven Handelns allgegenwärtig;[212] dennoch treten nach *Francis Fukuyama* die Unterschiede zwischen den einzelnen Systemen mit Blick auf „state capacity, social trust, and leadership" reliefartig hervor.[213] Von einer allgemeinen „Entfesselung der Exekutive" im Sinne von *Posner* und *Vermeule* lässt sich mit Blick auf die zunehmende Ausdifferenzierung der Entscheidungsprozesse mit der Fortdauer der Krise nicht sprechen.[214] Dennoch aber können in der Demokratie für

---

führen (*Herbert Küpper* Das ungarische Corona-Ermächtigungsgesetz: das „Ende der Demokratie"?, WiRO 2020, 129 [134]).

[209] Aufgrund der föderalen Struktur war die Pandemiebekämpfung in Deutschland grundsätzlich anders als etwa in Großbritannien oder Frankreich; vgl. *Nathalie Behnke* Föderalismus in der (Corona-)Krise? Föderale Funktionen, Kompetenzen und Entscheidungsprozesse, APuZ 2020, 9 (12 ff.); *Ursula Münch* Wenn dem Bundesstaat die Stunde der Exekutive schlägt: der deutsche (Exekutiv-)Föderalismus in Zeiten der Coronakrise, in: Europäisches Zentrum für Föderalismus-Forschung Tübingen (Hrsg.) Jahrbuch des Föderalismus 2020, 2020, 209 (221).

[210] Problematisch in diesem Zusammenhang sind rechtliche Regelungen, die Kritik an Maßnahmen der Regierung unter Strafe stellen; so z.B. das ungarische Gesetz vom 11.3.2020 (*Küpper* Ermächtigungsgesetz [Fn. 208], 134); bei der Art, wie die gesellschaftliche Diskussion geführt wird, zeigt sich ein Unterschied zwischen politischen Systemen, in denen die Debatte im Parlament und solchen, in denen sie außerhalb des Parlaments stattfindet; nach *Daniel Hildebrandt* (Aushöhlung des Parlamentarismus durch die Corona-Pandemie? – Ein Zwischenruf zur Lage in Deutschland und Großbritannien, ZParl 51 [2020], 474) gilt ersteres für Großbritannien, letzteres für Deutschland; zum Ausfall des Bundestages als Ort der Debatte kritisch *Dreier* Corona-Pandemie (Fn. 168), 241 f.; zur Wissenschaft als Gegenöffentlichkeit vgl. *Gärditz* Freie Wissenschaft (Fn. 80), 532 ff.

[211] Vgl. die Übersichtsstudie von *Ginsburg/Versteeg* Bound Executive (Fn. 63), 25 ff., die im Juli 2020 Daten von über 100 Länderstudien mit Blick auf die aufgrund von Corona ergriffenen Maßnahmen ausgewertet und in unterschiedlichem Maß Regelungen auf der Ebene von Gesetzen, parlamentarische Kontrolle der Maßnahmen, Gerichtskontrolle und Widerstand auf regionaler Ebene festgestellt haben.

[212] Vgl. *Dreier* Corona-Pandemie (Fn. 168), 243, der moniert, durch den „eklatanten Terraingewinn der Regierungen" werde „die ohnehin bestehende Exekutivlastigkeit der politischen Entscheidungsprozesse nochmals verstärkt"; umfassend zu Machterweiterungen im Ausnahmezustand *Matthias Lemke* Demokratie im Ausnahmezustand – Wie Regierungen ihre Macht ausweiten, 2017.

[213] *Francis Fukuyama* Pandemic and Political Order – It Takes a State, Foreign Aff July/August 2020, <https://www.foreignaffairs.com/articles/world/2020-06-09/pandemic-and-political-order> (Stand 15.9.2020).

[214] So auch *Ginsburg/Versteeg* Bound Executive (Fn. 63), 56; *Mahlmann* Notstand (Fn. 203), 90 f., 102 LS 12; vgl. aber den kritischen Bericht von Freedom House: *Sarah*

die Krise entwickelte Formen des Regierens gegen die Demokratie gewendet werden.[215]

3. Wiederentdeckung des Volkes im Populismus

Populismus ist ein komplexes Phänomen, erklärbar zumindest auch als Reaktion auf die Relativierung der Entscheidungsmacht der Mehrheit oder derer, die sich dafür halten.[216]

Wie auch im Narrativ der „entfesselten Exekutive" geht es um die Ablehnung des für ineffektiv gehaltenen Modells von Repräsentation und Checks and Balances;[217] die Demokratieauffassung beruht auf der Rousseau'schen Fiktion eines Gemeinwillens.[218]

Repucci/Amy Slipowitz Democracy under Lockdown – The Impact of COVID-19 on the Global Struggle for Freedom, Special Report 2020, <https://freedomhouse.org/report/special-report/2020/democracy-under-lockdown> (Stand 3.9.2021), wonach sich die Situation in 80 Staaten weltweit verschlechtert hat.

[215] Vgl. dazu *Levitsky/Ziblatt* Democracies (Fn. 4), 113; *Gábor Halmai* From "Illiberal Democracy" to Autocracy. How Covid-19 Helped Destroy the Remnants of Democracy in Hungary, in: Adam Bodnar/Jakub Urbanik (Hrsg.) FS Mirosław Wyrzykowski, 2021, 227.

[216] Kennzeichnend für Populismus, hier als bestimmte Form der Herrschaftsausübung und nicht als Bewegung, Kommunikationsform oder Ideologie verstanden, ist der Anspruch der Regierenden, den „wahren" Willen des Volkes gegen die Macht von Eliten und Institutionen zu vertreten und durchzusetzen. Als weitere Charakteristika werden insbesondere Autoritarismus, Rückwendung zu konservativen Werten, Ablehnung von Pluralismus und auf Moral bezogene Polarisierung genannt. Da es Populismus in sehr verschiedenen Formen, insbesondere als Rechts- und als Linkspopulismus, gibt, ist eine allgemeine Definition schwierig; vgl. zur Begriffsbestimmung *Roland Czada/Elisabeth Musch* Der Januskopf des Populismus, PrTh 54 (2019), 69; *Paula Diehl* Die Komplexität des Populismus: ein Plädoyer für ein mehrdimensionales und graduelles Konzept, TD 8 (2011), 273; *Cas Mudde/Cristóbal R. Kaltwasser* Populism – A Very Short Introduction, 2017; *Karin Priester* Definitionen und Typologien des Populismus, SozW 62 (2011), 185; *Jan-Werner Müller* Was ist Populismus? – Ein Essay, 2016, 25 ff.; vgl. auch die älteren Definitionsansätze bei *Edward A. Shils* Populism and the Rule of Law, 1954, 98 ff., der nur zwei Kriterien, den Primat des Volkswillens und die direkte Beziehung zwischen Volk und Führung heranzieht, sowie *Isaiah Berlin* To Define Populism, Gov Oppos 3 (1968), 137 (140, 173–178), der den Anspruch, für die marginalisierte Mehrheit aus dem „wahren Volk" zu sprechen, für zentral hält.

[217] *Anton Pelinka* Populismus: Die Versuchung zur Vereinfachung – Demokratie, Politik und Recht, in: Marina Fleck/Tobias Hirschmüller/Thomas Hoffmann (Hrsg.) Populismus – Kontroversen und Perspektiven – Ein wissenschaftliches Gesprächsangebot, 2020, 109 (111).

[218] Vgl. zu den unterschiedlichen Demokratiekonzeptionen *Pelinka* Populismus (Fn. 217), 109: ein „Demokratieverständnis, das ‚Volk' als eine Gesamtheit mit einer vorgegebenen Identität sieht und für eine direkt demokratisch artikulierte Herrschaft der Mehr-

Im Populismus steht Recht, auch soweit es Macht eingrenzt und Spielregeln der Machtausübung vorgibt, zur Disposition;[219] im Verbund mit dem Volk als Souverän lässt es sich, so die Grundidee, beseitigen.[220] Paradebeispiele sind Referenden,[221] mit denen Zustimmung zu bestimmten Projekten oder auch zu einer Erweiterung der Macht der Regierenden eingeholt wird.[222] Regieren wird dem Volk mit einer Ja-Nein-Entscheidung überantwortet, die politische Verantwortlichkeit ausschließt.[223] Die politischen Institutionen, insbesondere Parlamente, aber auch Gerichte und insbesondere

---

heit des ‚Volkes' grundsätzlich keine Grenzen vorsieht", stehe einem Demokratieverständnis gegenüber, „das zwischen Mehrheit und Minderheit unterscheidet, das ‚Volk' als in seiner Identität historisch wandelbar wahrnimmt und der Herrschaft der Mehrheit Grenzen setzt"; vgl. dazu auch *Frank Decker* Populismus und Extremismus in Europa – eine Gefahr für die Demokratie?, in: Winfried Brömmel/Helmut König/Manfred Sicking (Hrsg.) Populismus und Extremismus in Europa – Gesellschaftswissenschaftliche und sozialpsychologische Perspektiven, 2017, 43 (51), der erläutert, dass nach der populistischen Demokratieauffassung dem Volk ein „möglichst unmittelbarer Einfluss auf die Politik" zugestanden werden müsse, „weil nur so ein Höchstmaß an Übereinstimmung zwischen Regierenden und Regierten zu erreichen sei".

[219] Vgl. die Definition von Populismus bei *Grimm* Radikalkritik (Fn. 110), 323 als „Vorstellung von Volksherrschaft, in der eine Partei oder Bewegung sich mit dem Volk gleichsetzt und daraus den Anspruch ableitet, den von ihr definierten Volkswillen ungehindert von verfassungsrechtlichen Schranken durchzusetzen".

[220] Dies gilt insbesondere für Verfassungsänderungen, die unter Rückgriff auf ein Referendum die in der Verfassung vorgesehenen Regeln übergehen; vgl. z.B. für Russland Fn. 64 und für Aserbaidschan Fn. 65.

[221] Vgl. *Rosanvallon* Populismus (Fn. 35), 36 ff., der von „Kult des Referendums" und „Lob der direkten Demokratie" spricht und den Beginn der populistischen Bewegungen symbolisch mit dem Scheitern des EU-Verfassungsreferendums in Frankreich 2005 datiert.

[222] Vgl. *Frankenberg* Autoritarismus (Fn. 72), 18 zu Partizipation in autoritären Regimen: „Sie zielen auf Einstimmung statt Abstimmung ab und verstricken die Bürgerschaft als Komplizen in die Staatspraxis, ohne sie an der Entscheidung über Maßnahmen, Pläne und Programme – mangels Information und Stimme – wirklich zu beteiligen." Zum direktdemokratischen Gegenmodell der „Macht der vielen" in der Schweiz vgl. *Matthias Daum/ Ralph Pöhner/Peer Teuwsen* „Wer regiert die Schweiz" – Wie viel Volk erträgt die Schweiz?, in: DIE ZEIT Nr. 37/2014 v. 4.9.2014.

[223] Vgl. *Rosanvallon* Populismus (Fn. 35), 165 ff. zur „Auflösung des Verantwortungsbegriffs"; kritisch zu Referenden auch *Andreas Voßkuhle* Demokratie und Populismus, Der Staat 57 (2018), 119, der sie für „nicht demokratischer als Entscheidungen repräsentativer Organe" hält; einer ablehnenden Haltung gegenüber dagegen kritisch *Ernst-Wolfgang Böckenförde* Demokratische Willensbildung und Repräsentation, in: HStR III, 3. Aufl. 2005, § 34 Rn. 20, der „Volksbeteiligung in Form der Änderungszuständigkeit durchaus realisierbar und im Sinne eines verwirklichten Demokratiebegriffs auch angezeigt" hält.

Experten,[224] werden im populistischen Narrativ weitgehend überspielt.[225] Legitimität soll, wie der Slogan „Take back control!"[226] zeigt, über Partizipation geschaffen werden, auch wenn – anders etwa als beim Modell eines von *Amartya Sen* propagierten „government by discussion"[227] – die Stimme des Volkes nur in Ausnahmefällen wirklich gehört,[228] in der Regel aber für die Zwecke der Regierenden instrumentalisiert wird.[229] Wird „das Volk" aber im Populismus als eine Einheit konstruiert, der der Regierende – und nur er – eine Stimme gibt,[230] handelt es sich, wie *Andreas Voßkuhle* diagnostiziert, „um zynische Verschleierungsstrategien, die dazu dienen, das wahre Gesicht des aufkommenden Totalitarismus zu verbergen".[231]

Die Besonderheit des Populismus ist, dass er nicht nur abzielt auf eine Veränderung des Regierens, insbesondere eine weitgehende Ausschaltung

---

[224] Dies gilt insbesondere auch für die Reaktionen auf die Pandemie, in der in populistischen Regimen die Gefahren – gerade entgegen der Expertenmeinungen – negiert wurden; vgl. dazu *David E. Pozen/Kim L. Scheppele* Executive Underreach, in Pandemics and Otherwise, AJIL 114 (2020), 608.

[225] Vgl. die These von *Müller* Populismus (Fn. 216), 130: „Populisten spielen dieses symbolisch konstruierte Volk systematisch gegen die bestehenden Institutionen aus. Ihre Vorstellung eines wahren, moralisch reinen Volkes ist empirisch nicht widerlegbar."

[226] Dies war der zentrale Slogan derjenigen, die den Austritt des Vereinigten Königreichs aus der EU durchsetzen wollten; vgl. *Tim Haughton* It's the Slogan, Stupid: The Brexit Referendum, University of Birmingham Perspectives, <https://www.birmingham.ac.uk/research/perspective/eu-ref-haughton.aspx> (Stand 27.9.2021).

[227] *Amartya Sen* Collective Choice and Social Welfare – Expanded Edition, 2017, 395 ff. (unter Bezugnahme auf *John Stuart Mill* und *Walter Bagehot*). Interessanterweise verwendet auch schon *Smend* (Politische Gewalt [Fn. 26], 85) den ähnlichen Begriff des „government by talking" als „typisch für die bürgerlich-liberale Kultur des 19. Jahrhunderts".

[228] Beispiele wären die kontroversen und sich auch in den knappen Abstimmungsergebnissen niederschlagenden Abstimmungen über die Unabhängigkeit Schottlands (55,3% vs. 44,7%; <https://www.bbc.co.uk/news/events/scotland-decides/results> [Stand 7.9.2021]) und über den Brexit (51,9% vs. 48,1%; <https://www.bbc.com/news/politics/eu_referendum/results> [Stand 7.9.2021]).

[229] Zur Manipulation und Instrumentalisierung von Referenden vgl. *Bartek Pytlas* Erodierung von Demokratie und Populismus an der Macht in Mittel- und Osteuropa, in: Christian Pfeiffer/Wolfgang Muno (Hrsg.) Populismus an der Macht – Strategien und Folgen politischen Regierungshandelns, 2021, 248 (264). Ein Beispiel wäre etwa das Referendum zur Zugehörigkeit der Krim zu Russland (96,77% vs. 2,51%; <https://www.newsru.com/world/17mar2014/itogi.html> [Stand 7.9.2021]).

[230] Vgl. *Rosanvallon* Populismus (Fn. 35), 181: „Das souveräne Volk unten und der Homme-peuple oben verstärken sich dann gegenseitig, wobei die historisch nachgewiesene Gefahr besteht, dass Letzterer sich gegen Ersteres im Namen der Notwendigkeit, es vor seinen Feinden zu schützen, durchsetzt."

[231] *Voßkuhle* Populismus (Fn. 223), 132.

von streitigem Diskurs, Opposition und Checks and Balances,[232] sondern dass er auch auf eine auf Emotionalisierung beruhende[233] Umgestaltung der verfassungsrechtlichen Kultur gerichtet ist. Aus Opponenten werden Feinde, Machtwechsel werden zu Kulturuntergangsszenarien stilisiert.[234]

V. Verfassungsrechtlicher Kipppunkt?

1. Marginalisierung des Parlaments

Allen Narrativen gemeinsam ist die Idee der Marginalisierung des Parlaments,[235] gleich ob es in ein inhaltlich enges verfassungsrechtliches Korsett gezwängt, als zur Entscheidung strukturell ungeeignet angesehen oder aufgrund des unmittelbaren Rückgriffs der Regierenden auf das Volk überspielt wird. Dies ist eine Entwicklung, der auch das intensive Bemühen der Verfassungsgerichte,[236] zum Teil auch der (Verfassungs-)

---

[232] Vgl. die These von *Müller* (Fn. 216), 130 f. [Hervorhebungen im Original]: „Konkret heißt dies, dass Populisten den Staat vereinnahmen, *checks and balances* schwächen oder gar ganz ausschalten, Massenklientelismus betreiben und jegliche Opposition in der Zivilgesellschaft oder den Medien zu diskreditieren suchen. Sie tun all dies mithilfe einer expliziten moralischen Selbstrechtfertigung: In einer Demokratie soll das Volk ‚seinen' Staat in Besitz nehmen; Wohltaten sollen an das einzig wahre Volk gehen und nicht an diejenigen, die gar nicht dazugehören; oppositionelle Stimmen in Medien und Zivilgesellschaft seien das Sprachrohr ausländischer Mächte, was in einer genuinen Demokratie natürlich nicht zulässig sei."

[233] *Rosanvallon* Populismus (Fn. 35), 59 ff. zum System der Leidenschaften und Emotionen im Populismus.

[234] Zur Freund-Feind-Logik sowie zu autokratischen Tendenzen als Kennzeichen populistischer Regierungsführung vgl. *Christian Pfeiffer/Wolfgang Muno* Populismus an der Macht?! – Theoretische Konzepte und empirische Diskussionen, dies. (Hrsg.) Populismus an der Macht (Fn. 229), 9 ff.

[235] Vgl. dazu umfassend *Matthias Herdegen* Informalisierung und Entparlamentarisierung politischer Entscheidungen als Gefährdungen der Verfassung?, VVDStRL 61 (2003), 9; *Dreier* Demokratie (Fn. 79); kritisch zu diesem Befund *Markus Ludwigs* Entparlamentarisierung als verfassungsrechtliche Herausforderung, DVBl 2021, 353.

[236] Vgl. die Rechtsprechung des Bundesverfassungsgerichts zum „Parlamentsheer" (richtungsweisend: BVerfGE 90, 286 [382] – Auslandseinsatz der Bundeswehr; dazu *Matthias Herdegen* Außen- und Wehrverfassung, in: HbVerfR [Fn. 50] § 27 Rn. 102: „Frucht einer unverhüllten Rechtsschöpfung") und zur „Integrationsverantwortung" (s.o. Fn. 130); vgl. auch die Urteile des UK Supreme Court zur (Rück-)Verlagerung von Entscheidungsbefugnissen von der Exekutive auf das Parlament bei der Vorbereitung des Brexit (s.o. Fn. 113); vgl. dagegen aber auch die Rechtsprechung zum Schutz des „Kernbereichs der exekutiven Eigenverantwortung" BVerfGE 67, 100 (139) – Flick-Untersuchungsausschuss;

Gesetzgeber,[237] den Parlamenten das Mitentscheiden zu sichern, nicht effektiv Einhalt gebieten kann.[238]

Neu und besorgniserregend ist, dass – entgegen der auf „politischen Machtalternativen basierende[n] Legitimationsidee der parlamentarischen Demokratie"[239] – die Reduktion von Alternativen oder gar die Behauptung der Alternativlosigkeit zur Methode wird. Dies gilt im Narrativ des „Gouvernement des Juges" für die Dichotomie verfassungsmäßig – verfassungswidrig, mit der im politischen Prozess vertretene Optionen auch dann außerhalb des Verfassungsrahmens gestellt werden, wenn sie von verfassungsrechtlichen Mindermeinungen für vertretbar gehalten werden. Im Narrativ der „entfesselten Exekutive" ist die in der Regel auf Zugzwang gegründete Alternativlosigkeit das Hauptargument für exekutives Handeln in der Krise, mit dem das Parlament zum Ja-Sagen genötigt oder ausgebootet wird. Und dem Programm des Populismus ist Alternativlosigkeit eingeschrieben, da Pluralität von Meinungen und ein Abwägen verschiedener Optionen mit der Idee eines von der Mehrheit definierten „Willens des Volkes" schon im Ansatz unvereinbar ist.

Alternativlosigkeit aber ist in den Worten von *Horst Dreier* „demokratiefern, ja demokratieavers".[240]

124, 78 (120 ff.) – BND-Untersuchungsausschuss; 137, 185 (233) – Kriegswaffenexportkontrolle; 143, 101 (140 Rn. 130) – NSA-Selektorenliste zur Beschränkung der Rolle des Parlaments in auswärtigen Angelegenheiten um der „Funktionsgerechtigkeit" willen.

[237] Vgl. zu Deutschland: Versuch einer gesetzlichen Regelung der Gewaltenteilung bei internationalen Entscheidungsprozessen vgl. *Michael Fuchs* Parlamentarisierung der Außenpolitik durch Gesetz?, DVBl 2019, 668; vgl. zu Großbritannien: The Constitutional Reform and Governance Act 2010 (Commencement No. 5) Order 2011, 2011 No. 1274 (C. 52) – Notwendigkeit der Zustimmung des Parlaments vor der Ratifizierung völkerrechtlicher Verträge (nicht aber auch zur Kriegserklärung, wie in der Reformdiskussion ursprünglich geplant, insoweit aber Bestehen einer „War Powers Convention"); vgl. zu Frankreich: Verfassungsänderung von 2008 zur Verpflichtung der Regierung zur Unterrichtung des Parlaments über den Einsatz der Streitkräfte im Ausland (Art. 35 Abs. 2 der Französischen Verfassung).

[238] Zum Teil erweisen sich die – mit Gerichtsentscheidungen durchgesetzten – Mitwirkungsmöglichkeiten des Parlaments am Regieren in der Sache als wenig einflussreich; so etwa mit Blick auf die Bedeutung von Miller I: *Elliott* Miller (Fn. 113), 286: „as far as the politics of Brexit are concerned, Miller barely registers"; ebenso *René Reyes* Legislative Sovereignty, Executive Power, and Judicial Review: Comparative Insights from Brexit, MLR Online 115 (2017), 91 (99); zur Einflussnahme des Parlaments auf Fragen der europäischen Integration vgl. *Meinel* Bundesverfassungsgericht (Fn. 87), 63 f.: „Gleichwertigkeit eigener Befugnisse des Parlaments und eines ‚maßgeblichen Einflusses' der ‚ihm politisch verantwortliche[n] Bundesregierung auf europäische Entscheidungsverfahren' existiert angesichts der institutionellen Struktur der Union nicht".

[239] *Meinel* Bundesverfassungsgericht (Fn. 87), 50.

[240] *Dreier* Demokratie (Fn. 79), 79; vgl. dazu auch *Uwe Volkmann* Böckenfördes Frage. Zehn Kapitel zum „Staat in der Luft" in Zeiten der Krise, Merkur 2020, 5 (13), der dem

2. Uneindeutigkeit der Zeichen des Wandels

Von einem Systemumbruch wäre dann zu sprechen, wenn die verfassungsrechtlichen Stellschrauben des Regierens so verstellt würden, dass die Macht dauerhaft und auf grundsätzlich nicht reversible Weise neu verteilt wird.[241] Mit auf lange Zeit oder ohne zeitliche Begrenzung ernannten Richtern, die auf Linie der Regierung gebracht sind,[242] mit Änderungen am Wahlsystem, die einen Machtwechsel erschweren oder unmöglich machen[243] und mit Verfassungsänderungen[244] kann ein Systemumbruch eingeleitet werden. Für eine den verfassungsrechtlichen Vorgaben nicht entsprechende Dominanz der Exekutive spricht auch die – durch die neuen Medien verstärkte – intensive Personalisierung der Macht.[245]

Gegenwärtig sind die Zeichen des Wandels uneindeutig. Für die Rationalisierung des politischen Prozesses und die Herausbildung eines „Gouvernement des Juges" lassen sich in der gegenwärtigen Entwicklung ebenso Nachweise erbringen wie für eine „Entfesselung der Exekutive", die mit dem populistischen Modell zusammen Raum für „autoritäre Versuchungen"[246] schafft; die unterschiedlichen Entwicklungen bedingen[247] und widersprechen sich gegenseitig.[248]

Regieren bei Alternativlosigkeit abspricht, Zwecke zu bestimmen und zu entscheiden; Regieren ginge in Verwalten über.

[241] Vgl. *Merkel* Systemtransformation (Fn. 11), 65 ff. zu den in der Politikwissenschaft verwendeten Begriffen „Regimewandel", „Regimewechsel", „Transition" und „Transformation"; mit „Systemumbruch" wird der Regime- oder Systemwechsel gemeint, „wenn sich Herrschaftszugang, Herrschaftsstruktur, Herrschaftsanspruch und Herrschaftsweise [eines Regimes] fundamental geändert haben" (ebd., 65).

[242] Vgl. zum Bruch der ungeschriebenen Regeln bei der Richterwahl zum US Supreme Court *Levitsky/Ziblatt* Democracies (Fn. 4), 204 f.; zur Einleitung eines Systemumbruchs mit der Auseinandersetzung über Richterwahlen vgl. die Analysen zu Polen in Fn. 123.

[243] Vgl. z.B. zu den Wirkungen des „gerrymandering" (Manipulation von Wahlkreiszuschnitten) in den USA *Levitsky/Ziblatt* Democracies (Fn. 4), 188 ff.

[244] S.o. III. 1.

[245] Vgl. *Favoreu/u.a.* Droit constitutionnel (Fn. 27), Rn. 901. Als Argumente für eine das Gleichgewicht der Gewalten verschiebende Stärkung der Exekutive verweisen die Autoren in diesem Zusammenhang auch auf die starke Legitimationsbasis durch Direktwahl im präsidentiellen und Wahl durch die Mehrheitspartei im parlamentarischen System, aufgrund derer Instrumente wie das Misstrauensvotum wenig Gewicht hätten, sowie auf die Absicherung der Macht durch den bürokratischen Unterbau. Die Exekutive sei von daher nicht nur ein „pouvoir d'exécution", sondern ein „véritable centre d'impulsion et de décision, en matière politique, économique ou sociale comme en matière diplomatique ou militaire".

[246] So der Titel der Analyse von *Heitmeyer* Autoritäre Versuchungen (Fn. 14), der die Annahme naheliegend findet, „dass sich der Höhenflug autoritärer Politikangebote fortsetzen wird" (ebd., 368).

[247] So fordern Grenzüberschreitungen der Exekutive die Judikative dazu heraus, ihre Kompetenzen, wie etwa der UK Supreme Court in Miller I und Miller II (Fn. 113), erwei-

Mit „Kipppunkt" wird der Moment beschrieben, an dem etwas aus dem Gleichgewicht gerät, eine Entwicklung abgebrochen wird oder ein plötzlicher Richtungswechsel stattfindet. Die demokratischen Systeme, so der allgemeine Befund, sind gegenwärtig an einem verfassungsrechtlichen Kipppunkt – sie sind gefährdet zu kippen, sind aber noch nicht gekippt. So beschreiben die meisten der demokratiepessimistischen Studien, auch mit Blick auf die Corona-Krise, Szenarien einer Wiederkehr autoritären Regierens, die einzutreten drohen, aber noch nicht eingetreten sind.[249]

3. Gefahren und Rückversicherungen

Offensichtlich ist, dass sich die Regierungskultur gerade auch in den „alten" Demokratien geändert hat und weiter ändert. Insbesondere werden, wie von *Steven Levitsky* und *Daniel Ziblatt* diagnostiziert, die ungeschriebenen Regeln nicht mehr eingehalten, wird das Tabubrechen zur Methode.[250] Die Verfassungen geben zwar Orientierung vor, das Regieren ist, um die eingangs gestellte Frage zu beantworten, nicht „frei" im Jellinek'schen Sinne. Aber der Rechtfertigungszwang bei Abweichungen changiert je nach Akteur und System. Umso öfter verfassungsrechtliche Regelungen bewusst überspielt oder gebrochen werden, umso mehr werden sie zur „quantité négligeable" im politischen Prozess, in dem es nach *Max Weber* letztlich um das „Streben nach Machtanteil oder Beeinflussung der

---

ternd auszulegen; vgl. dazu *Shirazi* Prorogation Case (Fn. 113), 120: „In the even bigger picture, courts around the world are going to have to confront governments pushing the limits of their power. Democratically elected leaders have strained democracies from Jair Bolsonaro in Brazil to Viktor Orban in Hungary to Rodrigo Duterte in the Philippines. These and other leaders are pushing the boundaries of what is possible in a democracy and are moving their governments in a more authoritarian direction."

[248] Vgl. die Fallstudien in *Pfeiffer/Muno* Populismus an der Macht (Fn. 229) zu den USA, Indien, Venezuela, Argentinien, Brasilien, Österreich, Spanien, Polen, Ungarn, Bulgarien, Rumänien und der Slowakei.

[249] Vgl. zu Deutschland *Merkel* Who Governs (Fn. 10), 10: „we cannot rule out longer-term habituation effects of temporary authoritarian rule among the citizens in the near future"; *Blankenagel* Constitution (Fn. 184), 710 warnt vor „bleibenden Schäden" insbesondere mit Blick auf die „aggressive Marginalisierung jeglicher ‚Abweichler'"; zu einer eindrucksvollen Beschreibung des „Kippens" von demokratischen Systemen als langsamem Prozess vgl. *Levitsky/Ziblatt* Democracies (Fn. 4), 93 ff.

[250] Vgl. die Idee von „constitutional hardball" als (neues) Charakteristikum des US-amerikanischen Systems (*Mark Tushnet* Constitutional Hardball, J Marshall L Rev 37 [2004], 523); vgl. auch *Volkmann* Konstitutionelle Demokratie (Fn. 9), 651; *Mark Elliott* The UK Constitution Under Pressure: A Lost Age of Civility?, Public Law for Everyone v. 23.11.2020, <https://publiclawforeveryone.com/2020/11/23/the-uk-constitution-under-pressure-a-lost-age-of-civility/> (Stand 3.9.2021).

Machtverteilung"[251] geht. Aber während es sich bei der Missachtung des Rechts durch die Exekutive in aller Regel um ein „Law-in-books vs. law-in-action-Problem" handelt, ist die Position der (Verfassungs-)Gerichte als „Hüter der Verfassung" paradox, wenn sie die Verfassung übertreten, um ihre Einhaltung zu sichern.

Mit der Infragestellung des die staatlichen Systeme tragenden Grundkonsenses bergen die andauernden Krisen, in denen Schnellregieren mit Effektivität legitimiert, Legalität vernachlässigt und das Parlament marginalisiert wird, ebenso wie die unversöhnliche Spaltung der Gesellschaften[252] und die neue Offenheit für autoritäres Regieren – deutlich an der weltweiten Renaissance der Ideen von *Schmitt*[253] – ein großes Risikopotential. Der verfassungsrechtliche Kipppunkt könnte erreicht und die gewaltenteilige Demokratie als „best practice" des Regierens in Frage gestellt werden.

---

[251] S.o. das Zitat *Webers* Politik als Beruf (Fn. 22), 506.
[252] Vgl. zur US-amerikanischen Gesellschaft *Levitsky/Ziblatt* Democracies (Fn. 4), 11: „The weakening of our democratic norms is rooted in extreme partisan polarization – one that extends beyond policy differences into an existential conflict over race and culture."
[253] Vgl. *Alain de Benoist* Carl Schmitt. Internationale Bibliographie der Primär- und Sekundärliteratur, 2010; kritisch und differenziert zum Umgang mit Carl Schmitt *Josef Weiler* Cancelling Carl Schmitt?, EJIL 32 (2021), 393.

Leitsätze der Referentin über:

1. Regieren: Staatliche Systeme im Umbruch?

I. Regieren in Zeiten von Demokratiepessimismus

(1) Weltweit wird nicht nur die abnehmende Attraktivität und Durchsetzungskraft des demokratischen Modells, sondern auch die Ohnmacht des Verfassungsstaats bei der effektiven Begrenzung und Regelung von Macht diagnostiziert.

(2) Ist bei Krisen ein schnelles Reagieren auf besondere Herausforderungen erforderlich und der Erfolg – zumindest vordergründig – in Zahlen messbar, wird der Wettbewerb zwischen verschiedenen staatlichen Systemen intensiviert.

II. Regieren als zentrale verfassungsrechtlich bestimmte Staatsfunktion

(3) Regieren bedeutet, für Staat und Gesellschaft richtunggebende Entscheidungen zu treffen, die implementiert werden.

(4) Die Analyse des Regierens ist nicht nur auf die Regierung im institutionellen Sinne als Teil der Exekutive zu fokussieren; vielmehr sind Legislative und Judikative sowie auch das Volk als Souverän, soweit sie richtunggebende Entscheidungen treffen oder daran mitwirken, mit einzubeziehen.

(5) In der Diskussion um die „Verrechtlichung der Herrschaft" und das „Politische des Regierens" stellt sich die Frage nach der Reichweite des Ordnungsanspruchs der Verfassung. Regieren als Funktion ist aber in Verfassungen oftmals, wie im Grundgesetz, weitgehend eine Leerstelle, so dass die Frage, „wer" „mit wem" „wie" regiert, auf der Grundlage einer Gesamtschau der Verfassung zu beantworten ist.

III. Regieren im Spiegel aktueller Verfassungsreformen

(6) In der Gegenwart gibt es nur wenige sichtbare Reformen der auf das Regierungssystem bezogenen verfassungsrechtlichen Regelungen; insbe-

sondere in nicht oder nicht mehr demokratischen Staaten wurden Korrekturen vorgenommen, die als Leitmotiv erkennen lassen, die Spitze der Exekutive zu stärken und Machtwechsel zu verhindern.

(7) Trotz der relativen Stabilität der verfassungsrechtlichen Regelungen in demokratischen Systemen hat sich die Wahrnehmung des Regierens und Regiertwerdens verändert.

(8) Fünf Narrative sind dominant, die die Machtverschiebungen in der verfassungsrechtlichen Praxis beschreiben – das Narrativ der „entfesselten Exekutive", das Narrativ des „Gouvernement des Juges", das Narrativ des Populismus, das Narrativ der Expertokratie und das Narrativ von der Verlagerung des Regierens von der staatlichen auf die internationale Ebene.

IV. Neujustierung des gewaltenteiligen Modells

1. Juridifizierung der Politik

(9) Die fortschreitende Juridifizierung der Politik und damit das Entscheiden von (Verfassungs-)Gerichten darüber, „wer" entscheidet, sowie ihr (Mit-)Entscheiden bei Staat und Gesellschaft als Ganze betreffenden Themen ist ein wichtiges Novum bei der Ausübung von Macht nach 1945, verstärkt nach 1989; in der Gegenwart treffen (Verfassungs-)Gerichte weltweit – oftmals aufeinander Bezug nehmend – grundsätzliche Richtungsentscheidungen bewusst abweichend vom Willen des Gesetzgebers.

(10) Die Juridifizierung der Politik geht häufig einher mit eigeninitiativen Veränderungen des Status und der Rolle der Gerichte. Diese Veränderungen können akzeptiert und in den politischen Prozess integriert werden oder zu die Entscheidungsmacht von Gerichten beschneidenden Reformen führen; letztere können Menetekel für Systemumbrüche sein.

(11) Die Geltendmachung des Ordnungsanspruchs der Verfassung gegenüber exekutivischem Regierungshandeln wirft die Frage nach dem „vernünftigerweise überhaupt Verregelbaren" (Gertrude Lübbe-Wolff) auf. Werden Ziele und Wege zu den Zielen verfassungsrechtlich vorgegeben, wird der „weite politische Gestaltungsspielraum" stark eingeschränkt.

(12) Beteiligen sich Verfassungsgerichte an richtunggebenden Entscheidungen für Staat und Gesellschaft, so verändert sich demokratisches Regieren: Das Mehrheitsprinzip wird relativiert, Rechtsetzung wird zum Prozess ohne klaren Abschluss, die Dichotomie „verfassungsmäßig" – „verfassungswidrig" moralisiert das Regieren, Richtungsvorgaben werden sakralisiert und dem Wandel entzogen, tätig werden Entscheider „im Off".

(13) Für Bürger eröffnen sich mit Verfassungsbeschwerden zusätzliche Möglichkeiten, um als Vetospieler der staatlichen Entscheidungsmacht

entgegenzutreten, dies allerdings gerade in einem umgekehrt reziproken Verhältnis zu den tatsächlich bestehenden Mehrheiten: es sind gerade die Minderheiten, denen eine Offerte gemacht wird, ihre Agenda prioritär durchzusetzen.

(14) Die Verrechtlichung des Politischen ist eine Entwicklungsoption, der in vielen staatlichen Systemen sehr bewusst entgegengesteuert wird.

2. Machtverschiebung zugunsten der Exekutive

(15) Dem Bild eines zunehmend verrechtlichten Regierens widerspricht die Wahrnehmung, in Krisensituationen schaffe die Spitze der Exekutive – gerade in Deutschland – ohne oder auf nur unsicherer Rechtsgrundlage Fakten und verfassungsrechtliche Kontrolle bleibe weitgehend aus. Das Narrativ einer „entfesselten Exekutive" (Eric A. Posner/Adrian Vermeule) steht insoweit dem Narrativ eines „Gouvernement des Juges" entgegen.

(16) Eine Machtverschiebung zugunsten einer (unkontrollierten) Exekutive lässt sich insbesondere bei akuten Krisen beobachten. Wie weit sich dadurch die gewaltenteilige Balance auf Dauer verschiebt, hängt in jedem staatlichen System von der politischen Kultur der Regierenden und Regierten, von der Stärke von institutionellen und verfassungsrechtlichen Widerstandskräften, von der Existenz von Vetospielern und von der Führung und Fortsetzung offener Debatten ab.

(17) In der Demokratie für die Krise entwickelte Formen des Regierens können gegen die Demokratie verwendet werden.

3. Wiederentdeckung des Volkes im Populismus

(18) Populismus ist ein komplexes Phänomen, erklärbar zumindest auch als Reaktion auf die Relativierung der Entscheidungsmacht der Mehrheit oder derer, die sich dafür halten.

(19) Im Populismus steht Recht, auch soweit es Macht eingrenzt und Spielregeln der Machtausübung vorgibt, zur Disposition; im Verbund mit dem Volk als Souverän lässt es sich, so die Grundidee, beseitigen.

(20) Wird das Volk als eine Einheit konstruiert, der der Regierende – und nur er – eine Stimme gibt, ist die Entwicklung zum Autoritarismus vorgezeichnet.

V. Verfassungsrechtlicher Kipppunkt?

1. Marginalisierung des Parlaments

(21) Allen Narrativen zu Machtverschiebungen gemeinsam ist die Idee der Marginalisierung des Parlaments, gleich ob es in ein inhaltlich enges verfassungsrechtliches Korsett gezwängt, als zur Entscheidung strukturell ungeeignet angesehen oder aufgrund des unmittelbaren Rückgriffs der Regierenden auf das Volk überspielt wird.

(22) Neu und besorgniserregend ist, dass die Reduktion von Alternativen oder gar die Behauptung der Alternativlosigkeit zur Methode wird; dies gilt für das Narrativ des „Gouvernement des Juges" mit dem Ausschluss von diskutablen Optionen als „verfassungswidrig" ebenso wie im Narrativ der „entfesselten Exekutive", wenn Handeln mit unmittelbarem Zugzwang und Sachnotwendigkeit begründet wird. Im populistischen Narrativ ist die Pluralität von Meinungen mit der Idee eines von der Mehrheit definierten Willens des Volkes schon im Ansatz unvereinbar.

2. Uneindeutigkeit der Zeichen des Wandels

(23) Für die Rationalisierung des politischen Prozesses und die Herausbildung eines „Gouvernement des Juges" lassen sich in der gegenwärtigen Entwicklung ebenso Nachweise erbringen wie für eine „Entfesselung der Exekutive", die mit dem populistischen Modell zusammen Raum für „autoritäre Versuchungen" schafft; die unterschiedlichen Entwicklungen bedingen und widersprechen sich gegenseitig.

(24) Viele der demokratischen staatlichen Systeme sind gegenwärtig am verfassungsrechtlichen Kipppunkt. Sie sind gefährdet zu kippen, sind aber noch nicht gekippt.

3. Gefahren und Rückversicherungen

(25) Gutes Regieren beruht nicht nur auf der Einhaltung der verfassungsrechtlichen Vorgaben, sondern auch der ungeschriebenen Regelungen, die konstitutiv für die demokratische Verfassungsrechtskultur sind.

(26) Je öfter verfassungsrechtliche Regelungen bewusst überspielt oder gebrochen werden, umso mehr werden sie zur „quantité négligeable" im politischen Prozess. Während es sich bei der Missachtung des Rechts durch die Exekutive in aller Regel um ein „Law-in-books vs. law-in-action-Problem" handelt, ist die Position der (Verfassungs-)Gerichte als „Hüter der Verfassung" paradox, wenn sie die Verfassung übertreten, um ihre Einhaltung zu sichern.

(27) Mit der Infragestellung des die staatlichen Systeme tragenden Grundkonsenses bergen die andauernden Krisen, in denen Schnellregieren mit Effektivität legitimiert, Legalität vernachlässigt und das Parlament marginalisiert wird, ebenso wie die unversöhnliche Spaltung der Gesellschaften und die neue Offenheit für autoritäres Regieren ein großes Risikopotential.

Erster Beratungsgegenstand:

2. Regieren: Global Governance auf dem Rückzug?

Philipp Dann, Berlin

Inhalt

		Seite
I.	Global Governance und ihr vermeintliches Ende	59
II.	Multiperspektivische Analyse der Metamorphosen von Global Governance	62
	1. Postkoloniale Perspektive auf Nord und Süd	63
	2. Politökonomische Perspektive auf Markt und Staat	67
	3. Epistemische Perspektive auf Recht, Politik und Expertise	70
	4. Politökologische Perspektive auf Mensch und Planet	74
III.	Schluss	75

Wahrscheinlich stehen uns allen noch die Bilder vom Chaos am Flughafen von Kabul vor Augen. Menschen, die verzweifelt in eines der letzten Flugzeuge gen Westen drängen, den baldigen Zusammenbruch ihrer Ordnung fürchtend. Oder das Bild vom letzten amerikanischen Soldaten in Afghanistan, Chris Donahue, der im fahlgrünen Licht des Nachtsichtgeräts mit gesenktem Kopf in das Flugzeug geht. Das Ende des Afghanistan-Einsatzes kann als letzter Nagel im Sarg eines liberalen Ordnungsanspruchs verstanden werden, eines Anspruchs, die Welt mit Recht, aber zur Not auch mit Gewalt liberaldemokratisch zu gestalten.

Die Bilder Afghanistans helfen vielleicht auch, uns an die Stimmung zu erinnern, die im Herbst 2019 den Vorstand bewogen haben mag, das Thema meines Referats zu formulieren: ‚Global Governance auf dem Rückzug?'

Erinnern Sie sich noch an den Herbst 2019? In gewisser Weise ist es eine fast fremde Zeit – als man ziemlich sicher mit einem zweiten Wahlsieg von Donald Trump rechnen musste, als der Brexit verhandelt wurde und als also ebenfalls allenthalben ein Ende des liberalen Multilateralismus konstatiert wurde. Schaut man aus dieser Warte auf das übergeordnete Thema unserer Tagung (‚Machtverschiebungen'), so scheint die Verschiebung eindeutig: Sie liegt in der Abkehr vom Internationalen, der Rückwendung zum Nationalen, dem Ende von Global Governance.

Aber 2019 war auch das Jahr, in dem das Pariser Klima-Abkommen durch den Aktivismus einer Greta Thunberg neue Schubkraft erhielt, nach dem die Weltgemeinschaft mit dem Global Compact for Migration normsetzende Gestaltungskraft bewiesen hatte – und natürlich war es das Jahr vor Corona. Nimmt man *diese* Entwicklungen in den Blick, dann ist die Antwort auf die Frage nach dem Stand von Global Governance nicht mehr so eindeutig. Angesichts solch globaler Herausforderungen stellt sich eigentlich nicht die Frage, *ob*, sondern allein *wie* globales Regieren ausgeübt wird.

Die Antwort auf die Frage nach dem Wandel von Global Governance kann also keine einfache sein. Es gab eben nicht nur Trump und die Nationalisten, sondern eine Gemengelage von Verschiebungen und Kontinuitäten – je nachdem worauf man die Aufmerksamkeit richtet.

Diese Beobachtung führt zu meiner ersten These:

Das mir gestellte Thema ist nicht nur eines vom Wandel des Gegenstandes, sondern wirft auch die Frage nach den Methoden seiner Untersuchung auf. Aber für die Beantwortung der Frage nach dem Stand von Global Governance und der Rolle des Rechts darin gibt es keinen archimedischen Punkt der Analyse. Vielmehr kann man Wandel und Stasis in Global Governance nur multi-perspektivisch verstehen und sollte dazu das Wissen verschiedener Disziplinen und ihrer Theorien nutzen.

In diesem Sinne möchte ich vier Perspektiven entwickeln, gleichsam durch vier verschiedene Brillen auf unser Thema schauen: Eine Nord-Süd-Perspektive, informiert durch postkoloniale Theorie; eine politökonomische Perspektive, die das Verhältnis von Markt und Staat untersucht; drittens, eine epistemische Perspektive, mit der das Zusammenspiel von Recht, Politik und Wissen besser verstanden werden kann. Und schließlich eine politökologische Perspektive, um das Verhältnis von Mensch und Natur zu thematisieren.

Diese Perspektiven erschließen das Wissen und die Diskurse anderer Disziplinen, die in der einen oder anderen Weise ihrerseits völkerrechtliche Diskussionen informiert und geprägt haben. In gewisser Weise helfen sie also, auch völkerrechtliche Debatten zu entschlüsseln.

Durch diese Perspektiven, so jedenfalls meine Hoffnung, werden jeweils Teilaspekte meiner inhaltlichen Generalthese verständlich, die wie folgt lautet:

Wir erleben in der Tat derzeit das Ende einer jedenfalls ideellen Ära des globalen Regierens. Vier tragende Säulen der *bisherigen* Global Governance sind erschüttert: ihr Eurozentrismus, ihr Marktliberalismus, das Vertrauen in expertokratisches Recht und unsere unhinterfragte Verortung im Anthropozentrismus. Aber eingestürzt sind diese Säulen und damit das Gebäude von Global Governance noch nicht. Im Gegenteil: Recht ist langsam, Institutionen sind beständig. Zu beobachten ist vielmehr neben der Erschütterung eine allmähliche Metamorphose von Global Governance.

Worin genau Erschütterung und Metamorphose bestehen, möchte ich in drei Schritten erläutern: Zunächst möchte ich klären, was unter ‚Global Governance' verstanden wird, in welchem Verhältnis sie zum Völkerrecht steht und woran deren vermeintliches Ende im völkerrechtlichen Schrifttum der letzten Jahre festgemacht wurde. Sodann werde ich im Hauptteil meines Referats Merkmale und Veränderungen der Globalen Governance aus den vier genannten Perspektiven untersuchen und so je Teilaspekte der Metamorphose freilegen. Ich schließe mit ein paar Folgerungen.

I. Global Governance und ihr vermeintliches Ende

Zum ersten Teil: Was ist gemeint, wenn von Global Governance die Rede ist?

Der Begriff wurde in den frühen 1990er Jahren zunächst in der Politikwissenschaft geprägt, weist aber dem Recht von Anbeginn eine bedeutende Rolle zu.[1] Er bezieht sich auf eine neue Form des ‚Regierens jenseits des Nationalstaates', die vor allem mit zwei Kennzeichen beschrieben wird:[2]

Zunächst meint Global Governance ein System globalen Regierens durch inter- und transnationale Institutionen, die nicht zuletzt durch Rechtsetzung und neue Formen der Rechtsdurchsetzung internationale öffentliche Gewalt ausüben und zwar in immer mehr Sachbereichen gegenüber Staaten, in zunehmenden Maße aber auch gegenüber Privaten.

Zweitens zeichnet sich dieses System des globalen Regierens dadurch aus, dass es normativ begründet, begrenzt und angeleitet wird durch seine Ausrichtung auf vermeintlich universale, der Weltgemeinschaft gemeinsame, normative Prinzipien. Dazu zählen als universal angesehene öffentliche Güter und gemeinsame Werte – wie Menschenrechte, Rule of Law oder Freihandel.

Aber Vorsicht! Lassen Sie sich durch diese womöglich schon häufig gehörte und irgendwie selbstverständlich klingende Beschreibung nicht einschläfern!

In dieser Beobachtung eines eigenständigen Systems globalen Regierens liegt die radikale These eines fundamentalen, ja kategorialen Wandels

---

[1] *Michael Zürn* Regieren jenseits des Nationalstaats, 1997; *James N. Rosenau/Ernst Otto Czempiel* (Hrsg.) Governance without Government, 1992.

[2] *Michael Zürn* Theory of Global Governance, 2017; *Liesbet Hooghe/Tobias Lenz/Gary Marks* Theory of International Organization, 2019; *Anne Marie Slaughter* A New World Order: Government Networks and the Disaggregated State, 2004.

der globalen Ordnung: Behauptet wird nicht weniger als die Entstehung einer öffentlichen Gewalt *jenseits* der Staaten, die *eigenständig* Herrschaft ausübt und *eigene* Legitimation beansprucht. Das bislang strikt horizontal gedachte internationale System, das allein auf der freiwilligen Teilnahme souveräner Staaten beruhte, erhält nun ein Element der *vertikalen* Herrschaft. Staaten und andere, zunehmend auch private Akteure können gegebenenfalls überstimmt und gezwungen werden. Es geht also nicht nur um eine bloß quantitative Zunahme an internationalen Organisationen und Völkerrecht, sondern um eine *kategoriale* Wandlung! Die Rede ist nun von einem *post*westfälischen Zeitalter, in dem Staaten als die wesentlichen Protagonisten des westfälischen Systems zwar nicht überflüssig, aber doch in ein größeres System eingebaut werden.[3]

Die Entstehung dieses Systems (nicht ihre erste Beschreibung) fällt in die 1970er Jahre. Sie wurde angetrieben von den USA und ihren Verbündeten zur Sicherung und Verbreitung ihres liberal-demokratischen Modells.[4] Das Ende des Kalten Krieges und die 1990er Jahre sind nicht etwa der Anfang, sondern eher der Höhepunkt dieses Systems. Wenn ich hier von Global Governance spreche, meine ich also globales Regieren in der Zeit von etwa 1975 bis 2010, als die von mir behauptete Metamorphose einsetzt.

Der zunächst politikwissenschaftliche, deskriptiv-analytische Begriff der Global Governance hat bald eine normative Entsprechung und Aufnahme im völkerrechtlichen Diskurs gefunden – vielleicht am stärksten zugespitzt im Modell des völkerrechtlichen Konstitutionalismus: Auch dieser konstatiert ein Moment der Hierarchie und Herrschaft, das aber an Werte gebunden bleibt. Aus konstitutionalistischer Sicht ist Global Governance das Versprechen einer verrechtlichten Globalisierung; die normativ angeleitete Zähmung der zwischenstaatlichen Anarchie.[5]

Nicht zuletzt aus rechtswissenschaftlicher Perspektive werden ab den 2000er Jahren aber auch Zweifel an der öffentlichen Herrschaftsausübung durch internationale Organisationen und transnationale Netzwerke geäußert. Der Ansatz eines Global Administrative Law (GAL), der verwaltungsrechtliche Kategorien zur Erforschung und Einhegung von internati-

---

[3] *Richard Falk* Law in an emerging Global Village: A Post-Westphalian Perspective, 1998; retrospektiv zuspitzend Udo Di Fabio, Herrschaft und Gesellschaft, 2019, 235.

[4] *Niall Ferguson/Charles Maier/Erez Manela/Daniel Sargent* (Hrsg.) The Shock of the Global: 1970s, 2011; *Quinn Slobodian* Globalisten, 2019.

[5] *Jan Klabbers/Anne Peters/Geir Ulfstein* (Hrsg.) The Constitutionalization of international law, 2011; *Thomas Kleinlein* Konstitutionalisierung im Völkerrecht, 2011; *Christian Tomuschat* International Law: Ensuring the Survival of Mankind on the Eve of a New Century. General Course on Public International Law *(Collected Courses of the Hague Academy of International Law, 281) 2001.*

onalen Organisationen fruchtbar macht, ist vielleicht am bekanntesten.[6] In der Sache am konsequentesten zu Ende gedacht hat es wohl der Ansatz der International Public Authority (IPA), der die Ausübung öffentlicher Herrschaft zum Kern der Beobachtung und Ausgangspunkt dogmatisch-rechtswissenschaftlicher Reform- und Einhegungsideen macht.[7] IPA, GAL, aber auch andere sehen die grundlegende Schwäche der Global Governance in der mangelnden Legitimation dieser neuen Herrschaft.[8]

Zu diesen gleichsam internen Zweifeln kommen externe Herausforderungen hinzu: Vor allem das Aufkommen neuer Mächte wie China und der anderen BRICS-Staaten untergraben das US-geführte multilaterale System ab den 2000er Jahre immer deutlicher. Das eigentliche ‚annus horibilis' mit der Wahl des Populisten und Anti-Multilateralisten Trump und dem Brexit-Referendum ist dann aber 2016. Es bringt, so dachten viele, die Zerstörung der Global Governance von innen her.

In den folgenden Jahren entsteht eine lebhafte völkerrechtliche Diskussion zum sogenannten ‚populist backlash'.[9] Im Kern werden darin drei Aspekte als wesentlich markiert: Zunächst wird betont, dass populistische Regierungen nationale Souveränität zum überragenden Maßstab ihres Handelns machen (‚America First') und allein Staaten als legitime Akteure im Völkerrecht ansehen. Daraus folgt, zweitens, die Abkehr von multilateralen Institutionen und multilateralen Verträgen als geeignete Foren und Formen internationaler Kooperation – symbolisiert in publikumswirksamen Kündigungen und Austritten (etwa des Pariser Klima-Abkommens, des Iran-Abkommens oder auch des Brexit). Schließlich werden, drittens, liberale Werte selbst in Frage gestellt und sogar zentrale Regeln des Völkerrechts (wie etwa das Gewaltverbot im Falle der russischen Invasion der Krim) missachtet.

---

[6] *Benedict Kingsbury/Nico Krisch/Richard Stewart* The Emergence of Global Administrative Law, Law and Contemporary Problems 68 (2005), 15; *Christoph Möllers/Andreas Voßkuhle/Christian Walter* (Hrsg.) Internationales Verwaltungsrecht, 2007.

[7] *Armin von Bogdandy/Philipp Dann/Matthias Goldmann* Völkerrecht als öffentliches Recht, Der Staat 49 (2010), 23; *Bogdandy/Goldmann/Ingo Venzke* From Public International to International Public Law, EJIL 28 (2017), 11.

[8] *Carol Harlow* Global Administrative Law: The Quest for Principles and Values, EJIL 17 (2006), 187 ff.; *Eyal Benvenisti* The Law of Global Governance, 2014, 196; *Möllers* Transnationale Behördenkooperation, ZaöRV 75 (2005), 351.

[9] *Heike Krieger* Populist Governments and International Law, EJIL 2019, 971; *James Crawford* The Current Political Discourse Concerning International Law, Modern Law Review 2018, 1; *Martti Koskenniemi* Enchanted by the Tools, ASIL Proceedings 2019, 3; *Anne Orford* International Law and the Populist Moment, ASIL Proceedings 2019, 21; *Karen Alter* The Future of International Law, iCourts Working Paper Series 2017, 25; *Stefan Talmon* United States and Trump: Gravediggers of International Law, Chinese Journal of International Law 18 (2019), 645.

In der Summe, so ist diese jüngere, völkerrechtliche Diskussion zu verstehen, markieren diese Aspekte die Rückkehr zum nationalen Souveränitätsdenken. Global Governance ist aus dieser Perspektive eindeutig auf dem Rückzug.[10]

II. Multiperspektivische Analyse der Metamorphosen von Global Governance

Während sich der völkerrechtliche Diskurs in den letzten Jahren auf diese nationalistische Herausforderung konzentriert hat, möchte ich die Aufmerksamkeit heute auf einen weiteren Horizont und andere Veränderungen richten – und komme damit zum zweiten Abschnitt und Hauptteil meines Referats.

Meine These ist, wie vorhin schon erwähnt, dass sich in den letzten fünf bis zehn Jahren in der Tat einiges an der Global Governance und der Rolle des Völkerrechts darin verändert hat – aber dass man diese Veränderungen nur erkennen kann, wenn man die Wissensbestände *anderer* Disziplinen heranzieht - und einen weiteren historischen Blick entwickelt. Ich möchte insofern einen multi-perspektivischen Ansatz verfolgen. Dieser nutzt extra-juridisches Wissen, um die Funktionen, Mechanismen und Hintergrundverständnisse der Global Governance besser zu verstehen.[11] Es ist zugleich ein Ansatz, der zwar sich auf Diskurse in anderen Disziplinen bezieht, die ihrerseits aber den rechtswissenschaftlichen Diskurs informiert haben.

In diesem Sinne sei Global Governance und ihr Völkerrecht im Folgenden aus vier theoretisch-informierten Perspektiven betrachtet: einer postkolonialen, einer politökonomischen, einer epistemischen und einer politökologischen. Ich werde jede Perspektive kurz vorstellen und fragen, was sie an der Global Governance und ihrem Völkerrecht seit den 70ern sichtbar macht. Vor diesem Hintergrund untersuche ich dann jeweils, ob

---

[10] Die Bewertung dieses Befundes im völkerrechtlichen Schrifttum fällt allerdings unterschiedlich aus, je nachdem welches Grundverständnis vom Völkerrecht man verfolgt: Wer, wie die liberalen Konstitutionalisten, das mit der Global Governance entstandene Völkerrecht als Fortschritt hin zu einer wahrhaft verrechtlichten globalen Kooperation denkt, ist enttäuscht. Wer, wie eher konservative Realisten, darin nur eine ohnehin etwas illusorische und ideologische Überfrachtung der normativen Grundstruktur der Staatenwelt sieht, ist weniger überrascht und besorgt. Und wer, wie die eher progressiven Crits, in Global Governance und ihrem Völkerrecht nicht nur eine ideologische Überfrachtung, sondern auch einen Missbrauch der rechtlichen Form für politische und ökonomische Zwecke ansah, der schöpfte eher Hoffnung, das die Katastrophe Trump auch eine kathartische Wirkung haben könne.

[11] *Ino Augsberg* (Hrsg.) Extra-juridisches Wissen im Verwaltungsrecht, 2013.

und was sich in den letzten Jahren verändert hat und wie sich dies im Recht niederschlägt.

Ich gebe zu, dass für ein solches multi-perspektivisches Kaleidoskop hier eigentlich zu wenig Zeit ist. Es kann daher nur um eine Miniatur gehen. Aber ich hoffe, dass auch in dieser Miniatur die großen Linien erkennbar werden.

1. Postkoloniale Perspektive auf Nord und Süd

Zunächst also zur postkolonialen Nord-Süd-Perspektive. Was ist damit gemeint und was macht sie sichtbar an der seit den 1970er Jahren entstandenen Global Governance und der Rolle des Rechts darin?

Die Nord-Süd-Perspektive kann zunächst einfach die Frage nach der Rolle der Länder des Globalen Südens im Völkerrecht und der internationalen Ordnung sein. Man kann sie aber auch theoretisch etwas anreichern und dazu auf postkoloniale Theorie zurückgreifen.

Postkoloniale Theorie ist im Kern eine Diskursanalyse.[12] Sie unterstreicht, wie zentral es ist, wer Begriffe und Konzepte zu prägen vermag und wie sehr Begriffsbildung von politischen Machtkonstellationen abhängig ist. Auf dieser Grundlage untersucht sie, wie es der kolonisierende Norden spätestens seit dem 19. Jahrhundert vermocht hat, seine eigenen, partikularen Interessen und Gesellschaftsentwürfe als universale Werte darzustellen, alle anderen Entwürfen dagegen als strukturell minderwertig und reformbedürftig zu klassifizieren – und wesentliche Diskurse somit eurozentrisch auszurichten.

Recht ist in dieser Perspektive auch ein Diskurs – und sogar ein besonders machtvoller. Mit Recht werden Erwartungen, Interessen und Werte in normative Form gegossen, legitimiert *und gegen andere* Werte und Interessen durchgesetzt. Völkerrecht war in dieser Perspektive ein zentrales Instrument, um nördliche Interessen und Eurozentrismus zu sichern und zu legitimieren; es wurde benutzt, um Standards zu setzen, die vom Norden kontrolliert werden konnten – Standards darüber, wer souverän ist, wessen Territorialherrschaft anerkannt wird, wer Verträge schließen darf.[13]

Was macht diese Perspektive an Global Governance sichtbar?

Aus Sicht des Globalen Südens fällt an der Phase seit den späten 1970er Jahren vor allem auf, dass nicht die Vereinten Nationen, sondern vom Wes-

---

[12] Zur Einführung allgemein *Maria do Mar Castro Varela/Nikita Dhawan* Postkoloniale Theorie, 2015; mit Blick auf das Recht, *Maxim Bönnemann/Maximilian Pichl* Postkoloniale Theorie in: Andreas Fischer-Lescano et al (Hrsg.) Neue Theorien des Rechts, 2020, 359.
[13] *Antony Anghie* Imperialism, Sovereignty and the Making of International Law, 2005; *Carl Schmitt* Nomos der Erde im Völkerrecht des Jus Publicum Europeaum, 1950.

ten dominierte Finanzinstitutionen, vor allem die sog. Bretton Woods Institutionen (Weltbank und Internationaler Währungsfond) die wesentlichen diskursiven Stichwortgeber der internationalen Entwicklungen wurden.[14] Es ist aus dieser Perspektive ein plastisches Detail, aber wohl auch kein Zufall, dass es just die Weltbank war, die den Begriff Governance 1989 überhaupt erst in den politischen Diskurs einführte.[15]

Gerade im Recht dieser Organisationen ist nun aber das Prinzip souveräner Gleichheit suspendiert, wie es in Art. 2 I der UN-Charter niedergelegt, gewohnheitsrechtlich anerkannt und letztlich ein Grundaxiom des Völkerrechts ist. Die Gründungsverträge dieser Organisationen sehen stattdessen ein System gewichteter Stimmen vor und weisen Stimmrechte nach der Höhe der Kapitaleinlagen zu.[16] Entsprechend haben die USA und ihre finanzstarken Verbündeten stets die Mehrheit in den Organen. Seit den späten 1970er Jahren beschlossen diese Organisationen nun aber zunehmend spezifischere Standards, die insbesondere Privatisierung und Deregulierung der Wirtschaft forderten, also tief in die innerstaatliche Autonomie der Länder eingriff – und knüpften die Vergabe von Entwicklungskrediten vertraglich an die Umsetzung dieser Standards.[17]

Zugleich – und aus Sicht des Südens genauso problematisch – sind diese Institutionen nur selektiv an allgemeines Völkerrecht gebunden: Zwar besitzen sie Rechtspersönlichkeit und müssen daher grundsätzlich Völkerrecht beachten. Aber da sie zum Beispiel nicht Vertragsparteien der Menschenrechtspakte sind, besteht keine Bindung an Menschenrechte. Außerdem unterfallen ökonomische Interventionen nach herrschender Meinung nicht dem allgemeinen völkerrechtlichen Interventionsverbot.[18] Gegen diese spezifische Form der Ausübung internationaler öffentlicher Gewalt fehlt Staaten und Bürgern des Südens also nicht nur politischer, sondern auch rechtlicher Schutz.

---

[14] *Ngaire Woods* The Globalizers: IMF, the World Bank, and their Borrowers, 2006.

[15] Weltbank, Sub-Saharan Africa: From Crisis to Sustainable Growth, 1989; zum Begriff Governance auch *Christoph Möllers* European Governance: Meaning and Value of a concept, CMLRev 43 (2007), 313.

[16] *Philipp Dann* Entwicklungsverwaltungsrecht, 2012, 161 f.

[17] *Dann* Entwicklungsverwaltungsrecht, 78 ff.; *Celine Tan* Governance through development, 2011; *Graham Harrison* The World Bank and Africa, 2004; zum Kontext *Dann* Ideengeschichte von Recht und Entwicklung in: Dann/Stefan Kadelbach/Markus Kaltenborn (Hrsg.) Entwicklung und Recht 2014, 26 ff.

[18] *Dann* Entwicklungsverwaltungsrecht, 225 ff.; *Brun Otto Bryde* Die Intervention mit wirtschaftlichen Mitteln, in: Ingo von Münch (Hrsg.) FS Schlochauer, 1981, 227 ff.; *Klaus Bockslaff* Das völkerrechtliche Interventionsverbot als Schranke außenpolitische motivierter Handelsbeschränkungen, 1987.

Anders formuliert: Versteht man unter Global Governance eine neue Form der internationalen Herrschaft – dann fanden sich die meisten Staaten des Globalen Südens vor allem in der Position der Herrschafts*unterworfenen*, nicht der Herrschenden wieder. Kurzum: Aus postkolonialer Nord-Süd-Perspektive erweist sich Global Governance als Ausdruck einer erneuerten Diskursdominanz des Nordens, der Relativität des Prinzips souveräner Gleichheit und als eine Phase, in der statt Verrechtlichung eher die Unvollständigkeit der Rechtsbindung sichtbar wurde. Global Governance stellt sich aus dieser Perspektive als zutiefst eurozentrisch dar.

Hat sich daran in den letzten Jahren etwas geändert? Gab es Veränderungen, die sich im Völkerrecht niederschlagen?

In der Tat denke ich, dass es hier einen signifikanten Wandel gegeben hat, der sich auch im Recht und im Diskurs darüber niederschlägt. Zwei Beispiele möchte ich nennen: Zunächst hat sich die Rolle der Bretton Woods Institutionen in den letzten Jahren relativiert. China hat zusammen mit anderen BRIC-Staaten 2015–16 zwei alternative Finanzinstitutionen[19] gegründet und zudem das Seidenstraßen-Projekt forciert. Es tat dies nicht zuletzt, weil insbesondere die USA einer Anhebung der chinesischen Stimmrechte in den Bretton Woods Institutionen nicht zustimmte.[20] Die BRICS-Staaten haben sich also stattdessen eigene Finanzinstitutionen geschaffen, die nun mit Weltbank und IWF konkurrieren.[21]

Aus Sicht des Globalen Südens hat diese institutionellen Fragmentierung die Diskursdominanz des Nordens relativiert. Die neuen Organisationen haben andere Regeln für die Kreditvergabe. Allerdings – und das ist aus Sicht des Südens genauso wichtig wie ernüchternd – folgen auch die neuen Organisationen demselben System gewichteter Stimmen. Auch hier werden kreditsuchende, ärmere Staaten also nicht gleichbehandelt.[22]

---

[19] Dies sind die Asian Infrastructure and Investment Bank (AIIB) und die New Development Bank (NDB). Zum Kontext *Dann* Institutional Law and Development Governance, Law and Development Review 2019, 547 ff.

[20] *Robert H. Wade/Jakob Vestergaard* Protecting Power: How Western States Retain The Dominant Voice in The World Bank's Governance, World Development 46 (2013), 153; *Xiaohui Wu* Friendly Competition for Co-Progressive Development: The Asian Infrastructure Investment Bank vs. the Bretton Woods Institutions, Chinese Journal of International Law 16 (2017), 41; *Daniel C. K. Chow* Why China established the AIIB, Vanderbilt Journal of Transnational Law 49 (2016), 1255.

[21] Zugleich vermögen sich China und andere ‚starke Staaten' von der Diskursdominanz der IFIs zu befreien, s. *Dann/Michael Riegner* The World Bank's Environmental and Social Safeguards and the evolution of the global order, Leiden Journal of International Law 2019, 549 f.

[22] Zur Rolle von Staaten des Globalen Südens in IOs genereller, *Ayelet Berman* Accordion-Governance, NUS Working Papers 19/02 (2019).

Ein zweites Beispiel für den Wandel beruht auf einer eher wissenschaftssoziologischen Beobachtung. In den letzten Jahren ist eine bemerkenswerte Pluralisierung des völkerrechtswissenschaftlichen Diskurses zu registrieren. Wenn es darum geht, wo zentrale völkerrechtliche Debatten ausgetragen werden und wer Begriffe prägt, so scheint die amerikanisch-westliche Debatte nicht mehr ganz so dominant. Das American Journal of International Law, jahrzehntelang der heilige Gral der völkerrechtlichen Diskussion ist immer noch eine sehr wichtige Zeitschrift, aber nicht mehr ohne Konkurrenz; es gibt nun auch ein Chinese Journal of International Law und viele andere Plattformen jenseits des Westens. Selbst die sogenannten Third World Approaches to International Law sind als wesentliche Denkrichtung im Völkerrechtsdiskurs heute anerkannt. Man könnte sagen, dass es noch nie einen derart pluralen globalen Diskurs über Völkerrecht gegeben hat.[23]

Fasst man diese erste, postkoloniale Perspektive zusammen, so wird klar, dass die nördliche Diskursdominanz, ihr Eurozentrismus jedenfalls erschüttert ist. Dies hat institutionelle Aspekte (die vom Westen dominierten Organisationen haben Konkurrenz erhalten) wie auch wissenschaftssoziologische (der völkerrechtswissenschaftliche Diskurs ist pluraler denn je).[24] Rein diskursive Veränderungen stehen neben solchen im Recht und in der Praxis der Staaten.

Allerdings muss man auch festhalten, dass Finanzinstitutionen natürlich weiter bestehen und auch weiter Herrschaft ausüben. Sie werden nur nicht mehr allein vom westlichen Block, sondern auch von China dominiert. Für ärmere, schwächere Staaten des Globalen Südens hat sich insofern wenig gewandelt.

2. *Politökonomische Perspektive auf Markt und Staat*

Die zweite Perspektive, die ich einnehmen möchte, ist die politökonomische. Was bedeutet dies?

Politökonomisch bezieht sich hier nicht auf eine vorgefertigte, inhaltlich determinierte Theorie, sondern meint eine Perspektive, die (etwa bei Max

---

[23] Ein drittes Beispiel für die Veränderungen im Nord-Süd-Dimension sind die 2015 beschlossen Sustainable Development Goals. Anders als die im Jahr 2000 beschlossenen Millennium Development Goals formulieren sie nicht mehr nur Ziele nur für den Süden, sondern für alle Staaten, auch die des Nordens. Zudem erfolgte ihre Erarbeitung in einem wesentlicher breiteren diskursiv-politischen Prozess als noch in den 1990ern, der zudem deutlich politisch aufgeladener war.

[24] Die Parallelen, aber auch Unterschiede zur Dekolonialisierungsphase der 1950er bis 70er Jahre sind interessant, s. *Dann/Bernstorff* The Battle for International Law: An Introduction, in: Dies. (Hrsg.), The Battle for International Law, 2019, 1 ff.

Weber[25]) das Verhältnis von Staat und Wirtschaft in den Blick nimmt. Die in dieser Perspektive verhandelte Grundfrage lautet, wie Staat und Markt zueinander stehen (ob es getrennte Sphären sind oder der Markt dem Staat gar vorausliegt) und wie Ressourcen an Macht, Wohlstand oder Wissen in Staat und Gesellschaft verteilt sind.

Typischerweise basiert politökonomische Analyse (wie der Name schon nahelegt) auf wirtschafts- und politikwissenschaftlichem Wissen. Aber auch für die rechtswissenschaftliche Analyse kann diese Perspektive produktiv sein, indem sie Kontexte und Hintergrundannahmen des Rechts deutlicher macht. So kann etwa die Annahme, das Privatrecht sei dem öffentlichen Recht und vielleicht gar der Verfassung vorgelagert (eine unter Privatrechtlern nach wie vor nicht unpopuläre Vorstellung) als eine liberale und also politische Setzung erkannt werden.[26] Politökonomische Analyse kann zudem helfen, ökonomische Interessen hinter dem Recht oder die Effekte von Recht erkennbar zu machen.

Dabei ist sie zu unterscheiden von einem Law-and-Economics-Ansatz. Dieser fragt und bewertet Recht vor allem nach Effizienzkriterien. Die politische Ökonomie fragt und wertet dagegen breiter. Sie ist gerade nicht auf vermeintlich rationale Akteure in einem vermeintlich rationalen Markt fokussiert, sondern tritt aus dem Marktdenken heraus und fragt nach Voraussetzungen und Kontexten des Marktes.

Wie lässt sich nun das Völkerrecht der GG aus dieser Perspektive charakterisieren? Was wird sichtbar? Auch hier seien zwei Punkte genannt:

Zunächst wird sichtbar, welch besondere und herausgehobene Stellung das liberale Weltwirtschaftsrecht darin hat. Die normativen Prinzipien, die die Ausübung von internationaler öffentlicher Gewalt begründen und begrenzen sollten, waren insbesondere die des Freihandels und der privaten Eigentums-, nämlich Patentinhaber- und Investorenrechte. Im Völkerrecht fand dies seinen stärksten Ausdruck in der völkervertraglichen Etablierung der WTO 1995 und dem Ausbau des Patent- sowie des Investitionsschutzrechts.[27] Alle drei Bereiche wurden zudem mit effektiven Rechtsschutzmechanismen versehen, dem Dispute Settlement Body in der WTO und einem immer dynamischeren System der Schiedsgerichtsbarkeit im Investitions-

---

[25] *Max Weber* Wirtschaft und Gesellschaft, 1922; s. etwa auch Schriften von *Albert Hirschman* The Passions and the Interests, 2013 oder *Karl Polanyi* The Great Transformation, 1944.
[26] *Dieter Grimm* Verfassung und Privatrecht im 19. Jahrhundert, 2017; *Marietta Auer* Der privatrechtliche Diskurs der Moderne, 2014; *Christoph Menke* Kritik der Rechte, 2015.
[27] *Markus Krajewski* Wirtschaftsvölkerrecht, 5. Aufl. 2021, 52 ff.; *Alexander Peuker* Immaterialgüterrecht und Entwicklung, in: Dann/Kadelbach/Kaltenborn (Hrsg.) Entwicklung und Recht, 1. Aufl. 2014, 189 ff.

recht. Man kann hier von einer harten Verrechtlichung sprechen, die sich durch formales Vertragsrecht und effektiven Rechtsschutz auszeichnet.[28]

Was aus politökonomischer Perspektive nun besonders hervortritt, ist der Umstand, dass es sich hierbei um eine Priorisierung des Marktes und kein allgemein liberales Projekt handelte. Das wird deutlich, wenn man sich klarmacht, dass andere Bereiche des Völkerrechts nicht in dieser Weise verrechtlicht wurden. Das gilt für Bereiche, die eigentlich im Kern eines liberalen Projektes liegen könnten, wie etwa Menschenrechte und Rule of Law, aber auch für andere, wie etwa das Gewaltverbot oder den Umweltschutz. In diesen Bereichen ist aber gerade keine harte Verrechtlichung in oben beschriebener Weise zu verzeichnen.

Die Verrechtlichung in Zeiten der Globale Governance war also selektiv auf die für einen Marktliberalismus wichtigen Gebiete bezogen; es ging nicht um eine generelle Zähmung internationaler Anarchie. Aus dieser Perspektive erweist sich auch das, was in der völkerrechtlichen Literatur im Laufe der 2000er Jahre als eher urwüchsige oder systemimmanente Fragmentierung diskutiert wurde, als Konsequenz einer politisch gewollten Priorisierung des Marktrechts.

Die liberale Global Governance seit den 1970er Jahren hatte politökonomisch betrachtet aber noch ein zweites Merkmal – nämlich die Zurückhaltung von Staaten mit zwischenstaatlicher Rechtsetzung in den Bereichen, die dem Marktliberalismus in den Weg kommen konnte. Unter dem Eindruck des Marktparadigmas nahmen Staaten Abstand vom Erlass harter Regeln, schufen Marktmechanismen statt hoheitlicher Gebote oder überließen ganze Bereich einfach direkt privater Rechtsetzung. Beispiele hierfür bietet vor allem das Umweltvölkerrecht.[29] Auch hieran wird deutlich, dass es die Durchsetzung eines Marktes und nicht die Durchsetzung des Rechts war, um die es ging.

Kurzum: Global Governance in ihrer konkreten Ausformung seit den 1970er Jahren war kein politisch neutrales, aber auch kein allgemein liberales Projekt, sondern fest verknüpft mit dem politischen Programm des Marktliberalismus.

Was sind nun die aus dieser Perspektive relevanten Veränderungen und wo steht die internationale Ordnung und das Völkerrecht heute?

---

[28] Die Instrumente zur Durchsetzung der Marktliberalisierung gegenüber dem Globalen Süden durch Weltbank und Internationalem Währungsfonds wurden bereits genannt.

[29] Z.B. im Kampf um Wälder, s. *Errol Meidinger* The Administrative Law of Public-Private Regulation: the case of forestry, EJIL 2006, 47 ff.; zum Klimaschutz, Robert Falkner, The Paris Agreement and the new logic of climate politics, International Affairs 92 (2016), 1107.

Zunächst ist hier eine eher allgemeine diskursive Verschiebung zu konstatieren: Wir sind uns inzwischen klarer darüber, dass die spezifische Art der marktliberalen Globalisierung auch Verlierer hat – und zwar nicht nur weit weg, sondern auch hier in Deutschland und Europa. Diese Art der Globalisierung hat ökonomische Ungleichheiten vertieft und kann gesellschaftlichen Zusammenhalt bedrohen.[30] Zugleich sind uns die dramatischen ökologischen Effekte von unregulierter Globalisierung heute bewusster.[31]

Völkerrechtlich schlägt sich diese Skepsis vor allem in einem Unterlassen, nämlich im Abrücken von Plänen weiterer Marktliberalisierungen nieder. Diese Zurückhaltung findet sich nicht nur in den Programmen von Nationalisten, sondern gerade auch bei Kräften, die kooperatives globales Regieren für unumgänglich halten. Ausdruck davon ist das Scheitern von und der Widerstand gegen neue transregionale Freihandelspakte;[32] aber auch die Paralyse der WTO – nicht nur ihres Mechanismus zur Streitbeilegung, sondern auch als normsetzende Organisation. Die spezifische Dynamik der immer weitergehenden völkervertraglich abgesicherten Liberalisierung ist zum Erliegen gekommen.

Zugleich wächst ein Verständnis dafür, dass Staaten auch *innerstaatlich* eine aktive regulierende Rolle in der Gestaltung einer globalisierten Welt spielen können.[33] Dies lässt sich etwa beobachten an den verschiedenen nationalen Gesetzen zu globalen Lieferketten und der zentralen Rolle, die den Staaten in der Umsetzung und Effektivierung des Weltklimavertrages von Paris zukommt. Besonders interessant ist auch die wachsende Rolle von staatlichen Gerichten in der Effektivierung von internationalem Recht. Sie treten zunehmend neben Exekutive und Legislative, ja überholen sie gelegentlich sogar.[34]

Im Ergebnis wird auch in der politökonomischen Perspektive eine merkliche Veränderung deutlich, aber auch Beharrungskräfte und eine gewisse Diskrepanz zwischen Recht und Diskurs: Auf der einen Seite

---

[30] *Thomas Piketty* Das Kapital im 21. Jahrhundert, 4. Aufl. 2020.

[31] *Ellen Hey* International Law and the Anthropocene, ESIL Reflection 5(10), 2016, <https://esil-sedi.eu/wp-content/uploads/2016/11/ESIL-Reflection-Ellen-Hey.pdf> (Stand 7.11.2021).

[32] CETA, TTIP und weitere sogenannte mega-regionale Handelsabkommen, s. etwa *Christian Riffel* Mega Regionals, in MPEPIL 2016; *Stefan Griller/Walter Obwexer/Erich Vranes* (Hrsg.), Mega-Regional Trade Agreements, 1. Aufl. 2017; s. der Beschluss des Rates der EU 6052/19 vom 15.4.2019, der die Verhandlungen von TTIP schlicht für „obsolet" erklärt, <https://www.consilium.europa.eu/media/39180/st06052-en19.pdf> (Stand 7.11.2021)

[33] *Benvenisti* Sovereigns as Trustees of Humanity, AJIL 2013, 295.

[34] *Benvenisti/George Downs* National Courts, Domestic Democracy and the Evolution of International Law, EJIL 2009, 59; BVerfG, Beschluss vom 24. März 2021 (1 BvR 2656/81).

ist das Völkerrecht der liberalen Global Governance, insbesondere das Wirtschaftsvölkerrecht, und die sie tragenden Organisationen, beständig. Auch eine institutionell geschwächte WTO überwacht die Einhaltung ihrer Regeln. Das harte Recht des Marktes gilt weiter.

Andererseits hat sich aber sowohl der Diskurs über das Recht des Marktes als auch die Praxis von Staaten geändert. Diskursiv ist der Glaube an die Kräfte des Marktes und die Segnungen einer marktliberalen Globalisierung geschwunden. Legislativ ist die Dynamik weiterer Liberalisierungen des Welthandels erlahmt. Stattdessen ist eine Renaissance der Nationalstaaten als Regulierer zu verzeichnen. Der Diskurs über das Verhältnis von Markt und Staat hat sich also durchaus verschoben.

3. *Epistemische Perspektive auf Recht, Politik und Expertise*

Ich komme zu meiner dritten Perspektive, mit der ich das Verhältnis von Recht, Politik und Expertise in Global Governance ausleuchten möchte. Hierzu ließen sich verschiedene Theoriebestände nutzen; ich schlage einen epistemischen Zugang vor. Gefragt wird in dieser Perspektive, wie Wissen und Begriffe entstehen, welches und wessen Wissen relevant wird und welche Verfahren und Kontexte dafür ausschlaggebend sind.[35] Epistemologie fragt insofern vor allem nach den Entstehungsbedingungen von Wissen, auch juristischem und legislativem.

Das klingt nun erstmal denkbar abstrakt und weit weg vom Recht. Wenn man mit diesen Fragen im Kopf aber nach der Legitimation von internationalem Recht und seiner Setzung fragt, dann wird eine besondere Facette von Recht in Global Governance gut sichtbar und verständlich.

Der entsprechende Gedankengang beginnt bei einer Versicherung über die Legitimationsgrundlagen von Völkerrecht. Dies ruht traditionell bekanntlich auf dem Konsens von Staaten. Die Einwilligung jedes Staates in seine rechtlichen Pflichten ist das Axiom, auf dem die Anerkennung von internationalen Regeln überhaupt ruht. Im Zuge des Aufkommens von Global Governance gingen internationale Organisationen und transnationale Behördennetzwerke vermehrt dazu über, selbst Regeln zu erlassen, beschlossen diese aber immer häufiger nicht im Konsens, sondern durch Mehrheitsentscheidungen und in der Form von Soft Law.[36] Gerade in der

---

[35] *Georges Canguilhem* Wissenschaftsgeschichte und Epistemologie. 1. Aufl. 1979.
[36] *Joost Pauwelyn/Ramses Wessel/Jan Wouters* (Hrsg.), Informal International Lawmaking, 1. Aufl 2012; *Armin von Bogdandy/Rüdiger Wolfrum/Bernstorff/Dann/Matthias Goldmann* (Hrsg.), The Exercise of Public Authority by International Institutions, 2009; *Krisch* Decay of Consent, American Journal of International Law 2014, 1. Ein Beispiel sind

Zunahme solcher Rechtsetzung wurde nun einerseits ein wesentliches Element der neuartigen internationalen Herrschaft gesehen – andererseits aber auch eine bedeutende legitimatorische Schwäche des Völkerrechts der Global Governance. Ließen sich die Ausweitung von Aktivitäten und zugleich die Schmälerung von Legitimationsgrundlagen wirklich vereinbaren, wurde allenthalben bang gefragt.

In Reaktion auf dieses Legitimationsproblem wurden verschiedene Strategien vorgeschlagen, etwa eine stärkere Verrechtlichung, ausgeweitete Partizipation oder auch die Politisierung der Rechtsetzung.[37]

Am erfolgreichsten aber war – und hier kommen wir auf die epistemische Perspektive zurück – der Hinweis auf eine andere Entwicklung: Es wurde beobachtet, dass die einschlägigen Regeln häufig durch interne, mit Expertinnen (nicht Diplomaten) besetzte Gremien erarbeitet wurden. Regelmäßig fassten nicht die staatlich besetzten Plenarorgane, sondern mit Spezialisten oder Beamtinnen der Organisationen besetzte Gremien die entscheidenden Beschlüsse.[38] Und diese wachsende Bedeutung der Expertise in den Organisationen, so die Beobachtung, könne doch eigentlich auch als eine eigene Legitimationsquelle verstanden werden. Experten brächten überlegenes Wissen und bessere Kenntnisse der Umstände in die Rechtsetzung ein und verleihe den expertokratisch erarbeiteten Regularien eine ganz eigene Autorität – nämlich epistemische Autorität.[39] Expertenwissen, so wurde argumentiert, kompensiert den fehlenden Konsens von Staaten. Epistemische Autorität ergänzt den formalen Staatenkonsens.

Sind nun auch an Global Governance und ihrer epistemischen Autorität Veränderungen zu beobachten – und wenn ja, welche?

Meiner Einschätzung nach ist eine Veränderung hier vor allem diskursiver Art, aber noch kaum eine im geltenden Völkerrecht selber. Deutlich ist jedenfalls die immer offenere Kritik an der Zunahme von expertokratischer Rechtsetzung – aus zwei Richtungen:

Im politischen Diskurs zu verorten ist die Kritik der Populisten. Den gewachsenen Einfluss von internationalen Organisationen kritisieren sie

---

die ‚International Health Regulations' der WHO, die weitgehend von Experten ausgearbeitet und mit Mehrheit angenommen wurden. Dazu *Bogdandy/Pedro Villareal*, Die Weltgesundheitsorganisation in der COVID-19 Pandemie, ZaöRV 2021, 293.

[37] *Isabelle Ley* Opposition im Völkerrecht, 1. Aufl. 2015; *Bernstorff* Die Rolle nichtstaatlicher Akteure bei der Entwicklung und Implementierung des Völker- und Europarechts, Referat auf der Staatsrechtslehrertagung 2019, in: Ute Sacksofsky Öffentliches Recht und Privatrecht, 2020, 381.

[38] *Bernstorff*, Procedures of Decision-Making and the Role of Law in International Organizations, in: Bogdandy et. al. (Hrsg.) The Exercise of Public Authority, 2010, 777.

[39] *Michael Zürn* Theory of Global Governance, 2018, 57; *Krisch*, Liquid Authority in Global Governance, International Theory 9 (2017), 237.

als illegitime Macht unverantwortlicher Bürokratien. Sie hinterfragen die vermeintlich epistemische Grundlage ihrer Legitimation und die Überzeugungskraft von expertokratischem Recht. Politik und Rechtsetzung dieser Organisationen werden aus populistischer Sicht nicht als durch besseres Wissen begründet, sondern der Verweis auf Expertise im Gegenteil letztlich bloß als Ausdruck einer globalistischen, anti-staatlichen Ideologie wahrgenommen.[40]

Mit weniger Schaum vor dem Mund, aber in eine ähnliche Richtung geht die Kritik im völkerrechtswissenschaftlichen Diskurs. Hier wird die Problematik der Expertokratie seit längerem thematisiert.[41] Verwiesen wird vor allem auf zwei Probleme: Zum einen konstatieren kritische Stimmen eine fortschreitende Entpolitisierung der Rechtsetzung.[42] Indem Diskussionen über neue Regularien an Expertengremien delegiert wurden, entfielen politische Diskussionen darüber. Vor allem wo naturwissenschaftliches und ökonomisches Wissen (vermeintlich) weniger Spielraum für politische Wertungen und Gewichtungen lässt, werden Lösungen vermeintlich ‚alternativlos'. Demgegenüber weisen Kritiker unter anderem darauf hin, dass schon in der Einsetzung und Auswahl der Spezialistinnen eine politische und keine neutrale Entscheidung liege, ‚Expertokratie' laufe letztlich auf eine Verschleierung politischer Präferenzen hinaus.

Zum anderen weisen völkerrechtliche Kritiker darauf hin, wie sehr gerade ökonomisches Denken Recht und Rechtsetzung in den letzten Jahrzehnten und also parallel zum Aufkommen von Global Governance kolonisiert habe. Recht werde aus dieser Warte nicht mehr als autonome Struktur und Wertentscheidung verstanden, sondern nur noch als ‚management tool' im Dienste einer ökonomischen Logik.[43] Darin geht es dann nicht mehr um die Unterscheidung von Recht und Unrecht, sondern um Effizienz und Ineffizienz. Sie sehen hierin die epistemische Konsequenz der Priorisierung des Marktes.[44]

---

[40] *Orford*, International Law and the Populist Moment, ASIL Proceedings 2019, 21.

[41] *Koskenniemi*, The Politics of International Law, EJIL 1990, 4.

[42] *David Kennedy* A World of Struggle: How Power, Law and Expertise shape Global Political Economy, 2016.

[43] Auch in den Handlungsformen des Völkerrechts schlägt sich dies nieder, z.B. im Aufkommen von Indikatoren statt Verträgen. Politische Agenden und normative Erwartungen werden hier nicht in Worte und Regeln, sondern in Zahlen gefasst, z.B. in den Millennium bzw. Sustainable Development Goals. Zu Indikatoren nur *Kevin Davis/Benedict Kingsbury/Sally Merry* Indicators as a Technology of Global Governance, Law and Society Review 46 (2012), 71; grundlegend: *Alain Desrosières* The Politics of Large Numbers, 1. Aufl. 1998.

[44] In einer längerfristigen Perspektive fragte *Orford*, wie wohl Autorität in Zeitalter von Post-Post-Truth aussehen könnte (*Orford*, Scientific Reason and the Discipline of International Law, EJIL 25 (2014), 369). Jedenfalls werden Kenntnis und kritische Auseinandersetz-

Während es also in den letzten Jahren eine deutliche diskursive Verschiebung gegeben hat, sind die rechtlichen Konsequenzen marginal. Es ist nicht wirklich zu beobachten, dass geltendes Verfahrensrecht der IOs dahingehend geändert worden wäre, dass die Delegation von Kompetenzen an Expertengremien erschwert oder Verweise auf expertokratisch gesetzte Regularien gestrichen worden wären.[45] Im positiven Recht selbst scheint mir die Kritik bislang kaum angekommen zu sein.

Im Ergebnis macht diese dritte, epistemische Perspektive also insbesondere einen wichtigen Strang in den Diskussionen über die Legitimation von internationalen Organisationen und Global Governance deutlich. Sie erhellt die Bedeutung von Expertise und epistemischer Autorität hier. Fragt man nach den jüngeren Veränderungen in dieser Hinsicht, so macht die Perspektive die Kritik der Populisten, aber auch anderer und die legitimatorischen Probleme expertokratisch gesetzten Rechts verständlich. Letztlich handelt es sich hierbei aber vor allem um Verschiebungen im Diskurs, nicht um Änderungen im positiven Recht oder der Praxis der Staaten.

4. *Politökologische Perspektive auf Mensch und Planet*

Eine vierte und letzte Perspektive auf Global Governance kann hier nur angedeutet werden, aber sie ist so grundlegend, dass ich sie jedenfalls kurz erwähnen möchte. Es ist eine politökologische Perspektive, die fragt, wie man das Verhältnis von Mensch und Natur erfassen, wie man den Menschen als Teil und im Zusammenhang des gesamten Planeten denken kann.[46]

Wenn ich es richtig sehe, fehlt hierzu ein die Zeiten und Phasen der Global Governance übergreifender Theorierahmen – ja liegt eine wesentliche Verschiebung der letzten Jahre gerade in der Tatsache, dass erst in den letzten Jahren neue Theorien entstehen, um den hergebrachten

---

zung mit den Strukturen der Wissensproduktion wichtiger. Wir glauben nur, wem wir vertrauen.

[45] Man könnte überlegen, ob wir gleichzeitig auch eine fortschreitende Entstehung von globalen Öffentlichkeiten verzeichnen – und das Problem der Entpolitisierung dadurch gemildert wird. Man könnte hier auf globale zivilgesellschaftliche Bewegungen wie Fridays for Future oder auch lokale Politisierung durch Einbindung von Betroffenen verweisen. Auch die Erstellung von Indikatoren wird selber politisiert und als wesentlicher Knotenpunkt für die Entstehung politischer Debatten auf globaler Ebene angesehen (so etwa *Rene Uruena* Indicators as Political Space, International Organizations Law Review 12 (2015), 1.

[46] *Thomas Kirchhoff* Zum Verhältnis von Natur und Mensch, APuZ 2020, 39; *Peter Cornelius Mayer-Tasch*, Politische Ökologie, 1999; *Richard Peet/Paul Robbins/Michael Watts*, Global Political Ecology, 1999.

Anthropozentrismus zu problematisieren und über die Hinwendung zu einem Ökozentrismus jedenfalls nachzudenken.

Was ist mit diesen Begriffen gemeint und wie sind sie mit dem Völkerrecht verbunden?

In einer anthropozentrischen Weltsicht ist das Verhältnis des Menschen zur Umwelt instrumentell gedacht; der Mensch steht im Zentrum der Überlegungen und nutzt die Natur zu seinen Zwecken. Global Governance und ihr Völkerrecht, wie es seit den 1970er Jahren entstand, beruht gänzlich auf einer solchen anthropozentrischen Weltsicht.[47] Die etwa zeitgleich mit der Global Governance entstehende Umweltbewegung war stets sekundär, wenn nicht selbst instrumentell.[48]

Seit den 1990er Jahren und verstärkt in den letzten zehn Jahren wird nun um ein anderes Verständnis des Verhältnisses von Mensch und Natur gerungen, da die Konsequenzen menschlichen Handelns für den Planeten offensichtlich untragbar sind. Verschiedene Ansätze stehen nebeneinander[49], aber das wohl zentrale neue Theorem ist das des Anthropozäns. Die aus der Geologie stammende These vom Anthropozän besagt, dass wir seit Mitte des 20. Jahrhunderts ein neues Erdzeitalter beobachten, dass durch die Einwirkung des Menschen auf den Planeten Erde gekennzeichnet ist. Diese Einwirkungen sind ganz weitgehend zerstörerisch und werfen die Frage auf, wie diese in Zukunft zu vermeiden und rückgängig zu machen sind.

Mit Blick auf das Völkerrecht wird darum gerungen, ob im Anthropozän wesentliche Strukturen von Recht und Governance lediglich erweitert und angepasst werden müssen – oder ob wir unsere Rechtskategorien gänzlich hinterfragen oder sogar ganz neu denken sollten.[50] In Rede stehen vor allem drei Grundkategorien: Souveränität, Rechtssubjektivität und Legitimation. Es geht um die Fragen, wie die Kollision von souveräner Einzelstaatlichkeit und globalem Handlungsbedarf aufgelöst werden kann, ob die Natur in Form vom Flüssen oder Wäldern eigene Rechtssubjektivität erhalten sollte;

---

[47] Je nach Position ist GG und ökonomische liberale Globalisierung sogar direkt verknüpft mit ‚great acceleration', also dem beschleunigten Eingreifen des Menschen in Umwelt (s. Fn. 31, *Hey* International Law and the Anthropocene, ESIL Reflection 5(10), 2016).

[48] *Sigrid Boysen* Postkoloniale Konstellation, 2021.

[49] *Louis Kotze* Earth system law for the Anthropocene, Transnational Legal Theory 2020, 75; *Anna Grear* Legal Imaginaries and the Anthropocence, Law and Critique 2020, 351; *Will Steffen* et al, Planetary Boundaries, Science 2015, 736; *Vitorio De Lucia* Competing Narratives and Complex Genealogies, Journal of Environmental Law, 2015, 91.

[50] *Johann Horst* Entanglements: The Ambivalent Role of Law in the Anthropocene, Leiden Journal of International Law 2021 [im Erscheinen]; für allgemein rechtstheoretische Diskussion s. *Jens Kersten* Das Anthropozän-Konzept, Rechtswissenschaft 2014, 378; skeptisch *Udo Di Fabio* Metamorphosen der Zurechnung, JZ 2021, 1073.

und welche legitimatorische Grundlagen es für die anstehen Reformen geben muss.⁵¹

Auch hier sind (wie in der epistemischen Perspektive) Veränderung vor allem im Diskurs über das Recht und weniger im positiven Recht zu erkennen. Man mag auf gewisse Ansatzpunkte hinweisen, wie etwa die Anerkennung von Rechten der Natur in Südamerika oder auf Gerichtsentscheidungen wie das des Bundesverfassungsgerichts vom März.⁵² Aber letztlich ist hier bislang eher ein langsamer Bewusstseinswandel vom unhinterfragten hin zu einem problembewussten Anthropozentrismus denn ein Rechtswandel zu konstatieren.

III. Schluss

Ich komme zum Schluss: Die Frage nach dem Wandel von Global Governance wirft zunächst, so war meine Eingangsüberlegung, die Frage nach der Methode seiner Untersuchung auf. Meine Antwort darauf war die der Multi-Perspektivität. Neben einem Blick auf die jüngere völkerrechtliche Diskussion, die vor allem auf die Rückkehr eines aggressiven nationalstaatlichen Souveränitätsdenkens abstellt, habe ich versucht, vier weitere theoretisch-informierte Perspektiven zu entwickeln.

Zu welchem inhaltlichen Ergebnis kommt man damit? Fügen sich die Bilder, die man aus den verschiedenen Perspektiven sieht, zu einem Ganzen zusammen?

Unbestreitbar ist, dass wir das Ende einer ideellen Ära erleben. Vier tragende Säulen der Global Governance, wie sie seit den 1970er Jahren entstand, sind erschüttert: ihr Eurozentrismus, ihr Marktliberalismus, ihr Vertrauen in expertokratisches Recht und ihre unhinterfragte Verortung im Anthropozentrismus. Aber eingestürzt sind diese Säulen nicht. Statt eines Rückzugs oder gar Endes von Global Governance beobachten wir eher eine Erschütterung von Gewissheiten und eine gewisse Metamorphose. Diese stellen sich vor allem als eine diskursive Erschütterung und Wandlung dar – im völkerrechtswissenschaftlichen wie im gesellschaftlichen und politischen Diskurs. Dem gegenüber sind die Veränderungen im positiven Recht und in der Staatenpraxis weniger ausgeprägt, aber doch erkennbar: eine institutionelle Pluralisierung, ein Stocken neuer Freihandelspakte,

---

⁵¹ *Bruno Latour* Das Parlament der Dinge, 2009.
⁵² Zu Rechten der Natur in Südamerika, *Fischer-Lescano/AndreasGutmann* Nature's Day in Court, Verfassung und Recht in Übersee 54 (2021), 323; BVerfG, Beschluss vom 24. März 2021 (1 BvR 2656/81); Ansatzpunkte bieten auch die Sustainable Development Goals oder das Pariser Klima-Abkommen.

eine verstärkte Rolle für Staaten in der Umsetzung und Legitimierung von Völkerrecht.

Dies wirft nicht zuletzt die Frage nach dem Verhältnis von Recht und Diskurs auf. Dies kann unterschiedlich sein. Recht ist langsam, Institutionen sind beständig. Zuweilen gehen Diskurse dem Wandel im Recht aber auch voraus. In den vier hier entwickelten Perspektiven stellte sich der Zusammenhang von Recht und Diskurs auf zweierlei Weise dar: In den ersten beiden (zu Nord-Süd und Markt-Staat) lieferte der Diskurs eher eine retrospektive Klärung und ein kritisches Abbild des Rechts. In den letzteren beiden Perspektiven dagegen (zu Expertise und Politökologie) sind in den Diskursen eher prospektive Entwürfe eines möglichen zukünftigen Rechts zu erkennen. Mit Blick auf die Frage, ob das Völkerrecht diesen Diskursen folgt, ob Diskurse also eher Vorreiter oder bloß Leerläufer sind, muss man wohl die Beharrungskräfte des Völkerrechts bedenken. Das Konsenserfordernis und das Fehlen zentraler und starker legislativer wie judikativer Organe dürften eher dafürsprechen, dass diese Diskurse im positiven Recht zeitnah eher folgenlos bleiben.

So fragt sich zuletzt, ob man die vielschichtigen diskursiven wie rechtlichen Veränderungen auf einen Begriff bringen kann. Gibt es etwas, was sie prägt und eint? Metamorphose – zu was?

Sicherlich zu beobachten ist eine Pluralisierung und Ent-Westlichung von Global Governance. Die diskursive und in Recht gegossene Dominanz des marktliberalen Modells des Nordens ist mit teils mächtigen Gegenentwürfen sowie nachhaltigen Zweifeln konfrontiert. Politikwissenschaftlerinnen sprechen inzwischen von einem ‚kompetitiven Multilateralismus'. Ironischer Weise ist durch Trump und die Nationalisten auch eine gewisse Repolitisierung des Internationalen in Gang gekommen. Globale Lösungen sind nicht mehr selbstverständlich, sondern müssen besser begründet werden. Womöglich entsteht erst jetzt eine wirklich globale, weil plurale Rechts- und Regierungsstruktur für unsere Welt. Aber dafür hat sich noch kein überzeugender neuer Begriff gefunden.

Letztlich entscheidend erscheint mir doch etwas Anderes: Unumkehrbar ist die Globalisierung unserer Lebenswelten – und globales Regieren insofern unumgänglich. Die Gestaltung dieser Lebenswelten gerade auch durch Recht bleibt die Aufgabe unserer Zeit – aber es muss ein plural erarbeitetes und politisch erstrittenes Recht sein, keine einseitige Setzung.

Leitsätze des Referenten über:

2. Regieren: Global Governance auf dem Rückzug?

(1) Für die Beantwortung der Frage nach dem Stand von Global Governance und der Rolle des Rechts darin gibt es keinen archimedischen Punkt der Analyse. Wandel und Stasis derselben lassen sich nur multi-perspektivisch und mit dem Wissen verschiedener Disziplinen verstehen. Hier seien vier Perspektiven genutzt: eine postkoloniale, eine politökonomische, eine epistemische sowie eine politökologische. Sie erschließen Diskurse anderer Disziplinen, die auch die rechtswissenschaftliche Diskussion informiert und geprägt haben.

(2) Inhaltlich erleben wir das Ende einer ideellen Ära von Globalem Regieren. Vier tragende Säulen der bisherigen Global Governance sind erschüttert: der Eurozentrismus, der Marktliberalismus, das Vertrauen in expertokratisches Recht und die unhinterfragte Verortung im Anthropozentrismus. Aber eingestürzt sind diese Säulen nicht. Zu beobachten ist neben der Erschütterung eine allmähliche Metamorphose von Global Governance.

I. Global Governance und ihr vermeintliches Ende

(3) Der zunächst politikwissenschaftliche Begriff Global Governance bezieht sich auf ein System globalen Regierens, das sich durch zwei Merkmale auszeichnet: erstens, durch inter- und transnationale Institutionen, die durch Rechtsetzung und Rechtsdurchsetzung internationale öffentliche Gewalt gegenüber Staaten und zunehmend auch Privaten ausüben; zweitens durch den Umstand, dass dieses System normativ begründet, begrenzt und angeleitet werden soll durch seine Ausrichtung auf vermeintlich universale, der Weltgemeinschaft gemeinsame, normative Prinzipien.

(4) Der Begriff enthält die radikale These eines fundamentalen, ja kategorialen Wandels der globalen Ordnung: Das bislang horizontal gedachte internationale System, das allein auf der freiwilligen Teilnahme souveräner Staaten beruhte, erhält nun ein Element der vertikalen Herrschaft.

(5) Die Entstehung dieses Systems (nicht ihre erste Beschreibung) fällt in die 1970er Jahre. Sie wurde angetrieben von den USA und ihren Verbün-

deten zur Sicherung und Verbreitung ihres liberal-demokratischen Modells. Das Ende des Kalten Krieges und die 1990er Jahre sind nicht der Anfang, sondern eher der Höhepunkt dieses Systems.

(6) Begriff und Beobachtung der Global Governance finden Aufnahme bald auch im völkerrechtlichen Diskurs – im Modell des völkerrechtlichen Konstitutionalismus, aber auch in anderen rechtswissenschaftlichen Ansätzen, wie dem Global Administrative Law (GAL) oder dem der International Public Authority (IPA). Sie alle problematisieren die Ausübung öffentlicher Herrschaft und thematisieren als grundlegende Schwäche der Global Governance deren begrenzte Legitimation.

(7) Die völkerrechtliche Diskussion zu Trump und dem ‚populist backlash' konstatiert eine Zäsur markiert durch drei Aspekte: Die Ausrichtung an nationaler Souveränität als überragenden Maßstab; die Abkehr von multilateralen Institutionen und multilateralen Verträgen als geeignete Foren und Formen internationaler Kooperation; und die Infragestellung liberaler Werte und Missachtung zentraler Regeln des Völkerrechts.

II. Multiperspektivische Analyse der Metamorphosen von Global Governance

1. Postkoloniale Perspektive auf Nord und Süd

(8) Postkoloniale Theorie zielt auf eine Diskursanalyse. Sie fragt, wie der Norden es vermochte, seine partikularen Interessen als universale, auch im Recht geschützte Werte zu etablieren und zu verteidigen.

(9) Aus postkolonialer Perspektive erweist sich Global Governance als Ausdruck einer erneuerten Diskursdominanz des Nordens – angetrieben von den Bretton Woods Institutionen, in denen die Relativität des Prinzips souveräner Gleichheit der Staaten und statt Verrechtlichung eher die Unvollständigkeit der Rechtsbindung sichtbar wird. Versteht man unter Global Governance eine neue Form der internationalen Herrschaft – dann fanden sich die meisten Staaten des Globalen Südens vor allem in der Position der Herrschaftsunterworfenen, nicht der Herrschenden wieder. Global Governance erweist sich als eurozentrisch.

(10) In den letzten Jahren wurde die nördliche Diskursdominanz jedenfalls erschüttert. Dies hat institutionelle Aspekte (die vom Westen dominierten Finanzorganisationen haben Konkurrenz erhalten) wie auch wissenschaftssoziologische (der völkerrechtswissenschaftliche Diskurs ist pluraler denn je). Rein diskursive Veränderungen stehen neben solchen im Recht und in der Praxis der Staaten. Allerdings bestehen Finanzinstitutionen weiter und üben auch weiter Herrschaft aus. Sie werden nur nicht

mehr allein vom westlichen Block, sondern auch von China dominiert. Für ärmere, schwächere Staaten des Globalen Südens hat sich insofern wenig gewandelt.

2. Politökonomische Perspektive auf Markt und Staat

(11) Politische Ökonomie fragt, wie Staat und Markt zueinander stehen, wie Ressourcen in Staat und Gesellschaft verteilt sind. Sie kann Kontexte und Hintergrundannahmen des Rechts deutlich machen.

(12) Aus dieser Perspektive tritt die Priorisierung und spezifische Verrechtlichung der liberalen Weltwirtschaftsordnung (v.a. WTO, Investitionsschutz) im Gegensatz zu anderen Bereichen des Völkerrechts hervor und zwar selbst solchen Bereichen, die im Kern eines liberalen Projektes liegen könnten (z.B. Menschenrechte), aber auch anderen (z.B. Gewaltverbot). Verrechtlichung war also selektiv auf die für einen Marktliberalismus wichtigen Gebiete bezogen. Die meist als systemimmanent betrachtete Fragmentierung erweist sich als politisch gewollte Folge der Priorisierung des Marktrechts. Die Priorisierung des Marktes fand ihren Ausdruck auch in der Zurückhaltung von Staaten, Bereiche völkerrechtlich zu regulieren, die dem Marktliberalismus im Weg stehen könnten.

(13) Mit Blick auf Veränderung wird eine gewisse Diskrepanz zwischen Recht und Diskurs deutlich: Auf der einen Seite ist das Wirtschaftsvölkerrecht und die sie tragenden Organisationen beständig. Andererseits hat sich sowohl der Diskurs über das Recht des Marktes als auch die Praxis von Staaten geändert. Der Glaube an die Segnungen marktliberaler Globalisierung ist erschüttert. Legislativ ist die Dynamik weiterer Liberalisierung des Welthandels erlahmt. Es ist eine Renaissance der Staaten als Regulierer zu verzeichnen.

3. Epistemische Perspektive auf Recht, Politik und Expertise

(14) Die epistemische Perspektive fragt nach den Entstehungsbedingungen von Wissen, auch juristischem und legislativem.

(15) Mit Blick auf die Legitimationsschwäche von Soft Law, das internationale Organisationen erlassen, macht diese Perspektive eine potentiell neue Form von Autorität in Global Governance sichtbar. Überlegenes Wissen und bessere Kenntnisse der Umstände verleihe expertokratisch erarbeiteten Regularien epistemische Autorität. Expertenwissen kompensiere den fehlenden Konsens von Staaten.

(16) Eine Veränderung ist hier vor allem diskursiver Art, nämlich Kritik aus zwei Richtungen: eine populistische und eine völkerrechtswissenschaftliche.

(17) Aus populistischer Sicht sind Recht und Politik internationaler Organisationen nicht durch besseres Wissen begründet, sondern umgekehrt bloß Ausdruck einer globalistischen, anti-staatlichen Ideologie.

(18) Im völkerrechtswissenschaftlichen Diskurs wird zum einen eine fortschreitende Entpolitisierung der Rechtsetzung kritisiert. Wo naturwissenschaftliches und ökonomisches Wissen (vermeintlich) weniger Spielraum für politische Wertungen lasse, werden Lösungen vermeintlich alternativlos. Aber schon in der Auswahl der Spezialistinnen liege z.B. eine politische Entscheidung; ‚Expertokratie' verschleiere also nur politischer Präferenzen.

(19) Zum anderen weisen völkerrechtliche Kritikerinnen darauf hin, wie sehr gerade ökonomisches Denken Recht und Rechtsetzung seit dem Aufkommen von Global Governance kolonisiert habe. Recht werde aus dieser Warte nicht mehr als autonome Struktur und Wertentscheidung verstanden, sondern nur noch als ‚management tool' im Dienste einer ökonomischen Logik.

(20) Positiv-rechtliche Konsequenzen dieser diskursive Erschütterungen sind marginal.

4. Politökologische Perspektive auf Mensch und Umwelt

(21) Mit Blick das Verhältnis von Mensch und Natur fehlt ein die Zeiten übergreifender Theorierahmen. Gegenüber dem hergebrachten und Global Governance bislang prägenden Anthropozentrismus wird nun ein Ökozentrismus und das geologische Theorem des Anthropozän formuliert.

(22) Im völkerrechtlichen Diskurs wird darum gerungen, ob im Anthropozän rechtliche Strukturen lediglich angepasst – oder ganz neu gedacht werden müssen. In Rede stehen drei Grundkategorien: Souveränität, Rechtssubjektivität und Legitimation. Auch hier ist ein Wandel vor allem im Diskurs über das Recht und kaum im positiven Recht zu erkennen.

III. Schluss

(23) Wir erleben das Ende einer ideellen Ära von Global Governance. Eurozentrismus, Marktliberalismus, Vertrauen in expertokratisches Recht und die Verortung im Anthropozentrismus als tragende Säulen der Global Governance sind erschüttert, aber eingestürzt sind sie nicht. Statt eines Rückzugs oder gar Endes von Global Governance beobachten wir eher

eine Erschütterung von Gewissheiten und eine Metamorphose. Diese stellen sich vor allem als eine diskursive Erschütterung und Wandlung dar. Veränderungen im positiven Recht und in der Staatenpraxis sind weniger ausgeprägt, aber in den ersten beiden Perspektiven durchaus gut erkennbar.

(24) Das Zusammenspiel von Recht und Diskursen kann unterschiedlich sein. In den vier Perspektiven nimmt es zweierlei Form an: In den ersten beiden (zu Nord-Süd und Markt-Staat) liefern Diskurse eher eine retrospektive Klärung und ein kritisches Abbild des Rechts. In den letzten beiden (zu Expertise und Politökologie) dagegen sind in den Diskursen eher prospektive Entwürfe des Recht zu erkennen. Mit Blick auf die Frage, ob das Völkerrecht solchen Diskursen folgt, ob sie insofern Vorreiter oder bloß Leerläufer sind, muss man die strukturellen Beharrungskräfte des Völkerrechts bedenken. Konsenserfordernis und das Fehlen starker legislativer wie judikativer Organe dürften eher dafür sprechen, dass diese Diskurse im positiven Recht zeitnah eher folgenlos bleiben.

(25) Die vielschichtigen diskursiven wie rechtlichen Veränderungen sind kaum auf einen neuen überzeugenden Begriff zu bringen. Die zu beobachtende Pluralisierung macht noch keine neue Form aus. Letztlich entscheidend erscheint mir etwas anderes: Die Globalisierung unserer Lebenswelten ist unumkehrbar – und globales Regieren unumgänglich. Die Gestaltung dieser Lebenswelten gerade auch durch Recht bleibt die Aufgabe unserer Zeit – aber es muss ein plural erarbeitetes und politisch erstrittenes Recht sein, keine einseitige Setzung.

3. Aussprache und Schlussworte

Christian Walter: Liebe Kolleginnen und Kollegen! Darf ich Sie bitten, Platz zu nehmen? Wir haben insgesamt doch sehr viele Wortmeldungen, sodass wir sehen müssen, dass wir mit dem Zeitbudget gut durchkommen. Zum Zeitbudget möchte ich vorweg noch sagen: Im Moment wird ja an vielen Stellen sehr intensiv über die Farben und die Funktionsfähigkeit von Ampeln nachgedacht. Auch wir haben eine Ampel, die neu ist und uns in dieser Form unbekannt. Die alte, die genau so funktioniert hat, wie man sich eine Ampel vorstellt – solange grün ist, ist alles gut; irgendwann wird es gelb, dann muss man aufpassen; und bei rot schließlich muss man stehenbleiben – diese Ampel hat leider einen irreparablen Transportschaden erlitten. Deshalb haben wir jetzt eine neue Ampel, die allerdings anders funktioniert als übliche Ampeln: Da gibt es zwar auch grün, und es gibt gelb, und es gibt rot. Aber das Gelb kommt nach der Hälfte der Redezeit, dann wird es zunächst wieder grün – für die zweite Hälfte der Redezeit. Ist auch diese abgelaufen, wechselt die Ampel sofort und ohne weitere Warnung auf rot. Das kommt dann vielleicht etwas überraschend und erfordert ein schnelleres Anhalten als man das erwartet hätte. Aber ich bin mir sicher, redegeübt und wortgewandt wie Staatsrechtslehrerinnen und Staatsrechtslehrer sind, gelingt es uns, mit der neuen Ampel zurechtzukommen. Mit dieser Vorrede können wir nun in die Diskussion einsteigen. Es beginnt Anne Peters.

Anne Peters: Vielen Dank, lieber Philipp, für das tolle Referat. Ich habe zwei Punkte anzumerken und zu fragen. Symbol der aktuellen Machtverschiebung sind die gemeinsamen chinesisch-russischen Erklärungen zum Völkerrecht und zur Global Governance. Die letzte Erklärung vom März 2021 ist wenig beachtet worden. In dieser machen die beiden Player zwei Punkte stark. Erstens fordern sie mehr informelle Treffen von Großmächten, zum Beispiel der fünf ständigen Mitglieder des Sicherheitsrats. Zweitens kritisieren sie wieder die „double standards" des Westens, monieren also, dass mit zweierlei Maß gemessen werde. Wie berechtigt sind diese Forderungen?

Für die in Deinem Vortrag beleuchtete epistemische Dimension scheint mir ein dritter Punkt, der nicht in der Erklärung vorkommt, wichtig. Dies sind zunehmende Divergenzen nicht über Werte, sondern über Fakten. Wir befänden uns, so sagen einige, in einem „postfaktischen Zeitalter": Es wird vielfach zumindest implizit angenommen, dass „alles" eine Frage der Perspektive sei. So gesehen, kann offenbleiben, ob die Klimaerwärmung eine Erfindung der amerikanischen Autoindustrie ist oder etwas anderes. Die starke Behauptung der Relativität von Fakten sehe ich unter anderem als (möglicherweise ungewollte) Konsequenz des kritischen Rechtsdiskurses. Die kritische Rechtsanalyse hat zu Recht die Expertokratie problematisiert. Die Einsicht über die Situationsgebundenheit und Relativität von Wissen wurde jedoch dahingehend übertrieben, dass auch Aussagen über Tatsachen nur „a matter of perspective" seien. Diese Einstellung kann globales, kollektives Handeln massiv erschweren. Wenn Russland einfach ableugnet, dass sich russische Soldaten auf der Krim und in der Ostukraine befinden und dies als eine Frage der Sichtweise akzeptiert wird, kann die internationale Gemeinschaft diese Truppenpräsenz schlecht verurteilen. Könntest Du Dich zu diesem epistemischen Aspekt bitte positionieren?

Und vielleicht könntest du auch noch sagen, inwieweit sich die jetzige Machtverschiebung unterscheidet von der anderen globalen Machtverschiebung in den 1960er und 1970er-Jahren, nämlich der Dekolonisierung. Damals sind die vielen neuen Staaten des globalen Südens entstanden und haben sehr kritische Einwände gegen die westlich geprägte Völkerrechtsordnung vorgebracht und Reformvorschläge gemacht. Damit sind sie damals nicht durchgedrungen. Warum wohl hören wir heute mehr auf ihre Argumente?

Daniel Thym: Mein Dank für zwei inspirierende Referate. Mein Beitrag richtet sich ebenfalls an Philipp Dann, der die Frage des Vorstands meisterhaft beantwortete. Ja, die Global Governance ist auf dem Rückzug und das ist prinzipiell auch etwas Gutes, denn sie war eine Camouflage für politische, ökonomische und auch anthropozäne Interessen. Ich will gar nicht widersprechen und speziell einer Vereinigung wie der unsrigen mögen diese zugespitzten Thesen guttun, weil hier doch viele bisweilen emphatisch an den Eigenstand des Verfassungsdenkens glauben. Dennoch eine zweifache Rückfrage zu möglichen Deutungsoptionen, was daraus folgt. Und ich sehe zwei davon: Erstens eine Rückkehr zum status quo ante einer neo-westfälischen Weltordnung, die im Kern auf den zwischenstaatlichen Interessenausgleich setzt. Syrischer Bürgerkrieg, russische Invasion der Krim, Klimawandel: alles nicht schön, aber wenn man es nicht verhindern kann, muss man wenigstens sicherstellen, dass solche Ereignisse die globale Ordnung möglichst wenig beeinträchtigen. Und wenn das Recht im Weg steht, ändert man es eben. Der Umgang mit den Taliban zeigt, dass ein solcher Neo-Realismus vielleicht gar nicht so unwahrscheinlich ist, jedenfalls in bestimmten Konstellationen. Zweite Deutungsoption: Eigenstand von Recht und Rechtswissenschaft, die in Deiner Dekonstruktion vor allem Spielball für anderweitige Interessen waren. Ist das wirklich alles? Man könnte die ganze Geschichte auch anders erzählen: China, der globale Süden, einzelne Migranten bemächtigen sich der Versatzstücke der Global Governance und wenden sie gegen die Herrschenden. Das Recht ist langsam und Institutionen sind beständig. Das hast Du alles beschrieben. Es kann aber auch sein, dass neue Akteure in die bestehenden Säulen der globalen Herrschaft einziehen, die sich in der Folge ändert, weil es neue Herren gibt. Das führt zu viel Instabilität, aber die Global Governance verschwindet nicht, sondern sie ändert sich nur.

Dirk Hanschel: Vielen Dank für die beiden spannenden Referate. Meine Frage richtet sich an dich, lieber Philipp Dann, und zwar hast Du als vierten Unterpunkt die Frage des Anthropozentrismus versus Ökozentrismus aufgeworfen, und hast gesagt, hier fehle es noch an einem tragfähigen internationalen Modell. Meine Frage ist jetzt die folgende: Wenn wir dahin denken, etwa auch bestimmte Elemente der Natur zu versubjektivieren – da können wir etwa zum ökologischen Rechtsstaat von Klaus Bosselmann zurückgehen oder auch zu Christopher Stone's Aufsatz: „Should trees have standing?" – hat sich ja seitdem sehr viel entwickelt. Nach welchen Kriterien entscheiden wir eigentlich, welche Elemente der Natur der Versubjektivierung bedürfen, also eigene Rechte, Rechtsfähigkeit haben? Anhand welcher Kriterien können wir also die sogenannten Eigenrechte der Natur definieren, wie wir sie etwa in der Verfassung Ecuadors (Pachamama) vorfinden? Wenn ich versuche, mir das vorzustellen, finde ich es sehr schwierig abzugrenzen, ob zum Beispiel ein Fluss ein solches Recht haben soll oder eine andere Entität. Und warum das eine, nicht das andere? Auf der internationalen Ebene finde ich das noch schwieriger. Wiewohl ich zustimmen würde, dass wir natürlich, um hier mehr in einen Ausgleich zu treten, uns durchaus von dem bloßen Objektstatus der Natur ein bisschen weiterentwickeln müssen. Die sich daran anschließende Frage wäre: Wenn wir hier eine solche Rechtsträgerschaft materiell auffüllen, was sind die Interessen, die Bedürfnisse und so weiter? Und wie findet man überhaupt heraus, welche Rechte dort zugeordnet werden, also welche Rechte die Natur dann haben soll? Das geht jetzt in eine etwas unkonventionelle Richtung, aber in diese Richtung denken wir ja inzwischen vielfach, und das sehen wir ja auch, wie Du sagst, in den Judikaten einiger Gerichte. Auch wenn Du das jetzt hier nur andeuten konntest, würde ich mich freuen, wenn Du es vielleicht noch ein klein bisschen weiter ausführen könntest. Dahin richtet sich meine Frage. Vielen Dank!

Christian Tomuschat: Zuerst möchte ich den beiden Referenten für glänzende Referate danken, die uns alle sehr bereichert haben.

Nur einige kurze Feststellungen. Die erste Feststellung wäre, dass man nicht vergessen sollte, dass wir in einer normativen Weltordnung leben, dass es keine alternativen Weltordnungsmodelle gibt. Alle Staaten bekennen sich jedenfalls durch ihre Regierungen zu der rechtlichen Normativordnung, die wir heute haben, die ihre Grundlage und ihren Gipfelpunkt hat in der Charta der Vereinten Nationen. Ich finde das sehr wesentlich, denn es ist ja vor vielen Jahren, wie wir wissen, ein Versuch Indonesiens, eine alternative Weltorganisation aufzubauen, gescheitert. Indonesien ist nach kurzer Zeit reumütig in den Schoß der Vereinten Nationen zurückgekehrt. Und insofern gibt es ein ganz klares und uneingeschränktes Bekenntnis zu der gegenwärtigen normativen Völkerrechtsordnung mit dem IGH an der Spitze.

Dann nächster Punkt: Bei Ihnen, lieber Herr Dann, fehlen mir zwei wichtige Faktoren der heutigen Weltordnung, Faktoren, die gestaltend einwirken. Sie haben sehr starken Wert gelegt auf Handel und Finanzen. Das ist alles sehr richtig, treten doch die sozialen Elemente immer mehr in den Vordergrund. Aber Sie haben die Generalversammlung nicht genannt. Die Generalversammlung setzt Orientierungsmarken, welche die Weltpolitik bestimmen. Und diese Marken können nicht mehr von einzelnen Ländern ausgehebelt werden, sondern sie sind da als feste Orientierungspunkte. Vor allem ist zu bedenken: Die Generalversammlung hat seit der Dekolonisierung ungeheuer an Kraft und Autorität gewonnen. Auch das darf man nicht vergessen. Es handelt sich heute um eine ganz andere Generalversammlung als jene, die 1945 aus der Taufe gehoben worden war. Zweiter Punkt: Der Sicherheitsrat der Vereinten Nationen. Der ist festgelegt, wie wir wissen, auf „Questions of international peace and security", aber das ist eine sehr ausdehnungsfähige Formel. Nicht Fragen von „international peace and security" im eigentlichen Sinne, sondern Fragen des Klimas, von Dürren, Überschwemmungen und ähnlichen Notlagen, die durch das Klima verursacht werden, sind teilweise schon vom Sicherheitsrat anerkannt worden als Probleme, die in seine Kompetenz hineinreichen. Und diese Tendenz wird sich wahrscheinlich noch zunehmend verfestigen. Meiner Ansicht nach wird der Sicherheitsrat von dem eingeschlagenen Weg nicht abgehen, sondern er wird versuchen, die gefundene Option noch weiter auszureizen. Damit verschafft er sich einflussreiche Handlungsmöglichkeiten, weil er eben auf Weltebene die einzige Institution mit der Befugnis ist, verbindliche Entscheidungen zu treffen.

Franz Mayer: Auch von meiner Seite vielen Dank. Meine Frage richtet sich vorrangig an Frau Nußberger. Es war recht wenig von der Europäischen Union die Rede. Das kann natürlich an der Themenstellung und der Themenformulierung gelegen haben, da ja die staatlichen Systeme im Umbruch adressiert waren. Trotzdem steht doch wohl außer Frage, dass die Europäische Union auch Regieren bedeutet, Regieren einer supranationalen Herrschaftsgewalt. Und deswegen habe ich mich gefragt, ob die von Ihnen aufgelisteten fünf Narrative sich nicht auch auf die Europäische Union übertragen ließen.

Das Gouvernement des juges ohne Zweifel. Das ist wahrscheinlich auch der älteste Vorwurf, der sich an die europäische Herrschaftsanordnung richtet. Entsprechend ist er ja in gewissem Sinne auch schon verarbeitet. Die entfesselte Exekutive: Da fällt mir der Europäische Rat ein, die Konferenz der Staats- und Regierungschefs als fast schon präsidialer Akteur, der eigentlich zu wenig im Blick steht, zu wenig im Blick des Verfassungsrechts. Er ist das Machtzentrum der Europäischen Union, betreibt seit einiger Zeit Mikromanagement, ist Impulsgeber für die Gesetzgebung, weitgehend ohne gerichtliche Kontrolle, ohne parlamentarische Einhegung. Die Expertokratie: Das scheint mir schwieriger zu fassen zu sein. Vielleicht findet sich da etwas bei den Agenturen. Dann die Verlagerung des Regierens auf die übergeordnete Ebene: Wir haben ja gestern von der globalen Ebene und der negativen Entwicklung dort gehört. Es gibt beispielsweise den Vorwurf – das wäre dann die Parallele – dass es eine Verlagerung des Regierens auf die Freihandelsabkommen gibt. Das halte ich aber für ein Missverständnis. Das Verlagerungsphänomen scheint mir bei der EU nicht sehr ausgeprägt.

Aber was ist mit dem Populismus? Da scheinen mir am wenigsten Parallelen diagnostizierbar zu sein. Populismus ist natürlich eine Querschnittskategorie. Man kann sicherlich den Populismus mit den anderen Narrativen gekoppelt in den Blick nehmen. Also die entfesselte Exekutive und der Populismus, oder auch Gerichte und der Populismus, vielleicht können sogar Verfassungsgerichte populistisch agieren, im Sinne von Delegitimation von Parlament oder Parlamenten. Aber zurück zur Frage nach dem Populismus auf europäischer Ebene im von Ihnen beschriebenen Sinne. Vielleicht liegt das Fehlen eines Populismus daran, dass es auf der europäischen Ebene keinen nationalen oder nationalistischen Resonanzraum gibt, also keinen EU-Nationalismus. Das könnte die Erklärung sein. Möglicherweise gibt es hier deswegen so etwas wie eine Immunisierung des Regierungssystems. Und das könnte ein Anzeichen sein dafür, dass dieses Regierungssystem in dieser Hinsicht eine besondere Stabilität aufweist, gerade auch im Vergleich und im Abgleich zum staatlichen Herrschaftssystem. Vielen Dank.

Ann-Katrin Kaufhold: Ganz herzlichen Dank auch von meiner Seite erst noch einmal für zwei wirklich tolle Referate, die ja beide schon einen ganz weiten Bogen geschlagen haben und Entwicklungen in sehr vielen unterschiedlichen Bereichen in den Blick genommen haben. Ich möchte, insofern knüpfe ich an Franz Mayer an, trotzdem noch einmal dafür plädieren, den Blick zusätzlich zu weiten, und Ihren Blick auf noch einen weiteren Akteur lenken, der im Sinne von Angelika Nußberger „regiert", also richtungsweisende Entscheidungen trifft für Gesellschaft und Staat, und von dem ich deshalb denke, dass er in die Analysen der Machtverschiebungen mit einbezogen werden sollte. Ich meine die Zentralbanken. Sie haben sowohl bei der Bewältigung der Finanz- und Staatsschuldenkrise als auch bei der Bewältigung der Covid-Krise eine zentrale Rolle gespielt und maßgeblich bestimmt, wie wir durch diese Krisen gegangen sind. Und sie werden, das wäre meine Einschätzung, auch bei der Bewältigung der Klimakrise eine zentrale Rolle spielen. Ob und wie wir die Klimakrise bewältigen, wird meines Erachtens auch maßgeblich dadurch beeinflusst werden, ob die EZB mit ihrer grünen Geldpolitik ernst macht.

Ich möchte für die Einbeziehung der Zentralbanken in die Analysen aber nicht nur plädieren, weil sie einen großen faktischen Einfluss haben, sondern auch, weil ich meine, dass mit ihrem Einfluss zwei bemerkenswerte strukturelle Verschiebungen verbunden sind. Zum einen die Verschiebung von Privat zu Staat. Bei der EZB oder auch der FED handelt es sich um staatliche Institutionen, die mit ihrer Rolle und ihrem Einfluss dem Liberalisierungstrend auf den Finanzmärkten einen weiteren Riegel vorschieben und den Staat wieder zu einem starken Akteur machen. Zum anderen die Verschiebung auf der staatlichen Ebene weg von den Parlamenten, weg aber zugleich auch von der Regierung. Mich würde deshalb interessieren – und meine Frage richtet sich an beide Referent:innen – wie sie die Rolle der Zentralbanken einschätzen, wie sie die Zentralbanken in den Tableaus, die sie gezeichnet haben, verorten würden. Es gibt Anknüpfungspunkte natürlich zu einer Reihe von Diskursen und Narrativen, die sie genannt haben: Zentralbanken teilen mit den Gerichten die Unabhängigkeit. Es wird entschieden in erster Linie durch Experten. Zentralbanken nutzen das Instrument des Marktes, sind aber ein staatlicher Akteur. Und daher stellt sich mir die Frage: Kann man Zentralbanken in die bekannten oder erwähnten Narrative und Systematisierungen einordnen oder muss man sie nicht in ihrer spezifischen Kombination dieser verschiedenen Elemente als eigenständige und eigengeartete Akteursgruppe berücksichtigen? Vielen Dank!

Matthias Valta: Vielen Dank auch von mir für die beiden wunderbaren Referate. Ich habe drei Anmerkungen. Die erste wäre die Frage nach der Gewaltenverschränkung. Die Gewaltenverschränkung relativiert ja die

Gewaltengliederung oder die Teilung und gestaltet sie aus. Die Regierungsfraktion bindet die Regierung wieder zurück an den Gesetzgeber. Das Bundesverfassungsgericht ist ja auch demokratisch rückgebunden mit einer Art Konkordanzbesetzung aller Parteien, sozusagen eine ganz große Koalition. Gibt es in dieser Gewaltenverschränkung auch Umbrüche? Hat diese Rückkopplung, diese Integrationsfunktion der Gewaltenverschränkung, dieser Schutz gegenüber einer entfesselten Exekutive oder einem Gouvernement des juges, hat das gelitten in der Zeit?

Der zweite Punkt wäre, ob der demografische Wandel auch eine Rolle spielt? Das Klimaschutzurteil wurde angesprochen. Die Schuldenbremse ist jetzt auch wieder in der Diskussion. Leidet das Parlament, die Regierungsfunktion des Parlaments darunter, dass es für Zukunftsthemen einen gewissen Zeitverzug gibt, weil die Wählerschaft gealtert ist? Eine gewisse Herrschaft der Alten über die Jungen wird man überspitzt konstatieren können. Leidet die Informationsverarbeitungsfunktion des Parlaments darunter, so dass die Richter einspringen müssen?

Als dritten Punkt möchte ich kurz bemerken, dass beide Vorträge auch in der steuerrechtlichen Perspektive besondere Relevanz haben. Zu Angelika Nußbergers Vortrag: Auch im Steuerrecht wird häufig der Exekutive ein Übergewicht attestiert. Die Fachpolitiker im Parlament hätten keinen oder wenig Eigenstand gegenüber dem Bundesfinanzministerium, der Fachbürokratie, der Exekutive, der Expertokratie. Damit wird mitunter erklärt und gerechtfertigt, dass das Bundesverfassungsgericht den sozusagen fremdgesteuerten Gesetzgeber im Steuerrecht besonders engmaschig kontrollieren müsse. Dies wirft aber wieder die kritische Frage des Gouvernement des juges auf.

Zu Philipp Danns Vortrag möchte ich ergänzen, dass wir in den letzten zehn Jahren im internationalen Steuerrecht einen verspäteten Multilateralismus erleben, dass die OECD und die G20 Pläne zur Vermeidung von Steuerflucht und zur Mindestbesteuerung vorangebracht haben. Auch wenn die Entwicklung noch nicht zu Ende ist, hat es durchaus Erfolge gegeben, große Koalitionen über viele Staaten hinweg konnten im OECD/G20-Format gebildet werden. Die UN hat etwas an Bedeutung gewonnen, ist in diesem Feld aber immer noch Nebendarsteller. Aber es gibt Entwicklungen von dem durchaus auch als neokolonial wahrnehmbaren Einfluss der OECD hin zu einem integrativeren Format. Ist das eine gegenläufige Entwicklung zum allgemeinen Trend? Vielleicht spielen Nachholeffekte des Steuerrechts eine Rolle, so dass hier der Multilateralismus eine begrenzte Spätblüte im sonstigen Niedergang erlebt. Oder die Staaten haben hier erkannt, dass sie nur so auf Augenhöhe mit multinationalen Unternehmen ihr Steueraufkommen und damit starke Eigeninteressen erhalten können. Vielen Dank.

Viola Schmid: Mein Dank erstreckt sich im Anschluss an die Vorredner:innen auch auf das Organisationsteam der Universität Mannheim, das hier aus meiner Sicht einen hervorragenden Job leistet. Und meine Frage richtet sich an Frau Nußberger: Können Sie mir in meiner Lehre zum „Recht der Künstlichen Intelligenz" helfen? Das ist nämlich meine Perspektive: Ein anhängiges Rechtsetzungsverfahren zu einem „Artificial Intelligence Act" auf EU-Ebene seit Mai 2021. Und aus dieser Perspektive war Ihr Beitrag, Frau Nußberger, mit einem aufklärungswürdigen Mut zur Lücke versehen. Dieser Mut zur Lücke, dass Sie nämlich Technik in einer technikbasierten Welt und Technikrecht nicht adressiert haben. Sie referieren ausschließlich auf das „Traditional Law" (eigene Terminologie) der Realworld der Vergangenheit. Deswegen vermögen Sie sowohl einen Systemanspruch im Titel („Staatliche Systeme im Umbruch?") als auch einen Regierungsdefinitionsanspruch in These III zu erheben („Regieren bedeutet für Staat und Gesellschaft richtungsweisende Entscheidungen zu treffen, die implementiert werden"). Aus meiner Perspektive des Cyberlaw, nämlich des Rechts der fünften Dimension des Seins (neben den Kubikmetern und der Zeit), ist diese Rückschau unter zwei Aspekten zu hinterfragen. Zum einen ist Cyberlaw in deutsch-europäischer Rechtstradition seit eineinhalb Jahrzehnten durch Rechtswidrigkeit und im Besonderen bei der Vorratsdatenspeicherung (die in Wirklichkeit Vorratsdatenerhebungs-, -speicherungs-, -übermittlungs- und -nutzungsrecht heißen sollte) sowohl durch Rechtswidrigkeit als auch durch „Nichtanwendungsrecht" geprägt. Dass Volkszählung, Vorratsdaten, Auslandsüberwachung, Kennzeichenerkennung und Onlinedurchsuchung nicht implementationswürdige und nachhaltige rechtliche Vorschläge in einem „Cyberstate Deutschland" oder für eine europäische „Cyberunion" (eigene Terminologie) waren, ist aufgrund höchstrichterlicher (deutscher) Rechtsprechung und behördlicher Nichtanwendungsentscheidungen inzwischen evident. Zum anderen: In einer „AI-driven world" – und das ist nicht eine Terminologie von mir, sondern ein Zitat – ist es rechtfertigungsbedürftig, warum Sie diese technikrechtlichen Spezialitäten, also die „Staatsäquivalenzaspiranten" (in meiner Terminologie) insbesondere Facebook als neue Rechtsakteure, die inzwischen auch in der höchstrichterlichen Rechtsprechung grundrechtsverpflichtet sind, außer Acht lassen. Deswegen wollte ich Sie einladen, dass Sie mich a) nicht ignorieren und b) mir vielleicht einen Ergänzungs- oder Updatebeitrag – vielleicht nicht heute – anbieten. Danke!

Ulrich Jan Schröder: Ich möchte nur zum Vortrag von Frau Nußberger Stellung nehmen und bedanke mich ganz herzlich für den ausgezeichneten Vortrag. Ich will nur ein positives Narrativ einfach zur Seite stellen, ohne dass ich dessen Fehlen als Mangel empfinde. Dieses Narrativ soll auch nicht alles erklären, sondern einfach nur eine Ergänzung darstellen. Man kann die Lage ja auch so sehen, dass wir eine Gesellschaft haben, die, vielleicht immer schon, vielleicht auch erst in letzter Zeit zunehmend, entsolidarisiert ist, heterogen und atomisiert ist, autistisch reagiert oder radikalisiert ist. Und diese Gesellschaft trifft nun auf Krisen, auf große Krisen. Die gute Regierung versucht dem gegenzusteuern, indem sie Potenziale nutzt, die wir als rechtlich sensibel ansehen. Die schlechte Regierung radikalisiert womöglich die Gesellschaft noch weiter und versucht, zu populistischen Mitteln zu greifen, um sich selbst zu ermächtigen. Das macht die gute Regierung auf andere Weise auch, wenn sie Verfassungsvoraussetzungen adressiert, indem sie zum Beispiel das Vertrauen in den Staat zu fördern versucht und indem sie innergesellschaftliche Solidarität zu stiften oder zu erhalten versucht. In der Finanzkrise war es das „Die Einlagen sind sicher" der Kanzlerin und des Finanzministers. In der Flüchtlingskrise war es der Appell bzw. Satz „Wir schaffen das"; und jetzt, in der Corona-Krise, ist es unter anderem der Versuch, den gesetzlichen Impfzwang möglichst weit nach hinten zu schieben und durch Soft Power und mit Überreden und mit Überzeugen zu arbeiten, vielleicht weil es das mildere Mittel ist. Und da stellt sich doch die Frage: Warum macht das die Regierung? In erster Linie macht sie das, weil sie dazu besonders gut geeignet ist, weil sie diese Soft Power zuständigkeitshalber hat, während der Gesetzgeber, wenn er denn tätig würde, gleich mit Zwang imperativ tätig werden müsste und dazu noch mit einer gesichtslosen Ratio, die die Regierung nicht hat.

Wenn wir ein Impfzwanggesetz hätten, dann wäre das etwas ganz anderes als die Versuche, die Bürger davon zu überzeugen. Wenn der Gesetzgeber dagegen seinerseits symbolisch oder überredend tätig wird, dann sind wir bei dem Problem der symbolischen Gesetzgebung und würden sagen, das ist gar nicht die Aufgabe des Gesetzgebers. Also irgendwie haben wir in der Problematik der Gewaltenteilung eine Form von Affinität der suggestiven Kraft, des durch Überzeugung zwingenden Arguments auf Seiten der Regierung. Kann das legitimieren, wäre eine Frage. Dann der humane Faktor, das menschliche Angesicht, das liegt bei der Regierung. Das ist ganz banal. Wenn wir an den Staat denken, denken wir zuerst an die Köpfe, die die Regierung stellen, und nicht so sehr an das Parlament. Kann das legitimieren oder kann das zumindest in der Gewaltenteilung etwas verschieben? Das ist vielleicht eine laienhafte Frage, aber die stellt sich angesichts solcher Appelle, wie ich sie eben aufgezählt habe. Die Regierung darf nicht losgelöst von der Herrschaft des Rechts agieren. Das ist grundsätzlich für den Rechtsstaat, aber der Rechtsstaat ist eben nicht alles. Wenn man nur das Recht erfüllt und exekutiert, dann fehlt immer noch das Vertrauen der Menschen in den Staat und dann fehlt die solidarische Kraft. Die Frage ist: Kann die Regierung, darf die Regierung eingreifen in dieses entsolidarisierte Gefüge der Gesellschaft? Legitimiert es sie, wenn sie solidarisierend tätig wird? Kann es die Gewaltenteilung, so wie wir sie kennen, in gewisser Form verschieben? Oder müssen wir die kompetenziellen Grenzen der Gewalten einfach feiner nachzeichnen? Und was bedeutet das zum Beispiel auch für das Neutralitätsgebot? Wie stark darf die Regierung in die Gesellschaft hineinwirken, damit die Gesellschaft den Staat in seinen Vorhaben trägt? Danke schön.

Friedrich Schoch: Vielen Dank für die beiden vorzüglichen Referate. Ich möchte, Frau Nußberger, mit Ihnen beginnend, den Blick auf die Normalsituation richten und nicht nur vornehmlich von Krisenerscheinungen reden. In Ihren Staatsrechtslehrerreferaten haben sich die Kollegen Klaus Vogel und Roman Herzog mit dem Verhältnis von Gesetzgeber und Verwaltung beschäftigt und in der Normallage eine schleichende Machtverschiebung hin zur Exekutivlastigkeit diagnostiziert. Die Referenten hatten schon damals nach einem Verwaltungsvorbehalt gefragt und diesen verworfen, später ebenso die Kollegen Maurer und Schnapp. Roman Herzog spricht aber von einem de facto-Vorbehalt und gibt drei Beispiele: Woher kommen eigentlich die Gesetzentwürfe? Sie stammen überwiegend aus den Ministerien, das heißt, die Regierung nimmt eine Art Selbstprogrammierung vor. Der zweite Punkt zielt auf den Einfluss des Bundesrates; dort sind nicht die Länderparlamente vertreten, das Gremium ist ebenfalls exekutivlastig. Der dritte Punkt betrifft die seinerzeitige EWG, später EG; das Europäische Parlament war zu Einwirkungen auf das supranationale Recht längst nicht wie heutzutage in der Lage.

Die Machtverschiebungen sollten wir nicht nur mit Blick auf Krisenphänomene, sondern auch in der Normalsituation sehen. Nun schreibt Frau Nußberger in ihrer schönen These 16, dass Machtverschiebung auch von der politischen Kultur abhängt. Ich stimme vollständig zu und gebe ein Beispiel: Der vormalige Fraktionschef der noch stärksten Regierungsfraktion hatte sich im Laufe seiner Tätigkeit – ich spitze zu – zunehmend als Diener des Bundeskanzleramts begriffen, also die Parlamentarier, die Regierungsfraktion im Parlament, in den Dienst der Exekutive gestellt. Das ist nur ein Beispiel, es gibt viele Beispiele zur politischen Kultur. Dazu gehört auch – ich meine, dass sollte man nicht trennen – der Hinweis auf die Expertokratie. Ich darf an Herrn Mayer anknüpfen, nun aber nicht die EU-Agenturen in den Blick nehmen, sondern die Einwirkungen des Unionsrechts auf innerstaatliche Verwaltungseinheiten. Dort sehen wir, veranlasst durch das EU-Recht, eine zunehmende Entwicklung hin zur Expertokratie. Am Anfang stand – da gab es wenige Debatten – die Unabhängigkeit der Datenschutzbeauftragten. Dann haben wir gelernt, dass auch die Regulierungsbehörden unabhängig sein müssen. Nun müssen auch die Staatsanwaltschaften unabhängig sein, bald stehen die Wettbewerbs- und Kartellbehörden an. Die Frage ist, ob wir demokratische Legitimation nicht völlig neu denken müssen. Wem ordnen wir die Expertokratie zu? Es handelt sich weder um Gesetzgebung noch um Rechtsprechung, ist also ein besonderer Teil der Exekutive. Das ist ein weiterer, meines Erachtens qualitativ anderer Impuls für den registrierten Umbruch. Die Phänomene stellen wir – darauf kommt es mir an – in Normallagen fest und nicht nur in Krisenzeiten.

Es gibt aus diesem Jahr ein schönes Buch der amerikanischen Philosophin Cristina Lafont; sie untersucht die Phänomene und sagt, im Grunde laufen wir auf einen Kampf der Systeme zu. Kann sich das System der westlichen Demokratien noch halten oder werden sich am Ende des Tages autoritäre Systeme durchsetzen? Ihr Vorschlag lautet, man müsse Demokratie, das heißt Legitimation, neu denken, und man müsse den Partizipationsgedanken neu beleben, damit der „Abriss" zwischen Experten und Regierung und der Bevölkerung nicht weiter voranschreitet.

Martin Eifert: Ganz herzlichen Dank für den wirklich sehr anregenden Einstieg in diese Tagung. Ich hätte eine rückfragende Anmerkung zu Frau Nußberger. Frau Nußberger, Sie haben eine globale Perspektive eingenommen, die wohltuend distanziert von den einzelnen Phänomenen und damit auch neutralisierend wirkt, aber zugleich die Gefahr mit sich bringt, in hohem Maße zu formalisieren. Und dieses Problem möchte ich beim Gouvernement des juges verdeutlichen. Es ist völlig zweifelsfrei, dass die Verfassungsgerichte Bindungen gegenüber der Politik aussprechen. Aber die Frage, ob, inwieweit und wo das ein Problem ist, hängt doch sehr stark davon ab, was jeweils in der Verfassung steht. Die Verfassungen haben ja eine Selbstbindung bezweckt, wollen gegenüber den (politisch wechselnden) einfachen Mehrheiten Sicherungen schaffen, weshalb die Problemlage doch ohne einen Blick auf die jeweils aufgerufenen Verfassungsbestimmungen schwer zu vermessen ist. Oder es bedürfte eines genaueren Blicks auf die Methodik, sodass sich für eventuelle Machtverschiebungen zwischen Gerichten und Parlamenten die Frage stellt, ob die methodische Disziplinierung nachgelassen hat, ob Gerichte großzügiger werden in ihren Argumentations-Topoi, welche Verschiebungen sich in den Argumentationen ergeben, o.ä. Ich fürchte, dass man ohne diesen Blick auf die konkreten Verfassungsbestimmungen und die angewandte Methodik sehr schnell dazu verleitet wird, eher Wahrnehmungskonjunkturen bei diesem ewigen Problem abzubilden als die realen Problemkonjunkturen. Ein Beispiel scheint mir der Klimabeschluss zu sein, bei dem Sie doch sehr stark in der Zuspitzung ein Bündnis zwischen Expertise und Bundesverfassungsgericht gegenüber der Politik wahrgenommen haben, als einen exemplarischen Anwendungsfall der Verschleifung der beiden problematischen Diskurse von Expertokratie und Gouvernement des juges. Aber es ist ja nicht nur die Expertise, sondern es war vor allem auch konkretisierendes gesetztes Recht im Paris Agreement und im Klimaschutzgesetz, das auf die Ziele verpflichtet. Den Kern aber bilden vor allen Dingen in diesem Beschluss nicht konkrete Anforderungen des Klimaschutzes an den Gesetzgeber, sondern eine Aufforderung an ihn, die zeitliche Dimension, die mit dem Klimaschutz verbunden ist, auch ernst zu nehmen. Insoweit erscheint es mir doch eher darum zu gehen, dort die Politik gegenüber einem strukturellen, in ihr angelegten Defizit zur Handlung aufzurufen und weniger darum, ihr Felder zu verbauen. Vielen Dank.

Volker Neumann: Frau Nußberger, Sie haben fünf Narrative aufgezählt. Ich habe ein Narrativ vermisst, das sechste Narrativ, nämlich Verselbstständigung des Parlaments. Hans Kelsen, dessen Namen Sie kurz erwähnt haben, hat dieses Problem in drei Denkschritten mustergültig entwickelt. Erstens: In modernen Gesellschaften ist Demokratie nur mithilfe des Parlamentarismus zu verwirklichen. Zweiter Denkschritt: Redlicherweise ist einzugestehen, dass mit der Einrichtung von Parlamenten immer auch gewisse Einschränkungen von Demokratie verbunden sind, wobei sich diese Einschränkungen aber pragmatisch rechtfertigen lassen. Stichwort Wahlen, Hauptstichwort Arbeitsteilung. Dritter und letzter Denkschritt: Die Einschränkungen können ein Ausmaß annehmen, dass die Demokratie gefährdet oder sogar zerstört wird, nämlich dann, wenn das Parlament sich vom Volk, im Verhältnis zum Volk, verselbstständigt. Hiergegen gibt es aber, so Kelsen weiter, Vorkehrungen, Reformen, die er aufzählt und die allesamt in die Richtung der Einrichtung direktdemokratischer Verfahren weisen. Ich bin etwas erstaunt, dass Sie in Ihrem Referat darauf nicht eingegangen sind, obwohl sie häufig vom Parlament gesprochen haben, das durch die anderen Narrative gefährdet sei. Aber eben das Parlament als einen Gefährder unerwähnt gelassen haben.

Anna Leisner-Egensperger: Liebe Frau Nußberger, ich hätte eine Frage zu Ihrer These 8. Stichwort Expertokratie. Sind es denn tatsächlich die Äußerungen von Expertinnen und Experten oder auch die Stellungnahmen von Expertengremien, die zu diesen Machtverschiebungen führen? Oder ist es nicht vielmehr die mediale Rezeption, die dazu führt, dass dann doch letztlich genau das passiert, was Sie beschreiben, nämlich Verschiebungen im Regierungshandeln? Wenn wir uns beispielsweise die Corona-Krise ansehen, da gab es doch sehr große Unterschiede zwischen den Stellungnahmen des Deutschen Ethikrats als solchen, die durchaus differenziert waren und die man als Ausgangspunkt für verantwortungsbewusstes Handeln hätte nutzen können (Stichwort Immunitätsausweis beispielsweise), und auf der anderen Seite der medialen Rezeption, die doch sehr verkürzt erfolgt ist. Und wenn man das jetzt beobachtet – da müsste man natürlich noch weiter differenzieren zwischen verschiedenen Arten von Medien – führt das nicht dazu, dass wir einen besonderen, einen neuen politischen Anspruch erheben sollten, insbesondere an den öffentlich-rechtlichen Rundfunk? Und wirkt sich dies dann nicht wiederum auf die Finanzierung des Rundfunks aus? Konkret: Müssen wir nicht für die Erhebung des Rundfunkbeitrags dann auch verlangen, dass nicht verkürzt berichtet wird?

Franz Reimer: Meine kritische Rückfrage an Frau Nußberger richtet sich darauf, dass Sie als einen Ihrer Brennpunkte die Juridifizierung der Politik gewählt haben. Mir scheint das problematisch, weil es ja gerade Sinn der Verfassungsgerichtsbarkeit ist, der Politik in die Speichen zu greifen. Und es scheint mir umso problematischer, je näher man hinschaut – eines der von Ihnen gewählten Beispiele war in der Tat der Klimaschutzbeschluss: In krassem Gegensatz zur medialen Wahrnehmung wird man sagen müssen, wenn man ihn wirklich aufmerksam liest, dass er extrem differenzierend ist, extrem juridisch und extrem zurückhaltend im Ergebnis. Aber unabhängig von diesem Beispiel frage ich mich mit Martin Eifert, ob nicht die präzisere und weiterführende Frage gegenüber der Frage nach der Juridifizierung der Politik die Frage danach ist, was die Prüfungsmaßstäbe hergeben. Sie sind unser gemeinsamer Boden. Sie haben dankenswerterweise diese Frage eingangs Ihres Referats aufgeworfen mit der schönen Formel von der Reichweite des Ordnungsanspruchs der Verfassung. Ich glaube, diese Frage trifft den Nagel auf den Kopf. Umso überraschter war ich, dass Sie bei dieser Frage in der Anwendung den Fehler machen, den wir als Staatsrechtslehre seit Jahrzehnten machen, nämlich den Fehler der Überkonstitutionalisierung. Sie konstatieren eine Leerstelle und rekurrieren dann auf eine Gesamtschau der Verfassung. Das scheint mir methodologisch höchst fragwürdig. Es ist der sozusagen konstitutionalistische Fehlschluss. Ich glaube, wir müssen immer wieder fragen, ob, wenn die Verfassung keine Antwort gibt, die Antwort dann nicht ist: Freiraum für die Politik. Daher meine Frage an Sie: Wäre es nicht besser, statt nach der Juridifizierung der Politik nach der Überkonstitutionalisierung der Verfassung zu fragen? Vielen Dank.

Doris König: Auch ich möchte mich herzlich für zwei sehr anregende und inspirierende Referate bedanken. Das englische Wort „thought provoking" ist mir da in den Sinn gekommen. Dennoch, liebe Angelika, wird es Dich wahrscheinlich nicht überraschen, dass ich mich an der einen oder anderen Aussage zum Gouvernement des juges ein wenig störe. Deswegen ergreife ich hier das Wort. Zum einen störe ich mich schon an der Definition des Regierens. Regieren bedeutet – so Dein Thesenpapier –, für Staat und Gesellschaft richtunggebende Entscheidungen zu treffen, die implementiert werden. Wenn ich es so lese, dann trifft das auch auf Entscheidungen des Bundesverfassungsgerichts zu. Es verdeckt aber einen aus meiner Sicht wichtigen Unterschied: Die Regierung bzw. die Regierenden haben einen eigenständigen Gestaltungsspielraum und sie haben die Machtmittel, ihre im Rahmen dieses Gestaltungsspielraums getroffenen Entscheidungen auch selbst zu implementieren. Das, finde ich, ist ein großer Unterschied zu Verfassungsgerichten, die zwar natürlich auch richtunggebende Entscheidungen erlassen, aber auf der Grundlage der Verfassung, also auf der Grundlage rechtlicher Maßstäbe. Und diese Entscheidungen können sie nicht selbst implementieren, sondern sie sind im Grunde genommen auf die Akzeptanz ihrer Urteile in Staat und Gesellschaft angewiesen. Dann fand ich die Dichotomie verfassungswidrig/verfassungsmäßig und die daraus abgeleitete Beschränkung des Gesetzgebers auch mit etwas grobem Pinsel gezeichnet. Natürlich stellt das Bundesverfassungsgericht und stellen auch andere Gerichte auf der Grundlage der jeweiligen Normen oder Verträge eine Verfassungs- oder Vertragswidrigkeit fest. Je nachdem, in welchem Bereich wir Entscheidungen treffen, geben wir – wir nennen das im Gericht sogenannte Segelanweisungen – dem Gesetzgeber gewisse Möglichkeiten zur Neuregelung vor. Das mag man als übergriffig ansehen, diese Kritik ist aber so alt wie das Gericht selbst. In der Regel aber, und da ist der Klimaschutz-Beschluss ein gutes Beispiel, gibt das Bundesverfassungsgericht den Ball in das Feld der Politik zurück und zwar insbesondere an den Bundestag. Ebenso zum Beispiel in der Suizidhilfeentscheidung. Jetzt ist wieder die Politik am Zuge. Es mag sein – das ist eine Frage der Perspektive –, dass in manchen Bereichen der parlamentarische Spielraum eingeengt wird. Ja, wir engen ihn insbesondere dann ein, zum Beispiel in Fragen des Parlamentsrechtes, wenn es um den Schutz von Minderheiten bzw. den Schutz der Opposition geht. In anderen Bereichen eröffnen wir neue Spielräume oder aber stärken die Mitwirkung des Parlaments: Stichwort Integrationsverantwortung. Im Großen und Ganzen geht es dem Bundesverfassungsgericht in seinen Entscheidungen um die Offenhaltung des demokratischen Prozesses. Zum Schluss noch ganz kurz: Ich denke, das Bundesverfassungsgericht hat auf Grundlage unserer Verfassung nach wie vor eine Kontrollaufgabe, und ich persönlich halte es für falsch, hier von einer Mit- oder gar Gegenregierung zu sprechen. Vielen Dank.

Andreas Paulus: Zum Klimabeschluss ist jetzt schon fast alles gesagt. In der Tat ist die Frage nach dem Gouvernement des juges für alle Gerichte eine wichtige Selbstkontrollfrage, die auch wir uns immer stellen. Und die Kritik ist ja nicht nur einseitig. Ich höre in der letzten Zeit sowohl Kritik an zu viel Gouvernement des juges als auch an zu wenig Gouvernement des juges. Der Rest ist dann eine Frage konkreter Entscheidungen, die das Gericht treffen muss. Zum Klimaschutzbeschluss: Alles mutig, also im Sinne von Intervenieren jenseits der Verfassung? Das wäre es vielleicht gewesen, wenn wir im Sinne der Beschwerdeführenden gesagt hätten: „Was das Parlament gemacht hat, ist völlig unzureichend. Nicht im formellen Sinne, sondern im materiellen Sinne. Das Paris-Ziel reicht nicht aus, es muss 1,5 Grad sein und so weiter." Aber dann hätte man Artikel 20a GG sozusagen entkleidet, der diesen Auftrag selbst ja ausdrücklich an die Parlamente gibt. Das Gericht hat nur den Anstoß des Artikels 20a GG aufgegriffen. Dieser Auftrag an das Parlament hat natürlich Auswirkungen auf die Frage der betroffenen Grundrechtsträger und Grundrechtsträgerinnen. Die klassische Aufgabe des Verfassungsgerichts ist es in der Tat, das Parlament zur Berücksichtigung von Grundrechtsträgern anzuhalten, die nicht ausreichend berücksichtigt worden sind.

Um es plastisch zu machen: Manche Abgeordnete kommen mit einem roten Kopf in eine Besprechung der Entscheidung hinein und gehen mit einem weißen Kopf wieder hinaus. Der rote Kopf wegen des Vorwurfs des Gouvernement des juges. Das Verfassungsgericht hat sich wieder eingemischt. Wir haben doch das nach bestem Wissen und Gewissen so geregelt. Mit einem weißen Kopf gehen sie aus der Besprechung hinaus, weil in der Entscheidung steht, was sie alles noch zu entscheiden haben. Die konkrete Aufteilung der Belastungen in diesem Jahrzehnt, für das nächste Jahrzehnt. Artikel 80 GG ernst genommen, keine Delegation an die Regierung, sondern eine parlamentarische Entscheidung darüber, wie viele Lasten auf die Zukunft verschoben werden können, unter Einbeziehung der Grundrechtsträgerinnen und Grundrechtsträger, die schon geboren sind, aber die mehr noch als unsere Altersklasse an der Entscheidung dann knapsen werden. Übrigens: Der Weltklimarat ist eine Regierungsinstitution und die Beschlüsse dieses Weltklimarates werden sogar von Regierungen im Konsens gebilligt. Alles, was der Weltklimarat sagt, muss von den Regierungen bestätigt werden. Das Parlament hat da sehr schwere Entscheidungen zu treffen. Diese hat aber das Bundesverfassungsgericht gerade nicht selbst getroffen.

Das führt mich zum zweiten herausragenden Referat von Herrn Dann. Sie haben etwas begrenzt allgemein von Legitimationsdefiziten gesprochen und haben das in der Kürze der Zeit nicht weiter ausgeführt. Würden Sie sich falsch verstanden fühlen, wenn ich das etwas anschärfe: Ist nicht ein zentrales Problem unserer Zeit, dass wir in einer globalisierten Welt leben und globalisierte Probleme haben, die wir gemeinsam lösen müssen? Denn wenn wir erst einmal über fünf oder sechs Grad sind, dann ist diese Welt wahrscheinlich für niemanden mehr lebenswert. Wir müssen diese

Entscheidungen treffen. Gleichzeitig aber, und zwar genauso notwendig, brauchen wir eine demokratische Legitimation, die im weltweiten Maßstab nur sehr schwer zu bekommen ist. Es gehen ja nicht alle Wahlen so aus wie in Deutschland. Wir haben in der Schweiz gerade eine Volksabstimmung gehabt, in der das Volk die Entscheidungen, die der Gesetzgeber getroffen hat, für unzureichend gehalten, ihm aber keinerlei Maßstab für die Zukunft gegeben hat, welche Belastungen auf wen verteilt werden müssen. Auch da wird die Entscheidung wieder in die Parlamente zurückgeschickt. Liegt hier nicht genau die Herausforderung? Wir müssen demokratisch legitimieren, haben aber globale Aufgaben, deren Lösung letztlich zwingend ist. Vielen Dank.

Gerd Winter: Es ist fast schon überflüssig, dass ich mich in diejenigen einreihe, die den Beschluss des Bundesverfassungsgerichts verteidigen. Aber ich will trotzdem noch das eine oder andere hinzufügen. Der US Supreme Court benutzt bei der Frage: „Ist eine Angelegenheit eine political question?" die sogenannten Baker-Kriterien, und zu denen gehört ganz zentral die Frage, ob für die Lösung des Problems geeignete Rechtsnormen juristisch greifbar und gestaltbar sind. Das wäre, meine ich, auch ein für die Beurteilung des BVerfG-Beschlusses geeignetes Kriterium. In der Tat gibt es differenzierte verfassungsrechtliche Normen, deren Interpretation und Anwendung die dem Gericht vorgelegten Fragen beantworten können. Ich meine, dass man bei dem Klimabeschluss unter vielen Gesichtspunkten, von denen ich nur einige nenne, wirklich von einer Rechtsentscheidung statt von einer politischen Entscheidung sprechen kann.

Das fängt schon mit der Beschwerdebefugnis an. Es sind Beschwerdeführer vorhanden, die existenziell unter den Klimafolgen leiden, vor allen Dingen Landwirte. Hier haben wir also eine Problemsituation, für die das Bundesverfassungsgericht genuin zuständig ist. Dagegen kann man vielleicht Zweifel äußern, ob das immer gilt für die Urteile, die ebenfalls hochpolitischen Rang haben, so zum Beispiel, wenn aus Artikel 38 GG eine Beschwerdebefugnis hergeleitet wird, die die großen Finanzentscheidungen des BVerfG trägt. Denn die Beschwerdeführer dieser Verfahren waren persönlich doch wohl viel weniger betroffen als die Landwirte des Klimabeschlusses. Dann geht es weiter mit Kriterien der Kausalität. Liegt wirklich ein Eingriff in die Grundrechte vor? Das ist im Klimabereich aufgrund der vorhandenen wissenschaftlichen Analysen ganz eindeutig: Es gibt zwar einen über viele Zwischenschritte verlaufenden, aber eben doch nachgewiesenen Zusammenhang zwischen Treibhausgasemissionen und Schäden. Wie steht es weiterhin mit dem Schutzbereich der Grundrechte? Da wartet das Gericht in der Tat mit zwei Innovationen auf. Zum einen entwickelt es, dass die Ausübung der Freiheitsgrundrechte von bestimmten Voraussetzungen abhängig ist, und zwar nicht nur derjenigen, dass lebbare Klimabedingungen vorhanden sein müssen, sondern auch, dass man auf Energie Zugriff haben muss. Das zweite Element, das neu ist, oder in seiner Betonung neu ist, ist die Zukunftsgerichtetheit, m.a.W. die Intertemporalität der Grundrechte. Das sind, glaube ich, zwei Dinge, die man grundrechtsdogmatisch lege artis gut begründen kann. Hierin liegt kein Übergriff in die Politik. Weiterhin stellte sich die Frage, auf welche Weise das internationale Recht einwirkt, so insbesondere das Pariser Abkommen. Über die möglichen Konstruktionen kann man natürlich lange diskutieren. Ich kann darauf jetzt nicht eingehen. Meine Tendenz wäre eigentlich nur, dass das Gericht noch stärker eine völkerrechtsfreundliche Auslegung als Maßstab des Klimaschutzgesetzes hätte ins Spiel bringen können. Jedenfalls handelt es sich auch insoweit um übliche rechtsdogmatische Fragen, nicht um reine Politik. Zum Schluss ein Hinweis, den Herr Paulus und Frau König auch schon gegeben haben: Der Beschluss reicht ja das Problem an die Politik zurück. Er endet damit, dass die Konkretisierung des neuen Grundsatzes, nämlich der Sorge für die zukünftige Freiheitsausübung, eben dem Parlament belassen wird. Danke sehr.

Frank Schorkopf: Der analytische Rahmen beider Referate hat mich sehr angesprochen, weil er eine hohe Erklärungskraft hat. Und doch habe ich zu diesem analytischen Rahmen jeweils eine Nachfrage. Frau Nußberger, Sie sprechen von dem Narrativ der Juridifizierung der Politik. Ein Narrativ hat etwas Konstruiertes und es wird nicht ganz klar, ob es tatsächlich so ist, wie Sie das beschreiben. Beispielsweise These 14: „Es ist eine Entwicklungsoption der Verrechtlichung des Politischen, obwohl" – und das meine ich herausgehört zu haben – „wir schon eine Verrechtlichung des Politischen haben". Deshalb an dieser Stelle an Sie die Frage: Ist diese Expansion der Rechte, die wir erleben, prozessual wie materiell, eigentlich eine zwangsläufige Entwicklung subjektiver Rechte: national, europäisch, international? Und wenn das so ist, was ist die zukünftige Position dieser subjektiven Rechte? Denn ein Zurück wird es nicht geben. Ein gewährtes Verbandsklagerecht, Popularklagen, Beschwerdebefugnisse, Subjektivierungen von Rahmenrechten, alles das wird man nicht zurücknehmen können, auch wenn das gewollt sein sollte.

Und Herr Dann. Sie sprechen von der postkolonialen Perspektive auf Nord und Süd. Es ging auch um China. Sie haben davon gesprochen, dass China jetzt unter anderem auch Finanzinstitutionen betreibe und dort der Mehrheitsentscheid auch mit gewichteten Stimmen existiere. China ist ein schönes Beispiel, wir verfolgen gerade den Konflikt zwischen China und Australien. Wenn man sich anschaut, warum der Konflikt besteht, dann geht es dort um knallharte Interessen. Die Australier haben sich etwa in der WHO kritisch zu China geäußert und dann gibt es Retourkutschen und Re-Retourkutschen. Die Frage ist: Wie sieht es in ihrer postkolonialen Perspektive auf Nord und Süd – die dann doch irgendwie auch wieder etwas Westliches hat – in genannten Zusammenhang mit China mit einer präkolonialen Perspektive aus?

Paul Kirchhof: Beide Referate waren aufklärend, inspirierend, beunruhigend, haben kritisch darauf hingewiesen, dass Expertengruppen politische Maximen formulieren, für ihre Wertungen und Einschätzungen dann aber Richtigkeit und Unausweichlichkeit beanspruchen. Das aktuellste Beispiel bietet wahrscheinlich die Ökonomisierung staatlichen Finanzgebarens, bei der Ökonomen den Mainstream ihrer Wissenschaft an die Stelle rechtlicher Verbindlichkeiten setzen. Die Rechtsmaßstäbe der Staatsverschuldung entfalten derzeit kaum noch Wirkungskraft. Meine Frage an Sie beide ist die: Was kann unsere Zunft tun, um hier mehr Vernunft in das Geschehen zu bringen?

Meine erste Empfehlung wäre, nicht mehr vom Markt, sondern von Wettbewerb zu sprechen. Wettbewerb ist ein Rechtfertigungsverfahren. Viele wollen dasselbe Ziel erreichen, aber nur einem wird es gelingen. Deswegen organisieren wir ein faires Verfahren, um den Besten auszuwählen. Wer im Sport am schnellsten gelaufen ist, erhält die Goldmedaille. Wer bei Wahlen die meisten Stimmen erzielt hat, gewinnt das Mandat. Wer im Wirtschaftsleben das beste Angebot macht, bekommt den Auftrag. Dieses Wettbewerbsverfahren teilt die Beteiligten in Sieger und Besiegte, ist deshalb gänzlich ungeeignet, wenn Bedürfnisse auszugleichen, Interessen zwischen reichen und armen Ländern abzuwägen, Chancengleichheit zu gewährleisten ist. Der Wettbewerb treibt das Leistungsprinzip auf die Spitze, dient nicht einer Kultur des Maßes. Vielleicht kann eine Rechtswissenschaft, die dieses bewusst macht, wesentlich zur Erneuerung des Finanzmarkts beitragen.

Die zweite Kategorie, die wir hinterfragen müssen, ist das „Wachstum". Wir sprechen jeden Tag von diesem Wachstum, das zwei Prozent, möglichst drei Prozent betragen müsse, und meinen wie selbstverständlich das Wirtschaftswachstum, das wir am Bruttoinlandsprodukt pro Kopf messen. In dieser Sicht wird ausgeblendet, ob wir aktuell mehr Wachstum im Gesundheitswesen, in der Bildung, in der Besinnung auf Rechtsprinzipien brauchen. Die Frage, ob die verfügbaren Geldmittel mehr für Bildung eingesetzt und dafür ein geringeres Wirtschaftswachstum in Kauf genommen werden soll, wird nicht gestellt.

Ein dritter Problemkreis, den Sie, Frau Nußberger, angesprochen haben, betrifft die Darstellungsmethode, die das Wort durch die Zahl ersetzt. Wer ein Anliegen in Worten ausdrücken, in seiner Sprache überzeugen muss, macht sich durch den angreifbar, der die gleiche Sprache spricht. Diese Debatte in Rede und Gegenrede ist Kern der Demokratie, der parlamentarischen wie der öffentlichen Diskussion. Wenn die EZB aber ein Inflationsziel von 4 % ankündigt, sprechen wir nur noch von den vier Prozent. Diese Zahlendiskussion hält das Thema im Kreis der Inflationstheoretiker, grenzt das Parlament aus, schafft Distanz zu den politischen Institutionen. Diskutiert wird nicht, ob jetzt der Sparer nicht mehr sparen kann, der Wohnungssuchende keine Wohnung mehr mieten oder kaufen kann, die gemeinnützigen Gesellschaften ihr Geschäftsmodell aufgeben müssen. Die bloße Zahl, die Tabelle und die Statistik scheinen fast das Nachdenken zu erübrigen. Deshalb sollte die Rechtswissenschaft sich auf den Weg machen, diese Entwicklungen in Sprache zu charakterisieren, die Probleme in Worten auszudrücken, die Betroffenheit der Menschen in die materielle Rechtsordnung einzuordnen und zum Thema der verfassungsrechtlichen Institutionen zu machen.

Hinnerk Wißmann: Zum Aspekt Grundlagen darf ich vielleicht zunächst einmal sagen: Ich freue mich wahnsinnig, dass wir uns heute hier wieder um dieses gemeinsame Lagerfeuer versammeln und die Chance des intensiven Zuhörens hatten, auf zwei Referate, die unsere Perspektive je auf ihre Art deutlich erweitert haben. Ich möchte eine Beobachtung und zwei Fragen dazu beisteuern.

Zur Beobachtung: Der gemeinsame Schwerpunkt der beiden Referate war, jedenfalls in meiner Wahrnehmung, eine Form der Distanzsicherung durch Analyse in fachlicher Verbundenheit mit den handelnden Akteuren. Wenn man so will: Gegen institutionelle Vereinnahmung ebenso wie gegen bindungslose Fundamentalkritik. Und die moderate Irritation, die damit ausgelöst werden sollte, ist offensichtlich hier im Plenum ja auch angekommen. Ich finde in der Tat, das ist eine vornehme Aufgabe unseres Forums, dass wir genau diese Äquidistanz zu den verschiedenen Akteuren unseres Fachgebiets aufrechterhalten, seien es Gerichte, sei es der Gesetzgeber, sei es die Gubernative. Das kann uns ausmachen und auch auszeichnen.

Im Einzelnen hat man dann natürlich trotzdem Anschlussfragen zu stellen. Ich möchte mich auf konzeptionelle Vorannahmen beschränken, die beide Referate zugrunde legen. Frau Nußberger, Sie haben sich ja sehr stark konzentriert auf Regieren als Funktion, und dazu dann sozusagen horizontal-integrativ verschiedene Akteure einbezogen. Gerade für die ideengeschichtlichen Grundlagen scheint mir dem doch eine sehr einheitsstaatliche Vorstellung von der Regierung zugrunde zu liegen, die dann mit anderen Akteuren in der Gewaltenteilung sozusagen quer zusammenarbeiten muss. Wie gehen wir aber mit dem vertikalen Mehrebenensystem bereits in der

Exekutive um? Und das muss man ja nicht nur in die internationale Dimension herauf-, sondern auch in die bundesstaatliche Dimension herunterbrechen. Dafür hat das letzte Jahr reiche Anschauung geliefert. Was ist also mit dem Föderalismus als einem Faktor, wenn wir von Regieren in einem umfassenden staatsleitenden Sinn sprechen? Kann das konzeptionell verarbeitet werden? Erweitert das den Blick oder macht es das Ganze nur noch mühsamer?

Herr Dann, Sie würde ich gerne fragen zu dem Verhältnis der vier Perspektiven zueinander, die Sie vorgestellt haben. Man konnte ja Ihre historische Analyse von Global Governance 1.0 auch so verstehen, dass sie im Grunde daran gescheitert ist, dass ein solches Konzept nur partikular umgesetzt worden ist, also sich auf bestimmte Gegenstände beschränkt hat, was dann eben nicht konsequent ist. Man könnte dem entgegenhalten: Das war vielleicht genau die ganz stimmige und allein mögliche Fortentwicklung des alten westfälischen Völkerrechtsgedankens, dass man sich für weitere Verabredungen auf bestimmte partikulare Gegenstände beschränkt. Aus dieser historischen Kontrollüberlegung folgt: Kann Global Governance 2.0 tatsächlich nur ganzheitlich gedacht werden und eben für alle Fragen des Rechts der öffentlichen Ordnung einheitlich beantwortet werden? Gegebenenfalls: Wie organisieren wir das? Wohin verlagern sich dann Konflikte, wenn zum Beispiel Ökonomie und Ökologie zusammentreffen? Können dieses Entscheidungsproblem überhaupt auch nationalstaatliche Akteure, und sei es das Bundesverfassungsgericht, lösen, oder sind das letztlich nur Scheinsiege und Zufallstreffer im Konzept Global Governance? Vielen Dank!

Norman Weiß: Vielen Dank für die Vorträge, die ja Phänomene des Wandels beschrieben haben. In der jeweiligen Überschrift war von Umbruch, von Rückzug die Rede und das Ganze steht unter dem Oberbegriff der Machtverschiebung. Sie beide haben Ereignisse benannt, beispielsweise den Rückzug aus Afghanistan oder die Wahl Trumps. Also Ereignisse, möglicherweise sogar zeitgeschichtliche Wendemarken. Die Frage, die sich mir dann gestellt hat, ist: Wo stehen wir eigentlich in diesem längeren Prozess? Und dazu kennen wir alle die Begriffe von der Sattelzeit oder von der Epochenschwelle. Wo genau sind wir da? Passiert jetzt etwas? Sind diese Ereignisse wirkmächtig und führen sie alleine zu Veränderungen oder sind sie sozusagen Dinge, die sich aufaddieren? Denn auch Goethe wusste ja erst nachträglich, dass er seinerzeit dabei gewesen war. Also woran macht man das fest, wie sich etwas auswirkt? Ich würde Ihnen zustimmen, dass es sich um prozesshafte Phänomene handelt, dass die Ereignisse im Fluss sind. Das impliziert aber auch, dass sie gestaltbar sind, dass man also noch Einfluss nehmen kann und sozusagen die Dinge möglicherweise verändern kann. Und meine Frage wäre dann: Worauf setzen Sie Ihre Hoffnung? Was wollen Sie für die jeweiligen Systeme erreichen? Das knüpft dann so ein bisschen an, an das, was Daniel Thym gesagt hat. Geht es um Bewahrung oder um Weiterentwicklung und wenn ja, in welche Richtung? Ich finde, das ist ein ganz wichtiger Punkt. Und vielleicht sollten wir auch überlegen, wenn man sich hier so umschaut, wir sind ja ein sehr homogener Kreis, dass wir solche Fragen, wie unterschiedliche Sichtweisen etwa auf die Völkerrechtsordnung formuliert werden, also eine postkoloniale Perspektive, dass wir die auch einer diverser werdenden Studierendenschaft und einer jungen Generation, die auch andere Fragen stellt, vermitteln müssen, dass wir vermitteln, dass wir das auch so sehen, ich glaube, das ist auch ein ganz wichtiger Punkt. Vielen Dank!

Markus Kotzur: Die beiden glänzenden Referate haben Fragen der Machtverschiebung thematisiert und Frau Nußberger hat auch Narrative der Machtverschiebung explizit gemacht. Bei aller Unterschiedlichkeit haben diese Narrative eine Gemeinsamkeit, nämlich die Marginalisierung des Parlaments. Und ich glaube, mit dieser Marginalisierung ist eine zweite Marginalisierung verbunden, nämlich die Marginalisierung des Kompromisses bzw. der Kompromissfähigkeit. Jedenfalls dann, wenn wir das Parlament als den klassischen Ort denken, wo politische Kompromisse ausgehandelt und geschlossen werden. Dieses Misstrauen gegenüber dem Kompromiss mag ganz unterschiedliche Gründe haben. Die einen trauen vielleicht Gerichten eher zu, fundamentale gesellschaftliche Probleme zu entscheiden, verbindlich zu entscheiden, und so eben auch politisch Position zu beziehen. Ein Stichwort gibt hier die „Strategic Litigation". Die anderen glauben, wir bräuchten keine Kompromisse mehr, weil entweder die Experten das Richtige schon wüssten oder weil im Sinne des Populismus ein vermeintlich homogenes Volk seinen authentischen Willen äußern könnte. Und, Herr Dann hat das in seiner postkolonialen Perspektive adressiert, gibt es einen weiteren Aspekt, der Kompromisse verdächtig macht. Nämlich dann, wenn die Diskursdominanz einiger Akteure bestimmte andere Akteure ausschließt, die an der Kompromissfindung gar nicht mehr beteiligt sein können. Deshalb wäre meine Frage, ob in ihren beiden Konzepten das Recht eine spezifische Rolle spielen kann, um die Kompromissfähigkeit von politischen Systemen zu sichern und aufrecht zu erhalten. Denn die wunderbare Definition von Frau Nußberger, dass Regieren das Durchsetzen von Entscheidungen meine, hat letztendlich ja zur Voraussetzung, dass diese Entscheidungen auch getroffen, und zwar legitimiert sowie akzeptabel getroffen werden müssen. Dafür bedarf es in pluralistischen Gesellschaften und erst recht auf globaler Ebene des Kompromisses. Welchen Stellenwert hat das Recht für die Kompromisssicherung? Oder ist es letztendlich doch nur die politische Klugheit, die uns kompromissfähig hält? Vielen Dank!

Christoph Engel: Warum sollten uns demokratieskeptische Narrative unruhig machen? Narrative machen den Individuen Deutungsangebote. Solche Deutungsangebote verändern potenziell ihre Wahrnehmung. Wie sie die Wirklichkeit wahrnehmen, verändert potenziell ihre Einstellung gegenüber der Wirklichkeit. Welche Einstellung sie haben, verändert potenziell das, was sie tun. Es sind alles keine ganz klaren, eindeutigen Beziehungen, aber es sind immer Gefahrpotenziale.

Warum sollte uns das kümmern? Weil die innere Souveränität konstitutiv unvollständig ist. Um es an einem drastischen Beispiel zu sagen: Man kann nicht neben jeden Mülleimer einen Polizisten stellen. Wenn das Land das, was es normativ will, erreichen möchte, braucht es Normativität, und Normativität lebt von generalisiertem Vertrauen. Wie beeinflussen solche Narrative nun Normativität? Ich glaube, da liegt der entscheidende Punkt der ganzen Analyse. Das ist ein nicht-linearer Prozess. Lange Zeit glaubt man, es passiert gar nichts. Das liegt daran, dass Normativität ein außerordentlich resilientes Phänomen ist. Zum Teil einfach deswegen, weil die Leute weiter tun, was sie schon immer getan haben. Zum Teil auch, weil sie zwar zweifeln, aber doch noch festhalten an dem, was wahrscheinlich richtig ist. Aber sobald sie das sehen, was die Amerikaner eine „smoking gun" nennen würden, kann das ganz schnell kippen. Es ist eben ein nicht-linearer Prozess, in dem es von einem scheinbar völlig sicheren Zustand ganz schnell umkippen kann in etwas, was besorgniserregend sein könnte.

Warum ist das Narrativ nun potenziell gefährlich? Zum einen, weil dieses Deutungsangebot Aufmerksamkeit lenkt. Es lenkt den Blick der Individuen auf Elemente der Wirklichkeit, die sie immer schon hätten wahrnehmen können, aber auf die sie bislang nicht geachtet haben. Schlimmer noch, es ist ein Deutungsangebot, das nicht von irgendjemandem kommt. Es kommt mit der Autorität der Wissenschaft. Es kommt mit einer zumindest scheinbaren Konsistenz. Es gibt dem Individuum, das sich distanzieren möchte von seiner solidarischen Einbindung in die Gemeinschaft, ein Argument, um das zu tun, was es schon immer tun wollte. Also ich glaube Frau Nußberger, Sie haben den Finger wirklich auf die Wunde gelegt, und ich hoffe, dass sie bald wieder heilt.

Philipp Dann: Vielen Dank! Ich befinde mich in einer gewissen Zwickmühle, wenn ich das so sagen darf. Erfahrene Kollegen haben mir geraten, auf gar keinen Fall auf Einzelpunkte einzugehen. Aber jetzt hatte ich doch den Eindruck, dass ganz andere Punkte vorgekommen sind, als ich mir das vorher gedacht hatte und auf die ich mich schon vorbereitet habe. Jetzt möchte ich also doch versuchen, improvisiert zu bündeln und die einzelnen Fragen zu adressieren.

Anne Peters, Deine Frage war die nach dem Postfaktischen und: Ist alles nur „only a matter of perspective"? Das natürlich nicht. Mein Hinweis auf die expertokratische Perspektive und die epistemische Perspektive und ihre Probleme in der Legitimationsdimension sollte im Internationalen vor allem wahrscheinlich weitergedacht werden mit Hinblick auf die Frage, in welchem Kontext Expertenwissen einbezogen wird. Ich denke, wir haben auf der internationalen Ebene vor allem ein Problem der Transparenz. Es werden sehr viele Entscheidungen getroffen in mit Experten besetzten Gremien, die nicht von einer breiteren Öffentlichkeit diskutiert, reflektiert, kritisiert werden. Und ich glaube, das ist etwas Spezifisches der internationalen Ebene gegenüber der europäischen, und auch der nationalen. Natürlich ist Expertise sinnvoll und notwendig; natürlich brauchen wir sie und müssen wir sie beachten. Aber wir müssen sie in einen transparenten Weg einbauen.

Deine zweite Frage war die nach den Unterschieden des heutigen Moments zu dem der Dekolonisierung, also der 1950er und 1960er Jahre und die Frage, warum das eigentlich anders oder potenziell anders läuft. Und in der Tat ist es ein ähnlicher Moment, weil sich auch damals die dominanten Staaten des globalen Nordens massiv herausgefordert fühlten – und damals war es nicht nur ein Nord-Süd-Thema, sondern auch ein Ost-West-Thema; der Kalte Krieg ist wahrscheinlich die prägendere Perspektive, mit der wir auf diese Zeit gucken. Aber doch kurz drei Punkte, die meiner Meinung nach einen wesentlichen Unterschied machen. Erstens: 1970 gab es kein China, also eine ökonomische und potenziell militärische Macht; die sogenannte Dritte Welt damals war ökonomisch, militärisch, politisch schwächer und fragmentierter. Zweitens: Die sogenannte Dritte Welt zerfiel sehr bald in sehr unterschiedliche Interessenkonstellationen im Laufe der 1970er und 1980er Jahre. Das durchaus vorhandene Momentum, als starkes Kollektiv eine neue, herausfordernde Kraft zu etablieren, das zerfiel bald. Und der dritte Punkt ist: Der Westen hat in der Tat reagiert, unter anderem durch den Forumswechsel weg von der UN hin zu Weltbank und IWF.

Das leitet über zu den Anmerkungen von Herrn Tomuschat. Sie haben vollkommen zu Recht darauf hingewiesen, dass ich zwei Organe der Vereinten Nationen nicht genannt hatte, nämlich die Generalversammlung und den Sicherheitsrat. In der Tat, das sind natürlich ganz wichtige Faktoren. Ich wollte allerdings darauf hinweisen, dass in der Phase, die wir heute untersucht haben, eben diese Akteure nicht mehr die zentralen Antreiber des Diskurses waren, dass es insofern eben eine Forumsverlagerung gab, die dazu geführt hat, dass sich eben diese neue Form von Global Governance etablieren konnte.

Das leitet über, wenn ich das so zusammenfassen darf, zu den Fragen von Daniel Thym und Hinnerk Wißmann. Daniel, Du hast nach Deutungsoptionen gefragt und auch sofort drei geliefert. Ist die neue Lage jetzt neo-westfälisch, also im Grunde eine Rückkehr zum Realismus? Oder müssen wir vielleicht auf den Eigenstand des Rechtes hoffen, im Sinne einer eher konstitutionellen Deutung? Oder besteht drittens die Möglichkeit, dass sich jetzt einfach neue Akteure der bestehenden Strukturen bemächtigen. Ich würde sagen, alle drei Aspekte werden im Zweifelsfall uns prägen. Und das ist ja wahrscheinlich dann gerade der Witz, dass man eben je nach Bereich, auf den man guckt, ganz unterschiedliche Institutionen, Konstellationen finden kann und auch sehr unterschiedliche Strategien, mit solchen Konstellationen umzugehen.

Das ist dann vielleicht auch eine Antwort auf die Frage von Hinnerk Wißmann, wie sich diese Perspektiven, die ich versucht habe aufzuzeichnen, zueinander verhalten. Ob jetzt nicht eine Global Governance 2.0 entstehen könnte, also gleichsam ein Neuanlauf nach dieser Sattelzeit, nach diesem Umbruch, der sich als eine ganzheitliche Struktur darstellt, die nicht mehr nur eine partikulare Sicht, sondern eine universale Sicht weiterdenkt? Na ja, das wäre natürlich die Hoffnung. Das wäre dann gleichsam das universale Recht, von dem wir Jurist:innen hoffen, dass es die Welt strukturieren könne. Aber ich verweise auf meine Antwort auf die Nachfrage von Daniel Thym. Ich glaube, wir werden uns weiterhin mit einer Gemengelage von institutionellen Strukturen und Interessenverfolgung auseinandersetzen müssen.

Damit komme ich zu den Nachfragen von Dirk Hanschel und Ann-Katrin Kaufhold, auf die ich eigentlich nur entgegnen kann, dass ich sie aufnehmen werde und weiterdenken muss. Dirk Hanschel hat gefragt, wie man in meiner vierten Perspektive die Rechte der Natur denken kann und operationalisieren kann – und ich muss gestehen, dass ich das auch nicht weiß. Aber ich wollte einfach darauf hinweisen, dass mir das gerade auch fürs Völkerrecht ein absolut zentraler Diskurs zu sein scheint, den man jetzt nicht sofort beiseite wischen darf, sondern den man sehr ernst nehmen sollte. Und wo eben im staatlichen, im europäischen, aber eben auch im internationalen Recht doch wahrscheinlich einige Stellschrauben liegen, mit denen man arbeiten kann. Und zu Ann-Katrin Kaufhold: Der Hinweis auf die Zentralbanken ist sehr wertvoll. Das sind in der Tat ganz besondere, schillernde Institutionen, weil sie sich nicht ganz der einen oder der anderen Sphäre zuordnen lassen. Sind sie Akteure der Expertise oder schon Politik? Agieren sie in privater Marktlogik oder als hoheitliche Gewalt? Sie wären sicherlich ein weiterer Akteur gewesen, an dem man die hier verhandelten Fragen gut hätte durchspielen können.

Und zuletzt die Fragen von Herrn Kirchhof und Herrn Weiß, wie unsere Zunft mit den skizzierten Fragen und Herausforderungen umgehen sollte. Diese Fragen muss ich, glaube ich, einfach noch ein bisschen sacken lassen, genauso wie die Frage von Frank Schorkopf nach den präkolonialen Perspektiven. Womöglich sind dies gute Themen für die Kaffeepause. Ich jedenfalls muss sie noch etwas sacken und in mir arbeiten lassen.

Vielen Dank für die anregenden Nachfragen!

Angelika Nußberger: Ganz herzlichen Dank! Ganz herzlichen Dank auch für kritische Kommentare, insbesondere aus Karlsruhe. Vielleicht vorweg eine Anmerkung zu meinem Beispiel der „Klimaschutzentscheidungen". Ich habe das Wort gerade nicht im Singular verwendet, sondern im Plural, da es mittlerweile schon sehr viele und sehr unterschiedliche Entscheidungen zu dieser potentiell wahlentscheidenden Thematik gibt. Meine Aussagen sind daher gar nicht auf Karlsruhe fokussiert. Vielmehr ging es mir darum zu zeigen, dass eine essentielle Frage wie Klimaschutz weltweit im Dialog der Gerichte entschieden wird; die Gerichte zitieren sich gegenseitig. Dies sehe ich auch a priori gar nicht als negativ an – es ist ein rationales Entscheiden, ein auf dem Recht beruhendes Entscheiden. Meine Ausführungen waren insoweit vor allem deskriptiv; ich wollte auf der Grundlage meines weiten Regierungsbegriffs den Umfang des „Mitregierens" deutlich machen. Es ging mir aber auch darum aufzuzeigen, dass es zum Gouvernement des juges Alternativen gibt. Gerade zu diesem Punkt sehe ich in der Tat eine sehr kontroverse internationale Diskussion. Wie viel sollen Gerichte entscheiden? In der britischen Diskussion etwa wird diese Frage sehr intensiv erörtert, gerade auch im Gegensatz zu dem in seiner Rechtsprechung sehr weit gehenden Bundesverfassungsgericht.

Diesen Aspekt wollte ich gerne voranstellen und versuche nunmehr, zumindest noch ein paar der weiteren Fragen aufzugreifen.

Herr Mayer, Sie haben Ihre Fragen schon selbst beantwortet. Ich will nur den letzten Punkt nochmals aufgreifen. Sie stellen die Frage, wie es um den Populismus und die EU stehe. Anders als Donald Trump hat die EU als solche, glaube ich, keinen Twitter-Account, mit dem sie alle Bürger in gleicher Weise unmittelbar erreichen könnte. All jene Möglichkeiten, mit denen die intermediären Schichten ausgeklammert werden und die den Populismus ausmachen, sind gerade in der EU nicht wirksam. Deshalb richtet sich der Populismus gerade auch gegen die EU, weil sie „intermediär verschichtet" ist, wenn man das so ausdrücken kann.

Frau Kaufhold, vielen Dank für den Hinweis. Ich würde die Zentralbanken zwischen den Experten und den unabhängigen Richtern als zusätzliche Entscheidungsmacht sehen. Herr Valta, Sie haben zur Gewaltenverschränkung Stellung bezogen und gefragt, inwieweit sie gegen Machtverschiebungen hilft. Damit zitieren Sie den traditionellen, insbesondere auch auf „Legitimationsketten" beruhenden Ansatz, der gerade bei Entscheidungen von Experten, denke ich, nicht mehr funktioniert. Der Populismus scheint mir auch gegen diese Art von Verschränkung gerichtet zu sein.

Frau Schmid, das Thema „Facebook" hat mich nicht interessiert, weil es um „staatliche Systeme" ging. Deshalb habe ich auch die EU nicht thematisiert. Aber wenn Sie das Thema Vorratsdatenspeicherung ansprechen, dann ist dies, finde ich, ein sehr gutes Beispiel, an dem man zeigen kann, dass sich alle daran reiben. Daran reiben sich die Experten, daran reibt sich die Regierung, daran reiben sich die Populisten, daran reiben sich die Gerichte. Und gerade hier stellt sich auch die Frage, ob auf der nationalen oder auf der internationalen Ebene entschieden werden soll.

Herr Schröder, Sie nennen „Vertrauen", „Soft Power", „Personalisierung" – all das sind Elemente, die tatsächlich die Regierung im institutionellen Sinn betreffen. Bei den Richterinnen und Richtern etwa haben wir in der Regel gerade keine Personalisierung. Das ist quasi das „Prä", der Vorsprung der Regierung, den sie hat, um Vertrauen zu schaffen und die jeweiligen Normen durchzusetzen. Das ist ein wichtiger Aspekt.

Herr Schoch, Sie kamen von der Krise auf den Normalfall zu sprechen. Die schleichende Verschiebung der Macht auf die Exekutive ist in der Tat ein Narrativ, das sich wie ein roter Faden durch die Analysen zieht. Sie haben auch die einzelnen Elemente, die dazu beitragen, genannt. Aus meiner Sicht ist dieser Verschiebung der Macht auf die Exekutive gerade das Bundesverfassungsgericht – auch Doris König hat dies betont – deutlich entgegengetreten und hat immer wieder versucht – Stichworte sind „Parlamentsheer" und „EU-Problematik" –, das Parlament als Entscheider in den Mittelpunkt zu stellen. Nur war meine These, dass dieses Entgegentreten vielleicht nicht so effektiv ist oder die Auswirkungen nicht so weitreichend sind, wie man vielleicht wünschen würde.

Herr Eifert, Sie meinen, man solle mehr von den Normen ausgehen. Aber das ist eigentlich gerade das Problem. Wo ist denn genau festgelegt, wer welche Entscheidungen trifft? Wesentlichkeitsgrundsatz, Parlamentsheer, all diese Argumentationsfiguren sind immer aus der Gesamtschau der Normen des Grundgesetzes entwickelt worden. Gerade dies habe ich auch als einen interessanten Unterschied zu den Verfassungen in autoritär regierten Staaten gesehen, die Kataloge haben, in denen festgelegt ist, wer was entscheiden darf. Das ist, wie mir scheint, nicht der Anspruch, nicht der Ansatz, den unsere Verfassungen verfolgen.

Frau Leisner-Egensperger: Ja, Sie verweisen zu Recht darauf, dass Expertenmeinungen auch medial verzerrt oder verkürzt dargestellt werden können. Aber mein persönlicher Eindruck war gerade bei der Pandemie, dass wir sehr oft die Experteninterviews in vollem Umfang gehört haben, insbesondere die regelmäßigen Informationen des RKI. Das mag vielleicht weniger für den Ethikrat gelten, aber Expertenmeinungen schienen über die Pressekonferenzen zum Teil vollumfänglich eingespielt zu werden.

Doris König, vielen Dank für den Gegenwind! Vielleicht darf ich zu meiner Definition grammatikalisch auf meine Passivformulierung verweisen. Ich habe gesagt, es gehe um Entscheidungen, „die implementiert werden". Das ist ein wichtiger Unterschied: Ein Verfassungsgericht kann Entscheidungen selbst nicht implementieren. Aber ich habe die Definition bewusst weit gefasst, so dass auch das „Implementiertwerden" mit eingeschlossen ist. Daher werden Entscheidungen, die ein Verfassungsgericht trifft und die umgesetzt werden, erfasst. Ich gebe Dir vollkommen Recht, dass das Verfassungsgericht gerade im Klimabeschluss eigentlich sorgsam war und der Politik nicht so viel weggenommen hat, wie es ihr hätte wegnehmen können. Als ich den Beschluss las, dachte ich, es käme noch eine sehr viel größere Forderung oder eine sehr viel deutlichere Korrektur des politischen Prozesses. Man hätte erwarten können, dass das Gericht fordert, man müsse die Emissionen für die Jahre von der Gegenwart bis 2030 schon deutlich reduzieren, weil es sonst nicht mehr möglich sei, die vorgegebenen Ziele zu erreichen. So war der Beschluss im Ergebnis sehr zurückhaltend und forderte für die Zukunft vor allem ein Bewusstmachen der Folgen dessen, was man in der Gegenwart tut oder eben nicht tut. Nichtsdestotrotz würde ich sagen, dass der Beschluss, wenn ich von meinem weiten Begriff des Regierens ausgehe, doch sehr grundlegende Richtungsvorgaben enthält. Er greift voraus auf das Jahr 2031. Ich glaube, es sind drei Regierungen, die bis dahin noch gewählt werden. Dass ein Gericht zum gegenwärtigen Zeitpunkt, hic et nunc, schon Vorkehrungen für diese ferne Zeit macht, finde ich neu. Auch die Ausarbeitung der Maßstäbe, an denen gemessen wird, ist neu. Und schließlich auch der Anspruch des Verfassungsgerichts, Maßstäbe vorzugeben, die im Augenblick akzeptiert werden, deren Weiterentwicklung man aber fortlaufend kontrollieren kann.

Ich fasse jetzt alle weiteren Anmerkungen zu Fragen, auf die ich eigentlich noch hätte im Einzelnen eingehen wollen, zusammen, und zwar mit einem Vergleich zum Entscheidungsprozess in unserer gestrigen Mitgliederversammlung. Unsere thematische Frage war, wie wir unsere zukünftigen Tagungen finanzieren. Markus Kotzur hat die Frage der Kompromissfindung aufgeworfen und wollte wissen, wo der Kompromiss in unserer Kultur sei. Ich finde, unsere gestrige Entscheidungsfindung war eine Reinform der Kompromissfindung, der offenen Diskussion. Wir können die Alternativen miteinander vergleichen. Eine entfesselte Exekutive, das wäre ein Vorstand gewesen, der uns aufoktroyiert hätte, wie zu entscheiden ist. Ein Gouvernement des juges hätte bedeutet, die Entscheidung auszulagern und jemanden, der nicht Mitglied der Vereinigung ist, zu bitten festzustellen, wie wir das Problem regeln sollen. Experten hätten auf Heller und Pfennig den Finanzierungsbetrag berechnet und festgelegt. Dies als Beispiel für verschiedene Alternativen, um zu der Entscheidung zu kommen. Ich finde, gerade gestern hat sich gezeigt, wie gut eine offene Diskussion und Kompromissfindung ist. Gerade deshalb war mein Punkt, dass es problematisch ist, wenn das Parlament marginalisiert wird. Vielen Dank!

Christian Walter: Liebe Kolleginnen und Kollegen, ich glaube, ich darf in unser aller Namen sprechen, wenn ich sage: Wir haben zu danken für einen ausgesprochen anregenden Auftakt der diesjährigen Tagung. Wir haben, finde ich, eine eindrucksvolle Demonstration der analytischen Leistungsfähigkeit unserer Disziplin erlebt, in den Vorträgen, in den Debattenbeiträgen und auch in den Schlussstatements. Und wir haben auch erlebt, dass selbst eine Ampel, die so seltsam blinkt wie diese neue, eine gewisse Ordnungsfunktion erfüllt, jedenfalls dann, wenn sie im richtigen Forum blinkt. Haben Sie also alle auch ganz herzlichen Dank für die Disziplin in der Diskussion. Wir machen jetzt Mittagspause und setzen dann am Nachmittag fort.

Zweiter Beratungsgegenstand:

1. Die Organisation politischer Willensbildung: Parteien

Anna-Bettina Kaiser, Berlin*

Inhalt

	Seite
I. Parteien zwischen Normativität und Faktizität.............	118
II. Aktuelle Machtverschiebungen in der Parteienlandschaft – Vermessung des Realbereichs...........................	119
1. Systemrelevante Veränderungen der Parteiendemokratie...	119
a) Pluralisierung und Volatilität.....................	119
aa) Bedeutungsverlust der etablierten Volksparteien...	119
bb) Ausdifferenzierung der Parteienlandschaft.......	123
cc) Innerparteiliche Experimente..................	124
b) Krise der Repräsentation?........................	129
aa) Vertrauensverlust von Parteien	129
bb) Etablierung von Anti-System-Parteien (v.a. radikalisierter Rechtspopulismus)..........	132
cc) Bedeutungsgewinn der nichtverfassten sozialen Partizipation in analogen und digitalen Räumen...	133
2. Machtverschiebungen: gewöhnlicher Wandel oder echte Krise?......................................	136
III. Reaktionsbereiche des Verfassungsrechts..................	137
1. Sind Parteien (noch) „Sprachrohr des Volkes"?..........	137
2. Elemente eines resilienten Parteienrechts...............	140
a) Korrektur und Fortentwicklung bestehender Rechtsinstitute.................................	142
aa) Parteienfinanzierung in Zeiten „professionalisierter Wählerparteien"...........................	142
bb) Stärkung der Oppositionsrechte in einer ausdifferenzierten Parteienlandschaft...........	146

---

* Ich danke *Martin Eifert, Franz Reimer, Silvia von Steinsdorff, Andreas Voßkuhle* und *Christian Waldhoff* für kritische Lektüre und intensive Gespräche, meinem Lehrstuhlteam für Recherchen und zahlreiche Anregungen.

cc) Behutsame Modernisierung des Parteiengesetzes
im Hinblick auf die innerparteiliche Demokratie . . 150
b) Stärkung von Vertrauen in die Parteiendemokratie 153
aa) Vertrauensgewinn durch losbasierte Bürgerräte? . . 153
bb) Robuste Parteiendemokratie durch Parteiverbote? . 158
cc) Rechtliche Einhegung von Hassrede
und Fake News 160
IV. Grenzen des Rechts und Aufgaben der Rechtswissenschaft. . . . 164

I. Parteien zwischen Normativität und Faktizität

Heinrich Triepel erschien die Lage im Jahr 1927 dramatisch: Die Parteien seien nicht (verfassungs-)rechtlich inkorporiert, hätten aber dennoch faktisch bereits die Organisation politischer Willensbildung übernommen. Die Zerstörung des Parlamentarismus sei die notwendige Folge. Einen Ausweg könne allein eine Führeroligarchie weisen.[1]

Heute, fast 100 Jahre später, erscheint uns die Lage nicht minder dramatisch, freilich in jeder Hinsicht unter *umgekehrtem* Vorzeichen: Längst sind die Parteien in sämtlichen westlichen Demokratien (verfassungs-)rechtlich anerkannt,[2] im Grundgesetz prominent in Art. 21,[3] doch könnten sich die Parteiensysteme

---

[1] *Heinrich Triepel* Die Staatsverfassung und die politischen Parteien, 1927, 8, 13 ff., 23 ff. Zur verbreiteten Parteienskepsis in Weimar *Christoph Gusy* Die Lehre vom Parteienstaat in der Weimarer Republik, 1993, 73 ff., sowie *Michael Stolleis* Geschichte des öffentlichen Rechts in Deutschland, Bd. 3, 1999, 105 ff.

[2] Zur zunehmenden verfassungsrechtlichen Kodifikation von Parteien in Europa *Ingrid van Biezen* Constitutionalizing Party Democracy: The Constitutive Codification of Political Parties in Post-war Europe, British Journal of Political Science 42 (2011), 187 ff.; *Emanuel V. Towfigh/Jan Keesen* in: Wolfgang Kahl/Christian Waldhoff/Christian Walter (Hrsg.) Bonner Kommentar zum Grundgesetz, 2020, Art. 21 GG Rn. 2 (2020). Plädoyer für eine verfassungsrechtliche Anerkennung der Parteien schon bei *Hans Kelsen* Vom Wesen und Wert der Demokratie, 2. Neudruck der 2. Aufl. 1929, 1981, 19.

[3] S. zur allerdings besonderen Stellung des Art. 21 GG im verfassungsrechtlichen Vergleich *Christian Waldhoff* Parteien-, Wahl- und Parlamentsrecht, in: Matthias Herdegen et al. (Hrsg.) Handbuch des Verfassungsrechts, 2021, § 10 Rn. 11; s. aber auch *Edoardo Caterina* Die Ursprünge des Art. 21 GG: die Idee der Parteiregulierung in Verfassungsdebatten der Nachkriegszeit, MIP 2019, 60 ff.: Art. 21 GG als „bleibende[r] Teil einer umfangreicheren Debatte, die in Europa in den Jahren 1945–1949 stattfand" (73).

Zur verfassungsrechtlichen Stellung der Parteien im politischen System der Schweiz s. *Patricia M. Schiess Rütimann* Politische Parteien: Privatrechtliche Vereinigungen zwischen öffentlichem Recht und Privatrecht, 2011, 72 ff.; *Adrian Vatter* Das politische System der Schweiz, 4. Aufl. 2020, 91 ff., insb. 109 f.; zu Österreich *Bernd Wieser* in: Karl Korinek et al. (Hrsg.) Österreichisches Bundesverfassungsrecht, 2021, §§ 1, 3 ParteienG 2012 Rn. 10 ff., 15 ff. (2019).

zukünftig als nicht ausreichend stabil erweisen. Da uns die letzten hundert Jahre gelehrt haben, dass eine parlamentarische Demokratie in einem größeren Flächenstaat ohne Parteien schwer vorstellbar ist,[4] stünde mit einer Krise des Parteienstaats[5] zugleich die repräsentative Demokratie auf dem Spiel.

II. Aktuelle Machtverschiebungen in der Parteienlandschaft – Vermessung des Realbereichs

1. Systemrelevante Veränderungen der Parteiendemokratie

Doch welche neuen oder sich verschärfenden „Machtverschiebungen"[6] lassen sich derzeit beobachten?

a) Pluralisierung und Volatilität

aa) Bedeutungsverlust der etablierten Volksparteien

Politikwissenschaftliche Studien, ohne die sich diese Frage nicht beantworten lässt,[7] konstatieren bereits seit längerem den Wandel der etablier-

---

[4] *Kelsen* Wesen und Wert (Fn. 2), 19 ff.: „Die moderne Demokratie beruht geradezu auf den politischen Parteien, deren Bedeutung umso größer ist, je stärker das demokratische Prinzip verwirklicht ist" (19); ein Volk „als politische Potenz" gebe es gar erst, wenn und soweit es in politischen Parteien organisiert ist (23); *Frank Decker* Parteiendemokratie im Wandel, 2. Aufl. 2018, 23; *Dieter Grimm* Politische Parteien, in: Ernst Benda/Werner Maihofer/Hans-Jochen Vogel (Hrsg.) Handbuch des Verfassungsrechts der Bundesrepublik Deutschland, 2. Aufl. 1995, § 14 Rn. 1 ff.

[5] Hier mit positiver Konnotation verwandt. Der Begriff des „Parteienstaats" wird regelmäßig mit *Gerhard Leibholz* in Verbindung gebracht; zuvor aber bereits, mit negativer Konnotation, *Triepel* Parteien (Fn. 1), 23 f. m.w.N., mit positiver Konnotation *Kelsen* Wesen und Wert (Fn. 2), 20: „Die Demokratie ist notwendig und unvermeidlich ein *Parteienstaat*" [Hervorhebung im Original].

[6] Zur Kategorie der Macht bei der Analyse des Verhältnisses von Staat und Parteien jüngst *Sophie Schönberger* Vom Suchen und Finden der Macht im Verfassungsrecht – Neujustierungen im Verständnis von Art. 21 GG, JZ 2017, 701 ff.

[7] Die enge Verzahnung zwischen sozialwissenschaftlicher und rechtlicher Parteienforschung ist schon lange etabliert, näher *Waldhoff* Parteienrecht (Fn. 3), § 10 Rn. 16 ff. Für eine Synthese von Wirklichkeit und Norm, von Sein und Sollen dezidiert *Konrad Hesse* Die verfassungsrechtliche Stellung der politischen Parteien im modernen Staat, VVDStRL 17 (1959), 11 (12 ff.); allgemein auch schon *ders.*, Die normative Kraft der Verfassung, 1959, 6 ff.; aus jüngerer Zeit *Julian Krüper* Verfassungsrechtswissenschaft und Partei-Mitgliederentscheide, MIP 2014, 181 (183).

Jüngst wurde die „Metrisierung" als methodisches Problem aufgeworfen, s. *Matthias Jestaedt* „Die normative Kraft der Verfassung". Eine zeitgebundene Gründungsschrift der Bonner Staatsrechtslehre, in: Julian Krüper/Mehrdad Payandeh/Heiko Sauer (Hrsg.) Konrad

ten Parteiensysteme.[8] Sie verweisen auf den europaweit zu beobachtenden[9] Verlust von Wählern und Mitgliedern[10] der typischerweise zwei Volksparteien, die bislang die Parteiensysteme beherrschten.[11] Während in der Bundesrepublik CDU/CSU und SPD bei der Bundestagswahl 2021 zusammen nur auf rund 50 % kamen,[12] konnten sie 1972 – dem Jahr des Höchststands – 90,7 % der Wählerstimmen auf sich vereinigen.[13] Begründet wird

---

Hesses normative Kraft der Verfassung, 2019, 63 (76 f.): Wie lassen sich die für die „normative Kraft der Verfassung" *relevanten* Wirklichkeitsbedingungen überhaupt feststellen? Zunächst: Was als relevant erachtet wird, ist notwendig zeitgebunden. Die Rechtswissenschaft ist insoweit auf die Selektion des zeitgenössischen politikwissenschaftlichen Diskurses angewiesen, der bestimmte Themen als relevant markiert. Die Rechtswissenschaft unternimmt sodann eine eigene Selektionsleistung, indem sie die einschlägigen Normen sowie die Dogmatik daraufhin untersucht, wo diese von bestimmten Wirklichkeitsannahmen ausgehen.

Freilich sprechen Politikwissenschaftler nicht mit einer Stimme, sondern konstruieren die Wirklichkeit in unterschiedlicher Art und Weise. Ich werde im Folgenden weitgehend konsentierte Entwicklungen rekonstruieren und Dissense, soweit sie bestehen, kennzeichnen.

[8] *Adam Przeworski* Krisen der Demokratie, 2020, 163 (die „Erosion der traditionellen Parteiensysteme [ist] die vielleicht dramatischste Veränderung in jüngerer Zeit"), der sich auf die Daten von *Klaus Armingeon/Sarah Engler/Lucas Lehmann* Comparative Political Data Set 1960–2019, 2021, <https://www.cpds-data.org/> (Stand 8.11.2021) stützt.

[9] *Peter Mair* Ruling the Void. The Hollowing of Western Democracy, 2013, 37 ff. m.w.N.

[10] Freilich gibt es auch Länder, die nie eine quantitativ mit Deutschland vergleichbare Mitgliederbasis aufweisen konnten, z.B. Frankreich, dazu näher *Kathrin Groh* Parteienstaat? Ein deutsch-französischer Vergleich, in: Anna-Bettina Kaiser (Hrsg.) Der Parteienstaat, 2013, 115 (129 ff.).

[11] *Przeworski* Krisen (Fn. 8), 163 f.; *Thomas Poguntke* Towards a New Party System: The Vanishing Hold of the Catch-all Parties in Germany, Party Politics 20 (2014), 950 ff.; s. auch *Elmar Wiesendahl* Volksparteien: Aufstieg, Krise, Zukunft, 2011. Mit Blick speziell auf die Sozialdemokratie *Frank Bandau* Was erklärt die Krise der Sozialdemokratie?, PVS 60 (2019), 587 ff.; *Giacomo Benedetto/Simon Hix/Nicola Mastrorocco* The Rise and Fall of Social Democracy, 1918–2017, American Political Science Review 114 (2020), 928 ff.

[12] <https://www.bundeswahlleiter.de/bundestagswahlen/2021/ergebnisse/bund-99.html> (Stand 8.11.2021).

[13] <https://www.bundestag.de/parlament/wahlen/ergebnisse_seit1949-244692> (Stand 8.11.2021). Die Entwicklungen in Österreich sind nahezu identisch: Die zwei österreichischen Volksparteien SPÖ und ÖVP erreichten zusammen bei den Nationalratswahlen im Zeitraum von 1956 bis 1983 stets zwischen 89 und 93 %, im Jahr 2019 nur noch 58,7 % der Stimmen, s. *Armin Schäfer/Michael Zürn* Die demokratische Regression, 2021, 75. S. zu Österreich ferner *Michael Koß* Demokratie ohne Mehrheit. Die Volksparteien von gestern und der Parlamentarismus von morgen, 2021, 15, der Österreich im Vergleich zur deutschen Entwicklung sogar eine „Vorreiterrolle" (ohne positive Konnotation) zuschreibt.

In der Schweiz lässt sich ein abnehmender Stimmanteil von SP, CVP und FDP beobachten, während die SVP seit den 1990er Jahren zunehmende Erfolge erzielen konnte, näher *Vatter* Schweiz (Fn. 3), 100 ff. Das Schweizer Parteiensystem ist polarisierter und kompetitiver geworden, so *Hanspeter Kriesi* Conclusion: The Political Consequences of the Polarization of Swiss Politics, Swiss Political Science Review 21 (2015), 724 ff.

diese Veränderung mit Repräsentationslücken, die die Volksparteien nicht zu schließen vermochten,[14] etwa der Thematik der Ökologie, die von den GRÜNEN besetzt wurde. Ein weiterer Grund wird im Strukturwandel der Wählerschaft gesehen, deren traditionelle Milieus mit ihren engen Parteiaffiliationen sich auflös(t)en.[15]

Schließlich verloren die Volksparteien zwischen 1990 und 2020 auch über die Hälfte ihrer Mitglieder[16].[17] Dieses Phänomen ist ebenfalls Aus-

---

[14] *Decker* Parteiendemokratie im Wandel (Fn. 4), 77 ff.

[15] Klassisch zur Beziehung von Milieus und Parteien seit 1871 *M. Rainer Lepsius* Parteiensystem und Sozialstruktur: zum Problem der Demokratisierung der deutschen Gesellschaft, in: Wilhelm Abel et al. (Hrsg.) Wirtschaft, Geschichte und Wirtschaftsgeschichte, 1966, 371 (insb. 377, 382). Zu den Veränderungen *Oscar W. Gabriel* Politische Milieus. Individualisierung und der Wandel der Strukturen des Parteienwettbewerbs in Deutschland, in: Gotthard Breit/Peter Massing (Hrsg.) Soziale Milieus, 2011, 11 (21 ff.); *Mair* Ruling the Void (Fn. 9), 56 ff. In der Folge mussten sich die Parteien auf neue und pluralisierte Zielgruppen einstellen und verloren dadurch an klar abgrenzbaren Positionen, dazu die Beiträge in: *Helmut Bremer/Andrea Lange-Vester* (Hrsg.) Soziale Milieus und Wandel der Sozialstruktur, 2. Aufl. 2014; *Philipp Manow* „Dann wählen wir uns ein anderes Volk…". Populisten vs. Elite, Elite vs. Populisten, Merkur 72 (2018), Heft 827, 5 (9 ff.).

[16] Der Schwund betrug 53,6 %, dazu *Oskar Niedermayer* Parteimitgliedschaften im Jahre 2020, ZParl 2021, 337 (379 f.). Die SPD hat im Vergleich zu ihrem Höchststand im Jahre 1976 bis 2016 gar 57,7 % (in Zahlen: 432.706) ihrer Mitglieder verloren, dazu *Elmar Wiesendahl/Benjamin Höhne/Malte Cordes* Mitgliederparteien – Niedergang ohne Ende?, ZParl 2018, 304 (309). Prognose über die künftigen Entwicklungen bei *Nicolai Dose/Ann-Kathrin Fischer* Mitgliederschwund und Überalterung der Parteien: Prognose der Mitgliederzahlen bis 2040, ZParl 44 (2013), 892 ff.; Überlegungen zu Gegenstrategien bei *Ingrid Reichart-Dreyer* Ist der Mitgliederschwund der Parteien wirklich irreversibel?, ZParl 2020, 212 ff.; zur Nachwuchsrekrutierung der SPD und Union jüngst auch *Simon Jakobs* Die Neumitgliederwerbung von SPD und CDU im Vergleich: Strategielose Mitgliederpartei oder überfordertes Ehrenamt?, 2021. Umfassend zu unterschiedlichen Facetten der Parteimitgliedschaft schließlich die Beiträge in: *Tim Spier et al.* (Hrsg.), Parteimitglieder in Deutschland. Ergebnisse der Deutschen Parteimitgliederstudie 2009, 2011.

Während ein Teil der Politikwissenschaft in der Folge tatsächlich von einem Aussterben der Mitgliederpartei ausgeht und Übergang zu „professionalisierten Wählerparteien" feststellt (zuerst *Angelo Panebianco* Political Parties, 1988, 264 f.; dann *Klaus von Beyme* Parteien im Wandel. Von den Volksparteien zu den professionalisierten Wählerparteien, 2000; in jüngerer Vergangenheit auch *Hans Peter Bull* Die Krise der politischen Parteien, 2020, 38), legen andere Studien nahe, dass sich die Zahlen auf einem niedrigen Niveau stabilisieren werden (s. etwa *Elmar Wiesendahl* Mitgliederparteien am Ende? Eine Kritik der Niedergangsdiskussion, 2006, 172 ff.). Zurückhaltend zur Diagnose des Endes der Mitgliederpartei auch *Decker* Parteiendemokratie im Wandel (Fn. 4), 73 f.; zu Gegenstrategien der Parteien ebd., 271 ff.; relativierend aus komparatistischer Perspektive auch *Ann-Kristin Kölln* Party Membership in Europe: Testing Party-Level Explanations of Decline, Party Politics 22 (2016), 465 ff.

[17] Zwar gibt es auch gegenläufige Entwicklungen, etwa bei BÜNDNIS 90/DIE GRÜNEN mit ihren steigenden Mitgliederzahlen, die allerdings die verringerten Mitgliederzahlen der ehemaligen Großparteien nicht kompensieren können. So ist die Anzahl der Mit-

druck eines gesellschaftlichen Großtrends, der sich in einem Mitgliederschwund in vielen Vereinen und Institutionen niederschlägt.[18]

Es ist bemerkenswert, dass die Zahlen für Deutschland eine „verzögert[e] und moderat[e]" Ausprägung eines (west-)europäischen Phänomens darstellen.[19] So sind in Italien und Frankreich die traditionellen Parteiensysteme noch stärker erodiert.[20] Doch auch hierzulande ist mit nunmehr drei Vierteln Wechselwählern[21] eine Volatilität in das Parteiensystem eingezogen, die früher nicht existierte.[22]

---

glieder von BÜNDNIS 90/DIE GRÜNEN von 1990 bis 2019 zwar von 41.316 auf 96.487 angewachsen. Im gleichen Zeitraum haben die CDU aber 383.793, die CSU 47.068 und die SPD 524.062 Mitglieder verloren. Die AfD konnte seit ihrer Gründung im Jahr 2013 bis 2019 34.751 Mitglieder gewinnen, Zahlen bei *Oskar Niedermayer*, Parteimitglieder in Deutschland: Version 2020, 6, <https://www.polsoz.fu-berlin.de/polwiss/forschung/systeme/empsoz/team/ehemalige/Publikationen/schriften/Arbeitshefte/P-PMIT20_Nr_31.pdf> (Stand 8.11.2021).

[18] Ausführlich zur Singularisierung der Gesellschaft in der Moderne *Andreas Reckwitz* Die Gesellschaft der Singularitäten, 2017; s. auch *ders*. Das Ende der Illusionen, 2019, wo *Reckwitz* im letzten Kapitel den Übergang von organisierten (unter dem sozial-korporatistischen Paradigma) zu individualisierten Gesellschaften (unter dem Paradigma des apertistischen Liberalismus) ab den 1980ern nachzeichnet (239 ff.).

[19] *Wolfgang Merkel* Der Niedergang der Volksparteien, F.A.Z. vom 23.10.2017, 6. Eine vergleichsweise moderate Abnahme der Mitgliederzahlen politischer Parteien in Deutschland konstatieren in jüngerer Vergangenheit *Ingrid van Biezen/Peter Mair/Thomas Poguntke* Going, Going, ... Gone? The Decline of Party Membership in Contemporary Europe, European Journal of Political Research 51 (2012), 24 ff.; zuvor auch *Peter Mair/Ingrid van Biezen* Party Membership in Twenty European Democracies, 1980–2000, Party Politics 7 (2001), 5 ff., die wiederum den expezeptionalistischen Charakter deutscher Parteien hervorheben, diesen aber vor allem auf den Zuwachs durch ostdeutsche Wählerinnen und Wähler zurückführen (13).

[20] Zu Italien *Decker* Parteiendemokratie im Wandel (Fn. 4), 31 f., 69 mit Fn. 3. Zu Frankreich *Bruno Amable/Stefano Palombarini* Von Mitterand zu Macron. Über den Kollaps des französischen Parteiensystems, 2018. S. aber jüngst wieder die Erfolge der Konservativen bei der französischen Regionalwahl 2021, *Caroline Kanter/Henriette Heimbach* Ergebnisse der Regionalwahl in Frankreich 2021, <https://www.kas.de/de/laenderberichte/detail/-/content/ergebnisse-der-regionalwahlen-in-frankreich-2021> (Stand 8.11.2021).

[21] *Viola Neu/Sabine Pokorny* Vermessung der Wählerschaft vor der Bundestagswahl 2021. Ergebnisse einer repräsentativen Umfrage zu politischen Einstellungen, Konrad-Adenauer-Stiftung, 2021, 53, <https://www.kas.de/documents/252038/11055681/Vermessung+der+W%C3%A4hlerschaft+vor+der+Bundestagswahl+2021.pdf/a3352fb6-c2d2-f4ea-44f6-57853f88f78d?version=1.1&t=1626162245338> (Stand 8.11.2021). Eine Ausnahme bildet indes die Wählerschaft der AfD: 45 % ihrer Wähler geben an, keine Zweitpräferenz zu haben, ebd.

[22] Die Volatilität lässt sich erkennen, wenn man auf das Wählerpotential der Parteien blickt. Mit SPD, CDU/CSU, FDP und GRÜNEN sind es gleich vier Parteien(zusammenschlüsse), die ein Wählerpotential jenseits von 30 % aufweisen, <https://www.insa-consulere.de/insa-analysis-potentiale/> (Stand 8.11.2021).

bb) Ausdifferenzierung der Parteienlandschaft

Unmittelbare Folge des Bedeutungsverlusts der Volksparteien ist zunächst die Ausdifferenzierung der Parteienlandschaft. Der dadurch eingetretene Pluralismus kommt auf der einen Seite der Wählerschaft zugute.[23] Auf der anderen Seite wird die Regierungsbildung schwieriger, weil bloße Zwei-Parteien-Koalitionen zukünftig unwahrscheinlicher werden[24] und auch Minderheitsregierungen nicht mehr ausgeschlossen sind[25]. Teile der Politikwissenschaft meinen im gegenwärtigen deutschen Sechs-Parteiensystem bereits einen „extrem Pluralismus" erkennen zu können,[26] doch diese Kategorisierung scheint noch allzu sehr vom Weimarer Trauma geprägt zu sein. Ich würde daher für mehr Gelassenheit plädieren.[27] Viel spricht dafür, dass nicht die Weimarer Pluralität, sondern die Bonner Dualität die Ausnahme bildete. Dessen ungeachtet lässt sich ein „Wandel der Bedingtheiten politischer Opposition"[28] durch die Ausdifferenzierung nicht bestreiten. Auch führen die inzwischen 15 verschiedenen Koalitionskombi-

---

[23] Erstmals trat bei der letzten Bundestagswahl mit „Volt" überdies auch eine paneuropäische Partei an. Zum Teil wird allerdings kritisiert, dass die Unterscheidbarkeit der Programme verloren gehe (so etwa *Mair* Ruling the Void [Fn. 9], 57, 59), was mit der Ausrichtung vieler Parteien am Medianwähler erklärt werden kann.

[24] Zu den zunehmenden Problemen der Koalitionsbildung bereits nach den Wahlen zum Deutschen Bundestag im Jahr 2009 *Charles Lees* The Paradoxical Effects of Decline: Assessing Party System Change and the Role oft he Catch-All Parties in Germany Following the 2009 Federal Election, Party Politics 18 (2012), 545 ff.; im Hinblick auf die Wahlen 2017 *Frank Decker/Philipp Adorf* Coalition Politics in Crisis?, German Politics and Society 36 (2018), 5 (14 ff.); *Eckhard Jesse* Koalitionspolitik, in: Frank Decker/Viola Neu (Hrsg.) Handbuch der deutschen Parteien, 3. Aufl. 2018, 127 (133). Exemplarisch für Probleme bei der Regierungsbildung stehen die aktuellen Entwicklungen in den Niederlanden, wo zuletzt die Option einer Minderheitsregierung scheiterte und nunmehr über eine „außerparlamentarische Regierung" ohne Koalitionsvertrag nachgedacht wird, s. *Michael Schneider* Ausweg aus dem Stillstand?, <https://www.tagesschau.de/ausland/europa/niederlande-regierungsbildung-105.html> (Stand 8.11.2021).

[25] Zu Minderheitsregierungen skeptisch *Florian Meinel* Vertrauensfrage – Zur Krise des heutigen Parlamentarismus, 2019, 201 ff.; *Decker* Parteiendemokratie im Wandel (Fn. 4), 138, kritisiert, dass „die Befürworter einer Minderheitsregierung von deren Charakter und Begriff keinen rechten Begriff hatten"; offen aber *Koß* Demokratie ohne Mehrheit? (Fn. 13), 175 ff., und *Brun-Otto Bryde* Regierungsbildung im Vielparteienparlament, in: Julian Krüper (Hrsg.) Die Organisation des Verfassungsstaats, 2019, 511 (514 ff.).

[26] Im Anschluss an die klassische Parteientheorie von *Giovanni Sartori* Parties and Party Systems: A Framework for Analysis, Neudruck der Fassung von 1976, 2005, der bei fünf und mehr Parteien im Parlament von einem extremen Pluralismus ausgeht (116 ff.).

[27] Wie hier *Aiko Wagner* Typwechsel 2017? Vom moderaten zum polarisierten Pluralismus, ZParl 50 (2019), 114 (128 f.). Im Übrigen: In den Niederlanden sind 17 Parteien im Parlament vertreten, s. *Schneider* Ausweg? (Fn. 24), hierfür mag der Begriff des „extremen Pluralismus" angemessen erscheinen.

[28] *Hesse* Verfassungsrechtliche Stellung (Fn. 7), 22.

nationen in den Bundesländern dazu, dass Regierungs- und Oppositionsparteien über den Bundesrat auf eine Art und Weise miteinander verflochten sind, die qualitativ etwas Neues darstellt.[29] Eines der Hauptprobleme dieser neuen Verflechtung ist, dass die AfD von vielen Wählerinnen und Wählern als einzige „echte" Oppositionspartei angesehen wird.[30]

cc) Innerparteiliche Experimente

Zur Ausdifferenzierung des Parteiensystems tritt eine Machtverschiebung *innerhalb* der etablierten Parteien hinzu.[31] Denn insbesondere die Volksparteien versuchen, dem Mitglieder- und Wählerschwund mit innerparteilichen Reformen entgegenzuwirken.[32] Drei Tendenzen lassen sich in Deutschland und im europäischen Ausland ausmachen:[33] Zum einen weiten die Parteien tendenziell direktdemokratische Elemente aus,[34] beziehen also zunehmend die parteiliche Basis ein.[35] Zum anderen verläuft die

---

[29] *Uwe Jun* Eher Integration als Konkurrenz? Parteienwettbewerb und Bundesrat im Kontext des kooperativen Föderalismus, in: Eckhard Jesse/Roland Sturm (Hrsg.) Bilanz der Bundestagswahl 2009. Voraussetzungen, Ergebnisse, Folgen, 2012, 369 ff. Zugespitzt zum Bedeutungsgewinn von Koordinierung *Florian Meinel* Das Bundesverfassungsgericht in der Ära der Großen Koalition, Der Staat 60 (2021), 43 (51).

[30] So zur Oppositionsarbeit im Bund während der Pandemie *Oliver Lepsius* Partizipationsprobleme und Abwägungsdefizite im Umgang mit der Corona-Pandemie, JöR 69 (2021), 705 (716).

[31] *Thomas Poguntke* Parteiorganisation im Wandel. Gesellschaftliche Verankerung und organisatorische Anpassung im europäischen Vergleich, 2000; *et al.* Party Rules, Party Resources and the Politics of Parliamentary Democracies: How Parties Organize in the 21st Century, Party Politics 22 (2016), 661 ff.

[32] *Thomas Poguntke* Innerparteiliche Demokratie: Varianten und Entwicklungen, in: Julian Krüper (Hrsg.) Die Organisation des Verfassungsstaats, 2019, 353 (364). S. zu den Gründen für innerparteiliche Demokratisierung im Einzelnen *Klaus Detterbeck/Javier Astudillo* Why, Sometimes, Primaries? Intraparty Democratization as a Default Selection Mechanism in German and Spanish Mainstream Parties, Party Politics 26 (2020), 594 (596 f.); zu Arten und Faktoren innerparteilicher Demokratie im weltweiten Vergleich s. *Niklas Bolin/Nicholas Aylott/Benjamin von dem Berge/Thomas Poguntke* Patterns of Intra-Party Democracy across the World, in: Susan E. Scarrow/Paul D. Webb/Thomas Poguntke (Hrsg.) Organizing Political Parties: Representation, Participation, and Power, 2017, 158.

[33] Überblick für Deutschland bei *Frank Decker/Anne Küpers* Mehr Basisdemokratie wagen? Organisationsformen der deutschen Mitgliederparteien im Vergleich, ZSE 13 (2015), 397 (403 ff.); vergleichende Übersicht bei *Dorothée de Nève/Niklas Ferch* Instrumente innerparteilicher Demokratie, 2017, 18 ff.

[34] Zur Ausweitung plebiszitärer Verfahren als innerparteilicher Trend *Poguntke* Innerparteiliche Demokratie (Fn. 32), 361 mit m.w.N. in Fn. 26; *Uwe Jun* Direkte innerparteiliche Demokratie in der parlamentarischen Demokratie: Das Beispiel der Mitgliederpartei SPD, ZParl 49 (2018), 940 (944, m.w.N. in Fn. 19).

[35] *Decker/Küppers* Mehr Basisdemokratie wagen? (Fn. 33), 406 ff.; Übersicht über neuere empirische Evidenz bei *Klaus Detterbeck* Alte und neue Probleme der innerparteilichen

1. Die Organisation politischer Willensbildung: Parteien   125

innerparteiliche Partizipation vermehrt digital[36] – auch jenseits der primär von der Piratenpartei vorangetriebenen *liquid democracy*[37]. Schließlich, drittens, wird die Grenze zwischen Mitgliedern und Nichtmitgliedern durchlässiger.[38] In Deutschland lassen sich alle drei Verschiebungen besonders gut an der SPD beobachten,[39] aber auch hier zeigt sich, dass die deut-

---

Demokratie, in: Martin Morlok/Thomas Poguntke/Ewgenij Sokolov (Hrsg.) Parteienstaat – Parteiendemokratie, 2018, 123 (129 ff.).

[36] S. dazu die vergleichende Untersuchung von *de Nève/Ferch* Instrumente innerparteilicher Demokratie (Fn. 33), 27 ff.; *Christoph Bieber* Online-Partizipation in Parteien – Ein Überblick, in: Kathrin Voss (Hrsg.) Internet und Partizipation. Bottom-up oder Top-down?, 2014, 173 (176 ff.); *Stefan Marschall* „Mitgliederpartei 2.0". Chancen und Grenzen virtueller Parteimitgliedschaft, in: Ulrich von Alemann/Martin Morlok/Tim Spier (Hrsg.) Parteien ohne Mitglieder?, 2013, 271 (272 ff.). Die Corona-Pandemie hat den Digitalisierungstrend freilich noch einmal verstärkt, näher *Sophie Schönberger* Zwischen Parteitag und Fernsehshow – Parteienrecht in Zeiten der Corona-Pandemie, MIP 2021, 22 (23 ff.), und *Fabian Michl* Anything goes! – Zur Aufstellung von Wahlbewerbern in der Covid-19-Pandemie, MIP 2021, 29 (29 ff.); aus politikwissenschaftlicher Perspektive auch *Dennis Michels* Das Corona-Virus als Katalysator digitaler Demokratie: Politische Willensbildung in Parlament, Parteien und Zivilgesellschaft, in: Martin Florack/Karl-Rudolf Korte/Julia Schwanholz (Hrsg.) Coronakratie, 2021, 111 (112 ff.).

[37] Zur Liquid Democracy *Anja Adler* Liquid Democracy in Deutschland, 2018; *Anna von Notz* Liquid Democracy. Internet-basierte Stimmendelegationen in der innerparteilichen Willensbildung, 2018; *Margrit Seckelmann* Wohin schwimmt die Demokratie?, DÖV 2014, 1 (4 ff.).

[38] Zum Trend offener Plebiszite *Poguntke* Innerparteiliche Demokratie (Fn. 32), 361 f.; am Ende der Entwicklung könnte die Aushöhlung der Mitgliederpartei stehen. Kritisch auch *Bull* Krise (Fn. 16), 78.

[39] *Jun* Das Beispiel der Mitgliederpartei SPD (Fn. 34), 940 ff.; BÜNDNIS 90/DIE GRÜNEN und DIE LINKE verfügen traditionell über größere Partizipationsrechte der Mitglieder, die Unionsparteien waren in ihren Reformen zurückhaltender, näher *Decker* Parteiendemokratie im Wandel (Fn. 4), 281 ff.

Die SPD hat sich seit 1993 mehrfach Reformen unterzogen, s. den Überblick bei *Decker* Parteiendemokratie im Wandel (Fn. 4), 279 ff.; *ders./Küppers* Mehr Basisdemokratie wagen (Fn. 33), 408 f.; *Jun* Das Beispiel der Mitgliederpartei SPD (Fn. 34), 946 ff. So wurde in den Jahren 2013 und 2018 nicht nur der jeweilige Koalitionsvertrag vom Votum der Mitglieder abhängig gemacht, diese wurden im Herbst 2019 (wie schon einmal 1993 vor der Wahl *Rudolf Scharpings*) auch zum SPD-Parteivorsitz befragt. Der Bundesparteitag wählte daraufhin noch formal die auf diese Weise gefundene Doppelspitze.

Die vermehrt digitale Organisation von Partizipation lässt sich ebenfalls anhand der SPD zeigen, dazu *Katharina Hanel/Stefan Marschall* Der Einsatz von Online-Tools durch Parteien – Am Beispiel von onlineantrag.spd.de, in: Kathrin Voss (Hrsg.) Internet und Partizipation. Bottom-up oder Top-down?, 2014, 193 ff. sowie *Dennis Michels/Isabelle Borucki*, Die Organisationsreform der SPD 2017–2019: Jung, weiblich und digital?, PVS 62 (2021), 121 (127 ff.) (Onlinethemenforen als vollständige digitale Gremien).

Auch das allmähliche Ausfransen des Mitgliedschaftsstatus lässt sich gut nachvollziehen: Den Auftakt machte das im Jahr 2000 vorgestellte und aus dem Umkreis des SPD-Generalsekretärs stammende Konzept der „Netzwerkpartei", die unabhängig von formaler

schen Parteien nur „verzögert und moderat"⁴⁰ europäische Entwicklungen nachvollziehen.

Im Hinblick auf die Folgen der durchgeführten Reformen⁴¹ besteht in der Politikwissenschaft Einigkeit, dass sie den Bedeutungsverlust der Volksparteien nicht rückgängig machen konnten.⁴² Unklar ist dagegen, wer Gewinner und wer Verlierer der parteiinternen Demokratisierung ist. Einflussreich ist eine Deutung, die *Parteielite* sei gestärkt aus diesem Prozess hervorgegangen, weil diese sich mit der Mitgliederebene auf Kosten der

---

Mitgliedschaft zivilgesellschaftliche Akteure einbinden sollte, s. *Tobias Dürr* Es fährt ein Zug nach nirgendwo, Neue Gesellschaft, Frankfurter Hefte 48 (2001), 16 ff., der dieses Konzept bereits als Abschied von der Mitgliederpartei bewertete. 2005 wurde sodann die Gastmitgliedschaft eingeführt, im Jahr 2009 schließlich der Status des Unterstützers, dem Mitgliedsrechte zumindest in Arbeitsgemeinschaften und Themenforen zukommen; allerdings wurden beide Formen kürzlich im Wege der Streichung von § 10a Organisationsstatut wieder abgeschafft. Zu denken ist auch an den Aufruf *Kevin Kühnerts* vom 22.01.2018, dass möglichst viele Sympathisanten in die SDP eintreten sollten, um gegen den Koalitionsvertrag aus dem Jahr 2018 zu stimmen, #NoGroKo, s. <https://twitter.com/kuehnikev/status/955511351555887105> (Stand 8.11.2021). Die dargelegten Entwicklungen dürfen aber nicht darüber hinwegtäuschen, dass andere (weitergehende) Reformvorschläge keine Mehrheiten fanden, dazu *Uwe Jun* Sozialdemokratische Partei Deutschlands, in: Frank Decker/Viola Neu (Hrsg.) Handbuch der deutschen Parteien, 3. Aufl. 2018, 468 (483).

⁴⁰ Fn. 19.

⁴¹ Für diese treten aus politikwissenschaftlicher und juristischer Sicht etwa ein *Uwe Jun* Lasst die Mitglieder ran! Ein Zwischenruf, Politik & Kommunikation III/2019, 64; *Rudolf Steinberg* Direkte Demokratie in politischen Parteien, ZParl 45 (2014), 402 (414): „Hier bieten direktdemokratische Verfahren in den Parteien die Chance einer Belebung der Demokratie, indem an der richtigen Stelle den Bürgern eine reale Mitwirkungsmöglichkeit geboten wird. Dabei sollte diese über den Kreis der Mitglieder hinaus ausgedehnt werden. Die Parteien verbessern damit die Rückkoppelung zwischen Wählern und Parlamentariern, wodurch ‚die demokratische Quelle' offengehalten wird. Diese Rückkoppelung kann vor einer Koalitionsbildung aber vor allem auch deshalb sinnvoll sein, weil in der Wahlentscheidung in einem Mehrparteien- und Proportionalwahlsystem nicht direkt über eine Regierung entschieden werden kann." Klassisch *Ernst Fraenkel* Die repräsentative und die plebiszitäre Komponente im demokratischen Verfassungsstaat, in: ders. (Hrsg.) Deutschland und die westlichen Demokratien, 9. Aufl. 2011, 165 (207): „Der Bestand der Demokratie im Staat hängt ab von der Pflege der Demokratie in den Parteien. Nur, wenn den plebiszitären Kräften innerhalb der Verbände und Parteien ausreichend Spielraum gewährt wird, kann eine Repräsentativverfassung sich entfalten".

⁴² *Decker* Parteiendemokratie im Wandel (Fn. 4), 287; *Jun* Das Beispiel der Mitgliederpartei SPD (Fn. 34), 950; *Thomas Poguntke/Susan E. Scarrow* Intra-Party Democracy and Representation: Necessity, Complement, or Challenge?, in: Robert Rohrschneider/Jacques Thomassen (Hrsg.) The Oxford Handbook of Political Representation in Liberal Democracies, 2020, 323 (334); *Piero Ignazi* The Four Knights of Intra-Party Democracy: A Rescue for Party Delegitimation, Party Politics 26 (2020), 9 (13): „unsuccessful and counterproductive". Teilweise wird der Misserfolg, jedenfalls in Deutschland, der nur halbherzigen Umsetzung der Reformen durch die Parteien zugeschrieben, s. *Decker* Parteiendemokratie im Wandel (Fn. 4), 287 ff. m.w.N.

mittleren, typischerweise radikaleren Funktionärsebene verbinde.[43] Das ist allerdings nicht durchgängig der Fall.[44] So zeigen Erfahrungen mit *offenen* Plebisziten – also Plebisziten ohne feste Mitgliedergrenzen – zur Bestimmung des Führungspersonals der britischen Labour-Partei, der französischen sozialistischen und republikanischen Partei sowie des italienischen *Partito Democratico*, dass sich bei dieser Art der Führungsauslese Außenseiter oder innerparteiliche Hardliner durchgesetzt haben.[45] Den Partei-

---

[43] *Richard S. Katz/Peter Mair* Changing Models of Party Organization and Party Democracy: The Emergence of the Cartel Party, Party Politics 1 (1995), 5 (21); *Ignazi* Intra-Party Democracy (Fn. 42), 12 f. Dahinter steht die Annahme, dass Funktionäre typischerweise radikaler seien als die Parteiführung, die Basis dagegen gemäßigter, klassisch *John D. May* Opinion Structure of Political Parties: The Special Law of Curvilinear Disparity, Political Studies 21 (1973), 135 (insb. 138 f.). So wohl auch (im Anschluss an *Katz/Mair*) *Poguntke*, wenn er von einer Auflösung der inneren Demokratie in ihrer Substanz sowie von neuen Elitenparteien und sogar Honoratiorenparteien spricht (Innerparteiliche Demokratie (Fn. 32), 357 f., 364). Tatsächlich gibt es für diese Auffassung auch empirische Evidenz. Exemplarisch: 1993 lehnten die SPD-Delegierten den Reformvorschlag des Parteivorstands einer konsultativen Mitgliederbefragung in Sachfragen ab, weil sie eine Umgehung der Gremien und „eine taktische Nutzung durch die Parteiführung" befürchteten, s. *Decker* Parteiendemokratie im Wandel (Fn. 4), 279, in Anschluss an *Uwe Jun* Der Wandel von Parteien in der Mediendemokratie. SPD und Labour Party im Vergleich, 2004, 140 ff.

[44] *Poguntke* Innerparteiliche Demokratie (Fn. 32), 362. Überblick über den Stand der Debatte bei *Detterbeck* Probleme der innerparteilichen Demokratie (Fn. 35), 127 ff., aus theoretischem Blickwinkel auch *Julian Lechner* Innerparteiliche Demokratie im paradigmatischen Widerstreit realistischer und normativer Demokratietheorien, ZParl 49 (2018), 211 (212 ff.). Kritisch zur These *Henrik Gast/Uwe Kranenpohl* Erosion der innerparteilichen Demokratie? Zur Entwicklung der Kontrollpotenziale in Deutschland, Österreich und der Schweiz, in: Sebastian Bukow/Uwe Jun/Oskar Niedermayer (Hrsg.) Parteien in Staat und Gesellschaft. Zum Verhältnis von Parteienstaat und Parteiendemokratie, 2016, 149 ff.

[45] So gestattete die britische Labour-Partei 2015 niedrigschwelligen Drei-Pfund-Anhängern die Teilnahme an der Wahl des Parteivorsitzenden, dazu *Peter Dorey/Andrew Denham* „The longest suicide vote in history": The Labour Party Leadership Election of 2015, British Politics 11 (2016), 259; *Poguntke* Innerparteiliche Demokratie (Fn. 32), 361; *Uwe Jun* The Labour Party in Transition: From Miliband to Corbyn, in: Klaus Detterbeck/Klaus Stolz (Hrsg.) The End of Duopoly? The Transformation of the British Party System, 2018, 113 (119 ff.). Damit beförderte sie einen Zustrom radikaler Kräfte, der letztlich zur Wahl von *Jeremy Corbyn*, eines linken Außenseiters, führte, dessen Parteimitgliedschaft zwischenzeitlich sogar suspendiert wurde.

Auch in Frankreich haben die früher führenden Parteien im Jahr 2017 offene Plebiszite durchgeführt, um ihre Präsidentschaftskandidaten zu bestimmten (*Poguntke* Innerparteiliche Demokratie [Fn. 32], 361; s. auch *Philip Manow* (Ent-)Demokratisierung der Demokratie, 2020, 104 ff.), konnten den Präsidenten danach freilich nicht stellen. S. auch *Rémi Lefebvre/Éric Treille* Le déclenchement des primaires ouvertes chez les républicains et au parti socialiste. Entre poids du précédent de 2011 et bricolages organisationnels (2016–2017), Revue française de science politique 67 (2017), 1167.

In Italien geht der Partito Democratico seit 2007 diesen Weg, was dem Außenseiter *Matteo Renzi* den Aufstieg vorbei am Parteiestablishment ermöglichte (*Giulia Sandri/Antonella*

eliten sind dort die Personalentscheidungen entglitten, diese Art der Führungsauslese hat in fast allen Fällen die Parteiführung,[46] dann die Parteien und letztlich das Parteiensystem insgesamt weiter geschwächt.[47] Dennoch gehen viele Politikwissenschaftler davon aus, dass sich der Trend der ambivalenten Demokratisierung weiter fortsetzen werde.[48] Profitieren könnten, wie ein Blick ins Ausland zeigt, die Bewegungsparteien.[49] Sie orientieren sich nicht an den Mitgliedern, sondern an einem charismatischen Parteiführ-

---

Seddone Organisational Innovations and Intra-party Democracy: The Case of the Partito Democratico, in: dies. (Hrsg) The Primary Game. Primary Elections and the Italian Democratic Party, 2015, 13 ff.; *Poguntke* Innerparteiliche Demokratie (Fn. 32), 357 und 361 f. Auch *Luigi Di Maio* wurde 2018 in digitalen Vorwahlen gewählt, wenn auch ohne echten Wettbewerb, s. *Fortunato Musella/Michelangelo Vercesi* Definitions and Measures of Party Institutionalization in New Personal Politics: The Case of the 5 Star Movement, ZfVP 13 (2019), 225 (238); zu weiteren Online-Vorwahlen der 5-Sterne-Bewegung *Paolo Gerbaudo* Are Digital Parties More Democratic than Traditional Parties? Evaluating Podemos and Movimento 5 Stelle's Online Decision-making Platforms, Party Politics 27 (2021), 730 (736 f.), der allerdings eine starke Tendenz zur Stärkung der Parteielite ausmacht (739).

[46] Zu einer allmählichen Schwächung der Stellung des Parteivorsitzenden (am Beispiel der SPD seit *Willy Brandt*) *Christoph Möllers* Politikkolumne. Der lange Abschied der SPD. Kleine Parteienkunde I, Merkur 75 (2021), Heft 861, 57 (60).

[47] So kann sich die Schwächung der Funktionärsebene für eine Partei als gefährlich erweisen, weil diese eher in der Lage ist, Führungspersönlichkeiten auszuwählen, die sich in Wahlen durchsetzen, als die Mitglieder, s. *Möllers* Der lange Abschied der SPD (Fn. 46), 60, mit Hinweis auf *Albert O. Hirschman* Abwanderung und Widerspruch. Reaktionen auf Leistungsabfall bei Unternehmungen, Organisationen und Staaten, 2004 (zuerst 1970). Viel spricht daher dafür, dass die Mitglieder eben keineswegs gemäßigter sind als die Funktionärsebene. Zu den Folgen über die betroffene Partei hinaus eindrücklich *Manow* (Ent-)Demokratisierung (Fn. 45), 70 ff.

[48] *Poguntke* Innerparteiliche Demokratie (Fn. 32), 362, spricht von „Nachahmungseffekten".

[49] Zu denken ist hier nicht nur an die französische *La République en marche*, die aus der Bewegung *En Marche!* entstand und mit *Emmanuel Macron* derzeit den französischen Präsidenten stellt, das *Movimento Cinque Stelle*, das aus der von *Beppe Grillo* initiierten Bewegung hervorging und in Italien an der aktuellen Regierungskoalition beteiligt ist, und die spanische *Podemos*, die aus dem Movimiento 15-M hervorging und ebenfalls an der aktuellen Regierungskoalition beteiligt ist, sondern auch an die Österreichische Volkspartei (ÖVP), die der ehemalige österreichische Bundeskanzler *Sebastian Kurz* für die Wahlen des Jahres 2017 kurzerhand in „Liste Kurz, die neue Volkspartei" umbenannte und sie als Bewegung bezeichnete (dazu *Merkel* Niedergang [Fn. 19]. Aus der politikwissenschaftlichen Literatur zu Bewegungsparteien *Uwe Jun* Soziale Bewegungen, Parteien und Bewegungsparteien, INDES Zeitschrift für Politik und Gesellschaft, 3/2019, 83 ff.; *Karin Priester* Bewegungsparteien auf der Suche nach mehr Demokratie: La France insoumise, En marche, die Fünf-Sterne-Bewegung, Forschungsjournal Soziale Bewegungen 31 (2018), 60 ff.; *Swen Hutter/Hanspeter Kriesi/Jasmine Lorenzini* Soziale Bewegungen im Zusammenspiel mit politischen Parteien. Eine aktuelle Bestandsaufnahme, Forschungsjournal Soziale Bewegungen, 32 (2019), 163 f. S. schließlich auch die Beiträge in: *Sebastian Bukow/Uwe Jun/Jörg Siegmund* (Hrsg.) Parteien in Bewegung, 2021.

rer und zeichnen sich durch schlanke Parteiapparate und in der Regel durch eine geringe innerparteiliche Partizipation aus.[50]

b) *Krise der Repräsentation?*

Während die bislang geschilderten Entwicklungen vor allem eine zuvor nicht existente Volatilität der deutschen und kontinentaleuropäischen Parteiensysteme zur Folge haben, werden weitere Veränderungen und Machtverschiebungen in den Sozialwissenschaften als nachhaltige „Krise der Repräsentation" wahrgenommen.[51]

aa) *Vertrauensverlust von Parteien*

Ausgangspunkt dieses Befunds ist der Vertrauensverlust, den die Parteien sowie die repräsentative Demokratie erlitten haben.[52] So ergibt eine jüngere repräsentative Studie der Universität Bonn, dass über drei Viertel (77,4 %) der Befragten in Parteien wenig oder gar kein Vertrauen haben.[53] Als Gradmesser für den Vertrauensverlust gilt auch die – ebenfalls europa-

---

[50] *Merkel* Niedergang (Fn. 19). Anders aber beim *Movimento Cinque Stelle*, wo die digitale innerparteiliche Partizipation eine große Rolle spielt(e), dazu *Priester* Bewegungsparteien (Fn. 49), 64 ff.

[51] Bejahend etwa *Manow* (Ent-)Demokratisierung (Fn. 45), 57; *Schäfer/Zürn* Regression (Fn. 13), 127; *Decker* Parteiendemokratie im Wandel (Fn. 4), 77 ff. Vgl. auch *Helmuth Schulze-Fielitz* Die Integrationskraft politischer Parteien im Wandel, in: Julian Krüper/Heike Merten/Thomas Poguntke (Hrsg.) Parteienwissenschaften, 2015, 105 (119). Zum theoretischen Hintergrund der Begrifflichkeit der „Krise der Repräsentation" *Hasso Hofmann* Repräsentation, 4. Aufl. 2003, 4 ff.

[52] *Schäfer/Zürn* Regression (Fn. 13), 89 ff.; *Yascha Mounk* Der Zerfall der Demokratie, 2018, 118 ff.; s. auch die bei *Przeworski* Krisen (Fn. 8), 121 ff., referierten empirischen Befunde. Die Gegenthese vertritt prominent *Pippa Norris* Democratic Deficit: Critical Citizens Revisited, 2011, 57 ff., relativierend 104 ff.

[53] *Frank Decker/Volker Best/Sandra Fischer/Anne Küppers* Vertrauen in Demokratie. Wie zufrieden sind die Menschen in Deutschland mit Regierung, Staat und Politik?, 2019, 28, <https://www.fes.de/studie-vertrauen-in-demokratie> (Stand 8.11.2021). Daneben sind 53,4 % der Befragten wenig oder überhaupt nicht zufrieden mit der Demokratie in der Bundesrepublik, in Ostdeutschland sogar zwei Drittel (30 f.). Die Frage nach alternativen Regierungsmodellen beantworteten 42,2 % mit einem Wunsch nach Gesetzgebung durch regelmäßige Volksentscheide, 16,2 % sehen neutrale Experten oder Verfassungsgerichte als bessere Entscheider als Parlamente an (37 f.). Dabei ist das Vertrauen in Parteien schon seit Jahrzehnten relativ gering, zu einem deutlichen Vertrauensverlust kam es zwischen den 1980er- und 1990er Jahren. S. etwa *Dieter Walz* Vertrauen in Institutionen in Deutschland zwischen 1991 und 1995, in: ZUMA, Nachrichten 1996, 70 (81), der seit 1983 einen Abwärtstrend beobachtet; bis 1996 habe sich das Vertrauen halbiert.
Bedenkenswert ist allerdings die differenzierende Analyse von *Katharine Dommett* The Reimagined Party, 2020, 26, 215 f., die das herrschende Narrativ vom Vertrauensverlust relativiert und die Wünsche der Bürger nuancierter untersucht. Gewünscht würden zwar

weit zu beobachtende – sinkende Wahlbeteiligung[54], die etwa in Deutschland bei der Bundestagswahl vom Höhepunkt von 91,1 % im Jahr 1972 auf den bisherigen Tiefpunkt von 70,8 % im Jahr 2009 gefallen ist.[55] Die Nichtwähler wiederum seien zu 70 % unzufrieden mit dem Parteiensystem.[56] Allerdings müssen sich Teile der Politikwissenschaft mit ihrer Deutung der Zahlen einen gewissen Alarmismus vorwerfen lassen: Verfolgt man die Zahlen seit Entstehen der Bundesrepublik, ergibt sich kaum eine Varianz: 1949 lag die Wahlbeteiligung bei 78,5 %, 2021 bei 76,6 %.[57]

Uneinigkeit besteht hinsichtlich der Ursachen des Vertrauensverlusts. Neben der Globalisierung[58] und der wachsenden sozio-ökonomischen Ungleichheit,[59] aber auch der Unzufriedenheit mit bestimmten politi-

---

Reformen der Parteien, die Parteien würden aber keineswegs in ihrer Gesamtheit abgelehnt (171 ff.).

[54] *Przeworski* Krisen (Fn. 8), 112, 164; zur Entwicklung des Nichtwähleranteils und der „sozialen Logik" der Nichtwahl *Armin Schäfer* Wahlbeteiligung und Nichtwahl, APuZ 63 (2013), Heft 48/49, 39 ff. Auch *Stephan Lessenich* Grenzen der Demokratie, 2019, weist auf Zusammenhänge zwischen Wahlbeteiligung und ökonomischem Status hin. In Deutschland gebe es mittlerweile „eine klar konturierte Drei-Klassen-Wahl" (43). Von sinkender Wahlbeteiligung scheinen radikale Kräfte zu profitieren: So beschreibt *Przeworski* Krisen (Fn. 8), 112 ff., einen Zusammenhang zwischen sinkender Wahlbeteiligung und zunehmender Stimmanteile rechtsradikaler Parteien; für Deutschland weist *Armin Schäfer* Der Verlust politischer Gleichheit. Warum die sinkende Wahlbeteiligung der Demokratie schadet, 2015, 153 ff., darauf hin, dass Parteien links der Mitte bei zurückgehender Wahlbeteiligung schlechter abschnitten.

[55] Zahlen nach <https://www.bundeswahlleiter.de/dam/jcr/8dbb2264-1f08-405d-97fd-56868c8eaad8/BTW_Wahlbeteiligung.pdf> (Stand 8.11.2021).

[56] *Decker/Best/Fischer/Küppers* Vertrauen (Fn. 53), 32.

[57] Zahlen nach <https://de.statista.com/statistik/daten/studie/2274/umfrage/entwicklung-der-wahlbeteiligung-bei-bundestagswahlen-seit-1949/#professional> (Stand 8.11.2021). Richtig ist allerdings, dass die Wahlbeteiligung bei den Landtags- und Europawahlen mit rund 50 % bis 60 % bedenklich niedrig ist. Exemplarisch: Wahlbeteiligung von knapp 49,7 % bei der Landtagswahl in Sachsen im Jahr 2019 oder von 58,1 % bei der Landtagswahl in Niedersachsen im Jahr 2017 (*Der Bundeswahlleiter* Ergebnisse früherer Landtagswahlen, 111 f., <https://www.bundeswahlleiter.de/dam/jcr/a333e523-0717-42ad-a772-d5ad7e7e97cc/ltw_erg_gesamt.pdf> (Stand 8.11.2021).

[58] *Michael Zürn* Regieren jenseits des Nationalstaats, 1998, 119; *Wolfgang Merkel* Kosmopolitismus versus Kommunitarismus, in: Philipp Harfst/Ina Kubbe/Thomas Poguntke (Hrsg.) Parties, Governments and Elites, 2017, 9 (insb. 15 ff.); *Wolfgang Streeck* Gekaufte Zeit, 2. Aufl. 2016, 129 ff., 261. Die beiden Letztgenannten machen darüber hinaus auch das kapitalistische System für den Vertrauensverlust verantwortlich.

[59] Vorsichtig in diese Richtung *Przeworski* Krisen (Fn. 8), 159 ff.; zum Zusammenhang von Gleichheit und Zufriedenheit mit der Demokratie s. *Armin Schäfer* Affluence, Inequa-

schen Entscheidungen[60] werden die Gründe nunmehr vermehrt im politischen System selbst gesucht.[61] So wurde etwa jüngst der Machtgewinn der nichtmajoritären Institutionen für den Vertrauensverlust verantwortlich gemacht,[62] dabei aber nicht eingerechnet, dass es gerade die nichtmajoritären Institutionen sind, die in der Bundesrepublik besonderes Vertrauen genießen.[63]

Überzeugender erscheint es, bei der Ursachensuche stärker die Entmediatisierung durch die sozialen Netzwerke in den Blick zu nehmen.[64] So ist für die US-amerikanischen Wahlen von 2016 gut belegt, wie groß der Wähleranteil der Bevölkerung war, der im Vorfeld der Wahl von *Donald Trump* den Verschwörungsmythen über seine Konkurrentin der Demokratischen Partei anhing.[65] Das Entfallen von Gatekeepern bei der durch das Internet ermöglichten Direktkommunikation des Einzelnen mit einer unbestimmten Anzahl von Empfängern,[66] die auf diese Weise mit *Fake News* über das politische System und Hassrede misstrauisch gemacht werden, hat gravierende Folgen.

---

lity and Satisfaction with Democracy, in: Silke Keil/Oscar W. Gabriel (Hrsg.) Society and Democracy in Europe, 2013, 139 ff.

[60] Etwa die Migrationspolitik, s. *Ivan Krastev* Europadämmerung, 2015; inwieweit die politische Reaktion auf die Corona-Pandemie als singuläres Ereignis langfristig das Vertrauen beeinflusst, bleibt abzuwarten.

[61] *David Runciman* So endet die Demokratie, 2020, 72; *Schäfer/Zürn* Regression (Fn. 13), 93 ff.; in diese Richtung deuten auch die Zahlen von *Decker/Best/Fischer/Küppers* Vertrauen (Fn. 53), 33 f.

[62] *Schäfer/Zürn* Regression (Fn. 13), 101 ff. (Verlagerung von Entscheidungskompetenzen auf nichtmajoritäre Institutionen wie Zentralbanken, Verfassungsgerichte und internationale Institutionen).

[63] S. zum Vertrauen in nichtmajoritäre Institutionen die Zahlen bei *Decker/Best/Fischer/ Küppers* Vertrauen (Fn. 53), 39 ff. Auch unzureichende Partizipationsrechte werden als eine zentrale Ursache der Unzufriedenheit ausgemacht (so ebd. [Fn. 53], 33); dieser Ansatz kann dann aber nicht erklären, warum auch in der Schweiz der mit der Unzufriedenheit in Verbindung stehende Populismus eine relevante Rolle spielt.

[64] Keine Erwähnung dieses Gesichtspunkts etwa bei *Schäfer/Zürn* Regression (Fn. 13).

[65] *Mounk* Zerfall (Fn. 52), 161 ff. Zur Nutzung sozialer Medien s. aktuell den Reuters Digital News Report 2021: 69 % der Menschen in Deutschland über 18 Jahre nutzen das Internet als Nachrichtenquelle, 31 % nutzen soziale Medien als Nachrichtenquelle. Allerdings geben nur 10 % der Befragten soziale Medien als Hauptnachrichtenquelle an (bei den 18–24 Jährigen jedoch bereits jeder Vierte). Für 4 % stellen soziale Medien die einzige Nachrichtenquelle dar, s. *Sascha Hölig/Uwe Hasebrink/Julia Behre* Reuters Institute Digital News Report 2021. Ergebnisse für Deutschland, 2021, <https://leibniz-hbi.de/uploads/media/Publikationen/cms/media/3cbhyvy_AP58_RDNR21_Deutschland.pdf> (Stand 8.11.2021).

[66] Die bisherigen Gatekeeper – Presse, Rundfunk – entfallen bei dieser direkten Kommunikation.

bb) Etablierung von Anti-System-Parteien (v. a. radikalisierter Rechtspopulismus)

Vor diesem Hintergrund verwundert es nicht, dass nunmehr in zahlreichen europäischen Ländern auch rechtspopulistische Parteien Fuß gefasst haben,[67] deren Aufkommen mit denselben oder ähnlichen[68] Gründen wie der erwähnte Vertrauensverlust erklärt wird. Dabei zeichnet sich Rechtspopulismus durch Nationalismus, die Vorstellung eines homogenen Volkswillens, einen Anti-Prozeduralismus (Dezisionismus), eine Fixierung auf die Mehrheitsregel[69] sowie durch nicht-solidarische Politiken[70] aus.

Zum *rechtlichen* Problem aber werden rechtspopulistische Parteien vor allem durch ihre Radikalisierung.[71] Gerade weil sie von sich behaupten, die einzige Partei zu sein, die das „wahre" Volk repräsentiere,[72] werden sie zu Anti-System-Parteien,[73] die den parteilichen Wettbewerb letztlich nicht akzeptieren und ein Unterliegen in der Wahl mit Wahlbetrug,[74] dem Ein-

---

[67] S. *Frank Decker/Marcel Lewandowsky* Rechtspopulismus in Europa: Erscheinungsformen, Ursachen und Gegenstrategien, ZfP 64 (2017), 21 ff.; ausführlich auch *Tanja Wolf* Rechtsextreme und rechtspopulistische Parteien in Europa, 2019.

[68] *Frank Decker* Kosmopolitismus versus Kommunitarismus: eine neue Konfliktlinie in den Parteiensystemen?, ZfP 66 (2019), 445 (453 f.), macht zusätzlich eine gleichzeitige Verstärkung sozioökonomischer und -kultureller Konflikte als Ursache aus.

[69] Bei den ersten vier Kriterien schließe ich mich *Schäfer/Zürn* Regression (Fn. 13), 65 f., an.

[70] Erst mit dem Kriterium der Nicht-Solidarität gelingt es, die auf den ersten Blick unterschiedlichen Politikfelder der (deutschen) Populisten zusammenzufassen: keine Solidarität mit Geflüchteten (Migrationskrise), mit Euro-Krisen-Staaten (Eurokrise), mit Minderheiten (z.B. LGBT), mit Vulnerablen (Corona-Krise) oder mit der Umwelt (Klimakrise). Hinzu tritt beim Rechtspopulismus ein Anti-Feminismus, s. für die Corona-Pandemie *Rebekka Blum/ Judith Rahner* Antifeminismus in Deutschland in Zeiten der Corona-Pandemie, 2020, <http://library.fes.de/pdf-files/dialog/16899.pdf> (Stand 8.11.2021).

[71] Die permanente Radikalisierung extremer Parteien beschreibt bereits BVerfGE 2, 1 (20) – SRP; gegenwärtig lässt sich die Radikalisierung an der AfD beobachten. Auch etablierte Parteien sind vor einer Radikalisierung nicht gefeit, wie die Republikanische Partei in den USA zeigt, dazu *Steven Levitsky/Daniel Ziblatt* How Democracies Die, 2018, 53 ff. In einem Zweiparteiensystem muss sich der Populismus notwendig in bestehenden Strukturen entfalten.

[72] *Jan-Werner Müller* Was ist Populismus?, 2016, 42 ff.; so auch *Andreas Voßkuhle* Demokratie und Populismus, Der Staat 57 (2018), 119 (125 f.); *Stefan Magen* Kontexte der Demokratie: Parteien – Medien – Sozialstrukturen, VVDStRL 77 (2018), 67 (70). Modifizierend *Cas Mudde/Cristóbal Rovira Kaltwasser* Populism, 2017, 5 f., 10, 18 f.

[73] Zur Begrifflichkeit *Mair* Ruling the Void (Fn. 9): Anti-System Parteien sind "parties that challenge the fundamental principles on which democratic regimes are founded, and espouse a wholly alternative political settlement" (45). Ähnlich schon *Sartori* Parties (Fn. 26), 117 f., auch zur vorherigen zeitgenössischen Debatte.

[74] So sprach der 2020 abgewählte amerikanische Präsident *Donald Trump* monatelang von massivem Wahlbetrug; ferner übte er Druck auf das Justizministerium aus, seine Vor-

fluss fremder Mächte⁷⁵, angeblichen *Fake News* bzw. der „Lügenpresse"⁷⁶ erklären. Dadurch wird die „Krise der Repräsentation" vergrößert. Denn diejenigen, die individuell dem politischen System den Rücken zugekehrt haben, unterstützen nunmehr Parteien, die sich kollektiv vom System abwenden. So such(t)en etwa die rechtspopulistische polnische PiS-Partei sowie die ungarische Fidesz-Partei durch Umbauten im politischen System ihre Wiederwahl sicherzustellen⁷⁷ und zeigen damit, dass sie nicht einmal die schlichte Mehrheitsregel anerkennen, auf die sie sich doch selbst berufen.

cc) *Bedeutungsgewinn der nichtverfassten sozialen Partizipation in analogen und digitalen Räumen*

Trotz des geringen Vertrauens in Parteien wird in der heutigen Politikwissenschaft jedenfalls keine Politikverdrossenheit im Sinne einer gesellschaftlichen Entpolitisierung mehr diagnostiziert.⁷⁸ Allerdings stärkt die gesellschaftliche Politisierung vermehrt die sog. nichtverfasste soziale Par-

---

würfe zu stützen, s. „Sagen Sie, die Wahl war korrupt – und überlassen Sie den Rest mir", <https://www.tagesspiegel.de/politik/trump-setzte-die-us-justiz-unter-druck-sagen-sie-die-wahl-war-korrupt-und-ueberlassen-sie-den-rest-mir/27471374.html> (Stand 8.11.2021). Vor der Bundestagswahl 2021 wurde auch in Deutschland der Versuch von AfD-Funktionären beobachtet, Zweifel an der Integrität des Wahlvorgangs zu schüren, s. *Julia Klaus/ David Gebhard* Wie die AfD Zweifel an der Briefwahl schürt, <https://www.zdf.de/ nachrichten/politik/afd-briefwahl-bundestagswahl-100.html> (Stand 8.11.2021).
⁷⁵ Exemplarisch: Die ungarische Fidesz-Partei und Ministerpräsident *Viktor Orbán* im Hinblick auf den angeblichen Einfluss des Milliardärs *George Soros*, dazu *Felix Schlagwein* Wie George Soros zum Feindbild wurde, <https://www.dw.com/de/wie-george-soros-zum-feindbild-wurde/a-53572731> (Stand 8.11.2021).
⁷⁶ So neben *Donald Trump* die AfD, zu deren Strategie im Umgang mit Medien s. *Johannes Hillje* Propaganda 4.0 – Die Erfolgsstrategie der AfD, Blätter für deutsche und internationale Politik 2017, Heft 10, 49 ff.
⁷⁷ Zu Ungarn *Gábor Halmai* A Coup Against Constitutional Democracy: The Case of Hungary, in: Mark A. Graber/Sanford Levinson/Mark Tushnet (Hrsg.) Constitutional Democracy in Crisis, 2018, 243 ff.; zu Polen *Wojciech Sadurski* How democracy dies (in Poland): A Case Study of Anti-Constitutional Populist Backsliding, Sydney Law School Research Paper No. 18/01, 2018, und *ders.* Poland's Constitutional Breakdown, 2019.
⁷⁸ *Daniela F. Melo/Daniel Stockemer* Age and Political Participation in Germany, France and the UK: A Comparative Analysis, in: Comparative European Politics 12 (2014), 33 (45 ff.): Jüngere Menschen engagieren sich insgesamt nicht weniger, aber seltener in Parteien, sondern auf Demonstrationen, in NGOs etc.; s. auch die Differenzierung bei *Mair* Ruling the Void (Fn. 9), 17 f.: „indifference to politics with a capital P"; ebenso *Michael Zürn* Regieren jenseits des Nationalstaates, 1998, 119, auch mit Verweis auf *Ulrich Beck* Was ist Globalisierung?, 1997, 121 ff.

tizipation.[79] Es sind – auch dies ein internationales Phänomen[80] – soziale Bewegungen wie diejenige von *Fridays for Future*[81] oder *Pegida*[82], die die Bevölkerung zunehmend zu mobilisieren vermögen, aber auch Bürgerinitiativen und Nichtregierungsorganisationen. Gerade soziale Bewegungen verlangen eine deutlich geringere Bindung des Einzelnen als Parteien und entsprechen daher den Bedürfnissen einer zunehmend fluiden Gesellschaft.[83]

Teile der Parteienforschung sehen in der wachsenden Bedeutung der *außerhalb* von Parteien stattfindenden Partizipation einen weiteren Beleg für die These von der „Krise der Repräsentation". Doch auch hier scheint eine positivere Deutung möglich: Nicht nur kann die lautstarke Artikulation von Interessen den Parteien vor Augen führen, wo inhaltliche Repräsentationslücken bestehen, und dadurch Impulse geben.[84] Vor allem deuten jüngste Entwicklungen eher auf einen Zyklus hin, der zur Parteiendemokratie hin- und nicht von ihr wegführt.[85] So ist auffällig, dass nicht nur die Anti-Atomkraft- und Friedensbewegung 1980 zur Gründung der GRÜNEN

---

[79] *Decker* Parteiendemokratie im Wandel (Fn. 4), 37 f; *Bernard Manin* Kritik der repräsentativen Demokratie, 2007, 342 ff. Zu den Faktoren dieser Partizipationsformen s. *André Förster/Malte Kaukal* Unkonventionelle politische Partizipation in Deutschland: Haben Kontextfaktoren auf Kreisebene einen Einfluss?, PVS 57 (2016), 353 ff.; zu Unterschieden innerhalb Deutschlands *Dorothée de Nève* Politische Partizipation in Deutschland – zwischen postdemokratischer Apathie und neodemokratischem Aufbruch, in: Tina Olteanu/Tobias Spöri/Felix Jaitner/Hans Asenbaum (Hrsg.) Osteuropa transformiert, 2014, 173 ff.

[80] Man denke an die französische Gelbwestenbewegung oder die transnational agierende Occupy-Bewegung.

[81] Zu Entwicklung und Perspektiven s. *Moritz Sommer/Dieter Rucht/Sebastian Haunss/Sabrina Zajak* Fridays for Future. Profil, Entstehung und Perspektiven der Protestbewegung in Deutschland, 2019; *Jakob Wetzel* Fridays for Future, 2019; *David Fopp/Isabelle Axelsson/Loukina Tille* Gemeinsam für die Zukunft – Fridays For Future und Scientists For Future. Vom Stockholmer Schulstreik zur weltweiten Klimabewegung, 2021.

[82] Umfassend *Werner J. Patzelt/Joachim Klose* Pegida. Warnsignale aus Dresden, 2016; zum Verhältnis zum Rechtspopulismus s. *Hans Vorländer/Maik Herold/Steven Schäller* Entfremdung, Empörung, Ethnozentrismus. Was PEGIDA über den sich formierenden Rechtspopulismus verrät, in: Dirk Jörke/Oliver Nachtwey (Hrsg.) Das Volk gegen die (liberale) Demokratie, Leviathan Sonderband 32 (2017), 138 ff.; zur Literatur auch die Übersicht und Kritik bei *Eckhard Jesse* Phänomen Pegida. Literaturbericht, ZfP 64 (2017), 77 ff.

[83] S. bereits oben Fn. 18.

[84] So das ausdrückliche Ziel der Bewegung „Aufstehen", <https://aufstehen.de/web/> (Stand 8.11.2021); zu den Gründen für deren Scheitern *Benjamin Höhne* Bewegung statt Partei: Das Beispiel *Aufstehen* und DIE LINKE, in: Robert Grünewald/Sandra Busch-Janser/Melanie Piepenschneider (Hrsg.) Politische Parteien in der modernen Demokratie, 2020, 412 ff.

[85] Grundlegend für Zyklusmodelle in der politischen Partizipation *Albert O. Hirschman* Shifting Involvements. Private Interest and Public Action, 1982. Zu einer kritischen Auseinandersetzung mit dem Zyklusmodell *Herbert Kitschelt* Social Movements, Political Parties,

1. Die Organisation politischer Willensbildung: Parteien

führte, sondern aktuell auch die *Fridays for Future*-Bewegung zur Gründung der Partei „Klimaliste Deutschland", die Querdenker-Bewegung zur Partei „dieBasis".[86]

Doch wie verhält es sich mit der politischen Partizipation im digitalen Raum? Zweifelsohne erfolgt die politische Willensbildung heute vermehrt über das Internet, insbesondere über soziale Medien.[87] Das ist den Parteipolitikern bewusst, die sich etwa über Twitter direkt an ihre Follower wenden.[88] Auf der Rezipientenseite wird „liken" und „retweeten" inzwischen unter einen erweiterten Partizipationsbegriff subsumiert.[89] In der Tat hat das Internet einen neuen Kommunikationsraum eröffnet, der für die Bevölkerung große Partizipationsmöglichkeiten bereithält.[90] Für die Repräsentation ergeben sich durch diese Entmediatisierung indes verschiedene Folgeprobleme. Zum einen erweist es sich zunehmend als wahlkampfentscheidend, wer das Medium des Internets bedienen und beherrschen kann, wie Erfahrungen aus den USA, aber auch Italien (*Cinque Stelle*) zeigen.[91] Zum ande-

---

and Democratic Theory, The Annals of the American Academy of Political and Social Science 528 (1993), 13 (16 ff.).

[86] S. in diesem Sinne *Julie Kurz* Partei statt Straße?, <https://www.tagesschau.de/inland/junge-klimaschuetzer-101.html> (Stand 8.11.2021). Ein weiteres Beispiel stellt die Piraten-Partei dar, die aus der Anti-Copyright-Bewegung hervorgegangen ist. In Betracht kommt auch die Stärkung einer bereits vorhandenen Partei, zu denken ist etwa an die Nähe der Pegida-Bewegung zur AfD.

[87] Zu Auswirkungen auf und Gefahren für die Demokratie s. *Jakob Schemmel* Soziale Netzwerke in der Demokratie des Grundgesetzes, Der Staat 57 (2018), 501 (503 ff.), und *Albert Ingold* Digitalisierung demokratischer Öffentlichkeiten, Der Staat 56 (2017), 491 (506 ff.).

[88] Kritisch gegenüber dieser Entmediatisierung *Manow* (Ent-)Demokratisierung (Fn. 45), 110 ff. Freilich stellen die Plattformen neue, andere Formen von Intermediären dar, dazu *Schemmel* Soziale Netzwerke (Fn. 87), 505 ff.

[89] Zum Begriff der Partizipation im digitalen Kontext s. die Diskussion der Literatur bei *Marie Legrand/Sabrina Heike Kessler/Camilla Eisenreich* Politische Inhalte liken, teilen und im Internet lesen – Zum Begriffsverständnis von politischer Online-Partizipation, in: Ines Engelmann/Marie Legrand/Hanna Marzinkowski (Hrsg.) Politische Partizipation im Medienwandel, 2019, 53 (55 ff. m.w.N.).

[90] Zu denken ist auch an elektronische Petitionen und Bewegungen wie open petition. S. aus der Literatur *Klaus Ferdinand Gärditz* Der digitalisierte Raum des Netzes als emergente Ordnung und die repräsentativ-demokratische Herrschaftsform, Der Staat 54 (2015), 113 (132 ff.); *Andreas Voßkuhle* Auf dem Weg zur Online-Demokratie – bringt Digitalisierung mehr Demokratie?, in: Ludwig K. Adamovich et al. (Hrsg.) FS Gerhart Holzinger, 2017, 767 (insb. 778 ff., 780 ff.).

[91] Zu den USA *Manow* (Ent-)Demokratisierung (Fn. 45), 113; *Erik Meyer* Zwischen Partizipation und Plattformisierung: Politische Kommunikation in der digitalen Gesellschaft, 2019, 78 ff. Zu Italien: *Alessandro Chiaramonte et al.* Populist Success in a Hung Parliament: The 2018 General Election in Italy, South European Society and Politics 23 (2018), 479 (485), unter Hinweis darauf, dass bei den Wahlen 2018 öffentliche Reden

ren setzt die Partizipation im Internet „die repräsentativen Prozesse unter Zeit-, Reaktions-, Entscheidungs- und Legitimationsdruck".[92] Das kann die Repräsentation im Einzelfall stärken, wird sie aber häufig schwächen.[93]

2. Machtverschiebungen: gewöhnlicher Wandel oder echte Krise?

Was folgt aus den bisherigen Beobachtungen? Ist es überzeugend, nicht nur von der Volatilität des gegenwärtigen deutschen und vieler europäischer Parteiensysteme auszugehen, sondern auch von einer „Krise der Repräsentation"? Eine solche Krisendiagnose sollte nicht vorschnell bejaht werden. So stimmt der Alarmismus von Teilen der gegenwärtigen Politikwissenschaft[94] ebenso misstrauisch wie die Tatsache, dass unsere Vereinigung bereits 1985 das Thema „Parteienstaatlichkeit – Krisensymptome des demokratischen Verfassungsstaats?" diskutierte.[95] Veränderungen im Par-

---

außerhalb von TV und Internet keine Rolle (mehr) spielten, und *Roberto D'Alimonte* How the Populists Won in Italy, Journal of Democracy 30 (2019), 114 (insb. 119); s. für Deutschland den Beitrag des Tagesspiegels: Wie der Wahlkampf 2021 auf Social Media geführt wird, <https://interaktiv.tagesspiegel.de/lab/social-media-dashboard-bundestagswahl-2021/> (Stand 8.11.2021).

[92] *Hans Vorländer* Wie belastbar ist die Demokratie?, F.A.Z. vom 9.8.2021, 6.

[93] Zur zerstörerischen Tendenz des Internet *Mounk* Zerfall (Fn. 52), 161 ff. Skeptisch auch *Marianne Kneuer* Mehr oder weniger demokratische Qualität durch das Internet?, Der Bürger im Staat 4 (2014), 196 (204): „eher Legitimationsprobleme, als dass bestehende aufgelöst werden könnten". Allgemeiner zu „Monopolisierungs- und Ausgrenzungstendenzen" (119) der Digitalisierung *Norbert Kersting* Online Partizipation: Evaluation und Entwicklung – Status quo und Zukunft, in: Jeanette Hofmann/Norbert Kersting/Claudia Ritzi/Wolf J. Schünemann (Hrsg.) Politik in der digitalen Gesellschaft. Zentrale Problemfelder und Forschungsperspektiven, 2019, 105 (114 ff.).

[94] Zweifel an der „Dauerkrise" des Parteiensystems auch bei *Foroud Shirvani* Das Parteienrecht und der Strukturwandel im Parteiensystem. Staats- und europarechtliche Untersuchungen zu den strukturellen Veränderungen im bundesdeutschen und europäischen Parteiensystem, 2010, 136 ff. Zur Historisierung dieses Krisendiskurses *Pascale Cancik* Wahlrecht und Parlamentsrecht als Gelingensbedingungen repräsentativer Demokratie, VVDStRL 72 (2013), 268 (270 ff.).

[95] Berichte von *Michael Stolleis, Heinz Schäffer* und *René A. Rhinow*, VVDStRL 44 (1986), 7 ff., 46 ff. und 83 ff. Schon zu jener Zeit waren „Parteiverdrossenheit" und das „Legitimationstief der etablierten Parteien" die Schlüsselbegriffe der Debatte. Zu beiden Begriffen *Stolleis* ebd., 17. Die Diagnose vom „Ende des Parteienstaats" stammt gar aus den 1960er Jahren: *Ekkehart Krippendorff* Das Ende des Parteienstaates?, Der Monat 14 (1962), Heft 160, 64, nachgewiesen bei *Stolleis* ebd., 17 mit Fn. 50. Auch *Otto Kirchheimer* Der Wandel des westeuropäischen Parteisystems, PVS 6 1965, 20 ff., hatte jedoch zu dieser Zeit in seinen scharfsichtigen Analysen zum „Wandel des westeuropäischen Parteisystems" mit der Diagnose einer abnehmenden Repräsentationsfähigkeit der in Entstehung befindlichen Catch-All-Parties und eines verringerten Parteienwettbewerbs bereits gefährliche, krisenhafte Tendenzen ausgemacht, die sich zumindest teilweise als nachhaltige Entwicklun-

teiensystem sind Teil einer lebendigen Demokratie, werden jedoch allzu schnell als Krisenphänomene wahrgenommen.[96] Allein: Ein sechzig Jahre alter Krisendiskurs könnte auch verdecken, dass sich zu einem bestimmten Zeitpunkt im Parteiensystem tatsächlich Veränderungen ergeben, die sich als „Kipppunkte"[97] der repräsentativen Demokratie erweisen. Hier sollte die Staatsrechtslehre wachsam bleiben, sind doch in verschiedenen, auch europäischen Staaten demokratische und rechtsstaatliche Regressionen zu beobachten, die mit Veränderungen der Parteienlandschaft in Zusammenhang stehen.

III. Reaktionsbereiche des Verfassungsrechts

1. Sind Parteien (noch) „Sprachrohr des Volkes"?

Angesichts dieser gegenwärtigen Krisenstimmung verwundert es nicht, dass auch Stimmen der Staatsrechtslehre ein „Parteien-Paradox" konstatieren, dem zufolge wir die grundgesetzliche Demokratie zwar nicht ohne Parteien, aber vor allem auch nicht mit den Parteien weiterdenken können.[98] Zumindest aber stelle sich die Frage, ob angesichts der schwindenden gesellschaftlichen Verwurzelung der Parteien der neue Typ der „professionalisierten Wählerpartei" den Anforderungen des Grundgesetzes genüge.[99]

---

gen herausstellten (so *Decker*, Parteiendemokratie im Wandel [Fn. 4], 61 ff., insb. 64, 70, 77).

[96] Zur Subjektivität der Krisenwahrnehmung *Anna-Bettina Kaiser* Ausnahmeverfassungsrecht, 2020, 71. Tatsächlich haben sich die westeuropäischen Parteiensysteme, aller Kassandrarufe zum Trotz, nach dem Zweiten Weltkrieg bis zum Ende des 20. Jahrhunderts als resilient erwiesen. Weitergehend *Przeworski* Krisen (Fn. 8), 163: „Die Systeme, die sich in den zwanziger Jahren in Europa herausbildeten, waren bis zum Ende des 20. Jahrhunderts weitgehend stabil, die entsprechenden Parteien waren die wichtigsten politischen Alternativen."

[97] Begriffsprägend für den Klimawandel *Hans Joachim Schellnhuber*, näher *Kaspar Mossman* Profile of Hans Joachim Schellnhuber, PNAS 105 (2008), 1783 (1785). Die Übertragung der Kipppunktmetapher ins Politische System bietet sich deshalb an, weil auch hier von nicht mehr rückgängig zu machenden, systemrelevanten Entwicklungen ausgegangen werden muss. Zum Begriffstransfer in das Politische System jetzt auch *Vorländer* Demokratie (Fn. 92).

[98] *Emanuel V. Towfigh* Das Parteien-Paradox. Ein Beitrag zur Bestimmung des Verhältnisses von Demokratie und Parteien, 2015, 16, 188 f., 196 f.

[99] So *Kathrin Groh* Der Wandel von Mitgliederparteien zu Wählerparteien – Setzt das Grundgesetz einen bestimmten Parteientypus voraus?, ZParl 43 (2012), 784 (784 f.). In der Politikwissenschaft ist die Beobachtung des Wandels hin zur „professionalisierten Wählerpartei" freilich nicht neu, s. bereits den Hinweis in Fn. 16.

Und auch die internationale Parteien- und Demokratieforschung hat längst die Frage aufgeworfen: „Is the party over?"[100]

Die Antworten auf diese zunächst verfassungstheoretischen Fragen hängen freilich entscheidend davon ab, welcher Parteientheorie wir uns verschreiben. Prägend vor allem in den Anfangsjahren der Bundesrepublik war bekanntlich die Parteienstaatslehre von *Gerhard Leibholz*, der ein denkbar anspruchsvolles, materiell aufgeladenes Parteien-Konzept entwarf. Wirkmächtig, bis in die Entscheidungen des Bundesverfassungsgerichts hinein, blieb lange Zeit seine Metapher von den Parteien als „Sprachrohr des Volkes", ohne die das Volk unmündig bleibe.[101] Dahinter stand bei *Leibholz* die doppelte Identifikation der *volonté générale* mit dem Willen der die Regierung tragenden Parteien und schließlich dem staatlichen Willen.[102]

Für die junge Bundesrepublik war der *Leibholz*'sche Einfluss entscheidend auf ihrem Weg der Demokratisierung. Es konnte wohl nur die in vielem übersteigerte Parteienstaatslehre von *Leibholz* das nötige Gegengewicht zur starken Parteienskepsis der Weimarer Zeit herstellen.[103] Der Preis für die durch *Leibholz* vorangetriebene entschiedene Bejahung der Parteien war allerdings eine Überkonstitutionalisierung von Art. 21 GG.[104] Der karge Wortlaut wurde aufgeladen und überstrapaziert, Parteien wurden zu

---

[100] *Paul F. Whitely* Is the Party Over? The Decline of Party Activism and Membership Across the Democratic World, Party Politics 17 (2011), 21; *Mair* Ruling the Void (Fn. 9), 65 ff. Für einen Systemwechsel von der Parteiendemokratie zu „open mini-publics" *Hélène Landemore* Open Democracy: Reinventing Popular Rule for the Twenty-First Century, 2020. S. auch *Elmar Wiesendahl* Restlaufzeiten der Parteiendemokratie, in: Oskar Niedermayer/Benjamin Höhne/Uwe Jun (Hrsg.) Abkehr von den Parteien?, 2013, 9 (38): „Weiterhin den Anschein parteiendemokratisch verantwortlicher und responsiver Parteienherrschaftsausübung zu erwecken, bleibt dabei gegenüber der Bevölkerung zentral, bildet aber nur noch eine hohle Fassade".

[101] *Gerhard Leibholz* Der Parteienstaat des Bonner Grundgesetzes, in: Hermann Wandersleb/Erich Traumann (Hrsg.) Recht, Staat, Wirtschaft, Band 3, 1951, 99 (104); *ders.* Der Strukturwandel der modernen Demokratie (1952), in: *ders.* Strukturprobleme der modernen Demokratie, 3. Aufl. 1967, 78 (90). Das BVerfG übernimmt diese Wendung in BVerfGE 1, 208 (224); 20, 56 (101).

[102] *Leibholz* Strukturwandel (Fn. 101), 93 f.

[103] S. bereits oben Fn. 1; explizit ausgenommen erneut *Kelsen* Wesen und Wert (Fn. 3), 19 ff.: „Und noch heute ist man sich nicht genügend bewußt, daß die *Parteifeindlichkeit* der alten Monarchie [...] nichts anderes als eine schlecht verhüllte *Feindschaft gegen die Demokratie* bedeutet" (20) [Hervorhebungen im Original].

[104] Kritik an der verfassungstheoretischen Aufladung von Art. 21 GG bei *Matthias Jestaedt*, Politische Parteien und Verfassungstheorie, in: Julian Krüper/Heike Merten/Thomas Poguntke (Hrsg.) Parteiwissenschaften, 2015, 83 (89 f., 90 ff., 102 f.); von „*Hyperkonstitutionalisierung*" spricht *Julian Krüper* Krise als Lebensform. Politische Parteien als institutionalisierte Defiziterfahrung, in: Alexander Thiele (Hrsg.) Legitimität in unsicheren Zeiten, 2019, 115 (117).

Verfassungsorganen hochstilisiert.[105] Bei dieser Überkonstitutionalisierung blieb es auch dann noch, als sich Literatur und Rechtsprechung längst von der *Leibholz*'schen Lehre distanziert hatten.[106]

Doch eben diese Überkonstitutionalisierung erweist sich gegenwärtig zunehmend als Überforderung der Parteien und weckt Erwartungen, die die Parteien nicht mehr erfüllen können. Dann ist es auch für Kritiker ein leichtes, aus dem Zurückbleiben der Parteien hinter den verfassungsrechtlichen Erwartungen das Ende der Parteiendemokratie zu schließen. Exemplarisch: Wird die gesellschaftliche Verwurzelung der Parteien zur von der Verfassung aufgegebenen Obliegenheit,[107] rührt der Mitgliederschwund sogleich an das verfassungsrechtliche Fundament der Parteien. Entscheidend für ein zukünftiges Parteienrecht ist daher die Rückführung der Überkonstitutionalisierung und der Abbau der theoretischen Überfrachtung des Art. 21 GG. Eine derartige Normalisierung ermöglicht zugleich einen realistischen Blick auf die Institution der Parteien. Dann kann anerkannt werden, dass das Volk auch jenseits von Parteien mündig ist und Parteien ein überaus bedeutsames, aber keineswegs das einzige Sprachrohr sind, über das sich das Volk artikulieren kann[108] – und das GG spricht in Art. 21 Abs. 1 S. 1 denn auch nur zurückgenommen von „mitwirken".[109] Das Anstreben einer

---

[105] BVerfGE 4, 27 (30).
[106] S. schon die frühe Kritik bei *Hesse* Verfassungsrechtliche Stellung (Fn. 7), 21 mit Fn. 28, und bei *Ulrich Scheuner* Die Parteien und die Auswahl der politischen Leitung im demokratischen Staat, DÖV 1958, 641 (643 f.); aus späterer Zeit s. nur *Grimm* Politische Parteien (Fn. 4), Rn. 16, 24 ff. m.w.N. in Fn. 44, und *Philipp Kunig* Parteien, in: HStR III, 3. Aufl. 2005, § 40 Rn. 124 ff. Scharfe Kritik auch bei *Wilhelm Hennis* Der „Parteienstaat" des Grundgesetzes. Eine gelungene Erfindung (zuerst 1992), in: *ders.* Auf dem Weg in den Parteienstaat, 1998, 107 (117 ff.).
[107] Zur Obliegenheit der Verwurzelung s. BVerfGE 85, 264 (286 f.) – Parteienfinanzierung II. Daran anschließend *Schulze-Fielitz* Integrationskraft (Fn. 51), 111: „eine solche [gesellschaftliche Verwurzelung] ist aber Voraussetzung für ihre Aufgaben bei der Realisierung der Volkssouveränität." *Uwe Volkmann* Die Bedeutung der Parteimitgliedschaft in der repräsentativen Demokratie des Grundgesetzes, in: Ulrich von Alemann/Martin Morlok/Tim Spier (Hrsg.) Parteien ohne Mitglieder?, 2013, 141 (143 ff.), entnimmt der Verfassung das normative Leitbild der Mitgliederpartei und folgert daraus das Erfordernis einer breiten mitgliedschaftlichen Struktur der Parteien; das Leitbild wirke allerdings „vor allem edukatorisch" (155).
[108] Weitere „Sprachrohre" sind etwa soziale Bewegungen, e-Petitionen, NGOs. Ob das Internet als „Sprachrohr" dienen kann, ist zweifelhaft. Zu Recht heißt es bei *Vorländer* Demokratie (Fn. 92): Dort „fehlt es an Foren der Verständigung, des Abgleichs von Präferenzen und Interessen, der Aushandlung des Verallgemeinerbaren." Zum Ineinandergreifen der Parteien mit anderen politischen Akteuren hat *Ulrich Scheuner* früh den Bereich der „Vorformung des politischen Willens" beschrieben, *Scheuner* Parteien und die politische Leitung (Fn. 106), 643; *ders.*, Der Staat und die intermediären Kräfte (1957), in: *ders.*, Schriften zum Staatskirchenrecht, 1973, 411 (415 ff.).
[109] S. auch *Hesse* Verfassungsrechtliche Stellung (Fn. 7), 23 ff. mit Fn. 35.

gesellschaftlichen Verwurzelung wird zu einer Frage der politischen Klugheit für Parteien, ist aber keine verfassungsrechtlich sanktionierbare Obliegenheit. Mit einem solchen realistischen Blick auf Parteien kann dann auch den Abgesängen auf die Parteiendemokratie entgegengetreten werden.[110]

2. Elemente eines resilienten Parteienrechts

Für die Verfassungs*rechts*wissenschaft bleibt es bei der von *Konrad Hesse* formulierten Aufgabe, die Dogmatik so zu entwickeln, *dass sich eine optimale Wirksamkeit der Verfassung ergibt*.[111] Die Rechtswissenschaft muss also nicht passiv den Veränderungen und ggf. der Implosion der Demokratieverfassung[112] zusehen. Ihre Aufgabe besteht vielmehr darin, vorhandene dogmatische Figuren zu kritisieren[113] und konstruktive Vor-

---

[110] Im Übrigen ist längst anerkannt, dass die auf einer verfassungstheoretischen Ebene diskutierten Alternativen ihrerseits Schwächen haben und höchstens teilweise als Ergänzung, nicht aber als Ersetzung der Parteiendemokratie in Betracht kommen. Das gilt für die Expertokratie (vorsichtiges Plädoyer für eine technokratische Demokratietheorie bei *Daniele Caramani* Will vs. Reason: The Populist and Technocratic Forms of Political Representation and Their Critique to Party Government, American Political Science Review 111 [2017], 54 ff.; zur verfassungsrechtlichen Einordnung s. *Laura Münkler* Expertokratie, 2020, 280 ff.), die Lottokratie (dafür *Hubertus Buchstein* Demokratie und Lotterie: Das Los als politisches Entscheidungsinstrument von der Antike bis zur EU, 2009, 397 ff.; *Landemore* Open Democracy [Fn. 100]), sowie die direkte Demokratie (*Margarete Schuler-Harms* Elemente direkter Demokratie als Entwicklungsperspektive, VVDStRL 72 [2012], 417 [464]) einschließlich einer *liquid democracy* (kritisch *Jens Kersten* Schwarmdemokratie, 2017, und *Bull* Krise [Fn. 16], 14 ff.). Vor allem aber fehlt den verfassungstheoretischen Vorschlägen, soweit sie zu einer Abkehr von der Parteiendemokratie und damit letztlich von der repräsentativen Demokratie kommen, der „Positivierungsnachweis" (*Jestaedt*, Politische Parteien [Fn. 104], 87 f.). Art. 21 GG setzt in Verbindung mit Art. 20 Abs. 2 GG eine Parteiendemokratie voraus.

[111] *Hesse* Verfassungsrechtliche Stellung (Fn. 7), 11 ff.; so auch schon *ders*. Normative Kraft (Fn. 7). Diese Aussage ähnelt dem steuerungswissenschaftlichen Ansatz, dem hier gefolgt wird. Kritisch *Jestaedt* „Die normative Kraft der Verfassung" (Fn. 7), 69 ff., der ein solches Vorgehen als „emp(h)atische Rechtswissenschaft" bezeichnet.
Auch das BVerfG spricht im Übrigen von einer Auslegung „auf Wirksamkeit hin", so BVerfGE 142, 25 (57 Rn. 90) – Oppositionsrechte. Zuvor ähnlich BVerfGE 67, 100 (130) – Flick-Untersuchungsausschuss.

[112] Zum Begriff der „Demokratieverfassung" *Waldhoff* Parteienrecht (Fn. 3), § 10 Rn. 1.

[113] Zur Kritikfunktion von Dogmatik s. *Wolfgang Kahl* Wissenschaft, Praxis und Dogmatik im Verwaltungsrecht, 2020, 92 ff.; zur Aufgabe der Rechtswissenschaft, „den dysfunktionalen Momenten der Verfestigung und Verselbstständigung von Dogmatik entgegen[zu]treten" s. *Martin Eifert* Zum Verhältnis von Dogmatik und pluralisierter Rechtswissenschaft, in: Gregor Kirchhof/Stefan Magen/Karsten Schneider (Hrsg.) Was weiß Dogmatik? Was leistet und wie steuert die Dogmatik des Öffentlichen Rechts?, 2012, 79 (91). Dabei handelt es sich um eine vorrangig von der Wissenschaft(sdogmatik) wahrzunehmende Aufgabe, s. *Anna-Bettina Kaiser* Die Öffnung der öffentlich-rechtlichen

1. Die Organisation politischer Willensbildung: Parteien

schläge für ihre *resiliente*[114] Ausgestaltung zu machen.[115] Ein solches Vorgehen ist nicht denkbar ohne die Kenntnis des Realbereichs.[116] Allerdings bedarf es für das Einbeziehen interdisziplinärer, politikwissenschaftlicher Erkenntnisse[117] der „Verkehrs- und Verwendungsregeln".[118] Es ist also im Einzelfall zu differenzieren, ob, und wenn ja, wie sozialwissenschaftliche Erkenntnisse für das Rechtssystem fruchtbar gemacht werden können. Auszusondern sind insbesondere sozialwissenschaftliche Erkenntnisse, auf die das Recht und die sie ausformende Dogmatik aus Gründen des Verfassungsrechts *nicht* reagieren *darf*. So darf es von Verfassungs wegen etwa nicht Aufgabe des Parteienrechts sein, über eine rechtliche Steuerung die Umkehrung der Erosion der Volksparteien im Realbereich zu bewirken, da sich die politische Willensbildung in der parlamentarischen Demokratie grundsätzlich von „unten nach oben" vollzieht[119].[120]

Methode durch Internationalität und Interdisziplinarität. Erscheinungsformen, Chancen, Grenzen, DVBl. 2014, 1102 (1105 m.w.N.); *dies.* Juristische Methode, Dogmatik und System, in: Wolfgang Kahl/Markus Ludwigs (Hrsg.) Handbuch des Verwaltungsrechts, Bd. 1, 2021, § 24 Rn. 48.

[114] Zum Begriff der Resilienz *Kai von Lewinski* (Hrsg.) Resilienz des Rechts, 2016; *Tristan Barczak*, Der nervöse Staat. Ausnahmezustand und Resilienz des Rechts in der Sicherheitsgesellschaft, 2. Aufl. 2021, 606 ff.; *Rixen* Verwaltungsrecht der vulnerablen Gesellschaft, VVDStRL 80 (2021), 37 (42 ff.).

[115] Auf diese Weise wird der Praxis „wissenschaftlich aufbereitetes Orientierungs- und Verfügungswissen" zur Verfügung gestellt, so *Jestaedt* „Die normative Kraft der Verfassung" (Fn. 7), 81. Es geht der Sache nach also um Wissenschaftsdogmatik. Zum Konzept der Wissenschaftsdogmatik s. bereits die Nachweise in Fn. 113.

[116] Erneut *Hesse* Verfassungsrechtliche Stellung (Fn. 7), 12 ff.

[117] Insofern hat sich die Diskussion seit *Hesse* deutlich fortentwickelt.

[118] *Jestaedt* „Die normative Kraft der Verfassung" (Fn. 7), 82 f.; *Thomas Vesting* Nachbarwissenschaftlich informierte und reflektierte Verwaltungsrechtswissenschaft – „Verkehrsregeln" und „Verkehrsströme", in: Eberhard Schmidt-Aßmann/Wolfgang Hoffmann-Riem (Hrsg.) Methoden der Verwaltungsrechtswissenschaft, 2004, 253 (255); *Andreas Voßkuhle* Neue Verwaltungsrechtswissenschaft, in: ders./Martin Eifert/Christoph Möllers (Hrsg.) Grundlagen des Verwaltungsrechts, 3. Aufl. 2022, § 1 Rn. 39.

[119] Insbesondere wäre auch ein Rückgängigmachen der geschilderten Pluralisierung, etwa durch die Änderung des Wahlsystems vom personalisieren Verhältniswahlsystem hin zu einem Mehrheitswahlsystem, um damit wieder die zwei alten „Volksparteien" zu erzielen, verfassungswidrig. Die Pfadabhängigkeit wird gleichsam zum dogmatischen Argument. Im Ergebnis wie hier *Hans Meyer* Demokratische Wahl und Wahlsystem, HStR III, 3. Aufl. 2005, § 45 Rn. 31 ff.; *Hermann Pünder* Wahlrecht und Parlamentsrechts als Gelingensbedingungen repräsentativer Demokratie, VVDStRL 72 (2012), 191 (215 f.); ebenfalls skeptisch *Peter Badura* in: Wolfgang Kahl/Christian Waldhoff/Christian Walter (Hrsg.) Bonner Kommentar zum Grundgesetz, 2021, Anh. zu Art. 38 GG Rn. 50 (2018).

[120] Weitere Verkehrsregeln: Zu unterscheiden sind ferner Veränderungen, auf die die Dogmatik – zweitens – reagieren *kann*, auf die sie – drittens – von Verfassungs wegen reagieren *muss* oder auf die sie – viertens – *nicht* zu reagieren *braucht*, weil das Recht und seine Dogmatik den veränderten Realbereich bereits jetzt ohne weiteres verarbeiten kann.

Für die Dogmatik eines resilienten Parteienrechts erweisen sich sechs Elemente als zentral:

a) Korrektur und Fortentwicklung bestehender Rechtsinstitute

aa) Parteienfinanzierung in Zeiten „professionalisierter Wählerparteien"

An erster Stelle ist das „Recht der Parteienfinanzierung" zu nennen, hat es doch das Potential, eine Demokratie zu zerstören.[121] Auch kann die Parteienfinanzierung den Eindruck der Selbstbereicherung der Parteien vermitteln und damit einen Vertrauensverlust hervorrufen.[122] In seiner derzeitigen

---

[121] Denn fällt die (staatliche) Parteienfinanzierung zu gering aus, könnte die Funktionsfähigkeit der Parteien beeinträchtigt werden (Untergrenze), fällt sie zu intensiv aus, könnten Parteien zu staatsnah werden (Obergrenze). Und erlaubt man gar den unbegrenzten Einfluss von Großspenden (vor allem juristischer Personen) bei gleichzeitig fehlender oder unzureichender staatlicher Teilfinanzierung, wird sowohl der Grundsatz der Gleichheit aller Bürger als auch der Grundsatz der Chancengleichheit der Parteien massiv in Frage gestellt. Diese Gefahr besteht in den USA vor allem seit der US Supreme Court-Entscheidung *Citizens United v. Federal Election Commission* 558 U.S. 310, 339 ff., 365 (2010), die die Spendenbeschränkungen des US-Wahlkampffinanzierungsrechts zwar intakt ließ, aber den vorher teils gesperrten Umweg der sog. Parallelaktionen vollständig öffnete, dazu *Diana Dwyre* Campaign Finance Deregulation in the United States: What Has Changed and Why Does It Matter?, in: Robert Boatright (Hrsg.) The Deregulatory Moment? 2015, 33 (39 ff.); *Mathias Hong* Campaign Finance and Freedom of Speech – A Transatlantic Perspective, in: Anna-Bettina Kaiser/Niels Petersen/Johannes Saurer (Hrsg.) The U.S. Supreme Court and Contemporary Constitutional Law: The Obama Era and its Legacy, 2018, 79 (85 f., 95); relativierend *Manow* (Ent-)Demokratisierung (Fn. 45), 97, der zu Recht auf den erheblichen Einfluss von Kleinspenden für *Donald Trump* verweist. Zum durch die *Citizens United*-Entscheidung ausgelösten Vertrauensverlust in Gewählte, Wahlsystem und dazu gehörige Institutionen wie Parteien *Jörg Hebenstreit* Wahlkampffinanzierung und Demokratie in den USA, 2020, 619 ff.

Aufgrund der in den letzten 30 Jahren erheblich geschrumpften Bedeutung solcher Großspenden für die Finanzierung deutscher Parteien, die etwa von *Manuela S. Blumenberg/Karl-Heinz Naßmacher/Holger Onken* Germany: Current Issues of an Aging Party Finance Regime, in: Jonathan Mendilow/Eric Phélippeau (Hrsg.) Handbook of Political Party Funding, 2018, 249 (250, 253 f.), und *Michael Koß* Staatliche Parteienfinanzierung und politischer Wettbewerb, 2008, 119 ff., konstatiert wurde, gehört die letztgenannte Gefahr aber derzeit nicht zu den Problemen, die eine Reform des geltenden deutschen Parteienfinanzierungsrechts erfordern, und steht daher auch nicht im Fokus dieser Untersuchung. Indirekt ist sie dennoch Thema dieses Beitrags, denn die hier thematisierte Verfügbarkeit staatlicher Gelder zur Parteienfinanzierung schafft eine Alternative zur Abhängigkeit von Großspenden und kann so das Vertrauen in die Parteien stärken, s. dazu auch Fn. 137.

[122] So schon BVerfGE 85, 264 (290) – Parteienfinanzierung II. Dementsprechend ist die Parteienkritik an diesem Punkt besonders sensibel, er lässt sich besonders leicht zu einer Anti-System-Kritik hochstilisieren. Harsche Kritik an der staatlichen Parteienfinanzierung, insbesondere der indirekten staatlichen Unterstützung über Fraktionen und parteinahe Stif-

Ausgestaltung wird das deutsche Recht der Parteienfinanzierung den verfassungsrechtlichen Anforderungen jedoch nicht gerecht:
(1) Der Staat ist zu einer Parteienfinanzierung nicht nur berechtigt,[123] sondern *verpflichtet*.[124] Das Grundgesetz geht mit den Artikeln 20 Abs. 2 und 21 GG von einer Parteiendemokratie aus.[125] Stünde zukünftig die Funktionsfähigkeit des Parteiensystems in Frage, etwa weil Parteien aufgrund ihrer abnehmenden gesellschaftlichen Verwurzelung nicht mehr in der Lage wären, ausreichend Eigenmittel zu akquirieren, muss der Staat seine eigene Funktionsfähigkeit in diesem Bereich auch garantieren. Nach dem bisherigen Modell hängt eine deutliche Funktionsverantwortung an den im Vergleich zur Gesamtbevölkerung relativ wenigen Parteimitgliedern, obwohl die gesamte Bevölkerung vom Parteiensystem profitiert.[126]
(2) Die Veränderungen des Realbereichs müssen bei der Ausgestaltung des Rechts der Parteienfinanzierung auch an anderer Stelle berücksichtigt werden. Die gegenwärtige, vom Bundesverfassungsgericht geformte Parteienfinanzierung beruht auf Annahmen, die so nicht mehr und immer weniger zutreffen. So stellt die bisherige Rechtsprechung maßgeblich auf die gesellschaftliche Verwurzelung der Parteien ab, insbesondere auch auf Mitgliedsbeiträge. Wenn sich aber die Parteien zunehmend von Mitglieder- zu Wählerparteien entwickeln, orientiert sich das richterrechtlich geprägte

---

tungen, etwa bei *Hans Herbert von Arnim* Politische Parteien im Wandel. Ihre Entwicklung zu wettbewerbsbeschränkenden Staatsparteien, 2011.
[123] So die bisherige Annahme des BVerfG und weiter Teile der Literatur, s. BVerfGE 85, 264 (285 f.) – Parteienfinanzierung II; *Towfigh/Keesen* in: BK GG (Fn. 2), Art. 21 Rn. 519; *Rudolf Streinz* in: Hermann v. Mangoldt/Friedrich Klein/Christian Starck (Hrsg.) GG, Bd. II, 7. Aufl. 2018, Art. 21 Rn. 183 m.w.N.
[124] Ohne der *Leibholz*'schen Identitätsthese von Volk, Parteien und Staat beizupflichten, ist seiner Befürwortung einer staatlichen Pflicht zur Parteienfinanzierung (*Gerhard Leibholz* Staat und Verbände, VVDStRL 24 [1966], 5 [18]) daher zuzustimmen. Wie hier: *Philip Kunig* Parteien, in: HStR III, 3. Aufl. 2005, § 40 Rn. 115 f.; *Martin Morlok* Thesen zu Einzelaspekten der Politikfinanzierung, in: Dimitris Th. Tsatsos (Hrsg.) Politikfinanzierung in Deutschland und in Europa, 1997, 77 (91 f.); *ders.* in: Horst Dreier (Hrsg.) Grundgesetz Kommentar, Bd. II, 3. Aufl. 2015, Art. 21 Rn. 45; *Hans H. Klein* in: Theodor Maunz/Günter Dürig GG, 2021, Art. 21 Rn. 434 (2014); *Groh* Der Wandel von Mitgliederparteien zu Wählerparteien (Fn. 99), 794. A.A. *Towfigh/Keesen* in: BK GG (Fn. 2), Art. 21 Rn. 520; *Jens Kersten* in: ders./Stephan Rixen (Hrsg.) Parteiengesetz (PartG) und europäisches Parteienrecht. Kommentar, 2009, § 1 Rn. 91.
[125] *Morlok*, in: Dreier (Fn. 129), Art. 21 Rn. 19; *Klein*, in: Maunz/Dürig (Fn. 124), Art. 21 Rn. 161; *Uwe Volkmann* Parlamentarische Demokratie und politische Parteien, in: Martin Morlok/Utz Schliesky/Dieter Wiefelspütz (Hrsg.) Parlamentsrecht, 2016, § 4 Rn. 1; *Anika Klafki* in: Ingo von Münch/Philip Kunig (Hrsg.) GG, 7. Aufl. 2021, Art. 21 Rn. 2.
[126] *Groh* Der Wandel von Mitgliederparteien zu Wählerparteien (Fn. 99), 795.

Recht an einem Leitbild, das der Realität immer weniger entspricht.[127] Will ein zukünftiges Recht der Parteienfinanzierung an der gesellschaftlichen Verwurzelung der Parteien festhalten, sollte es sich für den staatlichen Anteil statt an der Trias von Mitgliederbeiträgen, Spenden und abgegebenen Wählerstimmen (§ 18 Abs. 1 S. 2 PartG) nur noch an den Wählerstimmen orientieren.[128]

(3) Vor allem ist das geltende Recht der Parteienfinanzierung inkohärent[129], denn es leidet an einer evidenten Widersprüchlichkeit: *Auf der einen Seite* wurden vom BVerfG 1992 aus dem Prinzip der Staatsferne der Parteien die relative und absolute Obergrenze entwickelt.[130] Insbesondere die absolute Obergrenze, mit der der Anteil der staatlichen Parteienfinanzierung auf den Stand von 1992 (plus Indexierung) festgeschrieben wurde, erscheint für ein dynamisches Verfassungsrecht auffallend rigide. Während

---

[127] Wie wichtig es ist, Veränderungen des Realbereichs zu berücksichtigen, zeigt das Beispiel der US-Regelung zur Finanzierung des Präsidentschaftswahlkampfes. Diese sieht die Möglichkeit einer weitgehenden staatlichen Finanzierung vor, die aber an eine Ausgabenbegrenzung sowie Transparenzvorgaben geknüpft ist. Durch eine erhöhte Spendenbereitschaft infolge starker parteipolitischer Polarisierung in Verbindung mit einer Erhöhung der Spendenlimits 2002, die verbesserten Fundraisingmöglichkeiten, die das Internet bietet, und die unzureichende Anpassung der staatlichen Mittel an die Inflation können aussichtsreiche Kampagnen jedoch weitaus größere Geldsummen einwerben, sodass nach 2008 kein Kandidat der großen Parteien die öffentliche Finanzierung angenommen hat – und das diesbezügliche Finanzierungskonzept obsolet geworden ist, s. *Hebenstreit* Wahlkampffinanzierung und Demokratie in den USA (Fn. 121), 178, 215, 513; *Robert E. Mutch* Buying the Vote: A History of Campaign Finance Reform, 2014, 167 ff.; *Michael Malbin* Small Donors, Large Donors, and the Internet: Rethinking Public Financing for Presidential Elections after Obama, in: Costas Panagopoulos (Hrsg.) Public Financing in American Elections, 2011, 36 (46 f., 58).

[128] Ähnlich *Groh* Der Wandel von Mitgliederparteien zu Wählerparteien (Fn. 99), 797, die sich für eine Stärkung des an den Wählerstimmen orientierten Anteils im Verhältnis zum an Mitgliedsbeiträgen und Spenden orientierten Anteil ausspricht. Dagegen sollte der staatliche Finanzierungsanteil nicht an der Zahl der Wahlberechtigten anknüpfen wie die öffentliche Parteienfinanzierung in Österreich, da dies keinen Anreiz schafft, Wahlberechtigte tatsächlich anzusprechen, s. *Manfred Stelzer* Die Neuregelung der Parteienfinanzierung in Österreich, in: Sebastian Bukow/Uwe Jun/Oskar Niedermayer (Hrsg.) Parteien in Staat und Gesellschaft, 2016, 131 (135 ff.).

[129] Zu Umfang und verfassungsrechtlicher Verankerung des Folgerichtigkeitsgebots *Peter Dieterich* Systemgerechtigkeit und Kohärenz, 2014.

[130] BVerfGE 85, 264 (289 f.) – Parteienfinanzierung II; zu den verschiedenen Entwicklungsstufen der Rechtsprechung zur Parteienfinanzierung *Ann-Katrin Kaufhold* Parteienfinanzierung als Regel/Ausnahme-Entscheidung. Die strukturelle Prägung der Parteienfinanzierung durch Gerhard Leibholz, in: Anna-Bettina Kaiser (Hrsg.) Der Parteienstaat, 2013, 141 (160 ff.), sowie *Kyrill-Alexander Schwarz* in: Jens Kersten/Stephan Rixen (Hrsg.) Parteiengesetz (PartG) und Europäisches Parteienrecht, 2009, § 18 Rn. 9 ff. Kritik am permanenten Rechtsprechungswandel, induziert durch die verfassungstheoretische Aufladung von Art. 21 GG, bei *Jestaedt* Politische Parteien (Fn. 104), 90 ff.

der Anteil staatlicher Zuwendungen für Parteien im europäischen Durchschnitt 60 % beträgt, macht die staatliche *Parteien*finanzierung in Deutschland nur 30 % aus.[131] *Auf der anderen Seite* wird diese Strenge in doppelter Hinsicht konterkariert. Die großzügige staatliche Finanzierung der *Fraktionen*, rechtlich von der Parteienfinanzierung geschieden, aber empirisch schwer trennbar,[132] ermöglicht den Parteien faktisch eine Umgehung der vom BVerfG gezogenen engen Grenzen.[133] Hinzu kommt die intransparente staatliche Unterstützung für parteinahe Stiftungen.[134] Ein zukünftiges Recht der Parteienfinanzierung sollte daher diese drei Bereiche gemeinsam regeln.[135] In der bisherigen Trennung liegt das Hauptproblem des gegen-

---

[131] *Daniela R. Piccio/Ingrid van Biezen* Political Finance and the Cartel Party Thesis, in: Jonathan Mendilow/Eric Phélippeau (Hrsg.) Handbook of Political Party Funding, 2018, 68 (72).

[132] *Morlok* Thesen (Fn. 124), 98; *Koß* Staatliche Parteienfinanzierung (Fn. 121), 31; *Sophie-Charlotte Lenski* Regierungs- und Fraktionsarbeit als Parteiarbeit – Skizze einer Kontrolltrias, DÖV 2014, 585 (Fn. 1); *Karl-Heinz Adams* Parteienfinanzierung in Deutschland, 2005, 363 ff. m.w.N. Anders *Pascale Cancik* Entgrenzungen: Der Streit um die Öffentlichkeitsarbeit der Fraktionen geht weiter, ZG 2007, 349 ff., die die juristische Trennung durchaus für umsetzbar hält, aber den fehlenden Willen der Fraktionsmitarbeiter beobachtet.

[133] Zu der Gefahr *Martin Morlok/Heike Merten* Parteienrecht, 2018, 203; *Groh* Der Wandel von Mitgliederparteien zu Wählerparteien (Fn. 99), 794 mit Fn. 71; implizit auch *Frank Decker* Die Rolle politischer Parteien und ihre Regulierung, in: Hans Michael Heinig/Frank Schorkopf (Hrsg.) 70 Jahre Grundgesetz, 2019, 131 (136). Diese Umgehungsmöglichkeit ist freilich nur den in den Parlamenten vertretenen Parteien möglich, was noch ein zusätzliches Problem für die Chancengleichheit der Parteien darstellt.

[134] Zu Unrecht hat das BVerfG bislang kein Gesetz für die Parteienstiftungsfinanzierung eingefordert (BVerfGE 73, 1 – Politische Stiftungen, bestätigt durch BVerfGE 140, 1); kritisch dazu *Heike Merten* Das Bundesverfassungsgericht und die Politikfinanzierung: Zu den Zulässigkeitsvoraussetzungen eines Organstreitverfahrens, MIP 2016, 108 (111 f.); s. *dies.* Reden wir erneut über Geld: Wir brauchen ein Parteistiftungsgesetz, <https://verfassungsblog.de/reden-wir-erneut-ueber-geld-wir-brauchen-ein-parteistiftungsgesetz/> (Stand 8.11.2021). Zur Stiftungsfinanzierung als wettbewerbliches Problem der Parteienfinanzierung s. auch *Armin Hatje* Demokratie als Wettbewerbsordnung, VVDStRL 69 (2010), 135 (154).

[135] So wohl auch *Michael Koß* Die beste aller schlechten Lösungen. Plädoyer für eine Ausweitung der staatlichen Parteienfinanzierung, Der Staat 57 (2018), 387 (401). Ähnlich *Morlok* Thesen (Fn. 124), 99, im Hinblick auf Fraktions- und Parteienfinanzierung; s. auch *Blumenberg/Naßmacher/Onken* Current Issues (Fn. 121), 265 f., die die getrennte staatliche (Teil-)Finanzierung von Öffentlichkeitsarbeit sowohl der Parteien als auch der Fraktionen als „weak point" des deutschen Parteienfinanzierungsrechts bezeichnen. Das kann – aufgrund des Problems der Entscheidung in eigener Sache, dazu die Beiträge in: *Joachim Wieland* (Hrsg.) Die Entscheidung des Parlaments in eigener Sache, 2011 – nur das BVerfG unternehmen, ebenso *Sophie Schönberger* Unabhängigkeit von sich selbst? Organisationsrechtliche Fragen bei Entscheidungen des politischen Systems in eigener Sache, in: Julian Krüper (Hrsg.) Die Organisation des Verfassungsstaats, 2019, 191 (197, 204). Zum Kontrolldefizit bei Politikfinanzierungsentscheidungen auch *Thilo Streit* Entscheidung in eigener Sache, 2006, 140 ff., der dieses jedoch eher durch eine unabhängige, ständige und in

wärtigen Konzepts[136] – nicht in der zuletzt von den Parteien vorgenommenen Erhöhung der absoluten Obergrenze, die nach 30 Jahren und angesichts der von den Parteien vorgetragenen Digitalisierung legitim erscheint.[137] Eine solche Gesamtlösung hätte zugleich den Vorteil eines deutlichen Transparenzgewinns, zu dem auch ein jährlicher Politikfinanzierungsbericht beitragen könnte.[138]

bb) Stärkung der Oppositionsrechte in einer ausdifferenzierten Parteienlandschaft

Die Veränderung der Parteienlandschaft wirkt sich aber nicht nur auf die Fundamente der Parteienfinanzierung aus. Gerade die *Ausdifferenzierung* der Parteienlandschaft kann für die parlamentarische Opposition gravierende Folgen haben. Bekannt ist die Konstellation aus der 18. Legislaturperiode nach der Bundestagswahl 2013, als die Abgeordneten der Oppositionsfraktionen zusammen angesichts der supermajoritären Großen Koalition bestimmte Quoren nicht mehr erfüllen konnten, um ihre Minder-

---

der Öffentlichkeit präsente Politikfinanzierungskommission, die dem Bundestag zuarbeitet, beheben möchte, ebd., 210 f.

[136] Eine zukünftige gemeinsame Politikfinanzierungsregelung müsste daher in einem ersten Schritt auch die Parteienstiftungsfinanzierung gesetzlich regeln, so dass nicht wie bislang ein Bereich von einer gesetzlichen Regelung ausgenommen wäre, s. bereits Fn. 134. In einem zweiten Schritt wären dann die einzelnen Teilbereiche vom Gesetzgeber miteinander *in Beziehung zu setzen*. Damit würde vermieden, dass Regelungsdefizite in einem Teilbereich ausgenutzt werden, um Regelungen in anderen Teilbereichen zu unterlaufen.

[137] Exemplarisch für den Aufwand eines digitalen Parteitags: <https://archiv.cdu.de/artikel/1-digitaler-parteitag-der-cdu-so-funktionierten-die-abstimmungen> (Stand 8.11.2021). Allein die Kosten der Hackerabwehr dürften enorm (gewesen) sein. Auch der Bundesgeschäftsführer von BÜNDNIS 90/DIE GRÜNEN bestätigte die höheren Grundkosten eines digitalen Parteitags, s. *Lea Schulze* So lief der erste digitale Parteitag der Grünen, <https://www.tagesspiegel.de/politik/koennt-ihr-mich-hoeren-so-lief-der-erste-digitale-parteitag-der-gruenen/26647824.html> (Stand 8.11.2021). Die empirische Untersuchung von *Danielle May* Political party funding and the enigma of trust, in: Jonathan Mendilow/Eric Phélippeau (Hrsg.) Handbook of Political Party Funding, 2018, 125 (134 ff.), liefert zudem Hinweise darauf, dass eine Erhöhung des staatlichen Finanzierungsanteils – jedenfalls bei wirksamen Maßnahmen gegen eine Kartellierung der Parteien – sogar zu einem höheren Maß an Vertrauen in die Parteien führen kann.
A.A. *Sophie Schönberger* Reden wir über Geld! Warum die Pläne der Großen Koalition zur Reform der Parteienfinanzierung verfassungswidrig sind, <https://verfassungsblog.de/reden-wir-ueber-geld-warum-die-plaene-der-grossen-koalition-zur-reform-der-parteienfinanzierung-verfassungswidrig-sind/> (Stand 8.11.2021).

[138] So bereits die Forderung der Kommission unabhängiger Sachverständiger, Bericht der Kommission unabhängiger Sachverständiger zu Fragen der Parteienfinanzierung, 2001, 111 f.

heitenrechte wie die Einsetzung eines Untersuchungsausschusses geltend zu machen.[139] Die damalige Praxis hat sich mit einer befristeten Änderung der Geschäftsordnung beholfen, um auf diese Weise die Minderheitenrechte zu sichern.[140]

Angesichts der Ausdifferenzierung der Parteienlandschaft könnte zukünftig eine qualifizierte Drei- oder Mehr-Parteienkoalition erneut dazu führen, dass die Abgeordneten der Oppositionsfraktionen zusammen die Quoren für die Minderheitenrechte nicht erfüllen können. Ferner können Konstellationen auftreten, die in der Literatur als „fragmentierte Opposition" bezeichnet werden,[141] in der die Oppositionsparteien also verschiedenen politischen Lagern angehören, die möglicherweise immer weniger gewillt sind zu kooperieren.

Es stellt sich in aller Schärfe die Frage, ob das Grundgesetz auf eine derartig veränderte Parteienlandschaft vorbereitet ist. Denn ohne Zweifel stellte es ein gravierendes Problem dar, wenn zentrale parlamentarische Oppositionsrechte – Opposition hier verstanden in einem funktionalen Sinne – leerliefen.[142] Dieses Problem kann auch nicht mit dem Argument ausgeräumt werden, es sei als notwendige Folge der Wählerentscheidung hinzunehmen,[143] denn Wähler entscheiden sich typischerweise nicht für eine bestimmte Koalition und deren Folgen für die Opposition.

---

[139] Näher *Pascale Cancik* „Effektive Opposition" im Parlament – eine ausgefallene Debatte?, ZParl 2017, 516 (516 f., 522 f.); *Decker* Parteiendemokratie im Wandel (Fn. 4), 104 f., dort auch zu den betroffenen Rechten, zu denen auch die Beantragung eines Normenkontrollverfahrens gehört. Zum Problem BVerfGE 142, 25 – Oppositionsrechte.
[140] § 126a GOBT a.F., wiedergegeben in BVerfGE 142, 25 (32 f. Rn. 25) – Oppositionsrechte.
[141] *Cancik* „Effektive Opposition" (Fn. 139), 517 f., 521. Fiktives Beispiel: CDU/CSU erringt weniger als 25 % der Sitze; kommt es zu einer Ampel-Koalition, bliebe für CDU/CSU, um einen Antrag zur Einrichtung eines Untersuchungsausschusses zu stellen, als theoretische Möglichkeit nur das Zusammenwirken mit der LINKEN und/oder der AfD.
[142] So zu Recht *Cancik* „Effektive Opposition" (Fn. 139), 526 f., 533 f. Die Kontrolle der Regierung durch die regierungstragenden Fraktionen erfolgt dagegen informeller und selten in der parlamentarischen Öffentlichkeit, s. *Ralf Poscher* Die Opposition als Rechtsbegriff, AöR 122 (1997), 444 (454). Umgekehrt sind die Kontrollmittel der Opposition traditionell stärker verrechtlicht, *Meinel* Vertrauensfrage (Fn. 25), 21 ff. Für eine Konzeption, die Opposition nicht vorrangig in den Oppositionsfraktionen verankern will und parlamentarische Kontrollrechte von allen Abgeordneten, der Regierung wie der Opposition, gleichermaßen her entwickelt, s. *Albert Ingold* Das Recht der Oppositionen, 2015, 359 ff., 432; das demokratietheoretische Problem scheint dann deutlich geringer, *ders.* Oppositionsrechte stärken?, ZRP 2016, 143 (144).
[143] So aber *Walter Leisner* Opposition in der „Großen Koalition", DÖV 2014, 880 (883); *Kyrill-Alexander Schwarz* Unkontrollierbare Regierung – Die Rechte der Opposition bei der Bildung einer Großen Koalition im Deutschen Bundestag, ZRP 2013, 226 (227 f.);

Doch so ähnlich die vorgestellten Konstellationen wirken, so unterschiedlich sind sie doch aus verfassungstheoretischer Sicht zu würdigen. Bei einer möglichen zukünftigen supermajoritären Drei- oder Mehrparteienkoalition entfallen die parlamentarischen Oppositionsrechte angesichts der klaren Quoren, die das Grundgesetz aufstellt, *von Verfassungs wegen*.[144] Abhilfe schaffen kann daher eine Verfassungsänderung, also eine Absenkung der entsprechenden Quoren[145] – aber auch, wie in der 18. Wahlperiode, ein Geschäftsordnungskompromiss, der sich durchaus im Rahmen der Geschäftsordnungsautonomie des Bundestags hält.[146] Beide Wege lassen sich indes rechtlich nicht erzwingen.[147]

Von dieser Konstellation zu unterscheiden ist diejenige der fragmentierten Opposition, bei der Oppositionsrechte nur mit Unterstützung von Abgeordneten einer Fraktion eines anderen politischen Lagers ausgeübt werden können. Hier entfallen die parlamentarischen Oppositionsrechte nicht von Rechts wegen, sondern möglicherweise *faktisch*, wenn die politischen Lager nicht willens sind, zusammenzuwirken. Stimmen aus der Staatsrechtslehre und der Politikwissenschaft fordern verfassungspolitisch auch für diese Konstellation eine Absenkung der Quoren, um einer zukünftigen, möglicherweise konfrontativeren politischen Realität Rechnung zu tra-

---

Paulina Starski Die „Große Koalition" als Problem des Verfassungsrechts. Recht auf effektive Opposition vs. Gleichheit der Abgeordneten, DÖV 2016, 750 (759).

[144] Ein anderes Auslegungsergebnis der starren Quoten, etwa über eine teleologische Reduktion, scheint daher schwer vorstellbar, anders aber *Pascale Cancik* Wirkungsmöglichkeiten parlamentarischer Opposition im Falle einer qualifizierten Großen Koalition, NVwZ 2014, 18 ff.; *Uwe Volkmann* Hat das Verfassungsrecht eine Theorie der Opposition – und braucht sie eine?, ZParl 2017, 473 (489 f. mit Fn. 73). Ablehnend BVerfGE 142, 25 (64 f. Rn. 107 ff.) – Oppositionsrechte.

[145] Vorzugswürdig wäre eine Lösung, der zufolge die Quoren nicht generell, sondern nur für die Konstellation der supermajoritären Koalition abgesenkt werden.

[146] Das BVerfG hat den für die 18. Wahlperiode konkret gefundenen Geschäftsordnungskompromiss zwar als verfassungswidrig bezeichnet, s. BVerfGE 142, 25 (60 Rn. 95) – Oppositionsrechte, doch nach hier vertretener Lesart lag das an der technischen Ausgestaltung von § 126a GOBT a.F. (anders etwa *Arnd Uhle*, Qualifizierte Regierungsmehrheit und effektive Opposition, ZG 2018, 1 [12 f.]). Auch in der Literatur waren rechtliche Zweifel an der (konkreten) Änderung der Geschäftsordnung geäußert worden, differenzierend *Cancik* „Effektive Opposition" (Fn. 139), 519 mit Fn. 11 („rechtsdogmatisch problematisch") und 525 mit Fn. 38; *Lars Brocker* Die „Splitterenquete": Rechte der nicht qualifizierten („einfachen") Minderheit im parlamentarischen Untersuchungsverfahren, DÖV 2014, 475 (476, 478); *Sven Hölscheidt* Die Rechte der Opposition im 18. Deutschen Bundestag, ZG 2015, 246 (252 f.); *Ingold* Recht der Oppositionen (Fn. 142), 624 ff.; *ders.* Oppositionsrechte (Fn. 142), 144.

[147] Anders der Antrag der Partei DIE LINKE im Organstreitverfahren mit dem Argument des verfassungswidrigen Verfassungsrechts, der zur ablehnenden Entscheidung BVerfGE 142, 25 (54 ff. Rn. 82 ff.) – Oppositionsrechte, geführt hat.

1. Die Organisation politischer Willensbildung: Parteien 149

gen.[148] Dieser Vorschlag kann allerdings aus verschiedenen verfassungstheoretischen Gründen nicht überzeugen. Der (teilweise) hinter dem Vorschlag stehende *zugespitzte* agonistische Oppositionsbegriff[149] fügt sich bereits schlecht in die konsensdemokratischen Elemente des deutschen politischen Systems ein, die sich mit der Pluralisierung des Parteiensystems noch weiter verstärkt haben und weiter zunehmen dürften.[150] Vor allem ist er für

---

[148] *Cancik* „Effektive Opposition" (Fn. 139), 521; *Volkmann* Theorie der Opposition (Fn. 144), 489 f., der angesichts der, wenn auch abstrakten, Gefahr des Abrutschens in einen autokratischen oder zumindest autoritären Staat „durch eine verbesserte Ausstattung von Opposition schon einmal Vorsorge" treffen will; aus politikwissenschaftlicher Perspektive *Decker* Parteiendemokratie im Wandel (Fn. 4), 105 mit Fn. 11: „Da im 2017 gewählten Sechsparteienbundestag weder Grüne und Linke, noch FDP und AfD zusammen das Quorum erreichen, können sie die Minderheitenrechte jeweils nur mit Unterstützung einer Partei des anderen Lagers einsetzen." Doch die Annahme von lediglich zwei Lagern mit klaren Zuordnungen der Parteien, auch der FDP, scheint der politischen Komplexität nicht angemessen.

[149] *Volkmann* Theorie der Opposition (Fn. 144), 477 f., 489 f., im Anschluss an *Chantal Mouffe* (eine ähnliche Betonung wettbewerbsdemokratischer Elemente findet sich bei *Meinel* Vertrauensfrage [Fn. 25], 136 f.). *Chantal Mouffe* Für ein agonistisches Demokratiemodell, in: *dies.* Das demokratische Paradox, 2015, 85, wendet sich mit ihrem Ansatz allerdings vor allem gegen deliberative Demokratiemodelle. Ihr agonistisches Demokratiemodell erkennt durchaus an, „dass eine pluralistische Demokratie ein bestimmtes Maß an Konsens verlangt" (105). Vor allem aber konzipiert sie den Agonismus als einen zwischen Gegnern, deren „Ideen wir bekämpfen", deren „Recht, jene Ideen zu verteidigen, wir aber nicht in Zweifel ziehen" (103). Der Gegner wird von ihr begrifflich und ganz klassisch dem zu vernichtenden Feind gegenübergestellt.
Wenn nun von *Volkmann* zu Recht befürchtet wird, dass zukünftig der gegenwärtig noch überwiegende Konsens wegbrechen könnte, dann steht dahinter vor allem die Sorge vor einem *radikalisierten*, autoritären Populismus (Anti-System-Partei). Hier besteht jedoch das Problem, dass dessen Positionen nur schwerlich als Gemeinwohlinterpretationen anerkannt werden können, Anti-System-Parteien also gerade nicht mehr als „legitime Opponenten" (103) im Sinne *Mouffes* verstanden werden können. *Volkmann* spitzt nach alledem den *Mouffe*'schen Oppositionsbegriff nochmals zu in Richtung eines antagonistischen Oppositionsbegriffs (zum Antagonismus im Gegensatz zum Agonismus: *Mouffe*, 104).

[150] Zur Zuordnung von wettbewerbs- und konsensdemokratischen Elementen im deutschen Parlamentarismus klassisch *Gerhard Lehmbruch* Parteienwettbewerb im Bundesstaat, 3. Aufl. 2000, insb. 31 ff.; die Zwischenform der Bundesrepublik zwischen Wettbewerbs- und Konsensdemokratie beschreibt auch *Heidrun Abromeit* Interessenvermittlung zwischen Konkurrenz und Konkordanz, 1993, 74 ff.; seit 2005 hat sich das politische System stärker fortentwickelt hin zur konsensdemokratischen Seite, vgl. dazu *Meinel* Vertrauensfrage (Fn. 25), 136 ff.; *ders.* Bundesverfassungsgericht (Fn. 29), 50 f.
Treffend verlangt *Poscher* Opposition (Fn. 142), 457 mit Fn. 71, für einen passenden Oppositionsbegriff die Berücksichtigung von empirischen Erkenntnissen zum Zusammenhang zwischen „wahlrechtsabhängigem Parteiensystem und unterschiedlichen Erscheinungsformen der parlamentarischen Opposition".

Mehrparteiensysteme im Gegensatz zu Zwei-Parteiensystemen zu schlicht: Längst geht man in der Politikwissenschaft von einem zweidimensionalen Konfliktlinienmodell und sich überkreuzenden ökonomischen und kulturellen Achsen der Parteipräferenzen aus (sog. *cross-cutting cleavages*),[151] weshalb die klassische Rechts-Links-Unterscheidung heute unterkomplex ist. Nach alldem ist die institutionelle Kooperationsbereitschaft zu fördern, nicht aber sollten *cleavages* in die Verfassung hineingetragen werden. Von einer Absenkung der Quoren ist in dieser Konstellation aus den genannten verfassungstheoretischen Gründen abzusehen.

cc) Behutsame Modernisierung des Parteiengesetzes im Hinblick auf die innerparteiliche Demokratie

Auch die *inner*parteilichen Experimente fordern das Recht heraus. In diesem Bereich steht mit dem Parteiengesetz das einfache Recht im Zentrum, das den verfassungsrechtlichen Rahmen, den Grundsatz der Freiheit der Partei (Art. 21 Abs. 1 S. 2 GG), eingeschränkt[152] durch Art. 21 Abs. 1 S. 3 GG, konkretisiert. Das aus den 1960er-Jahren stammende Gesetz gilt vielen als veraltet: So steht, etwa bei der Wahl von Parteivorsitzenden, der sog. Versammlungsvorbehalt des § 9 Abs. 4 i.V.m. Abs. 1 PartG nicht nur *Mitglieder*entscheiden entgegen,[153] sondern auch *digitalen* Wahlen[154].

---

[151] In Weiterentwicklung der klassischen *Cleavage*-Theorie von *Seymour M. Lipset/ Stein Rokkan* Cleavage Structures, Party Systems, and Voter Alignments: An Introduction, in: dies. (Hrsg.) Party Systems and Voter Alignments: Cross-National Perspectives, 1967, 1 ff.; s. *Decker* Parteiendemokratie im Wandel (Fn. 4), 53 ff.

[152] Ob das Verständnis als „Beschränkung" im Lichte der Funktionsbestimmung des Art. 21 Abs. 1 S. 1 GG überzeugend ist, ist umstritten, s. zum Meinungsstand *Streinz* in: v. Mangoldt/Klein/Starck (Fn. 123), Art. 21 Rn. 149.

[153] *Steffen Augsberg* in: Jens Kersten/Stephan Rixen (Hrsg.) Parteiengesetz (PartG) und Europäisches Parteienrecht, 2009, § 9 PartG Rn. 19; *Jens Kersten* Reformperspektiven für politische Parteien, 2015, 5 f.; *Christoph Schönberger* Vom Verschwinden der Anwesenheit in der Demokratie, JZ 2016, 486 (489 f., 491). Andere Auffassung zu Mitgliederentscheiden angedeutet bei *Martin Morlok* Mehr innerparteiliche Demokratie wagen?, RuP 48 (2012), 65 (67); s. auch *ders.* Gutachten zur Frage der rechtlichen Möglichkeiten eines Mitgliederentscheides über die Besetzung der Position der Parteivorsitzenden in der Partei „DIE LINKE", 2012, 6 („Insofern kann man gut vertreten, § 9 Abs. 4 PartG enge die Gestaltungsfreiheit der Parteien bei der Bestimmung ihrer Führungspersonales übermäßig und damit verfassungswidrig ein.").

[154] S. statt aller *Augsberg* in: Kersten/Rixen (Fn. 153), § 9 PartG Rn. 19. Virtuelle Parteiversammlungen und Abstimmungen für nach dem PartG zulässig hält *von Notz* Liquid Democracy (Fn. 37), 228 ff., 259 ff. m.w.N.; offen auch schon *Antje Sadowski* Von der visuellen zur virtuellen Partei, MIP 2009, 60 (64 ff.), differenziert *Stefan Ossege* Das Parteienrechtsverhältnis. Das Rechtsverhältnis zwischen politischer Partei und Parteimitglied, 2012, 207 ff.

1. Die Organisation politischer Willensbildung: Parteien

Damit sind bereits zwei der zentralen Reformanliegen vieler Parteien – mehr direkte Demokratie, mehr Digitalisierung – erheblich beeinträchtigt. Die Praxis hat sich bislang mit Konstruktionen beholfen, die häufig zu rechtlichen Friktionen führten. Exemplarisch: Wenn zur Bestimmung von Parteivorsitzenden eine konsultative Mitgliederbefragung durchgeführt wird, an deren Ergebnis die Delegierten anschließend faktisch gebunden sind, wird die Regel des Versammlungsvorbehalts umgangen.[155] Eine Reform des Parteiengesetzes liegt nahe,[156] zumal empirisch belegt ist, dass Parteimitglieder zunehmend mehr Mitspracherechte einfordern.[157] Auch

---

Im Parteiengesetz nicht geregelt ist die Sonderkonstellation der Zulässigkeit elektronischer Abstimmungen in einer Delegiertenversammlung vor Ort. Dies wäre zwar mit dem Versammlungsvorbehalt vereinbar, ist aber vor dem Hintergrund des aus dem Demokratieprinzip folgenden Grundsatzes der Öffentlichkeit der Wahl, s. BVerfGE 123, 39 (69 ff.), der über Art. 21 Abs. 1 S. 3 GG auch für innerparteiliche Wahlen gilt, problematisch, dazu *Schönberger* Parteienrecht in Zeiten der Corona-Pandemie (Fn. 36), 23 f.; offen hingegen jedenfalls für rein innerparteiliche Wahlen *Lasse Ramson* Elektronische Abstimmungen in politischen Parteien und die Wahlgrundsätze, in: Marion Albers/Ioannis Katsivelas (Hrsg.) Recht & Netz, 2018, 375 (385 f.). Zur Sicherheit von digitalen Wahlen, auch unter Nutzung von Blockchain-Technologie, kritisch *Sunoo Park et al.* Going From Bad to Worse: From Internet Voting to Blockchain Voting, Journal of Cybersecurity 7 (2021), 1 ff.

[155] *Jörn Ipsen* Doppelspitze und Satzungsrecht. Anmerkungen zur Wahl der Vorsitzenden der SPD, RuP 55 (2019), 225 (227 ff.). Zwei weitere Beispiele für gewisse Friktionen zwischen Reformen und dem geltenden Recht: Wenn Parteimitglieder über einen Koalitionsvertrag abstimmen dürfen, treffen die Mitglieder eine Entscheidung, die zumindest auch in das Staatshandeln hineinragt, ohne dass den Parteimitgliedern eine demokratische Legitimation zukommt (sehr kritisch *Christoph Degenhart/Hans-Detlef Horn* Wer mit den Parteien heult, FAZ v. 12.12.2013, S. 8, und *Christian Starck* Regierungsbildung in der parlamentarischen Demokratie mit Genehmigung der Parteibasis?, JZ 2018, 240 [240 f.]; kritisch, aber abwägend *Krüper* Verfassungsrechtswissenschaft und Partei-Mitgliederentscheide [Fn. 7], 182; anders hingegen BVerfG, Ablehnung einstweilige Anordnung vom 06.12.2013 – 2 BvQ 55/13 –, juris Rn. 7; offen auch *Roman Kaiser* Mitgliedervotum: Zum Unterschied zwischen parlamentarischer und innerparteilicher Repräsentation, ZRP 2018, 153 f.). Und wenn die Parteiführung dann den Abstimmungsunterlagen noch ein Schreiben beilegt, um die Basis zu einer bestimmten Entscheidung zu bewegen, steht die innerparteiliche Freiheit der Wahl in Rede, dazu *Alexander Hobusch* Neutralitätspflicht für (Partei-) Amtsträger? Verfassungsrechtliche Grenzen der Einflussnahme bei Durchführung eines Mitgliedervotums, ZParl 2019, 99 (110).

[156] Dafür *Kersten* Reformperspektiven (Fn. 153), 4; *Christoph Gusy* Parteienrecht en marche?, <https://verfassungsblog.de/parteienrecht-en-marche> (Stand 8.11.2021) *Anna von Notz* Urwahl? Ausgeschlossen!: Warum das Parteienrecht ein Update braucht <https://verfassungsblog.de/urwahl-ausgeschlossen/> (Stand 8.11.2021); *von Notz* Liquid Democracy (Fn. 37), 280.

[157] So die Ergebnisse der Deutschen Parteimitgliederstudie 2009, dazu *Annika Laux* Was wünschen sich die Mitglieder von ihren Parteien?, in: Tim Spier et al. (Hrsg.), Parteimitglieder in Deutschland, 2011, 156 (166 ff.).

wäre es rechtspolitisch unklug, die Chancen, die die Digitalisierung für die Organisation von Parteien bietet,[158] ungenutzt zu lassen.

Allerdings erweist sich eine solche Reform aus verfassungstheoretischen Gründen zumindest als *ambivalent*: Die innerparteiliche direkte Demokratie wird zu Unrecht als die *wahre* Form der Demokratie präsentiert.[159] Für sie geopfert wird die für die Demokratie wichtige Kommunikation unter Anwesenden,[160] die die Versammlungsdemokratie des gegenwärtigen Modells ausmacht.[161] Dieser Einwand trifft tendenziell auch für digitale Delegiertenparteitage zu, die der Gesetzgeber während der Corona-Pandemie befristet ermöglicht hat.[162] Nicht zuletzt müssen sich beide Reformtendenzen – die verstärkte Einbeziehung der Mitglieder wie auch die Digitalparteitage – von der Parteiensoziologie, wie erwähnt, vorwerfen lassen, eine Oligarchisierung der Parteistruktur zu befördern.[163] Schließlich sprechen die Ergebnisse der vergleichenden Politikforschung sowie der Parteisoziologie[164]

---

[158] Überblick bei *Marschall* „Mitgliederpartei 2.0" (Fn. 36), 271 ff.

[159] Dagegen die klassische Argumentation von *Ernst-Wolfgang Böckenförde* Demokratie und Repräsentation, in: *ders.* Staat, Verfassung, Demokratie, 2. Aufl. 1992, 379 (382 ff.).

[160] Noch über die hiesige Position hinausgehend *Schönberger* Verschwinden (Fn. 153), 486 ff.

[161] *Poguntke* Innerparteiliche Demokratie (Fn. 32), 356 f.

[162] § 5 Abs. 4 Gesetz über Maßnahmen im Gesellschafts-, Genossenschafts-, Vereins-, Stiftungs- und Wohnungseigentumsrecht zur Bekämpfung der Auswirkungen der COVID-19-Pandemie, BGBl. 2020 I, 569 (570). Hierzu *Schönberger* Parteienrecht in Zeiten der Corona-Pandemie (Fn. 36), 22 ff., die auf zahlreiche Schwachpunkte der rechtlichen Ausgestaltung des Gesetzes hinweist. Zur Kritik an der parallelen Gesetzgebung zur Aufstellung von Wahlbewerbern s. *Michl* Aufstellung von Wahlbewerbern in der Covid-19-Pandemie (Fn. 36), 30 ff. Zu den Problemen digitaler Parteitage s. auch schon *Martin Morlok* Parteiengesetz, 2. Aufl. 2013, § 9 Rn. 11 f.

[163] S. o. Fn. 43, vor allem *Katz/Mair* Changing Models (Fn. 43), 21. *Poguntke* Innerparteiliche Demokratie (Fn. 32), 358, spricht denn angesichts der verstärkten innerparteilichen Demokratie nur noch von der sich herausbildenden „modernen Variante der Honoratiorenpartei". Ebenso für digitale Parteitage *Alexander Hobusch* Digitaler Fortschritt, parteienrechtlicher Rückschritt: Online-Parteitage in der Pandemie als Problem der innerparteilichen Demokratie, <https://verfassungsblog.de/digitaler-fortschritt-parteienrechtlicher-rueckschritt/> (Stand 8.11.2021).

[164] Der klassischen Analyse von *Albert O. Hirschman* nach liegt dies daran, dass aktive Parteimitglieder „keinesfalls zu den gemäßigten Verfechtern eines mittleren Kurses gehören", s. Abwanderung und Widerspruch (Fn. 47), 53 ff., 62. Der Einfluss der Parteimitglieder, „die ‚nirgends anders hingehen können'", könne dann „leicht dazu führen, daß die Partei über das Ziel hinausschießt, wobei sich dann für ihr Streben nach Wählerstimmen katastrophale Folgen ergeben" (ebd., 61). Empirisch lässt sich ein Auseinanderfallen der ideologischen Präferenzen von Parteimitgliedern, Parteifunktionären und Wählerschaft indes nicht eindeutig feststellen, s. *Susan Scarrow et al.* The Consequences of Membership

dafür, dass einfache Parteimitglieder zur Auswahl von Führungspersonal weniger gut geeignet sind.[165]

Diese verfassungstheoretischen Bedenken allein führten nicht zu einem Verdikt der Verfassungswidrigkeit, würde sich der Gesetzgeber zu den entsprechenden Reformen entschließen. Es ist vielmehr eine Frage politischer Klugheit, die genannten Gesichtspunkte bei den anstehenden Reformen zu berücksichtigen, etwa in Form von Negativkatalogen für die direkte innerparteiliche Demokratie[166]. Anderes gölte für offene Plebiszite, also die Öffnung der Grenze der Mitgliedschaft für innerparteiliche Wahlen und Abstimmungen, die klar gegen das Gebot innerparteilicher Demokratie verstoßen.[167]

b) *Stärkung von Vertrauen in die Parteiendemokratie*

aa) *Vertrauensgewinn durch losbasierte Bürgerräte?*

Die Vertrauenskrise – und damit komme ich zum zweiten Bereich, der Stärkung von Vertrauen und Repräsentation – wurde in den letzten Jahrzehnten freilich nicht nur innerparteilich, sondern auch auf Kommunal- und Landesebene mit der Einführung direktdemokratischer Elemente beantwortet.[168] Allerdings haben sich die Hoffnungen, die mit dieser Ergänzung der

---

Incentives: Do Greater Political Benefits Attract Different Kinds of Members?, Party Politics 26 (2020), 56 (57).

[165] S. bereits oben, Fn. 45; *Manow* (Ent-)Demokratisierung (Fn. 45), 70 ff.; *Möllers* Abschied der SPD (Fn. 46), 60.

[166] So bestehen bei komplexen Sachentscheidungen angesichts der Überforderung des einzelnen Mitglieds größere Bedenken gegen innerparteiliche Plebiszite als bei Personalentscheidungen (so *Steinberg* Direkte Demokratie in politischen Parteien [Fn. 41], 412, und *Kersten* Reformperspektiven [Fn. 153], 6 f.). Sach- und Personalfragen sollten daher getrennt geregelt werden (dafür wohl auch *Morlok* Demokratie wagen [Fn. 153], 66). Ferner wäre eine Differenzierung der Zulässigkeit nach (föderalen) Ebenen der Parteien bedenkenswert. Schließlich spricht viel dafür, dass Listen für staatliche Wahlen weiterhin in Präsenz auf Parteitagen beschlossen werden müssen, andernfalls wäre überdies auch eine Änderung des BWahlG (§ 27 Abs. 5 i.V.m. § 21 Abs. 1 BWahlG) vonnöten.

[167] Wie hier: *Schönberger* Parteienrecht in Zeiten der Corona-Pandemie (Fn. 36), 489; *Alexandra Bäcker* Dritte im Bunde – Zur Beteiligung von Nichtmitgliedern in politischen Parteien, RuP 47 (2011), 151 (158); *Hans H. Klein* „Öffnung" der Parteien – Entprivilegierung der Parteimitgliedschaft?, in: Ulrich von Alemann/Martin Morlok/Tim Spier (Hrsg.) Parteien ohne Mitglieder?, 2013, 175 (180 f.); *Uwe Volkmann* Die Bedeutung der Parteimitgliedschaft in der repräsentativen Demokratie des Grundgesetzes, ebd., 141 (154). Offener *Josef Hainz* Die Verfassungsmäßigkeit der Öffnung politischer Parteien für die Mitarbeit Parteifremder, 2006, 113 ff., und *Gusy* Parteienrecht (Fn. 156).

[168] Der Impuls ging ursprünglich von den GRÜNEN aus und wurde von der SPD aufgegriffen. S. im Einzelnen *Frank Decker* Bürgerräte – Abhilfe gegen die Repräsentationskrise

repräsentativen Demokratie verbunden waren, überwiegend nicht erfüllt,[169] insbesondere ist die sozio-ökonomische Ungleichheit der direktdemokratischen Partizipation nicht geringer als bei den regulären Wahlverfahren.[170] Aktuell ruht die Hoffnung daher auf Instrumenten *deliberativ-partizipativer Demokratie*.[171] Im Zentrum der Reformüberlegungen stehen losbasierte

---

oder demokratiepolitisches Feigenblatt?, ZParl 2021, 125 ff. Als Vorbild dient regelmäßig die Schweiz, hierzu ausgewogen *Silvano Moeckli* So funktioniert direkte Demokratie, 2018, 46 ff. Zum Für und Wider direktdemokratischer Beteiligungsverfahren aus verfassungsrechtlicher Sicht s. *Markus Möstl* Elemente direkter Demokratie als Entwicklungsperspektive, VVDStRL 72 (2013), 355 (368 ff.) sowie *Margarete Schuler-Harms* ebd., 417 (427 ff.).

[169] Spätestens mit dem Brexit-Referendum ist Ernüchterung eingetreten. Enttäuschend für die linken Parteien, die sich für die direktdemokratischen Reformvorhaben eingesetzt hatten, war aber auch der Ausgang des von der Bürgerinitiative „Wir wollen lernen" initiierten Volksentscheids über die Hamburger Schulreform im Jahr 2010, näher *Annette Elisabeth Töller et al.* Direkte Demokratie und Schulpolitik. Lehren aus einer politikfeldanalytischen Betrachtung des Scheiterns der Hamburger Schulreform, ZParl 2011, 503 (515 f.), sowie die teilweise konservativen Ergebnisse bei Referenden in der Schweiz, dazu *Decker* Bürgerräte (Fn. 168), 127. Inzwischen haben alle Parteien bis auf die AfD den Ausbau direkter Demokratie auf Bundesebene aus den Parteiprogrammen gestrichen.

[170] Die genauen Einschätzungen über die Bedeutung von sozio-ökonomischer Ungleichheit bei direktdemokratischen Verfahren gehen allerdings auseinander. *Wolfgang Merkel/ Alexander Petring* Politische Partizipation und demokratische Inklusion, in: Tobias Mörschel/Christian Krell (Hrsg.) Demokratie in Deutschland. Zustand – Herausforderungen – Perspektiven, 2012, 93 (112, 114), messen der Schichtzugehörigkeit große Bedeutung zu; differenzierend *Angelika Vetter/Jan A. Velimsky* Soziale Selektivität bei Wahlen und direktdemokratischen Abstimmungen auf kommunaler Ebene in Deutschland, PVS 2019, 487 (508); *Oscar W. Gabriel* Direct and Representative Democracy: The Perspective of German Citizens, in: Cristina Fraenkel-Haeberle et al. (Hrsg.) Citizen Participation in Multi-Level Democracies, 2015, 87 (103 f.), hält den Einfluss sozio-ökonomischer Faktoren in Verfahren der direkten Demokratie hingegen für überbewertet.

[171] Für die Einsetzung von Bürgerräten zur Bekämpfung der „demokratischen Regression" etwa *Schäfer/Zürn* (Fn. 13), 207 f., 210 f., die aber vor einer Scheinbeteiligung warnen; differenziert *Decker* Bürgerräte (Fn. 168), 132 f.; für institutionalisierte Zukunftsräte als vierte, konsultative Staatsgewalt *Patrizia Nanz/Claus Leggewie* Die Konsultative, Neuaufl. 2018, 58 ff.; *Cristina Lafont* Unverkürzte Demokratie. Eine Theorie deliberativer Bürgerbeteiligung, 2021, 239, allerdings ‚nur', um die öffentliche Meinungsbildung zu verbessern; *Buchstein* Lotterie (Fn. 110), 446, befürwortet auf EU-Ebene losbasierte Bürgerbeteiligung mit Entscheidungsrelevanz. Radikaler *Landemore* Open Democracy (Fn. 100), 218, die die Parteiendemokratie abschaffen will. Klassisch positiv zu diesen Formen deliberativer Bürgerbeteiligung etwa *James S. Fishkin* The Voice of The People, 1995; *Archon Fung* Empowered Participation, 2004; *John S. Dryzek* Deliberative Democracy and Beyond, 2000; *Bruce Ackerman/James S. Fishkin* Deliberation Day, 2004.

Der hier gewählte Begriff „deliberativ-partizipativer Demokratie" wird nicht einheitlich verwendet (zu verschiedenen Aspekten der Deliberation etwa *Jan Christoph Suntrup* Zur Verfassung der deliberativen Demokratie, Der Staat 49 [2010], 605 [607 ff.]). Für die in diesem Abschnitt diskutierten losbasierten Bürgerräte sind daneben Bezeichnungen wie

1. Die Organisation politischer Willensbildung: Parteien

Bürgerräte, die Lösungsvorschläge für gesellschaftliche Herausforderungen unterbreiten sollen und bereits in mehreren europäischen[172] Ländern eingesetzt werden,[173] etwa in Österreich.[174] In Deutschland wurden auf Bundesebene in den Jahren 2019 bis 2021 drei Bürgerräte umgesetzt,[175] auf Länderebene ist Baden-Württemberg Vorreiter[176]. Dort wurde zuletzt ein „Bürgerforum Corona" einberufen, das der kritischen Würdigung des Corona-Managements dient.[177]

„dialogorientierte Beteiligungsformate" (*Daniel Oppold/Patrizia Nanz* Mehr Demokratie durch dialogorientierte Bürgerbeteiligung, in: Alexander Thiele [Hrsg.] Legitimität in unsicheren Zeiten. Der demokratische Verfassungsstaat in der Krise?, 2019, 175 [176]; als Verfahren der weiterentwickelten partizipativen Demokratie ebenso *Nanz/Leggewie* Konsultative [Fn. 171], 34 ff.), Mini-Öffentlichkeiten bzw. „Mini-Publics" (*Graham Smith/Maija Setälä* Mini-Publics and Deliberative Democracy, in: André Bächtiger et al. [Hrsg.] The Oxford Handbook of Deliberative Democracy, 2018, 300 [301 Tabelle 18.1]; „minipopulus" zunächst bei *Robert A. Dahl* Democracy and its Critics, 1989, 340), „lottokratische Institutionen" der deliberativen Demokratie (*Lafont* Unverkürzte Demokratie [Fn. 171], 179) oder Instrumente der „partizipativen Demokratie" (Art. 1 Abs. 4 der Landesverfassung des österreichischen Landes Vorarlberg) gebräuchlich.

[172] Insbesondere Irland hat Erfahrungen mit Bürgerräten gesammelt, näher *David M. Farrell/Jane Suiter/Clodagh Harris* ‚Systematizing' Constitutional Deliberation: The 2016–18 Citizens' Assembly in Ireland, Irish Political Studies 1/2019, 113 ff.; *Oppold/Nanz* Dialogorientierte Bürgerbeteiligung (Fn. 171), 184 ff.; *Laura Devaney/Diarmuid Torney/Pat Brereton/Martha Coleman* Ireland's Citizens' Assembly on Climate Change, Environmental Communication 2020, 141 (142 ff.).

[173] Ausdrücklich ausgeklammert wird im vorliegenden Beitrag die Einbeziehung von Zufallsbürgern in Verwaltungsverfahren, dazu näher etwa *Ulrich Arndt* Werkstattbericht Bürgerbeteiligung, VBlBW 2017, 240 ff.

[174] <https://www.buergerrat.de/aktuelles/demokratie-buergerrat-in-oesterreich/> (Stand 8.11.2021). Besonders aktiv ist im Übrigen Vorarlberg.

[175] Der Ältestenrat des Deutschen Bundestages hat im Juni 2020 die Einberufung des losbasierten Bürgerrates „Deutschlands Rolle in der Welt" (<https://deutschlands-rolle.buergerrat.de/>) beschlossen, Schirmherr war der Bundestagspräsident. Die beiden Bürgerräte „Demokratie" (<https://www.buergerrat.de/fileadmin/downloads/buergergutachten.pdf>) und „Klima" (<https://buergerrat-klima.de/>) wurden dagegen zivilgesellschaftlich initiiert. Ein vierter Bürgerrat „Bildung und Lernen" (<https://www.buergerrat-bildung-lernen.de/>) tagt derzeit, auch auf zivilgesellschaftliche Initiative hin. Einen fünften Bürgerrat „Forschung" (<https://www.bmbf.de/bmbf/de/ueber-uns/wissenschaftskommunikation-und-buergerbeteiligung/buergerbeteiligung/buergerraete-1/buergerrat-fuer-forschung/buergerrat-fuer-forschung_node.html>) will nunmehr das Bundesministerium für Bildung und Forschung einrichten (Stand jeweils 8.11.2021).

[176] *Decker* Bürgerräte (Fn. 168), 129 m.w.N.

[177] Näher zum „Bürgerforum Corona" <https://beteiligungsportal.baden-wuerttemberg.de/de/mitmachen/lp-16/buergerforum-corona/>. Ähnliche Foren gibt es in Thüringen und Sachsen, s. <https://www.buergerrat.de/aktuelles/mit-buergerraeten-gegen-corona/> (Stand jeweils 8.11.2021).

Auf den ersten Blick sind mit der Institutionalisierung von Bürgerräten demokratietheoretische Vorzüge verbunden. Zum einen könnte diese Partizipationsform eher dazu in der Lage sein, Lösungsvorschläge für *langfristige* Probleme zu unterbreiten, wozu die Parteiendemokratie vergleichsweise schlechter befähigt ist, wie aus der politischen Ökonomie bekannt ist.[178] Auch kann über die Auslosung von „Zufallsbürgern" der Einfluss insbesondere strategisch-ökonomischer Interessen begrenzt und damit einem zentralen Anliegen der Debatte um die Postdemokratie Rechnung getragen werden.[179] Zum anderen verhindern losbasierte Bürgerräte das von der direkten Demokratie bekannte Problem der Protestroutiniers; mehr noch, die Besetzung der Bürgerräte soll einen repräsentativen gesellschaftlichen Querschnitt abbilden und damit das zunehmende Ungleichheitsproblem der repräsentativen Parteiendemokratie kompensieren. Vor allem aber heben Befürworter der Bürgerräte die Qualität der herrschaftsfreien und nicht interessengeleiteten Deliberation hervor, die eine besondere Dignität der auf diesem Wege gefundenen Vorschläge verbürgen soll.[180]

Bei näherem Hinsehen erweist sich die Fassade der Bürgerräte freilich als brüchig.[181] Über Bürgerräte soll das Politische innerhalb des politischen Systems eskamotiert werden.[182] Sie erweisen sich so gesehen als Wieder-

---

[178] *Kitschelt* Social Movements (Fn. 85), 24 f., der dementsprechend auf die Ergänzungsbedürftigkeit der Parteiendemokratie hinweist. Ähnlich *Fritz Scharpf* Demokratietheorie zwischen Utopie und Anpassung, 1970, 85; *Daniel Markovits* Democratic Disobedience, The Yale Law Journal 114 (2005), 1897 (1925 f.). Zum kurzfristigen Agieren der Parlamente und der Regierung auch *Dieter Grimm* Verfassungsreform und Grundgesetzreform, AöR 97 (1972), S. 489 (507, 521 f.). In diese Richtung auch: BVerfG, NJW 2021, 1723 (1741 f. mit Rn. 206).

[179] Begriffsprägend *Colin Crouch* Postdemokratie, 2008; s. nunmehr *ders.* Postdemokratie revisited, 2021. Die Konzeption der Postdemokratie hat allerdings zahlreiche Kritik auf sich gezogen, s. aus jüngerer Zeit *Philipp Manow* (Ent-)Demokratisierung (Fn. 45), 23, 174; *Lessenich* Grenzen der Demokratie (Fn. 54), 14 ff.

[180] Als weiteren Vorteil nennen etwa *Nanz/Leggewie* Konsultative (Fn. 171), 38 f., die Einbeziehung lokalen Wissens.

[181] Von „halbierter Demokratie" spricht *Alexander Somek* Demokratie als Verwaltung: Wider die deliberativ halbierte Demokratie, in: Hauke Brunkhorst (Hrsg.) Demokratie in der Weltgesellschaft 2009, 323 (335 und ff.); daran anschließend *Danny Michelsen/Franz Walter* Unpolitische Demokratie. Zur Krise der Repräsentation, 2. Aufl. 2017, 175, die jedoch auf der kommunalen Ebene mehr Beteiligungschancen für Bürger befürworten (315); in dieser Richtung auch *Jan-Werner Müller* Freiheit, Gleichheit, Ungewissheit. Wie schafft man Demokratie?, 2021, 112 ff.

[182] An die Stelle des politischen Codes – Macht/Nichtmacht – tritt am Ende der Wahrheits-Code des Wissenschaftssystems, denn es werden die Auffassungen der die Zufallsbürger beratenden Experten sein, die sich am Ende durchsetzen. Ähnlich *Merkel* Niedergang (Fn. 19): „Bürgerräte, Bürgerhaushalte, Planungszellen und sogenannte deliberative Minipublics, in der Bürger nach macht- und interessensentlasteten Diskursregeln vernünftig und konsensorientiert entscheiden sollen – die perfekte Habermasianische Welt, in der das Poli-

1. Die Organisation politischer Willensbildung: Parteien

gänger der alten Parteienkritik aus Weimarer Tagen, die den Parteien die Vertretung bloßer Partikularinteressen vorwarf und ihre Sehnsucht nach einem *pouvoir neutre* kultivierte. Aber auch die Repräsentationsvorstellung der Proponenten von Bürgerräten ist demokratietheoretisch gleich in zweifacher Hinsicht angreifbar. Einerseits wird die personale demokratische Legitimationskette zwischen dem Volk und den Zufallsbürgern zerschnitten und durch ein Losverfahren ersetzt,[183] das selbst gerade keine demokratische Legitimation vermitteln kann und von einem tiefen Misstrauen gegenüber der Wahl des Volkes zeugt.[184] Andererseits suggeriert die Idee des gesellschaftlichen Abbilds durch den Bürgerrat fälschlicherweise, dass wahre Repräsentation auf einer möglichst vollständigen Identität von Repräsentiertem und Repräsentant beruhe.[185] Aber auch im Hinblick auf die Umsetzung der Bürgerräte in der Praxis haben sich zahlreiche Probleme ergeben: Tatsächlich besteht bei den ausgewählten Zufallsbürgern eine Rücklaufquote im einstelligen Prozentbereich![186] Auch erweist sich das

---

tische verdunstet, Macht und Interessen keine Rolle spielen. Politische Konflikte und Leidenschaften werden diskursiv geschreddert. Aus der Parteienasche taucht dann der postpolitische Phönix einer überparteilichen politischen Vernunft auf. So anspruchsvoll diese Idee theoretisch auch entwickelt sein mag, so kläglich muss sie in einer antagonistischen Welt der Macht und Interessen scheitern." Zur Kritik am deliberativen Ansatz, der Macht, die am Ende stehende Entscheidung und damit das Politische eliminieren will, auch *Mouffe* Agonistisches Demokratiemodell (Fn. 149), 96 ff.

[183] Man könnte einwenden, dass es der demokratischen Legitimation nicht bedarf, weil die Bürgerräte nach ganz h.M. ohnehin nur konsultativ tätig werden. Allerdings würde, je mehr das Instrument ausgeweitet wird, die faktische Bindungswirkung zulasten der Parlamente zunehmen. Diese Bindungswirkung würde dann aber von nichtlegitimierten, ausgelosten Bürgern ausgehen. Vgl. aber *Lafont* Unverkürzte Demokratie (Fn. 171), 197, 211.

[184] Auch die Tatsache, dass die Idee des Losverfahrens in politischen Angelegenheiten auf die griechische Polis zurückgeht, ändert daran nichts.

[185] Dagegen zum Repräsentationsbegriff *Hofmann* Repräsentation (Fn. 51), 24. Zur verwandten Problematik bei den Paritégesetzen *Antje von Ungern-Sternberg* Parité-Gesetzgebung auf dem Prüfstand des Verfassungsrechts, JZ 2019, 525 (531 f.); *Christoph Möllers* Krise der demokratischen Repräsentation vor Gericht: zu den Parité-Urteilen der Landesverfassungsgerichte in Thüringen und Brandenburg, JZ 2021, 338 (346). Der verfassungsrechtliche Schwerpunkt der Parité-Debatte liegt allerdings bei Art. 3 Abs. 2 S. 2 GG, dazu etwa *Anika Klafki* Parität – Der deutsche Diskurs im globalen Kontext, DÖV 2020, 856 (860 f.); *Sina Fontana* Parität als verfassungsrechtlicher Diskurs, DVBl. 2019, 1153 (1157 ff.).

[186] *Decker* Bürgerräte (Fn. 168), 135, nennt eine Rücklaufquote von gerade einmal drei Prozent für den Bürgerrat „Demokratie" (s. Fn. 175); *Nanz/Leggewie* Konsultative (Fn. 171), 72 mit Fn. 123, sprechen von vier Prozent für die etablierten Bürgerräte in Vorarlberg. Aus dem Bericht *Deutscher Bundestag* Bürgerrat zu Deutschlands Rolle in der Welt. Bericht der Verwaltung des Deutschen Bundestages, 12, <https://www.bundestag.de/dokumente/textarchiv/2021/kw20-buergerrat-842938> (Stand 8.11.2021), ergibt sich eine Rücklaufquote von rund 7,8 Prozent zu diesem Bürgerrat von 2020.

Instrument als manipulationsanfällig: Entscheidend für den Outcome des deliberativen Prozesses sind, ähnlich wie bei direktdemokratischen Beteiligungsverfahren, Organisations- und Verfahrensfragen: Wer kann die Einsetzung eines Bürgerrats auslösen, wer setzt die Agenda fest und wer wählt die Experten aus?[187] Nicht zuletzt: Welche Themen sind für Bürgerratsforen geeignet, welche untunlich?[188]

Die Gesamtschau ergibt, dass Bürgerräte nur im *Einzelfall* eine sinnvolle Ergänzung zur Parteiendemokratie darstellen können, etwa bei klar umrissenen Themen, bei denen die parteipolitische Auseinandersetzung festgefahren ist.[189] Als breit einsetzbares Instrument, das den Vertrauensverlust in das politische System wiederherstellen soll, kommt es dagegen angesichts der gravierenden Bedenken nicht in Betracht.

bb) Robuste Parteiendemokratie durch Parteiverbote?

Wenn es um die Konzeption eines resilienten Parteienrechts geht, mag man vorrangig an die Wehrhafte Demokratie denken, hatten die Väter und Mütter des Grundgesetzes doch gerade dieses Instrumentenbündel zur Sicherung des demokratischen Prozesses vorgesehen – ebenso die Verfassunggeber anderer Verfassungen, die Elemente der wehrhaften Demokratie wie das Parteiverbot kennen.[190] Doch insbesondere das Parteiverbot ist nur bedingt tauglich, die Parteiendemokratie zukunftsfest zu machen, und

---

Hinzu kommt ein weiteres Bedenken: Auch in der Rücklaufquote spielen sozio-ökonomische Ungleichheiten eine Rolle, näher *Deutscher Bundestag* ebd., 12 f.; *Decker* Bürgerräte (Fn. 168), 135; *Smith/Setälä* Mini-Publics and Deliberative Democracy (Fn. 171), 305 m.w.N. Zur nicht repräsentativen Altersstruktur den Bericht des *Deutschen Bundestages* ebd., 13; theoretisch zum Problem einer vermachteten Selbst-Wahl *Iris Marion Young* Communication and the Other: Beyond Deliberative Democracy, in: Seyla Benhabib (Hrsg.) Democracy and Difference, 1996, 120 (122 ff.).

[187] Eindringlich *Decker* Bürgerräte (Fn. 168), 132 f., 135 f., der auch auf die zwiespältige Rolle des Vereins „Mehr Demokratie" bei den Bürgerräten auf Bundesebene hinweist. *Müller* Freiheit, Gleichheit, Ungewissheit (Fn. 181), 38 f., weist für Verfahren der direkten Demokratie auf die Manipulationsanfälligkeit durch Rechtspopulisten hin, etwa durch Formulierung der Fragen.

[188] Dazu näher *Decker* Bürgerräte (Fn. 168), 136 ff.

[189] Denkbar erscheint ein vermehrter Einsatz in polarisierten Gesellschaften.

[190] Etwa Österreich (dazu *Ulrich Wagrandl* Wehrhafte Demokratie in Österreich, 2019, 150 ff.) oder die Türkei; Überblick über Rechtslage und Rechtspraxis in weiteren europäischen Ländern bei *Angela K. Bourne/Fernando Casal Bértoa* Mapping 'Militant Democracy': Variation in Party Ban Practices in European Democracies (1945–2015), European Constitutional Law Review 13 (2017), 221 (223 ff.). Zu den Grenzen, die sich aus der EMRK ergeben s. *Jan Philipp Schaefer* Das Parteiverbot im Lichte der Europäischen Menschenrechtskonvention, AöR 141 (2016), 594 (605 ff.), und *Katharina Pabel* Parteiverbote auf dem europäischen Prüfstand, ZaöRV 63 (2003), 921 ff.

zwar aus einer Reihe von verfassungstheoretischen Gründen, die zu den bekannten grundsätzlichen Einwänden[191] gegen die wehrhafte Demokratie hinzutreten:

(1) Völlig zu Recht hat das Bundesverfassungsgericht die „Potentialität" in seiner Entscheidung zum jüngsten NPD-Verbotsverfahren als neues Kriterium eingeführt. Denn einer Prävention bedarf es nicht, wenn eine verfassungswidrige Partei keine realistische Chance hat, in naher Zukunft ihre Ziele zu realisieren.[192] Die Idee des Verhältnismäßigkeitsprinzips, das der EGMR anwendet, zielt in dieselbe Richtung.[193] Doch ist notwendige Folge dieser Einsicht ein Paradox: Kleinen verfassungswidrigen Parteien wird diese „Potentialität" typischerweise fehlen, große verfassungswidrige Parteien sind faktisch nicht (mehr) zu verbieten.[194]

(2) Empirisch zeigt sich, dass das Instrument des Parteiverbots diejenigen Staaten, deren Rechtsordnungen es vorsehen, die aber gegenwärtig von *democratic backlashes* betroffen sind, nicht vor einer Regression bewahrt haben. Zu denken ist etwa an die Türkei oder an Ungarn. Als Erklärung wird in der Verfassungstheorie ein zweites Paradox der wehrhaften Demo-

---

[191] Der bekannteste Einwand lautet: Eine Wehrhafte Demokratie sei selbst undemokratisch (so heißt es bei *Hans Kelsen* Verteidigung der Demokratie [1932], in: Matthias Jestaedt/Oliver Lepsius [Hrsg.] Verteidigung der Demokratie, 2006, 229 [237], geradezu resignierend, Demokratie sei „diejenige Staatsform, die sich am wenigsten gegen ihre Feinde wehrt. Es scheint ihr tragisches Schicksal zu sein, dass sie auch ihren ärgsten Feind an ihrer eigenen Brust nähren muss. Bleibt sie sich selbst treu, muss sie auch eine auf Vernichtung der Demokratie gerichtete Bewegung dulden [...]." Später führte *ders.* Foundations of Democracy, Ethics 66 [1955], 1 ff., im US-amerikanischen Exil aber aus, dass Demokratie und Liberalismus notwendig miteinander verbunden seien, Mehrheitsentscheidungen also in der Existenz von Freiheit ihre Grenzen fänden [27 ff.] Vgl. zudem zu den Grenzen des Majoritätsprinzips in den Mitwirkungsmöglichkeiten der Minderheit aber auch *ders.* Wesen und Wert [Fn. 2], 55 ff.).
Weiter wird vorgebracht, ein Verbot berge die Gefahr der Bündelung systemfeindlicher Parteien und ändere nichts an einer systemfeindlichen Wählerschaft. S. ferner unter dem Paradigma des Parteienrechts als Wettbewerbsrecht die Bedenken von *Markus Kotzur* Demokratie als Wettbewerbsordnung, VVDStRL 69 (2010), 173 (206 ff.).
[192] Zum Zusammenhang von Prävention und Wehrhafter Demokratie *Kaiser* Ausnahmeverfassungsrecht (Fn. 96), 156 f.
[193] Zur Rechtsprechung des EGMR *Schaefer* Parteiverbot (Fn. 190), 614 ff.; *Pabel* Parteiverbote (Fn. 190), 929 f.; zum engen Verhältnis der Kriterien „Potentialität" und „Verhältnismäßigkeit" *Thorsten Kingreen* Auf halbem Weg von Weimar nach Straßburg: Das Urteil des Bundesverfassungsgerichts im NPD-Verbotsverfahren, JURA 2017, 499 (506): „In der Sache ist die Auslegung des Bundesverfassungsgerichts auch nichts anderes als eine Verhältnismäßigkeitsprüfung"; ähnlich *Christoph Gusy* Verfassungswidrig, aber nicht verboten!, NJW 2017, 601 (602). Kritisch demgegenüber *Arnd Uhle* Das Parteiverbot gem. Art. 21 II GG. Eine Wiederbesichtigung nach der Entscheidung des BVerfG zum NPD-Verbotsantrag, NVwZ 2017, 583 (589 ff.).
[194] *Müller* Freiheit, Gleichheit, Ungewissheit (Fn. 181), 202.

kratie bemüht: Staaten ohne starke Polarisierung bedürfen der wehrhaften Demokratie nicht, weil sie die Feinde der Demokratie auch im politischen Prozess ohne weiteres bekämpfen können, während Staaten mit stark polarisierten Gesellschaften der wehrhaften Demokratie bedürften, sie aber wirkungsschwach bleibt.[195]

(3) Mit dem ersten Paradox ist ein drittes eng verwandt: Das Institut des Parteiverbots ist kaum in der Lage, auf das Dynamische des politischen Prozesses zu reagieren, sondern geht von einer Statik aus, die beim gegenwärtig zu beobachtenden schrittweisen Sterben von Demokratien[196] und demokratischen Parteien versagen muss. Wenn sich etwa die Verfassungsfeindlichkeit einer Partei erst belegen lässt, wenn sie die Regierung stellt, dann ist ein Parteiverbot aus den oben ausgeführten Gründen nicht mehr denkbar. Das Instrument des Parteiverbots ist daher gefangen zwischen einem „noch nicht" und einem „nicht mehr".

Für ein resilientes Parteienrecht ist das Parteiverbot nach alldem nur sehr bedingt geeignet. Art. 21 Abs. 3 GG, der Ausschluss von staatlicher Parteienfinanzierung, könnte aber zukünftig ein Instrument darstellen, den geschilderten Paradoxien zumindest partiell zu entkommen.[197]

cc) Rechtliche Einhegung von Hassrede und Fake News

Ein zentrales Element für die Rückgewinnung von Vertrauen in die Parteiendemokratie aber ist die rechtliche Einhegung von Hassrede[198] zulasten von Politikern und *Fake News* über das politische System[199] – im Internet, aber auch im analogen Raum. Zwar ist damit das Parteienrecht im engeren Sinne verlassen, doch wirken sich beide demokratiegefährdende Phänomene, wie dargestellt, intensiv auf die politische Willensbildung und damit auch auf die Parteien und deren Funktion zur Führungsauswahl aus.[200]

---

[195] *Müller* Freiheit, Gleichheit, Ungewissheit (Fn. 181), 264 mit Fn. 51, im Anschluss an *Christoph Möllers*.

[196] Allgemein *Levitsky/Ziblatt* How Democracies Die (Fn. 71), 3, 6; speziell für die Türkei *Ece Göztepe* Über die Verteidigung der Demokratie und Rechtstaatlichkeit in der Türkei, ZfP 2021, 323 (insb. 328 ff.).

[197] Zur Neuregelung näher *Christian Walter/Stefan Herrmann* Der Ausschluss verfassungsfeindlicher Parteien von der Parteienfinanzierung, ZG 2017, 306 ff.

[198] Schon die Definition des Begriffs der Hassrede stellt allerdings eine Herausforderung für die rechtliche Regulierung dar. Zu den Schwierigkeiten der Definition unter Verweis auf die uneinheitliche Begriffsverwendung durch den EGMR *Mathias Hong* Hate Speech im Internet – Grundrechtliche Rahmenbedingungen ihrer Regulierung, in: Marion Albers/Ioannis Katsivelas (Hrsg.) Recht & Netz, 2018, 56 (66 ff.).

[199] Die *Fake News* können freilich auch von Politikern selbst stammen, man denke an die Tweets von *Donald Trump*.

[200] In diesem Zusammenhang wird vielfach auch die Bedeutung sogenannter *social bots* diskutiert, über die etwa ausländische Staaten Einfluss auf Wahlen nehmen (können) sollen,

1. Die Organisation politischer Willensbildung: Parteien

Einen wichtigen Schritt zur Eindämmung von Hassrede stellt zunächst das nunmehr novellierte Netzwerkdurchsetzungsgesetz[201] dar,[202] aber auch die Nachschärfung der strafrechtlichen Beleidigung gegen Personen des politischen Lebens in § 188 StGB.[203] Demgegenüber hat die (Kammer-)

---

s. etwa *Julian Krüper* Roboter auf der Agora. Verfassungsfragen von Social Bots im digitalen Diskursraum der Moderne, in: Sebastian Unger/Antje von Ungern-Sternberg (Hrsg.) Demokratie und künstliche Intelligenz, 2019, 67 ff.; *Indra Spiecker gen. Döhmann*, Kontexte der Demokratie: Parteien – Medien – Sozialstrukturen, VVDStRL 77 (2018), 9 (41). Die Existenz von *social bots* ist jedoch wissenschaftlich umstritten, skeptisch etwa die Enquête-Kommission „Künstliche Intelligenz – Gesellschaftliche Verantwortung und wirtschaftliche, soziale und ökologische Potenziale" des Deutschen Bundestages in ihrem Schlussbericht (BT-Drs. 19/23700, dort insb. 407).

[201] Zur ursprünglichen Fassung des NetzDG *Martin Eifert* Rechenschaftspflichten für soziale Netzwerke und Suchmaschinen. Zur Veränderung des Umgangs von Recht und Politik mit dem Internet, NJW 2017, 1450 ff.; *Thomas Wischmeyer* 'What is Illegal Offline is Also Illegal Online' – The German Network Enforcement Act 2017, in: Bilvana Petkova/ Tuomas Ojanen (Hrsg.) Fundamental Rights Protection Online: The Future Regulation of Intermediaries, 2019, 28 ff.; *Andrej Lang* Netzwerkdurchsetzungsgesetz und Meinungsfreiheit. Zur Regulierung privater Internetintermediäre bei der Bekämpfung von Hassrede, AöR 143 (2018), 220 ff.; kritisch dazu insbesondere *Bernd Holznagel* Das Compliance-System des Entwurfs des Netzwerkdurchsetzungsgesetzes, ZUM 2017, 615 (623); *Karl-Heinz Ladeur/Tobias Gostomzyk* Das Netzwerkdurchsetzungsgesetz und die Logik der Meinungsfreiheit, K&R 2017, 390 (393 f.); *Sebastian Müller-Franken* Netzwerkdurchsetzungsgesetz: Selbstbehauptung des Rechts oder erster Schritt in die selbstregulierte Vorzensur? – Verfassungsrechtliche Fragen, AfP 2018, 1 (7 ff.). Hauptbedenken waren die Privatisierung der Rechtsdurchsetzung sowie die Sorge vor einem „Overblocking". Das Privatisierungsargument konnte aber schon deshalb nicht überzeugen, weil die sozialen Netzwerke ohnehin nach ihren eigenen „Gemeinschaftsstandards" Inhalte blockieren. Vor allem aber hat das NetzDG entgegen der ursprünglicher Befürchtungen nicht zu einem Overblocking und damit auch nicht zu einer Verletzung der Meinungsfreiheit geführt hat, s. die Evaluation des Gesetzes durch *Martin Eifert et al.* Netzwerkdurchsetzungsgesetz in der Bewährung, 2020; eine positive Zwischenbilanz zieht auch *Jürgen Kühling* „Fake News" und „Hate Speech" – Die Verantwortung der Medienintermediäre zwischen neuen NetzDG, MStV und Digital Services Act, ZUM 2021, 461 (464 f.); kritisch *Marc Liesching et al.* Das NetzDG in der praktischen Anwendung. Eine Teilevaluation des Netzwerkdurchsetzungsgesetzes, 2021, die durchaus Anhaltspunkte für ein Overblocking sehen (363), diese aber nicht auf das NetzDG, sondern auf die eigenen „Gemeinschaftsstandards" zurückführen; NetzDG-Sperrungen spielten demgegenüber nahezu keine Rolle (359).

[202] Gleiches gilt für den von der Europäischen Kommission initiierten Digital Services Act, Vorschlag für eine Verordnung des Europäischen Parlaments und des Rates über einen Binnenmarkt für digitale Dienste (Gesetz über digitale Dienste) und zur Änderung der Richtlinie 2000/31/EG, COM(2020) 825 final, <https://eur-lex.europa.eu/legal-content/DE/TXT/?uri=CELEX:52020PC0825> (Stand 8.11.2021). Dazu näher die positive Bewertung von *Kühling* „Fake News" (Fn. 201), 467 ff.

[203] BGBl. 2021 I, 441 (441 f.); positive Bewertung durch *Elisa Hoven/Alexandra Witting* Das Beleidigungsunrecht im digitalen Zeitalter, NJW 2021, 2397 ff.; *Armin Engländer* Die Änderungen des StGB durch das Gesetz zur Bekämpfung des Rechtsextremismus und

Rechtsprechung des Ersten Senats des Bundesverfassungsgerichts zur Abwägung von Meinungsfreiheit und Allgemeinem Persönlichkeitsrecht zwar in jüngerer Zeit erstmals die besonderen Gefahren, die mit *digitaler Hetze* verbunden sein können, anerkannt;[204] auch hat sie jüngst klargestellt, dass das Persönlichkeitsrecht „auch im öffentlichen Interesse" liegen könne, weil hiervon „eine Bereitschaft zur Mitwirkung in Staat und Gesellschaft" abhänge.[205] Doch insbesondere die fachgerichtliche Rechtsprechung zieht daraus häufig nicht die notwendige Konsequenz, weil sie das regelmäßig erforderliche Abwägungsprogramm nicht in Gänze abarbeitet.[206] Wenn der Ehrschutz, insbesondere auch für Politiker, in der Folge vergleichsweise schwach ausfällt,[207] wird den Parteien die Rekrutierung

---

der Hasskriminalität, NStZ 2021, 385 (387 ff.), dort auch zu weiteren Änderungen des StGB im Zuge des Gesetzes zur Bekämpfung des Rechtsextremismus und der Hasskriminalität.

[204] BVerfG (K), NJW 2020, 2622 (2627), unter Verweis auf BVerfGE 152, 152 (204 f. Rn. 125), wo allerdings eingeschränkt wird: „Die Belastung der Betroffenen bestimmt sich dabei nicht abstrakt aus der Tatsache, dass eine Information im Netz irgendwie zugänglich ist, sondern hängt auch daran, wieweit sie hierdurch tatsächlich breitenwirksam gestreut wird. Von Bedeutung kann dabei auch sein, wieweit sie von Suchmaschinen prioritär kommuniziert wird".

[205] BVerfG (K), NJW 2020, 2622 (2626).

[206] Das wohl extremste Beispiel stellt der „Fall Künast" dar: LG Berlin, K&R 2019, 747; instruktiv ist die Analyse von *Arndt Teichmann* Der Schutz des Persönlichkeitsrechts gegenüber herabwürdigenden Meinungsäußerungen, JZ 2020, 549 (552 f.), der die Schwierigkeiten der Fachgerichte aufzeigt. Ihm zufolge besteht ein häufiger Fehler der Fachgerichtsbarkeit darin, nach Ablehnung der Kategorie „Schmähkritik" die erforderliche Abwägung zwischen Meinungsfreiheit und Allgemeinem Persönlichkeitsrecht nicht mehr vorzunehmen. *Karl-Heinz Ladeur* Die Kollision von Meinungsfreiheit und Ehrenschutz in der interpersonalen Kommunikation, JZ 2020, 943 ff., macht dagegen die Unschärfe der Kriterien des BVerfG für die Unsicherheiten der Fachgerichtsbarkeit verantwortlich. Exemplarisch auch der „Hängt die Grünen!"-Fall im Bundestagswahlkampf 2021: VG Chemnitz, Beschl. v. 13.9.2021, Az. 7 L 393/21, openjur.de: Verfügung, wonach Wahlwerbeplakate mit der Aufschrift „Hängt die Grünen!" innerhalb von drei Tagen abgehängt werden müssen, verletze wegen der Mehrdeutigkeit der Aufforderung die Meinungsäußerungsfreiheit. Einstufung der Wahlwerbeplakate als Volksverhetzung und Gefährdung der öffentlichen Sicherheit dagegen im Beschwerdeverfahren vor dem OVG Bautzen, Beschl. v. 21.9.2021, Az. 6 B 360/21, openjur.de; im Ergebnis ähnlich in einem Verfahren des persönlichkeitsrechtlichen Eilrechtsschutzes LG München I, Beschl. v. 17.9.2021, Az. 25 O 12449/21, openjur.de.

[207] Kritik auch bei *Eva Maria Bredler/Nora Markard* Grundrechtsdogmatik der Beleidigungsdelikte im digitalen Raum. Ein gleichheitsrechtliches Update der Grundrechtsabwägung bei Hassrede, JZ 2021, 864 (869 ff.), die in der bisherigen verfassungsgerichtlichen Rechtsprechung in überzeugender Weise eine gleichheitsrechtliche Leerstelle aufzeigen. Nach *Teichmann* Schutz des Persönlichkeitsrechts (Fn. 206), 551 f., sowie *Ladeur* Kollision (Fn. 206), 946 ff., führt maßgeblich das Kriterium des „Sachbezugs" zu einer Schwächung des Ehrschutzes.

von Führungspersonal, eine ihrer zentralen Aufgaben, zunehmend schwerfallen.[208]

Als noch diffiziler erweist sich die Regulierung von *Fake News*. Frankreich hat mit seinem „Gesetz zum Kampf gegen die Informationsmanipulation"[209] aus dem Jahr 2018 für den besonders zu schützenden Bereich der Wahlen ein erstes Modell vorgestellt.[210] Es findet ausschließlich in Wahlkampfzeiten Anwendung und sieht gerichtlichen Eilrechtsschutz gegen die Verbreitung von solchen Falschinformationen vor, die geeignet sind, die Authentizität von bevorstehenden Wahlen zu beeinträchtigen. Allerdings sind mit einem derartigen Modell zahlreiche Rechtsprobleme wie die Gefährdung von Quellenschutz und die Möglichkeit eines *chilling effects* verbunden.[211] Hierzulande sind es bislang allein

---

[208] Zwar erscheint es auf den ersten Blick naheliegend, dem BVerfG in seinem Argument zu folgen, „Machtkritik" verlange den kritisierten Machtinhabern eine zusätzliche Toleranz ab. Zu Recht fragt aber *Ladeur* Kollision (Fn. 206), 949: „Müsste hier nicht auch in Rechnung gestellt werden, dass Machtausübung eine demokratische Grundlage hat, dass aber die Bereitschaft abnimmt, sich in den rechtlich institutionalisierten Verfahren in (minimal) respektvollem Umgang mit den Entscheidern auseinanderzusetzen?".

[209] <https://www.legifrance.gouv.fr/loda/article_lc/LEGIARTI000037849756> (Stand 8.11.2021).

[210] In Kanada besteht bereits seit 1908 das Verbot, bestimmte Falschinformationen über Politiker zu verbreiten, um das Wahlergebnis zu beeinflussen. Es wurde allerdings sehr selten angewandt, da erforderlich war, dass die Verbreitung im Wissen der Falschheit der Information erfolgt. Das Gesetz wurde 2018 überarbeitet, wobei der Begriff „knowingly" aus dem Gesetzestext entfernt wurde. Am 19.2.2021 hat der Supreme Court von Ontario die relevante Section 91 (1) des Canadian Election Acts für verfassungswidrig erklärt. Das Gericht ging davon aus, dass der Nachweis des Wissens um die Falschheit nicht mehr erforderlich sei, also auch fahrlässig verbreitete Falschinformationen strafbar seien, und sah darin die Freiheit der Meinungsäußerung verletzt. Zu diesen Hintergründen: *Eve Gaumond* Why a Canadian Law Prohibiting False Statements in the Run-Up to an Election Was Found Unconstitutional, <https://www.lawfareblog.com/why-canadian-law-prohibiting-false-statements-run-election-was-found-unconstitutional> (Stand 8.11.2021). Pointierte Kritik an der expansiven Einschränkung der Meinungsfreiheit aus rechtswissenschaftlicher Perspektive bei: *Michael Karanicolas* Canada's Fake News Laws Face a Charter Challenge. That's a Good Thing, <https://law.yale.edu/isp/initiatives/wikimedia-initiative-intermediaries-and-information/wiii-blog/canadas-fake-news-laws-face-charter-challenge-thats-good-thing> (Stand 8.11.2021). S. ferner *ders.* Subverting Democracy to Save Democracy: Canada's Extra-Constitutional Approaches to Battling "Fake News", Canadian Journal of Law and Technology 17 (2019), 200 ff.

[211] Dazu *Amélie P. Heldt* Von der Schwierigkeit, Fake News zu regulieren, <https://www.bpb.de/gesellschaft/digitales/digitale-desinformation/290529/frankreichs-gesetzgebung-gegen-die-verbreitung-von-falschnachrichten> (Stand 8.11.2021). Der *Conseil Constitutionnel* befand das Gesetz in seiner Entscheidung vom 20.12.2018 (Nr. 2018-773 DC, <https://www.conseil-constitutionnel.fr/decision/2018/2018773DC.htm> [Stand 8.11.2021] insofern für verfassungsgemäß, als Art. 1 und Art. 6 im Lichte der Meinungs- und Informa-

die Gerichte,[212] die den Intermediären wie Twitter und Facebook in ihrem letztlich willkürlichen Abschalten von Politikeraccounts erste Grenzen setzen. Zur viel schwierigeren Frage, ob und wann Accounts aus Gründen der Demokratiegefährdung abgeschaltet werden müssen, stehen die rechtswissenschaftlichen Überlegungen dagegen erst am Anfang.[213]

IV. Grenzen des Rechts und Aufgaben der Rechtswissenschaft

In ihrer Monographie „How Democracies Die" haben die beiden Autoren *Steven Levitsky* und *Daniel Ziblatt* herausgearbeitet, dass Demokratien maßgeblich von zwei Grundsätzen abhängig seien: erstens, dass sich Parteien gegenseitig als legitime Konkurrenten um die Herrschaft tolerieren, und zweitens, dass diejenige Partei, die die Herrschaft erringt, ihren institutionellen Einfluss nicht missbraucht.[214] Das Recht aber kann diese Voraussetzungen nicht durchsetzen. Doch gilt auch umgekehrt: Es gibt zahlreiche institutionelle Faktoren wie die Parteienfinanzierung, die entscheidend für die Aufrechterhaltung des politischen Systems sind.[215] Um deren optimale Ausgestaltung muss sich die Rechtswissenschaft bemühen!

---

tionsfreiheit nur dann greifen, wenn die Unwahrheit oder der irreführende Charakter *offensichtlich* ist. Aus dem französischen Schrifttum *Romain Rambaud* Lutter contre la manipulation de l'information, l'Actualité juridique Droit administratif 2019, 453 ff.; kritisch mit Blick auf den Begriff der Fake News *Thomas Hochmann* Lutter contre les fausses informations: le problème préliminaire de la définition, <http://www.revuedlf.com/droit-constitutionnel/lutter-contre-les-fausses-informations-le-probleme-preliminaire-de-la-definition/> (Stand 8.11.2021).

[212] BGH, GRUR 2021, 1433; BGH, GRUR-RS 2021, 23182. S. dazu *Markus Reuter* Nutzer:innen haben ein Recht auf Widerspruch, wenn Facebook löscht und sperrt, <https://netzpolitik.org/2021/bgh-urteil-nutzerinnen-haben-ein-recht-auf-widerspruch-wenn-facebook-loescht-und-sperrt/> (Stand 8.11.2021). Auch das Bundesverfassungsgericht hat erste Leitplanken eingezogen, insbesondere in seiner einstweiligen Anordnung „Der Dritte Weg" (BVerfG, NJW 2019, 1935). Die Hauptsacheentscheidung steht noch aus, doch geben andere Entscheidungen (BVerfGE 128, 226 – Fraport; BVerfG, NJW 2015, 2485 – Bierdosenflashmob; BVerfGE 152, 152 – Recht auf Vergessen I) bereits wichtige Anhaltspunkte. So wird in der Literatur darüber diskutiert, ob in Folge der zitierten Entscheidungen die Annahme einer staatsgleichen Grundrechtsbindung wirkmächtiger sozialer Netzwerke zu erwarten ist. Näher *Anna-Bettina Kaiser* Privatautonomie. Von der unmittelbaren zur mittelbaren Drittwirkung und zurück?, in: Matthias Jestaedt/Hidemi Suzuki (Hrsg.) Verfassungsentwicklung III, 2021, 3 ff.

[213] Entsprechende Überlegungen etwa bei *Kühling* „Fake News" (Fn. 201), 461 ff.

[214] *Levitsky/Ziblatt* How Democracies Die (Fn. 71), 212 f.

[215] *Decker* Parteiendemokratie im Wandel (Fn. 4), 69. Zu diesen Faktoren gehört auch das Wahlrecht, zu dessen Beitrag s. *Pünder* Wahlrecht (Fn. 119), 212 ff. Für die Bedeutung von Institutionen *Przeworski* Krisen (Fn. 8), 178.

Leitsätze der Referentin über:

1. Die Organisation politischer Willensbildung: Parteien

I. Parteien zwischen Normativität und Faktizität

(1) Die gegenwärtige Debatte um die Parteiendemokratie stellt die Umkehrung des Weimarer Parteiendiskurses dar.

II. Aktuelle Machtverschiebungen in der Parteienlandschaft – Vermessung des Realbereichs

1. Systemrelevante Veränderungen der Parteiendemokratie

a) Pluralisierung und Volatilität

aa) Bedeutungsverlust der etablierten Volksparteien

(2) Seit längerem konstatieren politikwissenschaftliche Studien einen Wandel der etablierten Parteiensysteme. Sie verweisen auf den europaweit zu beobachtenden Verlust von Wählern und Mitgliedern der typischerweise zwei Volksparteien.

bb) Ausdifferenzierung der Parteienlandschaft

(3) Der durch die Ausdifferenzierung der Parteienlandschaft eingetretene Pluralismus kommt auf der einen Seite der Wählerschaft zugute. Auf der anderen Seite wird die Regierungsbildung schwieriger, weil Zwei-Parteien-Koalitionen zukünftig unwahrscheinlicher werden und auch Minderheitsregierungen nicht mehr ausgeschlossen sind.

cc) Innerparteiliche Experimente

(4) Zur Ausdifferenzierung des Parteiensystems tritt eine Machtverschiebung innerhalb der Parteien hinzu: Parteien weiten direktdemokratische Elemente aus. Die innerparteiliche Partizipation verläuft vermehrt digital. Die Grenze zwischen Mitgliedern und Nichtmitgliedern wird durchlässiger.

b) Krise der Repräsentation?

aa) Vertrauensverlust von Parteien

(5) Die Parteien und die repräsentative Demokratie haben einen Vertrauensverlust erlitten. Diese und mit ihr zusammenhängende Veränderungen stellen einen zweiten Bereich von Machtverschiebungen dar, den die Sozialwissenschaften als nachhaltige „Krise der Repräsentation" beschreiben. Bei der Suche nach den Ursachen des Vertrauensverlusts sollte die Entmediatisierung durch die sozialen Medien stärker in den Blick genommen werden.

bb) Etablierung von Anti-System-Parteien (v.a. radikalisierter Rechtspopulismus)

(6) Durch Anti-System-Parteien wird die „Krise der Repräsentation" vergrößert, weil diejenigen, die individuell dem politischen System den Rücken zugekehrt haben, nunmehr Parteien unterstützen, die sich kollektiv vom System abwenden.

cc) Bedeutungsgewinn der nichtverfassten sozialen Partizipation in analogen und digitalen Räumen

(7) Die gesellschaftliche Politisierung stärkt vermehrt die nichtverfasste soziale Partizipation. Überdies hat das Internet einen neuen Kommunikationsraum eröffnet, der für die Bevölkerung große Partizipationsmöglichkeiten bereithält. Allerdings wird die Entmediatisierung der Internetkommunikation die Repräsentation häufig schwächen.

2. Machtverschiebungen: gewöhnlicher Wandel oder echte Krise?

(8) Während von einer gewissen Volatilität des gegenwärtigen Parteiensystems in Deutschland und in vielen anderen europäischen Staaten auszugehen ist, sollte eine „Krise der Repräsentation" nicht vorschnell bejaht werden: Eine Historisierung des Krisendiskurses stimmt misstrauisch. Ein sechzig Jahre alter Krisendiskurs könnte indes auch verdecken, dass sich zu einem bestimmten Zeitpunkt im Parteiensystem tatsächlich Veränderungen ergeben, die sich als „Kipppunkte" der repräsentativen Demokratie erweisen.

III. Reaktionsbereiche des Verfassungsrechts

1. Sind Parteien (noch) "Sprachrohr des Volkes"?

(9) Im Hinblick auf die gegenwärtigen Krisendiagnosen stellen auch Stimmen der Staatsrechtslehre die Parteiendemokratie in Frage. Die Positionierung zu diesem verfassungstheoretischen Problem hängt von der zugrundegelegten Parteientheorie ab. In der jungen Bundesrepublik war Gerhard Leibholz' materiell aufgeladene Parteienstaatslehre prägend und stellte das nötige Gegengewicht zur Parteienskepsis der Weimarer Zeit her, führte allerdings zu einer Überkonstitutionalisierung von Art. 21 GG.

(10) Diese Überkonstitutionalisierung erweist sich zunehmend als Überforderung der Parteien. So ist es für Kritiker ein Leichtes, aus dem Zurückbleiben der Parteien hinter den verfassungsrechtlichen Erwartungen auf das Ende der Parteiendemokratie zu schließen. Entscheidend für ein zukünftiges Parteienrecht ist daher der Abbau der theoretischen Überfrachtung des Art. 21 GG.

2. Elemente eines resilienten Parteienrechts

a) Korrektur und Fortentwicklung bestehender Rechtsinstitute

aa) Parteienfinanzierung in Zeiten "professionalisierter Wählerparteien"

(11) In seiner derzeitigen Ausgestaltung wird das deutsche Recht der Parteienfinanzierung den verfassungsrechtlichen Anforderungen nicht gerecht. Der Staat ist zu einer funktionsadäquaten Parteienfinanzierung nicht nur berechtigt, sondern verpflichtet.

(12) Die vom Bundesverfassungsgericht geformte Parteienfinanzierung stellt maßgeblich auf die gesellschaftliche Verwurzelung der Parteien durch Mitglieder und damit auf ein Leitbild ab, das der Realität immer weniger entspricht. Der staatliche Anteil einer zukünftigen Parteienfinanzierung sollte sich deshalb ausschließlich an den abgegebenen Wählerstimmen orientieren.

(13) Das geltende Recht der Parteienfinanzierung ist inkohärent. In der rechtlichen Trennung von Parteien-, Fraktions- und Parteistiftungsfinanzierung liegt das Hauptproblem des gegenwärtigen Konzepts. Ein zukünftiges Recht der Parteienfinanzierung sollte diese Bereiche gemeinsam regeln.

bb) Stärkung der Oppositionsrechte in einer ausdifferenzierten Parteienlandschaft

(14) Im Hinblick auf eine mögliche zukünftige supermajoritäre Drei- oder Mehrparteienkoalition ist für eine effektive Oppositionsausübung eine

Änderung von Verfassungs- oder Geschäftsordnungsrecht, also eine Absenkung der Quoren für Kontrollmechanismen, aus verfassungstheoretischen Gründen zu fordern. Dies gilt nicht für die Konstellation der sog. fragmentierten Opposition; hier ist die institutionelle Kooperationsbereitschaft weiterhin zu fördern.

cc) Behutsame Modernisierung des Parteiengesetzes im Hinblick auf die innerparteiliche Demokratie

(15) Angesichts verstärkter Partizipationsforderungen von Parteimitgliedern und der Chancen der Digitalisierung für die innerparteiliche Demokratie liegt eine Reform des Parteiengesetzes nahe. Eine damit verbundene (teilweise) Abkehr von der Versammlungsdemokratie erwiese sich im Hinblick auf die für die (innere) Demokratie wichtige Kommunikation unter Anwesenden, aber auch wegen der zu befürchtenden Oligarchisierungseffekte als ambivalent.

b) Stärkung von Vertrauen in die Parteiendemokratie

aa) Vertrauensgewinn durch losbasierte Bürgerräte?

(16) Mit der Institutionalisierung losbasierter Bürgerräte, die Lösungsvorschläge für gesellschaftliche Herausforderungen ausarbeiten sollen, sind auf den ersten Blick demokratietheoretische Vorzüge verbunden. Aufgrund der Eskamotierung des Politischen, einer angreifbaren Repräsentationsvorstellung, unzureichender demokratischer Legitimation sowie praktischer Umsetzungsprobleme können Bürgerräte indes nur im Einzelfall eine sinnvolle Ergänzung zur Parteiendemokratie darstellen.

bb) Robuste Parteiendemokratie durch Parteiverbote?

(17) Das Parteiverbot ist gefangen zwischen einem „noch nicht" und einem „nicht mehr". Es ist daher nur bedingt tauglich, die Parteiendemokratie zukunftsfest zu machen. Art. 21 Abs. 3 GG, der Ausschluss von staatlicher Parteienfinanzierung, könnte aber zukünftig ein Instrument darstellen, den Paradoxien des Parteiverbots zumindest partiell zu entkommen.

cc) Rechtliche Einhegung von Hassrede und Fake News

(18) Ein zentrales Element für die Rückgewinnung von Vertrauen in die Parteiendemokratie ist die rechtliche Einhegung von Hassrede zulasten von Politikern. Der Ehrschutz für Politiker fällt vor allem aufgrund der Defizite der fachgerichtlichen Rechtsprechung, die das Abwägungsprogramm des Bundesverfassungsgerichts häufig nicht vollständig abarbeitet, vergleichs-

weise schwach aus. Als noch diffiziler erweist sich die Regulierung von Fake News über das politische System. An ausländischen Modellen zeigen sich die mit einer solchen Regulierung verbundenen Gefahren.

IV. Grenzen des Rechts und Aufgaben der Rechtswissenschaft

(19) Zwar sind Parteiendemokratien von Grundsätzen abhängig, die das Recht nicht durchsetzen kann. Doch gilt auch umgekehrt: Es gibt zahlreiche institutionelle Faktoren wie die Parteienfinanzierung, die entscheidend für die Aufrechterhaltung des politischen Systems sind. Um deren optimale Ausgestaltung sollte sich die Rechtswissenschaft bemühen.

Zweiter Beratungsgegenstand:

2. Die Organisation politischer Willensbildung: Parlamente

Mehrdad Payandeh, Hamburg*

Inhalt

		Seite
I.	Einleitung: Blinde Flecken in der Dogmatik des Parlamentsrechts	172
II.	Bestandsaufnahme: Parlamentsorganisation vom Abgeordneten her gedacht	176
III.	Weichenstellung: Parlamentsrecht zwischen Abgeordnetenstatus, politischen Gruppierungen und dem Dualismus von Regierungsmehrheit und Opposition	181
	1. Unschärfen und Defizite des statusrechtlichen Ansatzes zur Parlamentsorganisation	181
	a) Konzeptionelle Unstimmigkeiten der statusrechtlichen Konstruktion des Parlamentsrechts	182
	b) Das Repräsentationsprinzip als Grundlage des statusrechtlichen Ansatzes	186
	c) Die Gleichheit der Abgeordneten	189
	2. Parlamentarische Organisation entlang politischer Strömungen	191
	a) Autorisierung und Legitimation	192
	b) Responsivität und Verantwortlichkeit	196

---

* Bei der Abfassung dieses Referats habe ich sehr von einem langjährigen Austausch mit *Julian Krüper* über Konzeption und Grundfragen des Parlamentsrechts profitiert. Für zahlreiche Anregungen und ihre Bereitschaft zur Diskussion danke ich ferner aus meiner Düsseldorfer Zeit *Heiko Sauer, Lothar Michael* und *Martin Morlok*, dem Frankfurter Kreis um *Albert Ingold, Thomas Kleinlein, Anna Katharina Mangold, Philipp Reimer* und *Benjamin Rusteberg* sowie meinen Hamburger Kollegen *Christian Bumke, Michael Fehling, Felix Hanschmann, Jörn Axel Kämmerer, Hermann Pünder* und *Arne Pilniok*.

3. Parlamentarische Organisation entlang des Dualismus
   von Regierungsmehrheit und Opposition 199
   a) Ermöglichung von Mehrheitsentscheidungen 199
   b) Differenzierung zwischen Regierungsmehrheit und
      Opposition 200
   c) Bedeutung der Opposition 202
IV. Neuausrichtung: Parlamentsrecht zwischen
    Organisationsprinzipien und dem institutionellen Rechtsstatus
    der Abgeordneten 203
    1. Organisationsprinzipien des Parlamentsrechts 203
       a) Fraktionen als Bezugspunkt der
          Parlamentsrechtsdogmatik 203
       b) Parlamentsinterner Dualismus von Regierungsmehrheit
          und Opposition 207
    2. Rekonstruktion des Abgeordnetenstatus 209
       a) Rechtsstatus der Abgeordneten 209
       b) Parlamentarische Mitwirkungsbefugnisse als
          mediatisierte Teilhaberechte 211
       c) Rechtsstellung der Abgeordneten in der Fraktion 217
    3. Parlamentsautonomie und Gestaltungsspielräume 218
V. Schluss: Parlamentsrecht zwischen Wirklichkeit, Normativität
   und Anpassungsfähigkeit 220

I. Einleitung: Blinde Flecken in der Dogmatik des Parlamentsrechts

In der repräsentativen Demokratie ist das Parlament das institutionelle Zentrum politischer Willensbildung.[1] Der parlamentarische Wille bildet

---

[1] *Hasso Hofmann/Horst Dreier* Repräsentation, Mehrheitsprinzip und Minderheitenschutz, in: Hans-Peter Schneider/Wolfgang Zeh (Hrsg.) Parlamentsrecht und Parlamentspraxis in der Bundesrepublik Deutschland, 1989, § 5 Rn. 24; *Ernst-Wolfgang Böckenförde* Demokratische Willensbildung und Repräsentation, in: Josef Isensee/Paul Kirchhof (Hrsg.) Handbuch des Staatsrechts, Bd. III, 3. Aufl. 2005, § 34 Rn. 27; *Werner Heun* Die Verfassungsordnung der Bundesrepublik Deutschland, 2012, 40. Im parlamentarischen Regierungssystem muss diese Aussage insofern präzisiert werden, als politische Führung im Zusammenspiel von Regierung und die Regierung tragenden Parlamentsfraktionen erfolgt, auch und vor allem im Rahmen der Rechtsetzung, siehe dazu *Armin v. Bogdandy* Gubernative Rechtsetzung, 2000, 136 ff.; ausführlich nun *Arne Pilniok* Parlamentarisches Regieren, Habilitationsschrift, 2021. Zu Debatten über die tatsächliche Stellung des Parlaments und die vielfältigen in diesem Zusammenhang diskutierten Krisenbefunde *Pascale Cancik* Wahlrecht und Parlamentsrecht als Gelingensbedingungen repräsentativer Demokratie, VVDStRL 72 (2013), 268 (270 ff.); *Markus Kotzur* in: Wolfgang Kahl/Christian Waldhoff/Christian Walter (Hrsg.) Bonner Kommentar zum Grundgesetz, 2021, Vorbem. z.

2. Die Organisation politischer Willensbildung: Parlamente

sich im parteienstaatlich geprägten[2] parlamentarischen Regierungssystem[3] entlang politischer Linien: Fraktionen stellen Anträge. Die Opposition kritisiert das Handeln der Regierung und der Regierungsfraktionen. Mehrheitsentscheidungen werden regelmäßig von den Abgeordneten der Regierungsfraktionen getragen,[4] und Oppositionsfraktionen machen überproportional häufig von parlamentarischen Fragerechten gegenüber der

---

Art. 38–49 Rn. 62 ff. (2015). Auch jenseits der Rechtswissenschaften werden Krisenphänomene der repräsentativen, parlamentarischen Demokratie diskutiert, siehe zuletzt etwa *Armin Schäfer/Michael Zürn* Die demokratische Regression, 2021, 89 ff.

[2] Der Begriff der Parteienstaatlichkeit bezeichnet zunächst nur die auch verfassungsrechtlich in Art. 21 GG anerkannte Bedeutung der politischen Parteien für den demokratischen Verfassungsstaat. Vielfach wird ihm allerdings eine negative Konnotation beigemessen, und er bildet den Anknüpfungspunkt für Reflexionen über Missstände, siehe *Michael Stolleis* Parteienstaatlichkeit – Krisensymptome des demokratischen Verfassungsstaats?, VVDStRL 44 (1986), 7 (8 f.). Zum Teil wird daher der Begriff der Parteiendemokratie bevorzugt, siehe *Jörn Ipsen/Thorsten Koch* in: Michael Sachs (Hrsg.) Grundgesetz, 9. Aufl. 2021, Art. 21 Rn. 14; *Rudolf Streinz* in: Hermann v. Mangoldt/Friedrich Klein/Christian Starck (Hrsg.) Grundgesetz, 7. Aufl. 2018, Art. 21 Rn. 30; *Uwe Volkmann* in: Karl Heinrich Friauf/Wolfram Höfling (Hrsg.) Berliner Kommentar zum Grundgesetz, 2021, Art. 21 Rn. 10 (2001); aus politikwissenschaftlicher Perspektive *Frank Decker* Parteiendemokratie im Wandel, 2. Aufl. 2018, 85 ff.

[3] Zu Wesens- und Strukturmerkmalen des parlamentarischen Regierungssystems und seiner grundgesetzlichen Ausprägung *Hans-Peter Schneider* Das parlamentarische System, in: Ernst Benda/Werner Maihofer/Hans-Jochen Vogel (Hrsg.) Handbuch des Verfassungsrechts der Bundesrepublik Deutschland, 2. Aufl. 1994, § 13 Rn. 3 ff.; *Peter Badura* Die parlamentarische Demokratie, in: Josef Isensee/Paul Kirchhof (Hrsg.) Handbuch des Staatsrechts, Bd. II. 3. Aufl. 2004, § 25 Rn. 10 ff.; *Jens Kersten* Parlamentarisches Regierungssystem, in: Matthias Herdegen/Johannes Masing/Ralf Poscher/Klaus Ferdinand Gärditz (Hrsg.) Handbuch des Verfassungsrechts, 2021, § 11 Rn. 1 ff. Dabei ist die konkrete Entwicklung, die das parlamentarische Regierungssystem in der Bundesrepublik genommen hat, nicht vollumfänglich vom Grundgesetz determiniert, und auch in den Debatten im Parlamentarischen Rat ist keine in allen Einzelheiten vorgezeichnete Konzeption erkennbar, siehe *Frank Decker* Konstitutionelles versus parteiendemokratisches Parlamentarismusverständnis?, in: Stefan Brink/Heinrich Amadeus Wolff (Hrsg.) FS Hans Herbert v. Arnim, 2004, 533 (540 ff.); *Christoph Schönberger* Das Parlament: Geschichte einer europäischen Erfindung, in: Martin Morlok/Utz Schliesky/Dieter Wiefelspütz (Hrsg.) Parlamentsrecht, 2016, § 1 Rn. 52; *Sebastian Galka* Parlamentarismuskritik und Grundgesetz, 2014, 311 f. betont die Widersprüchlichkeit der verfassungspolitischen Vorstellungen zum Parlamentarismus im Parlamentarischen Rat; auf Regelungen des Grundgesetzes, die der Herausbildung des parlamentarischen Regierungssystems eher zuwiderlaufen, verweist *Florian Meinel* Selbstorganisation des parlamentarischen Regierungssystems, 2019, 33 f.; siehe auch *ders.* Die Verfassungstheorie des Grundgesetzes und die Verfassungsgeschichte der Bundesrepublik, in: Hans Michael Heinig/Frank Schorkopf (Hrsg.) 70 Jahre Grundgesetz, 2019, 177 (180 ff.).

[4] *Wolfgang Radzio* Das politische System der Bundesrepublik Deutschland, 10. Aufl. 2019, 195.

Regierung Gebrauch.⁵ Der Alltag im Parlament ist geprägt durch die parlamentarische Gliederung in Fraktionen und ihre Zuordnung zur Regierungsmehrheit⁶ oder Opposition.⁷

In der Grundkonzeption der Parlamentsrechtsdogmatik kommt diese Parlamentswirklichkeit allerdings nicht hinreichend zum Ausdruck. Das Parlamentsrecht denkt vom Abgeordneten her.⁸ Die Fraktionen werden im Wesentlichen als verlängerter Arm der Abgeordneten verstanden, und der Dualismus von Regierung und Opposition kommt praktisch nicht vor. Diese Diskrepanz zwischen der Realität des Parlaments und der dogmatischen Konzeption des Parlamentsrechts verlangt Beachtung: Denn das Parlamentsrecht ist nicht nur das „technische Betriebsrecht"⁹ des Parlaments,¹⁰

---

⁵ So stammten in der 18. Wahlperiode des Deutschen Bundestages (2013–2017) 92,64 Prozent der Fragen an die Bundesregierung (19.564 von insgesamt 21.119) von den Oppositionsfraktionen Bündnis 90/Die Grünen und Die Linke, siehe Datenhandbuch zur Geschichte des Deutschen Bundestages, Stand: 10.1.2019, Kapitel 11.1, 5.

⁶ Zur wechselseitigen Abhängigkeit von parlamentarischer Mehrheit und Regierung *Martin Morlok* Informalisierung und Entparlamentarisierung politischer Entscheidungen als Gefährdungen der Verfassung?, VVDStRL 62 (2003), 37 (66). Die Möglichkeit einer Minderheitsregierung ist in Art. 63 Abs. 4 GG vorgesehen und damit verfassungsrechtlich zulässig (*Georg Hermes* in: Horst Dreier (Hrsg.) Grundgesetz, Bd. 2, 3. Aufl. 2015, Art. 63 Rn. 43 f.), wird aber im Lichte des grundgesetzlichen Regelungsgefüges skeptisch gesehen, siehe bereits *Ernst Friesenhahn* Parlament und Regierung im modernen Staat, VVDStRL 16 (1958), 9 (49); *Jörn Ipsen* Eine verzögerte Regierungsbildung, RuP 54 (2018), 208 (212 f.); *Florian Meinel* Vertrauensfrage, 2019, 197 ff.; optimistischer *Brun-Otto Bryde* Regierungsbildung im Vielparteienparlament, in: Julian Krüper (Hrsg.) FS Martin Morlok, 2019, 511 (513 ff.).

⁷ Zum Begriff der parlamentarischen Opposition *Hans-Peter Schneider* Die parlamentarische Opposition, in: Hans-Peter Schneider/Wolfgang Zeh (Hrsg.) Parlamentsrecht und Parlamentspraxis in der Bundesrepublik Deutschland, 1989, § 38 Rn. 33; *Peter Michael Huber* Regierung und Opposition, in: Josef Isensee/Paul Kirchhof (Hrsg.) Handbuch des Staatsrechts, Bd. III, 3. Aufl. 2005, § 47 Rn. 40 ff.; ausführlich, unter Berücksichtigung von Opposition außerhalb des Parlaments und mit besonderem Fokus auf dem pluralistischen Charakter von Opposition, *Albert Ingold* Das Recht der Oppositionen, 2015, 153 f.

⁸ Formulierung auch bei *Meinel* Selbstorganisation (Fn. 3), 8.

⁹ *Cancik* Wahlrecht und Parlamentsrecht (Fn. 1), 280.

¹⁰ Das Parlamentsrecht lässt sich gemeinsam mit dem Wahlrecht und dem Parteienrecht als Recht des politischen Prozesses bezeichnen, siehe *Martin Morlok* Notwendigkeit und Schwierigkeit eines Rechtes der Politik, DVBl. 2017, 995 ff. Die Zusammenhänge und Wechselwirkungen zwischen diesen drei Rechtsregimen kommen zudem treffend im Begriff der Demokratieverfassung zum Ausdruck, siehe dazu *Christian Waldhoff* Parteien-, Wahl- und Parlamentsrecht, in: Matthias Herdegen/Johannes Masing/Ralf Poscher/Klaus Ferdinand Gärditz (Hrsg.) Handbuch des Verfassungsrechts, 2021, § 10 Rn. 1 ff. und

sondern zielt auf die Verwirklichung der Volkssouveränität im parlamentarischen Willensbildungs- und Entscheidungsprozess ab.[11] Wie das Parlamentsrecht das Parlament als Organisation verfasst, ist deswegen von entscheidender Bedeutung für die politische Willensbildung im Parlament und damit im demokratischen Verfassungsstaat.[12]

Vor diesem Hintergrund möchte ich in meinem Referat die Grundlinien der bestehenden Parlamentsrechtsdogmatik, wie sie insbesondere mit Blick auf den Deutschen Bundestag entwickelt wurden, hinterfragen und eine Neuausrichtung vorschlagen. Meine These lautet, dass die vorherrschende Konzeption des Parlamentsrechts aus dem Statusrecht der Abgeordneten heraus aufgegeben werden sollte. Stattdessen ist der Funktionslogik des Parlaments als politische und demokratische Organisation, seiner Einteilung in politische Strömungen sowie dem Antagonismus von Regierungsmehrheit und Opposition größere Bedeutung einzuräumen.

Zu diesem Zweck werde ich im ersten Schritt die statusrechtliche Konzeption des Parlamentsrechts und ihre Implikationen nachzeichnen (II.). In einem zweiten Schritt werde ich darlegen, warum dieser statusrechtliche Ansatz relativiert und ergänzt werden muss durch eine an politischen Strömungen ausgerichtete, gruppenorientierte Perspektive einerseits und durch eine stärkere Einbindung des Dualismus von Regierung und Opposition andererseits (III.). Im dritten Schritt werde ich die konkreten verfassungsrechtsdogmatischen Konsequenzen skizzieren, die aus diesem Perspektivwechsel folgen (IV.).

Rn. 151 ff. Als besonders relevant für die Demokratie und ihr Funktionieren erweisen sich freilich auch weitere Rechtsmaterien wie insbesondere das Medien- und Kommunikationsrecht.

[11] Siehe *Waldhoff* Parteien-, Wahl- und Parlamentsrecht (Fn. 10), Rn. 108; zur Kategorisierung des Parlamentsrechts als Wettbewerbsrecht *Markus Kotzur* Demokratie als Wettbewerbsordnung, VVDStRL 69 (2009), 173 (209 ff.); *Morlok* Notwendigkeit (Fn. 10), 1001.

[12] Der parlamentarische Willensbildungsprozess zielt nicht auf die Ermittlung eines präexistenten „Volkswillens" ab, sondern ist ein in hohem Maße von organisatorisch-institutionellen Rahmenbedingungen geprägter Prozess, siehe zur rechtlichen Konstruiertheit und Konstruktion des Willens des Volkes nur *Hans Kelsen* Reine Rechtslehre, 2. Aufl. 1960, 302; *Hofmann/Dreier* Repräsentation (Fn. 1), Rn. 16; *Badura* Die parlamentarische Demokratie (Fn. 3), Rn. 28 f.; gegen jegliche Vorstellung der Abbildung eines bestehenden Volkswillens in demokratischen Entscheidungen auch *Christoph Möllers* Demokratie – Zumutungen und Versprechen, 3. Aufl. 2012, 28 f.; *Kotzur* in: Bonner Kommentar (Fn. 1), Vorbem. z. Art. 38–49 Rn. 43; *Hans-Heinrich Trute* in: Ingo v. Münch/Philip Kunig (Hrsg.) Grundgesetz, 7. Aufl. 2021, Art. 38 Rn. 102; *Alexander Thiele* Verlustdemokratie, 2. Aufl. 2018, 64 ff.; zur Pluralität des Volkswillens *Christoph Gusy* Demokratische Repräsentation, ZfP 1989, 264 (268).

II. Bestandsaufnahme: Parlamentsorganisation vom Abgeordneten her gedacht

Das Verfassungsrecht begründet die wesentlichen Maßstäbe der Parlamentsorganisation.[13] Manche allerdings expliziter als andere. So regelt das Grundgesetz zwar innerparlamentarische Verfahrens- und Organisationsfragen,[14] nimmt aber die parlamentsinterne Kompetenz- und

---

[13] Zu den Rechtsquellen des Parlamentsrechts *Pascale Cancik* Rechtsquellen des Parlamentsrechts, in: Martin Morlok/Utz Schliesky/Dieter Wiefelspütz (Hrsg.) Parlamentsrecht, 2016, § 9 Rn. 1 ff. Die besondere Bedeutung der verfassungsrechtlichen Maßstäbe für die Parlamentsorganisation folgt dabei aus den allgemeinen Besonderheiten des Verfassungsrechts wie insbesondere dem Vorrang der Verfassung, der Bedeutung der verfassungsgerichtlichen Rechtsprechung und dem rechtswissenschaftlichen Fokus auf verfassungsrechtliche Fragen.

[14] Das Grundgesetz enthält Vorschriften über grundlegende Verfahrensfragen wie etwa die Sitzungsöffentlichkeit (Art. 42 Abs. 1 GG), Mehrheitserfordernisse (Art. 42 Abs. 2, Art. 44 Abs. 1, Art. 61 Abs. 1 S. 2 und S. 3, Art. 63 Abs. 2–4, Art. 67 Abs. 1, Art. 68 Abs. 1 S. 1, Art. 77 Abs. 4, Art. 79 Abs. 2, Art. 80a Abs. 2 S. 2, Art. 87 Abs. 3 S. 2, Art. 93 Abs. 1 Nr. 2, Art. 115 Abs. 2 S. 6, Art. 115a Abs. 1 S. 2, Art. 121 GG), die Einberufung von Sitzungen (Art. 39 Abs. 3 GG), die Anwesenheit von Mitgliedern der Bundesregierung (Art. 43 GG) und punktuell auch Initiativrechte (Art. 76 Abs. 1 GG), siehe im Einzelnen *Wolfgang Zeh* Parlamentarisches Verfahren, in: Josef Isensee/Paul Kirchhof (Hrsg.) Handbuch des Staatsrechts, Bd. III, 3. Aufl. 2005, § 53 Rn. 3 ff. Es regelt wesentliche organisatorische Fragen wie die Einrichtung von Präsidium und Sitzungsvorstand (Art. 40 Abs. 1 S. 1 GG), wenngleich andere wichtige Einrichtungen wie der Ältestenrat nicht explizit genannt werden. Und es enthält Regelungen über die Untergliederungen des Bundestags, setzt das Plenum als Hauptorgan voraus (*Philipp Austermann/Christian Waldhoff* Parlamentsrecht, 2020, Rn. 390), sieht die Errichtung von Ausschüssen, darunter bestimmte Pflichtausschüsse, vor (*Lars Brocker* in: Wolfgang Kahl/Christian Waldhoff/Christian Walter (Hrsg.) Bonner Kommentar zum Grundgesetz, 2021, Art. 40 Rn. 201 (2019)), ebenso Untersuchungsausschüsse (Art. 44 GG), das Parlamentarische Kontrollgremium (Art. 45d GG) und den Wehrbeauftragten (Art. 45b GG). Die Fraktionen finden bekanntlich nur am Rande Erwähnung (Art. 53a Abs. 1 S. 2 GG) und werden daher ebenfalls in ihrer Existenz vorausgesetzt bzw. als in der Geschäftsordnungsautonomie des Bundestags verankert angesehen (siehe *Hans Hugo Klein* Fraktionen, in: Martin Morlok/Utz Schliesky/Dieter Wiefelspütz (Hrsg.) Parlamentsrecht, 2016, § 17 Rn. 6) Zum Teil wird ihre verfassungsrechtliche Verankerung in Art. 21 GG gesehen (siehe *Wolfgang Zeh* Gliederung und Organe des Bundestages, in: Josef Isensee/Paul Kirchhof (Hrsg.) Handbuch des Staatsrechts, Bd. III, 3. Aufl. 2005, § 52 Rn. 6; *Siegfried Magiera* in: Michael Sachs (Hrsg.) Grundgesetz, 9. Aufl. 2021, Art. 38 Rn. 67; kumulativer Ansatz bei *Sven Hölscheidt* Das Recht der Parlamentsfraktionen, 2000, 244 f.; *Pilniok* Parlamentarisches Regieren (Fn. 1), 372). Das Bundesverfassungsgericht hat die verfassungsrechtliche Verankerung der Fraktionen zunächst in Art. 21 GG gesehen (siehe BVerfGE 10, 4 (14); 20, 56 (104 f.)), stellt nunmehr aber ausschließlich auf Art. 38 Abs. 1 GG ab (siehe BVerfGE 70, 324 (370 f.); 80, 188 (220); 84, 304 (322); 112, 118 (135)); zur Einordnung dieser Rechtsprechungsentwicklung *Ralf Poscher* Die Opposition als Rechtsbegriff, AöR 112 (1997), 444 (448 ff.); dazu, dass die Verlagerung von Art. 21 GG zu Art. 38 Abs. 1 GG stärker die Trennung der Fraktion von

Zuständigkeitsverteilung allenfalls punktuell in den Blick:[15] Wie Themen auf die Tagesordnung kommen, wer wann und wie lange im Plenum reden darf oder wie sich die Ausschüsse zusammensetzen, lässt das Grundgesetz weitgehend offen. Die verfassungsrechtlichen Maßstäbe für diese Zuordnungs- und Verteilungsfragen müssen daher im Wege der Verfassungsinterpretation gewonnen werden, die auch in parlamentsrechtlichen Fragen die Form von Verfassungskonkretisierung annimmt,[16] von Vorverständnissen und Leitbildern geprägt ist[17] und eine eigenständige dogmatische Konzeptbildung erfordert.[18]

Die derzeitige Dogmatik des Parlamentsrechts wird dabei im Wesentlichen ausgehend von den Statusrechten der Abgeordneten konstruiert.[19]

---

der Partei zum Ausdruck bringt, *Hans-Peter Schneider* Das Parlamentsrecht im Spannungsfeld von Mehrheitsentscheidung und Minderheitsschutz, in: Peter Badura/Horst Dreier (Hrsg.) FS 50 Jahre Bundesverfassungsgericht, Bd. II, 2001, 627 (648 f.). Gleichzeitig verliert die Fraktion damit aber ihre Eigenständigkeit gegenüber den ihr angehörenden Abgeordneten.

[15] Zur Zurückhaltung des Grundgesetzes in parlamentsinternen Fragen und der daraus folgenden Bedeutung der Geschäftsordnung *Jost Pietzcker* Schichten des Parlamentsrechts: Verfassung, Gesetz und Geschäftsordnung, in: Hans-Peter Schneider/Wolfgang Zeh (Hrsg.) Parlamentsrecht und Parlamentspraxis in der Bundesrepublik Deutschland, 1989, § 9 Rn. 7 f.; *Andreas Voßkuhle* Verfassung und Parlamentarismus, BayVBl. 2016, 289 (290); *Pilniok* Parlamentarisches Regieren (Fn. 1), 101 ff.; *Brocker* in: Bonner Kommentar (Fn. 14), Art. 40 Rn. 126.

[16] *Konrad Hesse* Grundzüge des Verfassungsrechts der Bundesrepublik Deutschland, 20. Aufl. 1999, Rn. 60 ff.

[17] Grundlegend zur Bedeutung von Vorverständnissen *Josef Esser* Vorverständnis und Methodenwahl in der Rechtsfindung, 1970; für das Verfassungsrecht bereits *Horst Ehmke* Prinzipien der Verfassungsinterpretation, VVDStRL 20 (1963), 53 ff.; zur Bedeutung von Leitbildern einflussreich *Uwe Volkmann* Leitbildorientierte Verfassungsanwendung, AöR 134 (2009), 157 ff.; zum Parlamentsverständnis des Bundesverfassungsgerichts *Astrid Kuhn* Bundesverfassungsgericht und Parlamentarismus, 2020.

[18] In Ermangelung eindeutiger grundgesetzlicher Vorgaben liegt der statusrechtlichen Konzeption des Parlamentsrechts nicht nur eine bestimmte Auslegung von Art. 38 Abs. 1 S. 2 GG zugrunde, sondern auch eine vorgelagerte Entscheidung dafür, in dieser Norm – und nicht etwa im Grundsatz der Parlamentsautonomie (Art. 40 Abs. 1 S. 2 GG), der Anerkennung der Parteien (Art. 21 GG), dem Mehrheitsprinzip (Art. 42 Abs. 2 S. 1 GG) oder dem Demokratieprinzip (Art. 20 Abs. 1, Abs. 2 GG) – den wesentlichen Ausgangspunkt für die Entwicklung der Parlamentsrechtsdogmatik zu sehen; siehe in diese Richtung bereits die Bemerkungen von *Wolfgang Zeh* Parlamentsrecht und Verfassungsinterpretation: Wechselwirkungen zwischen Bundestag und Bundesverfassungsgericht, in: Friedhelm Hufen (Hrsg.) FS Hans-Peter Schneider, 2008, 429 (431).

[19] Herausarbeitung und historische Darstellung dieses Ansatzes bei *Meinel* Selbstorganisation (Fn. 3), 4 ff.; für die Rechtsprechung seit 1990 auch *Christian Wöhst* Hüter der Demokratie 2017, 193 ff.; für die herrschende statusrechtliche Begründung innerparlamentarischer Befugnisse exemplarisch *Wolfgang Demmler* Der Abgeordnete im Parlament der Fraktionen, 1994, 259 ff.; ausführliche Begründung und Entfaltung des statusrechtlichen

Im Zentrum steht Art. 38 Abs. 1 S. 2 GG, der einerseits das freie Mandat beinhaltet, andererseits die Abgeordneten als „Vertreter des ganzen Volkes" bezeichnet und damit einen Gedanken der repräsentativen Demokratie zum Ausdruck bringt.[20] Aus dem Repräsentationsprinzip wird im zweiten Schritt der Status der Gleichheit der Abgeordneten abgeleitet:[21] Da die Abgeordneten nur in ihrer Gesamtheit das Volk repräsentieren, so das Argument, übe auch der Bundestag seine Repräsentationsfunktion nur durch die Mitwirkung aller Mitglieder aus, und diese müssten daher über die gleichen Mitwirkungsbefugnisse verfügen.[22]

Dieses Verständnis des durch umfassende Rechte und formale Gleichheit[23] geprägten Abgeordnetenstatus hat zwei wesentliche Konsequenzen für das Parlamentsrecht: So werden parlamentsinterne Befugnisse grundsätzlich unmittelbar den Abgeordneten als individuelle Rechtspositionen zugeordnet. Zu diesen Statusrechten[24] gehören etwa das Anwesenheits-,

---

Ansatzes bei *Ingold* Oppositionen (Fn. 7), 312 ff. und 363 ff.; *ders.* Das „Amt" der Abgeordneten, JÖR 64 (2016), 43 (61 f.).

[20] *Hermann Butzer* in: Volker Epping/Christian Hillgruber (Hrsg.) Beck'scher Online-Kommentar zum Grundgesetz, 2021, Art. 38 Rn. 115; *Peter Badura* in: Wolfgang Kahl/Christian Waldhoff/Christian Walter (Hrsg.) Bonner Kommentar zum Grundgesetz, 2021, Art. 38 Rn. 1, 49 (2018); *Austermann/Waldhoff* Parlamentsrecht (Fn. 14), Rn. 138; aus der Rechtsprechung BVerfGE 44, 308 (315 f.); 112, 118 (134).

[21] BVerfGE 44, 308 (316); 130, 318 (342); 140, 115 (150); *Martin Morlok* in: Horst Dreier (Hrsg.) Grundgesetz, Bd. II, 3. Aufl. 2015, Art. 38 Rn. 141; *Ernst-Wolfgang Böckenförde* Demokratie als Verfassungsprinzip, in: Josef Isensee/Paul Kirchhof (Hrsg.) Handbuch des Staatsrechts, Bd. II, 3. Aufl. 2004, § 24 Rn. 45; *Trute* in: v. Münch/Kunig (Fn. 12), Art. 38 Rn. 106; maßgeblich auf die passive Wahlrechtsgleichheit abstellend *Austermann/Waldhoff* Parlamentsrecht (Fn. 14), Rn. 146.

[22] BVerfGE 80, 188 (218); 130, 318 (342); aus dem Schrifttum statt vieler *Morlok* in: Dreier (Fn. 21), Art. 38 Rn. 141.

[23] Die Gleichheit der Abgeordneten wird – in Parallele zur Dogmatik der Wahlrechtsgleichheit – streng formal verstanden, siehe *Peter Müller* in: Hermann v. Mangoldt/Friedrich Klein/Christian Starck (Hrsg.) Grundgesetz, 7. Aufl. 2018, Art. 38 Rn. 80; *Böckenförde* Demokratie (Fn. 21), Rn. 45.

[24] Die Terminologie variiert, zum Teil wird von Statusrechten gesprochen (BVerfGE 10, 4 (11 ff.); 80, 188 (217 ff.); 147, 50 (130); *Hans Hugo Klein/Kyrill-Alexander Schwarz* in: Günter Dürig/Roman Herzog/Rupert Scholz (Hrsg.) Grundgesetz, 2021, Art. 38 Rn. 259 ff. (2021); *Meinel* Selbstorganisation (Fn. 3), 6 ff.), zum Teil von Mandatsrechten (*Winfried Kluth* in: Bruno Schmidt-Bleibtreu/Hans Hofmann/Hans-Günter Henneke (Hrsg.) Grundgesetz, 14. Aufl. 2017, Art. 38 Rn. 81 ff.), Abgeordnetenrechten (*Müller* in: v. Mangoldt/Klein/Starck (Fn. 23), Art. 38 Rn. 80 f.), Beteiligungsrechten (*Magiera* in: Sachs (Fn. 14), Art. 38 Rn. 58 ff.; *Schneider* Spannungsfeld (Fn. 14), 642) oder Mitwirkungsrechten (*Austermann/Waldhoff* Parlamentsrecht (Fn. 14), Rn. 147 ff.). Zum Teil wird zwischen Amtsträgerrechten als den parlamentarischen Mitwirkungsrechten und Statusrechten als Rechten zur Sicherung des Abgeordnetenstatus unterschieden (*Klaus Stern* Das Staatsrecht der Bundesrepublik Deutschland, Bd. I, 2. Aufl. 1984, 1057 f.).

2. Die Organisation politischer Willensbildung: Parlamente

Antrags-, Rede-, Beratungs- und Stimmrecht sowie das Assoziationsrecht und das Recht auf Mitgliedschaft in einem Ausschuss.[25] In der Konsequenz dieses Ansatzes stellt nahezu jede Form der Ausgestaltung der parlamentarischen Binnenorganisation, gleich ob durch Geschäftsordnung oder Gesetz, durch Parlamentsbeschluss oder Parlamentspraxis, einen rechtfertigungsbedürftigen Eingriff in die Rechtsstellung der Abgeordneten dar.[26] Das gilt ebenso für die Übertragung von Aufgaben und Befugnissen auf Ausschüsse und andere Untergliederungen, an denen nicht alle Abgeordneten in gleicher Weise mitwirken können,[27] wie für die Mediatisierung der Abgeordneten durch die Fraktionen, etwa im Rahmen der Zuteilung und Verteilung der Redezeit.[28] Diese Einschränkungen der Abgeordnetenrechte können dann – strukturell angelehnt an die Grundrechtsdogmatik[29] – zur Durchsetzung anderer Rechtsgüter von

---

[25] BVerfGE 130, 318 (342); *Austermann/Waldhoff* Parlamentsrecht (Fn. 14), Rn. 147; ausführlich *Wolfgang Schreiber* in: Karl Heinrich Friauf/Wolfram Höfling (Hrsg.) Berliner Kommentar zum Grundgesetz, 2021, Art. 38 Rn. 179 und Rn. 203 ff. (2013). Über den parlamentsinternen Bereich hinaus werden Frage- und Informationsrechte gegenüber der Bundesregierung nicht nur dem Bundestag als Organ, sondern unmittelbar den Abgeordneten zugewiesen, siehe *Müller* in: v. Mangoldt/Klein/Starck (Fn. 23), Art. 38 Rn. 85 ff. Das Bundesverfassungsgericht sieht diese Rechte zum Teil als Rechte der Abgeordneten auf Beteiligung an der Ausübung des Frage- und Informationsrechts an (siehe BVerfGE 130, 318 (342)), teilweise stärker als eigene Rechte der Abgeordneten (siehe BVerfGE 137, 185 (224)); ausführlich zu den unterschiedlichen Anknüpfungspunkten und Begründungssträngen *Meinel* Selbstorganisation (Fn. 3), 241 ff. und 259 ff.

[26] *Stern* Staatsrecht (Fn. 24), 1030; *Schreiber* in: Berliner Kommentar (Fn. 25), Art. 38 Rn. 203; *Demmler* Abgeordnete (Fn. 19), 286 ff.

[27] BVerfGE 130, 318 (354); 147, 50 (130).

[28] Siehe *Johann Christoph Besch* Rederecht und Redeordnung, in: Hans-Peter Schneider/Wolfgang Zeh (Hrsg.) Parlamentsrecht und Parlamentspraxis in der Bundesrepublik Deutschland, 1989, § 33 Rn. 4 ff.; *Demmler* Abgeordnete (Fn. 19), 474 ff.; *Norbert Achterberg* Parlamentsrecht, 1984, 619. Nach diesem Ansatz stellt die Mediatisierung von Rechten der Abgeordneten durch die Fraktionen einen rechtfertigungsbedürftigen Eingriff dar, siehe *Butzer* in: Epping/Hillgruber (Fn. 20), Art. 38 Rn. 166; *Morlok* in: Dreier (Fn. 21), Art. 38 Rn. 184; *Trute* in: v. Münch/Kunig (Fn. 12), Art. 38 Rn. 124; tendenziell auch *Stern* Staatsrecht (Fn. 24), 1058. Auch die Regelungen über die Beschlussfähigkeit des Plenums, die das Zustandekommen verbindlicher Parlamentsbeschlüsse auch dann ermöglichen, wenn nur ein Bruchteil der Abgeordneten anwesend ist, erscheinen auf dieser Grundlage rechtfertigungsbedürftig, siehe BVerfGE 44, 308 (315 ff.), abstellend auf das Prinzip der repräsentativen Demokratie, in dessen Rahmen die Erforderlichkeit der Mitwirkung aller Abgeordneten an der parlamentarischen Willensbildung hervorgehoben wird; zum Ganzen *Pascale Cancik* Parlamentarische Beschlussfähigkeit und Verfassungsrecht, Der Staat 59 (2020), 7 (12 ff.), die hervorhebt, dass es nicht entscheidend auf die tatsächliche Teilnahme, sondern auf die Möglichkeit der Mitwirkung aller Abgeordneten an den Plenarsitzungen ankommt.

[29] Dazu *Helmut Philipp Aust* Grundrechtsdogmatik im Staatsorganisationsrecht?, AöR 141 (2016), 415 (440 f.); *Meinel* Selbstorganisation (Fn. 3), 6 ff.; siehe auch *Tobias Linke*

Verfassungsrang gerechtfertigt werden, insbesondere mit Blick auf die Funktionsfähigkeit und die Repräsentationsfunktion des Parlaments.[30] Dementsprechend ist die verfassungsrechtliche Prüfung geprägt durch den Verhältnismäßigkeitsgrundsatz,[31] durch die Abwägung kollidierender Rechtsgüter[32] sowie durch den Schutz eines Kernbereichs der Abgeordnetenrechte.[33]

Die statusrechtliche Prägung entfaltet daneben aber noch eine weitere Konsequenz für die Dogmatik des Parlamentsrechts: Denn auch parlamentarische Organisationsprinzipien, wie insbesondere der Grundsatz der Spiegelbildlichkeit bei der Zusammensetzung parlamentarischer Gremien, werden aus dem Statusrecht[34] und aus der Gleichheit der Abgeordneten hergeleitet.[35] Andere, gegenüber dem Abgeordnetenstatus indifferente Ordnungsoptionen wie das Mehrheitsprinzip,[36] die Parlamentsautono-

---

Schutz des freien Mandats durch das Übermaßverbot?, NVwZ 2021, 1265 (1269 f.). Von dieser Feststellung eines an der Grundrechtsdogmatik ausgerichteten Verständnisses des Abgeordnetenstatus nach Art. 38 Abs. 1 S. 2 GG zu unterscheiden ist die Frage, inwiefern sich Abgeordnete auf die Grundrechte berufen können, siehe dazu BVerfGE 60, 374 (380); 118, 277 (327 f.); *Ingold* „Amt" (Fn. 19), 67 ff.; ausführlich *Bettina Gausing* Das Abgeordnetenmandat zwischen Staat und Gesellschaft, 2018.

[30] *Austermann/Waldhoff* Parlamentsrecht (Fn. 14), Rn. 148 ff.; *Butzer* in: Epping/Hillgruber (Fn. 20), Art. 38 Rn. 159. Die möglichen Gründe für eine Durchbrechung der Gleichheit der Abgeordneten und ihrer Zusammenschlüsse konzipiert das Bundesverfassungsgericht parallel zur Wahlrechtsgleichheit, siehe BVerfGE 130, 318 (352); 142, 25 (61); *Müller* in: v. Mangoldt/Klein/Starck (Fn. 23), Art. 38 Rn. 81.

[31] Siehe etwa BVerfGE 130, 318 (353, 355); *Ingold* „Amt" (Fn. 19), 63; zur zunehmenden Dominanz des Verhältnismäßigkeitsgrundsatzes in der verfassungsgerichtlichen Rechtsprechung zum Staatsorganisationsrecht *Florian Meinel* Das Bundesverfassungsgericht in der Ära der großen Koalition: Zur Rechtsprechung seit dem Lissabon-Urteil, Der Staat 60 (2021), 43 (60).

[32] BVerfGE 112, 118 (140); *Austermann/Waldhoff* Parlamentsrecht (Fn. 14), Rn. 148.

[33] *Demmler* Abgeordnete (Fn. 19), 273 ff.; *Brocker* in: Bonner Kommentar (Fn. 14), Art. 40 Rn. 114; der Sache nach auch *Schneider* Spannungsfeld (Fn. 14), 636; *Böckenförde* Demokratie (Fn. 21), Rn. 45; BVerfGE 80, 188 (219).

[34] Siehe *Meinel* Selbstorganisation (Fn. 3), 14.

[35] BVerfGE 80, 188 (222); 84, 304 (323); 96, 264 (282); 112, 118 (133 ff.); 130, 318 (354); 131, 230 (235); 135, 317 (396); *Badura* in: Bonner Kommentar (Fn. 20), Art. 38 Rn. 96. Die individualrechtliche Prägung dieses Ansatzes kommt deutlich zum Ausdruck, wenn das Bundesverfassungsgericht aus der Gleichheit der Abgeordneten Anforderungen an die Größe der Ausschüsse zieht: Denn nach dieser Logik werden umso mehr Abgeordnete von der umfassenden Mitwirkung an der parlamentarischen Tätigkeit ausgeschlossen, je kleiner der Ausschuss ist, siehe BVerfGE 140, 115 (152 f.).

[36] Pointiert hierzu *Meinel* Vertrauensfrage (Fn. 6), 110. Das Bundesverfassungsgericht stellt in Frage, ob dem Mehrheitsprinzip die gleiche „prägende Kraft" zukommt wie dem Repräsentationsprinzip, siehe BVerfGE 112, 118 (141).

mie[37] oder der Grundsatz effektiver Opposition[38] haben es demgegenüber schwer, obwohl sie zum Teil explizit im Grundgesetz genannt werden und einen starken Bezug zum Demokratieprinzip aufweisen.[39] Das Statusrecht strahlt noch in die dunkelsten Winkel des Organisationsrechts und blendet dabei so sehr, dass andere potentielle Ordnungsprinzipien gar nicht in den Blick geraten. Das Parlament als Organisation gerät dabei aus dem Blick.

III. Weichenstellung: Parlamentsrecht zwischen Abgeordnetenstatus, politischen Gruppierungen und dem Dualismus von Regierungsmehrheit und Opposition

1. Unschärfen und Defizite des statusrechtlichen Ansatzes zur Parlamentsorganisation

Die statusrechtliche Konzeption des Parlamentsrechts findet in Art. 38 Abs. 1 S. 2 GG einen grundgesetzlichen Anknüpfungspunkt und gewinnt damit eine vordergründige Plausibilität. Sie schließt an das Demokratieprinzip (Art. 20 Abs. 1 und Abs. 2 GG)[40] an und verbindet über das Wahlrecht (Art. 38 Abs. 1 S. 1 GG) die Freiheit und Gleichheit der Bürgerinnen und Bürger mit der Freiheit und Gleichheit der von ihnen gewählten

---

[37] Zur Kritik *Mehrdad Payandeh* Die Entplenarisierung des Bundestages, in: Julian Krüper (Hrsg.) FS Martin Morlok, 2019, 205 (212 f.); siehe auch *Meinel* Selbstorganisation (Fn. 3), 163 ff.

[38] Das Bundesverfassungsgericht geht zwar von einem verfassungsrechtlichen Grundsatz effektiver Opposition aus (BVerfGE 142, 25 (55 ff.)), leitet hieraus aber keine erkennbaren organisationsrechtlichen Implikationen ab, auch und gerade im Lichte der Gleichheit der Abgeordneten, siehe insbesondere BVerfGE 142, 25 (60 ff.); zur Folgenlosigkeit *Uwe Volkmann* Hat das Verfassungsrecht eine Theorie der Opposition – und braucht es eine?, ZParl 2017, 473 (480 f.); *Pascale Cancik* „Effektive Opposition" im Parlament – eine ausgefallene Debatte?, ZParl 2017, 516 (517); *Matthias Rossi* Anmerkung, JZ 2016, 1169 ff.; zuvor bereits *Poscher* Opposition (Fn. 14), 450; *Schneider* Spannungsfeld (Fn. 14), 660.

[39] So kommt das Mehrheitsprinzip in Art. 42 Abs. 2 S. 1 GG zum Ausdruck und ist zudem ein Kerngehalt des Demokratieprinzips, siehe *Böckenförde* Demokratie (Fn. 21), Rn. 52 ff. Der Grundsatz der Parlamentsautonomie ist in Art. 40 Abs. 1 S. 2 GG anerkannt und wird als im Demokratieprinzip verankert angesehen, siehe *Morlok* in: Dreier (Fn. 21), Art. 40 Rn. 5. Der Grundsatz effektiver Opposition wird maßgeblich im Demokratieprinzip des Art. 20 Abs. 1 und Abs. 2 GG verortet, siehe BVerfGE 142, 25 (55); *Schneider* Die parlamentarische Opposition (Fn. 7), Rn. 15; ausführlich zur Oppositionsfreiheit als Verfassungsprinzip bereits *ders.* Die parlamentarische Opposition im Verfassungsrecht der Bundesrepublik Deutschland, 1974, 366 ff.

[40] Dazu *Christoph Möllers* Demokratie, in: Matthias Herdegen/Johannes Masing/Ralf Poscher/Klaus Ferdinand Gärditz (Hrsg.) Handbuch des Verfassungsrechts, 2021, § 5 Rn. 49 ff.

Abgeordneten.[41] Im Folgenden werde ich gleichwohl begründen, warum dieser Ansatz zu erheblichen konzeptionellen Unstimmigkeiten führt (a) und sich weder aus dem Repräsentationsprinzip ableiten (b) noch auf die Gleichheit der Abgeordneten (c) stützen lässt.

a) *Konzeptionelle Unstimmigkeiten der statusrechtlichen Konstruktion des Parlamentsrechts*

Schon der Text des Grundgesetzes selbst legt die Entwicklung des Parlamentsrechts aus dem Abgeordnetenstatus heraus nicht nahe.[42] Von Mitwirkungsrechten ist in Art. 38 Abs. 1 S. 2 GG keine Rede.[43] Die Norm verbürgt das freie Mandat, wendet sich damit gegen Einflussnahme durch Zwang und schließt verbindliche Weisungen aus. Dass die Abgeordneten „Vertreter des ganzen Volkes" sind, ist schon aufgrund des Abstraktionsgrades dieser historisch höchst voraussetzungsvollen Aussage keine taugliche normative Richtschnur für eine zeitgemäße Konzeption der Parlamentsorganisation.[44] Eine unmittelbare Vorgabe dazu, wie sich die Mitwirkungsbefugnisse im organisatorischen Rahmen des Parlaments darstellen, ent-

---

[41] Diese Verbindung betont das Bundesverfassungsgericht in seiner neueren Rechtsprechung, siehe BVerfGE 102, 224 (237 f.); 112, 118 (134); 130, 318 (352); 142, 25 (61); siehe demgegenüber noch die strikte Trennung zwischen Art. 38 Abs. 1 S. 2 GG und Art. 38 Abs. 1 S. 1 GG in BVerfGE 84, 304 (325); 96, 264 (279), explizit aufgegeben in BVerfGE 102, 224 (238); allgemein zur Bedeutung des Individuums nach Maßgabe eines individualistisch-pluralistischen Demokratieverständnisses *Sebastian Unger* Das Verfassungsprinzip der Demokratie, 2008, 75 ff. und 250 ff.

[42] Dazu aus politikwissenschaftlicher Perspektive *Steffen Ganghof/Christian Stecker* Das institutionelle Design parlamentarischer Demokratien, in: Steffen Ganghof/Christoph Hönnige/Christian Stecker (Hrsg.) FS Herbert Döring, 2009, 215 (219).

[43] Das bemerkte auch das Bundesverfassungsgericht schon früh, etwa mit Blick auf das Rederecht, siehe BVerfGE 10, 4 (12); siehe zudem die skeptischen Bemerkungen bei *Hans-Joachim Cremer* Anwendungsorientierte Verfassungsauslegung, 2000, 49. Den nur wenig ergiebigen Wortlaut der Vorschrift betont auch *Christian Waldhoff* Das missverstandene Mandat: Verfassungsrechtliche Maßstäbe zur Normierung der erweiterten Offenlegungspflichten der Abgeordneten des Deutschen Bundestags, ZParl 2006, 251 (252); zur Unergiebigkeit der Gesetzgebungsmaterialien zu Art. 38 GG *Pascale Cancik* Parlamentarismus vor dem Bundesverfassungsgericht, Das Redezeiturteil und die Erfassung der Verfassungswirklichkeit, in: Florian Meinel (Hrsg.) Verfassungsgerichtsbarkeit in der Bonner Republik, 2019, 199 (213); mit Blick auf das Verhältnis zur Fraktion *Sebastian Galka/Eberhard Schuett-Wetschky* Parlamentarismuskritik und Grundgesetz: Hat der Parlamentarische Rat Fraktionsdisziplin abgelehnt?, ZPol 17 (2007), 1095 (1100 ff.).

[44] Aufschlussreich zur Geschichte und zur selektiven Rezeption Weimarer Positionen *Ulli F.H. Rühl* Das „freie Mandat": Elemente einer Interpretations- und Problemgeschichte, Der Staat 39 (2000), 23 ff.; allgemein zur Bedeutung der Tradition als Argument im Parlamentsrecht *Meinhard Schröder* Grundlagen und Anwendungsbereich des Parlamentsrechts, 1979, 215 ff.

hält Art. 38 Abs. 1 S. 2 GG nicht.[45] Während die Vorschrift gleichwohl ein wichtiger Pfeiler der konventionellen Parlamentsrechtskonzeption ist, findet kaum Berücksichtigung, dass das Grundgesetz in Art. 42 Abs. 2 S. 1 GG das Mehrheitsprinzip normiert, in Art. 40 Abs. 1 S. 2 GG die Parlamentsautonomie anerkennt und die Bedeutung politischer Kollektivierung in Art. 21 GG und am Rande in Art. 53a Abs. 1 S. 2 GG zum Ausdruck bringt.

Am erstaunlichsten aber ist, dass von der konzeptionellen Überhöhung des einzelnen Abgeordneten zum Zentrum des Parlaments nach der näheren Ausgestaltung der Parlamentsorganisation durch Geschäftsordnungsrecht und Parlamentspraxis nicht mehr viel übrig bleibt:[46] Die verfassungsrechtlich als umfassend konzipierten Mitwirkungsrechte der Abgeordneten werden stark eingeschränkt.[47] Die Abgeordneten werden durch die Fraktionen mediatisiert,[48] ihre Rechte werden kollektiviert.[49] In der Sache entscheiden die Fraktionen über die Verteilung von Redeanteilen,[50] parlamentarische Initiativen[51] und die Mitgliedschaft einzelner Abgeordneter in den Ausschüssen.[52] Der zum normativen Mittelpunkt des Parlaments stilisierte

---

[45] So im Ausgangspunkt auch *Dieter Grimm* Parlament und Parteien, in: Hans-Peter Schneider/Wolfgang Zeh (Hrsg.) Parlamentsrecht und Parlamentspraxis in der Bundesrepublik Deutschland, 1989, § 6 Rn. 24.

[46] Siehe auch *Kersten* Parlamentarisches Regierungssystem (Fn. 3), Rn. 26.

[47] Von den Mitwirkungsrechten und ihren Einschränkungen zu unterscheiden sind Einschränkungen der Freiheit der Abgeordneten im Übrigen, siehe zu deren Entwicklung *Meinel* Selbstorganisation (Fn. 3), 18 f.

[48] Siehe BVerfGE 10, 4 (13 f.); 43, 142 (149); *Grimm* Parlament und Parteien (Fn. 45), Rn. 22; *Udo Di Fabio* Parlament und Parlamentsrecht, Der Staat 29 (1999), 599 (616); *Günter Krings* Fraktionen, in: Martin Morlok/Utz Schliesky/Dieter Wiefelspütz (Hrsg.) Parlamentsrecht, 2016, § 17 Rn. 47.

[49] *Zeh* Gliederung (Fn. 14), Rn. 6.

[50] Zwar erteilt der Präsident das Wort (§ 27 Abs. 1 GOBT), und er bestimmt die Reihenfolge der Rednerinnen und Redner (§ 28 Abs. 1 S. 1 GOBT). Dabei soll er sich aber auch an der Stärke der Fraktionen orientieren (§ 28 Abs. 1 S. 2 GOBT), die in der Parlamentspraxis weitgehend über die Liste der Rednerinnen und Redner bestimmen, siehe *Thomas Schürmann* Plenardebatte, in: Martin Morlok/Utz Schliesky/Dieter Wiefelspütz (Hrsg.) Parlamentsrecht, 2016, § 20 Rn. 27 ff.; zur historischen Entwicklung *Hanns-Rudolf Lipphardt* Die kontingentierte Debatte, 1976, 14 ff.

[51] Siehe insbesondere § 76 Abs. 1 GOBT; *Trute* in: v. Münch/Kunig (Fn. 12), Art. 38 Rn. 131; *Hölscheidt* Parlamentsfraktionen (Fn. 14), 331; *Klein* Fraktionen (Fn. 14), Rn. 54 ff.; aus politikwissenschaftlicher Sicht *Michael Koß* Die Ausgestaltung der parlamentarischen Agendamacht – Plädoyer für eine holistische Analyse von Parlamenten, PVS 53 (2012), 29 (38); zum Ganzen *Pilniok* Parlamentarisches Regieren (Fn. 1), 75 ff.

[52] Nach § 57 Abs. 2 S. 1 GOBT benennen die Fraktionen die Mitglieder der Ausschüsse. Für einzelne Gremien bestehen Sonderregelungen, die regelmäßig eine Wahl durch das Plenum vorsehen, so etwa für den Gemeinsamen Ausschuss nach Art. 53a Abs. 1 S. 2 GG, den Wahlprüfungsausschuss nach § 3 Abs. 2 WahlPrG und das Parlamentarische Kontrollgre-

Abgeordnete scheint die Mühen der kleinteiliger arbeitenden Ebenen des Parlamentsrechts und des parlamentarischen Betriebs nicht unbeschadet zu überstehen.

Das wirft die Frage auf, ob die statusrechtliche Konzeption dem Stellenwert der von bemerkenswerter Kontinuität und Stabilität[53] geprägten Geschäftsordnung[54] gerecht wird. Diese ist nicht nur Ausdruck der verfassungsrechtlich verankerten Parlamentsautonomie,[55] sondern bildet auch die Grundlage und den Bezugsrahmen der parlamentarischen Praxis, der eine zwar rechtlich nur schwer greifbare, aber nichtsdestotrotz normative Bedeutung zukommt.[56] Zudem nährt die statusrechtliche Konzeption des

---

mium nach § 1 Abs. 1 PKGrG. Auch im Rahmen dieser Wahl kommt den Fraktionen freilich regelmäßig die entscheidende Rolle zu, siehe *Helmut Winkelmann* Parlamentarische Ausschussarbeit, in: Martin Morlok/Utz Schliesky/Dieter Wiefelspütz (Hrsg.) Parlamentsrecht, 2016, § 23 Rn. 31 ff.

[53] *Fabian Wittreck* Genese und Entwicklung des deutschen Parlamentsrechts, in: Martin Morlok/Utz Schliesky/Dieter Wiefelspütz (Hrsg.) Parlamentsrecht, 2016, § 2 Rn. 62; *Pietzcker* Schichten (Fn. 15), Rn. 29; *Horst Dreier* Regelungsform und Regelungsinhalt des autonomen Parlamentsrechts, JZ 1990, 310 (316); *Schneider* Das parlamentarische System (Fn. 3), Rn. 128; zur inhaltlichen Kontinuität des Geschäftsordnungsrechts trotz Annahme eines Grundsatzes der Diskontinuität *Lothar Michael* Folgen der Beendigung: Elemente der Diskontinuität und Kontinuität, in: Martin Morlok/Utz Schliesky/Dieter Wiefelspütz (Hrsg.) Parlamentsrecht, 2016, § 49 Rn. 59 ff.; *Hans-Hermann Kasten* Ausschußorganisation und Ausschußrückruf, 1983, 42. Dieser Beobachtung steht nicht entgegen, dass die Regelungen der Geschäftsordnung dem politischen Prozess auch Flexibilität einräumen (siehe *Kathrin Groh* Wahlrecht und Parlamentsrecht als Gelingensbedingungen der repräsentativen Demokratie, DVBl. 2012, 1064 (1069); *Cancik* Rechtsquellen (Fn. 13), Rn. 33; *Schneider* Spannungsfeld (Fn. 14), 628) und dass das Parlament durch Änderungen der Geschäftsordnung auf politische und gesellschaftliche Veränderungen reagieren kann, wie etwa angesichts der Übermacht der „Großen Koalition" in der 18. Wahlperiode (dazu *Simon Gelze* Das Parlament der (qualifizierten) Großen Koalition, 2019, 176 ff.) und im Rahmen der Corona-Pandemie (dazu *Jens Kersten/Stephan Rixen* Der Verfassungsstaat in der Corona-Pandemie, 2. Aufl. 2021, 219 ff.).

[54] Nach der Geschäftsordnung und der von ihr beeinflussten Parlamentspraxis stehen nicht die einzelnen Abgeordneten, sondern die Fraktionen im Zentrum der Parlamentsorganisation, siehe *Morlok* in: Dreier (Fn. 21), Art. 38 Rn. 162; zur Umstellung der parlamentarischen Binnenorganisation von individuellen Mitgliedern auf Gruppen im Zusammenhang der Entstehung der Massenparteien *Meinel* Selbstorganisation (Fn. 3), 87.

[55] *Brocker* in: Bonner Kommentar (Fn. 14), Art. 40 Rn. 244 ff.; den normativen Eigenstand der Geschäftsordnung betont *Zeh* Gliederung (Fn. 14), Rn. 23.

[56] Siehe allgemein *Hesse* Grundzüge (Fn. 16), Rn. 577; die Bedeutung „amtlicher" Verfassungsinterpretation durch die Staatsorgane betont *Josef Isensee* Verfassungsrecht als „politisches Recht", in: Josef Isensee/Paul Kirchhof (Hrsg.) Handbuch des Staatsrechts, Bd. XII, 3. Aufl. 2014, § 268 Rn. 82 ff.; ausführlich und differenziert *Helmuth Schulze-Fielitz* Parlamentsbrauch, Gewohnheitsrecht, Observanz, in: Hans-Peter Schneider/Wolfgang Zeh (Hrsg.) Parlamentsrecht und Parlamentspraxis in der Bundesrepublik Deutschland, 1989, § 11 Rn. 21 ff.; *Aust* Grundrechtsdogmatik (Fn. 29), 424 ff.; skeptisch

2. Die Organisation politischer Willensbildung: Parlamente 185

Parlamentsrechts den Mythos vom Ideal eines aus freien und ungebundenen Abgeordneten zusammengesetzten Parlaments[57] und unterfüttert den zum Teil als pathologisch wahrgenommenen Befund, dass Fraktionen und Parteien die Abgeordneten aus parlamentarischen Willensbildungs- und Entscheidungsprozessen verdrängen.[58] Der statusrechtliche Ansatz projiziert damit nicht nur ohne hinreichende Begründung die aus der Grund-

---

Sebastian Müller-Franken Staatspraxis und Verfassungsauslegung, in: Otto Depenheuer/Markus Heintzen/Matthias Jestaedt/Peter Axer (Hrsg.) FS Josef Isensee, 2007, 229 ff.; für das autonome Parlamentsrecht angedeutet bei *Meinel* Selbstorganisation (Fn. 3), 28; *Waldhoff* Parteien-, Wahl- und Parlamentsrecht (Fn. 10), Rn. 108; für eine Auslegung von Art. 38 Abs. 1 GG im Lichte der Staatspraxis *Claus Arndt* Fraktion und Abgeordneter, in: Hans-Peter Schneider/Wolfgang Zeh (Hrsg.) Parlamentsrecht und Parlamentspraxis in der Bundesrepublik Deutschland, Bd. 2, 1989, § 21 Rn. 16.; aus der Rechtsprechung insbesondere BVerfGE 62, 1 (38 f.); restriktiver BVerfGE 114, 196 (234 f.); zur Zurückhaltung der Rechtsprechung insgesamt *Cremer* Verfassungsauslegung (Fn. 43), 363 ff.

[57] Dieses Ideal kommt auch in einzelnen Äußerungen von Mitgliedern des Parlamentarischen Rates zum Ausdruck, exemplarisch und besonders eindrücklich etwa bei *Adolf Süsterhenn* in: Deutscher Bundestag/Bundesarchiv (Hrsg.) Der Parlamentarische Rat – Akten und Protokolle, Bd. 9, 1996, 183 f. Zum wirkmächtigen Idealbild des Honoratiorenparlaments und seinen anhaltenden Nachwirkungen *Hasso Hofmann* Parlamentarische Repräsentation in der parteienstaatlichen Demokratie, in: ders. Recht – Politik – Verfassung, 1986, 249 (250 ff.); *Eberhard Schuett-Wetschky* Regierung, Parlament oder Parteien: Wer entscheidet, wer beschließt?, ZParl 2005, 480 (499 ff.); *Robert Chr. van Ooyen* Politik und Verfassung, 2006, 186; *Siegfried Magiera* Parlament und Staatsleitung in der Verfassungsordnung des Grundgesetzes, 1979, 137 ff.; *Christian Wefelmeier* Repräsentation und Abgeordnetenmandat, 1991, 135 ff.; siehe insoweit, zum Bild des Abgeordneten als „Repräsentant der gesamten Nation", auch *Horst Dreier* Demokratische Repräsentation und vernünftiger Allgemeinwille, AöR 113 (1988), 449 (465); allgemein zur Gefahr, „die Wirklichkeit an einem schlecht konstruierten Ideal zu messen und zu denunzieren", *Morlok* Informalisierung und Entparlamentarisierung (Fn. 6), 64; *Cancik* Wahlrecht und Parlamentsrecht (Fn. 1), 272 f.; *Armin v. Bogdandy* Parlamentarismus in Europa: eine Verfalls- oder Erfolgsgeschichte?, AöR 130 (2005), 445 (459 ff.); *Hofmann/Dreier* Repräsentation (Fn. 1), Rn. 10 f.; *Schneider* Das parlamentarische System (Fn. 3), Rn. 112; *Steffen Augsberg* Gesellschaftlicher Wandel und Demokratie: Die Leistungsfähigkeit parlamentarischer Demokratie unter Bedingungen komplexer Gesellschaften, in: Hans Michael Heinig/Jörg Philipp Terhechte (Hrsg.) Postnationale Demokratie, Postdemokratie, Neoetatismus, 2013, 27 (38 ff.).

[58] So etwa deutlich bei *Hildegard Hamm-Brücher* Abgeordneter und Fraktion, in: Hans-Peter Schneider/Wolfgang Zeh (Hrsg.) Parlamentsrecht und Parlamentspraxis in der Bundesrepublik Deutschland, 1989, § 22 Rn. 1 ff., die im Parlamentsrecht eine Verdrängung von Art. 38 Abs. 1 S. 2 GG zugunsten der Fraktionen konstatiert. Ein solcher kritischer Befund liegt nahe, wenn man Art. 38 Abs. 1 S. 2 GG als Dreh- und Angelpunkt der Parlamentsorganisation begreift; siehe statt vieler noch *Paul Kirchhof* Entparlamentarisierung der Demokratie?, in: Andre Kaiser/Thomas Zittel (Hrsg.) FS Peter Graf Kielmansegg, 2004, 359 ff.; *Michael Brenner* Das Prinzip Parlamentarismus, in: Josef Isensee/Paul Kirchhof (Hrsg.) Handbuch des Staatsrechts, Bd. III, 3. Aufl. 2005, § 44 Rn. 61; *Hans Hugo Klein* Stellung und Aufgaben des Bundestages, in: Josef Isensee/Paul Kirchhof

rechtsdogmatik stammende generelle Rechtfertigungspflicht in den innerstaatlichen Bereich, sondern bietet auch Anknüpfungspunkte für Parlamentskritik, auf der Grundlage wenig überzeugender Vorstellungen vom Parlament.

b) Das Repräsentationsprinzip als Grundlage des statusrechtlichen Ansatzes

Einen wesentlichen Baustein in der Begründung der statusrechtlichen Konstruktion des Parlamentsrechts bildet das Repräsentationsprinzip, durch das Anforderungen demokratischer Legitimation an die Parlamentsorganisation herangetragen werden.[59] Parlamentarische Legitimation wird dabei im Wesentlichen auf den einzelnen Abgeordneten zurückgeführt.[60] Ungeachtet der zahlreichen Fragen[61] um die verfassungsrechtliche Bedeutung[62]

(Hrsg.) Handbuch des Staatsrechts, Bd. III, 3. Aufl. 2005, § 50 Rn. 6 f.; Andeutung auch bei *Huber* Regierung und Opposition (Fn. 7), Rn. 72.

[59] Dieser Zusammenhang kommt deutlich zum Ausdruck, wenn von „demokratischer Repräsentation" gesprochen wird, siehe *Gusy* Repräsentation (Fn. 12), 264 ff.; aus politikwissenschaftlicher Sicht *Oliver W. Lembcke* Theorie demokratischer Repräsentation, in: Oliver W. Lembcke/Claudia Ritzi/Gary S. Schaal (Hrsg.) Zeitgenössische Demokratietheorie, Bd. 2: Empirische Demokratietheorien, 2016, 23 ff.

[60] Statt vieler *Austermann/Waldhoff* Parlamentsrecht (Fn. 14), Rn. 139.

[61] Der obligatorische Hinweis auf die grundlegende historische Untersuchung von *Hasso Hofmann* Repräsentation, 4. Aufl. 2003 darf freilich auch an dieser Stelle nicht fehlen, siehe zudem *Volker Hartmann* Repräsentation in der politischen Theorie und Staatslehre in Deutschland, 1979; zur Entwicklung der Diskussion in der Staatsrechtslehre im Kaiserreich *Christoph Schönberger* Das Parlament im Anstaltsstaat, 1997. Auch in den Politikwissenschaften wird das Konzept der Repräsentation kontrovers diskutiert. Den Ausgangspunkt bildet dabei regelmäßig die einflussreiche Repräsentationskonzeption von *Hannah F. Pitkin* The Concept of Representation, 1967. Einen Überblick über das politikwissenschaftliche Forschungsfeld bietet *Lembcke* Repräsentation (Fn. 59), 23 ff.; siehe auch *Alexander Kühne* Repräsentation enträtselt oder immer noch „the Puzzle of Representation"? Entwicklungen und Lehren aus unterschiedlichen Forschungsstrategien, ZParl 2013, 459 ff.

[62] Zur zentralen Stellung statt vieler *Heun* Verfassungsordnung (Fn. 1), 40; zur verfassungsrechtlichen Verankerung *Schröder* Grundlagen (Fn. 44), 273 ff.; zur Bedeutung des Repräsentationskonzepts für das Parlamentsrecht *Meinel* Selbstorganisation (Fn. 3), 22 f. und 38. Der nur schwer greifbare verfassungsrechtliche Gehalt des Prinzips kommt in zahlreichen Bemerkungen zum Ausdruck: So wird betont, dass das Grundgesetz kein ausdrückliches Repräsentationsprinzip kenne und auch nur wenige Hinweise zur Vorstellung von Repräsentation enthalte (*Möllers* Demokratie (Fn. 40), Rn. 50 f.), dass das grundgesetzliche Repräsentationsmodell blass bleibe (*Waldhoff* Parteien-, Wahl- und Parlamentsrecht (Fn. 10), Rn. 110) und dass es bislang an einer überzeugenden demokratischen Repräsentationstheorie fehle (*Schneider* Spannungsfeld (Fn. 14), 631). Repräsentation wird als verfassungstheoretisches Konzept bezeichnet (*Trute* in: v. Münch/Kunig (Fn. 12), Art. 38 Rn. 102), als politisches Konzept, das (staats)rechtlichen Normen zugrunde liege (*Badura*

sowie das Wesen von Repräsentation[63] und den Inhalt des Repräsentationsverhältnisses[64] erweist sich das Repräsentationsprinzip allerdings als wenig ergiebig für eine statusrechtliche Begründung der Parlamentsorganisation.

Aus der Perspektive des Parlamentsrechts ist dabei die Frage des Bezugspunkts von Repräsentation von besonderer Bedeutung. Verfassungsrechtsprechung und Verfassungsrechtswissenschaft weisen in dieser Hinsicht eine bemerkenswerte Unentschlossenheit auf, da sie zwischen *dem* einzelnen Abgeordneten und *den* Abgeordneten in ihrer Gesamtheit als Bezugspunkten schwanken. Diese Ambivalenz ist in Art. 38 Abs. 1 S. 2 GG angelegt, der einerseits mit dem freien Mandat auf *den* individuellen Abgeordneten ausgerichtet ist, andererseits *die* Abgeordneten in ihrer Gesamtheit als Vertreter des ganzen Volkes in den Blick nimmt.[65] Sie wird zudem

---

in: Bonner Kommentar (Fn. 20), Art. 38 Rn. 23), und seine Theoriebedürftigkeit und Theorieabhängigkeit wird betont (*Jens Kersten* Die Notwendigkeit der Zuspitzung, 2020, 124). Grundlegende Kritik daran, Repräsentation zum verfassungsrechtlichen Prinzip zu erheben, übt *Hans Meyer*, zum einen im Hinblick auf die damit verbundene Perpetuierung fragwürdiger Einheits- und Homogenitätsvorstellungen, zum anderen vor dem Hintergrund des historischen Kontexts, in dem parlamentarische Repräsentation gegenüber dem Monarchen bestand, eine Vorstellung, die im modernen Verfassungsstaat weder zum Parlament als Träger von Herrschaftsgewalt noch in die Struktur des parlamentarischen Regierungssystems passe, siehe *Hans Meyer* Repräsentation und Demokratie, in: Horst Dreier (Hrsg.) Rechts- und staatstheoretische Schlüsselbegriffe: Legitimität – Repräsentation – Freiheit, 2005, 99 ff.; zuvor bereits *ders.* Das parlamentarische Regierungssystem des Grundgesetzes, VVDStRL 33 (1975), 69 (80 f.). Wie schwierig es ist, aus dem Repräsentationsprinzip konkrete verfassungsrechtliche Vorgaben abzuleiten, zeigt sich in der Debatte um die verfassungsrechtliche Zulässigkeit gesetzlicher Vorgaben zur Parität im Rahmen von Wahlen, siehe spezifisch zur Bedeutung von Repräsentation als Argument in diesem Zusammenhang *Christoph Möllers* Krise der demokratischen Repräsentation vor Gericht: zu den Parité-Urteilen der Landesverfassungsgerichte in Thüringen und Brandenburg, JZ 2021, 338 (346 f.); *Cara Röhner* Ungleichheit und Verfassung, 2019, 257 ff.

[63] Zur Unterscheidung von Substanz- und Relationsmodellen von Repräsentation *Oliver Lepsius* Repräsentation, in: Werner Heun/Martin Honecker/Martin Morlok/Joachim Wieland (Hrsg.) Evangelisches Staatslexikon, 4. Aufl. 2006, Sp. 2036 (2037 f.); *Kersten* Zuspitzung (Fn. 62), 124 f.; *Badura* in: Bonner Kommentar (Fn. 20), Art. 38 Rn. 28; *Waldhoff* Parteien-, Wahl- und Parlamentsrecht (Fn. 10), Rn. 110.

[64] Siehe etwa *Badura* in: Bonner Kommentar (Fn. 20), Art. 38 Rn. 28 („Zurechnung" und „Legitimierung"), anknüpfend an *Max Weber* Wirtschaft und Gesellschaft, 5. Aufl. 1980, Erster Halbband, Erster Teil, Kap. 3, § 21; *Hofmann/Dreier* Repräsentation (Fn. 1), Rn. 23 f. („Autorisierung" und „Legitimation"); *Austermann/Waldhoff* Parlamentsrecht (Fn. 14), Rn. 139 („Zurechnungstatbestand zur Herstellung von Legitimität für staatsorganisationsrechtliche Zwecke"); den Charakter von Repräsentation als einer Fiktion betont *Kelsen* Reine Rechtslehre (Fn. 12), 302, dazu *Horst Dreier* Kelsens Demokratietheorie: Grundlegung, Strukturelemente, Probleme, in: Robert Walter/Clemens Jabloner (Hrsg.) Hans Kelsens Wege sozialphilosophischer Forschung, 1997, 79 (86 f.).

[65] Die Bedeutung der Pluralfassung darf dabei freilich nicht überinterpretiert werden, so zu Recht *Demmler* Abgeordnete (Fn. 19), 84 f.; *Hölscheidt* Parlamentsfraktionen (Fn. 14), 73.

erkennbar, wenn das Bundesverfassungsgericht im Status *des* Abgeordneten die Grundlage für die repräsentative Stellung des Deutschen Bundestages sieht,[66] gleichzeitig aber hervorhebt, dass die parlamentarische Repräsentation des Volkes durch *die* Abgeordneten als Gesamtheit der Mitglieder des Bundestags bewirkt werde.[67]

Würde die einzelne Abgeordnete für sich genommen das gesamte Volk repräsentieren, wäre die statusbezogene Konzeption des Parlamentsrechts ohne weiteres plausibel. Sowohl Verfassungsrechtsprechung als auch der überwiegende Teil der Verfassungsrechtswissenschaft gehen aber zu Recht nicht von dieser Rolle der einzelnen Abgeordneten aus. Die individuelle Rechtsstellung der einzelnen Abgeordneten bildet vielmehr nur den grundgesetzlichen Anknüpfungspunkt des Repräsentationsprinzips, das sodann um die kollektive Dimension zum Grundsatz der Gesamtrepräsentation erweitert wird. Nichts anderes kann bei einem Kollegialorgan richtig sein, und nichts anderes entspricht der pluralistischen Konzeption des Parlaments. Damit verliert aber ein auf die einzelnen Abgeordneten abstellendes Verständnis parlamentarischer Legitimation entscheidend an Überzeugungskraft. Und mit ihm eine darauf aufbauende Konzeption der Parlamentsrechtsdogmatik: Denn wenn die parlamentarische Repräsentation

---

[66] BVerfGE 80, 188 (217); Betonung des eigenen verfassungsrechtlichen Status des einzelnen Abgeordneten bereits in BVerfGE 2, 143 (164 f.); Bezugnahme auf den repräsentativen verfassungsrechtlichen Status des Abgeordneten in BVerfGE 4, 145 (149); auf *den* Abgeordneten und die Freiheit und Gleichheit *des* Abgeordnetenmandats abstellend auch BVerfGE 112, 118 (133); 118, 277 (324 f. und 338); zustimmend statt vieler *Schreiber* in: Berliner Kommentar (Fn. 25), Art. 38 Rn. 170.

[67] BVerfGE 44, 308 (315); 56, 396 (405); 80, 188 (217 f.); 84, 304 (321); 104, 310 (329); 118, 277 (324 und 340); 130, 318 (342); 131, 230 (235); 140, 115 (149 f.); 142, 25 (60); 147, 50 (129). In der Verfassungsrechtswissenschaft wird zum Teil ein individualbezogenes Verständnis von Repräsentation durch den einzelnen Abgeordneten betont, siehe etwa *Walter Georg Leisner* in: Helge Sodan (Hrsg.) Grundgesetz, 4. Aufl. 2018, Art. 38 Rn. 4; *Demmler* Abgeordnete (Fn. 19), 81 ff.; *Thomas Oppermann* Das parlamentarische Regierungssystem des Grundgesetzes, VVDStRL 33 (1975), 7 (43 f.); *Achterberg* Parlamentsrecht (Fn. 28), 216 f. Zum Teil wird hervorgehoben, dass die Abgeordneten die Repräsentantenstellung in ihrer Gesamtheit innehätten, siehe etwa *Hofmann/Dreier* Repräsentation (Fn. 1), Rn. 26 f.; *Austermann/Waldhoff* Parlamentsrecht (Fn. 14), Rn. 138 f.; *Meyer* Repräsentation (Fn. 62), 105; *Hartmut Borchert* Die Fraktion, AöR 102 (1977), 210 (224); *Gusy* Repräsentation (Fn. 12), 282 f.; *Martin Morlok* Volksvertretung als Grundaufgabe, in: Martin Morlok/Utz Schliesky/Dieter Wiefelspütz (Hrsg.) Parlamentsrecht, 2016, § 3 Rn. 45; *Hölscheidt* Parlamentsfraktionen (Fn. 14), 73 f. Und zum Teil werden beide Anknüpfungspunkte nebeneinandergestellt, siehe etwa *Badura* in: Bonner Kommentar (Fn. 20), Art. 38 Rn. 49 f.; *Klein/Schwarz* in: Dürig/Herzog/Scholz (Fn. 24), Art. 38 Rn. 217; *Ulrich Scheuner* Das repräsentative Prinzip in der modernen Demokratie, in: Heinz Rausch (Hrsg.) Zur Theorie und Geschichte der Repräsentation und Repräsentativverfassung, 1968, 386 (411).

und damit die demokratische Legitimation auf die Abgeordneten in ihrer Gesamtheit bezogen ist, dann ist damit die Frage, wie diese Gesamtheit ihrer Repräsentationsfunktion nachkommt – sprich: wie sich die Vertretungsfunktion operativ in institutionelle Formen und Verfahren übersetzen lässt –, noch nicht beantwortet, sondern erst gestellt. Der einzelne Abgeordnete kann die Repräsentationsfunktion nicht allein, sondern nur im Zusammenwirken mit den anderen Abgeordneten erfüllen. Die Abgeordneten als Gesamtheit aber bedürfen zur Erfüllung der Repräsentationsfunktion der Organisation, zu deren Ausgestaltung der Abgeordnetenstatus unmittelbar keine Aussage trifft.[68]

c) *Die Gleichheit der Abgeordneten*

Die statusrechtliche Grundkonzeption des Parlamentsrechts wird schließlich mit der Gleichheit der Abgeordneten begründet.[69] Der Status der Gleichheit besagt allerdings nur, dass die Abgeordneten die gleichen Mit-

---

[68] In dem Kurzschluss von der Repräsentation durch den und die Abgeordneten auf umfassende und nicht durch die Fraktionen mediatisierte Mitwirkungsbefugnisse schwingt ferner die überkommene Vorstellung des Parlaments als verkleinertes Abbild des Volkes mit (hierzu auch *Möllers* Demokratie (Fn. 40), Rn. 51). Dieser Vorstellung liegt unausgesprochen das Leitbild eines Abgeordneten zugrunde, der alle parlamentarischen Aufgaben in seiner Person wahrnimmt, ungeachtet der Erforderlichkeit von Arbeitsteilung und Spezialisierung im Parlament. Dieses Leitbild schlägt unvermittelt auf die Vorstellung von Repräsentation im Parlament als Repräsentation durch alle Abgeordneten, durch jeden einzelnen Abgeordneten und in jeder einzelnen Tätigkeit und Entscheidung des Parlaments durch; allgemein zum Fehlen eines umfassenden Leitbildes der Abgeordneten *Uwe Volkmann* Verfassungsrecht zwischen normativem Anspruch und politischer Wirklichkeit, VVDStRL 67 (2008), 57 (70); *ders.* Verfassungsanwendung (Fn. 17), 161 mit dem Hinweis auf die Bedeutung der Argumentation mit Leitbildern im verfassungsgerichtlichen Verfahren zu Nebentätigkeiten und Nebeneinkünften von Abgeordneten BVerfGE 118, 277; dazu auch *Philipp Austermann* Das Abgeordnetenbild des Bundesverfassungsgerichts, ZParl 2012, 719 ff.; *Simone Szczerbak* Verfassungsrechtliche Leitbilder als (unterschätztes) Präzisierungsinstrument im Verfassungsrecht?, in: Michael Hein/Felix Petersen/Silvia v. Steinsdorff (Hrsg.) Die Grenzen der Verfassung, 2018, 121 (125 ff.).
[69] Dieser Grundsatz dient in der gängigen Parlamentsrechtsdogmatik dazu, die Brücke vom Repräsentationsprinzip zur konkreten Ausgestaltung des Parlamentsrechts zu schlagen, siehe BVerfGE 40, 296 (318); *Böckenförde* Demokratie (Fn. 21), Rn. 45; *Grimm* Parlament und Parteien (Fn. 45), Rn. 25; allgemein zum Zusammenhang zwischen demokratischer Repräsentation und demokratischer Gleichheit *Badura* in: Bonner Kommentar (Fn. 20), Art. 38 Rn. 29; *Pilniok* Parlamentarisches Regieren (Fn. 1), 40. Denn, so das Argument, wenn die Repräsentation des Volkes im Parlament durch die Gesamtheit seiner Mitglieder bewirkt werde, dann müssten diese Mitglieder auch die gleichen Rechte und Pflichten haben, vor allem die gleichen Mitwirkungsbefugnisse an der parlamentarischen Tätigkeit, siehe BVerfGE 80, 188 (218 f.).

wirkungsbefugnisse haben, verhält sich aber nicht zum Inhalt dieser Befugnisse oder zu den Modalitäten ihrer Verwirklichung. Gleichheitsgarantien können Mitwirkungsrechte innerhalb einer Organisation nicht originär begründen oder inhaltlich konturieren. Sie sagen auch nichts darüber aus, wie die gleiche Rechtsstellung institutionell verwirklicht wird.[70] Auch eine umfassende Mediatisierung der Mitwirkungsbefugnisse über die Fraktionen kann Gleichheitsanforderungen entsprechen.

An seine Grenzen stößt der gleichheitsrechtliche Ansatz zudem, wenn er nicht nur Befugnisse der Abgeordneten begründen soll, sondern auch als Grundlage für weitergehende Organisationsprinzipien herangezogen wird, wie insbesondere das tragende Prinzip der proportionalen Berücksichtigung der Fraktionen in der parlamentarischen Binnenorganisation:[71] Plausibel erscheint insofern die Annahme, dass das Recht einer Abgeordneten auf parlamentarische Mitwirkung betroffen ist, wenn die Fraktion, der sie angehört, komplett von der Mitwirkung in einem Ausschuss ausgeschlossen wird. Der Grundsatz der proportionalen Berücksichtigung der Fraktionen lässt sich demgegenüber nicht mit der formalen Gleichheit der *einzelnen* Abgeordneten begründen. Er verlangt gerade eine Anknüpfung an die Kräfteverhältnisse der politischen Zusammenschlüsse, denen die Abgeordneten angehören.[72] Mit der formalen Gleichheit der einzelnen Abgeordneten hat das nichts mehr zu tun, und daher ist insofern bereits – weitgehend unbemerkt – ein Schritt weg von den einzelnen Abgeordneten und hin zu den politischen Gruppierungen im Parlament getan.

---

[70] Siehe, mit Blick auf Quoren generell, *Klaus Abmeier* Die parlamentarischen Befugnisse des Abgeordneten des Deutschen Bundestages nach dem Grundgesetz, 1984, 224.

[71] Dazu oben (Fn. 35).

[72] So bereits *Poscher* Opposition (Fn. 14), 452; *Julian Krüper* Anmerkung zu BVerfG, Urt. v. 22.9.2015 – 2 BvE 1/11, ZJS 2016, 96 (99); im Zusammenhang mit der am Fraktionenproporz orientierten Verteilung der Redezeit auch *Schürmann* Plenardebatte (Fn. 50), Rn. 40. Wenn etwa *Dieter Birk* Gleichheit im Parlament, NJW 1988, 2521 (2523) ausführt, das Gebot der politischen Gleichheit garantiere die Mitwirkung der Abgeordneten in Gremien und Ausschüssen entsprechend dem politischen Gewicht, das *ihnen* (sic!) nach der Entscheidung des Wählers im Parlament zukommt, so wird erkennbar, dass der Bezugspunkt für die Forderung nach proportionaler Repräsentation nicht die formal gleichen Abgeordneten als solche sind, sondern vielmehr die Fraktionen in ihrer jeweiligen Stärke; allgemein zu diesem Ableitungszusammenhang *Morlok* in: Dreier (Fn. 21), Art. 38 Rn. 187. *Meinel* Selbstorganisation (Fn. 3), 14 ff. arbeitet treffend heraus, wie sich der Spiegelbildlichkeitsgrundsatz von seiner statusrechtlichen Grundlage verselbständigt hat und wie das Bundesverfassungsgericht den Grundsatz in späteren Entscheidungen (siehe BVerfGE 130, 318 (353)) nicht nur mit dem Statusrecht der Abgeordneten, sondern auch mit der Repräsentationsfunktion des Bundestags begründet.

2. Parlamentarische Organisation entlang politischer Strömungen

Diese Verbindungslinie zwischen dem Prinzip demokratischer Repräsentation und der Berücksichtigung der im Parlament vertretenen politischen Strömungen wirft die weitergehende Frage auf, inwiefern sich die Kollektivierung politischer Positionen im Rahmen des Repräsentationsprinzips verarbeiten lässt.[73] Sieht man den Kerngehalt von Repräsentation im Erfordernis demokratischer Legitimation von Herrschaftsgewalt und ihrer institutionell-organisatorischen Ausgestaltung,[74] so spricht sowohl die Input-Seite demokratischer Legitimation als auch deren Output-Dimension für eine verstärkte Orientierung des Parlamentsrechts an den im Parlament kollektiv vertretenen politischen Strömungen, also insbesondere den Fraktionen.[75] Diesen kommt damit nicht nur Bedeutung für die Funktionsfähig-

---

[73] Der Zusammenhang zwischen politischen Gruppierungen und dem Gedanken der Repräsentation wird dabei durchaus anerkannt, siehe etwa die Betonung der Bedeutung der politischen Parteien für das Gelingen des demokratischen Repräsentationsprozesses bei *Hofmann/Dreier* Repräsentation (Fn. 1), Rn. 20; die Feststellung, dass sich der Repräsentationsgedanke mit Aufkommen der Parteien verändert habe, bei *Badura* Die parlamentarische Demokratie (Fn. 3), Rn. 31 und 55 ff. und *Trute* in: v. Münch/Kunig (Fn. 12), Art. 38 Rn. 103; die Aussage, dass das Volk in der parteienstaatlichen Demokratie nicht durch unabhängige Abgeordnete, sondern vor allem durch die im Parlament als Fraktionen erscheinenden Parteien repräsentiert werde, bei *Birk* Gleichheit (Fn. 72), 2522 f., allerdings verbunden mit dem Plädoyer für eine stärkere Berücksichtigung der einzelnen Abgeordneten; die Kennzeichnung von Parteien als Schaltstellen demokratischer Repräsentation bei *Volkmann* in: Berliner Kommentar (Fn. 2), Art. 21 Rn. 17 ff.; die Vorstellung einer Verdoppelung der Repräsentation mit Blick auf die Parteien neben den Abgeordneten bei *Hofmann* Parlamentarische Repräsentation (Fn. 57), 257; und die weitergehende Repräsentationskonzeption mit den Fraktionen im Zentrum bei *Borchert* Fraktion (Fn. 67), 220 ff.

[74] Siehe *Böckenförde* Demokratische Willensbildung (Fn. 1), Rn. 15; *Morlok* Volksvertretung (Fn. 67), Rn. 75.

[75] Die Bedeutung der Parteienstaatlichkeit für den Parlamentarismus und für parlamentarische Willensbildungsprozesse wird zwar ebenso wenig geleugnet (siehe bereits *Konrad Hesse* Die verfassungsrechtliche Stellung der politischen Parteien, VVDStRL 17 (1959), 11 (23)) wie die Stellung der Fraktionen als zentrale politische Akteure innerhalb des Parlaments (aus der Rechtsprechung nur BVerfGE 84, 304 (322), aus dem Schrifttum statt vieler *Kersten* Parlamentarisches Regierungssystem (Fn. 3), Rn. 26), doch ohne ersichtliche Konsequenzen für die Konzeption demokratischer Legitimation und Repräsentation im Parlament und für die institutionell-organisatorische Ausgestaltung parlamentarischer Prozesse. Zur traditionellen Schwierigkeit der Repräsentationstheorie, mit politischen Parteien umzugehen, *Hofmann* Parlamentarische Repräsentation (Fn. 57), 250 ff.; *Heinhard Steiger* Organisatorische Grundlagen des parlamentarischen Regierungssystems, 1973, 167 ff.; dazu, dass die Parteien einen zentralen Angriffspunkt der gegen die repräsentative Demokratie gerichteten Kritik bilden, *Augsberg* Leistungsfähigkeit (Fn. 57), 43; zur verfassungsrechtlichen Anerkennung des Partei- und Fraktionsbetriebs als Strukturen des politischen Prozesses *Morlok* Informalisierung und Entparlamentarisierung (Fn. 6), 65.

keit des Parlaments[76] und als Mittel zur Erweiterung des Aktionsradius der einzelnen Abgeordneten zu.[77] Die politischen Gruppierungen und insbesondere die Fraktionen bilden vielmehr wesentliche Bausteine in der Legitimationsarchitektur der repräsentativen Demokratie.[78]

a) *Autorisierung und Legitimation*

Ein Kerngedanke parlamentarischer Repräsentation besteht darin, dass die Repräsentierten die Repräsentanten mit einem Mandat ausstatten, und sie dadurch zur Ausübung hoheitlicher Gewalt ermächtigen.[79] Damit stellt sich Repräsentation als Modus der demokratischen Legitimation des Parlaments in Umsetzung des Prinzips der Volkssouveränität dar:[80] Volksherrschaft durch Volksvertretung.[81] Dem entspricht die Grundfunktion des Parlamentsrechts, parlamentarische Prozesse und Entscheidungen nicht nur zu ermöglichen,[82]

---

[76] BVerfGE 102, 224 (239 f.); 112, 118 (135 f.) m.w.N.; *Klein* Fraktionen (Fn. 14), Rn. 1.

[77] BVerfGE 43, 142 (149); *Müller* in: v. Mangoldt/Klein/Starck (Fn. 23), Art. 38 Rn. 97 f.; *Demmler* Abgeordnete (Fn. 19), 156 ff. Das funktionale Verständnis der Fraktionen zeigt sich auch daran, dass ihre verfassungsrechtliche Verankerung überwiegend in Art. 38 Abs. 1 GG gesehen wird, siehe dazu die Nachweise in Fn. 14.

[78] Siehe bereits *Borchert* Fraktion (Fn. 67), 220 ff. Eine Gefährdung des Parlamentarismus (so *Kirchhof* Entparlamentarisierung (Fn. 58), 359 ff.) lässt sich darin allenfalls im Abgleich mit einem weder historisch zutreffenden noch theoretisch überzeugenden vermeintlichen Idealmodell einer parlamentarischen Versammlung von in jeder Hinsicht ungebundenen Mandatsträgerinnen und -trägern erblicken; siehe die Gegenkritik von *Schuett-Wetschky* Regierung (Fn. 57), 480 ff.; siehe auch *Gusy* Repräsentation (Fn. 12), 280 f. in Auseinandersetzung mit der Entgegensetzung von Parteienstaat und Repräsentation bei *Gerhard Leibholz* Strukturprobleme der modernen Demokratie, 3. Aufl. 1974, 93 ff.

[79] *Böckenförde* Demokratische Willensbildung (Fn. 1), Rn. 26; *Kotzur* in: Bonner Kommentar (Fn. 1), Vorbem. z. Art. 38–49 Rn. 43 ff.; *Gusy* Repräsentation (Fn. 12), 273.

[80] *Badura* Die parlamentarische Demokratie (Fn. 3), Rn. 36; *Kotzur* in: Bonner Kommentar (Fn. 1), Vorbem. z. Art. 38–49 Rn. 43 ff.; *Gusy* Repräsentation (Fn. 12), 266 f.; *Hofmann/Dreier* Repräsentation (Fn. 1), Rn. 22; *Morlok* Volksvertretung (Fn. 67), Rn. 3; *Wefelmeier* Repräsentation (Fn. 57), 73 ff.

[81] *Horst Dreier* Vom Schwinden der Demokratie, in: Friedrich Wilhelm Graf/Heinrich Meier (Hrsg.) Die Zukunft der Demokratie, 2018, 29 (36).

[82] Zur Funktion der Verfassung, handlungsfähige Organe zu konstituieren, die die ihnen zugewiesenen Aufgaben effektiv erfüllen können, nur *Hesse* Grundzüge (Fn. 16), Rn. 26 ff.; *Werner Heun* Das Mehrheitsprinzip in der Demokratie, 1983, 101. Im Parlamentsrecht werden Fragen der Funktionalität allerdings nur am Rande erörtert, etwa im Zusammenhang mit dem Grundsatz der Funktionsfähigkeit des Parlaments als möglichem Rechtfertigungsgrund für Einschränkungen des Repräsentationsprinzips, siehe BVerfGE 80, 188 (219); 84, 304 (321); 96, 264 (278); 99, 19 (32); 112, 118 (140); 118, 277 (324); allgemein zum Topos der Funktionsfähigkeit in der Verfassungsrechtsprechung *Angela Schwerdtfeger* Krisengesetzgebung, 2018, 226 ff.; dazu, dass der Funktionsfähigkeit im Parlamentsrecht eigentlich keine eigenständige Bedeutung zukommt, *Meinel* Selbstorgani-

sondern auch demokratisch zu legitimieren.[83] Drei Gesichtspunkte erlangen insofern Bedeutung:

Erstens bildet der Wahlakt das Fundament der parlamentarischen Legitimationskonstruktion.[84] Wahlrecht und Parlamentsrecht werden insoweit normativ miteinander verschränkt. Nach der vorherrschenden Konzeption des Parlamentsrechts statten die Wählerinnen und Wähler die einzelnen Abgeordneten mit einem Mandat aus.[85] Die Gleichheit der Wahl soll sich dann nicht im Wahlakt erschöpfen, sondern in der Entfaltung demokratischer Willensbildung im Status und in der Tätigkeit der Abgeordneten fortwirken.[86] Der Fokus auf die einzelnen gewählten Abgeordneten greift allerdings zu kurz und blendet die Bedeutung der politischen Parteien für den Wahlvorgang aus. Die prägende Kraft der Verhältniswahl[87] knüpft – unge-

---

sation (Fn. 3), 17; kritisch aus politikwissenschaftlicher Perspektive auch *Kuhn* Bundesverfassungsgericht (Fn. 17), 320 f., 333. Eine solche Verengung der Perspektive auf ausnahmsweise zu berücksichtigende Fragen der Funktionsfähigkeit wird dem Stellenwert, den der Aspekt der Funktionalität auch aus rechtlicher Perspektive für die Organisation einer Institution beansprucht, kaum gerecht, siehe zur Bedeutung der Funktionsfähigkeit des Parlaments für das Parlamentsrecht *Cancik* Wahlrecht und Parlamentsrecht (Fn. 1), 296; *Thomas Mann*, in: Michael Sachs (Hrsg.) Grundgesetz, 9. Aufl. 2021, Art. 76 Rn. 10. Der Begriff der Funktionsfähigkeit evoziert zudem Vorstellungen einer bloß technischen Funktionsweise und ökonomisch konnotierte Effizienz- und Effektivitätsgesichtspunkte. Demgegenüber gilt es zu betonen, dass sich die Funktionalitätsfrage im Rahmen des Parlamentsrechts auf konkret ausdifferenzierte Funktionen und die Funktionsweise einer spezifisch politischen Organisation bezieht: Die Funktion des Parlamentsrechts erschöpft sich nicht darin, Willensbildungsprozesse zu ermöglichen, die dann in operationalisierbare Entscheidungen münden, sondern es geht um die Schaffung von Rahmenbedingungen für spezifisch demokratische, parlamentarische Willensbildungsprozesse und Entscheidungen.

[83] Siehe *Badura* Die parlamentarische Demokratie (Fn. 3), Rn. 7; *Kotzur* in: Bonner Kommentar (Fn. 1), Vorbem. z. Art. 38–49 Rn. 43 ff.; *Cancik* Wahlrecht und Parlamentsrecht (Fn. 1), 280; *Wefelmeier* Repräsentation (Fn. 57), 69 f.

[84] *Möllers* Demokratie (Fn. 40), Rn. 33 und 51; *Waldhoff* Parteien-, Wahl- und Parlamentsrecht (Fn. 10), Rn. 65; *Müller* in: v. Mangoldt/Klein/Starck (Fn. 23), Art. 38 Rn. 126; *Heun* Verfassungsordnung (Fn. 1), 41; *Hans Meyer* Demokratische Wahl und Wahlsystem, in: Josef Isensee/Paul Kirchhof (Hrsg.) Handbuch des Staatsrechts, Bd. III, 3. Aufl. 2005, § 45 Rn. 4.

[85] Deutlich etwa *Leisner* in: Sodan (Fn. 67), Art. 38 Rn. 4; *Ingold* „Amt" (Fn. 19), 59 f. unter Verweis auf *Badura* in: Bonner Kommentar (Fn. 20), Art. 38 Rn. 58.

[86] BVerfGE 112, 118 (134).

[87] Siehe *Hans Meyer* Wahlgrundsätze, Wahlverfahren, Wahlprüfung, in: Josef Isensee/Paul Kirchhof (Hrsg.) Handbuch des Staatsrechts, Bd. III, 3. Aufl. 2005, § 46 Rn. 75; zur strukturellen Kontinuität des Wahlsystems trotz vielfacher Änderungen *Julian Krüper* Wahlrechtsgeschichte(n) unter dem Grundgesetz in: Hans Michael Heinig/Frank Schorkopf (Hrsg.) 70 Jahre Grundgesetz, 2019, 149 (153 ff.). Besondere Betonung erhält das auf die Parteien bezogene Repräsentationsmoment, wenn das Bundesverfassungsgericht in seiner zunehmend ausdifferenzierten Rechtsprechung zum Wahlrecht den Grundcharakter der

achtet der Frage ihrer verfassungsrechtlichen Unausweichlichkeit[88] und der föderalen Dimension ihrer Ausgestaltung[89] – einen engen Zusammenhang zwischen den Wahlergebnissen der politischen Parteien und der Parlamentszusammensetzung.[90] Zudem verdanken die Abgeordneten in der Parteiendemokratie ihre Mitgliedschaft im Parlament regelmäßig der Aufstellung zur Wahl durch eine Partei.[91] Jenseits aller Personalisierungstendenzen spielt auch und gerade für die Wählerinnen und Wähler die Frage, welcher politischen Partei sie ihre Stimme geben, eine entscheidende Rolle.[92] Die Legitimations- und Autorisierungsfunktion des Wahlakts erstreckt sich damit auf die Parteien und wirkt über die Fraktionen im Parlament fort.

Zweitens ist die Wahl Personalentscheidung und Entscheidung für eine parteipolitische Strömung zugleich. Sie ist eine Entscheidung für ein Bün-

---

Wahl als einer Verhältniswahl hervorhebt, siehe bereits BVerfGE 6, 84 (91); aus der neueren Rechtsprechung BVerfGE 121, 266 (297); 131, 316 (359).

[88] Zur Annahme einer verfassungsrechtlichen Vermutung für die Verhältniswahl *Meyer* Wahlgrundsätze (Fn. 87), Rn. 31 ff.; *Morlok* in: Dreier (Fn. 21), Art. 38 Rn. 102; zur Gegenauffassung *Müller* in: v. Mangoldt/Klein/Starck (Fn. 23), Art. 38 Rn. 146; *Klein/ Schwarz* in: Dürig/Herzog/Scholz (Fn. 24), Art. 38 Rn. 178 ff.

[89] Dazu im Einzelnen *Klein/Schwarz* in: Dürig/Herzog/Scholz (Fn. 24), Art. 38 Rn. 188 ff.

[90] Siehe *Meinel* Vertrauensfrage (Fn. 6), 110 ff.; starke Betonung auch bei *Borchert* Fraktion (Fn. 67), 220 ff.; siehe auch BVerfGE 123, 267 (342); *Meyer* Das parlamentarische Regierungssystem (Fn. 62), 86.

[91] Siehe Schlussbericht der Enquete-Kommission Verfassungsreform v. 9.12.1976, BT-Drs. 7/5924, 24; *Arndt* Fraktion (Fn. 56), Rn. 8; *Karl-Rudolf Korte/Manuel Fröhlich* Politik und Regieren in Deutschland, 3. Aufl. 2004, 46; allgemein *Gary W. Cox* The Organization of Democratic Legislatures, in: Barry R. Weingast/Donald A. Wittman (Hrsg.) The Oxford Handbook of Political Economy, 2006, 141 (147 f.); im Anschluss an *Klaus v. Beyme* Die politische Klasse im Parteienstaat, 1993, 30 betont *Armin Hatje* Demokratie als Wettbewerbsordnung, VVDStRL 69 (2009), 135 (157) die Verortung der Aufstellungskompetenz bei den „Parteieliten".

[92] So bereits *Scheuner* Das repräsentative Prinzip (Fn. 67), 408; *Meyer* Das parlamentarische Regierungssystem (Fn. 62), 93; *Achterberg* Parlamentsrecht (Fn. 28), 220; *Schneider* Das parlamentarische System (Fn. 3), Rn. 44; *Hofmann* Parlamentarische Repräsentation (Fn. 57), 257; *Badura* in: Bonner Kommentar (Fn. 20), Art. 38 Rn. 16; *Hermann Pünder* Wahlrecht und Parlamentsrecht als Gelingensbedingungen repräsentativer Demokratie, VVDStRL 71 (2012), 191 (257); *Pilniok* Parlamentarisches Regieren (Fn. 1), 365 f.; aus politikwissenschaftlicher Perspektive nur *Schuett-Wetschky* Regierung (Fn. 57), 501 f.; Bedeutung der Parteiidentifikation für die Wahlentscheidung *Harald Schoen/Cornelia Weins* Der sozialpsychologische Ansatz zur Erklärung von Wahlverhalten, in: Jürgen W. Falter/Harald Schoen (Hrsg.) Handbuch Wahlforschung, 2. Aufl. 2014, 241 (262 ff.); zur Bedeutung der Parteipräferenz aus soziologischer Sicht *Oscar W. Gabriel/Silke I. Keil* Wählerverhalten, in: Oscar W. Gabriel/Everhard Holtmann (Hrsg.) Handbuch Politisches System der Bundesrepublik Deutschland, 3. Aufl. 2005, 575 (579 ff.).

del parteipolitischer Positionen,[93] selbst wenn diese im Zeitpunkt der Wahl noch nicht abschließend feststehen[94] und insbesondere im Rahmen von Koalitionsverhandlungen relativiert werden können.[95] Der Legitimationsakt zielt damit darauf ab, dass parteipolitisch definierte Positionen und politische Richtungen in parlamentarischen Prozessen zum Ausdruck gelangen.[96] Das kann der einzelne Abgeordnete allein aber nicht leisten. Die Verwirklichung dieses Auftrags erfolgt vielmehr über politische Gruppierungen und insbesondere über die Fraktionen.[97]

Wenn demokratische Repräsentation verlangt, dass der Wille der Wählerinnen und Wähler im parlamentarischen Verfahren seinen Widerhall

---

[93] *Badura* Die parlamentarische Demokratie (Fn. 3), Rn. 59; *Meyer* Demokratische Wahl (Fn. 84), Rn. 6 ff.; *Volkmann* in: Berliner Kommentar (Fn. 2), Art. 21 Rn. 18; *Peter Michael Huber* Der Parteienstaat als Kern des politischen Systems – Wie tragfähig ist das Grundgesetz?, JZ 1994, 689 (690).

[94] *Heun* Mehrheitsprinzip (Fn. 82), 144 f.; *Ganghof/Stecker* Das institutionelle Design (Fn. 42), 215.

[95] Die Bedeutung des Wahlakts mit Blick auf seine Selektionswirkung insofern relativierend daher *Hatje* Demokratie (Fn. 91), 158. Gleichzeitig beschränkt sich das Mandat nicht auf Themen, die im Wahlkampf und im Wahlprogramm der Parteien eine Rolle gespielt haben, so bereits *Friesenhahn* Parlament und Regierung (Fn. 6), 25.

[96] Parlamentarische Repräsentation ist daher im Kern Repräsentation organisierter Parteiinteressen, siehe *Schneider* Das parlamentarische System (Fn. 3), Rn. 40; *Gustav E. Kafka* Die verfassungsrechtliche Stellung der politischen Parteien im modernen Staat, VVDStRL 17 (1959), 53 (55). Die parteipolitische Differenziertheit wird damit im Parlament reproduziert, siehe *Morlok* Volksvertretung (Fn. 67), Rn. 55 ff.; zur Prägung der Willensbildung in staatlichen Organen durch die politischen Parteien bereits *Hesse* Stellung der politischen Parteien (Fn. 75), 24 f. Das passt auch zur Funktion von Repräsentation als Prozess der Filterung pluralistischer Interessen, so *Heun* Verfassungsordnung (Fn. 1), 41. Repräsentation durch parlamentarische Gruppen ist dabei nicht mit Repräsentation bestimmter organisierter Interessen gleichzusetzen, siehe *Badura* in: Bonner Kommentar (Fn. 20), Art. 38 Rn. 49.

[97] Siehe dazu bereits *Meyer* Das parlamentarische Regierungssystem (Fn. 62), 91 f.; *Magiera* Staatsleitung (Fn. 57), 130. Den Fraktionen kommt dabei eine Scharnierfunktion zu, indem sie den Willensbildungsprozess in der Gesellschaft mit dem Entscheidungsprozess im Parlament verbinden, siehe BVerfGE 70, 324 (374 f.) – abweichende Meinung *Ernst Gottfried Mahrenholz*; BVerfGE 80, 188 (241) – abweichende Meinung *Konrad Kruis*; *Klein/Schwarz* in: Dürig/Herzog/Scholz (Fn. 24), Art. 38 Rn. 267; *Müller* in: v. Mangoldt/Klein/Starck (Fn. 23), Art. 38 Rn. 97; zum von Wechselwirkungen geprägten Verhältnis von Partei und Fraktion *Joachim Scherer* Fraktionsgleichheit und Geschäftsordnungskompetenz, AöR 112 (1983), 189 (196 f.); *Zeh* Gliederung (Fn. 14), Rn. 14. Auch aus der Sicht der Wählerinnen und Wähler besteht somit die Erwartung, dass die einzelnen Abgeordneten zumindest grundsätzlich ihre innerparlamentarische Arbeit an der Linie der Fraktion ausrichten, siehe *Arndt* Fraktion (Fn. 56), Rn. 8; zu Überlegungen zu einem „generellen Mandat" in diesem Zusammenhang *Oppermann* Das parlamentarische Regierungssystem (Fn. 67), 51 ff.

findet,[98] muss drittens berücksichtigt werden, dass sich nicht alle Abgeordneten an allen Entscheidungsprozessen in gleicher Weise beteiligen können. Selbst wenn man darauf abstellt, dass alle Abgeordneten an den formal entscheidenden Abstimmungen im Plenum teilnehmen können, übersteigen die für diese Entscheidung erforderlichen Informationsverarbeitungs- und Willensbildungsprozesse die Kapazitäten der einzelnen Abgeordneten.[99] An der vielfältigen parallel stattfindenden Ausschuss- und sonstigen Gremienarbeit kann der einzelne Abgeordnete ohnehin nur begrenzt teilnehmen.[100] Erst die Fraktionen ermöglichen den Abgeordneten die mittelbare Teilhabe an der Arbeit des Parlaments in seiner Gesamtheit.[101] Sie sind damit nicht nur ein technisches Hilfsmittel und sichern die Funktionsfähigkeit des Parlaments, sondern ermöglichen erst, dass sich die legitimierende Wirkung des Wahlakts auf die gesamte parlamentarische Tätigkeit erstreckt.

b) *Responsivität und Verantwortlichkeit*

Das Repräsentationsprinzip begründet allerdings nicht nur Anforderungen an die Input-Dimension, sondern hat auch Bedeutung für den parlamentarischen Output.[102] Die Repräsentierten müssen sich in den Formen und Verfahren der Repräsentation wiederfinden können. Das Ausgehen der

---

[98] BVerfGE 137, 185 (232); 147, 50 (127); *Pünder* Wahlrecht und Parlamentsrecht (Fn. 92), 199.

[99] *Schneider* Das parlamentarische System (Fn. 3), Rn. 118; *Arndt* Fraktion (Fn. 56), Rn. 3 ff.; *Rühl* Das „freie Mandat" (Fn. 44), 44 f.; *Böckenförde* Demokratische Willensbildung (Fn. 1), Rn. 37 f.; allgemein zum Erfordernis innerparlamentarischer Arbeitsteilung aufgrund des Zuwachses parlamentarisch zu bewältigender Aufgaben und zeitlichen Drucks bereits *Karl Josef Partsch* Parlament und Regierung im modernen Staat, VVDStRL 16 (1958), 74 (75 f.); zur Notwendigkeit von Spezialisierung und Arbeitsteilung *Martin Morlok/Utz Schliesky/Dieter Wiefelspütz* Zukünftige Weiterentwicklungen des Parlamentarismus, in: Martin Morlok/Utz Schliesky/Dieter Wiefelspütz (Hrsg.) Parlamentsrecht, 2016, § 51 Rn. 84 ff.; aus politikwissenschaftlicher Sicht ausführlich *Jürgen v. Oertzen* Das Expertenparlament, 2005; *Ulrike Kennert* Das Informationsverhalten von Bundestagsabgeordneten, 2017, 15 ff.

[100] Demgegenüber betont *Morlok* Informalisierung und Entparlamentarisierung (Fn. 6), 71 die Bedeutung des Zugriffsrechts aller Abgeordneten auf alle vom Parlament verhandelten Materien und des Zutrittsrechts aller Abgeordneten zu jedem Ausschuss (§ 69 Abs. 2 S. 1 GOBT).

[101] *Steiger* Organisatorische Grundlagen (Fn. 75), 124 f.; *Rühl* Das „freie Mandat" (Fn. 44), 44 f.; *Badura* in: Bonner Kommentar (Fn. 20), Art. 38 Rn. 90.

[102] Diese Output-Dimension von Repräsentation kommt im verfassungsrechtlichen Schrifttum in unterschiedlicher Weise und mit unterschiedlichem Gehalt zum Ausdruck. Sie wird zum Teil als „inhaltliche Repräsentation" (*Böckenförde* Demokratische Willensbildung (Fn. 1), Rn. 29 ff.), „materielle Repräsentation" (*Gusy* Repräsentation (Fn. 12), 275 ff.), „Bedürfnissensibilität" (*Morlok* Volksvertretung (Fn. 67), Rn. 13) oder „Repräsentativität" (*Cancik* Wahlrecht und Parlamentsrecht (Fn. 1), 278 ff.) bezeichnet.

Staatsgewalt vom Volk muss, in den ungewohnt blumigen Worten des Bundesverfassungsgerichts, „konkret erfahrbar" sein.[103] Repräsentation zielt insofern auf die Möglichkeit der Identifikation[104] der Repräsentierten mit den Repräsentanten ab,[105] als Bedingung für die Akzeptanz repräsentativer Herrschaft.[106] Die Tätigkeit des Repräsentativorgans muss zudem an die Repräsentierten rückgekoppelt,[107] also von außen nachvollziehbar[108] und einer Bewertung und Beeinflussung zugänglich sein.[109] Nur so lässt sich die Verantwortlichkeit der Repräsentanten[110] sicherstellen, und nur so lässt sich ermöglichen, dass künftige Wahlentscheidungen auch anhand des politischen Handelns und der generellen Performance der aktuellen Repräsentanten getroffen werden können.[111] Verfassungsrechtlich zu fordern ist dabei nicht, dass die Herrschaftsausübung in inhaltlicher Hinsicht dem „Willen

---

[103] BVerfGE 137, 185 (232); 147, 50 (127).

[104] *Martin Drath* Die Entwicklung der Volksrepräsentation, in: Heinz Rausch (Hrsg.) Zur Theorie und Geschichte der Repräsentation und Repräsentativverfassung, 1968, 260 (295 f.), dort auch zur Unterscheidung von Identität von „Herrschenden" und „Beherrschten" und zur Möglichkeit der Identifikation von letzteren mit den ersten, dazu auch *Hesse* Grundzüge (Fn. 16), Rn. 131; *Klein/Schwarz* in: Dürig/Herzog/Scholz (Fn. 24), Art. 38 Rn. 43; *Wefelmeier* Repräsentation (Fn. 57), 79 f.

[105] *Böckenförde* Demokratische Willensbildung (Fn. 1), Rn. 29; *Augsberg* Leistungsfähigkeit (Fn. 57), 38. Zu damit verbundenen Forderungen nach Präsenz der Repräsentanten *Christoph Schönberger* Vom Verschwinden der Anwesenheit in der Demokratie, JZ 2016, 486 ff.; siehe auch *Pierre Rosanvallon* Demokratische Legitimität, 2010, 230 ff.

[106] *Pünder* Wahlrecht und Parlamentsrecht (Fn. 92), 202 mit Nachweisen aus der politikwissenschaftlichen Forschung.

[107] Siehe BVerfGE 102, 224 (238 f.); 112, 118 (133 f.) unter Bezugnahme auf *Hofmann/Dreier* Repräsentation (Fn. 1), Rn. 44; siehe ferner *Böckenförde* Demokratische Willensbildung (Fn. 1), Rn. 19 zum Erfordernis einer „stetigen politischen Rückbeziehung des Handelns der Leitungsorgane auf das Volk und seine Willensäußerung"; *Groh* Wahlrecht (Fn. 53), 1066.

[108] *Morlok* Informalisierung und Entparlamentarisierung (Fn. 6), 71.

[109] BVerfGE 142, 123 (213); *Morlok* in: Dreier (Fn. 21), Art. 38 Rn. 32; *Uwe Volkmann* in: Karl Heinrich Friauf/Wolfram Höfling (Hrsg.) Berliner Kommentar zum Grundgesetz, 2021, Art. 20 Rn. 23 (2001); *Dreier* Schwinden der Demokratie (Fn. 81), 38; *Thiele* Verlustdemokratie (Fn. 12), 68 ff.; mit Fokus auf die einzelnen Abgeordneten auch *Steiger* Organisatorische Grundlagen (Fn. 75), 192 ff.

[110] Zu Verantwortlichkeit als Bestandteil des Repräsentationsprinzips *Kotzur* in: Bonner Kommentar (Fn. 1), Vorbem. z. Art. 38–49 Rn. 46; *Morlok* in: Dreier (Fn. 21), Art. 38 Rn. 33; *Rudolf Steinberg* Die Repräsentation des Volkes, 2013, 163 ff.; mit Bezug auf das Demokratieprinzip BVerfGE 147, 50 (127).

[111] *Huber* Parteienstaat (Fn. 93), 690; *Pünder* Wahlrecht und Parlamentsrecht (Fn. 92), 202, 253; siehe aber auch die skeptischen Bemerkungen bei *Hans Peter Bull* Die Krise der politischen Parteien, 2020, 55 ff.

des Volkes" entsprechen muss.[112] Aber die Bürgerinnen und Bürger müssen erkennen können, wie sich der parlamentarische Willensbildungsprozess vollzieht, welche Positionen und Argumente von wem erörtert werden und welche Auffassung sich letztlich durchsetzen konnte.[113]

Auch in dieser Output-orientierten Sichtweise sind die Fraktionen zwar nicht die einzige, aber die entscheidende Bezugsgröße. Parlamentarische Willensbildung stellt keine Akkumulation von 598,[114] 709[115] oder 736[116] Einzelpositionen dar, sondern vollzieht sich maßgeblich innerhalb, zwischen und entlang politischer Strömungen und Gruppierungen.[117] Nur unter Einbeziehung der von den Fraktionen formulierten Positionen lässt sich die Responsivität des parlamentarischen Systems vollumfänglich ermessen und ein Verantwortlichkeitszusammenhang zwischen Parlament und Bürgerschaft wahrnehmen.

---

[112] So aber *Böckenförde* Demokratische Willensbildung (Fn. 1), Rn. 32 ff.; unter dem Gesichtspunkt der Responsivität und unter Annahme einer Rechtfertigungspflicht für Abweichungen vom „Willen des Volkes" auch *Pünder* Wahlrecht und Parlamentsrecht (Fn. 92), 198 ff.; wie hier *Meyer* Das parlamentarische Regierungssystem (Fn. 62), 78; zur problematischen Annahme eines tatsächlich existierenden Volkswillens bereits oben Fn. 12; zur historisch tradierten Parlamentarismuskritik, die auf das (vermeintliche) Auseinanderfallen von parlamentarischen Entscheidungen und dem „Willen des Volkes" abstellt, *Schönberger* Parlament (Fn. 3), Rn. 48.

[113] Zur Bedeutung von Öffentlichkeit und Transparenz für die Demokratie *Julian Krüper* Parlament und Öffentlichkeit, in: Martin Morlok/Utz Schliesky/Dieter Wiefelspütz (Hrsg.) Parlamentsrecht, 2016, § 39 Rn. 1 ff.; *Bernd Holznagel* Erosion demokratischer Öffentlichkeit?, VVDStRL 68 (2009), 381 ff.; *Hans-Detlef Horn* Erosion demokratischer Öffentlichkeit?, VVDStRL 68 (2009), 413 ff.; *Pierre Rosanvallon* Die gute Regierung, 2018, 193 ff.; aus der Rechtsprechung nur BVerfGE 130, 318 (344); 145, 50 (129 ff.); zur Verknüpfung mit dem Repräsentationsprinzip *Albert Ingold* Digitalisierung demokratischer Öffentlichkeiten, Der Staat 56 (2017), 491 (529).

[114] § 1 Abs. 1 S. 1 BWahlG.

[115] Bundeswahlleiter, Bundestagswahl 2017: Endgültiges Ergebnis, Pressemitteilung Nr. 34/17 v. 12.10.2017.

[116] Bundeswahlleiter, Bundestagswahl 2021: Endgültiges Ergebnis, Pressemitteilung Nr. 52/21 v. 15.10.2021; im Vorfeld der Wahl kritisch angesichts der Möglichkeit eines noch stärkeren Wachstums des Bundestags: Ein Appell deutscher Staatsrechtslehrer, Offener Brief v. 20.9.2019.

[117] Siehe *Zeh* Gliederung (Fn. 14), Rn. 6; aus politikwissenschaftlicher Sicht *Werner Patzelt* Der Bundestag, in: Oscar W. Gabriel/Everhard Holtmann (Hrsg.) Handbuch Politisches System der Bundesrepublik Deutschland, 3. Aufl. 2005, 159 (184 ff.); *Suzanne S. Schüttemeyer* Fraktionen im Deutschen Bundestag, 1998, 35 ff. Auch das Bundesverfassungsgericht betont, dass die Fraktionen auf einheitliche Willensbildung ausgerichtet sind und sich damit als tragendes Element der parlamentarischen Willensbildung erweisen, siehe BVerfGE 44, 308 (318).

3. Parlamentarische Organisation entlang des Dualismus von Regierungsmehrheit und Opposition

Die demokratische Legitimation parlamentarischer Willensbildung erfordert daher, dass die politischen Strömungen in der Parlamentsorganisation strukturell Berücksichtigung finden. Weitere Legitimationspotentiale lassen sich aus dem in der Parlamentsrechtsdogmatik bislang kaum berücksichtigten[118] Dualismus von Regierungsmehrheit und parlamentarischer Opposition ableiten.[119] Auch insofern sind drei Gesichtspunkte von Bedeutung:

a) Ermöglichung von Mehrheitsentscheidungen

Erstens lässt sich die legitimierende Dimension des Mehrheitsprinzips organisationsrechtlich erschließen. Das Mehrheitsprinzip ist keine Verlegenheitslösung, sondern als Kerngehalt des Demokratieprinzips[120] in Art. 42 Abs. 2 S. 1 GG verankert.[121] Es dient der Verwirklichung der demokratischen

---

[118] Das Parlamentsrecht regelt zwar die Handlungsmöglichkeiten der Regierungsmehrheit und der Opposition und steuert das rechtliche Verhältnis zwischen ihnen, siehe *Di Fabio* Parlament (Fn. 48), 603. Aber als eigenständiges Organisationsprinzip spielt der Dualismus kaum eine Rolle; zu entsprechenden Ansätzen *Huber* Regierung und Opposition (Fn. 7), Rn. 38 ff.; zum Fehlen einer bestimmten „verfassungsrechtlichen Form" des Dualismus *Meinel* Bundesverfassungsgericht (Fn. 31), 58.

[119] Das Bundesverfassungsgericht erkennt diesen Dualismus zwar an (siehe bereits BVerfGE 10, 4 (19); 49, 70 (85); 102, 224 (236); 104, 310 (330)), zieht daraus aber keine weitreichenden Konsequenzen für die Parlamentsorganisation und die Konzeption der Parlamentsrechtsdogmatik, wenngleich die Bedeutung der Opposition als Argument zur Begründung verfassungsrechtlicher Positionen herangezogen wird, siehe dazu *Ingold* Oppositionen (Fn. 7), 245 ff.; zur Rechtsprechungsentwicklung *Andrea Diehl* Parlamentarische Minderheiten- und Oppositionsrechte, in: Fabian Scheffczyk/Kathleen Wolter (Hrsg.) Linien der Rechtsprechung des Bundesverfassungsgerichts, Bd. 4, 2017, 491 ff.

[120] *Horst Dreier* Das Majoritätsprinzip im demokratischen Verfassungsstaat, ZParl 1986, 94 (100); *Böckenförde* Demokratie (Fn. 21), Rn. 52 ff.; *Peter Häberle* Das Mehrheitsprinzip als Strukturelement der freiheitlich-demokratischen Grundordnung, JZ 1977, 241 (245); *Ulrich Scheuner* Das Mehrheitsprinzip in der Demokratie 1973, 45 ff.; *Christoph Gusy* Das Mehrheitsprinzip im demokratischen Staat, AöR 106 (1981), 329 (342 ff.); aus der Verfassungsrechtsprechung BVerfGE 1, 299 (315); 29, 154 (165); 112, 118 (140 f.); den Bezug zum Repräsentationsprinzip betont *Badura* in: Bonner Kommentar (Fn. 20), Art. 38 Rn. 29; pointiert auch BVerfGE 112, 118 (155) – Abweichende Meinung *Gertrude Lübbe-Wolff*: Demokratische Legitimation vermittle sich über Mehrheitsentscheidungen; siehe auch BVerfGE 123, 267 (342); skeptisch *Meyer* Das parlamentarische Regierungssystem (Fn. 62), 84 f.

[121] *Morlok* in: Dreier (Fn. 21), Art. 42 Rn. 31.

Grundsätze der Selbstbestimmung,[122] Freiheit[123] und Gleichheit[124]. Organisation und Verfahren des Parlaments müssen dem Rechnung tragen und sicherstellen, dass Mehrheitsentscheidungen effektiv vorbereitet und getroffen werden können und nicht über Gebühr verzögert oder erschwert werden.[125]

b) Differenzierung zwischen Regierungsmehrheit und Opposition

Zweitens prägen die Mehrheitsverhältnisse im Parlament die innerparlamentarische Willensbildung.[126] Rolle und Funktion der einzelnen Abgeordneten unterscheiden sich danach, ob die Fraktion, der sie angehören, die Regierung trägt oder nicht.[127] Das gilt sowohl im Rahmen der Gesetzgebung[128] als

---

[122] *Heun* Mehrheitsprinzip (Fn. 82), 103 f.; *Martin Morlok/Lothar Michael* Staatsorganisationsrecht, 5. Aufl. 2021, Rn. 163 ff.; zur Rechtfertigung des Mehrheitsprinzips spezifisch aus der Perspektive der Minderheit, die die Chance haben muss, zur Mehrheit zu werden, und der damit verbundenen Berücksichtigung der Minderheit durch die Mehrheit *Oliver Lepsius* Rechtswissenschaft in der Demokratie, Der Staat 52 (2013), 157 (169 ff.); *Volkmann*, in: Berliner Kommentar (Fn. 109), Art. 20 Rn. 26.

[123] *Hans Kelsen* Vom Wesen und Wert der Demokratie, 2. Aufl. 1929, 9 f., 53 ff.; differenzierend *Hesse* Grundzüge (Fn. 16), Rn. 142 f.; relativierend *Hofmann/Dreier* Repräsentation (Fn. 1), Rn. 51; auf der Grundlage einer Synthese mit der Gleichheit *Christian Hillgruber* Die Herrschaft der Mehrheit, AöR 127 (2002), 460 (461 ff.); ideengeschichtliche Einordnung des Freiheitsarguments bei *Julian Krüper* Das Glück der größten Zahl – Zum Mehrheitsprinzip als Funktionsregel im Verfassungsstaat, ZJS 2009, 477 f.

[124] *Böckenförde* Demokratie (Fn. 21), Rn. 52; *Möllers* Zumutungen (Fn. 12), 31. Besonders stark ist der Zusammenhang zum Prinzip demokratischer Gleichheit: Die Mehrheitsregel leitet ihre Legitimation daraus ab, dass jedes Mitglied einer politischen Gemeinschaft die gleichen Einflusschancen im Entscheidungsverfahren hat, siehe *Pilniok* Parlamentarisches Regieren (Fn. 1), 41; *Badura* Die parlamentarische Demokratie (Fn. 3), Rn. 31; *Meinel* Selbstorganisation (Fn. 3), 16; allgemein zur Rechtfertigung des Mehrheitsprinzips mit den Besonderheiten des demokratischen Entscheidungsverfahrens *Hofmann/Dreier* Repräsentation (Fn. 1), Rn. 53; zum Zusammenhang von politischer Gleichheit und Mehrheitsdemokratie aus politikwissenschaftlicher Perspektive *Ganghof/Stecker* Das institutionelle Design (Fn. 42), 216 ff.

[125] Siehe *Klein* Stellung und Aufgaben (Fn. 58), Rn. 45; *Heun* Mehrheitsprinzip (Fn. 82), 101 f.; aus politikwissenschaftlicher Sicht *Ganghof/Stecker* Das institutionelle Design (Fn. 42), 219.

[126] *Schneider* Das parlamentarische System (Fn. 3), Rn. 9; *Stern* Staatsrecht (Fn. 24), 1032 ff.; *Kotzur* Demokratie (Fn. 11), 211.

[127] Siehe *Huber* Regierung und Opposition (Fn. 7), Rn. 2 ff. und Rn. 29 ff.; *Pilniok* Parlamentarisches Regieren (Fn. 1), 625 f.; *Kuhn* Bundesverfassungsgericht (Fn. 17), 84 f.; *Wolfgang Ismayr* Funktionen und Willensbildung des Deutschen Bundestages im Wandel, in: Helmar Schöne/Julia von Blumenthal (Hrsg.) Parlamentarismusforschung in Deutschland, 2009, 95 (102 ff.).

[128] *Klein* Stellung und Aufgaben (Fn. 58), Rn. 21; *Meyer* Das parlamentarische Regierungssystem (Fn. 62), 87 f.; *Helmuth Schulze-Fielitz* Theorie und Praxis parlamentarischer Gesetzgebung, 1988, 255 ff.; zu unterschiedlichen Oppositionsstrategien im Rahmen der

auch mit Blick auf die Wahrnehmung der parlamentarischen Kontrollfunktion.[129] Diese Differenzierung ist im parlamentarischen Regierungssystem strukturell angelegt. Sie prägt das Selbstverständnis der Abgeordneten[130] und die Perspektive der Wählerinnen und Wähler. Wie die jeweiligen Fraktionen ihrer Regierungs- oder Oppositionsfunktion gerecht werden, kann Grundlage künftiger Wahlentscheidungen sein,[131] selbst wenn diese Beurteilung sowohl durch die föderale Dimension des Regierungssystems[132] als auch durch die Informalität der Entscheidungsprozesse[133] erschwert wird.

Gesetzgebung *Klaus v. Beyme* Das politische System der Bundesrepublik Deutschland, 12. Aufl. 2017, 314 f.

[129] *Poscher* Opposition (Fn. 14), 454 f.; *Brenner* Parlamentarismus (Fn. 58), Rn. 60; aus politikwissenschaftlicher Sicht *Sven T. Siefken* Parlamentarische Kontrolle im Wandel, 2018, 50 ff.; zur dominanten Rolle der Opposition *Stern* Staatsrecht (Fn. 24), 1035; *Zeh* Gliederung (Fn. 14), Rn. 19; BVerfGE 49, 70 (86); 142, 25 (56); 147, 50 (132); zur Kontrolle durch die Parlamentsmehrheit *Edzard Schmidt-Jortzig* Regierungskontrolle durch die Parlamentsmehrheit, in: Jörn Ipsen/Edzard Schmidt-Jortzig (Hrsg.) FS Dietrich Rauschning, 2001, 143 ff.; *Huber* Regierung und Opposition (Fn. 7), Rn. 34; skeptisch zur Unterscheidung von Regierungsmehrheit und Opposition im Rahmen der Kontrollfunktion *Meyer* Das parlamentarische Regierungssystem (Fn. 62), 101.

[130] *Helmar Schöne* Alltag im Parlament, 2010, 357, 365 ff.; siehe auch BVerfGE 44, 125 (140).

[131] In diesem Sinne sieht das Bundesverfassungsgericht die Wahl als „politische Entscheidung von grundsätzlicher Bedeutung über die bisherige und künftige Politik von Regierung und Opposition" an, siehe BVerfGE 24, 300 (348). Empirisch lässt sich der Einfluss der Performance von Regierung und Opposition auf nachfolgende Wahlentscheidungen allerdings nur in beschränktem Maße nachweisen. In der empirischen Forschung zum Wahlverhalten, die sich in soziologische, sozialpsychologische und ökonomische (*rational choice*) Ansätze unterteilen lässt, werden verschiedene Einflussfaktoren auf das Wahlverhalten identifiziert und diskutiert. Unter Gesichtspunkten wie Themenorientierung, Problemlösungskompetenz, Kandidatenbewertung und Relevanz aktueller Streitfragen können Politik und Verhalten von Regierungs- wie auch Oppositionsfraktionen – und von einzelnen Abgeordneten – dabei durchaus Relevanz entfalten; siehe zur empirischen Forschung und den zugrunde liegenden theoretischen Erklärungsmodellen *Wolfgang Rudzio* Das politische System der Bundesrepublik Deutschland, 9. Aufl. 2015, 183 ff.; *Dieter Roth* Empirische Wahlforschung, 2. Aufl. 2008, 29 ff.; *Gabriel/Keil* Wählerverhalten (Fn. 92), 579 ff. Insbesondere im Rahmen ökonomischer Theorien wird dabei die Beurteilung der Regierungsleistung (*performance rating*) als Faktor für die Wahlentscheidung betont, siehe hierzu *Kai Arzheimer/Annette Schmitt* Der ökonomische Ansatz, in: Jürgen W. Falter/Harald Schoen (Hrsg.) Handbuch Wahlforschung, 2. Aufl. 2014, 331 (343 f.).

[132] Zum Problem der föderalen „Politikverflechtung" *Stefan Oeter* Integration und Subsidiarität im deutschen Bundesstaatsrecht, 1998, 461 ff.; *Michael Anderheiden* Mitwirkung der Länder bei der Gesetzgebung, in: Josef Isensee/Paul Kirchhof (Hrsg.) Handbuch des Staatsrechts, Bd. VI, 3. Aufl. 2008, § 140 Rn. 34 f.; allgemein zu spezifischen legitimatorischen Herausforderungen föderaler Kopplungen *Christoph Möllers* Gewaltengliederung, 2005, 233 ff.

[133] Beispielhaft erwähnt sei die Bedeutung von Koalitionsausschüssen, Fraktionsarbeitskreisen und -gruppen sowie des komplexen Zusammenwirkens von Parlamentsabgeordne-

c) Bedeutung der Opposition

Drittens bildet die Opposition ein bedeutendes Element in der parlamentarischen Legitimationskonstruktion.[134] Durch die Wahl wird nicht nur die parlamentarische Mehrheit legitimiert, sondern auch die Opposition.[135] Der Opposition kommt eine entscheidende und von der Parlamentsmehrheit zu unterscheidende parlamentarische Funktion[136] zu.[137] Sie übt maßgeblich die parlamentarische Kontrollfunktion aus, und echte Alternativangebote zur Regierungspolitik stammen regelmäßig aus dem Kreis der Opposition.[138] Jenseits dieser konkreten Funktionen legitimiert die Opposition das parlamentarische System und sichert die Akzeptanz der Mehrheitsherrschaft.[139]

---

ten und Regierungsmitgliedern, zum Ganzen *Helmut Schulze-Fielitz* Der informale Verfassungsstaat, 1984; *Morlok* Informalisierung und Entparlamentarisierung (Fn. 6), 37 ff.; Überblick zur politikwissenschaftlichen Forschung bei *Helmar Schöne* Informalität im Parlament: Forschungsstand und Forschungsperspektiven, in: Stephan Bröchler/Timo Grunden (Hrsg.) Informelle Politik, 2014, 155 ff.

[134] Die grundsätzliche Bedeutung der parlamentarischen Opposition in der demokratischen Verfassungsordnung des Grundgesetzes wurde in der Verfassungsrechtswissenschaft der Bundesrepublik schon früh betont, siehe nur *Friesenhahn* Parlament und Regierung (Fn. 6), 16 ff. und 25 ff.; ausführlich zur Entwicklung *Ingold* Oppositionen (Fn. 7), 122 ff. (zur Verfassungsrechtswissenschaft), 170 ff. (zum Landesverfassungsrecht) und 237 ff. (zur Rechtsprechung des Bundesverfassungsgerichts).

[135] Siehe *Annette Schmitt* Die Rolle von Wahlen in der Demokratie, in: Jürgen W. Falter/Harald Schoen (Hrsg.) Handbuch Wahlforschung, 2. Aufl. 2014, 3 (11 f.); *Ingold* Oppositionen (Fn. 7), 331 f.; *Stephan Haberland* Die verfassungsrechtliche Bedeutung der Opposition nach dem Grundgesetz, 1995, 48 ff.; *Daniel Mundil* Die Opposition, 2014, 125 ff.; der Gedanke kommt bereits bei *Friesenhahn* Parlament und Regierung (Fn. 6), 26 zum Ausdruck.

[136] Zu den unterschiedlichen Funktionen von Opposition *Ingold* Oppositionen (Fn. 7), 91 ff., 242 ff., 548 ff.

[137] Für die effektive Wahrnehmung der parlamentarischen Oppositionsfunktion ist dabei ebenfalls ein kollektives Agieren, vorrangig über die Oppositionsfraktionen, erforderlich, siehe dazu *Huber* Regierung und Opposition (Fn. 7), Rn. 42 ff.; *Mundil* Opposition (Fn. 135), 133 ff.; *Badura* in: Bonner Kommentar (Fn. 20), Art. 38 Rn. 18; abstellend auf die einzelnen Abgeordneten demgegenüber *Ingold* Oppositionen (Fn. 7), 312 ff. und 363 ff.; *ders.* Oppositionsrechte stärken?, ZRP 2016, 143 (145); die Rolle der einzelnen Abgeordneten betonend bereits *Poscher* Opposition (Fn. 14), 458.

[138] *Schneider* Die parlamentarische Opposition (Fn. 7), 43 ff.

[139] *Schneider* Verfassungsrecht (Fn. 39), 32 ff., 383 f.; *Volkmann* Opposition (Fn. 38), 486 f.; *Ingold* Oppositionen (Fn. 7), 306 ff., 331 f. und 566 ff.

IV. Neuausrichtung: Parlamentsrecht zwischen Organisationsprinzipien und dem institutionellen Rechtsstatus der Abgeordneten

Die aufgezeigte Bedeutung politischer Strömungen und des Dualismus von Regierungsmehrheit und Opposition für die demokratische Legitimation des Parlaments legt eine Neuausrichtung des Parlamentsrechts nahe.

1. Organisationsprinzipien des Parlamentsrechts

Aus dem Demokratieprinzip, der Anerkennung der Parteienstaatlichkeit und der konkreten grundgesetzlichen Ausgestaltung des parlamentarischen Regierungssystems lassen sich zunächst zwei objektiv-rechtliche Organisationsprinzipien ableiten.

a) Fraktionen als Bezugspunkt der Parlamentsrechtsdogmatik

Das erste Organisationsprinzip besagt, dass binnenparlamentarische Organisations- und Verteilungsfragen an den im Parlament vertretenen politischen Strömungen[140] und damit vorrangig[141] an den Fraktionen[142] ausgerichtet werden können. Entgegen der bisher vorherrschenden Prämisse

---

[140] Der hier zugrunde gelegte Fokus auf die Fraktionen entspricht der Realität der parlamentarischen Entwicklung unter dem Grundgesetz, steht aber weder der möglichen Entwicklung anderer Formen der parlamentarischen Gruppenbildung entgegen (siehe dazu auch BVerfGE 84, 304 (322)) noch trifft er eine Aussage über die rechtlichen Voraussetzungen der Fraktionsbildung: Die Voraussetzungen der Mindeststärke von fünf Prozent der Mitglieder des Bundestags und des Erfordernisses der regelmäßig in der gemeinsamen Parteizugehörigkeit zum Ausdruck gelangenden gleichgerichteten politischen Ziele, wie sie § 10 Abs. 1 GOBT (i.V.m. § 45 Abs. 2 AbgG) fordert, sind verfassungsrechtlich zulässig, aber nicht geboten, siehe BVerfGE 84, 304 (325); *Müller* in: v. Mangoldt/Klein/Starck (Fn. 23), Art. 38 Rn. 100.

[141] Neben den Fraktionen kommen die Gruppen (§ 10 Abs. 4 GOBT) als Anknüpfungspunkt für die Verteilung von Mitwirkungsbefugnissen in Betracht, zu deren Rechtsstellung *Zeh* Gliederung (Fn. 14), Rn. 20 ff.; *Hans Hugo Klein* Gruppen und fraktionslose Abgeordnete, in: Martin Morlok/Utz Schliesky/Dieter Wiefelspütz (Hrsg.) Parlamentsrecht, 2016, § 18 Rn. 15 ff.; *Johann Christoph Besch* Die Rechtsstellung parlamentarischer Gruppen – Parlamentsrecht in der Entwicklung, in: Volker Epping/Horst Fischer/Wolff Heintschel von Heinegg (Hrsg.) FS Knut Ipsen, 2000, 577 ff.; BVerfGE 84, 304; 96, 264.

[142] Die viel diskutierte Frage nach dem verfassungsrechtlichen Status der Fraktionen (dazu *Zeh* Gliederung (Fn. 14), Rn. 6 ff.; *Hölscheidt* Parlamentsfraktionen (Fn. 14), 283 ff.; *Demmler* Abgeordnete (Fn. 19), 156 ff.; *Pilniok* Parlamentarisches Regieren (Fn. 1), 376 ff.) ist hingegen für die Anerkennung und Wirkung als objektiv-rechtliches verfassungsrechtliches Prinzip der parlamentarischen Organisation unerheblich. Soweit die Berücksichtigung der Fraktionen – sei es überhaupt, sei es proportional – verfassungsrechtlich gefordert ist, korrespondiert diesem objektiv-rechtlichen Gebot eine subjektive Rechts-

sind daher Geschäftsordnungsregeln oder Parlamentspraktiken, die für die Ausübung oder Verteilung innerparlamentarischer Funktionen an die Fraktionen anknüpfen, keine rechtfertigungsbedürftigen Einschränkungen der Abgeordnetenrechte. Die Mediatisierung der Abgeordneten durch die Fraktionen stellt vielmehr einen verfassungsrechtlich zulässigen Modus der Organisation parlamentarischer Willensbildung dar.

Wie die Fraktionen innerhalb der Parlamentsorganisation zu berücksichtigen sind, ist differenziert zu beurteilen: Verfassungsrechtlich vorgegeben ist grundsätzlich die Mitwirkung aller Fraktionen im Rahmen aller parlamentarischer Untergliederungen und Verteilungsentscheidungen.[143] Das folgt einerseits aus der Anforderung demokratischer Legitimation an die Parlamentsorganisation, andererseits aus dem grundsätzlichen Recht der Abgeordneten auf parlamentsinterne Mitwirkung, das durch die Fraktionen mediatisiert wird.[144]

Über das Gebot der Berücksichtigung aller Fraktionen an der parlamentarischen Willensbildung hinaus wird – nahezu unbestritten – ein allgemeiner Grundsatz der proportionalen Berücksichtigung in Relation zu

---

position der Fraktionen, die diese im Organstreitverfahren geltend machen können, siehe zur verfassungsprozessualen Stellung der Fraktionen *Klein* Fraktionen (Fn. 14), Rn. 82 f.

[143] *Steiger* Organisatorische Grundlagen (Fn. 75), 124 ff.; *Gusy* Repräsentation (Fn. 12), 284; *Zeh* Gliederung (Fn. 14), Rn. 46; *Dreier* Regelungsform (Fn. 53), 318 f.; *Achterberg* Parlamentsrecht (Fn. 28), 292; ausführlich *Florian Edinger* Wahl und Besetzung parlamentarischer Gremien, 1992, 272 ff. Grund und Grenzen dieses Prinzips wurden Anfang der 1980er Jahre mit dem Einzug der Fraktion Die Grünen in den Bundestag auf die Probe gestellt: Kritisch zu Versuchen, die Fraktion von der parlamentarischen Mitwirkung und insbesondere aus Ausschüssen fernzuhalten, bereits *Stolleis* Parteienstaatlichkeit (Fn. 2), 29; zur kontrovers diskutierten Entscheidung des Bundesverfassungsgerichts, den Ausschluss der Fraktion von der Haushaltskontrolle der Nachrichtendienste für verfassungsgemäß zu erachten (BVerfGE 70, 324), dann BVerfGE 70, 324 (366 ff.) – abweichende Meinung *Ernst Gottfried Mahrenholz*; BVerfGE 70, 324 (380 ff.) – abweichende Meinung *Ernst-Wolfgang Böckenförde*; zeitgenössische Kritik bei *Scherer* Fraktionsgleichheit (Fn. 97), 189 ff.; aus heutiger Perspektive *Ingold* Oppositionen (Fn. 7), 374 f. Da sich das Erfordernis der Berücksichtigung aller Fraktionen auf den parlamentarischen Willensbildungs- und Entscheidungsprozess bezieht, besteht allerdings kein umfassender Anspruch aller Fraktionen auf Berücksichtigung in allen Leitungsorganen des Parlaments, also etwa im Präsidium und im Ältestenrat, siehe dazu *Christoph Schönberger/Sophie Schönberger* Die AfD im Bundestag, JZ 2018, 105 (110) mit Nachweisen zu abweichenden Positionen; siehe auch BVerfGE 80, 188 (227) dazu, dass im Ältestenrat keine inhaltliche Vorformung parlamentarischer Willensbildung erfolgt. Soweit die Geschäftsordnung des Bundestags eine Berücksichtigung aller Fraktionen vorsieht (siehe § 2 Abs. 1 S. 2 GOBT für das Präsidium und in der Folge § 6 Abs. 1 S. 1 GOBT für den Ältestenrat), ist dies verfassungsrechtlich zulässig und mag rechtspolitisch sinnvoll sein, ist aber nicht verfassungsrechtlich zwingend.

[144] Siehe *Max-Emanuel Geis* Parlamentsausschüsse, in: Josef Isensee/Paul Kirchhof (Hrsg.) Handbuch des Staatsrechts, Bd. III, 3. Aufl. 2005, § 54 Rn. 43.

den Kräfteverhältnissen der Fraktionen im Parlament angenommen.[145] In der Rechtsprechung des Bundesverfassungsgerichts findet dieser Gedanke seinen prominenten Ausdruck im Grundsatz der Spiegelbildlichkeit der Zusammensetzung von Ausschüssen und anderen Untergliederungen.[146] Er prägt darüber hinaus den Regelungsansatz der Geschäftsordnung und die Parlamentspraxis.[147] Die proportionale Berücksichtigung nach Maßgabe der Fraktionsstärke erscheint in der Tat verfassungsrechtlich zwingend, soweit parlamentarische Untergliederungen verbindliche Entscheidungen anstelle des Plenums treffen können.[148] Dann darf die Verlagerung von Entscheidungsbefugnissen auf die Ausschüsse nicht mit einer Verkürzung von Rechtspositionen der Fraktionen einhergehen. Das lässt sich für die Informations-, Kontroll- und Untersuchungsrechte in den Ausschüssen allerdings nicht generell annehmen.[149] Und auch, dass die Entscheidungen des Parlaments in den Ausschüssen tendenziell vorbestimmt werden, sodass

---

[145] Siehe nur *Walter Schmidt* Chancengleichheit der Fraktionen unter dem Grundgesetz, Der Staat 9 (1970), 481 (496 f.); *Hesse* Grundzüge (Fn. 16), Rn. 580; *Geis* Parlamentsausschüsse (Fn. 144), Rn. 42; mit Blick auf die Opposition *Huber* Regierung und Opposition (Fn. 7), Rn. 48.

[146] BVerfGE 70, 324 (363), unter Verweis auf BVerfGE 44, 308 (319); BVerfGE 130, 318 (353); 140, 115 (153).

[147] Siehe § 12 GOBT; zum Wandel vom Grundsatz der Fraktionsparität zur Fraktionsproportionalität *Cancik* Redezeiturteil (Fn. 43), 207; allgemein zur historischen Entwicklung parlamentarischer Proporzkultur *Schönberger* Parlament (Fn. 3), Rn. 45, 51.

[148] Ausführlich hierzu *Oliver Moench* Verfassungsmäßigkeit der Bundestagsausschüsse, 2017; *Payandeh* Entplenarisierung (Fn. 37), 205 ff.; *Meinel* Selbstorganisation (Fn. 3), 277 ff.; *Christian Pfengler* Plenarvorbehalt und Delegation, 2020. Das gilt etwa für den Ausschuss für Wahlprüfung, Immunität und Geschäftsordnung (§ 107 GOBT) mit Blick auf dessen Entscheidungsbefugnisse (dazu *Geis* Parlamentsausschüsse (Fn. 144), Rn. 35 ff.; *Manfred Schulte/Wolfgang Zeh* Der Ausschuß für Wahlprüfung, Immunität und Geschäftsordnung, in: Hans-Peter Schneider/Wolfgang Zeh (Hrsg.) Parlamentsrecht und Parlamentspraxis in der Bundesrepublik Deutschland, 1989, § 43 Rn. 1 ff.; *Norbert Paschmanns* Ausschuss für Wahlprüfung, Immunität und Geschäftsordnung, in: Martin Morlok/Utz Schliesky/Dieter Wiefelspütz (Hrsg.) Parlamentsrecht, 2016, § 24 Rn. 1 ff.) sowie den Haushaltsausschuss im Hinblick auf dessen zentrale Rolle bei der Ausübung des parlamentarischen Budgetrechts (siehe dazu *Zeh* Parlamentarisches Verfahren (Fn. 14), Rn. 68; *Beate Hasenjäger* Haushaltsausschuss und Haushaltsverfahren, in: Martin Morlok/Utz Schliesky/Dieter Wiefelspütz (Hrsg.) Parlamentsrecht, 2016, § 25 Rn. 1 ff.; *Moench* Bundestagsausschüsse (Fn. 148), 221 ff.).

[149] So aber BVerfGE 80, 188 (222); 112, 118 (136); 130, 318 (353). Soweit das Bundesverfassungsgericht auf Art. 43 Abs. 1 GG verweist, ist dieses Recht als Mehrheitsrecht ausgestaltet, siehe *Ralph Alexander Lorz/Maike Richterich* Regierung im Parlament, in: Martin Morlok/Utz Schliesky/Dieter Wiefelspütz (Hrsg.) Parlamentsrecht, 2016, § 35 Rn. 63. Das spricht dafür, dass sich in den Ausschüssen die parlamentarischen Mehrheitsverhältnisse widerspiegeln müssen, begründet aber kein Erfordernis der proportionalen Berücksichtigung der Fraktionen.

die Repräsentation des Volkes in Ausschüsse verlagert werde, rechtfertigt – entgegen der Annahme des Bundesverfassungsgerichts – kein Proportionalitätserfordernis.[150] Dieser Ansatz basiert nicht nur auf einer fragwürdigen Vorstellung von repräsentativen Institutionen als verkleinerten Abbildern des Volkes,[151] sondern das Bundesverfassungsgericht reproduziert zudem ein zweifelhaftes Bild der Ausschüsse als Orte freier Deliberation, Konsensbildung und Kompromissfindung:[152] Denn auch die Ausschussarbeit ist stark durch die Einteilung in Fraktionen und insbesondere durch den Wettbewerb zwischen Regierungsmehrheit und Oppositionsfraktionen geprägt.[153] Die eigentliche Sachentscheidung fällt regelmäßig nicht in den Ausschüssen, sondern im Willensbildungsprozess innerhalb und zwischen den Fraktionen und insbesondere innerhalb der Mehrheitsfraktionen im Zusammenwirken mit der Regierung.[154] Wenn die parlamentarische Entscheidung aber weder in der Sache noch formal im Ausschuss getroffen wird, erscheint eine proportionale Berücksichtigung der Fraktionen nicht zwingend. Verfassungsrechtlich erforderlich ist daher, dass alle Fraktionen in den Ausschüssen vertreten sind, in einer Stärke, die die effektive Mitwirkung an der Ausschussarbeit ermöglicht. Eine proportionale Berücksichtigung der Fraktionen darüber hinaus entspricht der politischen Kul-

---

[150] So auch *Zeh* Verfassungsinterpretation (Fn. 18), 432 f.

[151] Zur Kritik *Möllers* Demokratie (Fn. 40), Rn. 51.

[152] *Pilniok* Parlamentarisches Regieren (Fn. 1), 281 f.; *Grimm* Parlament und Parteien (Fn. 45), Rn. 22; *Klaus v. Beyme* Der Gesetzgeber, 1997, 188 ff.; *Schöne* Alltag (Fn. 130), 351 f.; *Frank Decker* Parteien und Verfassungsorgane, in: Oskar Niedermayer (Hrsg.) Handbuch Parteienforschung, 2013, 295 (307 f.); ausführlich und mit weiteren Nachweisen aus der politikwissenschaftlichen Forschung *Sven T. Siefken* Plenum im Kleinen oder Ort der Verhandlung? Verständnisse und Forschungsbedarf zu den Fachausschüssen des Deutschen Bundestages, ZParl 2018, 777 ff.; *v. Oertzen* Expertenparlament (Fn. 99), 192 ff., 272; *Sabine Lembke-Müller* Abgeordnete im Parlament, 1999, 64 f.; *Kuhn* Bundesverfassungsgericht (Fn. 17), 108 ff. und 157 ff.

[153] Der Ansatz des Bundesverfassungsgerichts wirft auch insofern Fragen auf, als parlamentarische Entscheidungen in der Sache regelmäßig in Fraktionsgremien, Koalitionsausschüssen, Kabinettsrunden oder informellen Kreisen gefällt werden, auf die sich Proporzanforderungen nicht übertragen lassen. Vor diesem Hintergrund erscheinen auch die vom Gericht getroffenen Differenzierungen nicht vollends überzeugend, wenn es etwa den Grundsatz der Spiegelbildlichkeit nicht auf (informelle) Arbeitsgruppen des Vermittlungsausschusses erstrecken will (BVerfGE 140, 115 (149 ff.)), obwohl diese die Entscheidungen des Vermittlungsausschusses wesentlich determinieren, siehe *Christian Hillgruber* Zur Geltung des Grundsatzes der Spiegelbildlichkeit von Parlament und Ausschüssen hinsichtlich der Zusammensetzung von Arbeitsgruppen des Vermittlungsausschusses, JA 2016, 156 (158); *Jelena v. Achenbach* Anmerkung, JZ 2016, 95 (97 f.); *Kuhn* Bundesverfassungsgericht (Fn. 17), 207.

[154] Dazu bereits *Hans-Peter Schneider* Entscheidungsdefizite der Parlamente, AöR 105 (1980), 4 (17).

tur, aber keinem verfassungsrechtlichen Gebot.[155] Im Rahmen des Gebots der Berücksichtigung aller Fraktionen und der Gewährleistung effektiver Opposition kann der Bundestag die Zusammensetzung von Ausschüssen und sonstigen Untergliederungen auch an anderen Maßstäben ausrichten.

b) *Parlamentsinterner Dualismus von Regierungsmehrheit und Opposition*

Das zweite verfassungsrechtliche Organisationsprinzip beruht auf dem parlamentsinternen Dualismus von Regierungsmehrheit und Opposition. Die Prägekraft des Mehrheitsprinzips führt erstens dazu, dass bei der Zusammensetzung parlamentarischer Untergliederungen und auch etwa bei der Besetzung der Bundestagsbank des Vermittlungsausschusses die Mehrheitsverhältnisse im Parlament zugrunde gelegt werden können, selbst wenn dies zulasten des Fraktionenproporzes geht.[156] Zweitens sind binnenorganisationsrechtliche Regelungen, die an den Dualismus von Regierungsmehrheit und

---

[155] § 12 GOBT ist daher, soweit die Vorschrift generell die Zusammensetzung von Ausschüssen im Verhältnis der Stärke der einzelnen Fraktionen vorsieht, verfassungsrechtlich zulässig, aber nicht vollumfänglich verfassungsrechtlich zwingend, so aber BVerfGE 112, 118 (135).

[156] Regelmäßig wird es dabei zu einem Gleichlauf mit einer Orientierung am Fraktionenproporz kommen, im Ausnahmefall – wie er der Entscheidung des Bundesverfassungsgerichts zum Vermittlungsausschuss (BVerfGE 112, 118; zuvor zur Ablehnung des Antrags auf Erlass einer einstweiligen Anordnung BVerfGE 106, 253) zugrunde lag –, ist eine Organisationsregelung, die dem Mehrheitsprinzip den Vorzug einräumt, aber nicht zu beanstanden, so wie hier im Ergebnis auch BVerfGE 112, 118 (153 ff.). – Abweichende Meinung *Gertrude Lübbe-Wolff*; *Christoph Möllers* Vermittlungsausschuss und Vermittlungsverfahren, Jura 2010, 401 (404); *Hillgruber* Spiegelbildlichkeit (Fn. 153), 158; *Hans Meyer* Judex non calculat, in: Rainer Maria Kiesow/Regina Ogorek/Spiros Simitis (Hrsg.) FS Dieter Simon, 2005, 405 (419); *Christian Ernst/Lars Johnsen* Spiegelbildlichkeit oder Mehrheitsprinzip? Die Besetzung der Bundestagsbank im Vermittlungsausschuss aus rechts- und politikwissenschaftlicher Sicht, ZParl 2005, 748 (755 ff.); demgegenüber für die Anwendung des Spiegelbildlichkeitsgrundsatzes BVerfGE 112, 118 (133 ff.); *Jens Kersten* in: Günter Dürig/Roman Herzog/Rupert Scholz (Hrsg.) Grundgesetz, 2021, Art. 77 Rn. 38 ff. (2021); *Katrin Stein* Die Besetzung der Sitze des Bundestages im Vermittlungsausschuss, NVwZ 2003, 557 ff.; *Jörn Axel Kämmerer* Muss Mehrheit immer Mehrheit bleiben? Über die Kontroversen um die Besetzung des Vermittlungsausschusses, NJW 2003, 1166 ff.; *Johannes Masing/Horst Risse* in: Hermann v. Mangoldt/Friedrich Klein/Christian Starck (Hrsg.) Grundgesetz, 7. Aufl. 2018, Art. 77 Rn. 68 f.; *Mann* in: Sachs (Fn. 82), Art. 77 Rn. 8; *Frauke Brosius-Gersdorf* in: Horst Dreier (Hrsg.) Grundgesetz, Bd. II, 3. Aufl. 2015, Art. 77 Rn. 35; kritisch aufgrund der Unklarheiten und Praxisferne der Entscheidung *Joachim Lang* Spiegelbildlichkeit versus Mehrheitsprinzip?, NJW 2005, 189 ff.; aus politikwissenschaftlicher Sicht ebenso *Kuhn* Bundesverfassungsgericht (Fn. 17), 202.

Opposition anknüpfen, wie etwa im Rahmen der Redeordnung,[157] verfassungsrechtlich zulässig. Drittens sind Regelungen zugunsten von Minderheiten und Oppositionsfraktionen grundsätzlich verfassungsrechtlich zulässig[158] und unter Umständen auch geboten, damit diese ihrer Oppositionsfunktion effektiv nachkommen können und um Benachteiligungen gegenüber den mit der Regierung verbundenen Fraktionen[159] zu kompensieren.[160] Entgegen der Auffassung des Bundesverfassungsgerichts[161] steht die Gleichheit der Abgeordneten der Einführung spezifisch gruppenbezogener Fraktionsrechte dabei nicht zwingend entgegen.[162] Die Opposition ist zwar keine feststehende

---

[157] Die Regelung des § 28 Abs. 1 S. 2 GOBT, wonach bei der Reihenfolge der Rednerinnen und Redner nicht nur auf die verschiedenen Parteirichtungen und die Stärke der Fraktionen, sondern auch auf Rede und Gegenrede Rücksicht genommen werden soll, stellt insofern keine rechtfertigungsbedürftige Durchbrechung von Gleichheits- oder Proporzgewährleistungen dar, sondern eine (auch verfassungsrechtlich) überzeugende Anerkennung der Realität des parlamentarischen Regierungssystems, siehe bereits den Verweis darauf, dass das Parlament „Forum für Rede und Gegenrede" sein soll, in BVerfGE 10, 4 (13); 84, 304 (329); 96, 264 (284); im Ergebnis auch *Müller* in: v. Mangoldt/Klein/Starck (Fn. 23), Art. 38 Rn. 84; *Schürmann* Plenardebatte (Fn. 50), Rn. 30; zur Entwicklung unter dem Grundgesetz *Schönberger* Parlament (Fn. 3), Rn. 59.

[158] Gegen den in § 50 Abs. 2 S. 1 AbgG vorgesehenen Oppositionszuschlag im Rahmen der Finanzierung der Fraktionen bestehen daher keine grundlegenden Bedenken, jedenfalls nicht unter dem Gesichtspunkt, dass die Fraktionen keine in rechtlichen Kategorien anzuerkennende Größe darstellen; zur Diskussion *Waldhoff* Parteien-, Wahl- und Parlamentsrecht (Fn. 10), Rn. 150; *David Kuhn* Der Verfassungsgrundsatz effektiver parlamentarischer Opposition, 2019, 224 ff.; *Cancik* „Effektive Opposition" (Fn. 38), 529; unter besonderer Berücksichtigung der 18. Wahlperiode *Gelze* Parlament (Fn. 53), 270 ff.

[159] Dazu *Poscher* Opposition (Fn. 14), 465 f.; *Pilniok* Parlamentarisches Regieren (Fn. 1), 411 ff.

[160] Zum Grundsatz effektiver Opposition als Grenze der Geschäftsordnungsautonomie *Kuhn* Verfassungsgrundsatz (Fn. 158), 160 ff.; zu Privilegierungen der Oppositionsfraktionen *Hofmann/Dreier* Repräsentation (Fn. 1), Rn. 66 f.; siehe auch *Huber* Regierung und Opposition (Fn. 7), Rn. 76 f. mit Überlegungen *de constitutione ferenda*; von einer verfassungsrechtlichen Pflicht ausgehend *Utz Schliesky* Parlamentsfunktionen, in: Martin Morlok/Utz Schliesky/Dieter Wiefelspütz (Hrsg.) Parlamentsrecht, 2016, § 5 Rn. 84; die Kompensationsfunktion betont *Pascale Cancik* Parlamentarische Opposition in den Landesverfassungen, 2000, 192 f.

[161] BVerfGE 142, 25 (60 ff.); zustimmend *Rossi* Anmerkung (Fn. 38), 1170 f.; *Badura* in: Bonner Kommentar (Fn. 20), Art. 38 Rn. 88.

[162] Insoweit ebenfalls skeptisch gegenüber der Linie des Bundesverfassungsgerichts *Volkmann* Opposition (Fn. 38), 481 ff. unter Verweis auf die verfassungsgerichtliche „Entpolitisierung und Entkollektivierung von Opposition"; *Philipp Lassahn* Anmerkung, NVwZ 2016, 929 f.; *Paulina Starski* Die „Große Koalition" als Problem des Verfassungsrechts DÖV 2016, 750 (755 f.); *Cancik* „Effektive Opposition" (Fn. 38), 528 f.; *Kuhn* Verfassungsgrundsatz (Fn. 158), 277 ff.

Institution,[163] aber eine verfassungsrechtlich verankerte Funktion,[164] die bei parlamentsinternen Organisations- und Verfahrensfragen Berücksichtigung finden kann und muss.[165]

2. Rekonstruktion des Abgeordnetenstatus

Erst neben diesen beiden Organisationsprinzipien bildet der Rechtsstatus der Abgeordneten den dritten verfassungsrechtlichen Fixpunkt der Parlamentsorganisation.

a) Rechtsstatus der Abgeordneten

Der Rechtsstatus der Abgeordneten zeichnet sich dabei durch drei Besonderheiten aus, die einem grundrechtsäquivalenten Verständnis entgegenstehen:[166] Erstens gründet er nicht in der Würde, Freiheit und Gleichheit der Person, sondern kommt den Abgeordneten als Inhabern

---

[163] BVerfGE 142, 25 (48); dass das Bundesverfassungsgericht die parlamentarische Opposition nicht als feststehende Institution begreift, betont auch *Ingold* Oppositionen (Fn. 7), 248 und 261.

[164] Zur Anerkennung von Opposition als vom Grundgesetz vorausgesetzte Funktion *Poscher* Opposition (Fn. 14), 444 ff.; *Cancik* „Effektive Opposition" (Fn. 38), 523 f.; *Ingold* Oppositionen (Fn. 7), 170 ff.; *Mundil* Opposition (Fn. 135), 110 ff.; *Kersten* Parlamentarisches Regierungssystem (Fn. 3), Rn. 28; *Huber* Regierung und Opposition (Fn. 7), Rn. 38; *Zeh* Gliederung (Fn. 14), Rn. 21 ff.; *Schliesky* Parlamentsfunktionen (Fn. 160), Rn. 84; *Kuhn* Verfassungsgrundsatz (Fn. 158), 31 ff.; ablehnend *Haberland* Opposition (Fn. 135), 133 ff.

[165] Diesem Ansatz steht nicht entgegen, dass das Grundgesetz sich nicht explizit zur institutionalisierten Opposition verhält, dafür aber die Ausübung bestimmter Befugnisse an Minderheitsquoren knüpft (siehe etwa die Viertel-Quoren in Art. 23 Abs. 1a, Art. 44 Abs. 1, Art. 45a Abs. 2, Art. 61 Abs. 1, Art. 93 Abs. 2 Nr. 2 GG, das Drittel-Quorum in Art. 39 Abs. 3 GG, das Zehntel-Quorum in Art. 42 Abs. 1 GG und die Zwei-Drittel-Mehrheitserfordernisse, die damit eine Sperrminorität eines Drittels begründen, in Art. 61 Abs. 1, Art. 79 Abs. 2, Art. 80a und Art. 115a Abs. 1 GG). Denn zum einen werden diese Minderheitsrechte regelmäßig von den Oppositionsfraktionen wahrgenommen, was nicht nur eine tatsächliche Praxis darstellt, sondern im parlamentarischen Regierungssystem des Grundgesetzes auch normativ so angelegt ist, siehe *Starski* „Große Koalition" (Fn. 162), 752 f. Zum anderen steht der hier entwickelte Ansatz einer Nutzung von Minderheitsrechten durch situativ gebildete, Fraktionsgrenzen überschreitende Gruppierungen nicht entgegen; zur Differenzierung von Oppositions- und Minderheitsrechten *Achterberg* Parlamentsrecht (Fn. 28), 592; *Huber* Regierung und Opposition (Fn. 7), Rn. 47 und Rn. 50 ff.; *Ingold* Oppositionen (Fn. 7), 314 ff.; *Demmler* Abgeordnete (Fn. 19), 300 ff.

[166] Siehe bereits die Kritik von BVerfGE 80, 188 (242) – abweichende Meinung *Konrad Kruis*. Für eine Übertragung der grundrechtsdogmatischen Prüfungslogik angesichts einer grundrechtsähnlichen Gefährdungslage im Verhältnis von einzelnem Abgeordneten und Parlamentsmehrheit aber *Aust* Grundrechtsdogmatik (Fn. 29), 440.

eines staatlichen Amtes zu.[167] Die Rechte der Abgeordneten sind organschaftliche Befugnisse.[168] Parlamentsrechtliche Ausgestaltungen beschränken daher keine individuelle Freiheit, sondern dienen der funktionsadäquaten Zuordnung von Befugnissen innerhalb eines staatlichen Organs.[169]

Die Mitwirkungsbefugnisse der Abgeordneten bestehen zweitens ausschließlich innerhalb des institutionellen Zusammenhangs des Parlaments.[170] Sie sind daher strukturell auf Verteilung und Ausgleich mit anderen Rechtspositionen angelegt.[171] In der Konsequenz lassen sich die Mitwirkungsbefugnisse der Abgeordneten schon im Ausgangspunkt nicht als genuine Rechte auf Vornahme von Handlungen innerhalb des Parla-

---

[167] BVerfGE 40, 296 (314); *Hans Hugo Klein* Status des Abgeordneten, in: Josef Isensee/Paul Kirchhof (Hrsg.) Handbuch des Staatsrechts, Bd. III, 3. Aufl. 2005, § 51 Rn. 1 ff.; *Dieter Wiefelspütz* Abgeordnetenmandat, in: Martin Morlok/Utz Schliesky/Dieter Wiefelspütz (Hrsg.) Parlamentsrecht, 2016, § 12 Rn. 6; *Böckenförde* Demokratische Willensbildung (Fn. 1), Rn. 30. Zum Teil wird dabei auf den Wortlaut von Art. 48 Abs. 2 GG Bezug genommen, der vom „Amt eines Abgeordneten" spricht; zur geringen Aussagekraft des Amtsbegriffs in diesem Zusammenhang *Ingold* „Amt" (Fn. 19), 43 ff.; kritisch zum Amtsbegriff *Achterberg* Parlamentsrecht (Fn. 28), 216. Dass der Abgeordnete Teil eines Staatsorgans ist, betont *Badura* in: Bonner Kommentar (Fn. 20), Art. 38 Rn. 33, 62; von einem Organwalter sprechen *Steiger* Organisatorische Grundlagen (Fn. 75), 67 ff.; *Müller* in: v. Mangoldt/Klein/Starck (Fn. 23), Art. 38 Rn. 69. Die Unterschiede des „Amts" des Abgeordneten zum Beamtenstatus und zum öffentlichen Dienst betont *Waldhoff* Mandat (Fn. 43), 252 ff.; siehe auch BVerfGE 76, 256 (341 f.); 118, 277 (326); zu den historischen Hintergründen der Diskussion um das „Amt" der Abgeordneten *Schröder* Grundlagen (Fn. 44), 142 ff.

[168] BVerfGE 6, 445 (448). Auch diese Besonderheit wird terminologisch-konzeptionell unterschiedlich zum Ausdruck gebracht: *Magiera* in: Sachs (Fn. 14), Art. 38 Rn. 58 und Rn. 203 spricht von „Kompetenzen"; ebenso *Abmeier* Befugnisse (Fn. 70), 40 ff.; *Klein* Status (Fn. 167), Rn. 31 ff. von „staatsrechtlichen Befugnissen"; ebenso *Hermann-Josef Schreiner* Geschäftsordnungsrechtliche Befugnisse der Abgeordneten, in: Hans-Peter Schneider/Wolfgang Zeh (Hrsg.) Parlamentsrecht und Parlamentspraxis in der Bundesrepublik Deutschland, 1989, § 18 Rn. 1; *Badura* in: Bonner Kommentar (Fn. 20), Art. 38 Rn. 59; *Stern* Staatsrecht (Fn. 24), 1057 von „Organwalter- und Amtsträgerrechten".

[169] *Böckenförde* Demokratie (Fn. 21), Rn. 49 betont in diesem Zusammenhang den funktionalen Charakter von Herrschaft.

[170] *Schneider* Das parlamentarische System (Fn. 3), Rn. 42 spricht daher von „parlamentarischem Mandat".

[171] Das wird dem Grunde nach auch anerkannt, siehe nur BVerfGE 80, 188 (219); 84, 304 (312); 130, 318 (348); *Morlok* in: Dreier (Fn. 21), Art. 38 Rn. 160. Gleichwohl bleibt die vorherrschende dogmatische Konstruktion mit der Annahme der Rechtfertigungsbedürftigkeit von Einschränkungen und dem Fokus auf der Abwägung kollidierender Rechtspositionen grundrechtsdogmatischen Denkmustern verhaftet und berücksichtigt nicht hinreichend, dass das Parlamentsrecht nicht dem Schutz und Ausgleich individueller Freiheiten dient, sondern der Zuweisung von Befugnissen nach Maßstäben, die demokratischer Legitimation entsprechen.

ments verstehen,[172] sondern als Rechte auf Teilhabe an den parlamentarischen Funktionen. Im Licht der Legitimationsdimension der politischen Binnendifferenzierung des Parlaments lässt sich drittens die Einbindung der Abgeordneten in das Fraktionsgefüge statusrechtlich verarbeiten.[173] Die Mitwirkungsbefugnisse sind strukturell auf die Verwirklichung im Rahmen der Zugehörigkeit der Abgeordneten zu einer politischen Strömung, im Regelfall einer Fraktion, ausgerichtet.[174] Die Mediatisierung der Abgeordneten stellt daher keine begründungsbedürftige Ausnahme dar, sondern eine verfassungsrechtlich zulässige Ausgestaltungsoption.

b) *Parlamentarische Mitwirkungsbefugnisse als mediatisierte Teilhaberechte*

Was bedeutet das nun konkret für die parlamentsinternen Befugnisse der Abgeordneten?[175] Die Freiheit der Abgeordneten bezieht sich auf die inhalt-

---

[172] Auch das freie Mandat begründet insofern keine *prima facie* Freistellung von organisatorisch-institutionellen Kontexten, siehe *Pilniok* Parlamentarisches Regieren (Fn. 1), 395 f.

[173] Das Verhältnis zwischen Abgeordneten und Fraktionen wird primär mit Blick auf inhaltliche Vorgaben und mögliche Reaktionen auf Abweichungen von der Fraktionslinie diskutiert und als Spannungsverhältnis zwischen freiem Mandat und Fraktionseinbindung konzipiert. Dieser Fokus liegt auch begrifflich-konzeptionellen Vorschlägen wie dem „rahmengebundenen Mandat" (*Norbert Achterberg* Das rahmengebundene Mandat, 1975), dem „parteibezogenen Mandat des parteigebundenen Abgeordneten" (*Badura* in: Bonner Kommentar (Fn. 20), Art. 38 Rn. 100 ff.; *Grimm* Parlament und Parteien (Fn. 45), Rn. 15 ff.) oder dem „fraktionsgebundenen Abgeordneten" (BVerfGE 112, 118 (134 f.)) zugrunde; Überblick zur Debatte bei *Arndt* Fraktion (Fn. 56), Rn. 18; zur Kritik *Wefelmeier* Repräsentation (Fn. 57), 138 ff., der demgegenüber den „pluralistischen Charakter" des Mandats betont. Die Debatte ist allerdings zu einseitig auf die Frage der inhaltlichen Bindung der Abgeordneten, die unter den Begriffen Fraktionszwang, Fraktionsdisziplin und Fraktionsloyalität diskutiert wird, fokussiert (dieser Fokus bestand freilich bereits in den Diskussionen im Parlamentarischen Rat, siehe *Galka* Parlamentarismuskritik (Fn. 3), 196 ff.). Die Bedeutung der Fraktionseinbindung für die alltägliche Mandatsarbeit und die innerparlamentarischen Gestaltungsmöglichkeiten der Abgeordneten werden demgegenüber nur selten ausführlich thematisiert.

[174] Ähnlich, allerdings umfassender auf das freie Mandat bezogen, *Schneider* Das parlamentarische System (Fn. 3), Rn. 51. Das Bundesverfassungsgericht betont zudem die Bedeutung der parteipolitischen Einbindung für das verfassungsrechtliche Leitbild des Abgeordneten, siehe BVerfGE 118, 277 (329).

[175] Die Abgeordnetenrechte werden üblicherweise mit der Trias des Status der Freiheit, der Gleichheit und der Öffentlichkeit erfasst, grundlegend *Peter Häberle* Freiheit, Gleichheit und Öffentlichkeit des Abgeordnetenstatus, NJW 1976, 537 ff., in Anknüpfung an *Hesse* Stellung der politischen Parteien (Fn. 75), 27 ff.; darauf aufbauend *Morlok* in: Dreier (Fn. 21), Art. 38 Rn. 139 ff. Damit wird die Rechtsstellung der Abgeordneten einerseits überzeugend erfasst, andererseits bleibt der Aussagegehalt dieses Zugriffs für die Begründung und den Inhalt der parlamentsinternen Mitwirkungsrechte überschaubar.

liche Ausübung des Mandats.[176] Sie schirmt diese vor Einflussnahmen und Zwängen ab und richtet sich gegen Behinderungen der parlamentarischen Tätigkeit.[177] Sie bildet den Kern des freien Mandats und erstreckt sich darauf, überhaupt an der parlamentarischen Arbeit, den Sitzungen und Abstimmungen teilnehmen zu können.[178] Darüber hinaus trifft die Freiheit der Abgeordneten aber keine Aussage über konkrete parlamentarische Beteiligungsrechte[179] und stellt die Mediatisierung der Abgeordneten nicht in Frage.

Mit Blick auf die parlamentarische Mitwirkung lassen sich daher aus dem freien Mandat das Anwesenheitsrecht[180] und das Stimmrecht[181] ableiten.[182] Im Übrigen stellen sich die Mitwirkungsrechte als organschaftlich begründete, institutionell eingebundene Befugnisse dar. Die Zuweisung dieser Befugnisse unmittelbar an die Abgeordneten ist verfassungsrechtlich nicht vorgegeben. Es obliegt vielmehr dem Parlament selbst, im Rahmen seiner Autonomie und in den Grenzen der hier entwickelten Organisationsprinzipien über die Verteilung parlamentsinterner Befugnisse zwischen den Abgeordneten und den Fraktionen zu entscheiden.

Auf dieser Grundlage erweist sich die weitgehende Zuweisung von Antrags- und Initiativrechten nicht an einzelne Abgeordnete, sondern an Fraktionen oder bestimmte Quoren von Abgeordneten[183] nicht als rechtfer-

---

[176] *Hofmann/Dreier* Repräsentation (Fn. 1), Rn. 38 ff.; *Hans D. Jarass* in: Hans D. Jarass/Bodo Pieroth (Hrsg.) Grundgesetz, 16. Aufl. 2020, Art. 38 Rn. 45 ff.; *Wiefelspütz* Abgeordnetenmandat (Fn. 167), Rn. 13 ff.; siehe auch § 13 Abs. 1 GOBT.

[177] *Morlok* in: Dreier (Fn. 21), Art. 38 Rn. 140; *Klein* Status (Fn. 167), Rn. 13 ff.; *Ingold* „Amt" (Fn. 19), 65 ff. Damit ist sie in Art. 38 Abs. 1 S. 2 GG verankert, ihrem Schutz und ihrer Gewährleistung dienen aber auch die Art. 46 bis Art. 48 GG sowie weitere subkonstitutionelle Regelungen, siehe *Peter Badura* Die Stellung des Abgeordneten nach dem Grundgesetz und den Abgeordnetengesetzen in Bund und Ländern, in: Hans-Peter Schneider/Wolfgang Zeh (Hrsg.) Parlamentsrecht und Parlamentspraxis in der Bundesrepublik Deutschland, 1989, § 15 Rn. 58 ff.

[178] Art. 38 Abs. 1 S. 2 GG schützt insofern den Bestand und die tatsächliche Ausübung des Mandats, siehe BVerfGE 99, 19 (32). Vor diesem Hintergrund für eine restriktive Handhabung von Ordnungsmaßnahmen, insbesondere mit Blick auf den Sitzungsausschluss, *Albert Ingold/Sophie-Charlotte Lenski* Ordnungsgeld und Sitzungsausschluss als Ordnungsmaßnahmen gegen Bundestagsabgeordnete, JZ 2012, 120 ff.

[179] Im Schrifttum werden die Beteiligungsrechte demgegenüber zum Teil dem Status der Freiheit zugerechnet, siehe *Morlok* in: Dreier (Fn. 21), Art. 38 Rn. 156 ff.

[180] *Morlok* in: Dreier (Fn. 21), Art. 38 Rn. 156.

[181] *Demmler* Abgeordnete (Fn. 19), 329 f.; *Abmeier* Befugnisse (Fn. 70), 76 ff.

[182] Konkurrierende Belange der Funktionalität oder der Legitimation, die eine Abhängigkeit des Bestehens oder der Ausübung dieser Rechte durch die Fraktionen erfordern oder auch nur ermöglichen würden, sind dabei nicht ersichtlich.

[183] Zur Ausgestaltung von Antragsrechten als Individual- und Gruppenrechte in der Geschäftsordnung *Klein* Status (Fn. 167), Rn. 34; zum entsprechenden Wandel im Geschäftsordnungsrecht *Achterberg* Parlamentsrecht (Fn. 28), 63.

2. Die Organisation politischer Willensbildung: Parlamente 213

tigungsbedürftige Einschränkung von Abgeordnetenrechten,[184] sondern als verfassungsrechtlich zulässige Ausgestaltung parlamentarischer Abläufe.[185] Vor dem Hintergrund begrenzter zeitlicher und sonstiger Ressourcen dient sie der Funktionalität des Parlaments und schützt dieses vor individuellen Anträgen, die mangels hinreichenden Rückhalts keine ernsthaften Aussichten auf Erfolg haben.[186] Soweit die Geschäftsordnung des Bundestags einzelnen Mitgliedern Initiativ- und Antragsrechte zuweist,[187] ist dies verfassungsrechtlich zulässig, aber nicht geboten.[188]

Vergleichbares gilt für das Rederecht, das herkömmlicherweise als individuelles Recht der Abgeordneten verstanden wird.[189] Die institutionelle

---

[184] Siehe demgegenüber das individualrechtliche Verständnis, freilich mit weitgehenden Einschränkungsmöglichkeiten, bei *Demmler* Abgeordnete (Fn. 19), 469 f.; *Schreiber* in: Berliner Kommentar (Fn. 25), Art. 38 Rn. 208; auch das Bundesverfassungsgericht verankert das Recht, parlamentarische Initiativen zu ergreifen, in Art. 38 Abs. 1 S. 2 GG, siehe BVerfGE 80, 188 (218 f.); 84, 304 (328).

[185] Der Begriff der Ausgestaltung wird hier nicht in Anlehnung an die dogmatische Figur der Grundrechtsausgestaltung verwendet, deren Abgrenzung zum Grundrechtseingriff und verfassungsrechtliche Grenzen und Anforderungen kontrovers diskutiert werden, siehe für einen Überblick *Christoph Degenhart* Grundrechtsausgestaltung und Grundrechtsbeschränkung, in: Merten/Papier (Hrsg.) Handbuch der Grundrechte in Deutschland und Europa, Bd. III, 2009, § 61 Rn. 11 ff.; ausführliche Würdigung der Diskussion bei *Matthias Cornils* Die Ausgestaltung der Grundrechte, 2005, 494 ff.; *Christian Bumke* Ausgestaltung von Grundrechten, 2009, 1 ff.

[186] Bei der Ausgestaltung von Antrags- und Initiativbefugnissen muss das Parlament allerdings dem Grundsatz effektiver Opposition Rechnung tragen, insbesondere bei der Bestimmung des für einen Antrag notwendigen Quorums; zur Bedeutung von Initiativrechten für die Oppositionsfunktion *Haberland* Opposition (Fn. 135), 43 f.; *Mundil* Opposition (Fn. 135), 42 f.; speziell zur Initiativberechtigung im Gesetzgebungsverfahren *Masing/Risse* in: v. Mangoldt/Klein/Starck (Fn. 156), Art. 76 Rn. 20, 24, 29 und 45.

[187] Siehe etwa § 20 Abs. 2 S. 3 GOBT (Antrag auf Änderung der Tagesordnung); § 29 GOBT (Geschäftsordnungsantrag); § 82 Abs. 1 S. 2 GOBT (Änderungsanträge zu Gesetzentwürfen in zweiter Beratung).

[188] Vor diesem Hintergrund überzeugt auch eine Auslegung des Begriffs der „Mitte des Bundestages" im Sinne des Art. 76 Abs. 1 GG, die darunter nicht den einzelnen Abgeordneten versteht (so aber *Kersten* in: Dürig/Herzog/Scholz (Fn. 156), Art. 76 Rn. 48; *Kuhn* Verfassungsgrundsatz (Fn. 158), 178 ff.), sondern den verfassungsgewollten Ausgestaltungsspielraum des Parlaments betont (*Demmler* Abgeordnete (Fn. 19), 333). Im Rahmen dieser Ausgestaltung muss das Parlament gleichermaßen Funktionsfähigkeitsgesichtspunkte wie auch die Artikulationsmöglichkeiten der Minderheit berücksichtigen, in diesem Sinne, mit Abweichungen in den Einzelheiten, auch *Masing/Risse* in: v. Mangoldt/Klein/Starck (Fn. 156), Art. 76 Rn. 43 ff.; *Mann* in: Sachs (Fn. 82), Art. 76 Rn. 10; *Brosius-Gersdorf* in: Dreier (Fn. 156), Art. 76 Rn. 56.

[189] *Morlok* in: Dreier (Fn. 21), Art. 38 Rn. 157; *Demmler* Abgeordnete (Fn. 19), 471 ff.; *Wefelmeier* Repräsentation (Fn. 57), 199 ff.; *Klein* Status (Fn. 167), Rn. 32; *Achterberg* Parlamentsrecht (Fn. 28), 259; *Schürmann* Plenardebatte (Fn. 50), Rn. 17; *Abmeier* Befug-

Einbindung zeigt sich hier am deutlichsten: Das Rederecht kann nur innerhalb des parlamentarischen Prozesses wahrgenommen werden und ist aufgrund begrenzter zeitlicher Ressourcen notwendigerweise auf Zuteilung und Verteilung angewiesen. Dadurch unterscheidet es sich von der grundrechtlichen Meinungsäußerungsfreiheit. Vor diesem Hintergrund ist auch das Rederecht nicht unmittelbar dem individuellen Abgeordneten zugewiesen.[190] Begrenzungen der Redezeit und die Nichterteilung des Wortes stellen grundsätzlich keine rechtfertigungsbedürftigen Eingriffe dar. Es obliegt vielmehr dem Parlament, im Rahmen seiner Autonomie über die Verteilung der Redezeit zu entscheiden. Im Lichte der beiden hier entfalteten Organisationsprinzipien ist dabei dem Fraktionenproporz[191] ebenso Rechnung zu tragen wie dem Dualismus von Regierung und Opposition.[192] Die wesentlichen politischen Strömungen müssen in der parlamentarischen Debatte, die weniger der Deliberation als der Darstellung der im Parlament vertretenen Auffassungen dient,[193] Gehör finden.[194] Diesen Anforderungen werden die Geschäftsordnung des Bundestages und die Parlamentspraxis grund-

---

nisse (Fn. 70), 142 ff.; starke Betonung und Entfaltung des statusrechtlichen Ansatzes bei *Ingold* Oppositionen (Fn. 7), 397 ff.; BVerfGE 10, 4 (12); 60, 374 (379 f.); 80, 188 (218); 96, 264 (284).

[190] Dieses Verständnis wird auch nicht durch die EMRK in Frage gestellt. Zwar unterstellt der EGMR die innerparlamentarische Rede von Abgeordneten dem Schutz der Meinungsfreiheit nach Art. 10 EMRK; dabei geht es aber einerseits um den Schutz von Abgeordneten vor Sanktionen und Disziplinarmaßnahmen, die an ihre Äußerungen im Parlament geknüpft werden, und nicht um die parlamentsrechtliche Ausgestaltung des Rederechts. Andererseits betont der EGMR in diesem Zusammenhang den weiten Beurteilungsspielraum (*margin of appreciation*) der mitgliedstaatlichen Parlamente im Rahmen ihrer Parlamentsautonomie, siehe EGMR, 17.5.2016, Karácsony u.a./Ungarn, 42461/13 und 44357/13, Rn. 137 ff.; zum Ganzen auch, allerdings ohne parlamentsrechtlichen Fokus, *Gausing* Abgeordnetenmandat (Fn. 29), 226 ff.

[191] So auch die Prämisse von BVerfGE 96, 264 (284 f.); dass die öffentliche Rede der Darstellung des Standpunktes der Partei des Redners dient, hebt auch *Klein* Stellung und Aufgaben (Fn. 58), Rn. 11 hervor.

[192] Dazu *Kuhn* Verfassungsgrundsatz (Fn. 158), 236 ff.; anders *Mundil* Opposition (Fn. 135), 200 ff.

[193] Zur Funktion der Plenardebatte ausführlich *Wolfgang Zeh* Theorie und Praxis der Plenardebatte, in: Hans-Peter Schneider/Wolfgang Zeh (Hrsg.) Parlamentsrecht und Parlamentspraxis in der Bundesrepublik Deutschland, 1989, § 32 Rn. 1 ff., 16 ff.; *Schürmann* Plenardebatte (Fn. 50), Rn. 7 ff.; *Klein* Stellung und Aufgaben (Fn. 58), Rn. 7; *Dreier* Regelungsform (Fn. 53), 318; *Pünder* Wahlrecht und Parlamentsrecht (Fn. 92), 253 f.

[194] *Schürmann* Plenardebatte (Fn. 50), Rn. 42. Auch die Länge der Redezeit richtet sich nicht nach den individuellen Interessen der einzelnen Abgeordneten, sondern danach, dass alle politischen Gruppierungen genügend Zeit haben, ihre Position vorzubereiten, abzustimmen und zum Ausdruck zu bringen.

sätzlich gerecht.[195] Ein individueller Redeanspruch besteht demgegenüber ebenso wenig für von der Fraktionslinie abweichende[196] wie für fraktionslose Abgeordnete.[197] Soweit der Bundestagspräsident ihnen gleichwohl das Rederecht erteilt, ist dies zulässig und unter dem Gesichtspunkt effektiver Opposition unter Umständen geboten,[198] um Positionen Gehör zu verschaffen, die ansonsten keinen Raum in der Plenardebatte haben.[199]

---

[195] *Schürmann* Plenardebatte (Fn. 50), Rn. 27 ff.

[196] So auch *Butzer* in: Epping/Hillgruber (Fn. 20), Art. 38 Rn. 168.1; anders BVerfGE 10, 4 (12); *Besch* Rederecht (Fn. 28), Rn. 57; *Demmler* Abgeordnete (Fn. 19), 482 f.; *Ingold* Oppositionen (Fn. 7), 399 ff. und 408 ff. Einzelne Abgeordnete haben freilich noch andere Möglichkeiten, ihre individuelle Position zum Ausdruck zu bringen, wenngleich die weiteren in der Geschäftsordnung vorgesehenen Äußerungsformen wie die Erklärung zur Aussprache (§ 30 GOBT), die Erklärung zur Abstimmung (§ 31 GOBT) oder die Erklärung außerhalb der Tagesordnung (§ 32 GOBT) weder verfassungsrechtlich vorgeschrieben noch in ihrer Funktion mit einem Beitrag zur Plenardebatte zu vergleichen sind, siehe *Schürmann* Plenardebatte (Fn. 50), Rn. 18. Auf die Möglichkeit der Erklärung zur Abstimmung für Fraktionsabweichler verweist auch *Jörg van Essen* Das Rederecht von „Fraktionsabweichlern", in: Roman Herzog (Hrsg.) „Oder gilt das nur in Demokratien?", Freies Mandat, Rederecht und Fraktionen, 2012, 16 (32 ff.). Dieses ist allerdings der Sache nach dem Stimmrecht, nicht dem Rederecht zuzuordnen und wird in der Praxis zudem weniger von Fraktionsabweichlern genutzt als von Angehörigen der Opposition zur Bekräftigung der Fraktionslinie, siehe *Björn-Christian Kleih* Die mündliche Erklärung zur Abstimmung gemäß § 31 Absatz 1 GOBT – eine parlamentarische Wundertüte mit Potenzial?, ZParl 2020, 865 ff. In Zeiten sozialer Medien kommt ohnehin jedem Abgeordneten die Möglichkeit der unmittelbaren Kommunikation mit der Gesellschaft und der Darstellung der eigenen Position zu, siehe allgemein zum Wandel der Kommunikationsformen und -möglichkeiten in diesem Zusammenhang *Ingold* Digitalisierung (Fn. 113), 491 ff.; *Morlok/Schliesky/Wiefelspütz* Weiterentwicklungen (Fn. 99), Rn. 76 ff.

[197] So aber BVerfGE 80, 188 (225, 228 f.); *Martin Morlok* Parlamentarisches Geschäftsordnungsrecht zwischen Abgeordnetenrechten und politischer Praxis, JZ 1989, 1035 (1042 f.); *Helmuth Schulze-Fielitz* Der Fraktionslose im Bundestag: Einer gegen alle?, DÖV 1989, 829 (834 f.); *Hans-Heinrich Trute* Der fraktionslose Abgeordnete, Jura 1990, 184 (192); *Demmler* Abgeordnete (Fn. 19), 482 f.; *Abmeier* Befugnisse (Fn. 168), 142 ff.; allgemein zur geringen Einflussmöglichkeit fraktionsloser Abgeordneter *Achterberg* Parlamentsrecht (Fn. 28), 221; *Lembke-Müller* Abgeordnete (Fn. 152), 76 f. Die weitgehende auch rechtliche Ausblendung fraktionsloser Abgeordneter entspricht im Übrigen der deutschen Parlamentstradition, siehe dazu *Klein* Gruppen (Fn. 141), Rn. 25 f.; ausführlich *Jörg Kürschner* Die Statusrechte des fraktionslosen Abgeordneten, 1984, 23 ff.

[198] *Schürmann* Plenardebatte (Fn. 50), Rn. 46.

[199] Dann dient die Erteilung des Rederechts der Sicherstellung einer Funktion des Parlaments und nicht der Erfüllung eines subjektiv-rechtlichen Anspruchs eines Abgeordneten. Dementsprechend bestehen auch keine Bedenken daran, dass der Bundestagspräsident nur

Schließlich besteht auch kein originäres Recht der Abgeordneten auf Mitwirkung in einem Ausschuss.[200] Die Benennungs-[201] und Rückrufbefugnis[202] kommt den Fraktionen zu, deren Position im Interesse aller fraktionszugehörigen Abgeordneten und in Verwirklichung der organisatorischen Bedingungen demokratischer Legitimation in den Ausschüssen zum Ausdruck kommen soll.[203]

---

einem von mehreren Abweichlern das Wort erteilt, so im Ergebnis auch *Hans Hugo Klein* Gegen den Willen der Freunde, in: Roman Herzog (Hrsg.) „Oder gilt das nur in Demokratien?", Freies Mandat, Rederecht und Fraktionen, 2012, 61 (65); mit Blick auf fraktionslose Abgeordnete *Schürmann* Plenardebatte (Fn. 50), Rn. 44; Andeutung des Gedankens, dass ein fraktionsloser Abgeordnete auch für andere reden kann (mit Folgen für die Bemessung der Redezeit), auch bei BVerfGE 80, 188 (229).

[200] So aber die nahezu unangefochtene Auffassung, siehe BVerfGE 80, 188 (222); aus dem Schrifttum statt aller *Austermann/Waldhoff* Parlamentsrecht (Fn. 14), Rn. 147. Dass die Vermittlung der Ausschussmitgliedschaft durch die Fraktionen „statusimmanent" ist und daher keiner Rechtfertigung bedarf, betont demgegenüber BVerfGE 80, 188 (243) – abweichende Meinung *Konrad Kruis*.

[201] Siehe § 57 Abs. 2 GOBT; *Winkelmann* Ausschussarbeit (Fn. 52), Rn. 31; BVerfGE 80, 188 (223).

[202] *Arndt* Fraktion (Fn. 56), Rn. 40; *Morlok* in: Dreier (Fn. 21), Art. 38 Rn. 194; *Badura* in: Bonner Kommentar (Fn. 20), Art. 38 Rn. 96; zu abweichenden Ansichten *Winkelmann* Ausschussarbeit (Fn. 52), Rn. 32.

[203] *Meyer* Das parlamentarische Regierungssystem (Fn. 62), 92 f.; aus politikwissenschaftlich-vergleichender Perspektive zu Bedeutung und Einfluss der Fraktionen auf die Ausschussarbeit *Erik Damgaar* How Parties Control Committee Members, in: Herbert Döring (Hrsg.) Parliaments and Majority Rule in Western Europe, 1995, 308 ff. Auch die Kontrollbefugnisse des Bundestags, die diesem als Organ zukommen und nicht den einzelnen Abgeordneten (so aber *Morlok* in: Dreier (Fn. 21), Art. 38 Rn. 158; *Christoph Brüning* Der informierte Abgeordnete, Der Staat 43 (2004), 511 (519); *Meinel* Selbstorganisation (Fn. 3), 259 ff.; tendenziell auch *Klein* Status (Fn. 167), Rn. 33; wie hier etwa *Christian Teuber* Parlamentarische Informationsrechte, 2007, 167 ff.), können den Fraktionen zugewiesen werden. Dass die Fraktionen an den Kontrollrechten des Bundestags teilhaben und daraus eigenständige Rechte ableiten können, erkennt auch das Bundesverfassungsgericht an, siehe BVerfGE 147, 50 (119 f., 126). Auch insofern folgt die Zuteilungslogik den hier entwickelten Organisationsprinzipien. Die Regelungen in der Geschäftsordnung über Große Anfragen (§§ 100–103 GOBT), Kleine Anfragen (§ 104 GOBT), Fragen einzelner Mitglieder des Bundestags (§ 105 GOBT) und die aktuelle Stunde und Befragung der Bundesregierung (§ 106 GOBT) stellen damit keine rechtfertigungsbedürftigen Eingriffe in die Rechte von Abgeordneten dar, sondern zulässige Ausgestaltungen der parlamentarischen Informations- und Kontrollfunktion. Soweit die Geschäftsordnung ein Fragerecht der einzelnen Abgeordneten begründet (§ 105 GOBT), ist dies verfassungsrechtlich zulässig, aber nicht zwingend, anders aber *Demmler* Abgeordnete (Fn. 19), 440 ff., der aber die Möglichkeit der Begrenzung dieses Rechts im Inte-

c) Rechtsstellung der Abgeordneten in der Fraktion

Das hier entwickelte Verständnis des Abgeordnetenstatus hat zudem Konsequenzen für das Verhältnis zwischen Abgeordneten und Fraktion: Die verfassungsrechtlich verbürgten Mitwirkungsrechte der Abgeordneten entfalten sich nicht primär unmittelbar im Verhältnis zum Parlament, sondern werden über die Fraktionen mediatisiert. Das bedeutet allerdings keinen Verlust an Gestaltungsmöglichkeiten der einzelnen Abgeordneten. Im Gegenteil: Unter den Funktionsbedingungen des arbeitsteiligen Parlaments können die Abgeordneten vorrangig in den Fraktionen, in den Fraktionsversammlungen sowie Arbeitskreisen und Arbeitsgruppen Einfluss auf parlamentarische Entscheidungen nehmen.[204] Damit verlagert sich der Bedeutungsgehalt des Rechts der Abgeordneten auf Teilhabe an den Funktionen des Parlaments vom Plenum und den Ausschüssen in die Fraktionen und ihre Gremien.[205] Und damit gewinnt das rechtswissenschaftlich bislang eher vernachlässigte[206] Rechtsverhältnis zwischen

---

resse der Funktionsfähigkeit des Parlaments anerkennt; allgemein zur geringen Bedeutung einzelner Abgeordneter für die parlamentarische Oppositionsfunktion *Huber* Regierung und Opposition (Fn. 7), Rn. 44 f.

[204] Siehe *v. Oertzen* Expertenparlament (Fn. 99), 175 ff. und 256 ff.; *Kuhn* Bundesverfassungsgericht (Fn. 17), 116 f.; *Ismayr* Funktionen und Willensbildung (Fn. 127), 99 f.; zur Entwicklung dieser „dritten Arbeitsebene" des Parlaments *Marie-Luise Recker* Parlamentarismus in der Bundesrepublik Deutschland, 2018, 289 ff.

[205] Siehe bereits *Friesenhahn* Parlament und Regierung (Fn. 6), 24 f.; *Magiera* Staatsleitung (Fn. 57), 146 f.; *Klein* Status (Fn. 167), Rn. 9; ausführlich zum Ganzen *Pilniok* Parlamentarisches Regieren (Fn. 1), 363 ff., insb. 389 ff. Aus politikwissenschaftlicher Sicht wird die zentrale Rolle der Arbeitskreise und Arbeitsgruppen der Fraktionen für die Verwirklichung der politischen Positionen einzelner Abgeordneter noch stärker betont, siehe etwa *Schöne* Alltag (Fn. 130), 363 f.; *Lembke-Müller* Abgeordnete (Fn. 152), 74 ff. und 150 ff. Dabei prägt das freie Mandat die fraktionsinterne Willensbildung (dazu *Hofmann/Dreier* Repräsentation (Fn. 1), Rn. 46) ebenso wie die Erforderlichkeit des grundsätzlich geschlossenen Auftretens nach außen und im Parlament, ausführlich hierzu aus politikwissenschaftlicher Perspektive *Erik Fritzsche* Fraktionsgeschlossenheit und Regierungssysteme, 2019; zur Entwicklung und zum Verhältnis zu den Ausschüssen *Klaus v. Beyme* Die parlamentarische Demokratie, 4. Aufl. 2014, 182 ff.

[206] Diese Leerstelle mag auch auf die problematische Zuordnung dieser Rechtsfragen angesichts des unklaren rechtlichen Status der Fraktionen zurückzuführen sein, wie es etwa bei *Achterberg* Parlamentsrecht (Fn. 28), 283 zum Ausdruck kommt, der das innere Fraktionsrecht nicht zum Parlamentsrecht zählt und seine Darstellung daher auf Grundzüge beschränkt; ausführlich zum Selbstorganisationsrecht der Fraktionen *Pilniok* Parlamentarisches Regieren (Fn. 1), 363 ff.

Abgeordneten und Fraktionen an Bedeutung.[207] Auch jenseits der klassischen Debatte über Fraktionszwang und Fraktionsdisziplin gilt es daher, die Bedeutung demokratischer Prinzipien für die Binnenorganisation der Fraktionen,[208] den demokratischen Willensbildungsprozess innerhalb der Fraktionen[209] sowie die innerfraktionellen Gestaltungsmöglichkeiten der Abgeordneten und ihre Realisierungsbedingungen[210] stärker in den Blick zu nehmen.

3. Parlamentsautonomie und Gestaltungsspielräume

Die hier vorgeschlagene Neuausrichtung der Parlamentsrechtsdogmatik stärkt schließlich die Autonomie des Parlaments in organisatorischen Fragen. In der von umfassenden Statusrechten und formalen Gleichheitsgarantien geprägten Parlamentsrechtsdogmatik kommt der Parlamentsautonomie bislang kein angemessener verfassungsrechtlicher Selbststand zu.[211] Die hier entwickelten Organisationsprinzipien lassen dem Parlament demgegenüber weite Gestaltungsspielräume im Rahmen der Selbstorganisation. Aufgrund der vorgeschlagenen dogmatischen Abrüstung

---

[207] Siehe dazu *Zeh* Gliederung (Fn. 14), Rn. 15 f.; *Hölscheidt* Parlamentsfraktionen (Fn. 14), 374 ff.; *Sylvia Kürschner* Das Binnenrecht der Bundestagsfraktionen, 1995, 46 ff.; *Gerald Kretschmer* Fraktionen, 2. Aufl. 1992, 87 ff.

[208] Einfachgesetzlich verankert in § 48 Abs. 1 AbgG; siehe *Morlok* in: Dreier (Fn. 21), Art. 38 Rn. 195; *Alexandra Bäcker* Der Ausschluss aus der Bundestagsfraktion, 2011, 123 ff.; *Pilniok* Parlamentarisches Regieren (Fn. 1), 374 ff.; empirische Perspektive bei *Danny Schindler* Politische Führung im Fraktionenparlament, 2019, 161 ff.

[209] Dazu *Hölscheidt* Parlamentsfraktionen (Fn. 14), 431 ff.

[210] Siehe *Rühl* Das „freie Mandat" (Fn. 44), 45 f.; *Pünder* Wahlrecht und Parlamentsrecht (Fn. 92), 258 f. mit weiteren Nachweisen; aus politikwissenschaftlicher Sicht nur *Lembke-Müller* Abgeordnete (Fn. 152), 78 ff.; *Schüttemeyer* Fraktionen (Fn. 117), 248 ff.; *Schöne* Alltag (Fn. 130), 200 ff. und 358 f. zur Bedeutung von Solidarität und Spezialisierung innerhalb der Fraktionen; *Kuhn* Bundesverfassungsgericht (Fn. 17), 101, 119 ff. mit weiteren Nachweisen zur politikwissenschaftlichen Forschung; Überblick zur Forschungslage bei *Kennert* Informationsverhalten (Fn. 99), 140 ff.

[211] Siehe nur *Meinel* Selbstorganisation (Fn. 3), 163 ff., der die fehlende Sensibilität des Bundesverfassungsgerichts gegenüber der Parlamentsautonomie betont (169) und feststellt, dass „die parlamentarische Geschäftsordnungsautonomie nach dem Standpunkt des Bundesverfassungsgerichts eine bloße Kompetenz ist, aber keinen materiellen Gehalt hat" (174). Das Bundesverfassungsgericht betont zwar regelmäßig den parlamentarischen Gestaltungsspielraum in Fragen der Binnenorganisation und des Verfahrens (siehe etwa BVerfGE 80, 188 (220); 112, 118 (150 f.); 130, 318 (358)), schränkt diesen dann aber durch die weitgehenden Anforderungen, die es vor allem Art. 38 Abs. 1 S. 2 GG entnimmt, wieder ein.

des Statusrechts stellen parlamentsautonome Regelungen grundsätzlich keine rechtfertigungsbedürftigen Eingriffe dar. Die Erforderlichkeit der Begründung und Rechtfertigung, der Abwägung und Herstellung praktischer Konkordanz wird ersetzt durch autonome Gestaltungsspielräume, die auch den verfassungsgerichtlichen Zugriff auf parlamentsinterne Organisationsentscheidungen schmälern.[212] Das entspricht der Einsicht, dass in Ermangelung konkreter verfassungsrechtlicher Vorgaben oder

---

[212] Mehr Zurückhaltung des Bundesverfassungsgerichts gegenüber parlamentsrechtlichen Fragen anmahnend auch *Horst Risse* Rechtsprechung und Parlamentsfreiheit – Versuch einer Vermessung der geschützten parlamentarischen Gestaltungs- und Entscheidungsspielräume, JZ 2018, 71 ff.; *Möllers* Demokratie (Fn. 40), Rn. 51; *ders.* Legalität, Legitimität und Legitimation des Bundesverfassungsgerichts, in: *Matthias Jestaedt/Oliver Lepsius/Christoph Möllers/Christoph Schönberger* Das entgrenzte Gericht, 2011, 281 (336 f.); *Zeh* Verfassungsinterpretation (Fn. 18), 438, 444 ff.; auch in der Praxis des Bundesverfassungsgerichts selbst findet sich, im Rahmen von Sondervoten, das Plädoyer für eine stärkere Berücksichtigung der Parlamentsautonomie und eine zurückhaltendere verfassungsgerichtliche Kontrolle, siehe etwa BVerfGE 112, 118 (148 ff.) – Abweichende Meinung *Lerke Osterloh* und *Michael Gerhardt*; auf Verrechtlichungsgrenzen verweisen *Waldhoff* Parteien-, Wahl- und Parlamentsrecht (Fn. 10), Rn. 157; *Groh* Wahlrecht (Fn. 53), 1064 f.; die Problematik des gerichtlichen Eingriffs in das politische Innenrecht des Parlaments betont *Di Fabio* Parlament (Fn. 48), 615; siehe auch *Brocker* in: Bonner Kommentar (Fn. 14), Art. 40 Rn. 270; kritisch aufgrund der Gefahr der Verfestigung von Leitbildern demokratischer Willensbildung *Wöhst* Hüter (Fn. 19), 237; kritisch auch aufgrund des als wenig kohärent wahrgenommenen Parlamentsverständnisses des Gerichts *Kuhn* Bundesverfassungsgericht (Fn. 17), 339 ff.; grundlegende Kritik an der jüngeren Rechtsprechungsentwicklung bei *Meinel* Bundesverfassungsgericht (Fn. 31), 43 ff.; eine Stärkung des Parlaments als Verfassungsorgan, insbesondere gegenüber der Bundesregierung, bei gleichzeitiger Schwächung des Parlaments als Institution und eine Vernachlässigung seiner Organisationsbelange – insbesondere auf das Europäische Parlament bezogen – konstatiert *Oliver Lepsius* Parlamentsrechte und Parlamentsverständnisse in der neueren Rechtsprechung des Bundesverfassungsgerichts, RuP 52 (2016), 137 ff. und verbindet diese Feststellung mit der Aufforderung, organisationale Belange wie das Erfordernis der Handlungsfähigkeit des Parlaments stärker zu berücksichtigen; Tendenzen zunehmender verfassungsgerichtlicher Verrechtlichung des Parlamentsrechts auf Bundes- und Landesebene macht *Pascale Cancik* Entwicklungen des Parlamentsrechts, DÖV 2005, 577 ff. aus, allerdings ohne diese grundsätzlich zu kritisieren. Freilich lassen sich auch Stimmen wahrnehmen, die eine stärkere Kontrolle durch das Bundesverfassungsgericht, gerade gegenüber Entscheidungen der parlamentarischen Mehrheit einfordern, siehe nur das Resümee bei *Schneider* Spannungsfeld (Fn. 14), 661. Auch *Morlok* Notwendigkeit (Fn. 10), 998 f. verweist auf die Notwendigkeit externer Kontrolle und Sanktionierungsmöglichkeiten und nimmt in Fragen des Abgeordnetenrechts als Entscheidung des Parlaments „in eigener Sache" eine gesteigerte Kontrollintensität an (999 f.); grundsätzlich affirmative Rekonstruktion der Rechtsprechung bei *Cremer* Verfassungsauslegung (Fn. 43), 633 ff.

eindeutiger demokratietheoretischer Vorprägungen das Parlament selbst für die Entscheidung organisatorischer Fragen zuständig ist.[213] Das Parlamentsverfassungsrecht zeigt äußere Grenzen auf, überlässt im Übrigen aber die organisatorische Ausgestaltung dem demokratischen Prozess und der politischen Kultur.[214]

V. Schluss: Parlamentsrecht zwischen Wirklichkeit, Normativität und Anpassungsfähigkeit

Die hier vorgeschlagene Neuausrichtung der Parlamentsrechtsdogmatik baut auf der Prägung des modernen Parlaments durch politische Strömungen, dem Dualismus von Regierungsmehrheit und Opposition sowie dem Rechtsstatus der Abgeordneten als gleichwertigen Bauelementen der Organisation parlamentarischer Willensbildung auf. Sie zielt auf ein wirklichkeitsbezogenes Verständnis des Parlamentsrechts ab,[215] stellt sich aber gleichwohl nicht als bloß konstitutioneller Nachvollzug pfadabhängiger und kontingenter Praktiken dar. Sie beruht vielmehr auf einer verfassungsrechtlichen Konzeption der organisatorischen Bedingungen parlamentarischer Repräsentation und demokratischer Legitimation.[216] Sie eröffnet dem Parlament autonome Entscheidungsbefugnisse, basierend auf der Erkenntnis, dass im demokratischen Verfassungsstaat selbst die Rahmenbedingungen des demokratischen Prozesses der demokratischen Entscheidung unterliegen. Durch ihren Fokus auf fundamentale, im parlamentarischen Regierungssystem angelegte Organisationsprinzipien und Rechtspositionen erweist sie sich schließlich als offen gegenüber gesellschaftlichen und poli-

---

[213] *Morlok* Informalisierung und Entparlamentarisierung (Fn. 6), 65; *Möllers* Demokratie (Fn. 40), Rn. 10 und Rn. 51; mit Blick auf die organisatorische Ausgestaltung auch *Zeh* Gliederung (Fn. 14), Rn. 2.

[214] Instruktiv *Julian Krüper* Regeln politischer Kultur als Legitimitätsreserve, in: Julian Krüper/Arne Pilniok (Hrsg.) Organisationsverfassungsrecht, 2019, 159 ff.

[215] Zur Erforderlichkeit eines realistischen Parlamentsverständnisses als Grundlage der Parlamentsrechtsdogmatik *Morlok* Informalisierung und Entparlamentarisierung (Fn. 6), 46, 65 ff. mit Bezug auf *Konrad Hesse* Die normative Kraft der Verfassung, 1959; daran anschließend *Pilniok* Parlamentarisches Regieren (Fn. 1), 625; siehe auch *v. Bogdandy* Parlamentarismus (Fn. 57), 459 f.; Betonung des notwendigen „Wirklichkeitsbezugs" des Parlamentsrechts auch bei *Cancik* Wahlrecht und Parlamentsrecht (Fn. 1), 314 f.

[216] Zur notwendigen Berücksichtigung sowohl der Funktionsweise des Parlaments als auch der normativen, verfassungsrechtlichen Vorgaben *Decker* Parlamentarismusverständnis (Fn. 3), 533.

2. Die Organisation politischer Willensbildung: Parlamente

tischen Veränderungen.[217] Und damit als geeigneter rechtlicher Rahmen für gegenwärtige[218] und noch kommende Machtverschiebungen innerhalb und außerhalb des Parlaments.

---

[217] Zur Anpassungsfähigkeit des Parlamentsrechts *Morlok* Volksvertretung (Fn. 67), Rn. 102 ff.; zu Lernpotentialen *Cancik* Wahlrecht und Parlamentsrecht (Fn. 1), 291 ff.; allgemein zur Anpassungsfähigkeit der parlamentarischen Demokratie *Augsberg* Leistungsfähigkeit (Fn. 57), 37 ff.

[218] So identifizieren etwa *Morlok/Schliesky/Wiefelspütz* Weiterentwicklungen (Fn. 99), Rn. 57 ff. verschiedene Umfeldveränderungen, die nach parlamentarischen Reaktionen verlangen. Dazu zählen ein verstärkter gesellschaftlicher Pluralismus, die stärkere Fraktionierung des Parteiensystems, der Strukturwandel der Öffentlichkeit, die Digitalisierung, die Zunahme fachlicher Komplexität und gewachsene Ansprüche an parlamentarische Entscheidungen sowie Präsidentialisierungstendenzen im parlamentarischen System. *Kersten* Parlamentarisches Regierungssystem (Fn. 3), Rn. 7 ff. und Rn. 39 ff. diagnostiziert einen digitalen, identitätspolitischen und populistischen Strukturwandel von Öffentlichkeit und Demokratie, der zu Veränderungen der demokratischen Repräsentation führe; differenziert zum digitalen Wandel, seinen Chancen und Herausforderungen *ders.* Schwarmdemokratie, 2017, 159 ff.; siehe auch die Problembeschreibung bei *Thiele* Verlustdemokratie (Fn. 12), 89 ff. Die Corona-Pandemie hat die Frage nach den Möglichkeiten und Grenzen digitaler Parlamentsarbeit und virtueller Plenums- und Ausschusssitzungen aufgeworfen, siehe dazu *Florian Becker* Parlamentsorganisation in der Pandemie, NVwZ 2021, 617 ff.; *Christian Untrieser/Fabian Neußler* Parlamentsarbeit in der Corona-Pandemie, NVwZ 2021, 282 ff.; *Kersten/Rixen* Verfassungsstaat (Fn. 53), 219 ff. Im Zentrum der öffentlichen und fachöffentlichen Diskussion stand und steht freilich nicht die Frage der Handlungsfähigkeit und der Handlungsmöglichkeiten des Parlaments, sondern dessen – parlamentsrechtlich allenfalls begrenzt zu beeinflussender – Handlungswille, siehe statt vieler *Horst Dreier* Rechtsstaat, Föderalismus und Demokratie in der Corona-Pandemie, DÖV 2021, 229 (240 ff.); *Oliver Lepsius* Partizipationsprobleme und Abwägungsdefizite im Umgang mit der Corona-Pandemie, JÖR 69 (2021), 705 (716 ff.); speziell mit Blick auf die Bedeutung parlamentarischer Deliberation für den öffentlichen Diskurs *Wolfgang Zeh* Pandemie und Parlament, in: Robert Chr. van Ooyen/Hendrik Wassermann (Hrsg.) Corona und Grundgesetz, RuP Beiheft 7, 2021, 12 ff.; differenzierte Würdigung der parlamentarischen Tätigkeit in den verschiedenen Phasen der Pandemie bei *Thorsten Kingreen* Der demokratische Rechtsstaat in der Corona-Pandemie, NJW 2021, 2766 ff.; *Markus Ludwigs* Entparlamentarisierung als verfassungsrechtliche Herausforderung, DVBl. 2021, 353 ff.

Leitsätze des Referenten über:

2. Die Organisation politischer Willensbildung: Parlamente

I. Einleitung: Blinde Flecken in der Dogmatik des Parlamentsrechts

(1) Parlamentarische Willensbildung vollzieht sich im parteienstaatlich geprägten parlamentarischen Regierungssystem entlang politischer Linien und ist geprägt durch die Einteilung der Abgeordneten in Fraktionen und ihre Zuordnung zur Regierungsmehrheit oder Opposition. In der Konzeption der Parlamentsrechtsdogmatik findet diese Parlamentswirklichkeit allerdings kaum Ausdruck.

II. Bestandsaufnahme: Parlamentsorganisation vom Abgeordneten her gedacht

(2) Das Grundgesetz adressiert Fragen der parlamentarischen Binnenorganisation nur in rudimentärer Weise, sodass der dogmatischen Konzeptbildung im Parlamentsrecht eine besondere Bedeutung zukommt. Die derzeitige Dogmatik des Parlamentsrechts wird dabei im Wesentlichen ausgehend von den Statusrechten der Abgeordneten nach Art. 38 Abs. 1 S. 2 GG entwickelt.

(3) Der statusrechtliche Ansatz zum Parlamentsrecht führt zum einen dazu, dass parlamentsinterne Befugnisse unmittelbar den Abgeordneten als individuelle Rechtspositionen zugeordnet werden. In der Folge stellen parlamentarische Regelungen zur Ausgestaltung der Binnenorganisation regelmäßig rechtfertigungsbedürftige Eingriffe in die Rechtsstellung der Abgeordneten dar. Zum anderen werden weitere parlamentarische Organisationsprinzipien wie insbesondere der Grundsatz der Spiegelbildlichkeit parlamentarischer Untergliederungen aus dem Statusrecht begründet. Andere potentielle Organisationsprinzipien wie das Mehrheitsprinzip, die Parlamentsautonomie oder Oppositionsrechte werden demgegenüber vernachlässigt.

III. Weichenstellung: Parlamentsrecht zwischen Abgeordnetenstatus, politischen Gruppierungen und dem Dualismus von Regierungsmehrheit und Opposition

(4) Die Entwicklung des Parlamentsrechts aus Art. 38 Abs. 1 S. 2 GG heraus ist weder durch den Text der Norm noch durch das Grundgesetz im Übrigen vorgezeichnet. Der statusrechtliche Ansatz führt vielmehr zu Diskrepanzen zwischen der dogmatischen Grundkonzeption und der näheren Ausgestaltung durch Parlamentsrecht und Parlamentspraxis. Er verleitet damit zu Parlamentskritik auf der Grundlage idealisierender Vorstellungen vom Parlament und den Abgeordneten.

(5) Das Repräsentationsprinzip bildet keine Grundlage für die statusrechtliche Konzeption des Parlamentsrechts. Die einzelnen Abgeordneten können die Repräsentationsfunktion nicht erfüllen, da sie nur in ihrer Gesamtheit das Volk repräsentieren (Gesamtrepräsentation). Als Gesamtheit bedürfen sie aber der Organisation, um ihre Repräsentationsfunktion erfüllen zu können, zu deren Ausgestaltung der Abgeordnetenstatus unmittelbar keine Aussage trifft.

(6) Der Grundsatz der Gleichheit der Abgeordneten besagt, dass die Abgeordneten die gleichen Mitwirkungsbefugnisse haben, verhält sich aber nicht zum Inhalt dieser Befugnisse und schließt eine Mediatisierung durch die Fraktionen nicht aus. Soweit der Grundsatz die proportionale Berücksichtigung der Fraktionen in der parlamentarischen Binnenorganisation begründen soll, erfolgt eine Anknüpfung an die Kräfteverhältnisse der politischen Zusammenschlüsse, denen die Abgeordneten angehören, die sich mit der formalen Gleichheit der Abgeordneten nicht begründen lässt.

(7) Das Erfordernis demokratischer Legitimation von Herrschaftsgewalt und ihrer institutionell-organisatorischen Ausgestaltung als Kerngehalt von Repräsentation rückt die politischen Gruppierungen und insbesondere die Fraktionen in das Zentrum der Parlamentsorganisation: Aufgrund der Prägekraft der Verhältniswahl und der Rolle der Parteien im Wahlverfahren erstreckt sich die Legitimations- und Autorisierungsfunktion des Wahlakts auf die Parteien und wirkt über die Fraktionen im Parlament fort. Als Entscheidung nicht nur für Personen, sondern auch für eine politische Partei zielt die Wahl darauf ab, dass parteipolitisch definierte Positionen und politische Richtungen in parlamentarischen Prozessen zum Ausdruck gelangen. Aufgrund der Notwendigkeit arbeitsteiliger parlamentarischer Tätigkeit ermöglichen die Fraktionen zudem, dass sich die legitimierende Wirkung des Wahlakts auf die gesamte parlamentarische Tätigkeit erstreckt.

(8) Die Fraktionen ermöglichen eine responsive Rückkopplung der parlamentarischen Tätigkeit an das Volk, machen Willensbildungsprozesse

nachvollziehbar, eröffnen Einflussmöglichkeiten und erleichtern die Ausrichtung künftiger Wahlentscheidungen an der Performance der aktuellen Repräsentanten.

(9) Der Dualismus von Regierungsmehrheit und parlamentarischer Opposition rückt die Ermöglichung von Mehrheitsentscheidungen als grundlegende demokratische Funktion in das Zentrum des Parlamentsrechts. Er schärft den Blick für das im parlamentarischen Regierungssystem angelegte differenzierte Funktions- und Rollenverständnis von Abgeordneten und Fraktionen zwischen Regierung und Opposition. Und er lässt die Bedeutung der Opposition für die Wahrnehmung parlamentarischer Funktionen wie auch für die Legitimation des parlamentarischen Systems der Mehrheitsherrschaft insgesamt in den Vordergrund treten.

IV. Neuausrichtung: Parlamentsrecht zwischen Organisationsprinzipien und dem institutionellen Rechtsstatus der Abgeordneten

(10) Auf der Grundlage des Demokratieprinzips, der Anerkennung der Parteienstaatlichkeit und der konkreten grundgesetzlichen Ausgestaltung des parlamentarischen Regierungssystems lässt sich ein erstes verfassungsrechtliches Organisationsprinzip aufstellen, demzufolge binnenparlamentarische Organisations- und Verteilungsfragen an den im Parlament vertretenen politischen Strömungen ausgerichtet werden können. Die Mediatisierung der Abgeordneten durch die Fraktionen stellt daher keine rechtfertigungsbedürftige Einschränkung der Abgeordnetenrechte dar, sondern einen verfassungsrechtlich zulässigen Modus der Organisation parlamentarischer Willensbildung.

(11) Im Rahmen der Ausgestaltung der Parlamentsorganisation ist danach grundsätzlich die Mitwirkung aller Fraktionen im Rahmen aller parlamentarischer Untergliederungen und Verteilungsentscheidungen zu verwirklichen.

(12) Eine proportionale Berücksichtigung aller Fraktionen im Rahmen parlamentarischer Untergliederungen, wie sie Geschäftsordnung und Parlamentspraxis in weitem Umfang zugrunde liegt, ist verfassungsrechtlich zwingend, soweit diese Untergliederungen verbindliche Entscheidungen anstelle des Plenums treffen können. Dass die Entscheidungen des Parlaments durch die Ausschüsse „tendenziell vorbestimmt" werden, rechtfertigt demgegenüber kein allgemeines Spiegelbildlichkeitserfordernis, da die eigentlichen Sachentscheidungen im Parlament regelmäßig nicht in den Ausschüssen getroffen werden, sondern im Willensbildungsprozess innerhalb und zwischen den Fraktionen.

2. Die Organisation politischer Willensbildung: Parlamente 225

(13) Der parlamentsinterne Dualismus von Regierungsmehrheit und Opposition bildet das zweite verfassungsrechtliche Organisationsprinzip. Danach kann das Mehrheitsprinzip bei der Zusammensetzung parlamentarischer Untergliederungen zugrunde gelegt werden, organisationsrechtliche Regelungen können sich am Dualismus von Regierungsmehrheit und Opposition orientieren, und Regelungen zugunsten von Minderheiten und Oppositionsfraktionen sind grundsätzlich verfassungsrechtlich zulässig und unter Umständen auch geboten.

(14) Eine Rekonstruktion des Rechtsstatus der Abgeordneten muss berücksichtigen, dass dieser Status nicht in der Würde, Freiheit und Gleichheit der Person wurzelt, sondern den Abgeordneten als Inhabern eines staatlichen Amtes zukommt. Die Mitwirkungsbefugnisse der Abgeordneten bestehen innerhalb des institutionellen Zusammenhangs des Parlaments und sind strukturell auf Verteilung und Ausgleich angelegt. Sie sind zudem auf die Verwirklichung im Rahmen der Zugehörigkeit der Abgeordneten zu einer politischen Strömung, im Regelfall einer Fraktion, ausgerichtet.

(15) Die Freiheit der Abgeordneten bezieht sich auf die inhaltliche Ausübung des Mandats und erstreckt sich darauf, überhaupt an der parlamentarischen Arbeit, den Sitzungen und Abstimmungen teilnehmen zu können. Sie trifft aber keine Aussage über konkrete parlamentarische Beteiligungsrechte und stellt die Mediatisierung der Abgeordneten nicht in Frage. Sie begründet das Anwesenheitsrecht und das Stimmrecht, aber keine Zuweisung der Mitwirkungsbefugnisse unmittelbar an die Abgeordneten.

(16) Antrags- und Initiativrechte sind daher nicht unmittelbar den einzelnen Abgeordneten zugewiesen, sondern können als Fraktionsrechte ausgestaltet oder an Quoren gekoppelt werden.

(17) Das Rederecht ist nicht unmittelbar dem individuellen Abgeordneten zugeordnet. Das Parlament kann über den Modus der Verteilung der Redezeit entscheiden und muss dabei dem Fraktionenproporz sowie dem Dualismus von Regierung und Opposition Rechnung tragen. Von der Fraktionslinie abweichende und fraktionslose Abgeordnete haben keinen individuellen Redeanspruch. Ihnen kann aber unter dem Gesichtspunkt effektiver Opposition das Wort erteilt werden, um Positionen Gehör zu verschaffen, die ansonsten keinen Raum in der Plenardebatte haben.

(18) Es besteht kein originäres Recht der Abgeordneten auf Mitwirkung in einem Ausschuss. Die Benennungs- und Rückrufbefugnis kommt allein den Fraktionen zu.

(19) Für die Mitwirkung der Abgeordneten an den Aufgaben des Parlaments spielen die Fraktionen und insbesondere Fraktionsversammlungen sowie Arbeitskreise und Arbeitsgruppen eine entscheidende Rolle. Damit gewinnt das Rechtsverhältnis zwischen Abgeordneten und Fraktionen an

Bedeutung, ebenso wie demokratische Prinzipien der Binnenorganisation der Fraktionen und die innerfraktionellen Gestaltungsmöglichkeiten der Abgeordneten.

(20) Die Ausgestaltung der Binnenorganisation obliegt dem Parlament im Rahmen seiner Parlamentsautonomie. Das Parlamentsverfassungsrecht zeigt äußere Grenzen auf, überlässt im Übrigen aber die organisatorische Ausgestaltung dem demokratischen Prozess und der politischen Kultur.

V. Schluss: Parlamentsrecht zwischen Wirklichkeit, Normativität und Anpassungsfähigkeit

(21) Die Dogmatik des Parlamentsrechts muss der Wirklichkeit des Parlamentarismus ebenso Rechnung tragen wie verfassungsrechtlichen Vorgaben und den organisatorischen Bedingungen parlamentarischer Repräsentation und demokratischer Legitimation. Sie muss sich zudem als offen gegenüber gesellschaftlichen und politischen Veränderungen erweisen.

3. Aussprache und Schlussworte

Pascale Cancik: Liebe Kollegen und Kolleginnen, ich darf Sie bitten, die Plätze wieder einzunehmen. Willkommen zurück aus einer hoffentlich erholsamen Kaffeepause. Wir haben versucht, die Anmeldungen zur Diskussion zu sortieren, und haben vier Gruppen gebildet. Wir beginnen mit dem Parlament und seinem Innenleben, machen dann einen zweiten Block auf mit Beiträgen, die sich auf beide Referate beziehen, Parlament und Parteien also verbinden wollen, kommen in einem dritten Block dann auf die Parteien und ganz am Ende würden wir die Wirklichkeitsfrage stellen. Wir haben erneut wegen der Menge der Meldungen eine Redezeit von drei Minuten, die ich mit dieser Ampel, deren Charme wir ja heute Morgen schon kennenlernen konnten, zu präzisieren versuchen werde. Ich habe gehört, dass man sie hinten gar nicht so gut sieht. Wenn ich den Eindruck habe, dass jemand nicht so gut sieht, würde ich irgendwann aufstehen. Im Übrigen darf ich daran erinnern, dass es auch das Instrument der Kurzintervention gibt für Notfälle. Kurzinterventionen dürfen elegant sein, sie können auch witzig sein. Das Hauptcharakteristikum ist aber: Sie müssen kurz sein und sie erfordern die Zulassung durch die Diskussionsleitung. Sie müssten also in irgendeiner Weise kurzintervenierend mir so winken, dass ich überlegen kann, ob ich sie zulasse. Im Übrigen bedanke ich mich schon einmal vorausschauend für die Fortsetzung der hervorragenden Diskussionsdisziplin von heute Morgen und freue mich also auf Ihre Beiträge. Wir beginnen mit dem Innenleben der Parlamente und ich rufe als ersten Sprecher auf Dieter Grimm, ihm folgen werden Christian Bickenbach und Joachim Lege. Herr Grimm, wenn Sie bitte beginnen.

Dieter Grimm: Frau Kaiser ging es um verfassungsrechtliche Reaktionen auf eine eingetretene Machtverschiebung im Parteiensystem, während Herr Payandeh aus verfassungsrechtlichen Gründen eine Machtverschiebung im Parlament herbeiführen möchte. Mit dem Referat von Frau Kaiser kann ich mich im Wesentlichen einverstanden erklären. Bei Herrn Payandeh bin ich noch nicht sicher. Es hängt davon ab, welche Antwort Sie auf die Frage geben werden und wollen, die ich stelle. Ich habe die Hauptfunktion von Artikel 38 GG eigentlich immer darin erblickt, dass er in der pluralistischen

Demokratie die Differenz zwischen Partei und Staat aufrechterhält und das in drei Hinsichten. Erstens verhindert er die Identifizierung der Mehrheitspartei mit dem Staat. Zweitens verhindert er den Durchgriff der Partei auf die Mandatsträger, und zwar der Partei in allen ihren Erscheinungsformen, also auch der Partei in Form der Fraktion. Drittens gewährleistet er auch innerparteilich Pluralität. Ich war mir nicht sicher, in welchem Ausmaß diese Funktionen, die ich für zentral halte, bei Ihnen übrigbleiben oder gefährdet werden. Es kann natürlich keine Verfassungsinterpretation geben, die an der Wirklichkeit des Parteienstaates vorbeigeht, aber es darf auch keine Verfassungsinterpretation geben, die die Wirklichkeit nur abbildet.

Christian Bickenbach: Meine Frage richtet sich auch an Sie, Herr Payandeh. Ich habe Ihrem Vortrag mit großem Interesse zugehört, aber je länger ich ihm zugehört habe, desto unbehaglicher wurde mir dann doch. Wir alle wissen: Die Fraktionen, das sind faktisch die Parteien im Parlament. Und ich verstehe sie so, dass Sie sie auch rechtlich dazu machen wollen. Ich frage mich, welche Folgen diese Mediatisierung für die Freiheit des Mandats hat. Was mich auch umtreibt, sind vielleicht verfassungsprozessuale und materiell-rechtliche Folgen. Was heißt das eigentlich für das Thema Fraktionsdisziplin, Fraktionszwang? Der einzelne Abgeordnete – ich habe Sie so verstanden – Freiheit des Mandats formal ja, aber inhaltlich deutliche Einschränkungen der Freiheit des Mandats. Inhaber eines staatlichen Amtes, das klingt für mich ein bisschen nach „Haben wir vielleicht dann doch irgendwie ein imperatives Mandat in irgendeiner Art und Weise?" Das wäre ein wenig auch die Brücke zum Vortrag von Anna-Bettina Kaiser zu den Parteien. Welche Folgen hat das eigentlich für sie? Die einzelnen Abgeordneten werden es noch schwerer haben, sich gegen die Fraktionen, wenn sie abweichender Auffassung sind, durchzusetzen. Sie haben auch etwas zum fraktionslosen Abgeordneten gesagt. Da fällt uns natürlich allen Herr Wüppesahl ein. Was ist eigentlich mit den fraktionslosen Abgeordneten? Also kurz und gut, aus meiner Sicht besteht ein gewisses Unbehagen, dass die einzelnen Abgeordneten – es klang eben schon an – noch stärker verzwergt werden, als sie eigentlich ohnehin schon sind. Und deshalb, wie gesagt, ein gewisses Unbehagen meinerseits ob dieser Mediatisierung und ihrer Folgen.

Joachim Lege: Lieber Herr Grimm, gestern bei den Grundlagen wurde schon gesagt: Wenn Sie etwas beigetragen haben, bleibt eigentlich für die anderen nicht mehr viel übrig, sodass also auch ich ganz in Ihrer Richtung, aber in etwas anderer Nuancierung, Fragen an Herrn Payandeh habe. Die erste Frage ist nur eine Verständnisfrage, schlicht am Wortlaut des Gesetzes. Artikel 38 Absatz 1 Satz 2 GG lautet ja: „Sie – also die Abgeordneten des Bundestages – sind Vertreter des ganzen Volkes", und ich will nur nachfragen, ob ich Sie richtig verstanden habe, dass man hinzulesen muss: Sie sind aber nur „in ihrer Gesamtheit" Vertreter des ganzen Volkes? Sie nicken, so dass ich zur zweiten Frage übergehen kann: Ich habe Ihren gesamten Ansatz letztlich verstanden, vielleicht habe ich mich getäuscht, als dogmatische Legitimation einer realen Machtverschiebung. Und die habe ich bei Ihnen eher in einem Nebensatz gefunden, der nicht in Ihren Thesen steht. Der Satz lautete in etwa: „Die eigentlichen Entscheidungen werden getroffen in den Mehrheitsfraktionen, in Zusammenarbeit mit der Regierung" oder „in Rückbindung an die Regierung". So in etwa hatten Sie es formuliert. Und das ist natürlich etwas, das unserem Demokratieverständnis nicht so ganz eingängig ist, zumal hinter der Regierung ja eine Ministerialbürokratie steht, sodass auch die Gewaltenteilung in diesem Modell etwas unterbelichtet ist. Aber wie gesagt, das ist jetzt die Frage: ob ich es richtig verstanden habe, dass es Ihnen um die Legitimation dieser realen Machtverschiebung geht.

Vielleicht noch ein letzter Punkt zum Demokratieprinzip. In anderen Kontexten kennen wir die Lehre von der demokratischen Legitimationskette, der jede staatliche Entscheidung genügen muss. Wie sieht es mit der demokratischen Legitimationskette vom Wähler auf den Abgeordneten und damit letztlich auf die staatlichen Entscheidungen in ihrem Modell aus? Vielen Dank!

Tonio Klein: Ich darf zunächst einmal für zwei hervorragende Referate danken. Die Tatsache, dass auch ich ein bisschen kontrovers bei Ihnen, Herr Payandeh, nachhake, ändert an diesem Dank überhaupt nichts; es war sehr, sehr anregend. Wie unter anderem auch Herr Bickenbach stelle ich mir die Frage, ob wir nicht ein bisschen mehr grundrechtsähnliche Individualität statt weniger davon brauchen, aus zwei Gründen, die noch nicht zur Sprache gekommen sind. Erster Grund: Der Europäische Gerichtshof für Menschenrechte – und wir haben heute Morgen von Frau Nußberger schon von seiner Bedeutung gehört – hat vor einigen Jahren einmal in einem Fall entschieden, in dem ein ungarischer Parlamentarier im Rahmen seiner parlamentarischen Arbeit einem Kollegen den Mittelfinger gezeigt und deswegen eine Ordnungsmaßnahme kassiert hat, dass dies ein Grundrechtseingriff ist. Der war dann zwar gerechtfertigt, aber man hat das also nicht über ein grundrechtsähnliches Mandatsrecht wie unseren Art. 38 Abs. 1 Satz 2 GG, sondern über die Grundrechte gelöst. Müsste das nicht auch in die Rechtspraxis und Rechtsprechung eingehen?

Der zweite Punkt ist unser personalisiertes Verhältniswahlrecht. Ich stelle die Nachfrage, ob die Abgeordneten wirklich nur in ihrer Gesamtheit Vertreterinnen und Vertreter des ganzen Volkes sind. Das Beispiel der Fraktionslosen ist schon benannt worden. Ich mache es mal ganz konkret anlässlich eines Abgeordneten, der, wenn er gewählt worden wäre, sicherlich nicht im Mainstream der CDU/CSU-Fraktion gewesen wäre, nämlich Hans-Georg Maaßen. Ich möchte damit kein Statement pro oder contra Maaßen abgeben, aber stellen wir uns also vor, er wäre gewählt worden. Er hat einen Wahlkampf nicht unbedingt auf Linie der CDU/CSU geführt, wäre dann ja dafür gewählt worden und er würde einfach sehr selten oder gar nicht als Redner im Bundestag aufgestellt werden. Dann hätten wir doch auch ein riesiges Akzeptanzproblem und es würde wieder dieses Klischee bei der Bevölkerung entstehen, der Wählerwille zählte nichts und die Fraktionen bestimmten alles. Ist das wirklich wünschenswert?

Kleine Ergänzung: Mir ist natürlich nicht entgangen, dass Sie das Recht der freien Rede quasi ausgeklammert haben, das Sie natürlich nicht beschneiden wollen. Nicht über Meinungsfreiheit, sondern über Art. 38 Abs. 1 Satz 2 GG fundiert, aber inwieweit kann man das denn von anderen Mitwirkungsrechten sauber trennen? Zunächst einmal muss man aufgestellt werden. Dann die Frage: Was ist bei einem Zwischenruf? Was ist bei einer Kurzintervention? Wäre es da nicht sinnvoller, mehr Grundrechtsähnliches zu bekommen als weniger? Vielen Dank!

Simon Kempny: Ich reihe mich in die Reihe der Fragenden ein, würde aber einleitend anders akzentuieren wollen. Zunächst eine Geschmackssache: Ich danke für die mutige These in diesem Vortrag. Wie man das wertet, ist ja jedem anheimgestellt, aber gleichgültig ob man es teilt oder nicht, ich finde, es regt die Diskussion ungemein an; und ich würde mich gar nicht zu dem Grundansatz, über den ich länger nachdenken müsste, positionieren, sondern nur eine Nachfrage stellen wollen, nämlich ob diesem Grundansatz für einen im Staatsleben bisher unbefriedigenden Zustand vielleicht eine andere Lösung zu entnehmen wäre: Wir haben Gesetze wie § 6 Absatz 2 ESMFinG. Dort wird ein Sondergremium für bestimmte besonders heikle Schuldenaufnahmefragen in Sachen Eurorettung konstituiert. Dieses ist so zu bilden, dass jede Fraktion mindestens ein Mitglied und einen Stellvertreter benennen kann. Und dann muss im Fraktionskräfteverhältnis besetzt werden. Das Plenum muss sozusagen auf das Gremium herunterskaliert werden, wie wir das sonst ja auch aus dem Ausschussrecht kennen. Aber – und das ist hier die Besonderheit – jedes Mitglied muss mit der Mehrheit nach Artikel 121 GG vom Plenum bestätigt werden. Und dann kam es natürlich, wie es kommen musste: Es gab eine Fraktion, die es nicht schaffte, diese Mehrheit für ihre vorgeschlagenen Mitglieder zusammenzubekommen, und die beschwerte sich dann natürlich auch. Meine Frage ist jetzt: Wenn das herkömmliche, statusrechtlich geprägte Verständnis diesen Knoten jedenfalls nur schwer auflösen kann – gäbe Ihr Ansatz vielleicht bessere Möglichkeiten dazu?

Matthias Jestaedt: Auch ich darf für zwei sehr schöne Referate herzlich danken. Ich habe zwei Fragen, Herr Payandeh, an Sie. Sie betreffen zwei Ihrer Thesen. Wenn ich es richtig verstanden habe, fungiert These 6 bei Ihnen als zentrales Begründungsscharnier. Da geht es um den Fraktionsproporz. Sie formulieren in These 6 – ich habe das bisher immer anders verstanden und deshalb die Rückfrage –, dass sich der Fraktionsproporz „mit der formalen Gleichheit der Abgeordneten nicht begründen lässt". Ich dachte immer, das wäre ganz einfach. Just aus der Formalität der gleichen Position jedes einzelnen Abgeordneten heraus. Wenn diese Positionen von formal Gleichen korporativ, d.h. zur Hervorbringung eines gemeinsamen Willens, ausgeübt werden, dürfen Sie nicht mehr wägen, sondern können nur noch zählen. Genau wie beim Wahlrecht. Dann geben halt fünf Millionen Stimmen mehr politischen Einfluss als eine Millionen Stimmen. Dementsprechend habe ich nicht genau verstanden, warum Sie hier ein Problem mit der formalen Gleichheit haben. Ich denke, just aus der formalen Gleichheit folgt der unterschiedliche Einfluss an Macht. Wenn das aber der Fall ist, haben Sie ein Problem, ein konstruktives Problem, den Fraktionsproporz als verfassungsrechtlich freischwebendes Prinzip begründen zu können und begründen zu müssen – und wahrscheinlich gar nicht begründen zu können.

Mein zweiter Punkt betrifft These 12, in der es um das Spiegelbildlichkeitserfordernis geht. Auch insoweit wollte ich, damit ich es besser verstehen kann, noch einmal nachfragen. Vielleicht habe ich nicht richtig mitbekommen, worin Sie den Unterschied sehen und was eigentlich die zweite Begründungsschiene ist. Wenn Sie sagen, dass der Fraktionsproporz nur ziehe, soweit es sich um eine Entscheidung anstelle des Plenums handele, kann ich das nachvollziehen. Dann aber sagen Sie, der Rest sei dem Parlament freigestellt, setzen indes hinzu, dass „eine effektive Mitwirkung" gewährleistet sein müsse. Eine „effektive Mitwirkung" wessen? Habe ich es richtig verstanden: der Opposition? Und wenn Opposition: Sind das alle Oppositionsfraktionen nur gemeinschaftlich – als Gegenüber der Regierungsfraktionen – oder kann das auch jede einzelne Minderheitsfraktion, gegebenenfalls jeder einzelne fraktionslose Abgeordnete sein? Und schließlich: Wo nehmen Sie diese verfassungsrechtliche Position her, wenn nicht doch wiederum unter Rekurs auf den einzelnen Abgeordneten und dessen verfassungsrechtlich verbürgten Status? Danke schön!

Markus Winkler: Auch ich habe eine Frage oder vielmehr eine Bitte um Ergänzung an Herrn Payandeh, die ein bisschen an Herrn Jestaedt und an Joachim Lege anschließt. Sie haben uns ja zwei Schwerpunkte angekündigt. Den ersten zum Verhältnis zwischen einzelnen Abgeordneten und Fraktionen und den zweiten zum Verhältnis zwischen parlamentarischer

Mehrheit und Opposition. Und Sie haben insgesamt in Ihrem Vortrag sehr stark den Gleichheitsaspekt unter den Abgeordneten und unter den Fraktionen hervorgekehrt. Was die Opposition angeht, würde mich interessieren, ob Sie zur Sicherstellung ihrer Funktionsfähigkeit auch Leistungsrechte annehmen würden. Diese Frage kommt jetzt vielleicht wieder etwas mehr aus der Praxis und insbesondere mehr aus der Anschauung eines Landesparlaments. Im Bundestag und in vielen Landesparlamenten haben wir wissenschaftliche Dienste, die die Oppositionsfraktionen dabei unterstützen, auch sinnvolle Oppositionsarbeit zu machen. In Hessen zum Beispiel gibt es das nicht. Da entspricht es einfach der Praxis, dass die regierungstragenden Fraktionen, wenn sie sich informieren wollen, an die Landesministerien herantreten und ihre Fragen stellen. Diese Möglichkeit besteht faktisch nicht für die Oppositionsfraktionen. Die können zwar Kleine Anfragen stellen und kriegen dann eine formalisierte Antwort, die aber in der Regel nichtssagend ist. Damit ist eine effektive Oppositionsarbeit schwer zu leisten. Daher meine Frage: Gibt es nicht vielleicht so etwas wie einen Leistungsanspruch, einen Unterstützungsanspruch der Opposition, sei es gegenüber der parlamentarischen Verwaltung oder sei es auch, soweit da keine Ressourcen vorhanden sind, gegenüber der jeweiligen Regierung?

Oliver Lepsius: Aufgrund der verkürzten Redezeit muss ich auf das Lob leider verzichten und komme gleich zum Punkt. Seit etwa 20 Jahren neigen wir dazu, Dinge, die wir sonst als Dynamik oder Entwicklung verstanden haben, mit dem Begriff der Krise zu versehen. Alles, was sich ändert, ist plötzlich irgendwie eine Krise geworden. Und Frau Kaiser hat ja auch von einer Krise der Repräsentation gesprochen und das ist vielleicht so ein bisschen auch der momentanen Terminologie geschuldet. Es war ein Fragezeichen dabei, aber der Begriff fällt mehrfach und auch wenn die Fragezeichen sich häufen, der Krisenbegriff wird dadurch bedient und aufgegriffen. Nun, die Krise der Parteien, die Krise der Repräsentation knüpft eigentlich immer an der Wahrnehmung der Volksparteien an. Als die Parteien erfunden wurden, im 19. Jahrhundert, gab es keine Volksparteien. Der Typus der Partei, wie er im 19. Jahrhundert entwickelt wurde, kennt die Klassenpartei, die Interessenpartei, die Konfessionspartei, die Weltanschauungspartei, kennt – nicht in Deutschland, aber in den USA etwa – die Kandidatenauswahlpartei. Und dann kommt das Jahr 1945 mit der Erfindung der Volksparteien in Gestalt der CDU. In der Parteienentwicklung ist das noch einmal eine Sensation. Und die Volkspartei CDU verbindet die Konfessionspartei mit der Klassenpartei und überwindet diese. Diesem Erfolgsmodell schließt sich dann die SPD an und das wird zum Erfolgsmodell der Bundesrepublik. Die Entwicklung zu Volksparteien ist jedoch in keiner

Weise sozusagen die DNA des Parteienwesens. Was wir jetzt im Abschmelzen von Volksparteien beobachten, ist vielleicht in dem Sinne keine Krise, sondern es ist eine Erweiterung unseres Parteienverständnisses in Typen hinein, die wir aber historisch durchaus schon kannten.

Ich schicke das voraus, weil auf der Realanalyse von Frau Kaiser die Folgerung basiert, dass die Parteienfinanzierung neu geregelt werden sollte und insbesondere Parteien, Fraktionen und Stiftungen dann einheitlich regeln sollte. Und da habe ich doch meine Zweifel, denn Parteien und Fraktionen sind nicht dasselbe und man sollte den Unterschied vielleicht gerade einmal scharf herausarbeiten. Die Parteien wirken bei der Willensbildung des Volkes mit. Das heißt, ihr Auftrag ist auf die Breite angelegt. Sie wollen in den Wettbewerb treten, sie wollen Mitglieder gewinnen, sie haben eine nach Außen sich öffnende, integrierende Funktion. Die Fraktionen haben doch im Grunde genau die gegenteilige Funktion. Sie wollen nicht nach außen öffnen, sondern sie schließen die Mitglieder zusammen. Sie wollen die Willensbildung handhabbar machen, sie organisieren den Parlamentsbetrieb, das heißt, sie sind antagonistisch in ihrem Auftrag zu dem, was die Parteien tun. Dass daran eine unterschiedliche Finanzierung geknüpft wird, scheint mir funktionslogisch richtig. Und wenn uns – was ja heute Vormittag schon ein Thema war und auf früheren Tagungen thematisiert wurde – wenn uns die Stärkung der Parlamente am Herzen liegt, dann müsste man natürlich jetzt auch fragen, wie soll sich diese organisatorisch und das heißt ja auch finanziell dann darstellen? Wer Parlamente stärken will, kommt doch an der Stärkung der Fraktionen nicht vorbei. Und wie soll eine Stärkung der Fraktionen gehen, wenn sie nicht über die hinreichenden Finanzmittel verfügen? Jetzt wollte ich noch eine Frage an Herrn Payandeh stellen. Doch die müssen wir uns zeitbedingt privat aufheben.

Indra Spiecker gen. Döhmann: Ich möchte mich zunächst bedanken: einmal für zwei Berichte, die genau diese Funktion eines Berichts auch jeweils sehr schön erfüllt haben, nämlich einen Überblick zunächst einmal und dann eine gute Analyse zu bieten zu Machtverschiebungen in ihren jeweiligen Bereichen. Nun haben sich beide Referate zu ihrem Thema jeweils ein Element besonders herausgegriffen, in welchem sie die Lösung bestimmter Machtverschiebungen sehen. Das kann man sicherlich tun, denn es erlaubt auch eine gewisse Vertiefung. Und dafür bin ich dankbar.

Anna-Bettina Kaiser hat sich auf die Finanzen konzentriert. Ich würde das gerne etwas weiter gefasst sehen wollen als Lösungsmechanismus. Denn es geht nicht nur um Finanzen, wenn wir Machtverschiebungen in den Blick nehmen, sondern es geht vor allem um die Ressourcen. Und das ist vielleicht ein Schnittpunkt zum zweiten Referat von Mehrdad Payandeh. Man muss sich nämlich anschauen, *wie* Ressourcen verteilt werden und wie sie zwischen diesen beiden scheinbar verschiedenen Institutionen verteilt und verschoben werden. Die Finanzen spielen dabei eine gehörige Rolle, beispielsweise die Parteienfinanzierung, über welche der Bundestag entscheidet, und natürlich auch die sonstige Finanzierung inklusive der Stiftungen.

Hier würde mich interessieren, wie das Finanzierungsproblem als Problem der Zuweisung von Ressourcen insgesamt weitergedacht würde, gerade in Kenntnis dieses zweiten Referats. Die Personalausstattung, der Apparat, der inzwischen hinter den Parteien steht, bestimmt ganz wesentlich auch deren Wirkung, und das durchaus sehr verschieden. Ich möchte anknüpfen an Herrn Winkler, der die Landesebene ins Spiel brachte. Auf der Ortsebene sind Parteien anders organisiert als auf der Bundesebene. Und die Attraktivität einen Abgeordnetenstatus zu erreichen setzt auch bestimmte Anreize auf welcher Ebene man sich engagiert. Das sollte man vielleicht auch berücksichtigen.

Dann habe ich eine Rückfrage zu Deinem Vertrauensbegriff, liebe Anna. Dieser taucht etwas unvermittelt auf. Ist gemeint ein Vertrauen in das System der Parteiendemokratie, also etwas ganz Allgemeines? Oder ist gemeint ein Vertrauen in eine konkrete Partei mit den konkreten Abgeordneten? Ich kenne Vertrauen vor allem als ein Mittel zur Überwindung von Informationsasymmetrien. Die aufgeworfene Problematik und dieses Vertrauen passen nicht ganz sauber meines Erachtens, denken wir nur an den Einsatz von Fakenews usw. im politischen Prozess. Welches Vertrauen wird eigentlich zerstört? Und wohin geht die Entwicklung?

Herr Payandeh, Sie haben sich damit befasst, indem Sie von den Fraktionen her gedacht haben. Das finde ich sehr klug, weil wir das in der Tat beobachten, dass Fraktionen Macht haben, gerade gegenüber den einzelnen Abgeordneten. Ob darin aber eine Machtverschiebung liegt, weiß ich allerdings nicht. Denn meine Beobachtung ist, dass es die Fraktionen, die Fraktionsstärke und die rechtlichen Probleme dazu schon von Anfang an gegeben hat. Ich habe allerdings vermisst, die Wechselbezüglichkeiten zum Abgeordneten in den Blick zu nehmen, wenn man die Fraktionen so stark macht. Da bin ich, glaube ich von den Vorbemerkungen her, hier nicht die Einzige, die sich ein bisschen mehr wünscht, dass der Abgeordnete doch nicht ganz so reduziert wird auf einen Dienst am Kollektiv, sondern dass seine Individualität hochgehalten wird. Diese Individualität halte ich für ganz zentral für die Innovationsfähigkeit im Parlament, dass diese gestärkt und gestützt wird.

Und ein letzter Punkt an beide. Ich habe ein wenig die Multi-Ebenenfrage vermisst. Beide Referate waren sehr deutsch-orientiert, sehr national und sehr bundestagsgewichtig. Wir haben aber auch die Ebene der Länder. Und wir haben, wenn wir schon über Machtverschiebungen nachdenken, längst auch für das Parlament und für die Parteien eine ganz gewichtige europäische Dimension, sei es inhaltlich oder, wenn man über Finanzierung und Ressourcen spricht, auch auf dieser Ebene. Vielen Dank noch einmal für die schönen Referate.

Jochen Frowein: Zwei kurze Bemerkungen zu den beiden schönen und sehr interessanten Referaten. Zunächst große Zustimmung zu Frau Kaisers These 13. Das geltende Recht der Parteienfinanzierung und so weiter. Und in der Parteistiftungsfinanzierung liegt das Hauptproblem des gegenwärtigen Konzepts. Ich habe vor langer Zeit mal dazu einen Vortrag in Speyer gehalten. Meines Erachtens ist das System der Parteistiftungsfinanzierung ein Problem, wo das Bundesverfassungsgericht seinerzeit eine schwer vertretbare Entscheidung getroffen hat. Wir müssen uns ja klar machen, dass es bei der Festlegung dieser Finanzierung keine Opposition gibt, weil die proportionale Bezuschussung aller Parteien der Grundsatz ist und damit fällt die Opposition weg und das ist in meinen Augen dort eine ganz gefährliche Sache. Wenn wir uns angucken, was die Stiftungen alles tun, so ist das zum Teil eine sehr nützliche Arbeit, zum Teil in meinen Augen eine unvertretbare Arbeit. Ich habe erlebt, wie ein Stiftungsvertreter im Ausland sich neben dem deutschen Botschafter aufführte, als sei er der Oberbotschafter. Und das geht eigentlich wirklich nicht.

Dann eine Bemerkung, eine kurze Bemerkung zu der These 17 von Herrn Payandeh, wo er sagt: „Von der Fraktionslinie abweichende" – dem stimme ich zu – „und fraktionslose Abgeordnete haben keinen individuellen Redeanspruch". Für die Fraktionslosen halte ich das verfassungsrechtlich und parlamentsrechtlich für falsch und für nicht vertretbar. Wir müssen hier unterscheiden zwischen dem in der Tat Statusrecht, das jeder Abgeordnete hat, was natürlich eingeschränkt werden kann durch die Parlamentsregeln. Ganz klar, der kann keine anderthalb Stunden reden, aber zu sagen, er habe kein Rederecht, das halte ich nach unserem Verfassungssystem und nach unserem Parlamentsrecht für nicht vertretbar.

Sven Hölscheidt: Auch ich bedanke mich für die Referate, die besonders für einen Parlamentsrechtler sehr interessant gewesen sind. Ich möchte drei Anmerkungen machen. Zunächst zu der These 13. Ich denke, dass in Bezug auf die Stiftungsfinanzierung Konsens herrscht. Da liegt einiges im Argen. Zur Fraktionsfinanzierung ist zu sagen: Es hat sich ja sehr viel gebessert. Früher ist es so gewesen, in den Anfangszeiten der Bundesrepublik, dass die Fraktionen einen Globalbetrag überwiesen bekommen haben vom Parlament und am Ende der Wahlperiode hat dann der Fraktionsvorsitzende geschrieben, das Geld sei ordnungsgemäß ausgegeben worden. Seit den 1990er Jahren ist nun die Fraktionsfinanzierung überall gesetzlich geregelt.

Da Herr Lepsius, was ich hundertprozentig unterstütze, darauf hingewiesen hat, Fraktionen und Parteien seien zu trennen, auch in Bezug auf ihre Aufgaben, ist mir nicht klar, was ein gemeinsames Politikfinanzierungsgesetz bewirken sollte. Wenn man da nur die Regelungen zur Parteienfinanzierung und zur Fraktionsfinanzierung, die wir jetzt schon haben, zusammenfasst, ist im Endeffekt nicht allzu viel gewonnen. Dann geht es gleich weiter mit der These 14. Ich habe grundsätzlich Sympathie dafür, die Quoren für Kontrollmechanismen abzusenken. Das Problem ist aber dabei, dass das Obstruktionspotenzial dann erheblich wächst: Wenn wie zum Beispiel in Sachsen und in Baden-Württemberg in der Verfassung steht, dass die Beschlussfähigkeit von einem einzelnen Abgeordneten bezweifelt werden kann, dann ist das eine gute Möglichkeit, um Sand ins Parlamentsgetriebe zu streuen.

Der Bundestag hatte auch ein ganz kleines Quorum und mittlerweile sind wir bei einem Quorum für die Bezweiflung der Beschlussfähigkeit von einer Fraktion. Es ist früher auch diskutiert worden, das Zitierrecht zum Minderheitenrecht zu machen. Davon ist aber, meine ich, zu Recht kein Gebrauch gemacht worden. Und dann komme ich drittens jetzt auch im Fahrwasser der Vorredner dazu zu sagen, ich halte die statusrechtliche Verortung des Abgeordneten als Kern des Parlamentsrechts für richtig. Es gibt ja keine Fraktion jenseits des Abgeordneten. Die Fraktion besteht doch aus Abgeordneten. Wenn ich es richtig im Kopf habe, hat die zukünftige Fraktion Die Linke 39 Abgeordnete. Das Quorum liegt bei 37, wenn also drei Abgeordnete die Fraktion verlassen, dann gibt es keine Fraktion mehr. Und im Übrigen ist es ja so, da knüpfe ich an, an das, was Frau Spiecker gesagt hat: Wir müssen doch auch die Landesebene mit im Blick haben. Die meisten Fraktionen sind kleine Fraktionen und wenn da Abgeordnete zusammensitzen, fünf oder sieben, dann gibt es dort einen demokratischen Willensbildungsprozess. Und im Endeffekt, nach der Abstimmung in der Fraktion, gibt es dann die Fraktionsmeinung.

Patricia M. Schiess Rütimann: Ich fand es sehr spannend, die beiden Referate im Vergleich zu haben. Wenn ich das erste etwas zuspitze, dann klang es für mich nach einer Bitte um mehr Regulierung, nach Feinjustierungen an der bestehenden Rechtsordnung. Im zweiten Referat hörte ich den Wunsch heraus, Regelungen eher zurückzudrängen, dem Parlament mehr Spielräume zu belassen. Als Schweizerin scheint mir zweites sehr vernünftig. Sehr viele der Fragen, die das Bundesverfassungsgericht entschieden hat, wären in der Schweiz wohl schlicht und einfach gar nicht justiziabel, weil das Parlament entscheidet. Oder es würde sich wie bei einem Parteiausschluss um privatrechtliche Fragen handeln, die meist gar nicht bis vor Gericht getragen werden. Aber wenn, dann wären Zivilgerichte zuständig. Aber eben, es kommt eigentlich nie zu solchen Prozessen. Meine Frage an die Referentin und den Referenten lautet: Wenn man wirklich etwas ändern will, wann ist dazu der richtige Zeitpunkt? Es soll ja nicht der Vorwurf erhoben werden können, dass man die Regeln im laufenden Spiel ändert.

Hans Peter Bull: Ich möchte den Blick gern auf die Ebene der Mitglieder der Parteien richten. Das ist eine Ebene, die in unseren Betrachtungen zu kurz kommt. Ich spreche aus der Sicht eines Mitglieds einer Partei, das nun auch erlebt, wie die Parteiführung sich um die Mitglieder bemüht und wie sie in die Mitgliedschaft hinein versucht, mehr innerparteiliche Demokratie auch durch Digitalisierung zu schaffen. Und ich wundere mich nicht, dass dieser Versuch nicht erfolgreich genug ist, sondern ich wundere mich darüber, dass trotz der Erfolglosigkeit immer noch so viele Menschen in den Parteien mitwirken: an der Basis, in den Kommunen, in den anderen von Parteien beeinflussten Gruppen, Organisationen und den Parlamenten. Ich wundere mich deshalb, weil ich natürlich sehe, dass die Parteiführungen den anzuwerbenden und den vorhandenen Mitgliedern gar keine wirklich relevante Mitwirkungsmöglichkeiten bieten können. Sie tun so, als ob das möglich wäre. Sie veranstalten digitale Befragungen in großem Umfang, sie lassen auf Konferenzen und digital alle Mitglieder zu Wort kommen und fragen: Was hast Du zu sagen? Wie soll das Programm aussehen? Welche Schwerpunkte sind Dir wichtig? Wie sollen wir uns aufstellen? Wie sollen wir den Wahlkampf betreiben? Und so weiter und so fort. Das grenzt manchmal an ein Kinderspiel oder jedenfalls an Reklameveranstaltungen von Wirtschaftsunternehmen. Und ich sehe eigentlich nicht, dass diese Art von Mitwirkung wirklich attraktiv ist für Leute, die sehr viel Zeit aufwenden sollen, in den Parteien Basisarbeit zu machen, und dabei so wenig Chancen haben, wirklich unter den Millionen Wählerinnen und Wählern Einfluss auszuüben. Was kann man machen? Ich weiß es nicht. Es ist ein Dilemma. Die Parteiführungen sollen nicht mehr versprechen, als sie halten können, aber sie brauchen Mitglieder, um die Breite der Meinungen und Interessen im Volk wirklich relevant vertreten zu können, um Ausgleiche zu finden, Interessen zu bündeln. Denn das ist ja die Funktion der Volksparteien. Aber die Entwicklung geht natürlich sehr stark in Richtung von Parteien, die Berufspolitiker produzieren und Karrierechancen für einige wenige eröffnen. Eine resignierende Bemerkung am Schluss: Wir hatten sehr große Mitgliederzahlen in den Volksparteien, bis zu einer Million. Diese Zahlen sind auf etwa 400.000 herunter gegangen. Vielleicht ist das aber gar nicht so schlimm, wenn diejenigen, die in den Parteien den Prozess der Führungsauswahl in Bewegung bringen und aktiv an der Parteiarbeit teilnehmen, und zwar auch altruistisch, wenn diejenigen nun dabeibleiben – und es vielleicht doch noch einige mehr werden. Danke schön.

Martin Nettesheim: Meine sehr verehrten Damen und Herren! Liebe Kolleginnen und Kollegen! Es wäre beinahe ein Wunder, wenn wir angesichts der gesellschaftlichen Veränderungen, die wir in den letzten Jahren erlebt haben, im Angesicht der neuen Herausforderungen, vor denen wir stehen, auch mit Blick darauf, dass sich doch erheblich unterschiedliche Konzeptionen eines guten Lebens herausgebildet haben, gerade im Parteiensystem keine Verschiebungen und Veränderung erleben würden. Es wäre ein bedenkliches Zeichen, wenn dort eine Statik bestehen würde, aufgrund derer die Verhältnisse der Bonner Republik, der 1970er- und 1980er Jahre unverändert fortbestünden. Ich würde – stärker vielleicht noch als Frau Kaiser – geltend machen, dass die zu beobachtende Dynamik, ein atmendes Parteiensystem, zunächst einmal ein Zeichen staatlicher Vitalität ist; sie deutet zugleich darauf hin, dass der verfassungsrechtliche Rahmen funktioniert. Sehr verehrte Frau Kaiser, ich habe Ihr Referat gerade nicht so verstanden, dass es um die Erzählung einer Verfallsgeschichte gehen sollte, ebenso wenig um die Beschreibung eines Krisenszenarios. Im Gegenteil haben Sie ja gesagt: Gelassenheit.

Vor diesem Hintergrund lässt sich dann die eigentlich relevante Frage erschließen, eine Frage, die man vielleicht noch etwas stärker zuspitzen könnte als im Referat: Wo liegt eigentlich die stabilisierende, begrenzende und anleitende Rolle einer Verfassung, auch eines Verfassungsgerichts, wenn man Bewegung und Veränderung im Parteiensystem zunächst einmal als Errungenschaft und Wert betrachtet? Meine erste These wäre: Es ist nicht die Aufgabe einer Verfassung, vor allem nicht aber eines Verfassungsgerichts, rechtsinterpretativ Strukturen eines bestehenden, immer eine bestimmte Epoche widerspiegelnden Parteiensystems als besonders gelungen oder besonders gut zu identifizieren und dann über verfassungsrechtliche Konstruktionen und Ableitungen festzuschreiben. Ich darf daran erinnern, dass das Bundesverfassungsgericht in der Parteienfinanzierungsentscheidung 1992 einen bestimmten Typus von Partei (Mitgliederpartei, die sich überwiegend über Mitgliedsbeiträge und Spenden finanziert) zum Gegenstand eines verfassungsrechtlichen Leitbilds erhoben hat. Ich würde dem entgegenhalten, dass es in einem offenen Parteiensystem durchaus unterschiedliche Typen geben kann, Typen, die dann auch staatliche Finanzierung erhalten können. Es sollte den gesellschaftlichen Kräften überlassen werden, in einem offenen Raum des Diskurses und des Wettkampfes zu bestimmen, welche Leitvorstellungen und Funktionserwartungen an das Parteiensystem herangetragen werden. Dies mündet in ein Plädoyer für richterliche Zurücknahme. Es besteht weder verfassungsrechtlicher Grund, noch ist es Aufgabe der Verfassungsgerichtsbarkeit, über die Grundstruktur eines Parteiensystems und dessen Finanzierung zu judizieren.

Dies führt mich dann zu meiner zweiten These: Deutlicher, als dies im Referat geschehen ist, würde ich fordern, dass das Bundesverfassungsgericht immer dort gefordert ist, wo es um die Sicherung der Wettbewerbsfairness im Parteiensystem geht. Hier liegt die zentrale Rolle, die das Verfassungsgericht wahrnehmen muss. Hier muss es sich sensibel zeigen für die beständige Gefahr, dass diese Fairness durch Maßnahmen aus dem staatlichen Raum heraus gestört oder beeinträchtigt wird. Was Fairness bedeutet, hängt von der jeweiligen Lage ab: Geht es um mittelbare Begünstigung durch die Fraktionsfinanzierung? Geht es um Vorteile, die aus der staatlichen Finanzierung parteinaher Stiftungsarbeit gezogen werden? Geht es um die Gefahr, dass Neuankömmlinge behindert werden? Hier liegen die eigentlichen Aufgaben der Verfassungsgerichtsbarkeit, die, wir haben das ja bereits in unserer Vereinigung vor einigen Jahren diskutiert, einen Wettbewerbsbegriff im Raum des Politischen entwickeln muss. Entgegen der verehrten Referentin würde ich nicht erwarten, dass viel damit gewonnen wäre, wenn man die bisherige Fraktionsfinanzierung, die Parteienfinanzierung und die Stiftungsmittel gesetzlich zusammenfassen würde. Würde man gar eine Pauschalsumme bilden, sähe ich nicht nur die Gefahr, dass unterschiedliche Funktionskreise und Aufgaben unzulässig miteinander vermischt würden. Ebenso bestünde die Gefahr, dass Parteien die in einem Gesamtbudget zugewiesenen Mittel ad hoc mal hier und mal dort einsetzten, je nach politischer Gesamtlage, etwa in Zeiten des Wahlkampfes. Das muss offensichtlich verhindert werden.

Dies führt dann zu einer dritten These: Wenn man sich vor Augen hält, dass der Gesetzgeber bei der Parteienfinanzierung zwar nicht in eigener Sache entscheidet, wohl aber auf Seiten der beteiligten Akteure eine Interessenkollision vorliegen kann, wäre zu bedenken, dass man hier unbeteiligte Dritte einschaltet. Über die Gesamthöhe der Parteienfinanzierung wäre danach nicht von Seiten des Bundesverfassungsgerichts zu entscheiden (was sollen hier Rechtsmaßstäbe sein?). Sachgerecht wäre es vielmehr, ein unabhängiges Gremium von weisen Personen einzusetzen, die hier einen Rahmen zieht.

Der letzte Punkt wäre dann die Frage – sie wurde im Referat angesprochen: Sollte es uns als Staatsbürgerinnen und Staatsbürger, als Verfassungsrechtler sorgen, dass die Personalauswahl, die ja bei den Parteien mindestens genauso wichtig ist wie die Artikulierung von Positionen und die Vermittlung von Interessen, nicht so funktioniert, wie man das in einem pluralistischen Gemeinwesen erwarten würde? Hierauf mit einer erneuten Beschreibung einer idealistischen Repräsentationsidee zu reagieren, führt meines Erachtens nur bedingt weiter. Es muss ein Anliegen sein, dass sich gesellschaftliche Pluralität in den politischen Räumen und Institutionen, in denen zwischen der Bürgerschaft und dem organisierten Staatswesen vermittelt wird, tatsächlich widerspiegelt. Wir tendieren immer dazu, derartige Herausforderungen gleich zum verfassungsrechtlichen Problem zu machen und zum Bezugspunkt rechtlicher Forderungen und Konstruktionen zu machen. Vielleicht ist es sinnvoller, in diesem Bereich staatspolitisch zu denken: Wir sind alle Staatsbürgerinnen und Staatsbürger und haben es in der Hand, Fehlentwicklungen entgegenzuwirken. Vielen Dank, Frau Vorsitzende.

Martin Morlok: Zunächst im Anschluss an das, was Herr Nettesheim gerade gesagt hat, nämlich zum Verhältnis von politischer Realität und rechtlicher Gestaltung. Mir scheint, dass die Feststellung, die Frau Kaiser ja zu Recht gemacht hat, dass wir eine Auffächerung des Parteiensystems haben, zu wahlrechtlichen Konsequenzen führen muss. Wenn eine Handvoll Parteien Erfolg haben kann, dann ist es ein Unding, dass der Wahlkreis mit 25 Prozent weggeht. Es ist demokratisch skandalös, dass jemand gewählt wird, gar mit dem besonderen Anspruch, direkt gewählt sein zu, der drei Viertel der Wähler oder noch mehr gegen sich hat.

Aber jetzt einige Fragen zu Frau Kaiser unter dem Gesichtspunkt der Machtverschiebung. Frau Kaiser, wir streiten uns ja in der Vereinigung gerne etwas und wenn man sich streiten will, dann braucht man eine klare These. Und ich habe beim einen oder anderen von Ihnen erwähnten sehr interessanten Punkt eigentlich nicht gewusst, sind Sie jetzt dafür oder sind Sie dagegen? Fangen wir an mit dem ersten Beispiel, der Beteiligung von Nichtmitgliedern an der Parteipolitik. Das ist rechtlich betrachtet problematisch: innerparteiliche Demokratie durch Nichtmitglieder. Herr Bull hat schon darauf hingewiesen, faktisch brauchen Parteien Mitglieder, nicht nur als Plakatkleber im Wahlkampf, sondern auch als Sensoren in die Gesellschaft hinein. Was meinen eigentlich die Leute? Der zweite Punkt: Sie sprechen von nicht verfasster politischer Kommunikation. Die ist natürlich legitim. Aber ich möchte eine Lanze brechen für die parteienrechtlich verfasste politische Willensbildung. Und zwar aus dem einen starken Grund: Hier kann ich die Chancengleichheit sicherstellen. All das, was nicht verfasst ist, ist anfällig für das große Geld, ist anfällig dafür, dass man sich den politischen Einfluss kaufen kann. Und das haben wir im Parteibereich eben einigermaßen gelöst. Zum Versammlungsprinzip: notwendig, richtig. Politische Kommunikation sollte unter Anwesenden in Versammlungen stattfinden, weil wir ja politisch argumentieren unter der vielleicht idealistischen, aber unaufgebbaren Annahme, dass wir den anderen überzeugen können. Wie ist das, wenn ich das jetzt digitalisiere? Da sitzt jeder daheim und tippt seine vorgefasste Meinung ein. Die Auseinandersetzung entfällt. Das ist auch eine Folge der Digitalisierung. Und da weiß ich nicht so ganz, was Ihre Meinung ist? In These 15 heißt es dann ja, das sei ambivalent. Das ist natürlich in der Sache richtig, aber ich würde gern: „Prima, Frau Kaiser" oder: „Mist, Frau Kaiser" sagen können, in dem Sinne hätte ich also gerne ein bisschen mehr Klarheit.

Ein Wort zur Basisdemokratie. Ist ja eine schöne Sache, aber ein Aspekt scheint mir wichtig zu sein. Es nehmen nicht so furchtbar viele Leute daran teil und die, die teilnehmen, das sind die besonders engagierten Parteimitglieder. Das hat die Konsequenz, dass bei Basisentscheidungen die Binnenperspektive der ideologisch Engagierten zur Geltung kommt. Das hat man bei der SPD-Vorsitzendenwahl ja schön gesehen. Aber der Köder soll dem Fisch schmecken und nicht dem Angler. Und in verfassungstheoretischen Konzepten gefasst: Wenn wir die Binnenperspektive zu stark machen auf Kosten des Blicks auf die Wähler, kann das zu Repräsentationsdefiziten führen.

Letzter Punkt: Parteienfinanzierung. Sie schreiben da: „muss einheitlich geregelt werden": ja, aber wie bitte? Herr Lepsius hat etwas spitz darauf hingewiesen, dass es erhebliche funktionale Unterschiede zwischen den drei genannten verschiedenen Akteursgruppen gibt. Kann man sie in einen Topf werfen oder nicht? All diese Fragen hätte ich gerne ein bisschen stärker beantwortet gesehen. Letzter Punkt dazu: Ich hatte den Eindruck gewonnen, dass Sie eher ein Anhänger des Konzepts der professionalisierten Wählerpartei sind. Im Hinblick auf die Rolle der Mitglieder bin ich dagegen und ich finde, auch wir sollten keine Finanzanreize in der Hinsicht setzen. Ihren Vorschlag, dass man die Berechnung der Staatszuschüsse an die Parteien unabhängig macht von den Mitgliedsbeiträgen, finde ich insofern kontraproduktiv. Danke!

Uwe Volkmann: An beiden Referaten hat mir zunächst gut gefallen, dass sie die übergeordnete Fragestellung des Vorstands, sich mit Machtverschiebungen zu beschäftigen, souverän ignoriert haben. Natürlich hat sich irgendwas verschoben, Macht ist auch immer dabei, aber das zentrale und verbindende Thema in beiden Referaten ist ein anderes. Es ist das alte Verhältnis von Verfassungsrecht und Verfassungswirklichkeit, von Normativität und Faktizität, von rechtlichem Leitbild und tatsächlichem Erscheinungsbild. Und da konstatieren doch die Referentin und der Referent erhebliche Abweichungen. Wir haben, sagt Herr Payandeh, eine konzeptionelle Überhöhung des einzelnen Abgeordneten, die in der politischen Realität immer weniger eine Stütze findet. Wir haben, sagt Frau Kaiser, ein zu anspruchsvolles Profil der politischen Parteien, dem diese immer weniger gerecht werden können. Und wie immer, wenn wir solche Abweichungen haben, stellt sich die Frage: Wie gehen wir damit um? Was machen wir damit jetzt eigentlich? Dazu gibt es, weiß man seit Niklas Luhmann, im Grunde zwei Wege. Entweder wir versuchen, die widerständige Realität auf die normativen Anforderungen hinzuordnen, halten also an diesen Anforderungen fest oder wir senken die normativen Anforderungen ab. Dann ist das Problem natürlich auch weg und wir haben gar nichts mehr, worüber wir noch reden können. Die Frage ist nur: Wann macht man eigentlich was? Und gibt es Kriterien dafür, wann wir das eine und wann wir das andere machen? Ich glaube, es gibt zwei solcher Kriterien. Das erste ergibt sich aus der Frage: Findet das Leitbild eigentlich in der politischen Realität noch irgendeine Stütze, gibt es eine Chance, dass das Leitbild weiter realisiert werden kann? Zweites Kriterium ist die Frage: Finden wir eigentlich dieses Leitbild weiterhin gut und richtig und in diesem Sinne bewahrenswert, auch als Kontrastfolie gegen eine widerständige Wirklichkeit?

Bei dem Problem, das Herr Payandeh behandelt hat, würde ich dazu tendieren, beide Fragen zu verneinen. Dass wir noch einmal den souveränen Abgeordneten zum Leben erwecken, scheint mir doch einigermaßen ausgeschlossen; ein Umstand übrigens, der in der Parteienstaatslehre von Gerhard Leibholz, gegen die man vieles sagen kann, viel klarer gesehen wird als in vielen heutigen Stellungnahmen. Und das ist auch nicht nur etwas, was sich faktisch so verschoben hat, sondern es ist etwas, was in der Struktur und der Eigenlogik nicht nur einer Parteiendemokratie, sondern eben auch gerade der eines parlamentarischen Systems angelegt ist. Anders sieht mir das – der Widerspruch wird Dich, Anna, nicht überraschen – bei der Verabschiedung des Leitbildes der politischen Parteien aus. Zunächst bin ich eigentlich immer dafür, wenn man sich gegen Überkonstitutionalisierung wendet. Ich bin mir nur nicht sicher, ob es wirklich ein gutes Mittel gegen Überkonstitutionalisierung ist, wenn man gleichzeitig sagt, den Parteien steht ein verfassungsrechtlicher Anspruch auf staatliche Finanzierung zu, oder ob man diese Überkonstitutionalisierung damit nicht selbst von einer anderen Seite befördert. Aber der zentrale Einwand bezieht sich eben gerade auf die Verabschiedung des Leitbildes insgesamt, die zur vorgeschlagenen Umstellung der Wahlkampffinanzierung führt und auf die Herr Morlok eben schon aufmerksam gemacht hat. Dieses Leitbild enthält eine Vorstellung von Parteien als Instrumente bürgerschaftlicher und gesellschaftlicher Teilhabe, als Vereinigungen also, in denen sich Bürger organisieren, um auf den politischen Prozess Einfluss zu nehmen. Das scheint mir zu schön, um es so einfach fallen zu lassen und etwa durch ein Leitbild der professionalisierten Wählerpartei zu ersetzen. Und es findet auch in der politischen Realität, nämlich im Selbstverständnis der Parteien, immer noch eine Stütze, wenn wir uns ansehen, wie gerade jetzt wieder der Wahlerfolg der Parteien von deren Führungen kommentiert worden ist: Da wird zunächst immer den Mitgliedern gedankt, man sagt, es war unser gemeinsamer Kampf, und man versucht, auf diese Mitglieder zuzugehen. Da kommt, glaube ich, doch etwas Bewahrenswertes zum Vorschein, das wir nicht einfach auf den Müllhaufen werfen sollten.

Norbert Ullrich: Ich habe eine Kurzintervention: Ich hätte mich nicht gemeldet. Ich dachte, die Kollegen vor mir sprechen es bestimmt an. Aber da es nicht angesprochen worden ist, dachte ich, sollte ich doch etwas sagen. Beide Referate stellen ja sehr stark die Fraktion in den Mittelpunkt (vor allem natürlich das von Herrn Payandeh) und kommen damit – und das ist die historische Dimension – sehr stark zurück wieder auf den Ursprung des deutschen Parlamentarismus. In der Paulskirche bereits dominierten die Fraktionen; die nicht fraktionsgebundenen Abgeordneten galten als die Wilden und hatten faktisch keinen Einfluss. Das ist eine Entwicklung, die sich ja dann verändert hat. Wir hatten eine hohe Zeit der Stärke der Parteien, der Mitgliederparteien, die bis dahin reichte, dass selbst imperative Mandate erwogen wurden. Und unser heutiger Rechtstand ist eher ein Rechtstand aus der Zeit der Stärke der Partei und nicht so sehr der Fraktion. Nun, inzwischen – glaube ich – hat sich das tatsächlich aber wieder umgedreht und jetzt steuern die Fraktionen wieder und die Parteien sind wieder wie in der Anfangszeit, wie anfangs des Kaiserreiches, eher Unterstützungsvereine für die Fraktionen. Insoweit ist das durchaus konsequent, was sie vorschlagen, denke ich. Allerdings sehe ich hier ein Problem und da möchte ich auch gerne die Referenten fragen, ob sie mir da zustimmen. Mir scheint, dass es im Bereich – vielleicht nicht der allgemeinen Wählerschaft, aber der politisch Interessierten – ja doch einen gewissen Unwillen gibt gegen diese Stärke der zentralen Apparate der Fraktionen. Auch neue Parteien, wie es die Grünen waren, wie es dann auch etwa die Piratenpartei war oder auch die AfD, haben immer wieder den Impetus, eben nicht so sehr die Fraktion zu stärken, sondern die Mitglieder und damit letztlich vielleicht auch die einzelnen Abgeordneten. Wie stehen Sie dazu? Vielen Dank. Ich weiß: Kurzintervention, das war's auch.

Mehrdad Payandeh: Ganz herzlichen Dank für die vielen Fragen und auch für die sehr konstruktive Kritik. Ich möchte versuchen, soweit es die Zeit zulässt, auf einige wesentliche Punkte aus der Diskussion einzugehen. Ich bitte um Nachsicht, wenn es mir nicht bei allen gelingt.

Zur Bemerkung von Herrn Grimm, an die auch Herr Bickenbach mit der Formulierung eines deutlichen Unbehagens angeknüpft hat: Herr Grimm, Sie haben die Frage gestellt, ob mein Ansatz nicht eine Gefährdung des freien Mandats beinhaltet, und Sie haben betont, dass Art. 38 GG die Differenz zwischen Partei und individuellem Abgeordneten hochhält. Diese Differenz möchte auch ich auf keinen Fall aufgeben, und ich glaube – und ich hoffe, ich kann Sie insofern überzeugen –, dass ich das mit meinem Ansatz auch nicht tue. Mir ist insofern eine Unterscheidung wichtig, die an mehrere Bemerkungen anknüpft, nämlich die Unterscheidung zwischen dem freien Mandat, verstanden als der inhaltlichen Positionierung der Abgeordneten, und den Statusrechten im Übrigen. Insofern muss ich Ihnen, Herr Bickenbach, auch widersprechen. Ich meine nämlich nicht, dass ich mit meinem Ansatz den Status der Abgeordneten inhaltlich entleere oder verneine, ganz im Gegenteil: Wie der Abgeordnete sich positioniert, wie die Abgeordnete abstimmt, das möchte ich genauso schützen, wie es heute der Fall ist. Und deshalb möchte ich auch Fraktionszwang und Fraktionsdisziplin, was auch immer man darunter versteht und wie auch immer man diese Kategorien einordnet, nicht in weiterem Maße zulassen. Mir ging und geht es um die individuelle Stellung der Abgeordneten im Rahmen der Mitwirkung im Parlament, im Rahmen der Arbeit im Parlament, also mit Blick auf die zweite Dimension ihrer Rechtsstellung, die wir üblicherweise als Statusrechte oder als Mitwirkungsrechte bezeichnen. Dabei geht es mir auch nicht darum, den individuellen Abgeordneten und die individuelle Abgeordnete klein zu machen, sondern vielmehr darum, sie einzugliedern und einzuordnen in die tatsächlichen Funktionsbedingungen des Parlaments und in die tatsächlichen Bedingungen und Möglichkeiten parlamentarischer Mitwirkung. Dann rücken nach meinem Ansatz die politischen Gruppierungen, insbesondere die Fraktionen, in den Fokus. Und damit stellt sich die Frage, wie die individuellen Abgeordneten ihre Position effektiv in die parlamentarische Arbeit einbringen können. Ich möchte die einzelnen Abgeordneten dabei auch nicht der Fraktion unterordnen. Ich möchte vielmehr den Fokus stärker darauf richten, wie die individuellen Abgeordneten sich, ihre Individualität, ihre Positionen, auch ihre von der Fraktionsmehrheit abweichenden Positionen verwirklichen können, und zwar im Rahmen und über die Fraktionen. Dann rückt die Binnenpluralität, dann rücken die demokratischen Vorgaben, wie die Grundsätze innerfraktioneller Demokratie in den Vordergrund.

Zur Frage von Herrn Klein nach der Rechtsprechung des Europäischen Gerichtshofs für Menschenrechte: Es ist klar, dass der EGMR die Abgeordneten über eine grundrechtliche bzw. menschenrechtliche Position erfassen muss. Mit dieser Rechtsprechung besteht nach meinem Ansatz aber auch kein Problem, weil ihr Kerngehalt darin liegt, dass Abgeordnete nicht für das, was sie inhaltlich sagen, sanktioniert werden dürfen. Und das ist in der Tat eine Frage der Meinungsfreiheit. Deshalb finde ich diese Rechtsprechung des EGMR auch überzeugend und richtig und habe auch kein Problem damit, sie in mein Modell zu integrieren, weil sie nur etwas zu inhaltlichen Positionierungen und zu Sanktionen sagt, die Abgeordnete aufgrund inhaltlicher Äußerungen zu befürchten haben, sich aber nicht dazu positioniert, wie Mitwirkungsrechte im Parlament für Abgeordnete auszugestalten sind oder ob der Abgeordnetenstatus als solcher grund- oder menschenrechtlich zu denken ist. Dazu verhält sich der EGMR nicht.

In dem Zusammenhang und ergänzend zu meinen knappen Antworten an Herrn Grimm und Herrn Bickenbach komme ich zur Frage nach dem fraktionslosen Abgeordneten, die Herr Frowein sehr klar formuliert hat und die sich wahrscheinlich auch vielen anderen gestellt hat. Fraktionslose Abgeordnete stellen zweifelsohne eine Herausforderung für unser durch Parteien und Fraktionen geprägtes parlamentarisches System dar. Dieses Problem lässt sich meines Erachtens aber nicht dadurch lösen, dass wir die Gleichheit der Abgeordneten und die Gleichwertigkeit auch der fraktionslosen Abgeordneten hervorheben und betonen, dass diesen sämtliche Mitwirkungsrechte zukommen. Das löst das Problem deshalb nicht, weil eine vollumfängliche und effektive Mitwirkung im Parlament das kollektive Zusammenwirken mit anderen Abgeordneten voraussetzt. Und das löst das Problem ferner deshalb nicht, weil die Anerkennung vollumfänglicher Mitwirkungsrechte in Konflikt gerät mit dem Repräsentationsprinzip, indem sie dazu führt, dass der fraktionslose Abgeordnete überrepräsentiert ist im Verhältnis zu den anderen Abgeordneten und im Verhältnis zu den Fraktionen. Dieses Problem zeigt sich im Rahmen der Ausschussbesetzung, aber auch in Fragen der Zuteilung des Rederechts. Die vermittelnde Lösung, die das Bundesverfassungsgericht in der Wüppesahl-Entscheidung getroffen hat – und dabei habe ich grundsätzlich eine große Sympathie für vermittelnde Lösungen – vermag dann auch nicht so recht zu befriedigen. Sie führt auch nicht zu einem spürbaren Bedeutungszuwachs der fraktionslosen Abgeordneten. Daher halte ich es für überzeugender anzuerkennen, dass die fraktionslosen Abgeordneten einerseits eine gewisse Rolle im Parlament spielen können: Sie können an der Arbeit mitwirken, und sie können im Rahmen ihres Stimmrechts Zustimmung oder Widerspruch zum Ausdruck bringen. Im Übrigen ist aber anzuerkennen, dass die Stellung der fraktionslosen Abgeordneten verfassungsrechtlich nicht näher vorgezeichnet ist und dass es daher dem Bundestag überlassen ist zu entscheiden, wie er mit fraktionslosen Abgeordneten umgeht, die zudem noch weitere Formen der Kommunikation mit den Wählerinnen und Wählern und mit der Gesellschaft über das Parlament hinaus zur Verfügung haben.

Zu Frau Spiecker gen. Döhmann: Die Individualität der Abgeordneten möchte ich nicht kleinreden, sondern verlagern vom Plenum und den Ausschüssen in die Fraktion und die Fraktionsgremien. Sie haben zudem die europäische Dimension angesprochen und gesagt, mein Vortrag wäre stark deutsch und national geprägt. Das schmerzt mich als Völker- und Europarechtler natürlich sehr, aber das muss ich natürlich zugestehen. Die angesprochene europäische Dimension hat meines Erachtens zwei Facetten: Zum einen stellt sich die Frage, ob die Überlegungen, die ich hier angestrengt habe, auf das Europäische Parlament übertragbar sind, und im Übrigen natürlich auch die Frage, ob sie auf Landesparlamente oder andere Parlamente übertragbar sind. Das hängt von den unterschiedlichen verfassungsrechtlichen, im Fall des Europäischen Parlaments unionsverfassungsrechtlichen Vorgaben ab und von den Unterschieden in den Funktionsbedingungen, und zwar sowohl den Funktionsbedingungen, die das Parlament als solches betreffen, als Organisation, als auch von den Funktionsbedingungen, die die Stellung des Parlaments im weiteren Organisationsgefüge betreffen. Insofern habe ich keine Bedenken, die Überlegungen zum Fraktionenproporz und zur Orientierung an den Fraktionen auf das Europäische Parlament zu übertragen. Im Gegenteil: Im Europäischen Parlament spielen die Fraktionen sicherlich aufgrund der stärkeren Heterogenität und Diversität der Abgeordneten noch eine größere Rolle. Richtig ist aber auch, dass sich der Dualismus von Regierung und Opposition im Organisationsgefüge der Europäischen Union nicht so eindeutig abbilden lässt. Das muss bei der Übertragung meines Ansatzes entsprechend berücksichtigt werden. Auch wenn es natürlich auch im Europäischen Parlament Mehrheiten und Minderheiten gibt, zeigen sich diese stärker situativ, als das in Deutschland der Fall ist. Die zweite Dimension der von Ihnen angesprochenen Frage besteht in der Bedeutung der Europäisierung für die politische Willensbildung im Deutschen Bundestag. Das ist ein sehr facettenreiches Thema, und selbstverständlich führt die Europäisierung nicht nur generell zu einem Komplexitätszuwachs parlamentarischer Willensbildungs- und Entscheidungsprozesse, sondern auch zu zunehmenden Herausforderungen für und gestiegenen Erwartungen an das deutsche Parlament, und zwar sowohl in quantitativer als auch in qualitativer Hinsicht. Ich meine aber, dass dieser Befund keine durchgreifenden Veränderungen in meiner Konzeption nach sich zieht, außer dass er die Rolle der Arbeitsteilung, die Bedeutung von Spezialisierung und damit auch die Notwendigkeit des kollektiven Zusammenwirkens der Abgeordneten in Fraktionen hervorhebt. Und übrigens auch in anderen Gruppen.

Und damit zu Ihren Bemerkungen, Herr Hölscheidt: Meine Ausführungen habe ich auf Fraktionen fokussiert, weil sie in der Parlamentswirklichkeit in Deutschland die größte Rolle spielen und auch den maßgeblichen Bezugspunkt in der Geschäftsordnung und der Parlamentspraxis bilden. Aber ich habe allgemeiner auch von politischen Strömungen gesprochen, und der Ansatz, den ich entwickelt habe, ist offen dafür, auch Gruppen oder anderweitige Zusammenschlüsse und Kollektivierungsformen von Abgeordneten zu erfassen. Ich verstehe ihn jedenfalls nicht so, dass er auf Fraktionen im engeren Sinne beschränkt ist.

Abschließend zu Ihnen Herr Volkmann: Dass ich die Themenstellung des Vorstands und das Stichwort der Machtverschiebungen konsequent ignoriert hätte, muss ich natürlich mit großer Empörung zurückweisen. Das fiele mir niemals ein. Ich verstehe meinen Vortrag so, dass er nicht einzelne Machtverschiebungen in den Blick nimmt, sondern sich mit den organisatorischen und institutionellen Rahmenbedingungen des Parlaments befasst und versucht, einen geeigneten Rahmen für den Umgang mit Machtverschiebungen zu entwickeln. Und damit beende ich auch meine Schlussbemerkungen und bedanke mich sehr herzlich für Ihre Aufmerksamkeit.

Anna-Bettina Kaiser: Ganz herzlichen Dank für Ihre Anregungen und weiterführenden Nachfragen, die ich zum Anlass nehmen werde, weiter über die Thematik nachzudenken. Ich möchte mich jetzt in meinem Schlusswort auf drei Bereiche konzentrieren.

Zunächst zum Realbereich: Mir ging es darum, den ubiquitären Krisendiskurs näher zu analysieren. Was genau macht die gegenwärtige Krise aus, so es denn eine ist? Ergebnis dieser Analyse war eine Differenzierung zwischen zwei Veränderungsbündeln, zwischen zwei Strängen. Und diese Differenzierung erschien mir deshalb besonders wichtig, weil in der sozialwissenschaftlichen Literatur häufig *sämtliche* Veränderungen als bedrohlich wahrgenommen und zu *einem* großen Krisendiskurs verschmolzen werden. Davon wollte ich mich abgrenzen und das ergibt sich auch aus der Gliederung. II. 1. a) ist überschrieben mit „Pluralisierung und Volatilität"; dort diskutiere ich den Bedeutungsverlust der etablierten Volksparteien, aber gerade nicht unter dem Stichwort der „Krise der Repräsentation", der ich erst im zweiten Strang unter b) nachgehe. Denn der Bedeutungsverlust der Volksparteien ist für diese zwar schmerzlich, aber in der Tat führt er eben gerade zu keiner Krise. Der zweite Strang fasst dagegen Entwicklungen zusammen, die weitaus problematischer sind und die das Potenzial haben, wirklich in eine Krise zu münden. Die Politikwissenschaft diskutiert die von mir angesprochenen Punkte unter dem Stichwort der „Krise der Repräsentation". Diesen Begriff habe ich also dem politikwissenschaftlichen Diskurs entliehen. Aber auch insoweit ist Vorsicht geboten, weshalb ich mehrfach auf den Alarmismus der Politikwissenschaft, der in der Tat nicht zu bestreiten ist, hingewiesen habe.

Zwei Beispiele: Wer wie Stephan Lessenich in seinem Buch „Grenzen der Demokratie" auch die Natur als zu repräsentierend konstruiert, gelangt über diese für sich genommen interessante Anregung zu einer Veränderung des bisherigen Repräsentationsbegriffs und dann natürlich recht schnell zu einer „Krise der Repräsentation". Oder wer sich der einflussreichen These von David Runciman anschließt – „Die Demokratie funktioniert nicht gut, andernfalls gäbe es keine populistische Gegenbewegung" – hat eine Korrelation mit einer Kausalität verwechselt. Wir müssen also aufpassen, diesem Alarmismus von Teilen der Politikwissenschaft nicht aufzusitzen. Aber gleichzeitig ist es ein Moment, in dem wir wachsam sein müssen, gerade angesichts der Veränderung, die wir auch in unseren europäischen Nachbarländern erleben. Gerade darin liegt die Herausforderung der gegenwärtigen Situation, einerseits nicht in einen Alarmismus zu verfallen, sich aber andererseits auch nicht beruhigt zurückzulehnen, sondern sehr aufmerksam zu sein.

In meinem zweiten Hauptteil habe ich sechs Elemente vorgestellt, die Teil eines resilienten Parteienrechts sein könnten. Sie nehmen jeweils Bezug auf die Veränderungen, die ich im Realbereich skizziert habe. Nicht jedes der Elemente hat sich als bedeutsam erwiesen, manche, wie Bürgerräte oder Parteiverbote, sehe ich in meiner Analyse eher als flankierende Elemente. Im Zentrum, auch der Diskussion, stand das Element der Parteienfinanzierung. Mein primäres Interesse war es zunächst, zu sagen: Lassen Sie uns über die wirklich wichtigen Probleme sprechen und nicht über Pseudo-Probleme! Gegenwärtig streiten wir – und es ist bekanntlich auch ein Verfahren vor dem Bundesverfassungsgericht anhängig – über die Parteienfinanzierung im *engeren* Sinne, obwohl der Gesetzgeber lediglich – wirklich lediglich – eine Erhöhung von 165 Millionen auf 190 Millionen vorgesehen hat. Zugleich aber haben wir eine Finanzierung der parteinahen Stiftungen von 581 Millionen, das ist rund dreimal so viel wie die reine Parteienfinanzierung, und doch diskutieren wir diese im Vergleich relativ kleine Parteienfinanzierung. Betrachten wir die Parteien- sowie die Stiftungsfinanzierung doch als Gesamtpaket! So wird es übrigens auch auf europäischer Ebene gehandhabt.

Was wären nun die Vorteile eines solchen Gesamtpakets, wenn auch die Fraktionsfinanzierung noch aufgenommen würde? Der zentrale Punkt ist, die Umgehung der Grenzen der Parteienfinanzierung zu verhindern. Es geht gerade nicht darum, die armen Fraktionen, die doch eine solide Finanzierung brauchen, auszubluten, das Gegenteil ist der Fall: Die Fraktionen legen gegenwärtig Mittel zurück. Auf der einen Seite beobachten wir also strenge Regeln der Parteienfinanzierung, auf der anderen Seite beobachten wir die Rücklagen der Fraktionen und es besteht die Gefahr einer Querfinanzierung.

Es gibt natürlich Stimmen, die davon ausgehen, dass die juristische Trennung von Fraktions- und Parteienfinanzierung durchführbar ist. Aber in der Praxis wird diese Trennung häufig nicht strikt befolgt. Da die Geschichte der Parteienfinanzierung letztlich eine der Umgehung der rechtlichen Regeln ist, liegt es dann nahe, zukünftig nicht willkürlich nur die Regeln der Parteienfinanzierung im engeren Sinne besonders streng zu fassen, sondern eine Gesamtlösung zu suchen.

In der Diskussion kam die Frage auf, wer denn die Regeln ändern solle. Sollte das Bundesverfassungsgericht sich hier nicht zurücknehmen? Heute Morgen wurden wir vor einem Gouvernement des juges gewarnt. Dieser Fall scheint mir jedoch anders zu liegen. Die Problematik wird in der Literatur unter „Entscheidung in eigener Sache" diskutiert. Wenn wir eine derartige Konstellation vorliegen haben, dann sollte in der Tat das Bundesverfassungsgericht intervenieren. Es sollte dann allerdings nicht auf der einen Seite, bei der Parteienfinanzierung, übertrieben streng und auf der anderen Seite, bei der Parteienstiftungsfinanzierung, allzu großzügig sein. Das ist nicht kohärent.

Sollten wir das schöne Leitbild der Mitgliederpartei wirklich aufgeben? Liebe Kolleginnen und Kollegen, es kommt nicht auf ein schönes, sondern auf ein realistisches Leitbild an! In Osteuropa haben die Parteien beispielsweise keine Mitglieder; Teile der Politikwissenschaft gehen davon aus, dass das auch in Deutschland der Trend sein werde. Vielleicht ist dem nicht so. Elmar Wiesendahl und andere meinen, dass sich die Mitgliederzahlen in Deutschland stabilisieren würden, nur auf niedrigerem Niveau. Andere, kritischere Politikwissenschaftler argumentieren dagegen, dass die Mitgliederpartei keine realistische Organisation der Zukunft sei. Mir geht es also nicht darum, schöne Leitbilder zu verabschieden, sondern einen realistischen Blick auf den Realbereich zu haben, damit wir für zukünftige Veränderungen gerüstet sind.

Lassen Sie mich abschließend noch etwas zur parlamentarischen Opposition sagen. Es wurde darauf hingewiesen, dass eine Quorenabsenkung bei den Oppositionsrechten gefährlich sei und Sand ins Getriebe bringen könne. In der Tat war das wohl auch der Beweggrund der Väter und Mütter des Grundgesetzes, die sich in der Regel für 25%-Quoren bei den Minderheitenrechten entschieden haben. Mein Vorschlag kann jedoch so umgesetzt werden, dass er diese Gefahren gerade nicht birgt. Ich hatte mich ohnehin dafür ausgesprochen, eine Quorenabsenkung nur bei der supermajoritären Koalition vorzusehen. Das kann man auch regelungstechnisch so zum Ausdruck bringen. Die Formulierung würde also klarstellen, dass ein niedrigeres Quorum nur für den Fall einer supermajoritären Koalition gilt. Nur für diesen Fall wäre dann etwa das Quorum für die Beantragung eines Untersuchungsausschusses von 25 auf beispielsweise 20 Prozent der Mitglieder des Bundestages abgesenkt. Vielen Dank!

Pascale Cancik: Liebe Kolleginnen und Kollegen, wir sind am Ende des fachlichen Teils des ersten Tages. Ich darf mich noch einmal sehr herzlich bedanken für zwei inspirierende Referate, für eine sehr bereichernde Diskussion und für eine hervorragende Diskussionsdisziplin. Alles, was in Hinsicht Diskussionsdisziplin über die Vereinigung früher gesagt worden ist, stimmt gar nicht. Jedenfalls nicht mehr.

Dritter Beratungsgegenstand:

1. Neutralität als Verfassungsgebot? Der Staat und religiöse oder weltanschauliche Überzeugungen

Markus Müller, Bern[*]

Inhalt

		Seite
I.	Einleitung: Klare Frage – Klare Antwort	252
II.	Religiöse und weltanschauliche Neutralität als Rechtsbegriff	254
	1. Vorbemerkung: Etabliert und weithin unbestritten	254
	2. Formale und inhaltliche Besonderheiten	254
	a) Ungeschrieben und ungenügend verankert	254
	b) Inhaltliche und strukturelle Unbestimmtheit	258
	c) Alltagssprachlich übersteuert	262
	3. Die wundersame Persistenz des Neutralitätsbegriffs	265
	4. Zwischenfazit und Überleitung	266
III.	Neutralität als „leeres" Versprechen	267
	1. Vorbemerkung: Verfehlte Prämissen	267
	2. Sphärentrennung vs. Sphärenvermischung	269
	a) Theoretisch-normative Perspektive	269
	b) Empirisch-psychologische Perspektive	270
	3. Rollentrennung vs. Rollenvermischung	273
	a) Theoretisch-normative Perspektive	273
	b) Empirisch-psychologische Perspektive	274
	4. Zwischenfazit und Überleitung	277
IV.	Ein „neuer Weg"	279
	1. Vorbemerkung: Abschied vom Neutralitätsgebot als Ziel	279
	2. Erste Etappe: „Entspanntes" Bekenntnis zur jüdisch-christlichen Prägung	279
	a) Neues staatliches Selbstbewusstsein	279

---

[*] Für direkte und indirekte Unterstützung aller Art danke ich insbesondere *Klara Müller, Benno Müller, Simone Wyss, Ruth Herzog, Andrea Edenharter* und *Selma Kuratle*.

b) Grundbedingung stimmiger Kommunikation 281
3. Zweite Etappe: Etikettenwechsel vom neutralen
   zum toleranten Staat 283
   a) Toleranz als Aliud 283
   b) Toleranz als Pflicht und Verantwortung 286
4. Fazit und Schluss 288

I. Einleitung: Klare Frage – Klare Antwort

Das Thema meines Referats wurde mir in Frageform unterbreitet: „Religiöse und weltanschauliche Neutralität des Staats als Verfassungsgebot"? Diese Frage, auch schon als „Ewigkeitsfrage"[1] bezeichnet, stellt sich nur deshalb, weil den geltenden Verfassungstexten ein solches Gebot nicht zu entnehmen ist.

Fragen, zumal ernsthafte, wollen beantwortet werden – und dies klar und unmissverständlich. In der (deutschen) Lehre wurde bisweilen in Anspielung auf die mittlerweile mehrere Regale füllenden Schriften zur religiösweltanschaulichen Neutralität bemängelt, dass „nicht immer ganz deutlich" werde, was die einzelnen Schriftgelehrten genau meinten, ob sie die Neutralität als solches ablehnen oder nur einzelne ihrer Rechtswirkungen.[2] Ich möchte daher schon ganz zu Beginn meines Referats maximal *deutlich* sein: Ich lehne ein Verfassungsgebot der religiösen und weltanschaulichen Neutralität vollumfänglich ab. Dabei bin ich mir sehr wohl bewusst, dass das Gebot auch ohne explizite textliche Verankerung kraft kreativer Rechtsprechung und umtriebiger Lehre existiert.

---

[1] *Hans Michael Heinig* Die Verfassung der Religion, 2014, 133.

[2] Vgl. *Stefan Huster* Die ethische Neutralität des Staates, 2. Auflage 2017, XXXI. Es gibt allerdings durchaus Stimmen, die das Neutralitätsgebot unmissverständlich ablehnen, so namentlich *Christoph Möllers* Religiöse Freiheit als Gefahr?, VVDStRL 68 (2009), 47 (53 ff.); *ders.* Grenzen der Ausdifferenzierung. Zur Verfassungstheorie der Religion in der Demokratie, ZevKR 59 (2014), 115 (117 ff.); *Christian Hillgruber* Staat und Religion. Überlegungen zur Säkularität, zur Neutralität und zum religiös-weltanschaulichen Fundament des Staates, Schönburger Gespräche zu Recht und Staat 10, 2007, 49 („Der Staat des Grundgesetzes „[…]" ist gegenüber den verschiedenen Weltanschauungen und Religionen gar nicht neutral; er will es nicht sein und er kann es auch nicht."); *Frank Holzke* Die „Neutralität" des Staates in Fragen der Religion und Weltanschauung, NVwZ 2002, 903 ff. („Sie [die Neutralität; d.Verf.] ist entweder ein bloßes Wort ohne Begriff […] oder […] überflüssig und irreführend." [911]); *Markus Vašek* Die Trennung von Staat und Kirche in Österreich, in: Reinhold Esterbauer/Christoph Grabenwarter/Katharina Pabel (Hrsg.) 100 Jahre Trennung von Staat und Kirche, 2019, 88 ff. Weitere Hinweise auf kritische Stimmen bei *Elias Bornemann* Die religiös-weltanschauliche Neutralität des Staates, 2020, 243 ff.

Ich lehne es dennoch ab, vornehmlich aus drei Gründen: Erstens lässt es sich meines Erachtens nicht hinreichend plausibel aus dem geltenden Verfassungsrecht ableiten. Zweitens weckt es Erwartungen, die realiter gar nicht zu erfüllen sind. Und drittens erschwert das Neutralitätsgebot dem Staat die Erfüllung seiner anspruchsvollen Aufgaben in einer religiös pluralen Gesellschaft.

Es geht mir im Folgenden also nicht darum, das Verhältnis von Staat und Religion mittels eines eigenen Neutralitätskonzepts neu zu vermessen. Auch verzichte ich darauf nachzuweisen, dass unsere Rechtsordnungen von jüdisch-christlichem Gedankengut durchtränkt sind und sich darauf neutrales Handeln nicht wirklich überzeugend abstützen lässt. Das haben andere bereits getan.[3] Meine Kritik am Neutralitätskonzept setzt woanders an: beim (realen, nicht idealen) Menschen und damit bei den *anthropologischen und psychologischen Barrieren* religiös-weltanschaulicher Neutralität. Das tönt ziemlich unjuristisch. „Unjuristische Referate haben in den Heiligen Hallen der ehrwürdigen Vereinigung eigentlich nichts verloren", so warnte mich ein geschätzter Kollege. Halbwegs beruhigend fügte er aber hinzu: „Als Schweizer geniesst Du allerdings eine gewisse Narrenfreiheit."[4] Nun, ich hoffe, dieses ungeschriebene Freiheitsrecht nicht in Anspruch nehmen zu müssen. Denn wenn man Recht als Instrument versteht, mit dem das menschliche Zusammenleben geordnet und gesteuert werden soll, ist das Nachfolgende durchaus nicht unjuristisch.[5] Lassen Sie mich beim Begriff beginnen.

---

[3] Vgl. z.B. *Hillgruber* Staat (Fn. 2), 47 ff., dem zufolge die grundgesetzliche Ordnung Deutschlands einer Weltanschauung verpflichtet ist, die wesentlich vom christlich-abendländischen Denken geprägt wurde (insb. 52 ff.); *Tine Stein* Himmlische Quellen und irdisches Recht. Religiöse Voraussetzungen des freiheitlichen Verfassungsstaats, 2007, 62 ff. weist darauf hin, dass die christliche Religion recht eigentlich Ursprung von Freiheitsrechten und demokratischem Rechtsstaat ist; ähnlich *Joseph H. H. Weiler* Ein christliches Europa. Erkundungsgänge, 2004, passim, mit Bezug auf die westeuropäische Rechts- und Werteordnung; s. ferner *Bornemann* Neutralität (Fn. 2), 120 („Rechtsordnung als werthaltiges Kulturprodukt") sowie die Hinweise auf entsprechende Äusserungen in der älteren Lehre bei *Huster* Neutralität (Fn. 2), 16.

[4] *Anonymus*, mit Verweis auf *Gerhard Schmid* Bedeutung gliedstaatlichen Verfassungsrechts in der Gegenwart, VVDStRL 46 (1988), 92 (93).

[5] Vgl. etwa *Antonio Damasio* Selbst ist der Mensch. Körper, Geist und die Entstehung des menschlichen Bewusstseins, 2013, 297 f., dem zufolge sich die Jurisprudenz mit der „Neurobiologie des Bewusstseins und der Entscheidungsprozesse vertraut machen" sollte, um „realistische Gesetze" zu schreiben. S. ferner zur Wirksamkeit von Recht *Judith Hahn* Grundlegung der Kirchenrechtssoziologie. Zur Realität des Rechts in der römisch-katholischen Kirche, 2019, 189 ff. m.w.N.

II. Religiöse und weltanschauliche Neutralität als Rechtsbegriff

1. Vorbemerkung: Etabliert und weithin unbestritten

Das Gebot religiös-weltanschaulicher Neutralität des Staats hat sich im (dt., schweiz., österr.) Religionsverfassungsrecht einen festen, ja scheinbar unverrückbaren Platz gesichert und sich insoweit etabliert.[6] Bevor wir uns die Frage nach dessen Existenzberechtigung stellen, soll vorbereitend das Augenmerk auf einige seiner formalen und inhaltlichen Besonderheiten und die daraus resultierenden Umsetzungs- und Glaubwürdigkeitsprobleme gerichtet werden.

2. Formale und inhaltliche Besonderheiten

a) Ungeschrieben und ungenügend verankert

Zunächst ist bemerkenswert, dass das Neutralitätsgebot bis heute keinen expliziten Niederschlag im nationalen Verfassungsrecht gefunden hat, weder in Deutschland, Österreich noch in der Schweiz. Und dies, obwohl es in seiner ganzen Bedeutungsvielfalt[7] von Lehre und Rechtsprechung als nahezu unantastbares und nicht weiter rechtfertigungsbedürftiges Prinzip der modernen Rechtsstaatlichkeit gepriesen wird.[8] Die *superlativischen* Überhöhungen im Schrifttum überschlagen sich geradezu. Von einem „Zentralbegriff der Staatstheorie und des Verfassungsrechts"[9] ist ebenso die Rede wie von der „Grundlage heutiger Rechtsstaatlichkeit"[10], von einem

---

[6] Vgl. *Klaus Schlaich* Neutralität als verfassungsrechtliches Prinzip, 1972, 12 ff., 219 ff. Zur Begriffsgeschichte Deutschlands, die mit BVerfGE 12, 1 (4) einsetzte, vgl. etwa *Bornemann* Neutralität (Fn. 2), 44 ff.; *Christian Walter* Die religiöse und weltanschauliche Neutralität des Staates, in: Dietrich Pirson/Wolfgang Rüfner/Michael Germann/Stefan Muckel (Hrsg.) Handbuch des Staatskirchenrechts der Bundesrepublik Deutschland, Band 1, 3. Auflage 2020, 727 (737). Für die Schweiz vgl. *Lorenz Engi* Die religiöse und ethische Neutralität des Staates, 2017, 141 ff., dem zufolge das Bundesgericht im Jahre 1987 erstmals explizit auf die religiöse Neutralität des Staats Bezug genommen hat (BGE 113 Ia 304 E. 3c). Für Österreich vgl. *Vašek* Trennung (Fn. 2), 89 ff.; *Ulrich Wagrandl* Die weltanschauliche Neutralität des Staates. Eine Auseinandersetzung aus Anlass der „Wertekurse für Flüchtlinge", 2016, 314 ff.

[7] Vgl. dazu unten II.2.b.

[8] *José Casanova* Europas Angst vor der Religion, 3. Auflage 2015, 18 spricht von einem „Gründungsmythos zeitgenössischer europäischer Identität"; *Möllers* Gefahr (Fn. 2), 57 macht beliebt, das Neutralitätsgebot „in deutlich niedrigeren Sphären zu verorten".

[9] So *Martin Morlok* Weltanschauliche Neutralität, in: Johannes Masing/Olivier Jouanjan (Hrsg.) Weltanschauliche Neutralität, Meinungsvielfalt, Sicherungsverwahrung, 2013, 3 (3).

[10] *Schlaich* Neutralität (Fn. 6), 14 (mit Verweis auf *Konrad Hesse*). Ähnlich *Ueli Friederich* Kirchen und Religionsgemeinschaften im pluralistischen Staat: Zur Bedeutung der

"Schlüsselbegriff des Religionsverfassungsrechts"[11] oder gar einem Fundament „der europäischen Rechtskultur"[12], um nur wenige Beispiele zu nennen.[13] Einige Autoren scheinen zudem im Neutralitätsgebot eine Grundvoraussetzung religiöser Pluralität und religiösen Friedens zu sehen.[14]

Bei so viel attribuierter Wichtigkeit würde man eigentlich eine explizite und unmissverständliche Verankerung des Verfassungsgebots in den nationalen „Grundgesetzen" erwarten.[15] Das Fehlen einer geschriebenen Norm scheinen Lehre und Rechtsprechung indes kaum als ernsthaftes Manko zu empfinden. Sie sehen das Neutralitätsgebot vielmehr als logischen und gleichsam zwingenden Ausfluss aus einem ganzen Konglomerat von geschriebenem Verfassungsrecht, vorab aus dem „Urmenschenrecht"[16] der *Religionsfreiheit.*[17]

Religionsfreiheit im schweizerischen Staatskirchenrecht, 1993, 320 f., der das Gebot zu den „Essentialien der Rechtsstaatlichkeit" zählt.

[11] *Bornemann* Neutralität (Fn. 2), 259; er nennt die Neutralität an anderer Stelle eine „zentrale Strukturbestimmung des deutschen Religionsverfassungsrechts" (252).

[12] *Peter Häberle* Europäische Rechtskultur, 1997, 25.

[13] Vgl. zu weiteren ähnlichen Bezeichnungen *Horst Dreier* Staat ohne Gott. Religion in der säkularen Moderne, 2018, 95 f. Nach *Axel Freiherr von Campenhausen/Heinrich de Wall* Staatskirchenrecht, 4. Auflage 2006, 371 ist der Neutralitätsgrundsatz wie ein „Geist aus der Flasche gewachsen" und hat ihrer Ansicht nach zu Recht „große Bedeutung in Rechtsprechung und Literatur gewonnen".

[14] Statt vieler *Horst Dreier* Religion im Grundgesetz – Integrationsfaktor oder Konfliktherd?, in: Hermann-Josef Große Kracht/Gerhard Schreiber (Hrsg.) Wechselseitige Erwartungslosigkeit? Die Kirchen und der Staat des Grundgesetzes – gestern, heute, morgen, 2019, 379; *Jürgen Habermas* Zwischen Naturalismus und Religion. Philosophische Aufsätze, 2005, 125 ff.

[15] *Dreier* Gott (Fn. 13), 96 erachtet diesen Umstand als unerheblich und zieht zum Vergleich den Begriff der Repräsentanz herbei, der auch nicht im Grundgesetz verankert sei.

[16] Vgl. *Christian Polke* Öffentliche Religion in der Demokratie. Eine Untersuchung zur weltanschaulichen Neutralität des Staates, 2009, 202 mit Verweis auf *Georg Jellinek* Die Erklärung der Menschen- und Bürgerrechte: ein Beitrag zur modernen Verfassungsgeschichte, 1895.

[17] Für Deutschland: *Bornemann* Neutralität (Fn. 2), 98 ff. m.w.N.; *Peter Unruh* Religionsverfassungsrecht, 4. Auflage 2018, Rn. 90; ders. Reformation, Staat, Religion, 2017, 201 ff.; *Ute Sacksofsky* Religiöse Freiheit als Gefahr?, in: VVDStRL 68 (2009), 7 ff. (22); *Dreier* Gott (Fn. 13), 96 (mit Verweis auf BVerfGE 19, 206 [216]); *Walter* Neutralität (Fn. 6), 736 (mit Verweis auf BVerfGE 93, 1 [16]); *Hans Michael Heinig* Säkularer Staat – viele Religionen. Religionspolitische Herausforderungen der Gegenwart, 2018, 14; *Morlok* Neutralität (Fn. 9), 9 ff.; *Christian Kukuczka/Volker Herbolsheimer* Von der zunehmenden Dogmatisierung verfassungstheoretischer Postulate. Anmerkungen zur jüngsten Kopftuchentscheidung des Bundesverfassungsgerichts, DÖV 2020, 724 ff.; *Schlaich* Neutralität (Fn. 6), 16 f., 194; *Holzke* Neutralität (Fn. 2), 912. Für Österreich: *Vašek* Trennung (Fn. 2), 90 ff.; *Wagrandl* Neutralität (Fn. 6), 314 ff.; *Barbara Gartner* Der religionsrechtliche Status islamischer und islamistischer Gemeinschaften, 2011, 375 und 539 f.; *Daniel Ennöckl*

Dass vor einem solchen Verständnishintergrund, wonach das Grundrecht der Religionsfreiheit die Neutralität impliziert bzw. eigentlich voraussetzt, für viele der Begriff nicht mehr separat niedergeschrieben zu werden braucht, ist an sich nachvollziehbar. Nur weist dieser Verständnishintergrund bei näherer Betrachtung einige nicht unbedeutende Bruchstellen auf:
- Erstens *bedingen sich* Religionsfreiheit und Neutralität *nicht wechselseitig*. Freiheit ist auch ohne Neutralität zu haben und umgekehrt.[18] Dies belegen zahlreiche europäische Staaten (z.B. Dänemark, Norwegen, England, Griechenland, Malta), die sich zu einer Staatskirche und einer Staatsreligion bekennen, ohne damit gleichzeitig den Anspruch auf eine freiheitliche Religionsordnung aufzugeben.[19]

„Nun sag, wie hast du's mit der Religion?", Die Gretchenfrage im österreichischen Verfassungsrecht, in: Zeitschrift für Verwaltung (ZfV) 2016/40, 395 (396); *Herbert Kalb/Richard Potz/Brigitte Schinkele* Das Kreuz in Klassenzimmer und Gerichtssaal, 1996, 37; *Hans Köchler* Religion und Politik, in: Forum Politische Bildungsinformationen zur Politischen Bildung, Bd. 37, 2013, 5 ff.; VfGH vom 11. Dezember 2020 G4/2020–27 (wobei der österr. VfGH den allgemeinen Gleichheitsgrundsatz in den Vordergrund zu stellen scheint). Für die Schweiz: *Engi* Neutralität (Fn. 6), 168 ff; *Regina Kiener/Walter Kälin/Judith Wyttenbach*, Grundrechte, 3. Auflage, 2018, 324 ff.; *Markus Müller* Religion im Rechtsstaat. Von der Neutralität zur Toleranz, 2017, 77 ff. – Zur Untermauerung der juristischen Legitimität des Gebots wird oft sogar die Bibel bemüht („Gebt dem Kaiser, was des Kaisers ist, und Gott, was Gottes ist." [Mk 12,17]; vgl. etwa *Engi* Neutralität (Fn. 6), 68, 80 ff.; *Otfried Höffe* Toleranz in Zeiten interkultureller Konflikte, in: Christian Augustin/Johannes Wienand/Christiane Winkler [Hrsg.] Religiöser Pluralismus und Toleranz in Europa, 2006, 91). Mit Blick auf das biblische Gleichnis, dem diese Aufforderung entnommen ist, lässt sich damit allerdings keine Trennung von Staat und Religion begründen. Das Gleichnis will eher verdeutlichen, dass der Glaube nicht dazu missbraucht werden darf, um eine renitente staatsfeindliche Grundhaltung zu rechtfertigen (Verweigerung der kaiserlichen Steuer), die unnötig gesellschaftliche Spannungen und Unfrieden erzeugen könnte (s. dazu auch *Karl Barth* Rechtfertigung und Recht [Vortrag, gehalten in verschiedenen Pfarrvereinen, 1938], in: Eine Schweizer Stimme 1938–1945, 3. Auflage, 1985, 13 [15, 47 f.]; *Müller* Religion [Fn. 17], 147).

[18] *Schlaich* Neutralität (Fn. 6), 228 bezeichnet die Neutralität (wohl zu Recht) nur als „Komplementärprinzip der Freiheitssicherung". Ähnlich *Höffe* Toleranz (Anm. 17), 97 („notwendig ist sie [die Neutralität; d.Verf.] für eine liberale Demokratie nicht").

[19] Vgl. die Nachweise bei *Weiler* Europa (Fn. 3), 44 ff.; *Alfred Stepan* Religion, Democracy and the „Twin Tolerations", in: Timothy Samuel Shah et al. (Hrsg.) Rethinking Religion and World Affairs, 2012, 58; *José Casanova* Rethinking Public Religions, in: Timothy Samuel Shah et al. (Hrsg.) Rethinking Religion and World Affairs, 2012, 31; *Dreier* Gott (Fn. 13), 97; *Holzke* Neutralität (Fn. 2), 909; *Möllers* Gefahr, 55 f., 87. *Gerhard Robbers* Recht, Religion und Toleranz, in: Christian Augustin/Johannes Wienand/Christiane Winkler (Hrsg.) Religiöser Pluralismus und Toleranz in Europa, 2006, 266 weist am Beispiel des Vereinigten Königreichs auf den „paradoxen" Umstand hin, dass dort, „wo es eine Staatskirche gibt, [...] sich die andere Religion öffentlich zeigen" kann, während dort, „wo angeblich alle gleich sind, das nicht geht". *Hillgruber* Staat (Fn. 2), 67 f. legt dar, dass die

– Zweitens ist fraglich, ob die Religionsfreiheit überhaupt die normative Substanz für ein Neutralitätsgebot (welcher Ausformung auch immer) freisetzen kann.[20] Die aufklärerische Idee der Religionsfreiheit war historisch betrachtet eine Antwort auf das Milieu religiöser *Intoleranz*, das seit der reformationsbedingten konfessionellen Spaltung die westliche Staatenwelt prägte und hin und wieder in Schutt und Asche legte.[21] Das „Mittel der Wahl" gegen Intoleranz war und ist nun freilich nicht in erster Linie Neutralität, sondern (auch sprachlich naheliegend) *Toleranz*.[22] Um gelebte Religionsfreiheit und religiöse Pluralität zu gewährleisten, bedarf es folglich nicht der religiös-weltanschaulichen Neutralität des Staats (die notabene bisweilen als eigenständiges Schutzgut gegen die Religionsfreiheit ins Feld geführt wird[23]), sondern seiner religiösen Toleranz.[24]

Religionsfreiheit sich mit den verschiedensten staatskirchenrechtlichen Systemen verträgt, von der französischen Laïcité bis zur englischen Staatskirche. Vgl. nun insbesondere auch die Beiträge von *Ingvill Thorson Plesner*, *Anargyros Anapliotis*, *Julian Rivers*, in: Stefan Mückl/Arnd Uhle (Hrsg) Kirche und Staat in West-, Süd- und Nordeuropa, 2020.

[20] *Möllers* Ausdifferenzierung (Fn. 2), 125 f. zieht ferner in Zweifel, ob aus einem Individualrecht das Vehikel (im Sinn eines objektiven Verfassungsprinzips) für die Lösung gesellschaftlicher Probleme abgeleitet werden kann.

[21] Vgl. *Laurent Joffrin* Von brennender Aktualität (Vorwort), in: Voltaire, Über die Toleranz, 6. Auflage 2016, 11 (11, insbes. 14); s. dazu ferner *Höffe* Toleranz (Fn. 17), 84, 93; *Peter Badura* Das Staatskirchenrecht als Gegenstand des Verfassungsrechts, in: Dietrich Pirson/Wolfgang Rüfner/Michael Germann/Stefan Muckel (Hrsg.) Handbuch des Staatskirchenrechts der Bundesrepublik Deutschland, Band 1, 3. Auflage 2020, 333 ff. (334 ff.); *Heinig* Staat (Fn. 17), 72 f.; *Antje von Ungern-Sternberg* Religionsfreiheit in Europa, 2008, 7 ff.; *Unruh* Religionsverfassungsrecht (Fn. 17), Rn. 64 f.; *Andrea Töndury* Toleranz als Grundlage politischer Chancengleichheit, 2017, 423 ff.; *Rainer Forst* Toleranz im Konflikt, 4. Auflage 2014, 571 f., 579.

[22] Vgl. *Peter Karlen* Das Grundrecht der Religionsfreiheit in der Schweiz, 1988, 51 f., dem zufolge die Religionsfreiheit aus dem Gedanken der Toleranz entsprungen ist. Für *Christoph Winzeler* Der Nutzen von Religion – rechtliche Orientierungen, in: Schweizerisches Jahrbuch für Kirchenrecht (SJKR) 21 (2016), 115 (118), ist das Toleranzgebot eine „historische Vorstufe der Religionsfreiheit"; ähnlich *Heiner Bielefeldt*, Muslime im säkularen Rechtsstaat, 2003, 24 ff. Nach *Kiener/Kälin/Wyttenbach* Grundrechte (Fn. 17), 327 gehört das Toleranzgebot zu den drei Funktionen der Religionsfreiheit. *Heinig* Verfassung (Fn. 1), 73 bezeichnet Toleranz gar als Weiterentwicklung der Religionsfreiheit. Vgl. ferner hierzu *von Ungern-Sternberg* Religionsfreiheit (Fn. 21), 17 ff. et passim; *Unruh* Reformation (Fn. 17), 75; *Günter Püttner* Toleranz als Verfassungsprinzip, 1977, 23.

[23] So beispielsweise im Zusammenhang mit der Diskussion um religiöse Zeichen im öffentlichen Dienst. Vgl. hierzu etwa *Stefan Muckel* Religionspolitik im Namen der Neutralität? Das Berliner Neutralitätsgesetz auf dem Prüfstand des Grundgesetzes, DÖV 2021, 557 (558 ff.).

[24] Ähnlich *Schlaich* Neutralität (Fn. 6), 228; *Holzke* Neutralität (Fn. 2), 909; *Winfried Hassemer* Religiöse Toleranz im Rechtsstaat, in: Coincidentia, Band 1, 2010, 187 (189 f.);

– Und Drittens: Soweit das Neutralitätsgebot aus weiteren Verfassungsbestimmungen abgeleitet wird, wie namentlich aus dem Rechtsgleichheits- oder dem Diskriminierungsverbot,[25] muss man sich die Frage stellen, worin der *normative Mehrwert* dieses (meta-konstitutionellen) Prinzips im Vergleich zu diesen geschriebenen Grundrechten liegt.[26]

b) Inhaltliche und strukturelle Unbestimmtheit

Mag über die fundamentale rechtsstaatliche Bedeutung des Gebots und dessen verfassungsrechtliche „Urquelle" weitgehend Einigkeit bestehen, so findet diese Harmonie spätestens bei der Frage nach dem normativen Gehalt und der normativen Struktur ein Ende. In Lehre und Rechtsprechung begegnet einem hier ein *bunter Strauss* von *Neutralitätskonzepten*, die so ziemlich alle Schattierungen möglicher Beziehungsmuster („Neutralitätsgrade") zwischen Staat und Religionen abdecken, von strikter Trennung, enger Kooperation, aktiver Förderung bis hin zu exklusiver Privilegierung findet sich fast alles.[27] Die Rede ist je nach Stossrichtung von

---

Kalb/Potz/Schinkele Kreuz (Fn. 17), 75 f.; *Roy A. Clousner* The Myth of Religious Neutrality. An Essay on the Hidden Role of Religious Belief in Theories, 2005, 322; *Jörg Paul Müller/Daniel Thürer* Toleranz als Bedingung religiöser Freiheit im Zusammenhang fehlbarer Menschen, in: Zeitschrift für Schweizerisches Recht (ZSR) 2011, 287 (290).

[25] Teilweise werden Parität und Toleranz dem Neutralitätsgebot als integrierte Dimensionen zugeordnet: Vgl. etwa *Engi* Neutralität (Fn. 6), 206; *Polke* Demokratie (Fn. 16), 190 („Gleichheitsdimension der Neutralität"); *Huster* Neutralität (Fn. 2), XL, dem zufolge die staatliche Neutralität im Kern ein Gleichheitsgrundsatz darstellt; *Dreier* Integrationsfaktor (Fn. 14), 368, der die Wichtigkeit des Gleichheitsversprechens betont; *Unruh* Religionsverfassungsrecht (Fn. 17), Rn. 90, 106 sieht im Neutralitätsgebot das „dogmatische Bindeglied zwischen dem Grundrecht der Religionsfreiheit und den religionsverfassungsrechtlichen Gleichheitsrechten sowie dem Paritätsgebot"; s. ferner zur gleichheitszentrierten Inhaltsbestimmung des Neutralitätsgebots *Bornemann* Neutralität (Fn. 2), 190 ff.

[26] So *Holzke* Neutralität (Fn. 2), 905; ferner *Bornemann* Neutralität (Fn. 2), 245, dem zufolge sich mit dem Neutralitätsgebot kein „Mehr an Recht" gewinnen lässt, da die Essenz der Neutralität bereits im Gleichbehandlungs- und Diskriminierungsgebot enthalten ist; ähnlich *Markus Vašek* Das Kopftuchverbot für Volksschülerinnen vor dem Verfassungsgerichtshof, in: Gerhard Baumgartner (Hrsg.) Öffentliches Recht, Jahrbuch 2021, 2021, 191 f.; *Heinig* Staat (Fn. 17), 19, 27 f.; *Möllers* Ausdifferenzierung (Fn. 2), 127 f.; *Walter Kälin* Grundrechte im Kulturkonflikt. Freiheit und Gleichheit in der Einwanderungsgesellschaft, 2000, 48, 52.

[27] Zu den verschiedenen Spielformen zwischen negativem und positivem Neutralitätsverständnis vgl. *Bornemann* Neutralität (Fn. 2), 124 ff.; zur Unbestimmtheit des Neutralitätserfordernisses der EMRK vgl. *Walter* Neutralität (Fn. 6), 757 ff.; *Huster* Neutralität (Fn. 2), XXXIX. – Es wird auch etwa die Meinung vertreten, das Neutralitätsverständnis müsse nach der Art des staatlichen Handelns differenziert werden. Danach soll eine distanzierende Neutralität dort angezeigt sein, wo der Staat in seinem hoheitlichen Kernbereich (Rechtsprechung, Rechtssetzung, Vollstreckung) agiere. Im kultur- und leistungsstaatlichen

1. Religiös-weltanschauliche Neutralität als Verfassungsprinzip? 259

„relativ-differenzierender" Neutralität[28], von „Begründungsneutralität"[29], von „negativ-distanzierender" Neutralität[30], von „offener übergreifender" Neutralität[31], von „hereinnehmender"[32], „moderater"[33] oder von „selektiver Neutralität"[34]. Allein diese Vielfalt an Bezeichnungen fordert heraus.[35]

Bereich sei hingegen eine offene, kooperative, übergreifende Neutralität zu pflegen, mithin die Eigengesetzlichkeit des religiösen Lebens zu respektieren. Vgl. dazu etwa *Richard Potz* Religion im säkularen Staat, in: Clemens Jabloner/Thomas Olechowski/Klaus Zeleny (Hrsg.) Secular Religion. Rezeption und Kritik von Hans Kelsens Auseinandersetzung mit Religion und Wissenschaft, 2013, 59 (61 f.); *Kalb/Potz/Schinkele* Kreuz (Fn. 17), 40 ff.; *Kathrin Groh* Bundesverfassungsgericht und Religion, in: Andreas Anter/Verena Frick (Hrsg.) Politik, Recht und Religion, 2018, 172; zum bereichsspezifischen Neutralitätsmodell eingehend *Bornemann* Neutralität (Fn. 2), 177 ff. m.w.N.

[28] Die Bezeichnung ist vor allem in der Schweiz gebräuchlich: *Vincent Martenet/David Zandirad* in: Vincent Martenet/Jacques Dubey (Hrsg.) Commentaire romand constitution fédérale, 2021, Art. 15. Rn. 34 f.; *René Pahud de Mortanges* in: Bernhard Waldmann/Eva Maria Belser/Astrid Epiney (Hrsg.) Basler Kommentar zur Bundesverfassung, 2015, Art. 15 Rn. 47; *Christoph Winzeler* Die weltanschauliche Neutralität des Staates. Ein Rechtsprinzip und seine Bedeutungsaspekte, in: René Pahud de Mortanges (Hrsg.) Religiöse Neutralität. Ein Rechtsprinzip in der multireligiösen Gesellschaft, 2008, 1 (16 f.); *Kiener/Kälin/Wyttenbach* Grundrechte (Fn. 17), 333; *Luc Gonin* La Liberté religieuse. La situation juridique au sein du Conseil de L'Europe et en Suisse, 2013, 17, 111; *Müller* Religion (Fn. 17), 81 ff.; *Andreas Kley* in: Bernhard Ehrenzeller/Benjamin Schindler/Rainer J. Schweizer/Klaus A. Vallender (Hrsg.) St. Galler Kommentar zur Bundesverfassung, 3. Auflage, 2014, Art. 15 Rn. 19.

[29] Vgl. dazu eingehend *Huster* Neutralität (Fn. 2), 98 ff., 652 ff.; ferner etwa *Engi* Neutralität (Fn. 6), 123 ff. m.w.N.; *Dreier* Gott (Fn. 13), 106 ff.; *Groh* Religion (Fn. 27), 161. Kritisch statt vieler: *Möllers* Ausdifferenzierung (Fn. 2), 118 f.; *Heinig* Verfassung (Fn. 1), 12, 39 ff.; *Bornemann* Neutralität (Fn. 2), 227 f., 231 ff. S. ferner *Michael J. Sandel* Moral und Politik. Gedanken zu einer gerechten Gesellschaft, 2017, 223 ff., der sich generell kritisch zu einer (neutralen) Begründungsweise äussert, die zwar bestimmte Freiheiten und Rechte als grundlegend erachtet, sich aber hütet, eine bestimmte Vorstellung vom „Guten" zu vertreten bzw. bestimmte Ziele für besser zu erachten als andere.

[30] Vgl. *Huster* Neutralität (Fn. 2), XLI, der für ein „negativ-ausgrenzendes Ordnungsmodell" zu plädieren scheint, um den Staat vor religiösen Problemen zu bewahren.

[31] Dazu etwa *Unruh* Reformation (Fn. 17), 203 m.w.N.; *ders.* Religionsverfassungsrecht (Fn. 17), Rn. 104; *Muckel* Religionspolitik (Fn. 23), 561. Ähnlich für die Schweiz: BGE 142 I 49 E. 3.3. Nach *Heinig* Staat (Fn. 17), 50 wird das Neutralitätsgebot des dt. Grundgesetzes auch etwa als „wohlwollend kooperative Trennung" verstanden.

[32] *Kalb/Potz/Schinkele* Kreuz (Fn. 17), 36.

[33] *Andreas Kley* Wie neutral ist die Rechtsprechung des Schweizerischen Bundesgerichts in Glaubens- und Weltanschauungsfragen?, in: René Pahud de Mortanges (Hrsg.) Religiöse Neutralität. Ein Rechtsprinzip in der multireligiösen Gesellschaft, 2008, 65 (85 f.).

[34] *Christian Waldhoff* Neue Religionskonflikte und staatliche Neutralität. Erfordern weltanschauliche und religiöse Entwicklungen Antworten des Staates?, 2010, 47 Fn. 184.

[35] Zu den unklaren Konturen des Neutralitätsbegriffs statt vieler *Schlaich* Neutralität (Fn. 6), 220 f.; *Walter* Neutralität (Fn. 6), 744; *Holzke* Neutralität (Fn. 2), 906; *Kälin* Kul-

Bei all diesen „Neutralitäten" soll es sich aber – so liest man etwa – nur „um Varianten der staatlichen Unparteilichkeit", nicht etwa um „inhaltliche Abstriche" handeln.[36] Ob dem tatsächlich so ist, darf hier offenbleiben. Als normativer Kern haben sich – neben dem übergreifenden Gebot rechtsgleicher und diskriminierungsfreier Behandlung aller religiös-weltanschaulichen Überzeugungen – immerhin drei an den Staat gerichtete Teilverbote herauskristallisiert: Das Identifikationsverbot, das aber nicht gleichzeitig religiöse Indifferenz bedeuten soll.[37] Das Bewertungsverbot, das aber die verfassungsgerichtliche Definition von Religion nicht ausschliessen soll.[38] Und schliesslich das Einmischungsverbot, das aber die aktive Förderung gewisser Religionsgemeinschaften nicht verbieten soll.[39] Etwas viele „Aber". Ein weiteres gesellt sich bisweilen hinzu. So wird etwa betont, dass der Staat zwar religiös-weltanschaulich, nicht aber wertneutral sei.[40]

---

turkonflikt (Fn. 26), 36 f., 47 ff.; *Kukuczka/Herbolsheimer* Dogmatisierung (Fn. 17), 725; *Wagrandl* Neutralität (Fn. 6), 315. Die inhaltliche Unklarheit wird zusätzlich dadurch verstärkt, dass man die Neutralität nicht als vor- oder überverfassungsrechtliche „Meta-Norm" versteht, deren Inhalt sich folglich erst in einer Gesamtschau mit den anderen prinzipiell gleichrangigen Verfassungsnormen ergibt (so etwa *Waldhoff* Religionskonflikte [Fn. 34], 44 f.; *Horst Dreier* Recht und Religion: Zur (Un-)Möglichkeit religiös-weltanschaulicher Neutralität des Staates, in: Friedrich Wilhelm Graf/Jens-Uwe Hartmann [Hrsg.] Religion und Gesellschaft, 2019, 64 Fn. 59; *Unruh* Religionsverfassungsrecht [Fn. 17], Rn. 90; *von Campenhausen/de Wall* Staatskirchenrecht (Fn. 13), 371.

[36] *Herbert Kalb* Kreuz und Halbmond im Krankenzimmer, in: Wolfgang Kröll/Walter Schaupp (Hrsg.) Medizin im Konflikt der Kulturen, 2011, 59 (63).

[37] Für einige scheinen Neutralität und Nichtidentifikation weitgehend Synonyme darzustellen. Vgl. etwa *Ernst-Wolfgang Böckenförde* Das Grundrecht der Gewissensfreiheit, in: VVDStRL 28 (1969), 33 (55); *Dreier* Gott (Fn. 13), 98.

[38] Um die Religionsfreiheit anzuwenden, kommt der Staat nicht umhin zu definieren, was als „Religion" gilt bzw. was er unter den grundrechtlichen Schutz stellen will. Dabei kommt es zwangsläufig direkt oder indirekt zu Bewertungen. Ebenso wenn dem neutralen Staat erlaubt sein soll, sich aus Gründen der Gefahrenabwehr mit dem gesellschaftlichen Wirken einer Religionsgemeinschaft zu beschäftigen (vgl. *Dreier* Integrationsfaktor [Fn. 14], 375). Auch nach *Hillgruber* Staat (Fn. 2), 54 lässt sich insoweit ein Verbot der Glaubensbewertung nicht durchhalten; s. zum Ganzen ferner *Bornemann* Neutralität (Fn. 2), 115 ff.; *Ino Augsberg* Noli me tangere. Funktionale Aspekte der Religionsfreiheit, in: Der Staat 48 (2009), 239 (240, 244, 253 ff.).

[39] Vgl. aus der deutschen Lehre statt vieler *Unruh* Religionsverfassungsrecht (Fn. 17), Rn. 90; *Dreier* Gott (Fn. 13), 98 ff.; *Holzke* Neutralität (Fn. 2), 906 ff. S. ferner *Michael Droege* Der Religionsbegriff im deutschen Religionsverfassungsrecht – oder: Vom Spiel mit einer großen Unbekannten, in: Mathias Hildebrandt/Manfred Brocker (Hrsg.) Der Begriff der Religion. Interdisziplinäre Perspektiven, 2008, 166 ff., der auf die zwischen Religionsdefinition und Neutralitätsgebot entstehenden Widersprüche hinweist.

[40] Vgl. dazu etwa *Bielefeldt* Muslime (Fn. 22), 16 ff., der in diesem Zusammenhang zwischen rechtsethischen und religiösen bzw. weltanschaulichen Bekenntnissen unterscheiden will; s. ferner *Dreier* Gott (Fn. 13), 104 f., 116, der allerdings eine gewisse Voreingenom-

Die Frage, die sich hier umgehend stellt: Woher nimmt der Staat diesfalls seine (religiös-weltanschaulich neutralen) Werte? Auch in Bezug auf die *normative Struktur* des Gebots findet sich in der Literatur fast jede erdenkliche Variante. Einige Autoren schreiben der Neutralität nur objektiv-rechtliche Wirkungen zu, andere attestieren ihr zusätzlich auch subjektiv-rechtliche Qualität.[41] Nochmals andere sprechen ihr den Normcharakter ganz grundsätzlich ab und sehen in ihr etwa einen „Reflexionsbegriff"[42], eine „idée directrice"[43], einen „Leitfaden zur fairen und freiheitsgerechten Konfliktbewältigung"[44], ein „staatliches Fairnessgebot"[45], ein heuristisches (nicht normatives) Prinzip[46] oder einfach nur eine „dogmatische und verfassungstheoretische Figur"[47].

Das Gesagte hinterlässt einen zwiespältigen Eindruck: Einigkeit besteht – um es linguistisch auszudrücken – wohl über den sprachlichen *Ausdruck* „religiös-weltanschauliche Neutralität", offensichtlich aber nicht über den damit transportierten Inhalt, mithin über den dahinterliegenden *Begriff*.[48] Ein Begriff setzt Denkeinheit voraus, ein Rechtsbegriff folglich einen einigermassen kohärenten normativen Inhalt. Insoweit müsste man die religiös-weltanschauliche Neutralität wohl als unvollkommenen Rechtsbegriff qualifizieren oder aber als Ausdruck für verschiedene Rechtsbegriffe.[49]

---

menheit zugunsten gewisser Werte konzediert (105); *Pahud de Mortanges* in: Basler Kommentar zur Bundesverfassung (Fn. 28), Art. 15 Rn. 48.

[41] Vgl. *Unruh* Religionsverfassungsrecht (Fn. 17), Rn. 90 („Teilmenge des Schutzbereichs der Religionsfreiheit"); *Dreier* Gott (Fn. 13), 97 („,objektiv-rechtliche Kehrseite' der Religionsfreiheit"); *Huster* Neutralität (Fn. 2), 662 ff. Das schweizerische Bundesgericht scheint ebenfalls von einem subjektiv-rechtlichen Anspruch auszugehen: BGE 123 I 296 E. 4.b/bb; dazu *Engi* Neutralität (Fn. 6), 204; *Kiener/Kälin/Wyttenbach* Grundrechte (Fn. 17), 332; *Jörg Paul Müller/Markus Schefer* Grundrechte in der Schweiz, 4. Auflage 2008, 269; *Pahud de Mortanges* in: Basler Kommentar zur Bundesverfassung (Fn. 28), Art. 15 Rn. 45; *Giovanni Biaggini* BV Kommentar. Bundesverfassung der Schweizerischen Eidgenossenschaft, 2. Auflage 2017, Art. 15 Rn. 14.

[42] *Heinig* Staat (Fn. 17), 26. Der Autor bezeichnet das Neutralitätsgebot an einem anderen Ort (Verfassung [Fn. 1], 145) auch etwa als „eine für die Norminterpretation regulative Idee".

[43] *Walter* Neutralität (Fn. 6), 759 f., dem zufolge der Mehrwert des Neutralitätsprinzips darin liegt, dass es eine „systematisierende Zusammenschau der genannten Einzelgarantie unternimmt und daraus eine Zielvorstellung formuliert".

[44] *Heinig* Staat (Fn. 17), 21; vgl. auch *Kälin* Kulturkonflikt (Fn. 26), 51.

[45] *Heinig* Staat (Fn. 17), 22.

[46] Vgl. *Schlaich* Neutralität (Fn. 6), 197, 223. Gemäss *Schlaich* Neutralität (Fn. 6), 138 hat die Neutralität eine Verweisungsfunktion; sie ist demnach nicht selbst Norm, aus der sich eine Entscheidung ableiten lässt.

[47] So etwa *Morlok* Neutralität (Fn. 9), 16.

[48] Ähnlich *Holzke* Neutralität (Fn. 2), 911 („bloßes Wort ohne Begriff").

[49] Vgl. *Heinz Vater* Begriff statt Wort – Ein terminologischer Wirrwarr, in: Sprachreport 4/2000, 10 ff.

Als solcher regte und regt er zwar zu lebhaftem wissenschaftlichen Disput und bisweilen zu „Turnübungen auf dem theoretischen Hochreck"[50] an. Zur Bewältigung konkreter religionsverfassungsrechtlicher Konfliktlagen erscheint er aufgrund seiner „Unberechenbarkeit"[51] und „Instrumentalisierbarkeit" aber von fragwürdigem Nutzen.[52]

Kommt etwas Entscheidendes hinzu: Die normative Offenheit des verfassungsrechtlichen Neutralitätsbegriffs kontrastiert auffällig mit einer normativen Geschlossenheit seines alltags- oder umgangssprachlichen Pendants.

c) *Alltagssprachlich übersteuert*

Neutralität ist ein durchaus geläufiger *Alltagsbegriff*, mit ziemlich gefestigtem Inhalt.[53] Neutral kommt bekanntlich von lat. „neuter", was etwa so viel bedeutet wie „keiner von beiden [Parteien]". Wir alle kennen den Begriff und intuitiv ist uns auch völlig klar, was damit gemeint ist. Assoziationen (möglicherweise ambivalente) an die berühmte „schweizerische Neutralität" oder an den neutralen (Schieds-)Richter werden geweckt. Gemeint ist im Grunde immer dasselbe: Der neutrale Akteur steht dazwischen und ist keiner der beiden (oder mehreren) streitenden Parteien zuzurechnen. Zu den von ihnen vertretenen Positionen hält er gleichmässig Distanz (Äquidistanz) und nimmt folglich in der Sache *keinen eigenen*

---

[50] *Heinig* Verfassung (Fn. 1), 145.

[51] Die Unberechenbarkeit wird noch dadurch verstärkt, dass sich Lehre und Rechtsprechung mit dem Religionsbegriff – immerhin eine weitere inhaltliche Komponente des Neutralitätsgebots – kaum auseinandergesetzt haben (dazu eingehend *Droege* Religionsbegriff [Fn. 39], 159 ff.; dazu auch Fn. 53).

[52] *Bornemann* Neutralität (Fn. 2), 16 weist auf das fehlende einheitliche Neutralitätsverständnis hin und die damit einhergehende Gefahr, dass der Rechtsbegriff von Interpretin zu Interpret einen anderen Rechtssinn erhält. Nach *Schlaich* Neutralität (Fn. 6), 223 verleitet die begriffliche Offenheit des Neutralitätsbegriffs dazu, das eigentlich entscheidende Sachargument zu verschleiern. S. ferner *Claus Dieter Classen* Religionsrecht, 3. Auflage, 2021, 60, dem zufolge das Neutralitätsprinzip „zu wenig klar konturiert" ist und neben dem Verbot der Staatskirche (Art. 137 Abs. 1 WRV) keinen normativen Mehrwert bringt (59 ff., 64 ff.).

[53] Gleiches gilt für die beiden anderen Komponenten des Neutralitätsgebots: Religion und Weltanschauung. Auch für sie hat sich im Alltagssprachgebrauch ein einigermassen homogenes Begriffsverständnis herausgebildet. Notabene eines, das stark vom westlichen, vornehmlich christlichen Religionsmodell geprägt ist (vgl. *Detlef Pollack* Probleme der Definition von Religion, in: Detlef Pollack/Volkhard Krech/Olaf Müller/Markus Hero [Hrsg.] Handbuch Religionssoziologie, 2018, 19 ff.; ferner zur Stigmatisierung und Marginalisierung als Effekte dieses Religionsbegriffs *Ulrike Spohn* Den säkularen Staat neu denken. Politik und Religion bei Charles Taylor, 2016, 140 ff.; zur Vielzahl weltweit existierender Religionskonzepte s. auch *Clousner* Neutrality [Fn. 24], 9 ff.).

Standpunkt ein. Er ist unabhängig und bleibt stets objektiv.[54] Nach diesem terminologischen „Urverständnis" ist Neutralität absolut und strikt; nur *ein bisschen* Neutralität gibt es nicht.[55]

Alltagsbegriffe werden nun selten unbearbeitet, quasi im Rohzustand, in die rechtswissenschaftliche Terminologie übernommen. Wissenschaft und Praxis pflegen sie gewöhnlich definitorisch so „zurechtzustutzen", dass sie als Rechtsbegriffe operabel werden.

Alle Definitionskunst hat jedoch ihre *Grenzen*. Laufen juristische Definitionen dem eingebürgerten Alltagsgebrauch und -verständnis allzu stark zuwider, entsteht eine Kluft zwischen Sozialnorm und Rechtsnorm. Diese kann, sowohl auf der „Strasse" als auch in der „Amtsstube", leicht zu Konfusionen führen.[56] Der religiös-weltanschaulichen Neutralität ist genau das widerfahren. Von der Erkenntnis oder der Intuition geleitet, wonach sich Neutralität im alltagssprachlich strikten Sinne nicht oder nur mit grosser Mühe verwirklichen lässt, haben Lehre und Rechtsprechung weichere, anpassungsfähigere und praktikablere Begriffsdefinitionen entwickelt. Entstanden ist – wie bereits gezeigt – eine Vielfalt von Begriffsverständnissen, die sich vom Sprach- und Alltagssinn teilweise erheblich entfernt haben.[57]

Das wäre an sich kein grösseres Problem, wenn der strikte Alltagsbegriff sich auf diese Weise aus der (Rechts-)Welt verdrängen liesse. Das Gegenteil ist der Fall. Weitgehend unbeeindruckt von richterlichen oder rechtswissenschaftlichen Um- und Neudefinitionen führt der Begriff ein widerstandsfähiges normatives *Eigenleben* in Politik, Verwaltung, Justiz, Gesellschaft und Wissenschaft.[58] Welches der vielen juristisch-dogmatischen Neutralitätskonzepte auch immer zur Anwendung gelangt, meistens schimmert das Alltagsverständnis durch oder drängt sich sogar in den Vordergrund: Wenn eine Universität einer studentischen Bibelgruppe verbietet,

---

[54] *Holzke* Neutralität (Fn. 2), 907 bezeichnet das Heraushalten aus einem Streit verschiedener Auffassungen als das „Urbild von Neutralität".
[55] Ähnlich *Kukuczka/Herbolsheimer* Dogmatisierung (Fn. 17), 726.
[56] In diesem Sinn wohl auch *Holzke* Neutralität (Fn. 2), 908.
[57] Vgl. oben Bst. b; dazu auch *Müller* Religion (Fn. 17), 81 ff. – *Möllers* Ausdifferenzierung (Fn. 2), 127 sieht in der Beibehaltung des Neutralitätsgebots angesichts einer Vielzahl entgegenstehender Praktiken möglicherweise sogar eine „Legitimationsstrategie zugunsten der christlichen Mehrheitsreligion".
[58] Zur Gefahr der Eigendynamik auch *Waldhoff* Religionskonflikte (Fn. 34), 45 (wenn auch etwas abstrakt); ferner *Holzke* Neutralität (Fn. 2), 510 m.w.N. – S. in diesem Zusammenhang auch *Pascale Cancik*, Die Institutionalisierung der „Bürokratie"-Kritik im 20. Jahrhundert, Der Staat 56 (2017), 1 ff.: Die Autorin beschreibt eine ähnliche und schwer zu handhabende Spaltung des Bürokratiebegriffs, in einen kritischen Alltagsbegriff (Ressentimentbegriff) auf der einen und einen sachlichen Organisationsbegriffs (Analysebegriff) auf der anderen Seite.

einen Raum für einen Vortrag zu nutzen, bemüht sie das Neutralitätsgebot in einem strikten alltagssprachlichen Sinn. Das tut – wie jüngst in der Schweiz – auch eine kommunale Schulbehörde, wenn sie den Lehrkräften untersagt, im Unterricht christliche Weihnachtslieder zu singen.[59] Wenn Armeeangehörigen, Justizmitarbeitenden oder Lehrpersonen reglementarisch untersagt wird, bei der Ausübung ihrer dienstlichen Funktionen ein religiöses Symbol (Kopftuch, Ordenstracht, Kippa, Kreuz etc.) äusserlich sichtbar zu tragen, folgt man abermals einem ziemlich strikten Neutralitätsverständnis.[60] Und schliesslich ist dieses auch dort am Werk, wo staatlicher Schutz gegen das Schulkreuz als zwingender Ausfluss des Neutralitätsgebots behauptet wird.[61] Im Lichte eines offen-integrativen Neutralitätsverständnisses, wie es in Lehre und Rechtsprechung heute wohl mehrheitlich vertreten wird, stossen solche rigiden Neutralitätsvorstellungen und die damit begründeten Grundrechtseingriffe verständlicherweise auf Kritik oder Ablehnung.[62]

Die normative Eigendynamik des restriktiven Alltagsbegriffs ist zudem für ein weiteres problematisches Phänomen verantwortlich: Sie verleitet den Staat bisweilen zu einer generellen, ängstlichen *Zurückhaltung und Passivität* in religiösen Belangen.[63] So erklärt sich möglicherweise auch der

---

[59] Das schweizerische Bundesgericht erachtete es hingegen als mit der Neutralität vereinbar, dass nicht-christlichen Schülern ein genereller Dispens für das Singen christlicher Weihnachts- oder Osterlieder verweigert wurde (s. dazu die Nachweise bei *Gonin* Liberté [Fn. 28], 118).

[60] Vgl. weitere Beispiele bei *Heinig* Staat (Fn. 17), 48 f.; *Muckel* Religionspolitik (Fn. 23), 557 ff. (insb. zum „Berliner Neutralitätsgesetz"). *Möllers* Ausdifferenzierung (Fn. 2), 126 f. weist darauf hin, dass das Anrufen des Neutralitätsgebots in Situationen, in denen gar niemand geltend macht, er sei in seinen Freiheiten verletzt, paternalistisch wirkt.

[61] Vgl. in diesem Zusammenhang etwa *Huster* Neutralität (Fn. 2), XL, dem zufolge das deutsche Grundgesetz klar erkennen lasse, dass „wir es hierzulande mit einem in religiösweltanschaulicher Hinsicht strikt neutralen Staat zu tun haben". Im Verfahren Lautsi u.a. gegen Italien (EuGRZ 2011, 673 ff.) folgte die erstinstanzlich entscheidende Kammer des EGMR ebenfalls dem strikten Neutralitätsverständnis (s. dazu *Walter* Neutralität [Fn. 6], 756 f.). Ebenfalls vom „Urbegriff" der Neutralität dürfte *Möllers* Ausdifferenzierung (Fn. 2), 117 ausgehen, wenn er moniert, dass sich eine demokratische Ordnung „aus der individuellen Perspektive religiös orientierter Personen, die von staatlichen Regelungen zum Sonntagsschutz, zur Sektenwarnung etc. betroffen sind", nicht als neutral erweist.

[62] Vgl. statt vieler *Heinig* Staat (Fn. 17), 48 ff. (insb. zum Umgang der Universitäten mit dem Neutralitätsgebot).

[63] Vgl. auch *Waldhoff* Religionskonflikte (Fn. 34), 43, dem zufolge eine (falsch verstandene) Neutralität zu einem Abbau der Normativität führen und die staatlichen Organe in der Folge dazu verleiten könnte, ihre „gesellschaftsgestaltende Aufgabe" zu vernachlässigen, *Püttner* Toleranz (Fn. 22), 34 weist in ähnlichem Sinne auf den potentiellen Widerspruch zwischen der staatlichen Gestaltung der gesellschaftlichen Ordnung und dem Neutralitätsprinzip hin („Die Festlegung einer bestimmten Ordnung widerspricht doch völlig der Forderung, sich […] neutral zu verhalten.").

unlängst gefällte Entscheid des Schweizer Bundesrats, aus Gründen religiöser Neutralität auf eine staatliche Imam-Ausbildung (oder auch nur auf deren finanzielle Unterstützung) verzichten zu wollen.[64]

Nach dem Gesagten erscheint daher klar: Wenn man wie vorliegend nach der Existenzberechtigung des Neutralitätsgebots fragt, darf man sich nicht nur an „juristisch präparierten" Neutralitätskonzepten orientieren, sondern muss stets auch den wirkmächtigen Alltagsbegriff mit in Betracht ziehen.

3. Die wundersame Persistenz des Neutralitätsbegriffs

Die kurze begriffliche Annäherung an das Neutralitätsgebot hinterlässt kein gutes Gefühl. Ausgedrückt in drei Worten: ungeschrieben, unbestimmt, unberechenbar. Wissenschaft und Praxis scheinen sich in Deutschland, Österreich und der Schweiz aber ziemlich einhellig dafür entschieden zu haben, das Neutralitätsgebot trotz aller gravierenden Umsetzungsschwierigkeiten mit pragmatischen und anpassungsfähigen juristischen Begriffsdeutungen am Leben zu erhalten.[65] Weshalb wohl? Ist es wirklich die von vielen behauptete Unentbehrlichkeit des Neutralitätsgebots für das friedliche Zusammenleben in der religiös durchmischten Gesellschaft? Ich meine, verantwortlich sind andere, durchaus profanere Gründe. Über zwei möchte ich kurz spekulieren:

– Erstens: Das *wissenschaftliche Interesse* an staatskirchenrechtlichen Fragen ist in der zweiten Hälfte des vergangenen Jahrhunderts generell etwas in den Hintergrund gerückt. Der religiöse Friede schien einigermassen stabil.[66] Für die Wissenschaft bestand daher wenig Anlass, die religiös-weltanschauliche Neutralität des Staats *grundlegend* zu hinterfragen. Es genügte, deren Unverzichtbarkeit (implizit oder explizit)

---

[64] Vgl. *Bundesrat* Professionalisierungsanreize für religiöse Betreuungspersonen, Bericht vom 18.8.2021, passim. – Um dem Damoklesschwert der religiösen Neutralität zu entgehen, wird das Religiös-Weltanschauliche hin und wieder auch ins Ethnisch-Kulturelle transponiert (vgl. zum fragwürdigen Umgang mit „Abendlandklauseln" *Groh* Religion [Fn. 27], 170; s. ferner etwa *Engi* Neutralität [Fn. 6], 132; *Möllers* Gefahr [Fn. 2], 59 ff.; *Martha Nussbaum* Die neue religiöse Intoleranz. Ein Ausweg aus der Politik der Angst, 2014, 86, die ebenfalls auf die Tendenz europäischer Staaten hinweist, „nationale Zugehörigkeit in ethno-linguistischen und kulturell-linguistischen Begriffen" auszudrücken.).

[65] *Möllers* Ausdifferenzierung (Fn. 2), 119 zeigt sich erstaunt, „mit wie wenig Begründung die juristische Verteidigung des Neutralitätsgrundsatzes auskommt".

[66] Zu den publizistisch ruhigen 1970er und 1980er Jahre in Deutschland vgl. *Bornemann* Neutralität (Fn. 2), 46 ff.; *Groh* Religion (Fn. 27), 159, 167; *Dreier* Integrationsfaktor (Fn. 14), 365 ff., der von einem damals überschaubaren religiösen Konfliktpotential spricht. Vgl. für die Schweiz: *Kiener/Kälin/Wyttenbach* Grundrechte (Fn. 17), 327.

periodisch neu zu bekräftigen. Daran hat sich bis heute wenig geändert, obwohl der religiöse Friede seit einiger Zeit ganz neu herausgefordert ist. Hier dürfte das psychologische Phänomen der „Verarbeitungsflüssigkeit" eine nicht zu unterschätzende Rolle mitgespielt haben. Dieses besagt, dass uns Aussagen, die wir oft schon gehört oder gelesen haben, unabhängig vom tatsächlichen Wahrheitsgehalt glaubwürdig erscheinen. Vertrautheit entbindet, mit anderen Worten, von mühsamer Denkarbeit.[67] Das Neutralitätsgebot ist uns bestens vertraut.

– Zweitens: Die *Persistenz* eines Verfassungsprinzips ist paradoxerweise umso grösser, je weniger es „niedergeschrieben" ist. Denn, was nicht geschrieben steht, kann auch nicht einfach so „ausradiert" werden.[68] Die über dem Verfassungstext schwebende Neutralitätsidee zu eliminieren, die sich dort gewissermassen als „Supernorm"[69] etabliert und in den Köpfen ganzer Generationen festgesetzt hat, ist daher so einfach nicht. Selbst kritische Geister – und davon gibt es mittlerweile doch einige – schrecken am Ende meistens davor zurück, den ultimativen Schritt zu wagen und das Neutralitätskonzept definitiv zu verabschieden.[70] Stattdessen lassen sie es – wie erwähnt – als normativ hybrides (Rechts-) Gebilde weiterleben.[71]

Was auch immer die Gründe für die Beständigkeit des Neutralitätsgebots sind, wir haben zu konstatieren: Es existiert und wirkt. Und dies, wie gezeigt, nicht nur im normativ unklaren rechtsbegrifflichen, sondern vor allem auch im normativ klaren alltagsbegrifflichen Sinne.

4. *Zwischenfazit und Überleitung*

Der Begriff der religiös-weltanschaulichen Neutralität hat eine rechts- und eine alltagssprachliche Dimension. Letztere bleibt trotz vielfältiger juristischer Interpretationsbemühungen normativ wirksam und bisweilen gar dominant. Das heisst: Wer ausserhalb und zum Teil auch innerhalb von Gerichtssälen und Gelehrtenstuben vom religiös-weltanschaulich neutra-

---

[67] Vgl. *Frank Urbaniok* Darwin schlägt Kant. Über die Schwächen der menschlichen Vernunft und ihre fatalen Folgen, 2020, 39; *Steve Ayan* Fünf Säulen der Vernunft, in: Gehirn und Geist 05/2020, 15 m.w.N.

[68] Vgl. zu diesem Phänomen *Heinig* Verfassung (Fn. 1), 145 („[…] die Norm in ihrer textlichen Fassung bedeutet nichts, das ungeschriebene Prinzip bedeutet alles"). *Hillgruber* Staat (Fn. 2), 49 weist auf die Gefahr hin, dass sich die aus verschiedenen Einzelbestimmungen der Verfassung abgeleiteten Prinzipien (wie das Neutralitätsgebot) gerne verselbständigen. Ebenso *Holzke* Neutralität (Fn. 2), 910.

[69] So (wohl ironisch) *Heinig* Staat (Fn. 17), 20.

[70] So statt vieler *Heinig* Staat (Fn. 17), 25.

[71] Vgl. dazu oben II.2.b.

len Staat spricht, verbindet damit eine *klare Erwartung*, nämlich die eines Staatswesens, das in seinem Handeln keinen Standpunkt einnimmt, der religiös-weltanschaulich geprägt ist. Diese Erwartung wird aber – das lehrt die Erfahrung – häufig enttäuscht. Wieso? Ist es, weil das *perfekte* Neutralitätskonzept einfach noch nicht gefunden ist? Oder ist es, weil der Staat – wie ich vermute – zu religiös-weltanschaulicher Neutralität gar nicht fähig ist und diese letztlich ein uneinlösbares Versprechen darstellt?

Lassen Sie mich zur Überleitung vorab zwei (rhetorische) Fragen formulieren: Gelingt es dem Staat, in religiös-weltanschaulicher Hinsicht *standpunktlos* zu agieren oder zumindest glaubwürdig diesen Anschein zu erwecken? Gelingt es ihm, religiöse oder religiös konnotierte Probleme (insb. multipolare Grundrechtskonflikte[72]) sachorientiert, objektiv, unabhängig und äquidistant zu allen möglichen religiös-weltanschaulichen Haltungen zu entscheiden, einzig der Vernunft, der juristischen Sachlogik und dem demokratisch zustande gekommenen säkularen [Mehrheits-]Recht[73] verpflichtet? Nach meiner Einschätzung gelingt ihm das nicht, jedenfalls nicht glaubwürdig. Ich versuche darzulegen, wieso nicht.

III. Neutralität als „leeres" Versprechen

1. Vorbemerkung: Verfehlte Prämissen

Das rechtliche Fundament der religiös-weltanschaulichen Neutralität des Staats ist – wie gezeigt – fragil.[74] Dennoch halten Lehre und Rechtsprechung sowie ausserhalb der Jurisprudenz Fromme wie Atheisten mit Verve an ihr fest. Der „Glaube" an das Neutralitätsgebot beruht dabei im Wesentlichen auf zwei Prämissen: Nach der ersten Prämisse gehören Religion und Staat unterschiedlichen, voneinander getrennten Sphären an: der privaten, sakralen Sphäre einerseits und der staatlichen, säkularen Sphäre andererseits. Die zweite Prämisse setzt auf die selbstreflexive Vernünftigkeit der Staatsbediensteten, indem sie ihnen zutraut, ihre verschiedenen

---

[72] Vgl. zum Begriff *Kälin* Kulturkonflikt (Fn. 26), 94 f., der zu Recht auf die *Scheinneutralität* hinweist, die sich im Zusammenhang mit multipolaren Grundrechtskonflikten manifestiert (48, 52). S. in diesem Zusammenhang *Classen* Religionsrecht (Fn. 52), 66 ff., der zu Recht auf das Spannungsfeld zwischen der religiösen Neutralität des Staats und den Grundrechten seiner Bediensteten hinweist.

[73] Vgl. in diesem Zusammenhang *Sandel* Moral (Fn. 29), 208 f., der zeigt, dass selbst der Respekt gegenüber der demokratischen Mehrheitsmeinung zwangsläufig moralische Urteile impliziert.

[74] Statt einiger *Holzke* Neutralität (Fn. 2), 910; vgl. auch oben II.2.a.

gesellschaftlichen Rollen als Funktionäre, Bürgerinnen und religiöse Wesen „sauber" voneinander zu trennen. Wer von diesen beiden Prämissen ausgeht, für den ist die religiös-weltanschauliche Neutralität des Staats nicht nur eine normative, sondern auch eine einlösbare Verhaltenserwartung.[75] Er oder sie glaubt mit anderen Worten an die prinzipielle *Neutralitätsfähigkeit* des Staats und damit an dessen Fähigkeit, das Religiöse als „Fremdkörper" in Politik und Recht zu neutralisieren.[76]

Aus rechtssoziologischer oder – besser – *rechtspsychologischer* Perspektive melden sich hier allerdings Zweifel. Denn Neutralitätsnorm und Neutralitätswirklichkeit klaffen allzu weit auseinander.[77] Die Ursache hierfür liegt nicht in den üblichen Schwierigkeiten, die auftreten, wenn Fakten einer Norm unterzuordnen bzw. normative Verhaltenserwartungen zu erfüllen sind.[78] Die Ursache liegt in der Kontrafaktizität, der Realitätsferne der beiden Trennungs-Prämissen. Um dies zu erkennen, genügt bereits ein Blick auf die Oberfläche, das heisst auf die offenkundige Symbiose und Verflochtenheit zwischen jüdisch-christlicher Religion, Kultur und Recht.[79]

---

[75] Vgl. allgemein zum Recht als Verhaltenserwartung *Hahn* Kirchenrechtssoziologie (Fn. 5), 46 f.

[76] In diesem Sinn wohl *Waldhoff* Religionskonflikte (Fn. 34), 49 f. („Vorverständnisse und Prägungen durch juristische Sachlogik neutralisieren"). *Schlaich* Neutralität (Fn. 6), 235 weist hingegen darauf hin, dass „Neutralität" nicht notwendig „Neutralisierung" bedeuten muss; nach *Groh* Religion (Fn. 27), 168 vertritt auch das dt. Bundesverfassungsgericht – „trotz kleinerer Schlenker" – seit den 1970er Jahren diese Haltung.

[77] Vgl. dazu *Markus Müller* Das Religiöse im Staat. Gedanken zu einem neuen Umgang mit einem alten Phänomen, in: Zeitschrift des Bernischen Juristenvereins (ZBJV) 2019, 449 (461 ff.); ferner etwa *Köchler* Religion (Fn. 17), 5. – Die kritische Analyse einer Rechtsnorm darf sich im Rahmen einer rechtssoziologischen Betrachtung den (ausbleibenden) Rechtswirkungen nicht verschliessen (allgemein *Hahn* Kirchenrechtssoziologie [Fn. 5], 51).

[78] *Christoph Möllers* Die Möglichkeit der Normen. Über eine Praxis jenseits von Moralität und Kausalität, 2015, 131 spricht in diesem Zusammenhang von Afaktizität der Normen als Differenz zwischen Normativität und Faktizität.

[79] Zum Beispiel: die Omnipräsenz des Kreuzsymbols, die Gottesanrufungen (in Verfassungen, Amtseiden), die Buss- und Bettage sowie (in der Schweiz) die Bettagsmandate einiger Kantonsregierungen, die Verweise auf die christliche Kultur in Bildungserlassen, die öffentlich-rechtlichen Anerkennungen vornehmlich christlicher Religionsgemeinschaften, das alltägliche Kirchglockengeläut usw. (vgl. für die Schweiz Hinweise in BGE 116 Ia 252 E. 5d). S. weiter die Hinweise auf offensichtliche Zeichen religiöser Prägung bei *Classen* Religionsrecht (Fn. 52), 71 ff.; *Bornemann* Neutralität (Fn. 2), 192 f.; *Möllers* Gefahr (Fn. 2), 57 (Sonntagsschutz, Sektenwarnung). S. ferner etwa zur privilegierten Stellung der röm.-kath. Kirche in Österreich *Köchler* Religion (Fn. 17), 7.

1. Religiös-weltanschauliche Neutralität als Verfassungsprinzip? 269

Um es allerdings zu begreifen, bedarf es des zusätzlichen Blicks darunter, auf die gesellschafts- und individualpsychologischen „Tiefenstrukturen"[80].

2. Sphärentrennung vs. Sphärenvermischung

a) Theoretisch-normative Perspektive

Nach der ersten Prämisse gehören Staat (Politik/Recht) und Religion (Kirche/Spiritualität) zwei unterschiedlichen gesellschaftliche Sphären an, die voneinander zu trennen sind.[81] Dies nur schon deshalb, weil in ihnen angeblich sehr unterschiedliche, schlecht miteinander harmonierende „geistige Kräfte" am Werk sind: Rationalität und Nüchternheit in der staatlich-politischen, Irrationalität und Emotionalität in der religiös-spirituellen Sphäre.[82] Das Denken in getrennten Sphären ist zugleich Ursache und Folge des in der Aufklärung einsetzenden Säkularisierungsprozesses (verstanden als umfassender kulturhistorischer Begriff[83]), in welchem die Religionen (vor allem deren institutionalisierte Form, insb. die Kirchen) sukzessive an Einfluss in Staat und Gesellschaft eingebüsst haben.[84] Galt

---

[80] Vgl. zum Begriff *Michael Stolleis* Konfessionalität versus Säkularität im deutschen Staatsrecht, in: Hans Michael Heinig/Christian Walter (Hrsg.) Religionsverfassungsrechtliche Spannungsfelder, 2015, 297 (307).

[81] Vgl. zu diesem europäischen „Basisnarrativ" *Casanova* Angst (Fn. 8), 16 f.; ferner dazu etwa *Töndury* Toleranz (Fn. 21), 533. Im deutschen Verfassungsrecht hat diese Denkweise nach Auffassung einiger Autoren im Verbot einer Staatskirche (Art. 137 Abs. 1 WRV i.V.m. Art. 140 GG) Niederschlag gefunden, wobei dessen normative Tragweite sehr unterschiedlich beurteilt wird: Zwischen einer strikten Trennung bis hin zu einer freundlichen, offenen auf Kooperation angelegten Trennung findet sich nahezu alles. Vgl. dazu *Unruh* Religionsverfassungsrecht (Fn. 17), Rn. 141 ff.; ferner *Walter* Neutralität (Fn. 6), 734. Für *Classen* Religionsrecht (Fn. 52), 59 f. kommt dem Art. 137 Abs. 1 WRV im religionsrechtlichen System des Grundgesetzes die zentrale Bedeutung zu.

[82] Die „Dichotomisierung" des Menschen bzw. seiner geistigen Kräfte in rationale und emotionale (unter Überbewertung der ersteren) ist eines der fatalen Irrtümer, die sich hartnäckig halten. Und dies, obschon Sozialpsychologie und Neurowissenschaften schon lange naheleben, diese Kräfte als funktionale Einheit zu verstehen (vgl. *Damasio* Mensch [Fn. 5], 121 ff.; *Michael Sukale* Die bewegte Vernunft. Das Zusammenspiel von Rationalität und Emotion, in: Heinrich Ganthaler/Otto Neumaier/Gerhard Zecha (Hrsg.) Rationalität und Emotionalität, 2009, 21 ff.). In einem ähnlichen Sinn plädiert *Hillgruber* Staat (Fn. 2), 89 ff. für eine versöhnliche Verbindung zwischen Glaube und Vernunft.

[83] Vgl. zur begrifflichen Vielfalt *Dreier* Gott (Fn. 13), 19 ff.; *Kalb/Potz/Schinkele* Kreuz (Fn. 17), 39 ff.; *Dirk Lüddecke*, Der säkulare Staat und die Religion. Religionsfreiheit und optionaler Glaube: Erst-Wolfgang Böckenförde und Charles Taylor im Vergleich, in: Oliver Hildago/Christian Polke (Hrsg.) Staat und Religion. Zentrale Positionen zu einer Schlüsselfrage des politischen Denkens, 2017, 349 ff.

[84] *Dreier* Religion (Fn. 35), 55 weist denn auch darauf hin, dass die Säkularisierung die Religion als „Glaubensmacht" nicht schwächt, sondern eher stärkt.

während langer Zeit ein integrales, das ganze private und öffentliche Leben durchdringendes Religionsverständnis, wurde das Religiös-Spirituelle neu als etwas von anderen Sphären der menschlichen Existenz Abgrenzbares gesehen.[85]

Das Gebot religiös-weltanschaulicher Neutralität des Staats ist normativer Ausdruck dieses Sphärendenkens und des daraus resultierenden privatisierten Religionsverständnisses („Religion ist Privatsache").[86] Danach *soll* der (neutrale) Staat jeder Einmischung in die private, sakrale Sphäre entsagen und sein Handeln allein an säkularen Massstäben (insb. am staatlichen Recht) ausrichten.[87] Vice versa soll auch für die Religionen bzw. ihre institutionellen Ausformungen (etwa die Kirchen) ein (ungeschriebenes) Gebot politischer Neutralität gelten.[88]

Diese beiden Neutralitätsgebote bilden insoweit das normative Gegenstück zur Privatheit des Religiösen und werden so zur Grundnorm für moderne säkulare europäische Gesellschaften erhoben.[89]

b) Empirisch-psychologische Perspektive

Die kirchlich institutionalisierte Religion[90] aus dem (halb-)öffentlichen Leben zu eliminieren, ist der Säkularisierung und der Sphärentheorie bis heute leidlich gelungen.[91] Das *urmenschlich Religiöse*, verstanden als „einer von den Dogmen bestimmter Religionen losgelösten Transzendenzerfahrung und Transzendenzerwartung"[92], wurde von dieser Entwicklung

---

[85] Allerdings erachtete auch die Sozialphilosophie der Aufklärung die Religion bzw. das Religiöse für „den Bestand, die Einheit und das Gedeihen von Staat und Gesellschaft" als weitgehend unentbehrlich (*Dreier* Integrationsfaktor [Fn. 14], 357).

[86] So auch etwa *Kälin* Kulturkonflikt (Fn. 26), 37.

[87] Vgl. dazu statt vieler *Schlaich* Neutralität (Fn. 6), 121, 221 („Abwehr fremder Maßstäbe und Hervorkehrung des eigenen Maßstabs").

[88] Vgl. *Spohn* Staat (Fn. 53), 138 ff., die darauf hinweist, dass westliche Staaten durchaus aus eigenen Interessen aktiv auf ein entsprechendes, jederzeit kontrollierbares, privatisiertes Religionsverständnis hingewirkt haben. S. dazu auch etwa *Morlok* Neutralität (Fn. 9), 6 f.; *Köchler* Religion (Fn. 17), 8 ff. (mit Blick auf Österreich).

[89] Vgl. *Casanova* Angst (Fn. 8), 31; *Weiler* Europa (Fn. 3), 41 spricht in diesem Zusammenhang von der „Prämisse vom agnostischen Staat" als einem breiten europäischen Konsens.

[90] *Martin Seel* Aktive Passivität. Über den Spielraum des Denkens, Handelns und anderer Künste, 2014, 205 spricht in diesem Zusammenhang von Religion „im Sinn einer Orientierung an rituell verstetigten, theologisch gedeuteten und kirchlich institutionalisierten Heilslehren".

[91] Dies spiegelt sich auch etwa in den Kirchenstatistiken wider: Vgl. die aktuellen Daten aus der Religions- und Kirchenstatistik der Schweiz, Schweizerisches Pastoralsoziologisches Institut (SPI) St. Gallen: https://kirchenstatistik.spi-sg.ch (Stand 1.1.2022).

[92] *Seel* Passivität (Fn. 90), 205.

freilich nicht erfasst und wird es wohl auch in absehbarer Zeit nicht.[93] Denn zwischen Religion (oder besser: zwischen Religiösem) und Recht steht realiter keine undurchlässige Trennwand. Die beiden Systeme befinden sich vielmehr in einem ständigen wechselseitigen Austausch. Das rührt zum einen daher, dass sie beide gleiche oder zumindest ähnliche Ordnungsziele verfolgen: das friedliche, diesseitige gesellschaftliche Zusammenleben.[94] Zum andern ist da der einzelne *Mensch*. Das „Bedürfnis nach Transzendenz" gehört zu seiner psychischen „Grundausstattung"[95] und die ersten und letzten grossen religiösen Fragen nach dem Woher, dem Wohin und dem Warum sind seine ständigen Begleiter.[96] Dies trifft auch auf diejenigen zu, die kraft Verdrängung das Religiöse scheinbar aus ihrem Bewusstsein gelöscht haben und sich etwa als religiös „unmusikalisch" bezeichnen.[97] An ihrer (Grund-)Religiosität im hier verstandenen weiten Sinne ändert dies nichts. Sie ist es denn auch, die zur Systemdurchlässigkeit und zum permanenten Systemaustausch beiträgt.[98] Zwischen einer religiösen und areligiösen Lebensführung (sofern man eine solche überhaupt annehmen kann) lässt sich somit keine scharfe Grenze ziehen.[99]

---

[93] In diesem Sinne auch *Thomas Luckmann* Die unsichtbare Religion, 9. Auflage 2020, 117 ff.; *Seel* Passivität (Fn. 90), 202 ff.
[94] Vgl. *Müller* Das Religiöse (Fn. 77), 452; ähnlich *Möllers* Gefahr (Fn. 2), 59 ff.; *Martin Heckel* Die Kirchen unter dem Grundgesetz, in: VVDStRL 26 (1968), 5 (29 ff).
[95] *Stein* Quellen (Fn. 3), 46; *Luckmann* Religion (Fn. 93), 164 ff. S. eingehend zur individualpsychologischen Dimension des Religiösen *Hans Küng*, Existiert Gott? Antwort auf die Gottesfrage der Neuzeit, 9. Auflage 2021, 299 ff.
[96] Vgl. *Eugen Drewermann* Gott, wo bist du?, 2021, 13: „Unsere Existenz ist radikal kontingent, es gibt keinen hinreichenden Grund, weswegen wir sein sollten. Genau danach aber suchen wir." S. ferner etwa *Küng* Gott (Fn. 95), 612 ff.; *Helmut Fischer* Religion ohne Gott? Heute vom Glauben reden, 2017, 98 ff.; *Stein* Quellen (Fn. 3), 46; *Oliver W. Lembcke* Hobbes über den Unterschied zwischen Religion und Politik, in: Andreas Anter/Verena Frick (Hrsg.) Politik, Recht und Religion, 2019, 113 (126 f.) (mit Verweis auf *Thomas Hobbes*).
[97] S. dazu auch *Clousner* Neutrality (Fn. 24), 1, 4 et passim: „Moreover, I find it [the religious belief; d.Verf.] exercises such influence upon all people independently of their conscious acceptance or rejection of the religious traditions with which they are acquainted" (1).
[98] In diesem Sinn auch *Michael Droege* Religionen als politische Akteure in der säkularen Verfassungsrechtsordnung, in: Irene Dingel/Christiane Tietz (Hrsg.) Die politische Aufgabe von Religion. Perspektiven der drei monotheistischen Religionen, 2011, 396; *Heinig* Verfassung (Fn. 1), 12.
[99] Vgl. *Seel* Passivität (Fn. 90), 220. Entsprechend vorsichtig müssen auch die Ergebnisse empirischer Studien interpretiert werden, die einen „europaweiten Abbruch christlicher Religiosität" konstatieren (vgl. z.B. *Gerd Pickel* Zwischen Säkularisierung und Pluralisierung. Neuere religionssoziologische Erkenntnisse über Ostdeutschland, in: Tobias Kläden (Hrsg.) Kirche in der Diaspora, 2020, 49 [55 f.]).

Folgt man dieser *anthropologischen Grundannahme*, erweist sich die Säkularisierung (verstanden als funktionale Ausdifferenzierung[100]) in vielerlei Hinsicht mehr als „Schein" und die Sphärentrennung entpuppt sich insoweit als (system-)theoretisches Konstrukt, das mit der Lebens- und Rechtswirklichkeit wenig bis nichts zu tun hat.[101] Denn das Religiöse hat „keinen eigenen Raum".[102] Es nimmt in Staat und Politik einen festen Platz ein und erfüllt dort eine aktive, zum Teil vom Staat sogar explizit in Auftrag gegebene Rolle.[103] Das Ansinnen, es auszuklammern und einer privaten Sphäre zuzuweisen, sich mit anderen Worten in Bezug auf religiös konnotierte Fragen neutral zu verhalten, bedeutet, Wesen und Aufgabe der geschichtlich gewachsenen demokratischen Politik und des daraus resultierenden Rechts zu verkennen und die Rolle des Menschen als religiösem Wesen ausser Acht zu lassen.[104] Indem Politik von Menschen für Menschen gemacht wird, für die das Religiöse (bewusst oder unbewusst) essentiell ist, hat Politik selber zwangsläufig immer auch religiöse Implikationen.[105]

---

[100] Vgl. statt vieler *Niklas Luhmann* Die Religion der Gesellschaft, 2000, 115 ff., 125; *Bijan Fateh-Moghadam* Die religiös-weltanschauliche Neutralität des Strafrechts, 2019, 21 f.

[101] Vgl. *Müller* Religion (Fn. 17), 1 ff. Anders wohl *Dreier* Gott (Fn. 13), 9 ff., 59 ff. m.w.N., der aber zwischen dem von ihm postulierten säkularen Staat und der (freilich umstrittenen) Säkularisierung der Gesellschaft unterscheidet (20 f.). – S. zur Problematik pauschaler Säkularisierungskonzepte statt vieler *Möllers* Gefahr (Fn. 2), 53 ff.

[102] Vgl. *Karl-Heinz Ladeur/Ino Augsberg*, Toleranz – Religion – Recht, 2007, 91; *Christoph Möllers*, Freiheitsgrade. Elemente einer liberalen politischen Mechanik, 2020, 138 ff.

[103] Vgl. auch *Stein* Quellen (Fn. 3), 46, der zufolge die Religion als eine „Konstante des Politischen" zu betrachten ist (21, 336 ff.). Zur öffentlichen Rolle der Religion auch *Möllers* Gefahr (Fn. 2), 59 f., 67 ff., 85; *ders*. Ausdifferenzierung (Fn. 2), 134 f.; *Droege* Religionen, 395 ff., 408 („Religionsgemeinschaften als politische Akteure"); *Bielefeldt* Muslime (Fn. 22), 37 ff. Im schweizerischen, deutschen und österreichischen Staatskirchensystem findet diese öffentliche Rolle Ausdruck durch die inhaltliche sowie institutionelle Anerkennung des Religiösen und Kirchlichen durch den Staat. Die staatliche Anerkennung bedeutet für die Religionsgemeinschaften Befugnis und Bestimmung zugleich, die staatliche Politik aktiv mitzugestalten. Dies steht im Einklang mit dem biblischen Auftrag an die Kirchen, die „frohe Botschaft" auch in den Alltag und damit in die Alltagspolitik hinaus zu tragen (vgl. *Markus Müller*, Religion – Kirche – Politik. [K]ein harmonischer Dreiklang?, in: René Pahud de Mortanges [Hrsg.] Staat und Religion in der Schweiz des 21. Jahrhunderts, 2020, 64 ff.).

[104] Vgl. auch *Möllers* Gefahr (Fn. 2), 55 ff., der den Fokus auf die Unvereinbarkeit der Neutralität mit einer demokratischen Staatsordnung legt (*ders*. Ausdifferenzierung [Fn. 2], 117 ff.). Kritisch gegen ein undifferenziertes Trennungskonzept auch *Kalb/Potz/Schinkele* Kreuz (Fn. 17), 42 ff.

[105] Schon *Heckel* Kirchen (Fn. 94), 32: „Kirche und Staat begegnen sich […] in den gleichen Menschen, die Gläubige und Bürger zugleich sind […]." *Helmut Fischer* Die eine Wahrheit? Wahrheit in Philosophie, Wissenschaft und Religion, 2015, 50 f. weist darauf hin, dass der rechtsetzende Staat sich am Bewusstsein zu orientieren hat, das in der Gesell-

Damit *verschmelzen* die beiden Sphären und es bricht bereits mit dem „Sphärentrennungsdogma" einer der tragenden Pfeiler des Neutralitätskonzepts weg.[106]

3. Rollentrennung vs. Rollenvermischung

a) Theoretisch-normative Perspektive

Die zweite Prämisse setzt auf der individuellen Ebene an: Sie geht davon aus, dass die für den Staat arbeitenden Menschen grundsätzlich in der Lage sind, die eben beschriebene Sphärentrennung (Staat-Religion) auch in ihrem „Innern" umzusetzen. Dementsprechend ist ihnen mit Blick auf die religiöse-weltanschauliche Neutralität des Staats aufgetragen, ihre verschiedenen Rollen als Bürger, Funktionärinnen, (Un)Gläubige, feinsäuberlich auseinanderzuhalten[107] und sich in ihrer amtlichen Tätigkeit einzig und allein von säkularen Beweggründen leiten zu lassen. Damit bringt diese Prämisse an sich etwas Zentrales zum Ausdruck: Den demokratischen Staat gibt es nicht als Abstraktum, oder wie es auch etwa heisst, als „allge-

---

schaft „durch Religion, Moral, Sitte und Brauchtum existiert" und damit gewissermassen an „Normen und Gegebenheiten", die er nicht selbst geschaffen hat. *Potz* Religion (Fn. 27), 62 moniert, dass „ein Ignorieren der religiösen Interessen der Bürger die Gefahr einer exklusiven Benachteiligung der religiösen Dimension bedeuten und letztlich zu einer Verkürzung der Freiheit der Bürger führen" kann; ebenso *Kalb/Potz/Schinzele* Kreuz (Fn. 17), 52; *von Campenhausen/de Wall* Staatskirchenrecht (Fn. 13), 371. S. ferner *Sandel* Moral (Fn. 29), 170 ff., 181 ff., der am Beispiel verfassungsrechtlicher und politischer Debatten zur Moralität von Sterbehilfe, Abtreibung und Homosexualität zeigt, dass es dem Staat nicht oder schlecht gelingt, religiöse und moralische Fragen aus seinen Entscheidungsprozessen auszuklammern. Seines Erachtens beruht die vordergründig neutrale Argumentation häufig implizit auf einem unbewusst eingenommenen Standpunkt, den man gerade verbietet (ebd. 172 betr. Sterbehilfe; 196 betr. Abtreibung); ähnlich *Spohn* Staat (Fn. 53), 83 ff. (betr. Abtreibung, Rushdie-Affäre).
[106] Vgl. ebenso *Ladeur/Augsberg* Toleranz (Fn. 102), 84, 91. Ähnlich erachtet auch *Engi* Neutralität (Fn. 6), 82 ff. eine Trennung von Staat und Kirche als realitätswidrig, an der Neutralitätsfähigkeit des Staats hält er jedoch fest. S. ferner *Casanova* Rethinking (Fn. 19), 31, der darauf hinweist, dass es selbst die Handvoll strikt säkularer europäischer Staaten nicht wirklich schafft, religiös neutral zu sein („and none of them lives up to the myth of secular neutrality").
[107] Von einer scharfen Trennbarkeit der verschiedenen Rollen geht offenbar auch *Luckmann* Religion (Fn. 93), 126 ff., 137 ff. aus; *Huster* Neutralität (Fn. 2), LXIII ff., 96 ff. scheint ebenfalls, obwohl er die grundsätzlichen Schwierigkeiten einer Grenzziehung sieht, die Fiktion eines „differenzierten Selbst" zur Grundlage seiner Neutralitätskonzeption zu machen; zur spezifischen Rolle des öffentlichen Dienstnehmers äussert er sich allerdings nicht explizit.

meinen Staat"[108]. Er ist keine „objektive Idee", die eine Eigenexistenz über den Köpfen der Menschen führt.[109] Vielmehr sind es seine Repräsentantinnen und Repräsentanten, die ihn zum „Leben" erwecken[110] und, indem sie religiös-sakrale Impulse frühzeitig identifizieren und gegebenenfalls neutralisieren, seine religiös-weltanschauliche Neutralität verwirklichen.[111] Eine Fähigkeit, auf welcher die zweite Prämisse aufbaut.

b) Empirisch-psychologische Perspektive

Psychologie und Neurowissenschaften haben das Bild des vernünftigen, sich seiner mächtigen Menschen, der seine Impulse weitgehend unter Kontrolle zu bringen weiss, schon seit geraumer Zeit in Zweifel gezogen.[112] Danach wird menschliches Wahrnehmen, Fühlen, Denken, Handeln zu rund *neunzig Prozent* von unbewussten Anteilen gesteuert.[113] Diese sind

---

[108] Dazu *Schlaich* Neutralität (Fn. 6), 236 ff. mit Verweis auf *Herbert Krüger*, dem zufolge der Mensch, der sich in den Staatsbürger verwandelt, den Staat „denkt", allerdings „nur" den sog. „allgemeinen" (ebd. 239 f.); s. auch *Bornemann* Neutralität (Fn. 2), 128.

[109] Vgl. *Hans-Peter Waldrich* in: Bernhard Schäfers (Hrsg.) Grundbegriffe der Soziologie, 5. Auflage, 1998, 370.

[110] Vgl. dazu *Schlaich* Neutralität (Fn. 6), 247 ff. (mit Verweis auf die Integrationslehre von *Rudolf Smend*); ferner *Max Imboden* Die Staatsformen. Versuch einer psychologischen Deutung staatsrechtlicher Dogmen, 1959, 9 ff. m.w.N.; *Urbaniok* Darwin (Fn. 67), 96 („Soziale Systeme [...] sind daher in allen Fasern von der menschlichen Natur durchdrungen"); *Hermann Heller* Staatslehre, in: Gerhart Niemeyer (Hrsg.) 3. Auflage 1963, 69 (71): „Wollen wir also unsrer Aufgabe Genüge leisten, die darin besteht, die eigenartige Wirklichkeit des Staates zu erforschen, so müssen wir zunächst den wirklichen, [...] handelnden Menschen uns vergegenwärtigen." Ähnlich *Eric Voegelin* Die Natur des Rechts, 2011, 91 ff; *Sandel* Moral (Fn. 29), 226.

[111] So auch *Isolde Charim* Ich und die Anderen. Wie die neue Pluralisierung uns alle verändert, 2. Auflage 2018, 75: „Neutralität ist kein Container. Es gibt sie nur, wenn sich diese auch in die Individuen, vor allem in die Repräsentanten des Staates, einschreibt."

[112] Dazu allgemein statt vieler: *Urbaniok* Darwin (Fn. 67), 31 ff. et passim m.w.N.; *Damasio* Mensch (Fn. 5), 296: „Wir glauben, wir hätten uns unter Kontrolle, aber oftmals ist das nicht der Fall [...]." S. ferner *Luckmann* Religion (Fn. 93), 124 f.; *Elsbeth Steiner-Arnet* Religion jenseits religiöser Institutionen im Spannungsfeld von Weltlichkeit und Transzendenz: Aktuelle Formen und Perspektiven individualisierter Religiosität, 2013, 214; *Markus Müller* Perspektiven der Rechtsstaatlichkeit, in: Oliver Diggelmann/Maya Hertig Randall/Benjamin Schindler (Hrsg.) Verfassungsrecht der Schweiz, Band II, 2020, 1147 (1154 ff.).

[113] Nach *Remo Largo* Das passende Leben, 2017, 304, „gibt es nichts in unserem bewussten Denken und Handeln, dessen Quelle nicht im Unbewussten läge"; vgl. ferner zur prägenden Kraft des unbewussten Denkens statt vieler *Elliot Aronson/Timothy Wilson/ Robin Akert* Sozialpsychologie, 8. Auflage, 2014, 79 ff.; *Damasio* Mensch (Fn. 5), 287 ff.; *Steve Ayan* Der Autopilot im Kopf, in: Gehirn und Geist, 10/2018, 12 ff. m.w.N. Jüngst zeigt im Übrigen eine Studie der Universität Bern, dass unbewusste Erlebnisse im Gegen-

1. Religiös-weltanschauliche Neutralität als Verfassungsprinzip?

aufgrund des Sozialisationsprozesses immer auch religiös mitgeprägt. Im hiesigen Kulturkreis wird diese Prägung nach wie vor (und dies wohl noch einige Zeit) massgeblich durch das „offizielle" Religionsmodell der christlichen Grosskirchen vermittelt.[114] Sie ist insoweit eine überwiegend *jüdisch-christliche*.[115] Damit soll weder einer kollektiven christlich-abendländischen Identität noch einem homogenen christlichen Wertekanon das Wort geredet werden. Zwei prekäre Konstrukte, von zu hohem Abstraktions- und Idealisierungsgrad.[116] Es geht vorliegend nur, aber immerhin um individuelle Prägungen (und daraus abgeleiteter Identitäten), die im Einzelnen trotz ziemlich homogener Grundprägung grosse Heterogenität aufweisen können, trotz allem aber jüdisch-christliche Prägungen bleiben.[117] Um jedem Missverständnis bereits hier mit aller Deutlichkeit entgegenzutreten: Eine religiöse Prägung und ebenso der daraus resultierende „religiös geprägte Standpunkt" sind nicht gleichzusetzen mit einem religiösen, konfessionellen Bekenntnis und müssen keinesfalls zu einem solchen führen.

Was bedeutet nun dieser Befund für die Repräsentantinnen und Repräsentanten des religiös-weltanschaulich neutralen Staats und den an sie gerichteten normativen Anspruch der Rollentrennung? Staatliches Personal rekrutiert sich (noch) nicht aus mit Algorithmen gefütterten „Roboterbeamten", sondern aus „normalen" Menschen mit ihren individuellen (insb. auch religiösen) Prägungen. Dabei dürften die meisten für sich eine reli-

---

satz zu bewussten Erlebnissen in unserem Gedächtnis „unlöschbar" abgespeichert werden und damit verhaltenswirksam bleiben (*Else Schneider et. al* Larger capacity for unconscious versus conscious episodic memory. Current Biology, 2021).

[114] *Luckmann* Religion (Fn. 93), 108 ff., 117 ff. geht in diesem Sinne davon aus, dass die heutigen Menschen in das offizielle Modell der Religion hinein sozialisiert worden sind. Die bereits beschriebene Religiosität als urmenschliche Eigenschaft erfährt hier somit eine ganz spezifische Prägung durch ein konkretes Religionsmodell. – Dieses Menschenbild widerspiegeln im Übrigen auch die Grundrechtskataloge der Verfassungen, die keinen Menschen „kennen", der als weißes Blatt „prägungs- und kulturlos" lebt und agiert (vgl. in diesem Sinn *Schlaich* Neutralität [Fn. 6], 244). S. allgemein zum Einfluss des kulturellen Umfelds auf das menschliche Verhalten *Richard J. Gerrig/Tobias Dörfler/Jeanette Roos* Psychologie, 21. Auflage, 2018, 121 f.

[115] Der Umstand, dass z.B. in Deutschland gemäss einer Prognose bereits im Jahre 2025 weniger als die Hälfte der Gesamtbevölkerung einer der beiden christlichen Grosskirchen angehören, wird an dieser „konfessionsunabhängigen" jüdisch-christlichen Prägung vorderhand nichts Entscheidendes ändern. Bis die in den gesellschaftlichen Tiefenstrukturen eingebrannten Prägungen eliminiert bzw. durch neue ersetzt sind, bedarf es eines grundlegenden Kulturumbruchs.

[116] Kritisch auch *Möllers* Gefahr (Fn. 2), 61 ff.; s. ferner *Bernhard Giesen/Robert Seyfert* Kollektive Identität, in: Aus Politik und Zeitgeschichte (APuZ), 63. Jg., 13–14/2013, 39 ff.

[117] Ähnlich wohl auch *Luckmann* Religion (Fn. 93), 113 ff., 119 f.

giöse Prägung zwar anerkennen, sich gleichzeitig aber auch zutrauen (die zweite Prämisse ist Beleg dafür), diese Prägung unter Aufbieten der Vernunft jederzeit kontrollieren und drohenden Rollenvermischungen dadurch wirksam begegnen zu können. Dem ist freilich nicht so.[118] Prägungen erfolgen vornehmlich im Kindes- und Jugendalter, wirken aber grösstenteils zeitlebens, ungefragt und weitgehend unkontrollierbar.[119] Vor der „Amtsstube" machen sie selten einfach halt. Staatliche Funktionäre, ja wir alle, sind zwar „nicht nur Produkte unserer Herkunftsgeschichte, aber wir werden sie auch nicht los".[120] Ein Satz von *Michael Stolleis* bringt dies treffend auf den Punkt: „Wir leben in einer säkularisierten Konsum- und Wertewelt, aber wir haben (bewusst oder unbewusst) Teil an den Tiefenstrukturen der konfessionellen longue durée."[121]

---

[118] In diesem Sinn auch etwa *Spohn* Staat (Fn. 53), 73 ff. m.w.N.; zur Überschätzung der selbstreflexiven Kompetenz der Bürger ferner *Bornemann* Neutralität (Fn. 2), 67 f. (mit Verweis auf *R. Kent Greenawalt*). A.A. jedoch *Charim* Pluralisierung (Fn. 111), 75 ff., die den Repräsentanten des Staats zutraut, dass sie „zu den privaten Neigungen und Überzeugungen" Abstand nehmen können.

[119] Zum entwicklungspsychologischen Begriff der Prägung (bzw. Verfestigung) vgl. grundlegend *Hans Thomae*, Entwicklung und Prägung, in: Handbuch der Psychologie, 3. Band: Entwicklungspsychologie, 1972, 242. In Bezug auf die Entstehung individueller Religiosität vgl. etwa *Luckmann* Religion (Fn. 93), 108 ff. – Neben den besonders nachhaltigen frühkindlichen Prägungen führen im weiteren Verlaufe der menschlichen Entwicklung verschiedene Kristallisationsformen der Gesellschaft (Familie, Schule, Beruf, Kultur, Zeitgeist) zu vorübergehenden oder dauerhaften Prägungen (dazu *Thomae* ebd., 265 ff.).

[120] *Michael Heinig* Prekäre Ordnungen, 2018, 68. – Menschliche, vor allem frühkindliche Prägungen sind zwar nicht absolut unveränderbar, aber dennoch über alles gesehen ziemlich persistent (dazu *Thomae* Prägung [Fn. 119], 243 ff.). Zum „Fortdauern der Vergangenheit" vgl. auch *Sudhir Kakar* Kultur und Psyche, 2. Auflage 2014, 147 ff.; zur Prägekraft von Kindheits- und Adoleszenzerlebnissen und entsprechender Erinnerungen s. ferner *Anne-Ev Ustorf* Bilder der Kindheit, in: Psychologie heute, 2020, 16 ff.

[121] *Stolleis* Konfessionalität (Fn. 80), 307. Der Begriff der „longue durée" stammt von *Fernand Braudel*. Er bezeichnet die, von insgesamt drei Zeitebenen, zeitlich langsamste Entwicklungsform historischer Prozesse. Die longue durée treibt die historischen Akteure voran, ohne dass sie die „unbewusst" wirkenden Kräfte durchschauen (vgl. *Ferdinand Braudel* Geschichte und Sozialwissenschaften. Die longue durée, in: Claudia Honegger [Hrsg.] Schrift und Materie der Geschichte. Vorschläge zur systematischen Aneignung historischer Prozesse, 1977, 47 ff.). – Die Feststellung von *Stolleis* dürfte, trotz religions- und kulturgeschichtlicher Sondersituation, selbst für die neuen Bundesländer zutreffen. Hier hat zwar während 40 Jahren eine aggressiv antikirchliche und antireligiöse Gegenkraft gewirkt und auf gesellschaftlicher und individueller Ebene ihre prägenden Spuren hinterlassen (s. dazu etwa *Classen* Religionsrecht [Fn. 52], 14). Es gibt jedoch eine gewisse Evidenz, wonach die historisch relativ kurze Zäsur die in diesen Gebieten vorgefundene, Jahrhunderte alte und starke christliche Kulturprägung nicht vollends auszumerzen vermochte. Nach wie vor gibt es dort lebendige kirchliche Gemeinschaften sowie Kirchen als kulturelle Gebäude.

Der Staat sollte sich also nichts vormachen. „Getragen" und „belebt" von Menschen, die grösstenteils jüdisch-christlich geprägt sind, nimmt er (zumeist unbeabsichtigt) einen eindeutig religiös konnotierten Standpunkt ein. Staatliche Handlungen und Entscheidungen werden daher „immer und unvermeidlich bestimmten religiösen Inhalten näher stehen als anderen".[122] Und selbst, wenn es in seltenen Einzelfällen gelingen sollte, beispielsweise durch eine Kombination von intensiver persönlicher Introspektion und juridischer Sachlogik religiöse Impulse zu neutralisieren,[123] wird der äussere *Anschein* staatlicher „Parteilichkeit" weitgehend bestehen bleiben.[124]

Die bereits konstatierte Verschmelzung von staatlicher und religiöser Sphäre findet somit im Innern des Staatsapparats, auf der Ebene individueller Rollenvielfalt, seine Entsprechung. Damit (d.h. mit der individuellen Rollenverschmelzung) wird dem Neutralitätsfundament recht eigentlich die *Bodenplatte* entzogen.

4. Zwischenfazit und Überleitung

Der Befund erscheint in zweierlei Hinsicht eindeutig: Das Religiöse lässt sich – wie gezeigt – nicht in eine irgendwie geartete private Sphäre zurückdrängen und dort domestizieren – weder auf gesellschaftlicher noch auf individueller Ebene. Sphären- und Rollentrennungen erweisen sich insoweit als „graue", das vielschichtig und bunte Menschliche weitgehend ignorierende *Theoriekonstrukte*.

Wo nun aber die Grenzen zwischen dem Staatlich-Politischen und dem Privat-Religiösen derart verwischen, lässt sich eine religiös-weltanschauliche Neutralität des Staats nicht überzeugend durchhalten. Emsig Kruzifixe abzuhängen, Kopftücher aller Art zu verbieten, den Schulen das Singen christlicher Weihnachtslieder zu untersagen, die Anrufung Gottes aus den Verfassungen streichen und vieles Ähnliches mehr, hilft kaum weiter.[125] Im Gegenteil: Es schadet der staatlichen Glaub- und Vertrauenswürdigkeit.

---

[122] *Möllers* Gefahr (Fn. 2), 57.
[123] Vgl. so etwa *Waldhoff* Religionskonflikte (Fn. 34), 50; ferner *Fateh-Moghadam* Neutralität (Fn. 100), 97 („[...] denn die Verpflichtung zur Neutralität ist ein kontrafaktischer normativer Imperativ, der vom Rechtsanwender verlangt, solche empirisch-historischen oder auch persönlichen Verbindungen auszublenden").
[124] Man mag einwenden, diese Sichtweise sei zu stark auf die individuellen Prägungen fixiert und überschätze deren Wirkungen im behördlichen Alltag, wo vorbestehende Arbeits- und Denkkulturen dominierten. Dieser Einwand verfängt deshalb nicht, weil letztlich die einzelnen Behördenkulturen (wie auch die Kultur[en] in der Gesamtgesellschaft) immer auch das Produkt individueller Prägungen sind.
[125] Der Glaube an die Neutralität durch Abwesenheit von sakralen Zeichen widerspiegelt auch die Rechtsprechung des schweizerischen Bundesgerichts und des dt. Bundesverfassungsgerichts (vgl. zu den Kruzifixentscheiden unten Fn. 134; zu den Entscheiden zu reli-

Das verfassungsrechtliche Neutralitätsgebot kann sein normatives Programm gar nicht entfalten. Denn „sollen" setzt „können" voraus.[126] Und neutral sein kann (und muss) der Staat höchstens in Bezug auf die brandgefährlichen absoluten „religiösen Wahrheiten".[127] Soweit das Neutralitätsgebot sich aber auf weitere Dimensionen des Religiösen und Weltanschaulichen erstrecken soll, fehlt ihm dieses „Können". Die Neutralität erweist sich insofern als weitgehend *leeres unerfüllbares Versprechen*. Eine Norm aber, die sich realiter nicht erfüllen lässt, ist eine „pathologische" Norm.[128] Als das verfällt sie entweder der Bedeutungslosigkeit, was zu verkraften wäre, oder aber sie wirkt sich nachteilig auf das soziale Gefüge aus.[129] Letzteres trifft auf das Neutralitätsgebot zu, insbesondere in seinem strikten alltagssprachlichen Sinnverständnis. Zu erinnern ist hier an die erwähnten (rigiden) Anwendungsbeispiele und die aktivitätshemmenden Wirkungen.[130]

Ungeachtet all dieser Umstände weiterhin an einem Neutralitätsgebot festzuhalten, in welcher juristischen Ausformung und mit welchem normativen Gehalt auch immer, erscheint mit Blick auf die anstehenden religionspolitischen und religionsrechtlichen Herausforderungen wenig ratsam.[131] Es ist daher Zeit, entschlossen nach einem neuen Weg zu suchen.[132] Wo dieser

---

giösen Symbolen im Gerichtssaal vgl. Schweizerische Zeitschrift für Staatsrecht und Verwaltungsrecht (ZBl) 2020, 315 ff.; ferner dazu *Benedict Vischer* Justitias Entschleierung, in: Jusletter 2021, 10 ff.; zur inkonsistenten „Kopftuchrechtsprechung" des Bundesverfassungsgerichts *Muckel* Religionspolitik [Fn. 23], 558 ff.).

[126] Zur Grundfrage: „Setzt Sollen Können voraus"?, vgl. *Möllers* Möglichkeit (Fn. 78), 139 ff.

[127] In diesem Sinn auch *Droege* Religionsbegriff (Fn. 39), 161 f., dem zufolge die staatliche Neutralität dazu dient, im „Konflikt um Glaubenswahrheiten" als Streitschlichter zu wirken; *Barth* Rechtfertigung (Fn. 17), 21 („Der Staat ist in der Wahrheitsfrage neutral [...]."). S. zur Wichtigkeit der Erkenntnis, dass es absolute religiöse Wahrheiten nicht gibt, unten bei Fn. 166.

[128] *Hahn* Kirchenrechtssoziologie (Fn. 5), 48 spricht in einem ähnlichen Sinn dort von pathologischen Fällen, wo die mit dem Recht verbundenen Erwartungen regelmässig enttäuscht werden. S. ferner *Manfred Rehbinder,* Rechtssoziologie. Ein Studienbuch, 8. Auflage, 2014, 2 („Denn Normativität ohne Faktizität ist totes Recht."); *Ingo Schulz-Schaeffer* Rechtsdogmatik als Gegenstand der Rechtssoziologie. Für eine Rechtssoziologie „mit noch mehr Recht", in: Zeitschrift für Rechtssoziologie 25(2), 2004, 141 ff. Zum Ganzen auch *Möllers* Möglichkeit (Fn. 78), 139 ff.

[129] Vgl. ähnlich *Möllers* Möglichkeit (Fn. 78), 448.

[130] Vgl. dazu oben II.2.c.

[131] Nach *Möllers* Gefahr (Fn. 2), 56 ist es fraglich, ob in einem demokratischen Staat religiöse Neutralität überhaupt zulässig ist.

[132] Ähnlich *Urbaniok* Darwin (Fn. 67), 113, dem zufolge ein Ordnungsprinzip hinterfragt werden muss, wenn die daraus abgeleitete Regel in der Praxis zu Schäden führt.

ansetzen könnte und welche Richtung er einschlagen müsste, möchte ich im Folgenden skizzieren.

IV. Ein „neuer Weg"

1. Vorbemerkung: Abschied vom Neutralitätsgebot als Ziel

Der Pathologie („Krankhaftigkeit") des Neutralitätsgebots ist nicht beizukommen, indem man die bestehenden Neutralitätskonzepte abermals mit Lupe und Skalpell bearbeitet, allein mit dem Ziel, eine weitere Konzeptvariante zu entwerfen. *Heilung* verspricht nur der endgültige Abschied von der Neutralitätsidee. An ihre Stelle hat eine neue religionspolitische und religionsrechtliche Konzeption zu treten, die den psychologischen und anthropologischen Gegebenheiten besser Rechnung trägt und damit die für eine „gesunde" Norm unerlässliche Verbindung zwischen Normativität und Faktizität gewährleistet.[133] Demnach soll der Staat nicht länger für sich religiös-weltanschauliche Neutralität (Unbefangenheit) behaupten, sondern vielmehr seine unvermeidliche Parteilichkeit (Befangenheit) eingestehen. Man ahnt, dass dieser neue Weg nicht nur ebenerdig verläuft. Das sollte kein Grund sein, ihn nicht zu gehen. Ich möchte die beiden wichtigsten Wegetappen kurz beschreiben.

2. Erste Etappe: „Entspanntes" Bekenntnis zur jüdisch-christlichen Prägung

a) Neues staatliches Selbstbewusstsein

Zuerst ist ein klares und entspanntes Bekenntnis zur jüdisch-christlichen Prägung von Staat und Gesellschaft notwendig. Entspannt aus zwei Gründen: Es geht zunächst um nichts anderes als um das Anerkennen von dem, was ist. Um die *Evidenz* nämlich, wonach Staat und Gesellschaft auf einem „Sockel religiöser, kultureller und historischer Zeitschichten" sitzen, von denen sie und ihr Wertefundament geprägt sind und es noch einige Zeit bleiben werden.[134] Entspannt auch deshalb, weil das Bekenntnis zur

---

[133] Vgl. zum Verhältnis von Normativität und Faktizität *Hahn* Kirchenrechtssoziologie (Fn. 5), 50 ff. (mit Verweis auf *Christoph Möllers*).
[134] *Aleida Assmann* Menschenrechte und Menschenpflichten. Schlüsselbegriffe für eine humane Gesellschaft, 2. Auflage 2018, 45; ähnlich *Weiler* Europa (Fn. 3), 24 („Christenheit [...] eine empirische soziale Wirklichkeit"); *Fischer* Religion (Fn. 96), 99 f.; *Casanova* Angst (Fn. 8), 37. Ferner weist *Sandel* Moral (Fn. 29), 226 f. darauf hin, dass jeder Mensch in die Geschichte und Ziele jener Gemeinschaften eingebunden ist, von der er letztlich seine Identität bezieht; ähnlich *Braudel* Geschichte (Fn. 121), 66, der von einem „sozialen

jüdisch-christlichen Prägung und Wertegebundenheit an sich noch kein Problem darstellt.[135] Ein solches entstünde erst, wenn das christlich oder jüdische Glaubensbekenntnis gleichzeitig zum Staatsbekenntnis erklärt würde.[136]

Vom Staat bzw. seinen Repräsentantinnen und Repräsentanten wird nichts anderes verlangt, als zur eigenen *Identität* zu stehen. Damit sollen Inneres und Äusseres, Sein und Schein zur Deckung gebracht werden. Ein Akt von Ehrlichkeit, von Transparenz und nicht zuletzt auch ein Akt gegen das Verdrängen.[137]

Mit einem solchen neuen staatlichen Selbstbewusstsein würde die „ewige" Frage entfallen, ob der Staat einen eigenen *religiös geprägten* Standpunkt hat bzw. haben darf. Auch dürften sich all die Anstrengungen erübrigen, voneinander zu trennen, was sich nicht trennen lässt, nämlich Politisches, Kulturelles und Religiöses. Dadurch werden geistige Energien freigesetzt, die benötigt werden, um die drängende Frage zu beantworten: Wie gelingt es dem Staat, trotz seiner religiösen „Befangenheit", die religiöse Vielfalt in seine Politik und in sein Recht einzubinden, ohne zu spalten, ohne auszugrenzen und ohne den eigenen freiheitlichen Anspruch zu gefährden?[138]

Unbewussten" spricht. Vgl. beispielhaft aus der höchstrichterlichen „Kruzifixrechtsprechung" etwa BVerfGE 93, 1 (22 f.), wo das Bundesverfassungsgericht diese Grundprägung im Grundsatz anerkennt: „Der christliche Glaube und die christlichen Kirchen sind dabei, wie immer man ihr Erbe heute beurteilen mag, von überragender Prägekraft gewesen." A.A. aber BVerfGE 138, 296 (346 Rn. 123 u. 129 f.) zum Kopftuchverbot für Lehrkräfte an öffentlichen Schulen; gegen eine Bevorzugung insbesondere christlicher Beamter auf Grund der christlich und humanistisch geprägten abendländischen Tradition auch BVerfGE 153, 1 (51 f. Rn. 115), wobei das Bundesverfassungsgericht eine durch Landesgesetz vorgesehene Privilegierung christlicher Beamter billigt. Etwas zurückhaltender äussern sich der österreichische Verfassungsgerichtshof („Das Kreuz ist ohne Zweifel zu einem Symbol der abendländischen Geistesgeschichte geworden." [VfGH vom 9.3.2011, G 287/09–25]) und das schweizerische Bundesgericht („può essere inteso come attaccamento alla tradizione e ai fondamenti cristiani della civiltà e cultura occidentale" [BGE 116 Ia 252 E. 7b]).

[135] Vgl. auch *Dreier* Gott (Fn. 13), 105, der die „vielfältige Prägung unseres Rechts durch das Christentum" explizit konzediert; ebenso *Droege* Religionsbegriff (Fn. 39), 160 ff.: „Zur kulturellen Neutralität ist der Staat von Verfassungs wegen nicht verpflichtet. In seiner kulturellen Gestalt ist hier insbesondere der christliche Glaube – unvermindert – wirkmächtig." (162)

[136] In diesem Sinn *Schlaich* Neutralität (Fn. 6), 264: „Nicht die Werte, sondern verbindlich gemachte Werthierarchien sind der Freiheit und Neutralität gefährlich."

[137] Vgl. mit Blick auf das „christliche Europa" *Weiler* Europa (Fn. 3), 15 ff. Der Autor spricht in diesem Zusammenhang auch etwa von „denial" oder von „Christophobie" (Ebd. 22, 75 ff.).

[138] Vgl. hierzu auch etwa *Peter Saladin* Zur Einleitung. Die Schweizerische Eidgenossenschaft am Anfang ihres achten Jahrhunderts, in: 700 Jahre Eidgenossenschaft: Schwei-

b) Grundbedingung stimmiger Kommunikation

Das neu gewonnene Selbstbewusstsein wird dem Staat helfen, die kommunikativen Herausforderungen, die in der religiös-kulturell durchmischten Gesellschaft anfallen, besser zu bewältigen.[139] Denn Authentizität und Kongruenz gehören zu den Grundbedingungen einer „stimmigen" Kommunikation (das heisst: einer Kommunikation „in Übereinstimmung mit der Wahrheit der Gesamtsituation").[140] Diese Übereinstimmung fehlt, wenn der Staat wirklichkeitswidrig vorgibt, religiös-weltanschaulich neutral zu agieren und zu kommunizieren.[141] Einem fruchtbaren, vertrauensstiftenden interreligiösen Dialog ist damit der Boden entzogen. Es fehlt schlicht an einer gemeinsamen „Sprache".

Je offensichtlicher die Kluft zwischen „Etikette" und Wirklichkeit wird, desto weniger fühlt sich das kommunikative Gegenüber ernst genommen: „Wenn er nicht seine eigene Identität achtet, wie kann er meine achten?"[142] Schlechte Voraussetzungen, um mit den Angehörigen verschiedener Glaubensrichtungen in einen auf Dauer angelegten, konstruktiven, integrativen und friedensstiftenden Dialog zu treten.[143] Menschen schätzen die Kommu-

---

zerisches Recht heute und morgen, ZSR 1991 (I. Halbband), 13 f.; *Müller* Religion (Fn. 17), 140.

[139] Und nicht nur das: Der Staat wird dadurch auch in die Lage versetzt, seine ihm durch die UNO-Kinderrechtskonvention (Internationales Übereinkommen über die Rechte der Kinder [UNO KRK]) auferlegte völkerrechtliche Pflicht nachzukommen, „dem Kind Achtung vor seinen Eltern, seiner kulturellen Identität, seiner Sprache und seinen kulturellen Werten, den nationalen Werten des Landes, in dem es lebt, und gegebenenfalls des Landes, aus dem es stammt, sowie vor anderen Kulturen als der eigenen zu vermitteln" (Art. 29 Abs. 1 Bst. c UNO KRK).

[140] *Friedemann Schulz von Thun* Miteinander reden, Störungen und Klärungen, 58. Auflage 2014, 121; *ders.* Mehr oder minder authentisch, in: Praxis Kommunikation 06/2015, 11 ff. Vgl. grundlegend zu Bedeutung der Echtheit und persönlichen Kongruenz (Übereinstimmung mit sich selbst) für zwischenmenschliche Kommunikation und Beziehungspflege *Carl R. Rogers* Entwicklung der Persönlichkeit, 17. Auflage, 2009, 32 ff., 329 ff.; *Barry Stevens/Carl R. Rogers* Von Mensch zu Mensch. Möglichkeiten, sich und anderen zu begegnen, 2. Auflage, 2005, 98 f.

[141] So zum Beispiel, wenn er den Gläubigen, welcher Glaubensrichtung auch immer, verbietet, religiöse Symbole zu tragen. Zur entsprechenden neueren höchstrichterlichen Rechtsprechung in Deutschland und der Schweiz vgl. *Ueli Friederich* ZBl 2020, 315 ff.; dazu ferner *Vischer* Entschleierung (Fn. 125), 10 ff.; *Muckel* Religionspolitik (Fn. 23), 558 ff.

[142] *Weiler* Europa (Fn. 3), 109, der darin auch eine paternalistische Haltung erkennt, die glaubt, den Anderen von (vielleicht) unbequemen Wahrheiten verschonen zu müssen. Vgl. dazu auch *Rogers* Entwicklung (Fn. 140), 333 f.

[143] Nach *Weiler* Europa (Fn. 3), 71 darf den andersgläubigen Dialogpartnern durchaus zugetraut werden, dass sie sich nicht bereits beleidigt fühlen, nur weil die historisch-kulturelle Wirklichkeit anerkannt wird.

nikation als ein Mittel, „die Dinge so darzustellen, wie sie sind. Sie lehnen Heuchelei, Betrug und Doppelzüngigkeit, die für unsere Gesellschaft so charakteristisch sind, ab."[144]

Es kommt noch etwas hinzu: Religiöse Neutralität ist (selbst wenn sie möglich wäre) *keine Haltung*, jedenfalls nicht in der direkten Kommunikation. Insbesondere auch nicht für den Staat, dessen Aufgabe es ist zu gestalten, nicht bloss abseits zu stehen und zu beobachten. Religiös-weltanschauliche „Haltungslosigkeit"[145] – häufig (zu Recht oder zu Unrecht) als religiöse Indifferenz oder religiöses Desinteresse empfunden[146] – befremdet denn auch insbesondere Gläubige aus Kulturkreisen, in denen das Religiöse eng mit dem alltäglichen und öffentlichen Leben verwoben ist.[147] Sie ziehen vermutungsweise den aufrechten Andersgläubigen als kommunikatives Gegenüber dem vermeintlich religiösen „Neutrum" vor. Denn Letzteres steht im begründeten Verdacht, für religiöse Sensibilitäten wenig Empathie und Verständnisfähigkeit aufzubringen oder aufbringen zu wollen.[148]

Es erscheint daher unklug und vor allem unnötig, wenn sich der Staat auf diese Weise den Unmut zugewanderter Menschen mit fremdem religiösen Hintergrund auf sich zieht.[149] Mit seinem achtbaren Ansinnen, „Heimstatt für alle Bürger"[150] zu sein, droht er sonst zu scheitern.[151]

---

[144] *Carl R. Rogers* Der neue Mensch, 8. Auflage 2007, 183; *ders.* Entwicklung (Fn. 140), 32.

[145] Vgl. zum Begriff im deutschen Wörterbuch von *Jacob und Wilhelm Grimm*. Lfg. 2 (1869), Bd. IV,II (1877), Sp. 304, Z. 76: „Man erbaut aus weisen Maximen eine Mauer um sich, welche die eigne Haltungslosigkeit decken soll." *Möllers*, Freiheitsgrade (Fn. 102), 178 f. sieht in der Haltungs- oder Standpunktlosigkeit sogar eine „Schwester der Polarisierung", da die Konstruktion eines neutralen Standpunkts in einem polarisierenden Umfeld massgeblich von der sich stärker oder schneller radikalisierenden Position bestimmt werde. Der Verzicht auf eine eigene Position sei daher kein Beitrag zur De-Radikalisierung.

[146] Vgl. auch etwa *von Campenhausen/de Wall* Staatskirchenrecht (Fn. 13), 371.

[147] Viele verspüren gar echte Verachtung für die dem westlichen Kulturkreis zugeschriebene säkulare Attitüde (Indizien für diese These finden sich etwa bei *Bielefeldt* Muslime [Fn. 22], 46 ff., 59 ff.). Nach *Ulrich Tilgner* gilt der Westen bei den „Orientalen" ganz generell als unglaubwürdig, weil er seine eigenen Werte verrät, die er vor sich herträgt (Tages-Anzeiger vom 3. Oktober 2020, 37: „Islamische Fanatiker hat der Westen geschaffen.").

[148] Vgl. zur Wichtigkeit von Empathie (eine Haltung verstehenden Zuhörens) für eine verbesserte Kommunikation *Rogers* Entwicklung (Fn. 140), 34, 333 ff.; ähnlich *Ladeur/ Augsberg* Toleranz (Fn. 102), 41 f.

[149] Vgl. in diesem Zusammenhang etwa *Fateh-Moghadam* Neutralität (Fn. 100), 13 ff., der auf die zunehmende gesellschaftliche Bedeutung des Religiösen hinweist; ferner *Felix Hafner* Religionsverfassung, in: Oliver Diggelmann/Maya Hertig Randall/Benjamin Schindler (Hrsg.) Verfassungsrecht der Schweiz, Band III, 2020, 2327 (2328); *Potz* Religion (Fn. 27), 70; *Huster* Neutralität (Fn. 2), XXVI f.; *Casanova* Angst (Fn. 8), 32; *Andrea Edenharter* Rechtliche Implikationen eines Verbots der Vollverschleierung – EMRK, Deutschland, Schweiz, JZ 2018, 971 (973, 975).

[150] So das Bundesverfassungsgericht erstmals in BVerfGE 19, 206 (216).

3. Zweite Etappe: Etikettenwechsel vom neutralen zum toleranten Staat

a) Toleranz als Aliud

Ein entspanntes Bekenntnis zur eigenen Identität muss auch äusserlich, in Form einer „Neuetikettierung" des Staats Ausdruck finden. Wegleitend hierfür ist die gewonnene Erkenntnis, wonach der jüdisch-christlich geprägte Staat weder glaubwürdig neutral sein kann noch aufgrund der Religionsfreiheit sein muss. Letztere verpflichtet ihn aber im Rahmen ihrer Integrations- und Friedenssicherungsfunktion zur religiösen Toleranz.[152] Dementsprechend muss die Etikette der religiös-weltanschaulichen Neutralität durch jene der religiös-weltanschaulichen Toleranz ersetzt werden. Was ändert sich dadurch?

Wie sich Toleranz zu Neutralität genau verhält, ist umstritten. Zum Teil wird in der Toleranz eine Ausdrucksform der Neutralität gesehen, zum Teil wird Neutralität aber auch im umgekehrten Sinn aus dem Toleranzgedanken abgeleitet.[153] Häufig bleibt das Verhältnis aber unklar und nicht selten werden die beiden Prinzipien schlicht gleichgesetzt.[154] Toleranz ist indes ein *Aliud*! Neutralität und Toleranz gleichzusetzen, lässt ausser Acht, dass sie sich in zwei wesentlichen Punkten voneinander unterscheiden:

– Der erste Unterschied ist *formaler* Natur. Während Neutralität einen *eigenen Standpunkt* kategorisch ausschliesst, ist er für die Toleranz wesensbestimmend.[155] Toleranz kann sich mithin auch ein Staat auf

---

[151] Vgl. ähnlich *Sandel* Moral (Fn. 29), 324. – Insoweit erliegt nach hier vertretener Auffassung einem Trugschluss, wer glaubt, die Integration verschiedener Weltanschauungen und Glaubensvorstellungen bedinge zwingend staatliche Säkularität. Ganz entschieden wird diese Auffassung etwa von *Dreier* Integrationsfaktor (Fn. 14), 379 f. vertreten; s. weitere Nachweise bei *Bornemann* Neutralität (Fn. 2), 70 ff.

[152] Vgl. dazu oben Fn. 22. S. auch *Helmut Simon* Leben zwischen den Zeiten. Von der Weimarer Republik bis zu Europäischen Union – vom Bauernbub zum Verfassungsrichter und Kirchentagspräsidenten. Peter Becker/Heide Simon (Hrsg.) 2020, 237 ff., für den die Religionsfreiheit „Fundament und zentrales Kriterium des Staatskirchenrechts" ist.

[153] Ähnlich *Möllers* Gefahr (Fn. 2), 53 Fn. 25; s. ferner die zahlreichen Nachweise bei *Bornemann* Neutralität (Fn. 2), 110 Fn. 366.

[154] Vgl. etwa *Engi* Neutralität (Fn. 6), 205 f. m.w.N.; *Martenet/Zandirad* Commentaire romand constitution fédérale (Fn. 28), Art. 15 Rn. 32; *Müller/Schefer* Grundrechte (Fn. 41), 269 ff.; *Kälin* Kulturkonflikt (Fn. 26), 34 ff.; *Schlaich* Neutralität (Fn. 6), 129, 132, 254; *Wagrandl* Neutralität (Fn. 6), 322 f. S. ferner aus der Rechtsprechung, für die Schweiz: BGE 142 I 49 E. 3 m.w.N.; für Deutschland: BVerfGE 138, 296 (333 Rn. 98); für Österreich: VfGH vom 11. Dezember 2020 G4/2020-27.

[155] Vgl. *Schlaich* Neutralität (Fn. 6), 254; *Friederich* Kirchen (Fn. 10), 351; *Heinig* Verfassung (Fn. 1), 72; *Fateh-Moghadam* Neutralität (Fn. 100), 98. – Streng logisch kann ein neutraler Staat somit nicht tolerant und ein toleranter Staat nicht neutral sein (ähnlich *Engi* Neutralität [Fn. 6], 207 f.; *Fateh-Moghadam* Neutralität [Fn. 100], 105). Folglich lässt sich der Neutralität nur mit „zugekniffenen Augen" und pragmatischer Grosszügigkeit eine

seine Fahne schreiben, der aufgrund seiner Kultur- und Religionsgeschichte einer bestimmten religiösen Glaubensrichtung näher steht als anderen und dem man insoweit einen eigenen religiös geprägten Standpunkt unterstellen muss.[156] – Einen Standpunkt zu haben und sich zu ihm zu bekennen, wirkt in einem übertragenen physikalischen Sinne stabilisierend. Diese Stabilität erlaubt es dem Staat, sich religionspolitischen Themen und Konflikten unverkrampft(er), engagierter und glaubwürdiger zu widmen.[157]

– Der zweite Unterschied ist *inhaltlicher* Natur: Mit der Toleranz haben wir wiederum einen ziemlich schillernden Begriff, dessen normativer Kerngehalt sich ebenfalls unterschiedlichsten Konzeptionen öffnet.[158] „Was ist Toleranz?" hat *Voltaire* einst gefragt und darauf auch gleich geantwortet: „Sie ist Menschlichkeit überhaupt."[159] Toleranz verspricht somit eindeutig mehr als „kühle" Neutralität. Gemessen am Wortsinn (lat. „tolerare": „ertragen", „aushalten", „erdulden"), finden sich allerdings selbst bei ihr weniger glanzvolle Seiten: „Sie duldet, was sie im tiefsten nicht anerkennen kann."[160] Das tönt nicht wirklich edel, sondern eher nach einer gewissen „Kampfesmüdigkeit"[161] oder einem „gnädigen" Dulden der mächtigen Mehrheit, das rasch wieder in Intoleranz kippen kann.[162] Angesichts der gegenwärtig noch bestehenden (jüdischchristlichen) Mehrheitsverhältnisse mag eine duldende Toleranz kurzfristig „stimmig" sein, allerdings nur im Sinn einer Übergangsgesin-

---

gewisse Toleranzdimension attestieren oder sie gar als Instrument zu deren Durchsetzung sehen (vgl. *Kiener/Kälin/Wyttenbach* Grundrechte [Fn. 17], 327; s. auch aus der Rechtsprechung des schweizerischen Bundesgerichts etwa BGE 142 I 49 E. 3.3.).

[156] Vgl. auch *Holzke* Neutralität (Fn. 2), 909; *Ladeur/Augsberg* Toleranz (Fn. 102), 84; ferner *Möllers* Gefahr (Fn. 2), 53, der allerdings Toleranz für einen demokratischen Rechtsstaat, in welchem Bürger sich Rechte geben, als wenig angemessen erachtet.

[157] Ähnlich *Winzeler* Nutzen (Fn. 22), 118: „Wie einst der christliche braucht heute der multireligiöse Staat eine konstruktive, Stabilität verheissende Beziehung zu Religionen und Religionsgemeinschaften."

[158] Dazu *Forst* Toleranz (Fn.21), 30 ff.; kritisch etwa *Biaggini* BV Kommentar (Fn. 41), Art. 15 Rn. 6c („schillernden Begriff ohne klare Konturen").

[159] *Joffrin* Voltaire (Fn. 21), 31. *Al Imfeld* Mission beendet. Nachdenkliches zur religiösen Eroberung der Welt, 2012, 129 nennt Toleranz eine „göttliche Tugend".

[160] *Hans Saner* Von der Toleranz zur Differenzverträglichkeit, AJP 2013, 310. *Forst* Toleranz (Fn. 21), 32 spricht in diesem Zusammenhang von der Ablehnungs-Komponente; s. ferner zu diesem Toleranzverständnis *Fateh-Moghadam* Neutralität (Fn. 100), 97 f., 386; *Sacksofsky* Freiheit (Fn. 17), 21; *Bielefeldt* Muslime (Fn. 22), 24 ff.

[161] Vgl. *Karl Raimund Popper* Freiheit und intellektuelle Verantwortung. Politische Vorträge und Aufsätze aus sechs Jahrzehnten, Gesammelte Werke, Band 14, 2016, 39.

[162] Vgl. *Saner* Toleranz, 310; *Forst* Toleranz (Fn. 21), 44 f.; *Nussbaum* Intoleranz (Fn. 64), 84.

nung.¹⁶³ Die blosse Akzeptanz bestehender Differenzen taugt langfristig aber nicht als tragfähige Basis für einen entspannten und friedlichen Umgang mit Andersgläubigen. Wer nur geduldet ist, fühlt sich in seiner Andersartigkeit weder verstanden noch wirklich geachtet.¹⁶⁴ Das Tolerierte muss nun freilich vom Tolerierenden durchaus nicht zwingend „als falsch angesehen bzw. als schlecht verurteilt werden".¹⁶⁵ Er kann dieses auch einfach nur als anders- oder fremdartig empfinden.

Religiös-weltanschauliche Toleranz im hier postulierten Sinn gründet daher zuallererst in der elementaren, an Wichtigkeit nicht hoch genug einzuschätzenden Erkenntnis, dass es *absolute* religiöse Wahrheiten nicht gibt.¹⁶⁶ Sie bewegt sich damit einen Schritt hin zur Akzeptanz.¹⁶⁷ Eine solcherart verstandene Toleranz beruht auf Respekt und Wertschätzung, die den Andern – und dessen religiöse oder weltanschauliche Überzeugungen – als gleichwertig achtet und von ihm (sogar) zu lernen bereit ist.¹⁶⁸ Das entspricht schliesslich auch der *Grundidee* von Toleranz, die sich einem erst erschliesst, wenn man zu ihrer Urquelle vorstösst.¹⁶⁹ Diese findet sich nicht etwa in der gerne und immer wieder aufs Neue überschätzten menschlichen Vernunft,¹⁷⁰ sondern in der *Goldenen Regel* der Menschlichkeit: „Behandelt die Menschen so, wie Ihr selbst von ihnen behandelt werden wollt."¹⁷¹ Als

---

¹⁶³ Dazu *Saner* Toleranz (Fn. 160), 311; ferner *Droege* Religionsbegriff (Fn. 39), 163.
¹⁶⁴ Ähnlich *Püttner* Toleranz (Fn. 22), 23 f.
¹⁶⁵ So aber *Forst* Toleranz (Fn. 21), 32.
¹⁶⁶ Vgl. in diesem Sinne *Drewermann* Gott (Fn. 96), 170: „Es ist nur eine Religion für alle Menschen, weil nur ein Gott ist und ein und dieselbe Bedürftigkeit in uns allen." Ähnlich *Imfeld* Mission (Fn. 159), 124 ff. (insb. 127).
¹⁶⁷ Vgl. *Töndury* Toleranz (Fn. 21), 23, dem zufolge die Toleranz ein „Akzeptanzminimum" beinhaltet.
¹⁶⁸ Vgl. ähnlich etwa *Popper* Freiheit (Fn. 161), 39 f.; *Hans Küng* Projekt Weltethos, 16. Auflage 2021, 232; *Imfeld* Mission (Fn. 159), 128 f.; *Nussbaum* Intoleranz (Fn. 64), 87; *Hassemer* Toleranz (Fn. 24), 187 ff.; *Forst* Toleranz (Fn. 21), 45 ff.; *Müller/Thürer* Toleranz (Fn. 24), 288 ff.; *Richard Bäumlin* Das Grundrecht der Gewissensfreiheit, in: VVDStRL 28 (1970), 5 (24 f.); *Püttner* Toleranz (Fn. 22), 13; *Ladeur/Augsberg* Toleranz (Fn. 102), 133; *Sandel* Moral (Fn. 29), 204 ff., 325 f.; *Casanova* Angst (Fn. 8), 121. S. ferner *Rogers* Entwicklung (Fn. 140), 323: „Wirkliche Kommunikation findet dann statt, wenn wir mit Verständnis – und ohne ständiges Werten aus eigener Sicht – zuhören."
¹⁶⁹ Vgl. für eine eingehende, im vorchristlichen Altertum einsetzende ideengeschichtliche Spurensuche *Töndury* Toleranz (Fn. 21), 34 ff.; *Forst* Toleranz (Fn. 21), 53 ff.
¹⁷⁰ Vgl. beispielsweise den Hinweis von *Töndury* Toleranz (Fn. 21), 311 auf das vernunftbasierte Toleranzverständnis bei *Thomas Hobbes*.
¹⁷¹ Mt 7,12. Vgl. ferner *Höffe* Toleranz (Fn. 17), 96. Das christliche Liebesgebot ist die christlich-abendländische Ausprägung der Goldenen Regel der Menschlichkeit (dazu *Eberhard Schockenhoff* Theologische Ethik, in: Clauß Peter Sajak [Hrsg.] Christliches Handeln in der Verantwortung für die Welt, 2015, 147 ff.; *Leonard Ragaz* Die Bergpredigt Jesu,

über- oder gar vorreligiöse, Jahrtausende alte universelle Lebensweisheit[172] markiert dieses Prinzip der *Gegenseitigkeit* einen ethischen Grundkonsens, einen moralischen Kern, der alle Weltreligionen und humanistischen Weltanschauungen miteinander verbindet.[173]

b) *Toleranz als Pflicht und Verantwortung*

Toleranz soll (und kann) das friedliche Zusammenleben von verschiedenen Religionen und Weltanschauungen in einer pluralistischen Gesellschaft gewährleisten. Sie beinhaltet – wie dargelegt – weit mehr als passives Respektieren und Achten von Andersdenkenden und Andersgläubenden. Es ist ihr immer auch eine Pflicht zum Dulden, Handeln oder Unterlassen,[174] mithin zum aktiven Wahrnehmen der Verantwortung für das gesellschaftliche Ganze inhärent.[175]

Mit einer blossen Neuetikettierung des Staats ist es selbstredend nicht getan. Die neue Etikette muss entsprechend mit normativer Kraft ausgestattet werden. Zu diesem Zweck bedarf es einer positivrechtlichen *Verankerung* in der Verfassung, welche die normative Kontur (Gehalt und Struktur) des Toleranzgebots möglichst präzis und unmissverständlich absteckt.[176] In dieser Hinsicht sollen hier lediglich zwei zentrale Punkte hervorgehoben werden:

– Zum einen darf Toleranz nicht nur als staatliche Handlungsmaxime, gegebenenfalls verstärkt durch staatliche Schutzverpflichtungen[177] und

---

1983, 172 ff.) und damit nur eine Ausprägung unter vielen (vgl. *Küng* Weltethos [Fn. 168], 84 mit Verweis auf die entsprechenden Quellen in den verschiedenen religiösen Schriften).

[172] Vgl. *Assmann* Menschenpflichten (Fn. 134), 59 spricht von einer „viertausendjährigen Erfahrungsweisheit". In der knappen gängigen Formel des Prinzips der Wechselseitigkeit menschlicher Interaktion lässt sich die Regel bis ins Jahr 800 v. Chr. belegen. Ihre Wurzeln reichen jedoch nachweislich mindestens bis ins alte Ägypten ca. 2000 v. Chr. zurück (vgl. *Jan Assmann* Achsenzeit. Eine Archäologie der Moderne, 2018, 214 f.).

[173] Vgl. *Schockenhoff* Ethik (Fn. 171), 145 ff.; *Karl Raimund Popper* Die offene Gesellschaft und ihre Feinde, Band I: Der Zauber Platons, Gesammelte Werke Band 5, 8. Auflage, 2003, 123; ähnlich *Müller/Thürer* Toleranz (Fn. 24), 290.

[174] Nach *Müller/Thürer* Toleranz (Fn. 24), 292 sind alle Menschen „verpflichtet, religiöse Zumutungen gegenüber den übrigen, anders- oder nicht gläubigen Teilen der Bevölkerung zu unterlassen, die in einer säkularen Gesellschaft von vielen als bedrohlich empfunden werden".

[175] Vgl. zu den Begriffen „Pflicht" und „Verantwortung" *Peter Saladin* Verantwortung als Staatsprinzip, 1984, 33 f.

[176] Vgl. kritisch zu einem ungeschriebenen Toleranzprinzip auch schon *Püttner* Toleranz (Fn. 22), 11. – Heute findet sich das Wort „Toleranz" weder in der schweizerischen Bundesverfassung noch im deutschen Grundgesetz. Im österreichischen Bundesverfassungsgesetz wird es immerhin als Grundwert der Schule erwähnt (Art. 14 Abs. 5a B-VG).

[177] Zur grundrechtlichen Schutzpflicht nach schweizerischem Verfassungsrecht vgl. *Jörg Paul Müller* Verwirklichung der Grundrechte nach Art. 35 BV. Der Freiheit Chancen

flankiert durch entsprechende Bildungsartikel,[178] ausgestaltet werden.[179] Um das friedensstiftende Potential der Toleranz vollumfänglich auszuschöpfen, braucht es neben einem „religiös toleranten Staat" (im Sinn „aktiver" Toleranz[180]) auch *tolerante Individuen*. Ihre gesellschaftliche (Mit-)Verantwortung ist so grundlegend, dass die Verfassung sie als Adressaten des Toleranzgebots nicht einfach verschweigen darf.[181]
– Zum anderen ist einzuräumen, dass es den absolut religiös toleranten Staat (wenn auch aus anderen Gründen) ebenso wenig geben kann wie den absolut neutralen Staat. Grundsätzlich beansprucht Toleranz aber ein weites Wirkungsfeld, sonst verdient sie ihren Namen nicht. Die *Grenzen* der Toleranz, die hier nicht näher diskutiert werden können, sind demzufolge erst dort erreicht, wo Toleranz sich selber zu zerstören droht.[182]

---

geben, 2018, 69 ff. In Bezug auf die Horizontalwirkung der Religionsfreiheit vgl. *Müller/Thürer* Toleranz (Fn. 24), 292, die aus Art. 35 Abs. 3 BV eine indirekte Drittwirkung ableiten; s. ferner zur älteren, wenig konsistenten Praxis des schweizerischen Bundesgerichts *Peter Saladin* Grundrechte im Wandel, 3. Auflage 1982, XVIII, 27 ff.

[178] Um der Verwirklichung von Toleranz eine Chance zu geben, bedarf es in der Verfassung flankierender Bestimmungen, die Toleranz als Gegenstand der rechtsstaatlichen Schulbildung verankern. Vgl. dazu etwa *Müller/Thürer* Toleranz (Fn. 24), 295; s. ferner aus der Kopftuchentscheidung des dt. Bundesverfassungsgerichts: „Ein tolerantes Miteinander mit Andersgesinnten könnte hier am nachhaltigsten durch Erziehung geübt werden. Dies müsste nicht die Verleugnung der eigenen Überzeugung bedeuten, sondern böte die Chance zur Erkenntnis und Festigung des eigenen Standpunkts und zu einer gegenseitigen Toleranz, die sich nicht als nivellierender Ausgleich versteht" (BVerfGE 108, 282 [310]). Allgemein zur Notwendigkeit rechtsstaatlicher Bildung und Erziehung vgl. *Müller* Perspektiven (Fn. 112), 1147 (1160 ff.).

[179] Verschiedene Autoren lehnen indes eine staatliche Toleranzpflicht grundsätzlich ab: So etwa *Engi* Neutralität (Fn. 6), 207 ff.; *Morlok* Neutralität (Fn. 9), 8; *Forst* Toleranz (Fn. 21), 675 ff.; *Heinig* Verfassung (Fn. 1), 76.

[180] *Püttner* Toleranz (Fn. 22), 41: „Toleranz ist die Kunst der Gestaltung des Soziallebens trotz unterschiedlicher Anschauungen." In diesem Sinn auch *Kälin* Kulturkonflikt (Fn. 26), 49 f.; *Hassemer* Toleranz (Fn. 24), 188; *Schlaich* Neutralität (Fn. 6), 255 f.

[181] *Saladin* Verantwortung (Fn. 175), 215. Die individuelle Toleranz*pflicht* explizit im Verfassungstext zu verankern, erscheint auch deshalb vonnöten, weil die individuelle Pflichtenseite im schweizerischen (ebenso wie im dt. und österreichischen) Verfassungs- und Freiheitsverständnis generell unterentwickelt ist. Vgl. allgemein *Saladin* Verantwortung (Fn. 175), 212 ff.; *Müller* Perspektiven (Fn. 112), 1147 (1158); für Deutschland schon *Püttner* Toleranz (Fn. 22), 22; zur Problematik der schleichenden „Erosion individueller Pflichtentugenden" allgemein nun auch *Richard David Precht* Von der Pflicht. Eine Betrachtung, 2021, 109 ff. S. ferner zur Bedeutung und Quelle menschlicher Pflichten *Küng* Weltethos (Fn. 168), 141 ff.

[182] Vgl. auch *Popper* Freiheit (Fn. 161), 208 f.; ähnlich *Classen* Religionsrecht (Fn. 52), 77 („die jeweilige Freiheit des anderen jedenfalls solange akzeptieren, wie dieser andere nur auf sich selbst bezogene religiöse Handlungen vornimmt"); zu den Toleranzgrenzen s. ferner *Töndury* Toleranz (Fn. 21), 560 ff.; *Höffe* Toleranz (Fn. 17), 96; *Müller* Religion (Fn. 17), 154 ff.

Mit diesen summarischen Hinweisen ist der „tolerante Staat" selbstverständlich erst grob umrissen. Um ihm schärfere Konturen zu verleihen, werden Wissenschaft und Praxis noch einiges aufwenden müssen.

4. Fazit und Schluss

Der neue Weg – das lässt diese Wegskizze bereits erkennen – kommt einem gewaltigen *Quantensprung* (vor allem im Kopf) gleich. Nicht in dem Sinne, dass damit die Konflikte im religiös-pluralistischen Staat gelöst wären. Kontroversen über Kruzifixe in Schulräumen, Bibelzitate auf öffentlichen Plakatwänden, Kopftücher im öffentlichen Dienst, Vollverschleierung im öffentlichen Raum und Ähnliches mehr dürfte es weiterhin geben. Sie werden aber von Seiten des Staats auf einer wahrhaftigeren und glaubwürdigeren Grundlage ausgetragen.

Damit verbindet sich keinerlei Verschiebung von Macht, weder zum Staat hin noch vom Staat weg.[183] Staatliche Entscheidungen werden materiell denn auch nicht zwingend anders ausfallen, hingegen werden sie bei den Adressaten auf eine höhere *Akzeptanz* stossen. Denn Akzeptanz – auch das weiss man aus der Sozialpsychologie – hängt wesentlich davon ab, wie vertrauens- und glaubwürdig der Entscheidungsträger in seinem Handeln und in seiner Kommunikation auftritt.[184] Die vorangehenden Ausführungen mögen gezeigt haben, dass ein vermeintlich religiös-weltanschaulich neutraler Staat genau hier ein gravierendes Problem hat.

Der hier postulierte Quantensprung wird ohne aufwändige gesellschaftliche Lernprozesse, breite und unvermeidlich hitzige öffentliche Debatten sowie auch viel (rechts-)dogmatische Kleinarbeit nicht zu bewältigen sein. Fürwahr, eine veritable Herausforderung, deswegen aber nicht utopisch. Denn, was sein könnte oder vielmehr sein müsste, ist *keine Utopie*. Utopisch wäre nur die Erwartung, dass es schon morgen sein werde.[185]

---

[183] Man kann allerdings insoweit von einer gewissen Machtverschiebung zugunsten des Staats sprechen, als von einem „toleranten Staat" mehr Aktivität in religiösen Belangen zu erwarten und zu fordern ist.

[184] Zur Akzeptanz *Markus Müller* Psychologie im öffentlichen Verfahren, 2010, 17 ff., 135 ff.

[185] Vgl. *Hans Widmer* Das Modell des konsequenten Humanismus, 2016, 170; ähnlich *Weiler* Europa (Fn. 3), 91. Nach *Püttner* Toleranz (Fn. 22), 61 ist die Prognose für Toleranz „ebenso ungewiss, wie es jeder Entwurf 'zum ewigen Frieden' immer gewesen ist".

Leitsätze des Referenten über:

1. Neutralität als Verfassungsgebot? Der Staat und religiöse oder weltanschauliche Überzeugungen

I. *Klare Frage – klare Antwort*

(1) „Religiöse und weltanschauliche Neutralität als Verfassungsgebot"? Die Frage ist klar gestellt und verdient eine ebenso klare Antwort. Diese soll bereits ganz zu Beginn des Referats gegeben werden: Das Verfassungsgebot der religiös-weltanschaulichen Neutralität existiert qua Lehre und Rechtsprechung. Es gibt allerdings berechtigte Zweifel an dessen Existenzberechtigung. Denn das Gebot lässt sich weder plausibel aus dem geltenden Verfassungsrecht ableiten, noch vermag es sein normatives Programm zu entfalten.

II. *Religiös-weltanschauliche Neutralität als Rechtsbegriff*

1. *Vorbemerkung: Etabliert und weithin unbestritten*

(2) Das Gebot religiös-weltanschaulicher Neutralität des Staats hat sich im (dt., schweiz., österr.) Religionsverfassungsrecht etabliert. Es weist allerdings einige formale und inhaltliche Besonderheiten auf, die Quelle zahlreicher Umsetzungs- und Glaubwürdigkeitsprobleme sind.

2. *Formale und inhaltliche Besonderheiten*

a) *Ungeschrieben und ungenügend verankert*

(3) Zunächst ist bemerkenswert, dass das Neutralitätsgebot keinen Niederschlag im geschriebenen nationalen Verfassungsrecht gefunden hat, weder in Deutschland, Österreich noch in der Schweiz. Dies obwohl es von Lehre und Rechtsprechung seit geraumer Zeit als nahezu unantastbares Prinzip moderner Rechtsstaatlichkeit gepriesen wird. Einige Autoren sehen

in ihm gar die Grundvoraussetzung religiöser Pluralität und religiösen Friedens.

(4) Bei so viel attribuierter Wichtigkeit wäre eigentlich eine explizite Verankerung in den nationalen „Grundgesetzen" zu erwarten. Lehre und Rechtsprechung verstehen das Gebot indes als logischen und gleichsam zwingenden Ausfluss aus einem ganzen Konglomerat geschriebener Verfassungsnormen, vorab aus dem Grundrecht der Religionsfreiheit. Daher erachten sie eine Niederschrift in den Verfassungstexten als entbehrlich.

(5) Dieser Verständnishintergrund weist allerdings drei Bruchstellen auf: Erstens bedingen sich Religionsfreiheit und religiös-weltanschauliche Neutralität nicht; Freiheit ist auch ohne Neutralität zu haben. Zweitens ist der Religionsfreiheit nicht das Gebot der Neutralität inhärent, sondern das der Toleranz. Und drittens stellt sich die Frage, ob ein Neutralitätsgebot neben dem Rechtsgleichheits- und dem Diskriminierungsverbot überhaupt einen normativen Mehrwert bringt.

b) *Inhaltlich und strukturell unbestimmt*

(6) In Bezug auf den Normgehalt begegnet einem in Lehre und Rechtsprechung ein bunter Strauss von Neutralitätskonzepten, die ziemlich alle Schattierungen möglicher Beziehungsmuster zwischen Staat und Religion abdecken. Als normative Kernbestandteile haben sich immerhin drei an den Staat gerichtete Teilverbote herausgebildet: das Identifikationsverbot, das Bewertungsverbot und das Einmischungsverbot. Ergänzend wird verschiedentlich betont, dass religiös-weltanschauliche Neutralität des Staats nicht dessen Wertneutralität bedeute. Das wirft die Frage auf, woher der Staat diesfalls seine (religiös-weltanschaulich neutralen) Werte nimmt.

(7) Auch in Bezug auf die normative Struktur des Neutralitätsgebots findet sich in der Literatur fast jede erdenkliche Variante. Einige Autoren schreiben ihm nur objektiv-rechtliche Wirkungen zu, andere attestieren ihm zusätzlich subjektiv-rechtliche Qualität. Nochmals andere sprechen dem Gebot den Normcharakter ganz grundsätzlich ab und sehen in ihm lediglich ein normativ hybrides Rechtsgebilde.

(8) Die religiös-weltanschauliche Neutralität des Staats erweist sich heute linguistisch gesehen als sprachlicher Ausdruck, aber nicht als (Rechts-)Begriff. Hierzu fehlt es ihr an einem kohärenten normativen Gehalt. Diese Inkohärenz liefert zwar Stoff für die wissenschaftliche Debatte, vermindert aber die Tauglichkeit des Neutralitätsgebots für die Bewältigung konkreter religionsrechtlicher Konfliktlagen.

1. Religiös-weltanschauliche Neutralität als Verfassungsprinzip?

c) Alltagssprachlich übersteuert

(9) Die normative Offenheit des verfassungsrechtlichen Neutralitätsgebots kontrastiert auffällig mit der normativen Geschlossenheit seines alltagssprachlichen Pendants. Danach ist Neutralität, dem terminologischen Urverständnis entsprechend (lat. „neuter": keiner von beiden), absolut und strikt; „ein bisschen" Neutralität gibt es nicht.

(10) Der strikte alltagssprachliche Neutralitätsbegriff lässt sich durch die von Lehre und Rechtsprechung geschaffenen anpassungsfähigen und operablen Neutralitätsverständnisse nicht aus der (Rechts-)Welt schaffen. Er führt dort (d.h. namentlich in Politik, Gesellschaft, Verwaltung, aber auch in Justiz und Wissenschaft) vielmehr ein widerstandsfähiges normatives Eigenleben, mit Wirkungen, die dem von Lehre und Rechtsprechung mehrheitlich vertretenen offen-integrativen Neutralitätsverständnis bisweilen diametral zuwiderlaufen. Zusätzlich befördert er eine ängstliche Zurückhaltung und Passivität des Staats in religiös-weltanschaulichen Belangen.

(11) Wird die Existenzberechtigung des verfassungsrechtlichen Neutralitätsgebots hinterfragt, darf man sich folglich nicht nur an den juristisch präparierten, flexiblen Neutralitätskonzepten orientieren, sondern muss stets (und vor allem) auch den strikten und wirkmächtigen Alltagsbegriff in Betracht ziehen.

3. Die wundersame Persistenz des Neutralitätsgebots

(12) Die begriffliche Annäherung an das Neutralitätsgebot hinterlässt ein ambivalentes Gefühl. Dennoch halten Wissenschaft und Praxis überwiegend an der Neutralitätsidee fest. Über die Gründe kann man spekulieren. Mit eine Rolle spielen dürfte der Umstand, dass Altvertrautem und paradoxerweise auch Ungeschriebenem eine besondere Beharrungskraft zukommt.

4. Zwischenfazit und Überleitung

(13) Welches immer die Gründe für die Beständigkeit des Neutralitätsgebots sein mögen, es wirkt und dies namentlich im normativ klaren und strikten alltagssprachlichen Sinne. Wer daher ausserhalb (zum Teil aber auch innerhalb) von Gerichtssälen und Gelehrtenstuben vom religiös-weltanschaulich neutralen Staat spricht, geht häufig von dessen religiös-weltanschaulichen Standpunktlosigkeit aus. Eine Erwartung, die dieser jedoch nicht erfüllen kann, weil er zu solcher Standpunktlosigkeit letztlich gar nicht in der Lage ist.

III. Neutralität als „leeres" Versprechen

1. Verfehlte Prämissen

(14) Das Neutralitätsgebot beruht auf zwei Prämissen: Nach der ersten gehören Staat und Religion zwei voneinander getrennten Sphären an. Nach der zweiten werden die Repräsentanten des Staats als fähig erachtet, zwischen ihren verschiedenen amtlichen und gesellschaftlich-privaten Rollen „sauber" zu trennen. Sphärentrennung und Rollentrennung markieren insoweit die beiden Grundbedingungen staatlicher Neutralitätsfähigkeit.

(15) Aus rechtssoziologischer und rechtspsychologischer Sicht melden sich jedoch Zweifel an den beiden Trennungsprämissen. Denn Neutralitätsnorm und Neutralitätswirklichkeit klaffen weit auseinander. Um dies zu erkennen, genügt ein Blick auf die Oberfläche, das heisst auf die augenscheinliche Symbiose und Verflochtenheit zwischen jüdisch-christlicher Religion, Kultur und Recht. Um es zu verstehen, bedarf es eines Blicks darunter, auf die gesellschafts- und individualpsychologischen Tiefenstrukturen.

2. Sphärenvermischung statt Sphärentrennung

a) Theoretisch-normative Perspektive

(16) Das Denken in getrennten Sphären ist zugleich Ursache und Folge des in der Aufklärung einsetzenden Säkularisierungsprozesses. Danach ist das Religiös-Spirituelle von den anderen Dimensionen menschlicher Existenz abzugrenzen und dem Privaten zuzuordnen („Religion ist Privatsache"). Das Gebot religiös-weltanschaulicher Neutralität des Staats ist normativer Ausdruck dieses Sphärendogmas.

b) Empirisch-psychologische Perspektive

(17) Das Sphärendenken vermochte die kirchlich institutionalisierte Religion weitgehend aus dem (halb-)öffentlichen Leben zu verdrängen, nicht hingegen das Religiöse als urmenschliche Eigenschaft. Zwischen Staat und Religion (besser: Religiösem) steht keine undurchlässige Trennwand. Beide Systeme stehen – vermittelt durch den Menschen – in einem ständigen wechselseitigen Austausch. Das Religiöse hat folglich keinen eigenen Raum. Indem Politik von Menschen für Menschen betrieben wird, für die das Religiöse psychologisch essentiell ist, hat auch sie unweigerlich religiöse Implikationen. Staatliche, gesellschaftliche und private Sphären verschmelzen somit auf der Ebene individueller Religiosität. Damit bricht einer der tragenden Pfeiler des Neutralitätskonzepts weg.

3. Rollenvermischung statt Rollentrennung

a) Theoretisch-normative Perspektive

(18) Die zweite Prämisse (Rollentrennung) knüpft direkt an die erste Prämisse (Sphärentrennung) an. Sie geht davon aus, dass die Repräsentanten des Staats die Sphärentrennung auf der Ebene ihrer individuellen Rollenvielfalt umsetzen können. Damit bringt diese Prämisse zunächst etwas Zentrales zum Ausdruck: Den neutralen Staat gibt es nur, soweit seine Repräsentanten zu religiös-weltanschaulicher Neutralität fähig sind. Dies setzt voraus, dass sie ihre religiösen Impulse zu identifizieren und gegebenenfalls zu neutralisieren wissen.

b) Empirisch-psychologische Perspektive

(19) Psychologie und Neurowissenschaften haben das Bild des vernünftigen, selbstreflektierten Menschen, der seine Impulse weitgehend unter Kontrolle zu bringen weiss, schon seit geraumer Zeit generell in Zweifel gezogen. Demnach wird menschliches Wahrnehmen, Fühlen, Denken und Handeln zu rund neunzig Prozent von unbewussten Anteilen gesteuert. Diese unbewussten Anteile sind immer auch religiös mitgeprägt. Im hiesigen Kulturkreis ist diese Prägung eine überwiegend jüdisch-christliche.

(20) Für die Repräsentanten des Staats – notabene: normale Menschen – bleibt somit eine strikte Rollentrennung illusorisch. Sie werden bei ihrer Arbeit nie nur ihre professionelle „Amts-Vernunft" zum Einsatz bringen. Auch religiöse Impulse aus den tieferen Schichten ihrer Persönlichkeit werden mitmischen. Insofern lassen sich amtliche Handlungen und Entscheidungen weder als religiös-weltanschaulich neutral qualifizieren noch werden sie von aussen als solche wahrgenommen.

4. Zwischenfazit und Überleitung

(21) Sphären- und Rollentrennungen erweisen sich als „graue", das vielschichtige (auch religiöse) Menschliche weitgehend ignorierende Theoriekonstrukte. Das vornehmlich auf sie abgestützte Neutralitätsgebot vermag unter diesen Umständen sein normatives Programm nicht zu entfalten. Eine Norm aber, die sich realiter nicht erfüllen lässt, ist „pathologisch". Die religiös-weltanschauliche Neutralität entpuppt sich insofern als „leeres" Versprechen.

IV. Ein „neuer Weg"

1. Abschied vom Neutralitätsgebot als Ziel

(22) Der Pathologie des Neutralitätsgebots ist nur beizukommen, indem die Neutralitätsidee endgültig aufgegeben wird. An ihre Stelle hat eine neue religionspolitische und religionsrechtliche Konzeption zu treten, die den realen psychologischen und anthropologischen Gegebenheiten Rechnung trägt und das omnipräsente Religiöse ins staatliche Handeln integriert, ohne zu spalten, ohne auszugrenzen und ohne den freiheitlichen Anspruch zu gefährden. Dieser neue Weg führt über zwei Etappen.

2. Erste Etappe: Entspanntes Bekenntnis zur christlich-jüdischen Prägung

a) Neues staatliches Selbstbewusstsein

(23) Als erstes ist ein klares und entspanntes Bekenntnis zur jüdisch-christlichen Prägung von Gesellschaft und Staat notwendig. Entspannt deshalb, weil es dabei im Kern um nichts Anderes geht, als um das Feststellen von dem, was ist, mit anderen Worten: um das (An-)Erkennen der eigenen Identität.

b) Grundbedingung stimmiger Kommunikation

(24) Die eigene Identität zu kennen und verstehen erleichtert dem Staat bzw. seinen Repräsentanten die Bewältigung ihrer kommunikativen Aufgaben in einer zunehmend religiös durchmischten Gesellschaft. Authentizität und Kongruenz sind Grundbedingungen einer „stimmigen" Kommunikation; für einen erfolgreichen interreligiösen Dialog sind sie unabdingbar. Will der Staat Heimstatt für alle Bürgerinnen und Bürger sein, muss er dies beachten.

3. Zweite Etappe: Etikettenwechsel vom neutralen zum toleranten Staat

a) Toleranz als Aliud

(25) Das neue staatliche Selbstbewusstsein muss äusserlich in Form einer neuen „Etikette" Ausdruck finden. Massgebend für deren Inhalt sind die beiden Erkenntnisse, wonach der Staat erstens gar nicht glaubwürdig religiös-weltanschaulich neutral sein kann und zweitens aufgrund der Religionsfreiheit auch nicht sein muss. Die Religionsfreiheit verpflichtet ihn hingegen zur religiös-weltanschaulichen Toleranz. Entsprechend ist der Staat fortan als tolerant zu etikettieren.

(26) Toleranz wird häufig nur unscharf von Neutralität getrennt, mitunter sogar mit ihr gleichgesetzt. Toleranz unterscheidet sich allerdings in einem wesentlichen Punkt von Neutralität: Während Letztere einen eigenen Standpunkt kategorisch ausschliesst, ist er für Erstere geradezu wesensbestimmend. Es spricht folglich nichts dagegen, wenn ein jüdisch-christlich geprägter Staat sich religiös-weltanschauliche Toleranz auf seine Fahne schreibt.

(27) Der Toleranz eignet auch inhaltlich eine andere Qualität als der „kühl-reservierten" Neutralität. Toleranz ist „Menschlichkeit überhaupt" (Voltaire). Sie zeichnet sich durch eine Grundhaltung aus, die den Andersdenkenden nicht nur duldet, sondern ihm mit Respekt und Wertschätzung begegnet. Dieses Verständnis entspricht der Grundidee von Toleranz, wie sie sich aus deren Urquelle, der Goldenen Regel der Menschlichkeit, ergibt.

b) Toleranz als Pflicht und Verantwortung

(28) Die neue Etikette muss mit normativer Kraft versehen werden. Zu diesem Zweck bedarf es einer positivrechtlichen Verankerung in der Verfassung, welche den normativen Gehalt des Toleranzgebots möglichst präzis absteckt. Dabei wird Toleranz nicht nur als staatliche Handlungsmaxime, sondern auch als individuelle Grundpflicht auszugestalten sein. Nur so lässt sich das friedensstiftende Potential der Toleranz vollumfänglich ausschöpfen.

4. Fazit und Schluss

(29) Der neue Weg entspricht einem „Quantensprung". Ohne breit angelegte gesellschaftliche Lernprozesse, öffentliche Debatten und aufwändige rechtsdogmatische Feinarbeit ist er nicht zu bewältigen. Eine Investition, die sich langfristig aber lohnen dürfte.

(30) Religiöse Konflikte wird es auch im religiös-weltanschaulich toleranten Staat geben. Dessen Entscheide werden auch nicht zwingend materiell anders ausfallen. Es dürfte ihnen aber – dank authentischer und glaubwürdiger staatlicher Kommunikation – höhere Akzeptanz beschieden sein.

Dritter Beratungsgegenstand:

2. Neutralität als Verfassungsgebot? Die Exekutive und der politische Prozess

Michael Droege, Tübingen*

Inhalt

		Seite
I.	Machtverschiebungen und Neutralität – Begriffe und Voraussetzungen	298
II.	Aufklärung des Untersuchungsfeldes	302
III.	Verfassungsrechtliche Grundlagen	307
	1. Neutralität und Chancengleichheit in der Parteiendemokratie	309
	2. Rechtsstaatliche Neutralität	312
	3. Grundrechte und exekutive Neutralität	315
	4. Politische Neutralität als Amtspflicht	319
	5. Politische Neutralität und Bildung	322
IV.	Neutralität – Beobachtungen zu Relationen und Unterscheidungen	326
	1. Gemeinwohlkonkretisierung im demokratischen Prozess	326
	2. Leitbilder der Exekutive im administrativ-politischen System	331
V.	Abschied von der politischen Neutralität der Exekutive?	338
	1. Neutralität als Leitbild des Verfassungsrechts	338
	2. Chancen und Risiken der Neutralität	342
	3. Neutralität der Exekutive als Auftrag an den Gesetzgeber	345

---

* Für wertvolle Unterstützung, Anregungen und Kritik danke ich herzlich *Joachim Wieland, Martina Caroni, Kathrin Groh, Konrad Lachmayer, Barbara Remmert* und *Christian Seiler.*

I. Machtverschiebungen und Neutralität – Begriffe und Voraussetzungen

Die Bundeskanzlerin bezeichnet die Wahl des thüringischen Ministerpräsidenten als unverzeihlich.[1] Der Bundesinnenminister qualifiziert Äußerungen von Mitgliedern der AfD-Fraktion als staatszersetzend.[2] Die Bundesbildungsministerin zeigt jener Partei auf der Homepage ihres Ministeriums die „Rote Karte".[3] Der Bundespräsident bezeichnet Wähler der NPD als „Spinner".[4] Der Oberbürgermeister von Düsseldorf ruft anlässlich eines Aufmarsches der „Dügida"-Bewegung zur Teilnahme an Gegendemonstrationen auf und lässt öffentliche Gebäude verdunkeln.[5] Die Stadt Wetzlar schließlich lässt sich auch vom Bundesverfassungsgericht nicht darin beirren, der NPD ihre Stadthalle vorzuenthalten.[6] Es gibt Anlass, das Verfassungsrecht nach der Neutralität der Exekutive im politischen Prozess zu befragen.

Die Fragestellung soll unter dem übergreifenden Thema der Machtverschiebung verhandelt werden. Nun kennzeichnen Machtverschiebungsinteressen politische Fragen.[7] Jenseits des Bezuges zur Macht[8] hat sich Politik ausdifferenziert in eine Bedeutungsvielfalt, die neben Gegenständen auch die institutionelle Dimension der Politik und den Prozess politischer Willensbildung akzentuiert.[9] Im politischen Prozess werden so gesamtgesell-

---

[1] Zum Sachverhalt der Organstreitverfahren, Az. 2 BvE 4/20 und 2 BvE 5/20 s. Pressemitteilung des BVerfG Nr. 49/2021 v. 17.6.2021.

[2] S. BVerfGE 154, 320.

[3] S. BVerfGE 148, 11.

[4] S. BVerfGE 136, 277.

[5] S. BVerwGE 159, 327.

[6] BVerfG, NVwZ 2018, 819; VGH Kassel, Beschl. v. 23.2.2018, 8 B 23/18, BeckRS 2018, 1847; VG Gießen, Beschl. v. 20.12.2017, 8 L 9187/17.GI, BeckRS 2017, 144110. Die Reihe ließe sich fortsetzen, etwa: Bekundung der Bundesfamilienministerin im Landtagswahlkampf, den Einzug der NPD in den Landtag verhindern zu wollen, BVerfGE 138, 102; Verweigerung eines Handschlages gegenüber einem NPD-angehörigen Ratsmitglied, OVG Weimar, ThürVBl. 2020, 213.

[7] *Max Weber* Politik als Beruf (1919), 11. Aufl. 2010, 8 f. Dazu *Rudolf Smend* Staat und Politik (1945), in: ders., Staatsrechtliche Abhandlungen (1955), 4. Aufl. 2010, 362 (370 ff.).

[8] *Andreas Anter* Theorien der Macht, 3. Aufl. 2017, 11 ff.; *Rüdiger Voigt* Den Staat denken, 3. Aufl. 2014, 209 ff.; *Georg Zenkert* Die Konstitution der Macht, 2004. In systemtheoretischer Beschreibung der Macht als „Medium" *Niklas Luhmann* Die Politik der Gesellschaft (2000), 5. Aufl. 2019, 18 ff. S.a. *Kathrin Groh* Verfassung und Macht, in: Georg Zenkert (Hrsg.) Die Macht der Demokratie, 2018, 23. Zur klassischen Sentenz *Kelsens* vom „Gorgonenhaupt der Macht" – *Hans Kelsen* Diskussionsbeitrag, VVDStRL 3 (1927), 55 – *Horst Dreier* Rezeption und Rolle der Reinen Rechtslehre, 2001, 17 (25).

[9] Zur Unterscheidung von polity, politics und policy *Carl Böhret/Werner Jann/Eva Kronenwett* Innenpolitik und politische Theorie, 3. Aufl. 1988, 2 f. (insb. Abb. 1), 7 (insb. Abb. 2); *Thomas Meyer* Was ist Politik?, 3. Aufl. 2010, 37 ff.; *Bernhard Kempen* Verfassung

schaftlich verbindliche und am Gemeinwohl orientierte Entscheidungen vorbereitet und getroffen.[10] Befragt werden soll das Verfassungsrecht als Rahmenordnung[11] des politischen Prozesses[12]. Im spannungsgeladenen Verhältnis von Recht und Politik[13] leisten Verfassungen deren strukturelle Koppelung[14], sind „geron-

---

und Politik, in: Otto Depenheuer/Christoph Grabenwarter (Hrsg.) Verfassungstheorie, 2010, § 27 Rn. 10; *Antonius Liedhegener* Macht und Einfluss von Religionen, in: ders. (Hrsg.) Religion – Wirtschaft – Politik, 2011, 241 (242); *Niklas Luhmann* Politikbegriffe und die „Politisierung" der Verwaltung, in: Franz Knöpfle (Hrsg.) Demokratie und Verwaltung, 1972, 211; *Ernst Vollrath* Politik III. 19. und 20. Jh., in: Joachim Ritter/Karlfried Gründer (Hrsg.) Historisches Wörterbuch der Philosophie VII, 1989, 1056 ff.; *Ulrich von Alemann* Politik, in: Werner Heun/Martin Honecker/Martin Morlok/Joachim Wieland (Hrsg.) Evangelisches Staatslexikon, 2006, 1803; *Lorenz Engi* Was heißt Politik?, ARSP 92 (2006), 237.

[10] *Gary S. Schaal/Felix Heidenreich* Einführung in die Politischen Theorien der Moderne, 3. Aufl. 2016, 21.

[11] Zur Verfassung als Rahmenordnung *Ernst-Wolfgang Böckenförde* Die Methoden der Verfassungsinterpretation, NJW 1976, 2089 (2091); *Christian Seiler* Auslegung als Normkonkretisierung, 2000, 59 ff.; *Peter Unruh* Der Verfassungsbegriff des Grundgesetzes, 2002, 408 ff. Zur Verfassung als „rechtliche Grundordnung des Gemeinwesens" *Konrad Hesse* Verfassung und Verfassungsrecht, in: Ernst Benda/Werner Maihofer/Hans-Jochen Vogel (Hrsg.) Handbuch des Verfassungsrechts der Bundesrepublik Deutschland, 2. Aufl. 1994, § 1 Rn. 10 ff.; ders. Grundzüge des Verfassungsrechts der Bundesrepublik Deutschland, 20. Aufl. 1995, Rn. 16 ff. Grundl. *Werner Kägi* Die Verfassung als rechtliche Grundordnung des Staates, 1945. Zur Kompatibilität beider Ansätze *Robert Alexy* Verfassungsrecht und einfaches Recht – Verfassungsgerichtsbarkeit und Fachgerichtsbarkeit, VVDStRL 62 (2003), 7 (14 f.).

[12] Vgl. *Christian Starck* Das Bundesverfassungsgericht in der Verfassungsordnung und im politischen Prozeß, in: Peter Badura/Horst Dreier (Hrsg.) Festschrift 50 Jahre Bundesverfassungsgericht I, 2001, 1 (23): „Unter dem politischen Prozeß wird die Tätigkeit der politischen Verfassungsorgane in Bund und Ländern, d.h. der gesetzgebenden Körperschaften und der Regierungen, verstanden. Zum politischen Prozeß gehören aber auch die auf die Politik einwirkende Tätigkeit von Verbänden (einschl. Kirchen) und Einzelnen und die zwischen Gesellschaft und Verfassungsorganen vermittelnden Aktivitäten der politischen Parteien".

[13] Überspitzt soll einerseits „Politik auf der Landkarte der Verfassungsdogmatik" nicht auftauchen – *Matthias Jestaedt* Zur Koppelung von Politik und Recht in der Verfassungsgerichtsbarkeit, in: Thomas Vesting/Stefan Korioth (Hrsg.) Der Eigenwert des Verfassungsrechts, 2011, 317 (323) – dient „Dogmatizität als Politikverdrängung" – daselbst, 326 – andererseits sollen sich Recht und Politik inhaltlich nicht unterscheiden lassen – s. *Christian Hillgruber* Verfassungsrecht zwischen normativem Anspruch und politischer Wirklichkeit, VVDStRL 67 (2008), 7 (8), der vom Recht als „Aggregatzustand" des Politischen spricht. Klassisch *Heinrich Triepel* Staatsrecht und Politik, 1927, 8 demzufolge es gelte, „die Wissenschaft des Staatsrechts von allem Politischen zu reinigen" und *Rudolf Laun* Der Staatsrechtslehrer und die Politik, AöR 42 (1922), 145 (185 ff.). Zu beiden *Michael Stolleis* Staatsrechtslehre und Politik, 1996. Zur Rekonstruktion in der Staatsrechtslehre des 19. Jahrhunderts nur *Carsten Kremer* Die Willensmacht des Staates, 2008, 278 ff. m.w.N.; *Walter Pauly* Der Methodenwandel im deutschen Spätkonstitutionalismus, 1993, 92 ff. Zur aktuellen Forderung der Trennung von Recht und Politik *Claudio Franzius*

nene Politik"[15] und ermöglichen Politik[16]. Auch das Grundgesetz schafft für den politischen Prozess notwendige Infrastrukturen und setzt ihm sektorale Leitmarken.[17] Vor allem die grundrechtsbasierte Freiheit politischer Partizipation und die Mitwirkung der politischen Parteien[18] kanalisieren die politische Willensbildung des Volkes in den staatlichen Arenen der demokratischen Willensbildung.[19]

Gefragt wird nach einem Verfassungsgebot der Neutralität. Der schillernde Begriff Neutralität bezeichnet eine unparteiische Haltung, Nichtein-

---

Recht und Politik in der transnationalen Konstellation, 2014, 26 ff.; *Christoph Möllers* Staat als Argument, 2. Aufl. 2011, 177 ff. m.w.N.; *Josef Isensee* Verfassungsrecht als „politisches Recht", in: HStR XII, 3. Aufl. 2014, § 268 Rn. 1 m.w.N.; *Ulrich Scheuner* Das Wesen des Staates und der Begriff des Politischen in der neueren Staatslehre, in: ders./Konrad Hesse/Siegfried Reicke (Hrsg.) FS Rudolf Smend, 1962, 225.

[14] *Luhmann* Politik (Fn. 8), 69 ff., 372 ff.; *ders.* Das Recht der Gesellschaft, 1993, 468 ff.; *ders.* Politische Verfassungen im Kontext des Gesellschaftssystems, Der Staat 12 (1973), 1 (Teil 1), 165 (Teil 2); *ders.* Verfassung als evolutionäre Errungenschaft, Rechtshistorisches Journal 9 (1990), 176 (193 ff.). Hierzu *Udo Di Fabio* Herrschaft und Gesellschaft, 2019, 107 ff.; *Martin Morlok* Soziologie der Verfassung, 2014, 54 ff. Zum Staatsrecht als „politischem" Recht auch *Ernst-Wolfgang Böckenförde* Die Eigenart des Staatsrechts und der Staatsrechtswissenschaft, in: Norbert Achterberg (Hrsg.) FS Hans Ulrich Scupin, 1983, 317 (320 f.).

[15] *Dieter Grimm* Recht und Politik, JuS 1969, 501 (502). Vgl. *Groh* Verfassung und Macht (Fn. 8), 25 ff.

[16] *Franzius* Recht und Politik (Fn. 13), 30.

[17] Die Funktion der Verfassung als „Beschränkung und Rationalisierung der Macht und als Gewährleistung eines freien politischen Lebensprozesses" – *Hesse* Grundzüge des Verfassungsrechts (Fn. 11), Rn. 4 – betont *Horst Ehmke* Grenzen der Verfassungsänderung, 1953, 88: „Politische Macht wird für die Erfüllung gemeinsamer Aufgaben zu staatlicher Gewalt organisiert und gleichzeitig rationalisiert und beschränkt". S.a. *ders.* Prinzipien der Verfassungsinterpretation, VVDStRL 20 (1963), 53 (64 ff.). Zur begrenzten Erfassung des Prozesses der politischen Willensbildung durch Verfassungsrecht *Dieter Grimm* Politische Parteien, in: Ernst Benda/Werner Maihofer/Hans-Jochen Vogel (Hrsg.) Handbuch des Verfassungsrechts der Bundesrepublik Deutschland, 2. Aufl. 1994, § 14 Rn. 5; *Foroud Shirvani* Das Parteienrecht und der Strukturwandel im Parteiensystem, 2010, 27 m.w.N., 179 ff. Leistungsfähig ist ein funktionalistischer Begriff des politischen Prozesses, vgl. *David Easton* The Political System, 2. Aufl. 1971, 96 ff.; *ders.* An Approach to the Analysis of Political Systems, World Politics 9 (1957), 383; *Gabriel A. Almond/G. Bingham Powell Jr.* Comparative Politics, 1966, 27 ff.; *Gabriel A. Almond* Political theory and political science, The American Political Science Review 60 (1966), 869 (876 f.). Zum Variantenreichtum *G. Bingham Powell Jr./Russell J. Dalton/Kaare J. Strom* (Hrsg.) Comparative Politics Today, 12. Aufl. 2018; *Ulf Bohmann/Paul Sörensen* (Hrsg.) Kritische Theorie der Politik, 2019; *Jan Fuhse* Theorien des politischen Systems, 2005, 108 ff.

[18] Von einem „Transmissionsparadigma" spricht *Shirvani* Parteienrecht (Fn. 17), 17.

[19] Zum Begriff der Arena *Armin Hatje* Demokratie als Wettbewerbsordnung, VVDStRL 69 (2010), 135 (149 f.); *Gunnar Folke Schuppert* Governance of Diversity, 2017, 243 f.

mischung und Nichtbeteiligung[20] und lädt mit diesem spärlichen Sinngehalt zur Polyvalenz geradezu ein.[21] Neutralität findet sich in der Rechtsordnung zu unterschiedlichen Zeiten[22] und an unterschiedlichsten Orten. Neutralitätsgebote reichen von der völkerrechtlichen Neutralität, von der Neutralität des säkularen Staates, über die Neutralität der Rechtsprechung[23], die wirtschaftspolitische Neutralität der Verfassung[24], über die Wettbewerbsneutralität im Regulierungsverwaltungs-[25] und Steuerrecht[26] bis hin zur Klimaneutralität[27]. Als „Ordnungsmodell"[28] bezieht sich Neutralität sowohl auf die Begründungen als auch auf die Wirkungen von Recht. Als Prinzip der „Nicht-Identifikation" formt sie den Staat als „Gemeinwesen ohne besondere Eigenschaften"[29] und stiftet ihm, als „gemeinsames Haus" aller Bürger, Legitimität.[30] In der Limitierung der Staatszwecke liegt schließlich die Funktion der Neutralität in liberalen Staatsphilosophien, die staatliche

---

[20] *Stefan Huster* Die ethische Neutralität des Staates, 2. Aufl. 2017, 12 ff.; *Klaus Schlaich* Neutralität als verfassungsrechtliches Prinzip, 1972, 220 f.; *Michael Bothe* Neutrality, Concept and General Rules, in: Rüdiger Wolfrum (Hrsg.) Max Planck Encyclopedia of Public International Law, 2015; *Michael Droege* Neutralität, in: Werner Heun/Martin Honecker/Martin Morlok/Joachim Wieland (Hrsg.) Evangelisches Staatslexikon, 2006, 1620; *Stefan Mückl* Neutralität, in: Görres-Gesellschaft (Hrsg.) Staatslexikon IV, 8. Aufl. 2020, 285; *Heinhard Steiger/Michael Schweitzer* Neutralität, in: Otto Brunner/Werner Conze/Reinhart Koselleck (Hrsg.) Geschichtliche Grundbegriffe IV, 2004, 315; *Ioannis A. Tassopoulos* Neutrality, in: Rainer Grote/Frauke Lachenmann/Rüdiger Wolfrum (Hrsg.) Max Planck Encyclopedia of Comparative Constitutional Law, 2017; *Miloš Vec* Neutralität, in: Albrecht Cordes/Hans-Peter Haferkamp/Heiner Lück/Dieter Werkmüller/Ruth Schmidt-Wiegand (Hrsg.) Handwörterbuch zur deutschen Rechtsgeschichte III, 2. Aufl. 2016, 1892.

[21] *Huster* Neutralität (Fn. 20), 35 ff. m.w.N.; *Schlaich* Neutralität (Fn. 20), 221 f.

[22] *Steiger/Schweitzer* Neutralität (Fn. 20), 315.

[23] BVerfGE 21, 139 (145 f.); 60, 175 (202 f.); *Schlaich* Neutralität (Fn. 20), 59 ff.; *Dieter Simon* Die Unabhängigkeit des Richters, 1975; *Andreas Voßkuhle* Rechtsschutz gegen den Richter, 1993, 100 ff.; *Fabian Wittreck* Die Verwaltung der Dritten Gewalt, 2006, 96.

[24] BVerfGE 4, 7 (17 f.); 7, 377 (400); 50, 290 (336 ff.). Im Kontext der Neutralität *Joachim Wieland* Arbeitsmarkt und staatliche Lenkung, VVDStRL 59 (2000), 13 (32 f.); *Herbert Krüger* Staatsverfassung und Wirtschaftsverfassung, DVBl 1951, 361, hier nach: Ulrich Scheuner (Hrsg.) Die staatliche Einwirkung auf die Wirtschaft, 1971, 125.

[25] *Gregor Kirchhof/Stefan Korte/Stefan Magen* Grundlagen des Öffentlichen Wettbewerbsrechts, in: dies., Öffentliches Wettbewerbsrecht, 2014, § 4 Rn. 35 ff.; *Andreas Musil* Wettbewerbsneutralität in der staatlichen Verwaltung, 2005.

[26] BVerfGE 101, 151 (155 ff.); *Michael Droege* Gemeinnützigkeit im offenen Steuerstaat, 2010, 218 ff. m.w.N.

[27] Zu deren Verankerung in Art. 20a GG: BVerfG, NJW 2021, 1723 (1738 ff. Rn. 192 ff.). Zu den Feldern der Neutralität *Huster* Neutralität (Fn. 20), 31.

[28] *Huster* Neutralität (Fn. 20), 10.

[29] *Herbert Krüger* Allgemeine Staatslehre, 2. Aufl. 1966, 178, der dort auch von der Neutralität als „ratio essendi" des modernen Staates spricht.

[30] *Ernst-Wolfgang Böckenförde* Das Grundrecht der Gewissensfreiheit, VVDStRL 28 (1970), 33 (55).

Konzeptionen des Guten unter Rechtfertigungslasten stellen.[31] Wie steht es in diesem weiten Feld aus verfassungsdogmatischer Perspektive[32] nun aber um die Neutralität[33] der Exekutive im politischen Prozess?

II. Aufklärung des Untersuchungsfeldes

Neutralität ist eine ungebrochene Sehnsucht der liberalen, bürgerlichen Gesellschaft und ihrer Verfassung.[34] Als Verfassungsgebot ist die politische Neutralität der Exekutive ein Indikator für Machtverschiebungen im politischen Prozess. Neben variantenreichen Impulsen der Landesverfassungsgerichte[35] ist Treiber ihrer dogmatischen Formierung die Rechtsprechung des Bundesverfassungsgerichts zu Grundlagen und Grenzen staatlicher Kommunikation.[36] Am Beginn steht die Abgrenzung zulässiger Öffentlich-

---

[31] *Huster* Neutralität (Fn. 20), 103; *Martin Seel* Das Gute und das Richtige, in: ders./Christoph Menke (Hrsg.) Zur Verteidigung der Vernunft gegen ihre Liebhaber und Verächter, 1993, 219 (230 f.); *Ulrich Jan Schröder* Verfassungsrechtliche Neutralität, DVBl 2021, 1128 (1129).

[32] Dieser Ansatz kann als „gebrauchswissenschaftlicher" – *Mathias Jestaedt* Verfassungstheorie als Disziplin, in: Otto Depenheuer/Christoph Grabenwarter (Hrsg.) Verfassungstheorie, 2010, § 1 Rn. 20 ff. – qualifiziert werden. Bedenkenswert aber *Bernhard Schlink* Abschied von der Dogmatik, JZ 2007, 157 (162): „Nur dogmatische Theorien entheben ein Rechtsgebiet der Esoterik der Spezialisten". Zur Verteidigung der Dogmatik *Christian Waldhoff* Kritik und Lob der Dogmatik, in: Gregor Kirchhof/Stefan Magen/Karsten Schneider (Hrsg.) Was weiß Dogmatik?, 2012, 17; *Christian Bumke* Rechtsdogmatik, JZ 2014, 641. Von Rechtsdogmatik als „romantischem Projekt" spricht *Christoph Schönberger* Der „German Approach", 2015, 2. Zur Deutung der Diskurse als Generationenkonflikt *Verena Frick* Die Staatsrechtslehre im Streit um ihren Gegenstand, 2018, 203 ff.

[33] Zu deren Sektoralität *Schlaich* Neutralität (Fn. 20), 228.

[34] Zur Rolle von einleitenden Thesen *Helmuth Schulze-Fielitz* Staatsrechtslehre als Mikrokosmos, 2013, 174.

[35] BayVerfGH, Beschl. v. 1.12.2020, Vf. 90-IVa-20, BeckRS 2020, 33917; Urt. v. 11.8.2021, Vf. 97-IVa-20, BeckRS 2021, 21921; BerlVerfGHE 30, 71; HessVerfGH, NVwZ-RR 2013, 815; NVwZ-RR 2015, 508; NdsStGHE 31, 317; RhPfVerfGHE 42, 316; SaarlVerfGHE 19, 96; SachsAnhVerfGE 3, 261; ThürVerfGHE 25, 585; 27, 497. Vgl. *Duygu Disci* Der Grundsatz politischer Neutralität, 2019, 95 ff.; *Sebastian Nellesen* Äußerungsrechte staatlicher Funktionsträger, 2019, 166 ff.; *Hannes Berger/Lucas Gundling* Impulse der Landesverfassungsgerichte zur politischen Neutralität, DÖV 2019, 399; *Lars Brocker* Landesverfassungsgerichtsbarkeit(en), DÖV 2021, 1 (9 f.).

[36] Nachgezeichnet bei *Joachim Wieland* Öffentlichkeitsarbeit der Regierung in Zeiten der Digitalisierung, in: Julian Krüper (Hrsg.) FS Martin Morlok, 2019, 533; *Peter M. Huber* Öffentlichkeitsarbeit von Amtsträgern zwischen Neutralitätsgebot und Wettbewerbsverzerrung, daselbst, 551; *Christoph Gusy* Die Informationsbeziehungen zwischen Staat und Bürger, in: Wolfgang Hoffmann-Riem/Eberhard Schmidt-Aßmann/Andreas Voßkuhle (Hrsg.) GVwR II, 2. Aufl. 2012, § 23 Rn. 95 f., 109 ff.

keitsarbeit der Regierung von unzulässiger Wahlwerbung im Jahr 1977[37]. Neutralität wird „im Wahlkampf"[38] im Demokratieprinzip verankert, um die „Integrität" der Wahl als „Grundakt demokratischer Legitimation" zu sichern.[39] Im Rahmen der Chancengleichheit politischer Parteien soll sie Staatsorgane hindern „als solche parteiergreifend zugunsten oder zu Lasten einer politischen Partei oder von Wahlbewerbern in den Wahlkampf ein[zu]wirken"[40]. Mehr als vier Jahrzehnte später taugen diese Ableitungen auch zur Beurteilung des Kommunikationsverhaltens des Bundespräsidenten[41] und einzelner Mitglieder der Bundesregierung[42]. Ausdifferenziert wird die Reichweite der Neutralität in Abgrenzung zum parteipolitischen Engagement.[43] Aufgegeben wird angesichts des ständigen Prozesses politischer Willensbildung ihre Begrenzung auf die Vorwahlzeit.[44] Am Ende steht das Bekenntnis zur Geltung des „Gebot[s] staatlicher Neutralität" gegenüber sämtlichen Betätigungen der Parteien.[45] Wenngleich es Versuche gibt, das

---

[37] BVerfGE 44, 125 (127 ff.). S.a. BVerfGE 63, 230 (243 f.). Zur Analyse *Christoph Engel* Öffentlichkeitsarbeit, in: HStR IV, 3. Aufl. 2006, § 80 Rn. 11 ff.
[38] BVerfGE 44, 125 (Ls. 2, 143 f.).
[39] BVerfGE 44, 125 (141). S.a. *Andreas Kulick/Johann Justus Vasel* Das konservative Gericht, 2021, 118 zum Schutz der „Integrität der politischen Willensbildung" als „Herzstück der Demokratie".
[40] BVerfGE 44, 125 (Ls. 3, 146), kurz: „Die Staatsorgane haben als solche allen zu dienen und sich im Wahlkampf neutral zu verhalten." (144).
[41] BVerfGE 136, 323 (333 Rn. 28 f.); 138, 102 (109 Rn. 27 ff., jedoch ohne Rekurs auf ein Neutralitätsgebot).
[42] BVerfGE 138, 102; 148, 11; 154, 320.
[43] BVerfGE 138, 102 (117 f. Rn. 53); 140, 225 (227 Rn. 9): „Soweit der Inhaber eines Regierungsamtes am politischen Meinungskampf teilnimmt, muss sichergestellt sein, dass ein Rückgriff auf die mit dem Regierungsamt verbundenen Mittel und Möglichkeiten unterbleibt. Nimmt das Regierungsmitglied für sein Handeln die Autorität des Amtes oder die damit verbundenen Ressourcen in spezifischer Weise in Anspruch, ist es dem Neutralitätsgebot unterworfen […]."; 148, 11 (32 Rn. 63). Zur Kritik *Tristan Barczak* Die parteipolitische Äußerungsbefugnis von Amtsträgern, NVwZ 2015, 1014; *Julian Krüper* Anmerkung, JZ 2015, 414; *David Kuch* Anmerkung, JZ 2018, 409; *Fabian Michl* Anmerkung, NVwZ 2018, 491; *Mehrdad Payandeh* Die Neutralitätspflicht staatlicher Amtsträger im öffentlichen Meinungskampf, Der Staat 55 (2016), 519 (531 ff.); *Max Putzer* Verfassungsrechtliche Grenzen der Äußerungsbefugnisse staatlicher Organe und Amtsträger, DÖV 2015, 417; *Steffen Tanneberger/Heinrich Nemeczek* Anmerkung, NVwZ 2015, 215.
[44] BVerfGE 148, 11 (26 Rn. 46) unter Verweis auf ThürVerfGHE 27, 497 (511 ff.). Zum Gebot „äußerster Zurückhaltung" in der Vorwahlzeit: BVerfGE 44, 125 (153); 63, 230 (244 f.).
[45] BVerfGE 148, 11 (26 Rn. 46). Hierzu auch die Schilderung der Rechtsprechungsentwicklung bei *Thomas Kliegel* Äußerungsbefugnisse von Amtsträgern gegenüber politischen Parteien, in: Fabian Scheffczyk/Kathleen Wolter (Hrsg.) Linien der Rechtsprechung des Bundesverfassungsgerichts IV, 2017, 413.

Neutralitätsgebot auf Parteien zu beschränken[46] und im Übrigen Sachlichkeit zu fordern,[47] so zeigt sich schon an seiner Erstreckung auf die Bereitstellung kommunaler Infrastruktur[48] ein erhebliches Transferpotential.[49]

Verfassungsrechtliche Diskurse um Neutralität folgen allerdings Konjunkturen. Während die Idee der politischen Neutralität des Staatsmechanismus in der Bürgergesellschaft des 19. Jahrhunderts auf die Gestaltbarkeit der politischen Ordnung reagierte,[50] wird heute Neutralität als verfassungsrechtlich eingelagerter „Krisenbegriff"[51] gedeutet, im rechtlichen Umgang mit dem „Faktum"[52] des politischen Pluralismus erprobt[53] und als Steuerungsinstrument[54] in einem sich wandelnden Prozess politischer Kommunikation ausdifferenziert.[55] Unabhängig davon, ob man Neut-

---

[46] BVerwGE 159, 327 (334 Rn. 25). So auch BVerfG, NVwZ 2020, 1824 (1825). Zu parteinahen Stiftungen s.a. OVG Berlin-Brandenburg, Beschl. v. 27.7.2021, 9 S 20/21, BeckRS 2021, 20325 Rn. 5; VG Berlin, LKV 2021, 285.

[47] BVerwGE 159, 327 (Ls. 2, 335 f. Rn. 26 ff.): „Dieses verlangt, dass sich die amtlichen Äußerungen am Gebot eines rationalen und sachlichen Diskurses ausrichten und auf eine lenkende Einflussnahme auf den Meinungsbildungsprozess der Bevölkerung verzichten". Zum Zusammenhang *Disci* Neutralität (Fn. 35), 82 ff.

[48] OVG Berlin-Brandenburg, NVwZ-RR 2010, 765; OVG Lüneburg, NdsVBl. 2011, 191; NdsVBl. 2019, 327; VGH Mannheim, VBlBW 2011, 227; VG Berlin, Urt. v. 16.7.2010, 2 K 93/09, BeckRS 2010, 17224; VG Bremen, Beschl. v. 16.3.2007, 2 V 371/07, juris; VG Gießen, Beschl. v. 20.12.2007, 8 L 9187/17.GI, BeckRS 2017, 144110; Urt. v. 3.9.2019, 8 K 2064/18.GI, BeckRS 2019, 23018; VG Köln, Beschl. v. 12.10.2017, 4 L 4065/17, BeckRS 2017, 130591; VG München, Beschl. v. 24.5.2018, M 7 E 18.2240, BeckRS 2018, 9370; VG Münster, NWVBl. 2019, 305; NWVBl. 2019, 343; VG Neustadt a.d.W., Beschl. v. 11.4.2019, 3 L 342/19.NW, BeckRS 2019, 12574. Ältere Rspr.-N. bei *Grimm* Parteien (Fn. 17), Rn. 45 Fn. 84.

[49] *Disci* Neutralität (Fn. 35), 45 ff.; *Christian Eder* „Rote Karte" gegen „Spinner"?, 2017, 33 ff.; *Tobias Mast* Staatsinformationsqualität, 2020, 360 ff.; *Nellesen* Äußerungsrechte (Fn. 35), 45 ff.; *David Kuch* Politische Neutralität in der Parteiendemokratie, AöR 142 (2017), 491 (505 ff.).

[50] *Schlaich* Neutralität (Fn. 20), 48 ff.; *Huster* Neutralität (Fn. 20), 93 ff.

[51] *Schlaich* Neutralität (Fn. 20), 41. Zur produktiven Berufung auf Krisen *Christian Calliess* und *Frank Schorkopf* Finanzkrisen als Herausforderung der internationalen, europäischen und nationalen Rechtsetzung, VVDStRL 71 (2012), 113 (175 f.) bzw. 183 (195); *Jasper Finke* Krisen, 2020, 39 ff.; *Angela Schwerdtfeger* Krisengesetzgebung, 2018, 25 ff.

[52] *John Rawls* Gerechtigkeit als Fairneß, 2003, 66. Näher *Huster* Neutralität (Fn. 20), 5 ff.

[53] In Bezug auf religiös-weltanschauliche Neutralität *Huster* Neutralität (Fn. 20), 5 ff., 86 ff.; *Schuppert* Governance (Fn. 19), 29 ff.

[54] Zum steuerungswissenschaftlichen Ansatz *Gunnar Folke Schuppert* Verwaltungsrechtswissenschaft als Steuerungswissenschaft, in: ders./Wolfgang Hoffmann-Riem/Eberhard Schmidt-Aßmann (Hrsg.) Reform des Allgemeinen Verwaltungsrechts, 1993, 65. Im Kontext der religiös-weltanschaulichen Neutralität *ders.* Governance (Fn. 19), 101 ff.

[55] BVerfGE 40, 287 (291 ff.); 44, 125 (147 ff.); 47, 198 (225); 48, 271 (277); 134, 141 (178 Rn. 107 ff.); 136, 323 (334 Rn. 30 ff.); 138, 102 (109 Rn. 26 ff.); 140, 225 (227

2. Politische Neutralität als Verfassungsgebot?

ralität als „Aphorismus"[56] oder „potemkinsches Dogmatik-Dorf"[57] versteht, lassen sich an der dogmatischen Formierung in der Rechtsprechung die Stabilisierungsleistungen abstrakter Maßstabsbildung durch Selbstreferenzialität und Dekontextualisierung[58] nachvollziehen, die es erlauben, die Maßstäbe für eine Anzeigenkampagne in den 1970er Jahren auf die Regierungskommunikation in der digitalisierten Medienlandschaft unserer Tage zu übertragen.[59]

Die hohe Frequenz der Judikate zu Äußerungsrechten staatlicher Funktionsträger[60] und ihr Fallmaterial deuten auf die Funktionsverluste von

---

Rn. 9); 148, 11 (Ls. 1, 25 Rn. 44 ff.); 150, 163 (168 f. Rn. 17); 154, 320 (333 ff. Rn. 42 ff.); BVerfG, LKV 1996, 333 (334); NJW 1989, 93 (93); NJW 2011, 511 (511 f.); NVwZ-RR 2014, 538 (539); NVwZ 2019, 963 (964); NVwZ 2020, 1824 (1825 f.); BayVerfGHE 47, 1 (12 ff.); BayVerfGH, NVwZ-RR 2019, 841 (Ls. 4, 845); Beschl. v. 1.12.2020, Vf. 90-IVa-20, BeckRS 2020, 33917; BerlVerfGHE 4, 26 (28 f.); 19, 39 (Ls. 1, 52 f.); 30, 71 (Ls. 1, 77 ff.); BerlVerfGH, Urt. v. 4.7.2018, VerfGH 79/17, BeckRS 2018, 14611 Rn. 24, 34 ff.; BremStGHE 4, 74 (79 ff.); LVerfGE 5, 137 (Ls. 5, 154 ff.); HessStGH, NVwZ 1992, 465 (465 f.); NdsStGHE 16, 377 (388 f.); 31, 317; NRWVerfGH, DVBl 1985, 691 (691 f.); NVwZ 1992, 467 (467); RhPfVerfGHE 42, 316 (Ls. 1, 2, 319 ff.); SaarlVerfGHE 19, 96 (98 ff.); LVerfGE 25, 457; SachsAnhVerfGE 3, 261 (Ls. 2–4, 270 ff.); ThürVerfGHE 25, 585 (595 ff.); 27, 497 (Ls. 3, 508 ff.); ThürVerfGH, ThürVBl. 2016, 281 (282). S.a. *Nellesen* Äußerungsrechte (Fn. 35), 159 ff.

[56] *Huber* Öffentlichkeitsarbeit (Fn. 36), 565 und dort weiter: „Dass der Staat im Verhältnis zu den in seinem Vorfeld angesiedelten politischen Parteien einem Neutralitätsgebot unterliegt, aber ist eine pure Selbstverständlichkeit. Sie ergibt sich unmittelbar aus dem abwehrrechtlichen Charakter des Art. 21 Abs. 1 S. 1 GG".

[57] *Krüper* Anmerkung (Fn. 43), 416.

[58] *Christoph Schönberger* Höchstrichterliche Rechtsfindung und Auslegung gerichtlicher Entscheidungen, VVDStRL 71 (2012), 296 (320 ff.); *Oliver Lepsius* Relationen, 2016, 48 ff.; *ders.*, Die maßstabsetzende Gewalt, in: ders./Matthias Jestaedt/Christoph Möllers/ Christoph Schönberger, Das entgrenzte Gericht, 3. Aufl. 2019, 159 (255 ff.); *ders.* Kontextualisierung als Aufgabe der Rechtswissenschaft, JZ 2019, 793; *Uwe Volkmann* Die Dogmatisierung des Verfassungsrechts, JZ 2020, 965 (971). Allgemein zur Wirkung von Präjudizien *Daniel Effer-Uhle* Präjudizienbindung, Rechtssicherheit und Vertrauensschutz, JöR 68 (2020), 37; *Matthias K. Klatt* Autoritative und diskursive Instrumente des Bundesverfassungsgerichts, JöR 68 (2020), 63; *Michael Holoubek* Bedeutung und Funktion von höchstgerichtlichen Präjudizien, JöR 68 (2020), 89; *Brun-Otto Bryde* Vom richtigen Umgang mit Richterrecht, JöR 68 (2020), 201.

[59] *Wieland* Öffentlichkeitsarbeit (Fn. 36), 535 ff.

[60] Aus der Lit. *Mascha Carina Bilsdorfer* Polizeiliche Öffentlichkeitsarbeit in sozialen Netzwerken, 2019; *Disci* Neutralität (Fn. 35); *Felix Drefs* Die Öffentlichkeitsarbeit des Staates und die Akzeptanz seiner Entscheidungen, 2019; *Eder* „Rote Karte" (Fn. 49); *Tobias Growe* Das Regierungsmitglied im parteipolitischen Diskurs, 2020; *Kliegel* Äußerungsbefugnisse (Fn. 45), 413; *Winfried Kluth* (Hrsg.) „Das wird man ja wohl noch sagen dürfen.", 2015; *Marcel Kühn* Bürgerbeeinflussung durch Berichterstattung staatlicher Stellen, 2018, 254 ff.; *Anne-Sophie Landwers* Behördliche Öffentlichkeitsarbeit im Recht, 2019; *Mast* Staatsinformationsqualität (Fn. 49), 355 ff.; *Nellesen* Äußerungsrechte (Fn. 35);

Parteien und Presse als Mittler der politischen Willensbildung[61] und das Erstarken des politischen Populismus als korrelierendes Krisenszenario hin. Das Neutralitätsgebot schränkt den Handlungsspielraum von Regierung und Verwaltung populistischen Parteien und Bewegungen gegenüber ein.[62] Es begrenzt die staatlichen Reaktionen auf dem Populismus eigene Formen des moralischen Alleinvertretungsanspruches, des offensichtlichen Antipluralismus, der Sehnsucht nach Authentizität und Identität sowie der Globalisierungs- und Elitenkritik.[63] Es erscheint plausibel, dass der jüngste Diskurs um politische Neutralität der Exekutive in Deutschland selbst Symptom einer Transformationszeit ist, die mehr ist

---

Tom Tenostendarp Zur Äußerungsfreiheit kommunaler Wahlbeamter, 2021; *Arnd Uhle* (Hrsg.) Information und Einflussnahme, 2018; *Matthias Cornils* Parteipolitische Neutralität des Bundespräsidenten, in: Max-Emanuel Geis/Markus Winkler/Christian Bickenbach (Hrsg.) FS Friedhelm Hufen, 2015, 151; *Barczak* Äußerungsbefugnis (Fn. 43); *Roland Bornemann* Zur Regulierung politischer Äußerungen in Onlinemedien, BayVBl. 2021, 181; *Hermann Butzer* Im Streit: Die Äußerungsbefugnisse des Bundespräsidenten, ZG 2015, 97; *Christoph Degenhart* Der Staat im freiheitlichen Kommunikationsprozess, AfP 2010, 324; *Frederik Ferreau* Grenzen staatlicher Beteiligung am politischen Diskurs, NVwZ 2017, 1259; *Klaus Ferdinand Gärditz* Unbedingte Neutralität?, NWVBl. 2015, 165; *Hubertus Gersdorf* Staatliche Kommunikationstätigkeit, AfP 2016, 293; *Christoph Gusy* Neutralität staatlicher Öffentlichkeitsarbeit, NVwZ 2015, 700; *ders.* Parlamentarische oder „neutrale" Regierung?, KritV 2018, 210; *Friedhelm Hufen* Politische Jugendbildung und Neutralitätsgebot, RdJB 2018, 216; *Siegfried Jutzi* Ministerpräsidentin gegen rechts, LKRZ 2015, 391; *Kuch* Politische Neutralität (Fn. 49); *Josef Franz Lindner* Die politische Neutralitätspflicht des Beamten, ZBR 2020, 1; *Herbert Mandelartz* Grenzen regierungsamtlicher Öffentlichkeitsarbeit, LKRZ 2010, 371; *ders.* Informations- und Öffentlichkeitsarbeit der Bundesregierung, DÖV 2015, 326; *Payandeh* Neutralitätspflicht (Fn. 43), 519; *Putzer* Äußerungsbefugnisse (Fn. 43); *Jan Seybold* Auswirkungen der Politischen Korrektheit auf die Kommunen, DÖV 2020, 977; *Thies Wahnschaffe* Zur Neutralitätspflicht staatlicher Hoheitsträger, NVwZ 2016, 1767; *Diana zu Hohenlohe* „Lichter aus als Zeichen gegen Intoleranz", VerwArch 107 (2016), 62.

[61] *Philip Manow* (Ent-)Demokratisierung der Demokratie, 2020, 151 ff. m.w.N.

[62] *Gusy* Regierung (Fn. 60), 213; *Kuch* Politische Neutralität (Fn. 49), 496 f.

[63] Zu Merkmalen und Gründen des Populismus *Jan-Werner Müller* Was ist Populismus?, 6. Aufl. 2020, 25 ff. Vgl. auch *Stefan Magen* Kontexte der Demokratie, VVDStRL 77 (2018), 67 (70 f.); *Thomas Bauer* Die Vereindeutigung der Welt, 2019, 82 ff.; *Frank Decker* (Hrsg.) Populismus, 2006; *Wilhelm Heitmeyer* Autoritäre Versuchungen, 3. Aufl. 2018; *Dirk Jörke/Veith Selk* Theorien des Populismus, 2. Aufl. 2020; *Philip Manow* Die politische Ökonomie des Populismus, 3. Aufl. 2019, 27 ff.; *Yascha Mounk* Der Zerfall der Demokratie, 2018, 65 ff.; *Cas Mudde/Cristóbal Rovira Kaltwasser* Populismus, 2019, 19 ff.; *Pierre Rosanvallon* Das Jahrhundert des Populismus, 2020, 27 ff.; *Armin Schäfer/Michael Zürn* Die demokratische Regression, 2021, 61 ff.; *Cas Mudde* The Populist Zeitgeist, Government and Opposition 39 (2004) 541; *Andreas Voßkuhle* Demokratie und Populismus, Der Staat 57 (2018), 119 (121 ff.), auch in: ders., Europa, Demokratie, Verfassungsgerichte, 2021, 219 (221 ff.).

als eine Repräsentationskrise[64] in einer „polarisierten Demokratie".[65] In den Gesellschaften des verblassenden Westens[66] findet eine Überdynamisierungskrise des Liberalismus ihr Ende. Am Beginn einer neuen Phase des „einbettenden Liberalismus" mit neuen Formen kultureller und ökonomischer Ordnungsbildung[67] kann auch politische Neutralität als solche Regulierung des politischen Prozesses auf verfassungsrechtlicher Ebene begriffen werden.

III. Verfassungsrechtliche Grundlagen

Ein Gebot der politischen Neutralität der Exekutive ist kein seltener Regelungsgegenstand des Verfassungsrechts.[68] Schon die Beispiele der Schweiz[69]

---

[64] Zur Deutung des Populismus als Krise der Repräsentation und als Phänomen der „Demokratisierung der Demokratie" *Manow* (Ent-)Demokratisierung (Fn. 61), 57 ff. S.a. *Schäfer/Zürn* Regression (Fn. 63), 89 ff.; *Andreas Anter* Die Krise der Repräsentation, in: Rüdiger Voigt (Hrsg.) Repräsentation, 2019, 241. Vgl. aber gegen die Krisenbeschwörung *Pascale Cancik* Wahlrecht und Parlamentsrecht als Gelingensbedingungen repräsentativer Demokratie, VVDStRL 72 (2013), 268 (270 ff.).

[65] *Rosanvallon* Populismus (Fn. 63), 35 ff., 185 ff. Zu diese kennzeichnenden Regression demokratischer Prozesse *Schäfer/Zürn* Regression (Fn. 63), 24 ff., 49 ff., 130 ff.; *Pierre Rosanvallon* Die gute Regierung, 2016, 258 ff.

[66] *Samuel P. Huntington* Der Kampf der Kulturen, 6. Aufl. 1997, 117 ff.; *Heinrich August Winkler* Zerbricht der Westen?, 2017.

[67] *Andreas Reckwitz* Das Ende der Illusionen, 4. Aufl. 2020, 239 ff., 285 ff.

[68] Wie schon der kulturwissenschaftlich inspirierte Verfassungstextvergleich – hierzu *Peter Häberle* Rechtsvergleichung im Kraftfeld des Verfassungsstaates, 1992, 3 ff.; *Uwe Kischel* Rechtsvergleichung, 2015, § 3 Rn. 146 ff., 199 ff. – belegt: Neutralitätsgebote finden sich vor allem in postkolonialen Verfassungen und osteuropäischen, postrevolutionären Verfassungen (s. Art. 11, Art. 142 Abs. 1 MoldawVerf; Art. 26 Abs. 2, Art. 152 Abs. 1 PolnVerf, Dziennik Ustaw 1997, Nr. 78, Pos. 483, geändert Dz.U. z 2009 r. nr 114, poz. 946; Art. 131 Abs. 7 UkrainVerf, VVR 1996, Nr. 254/96-VR, zuletzt geändert VVR 2019, Nr. 27-XI/38-VR; Art. 18 Abs. 2 BelarusVerf). Neben der umfassenden Verpflichtung des öffentlichen Dienstes auf politische Neutralität – Art. 153 Abs. 1 PolnVerf; Art. 50 S. 2 AfghVerf; Art. 350 Nr. 1 Entwurf der JemVerf; Art. 50, 74 Verfassung Niger; Art. 33 Abs. 15 Verfassung Zentralafrika – liegen die Schwerpunkte in sektoralen Neutralitätspflichten bezogen auf den Wahlakt – Art. 87 Abs. 2 S. 3, Art. 88 Abs. 2 S. 2 ÄgypVerf; Art. 59 S. 1 JemVerf; Art. 81 KeniaVerf; Art. 11 Abs. 4 MarokkVerf; Art. 31 Abs. 5 PeruVerf – und auf die Streitkräfte – Art. 12 Abs. 2 AlbVerf; Art. 14 Abs. 2 ArmenVerf; Art. 265 HaitiVerf; Art. 39 Abs. 1 MadagaskVerf; Art. 26 Abs. 2 PolnVerf. Zum Nachweis der Normen s. <https://constituteproject.org> (Stand: 25.10.2021). Aus der Lit. *János Kis* State Neutrality, WZB 2012, 8 ff.; *Tassopoulos* Neutrality (Fn. 20), Rn. 21 ff., 36 ff.

[69] In der Schweiz behandelt das Bundesgericht gubernative Äußerungsrechte facettenreich unter Heranziehung des Schutzes der freien Willensbildung und der unverfälschten Stimmabgabe nach Art. 34 Abs. 2 BV. Ist der Staat im politischen Wettbewerb zur Neutralität verpflichtet, so gilt dies nicht für seine Behörden bei Abstimmungen. Gezielte behördli-

und Österreichs[70] zeigen mit ihrer Konzentration auf die völkerrechtliche Neutralität[71] aber, dass Verpflichtungen zur Unparteilichkeit im politischen Prozess ohne Neutralität auskommen können.[72] Ein Gebot der politischen Neutralität der Exekutive ist auch dem geschriebenen Verfassungsrecht in

---

che Interventionen in Abstimmungskämpfe sind zulässig, wenn sie „in sachlicher, transparenter und verhältnismäßiger Weise zur offenen Meinungsbildung beizutragen geeignet sind" und nicht „im Sinne eigentlicher Propaganda eine freie Willensbildung der Stimmberechtigten erschweren", BGE 145 I 175 (177). S.a. BGE 113 Ia 291 (291); 117 Ia 452 (456); 124 I 55 (57 f.); 143 I 78 (83 ff.). S.a. *Martina Caroni* Geld und Politik, 2009, 56 ff.; *dies.* Herausforderung Demokratie, ZSR 2013 II, 5 (60 f.); *René A. Rhinow/Markus Schefer/Peter Uebersax* Schweizerisches Verfassungsrecht, 3. Aufl. 2016, Rn. 2063a ff., 2079a zur gescheiterten Volksinitiative „Volkssouveränität statt Behördenpropaganda" aus dem Jahr 2008; *Pierre Tschannen* Stimmrecht und politische Verständigung, 1995, 99 ff.; *ders.* Staatsrecht der Schweizerischen Eidgenossenschaft, 5. Aufl. 2021, § 52 Rn. 1896 ff.; *Stephan Widmer* Wahl- und Abstimmungsfreiheit, 1989, 126 ff.; *Andreas Kley* Politische Rechte, in: Giovanni Biaggini/Thomas Gächter/Regina Kiener (Hrsg.) Staatsrecht, 3. Aufl. 2021, § 42 Rn. 66 ff. Zu den „Erläuterungen" des Bundesrates nach Art. 10a, 11 Abs. 2 BPR und der Zurückhaltungs- und Objektivitätspflicht der Behörden: BGE 129 I 232 (244); 132 I 104 (111 f.); 143, I 78 (82); *Michel Besson* Behördliche Information vor Volksabstimmungen, 2003, 5 ff.

[70] In Österreich setzt der Verfassungsgerichtshof exekutiven Akten unter Hinweis auf die Gewährleistung der Freiheit der Wahl in Art. 26 BV i.V.m. Art. 3 des 1. ZP EMRK Grenzen i.S.e. „Äquidistanzgebotes": VerfGH, Slg. 17.418/2004, Rn. 2.2.3.3; Slg. 20.006/2015, Rn. 2.8; Slg. 20.044/2016, Rn. 2.4.2.1; *Helmut Hörtenhuber/Michael Mayrhofer* Die Freiheit der Wahlwerbung, in: Ludwig Adamovich (Hrsg.) FS Gerhart Holzinger, 2017, 383 (398 f.), und der Verpflichtung auf Sachlichkeit bei Informationen im Kontext von Abstimmungen, s. *Heinz Mayer/Gabriele Kucsko-Stadlmayer/Karl Stöger* Bundesverfassungsrecht, 11. Aufl. 2015, Rn. 310; *Theo Öhlinger/Harald Eberhard* Verfassungsrecht, 12. Aufl. 2019, Rn. 370 f.; *Gerhart Holzinger/Hedwig Unger* Die Anforderungen der EMRK an das Wahlrecht in Österreich, in: Klaus Poier (Hrsg.) Demokratie im Umbruch, 2009, 113 (121 f.). Zum Bezug auf den Gleichheitssatz *Magdalena Pöschl* Gleichheit vor dem Gesetz, 2008, 213 ff.

[71] Zu Österreich und dem Neutralitätsgesetz v. 26.10.1955, BGBl. 1955, 211 *Ludwig Adamovich/Bernd-Christian Funk/Gerhart Holzinger/Stefan L. Frank* Österreichisches Staatsrecht I, 2011, 100 ff.; *Mayer/Kucsko-Stadlmayer/Stöger* Bundesverfassungsrecht (Fn. 70), Rn. 168 ff.; *Christoph Grabenwarter* Offene Staatlichkeit: Österreich, in: IPE II, 2008, § 20 Rn. 10 ff. Zur Schweiz und der – bis auf Art. 173 Abs. 1 lit und Art. 185 Abs. 1 BV – enthaltsamen Bundesverfassung *Rhinow/Schefer/Uebersax* Verfassungsrecht (Fn. 69), Rn. 3523 ff.; *Astrid Epiney* Beziehungen zum Ausland, in: Daniel Thürer/Jean-François Aubert/Paul Jörg Müller (Hrsg.) Verfassungsrecht der Schweiz, 2001, § 55 Rn. 10 ff.; *Helen Keller* Die Schweiz in der internationalen Gemeinschaft, in: Giovanni Biaggini/Thomas Gächter/Regina Kiener (Hrsg.) Staatsrecht, 3. Aufl. 2021, § 4 Rn. 25 ff.

[72] Auch Art. 29 Abs. 3 GriechVerf; Art. 113 Abs. 3 PortugVerf; Art. 97 Abs. 3 ItalVerf. S.a. *Tassopoulos* Neutrality (Fn. 20), Rn. 22 f., 31. Für die Schweiz aber *Ulrich Weder* Die innenpolitische Neutralität des Staates, 1981. Zu schulbezogenen Neutralitätsgeboten in

Bund und Ländern unbekannt.[73] Während die religiös-weltanschauliche Neutralität des Staates längst als Amalgam unterschiedlicher Gewährleistungen geschriebenen Verfassungsrechts qualifiziert wird,[74] ist der Prozess der normativen Verdichtung politischer Neutralität weniger ausgeprägt.[75]

1. Neutralität und Chancengleichheit in der Parteiendemokratie

Im Zentrum der verfassungsrechtlichen Fundamentierung des Gebotes politischer Neutralität stehen Demokratieprinzip und Parteienfreiheit. Neutralität fungiert hier als Baugesetz eines freien demokratischen Prozesses und als Garant chancengleichen Wettbewerbs. Dieser bildet in der „Konkurrenzdemokratie"[76] eine wirkmächtige Ausprägung des demokratischen Prinzips.[77] Dies gilt auch für die Rolle der politischen Parteien,[78] die im Parteienrecht ausgeformt wird.[79] Als Gebot der Nichtidentifikation hält Neutralität den politischen Willensbildungsprozess offen für die Plu-

---

Kantonsverfassungen *Lorenz Engi* Die religiöse und ethische Neutralität des Staates, 2017, 267 ff.

[73] Und ist so allenfalls dem ungeschriebenen Verfassungsrecht zuzuordnen, zu jenem: BVerfGE 2, 380 (403); 6, 309 (328); 80, 244 (255); *Heinrich Amadeus Wolff* Ungeschriebenes Verfassungsrecht unter dem Grundgesetz, 2000; *Bernd Grzeszick* Ungeschriebenes Verfassungsrecht, in: Otto Depenheuer/Christoph Grabenwarter (Hrsg.) Verfassungstheorie, 2010, 417.

[74] St. Rspr. seit BVerfGE 19, 206 (216): „Das Grundgesetz begründet für den Staat als Heimstatt aller Staatsbürger in Art. 4 Abs. 1, Art. 3 Abs. 3 Satz 1, Art. 33 Abs. 3 GG sowie durch Art. 136 Abs. 1 und 4 und Art. 137 Abs. 1 WRV in Verbindung mit Art. 140 GG die Pflicht zu weltanschaulich-religiöser Neutralität". S. BVerfGE 24, 236 (246); 33, 23 (28); 93, 1 (17); 105, 279 (294); 108, 282 (299); 123, 148 (178); 137, 273 (304 Rn. 86); 138, 296 (338 Rn. 109); 143, 161 (192 Rn. 65); 153, 1 (36 Rn. 87). Vgl. auch: BVerfGE 12, 1 (4); 18, 385 (386).

[75] Erste Ansätze *Nellesen* Äußerungsrechte (Fn. 35), 45 ff.

[76] *Konrad Hesse* Die verfassungsrechtliche Stellung der politischen Parteien im modernen Staat, VVDStRL 17 (1958), 11.

[77] *Markus Kotzur* Demokratie als Wettbewerbsordnung, VVDStRL 69 (2010), 173; *Hatje* Demokratie (Fn. 19), 135; *Shirvani* Parteienrecht (Fn. 17), 197; *Emanuel V. Towfigh* Das Parteien-Paradox, 2015, 63 ff.; *Uwe Volkmann* in: Wolfram Höfling (Hrsg.) Berliner Kommentar zum Grundgesetz, Art. 20 Rn. 21 f. (2001).

[78] *Shirvani* Parteienrecht (Fn. 17), 142 ff.; *Martin Morlok* in: Horst Dreier (Hrsg.) Grundgesetz Kommentar II, 3. Aufl. 2015, Art. 21 Rn. 49 f.; *Rudolf Streinz* in: Hermann von Mangoldt/Friedrich Klein/Christian Starck (Begr.) Grundgesetz Kommentar II, 7. Aufl. 2018, Art. 21 Rn. 73 ff.; *Emanuel V. Towfigh/Jacob Ulrich* in: Wolfgang Kahl/Christian Waldhoff/Christian Walter (Hrsg.) Bonner Kommentar zum Grundgesetz, Art. 21 Rn. 260 ff. (2020).

[79] *Martin Morlok* Parteienrecht als Wettbewerbsrecht, in: ders./Peter Häberle/Vassilios Skouris (Hrsg.) FS Dimitris Tsatsos, 2003, 408.

ralität politischer Anschauungen und für die Möglichkeit der Minderheit, zur Mehrheit zu werden.[80] Im Verhältnis von Parteien zu Parlamentariern und Regierungsmitgliedern wird sie durch institutionelle Gewährleistungen der Unabhängigkeit abgesichert.[81] Weil die Parteienfreiheit des Art. 21 GG den Parteien eine zentrale Rolle in der Vermittlung von Staats- und Volkswillensbildung zuweist,[82] wird das Neutralitätsgebot ihnen gegenüber vornehmlich als Bewertungs- und Ausgrenzungsverbot[83] sowie Vergabemaßstab[84] dogmatisch nutzbar gemacht[85]. Letztlich geht politische Neutralität in der formalen[86] Chancengleichheit der Parteien auf[87] und verpflichtet den Staat, die „vorgefundene Wettbewerbslage" nicht zu verfälschen.[88]

---

[80] *Hesse* Grundzüge des Verfassungsrechts (Fn. 11), Rn. 143; *Shirvani* Parteienrecht (Fn. 17), 166; *Towfigh* Parteien-Paradox (Fn. 77), 66; *Volkmann* in: Berliner Kommentar (Fn. 77), Art. 21 Rn. 51.

[81] Vgl. *Shirvani* Parteienrecht (Fn. 17), 166. Mit Hinweis auf die Gewährleistung des freien Mandats des Abgeordneten aus Art. 38 Abs. 1 S. 2 GG und auf den Amtseid der Regierungsmitglieder nach Art. 64 Abs. 2 i.V.m. Art. 56 GG *Towfigh/Ulrich* in: BK (Fn. 78), Art. 21 Rn. 219 ff. m.w.N.

[82] *Grimm* Politische Parteien (Fn. 17), Rn. 12 f.; *Volkmann* in: Berliner Kommentar (Fn. 77), Art. 21 Rn. 52, dort Rn. 15 auch zur „Vergemeinschaftung demokratischer Freiheit". Kritisch zur parteipolitischen „Applikation" des Grundgesetzes *Rüdiger Zuck* Die parteipolitische Indienstnahme der Verfassung, DVBl 2020, 1297.

[83] BVerfGE 148, 11 (25 Rn. 44 f.).

[84] BVerfGE 14, 121 (134); 24, 300 (354 f.); 34, 160 (163); 47, 198 (222 ff.); 48, 246 (277); BVerfGK 10, 363; BVerfG, NJW 1994, 40; NVwZ 2018, 819; NVwZ 2019, 963 (964); BVerwGE 47, 280 (289); *Towfigh/Ulrich* in: BK (Fn. 78), Art. 21 Rn. 415 f.; *Thorsten Koch* Neutralitätspflicht und Chancengleichheit bei Leistungen an politische Parteien, ZParl 2002, 694 (711 ff.).

[85] *Volkmann* in: Berliner Kommentar (Fn. 77), Art. 21 Rn. 54. S.a. BVerfGE 148, 11 (24 Rn. 42 f).

[86] BVerfGE 20, 56 (116); 47, 191 (227); 51, 222 (235); 52, 63 (89); 69, 92 (106); 111, 54 (104); 111, 382 (398); 120, 82 (105); 138, 102 (110 Rn. 30); 140, 1 (23 Rn. 63); *Hanns-Rudolph Lipphardt* Die Gleichheit politischer Parteien vor der öffentlichen Gewalt, 1975; *Martin Morlok/Heike Merten* Parteienrecht, 2018, 103 ff.; *Hans Hugo Klein* in: Günter Dürig/Roman Herzog (Hrsg.) Grundgesetz Kommentar, Art. 21 Rn. 306 (2021); *Towfigh/Ulrich* in: BK (Fn. 78), Art. 21 Rn. 411 ff.

[87] BVerfGE 44, 125 (146); 138, 102 (110 Rn. 30); 140, 1 (23 Rn. 62); 148, 11 (24 Rn. 42); *Christoph Gusy* in: Erhard Denninger/Wolfgang Hoffmann-Riem/Hans-Peter Schneider/Ekkehart Stein (Hrsg.) Kommentar zum Grundgesetz für die Bundesrepublik Deutschland, Art. 21 Rn. 89 (2001): „Ausprägung der Staatsneutralität in der Parteienkonkurrenz". Zur dogmatisch umstrittenen Verortung der Chancengleichheit im Zusammenspiel der Art. 21, 20, 38 und Art. 3 Abs. 1 GG *Grimm* Politische Parteien (Fn. 17), Rn. 42; *Peter M. Huber* Parteien in der Demokratie, in: Peter Badura/Horst Dreier (Hrsg.) FS 50 Jahre Bundesverfassungsgericht II, 2001, 609 (624); *Towfigh/Ulrich* in: BK (Fn. 78), Art. 21 Rn. 406 ff.; *Volkmann* in: Berliner Kommentar (Fn. 77), Art. 21 Rn. 54 (2020).

[88] BVerfGE 8, 51 (67); 20, 56 (118); 52, 63 (89); 41, 399 (414); 42, 53 (59); 73, 40 (89); 85, 264 (297); 104, 287 (300); 111, 382 (398).

2. Politische Neutralität als Verfassungsgebot? 311

Die Relativität der konkreten Wettbewerbsverhältnisse führt indes zu vielfältigen Abstufungen des Neutralitätsgebots. So wandert sein Bezugspunkt bisweilen zur Wirkung wettbewerbsrelevanter Regelungen.[89] Auch als Maßstab auf Parteien bezogener Werturteile ist Neutralität vielgestaltig und reicht von der Willkürfreiheit[90] bis hin zur am Sachlichkeitsgebot ausgerichteten Verteidigung politischer Positionen[91]. Liegt schon in der Amtsautorität ein Wettbewerbsvorteil[92] oder bedarf es der Inanspruchnahme staatlicher Ressourcen?[93] Bedarf es des Boykottaufrufes oder genügt die abschreckende negative Bewertung einer politischen Veranstaltung?[94] Neutralität erlaubt zum einen die Thematisierung der Beschränkungen der Chancengleichheit, die um der Responsivität demokratischer Herrschaft Willen[95] verfassungsrechtlich hinzunehmen sind. Zum anderen ist sie an den Rändern des politischen Feldes gefordert.[96] Neutralitätsdiskurse finden

---

[89] Wie etwa das Beispiel des Parteispendenabzugs nach §§ 10b Abs. 2, 34g EStG im Recht der Parteienfinanzierung schon früh belegen konnte. S. BVerfGE 8, 51 (66 f.); 52, 63; 63, 56; 63, 134; 69, 92; 73, 1; 73, 40; 78, 350; 85, 264; 99, 69; 104, 287; 111, 54; 111, 382; 121, 108; 140, 1; 146, 327; *Hesse* Parteien (Fn. 76), 37 ff.; *Shirvani* Parteienrecht (Fn. 17), 379 ff.; *Uwe Volkmann* Politische Parteien und öffentliche Leistungen, 1993; *Hans Herbert von Arnim* Parteienfinanzierung, 1982; *Karl Heinrich Friauf* Parteienfinanzierung im Spannungsfeld von Bürgergleichheit und staatlicher Neutralitätspflicht, in: Wolfram Höfling (Hrsg.) Kommentierte Verfassungsdogmatik, 2011, 115; *Stefan Korioth* Die Rechtsprechung des Bundesverfassungsgerichts zur Parteienfinanzierung in der Bundesrepublik Deutschland, in: Gerrit Mansen (Hrsg.) Die Finanzierung von politischen Parteien in Europa, 2008, 15; *Martin Morlok/Sven Jürgensen* Faktische Chancengleichheit – insbesondere im Recht der politischen Parteien, JZ 2018, 695 (698 f.).

[90] BVerfGE 40, 287 (293); 57, 1 (8); 136, 323.

[91] BVerfGE 148, 11 (30 Rn. 59).

[92] BVerfGE 44, 125 (143 f.); 138, 102 (115 Rn. 45, 117 ff. Rn. 50 ff.); 154, 320 (340 ff. Rn. 58 ff.); *Christian Hillgruber* Zwischen wehrhafter Demokratie und „political correctness", in: Winfried Kluth (Hrsg.) „Das wird man ja wohl noch sagen dürfen.", 2015, 77 (85).

[93] Hierauf liegt der Schwerpunkt bei: BVerfGE 44, 125 (138 ff.); 154, 320 (333 ff. Rn. 42 ff.); *Payandeh* Neutralitätspflicht (Fn. 43), 541 ff. Am „Amtsbonus" zweifelt *Wieland* Öffentlichkeitsarbeit (Fn. 36), 535 ff. Zu den Problemen der Feststellung einer Wettbewerbsverzerrung *Engel* Öffentlichkeitsarbeit (Fn. 37), Rn. 14 ff.

[94] So BVerfGE 140, 225 (228 Rn. 11); 148, 11 (27 Rn. 48).

[95] S. BVerfGE 138, 102 (114 f. Rn. 44); *Volkmann* in: Berliner Kommentar (Fn. 77), Art. 21 Rn. 15, 19; *Ernst-Wolfgang Böckenförde* Demokratische Willensbildung und Repräsentation, in: HStR III, 3. Aufl. 2005, § 34 Rn. 33 f.; *Martin Drath* Die Entwicklung der Volksrepräsentation, in: Heinz Rausch (Hrsg.) Zur Theorie und Geschichte der Repräsentation und Repräsentationsverfassung, 1968, 260 (312 ff.); *Christoph Gusy* Demokratische Repräsentation, ZfP 1989, 277. Zur Responsivität *Kristina Köhler* Gerechtigkeit als Gleichheit, 2010; *Melanie Walter* Politische Responsivität, 1997; *Herbert Uppendahl* Responsive Demokratie, in: Dietrich Tränhardt/Herbert Uppendahl (Hrsg.) Alternativen lokaler Demokratie, 1981, 85.

[96] Zu dieser Funktion *Towfigh* Parteien-Paradox (Fn. 77), 190. In der Rechtsprechung wird früh die „streitbare Demokratie" als Entscheidung des Verfassungsgebers begriffen

sich im Kontext der Qualifikation rechtspopulistischer Parteien als verfassungsfeindlich[97] und als Objekte des Verfassungsschutzes[98].

2. Rechtsstaatliche Neutralität

Demokratie und Rechtsstaat sind in der Verfassungsordnung in vielfacher Weise aufeinander bezogen.[99] Der Rechtsstaat als „Staatsform der Distanz"[100] soll als Schleusenbegriff[101] Vorstellungen einer in Autonomie vom Staat geschiedenen bürgerlichen Gesellschaft importieren[102] und staatliche Organisation auf Abstand zum „gesell-

---

„das Prinzip der Neutralität des Staates gegenüber den politischen Parteien nicht mehr rein verwirklichen zu dürfen", BVerfGE 5, 85 (139). S.a. BVerfGE 144, 20 (194 Rn. 516). Zur streitbaren Demokratie auch: BVerfGE 39, 334 (369); 40, 287 (291); 80, 244 (253); *Shirvani* Parteienrecht (Fn. 17), 280 ff. Zur Analyse auch *Lipphardt* Gleichheit (Fn. 86), 60 ff. unter Hinweis einerseits auf die von *Kägi* Grundordnung (Fn. 11), 64, unter Bezug auf den Schutz der „Grundwerte des demokratischen Verfassungsstaates" festgestellte, durch die „veränderten Verhältnisse" erzwungene „Abkehr von der innerpolitischen Neutralität" und andererseits auf *Carl Schmitts* Kritik am Weimarer Legalitätssystem mit seiner „absoluten Neutralität gegen sich selbst" und seiner „Neutralität bis zum Selbstmord", *Carl Schmitt* Legalität und Legitimität (1932), 8. Aufl. 2012, 47. Zur Widerlegung und erstaunlich lebendigen Rezeption *Volker Neumann* Volkswille, 2020, 325.

[97] Zum Streitstand: BVerfGE 40, 287 (293); 57, 1 (5 ff.); *Morlok* in: Dreier GG (Fn. 78), Art. 21 Rn. 158.

[98] BVerfGE 113, 63; BbgVerfG, Beschl. v. 20.5.2021, 5/21, BeckRS 2021, 14141 Rn. 50 ff.; VG Düsseldorf, Urt. v. 24.2.2021, 20 K 5100/19, BeckRS 2021, 2440; VG Köln, NVwZ 2019, 1060. Zur Beobachtung politischer Parteien durch den Verfassungsschutz *Lars Oliver Michaelis* Politische Parteien unter der Bobachtung des Verfassungsschutzes, 2000; *Dietrich Murswiek* Verfassungsschutz und Demokratie, 2020. Zur Aufnahme in die Verfassungsschutzberichte: BVerfGE 40, 287; *Bernadette Droste* Handbuch des Verfassungsschutzrechts, 2007, 457 ff.; *Kühn* Bürgerbeeinflussung (Fn. 60), 60 ff.; *Christoph Gusy* Der Verfassungsschutzbericht, NVwZ 1986, 6.

[99] Sie teilen einen „Gedanken der Formung und Distanz", *Eberhard Schmidt-Aßmann* Der Rechtsstaat, in: HStR II, 3. Aufl. 2004, § 26 Rn. 96. Zur Verhältnisbestimmung *Peter M. Huber* Rechtsstaat, in: Matthias Herdegen/Johannes Masing/Ralf Poscher/Klaus Ferdinand Gärditz (Hrsg.) Handbuch des Verfassungsrechts, 2021, § 6 Rn. 56 ff.; *Böckenförde* Demokratische Willensbildung (Fn. 95), Rn. 82 ff.; *Andreas Voßkuhle* Rechtsstaat und Demokratie, in: ders., Europa, Demokratie, Verfassungsgerichte, 2021, 199. Überzeugend gegen ihre Verschränkung *Sebastian Unger* Das Verfassungsprinzip der Demokratie, 2008, 236 ff., 241. Zu den Ursprüngen im Vormärz *Neumann* Volkswille (Fn. 96), 58 ff.

[100] *Michael Kloepfer* Gesetzgebung im Rechtsstaat, VVDStRL 40 (1982), 63 (65).

[101] *Ernst Wolfgang Böckenförde* Entstehung und Wandel des Rechtsstaatsbegriffs (1969), in: ders., Staat, Gesellschaft, Freiheit, 1976, 65 (65). S.a. *Uwe Volkmann* Grundzüge einer Verfassungslehre der Bundesrepublik Deutschland, 2013, 88 ff.

[102] *Ernst Forsthoff* Begriff und Wesen des sozialen Rechtsstaates, VVDStRL 12 (1953), 8 (15). Zur berechtigten Kritik *Katharina Sobota* Das Prinzip Rechtsstaat, 1997, 36.

2. Politische Neutralität als Verfassungsgebot? 313

schaftlichen Kräftespiel" halten.[103] Ein deshalb nicht fernliegendes „rechtsstaatliches Neutralitätsgebot"[104] geht einerseits weitgehend in der Gesetzesbindung der Exekutive auf.[105] Der „Filter"[106] des allgemeinen Gesetzes läutert parteipolitische Interessen[107] und schließt den Prozess politischer Willensbildung vorläufig ab.[108] Allerdings sind Gesetze für die Verwaltung bekanntlich „eher Landkarten als Zügel"[109] und schon deshalb ist die „Entpolitisierung"[110] staatlicher Funktionen durch Legalität begrenzt.[111] Rechtsstaatliche Distanz soll andererseits durch Verwaltungsverfahren, -organisation und Kompetenzordnung[112] hergestellt werden.[113] Hier konkretisieren die Unparteilichkeit im Verwaltungsverfahren und der Ausschluss

---

[103] *Schmidt-Aßmann* Rechtsstaat (Fn. 99), Rn. 25; *Helmuth Schulze-Fielitz* in: Horst Dreier (Hrsg.) Grundgesetz Kommentar II, 3. Aufl. 2015, Art. 20 (Rechtsstaat) Rn. 49. Zur Entwicklung *Böckenförde* Rechtsstaatsbegriff (Fn. 101), 65.

[104] *Ferdinand Wollenschläger* Verfassung im Allgemeinen Verwaltungsrecht, VVDStRL 75 (2015), 187 (212).

[105] *Thomas Ellwein* Das Dilemma der Verwaltung, 1994, 115: „In der Gesetzesanwendung soll Politik aufhören."; *Sobota* Rechtsstaat (Fn. 102), 77 ff.; *Klaus Stern* Das Staatsrecht der Bundesrepublik Deutschland I, 2. Aufl. 1984, 825; *Schröder* Neutralität (Fn. 31), 1131.

[106] *Michael Fehling* Verwaltung zwischen Unparteilichkeit und Gestaltungsaufgabe, 2001, 16.

[107] *Kloepfer* Gesetzgebung (Fn. 100), 66.

[108] *Hesse* Grundzüge des Verfassungsrechts (Fn. 11), Rn. 196; *Grimm* Recht und Politik (Fn. 15), 502. Unter Verweis auf *Kelsen*: *Christoph Gusy* Staatsrecht und Politik, ÖZöR 1984, 81 (90 f.).

[109] *Werner Jann* Politik und Verwaltung im funktionalen Staat, in: ders./Klaus König/Christine Landfried (Hrsg.) Politik und Verwaltung auf dem Weg in die transindustrielle Gesellschaft, 1998, 253 (259).

[110] Zur „Entpolitisierung" staatlicher Funktionen durch Legalität *Hans Kelsen* Vom Wesen und Wert der Demokratie, in: Matthias Jestaedt/Oliver Lepsius (Hrsg.) Verteidigung der Demokratie, 2006, 149.

[111] Zu den Einflüssen der unionalen Betonung des politischen Elements der Verwaltung und dem korrespondierenden Recht auf „gute Verwaltung" nach Art. 41 GrCh *Wolfgang Kahl* Grundzüge des Verwaltungsrechts in gemeineuropäischer Perspektive, in: IPE V, 2014, § 74 Rn. 160, 163 ff. Zu Art. 41 GrCh *Kai-Dieter Classen* Gute Verwaltung im Recht der Europäischen Union, 2008; *Hans D. Jarass/Martin Kment* EU-Grundrechte, 2. Aufl. 2019, 332 ff.; *Martin Bullinger* Das Recht auf eine gute Verwaltung, in: Carl-Eugen Eberle/Martin Ibler/Dieter Lorenz (Hrsg.) FS Winfried Bohm, 2002, 25.

[112] Zur Wahrung der Kompetenzordnung bei staatlichen Äußerungsrechten: BVerfGE 138, 102 (109 Rn. 27); 148, 11 (30 Rn. 59 f.); 154, 320 (338 Rn. 53). Für kommunale Äußerungen: BVerwGE 159, 327 (331 f. Rn. 16 ff.). S.a. *Disci* Neutralität (Fn. 35), 199 f.; *Nellesen* Äußerungsrechte (Fn. 35), 30 ff.

[113] *Fehling* Verwaltung (Fn. 106), 241 ff., 288 ff.; *Thomas Groß* Das Kollegialprinzip in der Verwaltungsorganisation, 1999, 152, 160 f., 196.

sachfremder Erwägungen in der Ermessenfehlerlehre[114] ihre verfassungsrechtlichen Gewährleistungen.[115] Das Gebot der Sachlichkeit bindet auch exekutive Öffentlichkeitsarbeit[116] und Kommunikation bei direktdemokratischen Abstimmungen[117] sowie gegenüber Bewegungen, die nicht in den Genuss der parteienverfassungsrechtlichen Neutralitätsversprechen kommen.[118] Eingefordert wird ein offenes Kommunikationsverhalten,[119] das nicht in den „Wettstreit der politischen Meinungen" eingreift und keinen „lenkenden Einfluss auf die Grundrechtsausübung der Bürger" nimmt;[120] womit die Brücke zu den Grundrechten geschlagen ist.[121]

---

[114] Zum Ausschluss (sachfremder) Parteizwecke vgl. BVerwGE 35, 287 (293 f.); 57, 192 (197); 65, 167 (169). Zur Unparteilichkeit im Verwaltungsverfahren: BVerwGE 43, 42 (43 f.); 69, 256 (263 ff.); 75, 214 (230 f.); BVerwG, NZA-RR 2016, 166 (167 Rn. 19); *Martin Steinkühler* in: Thomas Mann/Christoph Sennekamp/Michael Uechtritz (Hrsg.) Verwaltungsverfahrensgesetz, 2. Aufl. 2019, § 20 Rn. 1 ff. Zum Ausschluss sachfremder Erwägungen in der Ermessensfehlerlehre *Matthias Ruffert* in: Joachim Knack/Hans-Günther Henneke (Hrsg.) VwVfG, 11. Aufl. 2020, § 40 Rn. 47 ff. m.w.N.

[115] Überzeugend *Fehling* Verwaltung (Fn. 106), 444 ff. Zum Modell der „Legitimität durch Unparteilichkeit" nur *Pierre Rosanvallon*, Die Gegen-Demokratie, 2018, 103 ff.

[116] BVerfGE 57, 1 (8); 105, 252 (272); 133, 100 (108 Rn. 21 ff.); 148, 11 (29 f. Rn. 55 ff.). S.a. *Payandeh* Neutralitätspflicht (Fn. 43), 547.

[117] Hierzu und der Beschränkung der parteipolitischen Neutralität auf Wahlen: BayVerfGHE 47, 1 (12 ff.); BremStGHE 5, 137 (154 ff.); *Margarete Schuler-Harms* Elemente direkter Demokratie als Entwicklungsperspektive, VVDStRL 72 (2013), 417 (459 f.); *Janbernd Oebbecke* Die rechtlichen Grenzen amtlicher Einflußnahme auf Bürgerbegehren und Bürgerentscheid, BayVBl. 1998, 641 (645). Krit. *Martin Morlok/Volker Voss* Grenzen der staatlichen Informationstätigkeit bei Volksentscheiden, BayVBl. 1995, 513 ff. Das BVerfG betonte in seiner „Baden" Entscheidung bei Abstimmungen über die Neugliederung des Bundesgebietes nach Art. 29 GG, dass die Verfassungsorgane eines Landes ein legitimes Interesse hätten, „in angemessener Weise ihre Auffassung über die Vor- und Nachteile der einen oder anderen Lösung zu äußern, ihre Politik darzustellen und die bisherigen Leistungen des Landes zu würdigen" und zieht diesem eine Grenze „durch das Verfassungsgebot der grundsätzlich staatsfreien Meinungs- und Willensbildung des Volkes bei Abstimmungen", die überschritten sei, wenn jene Organe „gleichsam neben den beteiligten Gruppen wie eine von ihnen in den Abstimmungskampf" eingriffen, BVerfGE 37, 84 (90 f.).

[118] BVerwGE 159, 327 (333 f. Rn. 23 ff.).

[119] Zu deren Ausgestaltung: BVerwGE 159, 327 (336, Rn. 29): „Das schließt eine Meinungskundgabe durch symbolische Handlungen nicht aus, fordert aber den Austausch rationaler Argumente, die die Ebene argumentativer Auseinandersetzung nicht verlassen. [...] Nur so kann die Integrationsfunktion des Staates sichergestellt werden, die ebenfalls im Demokratieprinzip wurzelt".

[120] BVerwGE 159, 327 (337 Rn. 31).

[121] Zu Grundrechten als Element von Rechtsstaatlichkeit *Kurt Eichenberger* Gesetzgebung im Rechtsstaat, VVDStRL 40 (1981), 8 (9); *Sobota* Rechtsstaat (Fn. 102), 65 ff., 444 ff.; *Konrad Hesse* Der Rechtsstaat im Verfassungssystem des Grundgesetzes, in: ders./

3. Grundrechte und exekutive Neutralität

Die Neutralität der Exekutive setzt das liberale Versprechen um, dass der Verfassungsstaat allen Bürgern als Freie und Gleiche begegnet. Weil dieses Gleichheits- und Freiheitsversprechen durch Grundrechte eingelöst wird,[122] sind Neutralitätsdiskurse auch Grundrechtsdiskurse.[123] Staatsbürgerliche Teilhaberechte dienen der Gleichheit politischer Betätigung.[124] Gleicher Zugang zu öffentlichen Ämtern[125] begrenzt die Ämterpatronage.[126] Diskriminierung wegen politischer Anschauungen hindert Art. 3 Abs. 3 S. 1 GG.[127] Grundrechte bieten Freiheiten zur individuellen und korporativen Partizipation am politischen Prozess.[128] Diese Beziehung zwischen demokratischer Vergemeinschaftung und grundrechtlichem Freiheits- und

---

Siegfried Reicke/Ulrich Scheuner (Hrsg.) FS Rudolf Smend, 71 (75 f.); *Schmidt-Aßmann* Rechtsstaat (Fn. 99), Rn. 5.

[122] *Ino Augsberg* Theorien der Grund- und Menschenrechte, 2021; *Hesse* Grundzüge des Verfassungsrechts (Fn. 11), Rn. 125 ff.; *Ernst-Wolfgang Böckenförde* Grundrechtstheorie und Grundrechtsinterpretation (1974), in: ders. (Hrsg.) Staat, Gesellschaft, Freiheit, 1976, 221.

[123] Am Beispiel der exekutiven Äußerungsrechte *Disci* Neutralität (Fn. 35), 44 f., 147, 164; *Hillgruber* Demokratie und „political correctness" (Fn. 92), 54 ff.; *Andreas Heusch* Demokratischer Wettbewerb auf kommunaler Ebene, NVwZ 2017, 1325 (1331); *Payandeh* Neutralitätspflicht (Fn. 43), 544 ff.

[124] *Horst Dreier* in: ders. (Hrsg.) Grundgesetz Kommentar I, 3. Aufl. 2013, Vorb. Rn. 80; *Michael Sachs* Die Teilhabe an der staatlichen Willensbildung, in: *Klaus Stern* Das Staatsrecht der Bundesrepublik Deutschland IV/2, 2011, 160 (172 f.).

[125] Zur Chancengleichheit und Bestenauslese auch *Helmut Lecheler* Der öffentliche Dienst, in: HStR V, 3. Aufl. 2007, § 110 Rn. 7 ff.; *Andreas Voßkuhle* Personal, in: ders./Wolfgang Hoffmann-Riem/Eberhard Schmidt-Aßmann (Hrsg.) GVwR III, 2. Aufl. 2013, § 43 Rn. 58 f., 75. Zu Art. 33 Abs. 2 GG *Frauke Brosius-Gersdorf* in: Horst Dreier (Hrsg.) Grundgesetz Kommentar II, 3. Aufl. 2015, Art. 33 Rn. 73 ff.; *Wolfram Höfling* in: Wolfgang Kahl/Christian Waldhoff/Christian Walter (Hrsg.) Bonner Kommentar zum Grundgesetz, Art. 33 Abs. 1 bis 3 Rn. 72 ff. (2007); *Monika Jachmann-Michel/Anna-Bettina Kaiser* in: Hermann von Mangoldt/Friedrich Klein/Christian Starck (Begr.) Grundgesetz Kommentar II, 7. Aufl. 2018, Art. 33 Rn. 11 ff.

[126] *Theodor Eschenburg* Ämterpatronage, 1961; *Hans Herbert von Arnim* Ämterpatronage durch politische Parteien, 1980; *Voßkuhle* Personal (Fn. 125), Rn. 65 ff. S.a. *Michael Stolleis* Parteienstaatlichkeit – Krisensymptome des demokratischen Verfassungsstaats?, VVDStRL 44 (1986), 7 (23 ff.). Zur Gefahr der verfassungswidrigen Ämterpatronage bei politischen Beamten jüngst OVG Koblenz, DVBl 2021, 534; *Hans Herbert von Arnim* Bleibt Ämterpatronage straflos?, DVBl 2021, 481.

[127] Zu Art. 3 Abs. 3 S. 1 GG *Nellesen* Äußerungsrechte (Fn. 35), 57 ff.; *Thorsten Kingreen* in: Wolfgang Kahl/Christian Waldhoff/Christian Walter (Hrsg.) Bonner Kommentar zum Grundgesetz, Art. 3 Rn. 549 ff. (2020).

[128] Das gilt auch in Bezug auf Wahlen und Abstimmungen, nur *Bernd J. Hartmann* Eigeninteresse und Gemeinwohl bei Wahlen und Abstimmungen, AöR 134 (2009), 1.

Gleichheitsversprechen[129] wird in der aktivbürgerschaftlichen,[130] demokratiefunktionalen Deutung der Grundrechte betont.[131] Wenn die Rechtsprechung die Kommunikationsgrundrechte als „schlechthin konstituierend"[132] für die Demokratie begreift, ergeben sich so auch Räume, das Gebot politischer Neutralität der Exekutive auf das grundrechtliche Feld zu übertragen. „Meinungsneutralität" wird staatlichen Bewertungen grundrechtlicher Freiheitsbetätigungen entgegengesetzt.[133] Staatsfreiheit prägt die Medienordnung.[134] Staatsferne ist Konsequenz der „partei- und gruppenpolitischen Neutralisierung"[135] des Rundfunks.[136] Das Gebot politischer Neutralität fungiert allerorten als grundrechtlicher Ordnungsimperativ, der als Entdif-

---

[129] Zu den Grundrechten als „Lebensprinzip der Demokratie" *Hans Kelsen* Wissenschaft und Demokratie, in: Matthias Jestaedt/Oliver Lepsius (Hrsg.) Verteidigung der Demokratie, 2006, 238 (241) und als „integraler Bestandteil" demokratischer Prozesse *Horst Dreier* in: ders. (Hrsg.) Grundgesetz Kommentar II, 3. Aufl. 2015, Art. 20 (Demokratie) Rn. 78.

[130] *Dreier* in: Dreier GG (Fn. 124), Rn. 80; *Ulrich K. Preuß* Plebiszite als Form der Bürgerbeteiligung, ZRP 1993, 131 (132).

[131] *Horst Dreier* Dimensionen der Grundrechte, 1993, 38 f.; *Böckenförde* Grundrechtstheorie (Fn. 122), 230 ff.; *Dieter Grimm* Grundrechtsfunktionen jenseits des Staates, in: ders./Anne Peters/Dan Wielsch Grundrechtsfunktionen jenseits des Staates, 2021, 21 (43 f.). Stärker noch *Indra Spieker gen. Döhmann* Fragmentierungen: Kontexte der Demokratie, VVDStRL 77 (2018), 9 (55): „Grundrechte müssen wir insgesamt demokratisch begreifen". Zur Kritik u.a. *Unger* Demokratie (Fn. 99), 27 f., 239 f.; *Bernd J. Hartmann* Dienende Freiheit, JZ 2016, 18.

[132] BVerfGE 5, 85 (134 f., 205); 7, 198 (208); 10, 118 (121); 12, 113 (125); 42, 143 (169); 50, 290 (353); 59, 231 (266); 62, 230 (247); 69, 315 (344 f.); 76, 196 (208); 77, 65 (74); 100, 214 (223). S.a. *Neumann* Volkswille (Fn. 96), 333 ff.

[133] *Hillgruber* Demokratie und „political correctness" (Fn. 92), 79. Dagegen zutr. *Gärditz* Unbedingte Neutralität? (Fn. 60), 169. S.a. *Schröder* Neutralität (Fn. 31), 1130.

[134] BVerfGE 20, 162 (175 f.); 57, 295 (320); 59, 231 (255); 66, 116 (133); 80, 124 (132); 82, 338 (383 ff.); 121, 30 (53 ff.). S.a. *Christoph Grabenwarter* in: Günter Dürig/Roman Herzog (Hrsg.) Grundgesetz Kommentar, Art. 5 Rn. 830 ff. (2021); *Helmut Schulze-Fielitz* in: Horst Dreier (Hrsg.) Grundgesetz Kommentar I, 3. Aufl. 2013, Art. 5 Rn. 46; *Christian von Coelln* Offenheit demokratischer Willensbildung und Staatsferne des öffentlich-rechtlichen Rundfunks, in: Arnd Uhle (Hrsg.) Information und Einflussnahme, 2018, 11 (27 ff.). Zu kommunalen Publikationen zuletzt: BGH, NJW 2019, 763 (764 Rn. 14). S.a. *Friedrich Schoch* Information der lokalen Öffentlichkeit durch kommunale Amtsblätter und Telemedienangebote, 2019; *Sebastian Müller-Franken* Unzulässige Staatsmedien oder zulässige Informationstätigkeit, AfP 2016, 301.

[135] *Helmut Ridder* Meinungsfreiheit, in: Franz Neumann/Hans Carl Nipperdey/Ulrich Scheuner (Hrsg.) Die Grundrechte II, 1954, 241 (272).

[136] BVerfGE 12, 205 (260 ff.); 57, 295 (320); 83, 238 (322 f.); 121, 30 (51 ff.); 136, 9 (Ls. 2, 33 ff. Rn. 38 ff.); *Jutta Stender-Vorwachs* „Staatsferne" und „Gruppenferne" in einem außenpluralistisch organisierten privaten Rundfunksystem, 1988; *Matthias Roßbach/Thomas Wischmeyer* Grundrechtsschutz durch Organisation, in: Dieter Grimm (Hrsg.) Vorbereiter – Nachbereiter?, 2019, 193 (215); *Schlaich* Neutralität (Fn. 20), 83 ff.

2. Politische Neutralität als Verfassungsgebot?

ferenzierungsverbot dem Staat eine Einflussnahme in grundrechtlich ausdifferenzierten Bereichen versagen soll.[137]

Diese grundrechtlichen Neutralitätsgebote sind indes streitanfällig.[138] Weil die Abschirmwirkung der Neutralität an die Ausdifferenzierung der Grundrechte anknüpft, kann sie zum Ersten nur grundrechtsspezifisch entwickelt werden. Die Einforderung staatlicher Neutralität betont zwar übergreifend das abwehrrechtliche, minderheitsschützende Oppositionspotential der Grundrechte,[139] die alle Freiheit gewährleisten, die Verfassungsordnung abzulehnen.[140] Was politische Neutralität aber fordert, kann nicht allein mit Hinweis auf die „neutrale" Kontur der Schutzbereiche bestimmt werden.[141] Grundrechte bieten nämlich zum Zweiten keinen Konfrontationsschutz, in seiner Grundrechtsausübung nicht irritiert zu werden. Sie fordern die Rechtfertigung staatlichen Handelns nur dann, wenn der Staat in Grundrechte eingreift.[142] Neutralitätsgebote bringen den Staat infolgedessen nicht zum Verstummen.[143] Auch die staatliche Bewertung grundrechtlichen Verhaltens[144]

---

[137] *Gertrude Lübbe-Wolff* Die Grundrechte als Eingriffsabwehrrechte, 1988, 299; *Niklas Luhmann* Grundrechte als Institution, 2. Aufl. 1975, 23. S.a. *Augsberg* Theorien (Fn. 122), 118 ff.; *Grimm* Grundrechtsfunktionen (Fn. 131), 43 f.; *Peter Häberle* Die Wesensgehaltgarantie des Art. 19 Abs. 2 Grundgesetz, 3. Aufl. 1983, 80 ff.; *Ralf Poscher* Grundrechte als Abwehrrechte, 2003, 72 ff.

[138] Bzgl. der Kunstfreiheit *Lübbe-Wolff* Eingriffsabwehrrechte (Fn. 137), 300 ff.

[139] Zu Grundrechten und Minderheitsschutz *Johannes Dietlein* Die politische Betätigung in der Gesellschaft, in: *Klaus Stern* Das Staatsrecht der Bundesrepublik Deutschland IV/2, 2011, 3 (13 f., 33 ff.).

[140] Etwa: BVerfG, NJW 2001, 2069 (2070).

[141] *Payandeh* Neutralitätspflicht (Fn. 43), 545 f. A.A. *Hillgruber* Demokratie und „political correctness" (Fn. 92), 79.

[142] *Herbert Bethge* Der Grundrechtseingriff, VVDStRL 57 (1998), 7 (10 ff.); *Wolfram Cremer* Freiheitsgrundrechte, 2003, 136 ff.; *Rolf Eckhoff* Der Grundrechtseingriff, 1992; *Lübbe-Wolff* Eingriffsabwehrrechte (Fn. 137), 24 ff.; *Poscher* Abwehrrechte (Fn. 137), 163 ff.

[143] Für den einen ist staatliche Kritik an Versammlungen wegen abschreckender Wirkung ein Eingriff in die Versammlungsfreiheit – BVerfGE 140, 225 (228 Rn. 11); BVerwGE 159, 322 (330 Rn. 12); ThürVerfGHE 27, 497 (512); *zu Hohenlohe* Lichter aus (Fn. 60), 83 – und ein Verstoß gegen das Gebot der politischen Neutralität – *Hillgruber* Demokratie und „political correctness" (Fn. 92), 81 ff. –, für den anderen ist sie als Ausdruck des „politischen Meinungskampfes" grundrechtlich neutral – *Payandeh* Neutralitätspflicht (Fn. 43), 529, 534 f.

[144] Zur „Meinungskritik" als mittelbar-faktischer Grundrechtseingriff aber: OVG Münster, NVwZ-RR 2006, 273 (274); NWVBl. 2015, 195; VG Gießen, Urt. v. 11.6.2015, 8 K 2098/13.GI, BeckRS 2016, 44077 Rn. 16; VG Hamburg, Urt. v. 11.10.2006, 10 K 914/06, BeckRS 2007, 20331 Rn. 57; VG Stuttgart, NVwZ-RR 2011, 615 (615); *Hillgruber* Demokratie und „political correctness" (Fn. 92), 84. Zurückhaltend *Payandeh* Neutralitätspflicht (Fn. 43), 544.

muss eingriffsäquivalent sein.¹⁴⁵ Überdies können wehrhafte Demokratie und der Schutz der freiheitlich-demokratischen Grundordnung als Relativierungen der Neutralität auch dem Freiheits- und Gleichheitsanspruch der Grundrechte Grenzen ziehen.¹⁴⁶ Zum Dritten begründen Grundrechte nicht nur Interventionsverbote, sondern auch Interventionsgebote.¹⁴⁷ Neutralisierende Ordnungsimperative dringen hierbei auf Interventionsformen, die die Eigengesetzlichkeit ausdifferenzierter Lebensbereiche wahren,¹⁴⁸ hindern den Staat aber nicht an seiner grundrechtsaktivierenden Rolle. Die demokratische Responsivität findet ihre Entsprechung in grundrechtlicher Responsivität. Der Exekutive steht es frei, sich mit der grundrechtlichen Wertordnung¹⁴⁹ zu identifizieren und für sie gleichheits- und freiheitskonform zu werben.

---

[145] BVerfGE 65, 1 (43); 140, 224 (228 Rn. 11); BVerwGE 159, 327 (333 Rn. 21). Zur Qualifikation staatlicher Warnungen als Grundrechtseingriffe: BVerfGE 105, 252 (273); 105, 279 (299 f.); 148, 40 (49 ff. Rn. 24 ff.); *Indra Spieker gen. Döhmann* Informationsverwaltung, in: HVwR I, 2021, § 23 Rn. 114 ff.; *Wolfgang Graf Vitzthum* Der funktionale Anwendungsbereich der Grundrechte, in: HGR II, 2006, § 48 Rn. 57 ff.; *Gusy* Informationsbeziehungen (Fn. 36) Rn. 104 ff., 109 ff.; *Dietrich Murswiek* Staatliche Warnung, Wertungen, Kritik als Grundrechtseingriffe, DVBl 1997, 1021. Deutlich wird dies auch am Beispiel der Bewertung wissenschaftlicher Publikationen durch die Bundeszentrale für politische Bildung: BVerfG, NJW 2011, 511 (511 f.); *Hermann Butzer* Frei von der Leber weg, in: Winfried Kluth (Hrsg.) „Das wird man ja wohl noch sagen dürfen.", 2015, 37 (41 ff.); *Winfried Kluth* Unparteilichkeit als Handlungsmaßstab der Zentralen für politische Bildung und vergleichbarer Stellen und Einrichtungen, DÖV 2018, 1035 (1036 f.).

[146] Einerseits: BVerfGE 69, 315; BVerfG, NJW 2001, 2069, andererseits: OVG Münster, DVBl 2001, 584. S.a. *Horst Dreier* Idee und Gestalt des freiheitlichen Verfassungsstaates, 2014, 278, 480; *Bernd J. Hartmann* in: Wolfgang Kahl/Christian Waldhoff/Christian Walter (Hrsg.) Bonner Kommentar zum Grundgesetz, Art. 8 Rn. 173 (2018).

[147] *Lübbe-Wolff* Eingriffsabwehrrechte (Fn. 137), 302. Zu Grundrechten als Ziele des Staatshandelns *Peter Häberle* Grundrechte im Leistungsstaat, VVDStRL 30 (1972), 43 (103 ff.); *Josef Aulehner* Grundrechte und Gesetzgebung, 2011, 4 ff.; *Matthias Cornils* Die Ausgestaltung der Grundrechte, 2005, 35 ff.

[148] Als Beispiel sei auf die Verstärkung des grundrechtlichen Gesetzesvorbehalts in Fällen der Pressesubventionierung verwiesen. Dazu: BVerfGE 80, 124 (131 ff.); OVG Brandenburg, KirchE 47 (2005), 174 (192 f.); VG Berlin, NJW 1974, 330; DVBl 1975, 268; OLG Frankfurt, NVwZ 1993, 706 (707); *Steffen Detterbeck* Zur Grundrechtsproblematik staatlicher selektiver Pressesubventionen, ZUM 1990, 371; *Walter Krebs* Grundrechtlicher Gesetzesvorbehalt und Pressesubventionierung, DVBl 1977, 632.

[149] Zur objektiven Wertordnung: BVerfGE 7, 198 (205 f.); 23, 191 (202 f.); 25, 256 (263); 33, 1 (12); 34, 269 (279 f.); 35, 79 (114); 39, 1 (41); 52, 131 (165 f.); 148, 267 (280 Rn. 32) – st. Rspr. Aus der Lit. *Rudolf Smend* Verfassung und Verfassungsrecht (1928), in: ders., Staatsrechtliche Abhandlungen (1955), 4. Aufl. 2010, 119 (189 ff.); *Robert Alexy* Theorie der Grundrechte, 9. Aufl. 2020, 477 ff.; *Ernst-Wolfgang Böckenförde* Grundrechte als Grundsatznormen (1990), in: ders., Wissenschaft, Politik, Verfassungsgericht, 2011, 189; *Helmut Goerlich* Wertordnung und Grundgesetz, 1973; *Thilo Rensmann* Wertordnung und Verfassung, 2007; *Udo Di Fabio* Zur Theorie eines grundrechtlichen Wertesystems, in: HGR II, 2006, § 46; *Hans-Jürgen Papier* Grundgesetz und Werteordnung, in: Michael

4. *Politische Neutralität als Amtspflicht*

Weil die Verpflichtung des Staates auf Neutralität keine andere sein kann als die Verpflichtung seiner Amtsträger auf Neutralität,[150] sind verfassungsrechtliche Diskurse über ein Gebot politischer Neutralität auch Diskurse um Dienst- und Amtspflichten staatlichen Verwaltungspersonals.[151] Die beamtenrechtliche Verpflichtung auf unparteiliche und gerechte Amtsführung wird im „Verwaltungsstaat"[152] ebenso in Neutralität übersetzt[153] wie das Gebot der „Mäßigung und Zurückhaltung" bei politischer Betätigung.[154] Zur Entschärfung des Dualismus von berufsmäßiger Verwaltung

---

Sachs/Helmut Siekmann (Hrsg.) FS Klaus Stern, 2012, 551. S.a. *Frick* Staatsrechtslehre (Fn. 32), 28 ff.

[150] BVerfGE 153, 1 (Ls. 3, 37 f. Rn. 89); *Ernst-Wolfgang Böckenförde* Rechtsstaatliche politische Selbstverteidigung als Problem, in: ders./Christian Tomuschat/Dieter C. Umbach (Hrsg.) Extremisten und öffentlicher Dienst, 1981, 9 (10), wonach „der Staat nicht ohne seine Amtsträger und Amtswalter gedacht werden kann, sondern vornehmlich in ihnen und durch sie zur Erscheinung kommt und handlungsfähig ist [...]".

[151] *Maximilian Baßlsperger* Hergebrachte Grundsätze des Berufsbeamtentums, 2016, 67 f.; *Josef Franz Lindner* Die Neutralitätspflicht des Beamten, 2020; *Günter Püttner* Zur Neutralitätspflicht des Beamten, in: Klaus König/Hans-Werner Laubinger/Frido Wagener (Hrsg.) FS Carl Hermann Ule, 2. Aufl. 1977, 383. Zur Neutralitätspflicht von Angestellten im öffentlichen Dienst mit Blick auf § 3 TVöD *Manfred Jorkowksi* in: ders. (Hrsg.) TVöD (AT) Onlinekommentar, 2. Ed. (1.4.2017), § 3 Rn. 2, 9; *Michael Schwarz* Die Zweiteilung des öffentlichen Dienstes, JZ 2021, 761 (761 f.).

[152] *Gunnar Folke Schuppert* Verwaltungswissenschaft, 2000, 69.

[153] *Lindner* Neutralitätspflicht (Fn. 151), 9 spricht anschaulich von „Neutralität des Beamten als regelkontextuales Sachlichkeitsgebot". S.a. *Stern* Staatsrecht I (Fn. 105), 376.

[154] Zu § 33 Abs. 1 und 2 BeamtStG *Stefan Werres* in: Ralf Brinktrine/Kai Schollendorf (Hrsg.) BeckOK Beamtenrecht Bund, 22. Ed. (1.1.2021), § 33 BeamtStG Rn. 2 f.; *Dieter Kugele* in: ders. (Hrsg.) BeamtStG, 2011, § 33. Zur Neutralitätspflicht nach § 15 SG: BVerfGE 57, 29 (36); BVerfG, Beschl. v. 10.3.2014, 1 BvR 377/13, BeckRS 2014, 51215 Rn. 18; BVerwGE 111, 51 (54); BGHSt 27, 59 (64). S.a. *Joachim Baltes* Die Neutralität des Berufsbeamten, 1973, 18 ff.; *Henning Zwirner* Politische Treupflicht des Beamten (1956), 1987, 212 ff.; *Thorsten Masuch* Vom Maß der Freiheit, NVwZ 2021, 520. Krit. *Eberhard Menzel* Parteienstaat und Beamtentum, DÖV 1970, 433 (439 ff.). Teilweise enthalten die Beamtengesetze der Länder ausdrückliche Neutralitätspflichten, s. § 45 S. 1 HessBG: „Beamtinnen und Beamte haben sich im Dienst politisch, weltanschaulich und religiös neutral zu verhalten". S.a.: § 57 Abs. 1 HmbBG. Zu § 60 BBG *Stefan Werres* in: Ralf Brinktrine/Kai Schollendorf (Hrsg.) BeckOK Beamtenrecht Bund, 22. Ed. (1.4.2021), § 60 BBG Rn. B2 ff. Vergleichend *Matthias Niedobitek* Das Recht des öffentlichen Dienstes in den Mitgliedstaaten der Europäischen Gemeinschaft, in: Siegfried Magiera/Heinrich Siedentopf (Hrsg.) Das Recht des öffentlichen Dienstes in den Mitgliedstaaten der Europäischen Gemeinschaft, 1994, 11 (47 ff.). Zu den Grenzen des äußeren Erscheinungsbildes von Beamtinnen und Beamten in § 61 Abs. 2 BBG i.d.F. des G. v. 28.6.2021, BGBl. I 2021, S. 2250 ff.: Gesetzentwurf der Bundesregierung, BT-Drs. 19/26839, S. 30 f, 41 f. Zu Recht krit. *Klaus Ferdinand Gärditz/Maryam Kamil Abdulsalam* Verfassungsfragen des Gesetzes zur Regelung des Erscheinungsbilds von Beamtinnen und Beamten, ZBR 2021, 289.

und parlamentarischer Demokratie[155] wird Neutralität durch die ausgestaltungsoffene[156] institutionelle Garantie des Art. 33 Abs. 5 GG[157] in einen hergebrachten Grundsatz des Berufsbeamtentums übersetzt.[158] Angesichts deren traditionalistischen Zuges[159] verwundert nicht, dass idealisierte Neutralitätsbeschreibungen der Beamtenschaft als „ausgleichenden Faktor gegenüber den das Staatswesen gestaltenden politischen Kräften"[160] und „Gegengewicht"[161] zu den Parteien fortgetragen werden.[162] Was poli-

---

[155] *Püttner* Neutralitätspflicht (Fn. 151), 384. Aufgegriffen in: BVerfGE 119, 247 (261). Gesichert wird die „umstellbare politische Einsatzbereitschaft des öffentlichen Dienstes" – *Ulrich Battis* Beamtenrecht als Spiegel des heutigen Staatsverständnisses, in: Eberhard Schmidt-Aßmann/Dieter Sellner/Günter Hirsch u.a. (Hrsg.) Festgabe 50 Jahre Bundesverwaltungsgericht, 2003, 771 (773).

[156] BVerfGE 114, 258 (288); 117, 372 (381) – st. Rspr. seit BVerfGE 8, 1 (22 f.). *Hans Peter Bull* Der Beitrag des Bundesverfassungsgerichts zur „Berücksichtigung der hergebrachten Grundsätze des Berufsbeamtentums", in: Robert Chr. van Ooyen/Martin Möllers (Hrsg.) Handbuch Bundesverfassungsgericht im politischen System, 2. Aufl. 2015, 803 (816 f.); *Detlef Merten* Berufsfreiheit des Beamten und Berufsbeamtentum, in: HGR V, 2013, § 114 Rn. 77.

[157] Begrifflich grundlegend *Martin Wolff* Reichsverfassung und Eigentum, in: ders./Theodor Kipp/Heinrich Triepel/Rudolf Smend (Hrsg.) FS Wilhelm Kahl, 1923, IV (6). S.a. *Ute Mager* Einrichtungsgarantien, 2003, 16 f., 350 ff.

[158] BVerfGE 7, 155 (162 f.); 9, 268 (286). S.a. *Baßlsperger* Berufsbeamtentum (Fn. 151); *Lecheler* Öffentlicher Dienst (Fn. 125), Rn. 39 ff. Zur Einrichtungsgarantie: BVerfGE 3, 58 (137); 8, 1 (16 f.); 117, 330 (349); 119, 247 (263, 269); 130, 263 (292) – st. Rspr.; *Brosius-Gersdorf* in: Dreier GG (Fn. 125), Rn. 169; *Jachmann-Michel/Kaiser* in: von Mangoldt GG (Fn. 125), Rn. 40; *Christian Bickenbach* in: Ingo von Münch/Philip Kunig (Begr.) Grundgesetz Kommentar I, 7. Aufl. 2021, Art. 33 Rn. 138. Krit. *Helmut Lecheler* Das Berufsbeamtentum, in: Peter Badura/Horst Dreier (Hrsg.) Festschrift 50 Jahre Bundesverfassungsgericht II, 2001, 359 (363); *Detlef Merten* Das Berufsbeamtentum als Element deutscher Rechtsstaatlichkeit, in: Klaus Lüder (Hrsg.) Staat und Verwaltung, 1997, 145 (148 ff.). Zum Weimarer Diskurs *Hans Gerber* Entwicklung und Reform des Beamtenrechts, VVDStRL 7 (1932), 2; *Thomas Ellwein/Ralf Zoll* Berufsbeamtentum, 1973, 21 ff., 187 ff.; *Arnold Köttgen* Das deutsche Berufsbeamtentum und die parlamentarische Demokratie, 1928; *Wolfgang Runge* Politik und Beamtentum im Parteienstaat, 1965; *Hermannjosef Schmahl* Disziplinarrecht und politische Betätigung der Beamten in der Weimarer Republik, 1977, 80 ff.

[159] BVerfGE 145, 1 (8 f. Rn. 17); 145, 304 (324 Rn. 64); *Voßkuhle* Personal (Fn. 125), Rn. 72; *Kay Waechter* Einrichtungsgarantien als dogmatische Fossilien, Die Verwaltung 29 (1996), 47.

[160] BVerfGE 119, 247 (261); 121, 205 (219); 140, 240 (290 Rn. 101); 145, 249 (270 Rn. 45); 148, 296 (345 Rn. 118); 149, 1 (15 f. Rn. 33) – st. Rspr. seit BVerfGE 7, 155 (162), dort aber „Staatsleben" statt „Staatswesen".

[161] Zum Gedanken, „daß der moderne Parteienstaat des Gegengewichts bedürfe, wie es ein sachlich orientiertes, dem Parteiwesen neutral gegenüberstehendes Beamtentum darstellt", der „seit Jahrzehnten als Gemeingut der Staatsrechtslehre" gelten soll *Ernst Forsthoff* Verfassungsrechtliche Prolegomena zu Art. 33 Abs. 5 GG, DÖV 1951, 460 (460). Hierzu *Klaus König* Operative Regierung, 2015, 394.

[162] *Battis* Beamtenrecht (Fn. 155), 773. Zur Idealisierung im Kontext der Neutralität *Frank Rottmann* Der Beamte als Staatsbürger, 1981, 121 ff., 150 ff.

tische Neutralität innerhalb der Normreichweite[163] fordert, unterscheidet sich aber in Abhängigkeit vom jeweiligen Amt.[164] Eingeschränkt wird die Distanzpflicht bei politischen Beamten, die als „Brückenkopf zwischen der politisch verantwortlichen Spitze der Verwaltung und dem sonstigen Personalkörper"[165] dienen.[166] Aufgehoben wird das Gebot der Nichtidentifikation in der politischen Treuepflicht der Beamten[167], aktiv für Staat und Verfassungsordnung einzustehen und sich zu ihr zu bekennen.[168] Die verfassungsrechtliche Grundierung der Amtsneutralität ist schließlich anspruchsvoll, weil Beamtinnen und Beamte von ihren Grundrechten Gebrauch machen und sich politisch betätigen können.[169] Amtsneutralität

---

[163] Zur Unanwendbarkeit auf Regierungsämter *Brosius-Gersdorf* in: Dreier GG (Fn. 125), Rn. 173. Zu Anwendungszweifeln bei kommunalen Wahlämtern einerseits *zu Hohenlohe* Lichter aus (Fn. 60), 65 ff. und andererseits *Joachim Grigoleit* in: Klaus Stern/Florian Becker (Hrsg.) Grundrechte Kommentar, 3. Aufl. 2019, Art. 33 Rn. 69. Zur politischen Funktion der Wahlbeamten: BVerfGE 121, 205 (223); 149, 1 (19 f. Rn. 40 f.).

[164] *Lindner* Politische Neutralitätspflicht (Fn. 60), 4 f.

[165] BVerfGE 149, 1 (47 Rn. 84). S.a. BVerfGE 121, 205 (223), „Transformationsämter".

[166] Zur Ausgestaltung ihrer Rechtsstellung in § 30 Abs. 1 BeamtStG *Timo Hebeler* Verwaltungspersonal, 2008, 136 ff.; *Dieter Kugele* Der politische Beamte, 2. Aufl. 1978; *Hans Günter Steinkemper* Amtsträger im Grenzbereich zwischen Regierung und Verwaltung, 1980; *Ralf Brinktrine* in: ders./Kai Schollendorf (Hrsg.) BeckOK Beamtenrecht Bund, 20. Ed. (1.10.2020), § 30 BeamtStG Rn. 2 ff.; *Meinhard Schröder* Die Bereiche der Regierung und der Verwaltung, in: HStR V, 3. Aufl. 2007, § 106 Rn. 37 ff.; *Marianne Czisnik* Die verfassungsrechtliche Stellung der politischen Beamten, DÖV 2020, 603; *Josef Franz Lindner* Das Transformationsamt des politischen Beamten, DÖV 2018, 983; *Armin Steinbach* Der politische Beamte als verfassungsrechtliches Problem, VerwArch 2018, 2.

[167] BVerfGE 39, 334 (346 ff.); 119, 247 (264); 121, 205 (219). Vergleichend *Karl Doehring u.a.* Verfassungstreue im öffentlichen Dienst europäischer Staaten, 1980.

[168] Zur Kritik *Ulrich K. Preuß* Legalität und Pluralismus, 1973, 64 ff.; *Böckenförde* Politische Selbstverteidigung (Fn. 150), 13 ff.; *Bernhard Schlink* Zwischen Identifikation und Distanz, Der Staat 15 (1976), 335. Zur uferlosen Diskussion um sog. „Extremisten" im öffentlichen Dienst *Erhard Denninger* und *Hans Hugo Klein* Verfassungstreue und Schutz der Verfassung, VVDStRL 37 (1979), 7 (32 f.) bzw. 53 (83); *Zwirner* Politische Treupflicht (Fn. 154), 68 ff., 121 ff.; *Höfling* in: BK (Fn. 125), Rn. 185 ff. m.w.N. Aus der Rspr. BVerfGE 39, 334 (349 ff.); 92, 140 (151 ff.); 96, 171 (180 ff.); 96, 189 (197 ff.); BVerwGE 47, 330 (334 ff.); 47, 365 (368 ff.); 52, 313 (320 ff.); 61, 176 (177 ff.); 61, 194 (195 ff.); 62, 267 (269 ff.); 73, 263 (265 ff.); 83, 158 (160 ff.); 86, 99 (105 ff.); 111, 22 (23 ff.); 113, 267 (268 ff.); 114, 37 (45); 114, 258 (263 ff.); BVerwG, NJW 1987, 2691. Zur Forderung nach amtsbezogener Differenzierung *Battis* Beamtenrecht (Fn. 155), 779. Treuezweifel sollen unabhängig von einem Parteiverbotsverfahren an der Verfassungsfeindlichkeit einer Partei anknüpfen können, s. BVerfGE 39, 334 (359); BVerwGE 61, 176 (182); 73, 263 (267); 86, 99 (113); 113, 267 (269 f.); 114, 258 (263).

[169] Zur Grundrechtsgeltung allgemein: BVerfGE 39, 334 (366 f.); 108, 282 (296). S.a. *Herbert Krüger* und *Carl Hermann Ule* Das besondere Gewaltverhältnis, VVDStRL 15 (1957), 109 bzw. 133; *Sebastian Graf Kielmansegg* Grundrechte im Näheverhältnis, 2012, 197 ff.; *Masuch* Freiheit (Fn. 154), 521 ff.

setzt Grundrechten Grenzen[170] und findet ihre Grenzen in der permeablen Membran zwischen Amt und Person.[171]

5. Politische Neutralität und Bildung

Die Auseinandersetzung um die politische Neutralität der Schule gehört zu den traditionellen Diskursen um den staatlichen Bildungs- und Erziehungsauftrag.[172] Sie hat aber in den letzten Jahren eine neue Qualität gewonnen[173], weil das Bildungswesen den rechtlichen Umgang mit sozialer Vielfalt und politischen Konflikten spiegelt.[174] Landtagsfraktionen der AfD betreiben Portale, auf denen Verstöße gegen ein „politisches Neutralitätsgebot" der Schulen gemeldet werden sollen.[175] Die kopftuchtragende Lehrerin

---

[170] Zur politischen Neutralität: BVerfGE 39, 334 (367); *Zwirner* Politische Treupflicht (Fn. 154), 229 ff. Auch hat der EGMR das Verbot der Mitgliedschaft in einer politischen Partei für Polizeibeamte und die Entpolitisierung der Polizei als Mittel zur „Aufrechterhaltung der pluralistischen Demokratie" gerechtfertigt, EGMR, 20.5.1999, Rekvenyi, No. 25390/94, Rn. 41 – NVwZ 2000, 421 (422 f. Rn. 41): „Die Öffentlichkeit darf deswegen erwarten, dass sie, wenn sie mit der Polizei zu tun hat, auf politisch neutrale Polizisten trifft, die losgelöst sind vom politischen Streit, […]". S.a. EGMR, 26.9.1993, Vogt, No. 17851/91, Rn. 51 ff. – NJW 1996, 375 (376 f. Rn. 51 ff.); 2.9.1998, Ahmed u.a., No. 22954/93, Rn. 53 f., 62 f. – BeckRS 1998, 153570 Rn. 53 f., 62 f.; 24.3.2015, Ismail Sezer, No. 36807/07, Rn. 52 – NVwZ 2016, 1230 (1231 Rn. 52); 24.3.2015, Küçükbalaban u.a., No. 29764/09, Rn. 34 – NVwZ 2016, 1233 (1234 Rn. 34). Zur parallelen religiös-weltanschaulichen Neutralität: BVerfGE 108, 282 (299 ff.); 138, 296 (333 ff. Rn. 98 ff.); 153, 1 (37 ff. Rn. 88 ff.); *Rudolf Steinberg* Kopftuch und Burka, 2015; *Christian Waldhoff* Neue Religionskonflikte und staatliche Neutralität (Gutachten D zum 68. DJT), 2010, D 115 ff.; *Christian Walter* Religionsverfassungsrecht, 2006, 523 ff.

[171] Zur „Doppelrolle" auch *Lindner* Politische Neutralitätspflicht (Fn. 60), 2 f. Zum „Amt" als „Segment der Staatsgewalt", „das dem einzelnen Inhaber zur treuhänderischen Wahrnehmung übertragen ist" *Josef Isensee* Öffentlicher Dienst, in: Ernst Benda/Werner Maihofer/Hans-Jochen Vogel (Hrsg.) Handbuch des Verfassungsrechts der Bundesrepublik Deutschland, 2. Aufl. 1994, § 32 Rn. 16. Vgl. auch *ders.* Gemeinwohl und öffentliches Amt, 2014, 100 ff. S.a. *Otto Depenheuer* Das öffentliche Amt, in: HStR III, 3. Aufl. 2005, § 36 Rn. 14: „Amt als kleinste Organisationseinheit".

[172] *Felix Hanschmann* Staatliche Bildung und Erziehung, 2017, 121 ff.; *Elisabeth Meilhammer* Neutralität als bildungstheoretisches Problem, 2008; *Schlaich* Neutralität (Fn. 20), 91 f., 95 ff. Zur Forderung nach „ideologischer" Neutralität *Ekkehart Stein* Das Recht des Kindes auf Selbstentfaltung in der Schule, 1967, 53.

[173] Zum Schweizer Diskurs *Lorenz Engi* Die politische Neutralität der Schule, Sui generis 2019, 191.

[174] *Friederike Wapler* Gleichheit angesichts von Vielfalt als Gegenstand des philosophischen und juristischen Diskurses, VVDStRL 78 (2019), 53 (79); *Huster* Neutralität (Fn. 20), Einleitung XLIX („Brennspiegel des Pluralismus").

[175] *Jana Sämann* Neutralitätspostulate als Delegitimationsstrategie, 2021, 41 ff.; *Rainer Eckertz* Das Bundesverfassungsgericht zur staatlichen Neutralität, GWP 68 (2019), 261;

2. Politische Neutralität als Verfassungsgebot?

begründet scheinbar dieselbe Gefahr für die religiös-weltanschauliche Neutralität des Staates,[176] wie die Lehrkraft, die der Relativierung national-sozialistischer Verbrechen entgegentritt, für die politische Neutralität.[177] Auch die Schulgesetze einiger Länder setzen diese Parallele fort und den politischen und religiösen Bekundungen von Lehrkräften identische Grenzen.[178] Neutralitätsforderungen prägen zwar politische Bildung überhaupt,[179] sie gewinnen aber im „Bildungs- und Erziehungskollektiv"[180] der Schule eine besondere Qualität.[181] Im religiösen und im politischen Feld finden sich Konzepte abstinenter Neutralität und Neutralitätskonzepte, die auf Pluralität abheben.[182] Das Neutralitätsgebot wird hier wie dort in einem multipolaren Verfassungsrechtsverhältnis aus Grundrechten, staatlichem Bil-

---

Tim Engartner Politische Bildung als Verfassungsvoraussetzung, Der Staat 59 (2020), 117 (138 f.); *Michael Wrase* Wie politisch dürfen Lehrkräfte sein?, APuZ 2020, 10. Zur (teilw.) Untersagung: VG Schwerin, Urt. v. 26.11.2020, 1 A 1598/19 SN, BeckRS 2020, 35142. Die Frage nach der Öffentlichkeitsarbeit von Parlamentsfraktionen muss hier offenbleiben – hierzu *Hans Hugo Klein* Zur Öffentlichkeitsarbeit von Parlamentsfraktionen, in: Michael Brenner u.a. (Hrsg.) FS Peter Badura, 2004, 263; *Pascale Cancik* Entgrenzungen: Der Streit um die Öffentlichkeitsarbeit von Fraktionen geht weiter, ZG 2007, 349. Vgl. zur Hausrechtsausübung gegenüber Landtagsfraktionen bei Betrieb eines „Wahlkampfstudios": RhPfVerfGH, Beschl. v. 14.5.2021, VGH O 23/21, BeckRS 2021, 11194 Rn. 54 ff. Zur Fraktionsfinanzierung zuletzt: BRH, BT/Drs. 19/25890.

[176] BVerfGE 108, 282 (300); 138, 296 (334 ff. Rn. 100 ff.); *Ute Sacksofsky* und *Christoph Möllers* Religiöse Freiheit als Gefahr?, VVDStRL 68 (2008), 8 (9) bzw. 49 (85); *Hermann Avenarius/Felix Hanschmann* Schulrecht, 9. Aufl. 2019, 139 ff.

[177] Fallmaterial bei *Hendrik Cremer* Das Neutralitätsgebot in der Bildung, 2019. Für die außerschulische politische Bildung auch *Sämann* Neutralitätspostulate (Fn. 175), 61 ff., 145 ff.

[178] Soweit sie geeignet sind „die Neutralität des Landes gegenüber Schülern und Eltern oder den politischen, religiösen und weltanschaulichen Schulfrieden zu gefährden oder zu stören", § 38 Abs. 2 BWSchulG. Ähnlich: § 2 Abs. 8 NRWSchulG; § 12 Abs. 6 BerlSchulG; § 11 Abs. 3 BbgSchulG; § 59b Abs. 4 BremSchulG; § 86 Abs. 3 HessSchulG; § 1 Abs. 2a SaarlSchulG; § 4 Abs. 12 SHSchulG; § 46 Abs. 4 ThürSchulG.

[179] BVerfG, NJW 2011, 511; VG Köln, NVwZ-RR 2011, 475; *Butzer* Frei von der Leber (Fn. 145), 41; *Christoph Brüning/Christian Willers* Die Zentralen für politische Bildung im Gefüge der Staatsgewalten, JZ 2010, 1058; *Hufen* Jugendbildung (Fn. 60); *Kluth* Unparteilichkeit (Fn. 145).

[180] *Matthias Jestaedt* Schule und außerschulische Erziehung, in: HStR VII, 3. Aufl. 2009, § 156 Rn. 94.

[181] Zur politischen Bildung *Wolfgang W. Mickel* Handbuch zur politischen Bildung, 1999; *Wolfgang Sander* Politik in der Schule, 3. Aufl. 2012, 80 ff.

[182] Beide Alternativen wurden in der ersten Kopftuchentscheidung des BVerfG bekanntlich dem Landesgesetzgeber und damit dem politischen Prozess überantwortet, BVerfGE 108, 282 (309).

dungsauftrag und pädagogischer Freiheit[183] thematisiert.[184] Es unterscheidet sich aber in der Reichweite des staatlichen Integrationsmandats.[185] Ob der „sittliche"[186] Staat seine Bürger erziehen darf,[187] ist in der Schule keine Frage mehr.[188] Weil es Aufgabe der Schule ist, die Entwicklung der selbstverantwortlichen Persönlichkeit zu fördern,[189] ist auch die Ertüchtigung zur Teilhabe am politischen Willensbildungsprozess verfassungsbegründetes Erziehungsziel.[190] Politische Bildung in der Schule dient der Aneignung der Kompetenzen, die Demokratie als Lebensform auszeichnen und Voraussetzung dafür sind, an der Demokratie als Herrschaftsform teilzu-

---

[183] *Johannes Rux* Die pädagogische Freiheit des Lehrers, 2002; *Hinnerk Wißmann* Pädagogische Freiheit als Rechtsbegriff, 2002.

[184] BVerfGE 34, 165 (183); 93, 1 (22); *Hans-Ulrich Evers* Die Befugnis des Staates zur Festlegung von Erziehungszielen in der pluralistischen Gesellschaft, 1979, 55; *Markus Thiel* Der Erziehungsauftrag des Staates in der Schule, 2000, 61; *Frauke Brosius-Gersdorf* in: Horst Dreier (Hrsg.) Grundgesetz Kommentar I, 3. Aufl. 2013, Art. 7 Rn. 23; *Jestaedt* Schule (Fn. 180), Rn. 43 ff.; *Bodo Pieroth* Erziehungsauftrag und Erziehungsmaßstab der Schule im freiheitlichen Verfassungsstaat, DVBl 1994, 949.

[185] *Matthias Jestaedt* Ehe, Familie und Erziehung, in: Matthias Herdegen/Johannes Masing/Ralf Poscher/Klaus Ferdinand Gärditz (Hrsg.) Handbuch des Verfassungsrechts, 2021, § 22 Rn. 86 ff.

[186] *Ernst-Wolfgang Böckenförde* Der Staat als sittlicher Staat, 1978. Dazu *Engartner* Politische Bildung (Fn. 175), 120; *Uwe Volkmann* Gespräche mit Hegel, Der Staat 59 (2020), 489. Zur Bildung als Voraussetzung politischer Partizipation *Georg W. F. Hegel* Grundlinien der Philosophie des Rechts (1820), 4. Aufl. 1995, 295 f., 413 f. Anschaulich *Klaus Vieweg* Hegel, 3. Auflage 2020, 525: „Der Staat muss sich als eine durch Bildung hindurchgegangene Formation etablieren". Zum hier nicht behandelten Thema des politischen Liberalismus, ob diese Vorstellungen vom „guten Leben" damit normativ vorausgesetzt werden *Stefan Huster* Staatliche Neutralität und schulische Erziehung, Neue Sammlung 2001, 399 (408 ff.).

[187] *Uwe Volkmann* Darf der Staat seine Bürger erziehen? 2012.

[188] Offen ist allenfalls das Verhältnis zum elterlichen Erziehungsauftrag, einerseits *Hinnerk Wißmann* in: Wolfgang Kahl/Christian Waldhoff/Christian Walter (Hrsg.) Bonner Kommentar zum Grundgesetz, Art. 7 III Rn. 59 ff., 72 ff. (2015), andererseits *Brosius-Gersdorf* in: Dreier GG (Fn. 184), Rn. 24; *Hanschmann* Staatliche Bildung (Fn. 172), 78 ff. Zur politischen Sozialisation *Johannes Rux* Schulrecht, 6. Aufl. 2018, Rn. 926 ff.

[189] BVerfGE 34, 165 (188); *Michael Bothe* Erziehungsauftrag und Erziehungsmaßstab der Schule im freiheitlichen Verfassungsstaat, VVDStRL 54 (1995), 8 (18 ff.); *Huster* Neutralität (Fn. 20), 301 ff. m.w.N.

[190] BVerfGK 1, 141 (143); 8, 151 (155); *Avenarius/Hanschmann* Schulrecht (Fn. 176), 31 f.; *Thiel* Erziehungsauftrag (Fn. 184), 79. Zur Reichweite staatlicher Erziehungsziele *Bothe* Erziehungsauftrag (Fn. 189), 21 ff.; *Armin Dittmann* Erziehungsauftrag und Erziehungsmaßstab der Schule im freiheitlichen Verfassungsstaat, VVDStRL 54 (1995), 47 (53 ff.); *Hans Ulrich Ewers* Die Befugnis des Staates zur Festlegung von Erziehungszielen in der pluralistischen Gesellschaft, 1979; *Peter Häberle* Erziehungsziele und Orientierungswerte im Verfassungsstaat, 1981; *Rux* Schulrecht (Fn. 188), 897 ff.; *Huster* Schulische Erziehung (Fn. 186), 400.

2. Politische Neutralität als Verfassungsgebot? 325

nehmen.[191] Schule als „Keimzelle des demokratischen Gemeinwesens"[192] ist damit ein diskursiver Treffraum[193] demokratischer Öffentlichkeit.[194] In ihm ist eine unpolitische Lehrkraft „reine Fiktion"[195]. Neutralität beschreibt vielmehr die „Offenheit" der Schule für gesellschaftliche Pluralität[196], ist auf Pluralismussicherung ausgerichtet[197] und versagt den Lehrkräften die „Indoktrinierung"[198] mit einer bestimmten politischen Richtung.[199] Was

---

[191] Sie schafft die vorpolitischen Bedingungen einer demokratischen Verfassungsordnung *Ernst-Wolfgang Böckenförde* Demokratie als Verfassungsprinzip, in: HStR II, 3. Aufl. 2004, § 24 Rn. 67; *Jürgen Habermas* Vorpolitische Grundlagen des demokratischen Rechtsstaates?, in: ders./Joseph Ratzinger (Hrsg.) Dialektik der Säkularisierung, 2007, 15. Zum demokratischen Integrationsauftrag *Jestaedt* Schule (Fn. 180), Rn. 47; *Engartner* Politische Bildung (Fn. 175), 119 ff. m.w.N. Zur klassischen Formulierung der Demokratie als Lebensform *John Dewey* Democracy and Education (1916) hier nach: Demokratie und Erziehung, 2000, 121; *Oskar Negt* Der politische Mensch, 2016; *Adolf Schüle* Demokratie als politische Form und als Lebensform, in: ohne Hrsg., FS Rudolf Smend 1952, 321 (322 ff.).

[192] *Rux* Schulrecht (Fn. 188), 151 ff.

[193] *Spiecker gen. Döhmann* Fragmentierungen (Fn. 131), 35, dort auch der Hinweis auf *Luhmann* Politik (Fn. 8), 397 f. S. schon *Krüger* Staatslehre (Fn. 29), 228, wonach die „Schule der einzige Ort ist, an dem sich die Allgemeinheit der Bürger als Allgemeinheit treffen und finden kann".

[194] *Uwe Volkmann* Verfassungsrecht zwischen normativem Anspruch und politischer Wirklichkeit, VVDStRL 67 (2007), 58; *Wapler* Gleichheit (Fn. 174), 80; *Jestaedt* Schule (Fn. 180), Rn. 44 spricht treffend von der staatlichen Integrationsverantwortung.

[195] *Peter Hänni* Die Treuepflicht im öffentlichen Dienstrecht, 1982, 127. S.a. *Engi* Neutralität (Fn. 72), 273 ff.; *Engartner* Politische Bildung (Fn. 175), 132; *Hufen* Jugendbildung (Fn. 60), 217; *Joachim Wieland* Was man sagen darf: Mythos Neutralität in Schule und Unterricht, FES-Hintergrundpapier „Politische Bildung in der Schule", April 2019.

[196] *Bothe* Erziehungsauftrag (Fn. 189), 29 ff.; *Wapler* Gleichheit (Fn. 174), 83. Zum „Offensein des Staates für die Vielfalt der Formen und Inhalte" von Schule: BVerfGE 27, 195 (201); 41, 29 (50); BVerfGK 8, 151 (153 f., 155 f.); *Jestaedt* Schule (Fn. 180), Rn. 45. S.a. *Avenarius/Hanschmann* Schulrecht (Fn. 176), 34, 119 ff.; *Engartner* Politische Bildung (Fn. 175), 129 ff.

[197] Leitlinien politischer Bildung beschreiben diese gebotene Form der Pluralismussicherung treffend, zum sog. „Beutelsbacher Konsens" *Sander* Politik (Fn. 181), 147 ff.; *Hans-Georg Wehling* Konsens à la Beutelsbach?, in: Siegfried Schiele/Herbert Schneider (Hrsg.) Das Konsensproblem in der politischen Bildung, 1977, 173, wieder abgedruckt in *Benedikt Widmaier/Peter Zorn* (Hrsg.) Brauchen wir den Beutelsbacher Konsens?, 2016, 19 ff., insb. 24. Zur Würdigung *Engartner* Politische Bildung (Fn. 175), 129 ff.

[198] BVerfGE 47, 46 (77). Zur Gleichsetzung der Indoktrinierung mit der Verletzung des Gebots der „schulischen Neutralität" *Gerhard Robbers* in: Hermann von Mangoldt/Friedrich Klein/Christian Starck (Begr.) Grundgesetz Kommentar I, 7. Aufl. 2018, Art. 7 Rn. 39. Zur Begriffsbildung *Jestaedt* Schule (Fn. 180), Rn. 70.

[199] *Avenarius/Hanschmann* Schulrecht (Fn. 176), 390 f.; *Schröder* Neutralität (Fn. 31), 1130. Im Übrigen sind aber auch politische Parteien legitimer Unterrichtsgegenstand. Begeben sich politische Parteien in Distanz zu den Institutionen und Verfahren der politischen Willensbildung und zu grund- und menschenrechtlichen Gewährleistungen kann

Neutralität in der Schule heißt, ist eher Produkt eines komplexen Abwägungsvorgangs[200], denn greifbares Verfassungsgebot.[201]

IV. Neutralität – Beobachtungen zu Relationen und Unterscheidungen

Begriffe der Neutralität versprechen die konfliktauflösende Aufhebung eines Gegensatzes und enttäuschen zugleich dieses Versprechen.[202] Auch das Gebot der politischen Neutralität baut auf Unterscheidungen und Relationen von Exekutive und Gesellschaft im politischen Prozess auf.[203] Ihre Verarbeitung lässt sich im dogmatischen Diskurs beobachten.

1. Gemeinwohlkonkretisierung im demokratischen Prozess

Das Verfassungsgebot der Neutralität soll die Offenheit der Gemeinwohlkonkretisierung im politischen Prozess und die Gemeinwohlbindung der Exekutive sicherstellen.[204] Das Gemeinwohl als Legitimations-

---

diese Distanz selbstverständlich im Unterricht thematisiert werden. Zur grundsätzlichen Zulässigkeit parteipolitischer Betätigung an Schulen *Robbers* in: von Mangoldt GG (Fn. 198), Rn. 18.

[200] *Stefan Huster* Kultur im Verfassungsstaat, VVDStRL 65 (2006), 53 (68 ff.); *ders.* Schulische Erziehung (Fn. 186), 401 ff. Im Kontext der Schule *Hanschmann* Staatliche Bildung (Fn. 172), 121.

[201] S.a. *Schlaich* Neutralität (Fn. 20), 103; *Eckertz* Neutralität (Fn. 175), 262.

[202] Die sprachphilosophische These des Unterlaufens der für den Strukturalismus prägenden binären Opposition im Prozess der Sinnerzeugung hat *Roland Barthes* Das Neutrum (1978), 3. Aufl. 2018, 32 f. aufgestellt: „Ich definiere das Neutrum als dasjenige, was das Paradigma außer Kraft setzt, oder besser: Neutrum nenne ich dasjenige, was das Paradigma außer Kraft setzt […]. Daher der Gedanke einer strukturalen Schöpfung, die den unerbittlichen Binarismus des Paradigmas durch den Rückgriff auf einen dritten Term auflöst, aufhebt oder konterkariert […] dieses polymorphe Feld der Paradigma- oder Konfliktvermeidung = das Neutrum".

[203] Zur Technik der Unterscheidung *Fabian Steinhauer* Vom Scheiden, 2015. Zur Unterscheidung von Staat und Gesellschaft *Ernst-Wolfgang Böckenförde* Die verfassungstheoretische Unterscheidung von Staat und Gesellschaft als Bedingung der individuellen Freiheit, 1973; *Jens Kersten* Die Notwendigkeit der Zuspitzung, 2020, 90 f.; *Juliane Rebentisch* Die Kunst der Freiheit, 2. Aufl. 2013, 22 f.; *Konrad Hesse* Bemerkungen zur heutigen Problematik und Tragweite der Unterscheidung von Staat und Gesellschaft, in: Ernst-Wolfgang Böckenförde (Hrsg.) Staat und Gesellschaft, 1976, 484.

[204] BVerfGE 44, 125 (141 f.); 138, 102 (112 Rn. 37); 148, 11 (33 Rn. 64); *Peter Häberle* Öffentlichkeitsarbeit der Regierung zwischen Parteien- und Bürgerdemokratie, in: ders., Verfassung als öffentlicher Proze ß, 3. Aufl. 1998, 526 (534). Zur Kompetenzbindung *Hartmann* Eigeninteresse und Gemeinwohl (Fn. 128), 1 (3). Aus der Lit. zum Gemeinwohl *Michael Anderheiden* Gemeinwohl in Republik und Union, 2006; *Günter Dürig* Die konstanten Voraussetzungen des Begriffes „Öffentliches Interesse", 1949, 61 f.; *Peter Häberle*

2. Politische Neutralität als Verfassungsgebot? 327

grund der staatlichen Ordnung[205] ist im freiheitlichen Verfassungsstaat nicht vorherbestimmt,[206] sondern auf Konkretisierung im politischen Prozess angewiesen.[207] An dessen Ende steht nach einem säkularen „actus mysticus"[208] in Recht geronnene Politik, das in Gesetzesform gegossene, vom Politischen gereinigte Gemeinwohl. Neutralität akzentuiert in diesem Prozess eine Grenze demokratischer Mehrheitsherrschaft[209] und fördert demokratische Repräsentativität.[210] Sie ist Ausdruck der Prozeduralität, Reversibilität und Relativität demokratischer Herrschaft als Herrschaft auf Zeit.[211] Neutralität stützt die demokratietheoretisch inspirierte[212] Unterscheidung von Volks- und Staatswillensbildung.[213] Sie wirkt als Richtungs-

---

Öffentliches Interesse als juristisches Problem, 2. Aufl. 2006. Zur Verhinderung der Ineinssetzung von Gemeinwohl und Parteiinteresse *Volkmann* in: Berliner Kommentar (Fn. 77), Art. 21 Rn. 51 m.w.N. und zum Merkmal der Einparteienherrschaft im Rahmen der Totalitarismustheorien exemplarisch *Hannah Arendt* Elemente totaler Herrschaft, 1958, 174 ff.; *dies.* Elemente und Ursprünge totaler Herrschaft (1951), 22. Aufl. 2020, 663 ff.

[205] *Christoph Link* Staatszwecke im Verfassungsstaat, VVDStRL 48 (1990), 7 (19); *Josef Isensee* Gemeinwohl im Verfassungsstaat, in: HStR IV, 3. Aufl. 2006, § 71 Rn. 2 ff. Vgl. auch *Gunnar Folke Schuppert* Gemeinwohldefinition im kooperativen Staat, in: Herfried Münkler/Karsten Fischer (Hrsg.) Gemeinwohl und Gemeinsinn im Recht, 2002, 67. Zum Gemeinwohl als Kontingenzformel des politischen Systems *Luhmann* Politik (Fn. 8), 120 ff.

[206] *Häberle* Öffentliches Interesse (Fn. 204), 57; *Josef Isensee* Salus publica – suprema lex?, 2006, 19; *Robert Uerpmann* Das öffentliche Interesse, 1999; *Hans Herbert von Arnim* Gemeinwohl und Gruppeninteressen, 1977, 6 f.; *ders./Karl-Peter Sommermann* (Hrsg.) Gemeinwohlgefährdung und Gemeinwohlsicherung, 2004; *Dietmar von der Pfordten* Zum Begriff des Gemeinwohls, in: Martin Morlok/Ulrich von Alemann/Heike Merten (Hrsg.) Gemeinwohl und politische Parteien, 2008, 22.

[207] *Helge Rossen-Stadtfeld* Beteiligung, Partizipation und Öffentlichkeit, in: Wolfgang Hoffmann-Riem/Eberhard Schmidt-Aßmann/Andreas Voßkuhle (Hrsg.) GVwR II, 2. Aufl. 2012, § 29 Rn. 62 spricht von einer „Politisierung, Historisierung und Entauratisierung des Gemeinwohls"; *Gunnar Folke Schuppert* Staatswissenschaft, 2003, 221 ff.; *Christoph Engel* Offene Gemeinwohldefinitionen, Rechtstheorie 32 (2001), 23.

[208] *Stolleis* Parteienstaatlichkeit (Fn. 126), 24.

[209] BVerfGE 44, 125 (144); 138, 102 (111 Rn. 33); 148, 11 (25 Rn. 45); 154, 320 (335 f. Rn. 42 f.); *Kuch* Politische Neutralität (Fn. 49), 514.

[210] *Böckenförde* Demokratische Willensbildung (Fn. 95), Rn. 18. Im Kontext der Verwaltung *Pierre Rosanvallon* Demokratische Legitimität, 2010, 109 ff.

[211] *Volkmann* in: Berliner Kommentar (Fn. 77), Art. 21 Rn. 51. Zur Periodizität demokratischer Herrschaft *Dreier* in: Dreier GG (Fn. 124), Rn. 73; *Böckenförde* Demokratie (Fn. 191), Rn. 50; *Michael Droege* Herrschaft auf Zeit, DÖV 2009, 649.

[212] *Gusy* Regierung (Fn. 60), 215 ff.; *Kuch* Politische Neutralität (Fn. 49), 491.

[213] Zur Unterscheidung der freien Bildung des Volkswillens und der rechtlich gebundenen Staatswillensbildung: BVerfGE 8, 104 (112 ff.); 20, 56 (97 ff.); *Matthias Jestaedt* Demokratieprinzip und Kondominialverwaltung, 1993, 184 ff.; *Carl Schmitt* Verfassungslehre (1928), 11. Aufl. 2017, 242 ff.; *Christian Seiler* Der souveräne Verfassungsstaat zwischen demokratischer Rückbindung und überstaatlicher Einbindung, 2005, 95 f.; *Michael*

gewährleistung, die die demokratische Willensbildung vom Volk zu den Staatsorganen vor Umkehrung schützen soll.[214]

Neutralität macht aber sowohl auf die Verschränkungen[215] der Volks- und Staatswillensbildung als auch auf die Parteilichkeit des Verfassungsstaates aufmerksam. Dass die Unterscheidung keine Trennung ist, liegt daran, dass sich legitimationsbedürftige demokratische Herrschaft in einer repräsentativen Demokratie als resonanzbedürftiger[216] und responsiver Ordnung[217] nicht als Einbahnstraße der Willensbildung beschreiben lässt.[218] Verwaltungs- und Regierungskommunikation beugt postdemokratischer

---

Kloepfer Öffentliche Meinung, Massenmedien, in: HStR III, 3. Aufl. 2005, § 42 Rn. 20 ff; *Gusy* in: AK-GG (Fn. 87), Art. 21 Rn. 26; *ders.* Über Pluralismus, ZöR 37 (1986), 289 (304 ff.); *Albert Janssen* Die verfassungsrechtliche Bedeutung des Volkswillens für die Legitimation der Staatsgewalt, DÖV 2010, 949 (958); *Voßkuhle* Demokratie (Fn. 63), 127. Zum Sprachbild *Laura Münkler* Metaphern im Recht, Der Staat 55 (2016), 181. Zur öffentlichen Meinung als „staatsrechtliche Fiktion" *Jürgen Habermas* Strukturwandel der Öffentlichkeit, 6. Aufl. 1999, 343 ff.; *Udo Di Fabio* Öffentliche Meinung im System polyzentrischer Herrschaft, ZSE 2009, 666 (667 ff.). Vgl. auch *Gregor-Julius Ostermann* Transparenz und öffentlicher Meinungsbildungsprozess, 2019, 332 ff.

[214] BVerfGE 44, 125 (147 f.). Ursprünglich entwickelt im Kontext der Parteienfinanzierung: BVerfGE 24, 300 (339 ff.).

[215] *Stolleis* Parteienstaatlichkeit (Fn. 126), 25. S.a. BVerfGE 44, 125 (139 f.): Die „Willensbildung des Volkes und (die) Willensbildung in den Staatsorganen vollziehen sich in vielfältiger und tagtäglicher Wechselwirkung".

[216] *Hartmut Rosa* Resonanz, 2019, 362.

[217] Zum Prinzip der Responsivität *Hermann Pünder* Wahlrecht und Parlamentsrecht als Gelingensbedingungen repräsentativer Demokratie, VVDStRL 72 (2013), 191 (198 ff.); *Utz Schliesky* Souveränität und Legitimität von Herrschaftsgewalt, 2004, 173 ff.; *Thomas Groß* Grundlinien einer pluralistischen Interpretation des Demokratieprinzips, in: Redaktion Kritische Justiz (Hrsg.) Demokratie und Grundgesetz, 2000, 93 (97 f.); *Walter Schmitt Glaeser* Die grundrechtliche Freiheit des Bürgers zur Mitwirkung an der Willensbildung, in: HStR III, 3. Aufl. 2005, § 38 Rn. 28 ff. Zum Zusammenhang von Repräsentation und Responsivität etwa *Böckenförde* Demokratische Willensbildung (Fn. 95), Rn. 29 („Inhaltliche Repräsentation des Volkswillens"), Rn. 33. S.a. einerseits *Herbert Uppendahl* Repräsentation und Responsivität, ZParl 12 (1981), 123 und andererseits *Ulrich von Alemann* Responsive Demokratie, ZParl 12 (1981), 438. Vgl. auch *Christoph Enders* Freiheit und Repräsentation, 2020, 22 ff.; *Hasso Hofmann* Repräsentation, 1974; *Neumann* Volkswille (Fn. 96), 68 ff., 113 ff., 144 ff., 268 ff.; *Oliver Lembcke* Repräsentation und Demokratie, in: Marvin Neubauer (Hrsg.) Im Namen des Volkes, 2021, 9; *Volker Neumann* Repräsentation als staatsrechtswissenschaftliches Thema vom Vormärz bis heute, in: Rüdiger Voigt (Hrsg.) Repräsentation, 2019, 15 (26 ff., 36 ff.). Geradezu klassisch *Gerhard Leibholz* Das Wesen der Repräsentation und der Gestaltwandel der Demokratie im 20. Jahrhundert, 2. Aufl. 1960, 98 ff.; *Hanna Pitkin* The concept of representation, 1967.

[218] *Böckenförde* Demokratische Willensbildung (Fn. 95), Rn. 31 f.; *Christian Waldhoff* Parteien-, Wahl- und Parlamentsrecht, in: Matthias Herdegen/Johannes Masing/Ralf

Apathie[219] und der Erosion demokratischer Öffentlichkeit vor[220], weil sie zur Akzeptanz politischer Entscheidungen beiträgt.[221] Als Formen, den „Grundkonsens lebendig zu erhalten"[222], können staatliches Informationshandeln und Öffentlichkeitsarbeit als Staatsaufgaben[223] ebenso begründet werden wie die Äußerungsrechte des Bundespräsidenten mit Blick auf seine Integrationsfunktion[224]. In Ansehung der Parteien[225] bedeutet Neutralität hier Wahrung von Chancengleichheit[226] im „Gemeinwohl-Entdeckungsverfahren" des Parteienwettbewerbs.[227]

Dass die Unterscheidung keine Trennung ist, liegt auch daran, dass die Exekutive im politischen Prozess nicht standortlos ist. Konnte *Carl Schmitt*

Poscher/Klaus Ferdinand Gärditz (Hrsg.) Handbuch des Verfassungsrechts, 2021, § 10 Rn. 2.

[219] Vgl. *Colin Crouch* Postdemokratie, 2008, 10 ff., 30 ff.; *ders.* Postdemokratie revisited, 2021, 18 ff. Als „Mythos vom passiven Bürger" charakterisiert bei *Rosanvallon* Gegen-Demokratie (Fn. 115), 23 ff.

[220] *Bernd Holznagel* Erosion demokratischer Öffentlichkeit?, VVDStRL 68 (2009), 381 (388 f.).

[221] BVerfGE 44, 125 (147 ff.); 148, 11 (27 f. Rn. 50 ff.); *Drefs* Öffentlichkeitsarbeit (Fn. 60); *Patrick Donges/Otfried Jarren* Politische Kommunikation in der Mediengesellschaft, 4. Aufl. 2017, 122 ff.; *Landwers* Öffentlichkeitsarbeit (Fn. 60), 46 ff.; *Klaus Kocks/Susanne Knorre/Jan Niklas Kocks* (Hrsg.) Öffentliche Verwaltung – Verwaltung in der Öffentlichkeit, 2020; *Ulrich Sarcinelli* Legitimation durch Kommunikation?, in: Karl-Rudolf Korte/Timo Grunden (Hrsg.) Handbuch Regierungsforschung, 2013, 93.

[222] BVerfGE 44, 125 (147); 63, 230 (243); 148, 11 (29 Rn. 56). Zum Grundkonsens *Stephan Eisel* Minimalkonsens und freiheitliche Demokratie, 1986; *Ernst Fraenkel* Deutschland und die westlichen Demokratien, 1991, 248 f.; *Christian Starck* Freiheit und Institutionen, 2002, 319 ff.; *Markus Thelen* Demokratie, Grundkonsens und politischer Pluralismus, 1997, 29 ff.; *Volkmann* Verfassungslehre (Fn. 101), 207 ff.; *Hans Vorländer* Verfassung und Konsens, 1981; *Günter Gorschenek* (Hrsg.) Grundwerte in Staat und Gesellschaft, 1977; *Gunnar Folke Schuppert/Christian Bumke* (Hrsg.) Bundesverfassungsgericht und gesellschaftlicher Grundkonsens, 2000.

[223] BVerfGE 44, 125 (147 ff.); 63, 230 (243 f.). Vgl. auch BVerfGE 155 (185); 97, 350 (369).

[224] BVerfGE 136, 323 (335 f. Rn. 31 ff.); 138, 102 (112 f. Rn. 36 f.). Hierzu auch *Martin Nettesheim* Die Aufgaben des Bundespräsidenten, in: HStR III, 3. Aufl. 2005, § 62 Rn. 25.

[225] BVerfGE 148, 11 (24 Rn. 41). S.a. BVerfGE 138, 102 (111 Rn. 32): „Politisches Programm und Verhalten der Staatsorgane wirken unablässig auf die Willensbildung des Volkes ein und sind selbst Gegenstand der Meinungsbildung des Volkes; Meinungen aus dem Volk, sehr häufig vorgeformt und gestaltet vor allem in den politischen Parteien, aber auch zum Beispiel über Verbände und über Massenmedien, wirken auf die Willensbildung in den Staatsorganen ein (BVerfGE 44, 125 [139f.])".

[226] Zuletzt: BVerfGE 148, 11 (24 Rn. 44). S.a. in Bezug auf den Parteienwettbewerb *Grimm* Politische Parteien (Fn. 17), 42: „Der rechtliche Ausdruck dieser Neutralität ist das Prinzip der Parteiengleichheit".

[227] Zum demokratischen Wettbewerb als „Gemeinwohl-Entdeckungsverfahren" *Kotzur* Demokratie (Fn. 77), 184; *Hatje* Demokratie (Fn. 19), 146.

seine Unterscheidungen zur innerpolitischen Neutralität[228] noch vor der Folie des vermeintlichen Relativismus der Weimarer Verfassungsordnung entwickeln,[229] so drängt Gemeinwohlkonkretisierung heute zur Verfassung.[230] Mit den Bausteinen der politischen Willensbildung, mit Grundrechten und Staatszielbestimmungen kann und soll sich die Exekutive identifizieren. Der Schutz der freiheitlich demokratischen Grundordnung[231] in der streitbaren Demokratie[232] erlaubt schließlich den Ausschluss bestimmter Beiträge zum Gemeinwohl und ruft die Instrumente des Verfassungsschutzes[233] bis hin zum Vereins- und Parteiverbot auf[234].

---

[228] *Carl Schmitt* Das Zeitalter der Neutralisierungen und Entpolitisierungen (1929), in: ders., Der Begriff des Politischen (1932), 9. Aufl. 2015, 73; *ders*. Corollarium 1: Übersicht über die verschiedenen Bedeutungen und Funktionen des Begriffes der innerpolitischen Neutralität des Staates (1931), daselbst, 89; *ders*. Der Hüter der Verfassung (1931), 5. Aufl. 2016, 100 ff.

[229] Zur Bewertung *Gusy* Regierung (Fn. 60), 212 f.; *ders*. Weimar – die wehrlose Republik?, 1991. Als Beispiele der *Schmitt*-Rezeption etwa *David Dyzenhaus* Legality and Legitimacy, 1997, 219 ff.; *Schlaich* Neutralität (Fn. 20), 7 ff., 220 f.

[230] Zu Staatszielen und Grundrechten als Gemeinwohlgehalte: BVerfGE 111, 307 (319 ff.); *Volkmann* Verfassungslehre (Fn. 101), 88 ff. Zur Kulturstaatlichkeit: BVerfGE 35, 79 (114); 36, 321 (331); 81, 108 (116); 111, 333 (353); 127, 87 (114); *Dieter Grimm* und *Udo Steiner* Kulturauftrag im staatlichen Gemeinwesen, VVDStRL 42 (1984), 7 bzw. 46; *Karl-Peter Sommermann* Kultur im Verfassungsstaat, VVDStRL 65 (2006), 7; *Huster* Kultur (Fn. 200); *Claas Friedrich Germelmann* Kultur und staatliches Handeln, 2013; *Sophie-Charlotte Lenski* Öffentliches Kulturrecht, 2013; *Peter Häberle* (Hrsg.) Kulturstaatlichkeit und Kulturverfassungsrecht, 1982. Zur Sozialstaatlichkeit: BVerfGE 5, 85 (198); 22, 180 (Ls. 1, 204); 33, 303 (333); 66, 248 (258); *Thorsten Kingreen* Das Sozialstaatsprinzip im europäischen Verfassungsverbund, 2003, 107 ff.

[231] BVerfGE 2, 1 (13); 5, 85 (199 f., 230, 235); 44, 125 (139, 145); 144, 20 (202 ff. Rn. 529 ff.).

[232] BVerfGE 144, 20 (196 Rn. 516). Zur streitbaren Demokratie *Karl Loewenstein* Militant democracy and Fundamental Rights, The American Political Science Review 16 (1937), 417 und 638. S.a. *Hesse* Grundzüge des Verfassungsrechts (Fn. 11), Rn. 714 f.; *Erhard Denninger* „Streitbare Demokratie" und Schutz der Verfassung, in: Ernst Benda/Werner Maihofer/Hans-Jochen Vogel (Hrsg.) Handbuch des Verfassungsrechts der Bundesrepublik Deutschland, 2. Aufl. 1994, § 16; *Utz Schliesky* Die wehrhafte Demokratie des Grundgesetzes, in: HStR XII, 3. Aufl. 2014, § 277; *Morlok* in: Dreier GG (Fn. 78), Art. 21 Rn. 144; *Emanuel V. Towfigh/Jan Keesen* in: Wolfgang Kahl/Christian Waldhoff/Christian Walter (Hrsg.) Bonner Kommentar zum Grundgesetz, Art. 21 Rn. 633 ff. (2020).

[233] BVerfGE 40, 287 (291 ff.).

[234] BVerfGE 2, 1; 5, 85; 107, 339; 144, 20; *Morlok/Merten* Parteienrecht (Fn. 86), 155 ff.; *Martin Will* Ephorale Verfassung, 2017. Kritische Rekonstruktion bei *Neumann* Volkswille (Fn. 96), 303 ff.

2. Leitbilder der Exekutive im administrativ-politischen System

Neutralität transportiert unterschiedliche Leitbilder[235] der Exekutive im politischen System. So wie die religiös-weltanschauliche Neutralität die Erzählung der Genese des säkularen Staates begleitet, so begleitet der Mythos der politischen Neutralität die Ausformung des Verfassungsstaates als „neutraler Rechtsperson"[236] und seine Transformation zum Parteienstaat.[237] Neutralität fungierte als Baugesetz republikanischer Staatsintegration und einer monarchengleich das Ganze repräsentierenden Gewalt[238]

---

[235] *Andreas Voßkuhle* Beteiligung Privater an der Wahrnehmung öffentlicher Aufgaben und staatliche Verantwortung, VVDStRL 62 (2003), 266 (282); *Volkmann* Verfassungsrecht (Fn. 194), 68 ff.; *ders.* Leitbildorientierte Verfassungsanwendung, AöR 134 (2009) 157 ff.; *Johanna Braun* Leitbilder im Recht, 2015.

[236] BVerfGE 3, 58 (116). Vgl. *Kremer* Willensmacht des Staates (Fn. 13), 311 ff.; *Ulrich Häfelin* Die Rechtspersönlichkeit des Staates, 1959; *Möllers* Argument (Fn. 13), 151 ff.; *Helmut Quaritsch* Staat und Souveränität, 1970, 481 ff.; *Christoph Schönberger* Das Parlament im Anstaltsstaat, 1997, 33 ff., dort auch zu den überzeugenden Zweifeln an *Wilhelm Eduard Albrecht* Rezension über Maurenbrechers Grundsätze des heutigen deutschen Staatsrechts (1837), 1962, 1, 17, als „Geburtsstunde"; *Henning Uhlenbrock* Der Staat als juristische Person, 2000. S.a. *Ernst-Wolfgang Böckenförde* Organ, Organisation, juristische Person, in: Christian-Friedrich Menger (Hrsg.) FS Hans Julius Wolff, 1973, 269 (273 ff., insb. 287): „An der rechtliche Qualifizierung des Staates als juristische Person klammert sich die Staats- und Verwaltungsrechtslehre deshalb so stark (und zum Teil krampfhaft), weil sie anders keine Möglichkeit sieht, die – vorhandene und von ihr keinesfalls aufzugebende – Einheit des Staates rechtlich, genauer: juristisch-konstruktiv zum Ausdruck zu bringen".

[237] *Jörg Bogumil/Werner Jann* Verwaltung und Verwaltungswissenschaft in Deutschland, 3. Aufl. 2020; *Fehling* Verwaltung (Fn. 106), 14 ff.; *Michael Stolleis* Geschichte des öffentlichen Rechts in Deutschland III, 1999, 74, 105 ff.; *Carl Böhret* Verwaltungspolitik als Reaktion auf gesellschaftliche Bindungen und politische Freiräume der Verwaltung, in: ders./Heinrich Siedentopf (Hrsg.) Verwaltung und Verwaltungspolitik, 1983, 27 ff.; *Christoph Gusy* Verfassungsumbruch und Staatsrechtswissenschaft, in: Ute Frevert/Heinz-Gerhard Haupt (Hrsg.) Neue Politikgeschichte, 2005, 166 (173 ff.); *Wolfgang Hoffmann-Riem* Eigenständigkeit der Verwaltung, in: ders./Eberhard Schmidt-Aßmann/Andreas Voßkuhle (Hrsg.) GVwR I, 2. Aufl. 2012, § 10 Rn. 44; *Jann* Politik und Verwaltung (Fn. 109), 253; *Jörg-Detlef Kühne* Parteienstaat als Herausforderung des Verfassungsstaats, in: Helmut Neuhaus (Hrsg.) FS Kurt G. A. Jeserich, 1994, 309; *Manfred Rehbinder* Die Verwaltung als Schaltstelle zwischen Recht und Gesellschaft, in: Willi Blümel/Detlef Merten/Helmut Quaritsch (Hrsg.) FS Carl Hermann Ule, 1987, 283; *Claus Offe* Rationalitätskriterien und Funktionsprobleme politisch-administrativen Handelns, Leviathan 2 (1974), 333; *Schlaich* Neutralität (Fn. 20), 48 ff. Von einem „Wesenszug moderner Verfassungsstaatlichkeit" spricht *Schröder* Neutralität (Fn. 31), 1128.

[238] Zur „pouvoir neutre" *Benjamin Constant* Principes de politique applicables à tous les gouvernemens représentatifs et particulièrement à la constitution actuelle de la France, 1815, 34 f., hier nach der deutschen Übersetzung: *Axel Blaeschke/Lothar Gall* (Hrsg.) Benjamin Constant Werke in vier Bänden IV, 1970, 32 f.; *Stephen Holmes* Constants Prinzipien einer Verfassungsarchitektur, in: Oliver W. Lembcke/Florian Weber (Hrsg.) Republikani-

sowie als Ideal einer den gesellschaftlichen Gegensätzen entrückten unpolitischen Verwaltung,[239] die im Staatsmechanismus allein dem Gemeinwohl dient.[240] Neutralität hielt und hält die Parteien auf Distanz, setzt ihrem Zugriff auf staatliche Ressourcen Grenzen[241] und dient der „technokratischen Entpolitisierung" des Staates.[242] „Verwaltungsneutralität" fungiert als „militantes Glaubensbekenntnis"[243] der Trennung von Bürokratie und Poli-

---

scher Liberalismus, 2013, 203 (207). Zur Rezeption in der Weimarer Republik *Schmitt* Hüter (Fn. 228), 100 ff., 110, 132 ff.; *ders.* Verfassungslehre (Fn. 213), 350 ff. Hierzu *Fehling* Verwaltung (Fn. 106), 14 ff. Zur Idee im Parlamentarischen Rat *Adolf Süsterhenn*, in: Parlamentarischer Rat, Stenographischer Bericht, 25; *ders.*, in: Parlamentarischer Rat, Verhandlungen des Hauptausschusses, Protokoll, 120. Rezeption durch: BVerfGE 114, 121 (159); 136, 277 (311 Rn. 95). Zur Kritik *Martin Nettesheim* Amt und Stellung des Bundespräsidenten in der grundgesetzlichen Demokratie, in: HStR III, 3. Aufl. 2005, § 61 Rn. 24; *Karl Doehring* Der „pouvoir neutre" und das Grundgesetz, Der Staat 3 (1964), 201 ff. Vermittelnd *Cornils* Parteipolitische Neutralität (Fn. 60), 163; *Butzer* Äußerungsbefugnisse (Fn. 60). S.a. *Günter Püttner* Toleranz als Verfassungsprinzip, 1977, 37; *Schlaich* Neutralität (Fn. 20), 77 ff.

[239] Zur „Entpersonalisierung" durch das Amt *Voßkuhle* Personal (Fn. 125), Rn. 2.

[240] Als Prozess der Identifizierung mit der Allgemeinheit bei *Rosanvallon* Legitimität (Fn. 210), 45 ff. Vgl. auch *Fehling* Verwaltung (Fn. 106), 14. Zum „klassischen Bild" des demokratischen Verfassungsstaates und seiner Bürokratie als „verlässlicher Maschine" *Jann* Politik und Verwaltung (Fn. 109), 263. Verwaltungshandeln wurde nur insofern als politisch begriffen, so weit die Sozial- und Gesellschaftsordnung von Verwaltung und durch Verwaltungshandeln gestaltbar war. Zum Verständnis als politisches Handeln im Spätkonstitutionalismus *Hoffmann-Riem* Eigenständigkeit (Fn. 237), Rn. 44 unter Verweis auf *Georg Jellinek* Gesetz und Verordnung (1887), 1919, 214 ff., 220 f. und *Paul Laband* Das Staatsrecht des deutschen Reiches II (1878), 5. Aufl. 1964, 200 (dort freilich nur zum politischen Charakter der Verwaltungsaufsicht).

[241] Zur „Entdeckung" der Neutralität gegen die Auswüchse des Spolien-Systems und der Dichotomie von Politics und Administration *Frank J. Goodnow* Politics and Administration, 1900; *Woodrow Wilson* The Study of Administration, in: Political Science Quarterly 2 (1887), 197; *Luther Gulick/L. Urwick* (Hrsg.) Papers on the Science of Administration, 2. Aufl. 2003; *Rosanvallon* Legitimität (Fn. 210), 57 ff.; *Matthias Roßbach* Das Personal der Republik, 2020, 537 ff.; *Dwight Waldo* The Administrative State, 2. Aufl. 1984, 105 ff. Zum präsidialen Zugriff auf das Personal der Bundesverwaltung und der Statusgruppe der „political appointees" jüngst *Klaus König* Stationen integrativer Verwaltungswissenschaft, 2020, 41 f.

[242] *Jens Hacke* Die Bundesrepublik als Idee, 2009, 60 ff.; *Pascale Cancik* Verwaltung und Selbstverwaltung, in: Matthias Herdegen/Johannes Masing/Ralf Poscher/Klaus Ferdinand Gärditz (Hrsg.) Handbuch des Verfassungsrechts, 2021, § 14 Rn. 19, 45 ff. Zur Politisierung staatlicher Institutionen *Rosanvallon* Populismus (Fn. 63). Aus anderer Perspektive vollziehen Verrechtlichung und Demokratisierung der Staatsgewalt einen Formenwandel der Politik, der Entpolitisierung von Herrschaft *Schmitt* Zeitalter (Fn. 228), 81 ff. Hierzu die Analyse von *Jürgen Habermas* Auch eine Geschichte der Philosophie I, 2019, 42 ff.

[243] *Fritz Morstein Marx* Einführung in die Bürokratie, 1959, 169.

tik[244] und mündet im Bürokratieideal rationaler Herrschaft.[245] Die schon im Weimarer Diskurs beschriebene Aufgabe der Beamtenschaft,[246] den Staat zu stabilisieren und gegenüber den parteipolitischen Gewalten als neutrales Element zu fungieren,[247] prägt das Beamtenverfassungsrecht bis heute.[248] Der unpolitische Vollzug des politisch gebildeten Willens wird bis heute als notwendige Voraussetzung demokratischer Legitimation der Verwaltung gehandelt.[249]

---

[244] *Rehbinder* Verwaltung (Fn. 237), 283 (284); *Offe* Rationalitätskriterien (Fn. 237), 334 f.; *Rudolf Smend* Die politische Gewalt im Verfassungsstaat und das Problem der Staatsform (1923), in: ders., Staatsrechtliche Abhandlungen (1955), 4. Aufl. 2010, 68 (79); *Voßkuhle* Personal (Fn. 125), Rn. 64.

[245] *Weber* Politik als Beruf (Fn. 7), 27: „Der echte Beamte [...] soll seinem eigentlichen Beruf nach nicht Politik treiben, sondern: ‚verwalten', unparteiisch vor allem [...]. Sine ira et studio, ‚ohne Zorn und Eingenommenheit' soll er seines Amtes walten". S.a. *ders.* Parlament und Regierung im neugeordneten Deutschland (1918), 2. Aufl. 2011, 40 zur Rolle der Parlamente und Politiker als „Gegengewicht" und „Kontrollmittel gegen die alles umfassende Macht des Fachbeamtentums". Dazu *Jens Kersten/Claudia Neu/Berthold Vogel* Politik des Zusammenhalts, 2020, 40 ff.; *Hubert Treiber* Moderner Staat und moderne Bürokratie bei Max Weber, in: Andreas Anter/Stefan Breuer (Hrsg.) Max Webers Staatssoziologie, 2. Aufl. 2016, 121 (131 ff.). Aufgenommen bei *Renate Mayntz* Soziologie der öffentlichen Verwaltung, 3. Aufl. 1985, 64 ff.; *Gerhard Leibholz* Parlamentarische Repräsentation, in: Heinz Rausch (Hrsg.) Zur Theorie der Repräsentation und Repräsentativverfassung, 1968, 222 (229).

[246] Art. 130 Abs. 1 WRV. Hierzu *Gerhard Anschütz* Die Verfassung des Deutschen Reichs (1933), 1965, Art. 130 Anm. 1. S.a. *Gerber* Entwicklung und Reform (Fn. 158), 5 ff.; *Köttgen* Berufsbeamtentum (Fn. 158), 58; *ders.* Die Entwicklung des deutschen Beamtenrechts und die Bedeutung des Beamtentums im Staat der Gegenwart, in: Gerhard Anschütz/Richard Thoma (Hrsg.) Handbuch des Deutschen Staatsrechts II, 1932, 1 (insb. 8); *Gustav Radbruch* Die politischen Parteien im System des deutschen Verfassungsrechts, in: Gerhard Anschütz/Richard Thoma (Hrsg.) Handbuch des Deutschen Staatsrechts I, 1930, 285 (287); *Carl Schmitt* Inhalt und Bedeutung des zweiten Hauptteils der Reichsverfassung, in: Gerhard Anschütz/Richard Thoma (Hrsg.) Handbuch des Deutschen Staatsrechts II, 1932, 595.

[247] *Gerber* Entwicklung und Reform (Fn. 158), 16 f.; *Köttgen* Berufsbeamtentum (Fn. 158), 57 ff.; *ders.* Beamtenrecht (Fn. 246), 10 ff. Zum zeitgenössischen Diskurs um die „Entpolitisierung" der Beamten *Schmahl* Disziplinarrecht (Fn. 158), 178 ff.

[248] In ihrer Rolle „im politischen Kräftespiel eine stabile, gesetzestreue Verwaltung zu sichern", BVerfGE 150, 169 (181 Rn. 29). S.a. BVerfGE 7, 155 (162); 8, 1 (16); 11, 203 (216 f.); 21, 329 (345); 39, 196 (201); 44, 249 (265); 56, 146 (162); 64, 367 (379); 99, 300 (315); 119, 247 (264); 121, 205 (221); 148, 296 (347 Rn. 122); 149, 1 (17 Rn. 35).

[249] *Josef Isensee* Verwaltung zwischen Sachgesetzlichkeit und Parteipolitik, in: Rudolf Hrbek (Hrsg.) FS Theodor Eschenburg, 1985, 67 (68); *ders.* Öffentlicher Dienst (Fn. 171), Rn. 16 f., 26 ff.; *Josef Franz Lindner* Verwaltungsrecht und Politik, in: Wolfgang Kahl/Ute Mager (Hrsg.) Verwaltungsrechtswissenschaft und Verwaltungsrechtspraxis, 2019, 285 (290, zur Verteidigung der „Trennungshypothese" 298 ff.).

Legalität als „Funktionsmodus der Bürokratie"[250] war von Beginn an Fiktion,[251] die den rechtswissenschaftlichen Systemanspruch betont,[252] aber verwaltungswissenschaftlich-empirisch längst gebrochen ist.[253] Die Beschreibungen des politisch-administrativen Systems[254] offenbaren Handlungsspielräume der Verwaltung in Politikumsetzung und Politikformulierung.[255] Je stärker die normativen Bilder obrigkeitsstaatlich-autonomer Verwaltung und hierarchischer Verwaltung im demokratischen Verfas-

---

[250] *Carl Schmitt* Das Problem der Legalität (1950), in: ders., Verfassungsrechtliche Aufsätze aus den Jahren 1924–1954 (1958), 4. Aufl. 2003, 440 (444); vgl. *Offe* Rationalitätskriterien (Fn. 237), 333.

[251] *Jann* Politik und Verwaltung (Fn. 109), 259. S.a. *Gerald E. Caiden* The Concept of Neutrality, in: Haile K. Asmerom/Elisa P. Reis (Hrsg.) Democratization and Bureaucratic Neutrality, 1996, 20 (36 f.): „In the past, it (i.e. the politics-administration dichotomy) dominated the study of American public administration and it can still be found in public administration as a convenient fiction. Even if it does not exist, people would like to believe it does".

[252] *Franzius* Recht und Politik (Fn. 13), 84 ff.; *Christoph Möllers* Methoden, in: Wolfgang Hoffmann-Riem/Eberhard Schmidt-Aßmann/Andreas Voßkuhle (Hrsg.) GVwR I, 2. Aufl. 2012, § 3 Rn. 14; ders. Verwaltungsrecht und Politik, in: IPE V, 2014, § 93 Rn. 8 ff.

[253] Schon *Max Weber* kontrastierte sein Verwaltungsideal mit der Realität der preußischen Verwaltung, gipfelnd in der Verortung von Herrschaft in der Verwaltung *Max Weber* Wirtschaft und Gesellschaft (1922), 5. Aufl. 1972, 125 ff. Hierzu *Rehbinder* (Fn. 237), 283 (285). Grundlegend *Hans-Ulrich Derlien/Doris Böhme/Markus Heindl* Bürokratietheorie, 2011, 85 ff.; *Hartmut Häußermann* Die Politik der Bürokratie, 1977; *Luhmann* Politikbegriffe (Fn. 9), 219: „Es ist selbstverständlich, daß öffentliche Verwaltung als Teil des politischen Systems politische Verwaltung ist"; *Günther Schmid/Hubert Treiber* Bürokratie und Politik, 1975; *Waldo* Administrative State (Fn. 241), insb. 105 ff.; *Wolfgang Seibel* The Administrative State, in: Gunnar Folke Schuppert (Hrsg.) Von Staat zu Staatlichkeit, 2019, 233. S.a. *Ellwein* Dilemma (Fn. 105), 113: „Die der richterlichen Unabhängigkeit nahe, ›ohne Ansehen der Person‹ handelnde und deshalb neutrale Verwaltung ist ein besonders in Deutschland verbreiteter Mythos, der nach Entstehung und Wirkung mehr über das deutsche Staatsdenken als über die Verwaltung aussagt".

[254] *Joel D. Aberbach/Robert D. Putnam/Bert A. Rockman* Bureaucrats and Politicians in Western Democracies, 1981; *Carl Böhret* Politik und Verwaltung, 1983, 12 ff.; *Doehring u.a.* Verfassungstreue (Fn. 167); *Astrid Hagenah* Die Pflicht von Beamten zur Zurückhaltung bei politischer Tätigkeit und öffentlichen Äußerungen, 2002; *Jann* Politik und Verwaltung (Fn. 109), 258 f.; *Schuppert* Verwaltungswissenschaft (Fn. 152), 662; *Siegfried Magiera/Heinrich Siedentopf* (Hrsg.) Das Recht des öffentlichen Dienstes in den Mitgliedstaaten der Europäischen Gemeinschaft, 1994; *Voßkuhle* Personal (Fn. 125), Rn. 64; *Thomas Würtenberger* Bürokratie und politische Führung, in: Theodor Leuenberger/Karl-Heinz Ruffmann (Hrsg.) Bürokratie, 1977, 99.

[255] *Fehling* Verwaltung (Fn. 106), 141 ff.; *Helge Rossen* Vollzug und Verhandlung, 1999, 27 ff.; *Jörg Bogumil* Die politische Führung öffentlicher Dienste, in: Rainer Koch/Peter Conrad/Wolfgang H. Lorig (Hrsg.) New Public Service, 2. Aufl. 2011, 111; *Lindner* Verwaltungsrecht (Fn. 249), 295 ff.

sungsstaat verblassen[256] und durch solche der kooperativen und responsiven Verwaltung ersetzt werden,[257] umso eher wandert der Fokus von der Verwaltungsneutralität auf administrative Interessenvermittlung und politische Gestaltung.[258]

Die Politisierung des Verwaltungshandelns ist hier ein Indikator, wie viel „Legitimationsleistung der Gesetzgeber sich selbst zutraut und wie viel er an die Verwaltung delegiert"[259]. Uneinheitlich sind die Formen administrativer Aufgabenwahrnehmung und ihrer rechtlichen Steuerung.[260] Als Stichworte zum Gestaltungsauftrag der Verwaltung mögen Hinweise auf exekutive Normsetzung[261], auf die ministerialfreie Verwaltung[262] und auf die Regulierungsverwaltung[263] genügen. Verwaltung ist begrenzt gesetzlich zu

---

[256] *Jann* Politik und Verwaltung (Fn. 109), 262 f.; *Schuppert* Gemeinwohldefinition (Fn. 205), 67 (69 ff.). Zur Autonomie der Verwaltung *Mayntz* Soziologie (Fn. 245); *Thomas Ellwein* Formierte Verwaltung, in: Winfried Steffani (Hrsg.) Parlamentarismus ohne Transparenz, 2. Aufl. 1973, 48 (50 ff.). Zu „Bürokratie"-Diskursen *Pascale Cancik* Zuviel Staat? Die Institutionalisierung der „Bürokratie"-Kritik im 20. Jahrhundert, Der Staat 56 (2017), 1.

[257] *Matthias Schmidt-Preuß* und *Udo Di Fabio* Verwaltung und Verwaltungsrecht zwischen gesellschaftlicher Selbstregulierung und staatlicher Steuerung, VVDStRL 56 (1997), 160 bzw. 235; *Andreas Voßkuhle* Neue Verwaltungsrechtswissenschaft, in: ders./Wolfgang Hoffmann-Riem/Eberhard Schmidt-Aßmann (Hrsg.) GVwR I, 2. Aufl. 2012, § 1 Rn. 10, 64. S.a. *Ellwein* Dilemma (Fn. 105), 83 ff., 113 ff.

[258] *Hoffmann-Riem* Eigenständigkeit (Fn. 237), Rn. 44. Umfassend *Fehling* Verwaltung (Fn. 106). S.a. *Möllers* Verwaltungsrecht (Fn. 252), Rn. 24 ff. Zur stärkeren Ausrichtung der unionalen Verwaltung am Leitbild der „Gestaltungsverwaltung" m.w.N. *Kahl* Verwaltungsrecht (Fn. 111), Rn. 160 ff.

[259] *Möllers* Methoden (Fn. 252), Rn. 14. S.a. *Franzius* Recht und Politik (Fn. 13), 87.

[260] *Brun-Otto Bryde* Die Einheit der Verwaltung als Rechtsproblem, VVDStRL 46 (1988), 181; *Stephan Kirste* Arbeitsteilige Herrschaftsausübung im Kontext der Demokratie, VVDStRL 77 (2018), 161 (167, 179); *Schmidt-Preuß* und *Di Fabio* Selbstregulierung und Steuerung (Fn. 257).

[261] *Peter Axer* Normsetzung der Exekutive in der Sozialversicherung, 2000; *Möllers* Methoden (Fn. 252), Rn. 14.

[262] *Jörg Schmidt* Die demokratische Legitimationsfunktion der parlamentarischen Kontrolle, 2007, 175 ff.; *Markus Pöcker* Unabhängige Regulierungsbehörden und die Fortentwicklung des Demokratieprinzips, VerwArch 99 (2008), 380; *Görg Haverkate* Die Einheit der Verwaltung als Rechtsproblem, VVDStRL 46 (1988), 217 (223 ff.).

[263] BVerwGE 130, 39 (48); 131, 41 (44 ff.); *Hartmut Bauer*, Privatisierung von Verwaltungsaufgaben, VVDStRL 54 (1995), 243 ff.; *Voßkuhle* Beteiligung Privater (Fn. 235); *Claudio Franzius* Modalitäten und Wirkungsfaktoren der Steuerung durch Recht, in: Wolfgang Hoffmann-Riem/Eberhard Schmidt-Aßmann/Andreas Voßkuhle (Hrsg.) GVwR I, 2. Aufl. 2012, § 4 Rn. 20a; *Hoffmann-Riem* Eigenständigkeit (Fn. 237), Rn. 65, 87; *Johannes Masing* Soll das Recht der Regulierungsverwaltung übergreifend geregelt werden? (Gutachten D zum 66. DJT), 2006, D 1 ff.

programmieren und entwickelt ihre Entscheidungsvorgaben selbst fort.[264] Weiche Steuerungsmittel und kooperative Handlungsformen verschleifen infolgedessen die „imaginäre Grenze zwischen dem Fachlichen und dem Politischen"[265].

Verfassungsrechtliche Diskurse um Neutralität erfordern angesichts der ausdifferenzierten rechtlichen Steuerung der Exekutive Differenzierungen und erlauben die argumentative Verarbeitung unterschiedlicher Funktionen und Aufgaben.[266] Die Debatte um die Neutralität des Bundespräsidenten kann verfassungsrechtliche Erwartungen an Amt und Funktion jenseits des Parteienwettbewerbs fokussieren[267], die andere sind als diejenigen, die in Diskursen um die Neutralität der Regierung thematisiert werden. Was Neutralität für die Regierung als „politische Gewalt im Verfassungsstaat"[268] und für ihr Kommmunikationsverhalten[269] heißt, ist von der Interpretation

---

[264] *Schuppert* Verwaltungswissenschaft (Fn. 152), 662; *Klaus Ritgen* Verwaltungsrecht und Politik, in: Wolfgang Kahl/Ute Mager (Hrsg.) Verwaltungsrechtswissenschaft und Verwaltungsrechtspraxis, 2019, 309.

[265] *Voßkuhle* Personal (Fn. 125), Rn. 64. S.a. *Rossen* Vollzug (Fn. 255), 27 ff.; *Offe* Rationalitätskriterien (Fn. 237), 337 f., zum „Umschalten von Konditional- auf Zweckprogrammierung". Die Verwaltungswissenschaft weist auf die besondere Rolle der Ministerialverwaltung ebenso hin, *Mayntz* Soziologie (Fn. 245), 181 ff.; *Helmuth Schulze-Fielitz* Theorie und Praxis parlamentarischer Gesetzgebung, 1988, 285 ff.; *Schuppert* Verwaltungswissenschaft (Fn. 152), 662, wie das Beamtenrecht auf diese, traditionell mit der Figur des politischen Beamten, Rücksicht nimmt: vgl. § 30 Abs. 1 BeamtStG, § 54 BBG, *Kugele* Politische Beamte (Fn. 166); *Steinbach* Politische Beamte (Fn. 166).

[266] Zu den verfassungsrechtlichen Konsequenzen dieser Verselbstständigungspotentiale einerseits *Christoph Möllers* Gewaltengliederung, 2005, 407: „keine kategoriale rechtliche Unterscheidung zwischen den Funktionen der Gubernative und der Verwaltung", und andererseits *Jann* Politik und Verwaltung (Fn. 109), 256 ff.

[267] *Cornils* Parteipolitische Neutralität (Fn. 60), 151 – und auf die Widersprüche ihrer Rekonstruktion in der Rechtsprechung (Entpolitisierung des Wahlaktes und Äußerungsbefugnisse) hinweisend, 160 ff.; *Butzer* Äußerungsbefugnisse (Fn. 60).

[268] *Smend* Politische Gewalt (Fn. 244), 79: „Von diesem Standpunkt aus bestimmt sich die Regierung als der Teil des bezeichneten Bereichs, der in den Kreis der Politik fällt, d.h. in dem der Staat sich und sein Wesen bestimmt und durchsetzt, die Verwaltung dagegen als der Teil, in dem der Staat anderen Zwecken dient oder nur die technischen Mittel für seine politischen Funktionen schafft". Eingängig *Peter M. Huber* Regierung und Opposition, in: HStR V, 3. Aufl. 2007, § 47 Rn. 6: „Gravitationszentrum des parlamentarischen Regierungssystems".

[269] *Melanie Diermann* Regierungskommunikation, in: Karl-Rudolf Korte/Timo Grunden (Hrsg.) Handbuch Regierungsforschung, 2013, 151, unter Hinweis auf die Wettbewerbs- und Verhandlungsdemokratie (157): „Wenn sich der institutionelle Kontext moderner Demokratien unterscheidet, dann unterscheidet sich auch der kommunikative Korridor, den Regierungen für ihre Regierungskommunikation nutzen können und insofern unterscheiden sich auch die kommunikativen Muster, die die Regierungskommunikation kennzeichnen." S.a. *dies.* Regierungskommunikation in modernen Demokratien, 2011.

2. Politische Neutralität als Verfassungsgebot?

ihrer Stellung im Verfassungsgefüge abhängig.[270] Die Anforderungen an die Regierungsneutralität variieren, je nachdem, ob die parteipolitischen Bedingtheiten an der Dichotomie von Staats- und Parteiämtern brechen[271] oder auf die Ausübung der Regierungskompetenzen durchschlagen.[272] Entsprechende Gegensätze prägen auch die Diskussionen um die Neutralität funktionaler Selbstverwaltungskörperschaften[273] und kommunaler Leitungs- und Wahlämter,[274] je nachdem, ob deren Integrationsfunktion in

---

[270] Zur Verhältnisbestimmung *Thomas Ellwein* Das Regierungssystem der Bundesrepublik Deutschland, 1963; *ders.* Regierung und Verwaltung, 1970; *Wilhelm Hennis* Regieren im modernen Staat, 1999, 142 ff.; *Meinhard Schröder* Aufgaben der Bundesregierung, in: HStR III, 3. Aufl. 2005, § 64 Rn. 5 ff.; *ders.* Bereiche (Fn. 166), Rn. 29 f. Zu den rechtsvergleichenden Befunden *Giovanni Biaggini* Grundverständnisse von Staat und Verwaltung, in: IPE III, 2010, § 53 Rn. 26 ff. Zu institutionell-organisatorischen und funktionalen Regierungsverständnissen *König* Operative Regierung (Fn. 161), 1 ff.; *Gunnar Folke Schuppert* Regierung und Verwaltung, in: Ernst Benda/Werner Maihofer/Hans-Jochen Vogel (Hrsg.) Handbuch des Verfassungsrechts der Bundesrepublik Deutschland, 2. Aufl. 1994, § 31 Rn. 15 ff.; *Schlaich* Neutralität (Fn. 20), 75 ff.

[271] *Shirvani* Parteienrecht (Fn. 17), 166, 219; *Kuch* Politische Neutralität (Fn. 49), 491; *ders.* Anmerkung (Fn. 43).

[272] *Wieland* Öffentlichkeitsarbeit (Fn. 36), 537. Zum gefürchteten Bild der Regierung als „Exekutivausschuss der Regierungspartei": Sondervotum *Joachim Rottmann* BVerfGE 44, 125 (182 f.). Die „Überparteilichkeit" der Regierung hielt schon *Gustav Radbruch* 1930 für die „Lebenslüge des Obrigkeitsstaates", die dessen „kryptoparteiliche Regierung" verdecke – *Radbruch* Politische Parteien (Fn. 246), 289. Die Breite der Positionen entspricht der Leerstelle, die mit einer verfassungsrechtlichen Theorie der Regierung zu füllen wäre, s. *Christoph Gusy* Justiz als Hüterin „politischer Neutralität" der Wissenschaft?, RuP 53 (2017), 36 (43).

[273] BVerwGE 112, 69; 137, 171; 169, 375; VGH Kassel, NVwZ 2009, 469; VG Frankfurt a. M., GewArch 2020, 285; VG Münster, GewArch 2009, 310; *Winfried Kluth* Die Zuständigkeitsverteilung zwischen den Organen der Handwerkskammern bei der Abgabe von berufspolitischen Stellungnahmen, GewArch 2021, 46; *Daniel Neurath* Die Industrie- und Handelskammern, DÖV 2019, 513. Zur Neutralität der Hochschulen: BVerwGE 59, 231 (239); OVG Lüneburg, Nds. Rpfl. 2021, 37; OVG Münster, NVwBl. 1995, 135; VGH Kassel, NVwZ-RR 2008, 467; VG Düsseldorf, NVwZ-RR 2002, 38; VG Frankfurt a. M., Urt. v. 11.2.2021, 4 K 461/19.F, BeckRS 2021, 2504; *Patrick Christian Otto* Aufruf zu (Gegen-)Demonstrationen durch Hochschulen, WissR 49 (2016), 135. Zu Anwaltskammern: BGH, NJW 2021, 2041 (2045 ff. Rn. 52 ff.); *Christian Dahns* Das Neutralitätsgebot in der anwaltlichen Selbstverwaltung, NJW-Spezial 2021, 126.

[274] BVerwGE 159, 327; OVG Koblenz, NVwZ-RR 2013, 853; OVG Lüneburg, NdsVBl. 2008, 207; OVG Münster, NVwZ-RR 1989, 148; NVwZ-RR 2004, 283; NVwZ 2017, 1316; OVG Weimar, ThürVBl. 2020, 213; VGH Kassel, NVwZ-RR 2013, 815; NVwZ-RR 2015, 508; HSGZ 2017, 289; VGH München, BayVBl. 1992, 272; VG Aachen, Urt. v. 16.6.2005, 4 K 106/05, BeckRS 2005, 30217; VG Ansbach, Urt. v. 11.11.2014, AN 4 K 14.01333, BeckRS 2014, 58667; VG Cottbus, Beschl. v. 31.5.2016, VG 1 L 215/16, BeckRS 2016, 47595; VG Darmstadt, Urt. v. 5.2.2013, 3 K 1190/12.DA, juris; VG Düsseldorf, NWVBl. 2015, 201; NWVBl. 2016, 174; VG Gera, ThürVBl. 2010, 234; Urt. v. 11.2.2015, 2 K 570/14 Ge, juris; VG Gießen, Beschl. v. 17.9.2013, 8 L 1914/13.GI, juris;

der Verwaltungsdemokratie[275] oder die Wahrnehmung staatlicher Aufgaben betont werden. Neutralität entzieht sich erneut der Eindeutigkeit.

V. Abschied von der politischen Neutralität der Exekutive?

Wissenschaftliche Theorien sind „Netze, um die Welt einzufangen"[276]. Auf der Suche nach einem Verfassungsgebot der Neutralität der Exekutive im politischen Prozess hat der Fischzug einen heterogenen Ertrag und etwas Beifang erbracht.

1. Neutralität als Leitbild des Verfassungsrechts

Das Gebot der Neutralität der Exekutive ist dem geschriebenen Verfassungsrecht fremd. Es wird in der Interaktion von Rechtsprechung und Wissenschaft als Leitbild und anwendungsorientierter Topos[277] ausgeprägt.[278] Im rechtsdogmatischen Diskurs fungiert Neutralität als heuristischer[279] Begriff mit „Speicher- und Orientierungsfunktion"[280], dient der Normreprä-

---

Urt. v. 11.6.2015, 8 K 2098/13.GI, BeckRS 2016, 44077; VG Hannover, Beschl. v. 22.2.2019, 6 B 5193/18, BeckRS 2019, 2323; VG Köln, KommunalPraxis Wahlen 2017, 156; Beschl. v. 30.3.2017, 4 L 750/17, BeckRS 2017, 106696; VG Meiningen, ThürVBl. 2015, 197; VG München, MMR 2016, 71; VG Münster, NWVBl. 2019, 305; VG Osnabrück, Urt. v. 23.4.2002, 1 A 126/01, BeckRS 2003, 21974; VG Saarlouis, LKRZ 2014, 164; VG Trier, LKRZ 2015, 208; *Tenostendarp* Äußerungsfreiheit (Fn. 60); *Gärditz* Unbedingte Neutralität? (Fn. 60), 165; *zu Hohenlohe* Lichter aus (Fn. 60), 62.

[275] *Eberhard Schmidt-Aßmann* Verwaltungsverfahren, in: HStR V, 3. Aufl. 2007, § 109 Rn. 35.

[276] *Karl R. Popper* Das offene Universum (1956/57), 2001, 46.

[277] *Pascale Cancik/Thomas Groß* Verfassung ohne Verfassungstext, in: Wolfgang Durner/Franz Reimer/Indra Spiecker gen. Döhmann/Astrid Wallrabenstein (Hrsg.) GS Arndt Schmehl, 2019, 63 (73 f.).

[278] Zur Rolle von Leitbildern *Volkmann* Verfassungsrecht (Fn. 194), 68 ff.; *ders.* Verfassungsanwendung (Fn. 235); *ders.* Rechtsgewinnung aus Bildern, in: Julian Krüper/Heike Merten/Martin Morlok (Hrsg.) An den Grenzen der Rechtsdogmatik, 2010, 77 (82 ff.); *Simone Szczerbak* Verfassungsrechtliche Leitbilder als (unterschätztes) Präzisierungsinstrument im Verfassungsrecht?, in: Michael Hein/Felix Petersen/Silvia von Steinsdorff (Hrsg.) Die Grenzen der Verfassung, 2018, 121.

[279] So im religionsverfassungsrechtlichen Kontext *Möllers* Religiöse Freiheit (Fn. 176), 49 f., 58; *Elias Bornemann* Die religiös-weltanschauliche Neutralität des Staates, 2020, 248 ff.; *Huster* Neutralität (Fn. 20), 33 f.; *Schlaich* Neutralität (Fn. 20), 230 ff.; *Waldhoff* Religionskonflikte (Fn. 170), 42 f.; *Hans Michael Heinig* Verschärfung der oder Abschied von der Neutralität?, JZ 2009, 1136 (1140).

[280] *Matthias Jestaedt* Wissenschaftliches Recht, in: Gregor Kirchhof/Stefan Magen/Karsten Schneider (Hrsg.) Was weiß Dogmatik?, 2012, 117 (126); *Kuch* Politische Neutralität (Fn. 49), 494.

sentation und entlastet, strukturiert und fokussiert rechtswissenschaftliche Diskurse.[281]

Der Rechtsdiskurs neigt zu Metaphern, wenn es um die Thematisierung von „Grenzen" geht.[282] Neutralität ist so ein Grenzbegriff und fokussiert die „Nichtidentität"[283] von Staats- und Volkswillensbildung, von Partikular- und Gemeinwohl. Sie verweist auf die Membran zwischen freiheitsberechtigter Gesellschaft und verfassungsgebundener Exekutive.[284] Die traditionelle Unterscheidung von Amt und Person[285] prägt so auch die Bewertung gubernativer Äußerungsrechte[286] in der Herausforderung der Realkongruenz politischer Betätigung.[287] Überdies hat das Neutralitätsgebot die Ten-

---

[281] Zur Repräsentationsfunktion von Begriffen in der Koppelung von Tatbeständen und Rechtsfolgen *Alf Ross* Tû-Tû, Harvard Law Review 70 (1957), 812; *Lothar Philipps*, Tû-Tû 2, in ders. (Hrsg.) Rechtsentstehung und Rechtskultur, 1991, 179.

[282] *Ino Augsberg* Über die Grenzen des Rechts, JZ 2017, 109 (111), der von einem „Metaphernregen" spricht.

[283] *Hesse* Unterscheidung (Fn. 203), 492.

[284] Zur hiermit in Bezug genommenen Unterscheidung von Staat und Gesellschaft *Stefan Muckel* Wandel des Verhältnisses von Staat und Gesellschaft, VVDStRL 79 (2020), 245 (248); *Böckenförde* Verfassungstheoretische Unterscheidung (Fn. 203); *ders.* Die Bedeutung der Unterscheidung von Staat und Gesellschaft im demokratischen Sozialstaat der Gegenwart, in: ders. (Hrsg.) Staat und Gesellschaft, 1976, 395 (405 ff.); *Dieter Grimm* Die Zukunft der Verfassung, 1991, 271 ff.; *Horst Ehmke* „Staat" und „Gesellschaft" als verfassungstheoretisches Problem, in: Konrad Hesse/Siegfried Reicke/Ulrich Scheuner (Hrsg.) FS Rudolf Smend 1962, 23; *Hesse* Unterscheidung (Fn. 203); *Karl-Heinz Ladeur* Staat und Gesellschaft, in: Otto Depenheuer/Christoph Grabenwarter (Hrsg.) Verfassungstheorie, 2010, § 18 Rn. 42 ff.; *Hans Heinrich Rupp* Die Unterscheidung von Staat und Gesellschaft, in: HStR II, 3. Aufl. 2004, § 31 Rn. 17 ff.; *Horn* Staat und Gesellschaft in der Verwaltung des Pluralismus, Die Verwaltung 26 (1993), 545 (551 ff.). Zu deren „begrenzten" „analytischen Kraft" *Sophie Schönberger* Wandel des Verhältnisses von Staat und Gesellschaft, VVDStRL 79 (2020), 292 (293 insb. Fn. 13). S.a. *Huster* Neutralität (Fn. 20), 93 ff.; *Christoph Möllers* Braucht das öffentliche Recht einen neuen Methoden- und Richtungsstreit?, VerwArch 90 (1999), 187 (197 ff.).

[285] *Hagenah* Zurückhaltung (Fn. 254), 59 ff.; *Rottmann* Der Beamte (Fn. 162), 213 ff.; *Otto Depenheuer* Das öffentliche Amt, in: HStR III, 3. Aufl. 2005, § 36 Rn. 4.

[286] BVerfGE 44, 125 (144, 148 ff.); 63, 230 (243 f.); 136, 323 (333 Rn. 28); 138, 102 (110 f. Rn. 31); 140, 225 (227 Rn. 9); 148, 11 (23 ff. Rn. 39); *Disci* Neutralität (Fn. 35), 38; *Markus Möstl* Demokratische Willensbildung und Hoheitsträger, in: Arnd Uhle (Hrsg.) Information und Einflussnahme, Gefährdungen der Offenheit des demokratischen Willensbildungsprozesses, 2018, 49 (61); *Kuch* Politische Neutralität (Fn. 49), 494. Zur Inanspruchnahme staatlicher Ressourcen und von Amtsautorität *Disci* Neutralität (Fn. 35), 21 ff.; *Eder* „Rote Karte" (Fn. 49), 144 ff.; *Nellesen* Äußerungsrechte (Fn. 35), 79 ff.; *Lindner* Politische Neutralitätspflicht (Fn. 60), 2 ff. Zur Zuordnung neuer Kommunikationsinfrastrukturen *Bilsdorfer* Polizeiliche Öffentlichkeitsarbeit (Fn. 60); *Matthias Friehe* Facebook, Twitter und Regierung, in: Arnd Uhle (Hrsg.) Information und Einflussnahme, 2018, 81.

[287] *Gärditz* Unbedingte Neutralität? (Fn. 60), 169 ff.; *Kulick/Vasel* Gericht (Fn. 39), 120; *Payandeh* Neutralitätspflicht (Fn. 43), 529 ff.; *Wieland* Öffentlichkeitsarbeit (Fn. 36),

denz, auf Prozesse gesellschaftlicher Willensbildung auszugreifen. Ähnlich den außerdienstlichen Neutralitätspflichten im Beamtenverhältnis,[288] verpflichten staatliche Förderung und Steuerverzicht zur politischen Neutralität.[289] Neutralität neigt zur Grenzüberschreitung. Die ausnahmslose Scheidung einer zur politischen Neutralität verpflichteten Sphäre des Staates und einer gesellschaftlichen Sphäre freier politischer Identifikation ist nicht rückholbar.[290]

Der Neutralitätsbegriff erlaubt wegen seiner Deutungsoffenheit[291] die Zuspitzung unterschiedlicher liberaler, republikanischer und kommunitaristischer verfassungstheoretischer Prämissen[292] in verfassungsdogmatischen Diskursen.[293] Die Berufung auf Neutralität ermöglicht es, unterschiedli-

---

547 ff. S.a. *Grimm* Politische Parteien (Fn. 17), 42: „Staatliche Neutralität stellt aus diesem Grunde eine unwahrscheinliche und stets von neuem bedrohte Errungenschaft dar".

[288] *Ulrich Battis* in: ders. (Hrsg.) BBG, 5. Aufl. 2017, § 61 Rn. 13, § 77 Rn. 11; *Andreas Reich* in: ders. (Hrsg.) BeamtStG, 3. Aufl. 2018, § 47 Rn. 6. Schon *Paul Laband* Das Staatsrecht des Deutschen Reiches I (1876), 5. Aufl. 1964, 465: „Der Beamte, welcher Hoheitsrechte des Staates handhabt und mit einer Vertretungsbefugnis für den Staat ausgestattet ist, darf nicht einen Lebenswandel führen, der ihn um Ansehen und Achtung bringt. Denn das Volk kann die abstrakte Unterscheidung zwischen dem Beamten als Vertreter des Staates und dem Beamten als Privatperson nicht festhalten".

[289] So setzt die Rechtsprechung des Bundesfinanzhofes den politischen Betätigungen gemeinnütziger Körperschaften mit Anleihen an die Neutralität des Staates gegenüber der politischen Wettbewerbslage enge Grenzen, BFHE 271, 53; BFH, BStBl II 2019, 301; *Rainer Hüttemann* Kein allgemeinpolitisches Mandat für gemeinnützige Körperschaften, DB 2019, 744; *Anna Leisner-Egensperger* Politische Betätigung auf dem Minenfeld des Gemeinnützigkeitsrechts, NJW 2019, 964. Zur Kritik *Michael Droege* Biedermeier im Steuerstaat, KJ 52 (2019), 349.

[290] Zur Impermeabilitätslehre *Ernst-Wolfgang Böckenförde* Gesetz und gesetzgebende Gewalt, 2. Aufl. 1981, 234 ff.; *Dietrich Jesch* Gesetz und Verwaltung, 2. Aufl. 1968, 15 ff.; *Möllers* Argument (Fn. 13), 154 ff.; *Pauly* Methodenwandel (Fn. 13), 219 ff.; *Markus Pöcker* Die Verrechtlichung des staatlichen Innenraums, JZ 2006, 1108.

[291] *Volkmann* Verfassungsrecht (Fn. 194), 82 ff.; *Braun* Leitbilder (Fn. 235), 209 f.; *Cancik/Groß* Verfassung ohne Verfassungstext (Fn. 277), 73.

[292] Im Kontext der Diskurse um die religiös-weltanschauliche Neutralität *Huster* Neutralität (Fn. 20), XXVII ff. S.a. *Ronald Dworkin* Bürgerrechte ernstgenommen, 1984, 370 ff.; *Rainer Forst* Kontexte der Gerechtigkeit, 1996, 55 ff.; *Jürgen Habermas* Faktizität und Geltung, 1992, 367 ff.; *Alasdair MacIntyre* Ist Patriotismus eine Tugend?, in: Axel Honneth (Hrsg.) Kommunitarismus, 1993, 84 (97 ff.); *Axel Honneth* Das Recht der Freiheit, 2011, 119 ff., 470 ff.; *Wolfgang Kersting* Politik und Recht, 2000, 31 ff.; *Christoph Möllers* Freiheitsgrade, 2020, 5 f.; *Jan-Werner Müller* Furcht und Freiheit, 2019; *John Rawls* Political Liberalism, 1993, 192 ff.; *George Sher* Beyond Neutrality, 1997; *Steven Wall/George Klosko* (Hrsg.) Perfectionism and Neutrality, 2003; *Christian Wöhst* Das Konzept der Neutralität im politischen Liberalismus, 2011; *Patrick Zoll* Perfektionistischer Liberalismus, 2016.

[293] Zum Verhältnis von Verfassungstheorie und -dogmatik *Kersten* Zuspitzung (Fn. 203). S.a. *Görg Haverkate* Verfassungslehre, 1992, 48 ff.; *Matthias Jestaedt* Die Verfassung hin-

che Ideale von Exekutive im verfassungsdogmatischen Diskurs abzulegen. Auch Diskurse um Neutralität stabilisieren die verfassungsrechtliche Ordnung des politischen Prozesses. Wenn das Gebot der Neutralität Kontur erhalten hat, wird Verfassungsrechtsanwendung entlastet, weil ein Argumentationsmuster für gleichgelagerte Fälle bereitsteht.[294]

Neutralität kann im Verhältnis von Verfassung und Verfassungswirklichkeit[295] als Fühlbegriff beschrieben werden, mit dem das Recht gesellschaftliche Wertungen „ertastet"[296] und so seine Responsivität gegenüber Sozialphänomenen erhöht.[297] Hiervon gibt die „Hochkonjunktur"[298] verfassungsrechtlicher Neutralitätsdiskurse in Folge des Aufkommens populistischer Parteien beredt Zeugnis.[299] Neutralitätsdiskurse reagieren so auf die Wahrnehmung der Verschiebungen in Prozessen öffentlicher Willensbildung, der Machtvermehrung nichtmajoritärer Institutionen und ungleicher Repräsentationschancen.[300] Neutralitätsdiskurse sind zuletzt auch Indikatoren einer besonderen Sensibilität des Rechts für Vorstellungen materi-

---

ter der Verfassung, 2009, 21 ff.; *ders.* Verfassungstheorie als Disziplin, in: Otto Depenheuer/Christoph Grabenwarter (Hrsg.) Verfassungstheorie, 2010, § 1; *Uwe Volkmann* Zur heutigen Situation einer Verfassungstheorie, Der Staat 51 (2012), 601 (603 f.).

[294] Zur Stabilisierungswirkung von Leitbildern *Volkmann* Verfassungsanwendung (Fn. 235) 178 ff.

[295] Verfassungswirklichkeit verstanden als Regelungsgegenstand des Verfassungsrechts, d.h. den Teil der „politischen und sozialen Wirklichkeit" – *Konrad Hesse* Die normative Kraft der Verfassung, 1959, 7 – den das Verfassungsrecht regeln soll. Zur Rekonstruktion *Hillgruber* Verfassungsrecht (Fn. 13), 20 ff.; *Volkmann* Verfassungsrecht (Fn. 194), 75 ff.; *Gregor Kirchhof* Grundrechte und Wirklichkeit, 2007, 7 ff.; *Martin Morlok* Was heißt und zu welchem Ende studiert man Verfassungstheorie?, 1988, 60 ff.; *ders.* Soziologie der Verfassung, 2014, 16 ff.

[296] *Udo Di Fabio* Systemtheorie und Rechtsdogmatik, in: Gregor Kirchhof/Stefan Magen/Karsten Schneider (Hrsg.) Was weiß Dogmatik?, 2012, 63 (76); *Niklas Luhmann* Ausdifferenzierung des Rechts, 1981, 315 f. Erstmals *Johann Gottfried Herder* Plastik, 1778, 120.

[297] *Gunther Teubner* Rechtswissenschaft und -praxis im Kontext der Sozialtheorie, in: Stefan Grundmann/Jan Thiessen (Hrsg.) Recht und Sozialtheorie im Rechtsvergleich, 2015, 145 (157 ff.).

[298] *Möstl* Hoheitsträger (Fn. 286), 49.

[299] Dass das Bundesverfassungsgericht das Neutralitätsgebot im Angesicht des Populismus ausgebaut hat, zeigt auch die Prägung seiner Rechtsprechung durch die Demokratiepraxis. S.a. *Robert Chr. van Ooyen* Der Begriff des Politischen des Bundesverfassungsgerichts, 2005; *Christian Wöhst* Hüter der Demokratie, 2017, 13 ff.

[300] Zu ihrer Artikulation im Populismus nur *Rosanvallon* Populismus (Fn. 63), 185 ff., 196 ff.; *Schäfer/Zürn* Regression (Fn. 63), 24 ff., 89 ff. Nach *Schlaich* Neutralität (Fn. 20), 219, finden Neutralitätsdiskurse dort statt, „wo die *Einbindung eines politischen Machtfaktors in das demokratische Verfassungsgefüge* nicht oder nicht voll gelungen" sei.

eller Repräsentativität.[301] Neutralität adaptiert und konstruiert so soziale Wirklichkeit.[302]

2. Chancen und Risiken der Neutralität

Neutralität ist mit Chancen und Risiken verbunden.[303] Fast neidvoll wandert der Blick vom politischen in das religiöse Feld mit seinen jahrzehntelang eingeübten Neutralitätsdiskursen.[304] Dort ist das Neutralitätsgebot auf ein vermeintlich festes Fundament verfassungsrechtlicher Gewährleistungen gestellt,[305] hier stehen als Ankernormen disparate Einzelgewährleistungen.[306] Ernüchternd ist der Blick in das religiöse Feld aber, weil trotz intensiver verfassungsdogmatischer Diskurse weder der verfassungsrechtliche Status der Neutralität geklärt,[307] noch ihre innere Dichotomie aus Trennung und Parität aufgelöst ist.[308] Entsprechende Ambivalenzen zeigen sich im Streit um den politischen Charakter exekutiver Wahlämter. Der Streit um dasjenige, das dem Staat versagt ist, verlagert sich hier wie dort in den Streit um die Deutungshoheit über Neutralität.[309]

---

[301] *Cancik* Wahlrecht (Fn. 64), 278 ff.; *Rosanvallon* Legitimität (Fn. 210), 109 ff. Zum Zusammenhang mit Output-Legitimation *Laura Münkler* Expertokratie, 2020, 304 f.

[302] Dass Verfassungswirklichkeiten (auch) politisch konstruiert sind, ist ein Gemeinplatz – *Cancik/Groß* Verfassung ohne Verfassungstext (Fn. 277), 73. S.a. *Peter L. Berger/Thomas Luckmann* Die gesellschaftliche Konstruktion der Wirklichkeit (1966), 27. Aufl. 2018; *Hillgruber* Verfassungsrecht (Fn. 13), 13 ff. Zum Eingewobensein politischer Wünsche in Leitbilder des Verfassungsrechts *Michael Stolleis* Verfassungs(ge)schichten, 2017, 39.

[303] Zur Öffnung der Dogmen der Rechtswissenschaft „in einen Problemlösungszusammenhang" *Niklas Luhmann* Grundrechte als Institution (1965), 6. Aufl. 2019, 8.

[304] *Huster* Neutralität (Fn. 20), XXV ff. Zur Religion als ehemaligen „Bedeutungskonkurrenten" der Politik *Möllers* Freiheitsgrade (Fn. 292), 34. Zur Aufgabe der wechselseitigen Verzahnung politischer und religiöser Weltbilder *Habermas* Philosophie (Fn. 242), 273 ff.

[305] Vgl. die N. in Fn. 74.

[306] Freilich zeigen sich Ansätze der stärkeren grundrechtlichen Verankerung *Disci* Neutralität (Fn. 35), 20 ff.; *Mast* Staatsinformationsqualität (Fn. 49), 360 ff.; *Nellesen* Äußerungsrechte (Fn. 35), 66 f.

[307] *Bornemann* Religiös-weltanschauliche Neutralität (Fn. 279), 13 ff. Zur Diskussion um die „Rechtsnatur" der politischen Neutralität *Huster* Neutralität (Fn. 20), 98 ff., 657 ff.; *Schlaich* Neutralität (Fn. 20), 18 ff.; *Wöhst* Konzept Neutralität (Fn. 292), 25 ff.

[308] *Michael Droege* Staatsleistungen an Religionsgemeinschaften im säkularen Kultur- und Sozialstaat, 2004, 377 ff.; *Schlaich* Neutralität (Fn. 20), 25. Zum Befund i.R. politischer Neutralität *Püttner* Toleranz (Fn. 238), 34 f.

[309] Zur naheliegenden Qualifikation als „Kampfbegriff" *Klaus Schlaich* Radikale Trennung und Pluralismus, in: Paul Mikat (Hrsg.) Kirche und Staat in der neueren Entwicklung, 1980, 427 (429). Zum Vorbild in der Interpretation der religiös-weltanschaulichen Neutralität *Stefan Huster* Das Prinzip der religiös-weltanschaulichen Neutralität des Staates, in: Julian Krüper/Heike Merten/Martin Morlok (Hrsg.) An den Grenzen der Rechtsdogmatik,

2. Politische Neutralität als Verfassungsgebot? 343

Vor allem aber kann das Religionsverfassungsrecht daran gemahnen, dass ein Neutralitätsgebot Rechtsfolgen nur normakzessorisch begründen kann.[310] Neutralität neigt demgegenüber dazu, die dogmatischen Strukturen der Normen, an deren Normativität sie partizipiert, hinter sich zu lassen.[311] Sie schafft Eingängigkeit, indem von Einzelgewährleistungen abstrahiert wird. In der Abstraktion drohen aber die Besonderheiten der verfassungsrechtlichen Gewährleistungen verschliffen zu werden. Die Warnung eines Bürgermeisters vor einer unliebigen Versammlung ist also nicht deshalb verfassungsrechtlich zu beanstanden, weil sie das Neutralitätsgebot verletzt, sondern soweit sie als Eingriff in die Versammlungsfreiheit nicht gerechtfertigt werden kann.[312]

Die Diskurse um die religiös-weltanschauliche Neutralität offenbaren überdies Strategien der Translation ihres Gegenstandes. Neutralitätsgebote laufen ins Leere, wenn ihr Bezugspunkt aus dem religiösen Feld in Kultur übergesetzt werden kann.[313] Auch in den Diskussionen um politische Neutralität der Exekutive lässt sich dies beobachten.[314] Gegenstände der Parteipolitik mutieren zu Grundwerten, denen gegenüber der Verfassungsstaat nicht neutral sei. In Narrativen werden Werte real.[315] Neutralitätsdiskurse tragen damit zur Verhandlung und Vergewisserung verfassungsrechtlicher

---

2010, 5; *Christian Waldhoff* Was bedeutet religiös-weltanschauliche Neutralität des Staates unter dem Grundgesetz?, in: Klaus Abmeier/Michael Borchard/Matthias Riemenschneider (Hrsg.) Religion im öffentlichen Raum, 2013, 67.

[310] *Möllers* Religiöse Freiheit (Fn. 176), 58; *Huster* Neutralität (Fn. 20), XXXI; *Bernd Grzeszick* Verfassungstheoretische Grundlagen des Verhältnisses von Staat und Religion, in: Hans Michael Heinig/Christian Walter (Hrsg.) Staatskirchenrecht oder Religionsverfassungsrecht?, 2007, 131 (144).

[311] Zu dieser Eigenschaft von Leitbildern *Volkmann* Verfassungsanwendung (Fn. 235), 173.

[312] Die Nutzung einer ministeriellen Homepage zur Verbreitung eines parteikritischen Interviews ist nur dann ein Verstoß gegen die Chancengleichheit der Parteien, wenn sie zu einer Wettbewerbsverzerrung führt, usw.

[313] Die Diskurse um religiöse Symbole im Staatsdienst geben reiches Anschauungsmaterial dieser wenig befriedenden Strategie, s.a. *Bornemann* Religiös-weltanschauliche Neutralität (Fn. 279), 195 ff., 203 ff. Beispiele aus jüngerer Zeit *Karl-Heinz Ladeur/Ino Augsberg* Toleranz – Religion – Recht, 2007, 85; *Arnd Uhle* Freiheitlicher Verfassungsstaat und kulturelle Identität, 2004, 458 ff. Die christlich abendländische Kulturtradition ist eine solche Wiedergängerin des Christentums. Zur Übersetzung von Religion in Kultur *Droege* Staatsleistungen (Fn. 308), 279 ff.; *Clifford Geertz* Dichte Beschreibung, 1987, 44 ff.; *Niklas Luhmann* Die Religion der Gesellschaft, 2000, 312 ff.

[314] S. bspw. BayVerfGH, Urt. v. 11.8.2021, Vf. 97-IVa-20, BeckRS 2021, 21921 Rn. 37 ff.; NdsStGHE 31, 317 (331 ff.). Auch *Schröder* Neutralität (Fn. 31), 1134.

[315] *Robert M. Cover* The Supreme Court 1982 Term, Harvard Law Review 1983, 5 (45): „Narrative is the literary genre for the objectification of value".

Wertvorstellungen[316] bei und setzen gleichzeitig politischem Moralismus[317] Grenzen.

Auch in ihrer demokratiefunktionalen Dimension bleibt Neutralität ambivalent. Sie kann als Seismometer für parteipolitische Übergriffe auf exekutive Kompetenzen und privilegierte Teilnahmeformen am politischen Willensbildungsprozess fungieren.[318] Neutralität stabilisiert die analytische Unterscheidung von Volks- und Staatswillensbildung[319] und immunisiert das Ritual des Wahlverfahrens.[320] Sie kann Anreize setzen, die Parlamente als nicht neutrale Zentralorte des politischen Diskurses wieder zu entdecken.[321] Diskurse um die politische Neutralität lassen aber auch die Idealisierung von Homogenität und des Staates als neutraler Person zu. Die Integrationsleistungen des Konflikts in der Demokratie können dann leicht übersehen werden.[322] Der Behauptung der Nichtidentifkation kann

---

[316] *Huster* Neutralität (Fn. 20), 18 ff.; *Volkmann* Verfassungslehre (Fn. 101), 96 ff.

[317] *Hermann Lübbe* Politischer Moralismus, 2019; *Christian Neuhäuser/Christian Seidel* (Hrsg.) Kritik des Moralismus, 2020; *Utz Schliesky* Legitimität, 2020, 122 ff. S.a. *Michael Goldhammer* Hypermoral und Recht, Der Staat 60 (2021), 211 (224 f.). Zur Begrenzung staatlichen „Lebensführungspaternalismus" *Huster* Neutralität (Fn. 20), LXIII ff.

[318] Vgl. *Stolleis* Parteienstaatlichkeit (Fn. 126), 13 ff.; *Shirvani* Parteienrecht (Fn. 17), 166; *Hans Herbert von Arnim* Parteienstaat oder Parteiendemokratie?, DVBl 2016, 1213 (1214 f.).

[319] *Stolleis* Parteienstaatlichkeit (Fn. 126), 14 f. Als Frage der Überschreitung staatlicher Kompetenzen formuliert bei *Udo Di Fabio* Gewaltenteilung, in: HStR II, 3. Aufl. 2004, § 27 Rn. 16. Unter Hinweis auf Art. 21 Abs. 1 GG und Art. 20 Abs. 2 S. 2 GG *Schmitt Glaeser* Mitwirkung (Fn. 217), Rn. 33.

[320] *Dirk Tänzler* Repräsentation als Performanz, in: Jan Andres/Alexa Geisthövel/Matthias Schwengelbeck (Hrsg.) Die Sinnlichkeit der Macht, 2005, 19. Zum Ritual im Kontext der demokratischen Herrschaftslegitimation *ders.* Politisches Charisma der entzauberten Welt, in: Peter Gostmann/Peter-Ulrich Merz-Benz (Hrsg.) Macht und Herrschaft, 2007, 107 (113 f.); *Victor Turner* Das Ritual, 2005, 159 ff. Zu den neueren Diskursen um Repräsentation *Heinz Kleger* Demokratisches Regieren, 2018, 172 ff.; *Marvin Neubauer u. a.* (Hrsg.) Im Namen des Volkes, 2021; *Rüdiger Voigt* (Hrsg.) Repräsentation, 2019. S.a. *Ernst-Wolfgang Böckenförde* Demokratie und Repräsentation, 1983. Zur aktuellen Frage nach Parität als Voraussetzung der Repräsentation: BbgVerfG, NVwZ 2021, 59 (62 f.); ThürVerfGHE 31, 527 (553 ff.); *Christoph Möllers* Krise der demokratischen Repräsentation vor Gericht, JZ 2021, 338 (344 ff.); *Friederike Wapler* Politische Gleichheit: demokratietheoretische Überlegungen, JöR 67 (2019), 427 (434 ff.).

[321] Zur Entparlamentarisierung *Martin Morlok* Informalisierung und Entparlamentarisierung politischer Entscheidungen als Gefährdung der Verfassung?, VVDStRL 62 (2003), 37 (75). Zur Zulässigkeit von Werturteilen bis zur Grenze der Willkürlichkeit in Antworten der Bundesregierung auf parlamentarische Anfragen: BVerfGE 57, 1 (6 ff.).

[322] *Steffen Augsberg* Gleichheit angesichts von Vielfalt als Gegenstand des philosophischen und des juristischen Diskurses, VVDStRL 78 (2019), 7 (47 f.). S.a. die Beiträge in *Dagmar Comtesse/Oliver Flügel-Martinsen/Franziska Martinsen/Martin Nonhoff* (Hrsg.) Radikale Demokratietheorie, 2019; *Uwe Hebekus/Jan Völker* Neue Philosophien des Politischen, 2012. Zum Überblick über (normative) Demokratietheorien *Hubertus Buchstein* Typen moderner Demokratietheorien, 2016.

ein antipluralistischer und vordemokratischer[323] Zug innewohnen.[324] Wer Neutralität für sich behaupten kann, kehrt die Beweislast um. Neutralität kann die Responsivität demokratischer Ordnungen behindern,[325] indem sie die Rückkoppelung der Exekutive im politischen Prozess und eine „Politik der Emotion"[326] limitiert. Sie kann aber auch der Selbstdarstellung der Exekutive und der Präsentation politischer Herrschaft Grenzen setzen[327] und einen Beitrag zur Versachlichung des Politischen leisten.[328] Neutralität begrenzt Räume zur Inszenierung von Politik und hemmt das Streben nach Politisierung des Privaten, nach Identität und Authentizität[329] – und damit letztlich die Tendenz zu charismatischer Herrschaft.[330]

3. *Neutralität der Exekutive als Auftrag an den Gesetzgeber*

Die Analyse des Verfassungsrechts hat gezeigt, dass sich Neutralität übersetzen lässt in selektive und sektorale Gleichbehandlungsansprüche und Identifikationsverbote, rechtsstaatliche Sachlichkeits- und Unpartei-

---

[323] *Möllers* Argument (Fn. 13), XXXII.
[324] *Möllers* Religiöse Freiheit (Fn. 176), 53 ff.; *ders.* Argument (Fn. 13), XXXII ff. Dagegen *Huster* Neutralität (Fn. 20), XXIX ff.
[325] Zur rechtsstaatlichen Einhegung der Ausführung politischer Ämter als Verlust demokratischer Freiheit *Christoph Möllers* Demokratie, in: Matthias Herdegen/Johannes Masing/Ralf Poscher/Klaus Ferdinand Gärditz (Hrsg.) Handbuch des Verfassungsrechts, 2021, § 5 Rn. 20.
[326] *Isolde Charim* Ich und die Anderen, 4. Aufl. 2019, 137 ff.; *Olga Flor* Politik der Emotion, 2018; *Ortwin Renn* Gefühlte Wahrheiten, 2. Aufl. 2019; *Martha Nussbaum* Königreich der Angst, 2019, 19 ff.
[327] *Ute Krüdewagen* Die Selbstdarstellung des Staates, 2002; *Krüger* Staatslehre (Fn. 29), 214 ff.; *Helmut Quaritsch* Probleme der Selbstdarstellung des Staates, 1977; *Dietrich Murswiek* Verfassungsfragen der staatlichen Selbstdarstellung, in: ders./Ulrich Storost/Heinrich A. Wolff (Hrsg.) FS Helmut Quaritsch, 2000, 307. Zur Gefährdung staatlicher Selbstdarstellung durch religiöse Symbole: BVerfGE 153, 1 (38 f. Rn. 90).
[328] *Alexander Bogner* Die Epistemisierung des Politischen, 2021; *Münkler* Expertokratie (Fn. 301), 395 ff.; *Schäfer/Zürn* Regression (Fn. 63), 155 ff.
[329] *Barbara Hans* Inszenierung von Politik, 2017, 119 ff., 247 ff. Zum Formwandel der politischen Öffentlichkeit unter den Bedingungen des Boulevards *Holznagel* Erosion (Fn. 220), 396 ff., wobei Selbstdarstellung geradezu systemprägend in der „Gesellschaft der Singularitäten" ist, vgl. *Andreas Reckwitz* Die Gesellschaft der Singularitäten, 2. Aufl. 2020, 305 f. Zur Bedeutung charismatischer „Führung" *Günter Frankenberg* Autoritarismus, 2020, 281 ff.; *Karin Priester* „Das Volk ist in ihm und er ist im Volk", in: Zenkert (Hrsg.) Macht der Demokratie, (Fn. 8), 145.
[330] Womit wieder *Weber* Wirtschaft und Gesellschaft (Fn. 253), 122 ff. mit seiner Typologie der Herrschaft angesprochen ist. Dazu *Dolf Sternberger* Herrschaft und Vereinbarung, 1980, 135 ff.; *Hasso Hofmann* Legitimität und Legalität, JZ 2020, 585. S.a. *Möllers* Freiheitsgrade (Fn. 292), 52: „Es gibt in jeder Demokratie Exzesse des persönlichen Charismas".

lichkeitsforderungen, grundrechtliche Freiheitsgewährleistungen und amtsspezifische Mäßigungspflichten.[331] Maß und Möglichkeiten der Exekutive, am politischen Prozess teilzunehmen, sind in diesem weiten Rahmen verfassungsrechtlich nicht vorentschieden, sondern im politischen Prozess zu verhandeln und demokratisch zu verantworten.

Am Ende der Untersuchung eines Verfassungsgebots der Neutralität steht deshalb seine Entlassung in die Verantwortung des Gesetzgebers. Die damit einhergehende Verrechtlichung und Kolonialisierung politischer Lebenswelt[332] bezieht sich unmittelbar auf die legitimationsstiftenden Verfahren des demokratischen Verfassungsstaates. Auch die „im Grunde sehr unpolitische"[333] Inobhutnahme der politischen Voraussetzungen des offenen Willensbildungsprozesses sollte vom Gesetzgeber verantwortet werden: Weil es die Eigenart der Verfassung ist, einen freien politischen Prozess zu ermöglichen,[334] sollte primär das Parlamentsgesetz diesen gestalten.[335] Das Wächteramt[336] des Bundesverfassungsgerichts, seine Rolle als „Wettbewerbshüter"[337] im politischen Prozess[338], dürfte dann weitgehend entbehrlich werden.[339]

---

[331] Zur Selektivität *Huster* Neutralität (Fn. 20), 112 ff., 635.

[332] *Jürgen Habermas* Theorie des kommunikativen Handelns II, 1981, 522 ff.; *Daniel Loick* Verrechtlichung und Politik, in: Uwe H. Bittlingmayer (Hrsg.) Handbuch Kritische Theorie, 2019, 847 (850 ff.).

[333] *Böckenförde* Politische Selbstverteidigung (Fn. 150), 17.

[334] *Hesse* Grundzüge des Verfassungsrechts (Fn. 11), Rn. 31; *Grimm* Zukunft (Fn. 284), 17 f.

[335] Allen Bedenken aus dem Gesichtspunkt der Gesetzgebung in eigener Sache – *Heinrich Lang* Gesetzgebung in eigener Sache, 2007 – zum Trotz.

[336] Zu einer Rolle als „Hüter des demokratischen Prozesses" *Christoph Möllers* Die drei Gewalten, 2008, 138 ff., beschrieben im Bild des Verfassungsareopages *Böckenförde* Grundsatznormen (Fn. 149), 220 f., dort verknüpft mit der Warnung vor dem „verfassungsgerichtlichen Jurisdiktionsstaat".

[337] *Hans Herbert von Arnim* Parteienfinanzierung in Deutschland, DÖV 2020, 593 (601).

[338] Zum Ewigkeitsthema von Verfassungsgerichtsbarkeit und Politik *Dieter Grimm* Recht oder Politik?, 2020, 39 ff., auch in: ders., Verfassungsgerichtsbarkeit, 2021, 105; *ders.* Was ist politisch an der Verfassungsgerichtsbarkeit?, ZfP 66 (2019), 86, auch in: ders., Verfassungsgerichtsbarkeit, 2021, 89; *Uwe Kranenpohl* Hinter dem Schleier des Beratungsgeheimnisses, 2010, 21 ff.; *Robert Chr. van Ooyen* Das Politische der Verfassungsgerichtsbarkeit im Vergleich, 3. Aufl. 2020; *Peter Häberle* Verfassungsgerichtsbarkeit zwischen Politik und Rechtswissenschaft, in: ders., Verfassungsgerichtsbarkeit – Verfassungsprozessrecht, 2014, 49; *Starck* Bundesverfassungsgericht (Fn. 12), 9 f.; *Jestaedt* Koppelung (Fn. 13). Klassisch *Heinrich Triepel* und *Hans Kelsen* Wesen und Entwicklung der Staatsgerichtsbarkeit, VVDStRL 5 (1929), 2 bzw. 30; *Hans Kelsen* Wer soll der Hüter der Verfassung sein? (1931), 2. Aufl. 2019, 58 ff. Dazu *Kathrin Groh* Demokratische Staatsrechtslehrer in der Weimarer Republik, 2010, 561 ff. S.a. *Erich Kaufmann* und *Martin Drath* Die Grenzen der Verfassungsgerichtsbarkeit, VVDStRL 9 (1952), 1 (11) bzw. 17 (106).

2. Politische Neutralität als Verfassungsgebot? 347

Der Aufwuchs der politischen Neutralität betrifft die Kommunikation der Exekutive gegenüber populistischen und rechtsextremen Parteien und Gruppierungen und reagiert auf Niveaulosigkeiten politischer Kommunikation. Wen die Freiheit des politischen Prozesses umtreibt, den sollte die Forderung nach einem Recht des unlauteren politischen Wettbewerbs überzeugen.[340] Der Gesetzgeber kann den unterschiedlichen Arenen des politischen Prozesses Rechnung tragen und die weiten verfassungsrechtlichen Rahmenvorgaben politischer Neutralität bereichsspezifisch konkretisieren.[341] Im Spektrum vom formalen Wahlverfahren bis zur öffentlichen Meinungsbildung[342] kann Neutralität ein höheres Maß der Politisierung oder politischer Abstinenz bedeuten.

„Neutralität" im politischen Prozess gesetzlich zu formen, ist ein anspruchsvolles Unterfangen. Außerhalb der parteibezogenen Wahlwerbung lassen sich schon Bereiche der Sach- und Parteipolitik kaum trennen.[343] Es fehlt eine der Wetterscheide der Säkularität[344] vergleichbare Orientierung. Infolge der Ausweitung des Bereichs des Politischen[345] sind die Gegenstände von Politik als Verständigungsordnung entgrenzt:[346] „Denn

---

[339] S.a. *Krüper* Anmerkung (Fn. 43), 416. Zur „Tendenz" der Verrechtlichung des politischen Diskurses s.a. *Dieter Grimm* Verfassungsgerichtsbarkeit im demokratischen System, in: ders. Verfassungsgsgerichtsbarkeit, 2021, 37 (74).
[340] *Magen* Kontexte (Fn. 63), 97 f. S.a. *Hatje* Demokratie (Fn. 19); *Kotzur* Demokratie (Fn. 77).
[341] S.a. *Schröder* Neutralität (Fn. 31), 1133. Als Differenzierungen der Neutralität *Disci* Neutralität (Fn. 35), 200 ff.; *Mast* Staatsinformationsqualität (Fn. 49), 355 ff.
[342] Als „Vorformung der politischen Willensbildung", BVerfGE 8, 104 (113); 20, 56 (98); 89, 155 (185); 97, 350 (369); *Ulrich Scheuner* Der Staat und die intermediären Kräfte, ZEE 1957, 30. S.a. *Hatje* Demokratie (Fn. 19), 149 f.
[343] Vgl. den Diskurs um Trennung von „Politik" und „Parteipolitik" am Beispiel des § 74 Abs. 3 S. 3 BetrVG einerseits BAGE 133, 342 (351 ff.); *Peter Kreutz/Matthias Jacobs* in: Günther Wiese/Peter Kreutz u.a. (Hrsg.) BetrVG Gemeinschaftskommentar II, 11. Aufl. 2018, § 74 Rn. 111, und andererseits BAG, DB 1978, 1547 (1547); DB 1987, 1898 (1898); *Frank Maschmann* in: Reinhard Richardi (Hrsg.) BetrVG Kommentar, 16. Aufl. 2018, § 74 Rn. 61 f.; offenlassend: BVerfGE 42, 133 (141). Zum Befund der Untrennbarkeit *Gusy* Justiz als Hüterin (Fn. 272), 44.
[344] *Klaus Ferdinand Gärditz* Säkularität und Verfassung, in: Otto Depenheuer/Christoph Grabenwarter (Hrsg.) Verfassungstheorie, 2010, § 5 Rn. 19 ff.; *Horst Dreier* Säkularisierung und Sakralität, 2013, 12 ff.
[345] *Ulrich K. Preuß* Der Staat – weiterhin der zentrale Ort des Politischen?, Beiheft Der Staat 21 (2013), 317 (328).
[346] *Meyer* Politik (Fn. 9), 62 f. („Das Politische als Verständigungshandeln"). Zum Befund *Michael Th. Greven* Die politische Gesellschaft, 2. Aufl. 2009, 66 ff., 105 ff.; *Gerd Roellecke* Beobachtung der Verfassungstheorie, in: Otto Depenheuer/Christoph Grabenwarter (Hrsg.) Verfassungstheorie, 2010, § 2 Rn. 24. Natürlich ist die Aussage, alles sei Politik, banal – *Möllers* Freiheitsgrade (Fn. 292), 80 f. –, aber die Politisierbarkeit des Sozialen bleibt.

heute ist alles Politik und hängt mit ihr zusammen von dem Leder an unserer Schuhsohle bis zum obersten Ziegel am Dache, und der Rauch, der aus dem Schornsteine steigt, ist Politik und hängt in verfänglichen Wolken über Hütten und Palästen, treibt hin und her über Städten und Dörfern."[347] Am Ende steht ein Abschied.

---

[347] *Gottfried Keller* Jeremias Gotthelf, Blätter für literarische Unterhaltung 1852, Nr. 47, 1116 (1117). S.a. *Ulrich Kittstein* Gottfried Keller, 2019, 321 ff.

Leitsätze des Referenten über:

2. Neutralität als Verfassungsgebot?
Die Exekutive und der politische Prozess

I. Machtverschiebungen und Neutralität – Begriffe und Voraussetzungen

(1) Machtverschiebungsinteressen kennzeichnen politische Fragen. Das Verfassungsrecht als Rahmenordnung schafft für den politischen Prozess notwendige Infrastrukturen und setzt ihm sektorale Leitmarken.

(2) Der schillernde Begriff Neutralität bezeichnet eine unparteiische Haltung, Nichteinmischung und Nichtbeteiligung und lädt mit diesem spärlichen Sinngehalt zur Polyvalenz geradezu ein. Neutralität findet sich in der Rechtsordnung zu unterschiedlichen Zeiten und an unterschiedlichsten Orten.

II. Aufklärung des Untersuchungsfeldes

(3) Verfassungsrechtliche Diskurse um Neutralität folgen Konjunkturen. Heute wird Neutralität als verfassungsrechtlich eingelagerter Krisenbegriff gedeutet, im rechtlichen Umgang mit dem Faktum des politischen Pluralismus erprobt und als Steuerungsinstrument in einem sich wandelnden Prozess politischer Kommunikation ausdifferenziert.

(4) Das Neutralitätsgebot schränkt den Handlungsspielraum von Regierung und Verwaltung populistischen Parteien und Bewegungen gegenüber ein. Es erscheint plausibel, dass der jüngste Diskurs um politische Neutralität der Exekutive selbst Symptom einer Transformationszeit ist, die mehr ist als eine Repräsentationskrise in einer polarisierten Demokratie.

III. Verfassungsrechtliche Grundlagen

1. Neutralität und Chancengleichheit in der Parteiendemokratie

(5) Im Zentrum der verfassungsrechtlichen Fundamentierung des Gebotes politischer Neutralität stehen Demokratieprinzip und Parteienfreiheit.

Neutralität fungiert hier als Baugesetz eines freien demokratischen Prozesses und als Garant chancengleichen Wettbewerbs.

(6) Neutralität erlaubt die Thematisierung der Beschränkungen der Chancengleichheit, die um der Responsivität demokratischer Herrschaft Willen verfassungsrechtlich hinzunehmen sind. Zudem ist sie an den Rändern des politischen Feldes gefordert.

2. Rechtsstaatliche Neutralität

(7) Ein rechtsstaatliches Neutralitätsgebot geht einerseits weitgehend in der Gesetzesbindung der Exekutive auf. Rechtsstaatliche Distanz soll andererseits durch Verwaltungsverfahren, -organisation und Kompetenzordnung hergestellt werden.

3. Grundrechte und exekutive Neutralität

(8) Die Neutralität der Exekutive setzt das liberale Versprechen um, dass der Verfassungsstaat allen Bürgern als Freie und Gleiche begegnet. Deshalb sind Neutralitätsdiskurse auch Grundrechtsdiskurse. Das Gebot politischer Neutralität fungiert als Ordnungsimperativ, der als Entdifferenzierungsverbot dem Staat eine Einflussnahme in grundrechtlich ausdifferenzierten Bereichen versagen soll.

(9) Weil die Abschirmwirkung der Neutralität an die Ausdifferenzierung der Grundrechte anknüpft, kann sie nur grundrechtsspezifisch entwickelt werden. Grundrechte bieten keinen Konfrontationsschutz, in seiner Grundrechtsausübung nicht irritiert zu werden.

(10) Grundrechte begründen nicht nur Interventionsverbote, sondern auch Interventionsgebote. Die demokratische Responsivität findet ihre Entsprechung in grundrechtlicher Responsivität.

4. Politische Neutralität als Amtspflicht

(11) Weil die Verpflichtung des Staates auf Neutralität keine andere sein kann als die Verpflichtung seiner Amtsträger auf Neutralität, sind verfassungsrechtliche Diskurse über politische Neutralität auch Diskurse um Dienst- und Amtspflichten des Verwaltungspersonals.

(12) Aufgehoben wird das Gebot der Nichtidentifikation in der politischen Treuepflicht der Beamten. Amtsneutralität setzt Grundrechten Grenzen und findet ihre Grenzen in der permeablen Membran zwischen Amt und Person.

5. Politische Neutralität und Bildung

(13) Die Auseinandersetzung um die politische Neutralität der Schule gehört zu den traditionellen Diskursen um den staatlichen Bildungs- und Erziehungsauftrag. Neutralitätsforderungen gewinnen im Bildungs- und Erziehungskollektiv der Schule besondere Qualität.

(14) Politische Bildung in der Schule dient der Aneignung der Kompetenzen, die Demokratie als Lebensform auszeichnen und Voraussetzung dafür sind, an der Demokratie als Herrschaftsform teilzunehmen. Neutralität beschreibt die Offenheit der Schule für gesellschaftliche Pluralität.

IV. Neutralität – Beobachtungen zu Relationen und Unterscheidungen

1. Gemeinwohlkonkretisierung im demokratischen Prozess

(15) Das Verfassungsgebot der Neutralität soll die Offenheit der Gemeinwohlkonkretisierung im politischen Prozess und die Gemeinwohlbindung der Exekutive sicherstellen. Neutralität akzentuiert eine Grenze demokratischer Mehrheitsherrschaft und fördert demokratische Repräsentativität. Sie ist Ausdruck der Prozeduralität, Reversibilität und Relativität demokratischer Herrschaft als Herrschaft auf Zeit.

(16) Neutralität macht aber sowohl auf die Verschränkungen der Volks- und Staatswillensbildung in einer repräsentativen Demokratie als resonanzbedürftiger und responsiver Ordnung als auch auf die Parteilichkeit des Verfassungsstaates aufmerksam. Verwaltungs- und Regierungskommunikation beugt postdemokratischer Apathie und der Erosion demokratischer Öffentlichkeit vor, weil sie zur Akzeptanz politischer Entscheidungen beiträgt. In Ansehung der Parteien bedeutet Neutralität hier Wahrung von Chancengleichheit.

(17) Mit den Bausteinen der politischen Willensbildung, mit Grundrechten und Staatszielbestimmungen kann und soll sich die Exekutive identifizieren. Der Schutz der freiheitlich demokratischen Grundordnung in der streitbaren Demokratie erlaubt schließlich den Ausschluss bestimmter Beiträge zum Gemeinwohl.

2. Leitbilder der Exekutive im administrativ-politischen System

(18) Neutralität transportiert unterschiedliche Leitbilder der Exekutive im politischen System. Der Mythos der politischen Neutralität begleitet die Ausformung des Verfassungsstaates als neutraler Rechtsperson und seine Transformation zum Parteienstaat.

(19) Die Beschreibungen des politisch-administrativen Systems offenbaren Handlungsspielräume der Verwaltung in Politikumsetzung und Politikformulierung. Je stärker die normativen Bilder obrigkeitsstaatlich-autonomer Verwaltung und hierarchischer Verwaltung im demokratischen Verfassungsstaat verblassen und durch solche der kooperativen und responsiven Verwaltung ersetzt werden, umso eher wandert der Fokus von der Verwaltungsneutralität auf administrative Interessenvermittlung und politische Gestaltung.

(20) Verfassungsrechtliche Diskurse um Neutralität erfordern angesichts der ausdifferenzierten rechtlichen Steuerung der Exekutive Differenzierungen und erlauben die argumentative Verarbeitung unterschiedlicher Funktionen und Aufgaben.

V. Abschied von der politischen Neutralität der Exekutive?

1. Neutralität als Leitbild des Verfassungsrechts

(21) Das Gebot der Neutralität der Exekutive wird als verfassungsrechtliches Leitbild ausgeprägt. Im rechtsdogmatischen Diskurs fungiert Neutralität als heuristischer Begriff mit Speicher- und Orientierungsfunktion, dient der Normrepräsentation und entlastet, strukturiert und fokussiert rechtswissenschaftliche Diskurse.

(22) Neutralität ist ein Grenzbegriff und fokussiert die Nichtidentität von Staats- und Volkswillensbildung, von Partikular- und Gemeinwohl. Sie verweist auf die Membran zwischen freiheitsberechtigter Gesellschaft und verfassungsgebundener Exekutive.

(23) Der Neutralitätsbegriff erlaubt wegen seiner Deutungsoffenheit die Zuspitzung verfassungstheoretischer Prämissen in verfassungsdogmatischen Diskursen.

(24) Neutralität kann im Verhältnis von Verfassung und Verfassungswirklichkeit als Fühlbegriff beschrieben werden, mit dem das Recht gesellschaftliche Wertungen „ertastet" und seine Responsivität gegenüber Sozialphänomenen erhöht. Neutralitätsdiskurse reagieren so auf die Wahrnehmung der Verschiebungen in Prozessen öffentlicher Willensbildung, der Machtvermehrung nichtmajoritärer Institutionen und ungleicher Repräsentationschancen.

2. Chancen und Risiken der Neutralität

(25) Neutralität neigt dazu, die dogmatischen Strukturen der Normen, an deren Normativität sie partizipiert, hinter sich zu lassen. Sie schafft Ein-

2. Politische Neutralität als Verfassungsgebot? 353

gängigkeit, indem von Einzelgewährleistungen abstrahiert wird. Der Streit um dasjenige, das dem Staat versagt ist, verlagert sich in den Streit um die Deutungshoheit über Neutralität.

(26) Neutralitätsdiskurse tragen zur Verhandlung und Vergewisserung verfassungsrechtlicher Wertvorstellungen bei und setzen politischem Moralismus Grenzen.

(27) Auch in ihrer demokratiefunktionalen Dimension bleibt Neutralität ambivalent. Sie kann als Seismometer für parteipolitische Übergriffe auf exekutive Kompetenzen fungieren. Diskurse um die politische Neutralität lassen aber auch die Idealisierung von Homogenität und des Staates als neutraler Person zu.

(28) Neutralität kann die Responsivität demokratischer Ordnungen behindern, indem sie die Rückkoppelung der Exekutive im politischen Prozess limitiert. Neutralität begrenzt aber auch Räume zur Inszenierung von Politik und die Tendenz zu charismatischer Herrschaft.

3. Neutralität der Exekutive als Auftrag an den Gesetzgeber

(29) Neutralität lässt sich übersetzen in sektorale Gleichbehandlungsansprüche und Identifikationsverbote, rechtsstaatliche Sachlichkeits- und Unparteilichkeitsforderungen, grundrechtliche Freiheitsgewährleistungen und amtsspezifische Mäßigungspflichten. Maß und Möglichkeiten der Exekutive, am politischen Prozess teilzunehmen, sind in diesem weiten Rahmen verfassungsrechtlich nicht vorentschieden, sondern im politischen Prozess demokratisch zu verantworten. Auch die Inobhutnahme der politischen Voraussetzungen des offenen Willensbildungsprozesses sollte vom Gesetzgeber verantwortet werden.

(30) Der Gesetzgeber kann den unterschiedlichen Arenen des politischen Prozesses Rechnung tragen und die weiten verfassungsrechtlichen Rahmenvorgaben politischer Neutralität bereichsspezifisch konkretisieren. Im Spektrum vom formalen Wahlverfahren bis zur öffentlichen Meinungsbildung kann Neutralität ein höheres Maß der Politisierung oder politischer Abstinenz bedeuten.

(31) Neutralität im politischen Prozess gesetzlich zu formen, ist ein anspruchsvolles Unterfangen. Es fehlt eine der Wetterscheide der Säkularität vergleichbare Orientierung.

3. Aussprache und Schlussworte

Pascale Cancik: Liebe Kollegen und Kolleginnen, ich bitte Sie, sich zu setzen. Wir setzen unsere Verhandlungen fort und ich begrüße Sie zurück, verbinde das mit einem Gruß an die Kolleginnen und Kollegen an den Bildschirmen. Das Prozedere ist eigentlich wie gestern. Sie formulieren wichtige Beiträge in perfekter Zeitdisziplin und ich kämpfe hier unauffällig mit der Ampel. Wir haben sehr viele Diskussionsanmeldungen. Ich bitte also darum und bin überzeugt, dass Sie es als Verpflichtung wahrnehmen, dass die ersten sich im Interesse der Nachfolgenden begrenzen, die Redezeit möglichst nicht ausschöpfen und die Späteren möchte ich darum bitten, zu prüfen, ob man etwaige Wiederholungen vermeiden kann. Denn sonst müssten gegebenenfalls Beiträge am Ende wegfallen und das würde ich außerordentlich bedauern.

Unser Sortierversuch hat ergeben, dass wir mit einigen Fragen zur politischen Neutralität beginnen und vielleicht kann Herr Kollege Hufen sich schon einmal darauf vorbereiten, dass er gleich aufgerufen wird. Die zweite Gruppe würde der Verbindung beider Referate gewidmet sein und der dritte sehr große Block einer Debatte um Neutralität versus Toleranz versus mögliche dritte und vierte Lösungen. Es beginnt Kollege Hufen, dann könnten sich bitte bereit machen Herr von Lewinski und Herr Morlok. Herr Hufen bitte!

Friedhelm Hufen: Liebe Kolleginnen und Kollegen! Zunächst danke ich für zwei äußerst anregende Referate. Herr Müller hat mit erfrischender Offenheit und Klarheit den Begriff der Neutralität als Verfassungsbegriff jedenfalls für den religiösen Bereich verabschiedet. Bei Herrn Droege bin ich mir da nicht so ganz sicher. Sie haben eigentlich brillant alle Argumente gegen eine Anwendung des Begriffs im demokratischen Diskurs gebracht, aber ihn dann doch irgendwie als Leitbild der Verfassung wieder retten wollen. Auch ich sehe eher die von Herrn Müller beschworene Gefahr, dass solche nicht geschriebenen Leitbegriffe ein Eigenleben und eine Persistenz entfalten, die sie eigentlich nicht verdienen. Und deshalb plädiere ich mit Nachdruck dafür, den Begriff der Neutralität zumindest als Grenze des politischen Diskurses zu verabschieden. Ich meine, es beruht auf einem besonderen deutschen Missverständnis, dass man Politik und offene Auseinandersetzung einerseits und staatliche Öffentlichkeitsarbeit andererseits auseinanderhalten kann – ein Missverständnis, das – Herr Droege hat es zitiert – schon im Urteil des Bundesverfassungsgerichts zur Öffentlichkeitsarbeit der Regierung in den 1970er Jahren aufgetaucht ist. Öffentlichkeitsarbeit der Regierung hat nach diesem und nachfolgenden Urteilen „neutral" zu sein. Kann aber politische Information überhaupt in diesem Sinne „neutral" sein? Ist sie nicht immer von politischen Zielen und Bewertungen geprägt? Schadet die Forderung nach „Neutralität" nicht der Offenheit der politischen Diskussion, die tragendes Prinzip der Demokratie ist? Wird hier nicht von Politikern, Herr Müller hat es in anderem Zusammenhang richtig gesagt, eine gewisse innere Spaltung verlangt? Das wird am aktuellen Fall der Beurteilung der Thüringen-Wahl durch die Bundeskanzlerin deutlich. Kann man wirklich ernsthaft von ihr verlangen, jeweils sorgfältig zu trennen, ob sie jetzt als Bundeskanzlerin gefragt ist oder als Politikerin? Sie war bei ihrer Südafrika-Reise zwar nicht mehr Parteivorsitzende, aber doch immerhin in leitender Funktion ihrer Partei. Die seit dem 19. Jahrhundert in Deutschland überkommene Trennung von Staat und Politik scheint mir höchst wirklichkeitsfremd. Ein amerikanischer Präsident würde nur lächeln, wenn er nicht die „Air Force One" und alle Mittel seines Amtes einsetzen dürfte, um in den politischen Prozess in Amerika einzugreifen – von wo auch immer in der Welt. Neutralität erscheint mir also weniger als Verfassungsgebot, denn als ein sehr deutsches Missverständnis. Und wie so oft verdeckt dieser Begriff die eigentlichen Fragen, um die es geht. Mir hat sehr gefallen, dass Herr Droege vom Verbot des unlauteren Wettbewerbs in der Politik gesprochen hat. Dieser Wettbewerb ist durch konkrete Verfassungsnormen sehr wohl geregelt: Die Chancengleichheit der politischen Parteien, die Wahlfreiheit, Parteifreiheit, die Persönlichkeitsrechte, in Grenzen auch das Verbot von Lüge und Schmähkritik. Das sind alles Grenzen, mit denen wir arbeiten können. Ich plädiere also sehr für eine Grundrechtsorientierung statt einer Orientierung an diesem offenen und sehr gefährlichen Begriff der Neutralität. Ein kurzes Beispiel noch aus der politischen Bildungsarbeit: Wir haben eine sehr große Anzahl von verdienstvollen Initiativen gegen Rassismus, Intoleranz, Homophobie usw. Diese sind an Zielen der Verfassung orientiert und schon deshalb selbstverständlich nicht „neutral"; und sie werden trotzdem durch Auflagen öffentlicher Geldgeber und Klagedrohungen der AfD und – schlimmer noch – durch die Schere im Kopf beeinträchtigt, sobald sie sich gegen Programme und Äußerungen extremer Parteien wenden. Bildung und Erziehung können aber nie neutral sein. Danke.

Kai von Lewinski: Ich habe eine Frage an Michael Droege – und vielleicht auch ein bisschen an den Vorstand, weil er nämlich die Fragestellung betrifft, die sich auf die politische Kommunikation und auf den politischen Prozess und die Exekutive bezieht, aber offensichtlich die Judikative außen vorlässt. Die aber ist natürlich der Kontrolleur der Neutralität, wie auch immer man sie jetzt konturiert und justiert. Es ist zu beobachten, dass bei der politischen Kommunikation – Michael Droege hat die Beispiele ja eingangs seines Referats alle erwähnt – systematisch Grenzüberschreitungen begangen werden. Selbst bei Erfahrungsjuristen im Innenministerium müssten die Grenzen, jedenfalls so wie sie das Verfassungsgericht und die Verwaltungsgerichtsbarkeit ziehen, inzwischen angekommen sein. Hinter den Grenzüberschreitungen verbirgt sich natürlich eine bewusste politkommunikative Verankerung von Begriffen; auch diejenigen, die dies vorher noch nicht so sehr bei sich im Kopf verankert hatten, werden mit der NPD nun „Spinner" assoziieren. Es kommt noch hinzu, dass es, wie uns die Medien- und Kommunikationswissenschaften lehren, einen sogenannten Streisand-Effekt gibt. Das heißt, wenn man sich gegen kommunikative Grenzüberschreitungen und Rechtsverletzungen wehrt, dass dann immer auch noch was hängenbleibt (Herr Kachelmann kann ein Lied davon singen). Deshalb und anknüpfend an das, was Michael Droege am Ende vorgeschlagen hat oder als Schlagwort gesetzt hat: Weil es um den Schutz vor „unlauterem politischem Wettbewerb" geht, frage ich mich und natürlich auch die Referenten: Um diese politkommunikativen Verzerrungen auszugleichen, reicht es da, wenn man auf der materiell-rechtlichen Ebene bleibt und das nur ein bisschen justiert? Oder ist das vielleicht nicht genug, sondern muss man nicht auch das Verfahrensrecht und insbesondere auch das Gerichtsverfahrensrecht dazudenken? In eine Frage gepackt: Brauchen wir nicht ein öffentlich-rechtliches verwaltungs- oder verfahrensrechtliches Äußerungsverfahrensrecht?

Martin Morlok: Ich bitte zunächst den Vorstand um Verzeihung. Als ich nämlich die Themen des heutigen Vormittags gelesen habe, habe ich gedacht: Das ist aber langweilig. Aber offensichtlich habe ich anders als der Vorstand die Fähigkeit unserer Kollegen hier deutlich unterschätzt. Man hätte ja denken können, dass die doch breit geführten Diskurse in beiden Feldern über Neutralität hier nachgezeichnet werden und der Referent nimmt dann mit eigenen Argumenten Position für die eine oder für die andere Auffassung. Nein, Sie haben das sehr viel schlauer angestellt, Sie haben nämlich eine Ebene darüber erklommen und sozusagen aus der Vogelperspektive die Diskussion über Neutralität verfolgt. Sie haben die Position eines Beobachters zweiter Ordnung eingenommen. Und das fand ich sehr fruchtbar. Insbesondere hat mir gut gefallen, wie Herr Droege gezeigt hat, in welchen verschiedenen Zusammenhängen die Diskussion um Neutralität geführt wird. Das bringt uns, glaube ich wirklich weiter. Zu Herrn Droege noch einfach eine Bemerkung: Er hat ja richtig gezeigt, dass für die politische Neutralität die Antwort auf die Frage, was eigentlich Neutralität leistet, die Sicherung der politischen Chancengleichheit ist. Und da meine ich durchaus, dass die Rechtsprechung hier zu streng ist.

Es gibt ja drei Vorteile, die Amtsträger haben: Sie können die Amtsressourcen einsetzen, das darf nicht sein. Der zweite Vorteil ist die Aufmerksamkeit. Die ist, meine ich, demokratisch verdient. Wer gewählt wurde, darf mehr Aufmerksamkeit haben als wer eben nicht gewählt wurde. Und das dritte, das ist die Amtsautorität. Sind wir noch so obrigkeitsstaatlich? Ich weiß es nicht.

Herr Müller, eine konkrete Frage: Ich habe Sie so verstanden, dass Sie gesagt haben: Wir sind alle stark bewusst oder unbewusst religiös geprägt und deswegen funktioniert die Neutralität nicht. Erstens: Das ist ja doch ein gewisser Schluss vom Sein auf das Sollen mit dem Brückenprinzip „Sollen impliziert Können". Aber funktioniert die Rechtsprechung nicht doch einigermaßen? Man mag jede einzelne Entscheidung nicht so mögen, aber irgendwie funktioniert es doch so halbwegs. Eine weitere Frage: Stimmt Ihr empirischer Befund? Ich meine, ich habe einige Jahre in der ehemaligen DDR verbracht, da ist sehr viel weg an religiöser Sozialisation. Nur ein Beispiel: Eine Studentin wusste nicht, dass der Name Johanna eine christliche Tradition hat. Also stimmt das tatsächlich, was Sie da gesagt haben? Danke.

Stefan Huster: Liebe Kolleginnen und Kollegen, einige von Ihnen kennen vielleicht die Geschichte von den beiden alten Damen, die aus dem gemeinsamen Urlaub zurückkommen und sich über das Essen im Hotel beschweren. Die eine sagt, das Essen sei wirklich ungenießbar gewesen, man habe es gar nicht essen können, und die zweite pflichtet ihr bei mit den Worten „Ja, und dann sind die Portionen noch so klein gewesen". Und so ein bisschen hat mich ehrlich gesagt das Referat von Herrn Müller an diese Geschichte erinnert, weil er uns gesagt hat, es sei auf der einen Seite schlecht, dass der Staat so neutral sei, ihn das hemme und so weiter. Und dann hat er uns gesagt, die Neutralität sei ja sowieso auch gar nicht möglich. Also beides kann so zusammen ja nicht ganz stimmen. Ich will folgende Frage anschließen zu der ja wirklich oft zu hörenden These, neutral in religiös-weltanschaulichen Dingen könne die politische Ordnung gar nicht sein. Warum nicht? Die These war, auch die politische Ordnung, die Rechtsordnung sei unweigerlich irgendwie immer kulturell geformt, durch Traditionen und auch durch religiöse Traditionen. Das ist natürlich – fast würde ich sagen trivialerweise – richtig. Das würde auch, glaube ich, niemand bestreiten. Der Witz ist aber, und das mag man vielleicht mit dem Begriffspaar von Geltung und Genese zum Ausdruck bringen: Daraus folgt eben in einer freiheitlichen Ordnung nichts mehr. Der Verweis auf die Tradition allein hilft nichts. Und daran schließt sich jetzt meine Frage an: Würden Sie es für vorstellbar halten, dass in einer freiheitlichen Ordnung Freiheitseinschränkungen begründet werden einfach unter

Berufung auf eine bestimmte Religion oder auf eine bestimmte Tradition? Wenn nicht, dann habe ich ehrlich gesagt gar nicht verstanden, was sich ändert. Wenn ja, dann möchte ich nur zu Protokoll geben, dass ich es erstaunlich finde, wie leichtfertig hier ein zentrales Ordnungsprinzip der politischen Moderne, nämlich die Trennung von Religion und Politik, an der Stelle aufgegeben wird. Danke.

Markus Kotzur: Die Paarung der beiden Vorträge und die faszinierende Dekonstruktion des Neutralitätsbegriffs bringt mich zu der Frage, ob beide Referate mit der gleichen Idee von Neutralität arbeiten und ob man im religiösen und politischen Bereich überhaupt mit der gleichen Idee von Neutralität arbeiten kann. Herr Müller hat uns vorgeführt, dass ihn insbesondere irritiert, wenn stereotyp ganz unterschiedliche Rollenzuschreibungen, Rollenprofile genutzt werden, die letztendlich eine so gar nicht mögliche Trennung suggerieren. Das gilt natürlich im politischen Bereich genauso, wenn wir zwischen Amtsträgereigenschaft und Privatperson, zwischen Regierungsamtsträger:in und zwischen Parteivorsitzender oder Parteipolitiker:in unterscheiden. Insofern arbeitet das Recht doch nicht nur im religiösen, sondern auch in vielen anderen Bereichen mit Dichotomien dieser Art. Herr Droege hat darauf verwiesen, dass Neutralität viel mit Distanz zu tun habe, und deshalb meine Frage an beide Referenten: Ist Neutralität nicht doch so etwas wie ein Distanzbegriff, der darauf abzielt, den gleichen Abstand zu den Dingen zu wahren? Herr Müller sagte, Neutralität heiße für ihn ein Stückchen weit Abseitsstehen, aber Abseitsstehen und den gleichen Abstand zu etwas wahren, das sind vielleicht doch zwei unterschiedliche Dinge. Und die letzte Frage an Herrn Müller: Wenn man Ihre Thesen zugrunde legt, ist dann die Non-Establishment Clause des First Amendment aus der Bundesverfassung der Vereinigten Staaten am Ende nur ein unmögliches Versprechen? Vielen Dank!

Eckart Klein: Religiöse Freiheit braucht keine Neutralität. Der Satz von Herrn Müller gefällt mir sehr gut. Ich glaube, er ist richtig, und man kann das belegen, jedenfalls teilweise dadurch, dass man auf den internationalen Menschenrechtsschutz schaut. In den entsprechenden Normen gibt es keinerlei Hinweis auf *staatliche* Neutralität, und dies wäre auch kaum durchsetzbar gewesen, da es sich ja um eine Norm mit universellem Anspruch handelt, damit zahlreiche islamische Staaten betroffen sind, und die wären in keinem Fall einer solchen Konvention beigetreten, wenn sie eine solche Verpflichtung hätten übernehmen müssen. Weder in den Normen noch auch in der Praxis der entsprechenden Kontrollausschüsse wird auf die Neutralität Bezug genommen. Es gibt, Sie haben das erwähnt, Herr Müller, viele Staaten, die eine Staatsreligion haben. Worauf natürlich immer Wert gelegt wird, ist, dass die Religionsfreiheit, das ist ein internationales Menschenrecht, auch beachtet wird von diesen Staaten, von allen Staaten, die den Vertrag ratifiziert haben. Und natürlich darauf, dass keine Diskriminierung aus religiösen Gründen stattfinden darf. Und das deckt eigentlich alles ab, was verlangt werden kann. Ein Neutralitätsgebot fügt meines Erachtens hier nicht mehr dazu. Ein Problem habe ich allerdings, dass Sie es sozusagen *ersetzen* wollen mit Toleranz. Toleranz ist auch kein verfassungsrechtlicher Begriff, genauso wenig wie Neutralität. Er bedeutet auch nicht mehr, als dass man die eingegangenen Verpflichtungen respektiert, nämlich die Religionsfreiheit der Anderen und von Diskriminierung absieht. Insoweit meine ich, dass wir mit diesen Grundrechten, wie sie geschrieben sind und wie sie von allen zu beachten sind, durchaus auskommen: ohne Neutralität und ohne Toleranz.

Tonio Klein: „Ich hab hier bloß ein Amt und keine Meinung", ließ Friedrich Schiller bekanntermaßen schon eine Figur in einem Drama sagen. Herr Droege, Sie haben es angesprochen, haben auf die Tradition der Beamtenpflichten, das Beamtenethos des Grundsatzes der Neutralität und Unparteilichkeit hingewiesen. So neu ist das also nicht und es ist auch meines Erachtens nach wie vor wichtig. Ich habe doch, Herr Müller, große Bedenken mit dem Ansatz, zu sagen: Wenn wir ein Ideal nicht zu 100 Prozent erreichen können, dann können wir es auch lassen. Als Ideal hat das meines Erachtens nach wie vor seinen Wert. Ich gebe Ihnen allerdings recht, dass das Neutralitätsgebot nicht ein Wert an sich ist. Und da wäre ich dann wieder bei Ihnen, Herr Droege, dass man es individualrechtlich, grundrechtlich fundieren sollte, allerdings nicht gleich aufgeben sollte. Wozu führt das? Ich bin noch am Nachdenken. Mein spontaner Befund ist, dass wir mehr religiöse Neutralität brauchen, weniger politische Neutralität. Aber bin ich da eigentlich – pardon the pun – neutral? Was sind die Gründe dafür? Zum einen müssen wir natürlich trennen, das ist angeklungen, zwischen rechtsverbindlichem, hoheitlichem Handeln und Äußerungen. Da müssen wir bei Äußerungen immer genau schauen. Inwieweit kann das eigentlich einen Grundrechtseingriff darstellen? Und da sehe ich auch, wie einige Vorredner, die Maßstäbe des Bundesverfassungsgerichts bei der politischen Neutralität als mittlerweile zu streng, wo sich längst der Meinungsaustausch auf die sogenannten sozialen Medien verlagert hat, wo jedermann alles sagen kann, wo auch ein Grundvertrauen nach dem Motto „was der Staat sagt, das wird schon stimmen" längst erodiert ist. Da werden Äußerungen häufiger an Einzelpersonen festgemacht, selbst wenn die sich, der Merkel-Fall ist angesprochen worden, möglicherweise in ihrer Funktion als Amts- und Mandatsträger äußern.

Ein bisschen anders sehe ich das bei der Religion. Ich wäre da auch wieder bei Herrn Morlok, dass die Tradition in westdeutschen Großstädten und nahezu insgesamt in Ostdeutschland längst weggebrochen ist. Ich habe auch, Herr Müller, ein Problem damit, wenn das Jüdische und Christliche in einem Atemzug genannt wird. Viel über jüdisches Leben und jüdische Gebräuche, jüdischen Alltag, jüdische Traditionen wissen wir doch eigentlich gar nicht mehr. Gleichwohl scheint mir die Überwindung oder diese Verlagerung des Religiösen ins Private noch nicht so weit vollzogen, wie Sie das sehen. Ich habe selbst glaubhaft bekundet bekommen von einem ehemaligen Landtagsabgeordneten, dass da ein erheblicher Druck ausgeübt wird, wenn die Fraktionen gefälligst geschlossen zu einem Gedenk- oder Feiergottesdienst anzutreten haben. Und letzte Bemerkung: Bei der Religion kann es leichter in rechtsverbindliche Aussagen umschlagen, wie man gesehen hat bei der Sterbehilfeentscheidung, wo es das Bundesverfassungsgericht abgewehrt hat. Wie man es aber auch sieht bei Entscheidungen zu kopftuchtragenden Referendarinnen, wo dann meines Erachtens leider die gefühlte Gefahr einer Friedensstörung doch durchgeschlagen hat, was sie nicht hätte tun sollen. Vielen Dank.

Robert Uerpmann-Wittzack: Ich fand beide Vorträge ausgesprochen spannend, gerade auch in den Parallelen und Unterschieden. Die Parallelen scheinen mir in der Diagnose zu liegen, und zwar einerseits, wenn ich Sie richtig verstanden habe, dass Sie beide ein kohärentes Neutralitätsprinzip nicht sehen und sich auch beide weitgehend einig sind, dass die strikte Trennbarkeit von Amt und Person eine unhaltbare Fiktion ist. Die Unterschiede hingegen scheinen mir in den Antworten zu liegen. Sie, Herr Müller, haben an die Stelle des einen nicht brauchbaren Prinzips ein anderes Prinzip gesetzt, während bei Ihnen, Herr Droege, an die Stelle eines übergreifenden Prinzips, jedenfalls eines mit normativem, aussagekräftigem Gehalt, Einzelregelungen getreten sind: einzelne Verfassungsbestimmungen und eine legislative Konkretisierung. Nun ist für mich die Frage, welches der richtige Weg ist, ob wirklich zwingend das eine Thema die eine Lösung nahelegt und das andere die andere, oder ob man in beiden Fällen mit einem Toleranzprinzip arbeiten kann und sollte oder umgekehrt, ob man auch im Religionsverfassungsrecht besser Abschied nimmt von einem übergreifenden Prinzip. Übrigbleiben würden dann im Wesentlichen wohl Religionsfreiheit und religiöse Gleichheit. Vielen Dank!

Hinnerk Wißmann: Man kann sicher sagen: Wir haben zwei ganz unterschiedliche Referate gehört, mit unterschiedlichen Zugriffen und Perspektiven. Michael Droege hat sich der Komplexität eines in der Tat schwer zu greifenden Großbegriffs der Verfassungsdogmatik gestellt und Distanzen ausgemessen, Relationen angeboten. Also wenn man so will, ist er einen gewissen Pfad weitergegangen. Herr Müller, Sie haben neue Wege angekündigt und Quantensprünge. Und wer das tut, geht natürlich immer ins Risiko, dass er das dann auch überzeugend einlösen muss. Um es vornehm zu sagen: Ich habe Zweifel. Ich möchte mich auf zwei Punkte konzentrieren. Zum einen zu Ihren normativen Annahmen: Sie haben im Grunde ein gemeineuropäisches Verfassungsrecht jenseits der Verfassungstexte simuliert. Das Neutralitätsprinzip würde irgendwie überall nicht richtig stehen. Der normative Befund ist ja schon erst mal differenzierter. Also jedenfalls für das Grundgesetz kann man sagen, da steht nun einmal „Es besteht keine Staatskirche" im geltenden Verfassungsrecht. Wir haben die klaren Diskriminierungsverbote wegen religiöser Unterschiede in Artikel 3 Abs. 3 GG, in Artikel 33 GG und das für nicht weiter relevant zu halten, schiene mir doch zunächst die genauere Auseinandersetzung mit dem Textbefund zu verlangen. Kurz gesagt: Ich halte es für einen methodischen Pappkameraden, wenn Sie sagen, das Neutralitätsgebot wäre jedenfalls keine klare Rechtsregel und deswegen wäre es im Grunde kein Recht. Es gibt eben schon auch Rechtsprinzipien, die sich aus Zusammenschau, aus Teileelementen zusammensetzen, die sich erst aus dogmatischer Konstruktion ergeben. Das ist eigentlich ja auch die Aufgabe der Verfassungsrechtswissenschaft. Man könnte dafür zum Beispiel die Parameter von Herrn Droege einsetzen.

Ein zweiter Pappkamerad scheint mir die christlich-abendländische Prägung zu sein, die uns nach Ihrer Auffassung praktisch vorverfassungsrechtlich unentrinnbar aufgegeben ist, aufgrund geografischer Fügung. Der Bundestags-Wahlkreis 275 hier in Mannheim, ich habe gerade noch mal nachgeguckt, ist vor wenigen Tagen gewonnen worden von Frau Isabel Cademartori, 1988 in der DDR geboren, Vater Flüchtling aus kommunistischer Familie aus Chile, nach Ostdeutschland emigriert. Auf Platz 2 steht Frau Melis Sekmen von den Grünen. Ich vermute bei beiden ganz stark, dass sie sich der christlich-abendländischen Prägung jedenfalls nicht unmittelbar in der Weise, die Sie unterstellen, unterworfen gefühlt haben. Um es klar zu sagen: Ich halte das neue, alte Toleranzprinzip, das Sie anbieten, für brandgefährlich, weil das ein „die" und ein „wir" unterstellt, eine Zumessung von Freiheit der Anderen, während es die Hiesigen gibt, die abendländisch großzügig diese Freiheit zuteilen. Ich würde gerne daran festhalten: Wir brauchen weiter die prozedurale Anstrengung, dass sowohl christliche wie muslimische wie atheistische Lehrer mit christlichen wie muslimischen wie atheistischen Schülern umgehen müssen und dass man die Komplexität der Gleichzeitigkeit von Glauben und republikanischer Haltung nicht in bloßer Toleranz auflösen kann. Danke!

Christoph Engel: Impossibilium nulla est obligatio. Diesem Müller'schen Unmöglichkeitstheorem möchte ich nachgehen. Sind wir wirklich Gefangene unserer Sozialisation? Ihr Hauptargument war: Fast alle Entscheidungen werden intuitiv getroffen. Stimmt. Allerdings könnte ich mir die Reaktion einfach machen und sagen: Wir haben aber die Möglichkeit, unsere Intuition bewusst zu überspielen. So einfach möchte ich es mir jedoch nicht machen, weil wir auch die Fähigkeit haben, intuitiv getroffene Entscheidungen bewusst ganz anders zu rekonstruieren. Also im ersten Schritt würde ich sagen, Sie haben einen Punkt. Es könnte sein, dass wir intuitiv vorgeprägt sind und hinterher dann Neutralität darüber tünchen.

Wie ist es aber mit der Offenheit unserer Intuition für exogene normative Anforderungen bestellt? Was wir über den Mechanismus von Intuition wissen, scheint Ihre Sorge zu stützen. Was unser Kopf macht, wenn wir intuitiv entscheiden, nennen die Psychologen „parallel constraint satisfaction". Man kann es auch ganz simpel sagen: Unser Kopf macht die Fakten passend zu dem, was er entscheiden will. Nachdem er entschieden hat, glaubt er an eine andere Wirklichkeit als die Wirklichkeit, die man ihm entgegengehalten hat, als er das Entscheidungsproblem bekommen hat. Das hat uns so unruhig gemacht, dass wir es ins Labor gebracht haben. Im Labor haben wir die Beweismaßinstruktion manipuliert. Der einen Gruppe von Teilnehmern haben wir die Instruktion „beyond a reasonable doubt" gegeben, der anderen Gruppe die Instruktion „preponderance of the evidence". Unsere Erwartung war: Der Mechanismus, der dahinter liegt, ist so stark, dass wir keine Unterschiede finden werden. Das Ergebnis war erfreulicherweise anders. Wenn wir den Teilnehmern „beyond a reasonable doubt" gegeben haben, haben sie ganz anders entschieden, als wenn wir ihnen die andere Beweismaßinstruktion gegeben haben.

Wir haben noch ein zweites Experiment gemacht, das noch näher an die Frage herankommt, die sie interessiert: welchen verhaltenslenkenden Effekt hat es, wenn ich weiß, mir ist ein Amt anvertraut? Das haben wir völlig zufällig zugeordnet. Wir haben einzelnen Teilnehmern im Labor gesagt: Du bist Amtswalter und da drüben sind die, die Du regieren sollst. Aber wenn Du das gut machst, wird es teuer für dich. Wir haben also alles gemacht, um gegen den Effekt zu arbeiten. Tatsächlich haben unsere Amtswalter ihre Aufgabe aber ganz wunderbar erfüllt. Ich würde deshalb sagen: Psychologische Unmöglichkeit ist jedenfalls kein Grund, um mit der regulativen Idee der religiösen Neutralität zu brechen.

Michael Fehling: Nach den vielen kritischen Äußerungen zum Referat von Herrn Müller möchte ich zunächst vorausschicken, dass der Vortrag doch extrem „thought provoking" war und dazu geführt hat, dass wir die Dinge noch einmal neu überdenken. Eigentlich wünsche ich mir so etwas hier noch viel häufiger. In der Sache muss ich dann allerdings doch die Kritik noch ein Stück variieren und zwar noch etwas stärker auf die methodische Ebene blickend. Ich habe den Eindruck, dass Sie, lieber Herr Müller, in manchen klugen Ansätzen doch nicht ganz konsequent waren. Beim Begriff der Neutralität haben Sie zunächst angemerkt, dabei dürfe oder solle sich das Rechtsverständnis nicht zu sehr vom Alltagsverständnis entfernen. Demgegenüber scheinen Sie mir Ihren Begriff der Toleranz dann doch sehr viel stärker aufgeladen zu haben, als er im Alltagsverständnis gebraucht wird. Denn da auch Sie von den Diskriminierungsverboten in Artikel 3 Abs. 3 des Grundgesetzes und ähnlichem natürlich nicht wegwollen, müssen Sie Toleranz extensiv im Sinne von Gleichbehandlung interpretieren, was aber dieser Begriff historisch und auch alltagssprachlich eigentlich gar nicht hergibt.

Mein zweiter Punkt knüpft an Herrn Engel an, der ja gerade zur Bedeutung von Sozialisation, von psychologischen Effekten usw. gesprochen hat. Sie haben völlig zu Recht darauf hingewiesen, dass es für einen staatlichen Funktionsträger auch psychologisch schwierig ist, verschiedene Rollen zu unterscheiden. Aber wir müssen doch auch auf die psychologischen Effekte bei den Adressaten schauen. Was ist mit Personen, die aus anderen Kulturen zu uns gekommen sind? Müssen die sich nicht bei einem reinen Toleranzkonzept doch eher als Bürger zweiter Klasse vorkommen? Wie soll Integration im engeren Sinne (von Migranten) oder auch im übergreifenden staatstheoretischen Sinne gelingen, wenn, wie Hinnerk Wißmann betont hat, letztlich doch „wir" und „die" gegenübergestellt sind?

Last but not least eine kurze Anknüpfung an den gestrigen Beitrag von Herrn Grimm. Kapitulieren Sie nicht doch zu sehr vor einer vermeintlichen normativen Kraft des Faktischen? Nach dem Motto: Es ist einfach schwierig, seine Vorurteile, sein Vorverständnis zu überwinden, dann sollen wir es auch gar nicht erst verlangen? Nach meinem Verständnis liegt gerade den Diskriminierungsverboten in Artikel 3 Abs. 3 des Grundgesetzes ein anderes, emanzipatorisches Konzept zugrunde, nämlich weg von alten Vorverständnissen, die den Boden für Diskriminierungen zu bereiten drohen. Nur wenn wir unsere Prägungen überdenken, können wir zu mehr Gleichbehandlung kommen. Vielen Dank!

Felix Hanschmann: Ich will mir nicht den Satz einhandeln, es sei schon alles gesagt, aber noch nicht von mir. Deshalb muss ich jetzt aufpassen. Ich würde mich erst einmal Stefan Huster, Hinnerk Wißmann und Michael Fehling anschließen, aber ich muss, um den Satz zu umgehen, dann natürlich noch etwas ergänzen. Zu Ihnen, Herr Müller, ich glaube tatsächlich, dass es eine Verwechslung von Ebenen ist. Sie haben zwei Stränge. Einmal so eine Art psychologische Anthropologie, die grundsätzliche Zweifel gegenüber Anthropologien im Recht nicht berücksichtigt. Aber auch religionssoziologisch würde ich die These, dass der Mensch per se ein transzendentes Wesen mit einem entsprechenden Bedürfnis ist, in Zweifel ziehen. Zumindest für Deutschland, Österreich und die Schweiz, die Länder unserer Vereinigung, wenn man das religionssoziologisch betrachtet, bei aller

Widersprüchlichkeit der Analysen. Zu dem zweiten Strang hat Stefan Huster gesagt: Na ja, die historische Prägung durch Religion. In der Tat würde ich auch sagen, das ist trivial. Daraus folgt ja normativ noch nichts. Meine Ergänzung wäre jetzt, wenn man sich die Schule anschaut und dazu fühle ich mich berechtigt, weil Sie in Ihren Thesen am Ende über gesellschaftliche Lernprozesse schreiben, dann können wir da jedenfalls für Deutschland beobachten, dass man auf der einen Seite versucht, konfessionelle Zeichen, Symbole oder Bekenntnisinhalte umzuwandeln, umzuetikettieren, eben in kulturelle Prägung. Das sind, wie ich finde, durchschaubare Manöver zur Privilegierung einer bestimmten Religion und zwar bis hin zum Kreuz. Da müsste jeder Christ eigentlich aufstehen bei diesen Umetikettierungen und dagegen Sturm laufen. Wenn das auf der einen Seite passiert – und Neutralität hat immer einen starken Bezug zu Integration und Schule hat einen sehr starken Bezug zur Integration – und die andere Seite ist, dass wir Symbole, Kleidungsstücke und Inhalte anderer Religionen – ich würde auch sagen, das Judentum haben sie zwar immer mitgenannt, das taucht aber eigentlich nicht auf – aus der Schule raushalten und uns eben nicht an strikte Gleichbehandlung halten, bis hin zu Gesetzgebern beispielsweise in Hessen, die ganz offen Abendlandklauseln ins Gesetz reinschreiben, dann frage ich mich tatsächlich, was ist mit den Kindern, die atheistisch sind oder nicht der christlichen oder der jüdischen Religion angehören? Was für Erfahrungen machen die in der Schule? Und an die komme ich wahrscheinlich über Artikel 3 Abs. 3 GG nicht wirklich heran und dann bleibt mir nur – und dann können wir darüber reden, wie wir das nennen – Neutralität. Toleranz halte ich auch für gefährlich, aber das bleibt doch ein extrem gefährlicher Effekt als Folge Ihres Konzepts. Vielen Dank!

Claus Dieter Classen: Meine Damen und Herren, auch ich kann in vielen Punkten anschließen an das, was meine Vorredner gesagt haben. Neutralität mag missverständlich sein, aber es gibt doch auch Art. 137 Abs.1 WRV. Toleranz ist dagegen, glaube ich, doch etwas anderes. Empirisch sind die Prämissen der Thesen von Herrn Müller falsch. Auch in Greifswald kann man das sehr gut beobachten. Ich weiß auch nicht, wie man normativ die Dinge fruchtbar machen soll. In einem demokratischen Staat müssen doch die Grundlagen der staatlichen Identität auch einmal in Frage gestellt werden, sie müssen ggf. auch anders definiert werden können. Und spätestens dann zeigt sich, dass der Rückgriff auf ein „Bekenntnis zur jüdisch-christlichen Identität" (These 23) als rechtliches Konzept nicht wirklich funktioniert. Gleiches gilt, wenn man sich die Grundrechte anguckt. Art. 1 Abs. 2 GG stellt diese ja auch in einen internationalen Kontext. Und zumindest für diese internationale Ebene kann man sicherlich sagen, dass insoweit ein Anerkenntnis einer jüdisch-christlichen Identität sicherlich keine praktische Relevanz entfalten kann. Von daher habe ich damit konkrete Probleme. Natürlich gibt es im Grundgesetz einzelne Punkte, die für eine solche Identität sprechen, Stichwort Sonntag, Stichwort Eidesformel usw. Da merkt man, dass da eine Prägung da ist. Diese ist aber heute nicht mehr in gleicher Weise relevant. Und spätestens dann, wenn es praktisch wird, muss man sich doch die Frage stellen, wie man damit umgehen soll. Kann der Staat seine Rolle als Heimstatt aller Bürger wahren? Muss er da nicht offener sein? Ein ganz konkretes Beispiel: Beim Eid für die ehrenamtlichen Richter enthält das deutsche Richtergesetz eine Formulierung, die auch die Anrufung anderer religiöser Autoritäten erlaubt. Bei dem Eid für die Berufsrichter aber ist das bisher nicht vorgesehen. Da muss man einfach sagen: Okay, da haben wir eine Tradition, aber das kann eigentlich nicht so bleiben. Von daher kommt man, glaube ich, mit dem im Referat gewählten Ansatz in Schwierigkeiten. Die Integration, die der Staat leisten muss, kann er mit Toleranz, die – es ist schon mehrfach angesprochen worden – die Unterscheidung von „die" und „wir" mit sich bringt, eben nicht leisten. Wenn Sie also die Neutralität als Konzept ablehnen, dann kann man das nachvollziehen, aber das, was Sie als Alternative angeboten haben, schafft noch mehr Probleme. Vielen Dank.

Ute Sacksofsky: Es wird niemanden überraschen, dass ich auch zu denen gehöre, die nicht ganz überzeugt sind von der Grundthese von Herrn Müller – so schön er sie auch vorgetragen hat. Mein Einspruch bezieht sich in manchem auf Punkte, die Kollegen bereits angesprochen haben; hierzu kann ich ganz kurz bleiben. Ich möchte aber drei Punkte verdeutlichen. Das erste ist, dass ich Herrn Müller im Ausgangspunkt vollkommen darin zustimme, dass – wie die Psychologie zeigt – wir geprägt sind und dementsprechend handeln. Die Frage ist aber, ob wir damit auf das Ideal, dass man seine Prägungen reflektieren muss, verzichten können. Herr Engel hat ja sehr schön gezeigt, dass dieses Ideal auch empirisch eine Rolle spielt: Die Anforderung an den Einzelnen über seine Prägungen, Motive und Handlungen zu reflektieren, möchte ich nicht aufgeben. Ich möchte nicht, dass der katholische Richter über Schwangerschaftsabbruch *schlicht* nach seiner religiösen Überzeugung entscheidet. Das zweite ist, dass Sie die historische Ausrichtung des Neutralitätsgebots übersehen oder jedenfalls nicht hinreichend gewichtet haben. Historisch ging es nämlich um das Zurückdrängen christlicher Privilegien. Es geht, wie schon betont wurde um den Verfassungsartikel „Es besteht keine Staatskirche mehr". Dessen entscheidender Gehalt sind das Bekenntnis- und das Identifikationsverbot. Sehen wir uns die Geschichte der Bundesrepublik – die Geschichte der Schweiz kenne ich nicht so gut – an, dann zeigen die frühen Entscheidungen des Bundesverfassungsgerichts sehr deutlich, wie weit wir damals von religiöser Neutralität entfernt waren, beispielsweise in den Entscheidungen über das Kreuz im Gerichtssaal oder das Schulgebet. Diese zentrale Stoßrichtung dürfen wir nicht aufgeben, zumal, es ist ja schon daran erinnert worden, auch Landesgesetzgeber vor nicht allzu langer Zeit versuchten, christliche Symbole zu privilegieren. Das dritte ist – auch das ist schon hervorgehoben worden – und ich kann es nur noch einmal betonen, wie wichtig es ist, dass Toleranz die Unterscheidung von „wir" und „andere" mit sich bringt, und damit ausgrenzenden und diskriminierenden Charakter hat. Deshalb: Mir liegt nicht so viel an der Benennung als Neutralität – ich würde sie nicht gern aufgeben, aber mir liegt nicht viel daran – aber woran mir liegt, ist, dass ich es für grundfalsch halte und da würde ich auch Herrn Klein widersprechen, dass man Freiheit in religiösen Fragen ohne Gleichheit denken kann. Es ist kein Zufall, dass das Bundesverfassungsgericht die Anforderung der strikten Gleichbehandlung der Religionen aus der Glaubens*freiheit* abgeleitet hat. Vollkommen zu Recht, weil Freiheit ohne Gleichbehandlung nicht real sein kann. Die Vorstellung, dass die Nonne im Habit unterrichten darf und die Lehrerinnen mit Kopftuch nicht, ist mir aus gleichheitsrechtlichen Gründen ein Graus. Und deshalb meine ich, dass man Religionsfreiheit nicht ohne die gleichheitsrechtliche Seite denken darf. Vielen Dank.

Horst Dreier: Herr Müller, Sie haben Ihr Zerstörungswerk so charmant präsentiert, dass ich kurze Zeit in der Versuchung war, dem zu folgen, aber wirklich nur kurze Zeit. Es ist schon viel gesagt worden, worauf ich mich jetzt ganz pauschal beziehen kann: Die Differenz von Genese und Geltung ist ganz wichtig, auch der Sein-Sollen Dualismus und die Möglichkeit der Überwindung der inneren Vorprägungen. Ich habe noch zwei andere Punkte.

Der eine ist: Sie haben am Anfang Ihres Referats ziemlich großen Wert auf den Umstand gelegt, dass sich die Neutralität nicht im Verfassungstext findet, und haben daraus Ihre Schlussfolgerungen gezogen. Aber nicht alle Verfassungsbegriffe sind auch Verfassungstextbegriffe. Das kann man bei der Repräsentation ganz schön zeigen. Die steht auch nicht im Grundgesetz, und auch das Wort repräsentativ steht da nicht. Und trotzdem sind Repräsentation und repräsentative Demokratie ideengeschichtlich, auch verfassungstheoretisch und verfassungsdogmatisch sehr valide Begriffe, sodass es wirklich kein starkes Argument ist, dass man das Wort „Neutralität" nicht in der Verfassung findet. Die Sache selbst findet man dann in den schon genannten Normen. Und diese Sache lässt sich eigentlich ganz leicht – also die Sache staatlicher Neutralität, die mir vielleicht noch wichtiger ist als Frau Sacksofsky – in drei Ebenen ausdifferenzieren. Die eine Ebene ist die Freiheitsperspektive oder die freiheitsrechtliche Richtung, also die Religionsfreiheit; zweitens ist die gleichheitsrechtliche Stoßrichtung ganz wichtig und drittens die Institutionelle: „Es besteht keine Staatskirche." Wenn es darauf nicht ankäme und wir sozusagen alles aus der Religionsfreiheit ableiten könnten, wie einige gemeint haben, dann hätten wir den Rechtszustand von 1900. Ja, da gab es die Religionsfreiheit schon sehr weitgehend. Aber es gab noch das landesherrliche Kirchenregiment und ein paar andere Dinge, deren Überwindung wichtig ist.

Mein zweiter Punkt betrifft die Differenz zwischen weltanschaulicher-religiöser Neutralität und Wertneutralität. Dass das Grundgesetz nicht wertneutral ist und nicht sein kann, ist völlig klar. Aber die religiös-weltanschauliche Neutralität ist eben nicht identisch mit der Wertneutralität. Das Grundgesetz ist nicht wertneutral, weil es Menschenrechte, Grundrechte, Rechtsstaat, Demokratie garantiert. Aber das ganze institutionelle Ensemble des freiheitlichen Verfassungsstaates dient doch letztlich nur dazu, dem Einzelnen zu ermöglichen, seinem Leben seinen spezifischen Sinn zu geben. Da muss sich der Staat heraushalten und religiös-weltanschaulich neutral bleiben. Das ist der nicht-staatliche Sinn staatlicher Organisation, um meinen akademischen Lehrer zu zitieren. Darauf muss man, glaube ich, unbedingt achten. Und mein allerletzter Punkt, zielt auf die innere Logik Ihres Referats. Sie sagen: Neutralität geht nicht, wegen der Vorprägungen eines jeden Menschen. Stattdessen postulieren Sie Toleranz. Und bei der Toleranz sagen Sie: daraus können wir eine individuelle Pflicht machen. Das hat sich mir in der Logik nicht erschlossen, denn warum sollten wir aus der Neutralität nicht auch eine Pflicht machen können? Danke!

Matthias Mahlmann: Ich möchte eine Frage stellen zur Möglichkeit einer wertneutralen Begründung der Wertneutralität. Sowohl Herr Droege als auch Herr Müller haben angesprochen, dass diese Wertneutralität nicht existiere, dass der Verfassungsstaat Partei sei. Markus, Du hast aufgeworfen, dass spezifische normative Wurzeln dieser Wertneutralität existierten. Wie gerade noch einmal betont wurde, ist der sozusagen axiologische Grund von Neutralität ja offensichtlich nicht selbst neutral, sondern verweist auf Freiheit, Gleichheit, sicherlich auch auf so etwas wie den Respekt vor der Individualität von Personen. Und auch erkenntnistheoretisch ist die Neutralität des Verfassungsstaates kein Ausdruck von axiologischem Agnostizismus. Dahinter steht, so meine ich, jedenfalls eine Tradition der Aufklärung, die darauf vertraut, dass innerweltliche Reflexion wesentliche Rechtswerte begründen kann. Dies ist nicht nur das Begründungsprogramm der Aufklärung, sondern auch das Begründungsprogramm anderer Epochen. Man denke an Grotius' „etiamsi daremus": wagen wir zu denken, dass Gott nicht existiert. Damit wird der Versuch unternommen, jenseits von religiösen Orientierungen einen gemeinsamen Grund für Rechtsprinzipien zu entwickeln. Meine Frage an beide lautet: Ist dieses Begründungsprogramm der Moderne überholt?

Axel Tschentscher: An Markus Müller habe ich eine Nachfrage zum Rechtsbegriff der Neutralität in der Schweiz. Du hattest den Begriff analytisch auf das Abseitsstehen bezogen und Deine Beispiele dafür waren einerseits die Bibelgruppe, der man den Raum versagt, und andererseits die Lehrerin, der man das Singen von Weihnachtsliedern verboten hat. Nun ist die Praxis in der Schweiz aber vielfältig. Wir haben in den Kantonen ja eine Anerkennung von jüdischen Gemeinden, von katholischen, reformierten und sogar christkatholischen Gemeinden, die dazu führt, dass der Staat für diese Gemeinden die Kirchensteuer einzieht, also eine Begünstigung dieser Kirchen oder dieser Gemeinden in ihrer Finanzierung. Und wir haben, das kennst Du bei uns im Länggassquartier der Universität, regelmäßig Aktivitäten der Schulen, bei denen die ganze Primarschule einschließlich Lehrerin in die reformierte Kirche zieht und unter dem Weihnachtsbaum Lieder singt. Jetzt gibt es für die Analyse des Neutralitätsbegriffs als Rechtsbegriff zwei Möglichkeiten. Entweder der Rechtsbegriff ist tatsächlich so rigide, wie Deine Beispiele das zeigen. Dann schweben wir in der ständigen Gefahr, dass unsere Kinder zukünftig nicht mehr unter dem Weihnachtsbaum singen können. Oder aber der Rechtsbegriff ist vielleicht nicht ganz so strikt, der Neutralitätsbegriff also auch nicht ganz so problematisch. Das würde dann die Ausgangsthese allerdings etwas schwächen.

Noch ein zweiter Punkt zu Deinen Folgerungen: Ganz zum Schluss war ich überrascht, dass nach Deiner Meinung der Wechsel von der Neutralität zur Toleranz keinen großen Unterschied in der Praxis bedeutet. Nun gehöre ich nicht zu denen, die sagen, Toleranz bedeutet als bloße „Duldung" automatisch Diskriminierung. Aber einen Unterschied, wenn wir das Beispiel der Bibelgruppe nehmen, gibt es doch. Der Bibelgruppe in Deinem Beispiel wird die Aktivität letztlich im öffentlichen Raum versagt und das bedeutet entsprechend, dass man es einer Korangruppe auch versagen müsste, also zweimal negativ bei Gleichbehandlung. Würden wir jetzt die Toleranzvariante nehmen, dann würden wir wohl sagen: Die Bibelgruppe in einem Staat, der sich bewusst jüdisch-christlich fundiert versteht, die kann ja wohl nicht verboten werden. Dann müsste man aber mit dem Begriff der Toleranz konsequenterweise auch die Korangruppe in einem solchen öffentlichen Raum dulden. Das heißt, wir haben zunächst formal wiederum Gleichbehandlung, aber doch einen großen inhaltlichen Unterschied. Ich würde also sowohl das Neutralitätsprinzip als auch das Toleranzprinzip mit einer starken Tendenz zur Gleichbehandlung verbinden. Aber natürlich, was den Spielraum des Staates angeht, mit einem großen Unterschied: Abseitsstehen einerseits und geradezu einen Freipass zur Förderung andererseits.

Michael Goldhammer: Ich würde gerne Herrn Müller zustimmen, in vielem, was er gesagt hat, verbunden mit einer Frage. Zustimmen deshalb, weil doch, vielleicht auch anknüpfend an den Vortrag, den wir gestern gehört haben von Mehrdad Payandeh, wir die These unter den Oberbegriff stellen können: mehr Realismus oder mehr Funktionalität wagen, vielleicht auch mehr Ehrlichkeit. Denn natürlich sind viele der Punkte, die in der Diskussion vom katholischen Richter bis zum Schulunterricht genannt wurden, überzeugend. Aber ich frage mich, ob wir mit diesem Oberbegriff der Neutralität, der diese Widersprüche alle irgendwie auflösen will, weiterkommen. Warum benennen wir nicht eigentlich das, was tatsächlich in der Verfassung steht, nämlich Grundrechte und Freiheitsrechte und eben das Verfahren und die Restriktionen, die wir haben, bis hin zu Mehrheitsentscheidungen und versuchen all diese Probleme in diesen sehr, sehr klaren Verhältnissen zu lösen und eben nicht mit diesem Oberbegriff, den Sie meines Erachtens zu Recht kritisieren. Denn dieser Oberbegriff, dieser aufgeladene Begriff, dieses Postulat, enthält doch letztlich im Grunde enormes wechselseitiges Frustrationspotenzial. Also mir ist es anders formuliert lieber, wenn wir alle irgendwie damit rechnen, dass der katholische Richter auch irgendwie katholisch seine Meinung bilden könnte und das möglicherweise nicht kommuniziert, vielleicht ebenso in anderen Religionen, vielleicht auch im Blick auf eine atheistische Meinungsbildung und so weiter – wir sind plural geworden –, und damit rechnen und damit umgehen und nicht versuchen, mit einem postreligiösen Begriff der Neutralität, sozusagen postulatartig das Problem zu überwinden. Insofern bin ich völlig bei Ihnen und ich würde mich freuen, wenn das sozusagen Schule machen würde, d.h. der Vortrag von Mehrdad Payandeh gestern und Ihr Vortrag unter dem Stichwort „mehr Funktionalität wagen".

Ich würde allerdings die Frage anknüpfen, warum Sie auf halbem Wege stehen bleiben und sagen, wir sollen ein entspanntes Verhältnis entwickeln zur jüdisch-christlichen Prägung. Warum nicht weitergehen und für ein entspanntes Verhältnis letztlich auch zur Polizität solcher Entscheidungen werben, vom Schulunterricht bis hin zu jedem anderen Regelungsproblem, wie Missbrauchsfälle, Hinterhofmoscheen und so weiter. Also, wir haben doch eine ganze Bandbreite von Regelungsproblemen, auf die der Staat in einem Nähe-Distanz-Verhältnis reagiert das sich nicht mit einer Gegenüberstellung von „Staat mit Gott – Staat ohne Gott" lösen lässt, sondern innerhalb der Spielräume, die die Verfassung bereits vorgibt: Also am Ende Freiheitsrechte versus politische Meinungsbildung.

Robert Frau: Es zeigt sich, was für ein großer Gewinn, und wenn ich das so sagen darf, auch was für ein großer Spaß es ist, hier an der Staatsrechtslehre teilhaben zu dürfen. Vielen Dank für die beiden Referate. Ich fand es tatsächlich sehr, sehr anregend. Ich versuche es zuzuspitzen und kurz zu machen. Ich teile die Bedenken, was die Empirie angeht, Herr Müller. Ich selber habe in Berlin gewählt. Einen Kandidaten hatten wir im Wahlkreis, der wenig zu tun hatte mit einer jüdisch-christlichen Prägung seit seiner Jugend. In Brandenburg, wo ich ja Privatdozent bin, ist die Prägung noch schwächer. Da sind es fast 80 Prozent, die keiner christlichen Glaubensgemeinschaft angehören, sondern eher gar nicht religiös sind. Also, ich glaube auch, dass der Befund nicht ganz stimmt. Ich möchte das noch ein bisschen zuspitzen, insbesondere, das, Herr Wißmann, was Sie sagten, wenn ich das darf. Und zwar habe ich mich die ganze Zeit gefragt, Herr Morlok sprach es an in Bezug auf die Judikative, wenn Sie, Herr Müller, einen so globalen Ansatz nehmen und eben Herr Droege, Sie haben sich auf die Exekutive beschränken müssen, deswegen nehme ich Sie da ein bisschen raus.

So einen globalen Ansatz, dass man ein entspanntes Verhältnis zur eigenen Prägung haben soll, ein Anerkennen der eigenen Identität. Der Kandidat in meinem Wahlkreis beispielsweise, der hat eine andere Identität. Und dann schreiben Sie, und darüber bin ich gestolpert, dass die Toleranz sich auszeichnet durch eine Grundhaltung, die den Andersdenkenden nicht nur duldet, sondern ihm mit Respekt und Wertschätzung begegnet. Also erstens, glaube ich, geht es doch um anders Glaubende. Und dann würde ich gerne hervorheben: Der Kollege ist gewählt worden. Der Kollege mit der nicht jüdisch-christlichen Prägung ist gewählt worden und sitzt im Abgeordnetenhaus von Berlin. Das ist nicht der Andere, sondern das ist derjenige, der dann demokratisch legitimiert Entscheidungen trifft und Gesetze mit verabschiedet. Meine konkrete Frage wäre: Wie sehen Sie denn Ihren globalen Ansatz in Bezug auf den Gesetzgeber und auch im Vergleich zu gestern auf den einzelnen Abgeordneten? Muss sich der Kollege, der diese Prägung nicht hat, als Abgeordneter jetzt diese Identität des Staates zuschreiben lassen? Muss er das im Hinterkopf behalten und wie vereinbart man das mit dem freien Mandat der Abgeordneten?

Andrea Edenharter: Lieber Markus, Du fragst in These 5, ob ein Neutralitätsgebot neben dem Diskriminierungsverbot überhaupt einen normativen Mehrwert bringt. Das geht in die Richtung, die Eckart Klein schon erwähnt hat. Die Frage scheint mir sehr berechtigt zu sein und deswegen möchte ich nachfragen, zumal ja der EuGH bei den Fragen nach der Zulässigkeit religiöser Symbole am Arbeitsplatz – Stichwort Kopftuch – gerade von der Antidiskriminierungsrichtlinie ausgeht und diese Fragen primär natürlich nach der Logik des Unionsrechts, nach dem Gleichheitssatz behandelt. Ob sich diese Herangehensweise, auch was aus den internationalen Menschenrechtsabkommen folgt, wie Herr Klein meint, irgendwie in Deinen Ansatz integrieren lässt, das ist die erste Frage dazu. Und meine zweite Frage ist eine kritische Nachfrage. Du hast nämlich gesagt, dass ein Gebot der religiös weltanschaulichen Toleranz gerade nicht zu einer Machtverschiebung zugunsten des Staates führen würde. Ich möchte jetzt hier auf das übergeordnete Tagungsthema zurückkommen. Deine These scheint mir sehr fraglich zu sein. Ist es nicht vielmehr so, dass Dein Toleranzansatz, ich nenne das jetzt mal so, einen aktiveren Staat verlangt? In These 28 schreibst Du, dass das Toleranzgebot als individuelle Grundpflicht auszugestalten sei. Ob man hier wirklich von einer Grundpflicht sprechen muss, das möchte ich an dieser Stelle dahinstehen lassen. Ich glaube, das muss man dogmatisch ausarbeiten, was Du auch gesagt hast. Aber es würde doch zumindest so etwas wie einen Verfassungsauftrag oder vielleicht sogar eine staatliche Schutzpflicht brauchen, um das umzusetzen, um die Toleranz des Einzelnen, die Du hier verlangst und voraussetzt, einzufordern. Und das verlangt meines Erachtens nämlich schon einen aktiveren Staat als die bloße Neutralität dies tut. Daher würde ich hier schon eine Machtverschiebung zugunsten des Staates sehen.

Oliver Lepsius: Es war ja zu erwarten, dass die Thesen von Herrn Müller in diesem Auditorium nicht auf ungeteilte Zustimmung stoßen und deswegen will ich ihm beispringen und das mit der Frage verbinden: Warum haben wir es denn entwickelt? Es ist ja nicht so, dass die weltanschauliche Neutralität in der deutschen Verfassungsgeschichte wie das Repräsentationsprinzip oder das Demokratieprinzip oder das Rechtsstaatsprinzip, Herr Dreier, auf eine ehrwürdige Tradition stößt. Es ist eine neue Entwicklung und zwar eine Entwicklung, die wir den 1960er und 70er Jahren verdanken und die seitdem gepflegt wird, auch als Dokument einer innovativen Interpretationsleistung der deutschen Staatsrechtslehre in Kollaboration mit dem Bundesverfassungsgericht. Das heißt, wir müssen uns fragen: Wozu haben wir es denn entwickelt, was war der Grund dafür? Das ist am Kontext der Entstehungsbedingungen zu beurteilen. In den 1950er und 1960er Jahren sind die normativen Grundwertungen im gesellschaftlich-politischen Leben der Bundesrepublik Deutschland noch nicht durch das Grundgesetz bestimmt worden, wie wir das heute gewöhnt sind, sondern es waren weitgehend Vorstellungen, die religiös konnotiert, sich am Sittengesetz, naturrechtlichen Vorstellungen und ähnlichen Normensystemen orientierten. Der Zweck des Neutralitätsprinzips war es, den Vorrang der Verfassung durchzusetzen als gesellschaftlichen Wertekanon. Und das ging natürlich nur, indem andere konkurrierende Wertordnungen, Normensysteme, das Sittengesetz, Naturrecht nicht demontiert, sondern zurückgewiesen wurden, sozusagen im Sinne einer Zwei-Reiche-Lehre, die dann den Vorrang einer verfassungsrechtlichen Durchstrukturierung gesellschaftlicher Normensysteme ermöglichte.

Deswegen hatte das Neutralitätsprinzip einen emanzipatorischen, aufklärerischen Wert. Das drückte sich vor allen Dingen aus in der Schulpolitik. Die Schulpolitik in den 1950er und 1960er Jahren wurde, das ist natürlich unterschiedlich in den Ländern, in weiten Bereichen durch religiös geprägte Kultusminister determiniert. Das drückte sich auch aus im Frauenbild – heute sagt man Genderfrage. Das Frauenbild und die Geschlechtergleichheit waren in der gesellschaftlichen Wahrnehmung mit religiösen, sittlichen, naturrechtlichen Vorverständnissen belegt. Und wenn man dagegen etwas tun wollte, dann bot das Neutralitätsgebot dafür ein Instrument. Das erklärt, warum wir es über die Grundrechte hinaus entwickelt haben, die flankierend sowieso gelten. Die Frage, die sich jetzt aber für das 21. Jahrhundert stellt, ist, ob die emanzipatorische Relevanz, die das Neutralitätsgebot hatte, sich nicht unter den gesellschaftlichen Bedingungen des 21. Jahrhunderts in ein hinderliches Prinzip entwickelt. Ob sozusagen das Anliegen des Neutralitätsgebots heute nicht besser dadurch verwirklicht wird, dass wir es aufgeben. Beispiele dafür, ganz kurz: Heute beobachten wir Parallelgesellschaften, in denen zum Beispiel die Geschlechterfrage religiös weltanschaulich dezidiert anders beantwortet wird, als wir uns das unter den Normvorgaben des Grundgesetzes erhoffen würden. Wir haben wissenschaftsfeindliche Kreationisten, wir haben Internetweltanschauungen, die hohe Deutungshoheiten über die Wahrnehmung breiter Bevölkerungskreise haben. Transatlantisch sehen wir den Einfluss von Evangelikalen, aber wer sagt denn, dass wir damit nicht auch hier einmal konfrontiert werden?

Christian Walter: Ich habe eine Kurzintervention: Lieber Oliver, ich würde gerne widersprechen. Das Problem liegt nicht in der Dekonstruktion des Neutralitätsprinzips, sondern in seiner Ersetzung durch das Toleranzprinzip und darauf hat sich die Kritik der Kollegen gerichtet. Und das würde ich gerne noch mal unterstreichen, weil es sonst in Deiner Zustimmung verloren gehen könnte. Damit wird nämlich die eine Semantik, die etwas mittransportiert, durch eine andere ersetzt. Und das Plädoyer auf die Normen zu gucken, die dahinterstehen, das unterschreiben wahrscheinlich die meisten. Aber die Semantik, die das Konzept der Toleranz transportiert, ist eine der potenziellen Ausgrenzung, des „Wir" und „die Anderen", eine potenzielle Rechtfertigung für Ungleichbehandlungen. Vielleicht, dass die christlich-abendländischen Symbole in der Schule bleiben dürfen, andere nicht? Das wäre die entscheidende Frage, glaube ich. Dieser hier mitschwingenden Unterstützung für das Toleranzprinzip würde ich gerne deutlich widersprechen und noch einmal alles unterstreichen, was in die entgegengesetzte Richtung gesagt worden ist.

Joachim Lege: Eine ganz kurze Re-Intervention. Ich glaube, es geht um eine Differenzierung und um ein Missverständnis. Es geht Herrn Müller nicht um eine jüdisch-christliche *Identität*, sondern es geht um eine jüdisch-christliche *Prägung* des Staates. Und das ist etwas anderes. Ich sage vielleicht nachher, wenn die Zeit reicht, noch etwas dazu – jedenfalls entkräftet dies aber Ihre Intervention.

Daniel Thym: Vielen Dank, Herr Müller! Ihre Diagnose stimmt auf eine sehr spannende Art und Weise mit der kritischen und auch postkolonialen Migrationsforschung überein, mit der ich zuletzt häufiger zu tun habe. Auch diese betont, dass scheinbar neutrale Regelungen tiefer liegende strukturelle Voreingenommenheiten und Präferenzen der Alteingesessenen wiedergeben können. Begründungsneutralität wird als eine Scheinneutralität entlarvt und ich finde diese Sichtweise spannend und auch erfrischend, ebenso wie Ihren Vortrag heute. Die kritische Theorie verfolgt diese Linie, um die Voreingenommenheiten zu beseitigen. Bei Ihnen bin ich mir über die Zielrichtung nicht ganz sicher. Deswegen eine doppelte Nachfrage, die von einer grundsätzlichen Sympathie getragen ist.

Erstens wurde mehrfach betont, dass Sie in der Empirie mit dem weiten Religionsbegriff nicht abbilden, was jedenfalls im bundesdeutschen Diskurs in der Öffentlichkeit verbreitet ist: eine lebensweltliche Religionsferne. Was Pfingsten ist, wissen die Wenigsten. Und zum Karfreitag sagt selbst das Bundesverfassungsgericht, dass er neben der christlichen Tradition auch der weltlich-sozialen Arbeitsruhe diene. Wenn man diese Annahme teilt, dass die Religion heutzutage in den Hintergrund tritt, muss das Ergebnis jedoch nicht sein, dass man all diejenigen Thesen aufgibt, die Sie heute präsentierten. Stattdessen bestünde eine Alternative darin, dass man zwischen einer breiteren kulturellen Prägung und einer engeren religiösen Prägung unterscheidet. Dieses Umstellen von der Religion auf die Kultur hätte den empirischen Vorteil, dass man feststellen könnte, dass all die von Hinnerk Wißmann erwähnten Bundestagsabgeordneten sehr wohl eine bundesdeutsche kulturelle Prägung erlangt haben.

Außerdem hätte der Rückgriff auf den Kulturbegriff den konzeptuellen Vorteil, dass man in religiöser Hinsicht, so man wollte, an der Neutralität festhält, in kultureller Hinsicht die Neutralität jedoch verabschiedet. Auf dieser Grundlage zweitens: Nicht nur die Psychologie, wie Herr Engel betont, akzentuiert den Wandel, auch die moderne Kulturwissenschaft sagt dasselbe. Individuelle und kollektive Selbstverständnisse sind keine feststehenden Größen, sondern verändern sich, und wie der Staat und die Gesellschaft über Selbstverständnisse sprechen, beeinflusst den Wandel mit. Wenn dem so ist, ist es wichtig, wie wir über Unterschiede und Gemeinsamkeiten sprechen. Es geht nicht darum, zeitlos irgendeine religiöse oder ethno-kulturelle Prägung fortzuschreiben, sondern wie man über den Wandel spricht beeinflusst das Ergebnis mit. Ich glaube, deswegen ist es auch wichtig, dass man im öffentlichen Diskurs nicht die Religion zu sehr in den Vordergrund stellt, weil, das wurde häufiger gesagt, religiöse Toleranz heißt letztlich multikulturelle Versäulung. Das ist jedenfalls nicht mein Verständnis für eine plurale Einwanderungsgesellschaft. Damit will ich in keiner Weise sagen, dass die Grundrichtung ihres Vortrags falsch sein muss, denn man kann in kultureller Hinsicht jenseits von Toleranz zukunftsgewandt und wandlungsfähig mögliche Konvergenzräume betonen oder suchen. Für diese Konvergenzsuche mag es hilfreich sein, weniger von Religion und mehr über Heimat oder Wir-Gefühl zu sprechen, woraus dann eine Grundlage auch für eine neue, zukunftsgewandte Gemeinsamkeit entsteht. Danke!

Ulrich Jan Schröder: Durch die Dramaturgie der Fragen erscheine ich jetzt nicht als Wiederholungstäter, vielen Dank, Herr Lepsius, für diesen Wendepunkt. Ich wollte auch etwas zu dem psychologischen Argument sagen, Herr Müller, das ja nur eines Ihrer Argumente ist. Es sträubt sich in mir etwas dagegen, diese normative Kraft des Psychologischen anzuerkennen. Ihr Argument war ja: Der Mensch hat so eine Grundkonstellation, ein Grundbedürfnis nach Transzendenz. Die Beamten sind Menschen, also lassen wir ihnen das. Zur anthropologischen Grundkonstellation oder Grundkonstruktion mag ja auch so etwas wie Xenophobie gehören oder andere gleichheitswidrige Gefühle, und die können wiederum mit dem Bedürfnis nach Transzendenz zusammenhängen. Wie trennen wir das? Zweitens sind die Amtsträger trotz ihrer menschlichen Präsenz auch Repräsentanten von zwischenmenschlichen Größen. Wieso soll also die menschliche Psyche eigentlich maßgeblich sein für das, was der Beamte tun darf und was er nicht tun darf? Und drittens schließlich haben wir wohl kein eigentliches Bedürfnis nach Recht. Trotzdem haben wir es, und die Beamten sollen das Recht anwenden. Mir scheint doch, dass die Gratwanderung und die Spagate, die man der Neutralität schuldet, unumgänglich sind. Drei positive Gründe möchte ich dafür angeben. Das eine ist die Genese des modernen Staates als ein Vorgang der Säkularisation. Der Staat emanzipiert sich und gleichzeitig – und das ist seine Ambivalenz, das hat Hegel festgestellt – baut er doch als Stabilisierungsfaktor auf einer gewissen religiösen Einheitlichkeit oder religiös motivierten Staatstreue seines Volkes auf. Das hat sich weitgehend verloren. Aber immerhin gibt es in dieser Ambivalenz eine longue durée.

Das zweite ist, dass das Recht des Rechtsstaats den Staat als eine künstliche Konstruktion konzipiert. Der Staat ist eine juristische Person. Wir trennen Amt und Person auch, weil die Macht, die die Personen ausüben, nicht die Macht natürlicher Personen ist, und es wird viel erträglicher, wenn es eben die Macht eines Amtsträgers ist. Wir haben die Begründungsrationalität, die ich nicht als Scheinbegründung verstehen möchte, sondern als eine rationale Rekonstruktion einer möglichen Begründung tatsächlich getroffener Entscheidungen. Auch da ist es erträglicher, mit einer rational rekonstruierten Begründung zu leben, als vielleicht mit den wahren Motiven, die man einer Entscheidung auch unterschieben könnte bzw. die tatsächlich hinter ihr stehen. Und das dritte ist: Was gewinnt man eigentlich dazu, wenn man sich so befreit? Dass auch Amtsträger sich bekennen dürfen, dass der Staat sich stärker bekennen darf zu seiner Kultur, auch in ihrer Verflochtenheit mit Religion und Weltanschauung? Ja, man gewinnt Ungezwungenheit und Kreativitätspotenzial. Ich habe den Begriff nicht mehr in Erinnerung. Aber das sind ja eigentlich Dinge, die der Gesellschaft zustehen. Und der Staat muss die Gesellschaft ermächtigen, wie man so schön sagt, dass sie diese Kreativitätspotenziale erobert. Toleranz als staatliche Haltung bringt die Positionierung in einem Freund-Feind-Schema mit sich. Wenn man staatliche Neutralität preisgibt, dann verliert der Staat etwas. Man kauft sich sozusagen einen Staat ein, von dem ethische Führung erwartet wird. Und das ist in hohem Grade freiheitsgefährdend.

Joachim Lege: Um es kurz zu machen: Herr Müller, ich beginne mit einem Bekenntnis. Sie haben mich völlig überzeugt. Aber dies deshalb, weil ich Sie ganz anders verstanden habe, als die anderen Sie verstanden haben. Ich hatte spontan auf meinen Diskussionsbeitragszettel geschrieben: „Es geht *doch* um eine Machtverschiebung!" Das kann jetzt anschließen an das, was Herr Lepsius gesagt hat. Es geht um eine Machtverschiebung, jedenfalls wenn man vom Machtbegriff Max Webers ausgeht: „Macht ist die Chance, seinen eigenen Willen gegenüber dem Willen jemandes anderen durchzusetzen, *gleich worauf diese Chance beruht*". Und jetzt hat Herr Lepsius völlig zu Recht darauf hingewiesen, dass der Gehorsam gegenüber dem Staat, wenn man das einmal so altertümlich ausdrücken will, gelitten hat durch Parallelgesellschaften, durch religiöse Prägungen einiger gesellschaftlicher Gruppen und so weiter. Und da führt Ihr Ansatz jetzt dazu, wie Sie schweizerisch entspannt gesagt haben, dass man dem etwas Gleichwertiges entgegensetzen kann: das entspannte Bekenntnis zu der eigenen jüdisch-christlichen Prägung, die im Laufe der Geschichte zu einer Säkularisierung geführt hat, die geradezu aus dieser Prägung hervorgegangen ist. Dass man sich zu diesen, wenn man so will, *Tiefenstrukturen* bekennt, zu dieser jüdisch-christlichen *Prägung* – nicht *Identität!* –, genau das verschafft unserer Gesellschaft ein Selbstverständnis, das sich dann auch gegenüber anderen Weltanschauungen, die sich der Macht des Staates entgegenstellen, behaupten kann. So viel zu den Machtverschiebungen.

Zu den Hinweisen auf die DDR: Auch ich arbeite in der ehemaligen DDR. Ich stehe mit vielen gelernten DDR-Bürgern in guten freundschaftlichen Verhältnissen. Wir sind nette Menschen und benehmen uns auch so. Wir sind trotzdem alle davon überzeugt, dass wir im Grunde genommen zutiefst böse sind. Und ich sage dann immer: Das ist die Erbsünde. Das ist die Geschichte von Adam und Eva und wie sie die Tiefenstruktur unserer Gesellschaft prägt. Zu dieser Prägung können wir uns durchaus gemeinsam bekennen, zumal es etwas ist, das es in anderen Religionen – ich bin kein Religionswissenschaftler – wohl nicht gibt. Dies nur als ein kleines Beispiel „aus der DDR". – Vielleicht eins noch: Der Marxismus ist ja auch nur eine Ausprägung der eschatologischen christlich-jüdischen Tradition.

Ein letzter Punkt: Wenn es um den Staat geht, haben Sie irgendwo gesagt: Den gibt's ja eigentlich gar nicht. Und dann haben Sie auf schweizerisch nachgelegt: Nun gut, dann muss man die Pflicht zu Toleranz und Respekt eben auch auf die Bürger übertragen. Das ist mir ganz sympathisch, und ich glaube, darin liegt auch die Brücke, die Herr Dreier vorhin vermisst hat. Vielen Dank.

Michael Droege: Vielen Dank. Meine Damen und Herren! Als Religionsverfassungsrechtler würde ich jetzt gerne Fragen stellen, aber meine Rolle gebietet mir, Antworten zu geben.

Und die erste Antwort knüpft an Herrn Hufen und an die auch von ihm hervorgehobene Unterscheidung zwischen Neutralität als anwendungsorientiertes, verhaltensleitendes Verfassungsgebot und Neutralität als Leitbild an. Diese Unterscheidung ist mir sehr wichtig.

Zunächst zur Neutralität als Verfassungsgebot. Naturwissenschaften und Verfassungsrechtswissenschaft unterscheiden sich darin, dass Naturwissenschaften Naturgesetze beschreiben. Das tun wir nicht. Und auch mein Abschied von der politischen Neutralität als Verfassungsgebot ist natürlich kein Naturgesetz. Wenn wir in die Verfassungsvergleichung hineinschauen, dann finden wir im Gegenteil viele Verfassungen, die entsprechende Gebote der Neutralität kennen. Auffällig ist aber, dass diese Gebote bereichsspezifisch sind. Sie finden sich zum einen insbesondere in Verfassungen in Osteuropa und in postkolonialen Konstellationen. Sie finden sich zum anderen bezogen auf die Judikative, auf Wahlen und auf militärische und polizeiliche Sicherheit. Das scheint mir ein sehr wichtiger Befund zu sein. Neutralitätsgebote, die sich an die Exekutive richten, haben das Leitbild und die Funktion des Staates als Friedensordnung noch stark vor Augen. Nach meinem Eindruck diffundieren sie deshalb ein wenig, je stabiler und entwickelter eine Verfassungsordnung zu sein scheint.

Jene Ordnungen arbeiten dann mit einer Unterscheidung, die auch unserem rechtsanwendungsorientierten Verfassungsgebotsdiskurs zugrunde liegt. Wir haben zu Beginn das Demokratieprinzip, das steuert, wie staatliches Verwaltungspersonal kreiert und sein Handeln legitimiert wird. Aber es verblasst dann für die Tätigkeit des Verwaltungspersonals im Wahlamt – und das halte ich für wenig überzeugend: Die Person kommt als Vertreter einer politischen Überzeugung in ihr Amt. Danach ist das Amt aber plötzlich nur noch Treuhandverhältnis und wird für den Staat als neutrale Rechtsperson ausgeübt. Aber die politische Prägung ist verschwunden und wird rechtsstaatlich neutralisiert. Das erscheint mir etwas merkwürdig zu sein. Ich glaube, wir haben es im Blick auf die aktuelle Konjunktur der politischen Neutralität mit Verschiebungen zwischen Demokratie und Rechtsstaatlichkeit zu tun. Und die Frage ist jetzt, wie man verfassungsdogmatisch damit umgeht.

Die argumentative Abkürzung über Neutralität ist bestenfalls überflüssig, weil wir leistungsfähigere und konkretere verfassungsrechtliche Einzelgewährleistungen haben. Herr Morlok hat das angesprochen und die Verletzung der Chancengleichheit der politischen Parteien angeführt. Diese setzt aber tatsächlich eine Beeinträchtigung von Wettbewerbsverhältnissen voraus, die ganz unterschiedlich begründet werden kann. Legt man zwei Verfassungsgerichtsentscheidungen nebeneinander, dann steht auf der einen Seite eine mit Millionenaufwand betriebene, großflächige Anzeigenkampagne in den 1970er Jahren. Auf der anderen Seite steht Frau Wanka mit einer Ministeriumshomepage, deren kommunikative Reichweite in der Entscheidung des Bundesverfassungsgerichts jedenfalls nicht erörtert wird. Aber Neutralität ermöglicht die Gleichsetzung beider und erlaubt es, sozusagen begründungsfällig zu bleiben. Deswegen würde ich sagen, wir sollten in die Einzelnormen schauen. Dort finden wir verfassungsrechtlich ausdifferenzierte Antworten, auch Antworten für die Beurteilung exekutiven Kommunikationsverhaltens. Im Ausgangspunkt haben wir die – auch von Herrn Klein eingeforderte – grundrechtliche, individualistische Perspektive auf staatliche Kommunikation. Ob die Kriterien, die wir für die Beurteilung, ob ein Eingriff vorliegt, benutzen, tragfähig sind? Die Kommunikationswissenschaft sagt uns jedenfalls, dass Kommunikation immer Handlung ist. Dieser Befund ist grundrechtsdogmatisch mit der verbreiteten Unterscheidung von Akt und Kommunikationshandeln noch nicht hinreichend erfasst. Ich denke nur nicht, dass die Berufung auf Neutralität hier einen wie auch immer gearteten Mehrwert hätte. Im Gegenteil: Sie verunklart.

Der zweite Punkt, den ich klar machen möchte: Dennoch und ungeachtet dieser Untauglichkeit der Neutralität als normativem Verfassungsgebot gibt es Neutralitätsdiskurse, Diskurse um das Leitbild der Neutralität. Und diese Neutralitätsdiskurse, die kann man nicht verabschieden. Zum Ersten, weil sie da sind; und zum Zweiten, weil sie sinnvolle Funktionen erfüllen. In Neutralitätsdiskursen vergewissern wir uns unserer und das Recht sich seiner Grundlagen, seiner Wertegrundlagen. Herr Mahlmann hatte das im Kontext der religiös-weltanschaulichen Neutralität angesprochen. Es offen zu lassen, welche verfassungstheoretische Prämisse in diesen Diskursen verfolgt wird – ob Sie sagen, ich habe eine liberale Staatstheorie, ich folge republikanischen Modellen, ich bin doch eher Kommunitarist –, das ermöglicht Neutralität als Begriff. Wenn Neutralität Normen repräsentiert, kommt es eben entscheidend darauf an, welche Norm wird repräsentiert? Welches Gebot steht hinter der Neutralität? Und da scheint mir dieser Leitbilddiskurs manchmal übergriffig zu sein für den dogmatischen, rechtsanwendungsorientierten Diskurs.

Wenn wir uns den letzteren anschauen, dann kann natürlich auch Neutralität auf Prozesse der Politisierung staatlicher Funktionen reagieren. Der Blick über die Grenze hinaus – und das antwortet auf Herrn Kotzur – zeigt aber, dass diese Diskurse auch mit anderen Begriffen geführt werden können. Der Verfassungsgerichtshof in Wien arbeitet mit dem Begriff der Äquidistanz und verhält sich nicht zur Neutralität. Im Diskurs der Schweizer Kolleginnen und Kollegen wird die Abstimmungsintervention für zulässig gehalten, wenn diese einen sachlichen Beitrag zum offenen Kommunikations- und Meinungsbildungsprozess hat, nicht aber die eigentliche Behördenpropaganda. Auch da finden wir nichts von Neutralität.

Die Begriffe der Neutralität kann man also meiden – und wir finden im Rechtsdiskurs für das Handeln der Exekutive im politischen Prozess dann auch ganz unterschiedliche Antworten. Und in der Tat würde ich sagen, dann ist es Aufgabe des Gesetzgebers, diese normativen Spielräume zu konkretisieren. Wir sollten also nicht von *der* politischen Neutralität der Exekutive sprechen, sondern können allenfalls von *den* Neutralitäten der Exekutive reden. Und die sind dann eben ganz unterschiedlich. Dies gilt nicht nur für die Exekutive, sondern natürlich auch, Kai von Lewinski, für die Judikative. Vor allem judikative Öffentlichkeitsarbeit kann in der Tat ein Problem darstellen und regelungsbedürftig sein. In all diesen Feldern würde ich nur sagen, da hat der Gesetzgeber von Verfassungs wegen große Spielräume und große Freiheiten. Diese in bestimmter Weise auszufüllen, sollte man ihm verfassungsrechtlich, durch die Verfassung als Rahmenordnung des politischen Prozesses, nicht vorgeben.

Ehe Frau Cancik jetzt aufsteht, bedanke ich mich zum Schluss für die Diskussion und freue mich, dass diese zeigt, dass alles und jedes neutral sein mag, aber die Verfassungsrechtswissenschaft jedenfalls nicht.

Markus Müller: Vielen Dank, liebe Kolleginnen und Kollegen! Ich habe den Antrag gestellt, dass ich meine Replik auf nächstes Jahr verschieben kann. Dann könnte ich mir das Ganze noch etwas besser überlegen. Sie werden von mir – ich hoffe es zumindest – nicht erwarten, dass ich jetzt auf alle Fragen eine lupenreine Antwort gebe. Ich bin zum Teil überfordert, das gebe ich gerne zu. Ich werde mir erlauben, etwas chaotisch vorzugehen. Die einzelnen Fragestellenden werden dann irgendwie erahnen: „das war vermutlich meine Frage". Ich versuche Ihnen einfach einige Überlegungen zurückzuspiegeln und Sie sagen mir dann einfach, wenn ich aufhören muss.

Ich beginne bei einer ersten Teilfrage: Die Rechtsprechung funktioniert ja, was wollen wir dann ändern? An sich richtig. Aber wir haben nicht nur die Rechtsprechung, nicht nur die Gerichte, wir haben auch die alltägliche Verwaltungsarbeit. Beispiel: An der Universität Bern organisiert die Universitätsseelsorge Informationstage, sog. „Starting-days", für die Studienanfänger. Jetzt wollten die verantwortlichen Universitätsseelsorger, dass der Prospekt für diese Einführungstage dem allgemeinen Versand von Unterlagen an die Erstsemestrigen beigefügt wird. Da wurde ihnen seitens des Rechtsdienstes mitgeteilt, aus Gründen religiöser Neutralität sei das problematisch. Solches haben wir auch zu gewärtigen. Da sitzt jemand der zwar Recht studiert, aber nicht alle Verfassungskommentare stets präsent hat, und der entscheidet dann, was religiöse Neutralität bedeutet. Wir können nicht von jedem Repräsentanten des Staats erwarten, dass er die differenzierte Rechtsprechung jederzeit im Griff hat. Wir müssen daher Bürgerinnen und Bürger auch vor einer falsch verstandenen Neutralität im Alltag schützen. Das ist mal das Erste. Und dann: Wenn etwas nicht zu 100 Prozent umgesetzt werden kann, soll man es dann abschaffen? Nein, natürlich nicht. Sonst müsste man viele Normen abschaffen. Es geht mir hier vor allem darum, dass man erkennt, dass Neutralität „so tun als ob" ist. Und „so tun als ob" funktioniert auf die Länge nicht, ja wirkt gar kontraproduktiv, gerade auch in der Kommunikation.

Es wurde weiter angemahnt, auch die psychologischen Effekte beim Adressaten oder bei der Adressatin in Betracht zu ziehen. Genau. Stellen Sie sich vor, Sie kommen aus Kabul oder Islamabad und stehen vor irgendeinem staatlichen Funktionär in Österreich, Deutschland oder der Schweiz. Und dieser gibt vor, religiös neutral zu sein. Haben Sie wirklich das Gefühl, der Fremde glaubt das? Selbst wenn der Funktionär tatsächlich neutral wäre, man wird es ihm kaum abnehmen. Den Anschein, den er erweckt, darf man in der Wirkung nicht unterschätzen.

Es war mir ab Anfang klar, wenn man ein Gebäude einzureißen versucht, dann wird das kaum Jubel auslösen. Ebenso klar ist, dass man nach dem Abriss nicht gleich ein neues, perfekt gebautes Gebäude hinstellen kann. Insoweit ist Toleranz als Ersatz für die Neutralität einfach einmal eine Idee. Und zwar gründet diese Idee in meinem Verständnis der Religionsfreiheit. Religionsfreiheit resultierte einst aus der Einsicht, dass religiöse Intoleranz uns nicht weiterbringt. Neutralität war aber nie als Antwort auf Intoleranz gedacht. Sie ist eine Erfindung, eine schiefe Interpretation. Es ist vielmehr Toleranz, die sich aus der Religionsfreiheit ableitet. Wenn gesagt wird: Auch das sei kein verfassungsrechtlicher Begriff. Das ist so. Auch Toleranz findet man nirgends, aber meine These ist ja eben, dass wir Toleranz zum verfassungsrechtlich geschriebenen Begriff machen sollten. Jemand hat gefragt: Ist das wirklich zwingend, dass man jetzt von der Neutralität zur Toleranz geht und dann das ganze Problem an der Toleranz abarbeitet? Nein, das ist nicht zwingend, aber naheliegend. Der Toleranzbegriff regt zum Andersdenken, zum Umdenken an. Toleranz steht für ein aktives Verhalten im Umgang mit Andersdenkenden und -glaubenden, während Neutralität etwas statisch und passiv vor allem die eigene Position ins Zentrum rückt. Ganz dezidiert anderer Meinung bin ich, was das mehrfach vorgetragene Toleranzverständnis angeht. Vielleicht kann man im schriftlichen Referat das dann noch etwas besser nachlesen. Toleranz führt gerade nicht zu einem „wir" und „die anderen". Eben gerade nicht. Das wäre ein verkürztes und gefährliches Verständnis. Wenn ich die goldene Regel der Menschlichkeit zitiere, dann zitiere ich möglicherweise etwas Triviales, gleichzeitig aber auch etwas Zentrales. Die goldene Regel der Menschlichkeit ist nämlich die Basis des richtigen Toleranzverständnisses.

Wenn das Wort Prägung erwähnt und kritisiert wird, so bin ich mir nicht ganz sicher, ob man die Tragweite dieses psychologischen Phänomens ganz richtig erkennt. Prägung, das passiert. Ob die Prägung in der ehemaligen DDR bzw. den neuen Bundesländern heute noch jüdischchristlich ist, darüber kann man mit Fug streiten. Hier hat während 40 Jahren eine durchaus aggressive anti-kirchliche und anti-religiöse Gegenkraft gewirkt und auf gesellschaftlicher und individueller Ebene ihre prägenden Spuren hinterlassen. Es gibt jedoch eine gewisse, ich betone gewisse, Evidenz, wonach selbst in diesen Gebieten die vorgefundene, über Jahrhunderte alte und starke christliche Grundprägung nicht vollends ausgemerzt worden ist.

Und falls sie es doch ist, dann würden die entsprechenden Länderverwaltungen und Länderregierungen deswegen nicht einfach religiös neutral, sondern sie wären dann einfach religiös anders geprägt, z.B. atheistisch. Sie werden jetzt vielleicht erschrecken, aber auch atheistisch ist eine religiöse Prägung. Meine These „Wir sind nicht religiös neutral" würde also weiterhin stimmen. Natürlich könnten und müssten wir uns jetzt noch eine Weile darüber unterhalten, was man unter religiös genau versteht. Ich versuchte es auszuführen. Religiosität ist eine urmenschliche Eigenschaft. Die psychische Grundstruktur jedes Menschen ist religiös. Jeder und Jede beschäftigt sich mit religiösen Fragen, auch die gewählten Volksvertreterinnen und Volksvertreter. Selbst Jürgen Habermas, der sich einmal als religiös unmusikalisch bezeichnet hat, hat bemerkt, dass auch er sich hin und wieder mit diesen religiösen Grundfragen beschäftigt. Jeder und jede von uns lebt in einem stark religiös geprägten Lebensumfeld. Wenn Sie hier rausgehen und mal nach links oder rechts, nach oben oder unten schauen – Literatur, Architektur, Kunst, Musik, Schule, Kindergarten, Kindertagesstätte und so weiter und so weiter. Und diese Prägung wird man weder wegrationalisieren noch wegneutralisieren können. Und wenn gesagt wird, ich möchte nicht einen katholischen Richter, der über Schwangerschaft diskutiert und entscheidet.

Zwischenruf (Ute Sacksofsky): Ich habe „*unreflektiert* entscheidet" gesagt.

Markus Müller: Gut. Unreflektiert. Aber auch die Reflexion nützt ihm wenig, weil seine Prägung, das müssen Sie mir einfach glauben, stärker ist, außer er hat permanent einen Coach bei sich, der ihm sagt: Achtung, aufpassen, jetzt kommt deine katholische Grundhaltung ins Spiel.

Aber auch ein nicht katholischer, etwa ein atheistischer Richter kann gegen Schwangerschaftsabbruch sein. Aber der katholische Richter wird, auch wenn er sich noch so Mühe gibt, von seiner Prägung maßgeblich beeinflusst werden. Die nüchterne Vernunft wird ihm da nur beschränkt weiterhelfen.

Was die Machtverschiebung angeht, so habe ich sie vielleicht etwas vorschnell verneint. Ich wollte eben einfach nicht Macht sagen, wenn der Staat aus der Einsicht heraus agiert „So ist es halt und jetzt versuchen wir aus unserer Prägung das Beste zu machen und auf andere Menschen zuzugehen, nicht passiv neutral, sondern aktiv tolerant". Das führt dann tatsächlich zu mehr staatlicher Aktivität.

Ein letzter Hinweis, etwas salopp, ich gebe es zu. Mir kommt die ganze Diskussion um die religiöse Neutralität und die tausenden von Seiten, die schon dazu geschrieben wurden, etwas vor wie der langsame, aber unvermeidliche Operntod. Es gibt sehr viele davon. Ich weiß nicht, ob Sie sich in der Opernwelt etwas auskennen. Nehmen wir beispielsweise den dritten Akt von Verdi's Rigoletto. Hier liegt die Protagonistin Gilda bereits erstochen in einem Sack und singt dann noch eine ziemliche Weile in den schönsten Tönen ihre Abschiedsarie. Der endgültige Abschied lässt sich aber nicht verhindern. Vielen Dank.

Pascale Cancik: Liebe Kolleginnen und Kollegen, liebe Referenten auf dem Podium, ich glaube, Sie haben es dem Beifall entnommen: Hier gibt es eine Menge an Dankesbedürfnis. Ich bedanke mich für Ihr sehr diszipliniertes und unterstützendes Diskussionsverhalten. Falls sich jemand von mir irgendwie gehetzt gefühlt haben sollte, bitte ich um Nachsicht. Unser ganz besonderer Dank geht aber natürlich an unsere beiden Referenten für die Referate, aber auch für das Aufgreifen dieser sehr lebhaften Diskussion. Wir haben uns jetzt alle ein Mittagessen verdient und ich wünsche Ihnen eine erholsame Mittagspause. Wir freuen uns, Sie dann zum Nachmittag wiederzusehen. Vielen herzlichen Dank!

Vierter Beratungsgegenstand:

1. Prävention durch Verwaltungsrecht: Klimaschutz

Claudio Franzius, Bremen[*]

Inhalt

	Seite
I. Einführung	384
II. Woher kommen wir?	384
1. Prävention	385
2. Architektur des Klimaschutzrechts	386
3. Wandel im Zugriff	387
III. Klimaschutzziele	391
1. Bewirtschaftungsordnung	391
2. Ziele als Instrument des Verwaltungsrechts	393
a) Maßstabsfunktion	394
b) Budgetansatz	395
c) Folgerungen	398
3. Erosion grundlegender Unterscheidungen	400
a) Gefahrenabwehr und Risikovorsorge	400
b) Schutzpflichten und Eingriffsabwehrrechte	402
c) Staat und Markt	404
IV. Klimaschutzmaßnahmen	405
1. Bepreisung	406
2. Mehr Ordnungsrecht wagen?	411
3. Prävention durch Wettbewerb	415
V. Wohin gehen wir?	417
1. Wiederentdeckung der nationalen Ebene	418

---

[*] Mein Dank geht an die Mitglieder der Forschungsstelle für Europäisches Umweltrecht (FEU) in Bremen und die Mitglieder des Kompetenznetzwerks Umweltrecht (KomUR) für Diskussionen und Anregungen, insbesondere an *Gerd Winter* und *Sabine Schlacke* sowie an *Marion Albers, Sigrid Boysen, Michael Fehling* und *Johannes Saurer*. Alle Internetfundstellen sind zuletzt am 2.11.2021 abgerufen worden.

2. Kurzzeitlegitimation und Langzeitverantwortung 421
 3. Rolle der Gerichte 423
VI. Schluss 429

I. Einführung

Die Bekämpfung des Klimawandels ist eine Jahrhundertaufgabe. Anders als die Corona-Krise, von der wir immer noch hoffen, sie ist bald vorbei, gibt es für das Klima keinen Impfstoff. Wir reden vielmehr von Zielen in ferner Zukunft, etwa über „Klimaneutralität" bis 2050 oder früher. Das wirft Fragen auf: Ist die Fixierung auf Ziele sachgerecht? Wie sieht es mit den Maßnahmen aus? Soll auf Anreize oder Verbote gesetzt werden? Und auf welcher „Ebene" sind die Entscheidungen zu treffen?

Ich verstehe die gesetzlichen Ziele im Klimaschutzrecht als ein neues Instrument des Verwaltungsrechts. Sie stoßen Maßnahmen an, sind aber auch ein Maßstab für deren Bewertung. Dabei kommt es zu einer Wiederentdeckung der nationalen Ebene, aber zu keiner Rückkehr des Präventionsstaates. Um das näher zu begründen, müssen wir wissen, woher wir kommen. Dadurch wird deutlicher, wohin uns der Klimaschutz führt.[1]

II. Woher kommen wir?

Der Präventionsgedanke steht für einen Wandel des Verwaltungsrechts, der häufig als Wandel von der Gefahrenabwehr zur Risikovorsorge[2] beschrieben worden ist.[3]

---

[1] Das darf nicht in eine Richtung missverstanden werden, die das geflügelte Wort *Otto Mayers* dahingehend abwandelt, dass Teilgebiete des Verwaltungsrechts vergehen, das Allgemeine Verwaltungsrecht aber besteht. Zum insoweit maßgeblichen Traditionsbestand *Wolfgang Kahl* Wissenschaft, Praxis und Dogmatik im Verwaltungsrecht, 2020, 65 ff. Der Klimaschutz wird das Allgemeine Verwaltungsrecht nicht unbeeinflusst lassen, vgl. unten VI.

[2] Mit der Erfahrung vor Augen, dass lange Zeit linear verlaufende technische Entwicklungen an bestimmten Schwellen nicht-linear in Nachteile und Schäden umschlagen können, wird das herkömmliche Modell der Gefahrenabwehr, das auf einem deterministischen Erklärungsmodell der Welt und einer Auffassung der Zeit als etwas linear Fortschreitendes beruht, zu überwinden versucht. Der Bedeutungszuwachs des Präventionsgedankens im Recht beruht gerade auf der Erkenntnis, dass Umweltproblemen mit den Mitteln des Polizeirechts weder rechtzeitig noch erschöpfend begegnet werden kann, vgl. *Rainer Wahl/Ivo Appel* in: Rainer Wahl (Hrsg.) Prävention und Vorsorge, 1995, 27 ff.

[3] Statt vieler *Udo Di Fabio* Risikoentscheidungen im Rechtsstaat, 1994, 65 ff. Prävention ist jedoch nicht auf das Verwaltungsrecht beschränkt, vgl. *Gerhard Wagner* Prävention und Verhaltenssteuerung durch Privatrecht, AcP 206 (2006), 352 (422 ff.); *Sabine Schlacke*

1. Prävention

So avancierte die Vorsorge zum Zukunftsprinzip des Umweltrechts schlechthin.[4] Es kam zu einer Dreiteilung der Präventionsaufgabe, indem zwischen Maßnahmen der Gefahrenabwehr, der Risikovorsorge und dem Restrisiko unterschieden wurde.[5] Risikovorsorge bedeutet, bei unvollständigem oder unsicherem Wissen über Ausmaß, Wahrscheinlichkeit und Kausalität von Umweltgefahren vorbeugend zu handeln, um diese zu vermeiden.[6] Während sich Schutzmaßnahmen am Gefahrenbegriff orientieren, sind Vorsorgemaßnahmen am Stand der Technik ausgerichtet.[7] Dadurch erhielt das Umweltrecht eine technische Orientierung.

Das Vorsorgeprinzip als Element der Prävention ist im Umweltrecht unbestritten. Übergreifend bestanden aber Zweifel, ob die Vorsorge rechtsstaatlich hinreichend diszipliniert werden kann.[8] Was die einen als „Heuristik der Furcht"[9] für angemessen hielten, nahmen andere zum Anlass, vor

---

Verschränkungen öffentlich-rechtlicher und privatrechtlicher Regime im Verwaltungsrecht, VVDStRL 79 (2020), 169 (200).

[4] *Wahl/Appel* Prävention und Vorsorge (Fn. 2), 72. Eingehend zum Vorsorgeprinzip *Christian Calliess* Rechtsstaat und Umweltstaat, 2001, 153 ff.; *Philippe Sands/Jacqueline Peel* Principles of International Environmental Law, 4. Aufl. 2018, 229 ff.

[5] Unter Rückgriff auf BVerfGE 49, 89 (129) Kalkar und BVerwGE 72, 300 Wyhl *Di Fabio* Risikoentscheidungen (Fn. 3), 69 ff. Heute lässt sich auch die Haftung für Umwelt- und Klimaschäden der Prävention zurechnen.

[6] Ähnlich die Definition des Umweltbundesamts, <https://www.umweltbundesamt.de/vorsorgeprinzip>. Ein Risiko, so fasst *Sabine Schlacke* Umweltrecht, 8. Aufl. 2021, § 3 Rn. 6 die Debatte im Umweltrecht zusammen, besteht „nicht erst bei Überschreiten der Gefahrenschwelle, sondern bereits dann, wenn ein Schadenseintritt (…) möglich erscheint, d.h. wenn er nicht praktisch ausgeschlossen" ist. Zur Herkunft des Prinzips aus der Bewältigung technischer Risiken *Wolfgang Köck* Risikovorsorge als Staatsaufgabe, AöR 121 (1996), 1 (12 ff.).

[7] Vgl. *Frank Petersen* Schutz und Vorsorge, 1993, 116 ff., 191 ff. Dem Unionsrecht ist die kategoriale, bis in den Rechtsschutz reichende Unterscheidung zwischen Gefahrenabwehr und Risikovorsorge fremd, vgl. *Birger Arndt* Das Vorsorgeprinzip im Europäischen Umweltrecht, 2009, 67 ff. Zum Risikoverwaltungsrecht *Arno Scherzberg* Risikosteuerung durch Verwaltungsrecht: Ermöglichung oder Begrenzung von Innovationen?, VVDStRL 63 (2004), 215 (225 ff.); *Liv Jaeckel* Gefahrenabwehrrecht und Risikodogmatik, 2010, 148 ff.

[8] Bestandsaufnahme: *Calliess* Rechtsstaat (Fn. 4), 19 ff. Die Risikoermittlung und Verarbeitung von Ungewissheit wird auf die Exekutive und wissenschaftlichen Sachverstand verlagert, aber „das Vertrauen in sachverständiges Wissen als zentraler Ressource des Risikorechts ist prekär" und wo es prekär sei, infiziere es das Recht, so *Ivo Appel* Grenzen des Risikorechts, in: FS Wahl, 2011, 465 (476). Zur Kritik *Oliver Lepsius* Besitz und Sachherrschaft im öffentlichen Recht, 2002, 480: „Über den Vorsorgegrundsatz konnte (…) die Bindung der Verwaltung an das Gesetz nominell aufrecht erhalten bleiben, während tatsächlich die Eigenständigkeit der Verwaltung zur Gestaltung und Konkretisierung erneuert wurde."

[9] *Hans Jonas* Das Prinzip Verantwortung, 1979, 63. Zur „katechontischen Funktion" des Verwaltungsrechts *Bernhard Schlink* Die Bewältigung der wissenschaftlichen und techni-

dem „entgrenzten" Präventionsstaat zu warnen.[10] Ausgeprägt waren Sorgen vor einer Überforderung des Staates, verbunden mit einer sinkenden Steuerungsfähigkeit des Rechts[11] und einem Machtzuwachs der Exekutive zu Lasten der Parlamente.[12] Diese Debatten verblassten mit der Entwicklung eines zunehmend vielschichtigeren Verwaltungsrechts. Eine Antwort auf die Sorgen vor zu großen Erwartungen an den Staat war das Bemühen um eine Stärkung der „überstaatlichen" Ordnung.[13] Damit sind wir bei der Architektur des Klimaschutzrechts.[14]

2. Architektur des Klimaschutzrechts

Globale Probleme wie der Klimawandel, so die Losung, erfordern globale Problemlösungen, die vom Staat allein nicht zu leisten sind.[15] Das

---

schen Entwicklung durch das Verwaltungsrecht, VVDStRL 48 (1990), 235 (259 ff.); abl. *Michael Kloepfer* Technik und Recht im wechselseitigen Werden, 2002, 99 f.

[10] Vgl. *Erhard Denninger* Der Präventionsstaat, KJ 1988, 1 (3 ff.), demzufolge nicht mehr Rechtssicherheit, sondern Rechtsgütersicherheit maßgeblich sei. Zur Kritik auch *Oliver Lepsius* Risikosteuerung durch Verwaltungsrecht: Ermöglichung oder Begrenzung von Innovationen?, VVDStRL 63 (2004), 264 (307) mit dem Hinweis auf *Dieter Grimm* Die Zukunft der Verfassung, 1991, 197 ff. Für *Di Fabio* Risikoentscheidungen (Fn. 3), 447 habe sich die „Rückkehr des kameralistischen Staatsverständnisses der Allzuständigkeit für gesellschaftliche Entwicklungen" bereits so deutlich abgezeichnet, dass „das Normengehäuse des bürgerlich-liberalen Rechtsstaates als strukturell überfordert" angesehen wurde.

[11] Grundlegend *Dieter Grimm* (Hrsg.) Wachsende Staatsaufgaben – sinkende Steuerungsfähigkeit des Rechts, 1990. Das Verwaltungsrecht verlagerte sich von der Kontrollfunktion zur innovationsfreundlicheren und flexibleren Gestaltungsfunktion, vgl. *Wahl/Appel* Prävention und Vorsorge (Fn. 2), 47.

[12] Vor einem „parlamentszentrierten Steuerungsoptimismus" warnt *Hans-Heinrich Trute* Die demokratische Legitimation der Verwaltung, in: Andreas Voßkuhle/Martin Eifert/Christoph Möllers (Hrsg.) Grundlagen des Verwaltungsrechts (GVwR), Bd. 1, 3. Aufl. 2022, § 9 Rn. 32.

[13] Zum internationalen Verwaltungsrecht *Sigrid Boysen* Prinzipien des internationalen Verwaltungsrechts, in: Wolfgang Kahl/Markus Ludwigs (Hrsg.) Handbuch des Verwaltungsrechts (HVwR), Bd. 2, 2021, § 49 Rn. 2 ff. Ungleich stärker fiel die Hinwendung zum europäischen Verwaltungsrecht aus, statt vieler *Eberhard Schmidt-Aßmann/Bettina Schöndorf-Haubold* (Hrsg.) Der Europäische Verwaltungsverbund, 2005; *Jörg P. Terhechte* (Hrsg.) Verwaltungsrecht der Europäischen Union, 2. Aufl. 2022.

[14] Längerfristige Perspektiven haben in der auf den „Gegenwartsnutzen" zielenden Demokratie einen schweren Stand und die angemahnte prospektive Anpassung an globale Veränderungsprozesse durch Programme einer ganzheitlichen Transformation trifft auf Kritik, vgl. *Klaus F. Gärditz* Zeitprobleme des Umweltrechts, EurUP 2013, 2 (5 ff.); in der Tendenz anders *Michael Kloepfer* Planung und prospektive Rechtswissenschaft, in: FS Hoppe, 2000, 111 (114 ff.). Zur intergenerationellen Gerechtigkeit *Randall S. Abate* Climate Chance and the Voiceless, 2020, 44 ff.

[15] Statt vieler *Christoph M. Schmidt* Das Vernünftige vernünftig tun: Wege zu einer rationalen Energie- und Klimapolitik, in: FS Büdenbender, 2018, 109 ff. Jede Fokussierung ex

wurde in der Verwaltungsrechtswissenschaft insoweit aufgegriffen, als sich das Aufmerksamkeitsinteresse zum europäischen[16] und internationalen Umweltrecht[17] verschob. In Deutschland gehört das Ordnungsrecht zum klassischen Repertoire des Verwaltungsrechts, das sich aber nicht einfach auf das internationale Recht projizieren lässt. Das mussten die Bundesregierung und die Verwaltungsrechtswissenschaft mit Forderungen nach verbindlichen Reduktionsverpflichtungen erfahren. Die Zustimmung zum Kyoto-Protokoll, das für bestimmte Industriestaaten solche Verpflichtungen festlegte, ließ sich nur unter Billigung der Aktivierung von Marktmechanismen erreichen.[18] Von der Europäischen Union wurde diese „Ökonomisierung"[19] mit der Installierung des Emissionshandels aufgegriffen und im deutschen Verwaltungsrecht eher zähneknirschend umgesetzt.[20]

3. Wandel im Zugriff

Das Klimaschutzrecht hat drei Säulen: Klimaschutz („mitigation"), Anpassung an den Klimawandel („adapation")[21] und Haftung für Kli-

---

negativo auf den Staat, von dem aus die überstaatliche Welt gesehen wird, droht Enttäuschungen zu provozieren, weil vom internationalen oder europäischen Recht letztlich eine „staatsanaloge" Steuerung erwartet wird, die sich dann schon wegen der fehlenden Zwangsmittel als defizitär erweisen muss.

[16] Vgl. *Astrid Epiney* Umweltrecht der Europäischen Union, 4. Aufl. 2019; *Klaus Meßerschmidt* Europäisches Umweltrecht, 2011; *Bernhard W. Wegener* Zukunftsfähigkeit des europäischen Umweltrechts, ZUR 2009, 459; *Alexander Proelß* Europäische Energieunion und internationaler Klimaschutz: Konkurrenz oder Konvergenz?, EurUP 2019, 72 (74 ff.).

[17] Vgl. *Sebastian Oberthür* Auf dem Weg zum Weltumweltrecht? Tendenzen und Wirkungen der Verrechtlichung der internationalen Umweltpolitik, in: Bernhard Zangl/Michael Zürn (Hrsg.) Verrechtlichung: Baustein für Global Governance?, 2004, 119; *Astrid Epiney* Gegenstand, Entwicklung, Quellen und Akteure des internationalen Umweltrechts, in: Alexander Proelß (Hrsg.) Internationales Umweltrecht, 1. Aufl. 2017, 1. Abschn. Rn. 2 ff.; krit. zur Ausgestaltung des internationalen Klimaschutzrechts *Gerd Winter* Die institutionelle und instrumentelle Entstaatlichung im Klimaschutzregime: Gestalt, Problemlösungskapazität und Rechtsstaatlichkeit, in: Thomas Giegerich/Alexander Proelß (Hrsg.) Bewahrung des ökologischen Gleichgewichts durch Völker- und Europarecht, 2010, 49 (58 ff.).

[18] *Charlotte Streck* Vertragsgestaltung im Wandel der internationalen Klimapolitik, ZUR 2019, 13 (17 f.).

[19] Vgl. *Guido Wustlich* Ökonomisierung im Umweltrecht, ZUR 2009, 515; krit. *Harald Ginzky/Jörg Rechenberg* Die Ökonomisierung im Umweltrecht – Von der dunklen Seite der Macht!, ZUR 2010, 252.

[20] Zur damaligen Skepsis *Michael Kloepfer* Umweltrecht, 2. Aufl. 1998, § 5 Rn. 305.

[21] Von der Klimaanpassung wird gesagt, sie müsse angesichts der Aussichtslosigkeit eines effektiven Schutzes längst im Vordergrund stehen, prominent *Jonathan Franzen* What if We Stopped Pretending? The New Yorker v. 8.9.2019 als Gegenprogramm zu *Naomi*

maschäden („loss and damage").²² Ich konzentriere mich im Folgenden auf den Schutzaspekt. Hier hat das internationale Klimaschutzrecht einen bemerkenswerten Wandel erfahren. Im Kyoto-Protokoll wurde die Klimarahmenkonvention²³ noch anders ausbuchstabiert als im Pariser Übereinkommen, das an seine Stelle getreten ist.²⁴ Denn das Festhalten an verbindlichen Reduktionsverpflichtungen für wenige Industriestaaten hatte zum Scheitern der internationalen Klimaverhandlungen geführt²⁵ und der „top down"-Ansatz des Kyoto-Protokolls wurde zugunsten eines stärker prozedural konzipierten „bottom up"-Ansatzes im Paris-Abkommen²⁶ aufge-

---

Klein On Fire. The (Burning) Case for a Green New Deal, 2019. Über die Umweltverträglichkeitsprüfung gelangt die Klimafolgenprüfung in die Zulassungsverfahren und Vergleichbares könnte über die Strategische Umweltprüfung für die Umwelt- und Raumplanung aktiviert werden. Aber die Umweltprüfungen sind darauf beschränkt, auf der Basis des verfügbaren Wissens über die Folgen für Mensch und Umwelt aufzuklären. Neues Wissen soll darüber nicht generiert werden, weshalb Klimafolgenmodellierungen nicht verlangt werden können, vgl. *Wolfgang Köck* Risiko im Recht der Klimaanpassung, in: Liv Jaeckel/ Gerold Janssen (Hrsg.) Risikodogmatik im Umwelt- und Technikrecht, 2012, 69 (78). Immerhin steht für die projektbezogene UVP fest, dass der Umweltbericht auch die „Anfälligkeit des Projekts in Bezug auf den (globalen) Klimawandel" zu beschreiben hat, vgl. Anhang V Nr. 5 f zur UVP-RL. Zur strategischen Adaptionsprüfung, um das adaptionsrelevante öffentliche Recht in ein zielorientiertes System zu überführen: *Martin Kment* Anpassung an den Klimawandel, JZ 2010, 62 (67). Zum Naturschutzrecht *Moritz Gies* Klimafolgenadaption durch Verwaltungsverfahrensrecht, 2016; zum Baurecht *Stephan Mitschang* (Hrsg.) Klimaschutz und Klimaanpassung in der Regional- und Bauleitplanung, 2021. Anpassungsstrategien können die Schutzaufgabe aber nicht ersetzen. Erst präventiver Schutz macht den Raum für klimaresiliente Gesellschaften beherrschbar.

²² Dazu *Morten Broberg* The Third Pillar of International Climate Change Law: Explaining 'Loss and Damage' after the Paris Agreement, Climate Law 10 (2020), 211; s. auch die Beiträge in *Meinhard Doelle/Sara L. Seck* (Hrsg.) Research Handbook on Climate Change Law and Loss & Damage, 2021.

²³ Rahmenübereinkommen der Vereinten Nationen über Klimaänderungen (UNFCCC) v. 9.5.1992, <https://unfccc.int/resource/docs/convkp/convger.pdf>; dazu *Peter-Tobias Stoll/Hagen Krüger* Klimawandel, in: Alexander Proelß (Hrsg.) Internationales Umweltrecht, 1. Aufl. 2017, 9. Abschn. Rn. 4 ff.

²⁴ Pariser Übereinkommen v. 12.12.2015, in Kraft seit 4.11.2016, <https://unfccc.int/ sites/default/files/english_paris_agreement.pdf>, von Deutschland ratifiziert durch Gesetz v. 28.9.2016, BGBl II 2016, 1082. Zu den immer wiederkehrenden gleichen Fragen *Daniel Bodansky/Lavanya Rajamani* The Issues that Never Die, CCLR 12 (2018), 184.

²⁵ Vgl. *Thilo Marauhn/Ayse-Martina Böhringer* Klimaschutz nach Kopenhagen: Die Zukunft des völkerrechtlichen Klimaschutzes, in: Jörg Gundel/Knut W. Lange (Hrsg.) Klimaschutz nach Kopenhagen: Internationale Instrumente und nationale Umsetzung, 2011, 1 (3 ff.).

²⁶ Vgl. *Claudio Franzius* Das Paris-Abkommen zum Klimaschutz, ZUR 2017, 515. Dieser Wandel hatte sich spätestens seit dem Kopenhagen-Gipfel 2009 angekündigt, vgl. *Roland Ismer* Klimaschutz als Rechtsproblem, 2014, 483 ff. Mit der Kombination aus prozeduralen Pflichten, organisatorisch-institutionellen Regelungen und materiellen Prinzipien

geben.²⁷ Das hat nicht immer erkannte Folgen: Mussten als Preis für verbindliche Reduktionspflichten neue Marktmechanismen wie der „Clean Development Mechanism" in Kauf genommen werden, so ist es vielleicht kein Zufall, dass es unter dem Paris-Abkommen, das auf materiell-rechtliche Vorgaben weitgehend verzichtet, ökonomische Ansätze deutlich schwerer haben, in völkerrechtlichen Texten ihre erhoffte Anerkennung zu finden als unter dem Kyoto-Protokoll.²⁸ Es bleibt abzuwarten, ob die kommende Vertragsstaatenkonferenz in Glasgow daran etwas ändert.²⁹

Auch die Europäische Union hat das Paris-Abkommen ratifiziert. Hier sind vor allem die Minderungsziele für Treibhausgasemissionen bis zum Jahr 2030 zu nennen. Sie wurden mit dem „Europäischen Klimagesetz"

---

setzt das Paris-Abkommen auf eine durch die Vertragsstaatenkonferenz konkretisierte „Ambitionsspirale" als neuer Kernstruktur des internationalen Klimaschutzregimes, vgl. *Michael v. Landenberg-Roberg* Die Operationalisierung der ‚Ambitionsspirale' des Pariser Klimaschutzabkommens, AVR 59 (2021), 119 (123 ff., 160 ff.).

²⁷ Zur neuen Architektur *Lavanya Rajamani* The 2015 Paris Agreement: Interplay Between Hard, Soft and Non-Obligations, Journal of Environmental Law 28 (2016), 337; *Ayse-Martina Böhringer* Das neue Pariser Klimaübereinkommen, ZaöRV 76 (2016), 753 (757 ff.); *Johannes Saurer* Klimaschutz global, europäisch, national: Was ist rechtlich verbindlich?, NVwZ 2017, 1574 (1575 f.). In Deutschland ist der konzeptionelle Wechsel auf Kritik gestoßen, vgl. die Nachweise in *Claudio Franzius* Das Paris-Abkommen zum Klimaschutz als umweltvölkerrechtlicher Paradigmenwechsel, EurUP 2017, 166. Dabei wird übersehen, dass die Frage nach der Verbindlichkeit einer Norm nicht immer die richtig gestellte Frage ist, vgl. *Daniel Bodansky* The Legal Character of the Paris Agreement, RECIEL 25 (2016), 142 (149 f.). Es muss nicht „hard law" sein, um innerstaatlich von Bedeutung zu sein. Über den Grundsatz der Völkerrechtsfreundlichkeit kann auch „soft law" innerstaatliche Wirkungen erzielen, vgl. *Katharina Reiling* Die Anwendung des Grundsatzes der Völkerrechtsfreundlichkeit auf rechtsunverbindliche internationale Standards, ZaöRV 78 (2018), 311 (337); krit. *Christian Tomuschat* Enforcement of International Law: From the Authority of Hard Law to the Impact of Flexible Methods, ZaöRV 79 (2019), 579 (610 ff.).

²⁸ *Thomas Schomerus* Klimaschutz- und Umweltenergierecht, in: Eckard Rehbinder/Alexander Schink (Hrsg.) Grundzüge des Umweltrechts, 5. Aufl. 2018, Kap. 8 Rn. 129 mit dem Hinweis, dass sich das Paris-Abkommen mit Aussagen zu den Marktmechanismen zurückhält. Es verbietet marktliche Mechanismen nicht, aber Art. 6 Abs. 8 PA kann als Aufforderung an die Staaten verstanden werden, sich nicht auf Marktmechanismen zurückzuziehen, wenn öffentliches Handeln erforderlich ist, vgl. *Claas F. Germelmann* Entwicklungen im Recht des Klimaschutzes, in: FS Danner, 2019, 467 (471 f.). Zur aktuellen Debatte *Géraud de Lassus St-Geniès* Might Cooperative Approaches Not Be So Cooperative? Exploring the Potential of Article 6.2 of the Paris Agreement to Generate Legal Disputes, Climate Law 11 (2021), 265.

²⁹ Wichtig war das von der 24. Vertragsstaatenkonferenz 2018 in Katowice beschlossene Rulebook, das mit Ausnahme der Marktmechanismen alle zentralen Aspekte des Paris-Abkommens konkretisiert, die Grundausrichtung aber nicht verändert hat, vgl. *Lavanya Rajamani/Daniel Bodansky* The Paris Rulebook: Balancing international prescriptiveness with national discretion, ICLQ 68 (2019), 1023 (1040).

von bislang 40 % auf 55 % angehoben[30] und sollen durch das von der Kommission im Sommer 2021 vorgelegte „Fit for 55"-Paket erreicht werden.[31] In gewisser Weise setzt die Union beide Ansätze des internationalen Klimaschutzrechts um: Die europäische Klimaschutzverordnung[32] gibt ähnlich wie das Kyoto-Protokoll den Mitgliedstaaten klare Minderungsvorgaben mit Flexibilitätsoptionen vor. Demgegenüber ist die Governance-Verordnung, die als neues Koordinierungsregime für die Verknüpfung der Energie- und Klimapolitik die Mitgliedstaaten zur Erstellung, Überprüfung und Fortschreibung „integrierter nationaler Energie- und Klimapläne"[33] verpflichtet, ähnlich wie das Paris-Abkommen von einer schwächeren Durchsetzungskraft geprägt.[34] Insoweit setzt das Unionsrecht keine verbindlichen Vorgaben an die einzelnen Mitgliedstaaten. Vielmehr bestimmt jeder Mitgliedstaat seine maßgeblichen Ziele und damit auch sein Ambi-

---

[30] Art. 4 Abs. 1 EU-Klimagesetz, vgl. Verordnung (EU) 2021/1119 des Europäischen Parlaments und des Rats v. 30.6.2021 zur Schaffung des Rahmens für die Verwirklichung der Klimaneutralität und zur Änderung der Verordnungen (EG) Nr. 401/2009 und (EU) 2018/1999 (Europäisches Klimagesetz), ABl L 243/1.

[31] *Europäische Kommission* Fit für 55: auf dem Weg zur Klimaneutralität – Umsetzung des EU-Klimaziels für 2030, Mitteilung v. 14.7.2021, COM (2021), 550 final. Vorgeschlagen werden insgesamt zwölf Rechtsakte, <https://www.europarl.europa.eu/legislative-train/theme-a-european-green-deal/package-fit-for-55>. Zum europäischen Klimarecht *Kati Kulovesi/Sebastian Oberthür* Assessing the EU's 2030 Climate and Energy Policy Framework: Incremental change toward radical transformation? RECIEL 29 (2020), 151; *Sabine Schlacke u.a.* Das „Europäische Klimagesetz" und seine Konsequenzen, EuZW 2021, 620.

[32] So nennt der deutsche Gesetzgeber die Effort-Sharing-Verordnung, vgl. § 2 Nr. 4 KSG; dazu *Marjan Peeters/Natassa Athanasiadou* The continued effort sharing approach in EU climate law: Binding targets, challenging enforcement?, RECIEL 29 (2020), 201: „The Effort Sharing Regulation illustrates the large extent to which the EU relies on the use of hard law for addressing climate change, including binding enforcement provisions".

[33] Deren Umsetzung und Anpassung wird von der Kommission überwacht. Weisen sie nicht das notwendige Ambitionsniveau für die Zielerreichung auf oder werden nur unzureichende Fortschritte erzielt, empfiehlt die Kommission den betroffenen Mitgliedstaaten geeignete Anpassungsmaßnahmen zur Zielerreichung, Art. 7 Abs. 2 EU-Klimagesetz i.V.m. Art. 30 ff. Governance-Verordnung.

[34] Krit. *Sabine Schlacke/Michèle Knodt* Das Governance-System für die Europäische Energieunion und für den Klimaschutz, ZUR 2019, 404 (408 f.). Von einem „EU-Energieplanwirtschaftsrecht" kann entgegen *Walter Frenz* Klimaschutz durch Energiewende, RdE 2020, 157 (158 f.) keine Rede sein. In die Nähe planwirtschaftlichen Denkens mögen Bedarfsplanungen mit einer Bedürfnisprüfung rücken, wenngleich auch solche Planungen einer Rechtfertigung zugänglich sind, vgl. *Wolfgang Köck* Die Bedarfsplanung im Infrastrukturrecht, ZUR 2016, 579 (585 f.). Zu einer klimapolitisch wenig überzeugenden Bedarfsfeststellung *Thomas Schomerus* Die Feststellung der energiepolitischen und energiewirtschaftlichen Notwendigkeit des Tagebaus Garzweiler II nach § 48 Kohleverstromungsbeendigungsgesetz (KVGB) – rechtspolitisch verfehlt und verfassungswidrig?, NuR 2021, 378.

tionsniveau selbst.³⁵ Eine Grenze bildet das Rückschrittsverbot gegenüber früheren Selbstverpflichtungen.³⁶

Was die nationale „Ebene" betrifft, so können die völker- und europarechtlichen Klimaschutzvorgaben nicht allein immissionsschutzrechtlich umgesetzt werden.³⁷ In jüngerer Zeit sind mit dem Bundes-Klimaschutzgesetz, dem Brennstoffemissionshandelsgesetz und dem Kohleausstiegsgesetz neue Gesetze in Kraft getreten, die sich als eigenständige, jedenfalls nicht unionsrechtlich determinierte Wege kennzeichnen lassen. Damit wird verwaltungsrechtlich Neuland betreten und das Thema „Prävention durch Verwaltungsrecht" erhält eine neue Akzentuierung. Was charakterisiert heute das Klimaschutzrecht?

III. Klimaschutzziele

1. Bewirtschaftungsordnung

Der Präventionsgedanke muss in Rechnung stellen, dass es sich beim Klima um ein globales Gemeinschaftsgut handelt.³⁸ Es ist aber auch ein knappes Gut, weil die Verfügbarkeit von Emissionsquantitäten unter Zugrundelegung der Temperaturziele endlich ist. Dies verlangt eine Bewirtschaftungsordnung. Sie ist durch das internationale Klimaschutzrecht vorgegeben, bleibt aber auf die Ausgestaltung im nationalen Recht angewiesen.³⁹ Während das Immissionsschutzrecht auf Emissionsbegrenzung zielt,

---

[35] *Germelmann* Entwicklungen (Fn. 28), 480. Die Kritik – statt vieler *Michèle Knodt u.a.* (Un)Fit for 55? Lehren aus der Implementation der Governance-Verordnung, Ariadne-Analyse v. Juni 2021, <https://ariadneprojekt.de/media/2021/06/Ariadne-Analyse_NECP_Juni2021.pdf> – wird vorliegend nicht geteilt, vgl. *Claudio Franzius* Der „Green Deal" in der Mehrebenenordnung, KlimR 2022, 2 (3 f.).
[36] Art. 14 Abs. 3 S. 2 Governance-Verordnung.
[37] So bereits *Guido Wustlich* Die Atmosphäre als globales Umweltgut, 2003, 86 ff. Lange Zeit wurde das Klima vom Wetter abgegrenzt. Heute wird nahezu jedes Wetterereignis auf den Klimawandel zurückgeführt, was nicht immer, aber eben doch häufiger zutrifft, vgl. *Friederike Otto* Wütendes Wetter, 2019; *IPCC* Climate Change 2021 – The Physical Science Basis, Beitrag für den sechsten Sachstandsbericht, 2021, <https://www.ipcc.ch/assessment-report/ar6>. Der Klimawandel ist heute nicht mehr ungewiss, aber es besteht eine Diskrepanz zwischen Wissen und Handeln, vgl. *Thomas Groß* Verfassungsrechtliche Klimaschutzverpflichtungen, EurUP 2019, 353 (357 f.).
[38] Vgl. *Wolfgang Durner* Common Goods, 2001, 234 ff. Daraus folgt nichts Zwingendes für das internationale Klimaschutzrecht, jedenfalls nicht automatisch Legitimation, vgl. *Sigrid Boysen* Grundfragen des transnationalen Klimaschutzrechts, AVR 50 (2012), 377 (381 f.).
[39] Eine Globalemissionssteuerung durch Ziele verlangt die Errichtung einer Bewirtschaftungsordnung auf der überstaatlichen Ebene, vgl. *Wustlich* Atmosphäre (Fn. 37), 249 ff., 292 ff. Das internationale Klimaschutzrecht beschränkt sich auf Ziele und Abbau-

greift das Klimaschutzgesetz[40] den Bewirtschaftungsansatz auf, ohne etwas zu den konkreten Maßnahmen zu sagen.[41] Damit wird ein Weg aus der berühmten Tragik der Allmende[42] gewiesen. Sie muss nicht in einen Kollaps führen. Erforderlich sind aber planerische Instrumente.[43]

Die Nutzung des Klimas als knappes Gut ist letztlich eine Verteilungsfrage, wie der europäische Emissionshandel in einem wichtigen, aber keineswegs alle Sektoren umfassenden Teilbereich zeigt.[44] Mit dem vorgegebenem Höchstmaß konkreter Klimanutzungen werden die Koordinaten der

---

pfade, überlässt die Durchführung spezieller Politiken aber den Vertragsstaaten. Wird Bewirtschaftung mit Management übersetzt, erhalten wir positive, aber blasse Konnotationen, mit „rationing" dagegen eine bessere Stoßrichtung, vgl. *Gerd Winter* Rationing the Use of Common Resources: Problems of Design and Constitutionality, in: Dawn Oliver/Tony Prosser/Richard Rawlings (Hrsg.) The Regulatory State. Constitutional Implications, 2010, 129 ff.

[40] Zu den Landesklimaschutzgesetzen *Daniel Schnittker* Die Klimaschutzgesetze der Bundesländer, 2021, 114 ff.; *Lena Kohlrausch* Die deutschen Klimaschutzgesetze im Vergleich, ZUR 2020, 262.

[41] *Wustlich* Atmosphäre (Fn. 37), 118 f. Mit der Ausgestaltung einer Bewirtschaftungsordnung für den Klimaschutz wird nicht gesagt, dass die Inanspruchnahme öffentlicher Umweltgüter nur als Teilhabe zu verstehen sei. Die Position von *Dietrich Murswiek* Privater Nutzen und Gemeinwohl im Umweltrecht, DVBl 1994, 77 (79 ff.), wonach auf Umweltgüter kein Zugriffsrecht, sondern nur ein Zuteilungsanspruch im Rahmen gleichheitsgerechter Bewirtschaftungsentscheidungen bestehe, hat sich nicht durchgesetzt.

[42] *Garrett Hardin* The Tragedy of the Commons, Science 162 (1968), 1243.

[43] Frühzeitig *Thomas Groß* Klimaschutz im Verkehrssektor, in: Monika Böhm/Arndt Schmehl (Hrsg.) Verfassung – Verwaltung – Umwelt, 2010, 35 (40 ff.). Heute dienen die neuen Klimaschutzprogramme nach § 9 KSG und die Sofortprogramme nach § 8 KSG der Überführung der Ziele in praktisch-politisches Handeln, indem sie zu einer Vor- und Nachsteuerung verpflichten, vgl. *Sabine Schlacke* Bundes-Klimaschutzgesetz: Klimaschutzziele und -pläne als Herausforderung des Verwaltungsrechts, EurUP 2020, 338 (339 ff.). *Wolfgang Kahl/Klaus F. Gärditz* Umweltrecht, 12. Aufl. 2021, § 6 Rn. 51 sehen in diesen neuen Planungsinstrumenten einen „Anlass zur Hoffnung". Zur Klimaschutzplanung als „Maßnahmenplanung" *Wolfgang Köck* Pläne und andere Formen des prospektiven Verwaltungshandelns, in: Andreas Voßkuhle/Martin Eifert/Christoph Möllers (Hrsg.) GVwR II, 3. Aufl. 2022, § 36 Rn. 51, 106 ff.; allg. *Lukas Knappe* Die Maßnahmenplanung im europäisierten Verwaltungsrecht, 2022.

[44] Zur Luft als knapper Ressource BVerwG, Urt. v. 10.10.2012, NVwZ 2013, 587 Rn. 21 f. Sie bedürfe wegen ihrer begrenzten Kapazität, Treibhausgase ohne schädliche Auswirkungen auf das Klima aufzunehmen, für ihre Inanspruchnahme durch den Betrieb emittierender Anlagen in vergleichbarer Weise wie das Wasser der Budgetierung und sei durch das Emissionshandelssystem einer öffentlich-rechtlichen Nutzungsordnung unterworfen worden. Zur Vorbildfunktion des Wasserrechts *Wolfgang Durner* Umweltrechtliche Genehmigungen als Vergabeentscheidungen?, DVBl 2020, 149 (159 f.); zurückhaltend

Nutzung vom Gemeingebrauch in Richtung einer Sondernutzung verschoben, denn alle, die über kein zertifiziertes Nutzungsrecht verfügen, sind von der Nutzung ausgeschlossen.[45]

2. Ziele als Instrument des Verwaltungsrechts

Kennzeichnend für den Präventionsgedanken im Klimaschutzrecht sind Ziele. Dabei sieht das Temperaturziel des Pariser Übereinkommens vor, die Erderwärmung auf deutlich unter 2 Grad und möglichst auf 1,5 Grad gegenüber dem vorindustriellen Niveau zu begrenzen.[46] Hiervon zu unterscheiden sind Minderungs- und Sektorziele[47], die mit dem Klimaschutzgesetz des Bundes rechtsverbindlich vorgegeben sind.[48] Diese Sektorziele lei-

---

Martin Burgi Klimaverwaltungsrecht angesichts von BVerfG-Klimabeschluss und European Green Deal, NVwZ 2021, 1401 (1406).

[45] *Wustlich* Atmosphäre (Fn. 37), 314. Schon die tradierten Methoden der Normauslegung im Umweltrecht sollen zu einem Vollzug führen, der „in einer mehr oder weniger extensiven Weise" zu einer Bewirtschaftung von Umweltressourcen zwinge, vgl. *Michael Reinhardt* Möglichkeiten und Grenzen einer „nachhaltigen" Bewirtschaftung von Umweltressourcen, UTR 43 (1998), 73 (97).

[46] Art. 2 Abs. 1 lit. a) PA. Zum 2°-Ziel bereits *William D. Nordhaus* Economic Growth and Climate: The Carbon Dioxide Problem, American Economic Review 67 (1977), 341 f. Darstellungen: *Halldór Thorgeirsson* Objective (Article 2.1), in: Daniel Klein u.a. (Hrsg.) The Paris Agreement on Climate Change, 2017, 123 ff.; *Chris Hilson* Hitting the Target? Analysing the Use of Targets in Climate Law, Journal of Environmental Law 32 (2020), 195. Zur Vorgeschichte dieses Ziels, das Art. 2 der Klimarahmenkonvention konkretisiert: *Sabine Schlacke* Grenzwert oder Politikziel? Dogmatik und Legitimität der 2°-Celsius-Leitplanke, in: Olaf Dilling/Till Markus (Hrsg.) Ex Rerum Natura Ius?, 2014, 93 ff. Die Staatengemeinschaft ist weit davon entfernt, die Paris-Ziele zu erreichen, vgl. *UNEP* Emissions Gap Report 2021.

[47] Damit greift das Klimaschutzrecht eine Entwicklung auf, die schon vor über 20 Jahren als ein Paradigmenwechsel von einer überwiegend technikbezogenen zu einer stärker qualitätsorientierten Umweltpolitik ausgemacht wurde, vgl. *Eckard Rehbinder* Festlegung von Umweltzielen – Begründung, Begrenzung, instrumentelle Umsetzung, NuR 1997, 313. Qualitätsziele sind etwas anderes als technikbezogene Grenzwerte, die in der Rechtsanwendung leichter zu handhaben sind, vgl. *Wolfgang Köck* Grenzwerte im Umweltrecht: Entwicklung – Rechtsbindung – Perspektiven, ZUR 2020, 131. Die Besonderheit im Klimaschutzrecht ist, dass es quantifizierte Ziele vorgibt.

[48] § 3 Abs. 2 KSG 2021. In seinem spektakulären „Klimabeschluss" hat das BVerfG in der „Klimaneutralität" ein Gebot des Art. 20a GG gesehen, aber kein Jahr vorgegeben, sondern den Weg vorgezeichnet: Weil die bis 2030 vorgesehenen Emissionsmengen die nach 2030 noch verbleibenden Emissionsmöglichkeiten erheblich reduzieren, müsse der Gesetzgeber zur Gewährleistung eines freiheitsschonenden Übergangs in die Klimaneutralität hinreichende Vorkehrungen treffen. Das Grundgesetz verpflichte zur Sicherung grund-

ten die Politik an. Sie haben zugleich eine Maßstabsfunktion und sind – mit Budgets unterlegt – ein neues Instrument[49] des Verwaltungsrechts.

a) Maßstabsfunktion

Klimaschutzziele haben wichtige Funktionen.[50] Sie haben eine Scharnierfunktion, indem das Klimaschutzgesetz des Bundes[51] die völker- und unionsrechtlichen Klimaschutzvorgaben mit den national zu beschließenden Maßnahmen verklammert.[52] Daneben haben Sektorziele[53] eine Maßstabsfunktion.[54] Sie dienen der Bewertung der Maßnahmen, ob darüber die

---

rechtsgeschützter Freiheit über die Zeit und zur verhältnismäßigen Verteilung von Freiheitschancen über die Generationen, vgl. BVerfG, Beschl. v. 24.3.2021, NVwZ 2021, 951 Rn. 183. Insoweit fehlten gesetzliche Mindestregelungen über Reduktionserfordernisse nach 2030, die geeignet gewesen wären, einer notwendigen Entwicklung klimaneutraler Techniken und Praktiken rechtzeitig grundlegende Orientierung und Anreiz zu bieten.

[49] *Wolfgang Durner* Leistungskraft und Regelungstechniken des internationalen Klimaschutzrechts, EurUP 2021, 330 (338 ff.) spricht von einer „Regelungstechnik".

[50] *Saurer* Klimaschutz (Fn. 27), 1574 zufolge verstehen die Ziele das Recht als Medium transnationaler Problemlösungsstrategien, beruhen auf institutionellem Vertrauen zwischen dem politischen und wissenschaftlichen System, gewährleisten Planbarkeit und Berechenbarkeit sozialer wie ökonomischer Prozesse und verkörpern dadurch „Kernqualitäten" des Rechts, strukturieren aber auch die politische Agenda, indem sie auf eine umfassende Klimaschutzgesetzgebung drängen und die argumentative Durchsetzung erleichtern.

[51] Zum KSG als „Leitgesetz" einer Transformationsperspektive, die über die laufende Legislaturperiode des Bundestags hinausweist: *Johannes Saurer* Grundstrukturen des Bundes-Klimaschutzgesetzes, NuR 2020, 433 (434). Das Gesetz greift eine Reihe der Einsichten auf, die von der Neuen Verwaltungsrechtswissenschaft thematisiert werden: Es gibt Selbstbeobachtungspflichten, die das Recht reflexiv werden lassen sowie Berichts- und Evaluationspflichten, die eine Reversibilität des Rechts zum Ausdruck bringen. Verdeutlicht werden aber auch Grenzen des Wissens, die eine erfolgreiche Steuerung davon abhängig machen, von einem „lernenden Recht" auszugehen, vgl. *Claudio Franzius* Modalitäten und Wirkungsfaktoren der Steuerung durch Recht, in: Andreas Voßkuhle/Martin Eifert/Christoph Möllers (Hrsg.) GVwR I, 3. Aufl. 2022, § 4 Rn. 90 ff.

[52] Diese Maßnahmen legt das Gesetz nicht selbst fest, gibt mit den Zielen aber eine Richtschnur für die Gesetzgebung vor. In dieser „Zweigleisigkeit" liegt auch ein Kennzeichen des europäischen Klimaschutzrechts, vgl. *Moritz Reese* Das EU-Klimagesetz – Nachhaltigkeit durch Umweltpolitikplanungsrecht?, ZUR 2020, 641 f.

[53] Vergleicht man die Bestandsaufnahme von *Hans-Joachim Koch* Klimaschutzrecht, NVwZ 2011, 641 vor etwas mehr als zehn Jahren mit dem aktuellen Überblick von *Sabine Schlacke* Klimaschutzrecht im Mehrebenensystem, EnWZ 2020, 355, so ist mit dem Klimaschutzgesetz, dem Brennstoffemissionshandelsgesetz (unten IV.1.) und dem Kohleausstiegsgesetz (unten IV.2.) einiges auf den Weg gebracht worden, mag das Emissionsniveau auch nach wie vor zu hoch sein.

[54] Siehe bereits *Claudio Franzius* Ziele des Klimaschutzrechts, ZUR 2021, 131 (132 ff.). Zu den Schwierigkeiten einer Maßstabslehre im Verwaltungsrecht *Michael Fehling* Das

Ziele erreicht oder verfehlt werden.[55] Sind die Zielvorgaben rechtsverbindlich und damit ernst zu nehmen, sinkt mit ihrer Festlegung die Rechtfertigungslast für umsetzende Maßnahmen und Eingriffe.[56] Gleichzeitig steigt das Rechtfertigungserfordernis für Vorhabengenehmigungen, die eine Zielerreichung unwahrscheinlich machen.[57]

b) Budgetansatz

Der Gesetzgeber konkretisiert die verbindlichen Ziele in der Form von sektoralen Jahresemissionsmengen, die sich als Bekenntnis zu einem Budget-Ansatz[58] verstehen lassen. Dabei handelt es sich um eine neue Strategie.[59] Entscheidend ist nicht der gegenwärtige Ausstoß von Treibhausgasen,

---

Verhältnis von Recht und außerrechtlichen Maßstäben, in: Hans-Heinrich Trute u.a. (Hrsg.) Allgemeines Verwaltungsrecht – zur Tragfähigkeit eines Konzepts, 2008, 461 ff.

[55] Staatliche Zielvorgaben steuern die Wahl und die Bewertung der Maßnahmen, indem sie daraufhin befragt werden, inwieweit sie tatsächlich zur Erreichung der Ziele beitragen. Vor dem OVG Berlin-Brandenburg ist eine Klage der Deutschen Umwelthilfe anhängig (OVG 11 A 22/20), mit der gerügt wird, dass die beschlossenen Maßnahmen im Verkehrssektor nicht ausreichen, um die Treibhausgasemissionsmenge an CO_2-Äquivalenten nach dem Klimaschutzgesetz einzuhalten.

[56] *Ivo Appel* Staatliche Zukunfts- und Entwicklungsvorsorge, 2005, 525.

[57] Die Berücksichtigungspflicht nach § 13 KSG führt zu einer Stärkung des Klimaschutzes in Planungsverfahren, vgl. *Alexander Schink* in: Walter Frenz (Hrsg.) Klimaschutzrecht, 2021, § 13 KSG Rn. 11 ff.; *Martin Kment* Klimaschutzziele und Jahresemissionsmengen: Kernelemente des neuen Bundes-Klimaschutzgesetzes, NVwZ 2020, 1537 (1543 f.); allg. *Johannes Saurer* Klimaschutzziele und Abwägungsentscheidungen in der raumbezogenen Planung, EurUP 2018, 183. Für den „langen Weg" von den hochstufigen Bundeszielen zur exekutiven Planfeststellungsentscheidung einer Landesbehörde sind aber planerische „Zwischenschritte" erforderlich, richtig *Georg Hermes* Klimaschutz durch neue Planungsinstrumente im föderalen System, EurUP 2021, 162 (166). Zu den Folgen *Roda Verheyen/Kilian Schayani* Der globale Klimawandel als Hindernis bei der Vorhabengenehmigung, ZUR 2020, 412; *Thomas Groß* Beschleunigungsgesetzgebung – Rückblick und Ausblick, ZUR 2021, 75 (79).

[58] Entwickelt vom *Wissenschaftlichen Beirat der Bundesregierung Globale Umweltveränderungen (WBGU)* Kassensturz für den Weltklimavertrag – Der Budgetansatz, Sondergutachten 2009, hat sich auch der Sachverständigenrat für Umweltfragen dafür ausgesprochen, die Pariser Klimaziele mit einem CO_2-Budget zu erreichen, vgl. SRU Umweltgutachten 2020, 37 ff. Zwar sei für das Temperaturziel politisch kein globales CO_2-Budget festgelegt. Es lasse sich jedoch klimawissenschaftlich ermitteln und helfe die rechtsverbindlich festgelegten Emissionsbudgets auf Unions- und nationaler Ebene daraufhin zu befragen, ob sie ausreichen, die Ziele des Paris-Abkommens zu erreichen.

[59] *Jan Scharlau u.a.* Das Bundes-Klimaschutzgesetz, NVwZ 2020, 1 (3). Danach kommt es nicht allein darauf an, das Emissionsniveau in einem bestimmten Zieljahr zu erreichen. Maßgeblich war zunächst das Emissionsvolumen im zehnjährigen Zeitraum bis zum Jahr 2030, vgl. *Juliane Albrecht* Das Klimaschutzgesetz des Bundes – Hintergrund, Regelungsstruktur und wesentliche Inhalte, NuR 2020, 370 (375). Der Gesetzgeber hatte

der nach wie vor zu hoch ist, sondern die globale Gesamtmenge an Emissionen, die über die Zeit anfällt.

Es ist wichtig zu betonen, dass ein solches „Budget" unterschiedlich bestimmt werden kann, entweder politisch oder auch klimawissenschaftlich. Aus dem Gesetz ergeben sich sektorale Emissionsbudgets, die politisch ermittelt worden sind. Bezugspunkt ist das nationale Reduktionsziel von 55 % bzw. jetzt 65 % gegenüber dem Basisjahr 1990. Der Gesetzgeber orientierte sich nicht an einem vom globalen Budget für die Einhaltung der Temperaturgrenzen heruntergebrochenen nationalen Budget, das sich klimawissenschaftlich errechnen lässt. Diese fehlende Bezugnahme hat das Bundesverfassungsgericht beanstandet, mag die Bestimmung des nationalen Restbudgets zur Erreichung der Temperaturziele auch unsicher sein.[60] Der Sachverständigenrat für Umweltfragen ermittelt ein nationales Budget von 6,7 Gigatonnen CO_2, das bei linearer Reduktion bereits 2038 verbraucht sei.[61] Demgegenüber war das sich aus den Mengen des Klimaschutzgesetzes ergebende Budget nahezu doppelt so groß, also nicht ambitioniert genug.[62]

---

auf Zwischenziele für 2025, 2035 oder 2040 und damit auf eine Stufung verzichtet, die im Referentenentwurf des BMU noch enthalten war. Jetzt ist das nationale Klimaschutzziel für das Jahr 2030 auf mindestens 65 % erhöht worden, für das Jahr 2040 besteht ein Minderungsziel von 88 % und Treibhausgasneutralität soll bereits bis 2045 erreicht werden. Dafür sind die Jahresemissionsmengen der Sektoren nach § 4 Abs. 1 KSG 2021 i.V.m. Anlage 2 verringert und erstmals auch für die Jahre von 2031 bis 2040 sektorübergreifende jährliche Minderungsziele festgelegt worden, aus denen sich ein konkreter Minderungspfad bis 2040 ergibt, vgl. Erstes Gesetz zur Änderung des Bundes-Klimaschutzgesetzes v. 18.8.2021, BGBl I 2021, 3905; dazu *Walter Frenz* Das novellierte Klimaschutzgesetz, NuR 2021, 583; *Lars Jope* Bundes-Klimaschutzgesetz 2021, EWeRK 2021, 145.

[60] Vorgegeben ist durch das Paris-Abkommen lediglich die Festlegung eines nationalen Beitrags, der einen „fairen" Anteil am Reduktionsfortschritt darstellt, vgl. *Lavanya Rajamani u.a.* National 'fair shares' in reducing greenhouse gas emissions within the principled framework of international environmental law, Climate Policy (2021), 21 (2021), 983. Dafür kann die Bevölkerungsgröße maßgeblich sein. Angemahnt wird aber auch die Berücksichtigung der ökonomischen Leistungsfähigkeit und der historischen Emissionen, vgl. *WBGU* Budgetansatz (Fn. 58), 25.

[61] *SRU* Umweltgutachten 2020, 51 ff.

[62] Wurden die Jahresemissionsmengen in Anlage 2 a.F. addiert, lag das Gesamtbudget für den Ausstoß von Treibhausgasemissionen in Deutschland im Jahr 2030 bei 543 Mio. Tonnen CO_2-Äquivalent, vgl. *Saurer* Grundstrukturen (Fn. 51), 435. Bei der Verteilung auf die Sektoren drängen sich Alternativen zum linearen Reduktionspfad auf. So könnten Sektoren mit vergleichsweise großen und rasch zu hebenden Minderungspotenzial überproportional ambitioniertere Ziele erhalten, so dass in den Sektoren mit größeren Herausforderungen wie dem Verkehr mehr Zeit verbleibt, vgl. *Claudia Kemfert u.a.* Paris-kompatible

Das Bundesverfassungsgericht hat in seinem „Klimabeschluss" das klimawissenschaftlich ermittelte nationale Restbudget an CO_2-Emissionen aufgegriffen[63] und hervorgehoben: Je später der Klimaschutz greift, desto drastischer werden die Folgen des Klimawandels sein, denn jede Verzögerung in der Gegenwart muss mit umso schneller und tiefgreifender wirkenden Klimaschutzmaßnahmen in der Zukunft ausgeglichen werden.[64] Deshalb habe der Gesetzgeber einen schlüssigen Reduktionspfad für den Weg in die Klimaneutralität aufzuzeigen, sollen massive, aber mit dem Klimaschutz rechtfertigungsfähige[65] Grundrechtseingriffe in Zukunft vermieden werden.[66]

Klimagovernance: Flexibilität zwischen Sektoren und nicht-lineare Reduktionspfade, et 70 (2020), Heft 9, 15 (17 f.).

[63] Vgl. BVerfG, Beschl. v. 24.3.2021 (Fn. 48), Rn. 216 ff.; anders noch VG Berlin, Urt. v. 30.10.2019, ZUR 2020, 160 (165 f.). Zwar ist der Budget-Ansatz nicht mit Verfassungsrang ausgestattet, durchzieht den Klimabeschluss aber wie ein roter Faden, bleibt dabei jedoch wissenschaftsoffen und wahrt den Primat der Politik, vgl. *Sabine Schlacke* Klimaschutzrecht – Ein Grundrecht auf intertemporale Freiheitssicherung, NVwZ 2021, 912 (915 f.). Der Erste Senat fordert kein CO_2-Restbudget, a.A. *Roda Verheyen* Stellungnahme v. 18.6.2021, Deutscher Bundestag, Ausschuss für Umwelt, Naturschutz und Reaktorsicherheit, Ausschuss-Drs 19 (16) 589-F, 5 f. Auch die Ziele bis 2030 wurden im Ergebnis nicht beanstandet. Ihre Verschärfung durch die Novellierung des KSG ist aber nicht bloß Ausdruck politischen Willens, sondern dürfte mittelbar durch die „Vorwirkungen der Freiheit" verfassungsrechtlich gefordert sein, um nach 2030 überhaupt noch CO_2 emittieren zu können, vgl. *Max-Jürgen Seibert* Klimaschutz und Generationengerechtigkeit – Der Jahrhundert-Beschluss des Bundesverfassungsgerichts, DVBl 2021, 1141 (1144 ff.); *Walter Frenz* Klimaschutz nach BVerfG-Beschluss und EU-Klimagesetz, EnWZ 2021, 201 (202 f.); zurückhaltender *Kurt Faßbender* Der Klima-Beschluss des BVerfG – Inhalte, Folgen und offene Fragen, NJW 2021, 2085 (2090).

[64] Vorschriften, die jetzt CO_2-Emissionen zulassen, begründen mit dem BVerfG, Beschl. v. 24.3.2021 (Fn. 48), Rn. 187 „eine *unumkehrbar* angelegte rechtliche Gefährdung künftiger Freiheit, weil sich mit jeder CO_2-Emissionsmenge, die heute zugelassen wird, das verfassungsrechtlich vorgezeichnete Restbudget *irreversibel* verkleinert und CO_2-relevanter Freiheitsgebrauch stärkeren, verfassungsrechtlich gebotenen Restriktionen ausgesetzt" sein wird (Hervorhebungen von mir). Darin liegt ein „Proprium" des Klimaschutzrechts, das eine Übertragung der Rechtsprechung auf andere Sachmaterien wie die sozialen Sicherungssysteme ausschließen dürfte, vgl. *Frank Fellenberg* Rechtsschutz als Instrument des Klimaschutzes, in: Gesellschaft für Umweltrecht (Hrsg.) 44. Umweltrechtliche Fachtagung 2021, im Erscheinen; *Claudio Franzius* Die Figur eingriffsähnlicher Vorwirkungen, KritV 104 (2021), 136 (156 ff.). Zum „behutsam tastenden Zugriff auf klimatologische Wissensbestände" *Klaus F. Gärditz* Die Erkenntnisdimension im Klimaschutzbeschluss des BVerfG, Recht und Politik 57 (2021), 308 (314).

[65] BVerfG, Beschl. v. 24.3.2021 (Fn. 48), Rn. 117, 186.

[66] Der Budget-Ansatz wirft Fragen auf, denn es liegen unterschiedliche Berechnungsmodelle vor, je nachdem, ob Erdsystemmodelle oder integrierte Bewertungsmodelle

c) Folgerungen

Was folgt aus dieser Verknüpfung der Ziele mit einem Budget? Die verbreitete Strategie, ambitionierte Ziele mit Ausnahmen zu verkoppeln, wie in der Wasserrahmenrichtlinie geschehen[67], greift das Klimaschutzrecht nicht systematisch auf. Dadurch dokumentiert es seine Eigenständigkeit, wenngleich an die Stelle von Ausnahmen[68] unterschiedliche Verrechnungs- und Kompensationsmöglichkeiten[69] treten, die deutlich machen, dass anspruchsvolle Ziele, die mehr beinhalten als bloß eine Bemühenspflicht, mit Flexibilitätsoptionen einhergehen. Ketzerisch könnte man meinen, dass mit der Formulierung ambitionierter Ziele und ihrer zu erwartenden Verfehlung der rechtswidrige Zustand mitgedacht wird, um aus der in Kauf genommenen Rechtswidrigkeit der Zielverfehlung klimapolitischen Druck aufzubauen.[70]

---

gewählt werden, wobei auch eine Rolle spielt, inwieweit negative Emissionstechnologien und -praktiken wie das Carbon Capture and Storage (CCS) zu berücksichtigen sind, dazu *Till Markus u.a.* Negativemissionstechnologien als neues Instrument der Klimapolitik: Charakterisiken und klimapolitische Hintergründe, NuR 2021, 90. Hierfür wäre eine Priorisierung der Maßnahmen („vermeiden, reduzieren, kompensieren") mit der Folge festzuschreiben, dass Negativemissionstechnologien nur für unvermeidbare Restemissionen in Betracht kommen, vgl. für eine Aufsplittung des Netto-Null-Ziels in Emissionsminderungsziele und Entnahmeziele *Oliver Geden/Felix Schenuit* Unkonventioneller Klimaschutz, 2020, 35.

[67] Art. 4 Abs. 4–7 WRRL, umgesetzt durch § 31 Abs. 2 WHG; dazu *Claudio Franzius* Das Moorburg-Urteil des OVG Hamburg – Schlaglichter auf das Umweltrecht von heute, NordÖR 2014, 1 (4 f.).

[68] Ähnlich das Habitat- und Artenschutzrecht, vgl. zu den Ausnahmen nach Art. 9 Vogelschutz-Richtlinie, die bei der Genehmigung von Windkraftanlagen eine Rolle spielen: *Ekkehard Hofmann* Artenschutz und Europarecht im Kontext der Windenergie: Der Klimaschutz und die Auslegung der Ausnahmeregelungen der Vogelschutzrichtlinie, NuR 2021, 217.

[69] Gelingt es in einem Sektor nicht, die jährliche Emissionsmenge einzuhalten, muss der Mitgliedstaat von anderen Mitgliedstaaten entsprechende Emissionsberechtigungen erwerben, um seine Negativbilanz auszugleichen, vgl. § 7 KSG i.V.m. Art. 5 Abs. 5 EU-Klimaschutzverordnung. Zielverfehlungen, so ist auch dem Gesetzgeber bewusst, werden den Haushalt erheblich belasten. Geschätzt werden für den Zeitraum bis 2030 Kosten in Höhe von 30 bis 60 Mrd. EUR, vgl. *Agora Energiewende* Die Kosten von unterlassenem Klimaschutz für den Bundeshaushalt, 2018, 28. Nicht zuletzt deshalb erlaubt es § 8 Abs. 2 KSG bei Nichteinhaltung der Sektorziele, dass Sektoren sich untereinander ausgleichen, krit. *SRU* Umweltgutachten 2020, 82 f. Zudem kann die Bundesregierung durch Rechtsverordnung die Jahresemissionsmengen der Sektoren ändern, § 4 Abs. 5 KSG.

[70] Diesen Hinweis verdanke ich *Wolfgang Durner*. Können Ziele nicht erreicht werden, leidet ihre Normativität, was bei der Wasserrahmenrichtlinie deutlich wird, vgl. *Moritz Reese* Offenbarungseid zur Wasserrahmenrichtlinie, ZUR 2021, 321 f. („gewagtes Experiment zur Steuerungskraft des Rechts").

Eine solche Kritik an Zielen[71] geht zu weit.[72] Mit dem Klimaschutzgesetz ist ein Rahmen geschaffen worden, um die zu ergreifenden Maßnahmen planerisch zu koordinieren.[73] Sein Budget-Ansatz macht es möglich, die um die vermeintliche Alternative von Anreizen und Verboten seit Jahren kreisende Debatte[74] zu entideologisieren.[75] Denn die Ziele selbst lassen sich als ein Instrument des Verwaltungsrechts begreifen. Sie treten nicht an die Stelle konkreter Maßnahmen, fungieren aber – wie erläutert – als Maßstab[76] für deren Wirksamkeit.[77] Der über Budgets angezeigte, aber unionsrechtlich insoweit bislang[78] nicht vorgegebene Emissionsminderungs- und Transformationspfad reicht über die Legislaturperiode hinaus und wird künftige Gesetzgeber faktisch binden[79] können, schließt einen Wechsel in der Auswahl der Maßnahmen für die Einhaltung der Ziele aber nicht aus. Im Gegenteil: Erweisen sich die Maßnahmen als unzureichend, um die Ziele verlässlich zu erreichen, muss „umgesteuert" werden. Das kann nahelegen, die Fokussierung auf ökonomische Anreize zugunsten ordnungsrechtlicher

---

[71] Jüngst wieder *Durner* Leistungskraft und Regelungstechniken (Fn. 49), 341: „Zielverfehlung (…) von vornherein politisch mit eingepreist".

[72] Zuzugeben ist, dass mit anspruchsvollen Sektorzielen allein noch keine Investitionen befördert werden.

[73] *Albrecht* Klimaschutzgesetz (Fn. 59), 378.

[74] Zur Einordnung von Anreizen *Johanna Wolff* Anreize im Recht, 2020, 107 ff.

[75] Rechtsvergleichend *Michael Faure* Die Effektivität des Umweltrechts im Zeichen des Klimawandels, ZUR 2020, 141 (149).

[76] Zur Einordnung *Claudio Franzius* Maßstäbe des Verwaltungshandelns im Umweltrecht, in: Wolfgang Kahl/Markus Ludwigs (Hrsg.) HVwR V (im Erscheinen), § 130.

[77] § 3 Abs. 4 KSG enthält einen Revisionsvorbehalt zur Erhöhung, nicht aber Absenkung der Ziele. Die Zielerreichung unterliegt einem Monitoring, das über die Wirksamkeit der eingesetzten Maßnahmen informiert und mit Hilfe der Planungsinstrumente wie den Klimaschutzprogrammen nach § 9 KSG ein Umdenken institutionalisiert, skeptisch *Ekkehard Hofmann* Klimawandel – Perspektiven eines zukünftigen Umweltrechts, EurUP 2020, 394 (396 ff.). Die Herausforderung besteht darin, mit einer verrechtlichten und verbindlichen Zielbindung umzugehen, die nicht mehr einfach als Politik oder „Soft Law" abgetan werden kann.

[78] Siehe aber jetzt für die Bestimmung des 2040-Ziels das „indikative" Treibhausgasbudget nach Art. 4 Abs. 4 i.V.m. Abs. 5 lit. m) EU-Klimagesetz, vgl. *Schlacke u.a.* Klimagesetz (Fn. 31), 622, 626.

[79] Mit der Festlegung quantifizierter Ziele schränkt der Gesetzgeber seine Gestaltungsfreiheit ein, vgl. noch fragend *Thomas Groß* VVDStRL 79 (2020), 229. Es handelt sich um keine verfassungsrechtliche Bindung, kommt aber der Figur eines „Maßstäbegesetzes" nahe, wie es einst vom BVerfG für das Steuerrecht gefordert wurde und Fürsprecher im Umweltrecht fand, vgl. im Anschluss an BVerfGE 101, 158 *Calliess* Rechtsstaat (Fn. 4), 240 ff.; aufgegriffen durch *SRU* Demokratisch regieren in ökologischen Grenzen, 2019, 182 f. Zur Bindung von Gesetzen an Gesetze *Michael Kloepfer* in: ders. (Hrsg.) Gesetzgebung als wissenschaftliche Herausforderung, 2. Aufl. 2018, 93 (94 ff.).

Vorgaben[80] aufzugeben.[81] Für diese Entscheidungen liefern die Budgetvorgaben des Gesetzes einen Anreiz und Maßstab.[82] Mit all dem werden die Ziele zu einem Instrument des Verwaltungsrechts[83] für den Klimaschutz.[84]

3. Erosion grundlegender Unterscheidungen

Damit nicht genug: Das Klimaschutzrecht relativiert herkömmliche Unterscheidungen des Verwaltungsrechts in ihrer Bedeutung:

a) Gefahrenabwehr und Risikovorsorge

Die erste Unterscheidung, die im Klimaschutzrecht erodiert, ist die zwischen Gefahrenabwehr und Risikovorsorge.[85] Eine vergleichbare Unter-

---

[80] Vorzugsweise im Unionsrecht, worauf von deutscher Seite hinzuwirken wäre, vgl. zur Debatte über den Instrumentenmix im Unionsrecht *Sabine Schlacke u.a.* Kursänderung der EU: Verschärfung der Klimaschutzziele, EnWZ 2021, 7 (8 ff.). Dass dies nicht bloß eine Hoffnung ist, zeigt die Europäische Kommission mit ihrem „Fit for 55"-Paket, vgl. *Europäische Kommission* (Fn. 31). Erstmals konsequent an den Zielen ausgerichtet, muss alles auf den Tisch, also neben Anreizen und Verboten auch die (technische) Entnahme von CO_2 aus der Atmosphäre.

[81] Für den Verkehrssektor *Michael Fehling* Urbane Verkehrskonzepte der Zukunft – Ökonomische versus ordnungsrechtliche Instrumente, ZUR 2020, 387 (389 ff.).

[82] Zwar ist zwischen die Sektorziele und die konkreten Maßnahmen eine planerische Ebene geschaltet. Das heißt jedoch nicht, dass die Ziele nur „mediatisiert" über die Klimaschutzprogramme nach § 9 KSG auf der „Maßnahmenebene" von Bedeutung sind, mag sich die Situation auch anders darstellen als beim wasserrechtlichen Verschlechterungsverbot, das nicht nur in der Bewirtschaftungsplanung, sondern auch im Zulassungsverfahren zu beachten ist, vgl. EuGH, 1.7.2015, Weservertiefung, C-461/13, Rn. 51.

[83] Die Ziele sind im Gesetz formuliert, gehören damit zum Verwaltungsrecht und die Verwaltungsrechtswissenschaft beschränkt sich nicht auf ein Nachzeichnen der Kontrolle behördlicher Entscheidungen, sondern geht auch der Frage nach, wie das Recht staatliches Handeln anleiten soll. Damit kann der Gesetzgebungswissenschaft eine „Heimat" in der Verwaltungsrechtswissenschaft gegeben werden, vgl. *Franzius* Steuerung durch Recht (Fn. 51), § 4 Rn. 95 ff. In Rechnung zu stellen ist jedoch, dass es neben der Funktion von Budgets als Bewertungsgrundlage für das Ambitionsniveau der Minderungsziele auch darum geht, die Umsetzungslücken präventiv zu erkennen und „nachzusteuern".

[84] *Franzius* Ziele (Fn. 54), 139; zust. *Burgi* Klimaverwaltungsrecht (Fn. 44), 1405. Anders die Einordnung der Qualitätsziele in die Instrumentendebatte, vgl. *Eckard Rehbinder* Ziele, Grundsätze, Strategien und Instrumente, in: ders./Alexander Schink (Hrsg.) Grundzüge des Umweltrechts, 5. Aufl. 2018, Kap. 3 Rn. 2 ff. Anders aber auch Ökonomen, die von nationalen Budgets wenig halten, weil sie nur dazu führten, dass Emissionen ins Ausland verlagert würden, statt vieler *Manuel Frondel* Zur Festlegung nationaler Emissionsbudgets, et 70 (2020), Heft 9, 20.

[85] Das wirkt sich auf die dogmatischen Figuren des Verwaltungsrechts aus, haben sich unter dem Vorsorgeprinzip doch präventive Verbote mit Erlaubnisvorbehalt repressiven Verboten mit Befreiungsvorbehalt normstrukturell angenähert, krit. *Christian Bickenbach*

scheidung, wie die in § 5 BImSchG angelegte Trennung zwischen Schutz- und Vorsorgeprinzip, gibt es im Klimaschutzrecht nicht. Die rechtliche Bewältigung der gefährlichen Folgen des Klimawandels geht zur Unterscheidung von Schutz und Vorsorge auf Distanz.[86] Das Klimaschutzrecht verfolgt einen anderen Ansatz als das Immissionsschutzrecht. Es unterscheidet sich im Schutzkonzept und im Handlungsinstrumentarium.[87]

Denn der Klimawandel lässt sich nicht einfach individualisierbaren Handlungen zuordnen, sondern ist ein gesellschaftliches Phänomen. Zwar ist auch die Möglichkeit eines Schadenseintritts rechtlichen Regelungen zugänglich, aber ein solches Risikoverständnis kann illusionäre Erwartungen erzeugen.[88] Im Übrigen wird dem Vorsorgeprinzip vorgehalten, Maßnahmen zu fordern, die ihm zugleich widersprechen, weil sie neue Risiken für andere Rechtsgüter hervorbringen.[89] Dass die Kritik nicht unberechtigt

---

Von der Gefahrenabwehr zum Vorsorgeprinzip bis zur Gefahr eines repressiven Verbotsprinzips, UTR 129 (2015), 167 (190). Für *Klaus F. Gärditz* in: Markus Appel/Martin J. Ohms/Johannes Saurer (Hrsg.) BImSchG, 2021, § 6 Rn. 9 hat die „kategoriale Trennung zwischen fachplanerischer Zulassung und gebundener Anlagengenehmigung ihre Plausibilität eingebüßt".

[86] Um die Klimaziele auf die Gefahren- oder Vorsorgeschwelle zu beziehen, muss die Ungewissheit in der Budgetkalkulation beachtet werden, vor allem die Irrtumswahrscheinlichkeit für die Erreichnung des Temperaturziels. Eine hohe Wahrscheinlichkeit entspricht dem Vorsorgeprinzip, doch bei den Budgetrechnungen wird die Sicherheit für das 1,5° Ziel auf bis zu 50 % abgesenkt, also mit 50 % Irrtumswahrscheinlichkeit gearbeitet. Dieses Risiko könnte als Inkaufnahme einer Gefahr verstanden werden, vgl. zur Argumentation mit dem Vorsorgeprinzip *Gerd Winter* Armando Carvalho et alii versus Europäische Union: Rechtsdogmatische und staatstheoretische Probleme einer Klimaklage vor dem Europäischen Gericht, ZUR 2019, 259 (263 f.).

[87] So bereits *Wustlich* Atmosphäre (Fn. 37), 328 ff.

[88] Werde die Zurechnung vergesellschaftet, müsse ein akteurszentriertes Präventionsmodell zu kurz greifen, so *Lepsius* Risikosteuerung (Fn. 10), 277. Manche fordern deshalb die Rückbesinnung auf die gefahrenabwehrrechtliche Dogmatik, vgl. *Sebastian Bramorski* Die Dichotomie von Schutz und Vorsorge im Immissionsschutzrecht, 2017, 101 ff. Andere wollen die an technischen Minderungsmöglichkeiten orientierte Umweltvorsorge durch ein an Nachhaltigkeitsziele anknüpfendes planerisches Vorsorgeleitbild überwinden, um den gebotenen Strukturwandel anleiten zu können, vgl. *Moritz Reese* Leitbilder des Umweltrechts, ZUR 2010, 339 (345 f.).

[89] *Cass Sunstein* Laws of Fear, dt. Gesetze der Angst, 2005, 25 ff., 169 f., 190 ff. mit einer Ausnahme für den Klimawandel, der sich unter ein „Antikatastrophenprinzip" fassen lasse, das Maßnahmen unter einer „Kosten-Nutzen-Analyse" zulasse. Zwar wird auch das 2°-Ziel unter das Vorsorgeprinzip gefasst, doch sollte dies mit *Jens Kersten* Ökologischer Liberalismus, EurUP 2016, 312 (316 f.) zum Anlass genommen werden, den Stellenwert des Vorsorgeprinzips neu zu bestimmen: Auf der einen Seite sei das Vorsorgeprinzip stärker an den Gefahrenbegriff heranzuführen, stelle der Klimawandel doch nicht einfach nur ein Risiko dar. Auf der anderen Seite müsse in einer sicherheitsrechtlichen Redifferenzierung zwischen Gefahr und Risiko der Risikobegriff wieder eingefangen werden, damit er nicht „letztlich jede Form der Freiheitsausübung" umfasse und verkürze.

ist, zeigen Versuche, das umstrittene „climate engineering"[90] auf das völkerrechtliche Vorsorgeprinzip zu stützen, wodurch neue Risiken ausgeblendet zu werden drohen.[91] Konstitutiv ist das Vorsorgeprinzip für das Klimaschutzrecht nicht. An die Stelle der Unterscheidung zwischen Schutz- und Vorsorgemaßnahmen[92] tritt die Orientierung an Zielen, die auf geeignete Klimaschutzmaßnahmen zu befragen sind.

b) Schutzpflichten und Eingriffsabwehrrechte

Eine weitere Besonderheit, die mit dem Klimawandel und seiner Bewältigung durch den Gesetzgeber einhergeht, betrifft die dogmatische Unterscheidung zwischen grundrechtlichen Schutzpflichten und Eingriffsabwehrrechten. Das Bundesverfassungsgericht, angerufen mit der Rüge, die Ziele im Klimaschutzgesetz seien zur Erfüllung der Pariser Temperaturziele und dem daraus folgenden Restbudget für in Deutschland ausgestoßene Treibhausgasemissionen zu wenig ambitioniert, konnte einen Schutzpflichtenverstoß „derzeit" nicht feststellen. Es hält ihn aber in Zukunft für möglich, zu dessen Abwendung in Grundrechte eingegriffen werden müsste. Insoweit entfaltet die Verlagerung von Emissionsminderungslasten in die Zukunft eingriffsähnliche Vorwirkungen, die durch Art. 20a GG gerechtfertigt sein müssen.[93] Neu ist, dass die Grund-

---

[90] Dazu *Hagen Krüger* Geoengineering und Völkerrecht, 2020; *Daniel Bodansky* May We Engineer the Climate?, Climate Change 33 (1996), 309.

[91] *Alexander Proelß* Das Umweltvölkerrecht vor den Herausforderungen des Klimawandels: Ansätze zu einer bereichsübergreifenden Operationalisierung des Vorsorgeprinzips, JZ 2011, 495 (496 ff.); dagegen *Franzius* Paradigmenwechsel (Fn. 27), 173; differenzierend *Till Markus u.a.* Negativemissionstechnologien und ihre Verortung im Regelsystem internationaler Klimapolitik, NuR 2021, 153 (155 ff.).

[92] Hier liegt eine Parallele zur Pandemiebekämpfung, die ebenfalls nicht mehr „allein beim Gefahr- oder Risikodenken" anknüpfen kann, vgl. *Stephan Rixen* Verwaltungsrecht der vulnerablen Gesellschaft, VVDStRL 80 (2021), 37 (48 f.) „Jenseits von Gefahren-, Risiko- und Daseinsvorsorge".

[93] BVerfG, Beschl. v. 24.3.2021 (Fn. 48), Rn. 116 ff., 181 ff. mit der Aktivierung der Eingriffsabwehrrechte in der Schutzpflichtenkonstellation. Zur „Koordination von Abwehr- und Schutzpflichtendimension in intertemporaler Weise" *Schlacke* Klimaschutzrecht (Fn. 63), 914 f. Die Brücke von den Schutzpflichten zur Eingriffsabwehr wird über das Scharnier der intertemporalen Wirkungen der Grundrechte geschlagen, die vor einer Freiheitsgefährdung durch einseitige Verlagerung der Treibhausgasminderungslast in die Zukunft schützen. Der normative Anknüpfungspunkt für diese „Vorverlagerung der Abwehrrechte" kann nur Art. 20a GG mit der verfassungsrechtlichen Pflicht zum Schutz des Klimas sein, die heute und in der Zukunft greift. Hieraus folgt die Intertemporalität, denn wenn auch in Zukunft das Klima geschützt werden muss, das Budget der CO_2-relevanten Freiheitsausübung aber begrenzt ist, werden Freiheitsausübungen schon jetzt eingeschränkt, wenn für sie in der Zukunft keine Emissionskapazitäten mehr bestehen, weil sie dann weitgehend aufgebraucht sein werden, vgl. *Franzius* Vorwirkungen (Fn. 64), 152 ff.;

rechte in der Zeit verstanden werden.⁹⁴ Denn mit dem Hinausschieben der CO_2-Minderung und der damit einhergehenden Verantwortung in die Zukunft wird ein Zustand geschaffen, der auf die Gegenwart zurückwirkt.⁹⁵ Art. 20a GG erlaubt es, die eingriffsabwehrrechtliche Funktion der Grundrechte zu reaktivieren.⁹⁶ Hier finden wir den Halt, der eine verfassungsgerichtliche Kontrolle erleichtert.⁹⁷ Das kommt dogmatisch über-

---

krit. *Michael Sachs* Grundrechte: Klimawandel, JuS 2021, 708 (710 f.); *Michael Kloepfer/ Jan-Louis Wiedmann* Die Entscheidung des BVerfG zum Bundes-Klimaschutzgesetz, DVBl 2021, 1333 (1339).

⁹⁴ Schon *Michael Kleiber* Der grundrechtliche Schutz künftiger Generationen, 2014, 296 ff. spricht von grundrechtlichen Vorwirkungen, ordnet diese aber dogmatisch den Schutzpflichten zu.

⁹⁵ Möglich und vorprogrammiert sind Eingriffe in Freiheitsrechte, doch ein Abwarten in der Gegenwart, bis eine Verletzung der Freiheitsrechte in Rede steht, sei nicht zumutbar. Vielmehr sind ausreichende Vorkehrungen zu treffen, um die späteren Emissionsminderungspflichten grundrechtsschonend zu bewältigen. So gesehen, kreiert der Erste Senat ein neues Prinzip der Zukunftssicherung. Als intertemporale Freiheitssicherung schützen die Grundrechte vor einer einseitigen Verlagerung der Treibhausgasminderungslast in die Zukunft, vgl. BVerfG, Beschl. v. 24.3.2021 (Fn. 48), Rn. 183. Freiheit in Zeiten des Klimawandels, so resümiert *Katja Gelinsky* Klimaschutz made in Karlsruhe, 2021, 5, ist also budgetiert; der Staat müsse den „Freiheitsgebrauch so organisieren, dass für künftige Generationen ein angemessener Anteil übrigbleibt".

⁹⁶ Grundlegend *Gertrude Lübbe-Wolff* Die Grundrechte als Eingriffsabwehrrechte, 1988, 25 ff. Das BVerfG unterscheidet die Verletzung der Schutzpflichten für Leben, Gesundheit und Eigentum von einer Verletzung der Pflichten zur Emissionsreduktion, vgl. *Seibert* Klimaschutz (Fn. 63), 1143. Nicht der konkrete Schutz vor Schäden an Gütern wie Gesundheit und Eigentum steht im Vordergrund, sondern allgemein eine Vielzahl von „Eingriffen" in die Freiheiten, vgl. *Gerd Winter* The Intergenerational Effect of Fundamental Freedom Rights: A Contribution of the German Federal Constitutional Court to Climate Protection, Journal of Environmental Law 33 (im Erscheinen), 3.4. Es greift zu kurz, wenn es heißt, der Senat vernachlässige die Gefahren des Klimawandels, indem er auf die Freiheit, das Klima nutzen zu können, abstellt, so aber *Felix Ekardt/Franziska Heß* Intertemporaler Freiheitsschutz, Existenzminimum und Gewaltenteilung nach dem BVerfG-Klimabeschluss, ZUR 2021, 579. Denn es geht darum, wie der Gesetzgeber mit den Gefahren des Klimawandels in der Zeit umgeht. Ebenso wenig kann der Klimabeschluss so gelesen werden, dass er einer verfassungsrechtlichen Transformation „zur raum- und zeitlosen Ära der Risikovorsorge" den Weg ebene, so aber *Rike Sinder* Anthropozänes Verfassungsrecht als Antwort auf den anthropogenen Klimawandel, JZ 2021, 1078 (1082).

⁹⁷ Zwar kann in den Klimabeschluss das wissenschaftliche Konzept planetarer Belastungsgrenzen hineingelesen werden, das ein Überschreiten dieser Grenzen mit katastrophalen Folgen verhindern will, indem bei der Bestimmung kritischer Schwellenwerte ein Sicherheitsabstand herangezogen wird. Nicht aufgegriffen wurde jedoch die Kopplung mit den grundrechtlichen Schutzpflichten und dem Vorsorgeprinzip, aus dem sich ein eigenständiger Grundsatz der Nichtausschöpfung ökologischer Belastungsgrenzen ergeben soll, vgl. *SRU* Umweltgutachten 2020, 502 f.; *Christian Calliess* Abstand halten: Rechtspflichten der Klimaschutzpolitik aus planetaren Grenzen, ZUR 2019, 385 f. Das BVerfG lässt das Vorsorgeprinzip unerwähnt und vermeidet es, von einem „Abstandsgebot" zu sprechen, das

raschend⁹⁸, lässt die Unterscheidung zwischen Tun und Unterlassen erodieren⁹⁹ und stößt auf Kritik¹⁰⁰, ist in der Sache aber überzeugend, weil ein neuer Weg aufgezeigt wird, die Freiheitsrechte des Einzelnen gegen Entscheidungen des Gesetzgebers in Stellung zu bringen.¹⁰¹

c) *Staat und Markt*

Prävention durch Verwaltungsrecht setzt voraus, dass wir den Klimaschutz im Verwaltungsrecht richtig verorten. Das Klimaschutzrecht ist nicht bloß Umweltrecht, sondern auch Wirtschaftsrecht.¹⁰² Es enthält staatliche Ziele mit Ergebnisverpflichtungen, ist mit Blick auf die Maßnahmen aber

---

im Vorfeld einer Gefahr, also der wissenschaftlich plausibel gemachten Möglichkeit eines Überschreitens kritischer Belastungen oder Kipppunkte, politisches Handeln einfordern soll. Zur Aktivierung des Vorsorgeprinzips *Natalie L. Dobson* Exploring the Crystallization of Cimate Change Jurisdiction: A Role for Precaution?, Climate Law 8 (2018), 207.

[98] Vgl. *Jörg Berkemann* „Freiheitschancen über die Generationen" (Art. 20a GG) – Intertemporaler Klimaschutz im Paradigmenwechsel, DÖV 2021, 701 (706 ff.); a.A. *Martin Eifert* Verfassungsauftrag zum freiheitsschonenden Klimaschutz: Der Klimabeschluss des BVerfG, JURA 2021, 1085 (1098) „minimalinvasiv".

[99] *Sachs* Grundrechte (Fn. 93), 710; zur „Konstruktion" *Fellenberg* (Fn. 64) „Das Unterlassen stärkerer Eingriffe in die Freiheit im Jetzt wird als Beschränkung der Freiheitsausübung in späteren Lebensabschnitten interpretiert."

[100] Nach dem BVerfG, Beschl. v. 24.3.2021 (Fn. 48), Rn. 117 ist praktisch jegliche Freiheit potenziell betroffen, weil heute nahezu alle Bereiche menschlichen Lebens mit der Emission von Treibhausgasen verbunden sind. Dadurch relativiert sich die dogmatische Trennung der grundrechtlichen Zugriffe, die vom EGMR in dieser Schärfe nicht geteilt, in Deutschland aber gleichsam für sakrosankt gehalten wird. Insoweit hat das Gericht eine ganz andere „Progressivität" – vgl. *Wolfgang Kahl* Klimaschutz und Grundrechte, JURA 2021, 117 (129) – aufgebracht als erwartet; krit. *Faßbender* Klimabeschluss (Fn. 63), 2088 f.; *Martin Beckmann* Das Bundesverfassungsgericht, der Klimawandel und der „intertemporale Freiheitsschutz", UPR 2021, 241 (242 ff.); *Sven Clever* Der Klimaschutz-Beschluss des BVerfG – Fernglas ohne Justierschraube?, ER 2021, 179 (181 ff.); *Christian Calliess* Das „Klimaurteil" des Bundesverfassungsgerichts: „Versubjektivierung" des Art. 20a GG?, ZUR 2021, 355 (357): „Überraschend und bedauerlich, dass der Erste Senat das Potential der grundrechtlichen Schutzpflichten nicht kohärent und konsequent am in anderen Entscheidungen etablierten Untermaßverbot entfaltet."

[101] So auch *Seibert* Klimaschutz (Fn. 63), 1146.

[102] Vgl. *Burgi* Klimaverwaltungsrecht (Fn. 44), 1404; *Christian Calliess/Miriam Dross* Umwelt- und Klimaschutz als integraler Bestandteil der Wirtschaftspolitik, ZUR 2020, 456. Für das internationale Umweltrecht *Sigrid Boysen* Die postkoloniale Konstellation, 2021, 199 ff. Zur klimaschutzrechtlichen „Auflagung" des Energierechts *Germelmann* Entwicklungen (Fn. 28), 467 ff. Weil der Klimawandel nicht nur die natürlichen Lebensgrundlagen, sondern auch Leben und Gesundheit vieler Menschen gefährdet oder schädigt, ist auch eine Zuordnung zum Katastrophenrecht möglich, vgl. *Felix Ekardt* Katastrophenvermeidung und Katastrophenvorsorge, in: Michael Kloepfer (Hrsg.) Katastrophenrecht: Grundlagen und Perspektiven, 2008, 61.

von einer Offenheit gekennzeichnet, die Raum für die Einbeziehung privater Akteure in der marktwirtschaftlichen Logik schafft. Damit entzieht es sich der dichotomischen Unterscheidung von Staat und Markt.

Im Klimaschutz führt die Vorstellung, man müsse sich zwischen Staat und Markt entscheiden, in die Irre.[103] Vom Markt können nur Leistungen unter bestimmten Bedingungen erwartet werden, die am Ende vom Staat gesetzt sind.[104] Märkte und der Wettbewerb müssen im Klimaschutz als politische Instrumente begriffen werden, über deren Funktions- und Wirkungsbedingungen immer wieder Rechenschaft abgelegt werden muss.[105] Es handelt sich um rechtlich erzeugte Märkte und nicht bloß um Märkte, deren Rahmen rechtlich gesetzt wird.[106] Das heißt aber auch, dass der Staat nicht blind auf den Marktautomatismus vertrauen darf, sondern nachsteuern muss, wenn dieser die ihm zugedachten Funktionen nicht erfüllt.[107] Auf das Prinzip Hoffnung sollte das Verwaltungsrecht nicht setzen.

IV. Klimaschutzmaßnahmen

Sind quantifizierte Ziele das zentrale Charakteristikum des Klimaschutzrechts, die herkömmlichen Unterscheidungen zur Anleitung der zu treffenden Maßnahmen aber nicht mehr passend, dann fragt sich, wodurch die Ziele erreicht werden sollen. Dazu sind viele Regelungen in unterschied-

---

[103] Siehe aber einerseits *Gerd Winter* Das Klima ist keine Ware, ZUR 2009, 289; andererseits *Jasper v. Altenbockum* Mehr Staat für ein besseres Klima?, FAZ v. 8.4.2019, 10. Zum „Zwischenreich" *Christoph Engel* Institutionen zwischen Staat und Markt, Die Verwaltung 34 (2001) 1.
[104] Vgl. *Mario Martini* Der Markt als Instrument hoheitlicher Verteilungslenkung, 2008.
[105] Regulierung zielt nicht auf den Schutz „natürlichen" Wettbewerbs, sondern will „sozialpflichtigen" Wettbewerb herstellen, versteht also Wettbewerb nicht als Selbstzweck, sondern als ein Mittel zum Zweck, nämlich zur Erreichung politisch festgelegter Gemeinwohlziele, vgl. *Oliver Lepsius* Regulierung in sozialpolitischer Perspektive, in: Matthias Schmidt-Preuß/Torsten Körber (Hrsg.) Regulierung und Gemeinwohl, 2016, 102.
[106] *Lepsius* Regulierung (Fn. 105), 108. Für den Emissionshandel *Eckard Rehbinder* Der Emissionshandel zwischen Marktvertrauen und staatlicher Verantwortung, in: FS Koch, 2014, 401 (415): Auch dort, wo der Markt zur Erreichung von Gemeinwohlbelangen eingesetzt wird, behalte der Staat über die Gewährleistung der Funktionsfähigkeit des Marktes eine gewichtige Rolle. Er entscheide, wie viel Markt politisch tatsächlich vertretbar ist und im Ergebnis könne man auf die verteilungspolitische Einflussnahme und die Korrektur von Fehlentwicklungen nicht verzichten.
[107] § 8 KSG enthält eine Nachsteuerungspflicht. Notwendig ist aber auch eine bessere Verzahnung des nationalen Energie- und Klimaplans (NECP) mit dem langfristigen Klimaschutzplan und den Klimaschutzprogrammen nach § 9 KSG, vgl. *Schlacke* Mehrebenensystem (Fn. 53), 360 f.; *dies.* Klimagesetz (Fn. 31), 626. Mit Blick auf die unionsrechtlichen Planungsvorgaben bleibt das KSG 2021 nicht mehr als Stückwerk.

lichen Gesetzen erlassen worden.[108] Ausgeklammert bleiben das Energieeffizienzrecht[109] und das Recht der erneuerbaren Energien.[110] Hervorzuheben ist an dieser Stelle aber, dass der in den Zielen zum Ausdruck kommende Präventionsgedanke „über die Zeit" keine konkreten Maßnahmen vorschreibt.[111] Das wirft die Frage auf, wie es mit den Klimaschutzmaßnahmen aussieht.

1. Bepreisung

Als das Mittel der Wahl gilt die umfassende Bepreisung von CO_2.[112] Denn die Verbrennung fossiler Brennstoffe und die Freisetzung von Treibhausgasemissionen verursachen erhebliche externe Effekte. Weil Märkte allein nicht in der Lage sind, diese Externalitäten zu korrigieren, sind staatliche Eingriffe notwendig, wobei eine sinnvolle Antwort die Einführung

---

[108] Im Entwurf des nach § 10 Abs. 2 KSG alle zwei Jahre zu erstellenden Klimaschutz-Projektionsberichts 2021 wird ein deutliches Verfehlen der Ziele für 2030 und 2040 prognostiziert, vgl. Zeit Online v. 19.8.2021 <https://www.zeit.de/amp/politik/deutschland/2021-08/klimaziele-umweltministerium-bericht-deutschland-2030-klimaschutz>.

[109] Dazu *Ines Härtel* Energieeffizienzrecht – ein neues Rechtsgebiet?, NuR 2011, 825. Hervorzuheben ist die Energieeffizienzrichtlinie, die im Rahmen des Legislativpakets „Saubere Energie für alle Europäer" – dazu *Fabian Pause/Markus Kahles* Die finalen Rechtsakte des EU-Winterpakets „Saubere Energie für alle Europäer", ER 2019, 9 (11 ff.) – neugefasst wurde, vgl. Richtlinie (EU) 2018/ 2002 des Europäisches Parlaments und des Rates v. 11.12.2018 zur Änderung der Richtlinie 2012/27/ EU zur Energieeffizienz, ABl L 328/210. Das neue Gebäudeenergiegesetz (GEG) v. 8.8.2020, BGBl I 2020, 1728, enthält Anforderungen an die energetische Qualität von Gebäuden, die Erstellung und die Verwendung von Energieausweisen sowie an den Einsatz erneuerbarer Energien in Gebäuden; dazu *Stefan Klinski* Gebäudeenergie, in: Michael Rodi (Hrsg.) Handbuch Klimaschutzrecht, 2022, § 36 Rn. 61 ff.

[110] Maßgeblich ist das Erneuerbare-Energien-Gesetz (EEG); dazu *Jan Reshöft* Klimaschutz durch das Erneuerbare-Energien-Gesetz, in: Michael Rodi (Hrsg.) Handbuch Klimaschutzrecht, 2022, § 25 Rn. 4 ff. Der Umbau des Energieversorgungssystems hat zu einer räumlichen Entkoppelung von Erzeugungs- und Abnahmeschwerpunkten geführt, wobei dem Netzausbau planungsrechtlich begegnet wird. Auch das Stromeinspeisungs- und Vergütungsmodell, lange Zeit als Erfolgsgeschichte beschrieben, hat sich geändert und ist auf ein marktorientiertes Ausschreibungsmodell umgestellt worden, vgl. *Yves Steingrüber* Die geförderte ausschreibungsbasierte Direktvermarktung nach dem EEG 2021, 2020, 103 ff. Insoweit ist das Recht der erneuerbaren Energien dem Regulierungsrecht zuzuordnen; dazu *Peter Franke* 13 Jahre Energieregulierung: Entwicklung und Perspektiven, in: Bernd Holznagel (Hrsg.) 20 Jahre Verantwortung für Netze, 2018, 105. Zum Klimaschutz durch Energierecht *Ursula Prall/Wolfgang Ewer* in: Hans-Joachim Koch/Ekkehard Hofmann/Moritz Reese (Hrsg.) Handbuch Umweltrecht, 5. Aufl. 2018, § 9.

[111] So auch *Burgi* Klimaverwaltungsrecht (Fn. 44), 1406.

[112] Zur Debatte *dena-Abschlussbericht* Wirksamer Klimaschutz durch Preissignale? Wege zur Zielerreichung 2030, 2019.

einer globalen CO_2-Steuer wäre.[113] Jedenfalls kann eine CO_2-Bepreisung ein ebenso effektives wie effizientes Mittel für besseren Klimaschutz sein. Werden fossile Energien teurer, sorgt das dafür, dass ihr Verbrauch unattraktiver wird, klimaschonende Technologien wirtschaftlicher werden und der CO_2-Ausstoß zurückgeht.[114]

Von einer globalen CO_2-Steuer sind wir (noch) weit entfernt.[115] Eingeführt wurde jedoch der europäische Emissionshandel[116] mit dem Ziel, eine kostengünstige Reduzierung der Treibhausgasemissionen durch ein „cap and trade" System zu erreichen.[117] Die Vision des Emissionshandels

---

[113] Vgl. *William D. Nordhaus* The Climate Casino: Risk, Uncertainty, and Economics for a Warming World, 2013.

[114] Vgl. *Patrick Graichen/Thorsten Lenck* Eine CO_2-orientierte Reform der Steuern, Abgaben und Umlagen auf Energie – grundsätzliche Überlegungen und Eckpunkte für die politische Diskussion, ZNER 2019, 76. Für eine Übersicht der weltweit eingeführten und geplanten Systeme von CO_2-Steuern und Emissionshandelssystemen bzw. Kombinationen von beiden *Carbon Pricing Leadership Coalition*, <https://www.carbonpricingleadership.org>.

[115] Siehe aber die Forderung von *Angela Merkel* auf der 26. Vertragsstaatenkonferenz in Glasgow am 1.11.2021, <https://www.bundesregierung.de/breg-de/mediathek/kanzlerin-rede-cop26-1974368>.

[116] Darstellungen: *Charlotte Kreuter-Kirchhof* Klimaschutz durch Emissionshandel? Die jüngste Reform des europäischen Emissionshandelssystems, EuZW 2017, 412; *Miriam Vollmer* Aller guten Dinge sind vier? Der europäische Rechtsrahmen für die vierte Handelsperiode des Emissionshandels von 2021 bis 2030, NuR 2018, 365; krit. *Bernhard W. Wegener* Die Novelle des EU-Emissionshandelssystems, ZUR 2009, 283 (287). Bislang fehlt es an einer am CO_2-Gehalt orientierten Besteuerung. Die von der Europäischen Kommission vorgeschlagene Änderung der Energiesteuerrichtlinie, die der Energiebesteuerung eine CO_2-Komponente hinzugefügt hätte, wurde abgelehnt. Jetzt hat die Kommission einen erneuerten Vorschlag vorgelegt, vgl. *Europäische Kommission* Proposal for a Council Directive restructuring the Union framework for the taxation of energy products and electricity (recast) v. 14.7.2021, COM (2021) 563 final.

[117] Darin ist ein Systemwechsel zu erkennen, galt die Luft doch früher als frei verfügbar, so dass grundsätzlich unbeschränkt emittiert werden konnte. Heute ist das Klima bzw. das zur Emission berechtigende Zertifikat ein knappes Gut, das zumindest der Idee nach mit ihrer Versteigerung einen marktlichen Allokationsmechanismus begründet, vgl. *Sören Zimmermann* Der Kampf mit dem Marktpreis, EurUP 2018, 280 (283). Zwar wird hoheitlich eine Gesamtmenge festgesetzt, aber das Verhalten der Emittenten wird durch die Kräfte des Marktes bestimmt. Nicht das Recht, sondern die Grenzvermeidungskosten und der Marktpreis der Berechtigungen entscheiden im Rahmen des ordnungsrechtlich festgesetzten Gesamtbudgets der Emissionen letztlich, was der einzelne Anlagenbetreiber emittiert oder an Emissionen einspart, vgl. *Rehbinder* Emissionshandel (Fn. 106), 403. Zur „Vermengung" der Rationalitäten von Ökonomie und Recht *Stefan Magen* Rechtliche und ökonomische Rationalität im Emissionshandelsrecht, in: Emanuel V. Towfigh u.a. (Hrsg.) Recht und Markt, 2009, 9 (11 ff.).

als idealem Instrument ist ebenso verbreitet[118] wie die Einsicht in Schwächen seiner Ausgestaltung.[119] Trotz des Preisanstiegs auf gegenwärtig über 50 EUR für eine Tonne CO_2 ist zu fragen, ob der Emissionshandel nicht einer Ergänzung durch die Mitgliedstaaten[120] bedarf, wie es mit einem Mindestpreis im britischen „Carbon Price Floor"[121] geschah.[122]

---

[118] Statt vieler *Joachim Weimann* Unterschätzter Emissionshandel, FAZ v. 22.3.2019, 16. So heißt es, nicht das Instrument habe versagt, sondern die Politik, lasse sie den Emissionshandel doch nicht ungestört die Effizienzpotentiale erbringen. Während die neoklassische Kritik immer wieder „Störungen" durch andere Maßnahmen wie die Förderpolitik erneuerbarer Energien bemängelt und im Emissionshandel ein Superinstrument sieht, das möglichst global, möglichst sektorenübergreifend und möglichst ohne nationale, für wirkungslos gehaltene, aber unnötig Kosten verursachenden Zusatzmaßnahmen auszugestalten sei, kommen aus der Institutionenökonomik realitätsnähere Empfehlungen, die Marktidealisierung nicht kurzerhand durch Politikidealisierung ersetzen, vgl. *Erik Gawel* Der EU-Emissionshandel vor der vierten Handelsperiode, EnWZ 2016, 351 (352 ff.).

[119] Vgl. *Klaus Meßerschmidt* Die Rolle des Handels im Emissionshandel, EurUP 2021, 238. Zur Relativierung der Bevorzugung des Emissionshandels gegenüber der Steuer *Axel Ockenfels/Peter Werner/Ottmar Edenhofer* Pricing Externalities and moral behavior, Nature Sustainability 3 (2020), 872. Eine direkte CO_2-Bepreisung durch eine Steuer schaffe mehr Raum für zusätzliche freiwillige Emissionsreduktionen und entfalte eine stärkere Anreizwirkung auf Akteure, die jenseits ihrer ökonomischen Interessen moralisch handeln wollen.

[120] Ergreift ein Mitgliedstaat zusätzliche Maßnahmen, um Emissionen durch die Stilllegung von Stromerzeugungskapazitäten zu mindern, kann er überschüssige Zertifikate in der Höhe der Einsparung löschen, Art. 12 Abs. 4 EHS-RL. Eine unionsrechtliche Verpflichtung besteht nicht, doch beim Kohleausstieg dürfte die Löschung nach § 8 Abs. 1 S. 2 TEHG verfassungsrechtlich gefordert sein, da anderenfalls die Klimawirksamkeit der Stilllegung und damit die Geeignetheit der Maßnahme in Frage stünde, richtig *Charlotte Kreuter-Kirchhof* Klimaschutz und Kohleausstieg, et 69 (2019), Heft 7/8, 25 (26).

[121] Britische Unternehmen müssen eine zusätzliche CO_2-Steuer in Höhe der Differenz zwischen dem Preis für EU-Emissionszertifikate und einem Mindestpreis entrichten, wenn der Zertifikatepreis unter den Mindestpreis fällt. Mit einem Satz von 16 Pfund pro Tonne CO_2-Äquivalent eingeführt, sollte er ursprünglich bis 2020 auf 30 Pfund steigen, wurde aber von der Regierung auf 18 Pfund eingefroren. Großbritannien hat seit dem 1.1.2021 einen eigenen Emissionshandel auf der Basis des Greenhouse Gas Emissions Trading Scheme Order 2020.

[122] Darüber würde die Mengensteuerung in die Nähe einer Preissteuerung gebracht, vgl. *Ottmar Edenhofer u.a.* Decarbonization and EU ETS Reform: Introducing a price floor to drive low-carbon investments, 2017; krit. *Ines Zenke* Entwicklungen des Rechts des Emissionshandels, in: FS Danner, 2019, 137 (156). Während für eine Absicherung des CO_2-Preises nach unten Großbritannien ein Vorbild sein kann, zeigen in den nicht dem Emissionshandel unterfallenden Sektoren der Wärme und des Verkehrs vor allem Frankreich und Schweden, wie ein CO_2-Aufschlag auf die bestehenden Energiesteuern erhoben werden kann. Die Europäische Kommission hat ein CO_2-Grenzausgleichssystem vorgeschlagen, um das Risiko der Verlagerung von Wirtschaftsaktivitäten und Emissionen ins EU-Ausland zu verringern, vgl. *Europäische Kommission* Proposal for a Regulation of the European Parliament and of the Council establishing a carbon border adjustment mechanism v.

Einen Emissionshandel sieht der Gesetzgeber auch für andere Sektoren vor, namentlich im Verkehr und für Gebäude. Er hat sich mit dem Brennstoffemissionshandelsgesetz gegen eine Steuer und für einen nationalen Emissionshandel „in der Zukunft" entschieden.[123] Denn in einem ersten Schritt sollen Zertifikate zu Festpreisen in unbegrenzter Menge ausgegeben werden. Erst ab 2026 wird ein maximales Emissionsbudget festgelegt und versteigert, so dass die Preisbildung am Markt erfolgen kann. Was jetzt auf den Weg gebracht wurde, ist ein kupierter Emissionshandel, der in der Einführungsphase ohne Emissionsobergrenze auskommt. Die verantwortlichen Unternehmen sind lediglich verpflichtet, so viele Zertifikate zu erwerben, wie sie für die ihnen zugeordneten Emissionsmengen benötigen.[124]

Hieran entzündet sich klimapolitische, aber auch finanzverfassungsrechtliche Kritik. So werden die Preise bis 2025 für zu niedrig gehalten, um nachhaltige Steuerungseffekte zu erzielen.[125] Der Vergleich mit dem europäischen Emissionshandel und einem Knappheitspreis zeigt, dass es beim Brennstoffemissionshandel an einem solchen Preis zunächst fehlt.[126] Des-

---

14.7.2021, COM (2021) 564 final. Zur möglichen Ausgestaltung *Michael Mehling/Michael Rodi* CO_2-Grenzausgleich, in: Michael Rodi (Hrsg.) Handbuch Klimaschutzrecht, 2022, § 18 Rn. 31 ff.; krit. *Gabriel Felbermayr/Klaus M. Schmidt* CO_2-Grenzausgleich: Klimaclub statt Klimafestung, FAZ v. 28.5.2021, 18. Zum „Carbon-Leakage"-Problem auch *Andreas Klemm* Brennstoffemissionshandel: Die neue BEHG-Carbon-Leakage-Verordnung im Überblick, REE 2021, 117.

[123] Instrumentell offen das Gutachten des *Sachverständigenrats zur Begutachtung der gesamtwirtschaftlichen Entwicklung* Aufbruch zu einer neuen Klimapolitik, 2009, 58 ff.; anders *Manuel Frondel* Steuer versus Emissionshandel: Optionen für die Ausgestaltung einer CO_2-Bepreisung in den nicht in den Emissionshandel integrierten Sektoren, Zeitschrift für Energiewirtschaft 43 (2019), 151.

[124] Darstellungen: *Ines Zenke/Carsten Telschow* CO_2-Bepreisung durch nationalen Emissionshandel, EnWZ 2020, 157; *Miriam Vollmer* Das Brennstoff-Emissionshandelsgesetz (BEHG), NuR 2020, 237. Zum Gebäudesektor *Jenny Kortländer* Brennstoffemissionshandelsgesetz – Finanzielle Mehrbelastung ohne Lenkungswirkung im Gebäudesektor?, ZNER 2020, 69.

[125] Um Lenkungswirkungen zu erzielen, müsste der CO_2-Preis bis 2030 linear auf 180 EUR je Tonne CO_2 erhöht werden, vgl. *Stefan Bach u.a.* Für eine sozialverträgliche CO_2-Bepreisung, 2019, 4. Schon vor der Novellierung des KSG war klar, dass im Verkehrssektor etwa 61 Mio. Tonnen CO_2 eingespart werden müssen, um die sektorspezifischen Reduktionsziele 2030 zu erreichen. Der Höchstpreis von 65 EUR pro Tonne kann diese Minderungslücke nicht schließen, weil es darüber nur zu einer Reduktion der Emissionen um 18,5 Mio. Tonnen CO_2 komme, vgl. *dies.* Nachbesserungen beim Klimapaket richtig, aber immer noch unzureichend: CO_2-Preise stärker erhöhen und Klimaprämie einführen, DIW-aktuell Nr. 27, 2020, 3.

[126] Vom BVerfG sind die Zertifikate des europäischen Emissionshandels als Vorteilsabschöpfungsabgabe eingeordnet und damit gerechtfertigt worden, dass mit der staatlichen Beschränkung der Emissionskontingente die knappe Ressource „Luft" einer marktwirtschaftlichen Verteilungsordnung unterworfen wurde, vgl. BVerfGK, Beschl. v. 5.3.2018,

halb ist unsicher, ob sich der steigende Festpreis in der Einführungsphase bis 2025 unter die nicht-steuerlichen Abgaben als Vorteilsabschöpfungsabgabe subsumieren lässt.[127] Das wirft die Frage nach einer Preissteuerung als Alternative oder Ergänzung zum Emissionshandel auf.[128] Es ist nur schwer verständlich, dass es bei der Strom- und Energiesteuer nicht auf die Erzeugungsart und damit nicht auf das Maß der CO_2-Emissionen ankommt. Lenkungswirksam wären das Strom- und das Energiesteuergesetz nur, wenn ihre Bemessungsgrundlage nicht mehr die Energiemenge, etwa der Liter Heizöl, sondern die jeweilige CO_2-Emission ist.[129] Zusammengefasst ist deshalb festzuhalten: Von einer CO_2-Bepreisung, die der jüngeren Gene-

---

NVwZ 2018, 972 Rn. 33 ff. Danach kann vom Vorliegen eines abschöpfbaren individuellen Sondervorteils nur ausgegangen werden, wenn die Gesamtmenge der verfügbaren Emissionen über ein „Cap" begrenzt ist, so dass ein Knappheitspreis entsteht. Zu Vorbehalten, hieraus strikte Grenzen ziehen zu wollen: *Claudio Franzius* CO_2-Bepreisung des Verkehrs, Die Verwaltung 53 (2020), 421 (441 f.); *Klaus Meßerschmidt* Verfassungsfragen an den Rändern des Abgabenrechts, DÖV 2021, 605 (609 f.). Ob das BEHG erhalten bleiben kann, muss als offen bezeichnet werden, denn die Kommission will einen separaten Emissionshandel für Verkehr und Gebäudewärme einführen, vgl. *Europäische Kommission* Proposal for a Directive of the European Parliament and of the Council amending Directive 2003/87/EC establishing a system for greenhouse gas emission allowance trading within the Union, Decision (EU) 2015/1814 concerning the establishment and operation of a market stability reserve for the Union greenhouse gas emission trading scheme and Regulation (EU) 2015/757 v. 14.7.2021, COM (2021), 551 final.

[127] Vgl. *Rainer Wernsmann/Simon Bering* Verfassungsrechtliche Anforderungen an Vorteilsabschöpfungsabgaben, NVwZ 2020, 497 (498 ff.); *Stefan Klinski/Friedhelm Keimeyer* Zur finanzverfassungsrechtlichen Zulässigkeit der CO_2-Bepreisung nach dem Brennstoffemissionshandelsgesetz (BEHG), ZUR 2020, 342 (345 ff.). Auch die anschließende „Auktionsphase" trifft mit Blick auf die abgabenrechtliche Qualifikation der Versteigerungserlöse auf Kritik, vgl. *Meßerschmidt* Verfassungsfragen (Fn. 126), 610 ff. Offener *Lucas Hennicke* Vereinbarkeit des neuen Brennstoffemissionshandelsgesetzes mit der Finanzverfassung, NuR 2021, 83 (88 f.); *Henning Tappe* Das Brennstoffemissionshandelsgesetz. Zur Verfassungsmäßigkeit der CO_2-Bepreisung in der Einführungsphase (2021-2025/26), EurUP 2021, 249 (254 ff.).

[128] Zur Unterscheidung zwischen Mengensteuerung (durch Emissionshandelssysteme) und Preissteuerung (durch Abgaben) *Schmidt* Das Vernünftige vernünftig tun (Fn. 15), 113 f. Ob eine strenge Unterscheidung heute noch sinnvoll ist, kann angesichts der Hybridisierung der Bepreisungsansätze bezweifelt werden, vgl. zu Kombinationslösungen *Frank Jotzo/Andreas Löschel* CO_2-Steuer? Zertifikate? Beides!, FAZ v. 15.8.2019, 16.

[129] Aus der Unzulässigkeit einer direkten Anknüpfung an die CO_2-Emission als Steuergegenstand folgt nicht, dass eine indirekte Bezugnahme über den Steuertarif bei Energieträgern unzulässig ist, vgl. *Armin Steinbach/Matthias Valta* Ein CO_2-Preis für Energieträger, JZ 2019, 1139 (1143); *Benjamin Straßburger* Perspektiven einer klimafreundlichen Reorganisation der Energieversorgung mittels indirekter Verhaltenssteuerung, EurUP 2018, 268 (277); *Anna Leisner-Egensperger* CO_2-Steuer als Klimaschutzinstrument, NJW 2019, 2218 (2221). Zum Vorschlag der Kommission zur Änderung der Energiesteuerrichtlinie oben Fn. 116.

ration präventiv „Freiräume" nach 2030 belässt, kann keine Rede sein.[130] Doch welche Alternativen gibt es?[131]

2. Mehr Ordnungsrecht wagen?

Die Klimapolitik der Bundesregierung folgte bislang einem Leitbild der Verbotsvermeidung.[132] Sicherlich: Das Ordnungsrecht mag nur punktuell greifen und in seiner Wirksamkeit begrenzt sein.[133] Die „große

---

[130] Je höher der CO_2-Preis ausfallen muss, um die Ziele zu erreichen, desto größer wird die Herausforderung, dies sozial ausgewogen zu gestalten. Anders als die Politik, die bislang die Einnahmen aus der CO_2-Bepreisung zur Finanzierung teurer Fördermaßnahmen verwendet, schlagen Ökonomen eine Rückerstattung an die Bürgerinnen als aufkommensneutrale „Klimadividende" vor, wodurch die Belastung ärmerer Haushalte vermieden werden kann, vgl. *Ottmar Edenhofer u.a.* Bewertung des Klimapakets und nächste Schritte: CO_2-Preis, sozialer Ausgleich, Europa, Monitoring, Oktober 2019, 8; *Joachim Wieland* Rechtsfragen einer CO_2-Bepreisung, EurUP 2019, 363 (367 ff.). Das muss nicht zu Lasten der Lenkungswirkungen gehen, vgl. *Roland Ismer u.a.* Sozialverträglicher CO_2-Preis: Vorschlag für einen Pro-Kopf-Bonus im Rahmen des Krankenversicherungssystems, ZUR 2019, 664 (668 ff.).

[131] Das sieht auch die Europäische Kommission, die mit dem Vorschlag für das „Fit for 55"-Paket nicht mehr allein auf den Emissionshandel setzt, wobei offen ist, inwieweit sie sich mit ihrem Mix aus „Bepreisung, Zielvorgaben, Normen und Unterstützungsmaßnahmen" – vgl. *Europäische Kommission* Mitteilung (Fn. 31), 4 – durchsetzen wird. Der Kritik – vgl. *Hendrik Kafsack* Die offene Frage des 30-Jahres-Plans, FAZ v. 15.7.2021, 15 („bürokratisches Monster") – ist zu entgegnen, dass die diskutierten Alternativszenarien kaum überzeugender ausfallen, vgl. *Schlacke u.a.* Kursänderung (Fn. 80), 9 ff.

[132] Der Gesetzgeber setzt überwiegend auf Anreize. Das überrascht, hatten es ökonomische Instrumente in der Verwaltungsrechtswissenschaft doch schwer, als Steuerungsinstrumente anerkannt zu werden, vgl. *Michael Kloepfer* Zu den neuen umweltrechtlichen Handlungsformen des Staates, JZ 1991, 737; *Uwe Volkmann* Der dezente Staat – Verhaltenssteuerung im Umweltrecht, JuS 2001, 521. Ihnen wurde regelmäßig eine das Ordnungsrecht ergänzende, aber nicht ersetzende Rolle zugewiesen, vgl. *Andreas Voßkuhle* Das Kompensationsprinzip, 1999, 73 f. Für den Klimaschutz gilt das Umgekehrte: Gesetzt wird auf die Aktivierung von Marktkräften, die ordnungsrechtlich eingerahmt werden.

[133] Ein Zusammendenken erlaubt die Kompensationsabgabe, welche die Zahlungspflicht – wie bei der Stellplatzabgabe – an die Nichteinhaltung einer zuvor statuierten Rechtspflicht knüpft und pflichtablösend wirkt. In der Zahlung eines Geldbetrags bestünde eine rechtmäßige Handlungsalternative zur Befolgung des ordnungsrechtlichen Befehls. Würde man den Ausstoß von CO_2 verbieten und gegen einen festgelegten Preis erlauben, stehe nicht die abgabenrechtliche, sondern die ordnungsrechtliche Wirkung des Verbots im Vordergrund und leite die grundrechtliche Bewertung an. Ist das Handlungsverbot für sich genommen unverhältnismäßig, könne der Freiheitseingriff durch die Kompensationsoption abgemildert werden, die erst bei einer Erdrosselungswirkung ihrerseits unverhältnismäßig wäre, vgl. *Philipp Overkamp* Ökonomische Instrumente und Ordnungsrecht, 2020, 229.

Transformation"[134] wird aber nur mit Änderungen des gewohnten Lebensstils erreicht werden können.[135] Dafür sollte der Gesetzgeber das Ordnungsrecht nicht scheuen.[136]

Die Maßnahmen dürfen jedoch in keinem Alternativverhältnis verstanden werden. Das zeigt schon der als „marktwirtschaftlich" bezeichnete Emissionshandel mit seinem ordnungsrechtlichen Cap. Häufig kommt es auch zu Stufungen. So enthält das Brennstoffemissionshandelsgesetz eine gestufte Steuerungsstrategie[137] mit einer Preissteuerung, die auf die Überführung in einen mengenbezogenen Emissionshandel[138] gerichtet ist.[139]

---

[134] Begriff: *WBGU* Welt im Wandel – Gesellschaftsvertrag für eine Große Transformation, 2011.

[135] *Johanna Wolff* Mut zum Verbot, VerfBlog v. 23.12.2019, <https://verfassungsblog.de/mut-zum-verbot>.

[136] Für den Verkehrssektor auch *Fehling* Verkehrskonzepte (Fn. 81), 392. Damit rücken innerdeutsche Flugverbote oder das Verbot von Antriebstechnologien in den Vordergrund, vgl. zu den (begrenzten) Möglichkeiten der Länder, den Verbrennungsmotor auf ihren Straßen zu verbieten *Ekkehard Hofmann/Benjamin Gwiasda* Der Abschied vom Verbrennungsmotor als Ländersache?, NVwZ 2021, 680. Dass ein Verbot des Verbrennungsmotors nicht illusorisch ist, zeigt der Vorschlag der Europäischen Kommission, die Flottengrenzwerte so zu verschärfen, dass ab 2035 nur noch emissionsfreie Pkw für den Verkehr zugelassen werden können, vgl. *Europäische Kommission* Proposal for a Regulation of the European Parliament and the Council amending Regulation (EU) 2019/631 as regards strengthening the CO_2 emission performance standards for new passenger cars and new light commercial vehicles in line with the Union's increased climate ambition v. 14.7.2021, COM (2021) 556 final.

[137] Auffallend ist die Diskrepanz zwischen ökonomischer Theorie und politischer Praxis, die niedrigere Preise festlegt als notwendig wäre, um die erforderlichen Transformationsschritte rechtzeitig einzuleiten. Es ist erstaunlicherweise noch immer so, dass CO_2-arme Technologien emissionsspezifisch stärker belastet werden als CO_2-intensive, vgl. *Konstantin M. Zech/Bernd M. Lindner* Braucht Deutschland eine CO_2-Steuer?, et 68 (2018), Heft 10, 36 f. mit dem Hinweis, dass die Emissionen, die sich aus der Nutzung von Wasserkraft ergeben, deutlich höher besteuert werden als jene aus der Braunkohleverstromung.

[138] In beiden Fällen handelt es sich um eine „indirekte" Steuerung, weil nur die Pflicht der Inverkehrbringer, sich diesen Anforderungen zu unterziehen, als Ordnungsrecht zu qualifizieren ist. Auch der Emissionshandel ist letztlich eine Mixtur, weil seine Anreizwirkungen erst das hoheitlich festgelegte „Cap" schafft. Einen Mindestpreis mag der Expertenrat für Klimafragen nach § 12 Abs. 4 KSG 2021 empfehlen, aber nur der Gesetzgeber festlegen können. Mit *Meßerschmidt* Verfassungsfragen (Fn. 126), 612 ist festzuhalten: „Je stärker ein ökonomisches Instrument von staatlicher Mengensteuerung flankiert wird, desto mehr wird es zu einem Annex des Ordnungsrechts."

[139] Auch das EEG 2017 vollzog für die Förderung erneuerbarer Energien den Wechsel von der ehemals zentralen Preissteuerung zu einer Mengensteuerung mit dem Ausschreibungsmodell. Es muss jedoch als offen bezeichnet werden, ob sich unter den gegenwärtigen regulatorischen Rahmenbedingungen die Ausbauziele erreichen lassen. Zum Vorschlag einer Erzeugungsplanung *Georg Hermes* Planungsrechtliche Sicherung einer Energiebedarfsplanung – ein Reformvorschlag, ZUR 2014, 259.

1. Prävention durch Verwaltungsrecht: Klimaschutz

Noch deutlicher wird es beim Kohleausstieg.[140] Mit den Betreibern der Braunkohlekraftwerke sollte eine vertragliche Lösung mit Regelungen zu den Stilllegungszeitpunkten und Entschädigungszahlungen gefunden werden.[141] Anderenfalls empfahl die „Kohlekommission" eine Stilllegung „im Rahmen der rechtlichen Erfordernisse".[142] Letzteres ist nicht in das Gesetz aufgenommen worden, war aber ein starker Anreiz für die Anlagenbetreiber, mit der Bundesregierung eine hohe Entschädigung auszuhandeln.[143] Es kann von einer gestuften Steuerung in der Zeit gesprochen werden, ähnlich wie es mit der Verpackungsverordnung praktiziert wurde: Das Ordnungsrecht bleibt im Hintergrund und wird aktiviert, wenn es nicht gelingt, die Ziele freiwillig auf anderem Wege zu erreichen.[144] Sicherlich kostet das

---

[140] Das Kohleverstromungsbeendigungsgesetz zielt darauf, die Verstromung von Kohle in Deutschland bis 2038 schrittweise und „möglichst stetig" auf null zu reduzieren und dadurch Emissionen einzusparen, § 1 Abs. 1 KVBG. Darstellungen: *Jule Martin* Das Kohleausstiegsgesetz – Der Einstieg in den Ausstieg, ER 2020, 100; *Claudio Franzius*, Der Kohleausstieg, ER 2021, 3; *Marie-Christin Stürmlinger/Severin Fuchs* Der Kohleausstieg: Gesetzliche Ausgestaltung und Perspektiven, NuR 2021, 320 (321 ff.).

[141] Die im Gesetz festgelegten Stilllegungszeitpunkte, überwiegend nach 2030, sind mit den Kraftwerksbetreibern ausgehandelt worden. Was beim Atomausstieg noch als „paktierte Gesetzgebung" auf Kritik stieß, wird für den Kohleausstieg als moderne Kooperation ausgewiesen, vgl. *Udo Di Fabio* Ausstiegsordnung durch Vertrag, NVwZ 2020, 1324 (1326). Danach seien Gesetz und Vertrag im öffentlichen Recht „keine Gegensätze, sondern Komplementäre, erwachsend aus Volksherrschaft und Grundrechtsgewährleistung".

[142] *Johannes Hellermann* Das Recht der Braunkohleverstromung und der Braunkohleausstieg, in: FS Danner, 2019, 125 f. („zweistufiger Vorschlag").

[143] Übermäßige wirtschaftliche Belastungen sind nach einer Betriebsdauer von 25 Jahren ausgeschlossen, so dass für alte Anlagen keine Entschädigung rechtlich zwingend wäre, während der Eingriff in das Nutzungsrecht bei neueren Kraftwerken mit Hilfe von Reststrommengen ebenfalls ohne Entschädigung verhältnismäßig hätte ausgestaltet werden können, vgl. *Claudio Franzius* Rechtsprobleme des Kohleausstiegs, NVwZ 2018, 1585 (1586). Fällt das Ordnungsrecht zum Ausschluss von unnötigen Entschädigungen weg, bleibt zur Bestimmung der Entschädigungshöhe nur noch das europäische Beihilfenrecht, wobei bezweifelt wird, ob die Entschädigungszahlungen in Höhe von insgesamt 4,35 Mrd. EUR beihilferechtskonform sind, vgl. *Europäische Kommission* Eröffnungsbeschluss v. 2.3.2021, C (2021) 1352 final; dazu *Julian Senders* Kippt die Kommission die Braunkohle-Entschädigung? VerfBlog v. 14.6.2021, <https://verfassungsblog.de/kippt-die-kommission-die-braunkohle-entschaedigung>; *Walter Frenz* Doch keine Braunkohleausstiegsentschädigung?, UPR 2021, 166.

[144] Vgl. *Matthias Schmidt-Preuß* Verwaltung und Verwaltungsrecht zwischen gesellschaftlicher Selbstregulierung und staatlicher Steuerung, VVDStRL 56 (1997), 160 (185) „Ordnungsrechtliche Primärpflicht mit Abwendungsbefugnis". Zu dieser „regulierten Selbstregulierung" *Wolfgang Hoffmann-Riem* Öffentliches Recht und Privatrecht als wechselseitige Auffangordnungen – Systematisierungen und Entwicklungsperspektiven, in: ders./Eberhard Schmidt-Aßmann (Hrsg.) Öffentliches Recht und Privatrecht als wechselseitige Auffangordnungen, 1996, 261 (300 ff.). Verwaltungsrechtliche Einordnung: *Martin*

Zeit.¹⁴⁵ Es hat im Verwaltungsrecht aber erfolgreiche Vorläufer¹⁴⁶ und ist nicht prinzipiell verkehrt.¹⁴⁷

Plastisch wird diese Stufung beim Ausstieg aus der Steinkohleverstromung: Maßgeblich sind jährliche Zieldaten, mit denen der Gesetzgeber verdeutlicht, in welchem Umfang eine Kohleverstromung noch akzeptiert wird.¹⁴⁸ Gegenwärtig erfolgt der Ausstieg auf freiwilliger Basis, indem sich Anlagenbetreiber zur Stilllegung entschließen können und dafür eine Stilllegungsprämie erhalten, die in einem Ausschreibungsverfahren ermittelt wird. Ab 2027¹⁴⁹ endet die Möglichkeit, die Anlage gegen Entschädigung stillzulegen. Für die Zieldaten bis 2038 erfolgt die Reduktion der Steinkohleverstromung allein auf gesetzlicher Grundlage. Für diese ordnungsrechtli-

---

Eifert Regulierungsstrategien, in: Andreas Voßkuhle/Martin Eifert/Christoph Möllers (Hrsg.) GVwR I, 3. Aufl. 2022, § 19 Rn. 52 ff.

¹⁴⁵ Krit. *Gerd Winter* Zur Architektur globaler Governance des Klimaschutzes, ZaöRV 72 (2012), 103 (126).

¹⁴⁶ Die Verpackungsverordnung ist ein gutes Beispiel, wie Ordnungsrecht und Anreizpolitik miteinander verschränkt werden können. Dadurch, dass die Ergreifung direkter Maßnahmen in Form von Rücknahmepflichten in Aussicht gestellt wurde, ist indirekt der Aufbau eines privaten Abfallentsorgungssystems auf den Wege gebracht worden, vgl. *Claudio Franzius* Die Herausbildung der Instrumente indirekter Verhaltenssteuerung im Umweltrecht der Bundesrepublik Deutschland, 2000, 191 ff.

¹⁴⁷ *Hellermann* Braunkohleausstieg (Fn. 142), 133 f. Kohlekraftwerksbetreiber können seit der Einführung des Emissionshandels nicht mehr schutzwürdig darauf vertrauen, dass ihre Kraftwerke eine tragende Säule der Stromversorgung in Deutschland bleiben, a.A. *Johann-Christian Pielow* Rechtsfragen des Kohleausstiegs, in: Michael Rodi (Hrsg.) Handbuch Klimaschutzrecht, 2022, § 29 Rn. 29. Anders war es bei der „Systemumstellung" für den Ausbau von Offshore-Windparks, wo das BVerfG in § 46 Abs. 3 WindSeeG a.F. mit der Beendigung laufender Zulassungsverfahren ohne Entschädigungs- oder Ausgleichsregelung einen Verstoß gegen den allgemeinen Vertrauensschutzgrundsatz festgestellt hat, vgl. BVerfGE 155, 238; dazu *Dirk Uwer/Lennart Andersen* Das Windenergie-auf-See-Gesetz und das Verfassungsrecht: Eine Vervollständigung in drei Etappen, REE 2021, 61.

¹⁴⁸ § 2 Abs. 2 KVBG ordnet die Reduzierung der Leistung von Kohlekraftwerken im Jahr 2022 auf rund 15 GW Steinkohle und 15 GW Braunkohle, im Jahr 2030 auf höchstens 8 GW Steinkohle und 9 GW Braunkohle und spätestens im Jahr 2038 auf 0 GW Nettonennleistungen an. Dabei geht der Erhalt von Braunkohlekapazitäten zu Lasten der Steinkohle, müssen nach § 4 Abs. 2 KVBG doch in den Jahren, in denen weniger Braunkohlekraftwerke vom Netz gehen, mehr Steinkohlekraftwerke stillgelegt werden, um das gesetzlich vorgegebene Zielniveau einzuhalten, krit. *Ulrich Büdenbender/Jana Michaelis* Verfassungswidrige Entschädigungsregelungen für den Ausstieg aus der Kohleverstromung, RdE 2020, 505 (509 ff.).

¹⁴⁹ Mit dem Hinweis auf die fehlende beihilferechtliche Genehmigung der Europäischen Kommission für die letzte Ausschreibungsrunde im Jahr 2027, die § 6 Abs. 4 KVBG auf das Zieldatum für das Jahr 2030 bezogen hatte: *Ulrich Büdenbender* Der gesetzliche Rahmen für den Ausstieg aus der Kohleverstromung, DVBl 2021, 281 (284). Zum beihilferechtlichen Rahmen *Wolfgang Kahl* Kohleausstieg und EU-Recht, EurUP 2020, 305 (309 ff.).

chen Abschaltungen legt die Bundesnetzagentur eine Liste der stillzulegenden Anlagen vor. Rechtsfolge des Zuschlags oder der ordnungsrechtlichen Anordnung sind ein Kohleverfeuerungs- und ein Vermarktungsverbot.[150]

Ob das Kohleverstromungsbeendigungsgesetz mit seinem „gestuften" Vorgehen klimaschädliche Kohlekraftwerke schneller als der Markt abschaltet, ist ungewiss. Befürchtet wird nicht ohne Grund, dass Kohlekraftwerke länger am Netz bleiben als ohne das Gesetz.[151] Es spricht vieles dafür, dass das Kohleausstiegsgesetz klimapolitisch nur wenig auf den Weg gebracht hat. Das Recht hat im Grunde nur einen Prozess begleitet, der von der zunehmenden Unwirtschaftlichkeit der Kohlekraftwerke angestoßen wurde, aber auch ohne die hohen Entschädigungszahlungen zu einer Beendigung der Kohleverstromung geführt hätte. So fragt sich, ob das Ordnungsrecht mit dem zeitlich nach hinten verschobenen Kohleverfeuerungsverbot einen marktgetriebenen Ausstieg nicht verhindert.[152] Im Ergebnis wird daran deutlich, dass das Ordnungsrecht seine Rolle hat, eine pauschale Bevorzugung im Policy-Mix aber nicht zielführend ist.

3. *Prävention durch Wettbewerb*

Unter dem Aspekt des Policy-Mix schließt sich die Frage an, ob der Wettbewerb nicht nur unter dem Gesichtspunkt der Kosteneffizienz sinnvoll ist, sondern auch als Entdeckungsverfahren für mehr Klimaschutz ein-

---

[150] §§ 51, 52 KVBG. Die Aussicht, ordnungsrechtlich zur Stilllegung gezwungen zu werden, mag ein starker Anreiz zur Teilnahme am Ausschreibungsverfahren sein. Verlangen jedoch Betreiber jüngerer oder modernisierter älterer Anlage wegen der fehlenden Amortisation höhere Kompensationszahlungen für die Stilllegung, riskieren sie, am Ende gegenüber Altanlagen leer auszugehen und für ihre Modernität „abgestraft" zu werden, vgl. *Sascha Michaels/Olaf Däuper* Das Kohleausstiegsgesetz im Überblick: Welche Rechtsfragen bleiben offen?, EnWZ 2020, 291 (298 f.). Ob diese Kritik berechtigt ist, erscheint unsicher, hat doch bereits in der ersten Ausschreibungsrunde ein modernes Steinkohlekraftwerk wie das nach langen gerichtlichen Auseinandersetzungen erst 2015 in Betrieb gegangene Kraftwerk Hamburg-Moorburg einen Zuschlag erhalten und ist inzwischen stillgelegt.

[151] Zur Kritik, wonach das Gesetz veraltete Reduktionsanforderungen bis 2030 zu Lasten des zukünftigen Gesetzgebers zementiere: *Roda Verheyen* Stellungnahme v. 25.5.2020, Deutscher Bundestag, Ausschuss für Wirtschaft und Energie, Ausschuss-Drs. 19 (9) 618; *Felix Matthes* Stellungnahme v. 19.5.2020, ebd., Ausschuss-Drs. 19 (9) 620 (neu).

[152] Gemessen an den europäischen und nationalen Zielen des Klimaschutzes ist ein vorgezogener Ausstieg aus der Kohleverstromung geboten. Das ist nicht bloß eine politische Forderung, sondern kann aus der Rechtsverbindlichkeit der Ziele gefolgert werden, die zu erreichen Art. 20a GG verlangt. Zwar fällt es schwer, einen früheren Ausstieg als unmittelbar verfassungsrechtlich geboten auszuweisen, zweifelnd auch *Burgi* Klimaverwaltungsrecht (Fn. 44), 1406. Dass aber das Ausstiegsdatum 2038 grundrechtlich vorgegeben sei, wird man kaum annehmen können, a.A. *Walter Frenz* Kein Grundrechtsschutz mehr für Energiekonzerne wegen Klimaschutzes?, RdE 2021, 345 (347 ff.).

gesetzt werden kann.¹⁵³ Zwar mag eingewendet werden, der Wettbewerb könne nicht rechtzeitig Innovationen erzeugen, um den Klimawandel einzudämmen.¹⁵⁴ Richtig eingerichtet – etwa im Emissionshandel mit einem Mindestpreis oder in einem Marktmacht eindämmenden Ausschreibungsdesign – kann auf regulierten Wettbewerb aber schon wegen der gebotenen Umstellung von Wirtschaft und Gesellschaft auf eine klimaneutrale Lebensweise schlecht verzichtet werden.¹⁵⁵ Insoweit ist der Wettbewerb auch ein Stachel in Vorstellungen, der Staat könne nur mithilfe ordnungsrechtlicher Vorgaben die Ziele des Klimaschutzes erreichen.¹⁵⁶

---

¹⁵³ So gefragt, stellt sich die Instrumentalisierung des Wettbewerbs gegen ganzheitliche Konzeptionen der Nachhaltigkeit. Werden die planetarischen „Boundaries" oder Abstandsgebote zum Anlass genommen, die offenen Grenzen als „Frontiers" aufzugeben, werde von der Natur auf die Politik und damit ein normatives Leitbild geschlossen. Auf diese Weise gehe *Jens Kersten* Das Anthropozän-Konzept, 2014, 55 zufolge „das ethische, technische, politische, wirtschaftliche und auch ökologische Experimentier-, Innovations-, Konflikt- und Oppositionspotential, das sich regelmäßig über Exit-Strategien" verwirkliche, verloren. Entdeckungsverfahren, die nicht nur politisch und ökonomisch, sondern auch ökologisch funktionieren sollen, realisieren sich „über die Freiheit, Exit-Optionen zu nutzen und auf diese Weise über neue Frontiers neue Intelligenz-, Konflikt- und Wissensräume" zu erschließen, vgl. *ders.* Ökologischer Liberalismus (Fn. 89), 315 f.
¹⁵⁴ Im Verkehrssektor ruhten die Hoffnungen mit der Nachfrage der Verbraucher nach Effizienztechnologien auf einem „technology pull" in der Absicht, auf einen „technology push" durch Flottengrenzwerte verzichten zu können. Innovationen bringt der Markt aber erst auf Nachfrage hervor, was einen entsprechend hohen Preis voraussetzt. Für nötig gehalten werden Zertifikatspreise zwischen 370 und 440 EUR, um dieselbe Wirkung wie ein politisch vorgegebener Grenzwert von 95 g/km zu erreichen, vgl. *Alexander Mahler/ Matthias Runkel* Straßenverkehr im Emissionshandel: Ohne Nutzen für den Klimaschutz, 2016, 6 mit dem Hinweis auf *Peter Mock u. a.* Road transport in the EU Emission Trading System: An engineering perspective, 2014. Zum Technology Forcing *Jonas Mekhalfia* Möglichkeiten und Grenzen von Technology-Forcing zur Förderung der Elektromobilität, DÖV 2018, 936; *Andrea Diehl* Innovationsfördernde dynamische Regulierung, 2014, 520 ff.
¹⁵⁵ Zur Unterscheidung zwischen optimiertem, instrumentellem und reguliertem Wettbewerb *Jens Kersten* Herstellung von Wettbewerb als Verwaltungsaufgabe, VVDStRL 69 (2010), 288 (290 ff.). Zur Vielschichtigkeit des Begriffs auch *Hermann-Josef Blanke u.a.* (Hrsg.) Dimensionen des Wettbewerbs, 2010.
¹⁵⁶ Zum „Marktdesign" *Achim Wambach* Gemeinwohlziele und Wettbewerb, FAZ v. 20.8.2021, 16; s. auch *Charlotte Kreuter-Kirchhof* Wettbewerb im Zeitalter klimapolitisch motivierter Energiewende?, in: Jürgen Kühling/Daniel Zimmer (Hrsg.) Neue Gemeinwohlherausforderungen – Konsequenzen für Wettbewerbsrecht und Regulierung, 2020, 89 ff., jedoch ohne zu sehen, dass Regulierung den Wettbewerb nicht ausschließen, sondern ermöglichen will. Klimaschutzziele verlangen freilich auch die Herstellung der passenden Infrastruktur durch Planungsrecht, vgl. zur Asymmetrie zwischen Transport und Erzeugung im Bereich der Energiewende *Peter Franke* Neue Steuerungsinstrumente für den Windkraftausbau?, in: FS Büdenbender, 2018, 201 ff. Auch die Verkehrswende wird nicht gelingen, wenn nicht der ÖPNV ausgebaut und die Infrastruktur für Elektromobilität bereitge-

Ein Weiteres kommt hinzu: Prävention wurde im Verwaltungsrecht als Rechtsgüterschutz verstanden, um etwas zu erhalten oder zu bewahren. Bezieht man Prävention dagegen auf den Klimaschutz, erstreckt sich die Aufgabe nicht bloß auf etwas zu Bewahrendes, sondern auf etwas zu Gestaltendes. Diese Gestaltungsaufgabe zielt auf Transformationsprozesse von Wirtschaft und Gesellschaft in eine dekarbonisierte Welt. Sie verlangt ordnungsrechtliche Vorgaben, sei es in einer Auffangfunktion als Reserve[157] und damit als Anreiz, diesen „selbstregulativ" zu entgehen, sei es als Einrahmung der Bepreisung oder schlicht als Verbot, kommt ohne den gestalteten Wettbewerb aber nicht aus.

V. Wohin gehen wir?

Wohin, so ist abschließend zu fragen, gehen wir? Prävention im naturwissenschaftlichen Koordinatensystem von Ziel und Zeit[158] kann nicht einfach fortsetzen, was im Verwaltungsrecht unter „Risikovorsorge" verhandelt wurde.[159] Denn Prävention ist nicht länger so zu verstehen, dass es möglich wäre, unerwünschte Risiken zu vermeiden. Wir haben es längst – erinnern wir uns an die Bilder der Flutkatastrophe im Sommer 2021[160] – mit einem realisierten Risiko, also mit Gefahren und Schäden zu tun.[161] Die Steuerung durch Recht auf Risikoanpassungen zu beschränken, die Minimierung klimaschädlichen Verhaltens am Maßstab der Ziele[162] aber aufzu-

---

stellt wird, vgl. *Georg Hermes* Gewährleistung umweltverträglicher Mobilität für alle, Die Verwaltung 53 (2020), 311.

[157] Zur „Reservefunktion" des Ordnungsrechts bereits *Michael Kloepfer* Umweltschutz zwischen Ordnungsrecht und Anreizpolitik: Konzeption, Ausgestaltung, Vollzug, ZAU 9 (1996), 200 (207).

[158] *Birgit Spießhofer* Die Transnationalisierung des Klimaschutzrechts, AVR 57 (2019), 26 (28).

[159] Oben II.1.

[160] Siehe <https://www.worldweatherattribution.org/heavy-rainfall-which-led-to-severe-flooding-in-western-europe-made-more-likely-by-climate-change>. Zu Maßnahmen für die Verbesserung der Klimaresilienz *Juliane Albrecht* Die Stadt im Klimawandel: Handlungsfelder, Rechtsinstrumente und Perspektiven der Anpassung, ZUR 2020, 12 (13 ff.).

[161] Instruktiv *Stephan Meyer* Grundrechtsschutz in Sachen Klimawandel, NJW 2020, 894 (895 ff.). Der Fokus auf die Risikovorsorge ist zu eng, weshalb auch das Risikoverwaltungsrecht die Präventionsaufgabe nur begrenzt erfasst, vgl. am Beispiel des Katastrophenrechts *Anika Klafki* Risiko und Recht, 2017, 43 ff. Auf *Ulrich Beck* Risikogesellschaft, 1986 als Gewährsmann können wir uns im Klimaschutz nicht mehr einfach beziehen.

[162] Es geht nicht mehr um Risikovorsorge, sondern um Maßnahmen zur Erreichung der Ziele.

geben, wird der Präventionsaufgabe des Staates nicht gerecht und würde gegen geltendes Verfassungsrecht verstoßen.[163]

1. Wiederentdeckung der nationalen Ebene

Im Blick zu behalten ist, dass sich das Klimaschutzrecht als eine polyzentrische Ordnung[164] darstellt, in der nicht eine „Ebene" gegen die andere „Ebene" ausgespielt werden darf und von einer Hierarchisierung[165] Abstand zu nehmen ist.[166] Diese Ordnung führt aber, kontrastieren wir sie mit der anfangs[167] beschriebenen Suche nach überstaatlichen Regelungen, zu einer Wiederentdeckung der nationalen Ebene. Auf dieser Ebene wird nicht bloß nachvollzogen, was unions- und völkerrechtlich vorgegeben ist. Es kann

---

[163] In der Abkehr von der klassischen Risikovorsorge liegt eine Parallele zum „resilienten" Verwaltungsrecht, wie es für die vulnerable Gesellschaft gefordert wird, vgl. *Rixen* Verwaltungsrecht (Fn. 92), 42 ff. Für die Klimaanpassung („Adaptation") kann das fruchtbar gemacht werden, für den hier im Vordergrund stehenden Klimaschutz („Mitigation") dagegen weniger.

[164] Zur polyzentrischen Rechtserzeugung und Fragen der Gesetzesbindung *Hans-Heinrich Trute* Die konstitutive Rolle der Rechtsanwendung, in: ders. u.a. (Hrsg.) Allgemeines Verwaltungsrecht – zur Tragfähigkeit eines Konzepts, 2008, 211 (213 ff.).

[165] Treffend spricht *Joseph Weiler* The Geology of International Law – Governance, Democracy and Legitimacy, ZaöRV 64 (2004), 547 von einer „Geologie" des internationalen Rechts, die Anleihen an hierarchische Ordnungsmuster vermeidet; s. auch *Chris Skelcher* Jurisdictional Integrity, Polycentrism, and the Design of Democratic Governance, Governance 18 (2005), 89, demzufolge „political authority is dispersed to seperatly constitued bodies with overlapping jurisdictions that do not stand in hierarchical relationship to each other". Zur Kritik an der Konstitutionalisierungsthese des Völkerrechts *Heike Krieger* Verfassung im Völkerrecht – Konstitutionelle Elemente jenseits des Staates?, VVDStRL 75 (2016), 439 (443 ff.); für das Umweltrecht *Boysen* Postkoloniale Konstellation (Fn. 102), 300 ff.

[166] Vgl. *Karin Bäckstrand/Fariborz Zelli/Philip Schleifer* Legitimacy and Accountability in Polycentric Climate Governance, in: Andrew Jordan u.a. (Hrsg.) Governing Climate Change: Polycentricity in Action?, 2018, 338. Dabei kann es nicht um eine Alternative zum multilateralen Regime, sondern nur darum gehen, die Verflechtung mit diesem besser zu verstehen, mag das Zusammenspiel auch keiner kohärenten Ordnung unterliegen. Für *Elinor Ostrom* A Polycentric Approach for Coping with Climate Change, World Bank Policy Research Working Paper Series 5095, 2009 sind komplexe gesellschaftliche Probleme wie der Klimawandel mit ungewissen Lösungen am besten von einer Vielzahl an Akteuren und überlappenden Politiken auf lokaler, nationaler und internationaler Ebene zu adressieren. Beobachten lässt sich dabei Komplementarität, aber auch Kontestation, vgl. *Sigrid Boysen* Entgrenzt – pluralistisch – reflexiv – polyzentrisch – kontestiert: Das Transnationale am transnationalen Klimaschutzrecht, ZUR 2018, 643 (644 ff.).

[167] Oben II.2.

auch von anderen Staaten und ihren Strategien zur Eindämmung des Klimawandels gelernt werden.[168]

Jedenfalls ist in der Rolle nationaler Politik im globalen Kontext eine zentrale Frage des Klimaschutzrechts zu sehen.[169] Der Klimaschutzverpflichtung aus Art. 20a GG steht der globale Charakter der Erderwärmung nicht entgegen. Denn der Staat, so das Bundesverfassungsgericht ebenso lapidar wie zutreffend, kann sich seiner Verantwortung nicht durch den Hinweis auf Treibhausgasemissionen in anderen Staaten entziehen.[170] Hier Machtverschiebungen anzunehmen, erscheint jedoch verfrüht.[171] Dass sich die Aufmerksamkeit wieder der nationalen Ebene zuwendet, hat mit einer Abkehr von der überstaatlichen Ebene nichts zu tun, wenngleich die transnationale Perspektive[172] das Bild des internationalen Rechts als einer „Pyra-

---

[168] Diese „transnationale Konstellation" zeichnet sich durch eine Multiplikation der Akteure aus, die nicht hinter den Staaten versteckt werden dürfen, aber in dem Maße, wie von ihnen Klimaschutzmaßnahmen erwartet werden, neue Legitimationsfragen aufwerfen, vgl. *Karin Bäckstrand/Jonathan W. Kuyper* The democratic legitimacy of orchestration: the UNFCCC, non-state actors, and transnational climate governance, Environmental Politics 26 (2017), 764. So wird mit der Abkehr von einer top down-Steuerung und der Hinwendung zur bottom up-„Orchestrierung" im Paris-Abkommen letztlich auf „Accountability" abgestellt, vgl. *Cathrin Zengerling* Städte im polyzentrischen Klimaschutzregime: Verantwortung ohne Rechtsverbindlichkeit, ZUR 2020, 3 f.; *Charlotte Streck* Strengthening the Paris Agreement by Holding Non-State Actors Accountable: Establishing Normative Links between Transnational Partnerships and Treaty Implementation, TEL (18.5.2021), 1 (8 ff.).

[169] Krit. *Gerhard Wagner* Klimaschutz durch Gerichte, NJW 2021, 2256 (2263), der bezweifelt, dass „Maßnahmen gegen einzelne Akteure, wie sie durch die Gerichte gegen den jeweils eigenen Staat oder gegen Unternehmen angeordnet werden können, dem Klimaschutz wirklich nützen." Die Tragödie der Allmende könne „leider nicht durch unilaterales Handeln aufgelöst" werden – eben deshalb werde sie als Tragödie bezeichnet; ähnlich *Dietrich Murswiek* Ökonomisch und ökologisch unsinnig, verfassungsrechtlich falsch, Die Welt v. 20.8.2021, 10; anders und richtig *Till Markus* Das Ende der Allmende-Tragik: Verfassungsrechtliche Gebote zum extraterritorialen Klima- und Umweltschutz, ZUR 2021, 595 (599 f.).

[170] BVerfG, Beschl. v. 24.3.2021 (Fn. 48), Leitsatz 2c.

[171] Das gilt auch für die Annahme einer Machtverschiebung zum BVerfG. Der Klimabeschluss mag sich mit *Berkemann* Freiheitschancen (Fn. 98), 707 „vom konkreten Individualschutz zugunsten einer systemischen Kontrollfunktion" entfernen, aber diese Abkehr setzte wesentlich früher ein, ist im Grunde in der Elfes-Rechtsprechung angelegt und ließ sich eher beim Zweiten Senat mit dem einklagbaren „Recht auf Demokratie" beobachten, vgl. zuletzt BVerfGE 154, 17 (85 Rn. 98 f.) PSPP. Es ist jedenfalls nicht das erste Mal, dass die Grundrechte mit *Christoph Möllers/Nils* Weinberg Die Klimaschutzentscheidung des Bundesverfassungsgerichts, JZ 2021, 1069 „als prozessuale selbstlegitimierende Einkleidung" einer Prüfung objektiven Verfassungsrechts dienen.

[172] Dazu *Lars Viellechner* Was heißt Transnationalität im Recht?, in: Gralf-Peter Calliess (Hrsg.) Transnationales Recht, 2014, 57 ff.; *Claudio Franzius* Recht und Politik in der transnationalen Konstellation, 2014, 40 ff. Die „Außenperspektive" hervorhebend *Matthias Herdegen/Johannes Masing/Ralf Poscher/Klaus F. Gärditz* Deutsches Verfassungsrecht in transnationaler Perspektive, in: dies. (Hrsg.) Handbuch des Verfassungsrechts, 2021, 1 ff.

midenspitze" in Frage stellt. Sicherlich: Ein transnationales Verständnis des Klimaschutzrechts[173] verschiebt die Akzente, aber mit dieser Perspektivenerweiterung sind keine umstürzenden Machtverschiebungen von staatlichen zu nicht-staatlichen Akteuren[174] verbunden, ebenso wenig vom Staat zum Markt, müssen private Akteure und der Markt doch eingebettet in hoheitliche Vorgaben verstanden werden.[175] Schließlich kann von strukturellen Machtverschiebungen zugunsten der Exekutive im Klimaschutzrecht[176] keine Rede sein, mag der Gesetzgeber auch zunächst versucht haben, der Bundesregierung die Verantwortung für den Transformationspfad in die Klimaneutralität[177] zuzuweisen.[178]

---

[173] Frühzeitig *Boysen* Grundfragen (Fn. 38), 381 ff.; s. auch *Thijs Etty/Veerle Heyvaert* Transnational Climate Law, TEL 7 (2018), 191; *Claudio Franzius* Auf dem Weg zum transnationalen Klimaschutzrecht?, ZUR 2018, 641 f.

[174] Zum Bedeutungsanstieg privater Akteure im internationalen Klimaschutzregime *Charlotte Streck* From Laggards to Leaders, in: Richard Barnes/Ronán Long (Hrsg.) Frontiers in International Environmental Law: Oceans and Climate Challenges, Essays in Honour of David Freestone, 2021, 75.

[175] Zum „einbettenden" Liberalismus *Andreas Reckwitz* Das Ende der Illusionen, 2019, 285 ff. Wenn es richtig sein sollte, dass „innerhalb einer relativen Stabilität ressourcenbezogener Zielsetzung und einer vergleichsweise großen Flexibilität der zur Zielerreichung einsetzbaren Mittel und der einzubeziehenden Akteure" – so *Appel* Zukunfts- und Entwicklungsvorsorge (Fn. 56), 491, 512, 524 u. passim – alle Handlungsmöglichkeiten und Optionen genutzt werden sollen, um dem Klimawandel zu begegnen, dann ist eine Ebenen- und Akteurskoordinierung erforderlich, die als transnationale Ausrichtung des Klimaschutzregimes verstanden werden kann, vgl. *Franzius* Paris-Abkommen (Fn. 26), 515 ff.

[176] Das BVerfG, Beschl. v. 24.3.2021 (Fn. 48), Leitsatz 5 hebt die Verantwortung des Gesetzgebers hervor. Dem Gesetzeserfordernis könne nicht der Gedanke dynamischen Grundrechtsschutzes entgegengehalten werden, denn „die Herausforderung liegt nicht darin, zum Schutz der Grundrechte regulatorisch mit Entwicklung und Erkenntnis Schritt zu halten, sondern es geht vielmehr darum, weitere Entwicklungen zum Schutz der Grundrechte regulatorisch überhaupt erst zu ermöglichen". Das erinnert an den Freiheitsvoraussetzungsschutz, wie er schon lange thematisiert wird, vgl. *Michael Kloepfer* Grundrechte als Entstehungssicherung und Bestandsschutz, 1970, 17 ff. Zur problematischen Figur der „Verfassungsvoraussetzungen" *Christoph Möllers* Religiöse Freiheit als Gefahr?, VVDStRL 68 (2009), 47 (51 ff.).

[177] Delegationsgrenzen hat das BVerfG aufgezeigt und damit parlamentarische Verantwortung nicht geschwächt, sondern gestärkt, vgl. BVerfG, Beschl. v. 24.3.2021 (Fn. 48), Rn. 257 ff. Vorwürfe, das Gericht habe den Primat der Politik verkannt, laufen ins Leere. Dem Gesetzgeber wurden keine konkreten Maßnahmen vorgeschrieben. Auch der Verordnungsgeber kann tätig werden, aber es muss ein gesetzlicher Planungshorizont vorgegeben sein.

[178] Je stärker das Ziel der Klimaneutralität rechtlich vorgegeben wird, desto wichtiger wird die Entfernung von CO_2 aus der Atmosphäre. Um die CO_2-Aufnahmefähigkeit der Wälder und Moore zu verbessern, soll in der LULUCF-Verordnung ein EU-Gesamtziel für den CO_2-Abbau durch natürliche Senken im Umfang von 310 Mio. Tonnen CO_2-Emissionen festgelegt werden, vgl. *Europäische Kommission* Mitteilung (Fn. 31), 13. In § 3a KSG

2. Kurzzeitlegitimation und Langzeitverantwortung

Der Klimawandel jedoch, so ist mit Blick auf seine rechtliche Eindämmung festzuhalten, verschärft den strukturellen Antagonismus zwischen Kurzzeitlegitimation und Langzeitverantwortung.[179] Wie, so ist zu fragen, kann die Politik stärker über Legislaturperioden hinaus auf den Klimaschutz verpflichtet werden? Verbreitet ist das Plädoyer für eine Stärkung des Klimaschutzes in der Verfassung.[180] Auf „konstitutionalistische" Angebote kann aber auch verzichtet werden und der Politik das Feld überlassen bleiben.[181] Gesucht wird eine vom politischen Alltagsgeschäft unabhängige

---

2021 normiert der Gesetzgeber für den Sektor Landnutzung, Landnutzungsänderung und Forstwirtschaft bereits konkrete Minderungsziele bis 2045, überlässt es aber der Bundesregierung, Einzelheiten der Anrechnung, Berichterstattung und Datenerhebung durch Rechtsverordnung zu regeln. Zu den bisherigen Maßnahmen *Juliane Albrecht* Das Klimaschutzgesetz des Bundes – neue Ansätze für den Naturschutz?, NuR 2020, 513 (515 ff.).

[179] Für das Umweltrecht bereits *Michael Kloepfer* in: Carl Friedrich Gethmann/Michael Kloepfer/Hans G. Nutzinger, Langzeitverantwortung im Umweltstaat, 1993, 22 (26 ff.). Damit ist nicht gesagt, dass der für vier Jahre gewählte Bundestag nicht Verantwortung übernehmen könnte, aber das BVerfG, Beschl. v. 24.3.2021 (Fn. 48), Rn. 206 zieht Art. 20a GG heran, um dem politischen Prozess etwas „entgegenzusetzen". Hier ist der Umweltschutz „zur Angelegenheit der Verfassung gemacht, weil ein demokratischer politischer Prozess über Wahlperioden kurzfristiger organisiert ist, damit aber strukturell Gefahr läuft, schwerfälliger auf langfristig zu verfolgende ökologische Belange zu reagieren". An die Stelle von Politik tritt das Gericht freilich nicht und von einem Demokratieversagen kann in Zeiten von Fridays for Future keine Rede sein. Die Therapie, politische Verantwortung an Experten zu übergeben und auf technokratische Problemlösungen zu setzen, kann schon deshalb nicht überzeugen, weil uns aus der Tragik der Allmende nicht die Eliten führen, sondern nur der politische Wettbewerb, der unter bessere institutionelle Rahmenbedingungen gestellt werden müsste, vgl. *Thomas Saretzki* Der Klimawandel und die Problemlösungsfähigkeit der Demokratie, in: Suzanne S. Schüttemeyer (Hrsg.) Politik im Klimawandel, 2011, 41. Eine institutionelle Fehlentscheidung wird darin gesehen, dass die Klimapolitik im BMU, die Energiepolitik dagegen im BMWi ressortiert und geplant wird, vgl. *Christian Bauer* Wer steuert die Energiewende auf der europäischen und nationalen Ebene?, in: FS Danner, 2019, 487 (488 f., 499 f.).

[180] Wobei es nicht nur Vorschläge einer materiell-rechtlichen Aufladung des Art. 20a GG gibt, sondern auch verfahrensrechtliche Vorschläge gemacht werden, etwa im Sinne einer legislativen Prüf- und Darstellungspflicht der CO_2-Bilanz von Gesetzesvorhaben, vgl. *Claudio Franzius* Eine CO_2-Bremse in das Grundgesetz?, Recht und Politik 55 (2019), 230.

[181] Es gebe keine objektiven Interessen künftiger Generationen, sondern nur gegenwärtige politische Präferenzen, wie der Interessenausgleich mit Bezug auf das Künftige organisiert sein soll, vgl. *Gärditz* Zeitprobleme (Fn. 14), 11 f., 16 („intertemporale Bescheidenheit als Tugend des Rechts"). Das BVerfG hat das nicht unbedingt anders gesehen, aber die Freiheitsrechte der heute jüngeren Generation vor Belastungen in der Zukunft gestärkt, mag die neue Figur „eingriffsähnlicher Vorwirkungen" dogmatisch auch noch ausgeformt werden müssen, dazu *Franzius* Vorwirkungen (Fn. 64), 147 ff.; krit. *Marc Ruttloff/Lisa Freihoff* Intertemporale Freiheitssicherung oder doch besser „intertemporale Systemgerechtigkeit"?, NVwZ 2021, 917 (921), wonach es um Belastungsgleichheit gehe, nicht um Frei-

Instanz.[182] Dazu gehören Expertengremien und „Klimaräte"[183] ebenso wie der Vorschlag, das Bundesumweltministerium mit einem suspensiven Veto auszustatten, um klimaschädliche Gesetzesvorhaben verzögern zu können.[184] Die Möglichkeit, solche Gesetze zu bremsen, könnte auch ein neu zu schaffender „Rat für Generationengerechtigkeit"[185] erhalten, was Bedenken vor dem Hintergrund des Prinzips der parlamentarischen Demokratie[186]

---

heit. *Walter Frenz* Freiheit nach Maßgabe des Klimaschutzes, DVBl 2021, 810 (818 f.) sieht in der Gewährung CO_2-relevanter Freiheit nach Maßgabe des Klimaschutzes sogar den freiheitlichen Verfassungsstaat in Gefahr; anders und richtig *Christoph Möllers* Freiheitsgrade, 2020, 267, demzufolge „eine Klimapolitik, die Rechte einschränkt, auch als Entscheidung für eine kontrollierte und gegen eine unkontrollierte Beschränkung von Freiheit" verstanden werden könnte.

[182] Zum Vorschlag einer europäischen „Klimazentralbank" für die Steuerung des Emissionshandels *Godefroy Grosjean u.a.* After monetary policy, climate policy: is delegation the key to EU ETS reform?, Climate Policy 16 (2016), 1; *Gawel*, Emissionshandel (Fn. 118), 357. Ob durch die Verlagerung der Steuerung auf eine unabhängige Instanz dem Problem der glaubwürdigen Selbstbindung der Politik begegnet werden kann, erscheint zweifelhaft.

[183] Überblick: *Nick Evans/Matthias Duwe* Climate Governance Systems in Europe: the role of national advisory bodies, 2021. In Deutschland ist der Expertenrat für Klimafragen nach § 11 KSG eher restriktiv ausgestaltet worden und bleibt hinter seinem Vorbild, dem britischen Climate Change Committee, zurück, krit. *Edenhofer u.a.* Bewertung des Klimapakets (Fn. 130), 13. Zu einem verpflichtenden Einbezug der Expertise in den politischen Prozess hat sich der Gesetzgeber auch mit der Novellierung des KSG nicht durchringen können.

[184] Dazu *Wolfgang Kahl* Nachhaltigkeitsverfassung, 2018, 114 ff. Erosionen des politischen Systems ließen sich vermeiden, würde auf den Markt mit einem sektorübergreifenden CO_2-Preis vertraut werden können. Das macht eine politische Steuerung aber nicht entbehrlich. So wenig Markt und Staat antagonistisch verstanden werden dürfen (oben III.3.c), lassen sich die Instrumente gegeneinander ausspielen (oben IV.2.), mag der Instrumentenmix auch Probleme schaffen. Denn der Mix, so *Lothar Michael* Formen- und Instrumentenmix, in: Andreas Voßkuhle/Martin Eifert/Christoph Möllers (Hrsg.) GVwR II, 3. Aufl. 2022, § 40 Rn. 3, 14, 74, durchbreche die trennenden Momente der Handlungsformen, untergrabe die pauschalierenden Angebote der Formenlehre und bediene sich „an den Bruchstücken ihrer Zerstörung". Er eröffne Steuerungschancen, berge aber auch die Gefahr von Steuerungsnachteilen, indem sich die „Teilelemente gegenseitig schwächen". Das gilt vor allem für die Kombination von Ordnungsrecht mit ökonomischen Instrumenten, wo beachtet werden muss, dass „Parallelsteuerungen leicht gegenläufige Verhaltensimpulse" setzen, was Ökonomen indes häufig pauschal unterstellen; vorsichtiger *Erik Gawel* Umweltpolitik durch gemischten Instrumenteneinsatz, 1991, 160 ff.

[185] *SRU* Demokratisch regieren (Fn. 79), 175 ff.

[186] Der SRU sah sich gezwungen, den Vorschlag gegen Kritik zu verteidigen, vgl. *SRU* Gutachten „Demokratisch regieren in ökologischen Grenzen": Vorschlag eines von Bundestag und Bundesrat gewählten Rats für Generationengerechtigkeit, Stellungnahme v. 22.6.2020, <https://www.umweltrat.de/SharedDocs/Downloads/DE/04_Stellungnahmen/2016_2020/2020_06_Generationengerechtigkeit.html>.

aufwirft, sich aber in den Trend einfügt, parteipolitisch für neutral gehaltenen Sachverstand in die legislative Steuerung[187] einzubauen.[188]

3. Rolle der Gerichte

Ist es nicht naheliegender, die Gerichte in den Blick zu nehmen?[189] Zwar wird eine Juridifizierung der Klimapolitik mit dem Hinweis auf die Gewaltenteilung[190] kritisch gesehen.[191] In dem Maße jedoch, wie die Rolle der Vertragsstaaten für den Klimaschutz gestärkt wird, wächst die Zahl an „Klimaklagen" vor den nationalen Gerichten.[192] Das Paris-Abkommen sagt

---

[187] Zur Idee des Nachhaltigkeitsrates *Christian Calliess* Nachhaltigkeitsräte – Stand und Perspektiven, in: Wolfgang Kahl (Hrsg.) Nachhaltigkeit durch Organisation und Verfahren, 2016, 275 ff. Sollen „Räte" mit Entscheidungsbefugnissen ausgestattet werden, werden sie skeptisch betrachtet, mögen Sorgen vor einer „Expertokratie" auch nicht immer begründet sein, vgl. *Laura Münkler* Expertokratie, 2021, 205 ff.; *Wolfgang Kahl/Marie-Christin Stürmlinger* Expertifizierung als Entwicklungstendenz im Europäischen Verwaltungsrecht – das Beispiel der nationalen und unionalen Klimaräte, EurUP 2021, 173 (175 ff.). Vorentschieden wird die Klimapolitik in klimawissenschaftlichen Räten nicht. Denn das würde in eine Entpolitisierung von Politik führen, während auf der anderen Seite der Politisierung von Wissenschaft kein Einhalt geboten wäre, vgl. *Silke Beck* Zwischen Entpolitisierung von Politik und Politisierung von Wissenschaft: Die wissenschaftliche Stellvertreterdebatte um Klimapolitik, in: Suzanne S. Schüttemeyer (Hrsg.) Politik im Klimawandel, 2011, 239 (247 ff.). Zur Warnung vor naturalistischen Fehlschlüssen *Lepsius* Risikosteuerung (Fn. 10), 281, 285 f.
[188] Solchen Vorschlägen ist nicht per se eine Absage zu erteilen. Je effektiver die neue Institution aber sein soll, desto problematischer fällt das Verhältnis zu den demokratisch gewählten Instanzen und deren legitimierter Entscheidungsmacht aus. Den Vorschlag eines (suspensiven) Vetos mit dem Hinweis auf die Bundesbank oder das BVerfG zu rechtfertigen, verkennt, dass ein ökologischer Rat das gesamte politische Spektrum erfassen würde und Einschränkungen oder Modifikationen des demokratischen Prinzips sich gerade nicht sachbereichsspezifisch begründen und begrenzen ließen, vgl. *Appel* Zukunfts- und Entwicklungsvorsorge (Fn. 56), 91.
[189] *Claudio Franzius* Die Rolle von Gerichten im Klimaschutzrecht, in: Michael Rodi (Hrsg.) Handbuch Klimaschutzrecht, 2022, § 7 Rn. 50 ff.
[190] Vgl. *Mehrdad Payandeh* The role of courts in climate protection and the seperation of powers, in: Wolfgang Kahl/Marc-Philippe Weller (Hrsg.) Handbook Climate Change Litigation, 2021, 62 (72 ff.).
[191] Vgl. *Klaus F. Gärditz* Die Entwicklung des Umweltrechts in den Jahren 2016-2018: Rechtsschutz, Klimaschutz und Diesel in Zeiten politischer Polarisierung, ZfU 2019, 369 (382 ff.); *Bernhard W. Wegener* Urgenda: Weltrettung per Gerichtsbeschluss?, ZUR 2019, 3 (10 ff.); *Christian Bickenbach* Subjektiv-öffentliches Recht auf Klimaschutz? Die Erderwärmung vor den Gerichten, JZ 2020, 168 (173 ff.); s. auch *Laura Burgers* Should Judges Make Climate Change Law?, TEL 9 (2020), 55.
[192] Beispiele: *Franzius* Gerichte (Fn. 189), § 7 Rn. 4 ff. Im People's Climate Case wurde die Nichtigkeitsklage von zehn Familien auf verschärfte EU-Klimaziele als unzulässig abgewiesen, vgl. EuGH, 25.3.2021, Carvalho u.a., C-565/19 P, Rn. 67 ff. Die Begründung,

dazu nichts, befördert durch seine Steuerungsmechanismen aber Klagen in den Vertragsstaaten, was sich nicht zuletzt daran zeigt, dass in solchen Klagen auf das Paris-Abkommen häufig Bezug genommen wird.[193] Auch das Bundesverfassungsgericht findet „ebenentranszendierende" Anknüpfungspunkte, aber nicht etwa so, dass es das Paris-Abkommen für verfassungsrechtlich bindend und vorrangig erklärt hätte. Deshalb kann dem Ersten Senat auch nicht vorgeworfen werden, er habe sich vom Dogma verabschiedet, dass ein völkerrechtlicher Vertrag in Deutschland „nur" im Rang eines einfachen Bundesgesetzes gilt.[194]

---

wonach die Klägerinnen aufgrund mangelnder individueller Betroffenheit nicht befugt seien, die Klimapolitik der Union vor Gericht anzufechten, war zu erwarten, ist aber angreifbar, vgl. *Gerd Winter* Not fit for purpose. Prinzipielles über die Klagebefugnis vor den EU-Gerichten in bedrohlichen Zeiten, EuR 2022 (im Erscheinen). Von Jugendlichen aus Portugal wird eine Verletzung von Art. 2 und Art. 8 EMRK vor dem EGMR gerügt, vgl. Duarte Agostinho u.a. gegen Portugal und 32 andere Staaten, <http://climatecasechart. com/climate-change-litigation/non-us-case/youth-for-climate-justice-v-austria-et-al>. Zur Rechtsprechung des EGMR *Julia Hänni* Menschenrechtsverletzungen infolge Klimawandels, EuGRZ 2019, 1 (6 ff.); allg. *Margaretha Wewerinke-Singh* Remedies for Human Rights Violations Caused by Climate Change, Climate Law 9 (2019), 224 (227 ff.); *Anna-Julia Saiger* Domestic Courts and the Paris Agreement's Climate Goals: The Need for a Comparative Approach, TEL 9 (2020), 37.

[193] Vgl. *Claudio Franzius/Anne Kling* The Paris climate agreement and liability issues, in: Wolfgang Kahl/Marc-Philippe Weller (Hrsg.) Handbook Climate Change Litigation, 2021, 197 (208 ff.); *Lennart Wegener* Can the Paris Agreement Help Climate Change Litigation and Vice Versa?, TEL 9 (2020), 17 (19 ff.). Beispielhaft sei auf die Entscheidung „Commune de Grande Synthe I" des französischen Conseil d'État verwiesen, mit der auf die Klage einer von Überschwemmungen durch den steigenden Meeresspiegel bedrohten Kommune der Staat verpflichtet wurde, offenzulegen, wie die für rechtsverbindlich erklärten Ziele bis 2030 nach vom Gericht aufgestellten Maßgaben erreicht werden sollen, vgl. Conseil d'État Entscheidung N° 427301 v. 19.11.2020; dazu *Janna Ringena/Dominik Römling* Klimaklage auf französisch – Conseil d'Etat kontrolliert Klimaschutzbemühungen der französischen Regierung, JuWissBlog v. 11.12.2020, <https://www.juwiss.de/139-2020>. In der Folgeentscheidung v. 1.7.2021 – abrufbar unter <https://www.conseil-etat.fr> – wurde die französische Regierung verpflichtet, bis zum 31.2.2022 zusätzliche Maßnahmen zu ergreifen, um das Reduktionsziel von 40 % bis 2030 zu erreichen.

[194] Das Gericht verlangt nicht, was in einem Vorschlag für eine Änderung des Grundgesetzes gefordert wurde, vgl. BT-Drs. 19/4522 v. 25.9.2018. Danach sollte in Art. 20a GG eingefügt werden, dass „völkerrechtlich verbindliche Ziele und Verpflichtungen des Klimaschutzes alle staatliche Gewalt unmittelbar binden", vgl. *Wolfram Cremer* Verfassungskräftiger Klimaschutz nach Maßgabe völkerrechtlich verbindlicher Verpflichtungen und Ziele, ZUR 2019, 278; abl. *Johannes Saurer* Stellungnahme v. 11.2.2019, Deutscher Bundestag, Ausschuss für Inneres und Heimat, Ausschuss-Drs. 19 (4) 214-E. Es ist nicht so, dass der Erste Senat aus völkerrechtlichen Pflichten verfassungsrechtliche Verpflichtungen gemacht hätte, a.A. *Dietrich Murswiek* Karlsruhe als Klimaaktivist, FAZ-Einspruch v. 19.7.2021; *Beckmann* Bundesverfassungsgericht (Fn. 100), 244; richtig *Eifert* Klimabeschluss

1. Prävention durch Verwaltungsrecht: Klimaschutz

Ich will nicht sagen, dass der „Klimabeschluss" keine Fragen aufwirft.[195] Festzuhalten ist aber, dass die Aktivierung der Justiz als neutraler Instanz[196] nicht zum Scheitern verurteilt sein muss.[197] Weltweit wächst die Zahl der Klimaklagen[198] und der Umstand, dass sie hierzulande lange Zeit

---

(Fn. 98), 1087: Es wird „nicht das Völkerrecht konstitutionalisiert, sondern Verfassungsrecht kontextualisiert".

[195] So gelangt das Gericht über § 1 S. 3 KSG zum Paris-Abkommen und in dieser Konstruktion wird die „dogmatisch sensibelste und heikelste Passage der gesamten Entscheidung" gesehen, vgl. *Seibert* Klimaschutz (Fn. 63), 1144 f. Zum Vorwurf, mit der Orientierung am einfachen Gesetzesrecht die Normenhierarchie in Frage zu stellen: *Bent Stohlmann* Keine Schutzpflicht vor zukünftigen Freiheitsbeschränkungen, VerfBlog v. 4.5.2021, <https://verfassungsblog.de/keine-schutzpflicht-vor-zukunftigen-freiheitsbeschrankungen-warum-eigentlich>, im Anschluss an *Oliver Lepsius* Die maßstabsetzende Gewalt, in: Matthias Jestaedt/Oliver Lepsius/Christoph Möllers/Christoph Schönberger, Das entgrenzte Gericht, 2011, 161 (249 f.). Das wirft die Frage auf, ob Art. 20a GG als eine „normgeprägte" Staatszielbestimmung zu verstehen ist.

[196] Zur Justiz als Veto-Spieler *Angelika Nußberger* in diesem Band, IV.1.

[197] Es wird immer einfacher, eine lineare Verursachungskette nachzuweisen, was dann auch zum Erfolg der Klagen führen kann. Der Hinweis, der Weg von der CO_2-Emission zum Schaden sei zu lang und vage, trifft jedenfalls so allgemein kaum noch zu. Diese Hürde ist heute leichter zu überspringen, nachdem die Klimawissenschaften den Nachweis einer Kausalität erleichtern, vgl. *Richard Heede* Tracing anthropogenic carbon dioxide and methane emissions to fossil fuel and cement producers, 1854-2010, Climatic Change 122 (2014), 229 (231 ff.); *Sophie Marjanac/Lindene Patton* Extreme weather event attribution science and climate change litigation: an essential step in the causal chain?, Journal of Energy & Natural Resources Law 36 (2018), 265. Das wird für Unternehmen angenommen, die als „Carbon Mayors" die wesentlichen Verursacher von CO_2-Emissionen sind, vgl. *Mareike Rumpf* Der Klimawandel als zunehmendes Haftungsrisiko für „Carbon Majors", EurUP 2019, 145 (154 ff.); *Jan-Erik Schirmer* Klimahaftung und Kausalität – und es geht doch!, JZ 2021, 1099. Im Verfahren Lluiya/RWE stellte das *OLG Hamm* Beschl. v. 30.11.2017, I-5 U 15/17, fest, dass von dem Vorhandensein mehrerer Störer nicht auf die Unmöglichkeit der Störungsbeseitigung gefolgert werden könne. Dem Argument, das zivile Haftungsrecht eigne sich nicht, den Klimawandel zu bekämpfen – so *Gerhard Wagner* Klimahaftung vor Gericht, 2020, 111 ff.; ähnlich *Udo Di Fabio* Metamorphosen der Zurechnung, JZ 2020, 1073 (1076 f.) – kann in dieser Pauschalität nicht gefolgt werden, mag die Rolle des Privatrechts auch nicht überschätzt werden dürfen, vgl. *Kim Bouwer* The Unsexy Future of Climate Change Litigation, Journal of Environmental Law 30 (2018), 483 (499 ff.). Zu „Sorgfaltspflichten als Präventionspflichten für den Klimaschutz" *Peter Gailhofer/Roda Verheyen* Klimaschutzbezogene Sorgfaltspflichten: Perspektiven der gesetzlichen Regelung in einem Lieferkettengesetz, ZUR 2021, 402 (408 ff.); zum Ganzen auch *Geetanjali Ganguly/Joana Setzer/Veerle Heyvaert* If at First You Don't Succeed: Suing Corporations for Climate Change, Oxford Journal of Legal Studies 38 (2018), 841.

[198] Übersicht: *The Geneva Association* Climate Change Litigation – Insights into the evolving global landscape, April 2021; s. bereits *UNEP/Columbia Law School* The Status of Climate Change Litigation: A Global Review, 2017, 8: „Litigation has arguably never been a more important tool to push policymakers and market participants to develop and implement effective means of climate change mitigation and adaption than it is today."

wenig verbreitet waren, hat nicht nur mit den Grenzen des Zugangs zum Gericht zu tun, sondern ist auch auf rechtskulturelle Unterschiede zurückzuführen, tun wir uns in Deutschland mit der strategischen Prozessführung doch schwer. Diese zeichnet sich dadurch aus, dass es nicht allein um die Durchsetzung der konkret eingeklagten Rechtsposition geht, sondern auch andere, über das prozessrechtlich definierte Ziel hinausreichende Zwecke verfolgt werden.[199] Wird die Justiz angerufen, um Politik anzustoßen, nicht aber zu ersetzen, lässt sich ein Missbrauch der Dritten Gewalt nicht überzeugend darlegen.[200] Solange juristisch argumentiert und das Gericht als Forum unter Ausnutzung, aber eben auch unter Anerkennung von dessen Eigengesetzlichkeit eingeschaltet wird, ist gegen die Befassung der Justiz mit Klimaklagen im Rahmen der Möglichkeiten des geltenden Prozessrechts wenig zu sagen.[201] Vielmehr liefern Gerichte wichtige Impulse für die Anpassung des Rechts an die Herausforderungen des Klimawandels.[202]

---

[199] Einerlei, ob der Prozess auf Rechtsfortbildung oder Rechtsmobilisierung zielt, lässt sich kaum sagen, dass hiermit stets der verpönte „judicial activism" einhergeht, vgl. *Alexander Graser* Strategic Litigation oder: Was man mit der Dritten Gewalt sonst noch so anfangen kann, RW 10 (2019), 317 (351).

[200] *Graser* Strategic Litigation (Fn. 199), 341. Es mehren sich die Stimmen, die in nationalen Verfassungsgerichten weder „Störer" des politischen Prozesses noch allein „Hüter" der Individualrechte sehen, sondern als „Orte" demokratischer Reflexion begreifen wollen, vgl. *Uwe Volkmann* Bausteine zu einer demokratischen Theorie der Verfassungsgerichtsbarkeit, in: FS Bryde, 2013, 119 (134 ff.).

[201] *Graser* Strategic Litigation (Fn. 199), 331; *ders.* Vermeintliche Fesseln der Demokratie: Warum die Klimaklagen ein vielversprechender Weg sind, ZUR 2019, 271; abgeschwächter *Anno Oexle/Thomas Lammers* Klimapolitik vor den Verwaltungsgerichten – Herausforderungen der „climate change litigation", NVwZ 2020, 1723 (1724); abl. *Lutz Friedrich* Gemeinwohl vor Gericht: Chancen und Risiken öffentlich-rechtlicher „Public Interest Litigation", DÖV 2021, 726 (729 ff.).

[202] So auch *Seibert* Klimaschutz (Fn. 63), 1146. In Europa sind zwei Entscheidungen aus den Niederlanden hervorzuheben: Zum einen die „Urgenda"-Entscheidung des *Hoge Raad* Urt. v. 20.12.2019, 19/00135, ECLI:NL:HR:2019:2007; dazu *Chris Backes/Gerrit van der Veen* Urgenda: the Final Judgement of the Dutch Supreme Court, JEEPL 17 (2020), 307, auf die auch das BVerfG in seinem Klimabeschluss rekurriert; zum anderen die nicht weniger spektakuläre Entscheidung „Milieudefensie v Royal Dutch Shell" des *Bezirksgerichts Den Haag* v. 26.5.2021, C/09/571932, ECLI:NL:RBDHA:2021:5339, womit das private Unternehmen Shell, einer der größten CO_2-Emittenten, verpflichtet wurde, den Ausstoß von CO_2 bis 2030 um 45 % im Vergleich zu 2019 zu senken („unwritten standard of care"); dazu *Roda Verheyen/Johannes Franke* Deliktsrechtlich begründete CO_2-Reduktionspflichten von Privatunternehmen, ZUR 2021, 624; *André Nollkaemper* Shell's Responsibility for Climate Change: An International Law Perspective on a Groundbreaking Judgment, VerfBlog v. 28.5.2021, <https://verfassungsblog.de/shells-responsibility-for-climate-change>. Zu klimabezogenen Sorgfaltspflichten *Lavanya Rajamani* Due Diligence in Inter-

So hat das Bundesverfassungsgericht mit der intertemporalen Freiheitssicherung die Präventionsaufgabe des Staates auf den Punkt gebracht.[203]

Daraus kann eine Einsicht für die Verwaltungsrechtswissenschaft abgeleitet werden, denn die früher verbreitete Vorstellung, dass sich die Steuerungsperspektive von der Rechtsschutzperspektive grundlegend unterscheide, ist verfehlt.[204] Sie stehen sich nicht gegenüber, sondern ergänzen sich.[205] Die Aktivierung von Rechtsschutzmöglichkeiten ist nicht allein prozessrechtlich zu betrachten, sondern als Steuerungsstrategie mit dem Ziel zu verstehen, die Einhaltung des Rechts zu sichern. So hatte schon *Fritz Fleiner* die „segensreiche Wirkung" von Verwaltungsgerichten umschrieben.[206] Ersetzen können Gerichte den politischen Prozess nicht, ihn als unabhängige Institution durch die Feststellung von Rechtsverstößen aber anstoßen und für die gesetzlichen Ziele aktivieren.

Das führt zu keiner „Machtverschiebung" von der Politik zu den Gerichten, konfrontiert aber die Verwaltungsgerichte mit der Kontrolle und Einhaltung dessen, was die Politik rechtlich versprochen und in Gesetze gegos-

---

national Climate Change Law, in: Heike Krieger/Anne Peters/Leonhard Kreuzer (Hrsg.) Due Diligence in the International Legal Order, 2020, 163 (165 ff.). Greenpeace und die Deutsche Umwelthilfe bereiten auf § 1004 BGB gestützte Klagen gegen deutsche Automobilunternehmen vor, mit denen diese verpflichtet werden sollen, Aktivitäten, bei denen Treibhausgase entstehen, nach Ablauf eines bestimmten Datums zu unterlassen, vgl. Pressekonferenz v. 3.9.2021, <https://www.youtube.com/watch?v=YuDa5UvgsQA>.

[203] BVerfG, Beschl. v. 24.3.2021 (Fn. 48), Rn. 183 ff.

[204] Vgl. *Johannes Buchheim/Christoph Möllers* Gerichtliche Verwaltungskontrolle als Steuerungsmittel, in: Andreas Voßkuhle/Martin Eifert/Christoph Möllers (Hrsg.) GVwR II, 3. Aufl. 2022, § 46 Rn. 13 ff., 38 ff.; *Klaus F. Gärditz* Das Steuerungspotenzial der Rechtsprechung, in: Wolfgang Kahl/Ute Mager (Hrsg.) Verwaltungsrechtswissenschaft und Verwaltungsrechtspraxis, 2019, 207 ff. Zur demokratischen Dimension des Rechtsschutzes *Peter M. Huber* Verwaltung, Verwaltungsrecht und Verwaltungsgerichtsbarkeit, DVBl 2021, 753 (758 ff.).

[205] Noch ohne Bezug zur Steuerungsdebatte *Friedrich Schoch* Gerichtliche Verwaltungskontrollen, in: Wolfgang Hoffmann-Riem/Eberhard Schmidt-Aßmann/Andreas Voßkuhle (Hrsg.) GVwR III, 2. Aufl. 2013, § 50; zur Rezeptionsoffenheit des Rechts für „außerrechtliche Standards" aber *ders.* Außergerichtliche Standards des Verwaltungshandelns als gerichtliche Kontrollmaßstäbe, in: Hans-Heinrich Trute u.a. (Hrsg.) Allgemeines Verwaltungsrecht – zur Tragfähigkeit eines Konzepts, 2008, 543 (547 ff.).

[206] Denn „da jeder Verwaltungsbeamte weiß, daß seine Verfügungen die Feuertaufe richterlicher Prüfung zu bestehen" habe, sei er gezwungen, in „seiner ganzen Tätigkeit nach dem Rechte" zu blicken, vgl. *Fritz Fleiner* Institutionen des Deutschen Verwaltungsrechts, 8. Aufl. 1928, 248 f. Zur „präventiven Disziplinierung der Verwaltung" *Gärditz* Steuerungspotenzial (Fn. 204), 230 f. Zum Ganzen auch *Johannes Buchheim* Actio, Anspruch, subjektives Recht, 2017, 97 ff.

sen hat.[207] Werden Maßnahmen zur Erreichung des gesetzlichen Budgets vor den Verwaltungsgerichten angegriffen, gibt es mit den Sektorzielen nicht nur einen Handlungsmaßstab, sondern auch einen Kontrollmaßstab, wenngleich zuzugeben ist, dass für unzureichend gehaltene Maßnahmen nicht ohne genaue Wirkungsanalyse unter diesen Maßstab subsumiert werden können.[208] Teilweise ist der Rechtsschutz unionsrechtlich vorgegeben, obwohl speziell für den Klimaschutz ein vergleichbares Regelwerk wie die Aarhus-Konvention fehlt.[209] Aber die Auseinandersetzungen mit den hierdurch geschaffenen neuen Klagerechten[210] haben gezeigt, dass ein Beharren auf dem überkommenem System[211] wenig überzeugt, soll das Verwaltungsprozessrecht in Deutschland keinem vergeblichen Abwehrkampf ausgesetzt werden.

---

[207] Beispielhaft die Klage der Deutschen Umwelthilfe vor dem OVG Berlin-Brandenburg (Fn. 55). § 4 Abs. 1 S. 10 KSG 2021, wonach durch das Klimaschutzgesetz keine subjektiven Rechte und klagbaren Rechtspositionen begründet werden, soll lediglich „deklaratorischen" Charakter haben, vgl. BT-Drs. 19/14337, 28. Soweit sich die Rügebefugnis aus der VwGO oder dem UmwRG ergibt, sind Klagerechte nicht ausgeschlossen. Gegebenenfalls muss die Vorschrift aus unionsrechtlichen Gründen unangewendet bleiben, vgl. *Remo Klinger* Klagerechte zur Durchsetzung des Bundes-Klimaschutzgesetzes, ZUR 2020, 259 (260); *Claudio Franzius* in: Charlotte Kreuter-Kirchhof/Sabine Schlacke (Hrsg.) Klimaschutzrecht (im Erscheinen), § 4 KSG Rn. 23.

[208] Zurückhaltender *Kment* Klimaschutzziele (Fn. 57), 1544, demzufolge die rechtliche Bedeutung der Emissionsziele „weniger in der Eröffnung von schlagfertigen Rechtsschutzoptionen (...) als vielmehr im Erzwingen von flächendeckenden klimabezogenen Ermittlungstätigkeiten und Begründungslasten aufseiten der Behörden" liegt. Wie hier *Schlacke* Mehrebenensystem (Fn. 53), 361, wonach der Zugang zu den Verwaltungsgerichten „zumindest zur Überprüfung der sektoralen Jahresemissionsmengen und auch des 2030er-Klimaschutzziels eröffnet sein" dürfte.

[209] Siehe aber *Saurer* Klimaschutz (Fn. 27), 1577. Zur dezentralen Kontrolle *ders.* Strukturen gerichtlicher Kontrolle im Klimaschutzrecht – Eine rechtsvergleichende Analyse, ZUR 2018, 679.

[210] SUP-pflichtige Pläne und Programme sind nach § 1 Abs. 1 S. 1 Nr. 4 UmwRG vor Gericht angreifbar. § 4 Abs. 1 S. 10 KSG ist deshalb im Lichte des Art. 9 Abs. 3 Aarhus-Konvention und Art. 47 GRCh unionsrechtskonform dahingehend auszulegen, dass jedenfalls Verbandskläger imstande sein müssen, jede SUP-pflichtige Zielerreichungsmaßnahme einer gerichtlichen Überprüfung unterziehen zu können. Ein pauschaler Ausschluss verwaltungsgerichtlicher Klagemöglichkeiten gegen Zielerreichungsprogramme und -maßnahmen wäre unionsrechtswidrig. Das dürfte auch mit Blick auf die Frage gelten, ob die Zulassungsbehörde ihrer „Berücksichtigungspflicht" nach § 13 KSG nachgekommen ist; zurückhaltender *Fellenberg* Rechtsschutz (Fn. 64).

[211] Zum Einbau der Klagerechte in das „System" *Claudio Franzius* Modernisierung des subjektiven öffentlichen Rechts, UPR 2016, 281.

VI. Schluss

Ich komme zum Schluss: Das Klimaschutzrecht[212] hat eine andere Zielrichtung als das Risikoverwaltungsrecht.[213] Maßgeblich ist nicht die Unterscheidung zwischen Gefahrenabwehr und Risikovorsorge, sondern ein gestufter Steuerungsansatz, der die Minderungsziele einem „Politikplanungsrecht" unterwirft, um die zu ergreifenden Maßnahmen zu koordinieren.[214] Dabei kann es nicht einfach darum gehen, sich für eine stärkere Bepreisung oder für mehr Ordnungsrecht auszusprechen. In einzelnen Sektoren bedarf es beider Zugriffe.[215] Deutlich wird das zum Beispiel daran, dass die Europäische Kommission für den Gebäude- und Verkehrssektor nicht nur einen separaten Emissionshandel einführen will, der hinter die Zukunft des nationalen Brennstoffemissionshandels ein Fragezeichen setzt.[216] Gleichzeitig sollen auch die Flottengrenzwerte für Kraftfahrzeuge so verschärft werden, dass ab 2035 faktisch nur noch emissionsfreie Pkw

---

[212] Es kann nicht in Abrede gestellt werden, dass es die Klimapolitik ist, die den Weg in eine dekarbonisierte Weltwirtschaft aufzeigen muss. Aber das Recht kann davon nicht geschieden werden. Eine „Sphärentheorie" mit Blick auf Recht und Politik führt nicht weiter, vgl. *Robert Post* Theorizing Disagreement: Reconceiving the Relationship Between Law and Politics, California Law Review 98 (2010), 1319 (1336 ff.). Trotz der Aktivierung des Art. 20a GG für den Klimaschutz sollte das Klimaschutzrecht nicht als „konkretisiertes Verfassungsrecht" verstanden werden, mag die „Konstitutionalisierungsthese" auch noch viele Anhänger haben, erfrischend anders *Lothar Michael* Verfassung im Allgemeinen Verwaltungsrecht: Bedeutungsverlust durch Europäisierung und Emanzipation?, VVDStRL 75 (2016), 131. Vielmehr sind die vom Gesetzgeber rechtsverbindlich festgelegten Ziele durch das Verwaltungsrecht umzusetzen.
[213] Es mag die Frage im Raum stehen, ob das Verwaltungsrecht das richtige „Medium" ist. *Niklas Luhmann* Rechtssoziologie, 2. Aufl. 1983, 339 sah in der rechtlichen Regulierung von Risiken eine Fehlspezialisierung. Vielfach wurde das Recht in der Risikogesellschaft für antiquiert gehalten, vgl. *Rainer Wolf* Zur Antiquiertheit des Rechts in der Risikogesellschaft, Leviathan 15 (1987), 357. Daran knüpfte die Reformdiskussion im Verwaltungsrecht an, vgl. *Appel* Zukunfts- und Entwicklungsvorsorge (Fn. 56), 134 ff.
[214] *Reese* EU-Klimagesetz (Fn. 52), 642; *Schlacke* Umweltrecht (Fn. 6), § 16 Rn. 13, 33. Für *Burgi* Klimaverwaltungsrecht (Fn. 44), 1408, ist es die Aufgabe des Klimaverwaltungsrechts, der Verwaltung „neben dem Instrument der Emissionsmengenbudgets konkrete Maßnahmen an die Hand zu geben, mit der die Klimaschutzgebote beachtet werden und intertemporale Freiheitssicherung gelingen" kann.
[215] Was Fragen der Belastungskumulation aufwirft, vgl. *Jan Henrik Klement* Die Kumulation von Grundrechtseingriffen im Umweltrecht, AöR 134 (2009), 35 (54 ff.); *Ilka Kromrey* Belastungskumulation, 2018, 23 ff.
[216] *Schlacke u.a.* Kursänderung (Fn. 80), 12 f.

für den Verkehr[217] zugelassen werden können.[218] Das mag zu spät kommen, zeigt aber, dass die so oft gescholtene Kommission nicht mehr allein auf den Markt setzt, vielmehr um Planungssicherheit für die betroffene Industrie bemüht ist.

Vielleicht sollte das Rechtsgebiet, über das wir sprechen, nicht länger Klimaschutzrecht genannt, sondern als „Klimaverwaltungsrecht" weiterentwickelt werden.[219] Es enthält mit quantifizierten Zielen ein neues Steuerungsinstrument, greift mit gestuften Problemlösungen aber auch Vorbilder aus dem Verwaltungsrecht auf. Wichtig sind prozedurale Mechanismen wie die Berücksichtigungspflicht nach § 13 KSG, worüber die Klimaschutzziele in Planungs- und Zulassungsverfahren gestärkt werden.[220] Ferner gilt es einzusehen, dass Anreize auf dem Recht beruhen.[221] Anreizwirkungen erzielt auch das Ordnungsrecht, wenn es wie beim Ausstieg aus der Steinkohleverstromung in Aussicht gestellt wird.[222] So gesehen, wird das Klimaverwaltungsrecht mit seiner häufig in einem Atemzug mit der neolithischen oder industriellen Revolution genannten Transformationsperspektive auf Wirtschaft und Gesellschaft das Allgemeine Verwaltungsrecht nicht unbeeinflusst lassen. Das gilt vor allem für die neuen Planungsinstrumente in der Verknüpfung der Ziele mit den konkreten Maßnahmen.[223]

Auch das Verwaltungsprozessrecht wird lernen können, lässt sich die Verwaltung doch über Rechte, geschützt durch die Gerichte in der Logik

---

[217] Zur „Achillesferse" des Verkehrssektors für die Erreichung der Klimaschutzziele *Claudio Franzius* Auf dem Weg zum Klimaschutzgesetz, EnWZ 2019, 435 (441); *ders.* CO$_2$-Bepreisung (Fn. 126), 421 ff.

[218] Oben Fn. 126 und Fn. 136.

[219] Treffend *Burgi* Klimaverwaltungsrecht (Fn. 44), 1403 f., der in der Aufgabe der Transformation aller CO$_2$-relevanter Strukturen einen Wandel „vom Klimaschutz- zum Klimaverwaltungsrecht" sieht. Damit würde eine Annäherung an die englische Begrifflichkeit vollzogen, die mit „Climate Change Law" eine Verengung auf den Schutzaspekt vermeidet. Für einen Wechsel der Begrifflichkeit zum „Klimarecht" *Claudio Franzius* Klimarecht im Mehrebenensystem, RdE 2021, 521 (523 f.).

[220] Oben Fn. 57. Zu den Folgen des internationalen und europäischen Verfahrensverständnisses für die Dogmatik des Allgemeinen Verwaltungsrechts *Anika Klafki* Kooperative Verfahrenselemente im transnationalen Verwaltungsverbund am Beispiel von Planungsverfahren, Der Staat 58 (2019), 367.

[221] *Wolff* Anreize (Fn. 74), 7 ff., 45 ff.

[222] Oben IV.2. Schon der erste Präsident des Umweltbundesamts *Heinrich v. Lersner* Verwaltungsrechtliche Instrumente des Umweltschutzes, 1983, 23, sprach vom „Knüppel im Sack". Zur in der Politikwissenschaft gebräuchlichen Metapher vom „Schatten der Hierarchie" *Fritz Scharpf* Die Handlungsfähigkeit des Staates am Ende des zwanzigsten Jahrhunderts, PVS 32 (1991), 621 (629).

[223] Vgl. *Schlacke* Klimaschutzziele und -pläne (Fn. 43), 340 ff. Zur (erneuerten) Funktion des Allgemeinen Verwaltungsrechts *Claudio Franzius* Brauchen wir ein Allgemeines Verwaltungsrecht?, JZ 2019, 161 (164 ff.).

des Rechts anhalten, ihrem gestärkten Auftrag für einen wirksamen Klimaschutz gerecht zu werden.[224] Wer der Prävention gegen die Gefahren des Klimawandels politische Freiräume belassen will, hat gute Gründe auf seiner Seite. Aber so wenig sich das Verwaltungsrecht als unpolitisch begreifen lässt, so wenig kann es Politik jenseits des Rechts geben. Deshalb stellt eine „Nachsteuerung" durch die Justiz[225] unter Wahrung von dessen Eigengesetzlichkeiten auch kein Problem der Gewaltenteilung dar.[226]

Im Ergebnis erweist sich das „bewegliche" Verwaltungsrecht[227] als entwicklungsfähig. Es beschert uns keinen entfesselten Präventionsstaat, sondern bietet mit seinen innovativen Ansätzen vielleicht nicht mehr als einen Einstieg, aber eben doch einen Einstieg in Antworten auf die neuen Herausforderungen bei der Eindämmung der gefährlichen Folgen des Klimawandels.

---

[224] Zum Planungsrechtsschutz *Sabine Schlacke/Dominik Römling* Neue Herausforderungen der gerichtlichen Kontrolle von Plänen unter besonderer Berücksichtigung des Klimaschutzgesetzes (KSG), DVBl 2021, 144.

[225] *Franzius* Steuerung durch Recht (Fn. 51), § 4 Rn. 88 f.

[226] Für den Klimabeschluss des BVerfG *Seibert* Klimaschutz (Fn. 63), 1146: „Der Klimabeschluss durchbricht nicht die Gewaltenteilung, sondern ist gerade Ausdruck derselben"; s. auch *Christina Eckes* Separation of Powers in Climate Cases: Comparing cases in Germany and the Netherlands, VerfBlog v. 10.5.2021, <https://verfassungsblog.de/separation-of-powers-in-climate-cases>; a.A. *Wagner* Klimaschutz (Fn. 169), 2256, wonach „im demokratischen Rechtsstaat (…) die Gerichte nicht die richtigen Instanzen (sind), um über Zeitpunkt und Umfang der Begrenzung von Treibhausgasemissionen zur Vermeidung globaler Klimaschäden zu entscheiden".

[227] Vgl. *Gunnar Folke Schuppert* Ordnung durch Bewegung – Recht als dynamisches System, RW 7 (2016), 177.

Leitsätze des Referenten über:

1. Prävention durch Verwaltungsrecht: Klimaschutz

I. Einführung

(1) Der Schutz der natürlichen Lebensgrundlagen hat dazu geführt, wichtige Teilbereiche des Verwaltungsrechts auf präventives Verwaltungshandeln auszurichten. Im Klimaschutzrecht fungieren die gesetzlichen Ziele als ein neues Instrument des Verwaltungsrechts. Wie aber sieht es mit den Maßnahmen aus? Soll auf Anreize oder Verbote gesetzt werden? Und auf welcher „Ebene" sind die Entscheidungen zu treffen?

II. Woher kommen wir?

1. Prävention

(2) Der Präventionsgedanke ist im Verwaltungsrecht als Wandel von der Gefahrenabwehr zur Risikovorsorge beschrieben worden. Das ging mit einem sorgenvoll beobachteten Machtzuwachs der Exekutive einher.

2. Architektur des Klimaschutzrechts

(3) Eine Antwort auf Sorgen vor zu großen Erwartungen an den Staat war das Bemühen um eine Stärkung der „überstaatlichen" Ordnung. Für den Klimaschutz wurden verbindliche Reduktionsverpflichtungen gefordert, die völkerrechtlich jedoch nicht einfach zu vereinbaren waren. So ließ sich die Zustimmung zum Kyoto-Protokoll nur unter Billigung der Aktivierung von Marktmechanismen erreichen.

3. Wandel im Zugriff

(4) Das Paris-Abkommen setzt verbindliche Ziele, überlässt es jedoch weitgehend den Vertragsstaaten, wie die Ziele erfüllt werden. Der Weg dorthin wird nicht allein materiell-rechtlich vorgegeben, sondern vor allem

verfahrensrechtlich gesteuert. Hierdurch wird die Verantwortung der Staaten gestärkt.

III. Klimaschutzziele

1. Bewirtschaftungsordnung

(5) Das Klima ist ein knappes Gut, weil Emissionsquantitäten unter Zugrundelegung der Temperaturziele endlich sind. Nutzungen des Klimas sind zu begrenzen. Das verlangt eine Bewirtschaftungsordnung, die durch das internationale Klimaschutzrecht vorgegeben ist, aber auf die Ausgestaltung im nationalen Recht angewiesen bleibt.

(6) Während das Immissionsschutzrecht von der Emissionsbegrenzung ausgeht, greift das Klimaschutzgesetz des Bundes den Bewirtschaftungsgedanken auf, ohne etwas zu den Maßnahmen zu sagen. Die Nutzung des Klimas als knappes Gut ist eine Verteilungsfrage.

2. Ziele als Instrument des Verwaltungsrechts

(7) Das Klimaschutzrecht arbeitet mit langfristigen Temperatur- und sektorbezogenen Minderungszielen. Letztere fungieren als Maßstab für die Bewertung konkreter Maßnahmen. Mit ihrer rechtsverbindlichen Festlegung sinkt die Rechtfertigungslast für umsetzende Maßnahmen und Eingriffe. Gleichzeitig steigt das Rechtfertigungserfordernis für die Zulassung von Vorhaben, die eine Zielerreichung unwahrscheinlicher machen.

(8) Die sektoralen Jahresemissionsmengen lassen sich als ein Bekenntnis zum Budget-Ansatz verstehen. Das Bundesverfassungsgericht hat das gesetzliche Budget auf das klimawissenschaftlich ermittelte Restbudget an CO_2-Emissionen bezogen und im Ausbleiben der Festlegung von Emissionsmengen nach 2030 „eingriffsähnliche Vorwirkungen" gesehen. Danach hat der Gesetzgeber einen schlüssigen Reduktionspfad für den Weg in die Klimaneutralität aufzuzeigen.

(9) Erweisen sich die beschlossenen Maßnahmen als unzureichend, um die Ziele verlässlich zu erreichen, muss „umgesteuert" werden, was nahelegen kann, die Fokussierung auf ökonomische Anreize zugunsten ordnungsrechtlicher Vorgaben aufzugeben. Für diese Entscheidungen liefern die legislativen Zielvorgaben einen Maßstab. Damit werden mit Budgets unterlegte Ziele zu einem Instrument des Verwaltungsrechts für den Klimaschutz.

3. Erosion grundlegender Unterscheidungen

(10) Der Präventionsgedanke im Klimaschutzrecht ist durch eine Erosion grundlegender Unterscheidungen gekennzeichnet. Das betrifft die Unterscheidung zwischen Gefahrenabwehr und Risikovorsorge, wozu das Klimaschutzrecht auf Distanz geht. Auch die Unterscheidung zwischen grundrechtlichen Schutzpflichten und Eingriffsabwehrrechten wird relativiert.

(11) Die Entscheidung für den Staat oder den Markt führt im Klimaschutzrecht in die Irre. Denn der Markt muss im Klimaschutz als politisches Instrument begriffen werden. Es handelt sich um rechtlich erzeugte Märkte, nicht bloß um natürliche Märkte, deren Rahmen rechtlich gesetzt wird.

IV. Klimaschutzmaßnahmen

1. Bepreisung

(12) Die Bepreisung von CO_2 gilt als das Mittel der Wahl. Gesetzt wird auf die Aktivierung von Marktkräften, die ordnungsrechtlich eingerahmt werden.

(13) Mit Blick auf die Mengensteuerung durch den Emissionshandel ist die Vision vom idealen Instrument ebenso verbreitet wie die Einsicht in Schwächen seiner Ausgestaltung. Die Sektoren, die dem europäischen Emissionshandel unterliegen, bedürfen einer Ergänzung durch die Mitgliedstaaten, wie es in Großbritannien mit einem CO_2-Mindestpreis für die Kohleverstromung geschehen ist.

(14) Einen Emissionshandel sollen wir auch für andere emissionsintensive Sektoren erhalten. Mit dem Brennstoffemissionshandelsgesetz ist ein kupierter Emissionshandel auf den Weg gebracht worden, der in der Einführungsphase ohne Emissionsobergrenze auskommt. Das wirft klimapolitische, aber auch finanzverfassungsrechtliche Fragen auf.

2. Mehr Ordnungsrecht wagen?

(15) Die Klimapolitik der Bundesregierung folgte bislang einem Leitbild der Verbotsvermeidung. Zur Anleitung der „großen Transformation" sollte der Gesetzgeber das Ordnungsrecht aber nicht scheuen.

(16) Dass es wenig Sinn macht, die ökonomischen und ordnungsrechtlichen Instrumente in einem Alternativverhältnis zu verstehen, zeigt der gestufte Steuerungsansatz beim Kohleausstieg.

(17) Das Kohleausstiegsgesetz hat einen Prozess begleitet, der von der Unwirtschaftlichkeit der Kohlekraftwerke angestoßen wurde, aber auch

ohne die hohen Entschädigungszahlungen zu einer Beendigung der Kohleverstromung geführt hätte. Das zeitlich nach hinten verschobene Kohleverfeuerungsverbot verhindert einen marktgetriebenen Ausstieg.

3. Prävention durch Wettbewerb

(18) Prävention im Klimaschutz zielt nicht bloß auf etwas zu Bewahrendes, sondern auf etwas zu Gestaltendes. Diese Gestaltungsaufgabe mag ordnungsrechtliche Vorgaben verlangen, kommt ohne den gestalteten Wettbewerb als Steuerungsinstrument des Staates aber nicht aus.

V. Wohin gehen wir?

1. Wiederentdeckung der nationalen Ebene

(19) Prävention kann im Klimaschutzrecht nicht einfach fortsetzen, was im Verwaltungsrecht unter „Risikovorsorge" verhandelt wurde.

(20) Das Klimaschutzrecht hat die nationale Ebene wiederentdeckt. In der Rolle nationaler Politik im globalen Kontext liegt eine zentrale Frage des Klimaschutzrechts.

(21) Hier Machtverschiebungen zu sehen, erscheint verfrüht. Der Klimaschutz führt auch nicht zu einer Machtverschiebung von den staatlichen zu nicht-staatlichen Akteuren ebenso wenig wie vom Staat zum Markt, sind private Akteure und der Markt doch eingebettet in hoheitliche Vorgaben zu verstehen.

2. Kurzzeitlegitimation und Langzeitverantwortung

(22) Um den strukturellen Antagonismus zwischen Kurzzeitlegitimation und Langzeitverantwortung abzumildern, wird eine vom politischen Tagesgeschäft unabhängige Instanz gesucht, die in Klimaräten, aber auch in der Justiz als neutraler Instanz gefunden werden kann.

3. Rolle der Gerichte

(23) Wird die Justiz angerufen, um Politik anzustoßen, nicht aber zu ersetzen, lässt sich ein Missbrauch der Dritten Gewalt nicht überzeugend darlegen. Die Nachsteuerung durch die Justiz unter Wahrung von dessen Eigengesetzlichkeiten stellt kein Problem der Gewaltenteilung dar.

(24) Gerichte können Impulse für die Anpassung des Rechts an die Herausforderungen des Klimawandels liefern. Das hat das Bundesverfassungs-

gericht mit der intertemporalen Wirkung der Grundrechte getan. Hiermit hat es die Präventionsaufgabe des Staates auf den Punkt gebracht.

(25) Die Steuerung durch Recht steht in keinem Gegensatz zum gerichtlichen Rechtsschutz. Vielmehr ist das Prozessrecht unter der Steuerungsperspektive für seine Potentiale zur Durchsetzung des geltenden Rechts zu öffnen.

(26) Werden Maßnahmen zur Erreichung des gesetzlichen Budgets angegriffen, gibt es mit den Reduktionszielen einen Kontrollmaßstab, mögen für unzureichend gehaltene Maßnahmen von den Verwaltungsgerichten auch nicht ohne genaue Wirkungsanalyse unter diesen Maßstab subsumiert werden können.

VI. Schluss

(27) Der Klimaschutz ist primär eine Aufgabe des Verwaltungsrechts, das in seiner Steuerungsfunktion auf hinreichend wirksame Vorgaben zu befragen ist. Dabei geht es nicht darum, das eine gegen das andere Instrument auszuspielen, sondern um eine Optimierung der Maßnahmen im Policy-Mix.

(28) Vom Klimaverwaltungsrecht können das Allgemeine Verwaltungsrecht und das Verwaltungsprozessrecht lernen. Das gilt vor allem für prozedurale Steuerungsansätze und das Planungsrecht, aber auch für den Umgang mit der strategischen Prozessführung.

(29) Über Rechte, geschützt durch die Gerichte in der Logik des Rechts, kann die Verwaltung angehalten werden, ihrem gestärkten Auftrag für einen wirksamen Klimaschutz gerecht zu werden.

(30) Im Ergebnis erweist sich das Verwaltungsrecht als entwicklungsfähig. Es beschert uns keinen entfesselten Präventionsstaat. Mit seinen innovativen Ansätzen bietet es einen Einstieg in Antworten auf die neuen Herausforderungen bei der Eindämmung der gefährlichen Folgen des Klimawandels.

Vierter Beratungsgegenstand:

2. Prävention durch Verwaltungsrecht: Sicherheit

Heinrich Amadeus Wolff, Bayreuth

Inhalt

		Seite
I.	Sicherheit	438
II.	Sicherheitsverwaltungsrecht als ein Teil des Sicherheitsrechts	443
III.	Entwicklungslinien des Sicherheitsverwaltungsrechts	445
IV.	Strukturmerkmale des Sicherheitsverwaltungsrechts	448
	1. Klassische Merkmale der Eingriffsverwaltung	448
	2. Hohe Bereichsspezifität	451
	3. Sicherheitsrecht als Vollzugsrecht	452
	4. Sicherheitsrecht als Rechtsgüterschutz	453
	5. Besonderheiten des Organisationsrechts	455
	a) Allgemein	455
	b) Bereichsspezifische Ausprägungen	456
	aa) Mehrfachzuständigkeiten	456
	bb) Zuständigkeitsverschiebungen im Gefahrenfall	457
	cc) Trennungsgebot	458
	6. Besonderheiten bei den Handlungsformen	458
	a) Allgemein	458
	b) Mischformen	460
	aa) Der mündliche Verwaltungsakt	460
	bb) Die Allgemeinverfügung	461
	cc) Die sicherheitsrechtliche Verordnung	462
	7. Informationsverwaltungsrecht als eigenes Rechtsgebiet	465
	8. Der heimliche, täuschende und drohende Staat	471
	9. Partielle Rechtsschutzdefizite	472
	10. Effektivitätsprinzip	474
V.	Die Mythen des Sicherheitsverwaltungsrechts	476
	1. Der Begriff der konkreten Gefahr sei hinreichend bestimmt	476

	2. Der konkrete Gefahrbegriff spiegele eine verfassungsrechtliche Grenze wider	484
	3. Es gäbe das einheitliche Polizei- und Sicherheitsrecht	485
	4. Das freiheitliche Gepräge des Polizeirechts des 19. Jahrhunderts ginge gegenwärtig verloren	487
	5. Das Sicherheitsverwaltungsrecht erschöpfe sich in der Gefahrenabwehr	489
	6. Die Gefahrenabwehr obliege grundsätzlich der allgemeinen Verwaltung	489
	7. Die Nachrichtendienste dienten nur der politischen Information der Regierung	492
VI.	Ausblick	493

Sehr verehrter Vorstand, meine Damen und Herren,[1]
unser Thema „Prävention durch Verwaltungsrecht: Sicherheit" soll entfaltet werden durch eine nähere Bestimmung erstens der Sicherheit, zweitens des Sicherheitsverwaltungsrechts, drittens dessen Entwicklungslinien, bevor dann viertens dessen Besonderheiten und fünftens seine Mythen behandelt werden, um dann mit einem Ausblick zu schließen. Dabei werden die Perspektiven der Schweiz und von Österreich sträflicher Weise zu kurz kommen, wofür ich schon jetzt um Nachsicht bitte.

I. Sicherheit

Sicherheit lässt sich allgemein definieren als ein Zustand, in dem der Urteilende der Auffassung ist, ein näher bestimmtes Rechtsgut sei so gut geschützt, dass ein weiteres Handeln nicht geboten sei.[2] Sicherheit ist normativ.[3] Eine Sicherheit an sich gibt es nicht. Absolute Sicherheit bedeutet

---

[1] Alle Internetverweise waren am 2.10.2021 aktiv.

[2] Weniger aktionell dagegen die Definition bei *Matthias Bäcker* Sicherheitsverfassungsrecht, in: Matthias Herdegen/Johannes Masing/Ralf Poscher/Klaus Ferdinand Gärditz (Hrsg.) Handbuch des Verfassungsrechts, 2021, § 28 Rn. 1: Sicherheit als „Eindämmung von Bedrohungen individueller oder kollektiver Werte"; enger *Christoph Gusy* Gewährleistung von Freiheit und Sicherheit im Lichte unterschiedlicher Staats- und Verfassungsverständnisse, VVDStRL 63 (2004), 151 (159): Abwesenheit von Risiken; s. zur Begriffsvielfalt *Franz-Xaver Kaufmann* Sicherheit als soziologisches und sozialpolitisches Problem, 1973, 49 ff.

[3] *Markus Möstl* Die staatliche Garantie für die öffentliche Sicherheit und Ordnung, 2002, 188.

Stillstand.⁴ Je nach Definition lassen sich fast alle menschlichen Handlungen der Sicherheit irgendwie zuordnen. Die Schulbildung beispielsweise ist materiell eine Sicherheitsgewährleistung, da deren Fehlen den Bestand des freiheitlich-demokratischen Staates gefährden kann. Dennoch unterfällt sie nicht dem juristischen Sicherheitsbegriff, da dieser unmittelbarer die Schutzgüter der öffentlichen Sicherheit und Ordnung⁵ mitsamt des öffentlichen Friedens⁶ erfasst.⁷

Der Begriff des Sicherheitsrechts nimmt das Ziel in den Fokus und vereinigt so mehrere unterschiedliche Rechtsgebiete.⁸ Auf diese Weise können Gebietsgrenzen überwunden, Gemeinsamkeiten gefunden und die Anknüpfung an das Unionsrecht erleichtert werden.⁹ Dies geht wiederum auf Kosten der Präzision der dogmatischen Erkenntnisse.

Das so verstandene Sicherheitsrecht bildet kein einheitliches Teilgebiet,¹⁰ sondern vereint, wie schon Art. 99 BV andeutet, vor allem das Straf- und Ordnungswidrigkeitenrecht, das Polizeirecht, das allgemeine und besondere Ordnungsrecht, das Nachrichtendienstrecht, das Wehr- und Zivilschutzrecht¹¹ und das im Folgenden so genannte

---

⁴ Ähnlich *Johannes Masing* Die Ambivalenz von Freiheit und Sicherheit, JZ 2011, 753 (753); *Gusy* Gewährleistung (Fn. 2), 160: „Unerreichbarkeit der Sicherheit" aus der Sicht des Katastrophenrechts; *Ulrich Cronenberg* Katastrophenschutz: Gesellschaftliche oder staatliche Aufgabe, in: Michael Kloepfer (Hrsg.) Katastrophenrecht: Grundlagen und Perspektiven, 2008, 21 (21): „nicht möglich"; *Erhard Denninger* Prävention und Freiheit, in: Stefan Huster/Karsten Rudolph (Hrsg.) Vom Rechtsstaat zum Präventionsstaat, 2008, 85 (94): Grenzenlosigkeit der Sicherheit.

⁵ Vgl. nur *Markus Thiel* Die „Entgrenzung" der Gefahrenabwehr, 2011, 52 ff.

⁶ Zum öffentlichen Frieden als Schutzgut aus strafrechtlicher Sicht: vgl. BVerfGE 124, 300 (335); aus polizeilicher Sicht *Möstl* Garantie (Fn. 3), 142; *Volkmar Götz/Max-Emanuel Geis* Allgemeines Polizei- und Ordnungsrecht, 16. Aufl. 2017, § 5 Rn. 24.

⁷ Ähnlich *Hans Hofmann/Sandra Lukosek/Florentine Schulde-Rudzio* Das Gewicht der Sicherheit als Herausforderung des liberalen Verfassungsstaates, GSZ 2020, 233 (234).

⁸ Vgl. zum Begriff des Sicherheitsrechts *Bäcker* in: Herdegen (Fn. 2), § 28 Rn. 2; *Klaus Ferdinand Gärditz* Sicherheitsrecht als Perspektive, GSZ 2017, 1 ff.

⁹ *Christoph Gusy* Vom neuen Sicherheitsbegriff zur neuen Sicherheitsarchitektur, VerwArch 101 (2010), 309 (311); *Gärditz* Perspektive (Fn. 8), 5.

¹⁰ Etwas enger *Gärditz* Perspektive (Fn. 8), 1 f.; ähnlich (ohne das Hilfeleistungsrecht) *Thorsten Kingreen/Ralf Poscher* Polizei- und Ordnungsrecht, 11. Aufl. 2020, § 1 Rn. 1: der alte Polizeibegriff war ähnlich – vgl. *Hans-J. Wolff* Die Gestaltung des Polizei- und Ordnungsrechts insbesondere in der britischen Besatzungszone, VVDStRL 9 (1952), 134 (135).

¹¹ S. zur Zweiteilung der Gesamtverteidigung in militärische Verteidigung und zivile Verteidigung – *Dieter Weingärtner* Rechtsstellung und Rolle des Deutschen Roten Kreuzes im Bereich des Zivilschutzes, GSZ 2020, 259 ff; s. zur Verbindung von Zivil- und Katastrophenschutzrecht ab 2001 ausführlich *Christoph Gusy* Katastrophenrecht, zur Situation eines Rechtsgebiets im Wandel, DÖV 2011, 85 (89 ff.); s.a. *Anna-Maria Grüner* Biologische Katastrophen: eine Herausforderung an den Rechtsstaat, 2016, 94. S. zu dem Vorschlag, den Zivilschutz, den Katastrophenschutz und den Infektionsschutz zu einem Bevöl-

Hilfeleistungsrecht,[12] d.h. das Recht des Katastrophenschutzes,[13] des Brandschutzes[14] sowie des Rettungswesens.[15]

Das breit gegliederte Sicherheitsrecht ist organisch gewachsen und in Grenzbereichen unscharf,[16] wie schon an der schwer zu beantwortenden, im Ergebnis aber zu bejahenden Frage deutlich wird, ob das Infektionsschutzrecht spezielles[17] Gefahrenabwehrrecht ist oder nicht.[18]

---

kerungsschutz stärker zu verklammern, *Sven Eisenmenger* Die Neuordnung des Bevölkerungsschutzes aus rechtswissenschaftlicher Perspektive, NVwZ 2021, 1415 ff.; s.a. BMI/BBK, Stärkung des Bevölkerungsschutzes durch Neuausrichtung des Bundesamtes für Bevölkerungsschutz und Katastrophenhilfe, März 2021.

[12] So auch die Begrifflichkeit bei *Michael Kniesel* Hilfeleistungsrecht, in: Matthias Bäcker/Ehrhard Denninger/Kurt Graulich (Hrsg.) Lisken/Denninger Handbuch des Polizeirechts, 6. Aufl. 2018, J Teil III, Rn. 1; *Klaus-Georg Meyer-Teschendorf* Stand der Diskussion um eine „Neuordnung" des Zivil- und Katastrophenschutzes, in: Michael Kloepfer (Hrsg.) Katastrophenrecht: Grundlagen und Perspektiven, 2008, 29 (30).

[13] S. dazu: *Wolfgang Köck* Katastrophenschutzrecht, in: Dirk Ehlers/Michael Fehling/ Hermann Pünder (Hrsg.) Besonderes Verwaltungsrecht, Bd. III, 4. Aufl. 2021, § 71, 712 ff.; *Christoph Gusy* Katastrophenrecht, GSZ 2020, 101; zum Katastrophenbegriff und seiner Abgrenzung zur Notlage: s. nur Art. 1 Abs. 2 BayKSG und *Grüner* Katastrophen (Fn. 11), 84: Großes atypisches Gefahren- oder Schadensausmaß und Überforderung der grundsätzlich zuständigen Stellen, auch zur Frage, ob es einer förmlichen Feststellung bedarf; s. zu den einzelnen Aspekten *Michael Kloepfer* Katastrophenschutzrecht, VerwArch 98 (2007), 163 (168); s. zu den Begriffsunschärfen: *Rolf Stober* Befugnisse und Kontrolle im Katastrophenschutzrecht, in: Kloepfer (Fn. 12), 43 (44); s. zu den Unterschieden in den Ländern: *Grüner* Katastrophen (Fn. 11), 89 ff.; *Kloepfer* ebd., 192 ff.; s. zu den gemeinsamen Strukturen *Amelie Zimmermann/Tobias Czepull* Zuständigkeiten und Kompetenzen im Katastropheneinsatz, DVBl 2011, 270 (271).

[14] *Kniesel* in: Lisken/Denninger (Fn. 12), Rn. 9 f.

[15] Zur Definition s. Art. 2 BayRDG; zum Rechtsgebiet s. dazu *Kniesel* in: Lisken/Denninger (Fn. 12), Rn. 10.

[16] Zu den Überschneidungsbereichen historisch *Denninger* Polizeiaufgaben (Fn. 22), Rn. 12; insbesondere im Bereich des besonderen Gefahrenabwehrrechts verschwimmt die Grenze von Gefahrenabwehr und Gefahrenvorsorge – so schon früh *Hans-Uwe Erichsen* Der Schutz der Allgemeinheit und der individuellen Rechte durch die polizei- und ordnungsrechtlichen Handlungsvollmachten der Exekutiven, VVDStRL 35 (1977), 171 (180 f.).

[17] S. zu den Besonderheiten *Thomas Merz* Social distancing in Dortmund – coronabedingte Kontaktverbote unwirksam und damit bußgeldlos?, COVuR 2021, 14 (16).

[18] Infektionsschutzrecht (zumindest nach ausgebrochener Krankheit) wird als Gefahrenabwehrrecht eingestuft von: *Ralf Poscher* Das Infektionsschutzgesetz als Gefahrenabwehrrecht, in: Stefan Huster/Thorsten Kingreen (Hrsg.) Handbuch Infektionsschutzrecht, 2021, Kapitel 4, 117 ff. Rn. 3 ff.; *Gunter Warg* Prognosegrundlage bei der Gefahrenabwehr nach dem IfSG, NJOZ 2021, 257 (257); *Maria Marquardsen/Jens Gerlach* Die Corona-Pandemie in der verwaltungsrechtlichen Prüfung – Teil II, JA 2020, 801 (802); *Oliver Lepsius*

2. Prävention durch Verwaltungsrecht: Sicherheit

Das Sicherheitsrecht bildet somit ein Sammelbecken mit enormen inneren Differenzen:
1. bezogen auf die Schutzgüter (von der kollektiven Gesundheit bis hin zur Zufahrtsmöglichkeit in die eigene Garage),
2. bezogen auf die Gefährdungsarten (von militärischen Gefahren über den Terrorismus bis hin zu Naturgewalten wie der des Hochwassers),
3. bezogen auf die Gefährdungslagen (von der konkreten Gefahr über die allgemeine Gefahr bis hin zum Risiko[19]),
4. bezogen auf die Art der staatlichen Reaktion (repressiv oder präventiv, informatorisch oder aktionell,[20] d.h. einen Kausalverlauf verändernd).

Das Sicherheitsrecht folgt dem bestreitbaren Grundsatz, Schaden sei nicht gleich Schaden. Ein drohender Tod, jeweils verursacht durch die verschiedenen Gefahrenquellen Terrorismus,[21] organisierte Kriminalität,[22]

Partizipationsprobleme und Abwägungsdefizite im Umgang mit der Corona-Pandemie, JöR 69 (2021), 705 (707); mittelbar *Horst Dreier* Rechtsstaat, Föderalismus und Demokratie in der Corona-Pandemie, DÖV 2021, 230 (231); *Annette Guckelberger* Ausgangsbeschränkungen und Kontaktverbote anlässlich der Corona-Pandemie, NVwZ 2020, Extra 9a, 1 (4); kritisch *Andreas Engels* Infektionsschutzrecht als Gefahrenabwehrrecht?, DÖV 2014, 464 (467 ff.); auf das Risiko als begriffsprägend für das Infektionsrecht abstellend *Stephan Rixen* Verwaltungsrecht der vulnerablen Gesellschaft, VVDStRL 80 (2021), 37 (40 Rn. 14).

[19] *Jens Kersten/Stephan Rixen* Der Verfassungsstaat in der Corona-Krise, 2021, 82: Risikobekämpfung als Teil des besonderen Sicherheitsrechts; ausführlich zu den verschiedenen Risikobegriffen: *Anika Klafki* Risiko und Recht. Risiken und Katastrophen im Spannungsfeld von Effektivität, demokratischer Legitimation und rechtsstaatlichen Grundsätzen am Beispiel von Pandemien, 2017, 10 f.; *Liv Jaeckel* Gefahrenabwehrrecht und Risikodogmatik. Moderne Technologien im Spiegel des Verwaltungsrechts, 2010, 84; zur Bedeutung des Begriffs im Rahmen der Pandemiebekämpfung – *Rixen* Verwaltungsrecht (Fn. 18).

[20] Diese Unterscheidung war früher noch nicht bekannt – vgl. *H. J. Wolff* Gestaltung (Fn. 10), 136.

[21] S. zum Begriff, insb. dessen Unschärfe *Tristan Barczak* Terrorismus als Rechtsbegriff – Reflexionen über Migration, Ambivalenz und Entgrenzungspotential einer politischen Vokabel –, in: Michael Goldhammer/Andreas Kulick (Hrsg.) Der Terrorist als Feind?, 2020, 99 (101 ff.); *Joachim Krause* Terrorismus: Die unterschiedlichen Formen und Varianten in der heutigen Zeit, in: Kerstin Odendahl (Hrsg.) Die Bekämpfung des Terrorismus mit Mitteln des Völker- und Europarechts, 2017, 21 ff.; *Bäcker* Die Polizei im Verfassungsgefüge, in: Lisken/Denninger (Fn. 12), Kap. B Rn. 141.

[22] Zum Begriff s. etwa Art. 4 Abs. 2 BayVSG, § 3 Abs. 2 VSG Hessen und § 5 Abs. 1 Nr. 4 VerfSchG Saarland; s.a. Art. 1 Rahmenbeschluss 2008/841/JI, ABl. 2008 L 300/42; vgl. weiter *Matthias Bäcker* Kriminalpräventionsrecht. Eine rechtssetzungsorientierte Studie zum Polizeirecht, zum Strafrecht und Strafverfahrensrecht, 2015, 36 ff.; *Bergemann* Nachrichtendienste und Polizei, in: Lisken/Denninger (Fn. 12), Kap. H Rn. 34; *Erhard Denninger* Polizeiaufgaben, in: ebd. Kap. D Rn. 207.

Straßenverkehr,[23] Brand,[24] Pandemie,[25] Krankheit,[26] Hunger, Lebensmittelvergiftung oder Suizid bildet eine völlig unterschiedliche Konstellation, auch wenn stets ein Leben verloren geht und Leben nicht gewichtet werden kann.

Alle Gefahren gehen den Staat an, und er kümmert sich, aber jeweils mit unterschiedlichen und situationsspezifischen Mitteln,[27] und auch mit einer erheblich unterschiedlichen Unwertbeurteilung,[28] die teilweise unstreitig und teilweise erheblich umstritten ist.[29] Ersichtlich ist dies etwa an der Kontroverse, ob ein potentiell gefährlicher Hund und ein potentiell gefährlicher Mensch gefahrbegrifflich gleich zu behandeln sind,[30] oder ab wann Pandemiefolgen als ein allgemeines Lebensrisiko anzusehen sind.

Trotz der enormen Heterogenität der Einzelbereiche besitzen diese einen gemeinsamen Kern: Sicherheitsrecht soll verhindern, dass etwas Unerwünschtes passiert, oder bewirken, dass es aufhört. Für Grundrechtseingriffe besteht daher eine starke Rechtfertigung,[31] gerade bei Pandemien.[32] Das Sicherheitsrecht nimmt die zwei Seiten des Rechtsstaates, die freiheit-

---

[23] Zum Straßenverkehr im Polizeirecht *Kniesel* in: Lisken/Denninger (Fn. 12), Rn. 8 ff.

[24] Zum Begriff *Winfried Schober* Das bayerische Feuerwehrrecht in der Praxis, 3. Aufl. 2013, 50.

[25] Definiert als zeitlich begrenzte, länder- und kontinentübergreifende Infektionskrankheit, s. hierzu *Andrea Kießling* in: dies. (Hrsg.) IfSG, 2. Aufl. 2021, Einf. Rn. 34; *Tobias Witte* Recht und Gerechtigkeit im Pandemiefall, 2013, 15 f.; *Klafki* Risiko (Fn. 19), 163; *Rixen* Verwaltungsrecht (Fn. 18), 38.

[26] Hierunter versteht man im Straf- und Arzneimittelrecht jede Störung der normalen Beschaffenheit oder Tätigkeit des Körpers, die geheilt, d.h. beseitigt oder gelindert werden kann, s. dazu BGH, NJW 1958, 916 (918); BVerwG, Beschl. v. 7.12.1962, I B 121/62.

[27] S. zum Begriff der Mittel *Kurt Graulich* Das Polizeihandeln, in: Lisken/Denninger (Fn. 12), E, Rn. 15.

[28] Zutreffend *Anika Klafki* Verwaltungsrechtliche Anwendungsfälle im Kontext der Covid-19-Pandemie, JuS 2020, 511 (511); *Tristan Barczak* Der nervöse Staat, 2. Aufl. 2021, 687; s. speziell zur Frage einer Sonderbehandlung des Terrorismus *Gusy* Sicherheitsbegriff (Fn. 9), 315 ff.; *Masing* Ambivalenz (Fn. 4), 754.

[29] S. dazu *Gusy* Sicherheitsbegriff (Fn. 9), 315; s. etwa *Uwe Volkmann* „Ausnahmezustand", Verfassungsblog v. 20.3.2002: „So wissen wir im Grunde, dass die Zulassung des Autoverkehrs auf unseren Straßen jedes Jahr den Tod von zwischen 3000 – 4000 Menschen zur Folge hat."

[30] Dafür *Markus Möstl* Rechtsstaatlicher Rahmen der Terrorabwehr – eine Stellungnahme zum Stand der Diskussion um Gefahr, Gefahrenvorfeld und drohende Gefahr, DVBl 2020, 160 (168); dagegen *Bodo Pieroth* Ein Mustergesetz mit Schlagseite zu Lasten der Freiheit, Die Verwaltung 53 (2020), 39 (50).

[31] Deutlich etwa BayVerfGH, NVwZ-RR 2018, 593 ff. im Rahmen einer Folgenabwägung.

[32] S. nur BVerfG (Kammer), NVwZ 2020, 1512 f. Rn. 11; BVerfG (Kammer), Beschl. v. 11.11.2020, 1 BvR 2530/20, juris Rn. 11. Weitgehend in Bezug auf die Schutzpflichtwirkung *Walter Frenz* Zweiter Lockdown und Verfassungsrecht, COVuR 2020, 794 ff.; analy-

liche und die leistende, auf.³³ Es setzt mit um, dass innerer Frieden im Staat anwesend ist,³⁴ und erfüllt damit einen Staatszweck.³⁵ Es ist dafür nicht das einzige Instrument, es bildet aber die letzte Brandmauer vor dem Eintritt des Schadens. Die Summe aller Aspekte des Sicherheitsrechts vereinigt man im Begriff der Sicherheitsarchitektur.³⁶

II. Sicherheitsverwaltungsrecht als ein Teil des Sicherheitsrechts

Mit dem Fokus „Prävention durch Verwaltungsrecht" schließt unser Thema ganze Teilbereiche des Sicherheitsrechts aus, wie leichte Umstellungen des Themas verdeutlichen.

„Repression durch Verwaltungsrecht" verweist auf das Ordnungswidrigkeitenrecht.³⁷ Bei diesem geht es um eine Sanktion, die nicht der unmit-

---

tisch *Anna Leisner-Egensperger*, Der legitime Zweck als Bezugspunkt der Verhältnismäßigkeit, JZ 2021, 913 ff.

³³ *Friedrich Schoch* Abschied vom Polizeirecht des liberalen Rechtsstaats?, Der Staat 43 (2004), 347 (364); *Markus Möstl* in: Möstl/Schwabenbauer (Hrsg.) BOK-Polizei-und Sicherheitsrecht Bayern, Stand 1.11.2020, Vor A Rn. 10; *Manfred Baldus* Entgrenzungen des Sicherheitsrechts – Neue Polizeirechtsdogmatik, Die Verwaltung 2014, 1 (12).

³⁴ S. dazu nur BVerfGE 115, 320 (346 f.); BVerfGE 141, 220 (267 f. Rn. 100); BVerfG, Beschl. v. 1.12.2020, 2 BvR 916/11 u.a., Rn. 202.

³⁵ S. dazu BVerfGE 49, 24 (56 f.); BVerfG, Beschl. v. 1.12.2020, 2 BvR 916/11 u.a., Rn. 202; *Heinz-Christoph Link/Georg Ress* Staatszwecke im Verfassungsstaat – nach 40 Jahren Grundgesetz, VVDStRL 48 (1990), 1 (27 ff.) bzw. 56 (83); *Möstl* Garantie (Fn. 3), 37 ff.; *Thiel* Entgrenzung (Fn. 5), 140 ff.; *Helmuth Schulze-Fielitz* Nach dem 11. September: An den Leistungsgrenzen eines verfassungsstaatlichen Polizeirechts?, in: Hans-Detlef Horn (Hrsg.) Recht im Pluralismus, FS Walter Schmitt Glaeser, 2003, 407 ff.; etwas zu stark *Josef Lindner/Johannes Unterreitmeier* Die „Karlsruher Republik" – wehrlos in Zeiten des Terrors?, DÖV 2017, 90 (93). Der Staatszweck steht Kostenerstattung bei zurechenbarem Individualanspruch nicht entgegen: BVerwGE 165, 138 ff.; zustimmend *Christian Klein* Kostenerstattung für Polizeieinsätze bei Großveranstaltungen, GSZ 2018, 175 ff.; nicht zutreffend dürfte die Qualifikation als „Sicherheitsstaat" sein (so aber *Stober* in: Kloepfer (Fn. 12), 43 [43]), da auf diese Weise die anderen Funktionen zu kurz kommen.

³⁶ S. dazu und zum Folgenden schon *Gusy* Sicherheitsbegriff (Fn. 9), 322; *Bäcker* in: Herdegen (Fn. 2), § 28 Rn. 5; *Heinrich Amadeus Wolff* Deutschlands Sicherheitsarchitektur – Drei Entwicklungstendenzen, in: Roland Hefendehl/Tatjana Hörnle (Hrsg.) FS Bernd Schünemann, 2015, 843 ff.; *Markus Löffelmann* Die Zukunft der deutschen Sicherheitsarchitektur – Vorbild Bayern, GSZ 2018, 85 (86). Das Hilfeleistungsrecht wird dabei gerne vergessen, vgl. *Kurt Graulich* Brauchen wir ein Musterpolizeigesetz?, GSZ 2019, 9 (14 ff.): Dreiteilung: Aufklärung, Abwehr und Verfolgung.

³⁷ S. zur repressiven Sicherheitsgewährleistung *Gusy* Gewährleistung (Fn. 2), 157; zur Unterscheidung der repressiven und präventiven Sicherheitsgewährleistung z.B. *Bäcker* in: Herdegen (Fn. 2), § 28 Rn. 58 ff.; *Klaus Ferdinand Gärditz* Strafprozeß und Prävention, 2003, 60 ff. (für das Strafverfahren). Auch das repressive Sicherheitsrecht enthält dabei

telbaren Wiederherstellung des Schutzgutes dient, sondern der Verhängung eines sozialethischen Unwerturteils.[38]

„Prävention durch Verfassungsrecht" leitet zur äußeren Sicherheit und dem in Art. 87a Abs. 2 GG zugrunde gelegten Verfassungsvorbehalt über.[39]

„Prävention durch Zivilrecht" macht deutlich, dass die Zivilrechtsordnung in vielfältiger Weise dem Rechtsgüterschutz dient, insbesondere durch die sachgerechte Ausstellung der Privatautonomie, dem Selbsthilfeverbot und einer funktionsfähigen Gerichtsbarkeit.[40]

„Prävention durch Moral" wird zu einem Thema des Sicherheitsrechts, wenn der Staat final die individuelle Selbstkontrolle zur Sicherheitsgewährleistung einsetzt.[41] Bei der Pandemiebekämpfung gibt es neben dem rechtlichen einen staatlich gewünschten moralischen Verhaltenskodex.[42] Die moralische Einwirkung auf Impfunwillige geht dann zu weit, wenn sie eine Impfpflicht, deren rechtliche Voraussetzung und deren Sicherungen nicht vorliegen, funktional ersetzen soll.

Aber auch das verbleibende Sicherheitsverwaltungsrecht ist durch Heterogenität geprägt,[43] auch bei den Mitteln. Die Prävention durch Rechtsnormen rückt im besonderen Ordnungsrecht in den Vordergrund. So verfolgen

---

eine ganze Reihe von präventiven Mitteln – *Bäcker* Kriminalpräventionsrecht (Fn. 22), 306 f.

[38] *Möstl* in: BOK-PoRuSiR (Fn. 33), Vor A Rn. 25; *Dietrich Murswiek* Die Corona-Waage – Kriterien für die Prüfung der Verhältnismäßigkeit von Corona-Maßnahmen, NVwZ 2021, Extra 5, 1 (10). Die Grenzen verschwimmen, wie vor allem am Strafrecht ersichtlich ist, das mittlerweile eine Fülle von Präventivsanktionen kennt; zur Frage der Übertragbarkeit der verwaltungsrechtlichen Dogmatik *Sebastian Baer* Gefahrenabwehrrechtliche Denkfiguren im Straf- und Maßregelvollzugsrecht, NStZ 2009, 529 ff.

[39] *Volkmar Götz* Innere Sicherheit, in: Paul Kirchhof/Josef Isensee (Hrsg.) Handbuch des Staatsrechts, 3. Aufl. 2007, HStR IV, § 85 Rn. 32. Art. 87a Abs. 2 GG dreht das ansonsten im GG geltende Prinzip, nach dem eine existierende Staatsgewalt vorausgesetzt und begrenzt wird, um, indem im Wehrbereich Deutschland nur so viel Hoheitsrecht hat, wie das GG ihm verleiht, s. dazu *Heinrich Amadeus Wolff* Verwendungen der Bundeswehr im Rahmen der Amtshilfe, in: Dieter Weingärtner (Hrsg.) Die Bundeswehr als Armee im Einsatz – Entwicklungen im nationalen und internationalen Recht, 2010, 171 ff.

[40] S. zu Unterschieden von staatlichem und privatem Rechtsgüterschutz – *Gusy* Gewährleistung (Fn. 2), 171 Rn. 92.

[41] Davon zu trennen ist die Pflicht, die Öffentlichkeit in die Diskussion um die Maßnahmen einzubeziehen, *Christan Seiler* Pandemiebedingte Maßnahmen zur Kontaktvermeidung als verfassungsrechtliche Herausforderung, JZ 2021, 924 (926 u. 930).

[42] Positiv dazu *Volker Boehme-Neßler* Ausgangssperren zur Pandemiebekämpfung?, NVwZ 2021, Extra 10b, 1 (4); differenziert *Rixen* Verwaltungsrecht (Fn. 18), 54 f.; s. zu § 28b IfSG: BVerfG, NJW 2021, 1808, (1811 Rn. 41).

[43] Das Sicherheitsrecht ist in sich vernetzt mit jeweils eigenen Strukturen – vgl. *Dieter Kugelmann* Grundzüge einer (neuen) Sicherheitsarchitektur, Die Verwaltung 47 (2014), 25 (52).

Pandemieverordnungen Prävention mithilfe rechtlicher Verhaltensgebote bzw. -verbote.

In anderen Teilen beruht die Prävention dagegen auf faktischem Handeln: Die Brandbekämpfung lebt nicht von der präventiven Kraft der Rechtsnorm, sondern von der löschenden Kraft des Wassers.[44] Der unmittelbare Zwang im Polizeirecht benötigt die Rechtsnorm nicht wegen ihrer präventiven Wirkung, sondern als Rechtsgrundlage.[45]

Die Prävention durch Verwaltungsakt[46] wird praktisch, wenn es um dessen konstituierende Wirkung geht, d.h. dann, wenn er ein Verhalten, das vorher rechtmäßig war, rechtswidrig werden lässt.[47]

III. Entwicklungslinien des Sicherheitsverwaltungsrechts

Das Sicherheitsverwaltungsrecht reagiert auf Gefahrenlagen und ist daher ständig in Bewegung, nicht erst seit 2001.[48] Im gebotenen Stakkato sollen zwölf Entwicklungsfaktoren genannt werden:
1. eine zunehmende Zentralisierung,[49]

---

[44] Sachlich gleich *Eisenmenger* Neuordnung (Fn. 11), 1421.

[45] S. zur Frage, ob der unmittelbare Zwang Verwaltungsaktcharakter besitzt *Graulich* in: Lisken/Denninger (Fn. 27), Rn. 37 (ablehnend).

[46] S. zum Begriff der Polizeiverfügung als zu vermeidender Begriff – *Graulich* in: Lisken/Denninger (Fn. 27), Rn. 29 ff.

[47] Zum subsidiären exekutivischen Rechtsgüterschutz – *Möstl* in: BOK-PoRuSiR (Fn. 33), Vor A Rn. 12 und Rn. 15; *Robert Käß* Die Einführung der präventiven Telekommunikationsüberwachung im Bayerischen Polizeiaufgabengesetz (PAG), BayVBl 2008, 225 (229).

[48] S. dazu *Baldus* Entgrenzungen (Fn. 33), 1 ff.; *Gusy* Sicherheitsbegriff (Fn. 9), 309 ff.; *Heinrich Amadeus Wolff* Schriftliche Stellungnahme aufgrund des Beweisbeschlusses S. 1 des 2. Untersuchungsausschusses des Deutschen Bundestages der 17. Wahlperiode vom 24.3.2012, Materialien Deutscher Bundestag, 2. UA 17 WP, MAT A S-1/1 zu A-Drs. 38, 23 ff., abrufbar unter <https://www.bundestag.de/resource/blob/562142/e10342eb566fc638 adb325c6158d7e56/19-25-240-neu--data.pdf>.

[49] *Bäcker* in: Herdegen (Fn. 2), § 28 Rn. 46; *Matthias Bäcker* Weitere Zentralisierung der Terrorismusbekämpfung, GSZ 2018, 213 ff.; *Gärditz* Perspektive (Fn. 8), 4; *Kingreen/Poscher* Polizeirecht (Fn. 10), § 1 Rn. 33; *Ralf Poscher* Sicherheitsverfassungsrecht im Wandel, in: Thomas Vesting/Stefan Korioth (Hrsg.) Der Eigenwert des Verfassungsrechts, 2011, 245 (248); *Löffelmann* Zukunft (Fn. 36), 90; s.a. *Heinrich Amadeus Wolff* Sachverständigengutachten mit dem Thema: „Die Entwicklung der Sicherheitsarchitektur in Deutschland und Baden-Württemberg" für den Untersuchungsausschuss des 15. Landtages Baden-Württemberg mit dem Thema: Aufarbeitung der Kontakte und Aktivitäten des Nationalsozialistischen Untergrundes am 07. Dezember 2015 in Stuttgart (s. Anlage Abschlussbericht Anlagenband ab 285 (1263 der Internetfassung) – LT-Drs. 15/8000), Dezember 2015, 66 ff., abrufbar unter <https://www.landtag-bw.de/files/live/sites/LTBW/files/ dokumente/WP15/Drucksachen/8000/15_8000_D.pdf>.

2. eine Vorverlagerung aller Bereiche,[50] (Stichwort: Präventionsstaat[51] oder Vorsorgestaat[52]),
3. eine Vergrößerung der Überschneidungsbereiche und die Abschwächung bestehender Trennlinien,[53] die eine Entgrenzung[54] und eine Relativierung bestehender Ausdifferenzierung bewirken,[55]
4. eine Personalisierung,[56] v.a. im Bereich der strukturellen Kriminalprävention,[57]

---

[50] S. zur Vorverlagerung im Strafrecht: *Bäcker* in: Herdegen (Fn. 2), § 28 Rn. 62 ff.; *Bäcker* Kriminalpräventionsrecht (Fn. 21), 319 ff.; *Winfried Hassemer* Sicherheit durch Strafrecht, HRRS 2006, 130 ff.; *Sebastian Krahl* Die polizeilichen Vorfeldbefugnisse als Herausforderung für Dogmatik und Gesetzgebung des Polizeirechts, 2012, 24; s. zu „Vernachrichtendienstlichung" der Polizei: *Baldus* Entgrenzungen (Fn. 33), 4 ff.; *Löffelmann* Zukunft (Fn. 36), 86; *Bäcker* in: Herdegen (Fn. 2), § 28 Rn. 34; sehr kritisch dazu *Edda Weßlau* Vorfeldermittlungen, 1989, 236.

[51] *Erhard Denninger* Freiheit durch Sicherheit? Anmerkung zum Terrorismusbekämpfungsgesetz, StV 2002, 96 (99); ausführlich und differenziert *Baldus* Entgrenzungen (Fn. 33), 4 ff.; *Stefan Huster/Karsten Rudolph* Vom Rechtsstaat zum Präventionsstaat, in: dies. (Hrsg.) Vom Rechtsstaat zum Präventionsstaat, 2008, 9, 17; *Marion Albers* Die Determination polizeilicher Tätigkeit in den Bereichen der Straftatenverhütung und der Verfolgungsvorsorge, 2001, 97 ff.; w.N. in *Byungwoog Park* Wandel des klassischen Polizeirechts zum neuen Sicherheitsrecht, 2013, 171, Fn. 880.

[52] *Barczak* Staat (Fn. 28), 368 ff.

[53] *Wolff* Stellungnahme (Fn. 48), 24–29; *Wolff* Gutachten (Fn. 49), 87; s. zur Relativierung der Grenzen von Polizei und Nachrichtendiensten: *Baldus* Entgrenzungen (Fn. 33), 4; *Veith Mehde* Terrorismusbekämpfung durch Organisationsrecht JZ 2005, 815 (817). Verpolizeilichung der Nachrichtendienste: *Bäcker* in: Herdegen (Fn. 2), § 28 Rn. 34; *Poscher* in: Vesting/Korioth (Fn. 49), 249 f.

[54] S. dazu *Baldus* Entgrenzungen (Fn. 33), 1 ff.; *Thiel* Entgrenzung (Fn. 5), 474; *Uwe Volkmann* Polizeirecht als Sozialtechnologie, NVwZ 2009, 216 (217 f.) und sinngemäß *Ralf Poscher* Eingriffsschwellen im Recht der inneren Sicherheit, Die Verwaltung 41 (2008), 345 (348 f.); kritisch zu dieser Begrifflichkeit *Markus Ogorek* Gefahrenvorfeldbefugnisse, Überlegungen zur Struktur und Dogmatik polizeirechtlicher Eingriffstatbestände, JZ 2019, 63 (71).

[55] *Gusy* Sicherheitsbegriff (Fn. 9), 323; *Löffelmann* Zukunft (Fn. 36), 90.

[56] *Andreas Kulick* Gefahr, „Gefährder" und Gefahrenabwehrmaßnahmen angesichts terroristischer Gefährdungslagen, AöR 143 (2018), 175 (211 ff.); *Thomas Darnstädt* Karlsruher Gefahr – Eine kritische Rekonstruktion der polizeirechtlichen Ausführungen des Bundesverfassungsgerichts im Vorratsdaten-Urteil und im Online-Urteil, DVBl 2011, 263 (268); *Matthias Bäcker* Von der Gefahr zum „Gefährder", in: Michael Goldhammer/Andreas Kulick (Hrsg.) Der Terrorist als Feind?, 2020, 147 (155); *Dominik Brodowksi/Matthias Jahn/Charlotte Schmitt-Leornardy* Gefahrenträchtiges Gefährderrecht, GSZ 2018, 7 (10 f.); *Barczak* Staat (Fn. 28), 548 ff.; *Uwe Volkmann*, Prävention durch Verwaltungsrecht: Sicherheit, NVwZ 2021, 1408 (1414).

[57] S. zur strukturellen Kriminalprävention i.S. einer strategischen Überwachung (im Gegensatz zu einer gelegenheitsorientierten) *Bäcker* Kriminalpräventionsrecht (Fn. 21), 53 ff. und 399 ff.; *Ulrich Sieber* Logistik der Organisierten Kriminalität in der Bundesrepu-

5. die Intensivierung der Zusammenarbeit der Behörden,[58]
6. die Ersetzung der Bedeutung der institutionellen Trennung durch den Datenschutz,[59]
7. die Ausgestaltung des Informationsverwaltungsrechts als ein Buch mit sieben Siegeln,[60]
8. der Befugniszuwachs in allen Bereichen,[61] v.a. aber bei den Nachrichtendiensten und der strukturellen Kriminalprävention, mit einer nicht endenden Forderung nach mehr,[62]
9. die deutliche Erhöhung der Anzahl der Gesetze,[63] mit einer hohen Dichte von Spezialregelungen, Zeitgesetzen und Evaluierungspflichten,[64]

---

blik Deutschland, Ergebnisse eines neuen Forschungsansatzes, JZ 1995, 758 (766); *Albers* Determination (Fn. 51), 108 ff.

[58] *Bäcker* in: Herdegen (Fn. 2), § 28 Rn. 44 f.; *Thomas Petri* Informationsverarbeitung in Polizei- und Strafverfahren in Lisken/Denninger (Fn. 12), G Rn. 434 ff.; die Forderung nach weitergehender Intensivierung bei *Hofmann/Lukosek/Schulde-Rudzio* Herausforderung (Fn. 7), 239. S. zur ATDG: BVerfGE 133, 277 ff.; sowie BVerfG, Beschl. v. 10.11.2020, 1 BvR 3214/15, juris; *Baldus* Entgrenzungen (Fn. 33), 4; *Heinrich Amadeus Wolff/Fabian Scheffzyk* Verfassungsrechtliche Fragen der gemeinsamen Antiterrordatei von Polizei und Nachrichtendiensten, JA 2008, 81 ff.

[59] *Wolff* Gutachten (Fn. 49), 84; sachlich hadernd mit den Konsequenzen: *Johannes Unterreitmeier* Überwachung durch Polizei oder Nachrichtendienst – kein Unterschied?, GSZ 2018, 1 ff.

[60] *Gärditz* Perspektive (Fn. 8), 4; für diese Entwicklung bestehen im Wesentlichen drei Gründe: (a) Die Entfaltung des Datenschutzrechts, (b) die technische Entwicklung und (c) das Streben nach Befugniserweiterung zur Realisierung des Konzepts des Präventionsstaates; vgl. dazu *Bäcker* in: Herdegen (Fn. 2), § 28 Rn. 42 f.; *Schoch* Abschied (Fn. 33), 353. S. zur Doppelung der Daten bei Nachrichtendiensten und Polizei eher unkritisch: *Christoph Streiß* Das Trennungsgebot zwischen Polizei und Nachrichtendiensten, 2011, 117 f.

[61] *Gusy* Sicherheitsarchitektur (Fn. 9), 319; *Poscher* in: Vesting/Korioth (Fn. 49), 251 f.

[62] *Markus Thiel* Auf dem Weg zu einem neuen „Musterpolizeigesetz", Die Verwaltung 53 (2020), 1 (7); so sind z.B. gegenwärtig in der Diskussion: Unterbrechung von Telekommunikationsverbindungen – *Thiel* ebd., 8; für Instrumente im Bereich des Cyberraums – *Hofmann/Lukosek/Schulde-Rudzio* (Herausforderung (Fn. 7), 239; Änderung von Art. 13 GG und Smarthome-Geräte: *Robert Frau* Der nachrichtendienstliche Zugriff auf Smarthome-Geräte, GSZ 2020, 149 (155). Kritisch zur Unersättlichkeit des Sicherheitsdenkens – *Schulze-Fielitz* in: FS Schmitt Glaeser (Fn. 35), 413, s.a. Fn. 4.

[63] S. die Liste der Rechtsänderungen bei der Stellungnahme von Ulrich Kelber (BfDI) Stellungnahme am 22.02.2021 vor dem Innenausschuss, 10 ff. – abrufbar unterhttps://www.bundestag.de/resource/blob/823304/bd2db066ac8571db811ccec43e720206/A-Drs-19-4-732-A-data.pdf; s. für Zeiträume 2011–2017 *Wolff* Stellungnahme (Fn. 48), 15–22; so schon für die 70er Jahre *Erichsen* Schutz (Fn. 16), 173.

[64] Überzeugend *Barczak* Staat (Fn. 28), 36 ff.; im Ansatz schon für die 70er Jahre *Erichsen* Schutz (Fn. 16), 175.

10. die Dogmatisierung[65] des Rechtsgebiets mit korrespondierendem Flexibilitätsverlust,[66]
11. eine zunehmende Konstitutionalisierung,[67]
12. eine deutliche Verbesserung der Kontrolle, insbesondere bei geheimen Eingriffen.[68]

IV. Strukturmerkmale des Sicherheitsverwaltungsrechts

Das Sicherheitsverwaltungsrecht ist durch einige Besonderheiten geprägt. Zehn mögen genannt werden.

1. Klassische Merkmale der Eingriffsverwaltung

Das Sicherheitsverwaltungsrecht weist über weite Teile klassische Merkmale der Eingriffsverwaltung auf,[69] wobei es für die mittelbar Geschützten untergeordnet leistende Elemente bereithält, wie an Drittschutzkonstellationen erkennbar ist.[70]

Es dient wissenschaftlich als Referenzgebiet für die klassische Verwaltungsdogmatik[71] (etwa in den Bereichen Ermessen, Rechtsnach-

---

[65] Zu den diversen Funktionen, die der Rechtsdogmatik zugedacht werden: *Winfried Brohm* Die Dogmatik des Verwaltungsrechts vor den Gegenwartsaufgaben der Verwaltung, VVDStRL 30 (1972), 245 (247 ff.); *Karl-E. Hain* Ockhams Razor – ein Instrument zur Rationalisierung der Grundrechtsdogmatik?, JZ 2002, 1036 (1037 f.).

[66] S. dazu fürs Verfassungsrecht *Uwe Volkmann* Dogmatisierung des Verfassungsrechts, JZ 2020, 964 (72 f.).

[67] *Bernhard Wegener* Verfassung in ausgewählten Teilrechtsordnungen: Konstitutionalisierung und Gegenbewegungen – Sicherheitsrecht, VVDStRL 75 (2016), 302 ff. (zur Informationsordnung); *Klaus Ferdinand Gärditz* Sicherheitsverfassungsrecht und technische Aufklärung durch Nachrichtendienste, EuGRZ 2018, 6 (7); *Barczak* Staat (Fn. 28), 480 ff.; *Steffen Tanneberger* Die Sicherheitsverfassung, 2014, 91 ff.; *Christian Hillgruber* Der Staat des Grundgesetzes – nur „bedingt abwehrbereit"?, JZ 2007, 209 (212 ff.); *Heinrich Amadeus Wolff* Verfassung in ausgewählten Teilrechtsordnungen: Konstitutionalisierung und Gegenbewegungen – Sicherheitsrecht, DVBl 2015, 1076 ff.

[68] *Wolff* Stellungnahme (Fn. 48), 31.

[69] *Thiel* Weg (Fn. 62), 1; *Barczak* Staat (Fn. 28), 398. Der Vorschlag von *Josef Aulehner* Polizeiliche Gefahren- und Informationsvorsorge, 1999, 516, die Charakterisierung der Eingriffsverwaltung durch die Infrastrukturverwaltung zu ersetzen, hat sich nicht durchgesetzt, da die Eingriffswirkung nicht prägend ist.

[70] *Erichsen* Schutz (Fn. 16), 210; *Franz-Ludwig Knemeyer* Der Schutz der Allgemeinheit und der individuellen Rechte durch die polizei- und ordnungsrechtlichen Handlungsvollmachten der Exekutive, VVDStRL 35 (1977), 221 (251 ff.).

[71] *Brohm* Dogmatik (Fn. 65), 256; *Dieter Kugelmann* Der polizeiliche Gefahrbegriff in Gefahr?, DÖV 2003, 781 (789 ff.).

folge,[72] Verantwortlichkeit[73] und Entschädigung[74])[75]. Es ist geprägt durch den Opportunitätsgrundsatz,[76] der es ermöglicht, Einzelfallgerechtigkeit herzustellen.[77]

Wegen der klaren Zwecksetzung und der Eingriffsintensität wird der Verhältnismäßigkeitsgrundsatz zum zentralen Steuerungsmittel eines angemessenen Interessensausgleichs,[78] vor allem in Zeiten der Pandemie.[79] Die im Rahmen der Geeignetheit erforderliche Kontrolle der Prognose bedarf – wie der Streit um den Rückgriff auf den Inzidenzwert

---

[72] OVG Lüneburg, NJW 2011, 2228.
[73] OVG Lüneburg, Beschl. v. 9.5.2014, 7 ME 28/14, juris Rn. 18.
[74] S. zur Anwendbarkeit der Schadensersatzansprüche aus dem allgemeinen Ordnungsrecht für das besondere Ordnungsrecht: OLG Celle, Urt. v. 18.12.2007, 16 U 92/07, juris Rn. 42 f.; OVG Lüneburg, NVwZ 2015, 449 f.
[75] *Möstl* in: BOK-PoRuSiR (Fn. 33), Vor A Rn. 1.
[76] S. schon *Erichsen* Schutz (Fn. 16), 198 f.
[77] Dazu gehört es effektive und zugleich angemessene Lösungen zu finden und Banalitäten zu ignorieren. Auch ein Nichthandeln kann zulässig sein: a.A. *Graulich* in: Lisken/Denninger (Fn. 27), Rn. 117 f.; s.a. Rn. 95.
[78] *Graulich* in: Lisken/Denninger (Fn. 27), Rn. 138; OLG Celle, NJW 1995, 890 f.: gefährliches Kunstwerk; VG Osnabrück, NJW 2011, 1244 ff.: Eine vorhandene weitere Wohnung des Gewaltopfers kann einer Wohnungsverweisung des mutmaßlichen Täters entgegenstehen; s.a. OVG Lüneburg, Beschl. v. 12.7.2010, 11 LA 362/09, juris; VG Hannover, NVwZ-RR 2009, 161: Die Androhung der Betriebsschließung und Wegnahme der Betriebsmittel zur Durchsetzung der Anordnung, das Gewerbe abzumelden, verstößt gegen § 69 Abs. 7 SOG, nach dem der unmittelbare Zwang zur Abgabe einer Erklärung ausgeschlossen ist. OVG Lüneburg, Beschl. v. 28.2.2012, 1 PA 143/11, juris; NdsRpfl 2012, 150 f.: keine Unverhältnismäßigkeit der Ersatzvornahme bei Armut des Schwarzbauers.
[79] Fehlende Erforderlichkeit: landesweites Grillverbot – BayVGH, Beschl. v. 1.9.2020, 20 NE 20.1754, Rn. 27; stadtweites Alkoholverbot – BayVGH, Beschl. v. 1.9.2020, 20 CS 20.1962, juris Rn. 28; Abbrennverbot von Feuerwerkskörpern – OVG Lüneburg, Beschl. v. 18.12.2020, 13 MN 568/20, juris Rn. 44. Fehlende Verhältnismäßigkeit: Generelles Gottesdienstverbot: BVerfG (Kammer), NVwZ 2020, 783 (785 Rn. 14) und BVerfG (Kammer), NVwZ 2020, 711 (712 Rn. 18) zur Versammlungsfreiheit (beide im Rahmen von § 32 BVerfGG); VGH Mannheim, Beschl. v. 2.6.2021, 1 S 1692/21, juris: ausnahmslose Schließung von Bordellen nach sieben Monaten; ebenso OVG Saarl., Beschl. v. 6.8.2020, 2 B 258/20, juris Rn. 11; OVG Nieders., Beschl. v. 15.10.2020, 13 MN 371/20; OVG Nieds., DVBl 2020, 827: Unverhältnismäßigkeit der generellen Quarantäneanordnung für Auslandsrückkehrer; OVG Lüneburg, Beschl. v. 18.5.2021, 13 MN 260/21, juris: Beherbergungsverbot für Menschen ohne Wohnsitz im Bundesland; VG Bremen, Beschl. v. 9.4.2021, 5 V 652/21, juris: Ausgangssperre; VG Aachen, Beschl. v. 9.4.2021, 7 L 214/21: Anordnung einer Absonderung auf unbefristete Zeit als unverhältnismäßig; ausführlich *Murswiek* Corona-Waage (Fn. 38), 1 ff.; *Kersten/Rixen* Verfassungsstaat (Fn. 19), 95 ff.; s.a. BVerfG (Kammer), NVwZ 2020, 783, Rn. 15.

bei Covid-19[80] zeigt[81] – eines materiell verstandenen Einschätzungsspielraums des Normgebers.[82] Der im Rahmen der Erforderlichkeit vergleichende Blick auf die Mittel ist auch normativ geprägt.[83] Der Verhältnismäßigkeitsgrundsatz kann auch eine Relation zwischen unsicherer Tatsachenerkenntnis[84] und Eingriffsintensität herstellen, indem er eine zeitliche Befristung erzwingt.[85] Auf diese Weise wird ein schrittweises Vorankommen ermöglicht[86] und ein mittelbarer Druck, Erkenntnisdefizite aufzuklären,[87] erzeugt.

---

[80] S. dazu § 28a Abs. 3 IfSG.

[81] S. zu der Inzidenz als maßgebliche Orientierung für § 28b IfSG – zustimmend BVerfG, NJW 2021, 1808 (1811 Rn. 41); *Holger Greve/Philipp Lassahn* Die bundeseinheitliche „Notbremse" – Verfassungsfragen zum Vierten Bevölkerungsschutzgesetz, NVwZ 2021, Extra 10a, 1 (4 f.); *Anika Klafki* Kontingenz des Rechts in der Krise, JöR 69 (2021), 583 (589 f.). Die Gerichte äußerten in den einstweiligen Verfahren unterschiedliche Bedenken gegen das Abstellen auf den Inzidenzwert als einziges Kriterium – s. die Nachweise in Wissenschaftlicher Dienst, Deutscher Bundestag, Ausarbeitung WD 3 – 3000 – 046/21, 4 Fn. 8; s. insbesondere BayVGH, Beschl. v. 29.10.2020, 20 NE 20.2360, juris Rn. 35.

[82] *Kersten/Rixen* Verfassungsstaat (Fn. 19), 111; *Rixen* Verwaltungsrecht (Fn. 18), 58.

[83] Eine Fahrkarte ins Herkunftsland ist für ausländische Obdachlose keine mildere Maßnahme im Vergleich zur obdachlosenpolizeilichen Unterbringung – VG Oldenburg, Beschl. v. 5.9.2013, 7 B 5845/13, juris Rn. 15 (Bulgarien); in diese Richtung auch OVG HB, 7.2.2013, 1 B 1/13, juris Rn. 17 (Rumänien). Die Entscheidungsprärogative des Gesetzgebers betonend BVerfG, NJW 2021, 1808 (1811 Rn. 36).

[84] Die juristische Diskussion um den Verhältnismäßigkeitsgrundsatz ist oft von einer Relativierung der zu Grunde gelegten Wirkung geprägt – s. etwa zur Ausgangssperre: einerseits *Boehme-Neßler* Ausgangssperren (Fn. 42), 3 und andererseits *Greve /Lassahn* Notbremse (Fn. 81), 2.

[85] BVerfG (Kammer), Beschl. v. 10.4.2020,1 BvQ 31/20, juris; BVerfG (Kammer), Beschl. v. 11.11.2020, 1 BvR 2530/20, Rn. 14; *Warg* Prognosegrundlage (Fn. 18), 258 f.; *Kersten/Rixen* Verfassungsstaat (Fn. 19), 99 f.; *Hans-Heinrich Trute* Ungewissheit in der Pandemie als Herausforderung, GSZ 2020, 93 (97); *Murswiek* Corona-Waage (Fn. 38), 14; kritisch dazu *Lepsius* Partizipationsprobleme (Fn. 18), 746; kritisch *Karl-Heinz Ladeur* Die Pandemie Covid-19 als Wende zu einem neuen Paradigma des Verwaltungshandelns?, JöR 69 (2021), 603 (608), der für eine Anlehnung an die Grundsätze des Planungsrechts plädiert. S.a. § 5 Abs. 1 S. 2 IfSG.

[86] *Seiler* Maßnahmen (Fn. 41), 926; *Trute* Ungewissheit (Fn. 85), 98; *Klaus F. Gärditz/Maryam Kamil Abdulsalam* Rechtsverordnungen als Instrument der Epidemie-Bekämpfung, GSZ 2020, 108 (109). Darin liegt keine Beschränkung auf Gefahrerforschung – *Leisner-Egensperger*, Zweck (Fn. 32), 919.

[87] Kritisch in Bezug auf die Realität im Zusammenhang mit Covid-19 *Ladeur* Pandemie (Fn. 85), 610.

2. Hohe Bereichsspezifität

Die bereichsspezifische Konzentration auf bestimmte Themenfelder bildet eigene Rechtsbereiche aus.[88] Das Hilfeleistungsrecht ist vor allem durch eine personelle und sachliche Spezialisierung geprägt. Die Nachrichtendienste sind Experten bei der Informationserhebung, das besondere Ordnungsrecht vereinigt Teile des besonderen Verwaltungsrechts,[89] während das allgemeine Ordnungsrecht den doppelten Boden bildet, der eingreift beim Fehlen spezifischer materieller Standards,[90] oder von Befugnisnormen,[91] oder beim Schließen sonstiger Lücken.[92] Der Polizeivollzug wiederum ist das, was früher im Fußball einmal der Libero war: Er ist überall,[93] kann alles und darf alles,[94] sofern nur zuvor die anderen versagt haben.[95]

Gefahrenabwehrnormen sind selten alleiniges Mittel, sondern eingebettet in drei Begleitebenen: erstens in ein unmittelbares Vorsorgerecht,[96]

---

[88] Ebenso *Löffelmann* Zukunft (Fn. 36), 90.

[89] *Poscher* in: Huster/Kingreen (Fn. 18), Rn. 8.

[90] Rechtsgrundlage für die Pflicht, eine Hausnummer anzubringen OVG Lüneburg, NdsVBl 2010, 304.

[91] Generalklausel als Eingriffsbefugnis zur Durchsetzung: (a) von § 3 Abs. 1 NJagdG: OVG Lüneburg, Beschl. v. 13.7.2015, 4 ME 66/15, (b) der Sonn- und Feiertagsgesetze: OVG Lüneburg, NVwZ-RR 2017, 532, (c) der Bestattungspflicht: OVG Lüneburg, NJW 2013, 2983, (d) der Ladenöffnungszeiten: VG Hannover, NdsVBl 2010, 374–375 Rn. 7, (e) des Sportwettenverbotes: OVG Lüneburg, NdsVBl 2007, 216, (f) der Untersagung unzulässiger Berufsbezeichnung: OVG Lüneburg, Beschl. v. 7.2.2011, 8 LA 71/10, juris Rn. 4, GewArch 2011, 359. Keine Lücke bestand etwa im Bereich des Tierseuchenrechts – BayVGH, BayVBl 1995, 729.

[92] OVG HB, Beschl. v. 15.8. 2017, 1 B 65/17: Rückgriff auf Def. der öffentlichen Sicherheit im Abfallrecht.

[93] S. zur subsidiären Allzuständigkeit des Polizeivollzugs *Möstl* in: BOK-PoRuSiR (Fn. 33), Vor A Rn. 57. Für den Zivilrechtsbereich s. nur OLG Hamm, NJW 2016, 1454: Durchsetzung des Hausrechts in einer studentischen Wohngemeinschaft gegen die Mutter eines abwesenden Mitbewohners; OVG Lüneburg, NJW 1978, 721: Räumung von besetzten Häusern; OVG Lüneburg, NdsRpfl 2008, 409: Zulässigkeit der Identitätsfeststellung der Teilnehmer einer Vereinssitzung, wenn Lokalbetreiber Mietvertrag mit NPD wegen arglistiger Täuschung angefochten hat und Polizei um Räumung bittet; OVG Münster, NJW 1997, 1180: Verbot, in der Öffentlichkeit nackt herumzulaufen.

[94] Die Verantwortlichkeit des Adressaten ist dabei die wohl wichtigste Grenze: Eine Untersagung gegenüber Busunternehmen, Demonstranten nicht zu befördern, ist in der Regel unzulässig, weil die Voraussetzungen des Nichtstörers nicht vorliegen, *Graulich* in: Lisken/Denninger (Fn. 27), Rn. 248.

[95] OVG Lüneburg, DVBl 2010, 909.

[96] *Kersten/Rixen* Verfassungsstaat (Fn. 19), 60 ff. Das Vorsorge- und Nachsorgerecht steht im Katastrophenschutzrecht gleichberechtigt neben dem Katastrophenfolgenbekämpfungsrecht: vgl. *Kloepfer* Katastrophenschutzrecht (Fn. 13), 191; s. dazu nur Art. 3 BayKSG.

zweitens in Hilfe-[97] und Entschädigungsregeln,[98] und drittens in eine angemessene Gesamt-Sozialordnung.[99]

3. Sicherheitsrecht als Vollzugsrecht

Sicherheitsrecht bedeutet zum großen Teil Rechtsnormenschutz, d.h. die Sicherstellung der Einhaltung der Rechtsnormen, also deren Vollzug.[100] Diese Vollzugsgarantie wird in einer zweiten Garantieebene v.a. in die Hände des Polizeivollzugs gelegt, rechtlich über die polizeiliche Generalklausel[101] und faktisch über die Standardbefugnisse[102] sowie die Professionalität der Gewaltausübung.[103] Die Prägung als Vollzugsrecht führt dazu, dass oft die Primär- und die Sekundärebene verschwimmen,[104] erkennbar

---

[97] Dies zeigt auch die Covid-19-Zeit, kritisch *Martin Viciano Gofferje/Fabian Mumme* Start-up Hilfen und Matching – ein Überblick über staatliche Hilfen in der Corona-Krise aus der Sicht von Start-ups, COVuR 2020, 135 ff.

[98] Für die Folgen der Pandemie im Kern keine Entschädigungsansprüche annehmend: LG Heilbronn, NVwZ 2020, 975 ff.; *Michael Brenner* Entschädigungsansprüche von Hotels und Gaststätten im Angesicht von COVID-19?, DÖV 2020, 660 ff.; *Kersten/Rixen* Verfassungsstaat (Fn. 19), 57; *Jens Rinze/Rouven Schwab* Dulde und liquidiere, Staatshaftungsansprüche in Coronazeiten, NJW 2020, 1905 ff.; *Thorsten Siegel* Verwaltungsrecht im Krisenmodus, NVwZ 2020, 557 (583). S. zu einer extensiven Auslegung mit verfassungsrechtlichem Bezug *Ulrich Jan Schröder* Das Verhältnis von Gemeinwohl und Sonderopfer in der staatshaftungsrechtlichen Bewältigung der Corona-Pandemie, JöR 69 (2021), 657 ff.

[99] Gefahrenabwehrmaßen müssen in sich sozial sein, weshalb Freiheitsbeschränkungen von Geimpften auch unter dem Solidaritätsgedanken gerechtfertigt sein können, bis ein Impfangebot hatten – vgl. dazu *Christoph Michael Franzenburg* Freiheitsbeschränkungen aus Solidarität und gegen eine Zweiklassengesellschaft, COVuR 2021, 207 (211); noch strenger *Wilfried Erbguth* Covid 19: Lockdown-Maßnahmen bei Geimpften – Freiheit oder Gleichheit?, DVBl 2021, 1136 (1138 ff.).

[100] *Kay Waechter* Die Schutzgüter des Polizeirechts, NVwZ 1997, 729 (735); vgl. auch VG Bremen, Urt. v. 13. 9.2013, 2 K 208/12, juris Rn. 32.

[101] VGH Mannheim, NVwZ-RR 1998, 680 und VG Hannover, DVBl 1981, 786–788: Betretungsverbot gegenüber einem Asylbewerber, dessen Aufenthalt räumlich beschränkt ist; OVG Lüneburg, NVwZ 1997, Rn. 622: Verbot, Räumlichkeiten zum Zwecke der Prostitutionsausübung zu vermieten.

[102] *Kugelmann* Grundzüge (Fn. 43), 35; s. zur Frage ob es Standardmaßnahmen auch auf der Grundlage der Generalklausel geben kann (unzutreffender Weise bejahend): *Graulich* in: Lisken/Denninger (Fn. 27), Rn. 11.

[103] *H. J. Wolff* Gestaltung (Fn. 10), 163; *Denninger* Polizeiaufgaben (Fn. 22), Rn. 69. Vor allem erkennbar am Institut der selbstständigen und unselbstständigen Vollzugshilfe; s. zu Letzterem etwa VGH BW, DÖV 2021, 804 (Ls).

[104] OVG Lüneburg, NVwZ-RR 2010, 799 ff.: Es ist unverhältnismäßig eine vollständige Untersagung zu verlangen, wenn dies in Reaktion darauf geschieht, dass sich der Betrof-

an der unmittelbaren Ausführung,[105] an vielen Standardmaßnahmen[106] und besonders dann, wenn man irrig annimmt, ein vollstreckbarer Verwaltungsakt sei Teil des Schutzgutes der öffentlichen Sicherheit.[107]

4. Sicherheitsrecht als Rechtsgüterschutz

Daneben tritt der Rechtsgüterschutz. Rechtsnormenschutz und Rechtsgüterschutz sind sich ergänzende Methoden der Sicherheitsgewährleistung,[108] wobei die zweite subsidiär ist.[109]

Die polizeiliche Generalklausel setzt den Rechtsgrundsatz des neminem laedere[110] um, indem sie mit dem Schutzgut der öffentlichen Ordnung[111] und teilweise mit dem der öffentlichen Sicherheit, und zwar mit den darin

---

fene an die Begrenzungen einer teilweisen Erlaubnis nicht hält und die Begrenzungen ihrerseits hätten vollstreckt werden können. Die Verfügung darf nicht der Umgehung der Vollstreckung dienen; s.a. *Rainer Pietzner* Rechtsschutz in der Verwaltungsvollstreckung, VerwArch 84 (1993), 261 (265).

[105] S. zum Verhältnis von sofortigem Vollzug und unmittelbarer Ausführung: *Graulich* in: Lisken/Denninger (Fn. 27), Rn. 39; *Klafki* Anwendungsfälle (Fn. 28), 513.

[106] Besonders deutlich am Durchsetzungsgewahrsam – s. *Michael Kniesel* Durchsetzungsgewahrsam als Präventivhaft für islamistische Topgefährder, GSZ 2021, 111 (112); strenger *Simon Welzel/Maximilian Ellner* Präventivgewahrsam bei drohender Gefahr?, DÖV 2019, 211 (213 ff.).

[107] BayVGH, Beschl. v. 24.7.2014, 1 ZB 13.2643, BayVBl 2015, 95 Leitsatz (bezogen auf das Baurecht).

[108] *Möstl* BOK-PoRuSiR (Fn. 33), Vor A Rn. 11. Die Wurzeln sind bekanntlich historisch getrennt. In Süddeutschland war Rechtsnormenschutz und im Norden der Rechtsgüterschutz vorherrschend *Möstl* ebd., Vor A Rn. 12.

[109] S. nur *Kingreen/Poscher* Polizeirecht (Fn. 10), § 7 Rn. 7: „Reservefunktion"; *Waechter* Schutzgüter (Fn. 100), 736. Konträr zu der einfachrechtlichen Susidiarität nimmt das BVerfG verfassungsrechtlich mitunter einen Vorrang des (in Normen gefassten) Rechtsgüterschutzes an: BVerfGE 122, 120 (142); BVerfGE 125, 260 (329); offener BVerfGE 141, 220 (270 Rn. 108 und 272 Rn. 112); kritisch dazu *Markus Möstl* Projektmuster Polizeigesetz – eine Stellungnahme, Die Verwaltung 53 (2020), 21 (24); *Markus Möstl* Das Bundesverfassungsgericht und das Polizeirecht, DVBl 2010, 808 (811); a.A. etwa *Barczak* Staat (Fn. 28), 531 ff. Überlegenswert ist dies allenfalls in Sondersituationen, wie insbesondere bei der Vorratsdatenspeicherung, die wegen der Vorverlagerung exzeptionell ist.

[110] Den Satz „neminem laedere" als Ausdruck der Schutzpflichten verstehend: *Möstl* in: BOK-PoRuSiR (Fn. 33), Vor A Rn. 8; als mitgeschriebenen Rechtssatz versteht ihn *Franz Josef Lindner* Theorie der Grundrechtsdogmatik, 2005, 229. Der Sache nach: VGH BW, NJW 2011, 2532: „das Recht ungestört zu bleiben."

[111] S. zur notwendigen Eingrenzung dieses Schutzgutes: *Möstl* Garantie (Fn. 3), 145 f.; *Bäcker* Kriminalpräventionsrecht (Fn. 21), 312; *Götz/Geis* Polizeirecht (Fn. 6), § 5 Rn. 7 ff., s. zur öffentlichen Ordnung und der Meinungsfreiheit: BVerfGE 111, 147 (156).

enthaltenen individuellen[112] und kollektiven[113] Rechtsgütern, Rechtsbefehle unabhängig davon ermöglicht, ob die Rechtsgüter zuvor schon durch Rechtsnormen geformt waren oder nicht. Die Generalklausel bildet eine Überbrückungsfunktion für normative Freiflächen. Dies ist angreifbar,[114] aber dennoch sinnvoll,[115] auch wenn die Grenze von moralisierenden und rechtsgutsbewahrenden Vorgaben fließend ist, wie das Verbot des Ausspuckens von Kaugummis auf öffentlichen Flächen zeigt.[116]

---

[112] Herangezogen wurden individuelle Rechtsgüter als Teil der Generalklausel in folgenden Fällen: Verbot des Laserdroms (Menschenwürde): BVerwGE 115, 189 (198 f.); EuGH Urt. v. 14.10.2004, C-36/02, Tz. 40; BayVGH NVwZ-RR 1995, 32; Anbringung von Hausnummer (Rettungsdienst): OVG Lüneburg, NdsVBl 2010, 304; Mitnahme eines betrunkenen Jugendlichen zur Polizeiwache, damit die Eltern ihn abholen: VG Braunschweig, NJW 2013, 1384; Bungee-Jumping: VG Stuttgart, Beschl. v. 27.5.1991, 18 K 1447/91; Verbot einer Theateraufführung: „Maria-Syndrom": OVG Koblenz, NJW 1997, 1174.

[113] S. als Beispiele für kollektive Schutzgüter: BVerwGE 143, 74 (79 Rn. 24): Die Eskortierung eines Untersuchungshäftlings zu einem Arztbesuch dient der staatlichen Funktionsordnung; VG des Saarlandes, Beschl. v. 17.2.2004, 6 F 6/04, juris = ZfSch 2004, 338: Radarkontrolle; BVerwG, NJW 1974, 815: Schutz der Funktionsfähigkeit der in Zivil ermittelnden Kriminalpolizei (im konketen Fall verneint); VGH Mannheim, Urt. v. 8.10.1991, 8 S 1605/91: öffentliche Wasserversorgung und der Naturschutz und Landschaftspflege. S. zur Frage, ob die Verfassungsordnung ein kollektives Schutzgut ist: *Möstl* in: BOK-PoRuSiR (Fn. 33), Vor A Rn. 9; *Götz* in: HStR IV (Fn. 39), § 85 Rn. 25. Der Verstoß gegen die Ordnung einer öffentlichen Einrichtung soll für sich genommen noch keine Gefahr für die öffentliche Ordnung begründen: VG Braunschweig, NVwZ 1988, 186; s.a. VG Würzburg, NVwZ-RR 1994, 266 zum Einschreiten der Sicherheitsbehörde bei Zerstörung von Grabanlagen durch Hauskatzen. Nutzungsverbotszeiten bei öffentlichen Einrichtungen können dagegen durch Polizeiverordnungen geregelt werden – VGH BW, VBlBW 2014, 292 ff.; weitere Beispiele bei *Kingreen/Poscher* Polizeirecht (Fn. 10), § 7 Rn. 38. Das BVerfG hat jüngst die Kollektivgüter wieder in den Vordergrund gestellt, BVerfGE 120, 274 (328), deutlich BVerfGE 125, 260 (329 f.); VfGH Thüringen, Urt. v. 21.11.2012, Rn. 227.

[114] Ausführlich *Waechter* Schutzgüter (Fn. 100), 730 f.; unscharf *Bäcker* Kriminalpräventionsrecht (Fn. 22), 310 f.

[115] *Möstl* in: BOK-PoRuSiR (Fn. 33), Vor A Rn. 9.1; *Klaus Vogel* Über die Herkunft des Polizeirechts aus der liberalen Staatstheorie, in: Klaus Vogel/Klaus Tipke (Hrsg.) FS Gerhard Wacke, 1972, 383 (387); *Bäcker* Kriminalpräventionsrecht (Fn. 22), 315 (385).

[116] Vgl. § 3 Abs. 1 KSO (Satzung und ordnungsbehördliche Verordnung über die öffentliche Sicherheit und Ordnung für das Gebiet der Stadt Köln [Kölner Stadtordnung – KSO]) vom 14.4.2014. Auch über die Unordnung als polizeilich relevanter Zustand lässt sich streiten – zutreffend *Bäcker* Kriminalpräventionsrecht (Fn. 22), 45 ff. m.w.N.; *Schulze-Fielitz* in: FS Schmitt Glaeser (Fn. 35), 433; etwas wohlwollender *Uwe Volkmann* Die Rückeroberung der Allmende, NVwZ 2000, 361 (368); s.a. OVG Weimar, ThürVBl 2013, 8 ff. Auch das Sicherheitsgefühl als solches ist als Rechtsgut schwer greifbar, *Bäcker* ebd., 318 f.; *Christoph Gusy* Der öffentliche Raum – Ein Raum der Freiheit, der (Un-)Sicherheit und des Rechts, JZ 2009, 217 (221); *Gusy* Gewährleistung (Fn. 2), 159 f.; OVG Weimar, ThürVBl 2013, 8 ff. Die Trennung von Gefahrenabwehr und Wohlfahrt war in der Vergangenheit dabei weniger scharf als der Begriff der Gefahrenabwehr vorzugeben scheint – vgl.

2. Prävention durch Verwaltungsrecht: Sicherheit

Die gebotene rechtsstaatliche Eingrenzung wird durch die Beschränkung auf solche Rechtsgüter erreicht, die der Gesetzgeber auch isoliert durch Rechtsnormen hätte schützen dürfen,[117] und weiter durch das Gebot der Widerspruchsfreiheit zu den Wertungen erlassener Normen.[118]

5. Besonderheiten des Organisationsrechts

a) Allgemein

Das Sicherheitsverwaltungsrecht schöpft im Organisationsrecht alle Möglichkeiten aus.[119] Im Ordnungsrecht greift man auf den allgemeinen Behördenaufbau zurück, beim Polizeivollzugsrecht auf Sonderbehörden. Das Sonderpolizeirecht und das Nachrichtendienstrecht kennen eine starke Bundesverwaltung,[120] ansonsten greift die Regelzuständigkeit der Länder,[121] die sich zwar grundsätzlich bewährt hat,[122] beim Katastrophenschutz aber evaluiert werden sollte.[123] Es finden sich auch Behörden ohne gesetzliche Grundlage, wie die junge ZITiS, ebenso wie „überflüssige"

Erichsen Schutz (Fn. 16), 178 f. Die niederschwellige Gefahrenlage ist gerade im Bereich der kommunalen Sicherheitsgewährleistung nicht untypisch – *Kay Ruge* Sicherheitsgewährleistung aus kommunaler Perspektive, GSZ 2019, 151 (152). Überzogen dürfte es sein, die kommunalen Polizeiverordnungen als Kodifikation regionaler Wertordnungen zu verstehen – *Graulich* in: Lisken/Denninger (Fn. 27), Rn. 50.

[117] Bezogen auf die öffentliche Ordnung *Vogel* in: FS Wacke (Fn. 115), 387; *Bäcker* Kriminalpräventionsrecht (Fn. 22), 315.

[118] *Möstl* in: BOK-PoRuSiR (Fn. 33), Vor A Rn. 12; *Waechter* Schutzgüter (Fn. 54), 729. Die Gestaltung einer wünschenswerten Sozialordnung hingegen obliegt allein dem Gesetzgeber: *Möstl* in: BOK-PoRuSiR (Fn. 33), Vor A Rn. 14; *Möstl* Garantie (Fn. 3), 145. Bei der Polizei geht es um den Schutz des Bestands *Denninger* Polizeiaufgaben (Fn. 22), Rn. 14.

[119] Kritisch zur unübersichtlichen Ausdifferenzierung: *Gärditz* Perspektive (Fn. 8), 2.

[120] *Christoph Gusy* Organisation und Aufbau der deutschen Nachrichtendienste, in: Jan-Hendrik Dietrich (Hrsg.) Handbuch des Rechts der Nachrichtendienste, 2017, Teil IV, § 1 Rn. 62 ff.; *Bäcker* in: Herdegen (Fn. 2), § 28 Rn. 74 f.; s.a. *Bäcker* in: Lisken/Denninger (Fn. 21), Rn. 125 ff.; kritisch aus verfassungsrechtlicher Sicht für den Inlandsnachrichtendienst: *Bäcker* Zentralisierung (Fn. 49), 215; zu großzügige Auslegung der Kompetenzlage zu Gunsten des Bundes bei *Klaus Ferdinand Gärditz* Zentralisierung von Verfassungsschutzaufgaben und bundesstaatliche Kompetenzarchitektur, AöR 144 (2019), 81 (111 ff.).

[121] S. dazu nur *Kingreen/Poscher* Polizeirecht (Fn. 10), § 2 Rn. 36; s. zur Infektionsbekämpfung zustimmend – *Kersten/Rixen* Verfassungsstaat (Fn. 19), 237 ff.

[122] S.o. Fn. 49.

[123] S. zur Stärkung der Zuständigkeit und Befugnisse des Bundes bei Hochwasser – BT-Drs. 19/32043, 2 (Beschlussantrag der Fraktion BÜNDNIS 90/DIE GRÜNEN). Ob die Hochwasserkatastrophe 2021 auch dadurch geprägt war, dass „alle zuständig" waren aber keiner Verantwortung trägt, hängt von Tatsachen ab, die erst einer Evaluierung bedürfen; s. als Frage – *Eisenmenger* Neuordnung (Fn. 11), 1418.

Behörden (MAD). Der Raum für Privatisierung dürfte wiederum enger werden.[124]

Kooperationsformen gibt es in unterschiedlicher Form – ausgeklügelt im Rettungsdienstrecht.[125] Auf internationaler Ebene kommt es auch zur Übertragung von Hoheitsgewalt auf andere Staaten (in sehr überschaubarem Maße), etwa bei den Polizeiabkommen. In Europa treten neben verfahrensrechtliche gegenwärtig auch institutionelle Kooperationsformen.[126]

b) Bereichsspezifische Ausprägungen

Das Sicherheitsverwaltungsrecht kennt dabei bereichsspezifische Ausprägungen des Organisationsrechts.

aa) Mehrfachzuständigkeiten

Nach weit verbreiteter Ansicht verlangt das Rechtsstaatsprinzip grundsätzlich die Vermeidung von Mehrfachzuständigkeiten.[127] Im Sicherheitsrecht sind diese dagegen üblich, im Polizeivollzugsrecht faktisch begriffsbestimmend.[128]

---

[124] *Marius Danne/Maixmillian Roth* Privatisierungsgrenzen im operativen Sicherheitsrecht, NVwZ 2020, 1633 (1636 ff.); *Elmar Giemulla/Tilmann Hoppe* Privatisierung von Fluggastkontrollen, GSZ 2020, 63 (66) zur Fluggastkontrolle; *Gusy* Gewährleistung (Fn. 10), 173; s. allgemein für das Polizeirecht: *Kingreen/Poscher* Polizeirecht (Fn. 10), § 3 Rn. 64.

[125] Vgl. nur Art. 13 Abs. 1 , Art. 16 Abs. 2, Art. 17 Abs. 1, Art. 18 Abs. 1 BayRDG und die Verlängerung ins Katastrophenrecht mit Art. 7 Abs. 3 Nr. 5 BayKSG; s. dazu *Kniesel* in: Lisken/Denninger (Fn. 12), Rn. 52 f. Im Katastrophenschutzrecht kommt den privaten Helfern tatsächlich eine große Bedeutung zu: *Cronenberg* in: Kloepfer (Fn. 11), 24 ff.; *Kloepfer* Katastrophenschutzrecht (Fn. 13), 183 ff.

[126] *Bettina Schöndorf-Haubold* Europäisches Sicherheitsverwaltungsrecht, 2014, 48 ff.; *Thiel* Entgrenzung (Fn. 5), 399 ff.; *Markus Thiel* Modernes Polizeirecht, GSZ 2021, 97 (99); *Robert Esser* Internationale und europäische strafrechtliche Zusammenarbeit im Bereich der Terrorismusbekämpfung – Der Beitrag von Europol, Eurojust, EuStA und Interpol zur Europäischen Sicherheitsagenda, in: Kerstin Odendahl (Fn. 21), 2017, 203 ff.; *Manfred Baldus* Transnationales Polizeirecht, 2001, 44 f.

[127] Vgl. OVG NW, NVwZ-RR 1996, 185; OVG HB, Urt. v. 30.9.2020, 2 LC 166/20, juris Rn. 36; *Rupert Stettner* Grundfragen einer Kompetenzlehre, 1983, 306. Etwas anders gelagert ist das Gebot der Trennung aus bundesstaatlicher Sicht: vgl. *Mehde* Terrorismusbekämpfung (Fn. 53), 816.

[128] S. dazu OVG HB, Urt. v. 30.9.2020, 2 LC 166/20, juris Rn. 36; OVG Lüneburg, NdsVBl 2009, 199; *Christoph Ohler* Mehrfachkompetenzen im bayerischen Polizei- und Sicherheitsrecht, BayVBl 2002, 326 ff.; *Wolff* Gutachten (Fn. 49), 51 ff. Ähnliches gilt im Katastrophenschutzrecht vgl. *Klafki* Risiko (Fn. 19), 322 ff.; kritisch für die separaten

bb) Zuständigkeitsverschiebungen im Gefahrenfall

Prägend sind weiter gesetzliche Zuständigkeitsverlagerungen zwecks Steigerung der Effizienz der Gefahrenabwehr,[129] vor allem im Katastrophenschutzrecht.[130]

Bereiche des Sicherheitsrechts *Löffelmann* Zukunft (Fn. 36), 90. Bei einem einheitlichen Auftreten mehrerer Behörden nach außen ist grundsätzlich von einer Amtshilfekonstellation auszugehen – OLG Braunschweig, NVwZ-RR 2020, 450 (Ls). Voraussetzung für eine Mehrfachkompetenz ist aber die Existenz einer Gesetzgebungskompetenz, die im Bereich des materiellen Grenzschutzrechts den Ländern fehlt – BayVerfGH, NJW 2020, 3429 ff.

[129] Auch das Verfassungsrecht gibt im Notfall sonst streng gehütete Grenzen von Streitkräften und Polizei bzw. Bundespolizei und Landespolizei auf: *Kniesel*, in: Lisken/Denninger (Fn. 12), Rn. 34 f.; *Grüner* Katastrophen (Fn. 11), 85; *Julian Kurp* Notstand als Krisenbewältigung, COVuR 2021, 6 ff. Auch in der Pandemie versucht man sich durch Zuständigkeitsverschiebungen zu helfen, v.a. im Bereich der Rechtsverordnung: S. zur Verordnungskompetenz § 5 IfSG (a.F.): Von einer Verfassungswidrigkeit gehen aus: *Thomas Mayen* Der verordnete Ausnahmezustand, NVwZ 2020, 828 (832); *Annette Guckelberger* Flexiblere Abänderung von Rechtsvorschriften aufgrund der Corona-Pandemie?, DVBl 2020, 1441 (1444 ff.); *Dreier* Rechtsstaat (Fn. 18), 236 f.; *Gärditz/Abdulsalam* Rechtsverordnungen (Fn. 86), 114; *Poscher* in: Huster/Kingreen (Fn. 18), Rn. 29 f.; *Thorsten Kingreen* Der demokratische Rechtsstaat in der Corona-Pandemie, NJW 2021, 2766 (2767). Zweifel hegen, ohne von einer Verfassungswidrigkeit auszugehen: *Marquardsen/Gerlach* Corona-Pandemie (Fn. 18), 802; *Kersten/Rixen* Verfassungsstaat (Fn. 19), 246 f.; Deutscher Bundestag – Wissenschaftliche Dienste, Ausarbeitung v. 2.4.2020, WD 3 – 3000 – 080/20, 9, abrufbar unter <https://www.bundestag.de/resource/blob/690262/cb718005ef6d37ecce82c99191efbec49/WD-3-080-20-pdf-data.pdf> (letzter Abruf am 20.7.2020); zurückhaltend *Friedhelm Hase* Corona-Krise und Verfassungsdiskurs, JZ 2020, 697 (700). Zur Anordnungskompetenz des § 5 IfSG (a.F.): teilweise wegen Verstoßes gegen Art. 83 GG verfassungswidrig: Wissenschaftliche Dienste, ebd., 10; *Mayen* Ausnahmezustand (Fn. 129), 832 f.; *Dreier* Rechtsstaat (Fn. 18), 239; *Kersten/Rixen* Verfassungsstaat (Fn. 19), 249 f.; *Poscher* in: Huster/Kingreen (Fn. 18), Rn. 35; *Christian Waldhoff* Der Bundesstaat in der Pandemie, NJW 2021, 2772 (2773 f.); a.A. *André Sangs* Das Dritte Gesetz zum Schutz der Bevölkerung bei einer epidemischen Lage von nationaler Tragweite und Gesetzgebung während der Pandemie, NVwZ 2020, 1780 (1781): weite Auslegung von Art. 87 Abs. 3 S. 1 GG. Zu § 28b Abs. 6 IfSG: *Hans Hofman* Das „Corona-Recht" – zwischen verfassungsgemäßer Rechtssetzung und operativ-notwendiger Krisenreaktion, ZG 2021, 109 (118); wohlwollend auch *Jörn Ipsen* Grundgesetz und Pandemiebekämpfung, DVBl 2021, 1121 (1123 ff.); *Jan Dominik Sauer/Timo Leidinger* § 28b Abs. 6 S. 1 Nr. 1 IfSG: Ausgewählte Probleme zur Verfassungskonformität, COVuR 2021 (344): Verfassungswidrigkeit von Abs. 6 wegen Unbestimmtheit.

[130] *Gusy* Katastrophen (Fn. 11), 89, 91: „Kompetenzverschiebungsnormen"; *Grüner* Katastrophen (Fn. 11), 83; *Kloepfer* in: ders., Katastrophenrecht, 2008, 9 (10). Dabei sind v.a. Kooperationen vorgesehen, s. Art. 5 Abs. 1, Art. 7 Abs. 1 BayKSG; s. *Kersten/Rixen* Verfassungsstaat (Fn. 19), 47; *Gusy* Katastrophenrecht (Fn. 13), 102 f.; s. zu der dogmatischen Erklärung über das Mandat (körperschaftsintern) oder die Organleihe (körperschaftsübergreifend): *Zimmermann/Czepull* Zuständigkeiten (Fn. 13), 277.

Schwer zu fassen sind dabei faktische Zuständigkeitsverschiebungen,[131] die durch informelle Gremien entstehen, wie die Abwehrzentren[132] und die Ministerpräsidentenrunde[133] während der Pandemie.

cc) Trennungsgebot

Auch im Verhältnis von Polizei und Nachrichtendiensten gilt das verfassungsrechtliche informationelle Trennungsgebot,[134] das aber das zusätzlich bestehende einfachrechtliche Trennungsgebot nicht vollumfänglich erzwingt.[135]

6. *Besonderheiten bei den Handlungsformen*

a) *Allgemein*

Das Sicherheitsverwaltungsrecht setzt auch die Vielfalt der Handlungsformen bereichsspezifisch ein.[136] Der Verwaltungsakt dominiert im Polizeivollzugsrecht und im allgemeinen Ordnungsrecht, nicht dagegen im Hilfeleistungsrecht.[137] Die Rechtsverordnung ist aus dem besonderen Ordnungsrecht nicht wegzudenken,[138] fehlt aber im Polizeivollzugsrecht. Der aktionelle

---

[131] Ausführlich zu dem Verlust an pluralistischer Partizipation: *Lepsius* Partizipationsprobleme (Fn. 18), 707 ff.; ähnlich *Barczak* Staat (Fn. 28), 695 f.

[132] Nach zutreffender Ansicht fehlt hier die erforderliche gesetzliche Grundlage – s. *Michael Lysander Fremuth* Wächst zusammen, was zusammengehört?, AöR 139 (2014), 32 (66 f.); *Wolff* Gutachten (Fn. 49), 124 ff.; *Reinhard Klee* Neue Instrumente der Zusammenarbeit von Polizei und Nachrichtendiensten – Geltung, Rang und Reichweite des Trennungsgebotes, 2009, 116 u. 171.

[133] *Lepsius* Partizipationsprobleme (Fn. 18), 709 u. 719 ff.; positiv wertend: *Hofman* Corona-Recht (Fn. 265), 114; ähnlich *Ipsen* Grundgesetz (Fn. 129), 1121.

[134] BVerfG, Beschl. v. 10.11.2020, 1 BvR 3214/15, juris Rn 101 m.w.N.; BVerfGE 133, 277 (329 Rn. 123).

[135] *Fremuth* Wächst (Fn. 132), 52; *Streiß* Trennungsgebot (Fn. 60), 162 f.; *Klee* Instrumente (Fn. 132), 47 ff.; offen gelassen bei *Bäcker* in: Herdegen (Fn. 2), § 28 Rn. 79; in Richtung einer verfassungsrechtlichen Forderung tendierend jüngst *Christoph Gusy* Das Trennungsprinzip zwischen Informationen von Nachrichtendiensten und Polizei, GSZ 2021, 141 (148).

[136] Ausführlich *Graulich* in: Lisken/Denninger (Fn. 27), Rn. 19 ff.

[137] Wobei nicht geleugnet werden soll, dass in allen drei Bereichen die Behörden Eingriffsbefugnisse besitzen: Zur Feuerwehr s. etwa Art. 23 f. BayFwG, §§ 34 Abs. 2, 43 NRWBHKG, zum Katastrophenschutz s. Art. 9 f. BayKSG, § 33 Abs. 1 HBKG; s. dazu nur *Grüner* Katastrophen (Fn. 11), 91; *Kloepfer* Katastrophenschutzrecht (Fn. 13), 192.

[138] Ausführlich *Graulich* in: Lisken/Denninger (Fn. 27), Rn. 19.

Realakt prägt das Polizeivollzugsrecht[139] sowie das Hilfeleistungsrecht[140] und verursacht noch heute dogmatisches Unbehagen, wie an der Fiktion des konkludenten Duldungsverwaltungsakts[141] und den Schwierigkeiten bei der Qualifizierung von Vollstreckungsmaßnahmen[142] zu sehen ist.[143]

Die Informationsgewinnung spielt vor allem im allgemeinen Ordnungsrecht und in der strukturellen Kriminalprävention eine besondere Rolle und mutiert beim Nachrichtendienstrecht zum bereichsqualifizierenden Merkmal.

Der öffentlich-rechtliche Vertrag lebt bereichsübergreifend im Verborgenen, während die Warnung und die Information omnipräsent sind, aber im Bereich des Katastrophenschutzes strukturelle Defizite aufweisen, wie durch die jüngste Flutkatastrophe deutlich wurde.[144]

Das Sicherheitsverwaltungsrecht kennt dabei auch Ausprägungen der allgemeinen Handlungsformen.

---

[139] Vgl. etwa Erzeugung eines künstlichen Staus durch die Polizei: *Graulich* in: Lisken/Denninger (Fn. 27), Rn. 253; Bergung eines gesunkenen Pontons: OVG Hamburg, NVwZ 2001, 1295.

[140] Konkludent *Stober* in: Kloepfer (Fn. 11), 55; *Kniesel* in: Lisken/Denninger (Fn. 12), Rn. 3 ff.; dies ist der Grund, weshalb die Stoßrichtung der Katastrophenabwehr weitgehend ungeregelt ist: *Klafki* Risiko (Fn. 19), 322.

[141] Bei folgenden Realakten wurde eine Duldungsverfügung zugrunde gelegt: (a) Schlag mit dem Polizeiknüppel, BVerwGE 26, 161 (164), (b) Einsatz von Tränengas, VGH München, NVwZ 1988, 1055, (c) Betreten einer Wohnung, BVerwGE 47, 31 (34), (d) die Wegnahme eines Fotoapparates, VG Frankfurt, NJW 1981, 2372, (e) Wegnahme eines Fahrzeugschlüssels, VG Ansbach, Urt. v. 16.11.2010, AN 1 K 10.00941, (f) das Versiegeln einer Betriebsstätte, VG Braunschweig, Beschl. v. 18.11.2009, 5 B 203/09, (g) das Fotografieren von Demonstranten, VG Bremen, NVwZ 1989, 895, offengelassen OVG Bremen, NVwZ 1990, 1188, (h) die Sicherstellung von Fahrzeugen im Wege der unmittelbaren Ausführung, VGH Kassel, NVwZ-RR 2008, 784; offengelassen BayVGH BayVBl 2012, 657: Verbringung in Gefangenentransporter. Bei der Duldungsverfügung ist oft unscharf, welchen konkreten Inhalt die angebliche Regelung enthalten soll. So würde bei der Durchsetzung eines Platzverweises die Annahme einer Duldungsverfügung Schwierigkeiten bereiten, weil unklar sei, ob die Betroffene bleiben müsse und dulden oder weglaufen dürfe. Darf man beim Wasserwerfereinsatz mit Tränengas feuchte Handtücher vor die Augen halten oder ist dies ein Verstoß gegen die Duldungsverfügung: *Graulich* in: Lisken/Denninger (Fn. 27), Rn. 37. Aus Rechtsschutzgründen ist die Duldungsverfügung nicht erforderlich, *Pietzner* Rechtsschutz (Fn. 104), 275 ff.

[142] BVerwG, NVwZ-RR 1989, 337 f. Kritisch *Graulich* in: Lisken/Denninger (Fn. 27), Rn. 41; *Pietzner* Rechtsschutz (Fn. 104), 271 ff.

[143] Nicht wirklich in die bisherigen Handlungsformen passen die Informationshandlungen, insbesondere im Rahmen der Kriminalprävention – ausführlich dazu *Aulehner* Informationsvorsorge (Fn. 69), 521 f. Gleiches gilt zu den Informationsmaßnahmen: kein VA hinsichtlich der Eintragung ins Verkehrszentralregister: BVerwGE 77, 268 (271); a.A. *Graulich* in: Lisken/Denninger (Fn. 27), Rn. 41.

[144] Beim Hochwasser Ende Juli 2021 in NRW und Rheinland-Pfalz waren die Warnsysteme nach allgemeiner Wahrnehmung defizitär: vgl. *Sinan Receber/Andreas Oswald* Tagesspiegel v. 20.7.2021, 1.

b) Mischformen

aa) Der mündliche Verwaltungsakt

Das Polizeivollzugsrecht ist durch den mündlichen Verwaltungsakt geprägt,[145] wie kurz an einem privaten Beispiel erläutert sein soll.

Blickt man auf fünf erwachsene Kinder, so ist es faktisch unvermeidlich, dass man sich früher oder später mit Polizeivollzugsbeamtinnen bzw. -beamten konfrontiert sieht, die von entnervten Nachbarn herbeigerufen wurden. In meinem Fall war es eine Party mit 50 Gästen meiner damals 17-jährigen Tochter, die mich beim Eintreffen der Polizei um ein Uhr dreißig telefonisch von den Nachbarn zurückbeorderte, zu denen sie mich vorher ausdrücklich hin verbannt hatte. Zu Hause angekommen erklärte mir der verantwortliche Beamte, er habe die Feier auflösen müssen, da nach seiner polizeilichen Erfahrung bei Feiern dieser Größe niemals die erforderliche Ruhe einkehren würde.

Innerlich hoch erfreut über diese unerwartete Option, früher als erwartet ins Bett zu kommen, entschloss ich mich sofort, den Hütern von Recht und Ordnung „kampflos das Feld zu überlassen", wobei mich mein schlechtes Gewissen noch dazu zwang, ausdrücklich um eine schriftliche Bestätigung dieser mündlichen Verfügung zu bitten. Daraufhin machte sich große Ratlosigkeit bei den vier anwesenden Vollzugsbeamtinnen und -beamten breit, die in der Äußerung gipfelte, § 37 Abs. 2 S. 2 VwVfG gäbe es in Berlin nicht. Nachdem das Gegenteil geklärt war, konterte die Gegenseite geschickt mit dem Hinweis, wir hätten da etwas falsch verstanden, sie hätten die Feier gar nicht aufgelöst, sondern nur eine Empfehlung ausgesprochen, nicht mehr weiter zu feiern. Meine Tochter erhielt ihren einbehaltenen Personalausweis zurück, die sich im Aufbruch befindlichen Gäste kehrten ins Haus zurück, die Fenster wurden geschlossen, die Polizei kam nie wieder und ich musste nicht zurück ins Exil.

Nicht, dass diese Anekdote irgendetwas zeigen könnte, was man nicht sowieso schon wusste, aber sie verdeutlicht doch die Besonderheiten des mündlichen Verwaltungsaktes. Der mündliche Verwaltungsakt ist ersichtlich formfrei,[146] ergeht ohne Begründung,[147] bedarf oft keiner Anhörung[148] und eine Kontrolle auf Ermessensfehler scheidet faktisch aus.[149] Rechtsbehelfe entfalten keine aufschiebende Wirkung,[150] so dass er sofort vollstreck-

---

[145] *Graulich* in: Lisken/Denninger (Fn. 27), Rn. 25.
[146] Vgl. § 37 Abs. 2 VwVfG.
[147] Vgl. § 39 VwVfG.
[148] Vgl. § 28 Abs. 2 Nr. 1 VwVfG.
[149] *Graulich* in: Lisken/Denninger (Fn. 27), Rn. 98.
[150] § 80 Abs. 2 S. 1 Nr. 2 VwGO.

bar ist und da er im täglichen Leben zudem noch schwer von der polizeilichen Empfehlung abzugrenzen ist, geht er als Handlungsform an die äußerste Grenze dessen, was rechtsstaatlich akzeptabel ist. Der Anteil der mündlichen Verwaltungsakte, die gerichtlich kontrolliert werden, ist, wie ein Blick in Juris zeigt, ausgesprochen gering.[151]

Der kommunikative Kontakt von Betroffenen mit Polizeivollzugsbeamtinnen und -beamten, die dafür nicht umsonst uniformiert sind, bildet eine eigene Steuerungsform des Sicherheitsverwaltungsrechts, die zu weiten Teilen noch unterhalb der Schwelle des rechtlich erheblichen und damit außerhalb der Rechtsdogmatik bleibt.[152] Dies belegt die Berechtigung einer verwaltungswissenschaftlichen Betrachtung.[153] Da die Betroffene die Möglichkeit besitzt, die Situation bis zur gerichtlichen Kontrolle voranzutreiben, erscheint die Ausgestaltung noch hinnehmbar.

bb) Die Allgemeinverfügung

Erhebliche Bedeutung besitzt auch die adressatenbezogene Allgemeinverfügung. Auch hier sind die Sonderregeln im jeweiligen VwVfG verstreut.[154] Die Allgemeinverfügung erreicht auch Betroffene, von denen man gar nicht wusste, dass sie betroffen sind und bietet dem Polizeivollzug die Möglichkeit der quasi gefahrgebundenen Verordnung.[155] Gegenüber der

---

[151] Von den über 560 Entscheidungen zu Maßnahmen auf der Grundlage des PolG BW beruhten sieben auf einem mündlichen Verwaltungsakt. In NRW sind es 30 Entscheidungen von 300.

[152] Dies sieht man auch daran, dass das Fragerecht und die Auskunftspflicht sachlich auseinanderfallen, *Graulich* in: Lisken/Denninger (Fn. 27), Rn. 260.

[153] Ebenso aus anderem Blickwinkel *Volkmann* Prävention (Fn. 56), 1411.

[154] S. § 28 Abs. 2 Nr. 4, § 39 Abs. 2 Nr. 5, § 41 Abs. 3 S. 2 VwVfG. Das Entfallen der aufschiebenden Wirkung wird oft angeordnet. Ob eine gerichtliche Aufhebung inter omnes wirkt, oder, was grundsätzlich näher liegt, nur relativ zwischen den Beteiligten (vgl. § 113 Abs. 1 S. 1 VwGO), richtet sich nach der Frage der Teilbarkeit (*Bettina Stepanek* Reichweite verwaltungsgerichtlicher Entscheidungen gegen Allgemeinverfügungen – Einer darf trinken, die anderen nicht?, NVwZ 2021, 778), wobei bei § 35 S. 2 Var. 1 (anders als bei Var. 2 und Var. 3) im Zweifel von einer personellen Teilbarkeit auszugehen ist, mit der Folge, dass nach zutreffender Ansicht i.d.R. die Allgemeinverfügung nur im Verhältnis zum Kläger aufgehoben wird: vgl. OVG Greifswald, NVwZ 2000, 948 (950); *Ferdinand Kopp/ Ulrich Ramsauer* VwVfG, 21. Aufl. 2020, § 35 Rn. 161; s.a. BVerwGE 148, 48 (80 f.); s.a. eine fragliche Ausnahme annehmend: VG Sigmaringen, Beschl. v. 21.7.2020, 4 K 786/20 = BeckRS 2020, 17657 Rn. 21.

[155] VG Freiburg (Breisgau), Beschl. v. 21.7.2021, 4 K 2188/21: Allgemeinverfügung über ein Glasverbot bei öffentlichen Feiern (konkrete Gefahr verneint); VG Bremen, Beschl. v. 18.10.2019, 2 V 2389/19, juris: Untersagung von Fanmärschen; VG Stuttgart, Urt. v. 21.7.2015, 5 K 5066/14, juris: Auflösung eine Blockade; VG Karlsruhe, Beschl. v. 25.8.2011, 6 K 2261/11, juris: Alkoholverbot (Gefahr verneint).

Rechtsverordnung besitzt sie den Vorteil[156] der Bestandskraft, der Vollstreckbarkeit[157] sowie der relativen Unwirksamkeit und zugleich den Nachteil des Erfordernisses des bestimmbaren Personenkreises[158] und der geringeren Legitimationskraft für Eingriffe.[159]

Bei der Covid-19-Pandemie startete die Allgemeinverfügung zunächst fast gleichberechtigt neben der Rechtsverordnung, was auch der besonderen Struktur des § 32 IfSG geschuldet ist, der pauschal auf die Einzelaktermächtigung des § 28 IfSG, auch für den Verordnungserlass, verweist, und so eine Parallelität beider Handlungsformen provozierte.[160] Auf längere Sicht setzte sich aber die Rechtsverordnung durch, die für räumlich umfassende Verhaltensregelungen passender ist.[161] Auf nachrangiger Konkretisierungsebene blieb die Allgemeinverfügung dennoch wichtig und geht gestärkt aus der Pandemie hervor.

cc) Die sicherheitsrechtliche Verordnung

Die sicherheitsrechtliche Verordnung ist zwar von ihrer Natur her eine normale Rechtsverordnung, war aber in den Landesgesetzen traditionell schon immer wegen ihrer starken Ursachenabhängigkeit durch Sonderregelungen geprägt, vor allem im Bereich der Geltungsdauer[162] und künftig hoffentlich auch im Bereich der Begründung.[163]

---

[156] Weitere Kleinigkeiten kommen hinzu, wie fehlender Anwaltszwang beim Rechtsschutz und die Möglichkeit des Nachschiebens von Gründen – *Guckelberger* Ausgangsbeschränkungen (Fn. 18), 14; sowie Unterschiede in der Zuständigkeit und dem Verfahren. Zur Untersagung von Aufmärschen in einem näher beschriebenen Verbotsbereich in der Innenstadt von Bremen: VG Bremen, Beschl. v. 18.10.2019, 2 V 2389/19, juris.

[157] *Guckelberger* Ausgangsbeschränkungen (Fn. 18), 13 f.

[158] *Gärditz/Abdulsalem* Rechtsverordnungen (Fn. 86), 111; *Marquardsen/Gerlach* Corona-Pandemie (Fn. 18), 804. Eine Allgemeinverfügung, nach der auf dem Gebiet des Bundeslandes Glückspiele im Internet (Telemedien) unzulässig sind, ist rechtswidrig, da sie eine abstrakt-generelle Regelung für eine unbestimmte Vielzahl von Sachverhalten und Personen trifft: OVG Saarl., NVwZ 2011, 190. Gleiches gilt für generelle landesweite Verhaltenseinschränkungen zur Pandemiebekämpfung: VG München, Beschl. v. 24.3.2020, M 26 S 20.1252, juris; VG München, Beschl. v. 24.3.2020, M 26 S 20.1255, juris; *Siegel* Verwaltungsrecht (Fn. 98), 579; *Klafki* Anwendungsfälle (Fn. 28), 512; a.A. VG Saarlouis, Beschl. v. 30.3.2020, 6 L 340/20, juris Rn. 9; VG Dresden, Beschl. v. 30.3.2020, 6 L 212/20, BeckRS 2020, 4780.

[159] Eine Allgemeinverfügung kann, anders als eine Rechtsverordnung, keine Rechtsgrundlage für einen Einzelakt bieten, da sie selbst einer ist.

[160] S. *Gärditz/Abdulsalem* Rechtsverordnungen (Fn. 86), 111; *Marquardsen/Gerlach* Corona-Pandemie (Fn. 18), 801.

[161] *Guckelberger* Ausgangsbeschränkungen (Fn. 18), 13.

[162] *Graulich* in: Lisken/Denninger (Fn. 27), Rn. 89 f.

[163] Zu Recht hat § 28a Abs. 5 IfSG eine Begründungspflicht für Rechtsverordnungen vorgesehen – vgl. *Kersten/Rixen* Verfassungsstaat (Fn. 19), 92 u. 113; s.a. BT-Drs. 19/24334, 74.

2. Prävention durch Verwaltungsrecht: Sicherheit

Wie die Covid-19-Zeit[164] belegt, ist gerade die kurzfristige Verordnung sinnvoll, wenn die Hoffnung auf zeitnahe Verbesserung des Wissens im tatsächlichen Bereich und die Dynamik der Entwicklung eine Selbstverpflichtung des Normgebers auf erneuten Normerlass nahe legen.[165] Darüber hinaus bedarf die Kontrolle des Normsetzungsermessens einer Fortschreibung: Bei der sicherheitsrechtlichen Verordnung[166] darf – ebenso wie bei den planungsrechtlichen Normen – eine Überprüfung des Abwägungsvorgangs nicht auf Willkür beschränkt bleiben.[167] Schließlich muss die Möglichkeit, dem Parlament über Zustimmungs- und Aufhebungsvorbehalte eine Kontrollverantwortung zuzuweisen, künftig besser eingesetzt werden, ohne der Gubernativen dabei die Handlungsverantwortung zu nehmen.[168]

Der Einsatz der Sicherheitsverordnung ist nicht gefahrenfrei.[169] Handhabbar ist er bei neuen oder einmaligen Ereignissen sowie beim Vor-

---

[164] S. zur Legaldefinition von COVID-19: § 6 Abs. 1 S. 1 Nr. 1 lit. t IfSG – *Rixen* Verwaltungsrecht (Fn. 18), 38 Fn. 2; s. zur Bedeutung der Rechtsverordnung in der Pandemiebekämpfung *Gärditz/Abdulsalem* Rechtsverordnungen (Fn. 86), 108 ff.

[165] *Kersten/Rixen* Verfassungsstaat (Fn. 19), 109; kritisch aus dem Blick des Rechtsschutzes *Lepsius* Partizipationsprobleme (Fn. 18), 725; *Trute* Ungewissheit (Fn. 85), 98.

[166] Für die RVO nach §§ 28, 28a IfSG folgt dies schon aus der Vorgabe des Abwägungsgebotes nach § 28a Abs. 6 IfSG. S. daher OVG Sachsen-Anhalt, Beschl. v. 24.11.2020, 3 R 220/20, juris Rn. 109; OVG HH, Beschl. v. 24.11.2020, 1 B 362/20, juris Rn. 38; eine Motivprüfung in Form der Verhältnismäßigkeitsprüfung findet sich bei OVG Thür., Beschl. v. 11.02.2021, 3 EN 58/21, juris Rn. 44. Strengere Überprüfung unter Berufung auf die materielle Einzelfallregelung nimmt vor ByVGH, Beschl. v. 04.102021, 20 N 20.767, juris Rn. 67.

[167] Entgegen der eigenen Dogmatik: BVerwG, Beschl. v. 10.1.2007, 6 BN 3/06, juris Rn. 4 wird bei der Gefahrenverordnung schon auch auf den Abwägungsvorgang abgestellt: VGH BW, NVwZ-RR 2010, 55 ff. (Freiburger Alkoholverbot); deutlich ist dies, wenn die Pflicht zur freien Ermessensausübung in den Polizeigesetzen systematisch auch auf die Polizeiverordnung bezieht; *Graulich* in: Lisken/Denninger (Fn. 27), Rn. 89; eine strengere Kontrolle der Ermessensabwägung liegt auch nahe, wenn der Tatbestand des Verordnungserlasses mit dem des Einzelakterlasses übereinstimmt, wie bei § 32 und § 28 IfSG; auch eine stärkere Anerkennung eines Gebots der inneren Folgerichtigkeit wäre wünschenswert – VerfG Bdg, Beschl. v. 26.3.2021, 5/21, juris Rn. 33; *Max Erdmann* Kohärenz in der Krise?, NVwZ 2020, 1798 (1799); a.A. OVG Lüneburg, NdsVBl 2020, 243 ff.

[168] Vgl. *Rixen* Verwaltungsrecht (Fn. 18), 59; sachlich auch *Seiler* Maßnahmen (Fn. 41), 926 u. 930; allgemein: *Tristan Barcak* Die „Stunde der Exekutive", Recht und Politik 2020, 458 (464).

[169] Erforderlich ist ein gefährlicher, typischer Geschehensverlauf *Denninger* Polizeiaufgaben (Fn. 22), Rn. 42; OVG Lüneburg, NordÖR 2017, 399 f.; OVG Weimar, ThürVBl 2013, 8 ff. Abzustellen ist auf die wissenschaftlichen Erkenntnisse und auf die allgemeine Lebenserfahrung: BVerwG, Beschl. v. 2.3.2011, 6 BN 2.10, juris Rn. 6; OVG Berlin-Brandenburg, Urt. v. 27.5.2010, OVG 5 A 1.08, juris Rn. 28. Die geltenden Unterscheidungen bei der Abgrenzung von Allgemeinverfügung und Rechtsverordnung sind schwer durchsetzbar – s. *Graulich* in: Lisken/Denninger (Fn. 27), Rn. 47: ein Badeverbot bezogen auf einen einzelnen See kann ein VA sein, ein Badeverbot generell für Seeen muss eine

liegen von unbewältigten Gefahren,[170] nicht aber bei alten, erträglichen Sachverhalten,[171] sofern sich die Umstände nicht ändern, da der Gefahrenbezug[172] wenig Raum für einen reinen Bewertungswandel und damit verbundener Sozialgestaltung lässt.[173] Daher verdichtet sich bei Neuerlass trotz gleichbleibender Sachlage die Tatsachenkontrolle der Gerichte erheblich,[174] wie etwa an den gescheiterten Rechtsverordnungen zu den Alkoholverboten in Innenstädten zu sehen ist.[175]

Rechtsverordnung sein. Deutlich dagegen: OVG HB, NordÖR 2012, 38: Das Verbot bestimmter Bekleidungsstücke mit näher bezeichneten Abzeichen und Emblemen in einem bestimmten Gebiet durch Allgemeinverfügung ist nur rechtmäßig, solange es anlassbezogen der Abwehr einer konkret drohenden Gewalteskalation dient. Dem Fortbestehen „latent existenter Aggression" zwischen solchen Gangs und einem von der Kleidung ausgehenden möglichen Einschüchterungseffekt für Dritte kann nur durch eine Polizeiverordnung begegnet werden. S. dagegen: Allgemeinverfügung einerseits: OVG NRW, Urt. v. 9.2.2012, 5 A 2375/10, juris Rn. 26. u. 30 (gestützt auf Generalklausel): Verbot der Glasflaschen auf Kölner Straßenkarneval 2010 durch Allgemeinverfügung war rechtmäßig; VGH BW, Urt. v. 28.7. 2009, 1 S 2200/08, juris Rn. 35: Polizeiverordnung zur Begrenzung des Alkoholkonsums im öffentlichen Straßenraum (Freiburg) rechtswidrig.

[170] Taubenfütterungsverbot durch Polizeiverordnung ist rechtmäßig: VGH BW, NVwZ-RR 2006, 398, OVG Lüneburg, NdsVBl 1997, 137 f., s.a. für Bayern BayVerfGH VerfGHE BY 57, 161; OVG Lüneburg, NordÖR 2013, 113: Zulässigkeit einer Gefahrenabwehrverordnung zum Verbot des Alkoholkonsums auf der „Partymeile" am Wochenende zwecks Lärmminderung; OVG Lüneburg, NordÖR 2017, 399 f.: rechtmäßiger Leinenzwang einer PolizeiVO, s. vorausgehend OVG Lüneburg, NdsVBl 2005, 130 ff., davor wiederum OVG Lüneburg, NVwZ 1991, 693 f.

[171] Klar unzulässige Fälle sind etwa: Fehlende Sesshaftigkeit oder bloßer Alkoholkonsum begründen noch keine abstrakte Gefahr, *Graulich* in: Lisken/Denninger (Fn. 27), Rn. 89; s.a. VGH BW, NJW 1984, 507: Verbot, sich auf öffentlichen Straßen, in öffentlichen Anlagen und Einrichtungen „nach Art eines Land- oder Stadtstreichers herumzutreiben", begründet keine abstrakten Gefahr. VGH BW, NVwZ 1999, 560: Betteln stellt in stiller Form keine abstrakte Gefahr dar; s.a. *Bäcker* Kriminalpräventionsrecht (Fn. 21), 315.

[172] Richtig: *Bäcker* Kriminalpräventionsrecht (Fn. 21), 80; s.a. *Aulehner* Informationsvorsorge (Fn. 69), 468; ebenso schon *Erichsen* Schutz (Fn. 16), 185; Ansätze bei *H. J. Wolff* Gestaltung (Fn. 10), 163.

[173] BVerwGE 116, 347 (350): Polizeiverordnung gegen gefährliche Hunde darf nicht allein an Rasse anknüpfen, deutlich großzügiger noch *Erichsen* Schutz (Fn. 16), 185 f.

[174] VGH BW, Urt. v. 28.7.2009, 1 S 2200/08, juris Rn. 35; OVG HB, NordÖR 2017, 194 ff.: Rechtswidrigkeit des Glasflaschenverbots.

[175] VGH BW, Urt. v. 28.7.2009, 1 S 2200/08, juris Rn. 35; nun § 18 PolG BW, zutreffend *Simon Pschorr* § 10a PolG BW, DÖV 2019, 389 (394); s.a. VGH BW, VBlBW 1999, 101 (103): ein Verbot, sich zum Zwecke des Alkoholgenusses auf öffentlichen Flächen niederzulassen, ist nichtig. OVG Weimar, ThürVBl 2013, 8: Rechtswidrigkeit der Erfurter Verordnung zum Alkoholverbot in bestimmten Innenstadtbereichen, weil keine Erkenntnisse über Störungen vorlagen; nachfolgend BVerwG, NVwZ-RR 2013, 387 f. Großzügiger, auch wegen der bestehenden speziellen Rechtsgrundlage: VGH München, Beschl. v. 7.12.2020, 10 NE 20.2437, juris.

7. *Informationsverwaltungsrecht als eigenes Rechtsgebiet*

Aktionelles und informationelles Handeln ist etwas Grundverschiedenes.[176] Das Informationsverwaltungsrecht bildet ein eigenes Gebiet, das in seiner Breite hinter den Regelungen für das aktionelle Handeln nicht mehr zurücksteht. Es ist in seiner Komplexität nicht wirklich zu beherrschen.[177] Zunächst wird man die Bereiche Erhebung, Verarbeitung, Weitergabe und Generierung von Informationen trennen müssen.

Der Bereich der Informationserhebung ist seinerseits durch die Vierteilung in Ermittlung, Nachschau, elektronische Suche und Überwachung geprägt. Alle vier Bereiche folgen eigenen Grundsätzen.[178]

Während es bei der Ermittlung vorgangsbezogen um die unmittelbare Aufklärung (und Verhinderung)[179] konkreter Gefahren geht (z.B. Durchsuchung[180]),[181] handelt es sich bei der Nachschau um anlassfreie Kontrollen[182] mit dem Ziel, zu prüfen, ob alles in Ordnung ist.[183] Sie darf sich nicht zu einer Vollkontrolle entwickeln[184] und knüpft entweder an die

---

[176] Zutreffend *Barczak* Staat (Fn. 28), 496 ff.; zu schwach *Kugelmann* Grundzüge (Fn. 43), 36; zu wenig differenzierend: *Krahl* Vorfeldbefugnisse (Fn. 50), 167 f.; *Volkmann* Prävention (Fn. 56), 1410.

[177] Systematisierungsansätze bei *Markus Möstl* Die neue dogmatische Gestalt des Polizeirechts, DVBl 2007, 581 (584 f.); *Möstl* Rahmen (Fn. 30), 164; beschreibende Differenzierungen bei *Kugelmann* Grundzüge (Fn. 43), 42 f.

[178] Nicht deutlich etwa *Masing* Ambivalenz (Fn. 4), 757.

[179] Hierher gehören: die Auskunftspflicht, vgl. Art. 12 PAG; Teile der Identitätsfeststellung (Gefahrenabwehr und Schutz privater Rechte) – Art. 13 Abs. 1 Nr. 1, Nr. 6 PAG; Teile der erkennungsdienstlichen Maßnahmen – Art. 14 Abs. 1 Nr. 4 PAG; die DNA-Untersuchung nach Art. 14 Abs. 3 PAG und die dazu akzessorische Vorladung – Art. 15 Abs. 1 Nr. 1 u. 2 PAG; die Durchsuchung – Art. 22 PAG; die Wohnungsdurchsuchung – Art. 23 PAG; teilweise Bildaufnahmen von Störern bei Versammlungen – Art. 33 Abs. 1 Nr. 2 PAG.

[180] S.a. OVG Saarlouis, LKRZ 2008, 102 f.: Entkleiden zwecks Unterbindung des Hineinschmuggelns von Pyrotechnik in ein Fußballstadion auch gegenüber unauffälligen Dritten zulässig.

[181] Mit dem Problemkreis des Gefahrerforschungsbegriffs *Christoph Gusy* Polizei- und Ordnungsrecht, 10. Aufl. 2017, 184 f.; *Baldus* Entgrenzung (Fn. 33), 11; kritisch *Frederike Wapler* Alles geklärt? Überlegungen zum polizeilichen Gefahrerforschungseingriff, DVBl 2012, 86 ff., OVG HB, Urt. v. 19.4.2016, 1 LB 25/14, juris: Aufforderung des Senators für Inneres und Sport an die bremischen Sportvereine, sich im Fall von Anmietversuchen einer Hooligan Bande mit dem Polizeivollzugsdienst in Verbindung zu setzen, kann auf die Generalklausel als Rechtsgrundlage gestützt werden.

[182] S. dazu etwa *Möstl* Bundesverfassungsgericht (Fn. 109), 811; *Markus Möstl* Die Beschlüsse des BVerfG zu Kfz-Kennzeichenkontrollen, GSZ 2019, 101 (106); *Krahl* Vorfeldbefugnisse (Fn. 50), 226.

[183] Nachschau in einem Vereinslokal BVerwGE 121, 345 (350 ff.).

[184] BVerfGE 150, 244 (309 Rn. 92): Die Durchführung von Kontrollen zu beliebiger Zeit und an beliebigem Ort ins Blaue hinein ist mit dem Rechtsstaatsprinzip grundsätzlich unvereinbar; *Masing* Ambivalenz (Fn. 4), 757; *Andreas Voßkuhle* Verhältnis von Sicherheit

Selbstverständlichkeit menschlicher Wahrnehmung im öffentlichen Raum an (Streifenfahrt)[185] oder aber an eine selbst geschaffene besondere Verantwortlichkeit (Wirtschafts- und Technikrecht)[186] bzw. die Besonderheiten von Orten (Teile der Identitätskontrolle[187]).[188]

Auf diese Bereiche sind die Grundsätze des aktionellen Handelns nicht wirklich übertragbar.[189] Sie betreffen in unterschiedlicher Intensität die Gefahraufklärung[190] und sind von der Struktur her der aktionellen Gefahrabwehr fast zwingend vorgelagert[191] und auch nicht an den Störerbegriff gekoppelt.[192]

Bei der elektronischen Suche geht es um eine anlassbezogene Nachschau mit großer Spannbreite,[193] deren Beeinträchtigungsgrad vor allem von der herangezogenen Datenmenge abhängt (Kontrollstellen,[194] intelli-

---

und Freiheit, in: Dirk Heckmann u.a. (Hrsg.) FS Thomas Würtenberger, 2013, 1101 (1110). S. zu der Frage, wann die Gefahr einer Vollkontrolle besteht – pointiert *Hans Peter Bull* Der Individualrechtsschutz und die Freiheitlichkeit des Gemeinwesens, AöR 145 (2020), 291, 301 u. 314 f.

[185] *Bäcker* Kriminalpräventionsrecht (Fn. 21), 51 u. 122; *Albers* Determination (Fn. 51), 43.

[186] BVerfG, Beschl. v. 18.12.2018, 1 BvR 142/15, Rn. 94; s. Betriebs- und Geschäftsräume auf der Grundlage von Art. 13 Abs. 7 GG: OVG HB, NordÖR 2003, 457.

[187] Teile der Identitätsfeststellung: gefährliche Orte, gefährdete Objekte, Schleierfahndung – Art. 13 Abs. 1 Nr. 2, Nr. 3, Nr. 5 PAG; zur Verfassungsmäßigkeit der Identitätskontrolle – OVG Lüneburg, Beschl. v. 4.3.2010, 11 PA 191/09, juris, NdsVBl 2010, 299; die flankierenden erkennungsdienstlichen Maßnahmen gehören auch hierzu – Art. 14 Abs. 1 Nr. 1, Nr. 2 PAG. S. zur Schleierfahnung *Schoch* Abschied (Fn. 33), 358 f. AG Bremen, StV 2020, 198: Unzulässigkeit der Identitätsfeststellung wegen des Verteilens eines Flugblatts in privaten Räumen (Kino) anlässlich einer Podiumsdiskussion, wenn der Inhalt des Flugblatts straffrei ist. Eine verdachtsunabhängige Tonbandaufnahme von Versammlungen ist nicht zulässig, BayVGH, BayVBl 2009, 16 f.

[188] S. dazu auch *Barczak* Staat (Fn. 28), 557 ff., *Bäcker* Kriminalpräventionsrecht (Fn. 21), 217 (abgegrenzter Teil der Sozialsphäre).

[189] *Möstl* Garantie (Fn. 3), 211.

[190] Selten bewirkt die Informationserhebung alleine schon die Gefahrenabwehr – sog. aktionelle Wirkung. Meist schließen sich notwendige aktionelle Handlungen an.

[191] *Christoph Gusy* Gefahraufklärung zum Schutz der öffentlichen Sicherheit und Ordnung JA 2011, 641: „Gefahrenabwehr setzt Gefahrenaufklärung voraus"; *Möstl* Garantie (Fn. 3), 198 ff.; *Baldus* Entgrenzung (Fn. 33), 9; kritisch insoweit: *Voßkuhle* in: FS Würtenberger (Fn. 184), 1105 ff.

[192] *Möstl* in: BOK-PoRuSiR (Fn. 33), Vor A Rn. 41; s.a. BVerfGE 155, 119 (298 Rn. 146); zu undifferenziert etwa *Hans-Heinrich Trute* Die Erosion des klassischen Polizeirechts durch die polizeiliche Informationsvorsorge, in: Wilfried Erbgut u.a. (Hrsg.) Gedächtnisschrift für Bernd Jeand'Heur, 1999, 403 (410).

[193] S. dazu etwa *Krahl* Vorfeldbefugnisse (Fn. 50), 225 und 71 ff. Die elektronische Suche wird dabei unterstützt durch eine Augenscheinskontrolle, wie etwa bei den Kontrollstellen.

[194] Z.B. Art. 13 Abs. 1 Nr. 4 PAG; s. dazu etwa BayVGH, BayVBl 2021, 384 ff.

2. Prävention durch Verwaltungsrecht: Sicherheit

gente Gesichtserkennung,[195] automatisierte Kennzeichenerfasung,[196] Data-Mining,[197] Rasterfahndung[198]).[199] Die Streubreite und die Besonderheiten der Datenverarbeitungsvorgänge erzwingen starke verfahrensrechtliche Einschränkungen und Kontrollmechanismen und vor allem sachgerechte Anlassdefinitionen[200] mit einer angemessenen Programmmodellierung.[201] Die Eingriffsschwelle differenziert belastungsbezogen und kann sehr hoch sein.

Bei der Überwachung geht es wiederum um eine oftmals länger andauernde[202] Beherrschung konkreter Gefahrenquellen[203] v.a.[204] durch Anknüpfung an eine Person (elektronische Fußfessel,[205] Dauerobservation,[206] erkennungsdienstliche Maßnahmen mitsamt der

---

[195] Art. 33 Abs. 5 PAG; s. dazu *Kulick* Gesichtserkennung (Fn. 56), 1622 ff.

[196] Art. 39 PAG; s. dazu BVerfGE 120, 378 (401 ff.); BVerfGE 150, 244 ff.; BVerfGE 150, 309 ff.; BVerfG, Beschl. v. 16.3.2019, 1 BvR 1782/09, juris, dazu *Möstl* Beschlüsse (Fn. 182), 101 ff.

[197] S. zu § 6a Abs. 3 ATDG („Data-mining") – BVerfG, Beschl. v. 10.11.2020, 1 BvR 3214/15, juris Rn. 109; *Gusy* Trennungsprinzip (Fn. 135), 141 ff.; *Sebastian Golla* Algorithmen, die nach Terroristen schürfen – „Data-Mining" zur Gefahrenabwehr und zur Strafverfolgung, NJW 2021, 667 ff. *Hans-Heinrich Trute/Simone Kuhlmann* Predictive Policing als Formen polizeilicher Wissensgenerierung, GSZ 2021, 103 (110). Als Ansatz für einen Wechsel zum Prädiktionsmodell verstehend: *Volkmann* Prävention (Fn. 56), 1413.

[198] BVerfGE 115, 320 ff.; BVerfGE 141, 220 (303 Rn. 206); dazu *Uwe Volkmann* Entscheidungsanmerkung, JZ 2006, 918 (918); *Schoch* Abschied (Fn. 33), 355 f.; *Robert Käß* Die Änderung der Rasterfahndungsbefugnis im Bayerischen Polizeiaufgabengesetz (PAG), BayVBl 2009, 360 ff.

[199] *Masing* Ambivalenz (Fn. 4), 757. S. zum Störerbegriff bei Ermittlungsbefugnissen im Rahmen der elektronischen Suche: BVerfGE 115, 320 (362).

[200] BVerfGE 150, 244 (281 Rn. 92).

[201] *Trute/Kuhlmann* Policing (Fn. 197), 105.

[202] Im Gegensatz zur Ermittlung folgt hier die aktionelle Handlung nicht unmittelbar der Informationserhebung. Überwachung soll auch Kausalverläufe verändern: *Möstl* in: BOK-PoRuSiR (Fn. 33), Vor A Rn. 451.

[203] Für präventive Überwachungsmaßnahmen betont das BVerfG den Rechts*güter*schutz und weniger den Rechts*normen*schutz – BVerfG, Beschl. v. 1.12.2020, 2 BvR 916/11 u.a., Rn. 204.

[204] Weiter etwa Ausschreibung zur Beobachtung; verdeckter Zugriff auf informationstechnische Systeme s. Art. 42 PAG.

[205] Art. 34 PAG; BVerfG, Beschl. v. 1.12.2020, 2 BvR 916/11 u.a., Rn. 275 – zu § 68b Abs. 1 S. 1 Nr. 12, S. 3 StGB.

[206] BVerfG, LKV 2013, 30 ff.; BVerwG, Buchholz 402.41 Allgemeines Polizeirecht Nr. 101 (red. Leitsatz und Gründe): Dauerobservation von Sexualtätern auf der Grundlage der Generalklausel nur für eine Übergangszeit möglich; ebenso OVG Saarlouis, Urt. v. 6.9.2013, 3 A 13/13, juris; OVG NRW, DVBl 2013, 1267; großzügiger: VG Aachen, Urt. v. 24.1.2011, 6 K 140/10, juris; s.a. *Markus Eisenbarth/Hermann Ringhof* Die Dauerobservation ehemals sicherheitsverwahrter Sexualstraftäter – eine präventiv-polizeiliche Zwischenlösung, DVBl 2013, 566 (568).

Genitalienvermessung[207],[208] durch Anknüpfung an Gruppen (V-Leute, verdeckte Ermittler, Versammlungsbeobachtung und Identitätsfeststellung),[209] durch Anknüpfung an Orte (Gebäudeobservation,[210] Videoüberwachung)[211] oder an Amtshandlungen (Bodycam[212]). Hier kommt die Informationserhebung dem Beeinträchtigungsgrad aktioneller Eingriffsbefugnisse oftmals so nahe, dass die Gewährung vergleichbarer, nicht unbedingt identischer Sicherungsstandards geboten erscheint.[213]

Im Bereich der Speicherung von Daten lebt das Sicherheitsrecht von dem Gedanken, dass die Rechtsordnung ein behördliches Gedächtnis zulässt,[214] was rechtlich nur zu erreichen ist, wenn man die Zweckbindung im Datenschutz auch institutionell versteht.[215]

Der Bereich der Informationsweitergabe ist geprägt durch eine Vielzahl von Normen,[216] die in den Voraussetzungen danach differenzieren, unter welchen Bedingungen die Informationen erhoben wurden, welche Nähe zwischen gebender und empfangender Behörde und der jeweiligen Aufgabe besteht und wie wichtig dem Staat der jeweilige Informationsfluss ist.[217] Es besteht ein ganzes System von pflichtigen und potentiellen, initi-

---

[207] OVG Lüneburg, NdsVBl 2015, 228: Feststellung und Vermessung äußerer körperlicher Merkmale auch im Intimbereich bei Sexualstraftätern ist zulässig.

[208] Art. 14 Abs. 1 Nr. 3 PAG.

[209] Bildaufnahme von Störern bei Versammlungen (Art. 33 Abs. 1 Nr. 1 PAG).

[210] OLG Braunschweig, Beschl. v. 12.6.2020, 3 W 88/20.

[211] Vgl. z.B. Art. 33 Abs. 3 PAG; BVerfG, DVBl 2007, 497: spezielle Rechtsgrundlage für Überwachung öffentlicher Räume erforderlich; BVerfG, DVBl 2009, 1237: Ministererlass keine Rechtsgrundlage für Radarkontrollen; BVerwGE 141, 329 (334 Rn. 27 ff.): Zulässigkeit der Videoüberwachung auf der Reeperbahn; VG Hannover, NVwZ-RR 2011, 943 ff.; s. zur Videoüberwachung *Schoch* Abschied (Fn. 33), 357 ff.

[212] *Matthias Lachenmann* Einsatz von Bodycams durch Polizeibeamte, NVwZ 2017, 1424 (1429 f.).

[213] Vgl. *Barczak* Staat (Fn. 28), 504 ff.; *Kugelmann* Gefahrbegriff (Fn. 71), 781; *Möstl* in: BOK-PoRuSiR (Fn. 33), Vor A Rn. 41; großzügiger *Hans-Detlef Horn* Vorbeugende Rasterfahndung und informationelle Selbstbestimmung, DÖV 2003, 746, 749 f.; *Felix Hanschmann* „Gefährder", eine neue alte Figur im Öffentlichen Recht, KJ 2017, 434 (444).

[214] Kritisch zu dieser Datenbevorratung *Bäcker* Kriminalpräventionsrecht (Fn. 21), 505 ff.; Eine Begrenzung bedarf des Einsatzes dieses „Gedächtnisses" als Datengrundlage für umfassende datenmäßige Suchaktionen, vgl. *Bäcker* in: Herdegen (Fn. 2), § 28 Rn. 143 f.

[215] Speicherung präventiv erhobener Daten zulässig, wenn Aussagekraft weiter besteht: OVG Lüneburg, ZD 2020, 426 f.; s. zur sog. Vorgangsverwaltung: OVG Lüneburg, ZD 2017, 541.

[216] OLG Saarbrücken, Urt. v. 31.1.2006, 4 U 423/04–117: Es gibt keine Pflicht zu einem ämterübergreifenden Informationsaustausch (Rn. 48).

[217] Ausführlich *Wolff* Gutachten (Fn. 49), 110 ff.; für den Nachrichtendienstbereich s. *Christoph Gusy* Nachrichtendienste in der sicherheitsbehördlichen Kooperation – verfas-

ativlosen und initiierten Weitergabebefugnissen[218] mitsamt Verweigerungsrechten[219] sowie Prüf-,[220] und Löschungspflichten.[221] Der Informationsempfang ist, auch unter der Geltung des Grundsatzes der hypothetischen Neuerhebung,[222] nicht immer von einer alternativen Informationserhebungsbefugnis abhängig.[223] Es genügt, wenn der Informationsfluss der Aufgabenerfüllung einer und nicht beider Behörden dient.[224] Deutliche Verbesserungen gab es im Bereich der Regelung des Informationsaustausches mit ausländischen Behörden[225] sowie des Substantiierungsgebotes bei der Berufung auf vermeintliche Geheimhaltungsinteressen, wobei hier nach wie vor noch Raum für Verbesserung besteht.[226]

Im Sicherheitsverwaltungsrecht bilden Netzwerkstrukturen und gemeinsame Dateien, die gefahrfeldbezogen institutionelle Grenzen überwinden, einen selbstständigen Bereich des Informationsverwaltungsrechts.[227] Die Schaffung dieser Strukturen darf keine Freistellung von der Gewährleistung der Rechtmäßigkeit des Informationsflusses in jedem Einzelfall bedeuten.[228]

---

sungsrechtliche Grundlagen und gesetzliche Grundfragen in: *Dietrich* (Fn. 120), Teil IV, § 2 Rn. 20 ff.

[218] Vgl. dazu *Wolff* Stellungnahme (Fn. 48), 51 ff.; für den Nachrichtendienstbereich *Nikolas Gazeas* Übermittlung nachrichtendienstlicher Erkenntnisse an Strafverfolgungsbehörden, 2014, 286 ff.

[219] Ausführlich und kritisch am Beispiel von § 23 BVerfGG *Gazeas* Übermittlung (Fn. 218), 357 ff.; *Wolff* Stellungnahme (Fn. 48), 59.

[220] Z.B. § 47 § 1 NPOG.

[221] *Wolff* Gutachten (Fn. 49), 134 ff.; s. zu den Grundlöschungspflichten – § 78 StGB und für das Polizeirecht etwa Art. 53 Abs. 5, Art. 54 Abs. 2 PAG. Reformvorschläge etwa bei *Gazeas* Übermittlung (Fn. 218), 560 ff.

[222] S. dazu etwa *Markus Löffelmann* Die Umsetzung des Grundsatzes der hypothetischen Datenneuerhebung – Schema oder Struktur?, GSZ 2019, 16 ff.

[223] S. zur verfassungsrechtlichen Zulässigkeit: BVerfG, Beschl. v. 10.11.2020, 1 BvR 3214/15, juris Rn. 100; *Gusy* Trennungsgebot (Fn. 135), 142; kritisch zu dem verfassungsrechtlichen Hintergrund *Bäcker* in: Herdegen (Fn. 2), § 28 Rn. 136 ff.

[224] Kritisch *Graulich* in: Lisken/Denninger (Fn. 27), Rn. 235; s. zu Zufallsfunden: OVG Lüneburg, NVwZ-RR 2015, 336.

[225] S. zur BNDG Reform im Jahr 2021 *Klaus Ferdinand Gärditz* Bundesnachrichtendienst semper reformanda, DVBl 2021, 905 ff.; s. zur alten Rechtslage *Wolff* Stellungnahme (Fn. 48), 48; *Oliver Rüß* Internationale nachrichtendienstliche Zusammenarbeit in: *Dietrich* (Fn. 120), Teil IV § 4, Rn. 85 ff.

[226] *Wolff* Gutachten (Fn. 48), 151 f.; *Wegener* Verfassung (Fn. 67), 315 ff.

[227] *Graulich* Musterpolizeigesetz (Fn. 36), 15; beschreibend *Hofmann/Lukosek/Schulde-Rudzio* Herausforderung (Fn. 7), 238; *Kugelmann* Grundzüge (Fn. 43), 34 f.; ausführlich z.B. *Julia Stubenrauch* Gemeinsame Verbunddateien von Polizei und Nachrichtendiensten, 2009, 112 ff.

[228] *Wolff* Stellungnahme (Fn. 48), 59; *Wolff* Gutachten (Fn. 49), 120 ff.

Werden vorhandene Daten automatisch miteinander so verknüpft, dass neue Informationen generiert werden, müssen die strengen Kriterien eingehalten werden, die für die elektronische Suche gelten,[229] wobei es diese noch weiter zu konkretisieren gilt.[230]

Die Kontrolle von potentiellen Ersttätern bringt den Verfassungsstaat an die Grenze seiner Leistungsfähigkeit.[231] Anders als in der Fallgruppe der Sexualtäter fehlt es an deutlichen Vortaten.[232] Der Rechtsstaat versucht sich durch die Ausbildung eines Sonderrechts[233] zu helfen, nicht aber mit einem Feindpolizeirecht.[234] Die Rechtsnormen sind lang, schwer handhabbar,[235] beruhen in hohem Maße auf verfassungsgerichtlicher Intervention[236] und

---

[229] BVerfG, Beschl. v. 10.11.2020, 1 BvR 3214/15, juris Rn. 109 ff.; so wohl auch *Kugelmann* Grundzüge (Fn. 43), 35; s. zum predictive policing aus dieser Sicht: *Trute/Kuhlmann* Policing (Fn. 197), 108; offen bei *Michael Goldhammer* Die Prognoseentscheidung im Öffentlichen Recht, 2021, 141.

[230] *Thomas Wischmeyer* Predictive Policing. Nebenfolgen der Automatisierung von Prognosen im Sicherheitsrecht in: Michael Goldhammer/Andreas Kulick (Hrsg) Der Terrorist als Feind?, 2020, 193 (213).

[231] *Denninger* Freiheit (Fn. 51), 96 f.; *Möstl* Rahmen (Fn. 30), 160; *Baldus* Entgrenzung (Fn. 33), 8; *Bäcker* in: Herdegen (Fn. 2), § 28 Rn. 102; *Barczak* Staat (Fn. 28), 25 und 31 m.w.N. in Fn. 142 u. 556.

[232] *Barczak* Staat (Fn. 28), 549 ff.; *Andrea Kießling* Die aktionelle Maßnahme im Vorfeld: Voraussetzungen und Grenzen im Lichte aktueller Gesetzesänderungen, in: Der Terrorist (Fn. 234), 261 (273): Disposition allein genügt i.d.R. nicht.

[233] Zusammenfassend in BVerfGE 141, 220 (268 ff. Rn. 103 ff.); s. dazu nur *Möstl* Bundesverfassungsgericht (Fn. 109), 811; *Volkmann* Prävention (Fn. 56), 1409; *Guy Beaucamp* Ist die Kritik am BKA-Urteil des Bundesverfassungsgerichts plausibel?, DVBl 2017, 534 (538 ff.); *Gärditz* Sicherheitsverfassungsrecht (Fn. 67), 7: Sonderdogmatik. *Lindner/Unterreitmeier* Republik (Fn. 35), 93: „Hypertrophie verfassungsgerichtlicher Determinierung"; s.a. die Kritik in den Sondervoten der Richter Eichberger BVerfGE 141, 220 (353 ff.) und Richter Schluckebier BVerfGE 141, 220 (362, 363 Rn. 2 „überzogene Anforderungen").

[234] Zutreffend *Markus Möstl* Staatsaufgabe Sicherheit in Zeiten des Terrorismus – der rechtsstaatliche Rahmen, in: Der Terrorist (Fn. 234), 68 f.; *Kay Waechter* Polizeirecht und Kriegsrecht, JZ 2007, 61 (68). A.A. *Otto Depenheuer* Selbstbehauptung des Rechtsstaats, 2007, 65 ff. (im politischen Ermessen des Staates); *Michael Pawlik* Der Terrorist und sein Recht, 2008, 39 f.; andeutungsweise auch *Lindner/Unterreitmeier* Republik (Fn. 35), 93 f.

[235] *Graulich* in: Lisken/Denninger (Fn. 27), Rn. 92; *Bull* Individualrechtsschutz (Fn. 184), 315; *Timo Rademacher/Lennart Perkowski* Staatliche Überwachung, neue Technologien und die Grundrechte, JuS 2020, 713 (719).

[236] Analysierend: *Hans-Heinrich Trute* Grenzen des präventionsorientierten Polizeirechts in der Rechtsprechung des Bundesverfassungsgerichts, Die Verwaltung 42 (2009), 85 (88 ff.); *Poscher* in: Vesting/Korioth (Fn. 49), 254 ff.; anwendet: *Florian Becker* Grundrechtliche Grenzen staatlicher Überwachung zur Gefahrenabwehr, NVwZ 2015, 1335 ff.; zahlreiche Nachweise bei *Bäcker* in: Goldhammer/Kulick (Fn. 56), 155; ausführ-

die rechtspolitische Diskussion weist Züge eines Glaubenskampfes auf,[237] wobei gerade Beruhigung einzukehren scheint.[238] Wegen der fehlenden nachgehenden Kontrolle und der hohen Eingriffsintensität schieben sich hier verfassungsrechtliche Bestimmtheits- bzw. Verhältnismäßigkeitsanforderungen, die normalerweise an den Einzelakt gestellt werden, in die Anforderungen auch an die Rechtsnorm hinein.[239]

8. Der heimliche, täuschende und drohende Staat

Im Sicherheitsrecht gibt es staatliches Handeln, das man aus rechtsstaatlicher Sicht eigentlich nicht wollen kann und das man dennoch meint, demokratisch legitimiert, hinnehmen zu müssen – gemeint ist das heimliche, täuschende[240] und drohende Staatshandeln. Geheime Informationserhebungen prägen den Bereich der Nachrichtendienste[241] und schieben sich ins Polizeirecht hinein. Täuschendes Handeln gibt es bei verdeckten Ermittlern[242] und Ermittlerinnen und etwa den Video-Attrappen.[243] Der drohende

---

lich *Tanneberger* Sicherheitsverfassung (Fn. 67), 91 f. Kritisch aus diesem Blick – *Möstel* Projektmuster (Fn. 109), 26; *Möstl* Rahmen (Fn. 30), 162 f.; *Gärditz* Sicherheitsverfassungsrecht (Fn. 67), 22.

[237] Visionär etwa *Christoph Apostel* Das neue Polizeiaufgabengesetz (PAG) in Bayern – gesetzliche Absicherung des „Predictive Policing"-Gedankens?, KJ 52 (2019), 147 (156); s. die Nachweise zu den Pressestimmen bei *Maximilian Weinrich* Die Novellierung des bayerischen Polizeiaufgabengesetzes, NVwZ 2018, 1680 (1681); s. die Differenzen in der dogmatischen Bewertung zur drohenden Gefahr bei *Möstl* in: Goldhammer/Kulick (Fn. 234), 74.

[238] S. dazu *Möstl* in: Goldhammer/Kulick (Fn. 234), 74 mit der Aufforderung zur dogmatischen „Abrüstung".

[239] S. *Bäcker* in: Herdegen (Fn. 2), § 28 Rn. 87; *Trute* Grenzen (Fn. 236), 88 ff.; *Gärditz* Sicherheitsverfassungsrecht (Fn. 67), 9 f.; *Beaucamp* Kritik (Fn. 233), 537; dagegen die Trennung von verdeckten und offenen Eingriffen etwas relativierend: BVerfG, Beschl. v. 1.12.2020, 2 BvR 916/11, u.a. Rn. 274.

[240] S. dazu *Kay Waechter* Polizeirecht und Kriegsrecht, JZ 2007, 61 (65); *Hans-Ulrich Evers* Sprengung an der Celler Gefängnismauer: Darf der Verfassungsschutz andere Behörden und die Öffentlichkeit täuschen?, NJW 1987, 153 (158); kritisch dagegen *Kirsten Schmalenbach* Wenn der Staat lügt: Desinformation im demokratischen Rechtsstaat, NVwZ 2005, 1357 (1361).

[241] Daher dürfte der Grund für die Selbständigkeit eines G 10 mittlerweile entfallen sein – vgl. *Gärditz* Bundesnachrichtendienst (Fn. 225), 906.

[242] Aus diesem Grund ist das Feststellungsinteresse gem. § 43 VwGO großzügig zu fassen – so VG Freiburg, NVwZ-RR 2006, 322.

[243] *Stefan Brink/Heinrich Amadeus Wolff* Neuregelung der Videoüberwachung in Rheinland-Pfalz, Verfassungsrechtliche Grenzen des Einsatzes von Attrappen durch die öffentliche Hand, DuD 2011, 447 ff.

Staat ist real in den Bereichen der Gefährderansprache,[244] der Razzia[245] und dem Zeigen von Polizeipräsenz,[246] d.h. immer dann, wenn in zulässiger Weise[247] mit spezial-[248] und generalpräventiven[249] Motiven oder mit sonstiger Einschüchterung gearbeitet wird.[250] Die Einschüchterung dient neben der Moral als influenzierende Steuerungsform des Sicherheitsrechts.[251]

9. Partielle Rechtsschutzdefizite

Das Sicherheitsrecht droht Rechtsschutzlücken aufzuweisen. Wegen des Erfolgsdrucks kommt es zur Vollstreckung von gerichtlich nicht überprüften nicht bestandskräftigen Verwaltungsakten, mit der Folge, dass diese zu dulden sind,[252] und später dann im Fall der Rechtswidrigkeit Rehabilitierung oder Entschädigung verlangt werden kann. Dies gelingt aber nur, wenn man bei einem evtl. folgenden Kostenbescheid materiell eine volle Konnexität sicherstellt[253] und man weiter bei dem Grundverwaltungs-

---

[244] Zur Gefährderansprache s. § 29 PolGBW, vorher gestützt auf die Generalklausel VGH BW, VBlBW 2018, 316; s.a. *Graulich* in: Lisken/Denninger (Fn. 27), Rn. 102 u. 406; *Timo Hebeler* Die Gefährderansprache, NVwZ 2011, 1364 (1365); *Sebastian Steinforth* Die Gefährderansprache, 2015. Die Rechtsprechung verlangt eine sorgfältige Prüfung des vorhandenen Tatsachenmaterials, OVG Lüneburg, NJW 2006, 391, vgl. OVG Magdeburg, Urt. v. 21.3.2012, 3 L 341/11, Rn. 30; VG Göttingen, Urt. v. 27.1.2004, 1 A 1014/02; VG des Saarlandes, Beschl. v. 6.3.2014, 6 K 1102/13, juris; sowie eine Prüfung, inwieweit die Willensfreiheit eingeschränkt wird: OVG Münster, Beschl. v. 22.8.2016, 5 A 2532/1, OVG Münster, Beschl. v. 22.8.2016, 5 A 2532/14, Rn. 25.

[245] VG München, NVwZ-RR 2000, 154 f.; kritisch *Graulich* in: Lisken/Denninger (Fn. 27), Rn. 104, sofern keine Nähe zum Strafverfahren ersichtlich.

[246] Das Zeigen starker Polizeipräsenz sei zulässig – *Graulich* in: Lisken/Denninger (Fn. 27), Rn. 111. Ebenso ist die polizeiliche Begleitung von Versammlungen nach OVG HB, NVwZ 1990, 1188 unzulässig, wenn keine konkrete Gefahr besteht.

[247] Unzulässig etwa die Einkesselung nach vollzogener Identitätsfeststellung ohne drohende Gefahr: OLG Braunschweig, NVwZ-RR 2020, 450 (Ls).

[248] OVG Lüneburg, NdsVBl 2015, 228: Feststellung und Vermessung äußerer körperlicher Merkmale auch im Intimbereich bei Sexualstraftätern ist zulässig.

[249] So schon *Erichsen* Schutz (Fn. 16), 188.

[250] S. zur Aufhebung der Anonymität als Gefahrenabwehrmaßnahme: VGH München, BayVBl 1993, 432; VGH Mannheim, NVwZ-RR 2011, 231; zu kritisch: *Graulich* in: Lisken/Denninger (Fn. 27), Rn. 103; zu großzügig: *Ino Augsberg* Der grundrechtliche Schutz individueller Empfindung im Sicherheitsrecht, GSZ 2018, 169 ff.

[251] Deutlich mit anderen Worten *Volkmann* Prävention (Fn. 56), 1412.

[252] OVG Lüneburg, NdsVBl 2009, 345: Die Vollstreckung setzt keine Rechtmäßigkeit der Grundverfügung voraus; ausführlich *Pietzner* Rechtsschutz (Fn. 104), 268.

[253] Volle Kontrolle des Kostenbescheids: OVG Lüneburg, NdsVBl 2009, 345; OVG Saarlouis, LKRZ 2009, 420; offen gelassen von VGH BW, NVwZ-RR 2016, 7; einschränkend für den Fall der Bestandskraft: VGH BW, VBlBW 2018, 338 f. Der Grundverwaltungsakt ist nach Ansicht des BVerwG durch Vollstreckung allein noch nicht erledigt,

akt mit dem BVerwG[254] keine Erledigung in Folge der Vollstreckung annimmt.[255] Die Last, den Grundverwaltungsakt anzugreifen, kann man der Betroffenen nicht abnehmen.[256] Auch bei § 47 Abs. 6 VwGO hat die Rechtsprechung eine rechtsschutzfreundliche Anpassung gefunden.[257]

Deutlich anders ist die Lage bei den geheimen Informationserhebungen,[258] denen man im Bereich des Nachrichtendienstrechts durch ein ausgesprochen zerfleddertes und immer noch nicht ausgereiftes Sonderkontrollregime[259] beizukommen versucht.[260] Der Individualrechtsschutz ist hier

---

NVwZ 2009, 122; kritisch zu dieser Verschiebung – *Ralf Poscher* Gefahrenabwehr, 1999, 83 ff.; dagegen wiederum zu recht: *Bäcker* Kriminalpräventionsrecht (Fn. 21), 88; *Denninger* Polizeiaufgaben (Fn. 22), Rn. 47.

[254] BVerwG, NVwZ 2009, 122 (speziell zur Ersatzvornahme); a.A. für den unmittelbaren Zwang – BayVGH VGHE 68, 43 ff.

[255] Ist der Grundverwaltungsakt noch nicht erledigt, führt seine Aufhebung wegen der ex tunc Wirkung zur Rechtswidrigkeit auch der Vollstreckung, vgl. *Wolf-Rüdiger Schenke/ Peter Baumeister* Probleme des Rechtsschutzes bei der Vollstreckung von Verwaltungsakten, NVwZ 1993, 1, 3 f.; OVG Lüneburg, NdsRpfl 2011, 52; OVG Koblenz, DVBl 2010, 862 (zugleich juris Rn. 39). Für § 113 StGB (Widerstand gegen Vollstreckungsbeamte) bleibt aber entscheidend, ob im Augenblick der Vollstreckung eine Duldungspflicht bestand, die auch dann vorlag, wenn sie später wegen der ex tunc Wirkung der Aufhebung entfällt – *Veronika Schweikert* Der Rechtswidrigkeitszusammenhang im Verwaltungsvollstreckungsrecht, 2013, 108 (mit der Annahme der Erledigung des Grundverwaltungsaktes und der gleichzeitigen Rechtswidrigkeitswirkung des Vollstreckungsaktes trotz Erledigung); anders mit gleichem materiellen Ergebnis *Ralf Poscher* Verwaltungsakt und Verwaltungsrecht in der Vollstreckung? VerwArch 89 (1998), 111 (127): Vollzugsfolgenbeseitigungsrecht; s.a. BVerfG (Kammer), NVwZ 2007, 1180. Dagegen setzt der Bußgeldtatbestand wegen des Nichtentfernens von einer aufgelösten Versammlung die Rechtmäßigkeit der Auflösungsversammlung voraus – BVerfGE 87, 399 (413 ff.).

[256] VG Düsseldorf, NWVBl 2010, 152.

[257] Insbesondere hat die Rechtsprechung sich bemüht, im Verfahren nach § 47 Abs. 6 VwGO den Rechtsfragen nicht aus dem Weg zu gehen: Die Parallelität zu § 32 BVerfGG wurde aufgegeben und Erfolgsaussichten des in der Hauptsache anhängigen Normenkontrollantrags verstärkt geprüft: BVerwG, Beschl. v. 25.2.2015, 4 VR 5/14, juris Rn. 12, Beschl. v. 16.9.2015, 4 VR 2/15, juris Rn. 4 (bezogen auf Bebauungspläne); später insb. auch auf Verordnungen in der Corona-Pandemie übertragen, s. nur BayVGH, Beschl. v. 30.3.2020, 20 NE 20.632, juris Rn. 31 f.; VGH SH, Beschl. v. 9.4.2020, 3 MR 4/20, juris Rn. 3–5; OVG NS, Beschl. v. 14.4.2020, 13 MN 63/20, juris Rn. 29; nicht deutlich genug insoweit *Klafki* Anwendungsfälle (Fn. 28), 512; für nicht ausreichend hält das Ergebnis *Lepsius* Partizipationsprobleme (Fn. 18), 750.

[258] S. dazu *Wolff* Gutachten (Fn. 49), 162 ff.

[259] *Gärditz* Bundesnachrichtendienst (Fn. 225), 905 ff.; *Wolff* Stellungnahme (Fn. 48), 61 f.; *Wolff* Gutachten (Fn. 49), 58 ff.; *Bernadette Droste* Handbuch des Verfassungsschutzes, 2007, 601 ff.

[260] Wobei die gegenwärtige Entwicklung hin zu einem unabhängigen Rechtsschutzorgan der richtige Weg zu sein scheint, s. *Holger Wöckel* Justizielle Kontrolle, insb. Rechtsschutz

oftmals erst Jahre nach der Maßnahme möglich und dann nicht mehr effektiv.[261] Ein ausgewogenes Rehabilitationsinstrument, wie ein pauschaliertes Schmerzensgeld, ist ebenso nötig, wie in weiter Ferne.

10. Effektivitätsprinzip

All die genannten Besonderheiten laufen auf die Erkenntnis zu, dass das hier interessierende Rechtsgebiet geprägt ist von dem Streben nach gestufter und rechtlich eingerahmter Effektivität.[262] Das Sicherheitsverwaltungsrecht will den ungewünschten Schaden durch ein buntes System unterschiedlicher Schutzsysteme und Rechtsprinzipien verhindern oder verringern.[263] Das erklärt auch die Bereitschaft, bei neuartigen oder singulären Problemen, auf allgemeine Ermächtigungsnormen, wie die polizeiliche Generalklausel[264] oder § 28 IfSG,[265] für eine Übergangszeit zurückzugreifen.

---

gegen nachrichtendienstliche Aktivitäten, in: *Dietrich* (Fn. 120), Teil VII, § 3 Rn. 56; s. zum unabhängigen Kontrollrat: *Gärditz* Bundesnachrichtendienst (Fn. 225), 911 ff.

[261] S.a. *Gärditz* Perspektive (Fn. 8), 6.

[262] So schon früh *H. J. Wolff* Gestaltung (Fn. 10), 136; *Kingreen/Poscher* Polizeirecht (Fn. 10), § 10 Rn. 22; zu Art. 11 PAG: *Holzner* in: BOK-PoRuSiR (Fn. 33), Art. 7 LStVG, Rn. 108.

[263] So schon *H. J. Wolff* Gestaltung (Fn. 10), 135 f.

[264] Aufforderung zur Altlastenbeseitigung: OVG Lüneburg, NJW 1992, 1252 f.; VGH Mannheim, VBlBW 1990, 348, mittlerweile Bundesbodenschutzgesetz; Untersagungsverfügung gegen Adoptionsvermittler bis zur Schaffung des Adoptionsvermittlungsgesetzes: VGH Kassel, NJW 1988, 1281, s. Gesetz v. 22.1.2001; Aufenthaltsverbot: OVG Saarland, Urt. v. 6.9.2013, 3 A 13/13, juris Rn. 100; OVG Bremen, NVwZ 1999, 314 ff.; BayVGH, BayVBl 2000, 85 ff.; a.A. VGH Kassel, NVwZ 2003, 1400; die polizeiliche Meldeauflage: *Daniel Benrath* Probleme mit Problemfans – Fallstricke bei Aufenthaltsverboten und Meldeauflagen, DVBl 2017, 868 (873); vgl. BVerwGE 129, 142 (147 Rn. 30); zu Hooligans s. OVG Bautzen, Beschl. v. 26.5.2010, 3 A 244/09; OVG Bremen, Urt. v. 2.9.2008, 1 A 161/09; VGH Mannheim, NJW 2000, 3658; Suizidbegleitung: VG Hamburg, Beschl. v. 6.2.2006, 8 E 3301/08. S. zu Grenzen der Generalklausel und zur Notwendigkeit von Spezialermächtigungen BVerwGE 115, 189 (193 ff.).

[265] BayVGH, Beschl. v. 29.10.2020, 20 NE 20.2360, juris Rn. 28 ff.; noch gehalten angesichts des eingebrachten Gesetzentwurfs von OVG NW Beschl. v. 6.11.2020, 13 B 1657/20.NE, juris Rn. 21–24; VG Frankfurt/Main v. 9.11.2020, 5 L 2944/20.F, juris Rn. 16 (bezogen auf Allgemeinverfügung); kritisch auch *Uwe Volkmann* Heraus aus dem Verordnungsregime, NJW 2020, 3153 ff.; *Marquardsen/Gerlach* Corona-Pandemie (Fn. 18), 803; *Kersten/Rixen* Verfassungsstaat (Fn. 19), 87; s.a. *Lepsius* Partizipationsprobleme (Fn. 18), 735. § 28 IfSG wurde bisher zweimal während der Corona-Zeit geändert (Gesetz v. 27.2.2020 [BGBl I 587] und Gesetz v. 18.11.2020 [BGBl I 2397]); s. *Kersten/Rixen* Verfassungsstaat (Fn. 19), 49. §§ 28, 32 IfSG für zu unbestimmt hielten: *Marco Hamm* Zwischen Effektivität und Normenbestimmtheit, COVuR 2020, 743 ff.; AG Dortmund, COVuR 2020, 896; a.A. *Merz* (Fn. 17), 14 (18). Von einer Verfassungswidrigkeit trotz § 28a IfSG gehen

2. Prävention durch Verwaltungsrecht: Sicherheit

Sowohl beim Gesetzgeber als auch bei der Verwaltung besteht dabei die Gefahr einer Effizienzdynamik,[266] die über das Ziel hinausschießt, auch zeitlich.[267] Sie abzufangen ist Aufgabe der dritten Gewalt mit Unterstützung durch die Rechtswissenschaft.[268] Aus der Zeit der Pandemie sollen als Beispiele erfolgreichen Rechtsschutzes genannt werden, die Entscheidungen zu der 15-km-Bewegungsgrenze,[269] der Quarantäne für Auslandsrückkehrer,[270] dem Beherbergungsverbot zu touristischen Zwecken,[271] dem Oster-Ausflugsverbot,[272] den Ausgangssperren, die nicht als ultima ratio eingesetzt wurden,[273] und die unterschiedlichen Gleichheitsverstöße.[274]

---

aus – *Volker Boehme-Neßler* Das Parlament in der Pandemie, Zum Demokratiegrundsatz am Beispiel von § 28a InfSchG, DÖV 2021, 243 (251); *Henrick Eibenstein* Die (vertane) Chance des § 28a IfSG, COVuR 2020, 856 ff. Zu § 28a f. IfSG s. kritisch *Lepsius* Partizipationsprobleme (Fn. 18), 737.

[266] S. schon *Graulich* in: Lisken/Denninger (Fn. 27), Rn. 91. Dies gilt für alle Bereich: s. z.B.: Anordnung der vollständigen Entkleidung als rechtswidrige erkennungsdienstliche Maßnahme VG Köln, Urt. v. 25.11.2015, 20 K 2624/14, juris.

[267] S. zur Notwendigkeit, bei Pandemien wieder zur „Normalität" zurückzukehren – *Seiler* Maßnahmen (Fn. 41), 930.

[268] S. zu der Rolle des BVerfG im Sicherheitsbereich statt vieler *Bäcker* in: Herdegen (Fn. 2), § 28 Rn. 49 ff. Ausführlich zur Rolle der Wissenschaft (mit stärkerem verfassungsrechtlichen Bezug) in der Pandemie: *Klaus Ferdinand Gärditz* Freie Wissenschaft als Gelingensbedingung der politischen Willensbildung in der Pandemie, JöR 69 (2021), 505 ff.

[269] BayVGH, NJW 2021, 872. Weitere Beispiele bei *Lepsius* Partizipationsprobleme (Fn. 18), 730.

[270] OVG Nieds., Beschl. v. 11.5.2020, 13 MN 143/20, Unverhältnismäßigkeit der generellen Quarantäne für Ein- und Rückreisende.

[271] OVG Lüneburg, NdsVBl 2021, 21; VGH Mannheim, Beschl. v. 15.10.2020, BeckRS 2020, 26559, Rn. 31 ff.; OVG Berlin-Brandenburg, LKV 2020, 468 (471); OVG Schleswig, Beschl. v. 23.10.2020, BeckRS 2020, 27894 Rn. 6 ff.; *Kersten/Rixen* Verfassungsstaat (Fn. 19), 110; *Henrik Eibenstein* Persona non grata dank Inzidenzwert, COVuR 2020, 688 ff.; *Erdmann* Kohärenz (Rn. 167), 1801.

[272] OVG MV, Beschl. v. 9.4.2020, 2 KM 268/20.

[273] VGH BW, DVBl 2021, 543 ff.; dagegen keine Bedenken gegen qualifiziert begründete Ausgangssperren: BayVGH, NVwZ 2020, 635; ebenso *Boehme-Neßler* Ausgangssperren (Fn. 42), 5; positiver *Greve/Lassahn* Notbremse (Fn. 81), 3 f.

[274] Shisha-Bar im Vergleich zur Gaststätte: OVG Saarlouis, NVwZ-RR 2020, 791; Einzelhandelsbetriebe mit Fläche über 800 m² im Vergleich zu Fahrradläden: VGH Mannheim, VBlBW 2020, 333; BayVGH, GewArch 2020, 234 f.; Quarantäneverbot bei vergleichsweise niedriger Inzidenz: OVG Münster, Beschl. v. 20.11.2020, 13 B 1770/20 NE, Rn. 345 ff.

V. Die Mythen des Sicherheitsverwaltungsrechts

Ich komme zu den Mythen: Mythen vermitteln inspirierende Kraft. Das Problem bei ihnen besteht aber darin, dass sie nicht wirklich stimmen. Sieben Mythen des Sicherheitsverwaltungsrechts verdienen es, benannt zu werden.

1. Der Begriff der konkreten Gefahr sei hinreichend bestimmt

Das Polizei- und Ordnungsrecht lebt erstens von dem Mythos, der Begriff der konkreten Gefahr sei hinreichend sicher.[275] Dies stimmt nicht.[276] Bis zur Erreichung der Lehrbefugnis war es mir persönlich möglich, mit der Definition durchzukommen, nach der die Gefahr ein Zustand sei, bei dem nach allgemeiner Lebenserfahrung bei ungehindertem Fortgang mit hinreichender Wahrscheinlichkeit ein Schadenseintritt für ein polizeiliches Schutzgut zu erwarten sei.[277] Der Maßstab der hinreichenden Wahrscheinlichkeit könne nach der Je-desto-Formel variieren, abhängig zumindest von der Wertigkeit des Rechtsguts und dem Ausmaß des drohenden Schadens.[278] Eine Gefahr

---

[275] *Graulich* in: Lisken/Denninger (Fn. 27), Rn. 183; *Helge Sodan/Jan Ziekow* Grundkurs Öffentliches Recht, 2020, § 75 Rn. 9; BVerfGE 54, 143 (144) zur Generalklausel für Rechtsverordnungen; BVerwGE 115, 189, (196).

[276] Ähnlich *Möstl* Eingriffsschwellen in den novellierten Landespolizeigesetzen, GSZ 2021, 89 (90).

[277] Vglb. OVG Saarl, Beschl. v. 15.3.2002, 9 W 6/02; s.a. BVerfGE 120, 274 (328 f.); abweichend – weil den Störer mit hineinnehmend: BVerfGE 125, 260 (330) – dazu *Friedich Schoch* Polizeirecht, in: ders (Hrsg.) Besonderes Verwaltungsrecht, 2018, Kap. 1 Rn. 280: „frei erfunden". S. zum Gefahrbegriff aus wissenschaftlicher Sicht ausführlich *Bäcker* Kriminalpräventionsrecht (Fn. 21), 78 ff.: Situation, ab der durch weiteres Zuwarten die Rettungschancen unverhältnismäßig verschlechtert werden; *Thomas Darnstädt* Gefahrenabwehr und Gefahrenvorsorge, 1983, 22 ff.: Gefahr als ein historisch gewachsenes Verständnis einer bestimmten Wahrscheinlichkeit eines Schadenseintritts; *Poscher* Gefahrenabwehr (Fn. 253), 112 ff.; *Albers* Determination (Fn. 51), 33 ff.; *Jaeckel* Risikodogmatik (Fn. 19), 87 ff. Allgemein: *Krahl* Vorfeldbefugnisse (Fn. 50), 225: Dieses Tatbestandsmerkmal setzt sich aus drei Strukturelementen – dem Schaden als Bedrohungspotenzial, dem tatsächlichen Eingriffsanlass sowie dem relativen Prognoseurteil – zusammen.

[278] BVerwGE 116, 347 (350); OVG Lüneburg, NdsVBl 2014, 205; *Vogel* in: Bill Drews/Gerhard Wracke/Klaus Vogel/Wolfgang Martens (Hrsg.) Gefahrenabwehrrecht, 1986, 223; in zutreffender Weise zudem differenzierend nach der Tiefe des Eingriffs und der Eilbedürftigkeit der Entscheidung *Möstl* in: BOK-PoRuSiR (Fn. 33), Vor A Rn. 36 und nach der Anzahl der potentiell Betroffenen *Bäcker* Kriminalpräventionsrecht (Fn. 21), 92. Die Je-Desto-Formel führt bei hochrangigen Rechtsgütern zu einer Annäherung der Gefahr an das Risiko – *Barczak* Staat (Fn. 28), 386. Geht es um den Schutz hochrangiger Rechtsgüter, wie etwa auch die Gesundheit von Menschen, genügt, dass die Möglichkeit von Schäden an diesen Rechtsgütern realistischerweise nicht ausgeschlossen werden kann, BayVGH, NJW 2016, 2968 f.

2. Prävention durch Verwaltungsrecht: Sicherheit 477

sei dabei konkret, wenn die Prognose[279] sich auf einen Einzelfall beziehe[280] und nicht, wie bei der abstrakten Gefahr, auf einen typischen Geschehensablauf.[281] Heute käme ich damit nicht mehr weit, da erstens die Anforderungen an die Tatsachengrundlage und zweitens die genaue Kenntnis des potentiellen Schadens nicht ausreichend erfasst werden.

In der Formel der hinreichenden Wahrscheinlichkeit vereinigen sich eine Vielzahl von Wertungselementen, die alle auf die Frage zulaufen, ob der Staat konkret noch weiter zuwarten kann und soll oder ob es geboten ist, in den Lauf der Dinge einzugreifen.[282]

---

[279] OVG Saarlouis, LKRZ 2009, 420. Gegen die Subjektivierung, die mit dieser Prognose verbunden ist: *Ralf Poscher* Der Gefahrverdacht – Das ungelöste Problem der Polizeirechtsdogmatik, NVwZ 2001, 141 ff; *Jaeckel* Risikodogmatik (Fn. 19), 101; dagegen wiederum zu recht *Bäcker* Kriminalpräventionsrecht (Fn. 21), 85 ff.

[280] BVerfGE 120, 274 (328 f.); BVerfGE 125, 260 (330); *Darnstädt* Gefahrenabwehr (Fn. 277), 32.

[281] S. Fn. 169.

[282] *Darnstädt* Gefahrenabwehr (Fn. 277), 79; *Möstl* in: BOK-PoRuSiR (Fn. 33), Vor A Rn. 35. Dabei bezeichnet der Gefahrbegriff einen Zeitpunkt, bei dem es weder um den frühestmöglichen noch um den spätmöglichsten Eingriff geht – *Möstl* in: BOK-PoRuSiR (Fn. 33), Vor A Rn. 36. Zu streng dagegen *Krahl* Vorfeldbefugnisse (Fn. 50), 225: „Eine eingriffsbegrenzende Funktion kommt dabei insbesondere dem Erfordernis des Einsatzes der Gefahrenabwehrmaßnahme als letzter Abwehrchance zu."; ähnlich: *Trute* Erosion (Fn. 192), 407; *Poscher* Gefahrenabwehr (Fn. 253), 127 f.; *Albers* Determination (Fn. 51), 49. Die Gefahr bezeichnet zutreffender Ansicht nach nicht den letztmöglichen Zeitpunkt des Eintretens, sondern einen, bei dem sich das weitere Zuwarten unangemessen hoch auf die Gefährdung des Schutzgutes auswirkt.
Die Sachlagen, die der Gefahr vorgelagert sind, sind ihrerseits vielfältig, s. etwa *Park* Wandel (Fn. 51), 25 ff.: Die Gefahrerforschung meint die Frage der subjektiven Ungewissheit des Vorliegens einer Gefahr, die sich durch übliche Ermittlung aufklären lässt (Gefahrverdacht nach *Kingreen/Poscher* Polizeirecht (Fn. 10), § 8 Rn. 51). Die Situation, bei der sich die Wahrscheinlichkeit (wie immer man sie definiert) noch nicht zu der verdichtet hat, die für eine Gefahr notwendig ist (Gefahrenvorfeld), kann zumindest beruhen, (a) auf einer zu geringen Wahrscheinlichkeit des Schadenseintritts (statistisch gesehen passiert hier zu selten etwas), (b) auf einer noch zu unsicheren Kenntnis des potentiell konkreten Verlaufs (wie geht es hier weiter), (c) auf einer zu geringen Tatsachengrundlage der (ggf. objektiv) richtigen Prognose (Vermutung), (d) auf einer zeitlichen Ferne (man kann später noch einschreiten) oder (e) auf zu unsicherer Kenntnis der komplexen Wirkzusammenhänge (Risiko – vgl. dazu nur *Jaeckel* Risikodogmatik (Fn. 19), 321). Ob man diese Situationen begrifflich trennt, ist eine Frage der Vereinbarung. Entschlüsse einzelner, die nicht nach außen treten, gelten dabei nicht als Tatsachen. Die abstrakte Gefahr ist keine Gefahrenvorfeldsituation, sondern vom Einzelfall losgelöst – *Bäcker* Kriminalpräventionsrecht (Fn. 21), 211 f.; a.A. *Darnstädt* Gefahr (Fn. 56), 266. Eine Verbindung von Gefahrenvorfeld und abstraker Gefahr liegt nicht nahe – a.A. *Kingreen/Poscher* Polizeirecht (Fn. 10), 8 Rn. 20. Die Kriminalprävention hat, anders als überwiegend angenommen, nicht wirklich etwas mit Risiken oder Risikomanangement

Der Begriff der konkreten Gefahr sollte vor allem eines verwirklichen: Flexibilität zugunsten der Prävention[283] bei gleichzeitiger Abwesenheit eines moralisierenden Staates.[284] Er steht in der Tradition des liberalen Rechtsstaates.[285] Flexibilität meint die Fähigkeit zur Einzelfallanpassung und ermöglicht es, mit den Einflussfaktoren Erfahrungswissen, unsichere Entscheidungsgrundlage, Zeitdruck, Erkennbarkeit, Schadensumfangprognose und Folgenüberlegungen situativ umzugehen.[286] Flexibilität meint aber gerade nicht Sicherheit im Einzelfall. Es ist der Aufgabe des Gefahrbegriffs geschuldet, dass seine Einzelergebnisse gerade nicht sicher sind.

Wird ein Motorradfahrer auf dem Weg zu einer beliebten inoffiziellen Rennstrecke zunächst einmal geblitzt und wird dieser dann wenig später auf der Rennstrecke selbst noch einmal fast doppelt so schnell wie erlaubt erwischt, dann hätte ich gedacht, es sei hinreichend wahrscheinlich, dass er am gleichen Tag (es ging um die gegenwärtige Gefahr) weitere Übertretungen begehen werde. Der VGH München war bekanntlich anderer Meinung.[287] Demgegenüber ist meiner Meinung nach die Wertung des OVG Lüneburg, nach der allein in der Abwesenheit einer Hausnummer an einem Wohnhaus eine konkrete Gefahr für Leib und Leben gesehen wird, wiederum zu großzügig.[288]

Diese Meinungsverschiedenheiten gehören zum Gefahrbegriff und werden so gelöst, dass mit der Zeit Konkretisierungen gefunden werden,

---

zu tun (s. aber z. B. *Voßkuhle* in: FS Würtenberger (Fn. 184), 1107; *Rainer Pitschas* Polizeirecht im kooperativen Staat – Innere Sicherheit zwischen Gefahrenabwehr und kriminalpräventiver Risikovorsorge, DÖV 2002, 221 (224); *Volkmann* Prävention (Fn. 56), 1409), sondern mit der Besonderheit menschlichen Handelns, die mit dem Begriff des Risikos adäquat erfasst wird.

[283] *Möstl* in: BOK-PoRuSiR (Fn. 33), Vor A Rn. 36; *Barczak* Staat (Fn. 28), 528; dem Grunde nach auch *Bäcker* Kriminalpräventionsrecht (Fn. 21), 109; sachlich auch *Vogel* Gefahrenabwehrrecht (Fn. 278), 223 f.

[284] Noch heute werden Banalitäten durch den Gefahrbegriff ausgeschieden: Unzulässiges privates Warnschild: OVG Saarland, Beschl. v. 15.3.2002 – 9 W 6/02; umfassendes Verbot von Kuhglocken ist unzulässig: VGH BW, NVwZ-RR 1996, 577 ff.; anders für häufiges oder länger andauerndes Hundegebell, OVG Sachsen, NJW 2018, 181 f.; OVG HB, NVwZ 2021, 92; mit Anm. *Norbert Ullrich* NVwZ 2021, 92 f.

[285] *Schoch* Abschied (Fn. 33), 348; *Möstl* in: BOK-PoRuSiR (Fn. 33), Vor A Rn. 35; *Barczak* Staat (Fn. 28), 469; *Gusy* Gewährleistung (Fn. 2), 174 f.; *Vogel* in: FS Wacke (Fn. 115), 383 f.

[286] Etwas anders die Gliederung bei *Krahl* Vorfeldbefugnisse (Fn. 50), 225.

[287] VGH München, BayVBl 2009, 432 ff.; zustimmend *Markus Ogorek* Original-Examensklausur: „Easy Rider", JA 2016, 279 (282); wie hier: *Ludwig Laub* Entscheidungsanmerkung, SVR 2009, 347 f.

[288] OVG Lüneburg, NdsVBl 2010, 304.

2. Prävention durch Verwaltungsrecht: Sicherheit 479

mit denen man zumindest leben kann, wie die Fallgruppen der Maßnahmen gegen Hooligans[289] oder Sexualtäter,[290] gefährliche Konzerte[291] oder

---

[289] S. dazu insgesamt BVerfG, Beschl. v. 19.6.2006, 1 BvQ 17/06, juris Rn. 13–14; s.a. BVerfG, Beschl. v. 25.3.2008, 1 BvR 1548/02, juris Rn. 28 (Lindauer Chaostage); *Kulick* Gefahr (Fn. 56), 193 f.; s.a. zu Globalisierungsgegnern und G8 Gipfel BVerwGE 129, 142 (147 Rn. 30): Meldeauflage; großzügiger: VGH BW, VBlBW 2017, 425 ff. und v. a. VGH München, BayVBl 2006, 671: Schon die ausdrücklich eingeräumte Zugehörigkeit zum Personenkreis der Hooligans belegt die von dieser Person ausgehende Gefahr künftiger Straftaten. S. etwa OVG Lüneburg, NVwZ-RR 2006, 613 f.: Meldeauflage, wenn Gefahrenprognose auf Vorfälle in der Vergangenheit gestützt wird. Die Zugehörigkeit zur gewaltbereiten Ultra-Fußballfanszene allein genügt noch nicht: OLG Braunschweig, NVwZ 2018, 1742; OVG HB, Beschl. v. 10.2.2010, 1 B 30/10, juris Rn. 11 (bezogen auf Platzverweis) – a.A. insoweit BayVGH BayVBl 2006, 671; OVG Lüneburg, NdsVBl 2020, 150 (bezogen auf den Kostenbescheid). Gewalttätige Vorkommnisse genügen nicht, VGH Mannheim, Urt. v. 7.12.2004, 1 S 2218/03, juris Rn. 34. Vglb. bei Angehörigen der Punk-Szene: VG Bremen, Beschl. v. 2.8.1996, 2 V 86/96, juris Rn. 36; zur Rockergruppierung großzügiger: VG Bremen, Beschl. v. 29.1.2014, 2 K 618/13, juris Rn. 37. S.a. OVG HH, Beschl. v. 13.4.2012, 4 Bs 78/12, juris: polizeirechtliches Verbot, bei einem Hochrisikofußballspiel an den Gastverein Eintrittskarten abzugeben; s.a. SächsOVG, Beschl. v. 14.3.2000, 3 BS 15/00, juris LS = SächsVBl 2000, 170 ff.: Verbot von Springerstiefeln gegenüber wiederholt auffälligem Jugendlichen.

[290] Eine offene Dauerobservation hochgradig rückfallgefährdeter Sexual- und Gewaltstraftäter kann für Übergangszeit auf Generalklausel gemäß § 8 PolG NRW gestützt werden. Großzügig: BVerwG, Beschl. v. 13.1.2014, 6 B 59/13, juris Rn. 8; OVG NRW, DVBl 2013, 1267; s. dazu *Ogorek* Gefahrenvorfeldbefugnisse (Fn. 54), 65; OVG Saarland, Urt. v. 6.9.2013, 3 A 13/13, juris Rn. 100; dies ist aber keine dauerhafte Lösung: BVerfG (Kammer), DVBl 2013, 169 (171); VG Freiburg, VBlBW 2013, 350 ff.; s.a. nicht auf die Generalklausel, sondern die Regelung zur Observation zugreifend: OLG Brandenburg, Beschl. v. 21.1.2010, 11 Wx 91/09, juris Rn. 50; VG Aachen, Urt. v. 21.1.2011, 6 K 140/10, juris; kritisch aus den Gründen des Gebotes des Erfordernisses einer hinreichenden Rechtsgrundlage: *Annette Guckelberger* Die längerfristige Observation von Personen aus präventiv-polizeilichen Gründen, VBlBW 2011, 209 ff. Kritischer, weil Gefahr und Gefährlichkeit unzulässig gleichgesetzt würden: *Bäcker* Kriminalpräventionsrecht (Fn. 21), 117; s.a. *Kugelmann* Grundzüge (Fn. 43), 36; *Holger Greve/Julian von Lucius* Überwachung entlassener gefährlicher Straftäter durch die Polizei, DÖV 1992, 97 ff. S.a. Erkennungsdienstliche Behandlung bei Sexualstraftat VG Saarland, LKRZ 2009, 175 f.; bestätigt durch OVG Saarlouis, Beschl. v. 13.3.2009, 3 B 34/09, juris Rn. 31: Bereits die einmalige Begehung einer Sexualstraftat reicht zur Annahme einer hinreichenden Wiederholungsgefahr aus, weil Sexualdelikte regelmäßig von einer besonderen Veranlagung oder Neigung des Täters geprägt sind. VG Saarland, Urt. v. 28.11.2012, 6 K 745/10: Die Polizei ist gehalten, ihre Gefahrenprognose bei länger anhaltender Observation regelmäßig zu überprüfen; s. VG Hamburg, Beschl. v. 22.6.2018, 1 E 2009/18, juris Rn. 59: Parkkralle an KFZ eines Sexualtäters, der Auto zur Tatbegehen einsetzt. S.a. BayVGH, NJW 2016, 2968: Rechtmäßiges sicherheitsrechtliches Kontaktverbot für Reiseveranstalter wegen Verdachts des sexuellen Missbrauchs von Kindern während eines Feriencamps.

[291] OVG HB, Beschl. v. 26.11.2011, 1 B 309/11, juris, konkrete Gefahr aufgrund einschlägiger früherer Vorkommnisse; VG Lüneburg, NJW 2006, 3299 ff.: Eine private Feier in der „Rechten-Szene" alleine begründet noch keine Gefahr. Die Gleichsetzung „Skin-

Hunde[292] ebenso zeigen wie die Beschlagnahme von Barmitteln.[293] Dass der Gefahrbegriff nicht sicher ist, belegt auch der Umstand, dass das Polizeirecht das einzige mir bekannte Rechtsgebiet ist, das mit dem Begriff der Putativgefahr[294] eine positive Umschreibung einer fehlerhaften Subsumtion kennt.

Der Begriff der konkreten Gefahr ist noch unsicherer geworden, weil überraschend die Forderung aufkam,[295] bei der konkreten Gefahr müsse sich die Prognose auch auf die Kenntnisse des Kausalverlaufs beziehen,[296] d.h. man müsse auch den Ort und die Zeit des potentiellen Schadens kennen.[297] Ursächlich hierfür dürften vier Dinge sein: der verständliche, aber

---

head-Musik" und „Gefahr" ist ohne Tatsachenbegründung unzulässig. VGH BW, VBlBW 2010, 468, Konzert kann zugleich Versammlung sein.

[292] In der Regel stellt eine konkrete Gefahr für Leben und Gesundheit nach Ansicht der Rechtsprechung bereits das ungeleinte, freie Umherlaufen (als solches, ohne Beißvorfälle) von großen und kräftigen Hunden dar – wie etwa einem Hovawart (BayVGH, Beschl. v. 10.3.2017, 10 ZB 17.136, BeckRS 2017, 105419 Rn. 12), einem Schäferhund (BayVGH, Beschl. v. 3.5.2017, 10 CS 17.405, BeckRS 2017, 110437 Rn. 5). Auf das Wesen und den Erziehungszustand des Tieres kommt es dabei nicht an (BayVGH, Beschl. v. 10.3.2017, 10 ZB 17.136 Rn. 12; VGH BW Beschl. v. 12.4.2011, 1 S 2849/10, juris Rn. 3).

[293] OVG Lüneburg, NVwZ-RR 2009, 954: Eine „gegenwärtige Gefahr" ist anzunehmen, wenn das sichergestellte Bargeld aufgrund der vorliegenden Erkenntnisse aller Wahrscheinlichkeit nach aus Drogengeschäften stammt und im Falle einer Herausgabe dafür unmittelbar wieder eingesetzt werden soll; s.a. OVG Lüneburg, NdsVBl 2015, 250; BayVGH, BayVBl 2018, 128; OVG HB, NJW 2016, 2901: Polizeirecht bietet keine Grundlage, um Geldbeträge ungeklärter Herkunft einzuziehen; OVG Lüneburg, Urt. v. 7.3.2013, 11 LB 438/10, Beschlagnahme auch für Buchgeld anwendbar – a.A. BayVGH, NVwZ-RR 2016, 779; *Sebastian Söllner* Bargeld im Sicherheitsrecht, NJW 2009, 3339 f.; zu großzügig *Ernst Hunsicker* Präventive Gewinnabschöpfung (PräGe), NordÖR 2009, 62 ff.; richtig dagegen *Kay Waechter* Präventive Gewinnabschöpfung, NordÖR 2008, 473 ff.

[294] OVG Saarlouis, LKRZ 2009, 420; BayVGH, BayVBl 1993, 429; *Denninger* Polizeiaufgaben (Fn. 22), Rn. 50; *Kingreen/Poscher* Polizeirecht (Fn. 10), § 8 Rn. 63.

[295] In den alten Abhandlungen zu dem Gefahrbegriff ist diese Form der Konkretisierung des Schadenseintritts noch unbekannt: deutlich *Vogel* Gefahrenabwehrrecht (Fn. 278), 225; s. auch *Darnstädt* Gefahrenabwehr (Fn. 277), 29 ff.

[296] BVerfGE 120, 274 (328 f.); BVerfGE 125, 260 (330 f.); BVerfGE 141, 220 (272 Rn. 112); *Graulich* in: Lisken/Denninger (Fn. 27), Rn. 87; *Bodo Pieroth* Befugniserweiterung mit Begriffsverwirrung, GSZ 2018, 133 (134); *Kulick* Gefahr (Fn. 56), 181 f.; *Kingreen/Poscher* Polizeirecht (Fn. 10), § 8 Rn. 13. Kritisch *Möstl* in: BOK-PoRuSiR (Fn. 33), Vor A Rn. 36; *Möstl* Rahmen (Fn. 30), 165; *Goldhammer* Prognoseentscheidung (Fn. 229), 141. Bei der abstrakten Gefahr wurde die Kenntnis der Kausalverläufe schon früh gefordert, OVG Lüneburg, NordÖR 2017, 399 f.; BVerwGE 116, 347, was aber wegen der typischen Betrachtungsweise, die vom Einzelfall losgelöst ist, nachvollziehbar ist. Hier spielt auch die Statistik eine größere Rolle – *Darnstädt* Gefahrenabwehr (Fn. 277), 102: „Häufigkeit von Schadensereignisse relativ zu realisierten Bedingungen."

[297] Vgl. *Bäcker* in: Herdegen (Fn. 2), § 28 Rn. 15; *Poscher* Eingriffsschwellen (Fn. 54), 364; *Bäcker* Kriminalpräventionsrecht (Fn. 21), 79, 93; *Stefan Korte/Stephan Dittrich*

zugleich inadäquate Wunsch, Rechtssicherheit im Vollzug zu erreichen,[298] die Annahme, anders sei der ereignisbezogene Charakter der konkreten Gefahr nicht sicherzustellen,[299] der überholte Glaube, man könne nur das beherrschen, von dem man auch den Kausalverlauf kenne, sowie eine Rückwirkung eines nicht immer glücklichen Transfers des Verwaltungsrechts ins Verfassungsrecht.[300]

Auf diese Weise[301] kam es zur drohenden Gefahr,[302] die nun konkretisierte Gefahr heißt,[303] und die nach Einschätzung des BVerfG eine aner-

---

Schutzgut und Schadenswahrscheinlichkeit im Gefahrenabwehrrecht, JA 2017, 332 (336); *Pieroth* Mustergesetz (Fn. 30), 47.

[298] Deutlich *Bäcker* Kriminalpräventionsrecht (Fn. 21), 84 ff.; *Poscher* Eingriffsschwellen (Fn. 54), 363 f.

[299] Deutlich *Bäcker* in: Goldhammer/Kulick (Fn. 56), 152. Das ist sachlich aber nicht überzeugend, da die Einzelfallbezogenheit der konkreten Gefahr allein die Ereignisbezogenheit schon sicherstellt, ohne dass man wissen muss, wann der im Einzelfall drohende Schaden eintritt – *Vogel* Gefahrenabwehrrecht (Fn. 278), 225.

[300] *Gärditz* Perspektive (Fn. 8), 3 f.; allgemein dazu *Jens Kersten* Was kann das Verfassungsrecht vom Verwaltungsrecht lernen?, DVBl 2011, 585 (587).

[301] Ausgangspunkt waren die gefahrenbezogenen Aussagen des BVerfG im BKA-Urteil – BVerfGE 141, 220 (272 Rn. 112), bezogen auf Informationserhebungseingriffe zum Zwecke der Terrorabwehr. Der Fragenkreis der drohenden Gefahr betrifft drei Gesetzesänderungen zum PAG, erstens das Gesetz v. 24.7.2017, GVBl. S. 388, zweitens das Gesetz v. 18.5.2018, GVBl. S. 301, und dann drittens – auf der Basis der Empfehlungen einer unabhängigen Kommission (vgl. Abschlussbericht vom 30.8.2019, abrufbar unter <https://www.pag.bayern.de/assets/stmi/dircktzu/190830_abschlussbericht_pag-kommission.pdf>) – das Gesetz v. 23.7.2021 (GVBl. 2021, 418 – s. dazu LT-Drs. 18/13716). Die wiedergegebene Literatur setzt sich auf die jeweiligen Vorgängerfassungen.

[302] Für verfassungsgemäß halten die Regelung: OLG München, NJW 2019, 2404 (2411 Rn. 92 ff.); *Möstl* Rahmen (Fn. 30), 160 ff.; *Markus Möstl* Polizeibefugnisse bei drohender Gefahr, BayVB. 2018, 156 (163); *Ogorek* Gefahrenvorfeldbefugnisse (Fn. 54), 68 ff.; *Anna Leisner-Egensperger* Polizeirecht im Umbruch: Die drohende Gefahr, DÖV 2018, 677 ff.; *Birgit Müller* Das Gesetz zur effektiveren Überwachung gefährlicher Personen und die daraus erwachsenen neuen Befugnisse der Bayerischen Polizei, BayVBl 2018, 109 (114); *Thomas Holzner* Die drohende Gefahr, DÖV 2018, 946 ff.; *Josef Schmid/Irina Wenner* Neuerung im bayerischen Polizeirecht 2017 und 2018, BayVBl 2019, 109 ff. Für verfassungsrechtlich problematisch, ohne ausdrücklich zu der Annahme der Verfassungswidrigkeit kommend, halten die Regelung: *Foroud Shirvani* Paradigmenwechsel im Polizeirecht? – Die neue Rechtsfigur der „drohenden Gefahr", DVBl 2018, 1393 ff.; *Thomas Petri* Das Gesetz zur Neuordnung des bayerischen Polizeirechts, ZD 2018, 453 (458 f.). Die Regelung für verfassungswidrig wegen Verletzung der Verhältnismäßigkeit halten: *Apostel* Polizeiaufgabengesetz (Fn. 237), 151 f.; *Christoph Enders* Verfassungsgrenzen der „drohenden Gefahr" – Zur Übertragung der Maßstäbe des BKA-Gesetz-Urteils des BVerfG auf das gesamte Gefahrenabwehrrecht, DÖV 2019, 205 (210); *Löffelmann* Zukunft (Fn. 36), 87; *Markus Löffelmann* Das Gesetz zur effektiveren Überwachung gefährlicher Personen – Sicherheitsrecht am Rande der Verfassungsmäßigkeit

kannte Eingriffsschwelle darstellt,[304] nach anderen dagegen einen Paradigmenwechsel.[305] Sie erfasst wohl einen Bereich,[306] der nach bisherigem Begriffsverständnis noch unter die konkrete Gefahr hätte gefasst werden können, sofern man nicht die Kenntnis des konkreten Kausalverlaufs fordert.[307] Was unter die konkretisierte Gefahr alles zu fassen ist, ist umstritten,[308] auch wenn das Bundesverfassungsgericht selbst Konkretisie-

---

und darüber hinaus, BayVBl 2018, 109 (154 f.); auf die einzelnen Tatbestände bezogen: *Markus Löffelmann* Das Gesetz zur Neuordnung des bayerischen Polizeirechts – Sicherheitsrecht am Rande der Verfassungsmäßigkeit und darüber hinaus Teil 2, BayVBl 2019, 121 (123 ff.); *Pieroth* Befugniserweiterung (Fn. 296), 134 f. Für verfassungswidrig wegen fehlender Bestimmtheit: *Weinrich* Novellierung (Fn. 237), 1682 f. Der Regelung fehlten ausreichende Sicherungen hinsichtlich der Prognose: *Kay Wächter* Polizeirecht in neuen Bahnen, NVwZ 2018, 458 (462).

[303] Hinreichend konkretisierte Gefahr in diesem Sinne kann schon bestehen, wenn sich der zum Schaden führende Kausalverlauf noch nicht mit hinreichender Wahrscheinlichkeit vorhersehen lässt, sofern bereits bestimmte Tatsachen auf eine im Einzelfall drohende Gefahr für ein überragend wichtiges Rechtsgut hinweisen: BVerfG, Beschl. v. 1.12.2020, 2 BvR 916/11 u.a., Rn. 205, s.a. 200 ff., 252 ff. BVerfG, Beschl. v. 10.11.2020, 1 BvR 3214/15, juris Rn. 118; s.a. zu dem verfassungsrechtlichen Hintergrund BVerfGE 155, 119 (Rn. 148 u. Rn. 152); BVerfGE 141, 220 (272 Rn. 112).

[304] BVerfG, Beschl. v. 27.5.2020, 1 BvR 1873/13, Rn. 1–275, Rn. 152.

[305] *Apostel* Polizeiaufgabengesetz (Fn. 237), 149; *Pieroth* Mustergesetz (Fn. 30), 50 f.; *Masing* Ambivalenz (Fn. 4), 757; *Löffelmann* Überwachung (Fn. 302), 154 f.; *Welzel/Ellner* Präventivgewahrsam (Fn. 106), 213 ff.

[306] BVerfG, Beschl. v. 1.12.2020, 2 BvR 916/11 u.a, Rn. 205: „tatsächliche Anhaltspunkte für die Entstehung einer konkreten Gefahr."

[307] *Goldhammer* Prognoseentscheidung (Fn. 229), 141; *Möstl* Polizeibefugnisse (Fn. 302), 158 f.; *Möstl* Eingriffsschwellen (Fn. 276), 90; noch weitergehend: Bestandteil der konkreten Gefahr *Thiel* Entgrenzung (Fn. 5), 4; *Joachim Thüshaus* Novellierung des Polizeirechts im Freistaat Sachsen, SächsVBl 2019, 273 (275: bezogen auf Sachsen); a.A: (echte Vorverlagerung) *Petri* Neuordnung (Fn. 302), 454; *Juliane Hundert/Valentin Lippmann* Das neue sächsische Polizeirecht – im Zweifel für die Überwachung, SächsVBl 2019, 305 (307 f. – bezogen auf Sachsen); *Holzner* Gefahr (Fn. 302), 950; differenzierend (1. Var. – personenbezogen – konkrete Gefahr und 2. Var. – geschehensbezogen – Vorverlagerung – *Bäcker* Kriminalpräventionsrecht (Fn. 21), 157; vglb. *Kießling* in: Goldhammer/Kulick (Fn. 232), 272; BVerfGE 155, 119 (Rn. 148 u. Rn. 152).

[308] Der Begriff könne für alle Gefahren eingesetzt werden: *Leisner-Egensperger* Umbruch (Fn. 302), 680; *Möstl* Projektmuster (Fn. 109), 33; a.A. – nur für terroristische Gefahren *Pieroth* Mustergesetz (Fn. 30), 50 f. Er könne nur für Informationseingriffe o. Überwachungsmaßnahmen eingesetzt werden – *Enders* Verfassungsgrenzen (Fn. 302), 210; *Pieroth* Befugniserweiterung (Fn. 296), 135; a.A. auch für aktionelles Handeln *Ogorek* Gefahrenvorfeldbefugnisse (Fn. 54), 70. Der Begriff sei so zu verstehen wie eine spezialgesetzliche Formulierung des Bereichs der konkreten Gefahr, der nach der Je-Desto-Formel zum Schutz hoher Güter weiter vorverlagert ist: *Brodowksi/Jahn/Schmitt-Leornardy*

rungen nachschob.³⁰⁹ Der Streit um die Begriffe fällt dabei heftiger aus als der um das Ergebnis.³¹⁰ Alle wissenschaftlichen Begriffseinordnungen stehen dabei unter der Bedingung, dass der Gesetzgeber nicht eindeutig Stellung bezieht,³¹¹ was er aber durchaus in widersprüchlicher Weise tut, da er die konkretisierte Gefahr in Bayern als eine Vorverlagerung der konkreten Gefahr³¹² und in Schleswig-Holstein als eine Ausprägung der dringenden Gefahr versteht.³¹³ Das Primat des Gesetzgebers gilt gerade auch im Sicherheitsverwaltungsrecht³¹⁴ und kann seiner systematischen Durchdringung durchaus im Wege stehen.³¹⁵

Gefährderrecht (Fn. 56), 7; *Thiel* Weg (Fn. 62), 3 oder als ein der konkreten Gefahr vorgelagerter Bereich: *Barczak* Staat (Fn. 28), 521 ff. Worin die Vorverlagerung genau besteht, ist nicht ganz klar, entweder in der Kenntnis des Kausalverlaufs nach *Möstl* Projektmuster (Fn. 109), 29 Fn. 42 bzw. *Ogorek* Gefahrenvorfeldbefugnisse (Fn. 54), 68 oder in zeitlicher Hinsicht: *Leisner-Egensperger* Umbruch (Fn. 302), 684 oder des Wahrscheinlichkeitsurteils nach *Pieroth* Befugniserweiterung (Fn. 296), 135; *Holzner* Gefahr (Fn. 302), 949 oder in der Tatsachengrundlage laut *Petri* Neuordnung (Fn. 302) 454; d.h. man versteht sie dann als einen speziellen Fall des Gefahrerforschungseingriffs, wobei Gegenstand der Gefahrenlage der Gemütszustand eines Menschen ist, so *Ralf Poscher* Stellungnahme für den Fachausschuss zu dem Gesetzentwurf der Staatsregierung zur Änderung des Polizeiaufgabengesetzes und weiterer Rechtsvorschriften, Drucksache 18/13716 des bayerischen Landtages, Mai 2021, Typusskritpt, S. 16 f.; s. zur Frage, ob der Zweck in der Verhinderung eines Schadens, oder in der Verhinderung des Eintritts einer Gefahr liegt – *Wächter* Polizeirecht (Fn. 302), 459 (für die erste Var.).
³⁰⁹ Zutreffend *Möstl* Eingriffsschwellen (Fn. 276), 90, 93.
³¹⁰ Vgl. *Pieroth* Mustergesetz (Fn. 30), 49.
³¹¹ Die Landesregelungen sind unterschiedlich. Allgemein wird sie nur in Bayern ausgestaltet – NRW hat seine ursprünglich allgemeine Regelungsabsicht aufgegeben. Die anderen Länder und der Bund sehen sie nur bei Einzelbefugnissen vor. Dabei bestehen im Wesentlichen folgende Unterschiede: Während ein Teil der Interpreten und der Landesgesetzgeber sie für den Bereich des Terrorismus vorbehalten wollen (§ 17b NPOG), ziehen andere sie auch für andere Bereiche der Kriminalprävention heran (vgl. etwa § 66 SächsPVDG; § 33d NPOG). Gleiche Unterschiede finden sich bei der Frage, ob er für die Informationserhebung reserviert bleiben soll oder auch die aktionelle Maßnahme ergreifen soll (s. § 34b Abs. 1 S. 2 PolG NRW Kontaktverbot); der dritte Unterschied besteht darin, ob eine klare Trennung der Fallgruppen mit personenbezogenem Vorverhalten oder sachverhaltsbezogenem Verdacht aufgenommen wurde oder nicht (s. etwa § 66 SächsPVDG; § 33d NPOG); ausführlich dazu m.w.N. *Möstl* Eingriffsschwellen (Fn. 276), 91.
³¹² S. dazu *Möstl* Eingriffsschwellen (Fn. 276), 91.
³¹³ § 185a Abs. 1 S. 2 LVwG; kritisch dazu *Möstl* Eingriffsschwellen (Fn. 276), 92; konkludent auch *Thiel* Entgrenzung (Fn. 5), 4 f.
³¹⁴ *Schoch* Abschied (Fn. 33), 367 ff.; *Bäcker* in: Herdegen (Fn. 2), § 28 Rn. 51 ff.; *Barczak* Staat (Fn. 28), 398 ff.; *Voßkuhle* in: FS Würtenberger (Fn. 184), 1111 f.
³¹⁵ Kritisch aus dieser Sicht etwa *Pieroth* Mustergesetz (Fn. 30), 39 ff.; *Schoch* Besonderes Verwaltungsrecht (Fn. 277), Rn. 491.

2. Der konkrete Gefahrbegriff spiegele eine verfassungsrechtliche Grenze wider

Der zweite Mythos besteht in der Vorstellung, der konkrete Gefahrbegriff spiegele eine bestimmte verfassungsrechtliche Grenze wider.[316] Der Begriff der konkreten Gefahr ist zunächst ein Tatbestandsmerkmal der polizeilichen Generalklausel[317] und es besteht die Vermutung, dass der Gesetzgeber, wenn er von Gefahr spricht, im Zweifel die konkrete Gefahr meint.[318] Nicht richtig ist es aber, die konkrete Gefahr zu einem verfassungsrechtlichen Begriff und zur Scheidelinie der verfassungsrechtlichen Bewertung der Eingriffsregelung zu machen.[319] Dem Gesetzgeber steht es unter der Wahrung des Verhältnismäßigkeitsgrundsatzes[320] frei,[321] Gefahrenabwehrmaßnahmen im Vorfeld oder im Nachfeld der konkreten Gefahr zu formulieren.[322] Die Standardmaßnahmen und die ordnungsrechtlichen Sondernormen sind oft bereichsspezifisch ausformuliert,[323] auch im Vor-

---

[316] Deutlich in diese Richtung aber: *Pieroth* Mustergesetz (Fn. 30), 45; *Trute* Erosion (Fn. 192), 406 ff.; *Barczak* Staat (Fn. 28), 387; ansatzweise auch *Möstl* Rahmen (Fn. 30), 164; differenzierender *Möstl* in: Goldhammer/Kulick (Fn. 234), 77 ff.; *Kugelmann* Gefahrbegriff (Fn. 69), 789. A.A. BVerfG, Beschl. v. 1.12.2020, 2 BvR 916/11, Rn. 105; *Ogorek* Gefahrenvorfeldbefugnisse (Fn. 54), 63 ff. Ausführlich *Baldus* Entgrenzung (Fn. 33), 15: „Den aufgezeigten Entgrenzungsvorgängen stehen keine grundsätzlichen rechtsstaatlichen Einwände entgegen."

[317] Klar *Barczak* Staat (Fn. 28), 358 ff., insb. 494, nach dem die Situation der Generalklausel die gefahrenrechtliche Normallage bildet.

[318] Noch einschränkender: für eine Verabschiedung des Gefahrenbegriffs als dogmatischen Fixpunkt des Gefahrenabwehrrechts dagegen *Kulick* Gefahr (Fn. 56), 213.

[319] Siehe zu den Unterschieden des Gefahrbegriffs beim BVerfG ausführlich *Möstl* Rahmen (Fn. 30), 162.

[320] Dogmatisch richtig *Kießling* in: Goldhammer/Kulick (Fn. 232), 278 – wenn auch in der Anwendung etwas streng.

[321] So galt seit jeher eine Gefahrenschwelle als Regelschwelle für polizeiliche Eingriffe nicht ohne Ausnahme; s. *Baldus* Entgrenzung (Fn. 33), 20; *Möstl* in: BOK-PoRuSiR (Fn. 33), Vor A Rn. 36. Der Gefahrbegriff konkretisiert die Verhältnismäßigkeit allenfalls, wenn er begrifflich offen gehalten wird – *Möstl* in: BOK-PoRuSiR (Fn. 33), Vor A Rn. 35 und auch dann nur als Regel, die Ausnahmen kennt.

[322] BVerfGE 115, 320 (360); *Baldus* Entgrenzung (Fn. 33), 12; *Kulick* Gefahr (Fn. 56), 213 f.; *Bäcker* in: Herdegen (Fn. 2), § 28 Rn. 95 f.; *Möstl* in: Goldhammer/Kulick (Fn. 234), 75. Die Befürchtung, bei Vorfeldmaßnahmen sei der Verhältnismäßigkeitsgrundsatz wirkungslos: *Volkmann* Entscheidungsanmerkung (Fn. 198), 919; *Denninger* in: Huster/Rudolph (Fn. 4), 93; *Christoph Enders* Spezialstaatlichkeit im Spannungsfeld von Eigenverantwortung und Fürsorge, VVDStRL 64 (2005), 7 (46 ff.); *Schulze-Fielitz* in: FS Schmitt Glaeser (Fn. 35), 413, 423 ff.; hat sich nicht bewahrheitet: *Bäcker* in: Herdegen (Fn. 2), § 28 Rn. 83; *Thiel* Entgrenzung (Fn. 5), 478; *Trute* Grenzen (Fn. 236), 88 ff.; *Beaucamp* Kritik (Fn. 233), 538; *Volkmann* Prävention (Fn. 56), 1410.

[323] Deutlich etwa bei § 35 GewO; zum IfSG: *Poscher* in: Huster/Kingreen (Fn. 18), Rn. 5, 134. Zu § 58a Abs. 1 S. 1 AufenthG „besondere Gefahr" – BVerfG (Kammer),

feld.³²⁴ Der Verhältnismäßigkeitsgrundsatz wird für die Gefahrenabwehr auch nicht durch den Begriff der konkreten Gefahr abschließend abgebildet.³²⁵ Das ist auch zwingend, da der Gefahrbegriff eine aus bestimmtem Erfahrungswissen gespeiste typisierte Antwort ist,³²⁶ Gefahrenabwehr aber auch in anderen Sachlagen zulässig ist.

3. Es gäbe das einheitliche Polizei- und Sicherheitsrecht

Ein gemeines deutsches Polizei- und Ordnungsrecht gibt es nur in den Lehrbüchern, nicht in der Rechtsordnung. Die Unterschiede sind bekannt und zahlreich³²⁷ und teilweise größer als die Veränderungen der letzten Jahre, die ihrerseits schon als gravierend verstanden werden. Dies zeigen

---

NVwZ 2017, 1526 ff.; s. dazu auch *Barczak* Staat (Fn. 28), 463 ff. S. zu den Standardmaßnahmen *Benrath* Probleme (Fn. 264), 870. S. zum Verhältnis von Generalklausel und Standardmaßnahmen: Die Spezialitätswirkung der Standardmaßnahmen greift so weit, wie die vom Gesetzgeber gewollte Typisierung reicht, *Graulich* in: Lisken/Denninger (Fn. 27), Rn. 195. Streitig war etwa, ob der Platzverweis einen Rückgriff des Aufenthaltsverbotes auf die Generalklausel sperrt, so VGH Kassel, NVwZ 2003, 1400; a.A. die Praxis in Bayern: *Benrath* Probleme (Fn. 264), 868. Nicht zulässig ist es, den Rückgriff auf die Generalklausel dadurch gesperrt zu sehen, dass einige Länder eine Standardklausel vorgesehen haben und die anderen nicht, so aber *Graulich* ebd., Rn. 196.

³²⁴ S. zu aktionellen Befugnissen, die an Gefahrenvorfeldlagen anknüpfen *Roman Kaiser/Victor Struzina* Vereinheitlichung des Polizeirechts? – Vom Beruf unserer Zeit zur Mustergesetzgebung, ZG 2018, 111 (137 ff.); nur *Ogorek* Gefahrenvorfeldbefugnisse (Fn. 54), 70; *Baldus* Entgrenzung (Fn. 33), 20. Die wichtigsten Vorfeldbefugnisse mit aktionellem Charakter „Gefahrentstehungsverhinderungsmaßnahmen" – so *Kießling* in: Goldhammer/Kulick (Fn. 232), 261 sind Aufenthaltsanordnungen (Verbleiben und Fernbleiben), und Kontaktverbote, elektronische Aufenthaltsüberwachung (s. zur elektronischen Fußfessel – BVerfG, Beschl. v. 1.12.2020, 2 BvR 916/11 u.a, Rn. 275 – zu § 68b Abs. 1 S. 1 Nr. 12, S. 3 StGB) und OLG München, NJW 2019, 2404 (2411 Rn. 92 ff.) zu Art. 34 PAG a.F., sowie der Präventivgewahrsam – vgl. *Barczak* Staat (Fn. 28), 43. Die Wohnungsverweisung wird mitunter noch hinzugezählt – *Barczak* Staat (Fn. 28), 525. Kritisch zu diesen Befugnissen z.B. *Pieroth* Befugniserweiterung (Fn. 296), 136 ff. Eine sachliche Rechtfertigung finden die meisten Befugnisse in dem Gedanken, dass es um Situationen geht, bei denen eine Dauerobservation zulässig wäre und die Maßnahmen ein funktionales Substitut bilden, das in bestimmter From milder ist als diese. Das gilt aber nicht für die Präventivhaft. Diese kann daher nur bei einer gesteigerten Gefahrprognose zulässig sein. Weitere spezialgesetzliche Befugnisse betreffen Ausreiseverbot und Abschiebeanordnungen, vgl. *Kießling* ebd., 262. Die Gefährderansprache ist ebenfalls hierher zu zählen, auch wenn sie nicht imperativ ist.

³²⁵ Stark in diese Richtung aber *Barczak* Staat (Fn. 28), 484 m.w.N.

³²⁶ *Barczak* Staat (Fn. 28), 400.

³²⁷ S. ausführlich *Kaiser/Struzina* Vereinheitlichung (Fn. 324), 135 ff. S.a. *Thiel* Weg (Fn. 62), 5.

etwa die Differenzen bei der öffentlichen Ordnung,[328] der Polizeiverordnung, der strukturellen Kriminalprävention,[329] der Entpolizeilichung, der Subsidiarität[330] und den Einzelbefugnissen.[331] Es gibt nicht eine Vorschrift, die in allen Polizeigesetzen 100 % identisch ist.[332]

Die Landes- und Bundesgesetze begründen einen bunten Flickenteppich, angesichts dessen die Frage berechtigt ist, ob es an der Zeit ist, wieder mehr Einheitlichkeit mittels eines Musterpolizeigesetzes zu schaffen.[333] Mehr Einheitlichkeit wäre sicher hilfreich,[334] auch wenn ein materiell verstandenes Föderalismusprinzip dies nicht erfordert.[335]

---

[328] Niedersachsen, NRW und Saarland hatten Schutzgüter öffentlicher Ordnung gestrichen, haben sie zeitweise aber wieder aufgenommen. Heute fehlen sie nur noch in Bremen und Schleswig-Holstein, § 1 Abs. 1 BremPolG; § 162 LVwG SH. Ähnliche Differenzen bestehen beim Einbezug verfassungsmäßiger Ordnung, diese etwa kennen § 1 I 2 PolG BW; § 1 I 2 Nr. 1 PolG SA; als Teil des Sicherheitsrechts in Art. 7 Abs. 1 LStVG.

[329] Straftatenverhütung – als ausdrücklicher Teil der Aufgabenbeschreibung des Polizeivollzugs – kennen etwa: § 1 I 2 BbgPolG; § 1 I 3 PolG HH; § 1 I 2 PolG NRW; § 7 I Nr. 4 PolG MV; § 2 I 2 PolG Th; § 1 I 2 Nr. 1 PolG Sachsen; s. dazu *Bäcker* Kriminalpräventionsrecht (Fn. 21), 230. Vorbeugende Bekämpfung der Straftaten als Teil der Straftatenverhütung kennen § 1 I 2 PolG NRW; § 1 I 2 PolG Sachsen; s.a. § 1 I 2 BbgPolG; § 7 I Nr. 4 PolG MV; § 2 I 2 PolG Th; § 1 I 2 Nr. 1 PolG Sachsen. Die Vorsorge für die Verfolgung künftiger Straftaten als selbstständige Aufgabe nennen: § 7 I Nr. 4 PolG MV; § 2 I 2 PolG Th.; s. dazu *Bäcker* Kriminalpräventionsrecht (Fn. 21), 230.

[330] Zum Verhältnis von Vollzugsbehörden und Verwaltungsbehörden: (a) Unterrichtungspflichten an die Ordnungsbehörden für den Polizeivollzug kennen etwa die Aufgabenbeschreibungen § 1 I 2 BbgPolG; § 1 I 3 PolG HH; § 1 I 2 PolG NRW; § 7 I Nr. 4 PolG MV; § 2 I 2 PolG Th; § 1 I 2 Nr. 1 PolG; (b) Bayern kennt ein Weisungsrecht der Sicherheitsbehörden gegenüber den Vollzugsbehörden, in Sachsen wurde es gerade aufgehoben – LT-Drs. 6/14791, 143.

[331] S. etwa Bodycams (§ 15c NRW PolG; § 33 BremPolG; Art. 33 Abs. 4 BayPAG); s. zu den Anforderungen an die Ermächtigungsgrundlage – *Dennis-Kenji Kipker/Hake Gärtner* Verfassungsrechtliche Anforderungen an den Einsatz polizeilicher „Body-Cams", NJW 2015, 296 ff. (eher streng); wohlwollender *Wolf-Rüdiger Schenke* Verfassungsrechtliche Probleme des polizeilichen Einsatzes von Bodycams, VerwArch 110 (2019), 436 ff.; Unterbrechung des TK-Verkehrs (*Thiel* Weg (Fn. 62), 18), die abschnittsbezogenen Geschwindigkeitskontrollen (§ 32 Abs. 6 NPOG, s. dazu BVerwG, NJW 2020, 3401 f.; noch vor der Rechtsgrundlage VG Hannover, ZD 2019, 281); DNA-Untersuchung, wie etwa Art. 14 Abs. 3 BayPAG – dazu *Weinrich* Novellierung (Fn. 237), 1683; *Petri* Neuordnung (Fn. 302), 457 f. Zu den Drohnen wohlwollend *Julius Buckler* (Verfassungs-)Rechtliche Rahmenbedingungen für den polizeilichen Einsatz von „Drohnen", GSZ 2019, 23 ff.

[332] *Kaiser/Struzina* Vereinheitlichung (Fn. 324), 135.

[333] S. dazu *Thiel* Weg (Fn. 62), 2 ff.; *Möstl* Projektmuster (Fn. 109), 21 ff.; ausführlich *Kaiser/Struzina* Vereinheitlichung (Fn. 324), 128 ff. Kritisch zum Musterentwurf wegen seiner Orientierung am gerade noch verfassungsrechtlich zulässigen: *Pieroth* Mustergesetz (Fn. 30), 39 ff.

[334] Keinen Bedarf sieht *Graulich* Musterpolizeigesetz (Fn. 36), 9 ff.

[335] Ähnlich *Möstl* Projektmuster (Fn. 109), 22.

4. Das freiheitliche Gepräge des Polizeirechts des 19. Jahrhunderts ginge gegenwärtig verloren

Der vierte Mythos besteht in der Annahme, das freiheitliche Gepräge des Polizeirechts des 19. Jahrhunderts ginge gegenwärtig verloren[336] und der durch dieses wesentlich geprägte Rechtsstaat erodiere.[337]

Die Befugniszunahme im Bereich des Sicherheitsrechts seit 2001 ist erheblich und angsteinflößend.[338] Sie ist aber nicht Ausdruck einer Einbahnstraße in die Unfreiheit[339] und stellt die Grundstrukturen des Sicherheitsrechts nicht in Frage.[340]

Zu Zeiten des Kreuzberg-Urteils des Preußischen OVG 1885 waren Eingriffe allein auf der Grundlage von Aufgabenzuweisungen möglich,[341] war

---

[336] Deutlich *Pieroth* Mustergesetz (Fn. 30), 47 f.; *Tristan Barczak* Verallgemeinerung des Außergewöhnlichen – Generalisierungstendenzen einer vorsorgenden Sicherheitspolitik, ZRP 2021, 121 (125): Sprengung des rechtsstaatlichen Rahmens des Polizei- und Sicherheitsrechts; *Schulze-Fielitz* in: FS Schmitt Glaeser (Fn. 35), 414 u. 425 ff.; *Baldus* Entgrenzung (Fn. 33), 3: „Entgrenzung"; s.a. *Park* Wandel (Fn. 51), 206; *Löffelmann* (Fn. 302), 145 ff.; *Enders* Verfassungsgrenzen (Fn. 302), 210; *Martin Heidebach* Der Gesetzentwurf zur effektiveren Überwachung gefährlicher Personen – Wider rechtsstaatlicher Kernsätze des Polizeirechts, BayRVR2017031301, abrufbar unter <https://bayrvr.de/2017/03/13/der-gesetzentwurf-zur-effektiveren-ueberwachunggefaehrlicher personen-wider-rechtsstaatliche-kernsaetze-des-polizeirechts/9>.

[337] *Heidebach* Gesetzentwurf (Fn. 336), unter IV. Ähnlich ist die Feststellung, die Trennung von Normal- und Ausnahmezustand werde sachlich unterlaufen: *Frederik Roggan* Legislative Entgrenzungen im Bereich der „Terrorismusbekämpfung", ZRP 2017, 208 (212); *Barczak* Staat (Fn. 28), 26 u. 39; *Schulze-Fielitz* in: FS Schmitt Glaeser (Fn. 35), 414 u. 425 ff.

[338] Der Ruf nach einer Gesamtbelastungsrechnung ist zwar nicht als institutionelles, aber doch als politisches Anliegen nachvollziehbar. S. zur Anhörung zur „Überwachungsgesamtrechnung" am 22.2.2021 vor dem Innenausschuss o. Fn. 63.

[339] Andere Gewichtung dagegen bei: *Bäcker* in: Lisken/Denninger (Fn. 21), Rn. 14 ff.; „Prävention II" *Matthias Schütte* Befugnis des Bundesgrenzschutzes zu lageabhängigen Personenkontrollen, ZRP 2002, 393 (399); unentschlossen: *Volkmann* Entscheidungsanmerkung (Fn. 198), 920.

[340] *Schoch* Abschied (Fn. 33), 369; *Möstl* in: BOK-PoRuSiR (Fn. 33), Vor A Rn. 38; *Gusy* Gewährleistung (Fn. 2), 171 Rn. 179; *Poscher* in: Huster/Kingreen (Fn. 18), Rn. 6; *Götz/Geis* Polizeirecht (Fn. 6), § 1 Rn. 2; ähnlich *Gusy*, Ordnungsrecht (Fn. 181), V. f.; zumindest zum Teil *Volkmann* Prävention (Fn. 56), 1409; a.A. *Baldus* Entgrenzung (Fn. 33), 18; *Park* Wandel (Fn. 51), 382 f.; *Volkmann* Polizeirecht (Fn. 54), 216 ff.; *Barczak* Staat (Fn. 28), 39 f.; *Pitschas* Polizeirecht (Fn. 282), 224: Risikoverwaltungsrecht; ähnlich *Schulze-Fielitz* in: FS Schmitt Glaeser (Fn. 35), 414 ff.; *Baldus* Entgrenzung (Fn. 33), 18 ff.: Gliederung nach den Zielen des Handelns. A.A: Neue Dogmatik sei erforderlich: *Albers* Determination (Fn. 51), 16, 254, 368; *Pitschas* Polizeirecht (Fn. 282), 223 ff.

[341] *Erichsen* Schutz (Fn. 16), 182 f.; für heute s. *Knemeyer* Schutz (Fn. 70), 228; *Kingreen/Poscher* Polizeirecht (Fn. 10), § 2 Rn. 41 f.; *Denninger* Polizeiaufgaben (Fn. 22),

die Gotteslästerung strafbar[342] und wurden Damenboxkämpfe[343] polizeilich bekämpft. Noch 1950 konnte ein homosexuelles Paar froh sein, wenn ein Kuss in der Öffentlichkeit[344] nur polizeirechtlich unterbunden wurde. Die offene Beobachtung gesellschaftlicher Vorgänge durch die Polizei bedurfte lange keiner Eingriffsgrundlage.[345] Früher wurden Bettler und Drogenabhängige einfach aus der Stadt gefahren, heute wird dies als Freiheitsberaubung bestraft,[346] wenn keine ausreichende spezialgesetzliche Grundlage für den sog. Verbringungsgewahrsam besteht.[347]

Die Entwicklung des Sicherheitsrechts ist multikausal und es wäre ausgesprochen spekulativ anzunehmen, es habe Zeiten des liberalen Polizeirechts gegeben, in denen eine elektronische Fußfessel gegenüber einem Terrorverdächtigen undenkbar gewesen wäre. Weder gab es früher die Technik noch die Mobilität noch die Eingriffsdogmatik,[348] die die heutige Diskussion bestimmen. Freiheit und Beschränkung entstehen oft gemeinsam.[349]

Rn. 68; s. zur Bedeutung des MEPolG für die strikte Trennung – *Kaiser/Struzina* Vereinheitlichung (Fn. 324), 115.

[342] Nachweis § 168 StGB 1871, s. dagegen heute § 166 StGB. S. dazu BayVGH, BayVBl 2011, 109: Papstmobil auf Christopher Street Day – CSD.

[343] S. dazu *Denninger* Polizeiaufgaben (Fn. 22), Rn. 38. Ebenso ist der polizeiliche Notstand entstanden als gesetzesfreie Eingriffsbefugnis *Barczak* Staat (Fn. 28), 296 ff.

[344] *Möstl* in: BOK-PoRuSiR (Fn. 33), Vor A Rn. 38; *Thiel* Entgrenzung (Fn. 5), 134 ff.

[345] *Baldus* Entgrenzung (Fn. 33), 10; s.a. BVerfGE 110, 33 (56) – Zollkriminalamt.

[346] LG HH, NVwZ-RR 1997, 537 f.; s.a. BVerfG (Kammer), NVwZ 1992, 767: Rechtswidriger Gewahrsam zur Identitätsfeststellung bei Bereitschaft sich auszuweisen.

[347] S. dazu *Graulich* in: Lisken/Denninger (Fn. 27), Rn. 418 u. 515. Der Verbringungsgewahrsam gegenüber Obdachlosen kann nicht auf die polizeiliche Generalklausel gestützt werden, sehr streitig, LG Mainz, MDR 1983, 1044. Weitere Fälle ließen sich anführen: Wer die Polizei beim Einsatz fotografiert, muss nicht mehr mit einer Identitätsfeststellung rechnen: BVerfG, NVwZ 2016, 53; VGH BW, VBlBW 2011, 23; anders noch OLG Celle, NJW 1979, 57. Wer trotz Ruhestörung der Polizei aktiv den Zutritt zur Wohnung verwehrt, begeht oft keine Straftat, LG Halle (Saale), Urt. v. 21.4.2009, 9 Ns 20/09.

[348] Allgemein *Hoffmann-Riem* Grundrechtsanwendung unter Rationalitätsanspruch, Der Staat 43 (2004), 203 (211), der von der „Ausdehnung des Eingriffsbegriffs" spricht; *Baldus* Entgrenzung (Fn. 33), 10.

[349] *Barczak* Staat (Fn. 28), 2 u. 354; s.a. ähnlich *Poscher* Eingriffsschwellen (Fn. 54), 346 f., der die neuen technischen Möglichkeiten der Informationssammlung und -verarbeitung in den Vordergrund stellt; zu vehement im Sinne des Gebotes des Schritthaltens *Manfred Hofmann* Die Online-Durchsuchung – staatliches „Hacken" oder zulässige Ermittlungsmaßnahme?, NStZ 2005, 121 ff.; s.a. BVerfG, NJW 2007, 351 (355). Das ändert sich auch durch die gesonderten Bedingungen von Messenger Diensten wie WhatsApp nicht; s. zur grundrechtlichen Privilegierung der Quellen TKÜ BVerfGE 120, 274 (309); BVerfGE 141, 220 (311 Rn. 234); s. zu dem Problem der davon nicht gedeckten Ausweitung des § 11 Abs. 1 S. 2 G 10 die Stellungnahmen zur öffentlichen Anhörung vor dem Innenausschuss am 17.5.2021: *Rusteberg* Stellungnahme, 12 ff.; *Poscher* Stellungnahme, 5 f.; *Bäcker* Stel-

5. Das Sicherheitsverwaltungsrecht erschöpfe sich in der Gefahrenabwehr

Der fünfte Mythos lautet: Sicherheitsverwaltung sei vor allem Gefahrenabwehrrecht. In der Rechtsdogmatik steht die rechtlich gebundene Prognose als Grundlage für aktionelles Handeln im Zentrum des Sicherheitsverwaltungsrechts.[350] Dies ist verkürzt. Die Beseitigung oder Beendigung eingetretener Störungen steht in der Praxis – nicht in der Theorie[351] – gleichberechtigt neben der Gefahrenabwehr.[352]

6. Die Gefahrenabwehr obliege grundsätzlich der allgemeinen Verwaltung

Verbreitet ist sechstens schließlich der Mythos,[353] die Gefahrenabwehr obliege dem Polizeivollzug nur subsidiär,[354] wenn auch mit einer größeren

---

lungnahme, 13 f.; *Graulich* Stellungnahme, 11; wohlwollender *Dietrich*, Stellungnahme, 8 f.; alle abrufbar unter <https://www.bundestag.de/ausschuesse/a04_innenausschuss/anhoerungen#url=L2F1c3NjaHVlc3NlL2EwNF9pbm5lbmF1c3NjaHVzcy9hbmhvZXJ1bmdlbi84NDE0OTItODQxNDky&mod=mod541724>. Ausgewogener Überblick allgemein bei: *Mario Martini/Sarah Fröhlingsdorf* Catch me if you can: Quellen-Telekommunikationsüberwachung zwischen Recht und Technik, NVwZ 2020, 1803 ff. S. zur technischen Bedingung der laufenden Kommunikationsbeziehung *Martini/Fröhlingsdorf* NVwZ 2020, Extra 24, 1 (14).

[350] So ist etwa die Schadensminderung als Teil der Gefahrenabwehr nur selten gesetzlich unmittelbar mitgeregelt, so aber in § 1 Abs. 1 PolG BW; § 3 Abs. 1 SOG HH; § 1 I 1 Hs 2 PolG Sachsen.

[351] Beispielhaft etwa *Albers* Determination (Fn. 51), 46; *Goldhammer* Prognoseentscheidung (Fn. 233), 140; *Denninger* Polizeiaufgaben (Fn. 22), Rn. 15.

[352] Dies gilt auch dann, wenn in den Landespolizeigesetzen das Handeln der Polizei zur Abwehr einer Störung nicht explizit angesprochen wird *Helge Sodan/Jan Ziekow* Grundkurs Öffentliches Recht, 6. Aufl. 2020, § 75 Rn. 9. Deutlich ist der Ausschnitt etwa bei VG Hannover, NVwZ-RR 2008, 616: Im Rahmen der präventiv-polizeilichen Sicherstellung gem. § 26 Nds. SOG ist eine konkrete Zuordnung der sichergestellten Gegenstände zu einzelnen Diebstählen nicht erforderlich. Hier reicht es, wenn die Besitzer erwiesenermaßen nicht Eigentümer oder rechtmäßige Gewahrsamsinhaber der Gegenstände sind. OVG Lüneburg, NordÖR 2019, 441 – Aufforderung Wahlplakate wegen strafbaren Inhalts abzuhängen. VG Bremen, Beschl. v. 12.11.2015, 1 K 1268/15, juris Rn. 24: Verfügung, lose Ziegel am Dach nach Sturm wieder ordnungsgemäß einzudecken.

[353] *Graulich* in: Lisken/Denninger (Fn. 27), Rn. 184; *Götz/Geis* Polizeirecht (Fn. 6), § 17 Rn. 2; aus klassischer Sicht heraus noch *Erichsen* Schutz (Fn. 16), 189.

[354] S. zur grundsätzlichen Subsidiarität nur *Denninger* Polizeiaufgaben (Fn. 22), Rn. 241 ff. Die Subsidiarität im Polizeivollzugsrecht führt auch dazu, dass die Rechtsfortbildung nicht dem originär zuständigen Gericht entzogen wird, wie etwa bei der Frage des Fotografierverbotes gegenüber einem Bildberichterstatter; BVerwGE 143, 74 (79 Rn. 24). Zweifelhaft OVG Lüneburg, NdsVBl 1994, 60: Verwaltungsvereinbarungen zur Zuständigkeitswahrnehmung sollen zulässig sein, aber die Verantwortung nicht verschieben.

Befugnisbreite als den originär zuständigen Sicherheitsbehörden.[355] Dies ist wiederum verkürzt. So gab es schon immer Ausnahmen von der Subsidiarität.[356] Weiter hatte der Polizeivollzug wegen der Ermittlungsbefugnisse im Kriminalstrafrecht schon immer eine eigene Mischprägung.[357] Diese hat sich fortentwickelt.[358] Die strukturelle Kriminalitätsbekämpfung[359] hat sich als Mischform zwischen der klassischen Unterscheidung von Polizeirecht und Kriminalitätsverfolgung verfestigt[360] und bringt v.a. auf der Befugnisseite eine Reihe von Besonderheiten hervor: erstens die von der Gefahr-

---

[355] Der Bereich der Subsidiarität des Polizeivollzugs wird in der Regel konkretisiert gegenüber der Subsidiarität der Zuständigkeit für den Bereich der Verfolgung privater Rechte (s. z. B. Art. 2 Abs. 2 BayPAG; § 2 Abs. 1 PolG BW; § 1 IV ASOG Bln; § 1 Abs. 2 BbgPolG; § 1 Abs. 3 SOG M-V; § 1 Abs. 3 NPOG) und zweitens im Verhältnis zu den Verwaltungsbehörden (Polizei-, Ordnungs-, Sicherheitsbehörden), vgl. Art. 3 PAG; § 2 Abs. 1 PolG BW; § 4 ASOG Bln; § 2 BbgPolG; § 1 Abs. 2 NPOG; § 3 Abs. 2 lit. a) SOG HH; § 2 HSOG; § 7 Abs 1 Nr. 3 SOG M-V. S. allgemein *Kingreen/Poscher* Polizeirecht (Fn. 10), § 3 Rn. 19. Der Rückgriff auf die allgemeinen Befugnisse gilt nicht im Fall einer Polizeifestigkeit des Sonderrechtsgebietes, insbesondere des Versammlungsrechts – BVerfG (Kammer), NVwZ 2005, 80 f.; der Sache nach unzutreffend eine „Polizeifestigkeit" des Waffenrechts annehmend: OLG München, BayVBl 2020, 493 ff.

[356] Die Subsidiarität für den Polizeivollzug gilt i.d.R. nicht bei der Vollzugshilfe (Art. 2 Abs. 4 BayPAG; § 60 Abs. 5 PolG BW; § 1 Abs. 5 ASOG Bln; § 1 Abs. 2 BbgPolG; § 1 Abs. 3 BremPolG; § 1 Abs. 5 HSOG; § 7 Abs. 2 SOG M-V; § 1 IV NPOG), d.h. der Vollstreckung fremder Verwaltungsakte. OVG Lüneburg, NordÖR 2010, 174 f.: Gibt es für den fraglichen Aspekt der Gefahrenabwehr (überhaupt) keine zuständige Verwaltungsbehörde, so greift die originäre eigene Zuständigkeit der Polizei ein: Such- und Fahndungsmaßnahmen nach vermissten Kindern, Kranken und alten Menschen sowie z.B. Maßnahmen bei Selbsttötungsversuchen gehören herkömmlich zu diesem originären Zuständigkeitsbereich der Polizei; denn für Suchmaßnahmen nach Vermissten ist nur die Polizei zum Handeln in der Lage.

[357] S. nur BVerfGE 150, 244 (275 Rn. 72); *Albers* Determination (Fn. 51), 94 f.; *Denninger* Polizeiaufgaben (Fn. 22), Rn. 194 ff.

[358] *Bäcker* in: Herdegen (Fn. 2), § 28 Rn. 7; *Bäcker* Kriminalpräventionsrecht, 2015, 11 ff. u. 360. Ausführlich zu den strafverfahrensrechtlichen Befugnissen: *Helmut Frister* Polizeihandeln im Strafverfahren in: Lisken/Denninger (Fn. 12), Rn. 10 f.; s. zur freiheitlichen Wirkung dieser Trennung *Denninger* in: Lisken/Denninger (Begr.) Handbuch, 6. Aufl. 2018, D Rn. 171 f.

[359] Die Kriminalprävention nahm bekanntlich Einzug in einen Teil der Polizeigesetze auf der Grundlage des Vorentwurfs zur Änderung des Musterentwurfs eines einheitlichen Polizeigesetzes des Bundes und der Länder vom 12.1.1984, vgl. *Denninger* Polizeiaufgaben (Fn. 22), Rn. 1.

[360] Kriminalprävention als eigene Aufgabe wird verstanden von: *Aulehner* Informationsvorsorge (Fn. 69), 96 („aliud"); *Albers* Determination (Fn. 51), 15, 347, 361; *Schulze-Fielitz* in: FS Schmitt Glaeser (Fn. 35), 411; *Krahl* Vorfeldbefugnisse (Fn. 50), 24; *Volkmann* Entscheidungsanmerkung (Fn. 198), 918; sachlich als selbstständige Aufgabenform – *Volkmann* Prävention (Fn. 56), 1410 u. 1412; a.A. z. B. *Wolff-Rüdiger Schenke* Polizei- und Ordnungsrecht, 11. Aufl. 2021, Rn. 11; *Möstl* Gestalt (Fn. 177), 583 f.; BayVerfGH 47, 241 (257).

dogmatik losgelöste Formulierung der Eingriffsbefugnisse[361] mit der Folgefrage, ob darin für die aktionellen Befugnisse[362] nun eine Vorverlagerung liegt[363] oder nicht,[364] zweitens die Probleme mit der Strafverfolgungsvorsorge[365] in den Polizeigesetzen,[366] drittens die Frage, ob Idealkonkurrenz zwischen den Befugnissen besteht[367] mitsamt dem Problem der legendierten Kontrollen[368] und viertens die selbstständige präventive Informationsvorsorge aus abgeschlossenen Strafverfahren.[369]

---

[361] Nur auf die Verhütung von Straftaten bezogen sind etwa: § 11a SOG HH: Meldeauflage; § 12b Abs. 2 SOG HH: Aufenthaltsverbot, s. dazu den Überblick bei: *Dominik Brodowksi/Matthias Jahn/Charlotte Schmitt-Leornardy* Gefahrenträchtiges Gefährderrecht, GSZ 2017, 1 (10 ff.); ausführlich *Albers* Determination (Fn. 51), 131 ff.

[362] Zu den Befugnissen s.o. Fn. 324.

[363] So *Trute* Erosion (Fn. 192), 407 f.; *Apostel* Polizeiaufgabengesetz (Fn. 237), 151; *Graulich* in: Lisken/Denninger (Fn. 27), Rn. 147; OVG Saarlouis, Urt. v. 6.9.2013, 3 A 13/13, juris: Kriminalprävention ist Vorverlagerung bezogen auf Oberservation.

[364] BayVerfGH 47, 241 (257); OVG Lüneburg, Beschl. v. 7.5.2015, 11 LA 188/14. Differenzierend: *Bäcker* in: Herdegen (Fn. 2), § 28 Rn. 100 f.; *Bäcker* Kriminalpräventionsrecht (Fn. 21), 242 ff. m.w.N; *Krahl* Vorfeldbefugnisse (Fn. 50), 226 f. Unklarheiten bestehen vor allem dann, wenn der Tatbestand den Gefahrbegriff reformuliert *Bäcker* Kriminalpräventionsrecht (Fn. 21), 355, 406.

[365] OVG Lüneburg, NVwZ 2010, 69 ff: Die der Gesetzgebungskompetenz des Bundes zuzuordnende Strafverfolgungsvorsorge ist seit der Änderung des Nds. SOG durch das Gesetz v. 25.11.2007 nicht mehr im Nds. SOG (SOG ND) geregelt; VGH BW, NVwZ-RR 2015, 26: Der Begriff der vorbeugenden Bekämpfung von Straftaten umfasst nur die Verhütung von Straftaten (Verhinderungsvorsorge), nicht jedoch die Vorsorge für die Verfolgung künftiger Straftaten (Strafverfolgungsvorsorge). Zu pauschal: *Bäcker* in: Herdegen (Fn. 2), § 28 Rn. 72 – Regelung zur Verfolgungsvorsorge in Landesgesetzen sind kompetenzwidrig; ebenso *Denninger* Polizeiaufgaben (Fn. 22), Rn. 1; s. zur Verfolgungsvorsorge: *Thiel* Entgrenzung (Fn. 5), 102 ff.

[366] S. zur Vorsorge zur Strafverfolgung: *Möstl* in: BOK-PoRuSiR (Fn. 33), Vor A Rn. 45.

[367] Dergestalt, dass ab der Schwelle eines wie auch immer gearteten strafprozessualen Anfangsverdachts der Rückgriff auf präventivpolizeiliche Eingriffsbefugnisse gesperrt sein soll: *Frederik Roggan* Doppelfunktionalität als polizeiliches Standardprobleme, Die Polizei 2008, 112 (114 f.); abgeschwächt *ders.* dagegen in: *Roggan* Doppelfunktionalität (Fn. 368), 56; zutreffend dagegen: OLG München, BayVBl 2020, 493 ff.; *Bäcker* in: Herdegen (Fn. 2), § 28 Rn. 74.

[368] Dabei geht es um die Durchführung präventiv-polizeilicher Maßnahmen, die zugleich zu Zwecken der Strafverfolgung durchgeführt werden, wobei die Voraussetzungen für die strafrechtlichen Ermittlungsmaßnahmen nicht vorliegen. Die aufgefundenen Beweismittel seien grundsätzlich verwertbar: BGH, NJW 2017, 3173 unter Verweis auf BVerwG, NVwZ 2001, 1285 (1286); BGH, Urt. v. 10.6.2021, 5 StR 377/20, juris Rn. 15 ff.; s.a. BT-Drs. 16/5846, 3, 64; kritisch *Wolfgang Mitsch* Strafverfolgung durch legendierte Verkehrskontrollen, NJW 2017, 3124 ff.; *Frederik Roggan* Zur Doppelfunktionalität von heimlichen Ermittlungsmaßnahmen am Beispiel der Online-Durchsuchungen, GSZ 2018, 52 (56); allgemein *Hans-Heinrich Trute* Das Polizei- und Ordnungsrecht im Spiegel der Rechtsprechung, Die Verwaltung 32 (1999), 73 (77 f.).

Wegen dieser Gemengelage besitzt der Polizeivollzug mittlerweile einen eigenen Zuschnitt,[370] der ihn neben seiner Eigenschaft als Vollzugsbehörde auch zu einer quasi Sonderpolizeibehörde werden lässt.[371]

7. Die Nachrichtendienste dienten nur der politischen Information der Regierung

Strukturell gleich ist der letzte Mythos, die Nachrichtendienste dienten primär der politischen Information.[372] Auch sie haben sich fortent-

---

[369] BVerfG, NJW 2002, 3231: Fortdauernde Speicherung von – im Rahmen des Strafverfahrens rechtmäßig erlangten – Daten zu polizeilichen Zwecken verletzt Art. 2 Abs. 1 GG i.V.m. Rechtsstaatsprinzip nicht. Keine verfassungsrechtlichen Bedenken gegen die fachgerichtliche Feststellung eines fortbestehenden Tatverdachts trotz – aus Mangel an Beweisen erfolgten – Freispruchs und einer hinreichenden Wiederholungsgefahr. Ebenso OVG Saarlouis, Beschl. v. 7.8.2013, 3 A 295/13, juris Rn. 39; kritisch dazu *Kay Waechter* Die aktuelle Situation des Polizeirechts, JZ 2002, 854 (856). Zu dem umgekehrten Fall s. BVerfGE 150, 244 (278 Rn. 80).

[370] *Bäcker* in: Goldhammer/Kulick (Fn. 56), 160. Deutlich ist dies bei den Regelungen, bei denen die Auslegung verhältnismäßig ergibt, dass der Gesetzgeber die Straftatenverhütung als zusätzliche Aufgabe neben der Gefahrenabwehr qualifiziert hat. Etwa wenn die Straftatenverhütung ausdrücklich als selbstständige Aufgabe formuliert und nur der Polizei zugewiesen wird (§ 1 Abs. 4 HSOG), oder wenn die Straftatenverhütung nur für den Polizeivollzug als Teil der Gefahrenabwehr festgelegt ist, nicht aber für die Ordnungsbehörde, § 1 Abs. 3 ASOG Bln; § 1 Abs. 1 S. 2 NPOG; § 1 Abs. 1 S. 3 POG RP; § 2 Abs. 1 SOG LSA; § 1 Abs. 1 S. 2 BbgPolG (anders in § 1 BbOBG); § 1 Abs. 1 S. 2 PolG NRW, anders als: § 1 OGB NRW; § 7 Abs. 1 Nr. 4 OBG MV, anders als: § 4 OBG MW; § 2 Abs. 1 S. 2 PolG Th, anders als: § 2 Abs. 1 PoG Th. Und nun auch in Sachsen – vgl. LT-Drs. 6/14791, 143. Deutlich wird der selbstständige Charakter auch, wenn die Straftatenverhütung ausdrücklich aus der Subsidiarität herausgenommen wird (§ 2 BbgPolG; § 7 Abs. 1 Nr. 4 OBF MW). Der selbstständige Charakter schließt nicht aus, dass die Kriminalprävention auch als Teil der Gefahrenabwehr verstanden werden kann, verdeutlicht aber, dass dem Gesetzgeber diese Frage nicht wichtig ist und er Sonderregelungen für die Kriminalprävention (v.a. im Bereich der Subsidiarität) möchte.

[371] *Baldus* Entgrenzung (Fn. 33), 7; *Albers* Determination (Fn. 51), 347 ff.; *Denninger* Polizeiaufgaben (Fn. 22), Rn. 5; *Volkmann* Polizeirecht (Fn. 54), 216; s.a. LT-Drs. 6/14791, 143 für Sachsen. Deutlich OVG Lüneburg, NordÖR 2009, 369: Straftatenverhütung ist Teil der Gefahrenabwehr, aber ohne Subsidiarität der Polizei; OVG Lüneburg, Beschl. v. 16.1.2014, 11 ME 313/13: vorrangige Zuständigkeit der Polizei gegenüber derjenigen der Verwaltungsbehörden für den Erlass eines Aufenthaltsverbotes nach § 17 Abs. 4 Nds. SOG. Dies führt auch zu einer gewissen Unabhängigkeit gegenüber der Staatsanwaltschaft *Bäcker* Kriminalpräventionsrecht (Fn. 21), 360. S. zu sonstigen sonderpolizeilichen Zuständigkeiten: *Denninger* Polizeiaufgaben (Fn. 22), Rn. 253 ff.

[372] BVerfGE 133, 277 (326 Rn. 118); abgeschwächt auch BVerfGE 100, 313 (371); s. dazu auch *Bäcker* in: Herdegen (Fn. 2), § 28 Rn. 21.

wickelt.³⁷³ Hinzugekommen ist die Aufgabe der informationellen Früherkennung von Gefahren mit dem Ziel, die zuständigen Behörden dann zwecks Abwehr in Gang zu setzen.³⁷⁴

VI. Ausblick

Ich komme zum Ende und zum Ausblick.³⁷⁵ Folgende elf Folgerungen dürften zu ziehen sein:
1. Das Sicherheitsverwaltungsrecht ist in seiner anlassbezogenen, diskursiven, bereichsspezifischen Art der ständigen Fortentwicklung grundsätzlich auf dem richtigen Weg.
2. Das im Sicherheitsverwaltungsrecht partiell existierende Motto, der Zweck heilige die Mittel, darf nicht pauschal zurückgewiesen, sondern muss eingriffsbezogen rechtsstaatlich eingeschränkt und kontrolliert werden.
3. Die Heterogenität und die Erfolgsorientierung müssen ernst genommen werden. Nichtstun gilt im Sicherheitsverwaltungsrecht genauso wenig wie unverhältnismäßiges Handeln.
4. Feinjustierungen sind in allen Rechtsbereichen denkbar.
5. Die verwaltungswissenschaftliche Betrachtung darf nicht vergessen werden.
6. Das Informationsverwaltungsrecht muss dogmatisch stärker gegliedert und legislativ entschlackt werden.
7. Die Dogmatik des Sicherheitsrechts sollte zurückkehren zu einem Maß, das Flexibilität in der Ausführung ermöglicht.
8. Auf einen effektiven Rechtsschutz ist zu achten.
9. Bei der untergesetzlichen Rechtssetzung müssen die charakteristischen Elemente der Delegation einerseits und der Rechtssetzung andererseits wieder deutlicher werden.
10. Die Geheimhaltungsregeln sollten kritisch durchleuchtet werden.
11. Die föderale Struktur sollte möglichst nicht weiter relativiert werden.

---

³⁷³ Deutlich wird dies anhand der Neuregelung der § 20 Abs. 1 BNDG in der Fassung v. 1.1.2022; *Gärditz* Bundesnachrichtendienst (Fn. 225), 905; s. nun auch BVerfG, Beschl. v. 10.11.2020, 1 BvR 3214/15, juris Rn. 104.
³⁷⁴ *Christoph Gusy* Grundrechte und Verfassungsschutz, 2011, 121 ff.; *Gunter Warg* Der gesetzliche Auftrag der deutschen Nachrichtendienste, in: Dietrich (Fn. 120), Teil V § 1 Rn. 7.
³⁷⁵ S. ausführlich zu den Reformoptionen: *Wolff* Gutachten (Fn. 49), 170 ff.

Leitsätze des Referenten über:

2. Prävention durch Verwaltungsrecht: Sicherheit

I.   Sicherheit

(1) Sicherheit ist ein Zustand, bei dem der Urteilende der Auffassung ist, ein näher bestimmtes Rechtsgut sei so ausreichend geschützt, dass ein weiteres Handeln nicht zwingend geboten sei. Sicherheit ist normativ.

(2) Das Sicherheitsrecht bildet kein einheitliches Teilgebiet, sondern vereint vor allem das Straf- und Ordnungswidrigkeitenrecht, das Polizeirecht, das allgemeine und besondere Ordnungsrecht, das Nachrichtendienstrecht, das Wehr- und Zivilschutzrecht und das Hilfeleistungsrecht, d.h. das Recht des Katastrophen- und Brandschutzes sowie des Rettungswesens. Es bildet somit ein Sammelbecken mit enormen inneren Differenzen. Es folgt dem bestreitbaren Grundsatz, Schaden sei nicht gleich Schaden.

(3) Trotz der enormen Heterogenität der genannten Einzelbereiche besitzen diese einen gemeinsamen Kern: Sicherheitsrecht soll verhindern, dass etwas Unerwünschtes passiert oder bewirken, dass es aufhört.

II.   Sicherheitsverwaltungsrecht [SVwR] als ein Teil des Sicherheitsrechts

(4) Prävention durch Verwaltungsrecht erfasst nicht (a) Repression durch Verwaltungsrecht, (b) Prävention durch Verfassungsrecht, (c) Prävention durch Zivilrecht oder (d) Prävention durch Moral.

(5) Beim SVwR ist die Prävention zu unterscheiden in: Prävention (a) durch Rechtsnormen, (b) durch faktisches Handeln und (c) durch Verwaltungsakt.

III.   Entwicklungslinien des SVwR

(6) Die maßgeblichen Stichworte für die Entwicklung des SVwR sind: (a) Zentralisierung, (b) Vorverlagerung, (c) Relativierung bestehender

Ausdifferenzierungen, (d) Personalisierung, (e) Intensivierung der Zusammenarbeit, (f) Datenschutz, (g) Informationsverwaltungsrecht, (h) Befugniszuwachs, (i) Erhöhung der Regelungsdichte, (j) Dogmatisierung, (k) Konstitutionalisierung und (l) Kontrollverbesserung.

IV. Strukturmerkmale des SVwR

1. Klassische Merkmale der Eingriffsverwaltung

(7) Das SVwR dient als Referenzgebiet für die klassische Verwaltungsrechtsdogmatik. Wegen der Zwecksetzung des SVwR und der Eingriffsintensität wird der Verhältnismäßigkeitsgrundsatz zum zentralen Steuerungsmittel. Er kann auch eine Relation zwischen unsicherer Tatsachenkenntnis und Eingriffsintensität herstellen.

2. Hohe Bereichsspezifität

(8) Die bereichsspezifische Konzentration auf bestimmte Sicherheitsbereiche bildet eigene Rechtsbereiche aus. Das Hilfeleistungsrecht ist durch eine personelle und sachliche Spezialisierung geprägt. Nachrichtendienste sind Experten bei der Informationserhebung. Das besondere Ordnungsrecht vereinigt Teile des besonderen Verwaltungsrechts. Das allgemeine Ordnungsrecht bildet einen doppelten Boden. Der Polizeivollzug ist subsidiär allzuständig.

3. Sicherheitsrecht als Vollzugsrecht

(9) Sicherheitsrecht ist zum großen Teil Rechtsnormenschutz. Diese Vollzugsgarantie wird in einer zweiten Garantieebene v.a. in die Hände des Polizeivollzugs gelegt. Die Prägung als Vollzugsrecht führt dazu, dass oft die Primär- und die Sekundärebene verschwimmen.

4. Sicherheitsrecht als Rechtsgüterschutz

(10) Rechtsnormenschutz und Rechtsgüterschutz sind sich ergänzende Methoden der Sicherheitsgewährleistung. Der Rechtsgüterschutz ist subsidiär. Die Generalklausel setzt den Rechtsgrundsatz des neminem laedere um und bildet eine Überbrückungsfunktion für normative Freiflächen. Schutzwürdig sind nur Rechtsgüter, die der Gesetzgeber auch durch Rechtsnormen hätte schützen dürfen, und die den Wertungen des gesetzten Rechts nicht widersprechen.

5. Besonderheiten des Organisationsrechts

(11) Das SVwR schöpft im Organisationsrecht alle Möglichkeiten aus. Bereichsspezifische Ausprägungen finden sich in Form von (a) Mehrfachzuständigkeiten, (b) Zuständigkeitsverschiebungen im Gefahrenfall, (c) Entstehung informeller Gremien und in Gestalt (d) des Trennungsgebots.

6. Besonderheiten bei den Handlungsformen

(12) Die Handlungsformen sind in den einzelnen Unterbereichen von sehr unterschiedlicher Bedeutung.

(13) Der mündliche Verwaltungsakt geht als Handlungsform an die äußerste Grenze dessen, was rechtsstaatlich akzeptabel ist. Der kommunikative Kontakt der Betroffenen mit Polizeivollzugsbeamtinnen und -beamten, die dafür nicht umsonst uniformiert sind, bildet eine eigene Steuerungsform des SVwR, die nur verwaltungswissenschaftlich erfassbar ist.

(14) Die Allgemeinverfügung erreicht auch Betroffene, von denen man gar nicht wusste, dass sie betroffen sind und bietet dem Polizeivollzug die Möglichkeit der quasi gefahrgebundenen Verordnung.

(15) Die sicherheitsrechtliche Verordnung kennt Sonderregelungen, vor allem im Bereich der Geltungsdauer und künftig hoffentlich auch bei der Begründung. Kurzfristige Verordnungen sind sinnvoll, wenn ein Grund für eine Selbstverpflichtung des Normgebers auf erneuten Normerlass vorliegt. Beim Normsetzungsermessen sollte die Überprüfung des Abwägungsvorgangs nicht auf Willkür beschränkt bleiben. Der Einsatz der Sicherheitsverordnung ist nicht gefahrenfrei. Bei alten, erträglichen Sachverhalten, gestattet sie faktisch keine Neubewertung.

7. Informationsordnung als eigenes Rechtsgebiet

(16) Das Informationsverwaltungsrecht untergliedert sich in die Bereiche Erhebung, Verarbeitung, Weitergabe und Generierung.

(17) Der Bereich der Informationserhebung ist durch die Vierteilung der Ermittlung, der Nachschau, der elektronischen Suche und der Überwachung geprägt. Die Ermittlung dient vorgangsbezogen der unmittelbaren Aufklärung (und Verhinderung) konkreter Gefahren. Die Nachschau ist eine anlassfreie Kontrolle mit dem Ziel zu prüfen, ob „alles in Ordnung ist". Sie darf sich nicht zu einer Vollkontrolle entwickeln und besitzt unterschiedliche Anknüpfungspunkte. Bei der Ermittlung und Nachschau sind die Grundsätze des aktionellen Handelns und der Störerbegriff nicht anwendbar.

(18) Bei der elektronischen Suche geht es um eine anlassbezogene Nachschau mit großer Spannbreite, deren Beeinträchtigungsgrad vor allem von der herangezogenen Datenmenge abhängt. Erforderlich sind: (a) starke verfahrensrechtliche Einschränkungen und Kontrollen, (b) sachgerechte Anlassdefinitionen und (c) Eingriffsschwellen, die der Belastung adäquat sind.

(19) Bei der Überwachung geht es um eine oftmals länger andauernde Beherrschung konkreter Gefahrenquellen durch Anknüpfung an eine Person, einen Ort, eine Gruppe oder eine Amtshandlung. Hier liegt eine Orientierung (nicht aber die unmittelbare Anwendbarkeit) an den Grundsätzen des aktionellen Handelns näher.

(20) Im Bereich der Speicherung lebt das Sicherheitsrecht von dem Gedanken, dass die Rechtsordnung ein behördliches Gedächtnis zulässt, das rechtlich nur zu erreichen ist, wenn man die Zweckbindung im Datenschutz auch institutionell versteht.

(21) Der Bereich der Informationsweitergabe ist geprägt durch eine Differenzierung der Bedingungen der Informationserhebung, der Nähe zwischen gebender und empfangender Behörde und der jeweiligen Aufgabe bzw. der Bedeutung des Informationsflusses. Der Informationsempfang ist mitunter nicht von einer alternativen Informationserhebungsbefugnis abhängig. Deutliche Verbesserungen gab es im Bereich der Regelung des Informationsaustausches mit ausländischen Behörden sowie beim Zurückdrängen einer viel zu pauschalen generellen Berufung auf Geheimhaltungsinteressen.

(22) Netzwerkstrukturen, die gefahrfeldbezogen institutionelle Grenzen überwinden, bilden einen selbstständigen Bereich des Informationsverwaltungsrechts.

(23) Werden Informationen neu generiert, müssen die strengen Kriterien eingehalten werden, welche für die elektronische Suche gelten.

(24) Bei der Kontrolle von potentiellen Ersttätern versucht sich der Verfassungsstaat mit einem Sonderrecht zu helfen. Verfassungsrechtliche Bestimmtheits- und Verhältnismäßigkeitsanforderungen, die an den Einzelakt gestellt werden, schieben sich hier in die Anforderungen an die Rechtsnorm hinein.

8.   Der heimliche, täuschende und drohende Staat

(25) Im Sicherheitsrecht meint man, heimliches, täuschendes und drohendes Handeln hinnehmen zu müssen.

9. Partielle Rechtsschutzdefizite

(26) Vollen Rechtsschutz gibt es nur, wenn man in der Verwaltungsrechtsdogmatik darauf achtet. Der Individualrechtsschutz bei geheimen Informationseingriffen ist defizitär.

10. Effektivitätsprinzip

(27) Das SVwR ist auf Effektivität ausgerichtet. Es besteht die Gefahr einer Effizienzdynamik, die von der dritten Gewalt mit Unterstützung von Seiten der Rechtswissenschaft abzufangen ist.

V. Die Mythen des SVwR

(28) Es ist ein Mythos anzunehmen, die Vorgabe der konkreten Gefahr sei sicher. Der Begriff sollte vor allem Flexibilität ermöglichen. Seine Handhabbarkeit wurde erschwert, weil überraschend die Forderung aufkam, man müsse auch den Ort und die Zeit des potentiellen Schadens wissen. Bei der drohenden oder konkretisierten Gefahr ist der Streit um den Begriff heftiger als um das Ergebnis und zudem abhängig davon, dass der Gesetzgeber nicht eindeutig Stellung nimmt, obgleich dies in sich widersprüchlich geschehen ist.

(29) Der zweite Mythos besteht in der Vorstellung, der konkrete Gefahrbegriff spiegele eine verfassungsrechtliche Grenze wider. Dem Gesetzgeber steht es unter der Wahrung des Verhältnismäßigkeitsgrundsatzes frei, Gefahrenabwehrmaßnahmen im Vorfeld oder im Nachgang der konkreten Gefahr zu formulieren.

(30) Ein gemeines deutsches Polizei- und Ordnungsrecht gibt es nur in den Lehrbüchern. Mehr Einheitlichkeit wäre sicher hilfreich, auch wenn ein materiell verstandenes Föderalismusprinzip dies nicht erfordert.

(31) Die Annahme, das freiheitliche Gepräge des Polizeirechts des 19. Jahrhunderts ginge gegenwärtig verloren und der durch dieses wesentlich geprägte Rechtsstaat erodiere, bildet den vierten Mythos. Die Entwicklung des Sicherheitsrechts ist multikausal. Freiheit und Beschränkung entstehen oft gemeinsam.

(32) Der fünfte Mythos lautet: SVwR ist vor allem Gefahrenabwehrrecht. Das übersieht: Die Beendigung einer Störung steht gleichberechtigt daneben.

(33) Der sechste Mythos besteht in der Vorstellung, die Gefahrenabwehr obliege dem Polizeivollzug nur subsidiär. Die Kriminalitätsbekämpfung hat sich deutlich zwischen der klassischen Unterscheidung zwischen

2. Prävention durch Verwaltungsrecht: Sicherheit

Polizeirecht und Kriminalitätsverfolgung festgesetzt und der Polizeivollzug besitzt mittlerweile auch den Charakter einer quasi Sonderpolizeibehörde.

(34) Die Nachrichtendienste dienen nicht nur der politischen Information der Regierung, sondern auch als „Frühwarnsystem" der Gefahrenabwehr.

3. Aussprache und Schlussworte

Christian Walter: Liebe Kolleginnen und Kollegen, willkommen zurück zur Diskussion. Wie üblich, haben wir versucht, die Wortmeldungen etwas zu gruppieren. Ein erster Block wird sich mit dem Sicherheitsrecht beschäftigen, dann folgen Beiträge die entweder übergreifend beide Referate ansprechen oder getrennte Fragen an beide Referenten richten werden. Zum Schluss folgt dann ein Block zum Klimaschutz. Die Diskussion eröffnen wird Frau Schiess Rütimann.

Patricia M. Schiess Rütimann: Herr Franzius sagte sehr deutlich: Es braucht Ziele, an denen die Maßnahmen gemessen werden können. Darum möchte ich gerne bei Herrn Wolff nachfragen. Ich wäre froh, wenn Sie Sicherheit noch etwas genauer definieren könnten. Es ist ja so: Die Politik muss Mittel zusprechen, die Polizei und andere Behörden müssen priorisieren. Ich denke, es ist ein immer größeres Problem, dass die Polizei gar nicht allen Mitteilungen, allen Gefährdungen, die ihr gemeldet werden, nachgehen kann. Zudem müssen die Betroffenen, denen nicht oder nicht rechtzeitig geholfen werden konnte, den Entscheid verstehen.

Felix Hanschmann: Vielen Dank an die Referenten. Erst einmal bin ich froh, Herr Wolff, dass es keine Facebook-Party war und es bei der überschaubaren Zahl von 50 geblieben ist. Bei einer Facebook-Party sind es ja deutlich mehr. Vielen Dank auch für die Lebhaftigkeit der Vorträge. Ich habe mich bei Ihrem Vortrag, Herr Wolff, ein bisschen gefragt, warum der Sicherheitsbegriff doch relativ kurz abgehandelt worden ist. Der spielt ja vielleicht nicht in der Rechtswissenschaft, aber doch in anderen wissenschaftlichen Disziplinen im Moment eine ziemlich große Rolle. Da tauchen dann Fragen auf: Wo ist eigentlich das Maß der Sicherheit? Vermutlich gibt es das nicht. Da tauchen Begriffe auf wie Angst oder Gefühl. Sicherheitsdispositive haben, so jedenfalls Michel Foucault, die Tendenz, sich auszudehnen, immer mehr Lebensbereiche oder Handlungsspielräume zu ergreifen. Ich glaube, ein wichtiger Begriff in diesem Diskurs über Sicherheitsdispositive ist Flexibilität, der bei Ihnen sehr stark war, der da eine große Rolle spielt. Ich glaube, historisch und politisch kann man zumindest bei der Exekutive, gedeckt durch die Politik natürlich, die die Gesetze erlässt, eine Tendenz zur Ausweitung von Eingriffsbefugnissen konstatieren. Ob das Gleichlauf mit Freiheit ist, würde ich offenlassen. Auf der anderen Seite hat der Gefahrbegriff ja nicht nur, wie Sie gesagt haben, als Hintergrund Flexibilität, sondern er hat mindestens noch zwei weitere wichtige Funktionen, jedenfalls im Sinne eines klassisch liberalen Polizeirechts. Da sind zum einen die Bindung der Exekutive und zum anderen die Möglichkeit der Kontrolle des exekutiven Handelns durch Verwaltungsgerichte. Beides zusammengenommen, also Sicherheitsbegriff und Gefahrbegriff macht mir ehrlich gesagt doch eher Angst. Und meine Frage wäre vor diesem Hintergrund: Wie würden Sie denn nach Ihrem Vortrag mit so Erscheinungen wie dem Gefährder oder der Gefährderin umgehen, die ja relativ losgelöst sind von dem, was wir im liberalen Polizeirecht als konkrete Gefahr haben und wo das, was man gemeinhin als Vorverlagerung bezeichnet, doch in einer sehr extremen Art und Weise zu beobachten ist? Vielen Dank!

Anna Leisner-Egensperger: Auch von mir ganz herzlichen Dank, lieber Heinrich Wolff, für Deinen sehr anregenden Vortrag, der ja geradezu enzyklopädisch angelegt war. Ein Punkt hat mir allerdings gefehlt, nämlich die Indienstnahme Privater bei der Erfüllung von Sicherheitsaufgaben und zwar insbesondere beim Auffinden von Gefahrenherden, Stichwort Denunziantentum. Das ist ja als sicherheitsrechtliches Phänomen schon seit längerem bekannt, ist aber nach meiner Beobachtung jetzt in der Corona-Pandemie erstmals doch in sehr breiten Umfang von der Exekutive eingesetzt worden, indem beispielsweise der bayerische Ministerpräsident ja geradezu aufgerufen hat, sich wechselseitig zu beobachten und als Denunziant die Nachbarn zu verpfeifen, wenn diese beispielsweise die Kontaktbeschränkungen nicht einhalten. Da würde mich interessieren, wie Du das jetzt als Sicherheitsverwaltungsrechtler einordnen würdest. Würdest du sagen, es ist eine neue Handlungsform in der Sicherheitsarchitektur? Und wie würdest du das bewerten? Rechtspolitisch, verfassungsrechtlich? Stichwort: Spaltung der Gesellschaft. Und wenn man das ablehnt, wie ich das machen würde, wie erreicht man dann trotzdem möglichst effektiven Rechtsgüterschutz, wenn man auf der anderen Seite, wie Du dies ja in deiner These 25 tust, heimliches, täuschendes, drohendes Handeln des Staates offensichtlich ablehnt? Danke.

Tonio Klein: Der Gefahrenbegriff, konkrete Gefahr, abstrakte Gefahr, Putativgefahr, gefühlte Gefahr, ich stimme Ihnen, Herr Wolff, in der Analyse zu, dass es ein sehr diffuser Begriff ist, möchte aber vielleicht noch ergänzen, dass er auf anderer Ebene durchaus sehr viel leisten kann, ja geradezu eine Konjunktur erfährt und erfahren hat in den letzten Jahren. Die Putativgefahr, das halte ich als Rechtsbegriff für so ungewöhnlich nicht. Wir kennen das eigentlich aus dem Strafrecht als den vermeidbaren Irrtum, aber das nur am Rande. Die konkrete Gefahr, so schwierig sie zu bestimmen ist, hat ihre Wirkkraft vielleicht in dem, was Gunnar Folke Schuppert, in völlig anderem Zusammenhang, das Wilhelm-Busch-Prinzip genannt hat. Von Wilhelm Busch stammt der Ausspruch: „Das Gute, dieser Satz steht fest, ist stets das Böse, das man lässt". Wir können nicht hundertprozentig genau wissen, was die konkrete Gefahr ist, aber wir können – und das ist nicht geringzuschätzen – wissen, was die konkrete Gefahr nicht ist. Wir können sie abgrenzen von der abstrakten und von der gefühlten Gefahr. Und das – wir haben heute Morgen etwas über Religionsfreiheit gehört – hat doch in einigen anderen Bereichen, insbesondere wenn Spezialgrundrechte im Spiel sind, Hochkonjunktur. Wir haben in den sogenannten Kopftuchentscheidungen des Bundesverfassungsgerichts gesehen, dass dort sehr klar gesagt wird, dass eine konkrete Gefahr gegeben sein muss, um eben das Tragen im öffentlichen Dienst in Kontakt zu Bürgerinnen und Bürgern zu verbieten.

Das ist im Ansatz meines Erachtens sehr sinnvoll. Wir haben das ähnlich auch bei der Meinungsfreiheit. Ich darf Sie als Niedersachse darauf hinweisen, dass das OVG Lüneburg sich natürlich nicht nur mit fehlenden Hausnummern befasst, sondern auch mit der sogenannten Reichskriegsflagge, wo sehr deutlich vor kurzer Zeit noch einmal gesagt wurde, dass nur die Strafgesetze die Meinungsfreiheit beschränken können. Und da kommt dann doch die konkrete Gefahr ins Spiel. Dann muss, so schwierig das im Einzelfall zu bestimmen ist, mit hinreichender Wahrscheinlichkeit bestimmt werden, dass ein bestimmtes Verhalten gegen ein Strafgesetz verstößt. Dass das nicht immer einfach geht, haben wir ganz aktuell an verschiedenen und verschieden lautenden Gerichtsentscheidungen zu der Frage gesehen, ob Wahlplakate mit dem Slogan „Hängt die Grünen!" abgehängt werden müssen oder ob das nicht angeordnet werden darf. Aber es ist doch zumindest ein Ansatz, es wirklich abzugrenzen von nur einer eingebildeten Gefahr, wie beispielsweise dem Gefühl, dass jemand mit Kopftuch nicht neutral unterrichten werde, was eben aus gutem Grund ein unzulässiges Argument ist. Vielen Dank.

Friedrich Schoch: Ich möchte eine etwas abstraktere Ebene einnehmen und mit Blick auf das Referat von Herrn Wolff mich für den Selbstand des Sicherheitsverwaltungsrechts stark machen. Das hätten Sie, Herr Wolff, deutlicher tun können. Das Thema „Prävention durch Verwaltungsrecht" schreit geradezu danach, dass wir – immer rechtsstaatlich umhegt (und daher nicht stets erneut zu betonen) – Flexibilitätspotentiale vorfinden.

Die Instrumente sind vorhanden. Aber wir erleben seit etwa 20 Jahren eine Überkonstitutionalisierung des Sicherheitsverwaltungsrechts durch die Rechtsprechung des Bundesverfassungsgerichts. Ich spitze zu: Im Rahmen des Übermaßverbots dient die vierte Stufe, die Verhältnismäßigkeit im engeren Sinne (Angemessenheit), mittlerweile als Kompetenztitel im Sinne einer Selbstermächtigung des Gerichts, um immer kleinräumiger zu agieren. Wir alle (oder die meisten von uns) kennen diese „Ja-aber-Entscheidungen"; gesetzliche Maßnahmen werden im Prinzip gebilligt, dann kommen die „Aber". Wenn Sie im Polizeirecht arbeiten, müssen Sie inzwischen einen Allgemeinen Teil schreiben, bevor bestimmte informatorische Maßnahmen dargestellt werden; das ist nichts anderes als zu Verwaltungsrecht geronnenes Verfassungsrecht, was an dieser Stelle (im „AT") notiert wird.

Das Bundesverfassungsgericht nimmt permanent eine – in Kleinräumigkeit ausartende – Verengung gesetzgeberischer Spielräume vor. In den Gesetzen zum Sicherheitsverwaltungsrecht haben wir inzwischen nicht nur Aufgabenzuweisungsnormen (wie im allgemeinen Polizeirecht), sondern auch Zweckklauseln. Der Verwaltung ist das Normprogramm genau vorgegeben, sie hat die notwendigen Instrumente, das Ganze ist verfassungsrechtlich umhegt. Es geht nun aber so weit, dass das Bundesverfassungsgericht, salopp formuliert, aus dem „Off" eine Begriffsbestimmung der „konkreten Gefahr" vorgenommen hat, die mit den Legaldefinitionen in Landes(polizei)gesetzen nicht übereinstimmt. Wie kommt das Gericht dazu? Sind die Legaldefinitionen der Gesetzgeber verfassungswidrig? Wie dem auch sei, ich registriere eine Übergriffigkeit des Gerichts und plädiere demgegenüber dafür, dass der Selbststand des Sicherheitsverwaltungsrechts gestärkt wird.

Zweite Bemerkung, ganz kurz: Das Bundesverfassungsgericht entscheidet aus der Perspektive des Grundrechtseingriffs; so kommen die Fälle mittels Verfassungsbeschwerde zum Gericht. Die Schutzpflichtdimension der Grundrechte spielt in den Entscheidungen kaum eine Rolle. In den Entscheidungen heißt es ganz lapidar, dass die Abwehrfunktion (Eingriffsdenken) staatlichen Schutzpflichten (Schutzpflichtdenken) Grenzen setze. Wieso eigentlich? Besteht da nicht ein Zielkonflikt, so dass die Balance zwischen Freiheit und Sicherheit vielleicht auch einmal von der anderen Seite her geschaffen werden könnte? Und woher weiß das Bundesverfassungsgericht denn besser als der Gesetzgeber – in jedem Fall kleinräumig argumentierend –, was noch „angemessen" und was nicht mehr „angemessen" ist?

Dazu noch zwei Hinweise: Wenn ich es recht sehe – die Europarechtler mögen mich korrigieren –, prüft der EuGH in seinen Entscheidungen die Verfolgung eines legitimen Ziels durch den Normgeber sowie die Geeignetheit und Erforderlichkeit der Maßnahme; die Angemessenheit wird nur ausnahmsweise geprüft, wenn die Sache sozusagen aus dem Ruder läuft. Ansonsten bleibt es bei der politischen Gestaltungsbefugnis (innerhalb äußerster rechtlicher Grenzen). Ein Satz noch: In den Polizeigesetzen heißt es für das Verwaltungshandeln, dass die Maßnahme nicht erkennbar außer Verhältnis zu dem beabsichtigten Erfolg stehen darf; der Gesetzgeber wird enger an die Kandare gelegt als die Verwaltung durch unsere Polizeigesetze. Vielen Dank!

Johann-Christian Pielow: Zunächst einmal meinen Glückwunsch an den Vorstand für die Auswahl dieser beiden Nachmittagsthemen: Klimaschutz einerseits und Sicherheitsrecht andererseits. Das passt meines Erachtens sehr gut zusammen, gerade auch in unserer Vereinigung, und es dürfte zu diesem Themenpaar auch noch sehr viel Weiteres zu erforschen sein. Die Aufschläge haben unsere Referenten mit brillanten Vorträgen gemacht. Ich habe dazu drei Anmerkungen:

Erste Bemerkung, Herr Franzius, zum Klimaschutzverwaltungsrecht als eigener Kategorie. Meiner Meinung nach brauchen wir das nicht. Vielmehr glaube ich, dass wir mit den bisherigen Instrumentarien, Strukturen und Systematiken im Allgemeinen und Besonderen Verwaltungsrecht gut hinkommen. Es gibt final ausgerichtete Verwaltung etwa auch schon im Bereich der Regulierungsverwaltung. Wir haben Bewirtschaftungsermessen, was Sie angesprochen haben, im Wasserrecht und im Abfallrecht. Ebenso wie beim Sicherheitsrecht haben wir es beim Klimaschutzrecht eher mit ausgesprochenen Querschnittsmaterien zu tun, die in zahlreiche Nachbargebiete ausstrahlen und diese auch determinieren, zu denen es aber keiner neuen Kategorienbildung bedarf.

Zweite Bemerkung zum Referat von Herrn Franzius: Die Klimaschutzziele sind inzwischen gleichsam in Stein gemeißelt und mit Gesetzeskraft vorgegeben. Wir alle rätseln freilich darüber, wie wir diese ehrgeizigen und gerade noch angespannten Klimaschutzziele erreichen sollen. Dazu herrscht, auf gut Deutsch gesagt, weiterhin Stochern im Nebel, wie wir es auch in den Diskussionen rund um den Bundestagswahlkampf beobachten konnten. Wir wissen einfach noch nicht, wie jene hochehrgeizigen Ziele tatsächlich zu verwirklichen sind. Und dazu gibt es dann Expertisen wirtschaftswissenschaftlicher Art, die besagen: Wir erreichen die Klimaschutzziele nur um den Preis massiver Freiheitseinbußen bei Energieverbrauchern. Möglichkeiten zur Steigerung der Energieeffizienz sind danach weitgehend ausgereizt; ich will das nicht im Detail ausführen. Der weitere Ausbau erneuerbarer Energien, insbesondere an Land, stößt auf massive Widerstände und auch an umweltrechtliche Grenzen, namentlich nach dem EU-Umweltrecht. Wir können demnach eigentlich nur an der Stellschraube des Energieverbrauchs drehen und diesen massiv reduzieren. Und das wiederum wird mit erheblichen Grundrechtseingriffen verbunden sein. Nicht primär bei denjenigen, um deren Schutz es dem BVerfG im Klimaschutzbeschluss vor allem geht, den jungen und nachwachsenden Generationen, sondern bei jedem einzelnen von uns – gleichviel ob jung oder alt sowie mit Einschränkungen beispielsweise in der Mobilität, beim Wohnkomfort und allgemein in Sachen kontinuierlicher und auch bezahlbarer Energieversorgung. Daraus folgen dann Grundrechtskollisionen und stellen sich, gerade auch bei der gerichtlichen Auflösung dieser Spannungslagen, Abwägungsfragen. Gelöst werden solche Fragen mittels Güterabwägung, praktischer Konkordanz und unter Beachtung der Verhältnismäßigkeit. Meine Frage an Herrn Franzius: Wie schaffen wir es dann mit einer Hierarchisierung oder sogar Priorisierung, die in Ihrem Referat anklang, für den Klimaschutz? Meines Erachtens, und dazu meine vielleicht etwas steile These, geht das nur, indem wir die Klimaschutzziele in die Verfassung hineinschreiben und irgendwie dann auch mit Vorrang gegenüber anderen Gemeinwohlzielen ausstatten. Anschlussfrage: Ginge eine solche Priorisierung überhaupt, mit Blick etwa auf die Ewigkeitsgarantie und die Menschenwürde, die ja auch hinter anderen Gemeinwohlanliegen wie der Sozialstaatlichkeit steht? Da habe ich ein großes Fragezeichen.

Und wenn Sie mir eine letzte Bemerkung gestatten für Herrn Wolff, zum Konzept des Sicherheitsrechts: Meines Erachtens gehört dort der Aspekt der Versorgungssicherheit ganz prominent mit hineingeschrieben. Nicht zuletzt die Flutkatastrophe im Juli dieses Jahres machte hinreichend deutlich: Es geht immer mehr um die Gefahrenvorsorge gerade auch für Fälle der Versorgungsstörung, etwa um ad hoc-Maßnahmen beim plötzlichen Ausfall der Gas- und, noch schlimmer, der Stromversorgung, egal ob infolge des Klimawandels oder sonstiger Ursachen. Dies betrifft dann auch die Kompetenzverteilung in punkto Sicherheit zwischen der Union und ihren Mitgliedstaaten.

Simon Kempny: Ich würde gerne eine begriffliche Überlegung an Herrn Franzius richten und zwei Rückfragen an Herrn Wolff. Zunächst also an Herrn Franzius: Sie haben in These 5 auf die Notwendigkeit einer Bewirtschaftungsordnung hingewiesen. Man kennt das aus dem Wasserrecht. Da wird eben das knappe Gut bewirtschaftet, das Wasser. Wenn das Klima nun von fast jedem Gesichtspunkt unserer Existenz betroffen ist: Müsste man dann nicht eigentlich konsequenterweise einen Perspektivwechsel vollziehen und sagen: das bewirtschaftete knappe Gut ist eben nicht das CO_2-Restbudget und schon gar nicht das Klima, sondern die menschliche Existenz, soweit sie klimarelevant ist (das Dichten mag uns immer erlaubt bleiben)? Sie haben es angesprochen: Der zunehmende, vielleicht notwendige Übergang vom Gemeingebrauch zur Sondernutzung ist der Weg dahin, dass so manches Verhalten, das früher einfach so jedem erlaubt war, wenn es nicht im Einzelfall verboten wurde, vielleicht doch irgendwie unter Genehmigungsvorbehalt gestellt werden muss – ohne mich jetzt politisch dazu positionieren zu wollen. Aber begrifflich wäre es die interessante Frage: Ist nicht eigentlich ein Menschseinsbewirtschaftungsrecht das, worauf es hinausläuft? So erschreckend das klingt, das gebe ich zu.

An Herrn Wolff. Zunächst: Sie haben gesagt, Sie lehnen es ab, einen vollziehbaren Verwaltungsakt als Teil des Schutzguts der öffentlichen Ordnung einzustufen. Nun, ich habe im Studium Polizei- und Ordnungsrecht bei Bodo Pieroth gehört. Da wäre es sicherlich begrüßt worden, wenn etwas nicht unter die öffentliche Ordnung subsumiert worden wäre. Damals stand sie in Nordrhein-Westfalen auch gar nicht im Polizeigesetz. Wie sehen Sie das mit der öffentlichen Sicherheit? Soll es darunter auch nicht fallen, oder doch? Das wäre meine erste Rückfrage. Dahinter steckt die Merkl'sch-Kelsen'sche – ich würde sagen: – Einsicht, manche sagen: Irrlehre, dass auch eine individuelle Verfügung im theoretischen Sinne eine Rechtsnorm darstellt. Sie wäre für mich ein Argument, die Subsumtion zu bejahen. Die zweite Rückfrage: Sie haben Ihr Referat geschlossen mit dem Satz: Die föderale Struktur sollte möglichst nicht weiter relativiert werden. Wie verträgt sich das mit dem, wenn ich es richtig verstanden habe, zuvor geäußerten Wunsch nach mehr Einheitlichkeit bei den Landespolizeigesetzen? Von einem neuen Musterentwurf als von einem wahrscheinlich unerreichbaren Traum war die Rede. Vielen Dank!

Franz Mayer: Eine Nachfrage zunächst an Claudio Franzius. Claudio, Du hast von der Wiederentdeckung der nationalen Ebene gesprochen. Dazu möchte ich einfach nachfragen, ob Du das nochmal ausführen könntest. War die zwischendurch weg? Was war denn mit der nationalen Ebene? Wir haben ja gestern über die globale Dimension schon gesprochen und da klang eher an, dass sie sich – das war jedenfalls eine Sicht gestern – im Rückzug befindet. Was ist denn jetzt mit der übernationalen Ebene, mit der globalen Ebene in Deinem Themenfeld? Gibt es da gleichsam kommunizierend zur Wiederentdeckung der nationalen Ebene den Rückzug auf der übernationalen Ebene? Dazu hätte ich gerne noch ein paar Ausführungen und vielleicht dann auch gerade mit Blick auf das Thema Prävention. Also: Gibt es gewissermaßen präventionsspezifische Beobachtungen oder ist das, was du hier unter diesem Stichwort „Wiederentdeckung der nationalen Ebene" beobachtest, verallgemeinerungsfähig?

Das Stichwort Prävention leitet über zu meiner Rückfrage an Herrn Wolff. Herr Wolff, meine Nachfrage an Sie: Gehen Sie eigentlich vom gleichen Präventionsbegriff aus wie der Kollege Franzius? Es war ja bei Ihnen viel von Sicherheit die Rede, aber recht wenig von Prävention, obwohl das ja eigentlich das Oberthema war für beide Vorträge. Ansonsten wollte ich noch einmal zu Ihren zwölf Entwicklungslinien wissen: Das waren ja ganz schön viele Entwicklungslinien. Allerdings kam trotzdem das Thema Europäisierung und Internationalisierung nicht vor. Es kann natürlich so sein, dass das einfach keine Entwicklungslinien sind. Aber da wollte ich vorsichtshalber noch einmal nachfragen und dazu die Vermutung äußern, dass sich dazu möglicherweise weniger intensive Beobachtungen dadurch erklären, dass es vielleicht so etwas wie ein Terminologie-Problem gibt: „Sicherheitsrecht". Gibt es das überhaupt in den anderen Sprach- und Rechtskulturen? Da würde man das möglicherweise anders formulieren. Das könnte man auch noch einmal reflektieren. Vielen Dank.

Armin von Bogdandy: Meine Frage an Herrn Wolff lautet nur, ob Sie das Sicherheitsrecht demnächst einmal kompakt unterrichten und ob ich dazu kommen darf. Die Frage an Claudio Franzius ist komplizierter. Sie knüpft an den Vortrag von Philipp Dann an und fragt nach der „Global Climate Governance", also einem internationalen Klimaverwaltungsrecht. Umfasst das Klimaverwaltungsrecht, das Du uns vorgestellt hast, die internationale Ebene?

Um eine solche Frage analytisch in den Griff zu bekommen, arbeitet Philipp Dann mit dem Begriff der internationalen öffentlichen Gewalt. Also: Siehst Du im internationalen Klimarecht Phänomene internationaler öffentlicher Gewalt? Mit Philipp Dann erscheint das zunächst unwahrscheinlich, denn internationale öffentliche Gewalt gibt es vor allem, so sein Vortrag gestern, wenn es den westlichen wirtschaftlichen Interessen dient. Diese wollten lange Zeit nur ein stabiles internationales Wirtschaftsregime, weshalb es im internationalen Umweltrecht und insbesondere im Klimarecht kaum internationale öffentliche Gewalt gegeben hat. Nun sind wir aber mit dem Klima an einem Punkt, den Angelika Nußberger so schön als Kipppunkt bezeichnet hat. Mir scheint, dass viele westliche Industrienationen inzwischen ein echtes Interesse an globalem Klimaschutz und damit an internationaler öffentlicher Gewalt haben. Kann man das beobachten?

Worauf muss man dabei schauen? Jetzt werde ich etwas polemisch. Wir wissen, dass die internationale Ebene oft ganz ungewöhnliche Instrumente nutzt. Die Pisa-Rankings der OECD oder der Doing Business-Index der Weltbank haben vielleicht mehr nationale Politiken gestaltet als verfassungsrechtliche Vorgaben. Nun meine Frage: Ist die Orchestrierung des Auftritts von Greta Thunberg vor der UN-Generalversammlung ein solches Instrument? Man könnte meinen, es handle sich um eine Public-Private-Partnership, bei der die UN-Institutionen Thunbergs enorme emotionale Mobilisierungsmacht für ihre Politik nutzen, indem sie gemeinsam zögerliche Politiker auf nationaler Ebene unter Druck setzen. Wohl mit großem Einfluss, man denke an den Klimabeschluss des Bundesverfassungsgerichtes zwei Jahre später. Sollte man solche Instrumente der öffentlichen Mobilisierung in das internationale Klimaverwaltungsrecht aufnehmen und rechtlich hegen? Und abschließend: Was sind die rechtlichen Grenzen einer solchen Moralisierung und Emotionalisierung von Politik?

Claus Dieter Classen: Ich habe eine Frage an Herrn Franzius zum Thema „Rolle der Gerichte", die Sie am Ende Ihres Vortrags angesprochen haben. Einerseits würdigen Sie positiv das Bundesverfassungsgericht. Andererseits aber sprechen Sie ja auch, insbesondere in den Thesen 28 und 29, wenn ich es richtig sehe, die Verwaltungsgerichte an. Dann stellt sich mir die Frage, wie das funktionieren soll. Klageverfahren setzen ja im Grundsatz subjektive Rechte voraus. Das Bundesverfassungsgericht hat kritisiert, dass insgesamt zu wenig getan wird. Dann ist das aus der Perspektive von allen Bürgern ein grundrechtliches Problem, zumindest kann man darüber diskutieren. Dann aber muss der Klimaschutz heruntergebrochen werden auf einzelne konkrete Maßnahmen, so soll er ja wohl funktionieren. Wie ist es dann mit den subjektiven Rechten? Hat jeder Bürger das subjektive Recht, dass alle Einzelmaßnahmen, im Verkehr, im Gebäudebereich und ich weiß nicht wo überall, subjektiv-rechtlich bewehrt sind? Stellen Sie sich vor, dass der Gesetzgeber von der Option, die in § 42 Abs. 2 VwGO angesprochen wird, also Klagebefugnisse jenseits von subjektiven Rechten zu postulieren, Gebrauch macht, oder wie soll das gehen? Das ist mir nicht ganz klar geworden. Wenn die Gerichte irgendwie aktiviert werden sollen, dann braucht man in irgendeiner Form auch eine Antwort auf die Frage, welche Legitimation der jeweilige Kläger mitbringen muss. Vielen Dank.

Uwe Volkmann: Vielen Dank, das schließt da an, schließt vielleicht auch noch einmal den Bogen zum gestrigen Tag, als wir uns über die Rolle der Gerichte im Klimaschutz unterhalten haben. Claudio, Du hast gesagt, es handle sich hier nicht um einen Missbrauch der Dritten Gewalt und es sei auch kein Problem der Gewaltenteilung. Wahrscheinlich ist es das auch nicht. Aber ist es nicht vielleicht trotzdem ein Problem, über das man reden müsste? Das ist es meiner Ansicht nach aus drei Gründen.

Erster Grund: Wir haben es, das hast Du angesprochen, natürlich mit einem eindeutigen Fall von Strategic Litigation, von strategischer Prozessführung, zu tun. Das lässt sich bereits bei der Einleitung des Verfahrens beobachten. Wenn man im Internet nachschaut, findet man dort noch heute die Beschwerdeschriften. Da sind etwa die Geschichten der Beschwerdeführer aus Nepal und Bangladesch, da sieht man den Bauern aus Nepal, der wegen eines Erdrutsches sein Haus verlassen musste, oder das Hausmädchen aus Bangladesch, das wegen einer Überflutung ihres Dorfes in den Slum ziehen musste. Es setzt sich fort in der medialen Begleitung des Verfahrens. Und es setzt sich fort in den Wirkungen, die das Verfahren erzielt hat. Als der Beschluss ergangen war, widmete die FAZ ihm eine ganze Zeitungsseite. Die trug in der Mitte den Titel „Freiheit", skizzierte kurz den Inhalt des Beschlusses, und dann bestand die ganze Seite aus einzelnen Zitaten aus diesem Beschluss. Man hatte den Eindruck, einer erneuten Verkündung der Zehn Gebote beizuwohnen. Es waren aber nicht zehn, sondern dreißig oder vierzig. Und da passiert doch etwas. Das verändert doch die Rolle von Gerichten im politischen Prozess auf eine Weise, über die wir uns einmal Gedanken machen sollten. Der kanadische Verfassungsrechtler Ran Hirschl hat vor einigen Jahren einen Aufsatz mit dem Titel „Mega-Politics" und dem Untertitel „The Rise of Constitutional Courts" geschrieben. Seine Grundthese war, dass wir über die letzten 30, 40 Jahre, angestoßen wesentlich auch durch das Bundesverfassungsgericht, eine zunehmende Befassung von Verfassungsgerichten mit Fragen von äußerster politischer Bedeutung beobachten können: „matters of utmost political significance that often divide or define whole polities". Der Klimabeschluss fügt sich meines Erachtens in diese Reihe nahtlos ein. Wir haben es insofern mit einem stärkeren Grad der Politisierung eines gerichtlichen Verfahrens zu tun, als es durch den Gegenstand von Verfassung als politischem Recht vorgegeben ist.

Zweiter Punkt: Bindung des Gesetzgebers. Da heißt es immer wieder, ja, das Bundesverfassungsgericht habe ja den Gesetzgeber eigentlich gar nicht gebunden, es habe nur Ziele vorgegeben. Das ist, wenn man die Entscheidung liest, mein Eindruck nicht. Sondern die Entscheidung ist durchsetzt mit vielen kleinen Hinweisen und Prüfaufträgen; es geht immer etwas gerade noch oder etwas ist gerade noch verfassungsrechtlich in Ordnung. Aber der Gesetzgeber bleibt beständig angehalten, dies alles zu überwachen und zu kontrollieren.

Daraus ergibt sich zugleich der dritte Einwand und der dritte Punkt, über den wir uns ebenfalls Gedanken machen müssen: Es ist als ein großer Vorzug der Entscheidung hingestellt worden, dass das Bundesverfassungsgericht ledig Ziele vorgibt, die Konkretisierung aber dem Gesetzgeber überlässt. Das ist aber nun gerade auch die unangenehmere Aufgabe. Das Formulieren von Zielen, das Aufstellen von Zielvorgaben: das ist relativ leicht. Das sind die Ideale, die man pflegen kann, während man die Mühen der Ebene den anderen überlässt. Und der wirklich letzte Satz: Das ist vielleicht der Grund dafür, dass das Bundesverfassungsgericht in allen Umfragen über das sogenannte Institutionenvertrauen bei den Bürgern ganz oben und Parlamente und Parteien ganz unten stehen.

Oliver Lepsius: Ich habe eine Kurzintervention: Uwe, Du weißt mich meistens an Deiner Seite, aber ich stelle Dir eine Gegenfrage: Wenn das

Gericht das nicht macht, was passiert dann mit der Bindung der Verfassung in der Ersten und Zweiten Gewalt? Wie wird sie umgesetzt, wenn das Gericht nicht mit diesen sanften Vollzugsinstrumenten arbeitet? Wenn Du sie ablehnst, dann musst Du umgekehrt beantworten, wie wir denn die Bindung der Verfassung jenseits des Verfassungsvollzugs durch die Verfassungsgerichtsbarkeit umsetzen wollen? Die Justizministerin des Landes Baden-Württemberg hat ja gestern einen eindrucksvollen Einblick geboten, dass die Politik nur auf Karlsruhe reagiert und nicht auf die Wissenschaft.

Uwe Volkmann: Ich bin gar nicht dagegen, dass man es so macht. Man muss nur sehen, was es auch zur Folge hat, das reicht.

Simon Kempny: Auch als Kurzintervention zu der Frage: Was sollen die Gerichte tun? Als Steuerrechtler kann ich nur davor warnen, die Gerichte einzuladen, wenn sie schon etwas vorgeben wollen, dann nicht nur die Ziele, sondern gleich auch die konkreten Wege bis aufs Komma vorzugeben. Wo wir dann hinkommen, haben wir in den 1990er-Jahren gesehen. Das sollten wir nicht wiederholen.

Thomas Groß: Ich möchte zwei zentralen Thesen von Claudio Franzius zustimmen und daraus eine Frage ableiten, die in eine etwas andere Richtung geht als die gerade gestellten Zwischenfragen. Das Erste ist: Ich stimme ausdrücklich zu, dass wir im Bereich des Klimaschutzes nicht im Feld der Vorsorge sind. Vorsorge ist traditionell definiert als der Bereich, wo die Gefahren noch ungewiss sind und wo wir keine Klarheit über Kausalitäten haben. Wer nicht vollkommen wissenschaftsblind ist, weiß, dass es einen kausalen Zusammenhang zwischen Treibhausgasemissionen und der Erwärmung der Erdatmosphäre gibt und zweitens einen kausalen, wenn auch stochastischen Zusammenhang zwischen der Erwärmung der Erdatmosphäre und der Zunahme schädlicher katastrophaler Wetterereignisse. Diese Wetterereignisse finden aber schon statt. Da müssen wir nicht nur ins Ahrtal schauen, sondern können auch jeden zweiten Waldbesitzer befragen. Deswegen sind wir auch nicht im Vorfeld der Gefahrenabwehr, sondern – um einen Bogen zum zweiten Referat zu schlagen – wir sind eigentlich schon im Bereich einer eingetretenen Störung. Das 1,5 Grad-Ziel des Pariser Klimaabkommens macht nichts anderes, als eine Grenze für die weitere Verschlimmerung der schon eingetretenen Störung zu benennen.

Das dokumentiert, wie dringend das ganze Problem ist. Und deswegen würde ich auch sagen, ist es eigentlich ein Problem, dass die Diskussion gerade auch über das Urteil des Bundesverfassungsgerichts dazu geführt hat, dass wir uns sehr stark nur um Ziele gekümmert haben. Durch Ziele wird kein einziges Treibhausgasgramm vermieden und Ziele als solche greifen übrigens auch in niemandes Freiheit ein. Das gesamte Klimaschutzgesetz des Bundes und auch die allermeisten Landesklimaschutzgesetze enthalten keinen einzigen Grundrechtseingriff, sondern diese müssen erst zur Verwirklichung der Ziele entwickelt werden.

Das führt zur zweiten These, der ich zustimme: Es müssen dringend weitere Maßnahmen entwickelt werden. Und da sehe ich eine entscheidende Schwäche des Klimaschutzgesetzes. Denn wenn die Sektorziele nicht erreicht werden, dann ist die einzige Rechtsfolge, dass die zuständigen Minister weitere Maßnahmen entwickeln und im Zweifel dem Kabinett oder dem Parlament, je nachdem, ob es eine gesetzliche Grundlage braucht, vorschlagen müssen. Was passiert aber, wenn sie das nicht tun? Oder wenn das Kabinett bzw. das Parlament diese Maßnahmen nicht verabschiedet? Jetzt nur zu sagen, das ist dann der politische Prozess, das wäre so, wie wenn man sagen würde, da wir ja auch nicht wissen, wann und wie Katastrophen im Brandschutz eintreten werden, da wir nicht wissen, wann und wo es brennen wird, brauchen wir erst mal keine Feuerwehr. Wenn dann was passiert, dann wird sich schon irgendjemand finden, der sich darum kümmert. Das halte ich für eine nicht akzeptable Vorgehensweise. Das Bundesverfassungsgericht konnte sich in der bisherigen Tradition der Schutzpflichten im Umweltrecht nicht um einzelne Maßnahmen kümmern. Aber dass Schutzpflichten nur verwirklicht werden, wenn Maßnahmen ergriffen werden, das scheint mir trotzdem richtig zu sein.

Dirk Hanschel: Vielen Dank für die schönen Vorträge. Meine Frage richtet sich ebenfalls an Claudio Franzius und bezieht sich auf die These 22. Da kontrastieren Sie die Kurzzeitlegitimation mit der Langzeitverantwortung. Da wäre meine Frage: Warum nicht stattdessen ein Gegensatzpaar von Kurzzeit- und Langzeitlegitimation? Also: Inwieweit unterscheidet sich dann die Legitimation von der Verantwortung an dieser Stelle? Und der zweite Teil der Frage wäre: Sie sagen, es müssten Lösungen gefunden werden, die vom politischen Tagesgeschäft unabhängig sind und nennen dann die Klimaräte, über die ja auch viel schon geschrieben wurde. Ich wüsste gerne, wie Sie sich die Ausgestaltung solcher Klimaräte vorstellen und wie diese dann einerseits demokratisch legitimiert sind und andererseits auch Langzeitverantwortung übernehmen können. In der These erscheint es mir so, als nennten Sie die Klimaräte in einem Atemzug mit der Justiz, relativ allgemein gesprochen. Deswegen wüsste ich gerne, ob Sie sich die Klimaräte auch mit einer Art quasi-judiziären Verantwortung vorstellen oder umgekehrt die Gerichte mit einer Art politischen Langzeit-Verantwortung, weil es jeweils um das Enthobensein vom politischen Tagesgeschäft geht. Ist es Ihrer Auffassung nach Aufgabe der Justiz insgesamt, politische Langfristigkeit herzustellen, dort, wo die Politik selbst vielleicht eher in Legislaturperioden denkt? Das würde bei mir vielleicht doch einige Bedenken verursachen, deswegen meine Nachfrage. Vielen Dank!

Charlotte Kreuter-Kirchhof: Vielen Dank! Drei kurze Fragen habe ich an Herrn Franzius. Die erste Frage betrifft die Klimaschutzziele in der Zeit und damit die Frage nach der zeitlichen Gebundenheit und Verlässlichkeit unserer nationalen Klimaschutzziele. Sie haben dargelegt, dass der deutsche Gesetzgeber Klimaschutzziele für 2040, 2045 und darüber hinaus sektorbezogene Jahresziele festgelegt hat. Meine Frage ist nun: Wie weit reicht unsere Prognosefähigkeit? Können wir tatsächlich technologische Innovationen und die künftige Entwicklung über zwei Jahrzehnte voraussagen? Das Völkerrecht jedenfalls geht einen anderen Weg. Es legt das 1,5° und 2° Celsius-Ziel als das verbindliche globale Klimaschutzziel fest, beschreitet den Weg dahin dann aber in Etappen. Alle fünf Jahre wird es eine globale Bestandsaufnahme geben. Die Staaten werden anschließend ihre nationalen Klimaschutzbeiträge überprüfen und verschärfen. Es besteht also ein völkerrechtlicher Überprüfungs- und Verschärfungsvorbehalt. Das Europarecht folgt diesem Weg. Die Union hat nur ein Klimaschutzziel bis 2030 festgelegt und wird das Ziel bis 2040 erst bestimmen, nachdem die globale Bestandsaufnahme stattgefunden hat in Reaktion auf diese Erkenntnisse. Auch das Bundesverfassungsgericht weist in diese Richtung. Nach der Entscheidung des Gerichts hat der Gesetzgeber die gesetzlichen Reduktionspfade – ich zitiere – „in einem gestuften Prozess über die Zeit hinweg kontinuierlich fortzuentwickeln". Wäre das nicht der richtige Weg? Sollten wir nicht Sorgfaltspflichten, einen Korrekturvorbehalt und dann einen gestuften Prozess zur Entwicklung der Ziele festlegen?

Meine zweite Frage betrifft die Klimaschutzziele im Raum. Sie sagen, es gäbe eine Wiederentdeckung der nationalen Ebene. Ist das die richtige Bezugsgröße für ein globales Klimaschutzproblem? Erleben wir nicht vielmehr eine wachsende Bedeutung der europäischen Ebene, jedenfalls mit Bezug auf die Klimaschutzziele, wohl auch mit Bezug auf die Instrumente? Denken wir an den europäischen Emissionshandel und dessen Erweiterung, den jedenfalls die Kommission vorschlägt. Im Pariser Klimaschutzabkommen haben die EU und ihre Mitgliedstaaten gemeinsam europaweite sektorübergreifende Ziele zugesagt, keine nationalen Klimaschutzziele.

Meine letzte Frage betrifft das Zusammenwirken der Rechtsebenen: Sie stellen fest, dass die Kohleverstromung auch ohne den Kohleausstieg beendet worden wäre, nämlich durch das europäische Emissionshandelssystem. Ich stimme Ihnen zu. Stellt sich da nicht mit Blick auf den Wasserbett-Effekt die Frage nach der Geeignetheit dieser Grundrechtseingriffe oder jedenfalls deren Erforderlichkeit? Vielen Dank!

Sabine Schlacke: Ganz herzlichen Dank für zwei sehr anregende und meines Erachtens für beide Gebiete einen sehr schönen, übergreifenden Überblick gebende Vorträge. Was das Stakkato-Prinzip bedeutet, das habe ich jetzt gelernt. Das sei aber nur eine Anmerkung und jetzt zum Referat von Claudio Franzius. Wir haben aus meiner Sicht mit dem Klimaschutzrecht, so wie es jetzt auf der EU-Ebene und auf der nationalen Ebene ausgestaltet ist, tatsächlich ein Klimaschutzverwaltungsrecht erhalten, ein neues Rechtsgebiet, das sich vor allen Dingen durch zwei Kerngesetze auf beiden Ebenen auszeichnet: das EU-Klimagesetz, in Kraft getreten Mitte dieses Jahres, und das 2019 in Kraft getretene Bundesklimaschutzgesetz. Diese beiden Kerngesetze bilden ein Rahmen: Das ist das Neue, das Claudio Franzius als Politik-Planungsrecht bezeichnet hat. Es ist ein Rahmen, der das bestehende Klimaschutzrecht überspannt, das ich immer ganz knapp in drei Säulen einordne: das Recht des Emissionshandels, das Recht der erneuerbaren Energien und das Recht der Energieeffizienz. Und dann kennen wir noch zahlreiche Querschnittsregelungen, die Herr Pielow bereits erwähnt hat. Ja, wir haben also ein Klimaschutzverwaltungsrecht und es ist völlig zutreffend zu sagen, dass es sich aktuell durch Zielfestlegungen, Zielfestlegungen und Zielfestlegungen auszeichnet, wie es auch gerade von Charlotte Kreuter-Kirchhof bemerkt wurde. Was bedeutet das jetzt? Reicht das aus? Alle hier im Raum haben ein unwohles Gefühl. Nein, das reicht wohl noch nicht aus. Die internationale Ebene und die EU setzen auf pledges and reviews. Und diese pledges, das sind Pläne, das sind nationale Energie- und Klimapläne, die die Ziele erreichen sollen. Oftmals ist das Instrumentarium indes nicht entsprechend ausgestaltet, um Zielverfehlungen auch angemessen zu sanktionieren. Das ist alles wunderbar vorgetragen worden. Nun zum Budgetansatz im Klimaschutzgesetz. Auch da knüpfe ich an meine Vorrednerin an. Das Klimaschutzgesetz regelt etwas, was weder international noch europarechtlich vorgegeben ist: nationale Jahresemissionsmengen, die jetzt jüngst bis 2040 ausbuchstabiert worden sind. Und das bedeutet, dass das Klimaschutzgesetz eine Art Territorialprinzip verfolgt. Die Emissionsminderungen soll Deutschland auf deutschem Boden erbringen. Widersprechen diese sog. Sektorziele nicht einerseits dem ökonomischen Gedanken, dass man eigentlich dort mindert, wo es kosteneffizient ist, was wir beispielsweise mit dem Emissionshandel gut erreichen können? Der Emissionshandel ist durch den Vorschlag der Kommission für ein „Fit for 55 package" gestärkt worden, indem er auf Schifffahrt, den Gebäude- und Straßenverkehrsbereich ausgedehnt werden soll. Andererseits könnten diese Sektorziele auch den zweiten, doppelten Boden darstellen für den Fall, dass die Preise des Emissionshandels nicht hoch genug sind, weil etwa die Zertifikate im Überschwang umsonst ausgegeben werden und insofern der Emissionshandel keine Lenkungswirkung zeigt. Die Frage, die sich stellt, ist, passen Sektorziele und Emissionshandel zusammen?

Johannes Saurer: Mein Beitrag bezieht sich auf das Referat von Claudio Franzius. Er hat ja Wesentliches gesagt zur Zielebene und zur Maßnahmenebene des Klimaschutzrechts. Das Problem des Instrumentenmixes im Klimaschutzrecht wurde hier im Grunde erstmals aufgezeigt in seiner ganzen Bedeutungsbreite. Dafür vielen Dank. Ein besonders wichtiger Aspekt ist die Verschränkung der Instrumente, insbesondere der Bepreisungsinstrumente, die aber auch eng nachgesteuert werden muss. Die Lernerfahrung aus fast zwei Jahrzehnten des Treibhausgas-Emissionszertifikate-Handels ist, dass das Emissionshandelssystem begonnen hat zu funktionieren, weil dynamisch nachgesteuert werden konnte. Dynamische Nachsteuerung wird auch zukünftig geboten sein im Klimaschutzrecht. Die hohe zeitliche Brisanz bei den Treibhausminderungen, gerade im Zeitraum bis 2030, hat ja auch das Bundesverfassungsgericht aufgezeigt. Das sind von heute aus gesehen sehr wenige Jahre. Und daran schließt sich die Frage an: Welche konkreten Herausforderungen stellen sich auf den Ebenen des Rechts? Im nationalen Recht, auch im föderalen Binnenverhältnis, vor allem dann aber auch im Übergang zum supranationalen Recht. Ein sich anbahnender Konflikt, der uns deutlich vor Augen steht, ist der zwischen den verschiedenen Emissionshandelssystemen für Gebäude und Verkehr. Da war ja jetzt Deutschland Vorreiter mit dem BEHG und die EU zieht nach. Hier wäre meine Frage, ob man den Dynamisierungsgedanken, den das Referat für den Instrumentenmix auf nationaler Ebene entwickelt hat, stärker fruchtbar machen könnte für die Verschränkung der Ebenen.

Markus Ludwigs: Meine Fragen mit Anmerkungselementen richten sich an Herrn Franzius. Zunächst erscheint mir die Figur bzw. Entwicklung des Gedankens der „Klimaschutzziele als Maßstab" anregend und ich würde dem auch im Grundsatz folgen. In der konkreten Ausgestaltung des Referats haben sich bei mir drei Nachfragen ergeben, zu denen noch eine Konkretisierung erfolgen könnte. Erstens betrifft dies den Übergang von These 14 zu 15, also den Schritt von marktwirtschaftlichen Instrumenten zum Ordnungsrecht. Wenn ich es richtig verstanden habe, plädieren Sie für einen verstärkten Einsatz des Ordnungsrechts. Der Gesetzgeber soll es „nicht scheuen". An dieser Schnittstelle wurde das Brennstoffemissionshandelsgesetz in These 14 als finanzverfassungsrechtlich fragwürdig dargestellt. Hier würde mich Ihre nähere Einschätzung interessieren, weil man – das war ja Ihr Übergang zur Begründung eines stärkeren Einsatzes ordnungsrechtlicher Instrumente – hinsichtlich der Verfassungswidrigkeit des nationalen Emissionshandels durchaus geteilter Auffassung sein kann. Einerseits fehlt für die Einordnung als zulässige Vorteilsabschöpfungsabgabe in der Einführungsphase mit Festpreisen von 2021 bis 2025 und dann auch im Preiskorridor des Jahres 2026 womöglich die Knappheit der Zertifikate, wie sie in einem Beschluss des Bundesverfassungsgerichts zum EU-Emissionshandel aus dem Jahr 2018 gefordert wurde. Andererseits kann man das Ganze vielleicht auch als eine zwingend notwendige Übergangsphase für die Implementierung des Systems begreifen und dann auf diese Weise „retten". Im Übrigen haben Sie mit Blick auf das „Fit for 55"-Programm ein „dickes Fragezeichen" hinter die Zukunft des nationalen Emissionshandelssystems, also des BEHG, gesetzt. Dies stimmt. Aber ist damit eine negative Konnotation verbunden? Wie Herr Saurer schon gesagt hat: Wir haben hier im Energieumweltrecht erstmals den Fall, dass in Deutschland ein System aufgesetzt wurde, das nicht „unionsrechtsgetrieben" war, das also aus eigenem Antrieb entstand. Ich würde dies eher positiv bewerten.

Zweitens, erneut zum Ordnungsrecht, das von Ihnen aus meiner Sicht stark betont wurde; dieses Mal mit Blick auf den Kohleausstieg: In These 17 heißt es, dass das Kohleausstiegsgesetz einen Prozess begleitet, der auch ohne die hohen Entschädigungszahlungen zu einer Beendigung der Kohleverstromung geführt hätte. Hinzu tritt die weitergehende Aussage, dass ein marktgetriebener Ausstieg verhindert wird. Das sind ja erst einmal Behauptungen. Mich würde interessieren, wie die Begründung funktioniert. Wir haben zur Steinkohle immerhin eine beihilferechtliche Genehmigung der Kommission. Diese erschiene doch fragwürdig, wenn das Ganze schon der Markt gemacht hätte. Dann wären ja überhaupt keine Anreizstrukturen erkennbar und ein Marktversagen zu verneinen. Mich würde hier die Einordnung interessieren, wie Sie zu den Positionen in These 17 kommen. Ich würde zumindest differenzieren zwischen Stein- und Braunkohle und in der Bewertung gegebenenfalls zu einem gemischten Ansatz gelangen.

Der dritte und letzte Punkt. Insgesamt entnehme ich Ihrem Vortrag eine positive Einschätzung der sich zu Maßstäben entwickelnden Ziele im Klimaschutzrecht, wenn sie durch verbindliche Budgets unterlegt sind. Nun liegt der Fokus sehr stark auf dem Klimaschutzgesetz und den dortigen Jahresemissionsmengen, also den Budgets. Sie haben die Governance-Verordnung der EU nur einmal erwähnt. Es existieren ja auch noch andere Ziele, nämlich das Energieeffizienzziel und das Erneuerbare Energien-Ziel. Diese sind nur indikativ im ersten Fall und im anderen Fall nur EU-weit verbindlich. Hierzu gibt es die Governance-Verordnung mit einem bloßen, sehr weichen Empfehlungssystem. Wenn Sie das in Beziehung zum Bundes-Klimaschutzgesetz setzen, verschiebt sich dann Ihr Gesamturteil in der von mir wahrgenommenen positiven Würdigung der Klimaziele oder bleibt es gleich? Vielen Dank!

Viola Schmid: Herr Franzius, zwei Erwiderungen sind unausweichlich. Zum einen fordern Sie ein „Klimaverwaltungsrecht" (These 28) und definieren Klima als „Gut". Helfen Sie mir bitte: Wie soll ich an einer wirtschaftswissenschaftlichen Fakultät einer Technischen Universität erklären, warum Sie und das Recht etwas verwalten wollen, über das das Recht nicht verfügt? Vorgeblich, nach derzeitiger Datenlage, stammen 98 Prozent der Emissionen nicht aus Deutschland. So schreibt es das Bundesverfassungsgericht. Und diese letzten 2 Prozent will das deutsche Recht verwalten? Bei 98 Prozent der Kausalität fehlen der BRD, unserem Rechtssystem, dazu das Recht und die technische und wirtschaftliche Mächtigkeit (Reihung ohne Wertung in der Reihenfolge und ohne Anspruch auf abschließende Nennung). Zusammengefasst: Angesichts der gigantischen Herausforderungen ist die Terminologie „Klimaverwaltungsrecht" oder gar „Klimaschutzverwaltungsrecht" (meine Vorredner:innen) aus meiner Sicht irreführend. Sie merken, ich habe mich einmal in meiner Habilitation mit irreführender Werbung befasst. Ein weiterer Grund, warum ich auf der Unterscheidung von „Klimaschutz" und „Klimaverwaltung" so zu bestehen müssen glaube, ist, dass ich mich in der Analyse des Beschlusses des Bundesverfassungsgerichts vom 24.3.2021 derzeit in folgender Einschätzung befinde: Für mich ist er das Paradigma einer (r)evolutionären Dogmatik. Ich fühle mich an die Agenda der Herren Bernanke (Federal Reserve) und Draghi (EZB) in der Weltfinanzkrise erinnert: „Whatever it takes […]". Es ist so herausfordernd, meinen Studierenden beizubringen, dass „was immer notwendig ist zu tun", nicht evident mit Rechtsstaats-, Demokratie- und Sozialstaatsprinzip vereinbar ist. Und in diesem Zusammenhang sei auf die prägnanten Formulierungen des Minderheitsvotums von Gertrude Lübbe-Wolff in der OMT I Entscheidung vom 14.1.2014 zuvörderst Rn. 6 rekurriert: „Die Grenzen des vernünftigerweise überhaupt Verregelbaren sind zu respektieren". Wenn also das BVerfG angesichts einer drohenden Menschheitskatastrophe – und nicht einer Finanzkrise – die Grundrechtsdogmatik revolutioniert, sollte es terminologisch bei „Klimaschutz" bleiben und eben nicht in der „Klimaverwaltung" geschehen. Nach meinem Dafürhalten ist der Beschluss derzeit in einem „Innovationsinkubator" (so publizieren die Wirtschaftswissenschaften) zu pflegen, zu hegen und zu beurteilen. Oder wie etwa in der Volksrepublik China als „Experimentalrechtsprechung" zu würdigen. Die Faktizität des Rechts, etwa bereits in der Entscheidung des Bundesverfassungsgerichts „Recht auf selbstbestimmtes Sterben und Sterbe- und Suizidhilfe" (2020), wird hier auf die Prae/äfaktizität (eigene Terminologie) erstreckt. Dieser zukunfts(rechts)wissenschaftlichen Perspektive stehen die bekannten Monita von Gertrude Lübbe-Wolff entgegen, auf die hier respektvoll Bezug genommen wird. Danke.

Matthias Knauff: Claudio, Du hast einen wunderbaren Überblick über das sich in Entstehung befindliche Klimaschutzrecht gegeben und aufgezeigt, wie es sich derzeit darstellt. Gleichzeitig wurde deutlich, welche „Baustellen" es gibt. Eine dieser Baustellen hast Du, wenn ich Dich richtig verstanden habe, durchaus positiv gesehen, nämlich die Nutzung von Zielen als neuem Instrument. Ich teile Deine Einschätzung, dass es sich dabei tatsächlich im Bereich der Gesetzgebung um etwas Neues handelt. Jedenfalls grundsätzlich funktioniert Gesetzgebung durch Ziele anders als unser herkömmliches Planungsrecht. Mit Blick auf die ostdeutsche Geschichte würde ich allerdings in diesem Zusammenhang gern auf den Begriff des „Politikplanungsrechts" verzichten. In politischer Hinsicht sind Ziele allerdings überhaupt nichts Neues. Die Politik arbeitet schon lange in politischen Papieren mit Zielsetzungen. Auch die Bundesregierung setzt sich immer wieder politikfeldspezifische Ziele. In tatsächlicher Hinsicht sollte uns das Übergreifen dieser Praxis auf die Gesetzgebung daher nicht überraschen. Wir müssen uns allerdings fragen, welche Bindungswirkung gesetzlich normierten Zielen zukommt. Was den Gesetzgeber angeht, sehe ich zwei Probleme: Einmal ist dieser selbst offenbar nicht davon überzeugt, dass er sich an seine klimaschutzrechtlichen Vorgaben halten muss. Jedenfalls lässt sich das neue Gebäudeenergiegesetz kaum anders verstehen. Dieses stellt aus Klimaschutzsicht keineswegs einen Fortschritt dar, obwohl es mehr oder weniger zeitgleich zum Klimaschutzgesetz entstanden ist. Das zweite Problem betrifft die künftige Gesetzgebung. Du hast deren faktische Bindung durch gesetzliche Zielvorgaben bejaht. Diese Einschätzung teile ich. Aus staatsrechtlicher Perspektive stellt sich die Angelegenheit aber deutlich komplizierter dar. Als noch viel herausfordernder sehe ich die Bestimmung der erforderlichen Einzelmaßnahmen an. Du hast sehr überzeugend den „Instrumentenkoffer" geöffnet und die einzelnen Instrumente vorgezeigt. Das Problem ist allerdings die Abstimmung zwischen diesen Instrumenten. Ihr Zusammenwirken hat jedenfalls bislang nicht besonders gut funktioniert. Und das ist das Problem. So sind das Recht der erneuerbaren Energien und das Treibhausgasemissionshandelsrecht keine neuen Erscheinungen. Beide Materien haben sich jedoch letztlich über lange Zeit gegenseitig ausgebremst, was sich kaum anders denn als inkonsequente Gesetzgebung begreifen lässt. Nur haben wir inzwischen nicht mehr viel Zeit für Experimente. Was uns außerdem beschäftigen muss und wird – auch als Staatsrechtslehrer – ist die soziale Frage, die mit Klimaschutzmaßnahmen einhergeht. Denn an dieser hängt letztlich auch die Akzeptanz des Rechtsgebiets insgesamt, ohne die es seine Ziele nicht erreichen wird.

Abschließend noch ein Blick auf die praktische Ebene: Wie will man die gesetzlichen Zielvorgaben operationalisieren? Auch bleibt offen, was passieren soll, wenn sichtbar wird, dass bestimmte Ziele nicht mehr erreicht werden können. Für die dann notwendigen Entscheidungen fehlen letztlich die Maßstäbe. Außerdem sehe ich mit der Gesetzgebung durch Ziele eine Verschiebung der Verantwortung auf die Verwaltung einhergehen, die diese zu überfordern droht. Herzlichen Dank!

Michael Fehling: Zum Schluss möchte ich noch einmal mit zwei Punkten den Bogen zurück spannen zum Aspekt Prävention, der ja als Oberthema über beiden Vorträgen stand.

Zunächst zu Claudio Franzius: Gefahrenabwehr, Gefahrenvorsorge oder mit Thomas Groß zu sprechen vielleicht treffender Schadenbegrenzungsrecht mit Zielorientierung und Planung zu assoziieren, ist zunächst einmal eher atypisch, wenn man klassische Vorstellungen im Hinterkopf hat. Deshalb scheint mir gerade diese Verknüpfung eine ganz wesentliche Erkenntnis des Vortrags zu sein. Allerdings habe ich mit Matthias Knauff den Eindruck, dass dabei die rechtliche Bindungswirkung dieser Ziele, jedenfalls auf nationaler Ebene, tendenziell überschätzt wird. Auf europäischer Ebene haben Zielvorgaben am Vorrang des Unionsrecht teil und können selbstverständlich auch rechtlich ein Stück steuern, aber auf nationaler Ebene können sie im Rang des einfachen Gesetzesrechts den Gesetzgeber nicht binden. Dies weckt Assoziationen zum vorgeschalteten Maßstäbegesetz beim Finanzausgleich, wo ein ähnliches Bindungskonzept auch nicht wirklich funktioniert. Man kann Ministerien zu Gesetzesvorschlägen veranlassen, aber der entscheidende Schritt, nämlich die Verabschiedung schärferer Gesetze im Hinblick auf konkrete Klimaschutzmaßnahmen, lässt sich mit parlamentsgesetzlichen Zielvorgaben auf nationaler Ebene nicht erzwingen. Deshalb müssen wir über diese schwache rechtliche Wirkung hinaus stärker auf die politische Wirkung ambitionierter Ziele schauen, die man nicht unterschätzen sollte. Das trifft sich mit dem, was Armin von Bogdandy auf internationaler Ebene zum Auftreten von Greta Thunberg angemerkt hat. Diese Erweiterung des Blickwinkels ist wichtig auch in Anbetracht der Tatsache, dass es – hier an Frau Schmid anknüpfend – auf nationaler Ebene zunächst einmal nur um zwei Prozent der relevanten Emissionen geht. Denn nationale Klimaschutzziele können auch insoweit eine überschießende politische Wirkung entfalten, indem sie etwa andere Staaten unter Rechtfertigungsdruck setzen. Deshalb plädiere ich dafür, nicht nur auf die harten rechtlichen Wirkungen zu schauen, sondern auch auf die darüber hinausweisenden außerrechtlichen Effekte, einschließlich solcher ökonomischer und verhaltenspsychologischer Art.

Mein zweiter Punkt: Auch wenn wir Prävention als Überschrift über beide Vorträge schreiben, scheint mir doch der Präventionsgedanke beim Klimaschutzrecht auf den ersten Blick ein ganz anderer zu sein als der Präventionsgedanke, wie er dem Vortrag von Herrn Wolff zugrunde lag. Geht man im Polizei- und Ordnungsrecht jedoch gleichsam eine Ebene zurück, so geraten vielleicht auch in diesem Rechtsgebiet Planung und Ziele im Zusammenhang mit Prävention in den Blick. Wie plane ich Personalkapazitäten für die Polizei insgesamt? Wie mache ich Einsatzplanungen? Wie müssen Polizeikräfte räumlich verteilt und eingesetzt werden, um das Ziel „gleiche Sicherheit für alle" so weit wie möglich zu erreichen? Also politisch dem vorgelagert, was Sie, lieber Herr Wolff, auf Ebene konkreter ordnungsrechtlicher Maßnahmen sehr spannend verhandelt haben. Vielen Dank.

Heinrich Amadeus Wolff: Wenn ich es richtig sehe, gab es mehr Fragen zum Klimaschutz als zum Sicherheitsverwaltungsrecht. Das war ein bisschen zu befürchten. Klima hat etwas Modernes und Charismatisches. Beim Sicherheitsverwaltungsrecht ist es mehr wie bei unserer Kanzlerin, die wenigsten bekennen sich zu ihr, aber alle sind irgendwie froh, dass sie da ist. So ähnlich ist es mit dem Sicherheitsverwaltungsrecht. Umso dankbarer bin ich, Herr von Bogdandy, dass Sie sich offen zum Sicherheitsverwaltungsrecht bekennen. Ich habe leider Forschungsfreisemester, aber jeder andere Sicherheitsrechtler hier im Raum, es gibt eine ganze Menge, begrüßt Sie sicher ganz herzlich. Es ist ein spannendes Gebiet.

Mir war es wichtig, dass Sicherheitsverwaltungsrecht zunächst in seiner Selbstständigkeit als eigenes Gebiet zu betonen. Deswegen vielen Dank, Herr Schoch. Ihre Stellungnahme hat überhaupt keine Erwiderung meinerseits nötig, sondern ausschließlich Zustimmung. Die Sicherheit ist aber selbst kein Gesetzesbegriff. Deswegen bindet meiner Meinung nach das Sicherheitsrecht weder die Rechtsprechung noch die Exekutive. Insofern sehe ich das anders als Herr Hanschmann. Das Sicherheitsrecht selber ist in Grenzen unscharf, Herr Pielow. Das hatte ich versucht anzudeuten. Das Sicherheitsrecht der Energieversorgung, das würde ich sagen, würde man klassischerweise nicht unmittelbar zum Sicherheitsrecht hinzuzählen. Es fällt unter den Begriff der Sicherheit, aber eben nicht des Sicherheitsverwaltungsrechts. Darüber lässt sich natürlich streiten.

Herr Mayer fragt, ob ich den gleichen Präventionsbegriff wie Herr Franzius habe. Antwort: Nein, habe ich nicht. Wir haben unterschiedliche. Mein Präventionsbegriff erfasst die Gefahrenvorsorge, die Gefahr und die Risikoverwaltung. Bei ihm ist es differenzierter. Darauf hatte ja gerade eben Herr Fehling völlig zu Recht hingewiesen. Herr Fehling, die Planung, die Vorsorgeplanung gehört sicher dazu. Deswegen hatte ich ja gesagt, es sind verschiedene Ebenen. Das Sicherheitsrecht wird immer eingebettet und dann treffen sich die Begriffe wieder. Deswegen stimme ich da voll zu.

Bindung entfaltet auch für die Exekutive und die Rechtsprechung daher nicht der Sicherheitsbegriff, sondern die jeweiligen Tatbestandsmerkmale der Norm. Und die wichtigste Norm ist die polizeiliche Generalklausel mit der konkreten Gefahr. Und da bin ich sehr wohl der Meinung, dass sie zwar Flexibilität ermöglichen soll, aber durchaus auch einen Maßstab gibt, sowohl mit dem Rechtsgüterschutz als auch mit der hinreichenden Wahrscheinlichkeit. Herr Hanschmann, das ist der zweite Punkt, bei dem wir ein bisschen auseinanderliegen. Es tut mir ganz schrecklich leid. Wir liegen nämlich gleich beim dritten Punkt auch auseinander. Aber da würde ich denken, haben wir gewisse Maßstäbe.

Herr Kempny fragt: Wie ist es mit dem vollstreckbaren Verwaltungsakt? Ist er Bestandteil der öffentlichen Sicherheit? Also, wenn Sie ihn zur Rechtsnorm machen, ist er natürlich Bestandteil der öffentlichen Sicherheit. Absolut. Für mich ist der vollstreckbare Verwaltungsakt aber keine Rechtsnorm. Ich will mich jetzt nicht mit den genannten Namen vergleichen, aber für mich ist er nun einmal keine Rechtsnorm, deswegen fällt er nicht darunter. Sie wissen, es gibt eine Entscheidung des VGH München, die sagt, er fällt unter die öffentliche Sicherheit. Da gibt es sinnvolle Anmerkungen von Kollegen, die sagen: Es passt irgendwie nicht. Dem würde ich mich anschließen.

Herr Hanschmann fragt noch, wie ist es mit den Gefährdern? Was sage ich zu den Gefährdern? Zu den Gefährdern, sage ich: Geben Sie mir die Norm, in der die Gefährder vorkommen. Dann sage ich dazu etwas. Zu den Gefährdern allgemein würde ich ungern etwas sagen. Zu den Gefährdern habe ich im Vortrag etwas gesagt, weil der rechtliche Umgang ein Merkmal für die Personalisierung als Entwicklungsmerkmal des Sicherheitsrechts ist. Es ist ein wichtiges Tatbestandsmerkmal oder Begriff für die Selbstständigkeit der Kriminalprävention und wir haben konkrete Normen, bei denen es der Sache nach um Gefährder geht, ohne dass der Begriff fällt. Da gibt es Gerichtsentscheidungen dazu, die damit umgehen. Deswegen würde ich sagen, der Begriff der Gefährder ist eines der Merkmale für die Selbstständigkeit der Kriminalprävention.

Dann fragt Frau Schiess Rütimann: Wie ist es mit den Zielen? Worauf will ich hinaus? Vielen Dank, Frau Schiess Rütimann, Sie haben da völlig recht. Sie sprechen meines Erachtens an das Opportunitätsprinzip, die Ermessensausübung zwischen mehreren Maßnahmen, unter denen ich priorisieren will. Da würde ich sagen, da gibt es sehr wohl Maßstäbe. Diese sind der Rechtsgüterschutz und das Opportunitätsprinzip. Das heißt, hier gehe ich davon aus, dass die Verwaltung eine relativ große Freiheit hat. Das hatte ich ursprünglich ausführlicher im Vortrag, musste es aber aus Zeitgründen streichen.

Dann Frau Leisner-Egensperger, mit dem Hinweis, es habe etwas gefehlt. Das ist ja richtig. Ich hatte aber auch nur 45 Minuten Zeit. Deswegen: Was hätte ich denn machen sollen? Noch ein bisschen schneller sprechen? Ich hätte natürlich die Anekdote weglassen können, aber das war das Einzige, von dem ich wusste, dass Sie das noch nicht wussten. Alles andere waren ja Selbstverständlichkeiten. Also, Denunziantentum, das ist wirklich schwierig. Ich kenne jetzt den konkreten Fall nicht. Den müsste ich mir erst anschauen, denn den Aktionismus unseres Ministerpräsidenten kann man ja nicht wirklich verfolgen. Er ist so schnell mit seinen Sachen. Wenn ich das jetzt, so wie Sie es geschildert haben, richtig verstanden habe, glaube ich, kommen Sie dem mit rechtlichen Mitteln nicht bei. Ich glaube, dass Sie weder einen Rechtsschutz gegen die Aufforderung des Ministerpräsidenten, seinen Nachbarn anzuzeigen, durchbekommen, noch sagen können, es sei ein Verstoß gegen das Rechtsstaatsprinzip. Sie kommen dem nur mit verwaltungswissenschaftlichen Mitteln bei, indem Sie sagen: Lass sowas, das ist nicht schön. Das ist auch nicht anständig, aber ich glaube, das überschreitet noch nicht die Grenze des Rechtlichen. Deswegen habe ich ja gesagt, gerade im Sicherheitsrecht haben wir das eben oft, dass wir die Grenze des rechtlich Relevanten noch nicht überschritten haben. Sie hatten mich so verstanden, dass ich den täuschenden Staat nicht will. Da haben Sie mich richtig verstanden. Ich will ihn nicht, aber es gibt ihn und ich kann ihn nicht verhindern. Und ich habe nicht den Mut von Herrn Müller von heute Morgen, der sagt: Das lehne ich ab und deswegen gilt es nicht, sondern ich lehne es zwar ab, aber es gilt leider trotzdem.

Herr Mayer hat gefragt: Fehlt nicht das Europarecht? Also es fehlt nicht, aber es war schon sehr versteckt. Es war bei der Zentralisierung drin, beim ersten Merkmal. Die Zentralisierung betrifft den Bund und Europa. Das ist unstreitig. Es wird auch in den Fußnoten näher ausgeführt. Ihre zweite Frage war: Liegt es vielleicht daran, dass wir andere Begriffe haben? Nein, diesmal tatsächlich nicht, sondern wir haben unseren Begriff von Polizeirecht zum Sicherheitsrecht ja gerade umgestellt, um europäisch anschlussfähig zu sein. Die Datenschutz-Grundverordnung übernimmt ja gerade diese Mittelstellung zwischen Strafrecht und Polizeirecht, die wir so gar nicht kannten. Deswegen, wir haben uns tatsächlich – das müsste Ihnen eigentlich das Herz erwärmen – extra bewegt, um auf das Europarecht zuzugehen.

Herr Kempny fragt außerdem nach der föderalen Struktur. Widerspricht das nicht dem Musterpolizeigesetz? Na klar, das ist schon richtig. Wenn man eine föderale Struktur hat, soll man eigentlich keine Musterpolizeigesetze kreieren, aber das ist natürlich irgendwie schon ein altes Problem.

Das haben die Baurechtler auch. Und wir hatten 1972 ja mal ein Musterpolizeigesetz. Ich selber bin nicht unbedingt für ein Musterpolizeigesetz. Das ist wirklich eine Wertungsfrage. Aber es ist natürlich ein kleiner Widerspruch. Ich habe „möglichst" geschrieben, weil ich dachte, dass wir das tatsächlich prüfen müssen. Ich kann es beim Katastrophenschutz nicht ausschließen. Da muss man die Evaluierung abwarten, ob die fehlende Zentralisierung ein Fehler war. Es ging mir vor allem darum, zu zeigen, dass wir nicht nur das Recht, die Rechtstheorie, das Völkerrecht und das Verfassungsrecht haben, sondern dass wir eben auch die einfache Rechtsordnung haben und deren Systematisierung durchaus Gewinn bringt und das Sicherheitsverwaltungsrecht eben auch ein Gebiet ist, das so facettenreich ist, sodass sich ein Blick darauf lohnt. Ich bedanke mich ganz herzlich, erstens vorgetragen haben zu dürfen und zweitens, dass Sie mir zugehört haben. Vielen Dank.

Claudio Franzius: Ich bedanke mich für alle Wortmeldungen und versuche sie ein wenig zu bündeln. Beginnen möchte ich damit, noch einmal mein Kernanliegen zu verdeutlichen: Es ging mir um das Neue im Klimaschutzrecht, nämlich um das Zusammenspiel von Zielen und Maßnahmen. Natürlich können wir Ziele hinterfragen, sei es, dass wir sie nicht für ausreichend halten oder an ihrer Durchsetzungskraft zweifeln. Aber entscheidend ist: Es sind keine unverbindlichen Ziele, sie sind rechtsverbindlich vorgegeben. Das ist der Unterschied zu früher: Es sind keine politischen Absichtserklärungen mehr. Es sollte eigentlich eine Selbstverständlichkeit sein, aber der Gesetzgeber verpflichtet die Bundesregierung zur Einhaltung der Ziele.

So gesehen sind die Gesetze, über die ich gesprochen habe, von unterschiedlicher Qualität. Sie sind formell von gleicher, aber materiell doch von unterschiedlicher Qualität. Matthias Knauff hat es kurz angedeutet: Ja, das Bundes-Klimaschutzgesetz erinnert an ein Maßstäbegesetz, wie es das Bundesverfassungsgericht einst für den Finanzausgleich vorgegeben hat. Es setzt Maßstäbe, an denen die Maßnahmen im Brennstoffemissionshandelsgesetz, im Kohleausstiegsgesetz oder in anderen Gesetzen zu messen sind. Das ist, wenngleich das natürlich ein staatsrechtliches Problem ist, eine Art „Super-Gesetz" zwischen der Verfassung und dem legislativen Zielerreichungsrecht. Ohne diese Zielvorgaben, das sage ich zu Michael Fehling, geht es nicht.

Zur Begrifflichkeit: Ich habe nicht vom „Klimaschutzverwaltungsrecht" gesprochen. Entscheidend ist die Pointe, nicht mehr ausschließlich von Klima*schutz*recht zu sprechen. Wegweisend könnte die englische Begrifflichkeit sein: Hier heißt es „Climate *Change* Law" und nicht „Climate *Protection* Law". Das Klimaschutzrecht, Herr Pielow, das ist ein neues Rechtsgebiet, darf nicht übersehen, dass es nicht bloß um etwas zu Bewahrendes, nicht allein um Schutz oder Vorsorge, sondern auch um Gestaltung geht, nämlich um die Transformation der Weltgesellschaft in eine dekarbonisierte Welt. Deshalb Klima*verwaltungs*recht. Dann könnte man noch ein Stück weiter gehen und für den Strukturwandel die Begrifflichkeit des Unionsgesetzgebers aufgreifen, der eine Verordnung „Europäisches Klimagesetz" nennt. Warum nicht wie im Umweltrecht von „Klimarecht" sprechen? Das würde es erlauben, auch das Privatrecht einzubeziehen.

Zur Wiederentdeckung der nationalen Ebene und den Fragen von Franz Mayer, Charlotte Kreuter-Kirchhof und Armin von Bogdandy: Die Anfänge des Klimaschutzes waren geprägt von der Suche nach international verbindlichen Regelungen. Schauen wir uns das Klimaschutzrecht an, wie es in den Lehrbüchern dargestellt wird. Viel Völkerrecht, etwas Europarecht, wenig nationales Recht. Das hat sich geändert. Ich habe bewusst von der Wiederentdeckung der nationalen Ebene gesprochen, ohne damit eine Abkehr vom internationalen Klimaschutzrecht zum Ausdruck bringen zu wollen. Wir kehren nicht einfach in die vertraute Welt der Staaten zurück, sondern treten in eine transnationale Ordnung ein. Hier heißt das Zauberwort nicht Hierarchie, sondern Orchestrierung.

Armin, ja, wir haben so etwas wie „International Public Authority" im Klimaschutz. Das hat aber auch etwas mit dem Völkervertragsrecht zu tun. Es ist vielleicht etwas zu kurz gekommen, aber wir haben es mit einem beeindruckenden Wandel im internationalen Klimaverwaltungsrecht zu tun. Sedes materiae unserer völkerrechtlichen Überlegungen zum Klimaschutz ist das Pariser Abkommen. Es wurde aus Deutschland dafür kritisiert, dass es an einem rechtlichen Sanktionsmechanismus fehlt. Aber es fehlt eben auch an verbindlichen Verpflichtungen à la Kyoto. Wird „Paris" als schwach gekennzeichnet, halte ich mit Michael Fehling dagegen: Es kommt nicht entscheidend darauf an, ob es „hard law" oder „soft law" ist. Ich mag eigentlich auch nicht von „Ebenen" sprechen. Entscheidend ist, dass es eine erkennbare Steuerungsstrategie des Paris-Abkommens ist, die Weltöffentlichkeit als Kontrollmechanismus zu aktivieren. So lässt sich sagen, die Mütter und Väter des Pariser Abkommens wollten Greta Thunberg.

Für die „Klima-Governance" gehe ich nicht so weit, von einer Renaissance des Nationalstaates zu sprechen. Mit der „Wiederentdeckung der nationalen Ebene" nehme ich vielmehr Bezug auf das, was gefragt wurde: Wo sind die legitimierenden Bedingungen? Wir sprechen über Maßnahmen, die so hart ausfallen, so massive Grundrechtseingriffe sein werden, dass ich mir nicht vorstellen kann, wie man das völkerrechtlich beschließen können soll. Natürlich hätte auch ich mir gewünscht, wenn der Kohleausstieg im Paris-Abkommen gestanden hätte. Der steht da aber aus guten Gründen nicht, weil die Legitimation des Völkerrechts bekanntlich prekär ist. Deswegen meine ich, dass die Wiederentdeckung der nationalen Ebene kein Zufall, sondern demokratisch veranlasst ist.

Ziele allein reichen nicht aus, da stimme ich Thomas Groß und Sabine Schlacke zu. Aber wir haben immer noch nicht richtig verstanden, dass sich zwischen die Ziele und Maßnahmen die Ebene der „Planung" schiebt. Das Klimaschutzgesetz sagt nichts zu konkreten Maßnahmen, schafft aber neue Planungsinstrumente. Klimaschutzprogramme und Sofortprogramme bilden die Zwischenebene zwischen den Zielen und Maßnahmen. Insoweit sind die Ziele ein neues Instrument des Verwaltungsrechts und schaffen ein Politikplanungsrecht. Herr Ludwigs, ich bin nicht gegen die Bepreisung, allerdings auch nicht gegen das Ordnungsrecht. Dem Brennstoffemissionshandelsgesetz sage ich keine langfristige Zukunft voraus. Wenn es der Europäischen Union gelingt, einen Emissionshandel im Bereich Gebäude und Verkehr einzurichten, habe ich nichts dagegen. Nur die Kommission greift in ihrem „Fit for 55"-Paket gleichzeitig zum Ordnungsrecht und will die Flottengrenzwerte für Pkw so verschärfen, dass der Verbrennungsmotor auf dem Markt keine Zukunft mehr hat. Dynamische Nachsteuerung hat das Johannes Saurer genannt. Ja, so ist es. In diese Richtung muss weiter nachgedacht werden.

Ich kann nicht auf alles eingehen. Vielleicht noch etwas zu den Gerichten, vor allem zu den Fragen von Claus Dieter Classen und Uwe Volkmann: § 4 Abs. 1 Satz 10 KSG sagt, dass durch oder aufgrund des Klimaschutzgesetzes keine subjektiven Rechte oder klagbaren Rechtspositionen begründet werden. Das müssen wir im Lichte des Europarechts lesen. Weil der Gesetzgeber die Klimaschutzprogramme nach § 9 KSG für SUP-pflichtig erklärt, muss die Vorschrift im Klimaschutzgesetz, sollte sie im Sinne eines pauschalen Ausschlusses von Klagen verstanden werden, aus unionsrechtlichen Gründen unangewendet bleiben. Das ergibt sich aus der Rechtsprechung des EuGH und der dahinter stehenden Aarhus-Konvention. Ich meine, dass die Gerichte sicherlich nicht an die Stelle der Politik treten können, aber angesichts der gesellschaftlichen Relevanz des Themas mit zur Eindämmung der gefährlichen Folgen des Klimawandels beitragen sollten. Ändert sich die Rolle der Gerichte? Ja, Uwe, das mag sein, aber tun wir doch nicht so, als hätten wir den Respekt vor dem politischen Prozess mit der Muttermilch aufgesogen. Warum sollen im Klimaschutz die Gerichte außen vor bleiben? In Deutschland wird alles irgendwie gerichtlich kontrolliert. Warum nicht auch Klimaschutzmaßnahmen? Natürlich ist es ein Problem, wenn Verwaltungsgerichte dazu übergehen, die beschlossenen Maßnahmen auf ihr Potential zur Zielerreichung zu überprüfen. Das geht nicht ohne genaue Wirkungsanalyse, zumal es meistens Maßnahmenbündel sind. Hier haben wir zweifellos ein Problem, aber die Gerichte werden damit zurechtkommen.

Schließen möchte ich mit einem Dank an den Vorstand. Bei der Vorbereitung des Themas habe ich viel gelernt und den Klimaschutz könnten wir auch einmal zum Generalthema unserer Jahrestagung machen. Natürlich ist das, was ich vorgestellt habe, nur eine vorläufige Bestandsaufnahme in einem Feld gewesen, dass sich schneller weiterentwickeln mag, als manchem lieb ist, aber notwendig sein dürfte, um dem Überleben des Planeten eine Chance zu geben. Deshalb geht mein Dank auch an alle, die sich heute, am ungeliebten Freitagnachmittag, an der Diskussion beteiligt haben.

Christian Walter: Am Ende steht auch meinerseits noch einmal Dank. Nur ganz kurz: So ungeliebt scheint der Freitagnachmittag jedenfalls dieses Jahr nicht gewesen zu sein. Es waren viele Kolleginnen und Kollegen da, es wurde intensiv diskutiert. Also zunächst Danke an alle dafür, dass sie da waren, dass sie zugehört haben. Sodann Dank an die Diskutierenden, für die zahlreichen und facettenreichen Beiträge. Und zum Schluss, vor allem natürlich auch Dank an unsere beiden Referenten dafür, dass sie dieses schwierige Feld der Prävention durch Verwaltungsrecht so umfassend ausgeleuchtet haben.

Verzeichnis der Rednerinnen und Redner

Bickenbach, Christian 228
Bogdandy, Armin von 508
Bull, Hans Peter 237
Cancik, Pascale 227, 249, 355, 382
Classen, Claus Dieter 365, 509
Dann, Philipp 63, 110
Dreier, Horst 367
Droege, Michael 297, 377
Edenharter, Andrea 371
Eifert, Martin 99
Engel, Christoph 110, 362
Fehling, Michael 363, 519
Franzius, Claudio 383, 523
Frowein, Jochen 235
Frau, Robert 370
Goldhammer, Michael 370
Grimm, Dieter 227
Groß, Thomas 511
Hanschel, Dirk 91, 512
Hanschmann, Felix 364, 501
Hölscheidt, Sven 235
Hufen, Friedhelm 355
Huster, Stefan 358
Jestaedt, Matthias 231
Kaiser, Anna-Bettina 117, 247
Kaufhold, Ann-Kathrin 93
Kempny, Simon 230, 506, 511
Kirchhof, Paul 106
Klein, Eckart 359
Klein, Tonio 229, 360, 502
Knauff, Matthias 518
König, Doris 101

Kotzur, Markus 109, 359
Kreuter-Kirchhof, Charlotte 513
Lege, Joachim 228, 373, 376
Leisner-Egensperger, Anna 100, 502
Lepsius, Oliver 232, 372, 510
Lewinski, Kai von 356
Ludwigs, Markus 515
Mahlmann, Matthias 368
Mayer, Franz 92, 507
Morlok, Martin 240, 357
Müller, Markus 251, 379, 382
Nettesheim, Martin 238
Neumann, Volker 100
Nußberger, Angelika 7, 113
Paulus, Andreas 102
Payandeh, Mehrdad 171, 243
Peters, Anne 89
Pielow, Johann-Christian 505
Reimer, Franz 101
Sacksofsky, Ute 366, 382
Saurer, Johannes 515
Schiess Rütimann, Patricia M. 236, 501
Schlacke, Sabine 514
Schmid, Viola 96, 517
Schoch, Friedrich 98, 503
Schorkopf, Frank 105
Schröder, Ulrich Jan 96, 375
Spiecker gen. Döhmann, Indra 233
Thym, Daniel 90, 374
Tomuschat, Christian 92
Tschentscher, Axel 369

Uerpmann-Wittzack, Robert 361
Ullrich, Norbert 243
Valta, Matthias 94
Volkmann, Uwe 241, 509, 511
Walter, Christian 89, 116, 373, 501, 526

Weiß, Norman 108
Winkler, Markus 231
Winter, Gerd 104
Wißmann, Hinnerk 107, 361
Wolff, Heinrich Amadeus 437, 520

Verzeichnis der Mitglieder der Vereinigung der Deutschen Staatsrechtslehrer e.V.

(Stand 31. Dezember 2021; ständige Aktualisierung unter www.staatsrechtslehrer.de)

Vorstand

Vorsitzender
Univ.-Prof. Dr. Ewald *Wiederin*
Universität Wien
Institut für Staats- und Verwaltungsrecht
Schottenbastei 10–16
1010 Wien
Tel.: (0043) 1 4277-35482
E-Mail: ewald.wiederin@univie.ac.at

Stellvertreter
Prof. Dr. Christian *Walter*
Ludwig-Maximilians-Universität München
Institut für Internationales Recht
Lehrstuhl für Völkerrecht und Öffentliches Recht
Prof.-Huber-Platz 2
80539 München
Tel.: (0049) 89 2180-2798
E-Mail: cwalter@jura.uni-muenchen.de

Stellvertreterin
Prof. Dr. Pascale *Cancik*
Universität Osnabrück
Institut für Staats-, Verwaltungs- und Wirtschaftsrecht
Fachbereich Rechtswissenschaft
Martinistraße 12
49078 Osnabrück
Tel.: (0049) 541 969-6044, 969-6099 (Sekr.)
E-Mail: pcancik@uni-osnabrueck.de

Mitglieder

Adamovich, Dr. Dr. h.c. mult. Ludwig,
o. Univ.-Prof.,
Präsident des Österreichischen
Verfassungsgerichtshofs a.D.,
Rooseveltplatz 4, A-1090 Wien,
(0043) 66 42 42 75 26;
Österreichische Präsidentschaftskanzlei,
Hofburg, Ballhausplatz, A-1014 Wien,
(0043) 1534 22-300,
Fax (0043) 1534 22-248,
E-Mail: ludwig.adamovich@hofburg.at

Albers, Dr. iur., Dipl. soz. Marion,
Professorin,
Sulzer Straße 21a, 86159 Augsburg;
Universität Hamburg,
Fakultät für Rechtswissenschaften,
Lehrstuhl für Öffentliches Recht,
Informations- und Kommunikationsrecht,
Rechtstheorie,
Rothenbaumchaussee 33,
20148 Hamburg,
(040) 42838-5752,
Fax (040) 42838-2635,
E-Mail: marion.albers@jura.uni-hamburg.de

Alexy, Dr. Dr. h.c. mult. Robert,
o. Professor,
Klausbrooker Weg 122, 24106 Kiel,
(0431) 5497 42;
Universität Kiel, 24098 Kiel,
(0431) 880 3543,
Fax (0431) 880 3745,
E-Mail: alexy@law.uni-kiel.de

Alleweldt, Dr. Ralf, LL.M., Professor,
Alt-Reinickendorf 19 A, 13407 Berlin,
(030) 9143 6466;
Hochschule der Polizei des Landes
Brandenburg,
Bernauer Str. 146, 16515 Oranienburg,
(03301) 850 2554,
E-Mail: ralf.alleweldt@hpolbb.de

Altwicker, Dr. Tilmann, LL.M., Professor,
Universität Zürich,
Institut für Völkerrecht und ausländisches
Verfassungsrecht,
SNF-Förderungsprofessur für Öffentliches
Recht, Völkerrecht, Rechtsphilosophie
und Empirische Rechtsforschung,
Seilergraben 49, CH-8001 Zürich,
(0041) 44 634 51 13,
E-Mail: tilmann.altwicker@rwi.uzh.ch

Anderheiden, Dr. Michael, Professor,
Eichelgasse 18, 76227 Karlsruhe,
(0721) 470 0817;
Fakultät für Rechts- und
Staatswissenschaften
Andrássy Universität Budapest,
Pollack Tér 3, 1088 Budapest / Ungarn,
(0036) 1 8158 120;
In Deutschland erreichbar unter:
Ruprecht-Karls-Universität Heidelberg,
Juristisches Seminar,
Friedrich-Ebert-Anlage 6–10,
69117 Heidelberg,
(06221) 5474 97,
E-Mail: anderheidenm@jurs.
uni-heidelberg.de

Appel, Dr. Ivo, Professor,
Universität Hamburg,
Fakultät für Rechtswissenschaft
Professur für Öffentliches Recht,
Umweltrecht und Rechtsphilosophie,
Forschungsstelle Umweltrecht,
Rothenbaumchaussee 33, 20148 Hamburg
(040) 42838 3977, Fax (040) 42838 6280
E-Mail: ivo.appel@jura.uni-hamburg.de

Arnauld, Dr. Andreas von, Professor,
Walther-Schücking-Institut für
Internationales Recht / Walther Schücking
Institute for International Law
Christian-Albrechts-Universität zu Kiel

Westring 400
24118 Kiel
(0431) 880-1733, Fax +49 431 880-1619
E-Mail: arnauld@wsi.uni-kiel.de

Arnim, Dr. Hans Herbert von, o. Professor,
Im Oberkämmerer 26, 67346 Speyer,
(06232) 981 23;
Deutsche Universität für Verwaltungswissenschaften Speyer,
67324 Speyer,
(06232) 654 343,
E-Mail: vonarnim@uni-speyer.de

Arnold, Dr. Dr. h.c. mult. Rainer,
o. Professor,
Plattenweg 7, 93055 Regensburg,
(0941) 7 44 65;
Universität Regensburg,
93053 Regensburg,
(0941) 943-2654/5,
E-Mail: Rainer.Arnold@jura.
uni-regensburg.de

Aschke, Dr. Manfred, Professor,
Kantstr. 14, 99425 Weimar,
(03643) 4022 83, Fax (03643) 4022 84;
E-Mail: winckelmann.aschke@t-online.de;
c/o Professur Öffentliches Recht II,
Hein-Heckroth-Str. 5, 35390 Gießen oder
Thüringer Oberverwaltungsgericht
Kaufstr. 2–4, 99423 Weimar,
(03643) 206-269

Augsberg, Dr. Dr. Ino, Professor;
Christian-Albrechts-Universität zu Kiel,
Lehrstuhl für Rechtsphilosophie und
Öffentliches Recht,
Leibnizstraße 6, 24118 Kiel
(0431) 880-5494, Fax (0431) 880-3745
E-Mail: augsberg@law.uni-kiel.de

Augsberg, Dr. Steffen, Professor,
Justus-Liebig-Universität,
Professur für Öffentliches Recht,
Hein-Heckroth-Str. 5,

35390 Gießen,
(0641) 99-21090/91,
Fax (0641) 99-21099,
E-Mail: Steffen.Augsberg@recht.
uni-giessen.de

Aulehner, Dr. Josef, apl. Prof.,
Hans-Böckler-Str. 8, 80995 München,
(089) 123 8402, Fax (089) 1274 9688;
Ludwig-Maximilians-Universität München,
Ref. I A 3 – Rechtsabteilung,
Geschwister-Scholl-Platz 1,
80539 München,
(089) 2180-3730, Fax (089) 2180-2985,
E-Mail: Aulehner@lmu.de

Aust, Dr. Helmut Philipp, Professor,
Freie Universität Berlin,
Fachbereich Rechtswissenschaft,
Professur für Öffentliches Recht und die
Internationalisierung der Rechtsordnung,
Van't-Hoff-Str. 8, 14195 Berlin,
(030) 838-61731
E-Mail: helmut.aust@fu-berlin.de

Axer, Dr. Peter, Professor,
Ruprecht-Karls-Universität Heidelberg,
Lehrstuhl für Sozialrecht in Verbindung
mit dem Öffentlichen Recht,
Friedrich-Ebert-Anlage 6–10,
69117 Heidelberg,
(06221) 54-7768, Fax (06221) 54-7769,
E-Mail: axer@jurs.uni-heidelberg.de

Badura, Dr. Peter, o. Professor,
Am Rothenberg Süd 4,
82431 Kochel am See,
(08851) 5289;
Universität München,
Professor-Huber-Platz 2, 80539 München,
(089) 2180-3576

Bäcker, Dr. Carsten, Univ.-Prof.,
Universität Bayreuth,
Lehrstuhl für Öffentliches Recht IV,
Gebäude RW, 95440 Bayreuth,

(0921) 55-6260, Fax (0921) 55-6262
E-Mail: carsten.baecker@uni-bayreuth.de

Bäcker, Dr. Matthias, LL.M., Professor,
Johannes Gutenberg-Universität Mainz
Lehrstuhl für Öffentliches Recht
und Informationsrecht, insbesondere
Datenschutzrecht
Jakob-Welder-Weg 9, 55128 Mainz
(6131) 39 25759, Fax (6131) 39 28172,
E-Mail: mabaecke@uni-mainz.de

Baer, Dr. Susanne, LL.M., Professorin,
Richterin des Bundesverfassungsgerichts,
Humboldt-Universität zu Berlin,
Juristische Fakultät,
Unter den Linden 6, 10099 Berlin,
(030) 2093 3467, Fax (030) 2093 3431,
E-Mail: sekretariat.baer@rewi.hu-berlin.de

Barczak, Dr. Tristan, LL.M., Professor,
Universität Passau,
Lehrstuhl für Öffentliches Recht,
Sicherheitsrecht und das Recht der neuen
Technologien,
Dr.-Hans-Kapfinger-Str. 14c,
D-94032 Passau,
(0049) 851 509-2290,
E-Mail: tristan.barczak@uni-passau.de

Barfuß, Dr. iur. Dr. rer. pol. Walter,
o. Universitätsprofessor, Tuchlauben 11/31;
1010 Wien; Präsident des Österreichischen
Normungsinstituts,
Generaldirektor für Wettbewerb a.D.
(Bundeswettbewerbsbehörde),
Heinestraße 38, A-1020 Wien,
(0043) 1/213 00/612,
Fax (0043) 1/213 00/609,
E-Mail: walter.barfuss@as-institute.at

Bartlsperger, Dr. Richard, o. Professor,
Schleifweg 55,
91080 Uttenreuth,
(09131) 599 16, Fax (09131) 5333 04,
E-Mail: Bartlsperger.richard@t-online.de

Bast, Dr. Jürgen, Professor,
Justus-Liebig-Universität Gießen,
Professur für Öffentliches Recht
und Europarecht,
Licher Str. 64, 35394 Gießen,
(0641) 99-21061, Fax (0641) 99-21069,
E-Mail: jurgen.bast@recht.uni-giessen.de

Battis, Dr. Dr. h.c. Ulrich, Professor,
GSK Stockmann, Mohrenstrasse 42,
10117 Berlin,
(+49) 30203907 7753
E-Mail: ulrichbattis@googlemail.com

Bauer, Dr. Hartmut, Professor,
Am Hegereiter 13, 01156 Cossebaude,
(0351) 452 1603;
Universität Potsdam,
Lehrstuhl für Europäisches
und Deutsches Verfassungsrecht,
Verwaltungsrecht, Sozialrecht
und Öffentliches Wirtschaftsrecht,
August-Bebel-Straße 89, 14482 Potsdam,
(0331) 977-3264, Fax (0331) 977-3310,
E-Mail: hbauer@rz.uni-potsdam.de

Baumeister, Dr. Peter, Professor,
Langebrücker Str. 24, 68809 Neulußheim,
(06205) 3978 17;
SRH Hochschule Heidelberg,
Ludwig-Guttmann-Str. 6,
69123 Heidelberg,
(06221) 8822 60, Fax (06221) 8834 82,
E-Mail: peter.baumeister@fh- heidelberg.de;
Schlatter Rechtsanwälte,
Kurfürsten-Anlage 59, 69115 Heidelberg,
(06221) 9812 17,
Fax (06221) 1824 75,
E-Mail: p.baumeister@kanzlei-schlatter.de

Baumgartner, Dr. Gerhard, Univ. Prof.,
Institut für Rechtswissenschaften,
Alpen-Adria-Universität Klagenfurt,
Universitätsstr. 65–67,
A-9020 Klagenfurt am Wörthersee,
(0043) 463 2700 3311,

Fax (0043) 463 2700 993311,
E-Mail: Gerhard.Baumgartner@aau.at

Bausback, Dr. Winfried,
Univ.-Prof. a. D., MdL,
Büro: Roßmarkt 34, 63739 Aschaffenburg,
(06021) 4423 20, Fax (06021) 4423 18;
E-Mail: info@winfried-bausback.de

Beaucamp, Dr. Guy, Professor,
HAW Hamburg, Department Public
Management, Fakultät Wirtschaft
und Soziales,
Berliner Tor 5, 20099 Hamburg,
(040) 42875 7713
E-Mail: AnkeBeauc@aol.com

Becker, Dr. Florian, LL.M.(Cambridge),
Professor,
Universität Kiel,
Olshausenstr. 75, Gebäude II, 24118 Kiel,
(0431) 880-5378 oder (0431) 880-1504,
Fax (0431) 880-5374,
E-Mail: lehrstuhl.becker@law.uni-kiel.de

Becker, Dr. Joachim, apl. Prof.,
Kreuznacher Str. 6, 14197 Berlin,
(030) 822 4012;
Humboldt-Universität zu Berlin,
Juristische Fakultät,
Unter den Linden 6, 10099 Berlin,
(030) 2093 3383,
E-Mail: Joachim.Becker@rewi.hu-berlin.de

Becker, Dr. Jürgen, o. Professor,
Kellerstr. 7, 81667 München;
E-Mail: ksjbecker@gmail.com

Becker, Dr. Ulrich, LL.M. (EHI),
Professor,
Pfarrsiedlungsstr. 9, 93161 Sinzing,
(09404) 3478;
Max-Planck-Institut für ausländisches
und internationales Sozialrecht,
Amalienstr. 33, 80799 München,
(089) 386 02-511,

Fax (089) 386 02-590,
E-Mail: Becker@mpisoc.mpg.de

Belser, Dr. Eva Maria, Professorin,
Chemin du Riedelet 7,
CH-1723 Marly,
(+41) 264 3622 36;
Universität Freiburg, Rechtswissen-
schaftliche Fakultät, Lehrstuhl
für Staats- und Verwaltungsrecht,
Av. Beauregard 1, CH-1700 Freiburg,
(0041) 26 300 81 47,
E-Mail: evamaria.belser@unifr.ch

Berg, Dr. Wilfried, o. Professor,
Waldsteinring 25, 95448 Bayreuth,
(0921) 990 0814;
Universität Bayreuth, 95440 Bayreuth,
(0921) 5528 76, Fax (0921) 5584 2875
oder 55 2985,
E-Mail: wilfried@cwberg.de

Berger, Dr. Ariane, Priv.-Doz.
Freie Universität Berlin,
Fachbereich Rechtswissenschaft,
Boltzmannstr. 3, 14195 Berlin,
(030) 838 55924,
E-Mail: ariane.berger@fu-berlin.de

Bernstorff, Dr. Jochen von, Professor,
Eberhard-Karls-Universität Tübingen,
Juristische Fakultät, Lehrstuhl
für Staatsrecht,
Völkerrecht und Verfassungslehre,
Geschwister-Scholl-Platz, 72074 Tübingen,
E-Mail: vonbernstorff@jura.
uni-tuebingen.de

Bethge, Dr. Herbert, o. Professor,
Am Seidenhof 8, 94034 Passau,
(0851) 416 97, Fax (0851) 490 1897,
E-Mail: H.I.Bethge@t-online.de

Beusch, Dr. Michael, Professor,
Bundesrichter,
Schweizerisches Bundesgericht,

Av. Du Tribunal Fédéral 29,
CH-1000 Lausanne 14
(0041) 21 3189358
E-Mail: michael.beusch@bger.ch

Bezemek, Dr. Christoph, BA, LL.M. (Yale),
Professor,
Universität Graz
Institut für Öffentliches Recht
und Politikwissenschaft
Universitätsstraße 15, 3D
A-8010 Graz
E-Mail: christoph.bezemek@uni-graz.at

Biaggini, Dr. Giovanni, o. Professor,
Universität Zürich, Lehrstuhl für Staats-,
Verwaltungs- und Europarecht,
Rechtswissenschaftliches Institut,
Freiestrasse 15,
CH-8032 Zürich,
(0041) 44634-3011 oder -3668,
Fax (0041) 44634-4389,
E-Mail: giovanni.biaggini@rwi.uzh.ch

Bickenbach, Dr. Christian,
Universitätsprofessor,
Universität Potsdam, Juristische Fakultät,
August-Bebel-Straße 89, 14482 Potsdam,
E-Mail: cbickenb@uni-potsdam.de

Bieber, Dr. Uwe Roland, o. Professor,
Mainzer Str. 135, 53179 Bonn,
(0228) 3571 89; Université de Lausanne,
E-Mail: Roland.Bieber@unil.ch

Binder, Dr. Bruno, Universitätsprofessor,
Wischerstr. 30, A-4040 Linz,
(0043) 732-7177 72-0,
Fax (0043) 732-7177 72-4;
Universität Linz,
Altenbergerstr. 69, A-4020 Linz,
(0043) 7322 4680, Fax (0043) 7322 468 10,
E-Mail: vwrecht@jku.at

Bisaz, Dr. iur. & lic. phil. Corsin,
Privatdozent,
Schweizerisches Bundesgericht,
Av. du Tribunal fédéral 29,
CH-1000 Lausanne 14,
(0041) 21 318 91 11;
E-Mail: corsin.bisaz@uzh.ch

Blanke, Dr. Hermann-Josef,
Universitätsprofessor,
Universität Erfurt, Lehrstuhl für
Öffentliches Recht, Völkerrecht
und Europäische Integration,
Nordhäuser Straße 63, 99089 Erfurt,
(0361) 737-4751,
(0361) 737-4700 (Sekr.),
Fax (0361) 737-47 09,
E-Mail: LS_Staatsrecht@uni-erfurt.de

Blankenagel, Dr. Alexander, Professor,
Türksteinstraße 10, 14167 Berlin,
(030) 854 9582;
Humboldt-Universität zu Berlin,
Juristische Fakultät,
Unter den Linden 6, 10099 Berlin,
(030) 2093-3381, Fax (0 30) 2093-3345,
E-Mail: blankenagel@rewi.hu-berlin.de

Bock, Dr. Wolfgang, Professor,
Richter am Landgericht
Frankfurt am Main a.D.,
Schalkwiesenweg 44,
60488 Frankfurt am Main,
Privat: (069) 7657 17; (0163) 636 2552,

Böhm, Dr. Monika, Professorin,
Philipps-Universität Marburg,
Fachbereich Rechtswissenschaft,
Universitätsstraße 6, 35037 Marburg,
(06421) 28 23132 bzw.
(06421) 28 23808,
E-Mail: monika.boehm@jura.
uni-marburg.de

Bogdandy, Dr. Dr. h.c. mult. Armin von,
M.A., Professor, Direktor am Max-Planck-
Institut für ausländisches öffentliches Recht
und Völkerrecht,

Im Neuenheimer Feld 535,
69120 Heidelberg,
(06221) 4826 02,
E-Mail: sekreavb@mpil.de

Bogs, Dr. Harald, o. Professor,
Franz-Eisele-Allee 2, App. 14,
82340 Feldafing

Bohne, Dr. Eberhard, M.A., Professor,
Conrad-Hist-Straße 35, 67346 Speyer,
(06232) 737 04, Fax (06232) 601 0871;
Deutsche Universität für
Verwaltungswissenschaften Speyer,
Freiherr-vom-Stein-Straße 2, 67346 Speyer,
(06232) 654-326, Fax (06232) 654-416,
E-Mail: bohne@uni-speyer.de

Borowski, Dr. Martin, Professor,
Universität Heidelberg, Institut für
Staatsrecht,
Verfassungslehre und Rechtsphilosophie,
Friedrich-Ebert-Anlage 6–10,
69117 Heidelberg,
(06221) 54-7462,
E-Mail: borowski@jurs.uni-heidelberg.de

Bothe, Dr. Michael, Universitätsprofessor,
Theodor-Heuss-Str. 6, 64625 Bensheim,
(06251) 4345;
E-Mail: bothe-bensheim@t-online.de

Boysen, Dr. Sigrid, Universitätsprofessorin,
Helmut-Schmidt-Universität/
Universität der Bundeswehr Hamburg,
Professur für Öffentliches Recht,
Völker- und Europarecht,
Holstenhofweg 85, 22043 Hamburg,
(040) 6541 2771,
Fax (040) 6541 2087,
E-Mail: boysen@hsu-hh.de

Braun Binder, Dr. Nadja,
Professorin für Öffentliches Recht,
Juristische Fakultät der Universität Basel,
Peter Merian-Weg 8, Postfach,
CH-4002 Basel, (0041) 61 207 24 43,
E-Mail: nadja.braunbinder@unibas.ch

Breitenmoser, Dr. Stephan, Professor,
Ordinarius für Europarecht,
Juristische Fakultät der Universität Basel,
Peter Merian-Weg 8, Postfach,
CH-4002 Basel,
(0041) 61267 2551,
Fax (0041) 61267 2579,
E-Mail: stephan.breitenmoser@unibas.ch

Brenner, Dr. Michael, Professor,
Universität Jena,
Lehrstuhl für Deutsches und Europäisches
Verfassungs- und Verwaltungsrecht,
Carl-Zeiss-Str. 3, 07743 Jena,
(03641) 9422 40 oder -41,
Fax (03641) 9422 42,
E-Mail: prof.brenner@t-online.de

Breuer, Dr. Marten, Professor,
Universität Konstanz, Lehrstuhl für
Öffentliches Recht mit internationaler
Ausrichtung,
Universitätsstr. 10, 78464 Konstanz,
(07531) 88 2416, Fax (07531) 88 3041,
E-Mail: Lehrstuhl.Breuer@uni-konstanz.de

Breuer, Dr. Rüdiger, Professor,
Buschstr. 56, 53113 Bonn,
(0228) 2179 72, Fax (0228) 2248 32;
Köhler & Klett Rechtsanwälte,
Köln,
(0221) 4207-291, Fax (0221) 4207-255,
E-Mail: breuer.ruediger@arcor.de

Brinktrine, Dr. Ralf, Universitätsprofessor,
Margaretenstr. 31,
97276 Margetshöchheim,
(0931) 3044 5884;
Lehrstuhl für Öffentliches Recht,
deutsches und europäisches Umweltrecht
und Rechtsvergleichung,
Juristische Fakultät,
Universität Würzburg,

Domerschulstraße 16, 97070 Würzburg,
(0931) 318-2331,
E-Mail: Ralf.Brinktrine@jura.
uni-wuerzburg.de

Britz, Dr. Gabriele, Professorin,
Richterin des Bundesverfassungsgerichts,
Justus-Liebig-Universität Gießen,
Professur für Öffentliches Recht
und Europarecht,
Hein-Heckroth-Straße 5, 35390 Gießen,
(0641) 992 1070, Fax (0641) 992 1079,
E-Mail: Gabriele.Britz@recht.
uni-giessen.de

Broemel, Dr. Roland, Professor,
Goethe-Universität Frankfurt am Main,
Fachbereich Rechtswissenschaft,
Theodor-W.-Adorno-Platz 3
60629 Frankfurt am Main,
(069) 798-34024,
E-Mail: broemel@jur.uni-frankfurt.de

Bröhmer, Dr. Jürgen, Professor,
4 Hinton Cove, 6170 Wellard, WA,
(0061) 8 9419 5965;
Dean and Professor of Law,
School of Law, Murdoch University,
Murdoch, WA 6150, Australien,
(0061) 89360 6050,
E-Mail: j.brohmer@murdoch.edu.au

Brosius-Gersdorf, Dr. Frauke, LL.M.,
Professorin,
Leibniz Universität Hannover,
Juristische Fakultät
Lehrstuhl für Öffentliches Recht,
insb. Sozialrecht,
Öffentliches Wirtschaftsrecht und
Verwaltungswissenschaft,
Königsworther Platz 1,
30167 Hannover,
(0511) 762-8225/6,
Fax (0511) 762-8228,
E-Mail: brosius-gersdorf@jura.
uni-hannover.de

Brühl-Moser, Dr. Denise,
Titularprofessorin,
Freiburgstr. 130, CH-3003 Bern,
(0041) 998 93182 3685,
E-Mail: d.bruehl-moser@unibas.ch

Brüning, Dr. Christoph, Professor,
Christian-Albrechts-Universität zu Kiel,
Lehrstuhl für Öffentliches Recht
und Verwaltungswissenschaft
Leibnizstraße 2, 24118 Kiel,
(0431) 880-15 05, Fax (0431) 880-4582,
E-Mail: cbruening@law.uni-kiel.de

Brünneck, Dr. Alexander von, Professor,
Blumenhagenstr. 5, 30167 Hannover,
Tel./Fax (0511) 71 6911;
E-Mail: rechtsanwalt.bruenneck@
agrarkanzlei.de

Bryde, Dr. Brun-Otto, o. Professor,
Richter des Bundesverfassungs-
gerichts a. D., Universität Gießen,
Hein-Heckroth-Str. 5, 35390 Gießen,
(0641) 992 1060/61,
Fax (0641) 992 1069,
E-Mail: Brun.O.Bryde@recht.
uni-giessen.de

Bull, Dr. Hans Peter, o. Professor,
Falckweg 16, 22605 Hamburg,
(040) 880 5652,
E-Mail: HP-Bull@t-online.de

Bultmann, Dr. Peter Friedrich, apl. Prof.,
Am Pankepark 51, 10115 Berlin,
(030) 4405 6443;
Humboldt-Universität zu Berlin,
Unter den Linden 6, 10099 Berlin,
E-Mail: piet.bultmann@rz.hu-berlin.de

Bumke, Dr. Christian, Professor,
Apostel-Paulus-Str. 19, 10825 Berlin,
(030) 782 6787;
Bucerius Law School, Jungiusstraße 6,
20355 Hamburg,

(040) 30706-237, Fax (040) 30706-259,
E-Mail: christian.bumke@law-school.de

Bungenberg, Dr. Marc, LL.M. (Lausanne),
Professor,
Pirmasenser Str. 3, 30559 Hannover,
(0511) 219 3413 oder (0177) 434 9722;
Universität Siegen,
Fachbereich Wirtschaftswissenschaften,
Wirtschaftsrecht und Wirtschaftsinformatik,
Lehrstuhl für Öffentliches Recht
und Europarecht,
Hölderlinstr. 3, 57068 Siegen,
(0271) 740 3219,
Fax (0271) 740 2477,
E-Mail: marc.bungenberg@gmx.de

Burgi, Dr. Martin, Professor,
Institut für Politik und Öffentliches Recht
der LMU München,
Lehrstuhl für Öffentliches Recht,
Wirtschaftsverwaltungsrecht,
Umwelt- und Sozialrecht,
Prof.-Huber-Platz 2,
80539 München,
(089) 2180-6295,
Fax (089) 2180-3199,
E-Mail: martin.burgi@jura.
uni-muenchen.de

Burkert, Dr. Herbert, Professor,
Uferstr. 31, 50996 Köln-Rodenkirchen,
(02213) 9 7700, Fax (02213) 9 7711;
MCM-HSG, Universität St. Gallen,
Müller-Friedberg-Str. 8,
CH-9000 St. Gallen,
(0041) 71-222 4875,
Fax (0041) 71-222 4875,
E-Mail: herbert.burkert@unisg.ch

Burri, Dr. Thomas, LL.M., Professor,
Assistenzprofessor für Völkerrecht
und Europarecht
Bodanstr. 3, CH-9000 St. Gallen,
(0041) 71 224 30 92,
E-Mail: Thomas.Burri@unisg.ch

Bußjäger, Dr. Peter, Univ.-Prof.,
Institut für Öffentliches Recht,
Staats- und Verwaltungslehre,
Innrain 52d, A-6020 Innsbruck,
E-Mail: peter.bussjaeger@uibk.ac.at

Butzer, Dr. iur. Hermann, Professor,
Moltkestr. 4, 30989 Gehrden,
(05108) 8782 323;
Leibniz-Universität Hannover,
Lehrstuhl für Öffentliches Recht,
insbesondere Recht der staatlichen
Transfersysteme,
Königsworther Platz 1, 30167 Hannover,
(0511) 7 6281 69, Fax (0511) 762 8203,
E-Mail: butzer@jura.uni-hannover.de

Calliess, Dr. Christian, LL.M. Eur.,
M.A.E.S. (Brügge), Professor,
(0175) 205 75 22;
Freie Universität Berlin, Lehrstuhl für
Öffentliches Recht und Europarecht,
Van't-Hoff-Str. 8, 14195 Berlin,
(030) 8385 1456,
Fax (0 30) 8385 3012,
E-Mail: europarecht@fu-berlin.de

Cancik, Dr. Pascale, Professorin,
Universität Osnabrück,
Institut für Staats-, Verwaltungs- und
Wirtschaftsrecht,
Fachbereich Rechtswissenschaft,
Martinistraße 12, 49078 Osnabrück,
(0541) 969-6044, (0541) 969-6099 (Sekr.),
Fax (0541) 969-6082,
E-Mail: pcancik@uni-osnabrueck.de

Capitant, Dr. Dr. h.c., David, Professor,
44, rue des Ecoles, F-75005 Paris,
(0033) 615 102 596,
E-Mail: dcapitant@gmail.com

Caspar, Dr. Johannes, Privatdozent,
Tronjeweg 16, 22559 Hamburg,
(040) 8196 1195,
Universität Hamburg,

Fachbereich Rechtswissenschaft,
Rothenbaumchaussee 33,
20148 Hamburg,
(040) 42838-3033,
E-Mail: johannes.caspar@uni-hamburg.de

Classen, Dr. Claus Dieter, Professor,
Universität Greifswald,
17487 Greifswald,
(03834) 420 21 21 oder 21 24,
Fax (03834) 420 2171,
E-Mail: Classen@uni-greifswald.de

Coelln, Dr. Christian von,
Universitätsprofessor,
Lehrstuhl für Staats- und Verwaltungsrecht
sowie Wissenschaftsrecht und Medienrecht
Universität zu Köln,
Albert-Magnus-Platz, 50923 Köln,
(0221) 470-40 66,
E-Mail: cvcoelln@uni-koeln.de

Collin, Dr. Peter, Privatdozent,
Rykestr. 18, 10405 Berlin,
(030) 4005 6292;
MPI für europäische Rechtsgeschichte,
Hausener Weg 120,
60489 Frankfurt am Main,
(069) 789 78-1 61,
Fax (069) 789 78-1 69,
E-Mail: collin@rg.mpg.de

Cornils, Dr. Matthias, Professor,
Johannes Gutenberg-Universität Mainz,
Fachbereich Rechts- und
Wirtschaftswissenschaften,
Jakob-Welder-Weg 9, 55099 Mainz,
(06131) 39-220 69,
E-Mail: cornils@uni-mainz.de

Cossalter, Dr. Philippe, Professor,
Lehrstuhl für französisches öffentliches
Recht,
Rechtswissenschaftliche Fakultät,
Universität des Saarlandes,
Postfach 15 11 50, 66041 Saarbrücken,

(0681) 302-3446,
E-Mail: cossalter@mx.uni-saarland.de

Cremer, Dr. Hans-Joachim,
Universitätsprofessor,
Steinritzstr. 21, 60437 Frankfurt am Main;
Universität Mannheim,
Fakultät für Rechtswissenschaft,
Schloss, Westflügel, 68131 Mannheim,
(0621) 181-1428, -1429 (Sekr.),
Fax (0621) 181-1430,
E-Mail: Hjcremer@rumms.
uni-mannheim.de

Cremer, Dr. Wolfram, Professor,
Schellstraße 13, 44789 Bochum;
Ruhr-Universität Bochum, Lehrstuhl für
Öffentliches Recht und Europarecht,
GC 8/160, 44780 Bochum,
(0234) 32-22818,
Fax (0234) 32-14 81,
E-Mail: wolfram.cremer@rub.de

Czybulka, Dr. Detlef, Universitätsprofessor,
Bergstraße 24–25, 18107 Elmenhorst,
(0381) 795 3944, Fax (0381) 795 3945;
Universität Rostock,
Lehrstuhl für Staats- und Verwaltungsrecht,
Umweltrecht und Öffentliches
Wirtschaftsrecht,
Universitätsplatz 1, 18051 Rostock,
(0381) 498-8250,
Fax (0381) 498-8252,
E-Mail: detlef.czybulka@uni-rostock.de

Dagtoglou, Dr. Prodromos, Professor,
Hippokratous 33, GR-Athen 144,
(0030) 1322 1190;
dienstl.: (0030) 1362 9065

Damjanovic, Dr. Dragana,
LL.M. (Berkeley),
Universitätsprofessorin,
Technische Universität Wien, Institut für
Raumplanung,
Forschungsbereich Rechtswissenschaften,

Karlsgasse 13/1OG, 1040 Wien,
(0043) 1 58801 280100,
E-Mail: dragana.damjanovic@tuwien.ac.at

Dann, Dr. Philipp, LL.M., Professor,
Sybelstr. 37, 10629 Berlin;
Lehrstuhl für Öffentliches Recht und
Rechtsvergleichung,
Humboldt-Universität zu Berlin
Unter den Linden 6, 10099 Berlin,
(030) 2093 9975,
E-Mail: philipp.dann@rewi.hu-berlin.de

Danwitz, Dr. Dr. h.c. Thomas von,
Professor,
Klinkenbergsweg 1, 53332 Bornheim,
(02227) 9091 04,
Fax (02227) 90 9105;
Richter am Gerichtshof der
Europäischen Union,
L-2925 Luxemburg, (00352) 4303-2230,
Fax (00352) 4303-2071,
E-Mail: thomas.vondanwitz@curia.
europa.eu

Davy, Dr. Benjamin, Universitätsprofessor,
Graf von Galen Straße 64, 33619 Bielefeld,
(0049) 521 9630 8545,
E-Mail: benjamin.davy@udo.edu

Davy, Dr. Ulrike, Universitätsprofessorin,
Graf von Galen Straße 64,
33619 Bielefeld,
(0231) 7799 94 oder 794 9979
Lehrstuhl für öffentliches Recht,
deutsches und internationales Sozialrecht
und Rechtsvergleichung,
Universität Bielefeld,
Postfach 10 01 31, 33501 Bielefeld,
(0521) 106 4400 oder 6893 (Sekr.),
Fax (0521) 106 8083,
E-Mail: ulrike.davy@uni-bielefeld.de

Decken, Dr. Kerstin von der, Professorin,
Christian-Albrechts-Universität zu Kiel,
Walther-Schücking-Institut für
Internationales Recht,
Westring 400, 24118 Kiel,
(0431) 880-2149, Fax (0431) 880-1619,
E-Mail: decken@wsi.uni-kiel.de

Dederer, Dr. Hans-Georg,
Universitätsprofessor,
Juristische Fakultät Universität Passau,
Innstr. 39, 94032 Passau,
(0851) 509-2340,
E-Mail: Hans-Georg.Dederer@
uni-passau.de

Degenhart, Dr. Christoph,
Universitätsprofessor,
Stormstr. 3, 90491 Nürnberg,
(0911) 59 2462, Fax (0911) 59 2462;
Juristenfakultät, Universität Leipzig,
Burgstr. 27, 04109 Leipzig,
(0341) 97-35191, Fax (0341) 97-35199,
E-Mail: degen@rz.uni-leipzig.de

Delbanco, Dr. Heike, Privatdozentin,
Freier Damm 25 c, 28757 Bremen,
(0421) 243 6381, Fax (0421) 330 4940;
Ärztekammer Bremen,
Schwachhauser Heerstraße 30,
28209 Bremen,
(0421) 3404-200,
Fax (0421) 3404-209

Depenheuer, Dr. Otto, Professor,
Joachimstraße 4, 53113 Bonn,
(0228) 9289 4363, Fax (0228) 9289 4364;
Universität zu Köln,
Seminar für Staatsphilosophie
und Rechtspolitik,
Albertus-Magnus-Platz, 50923 Köln,
(0221) 470 2230,
Fax (0221) 470 5010,
E-Mail: Depenheuer@uni-koeln.de

Desens, Dr. Marc, Universitätsprofessor,
Ferdinand-Lassalle-Str. 2, 04109 Leipzig,
(0341) 3558 7365;
Juristenfakultät,

Universität Leipzig, Lehrstuhl für
Öffentliches Recht, insb. Steuerrecht
und Öffentliches Wirtschaftsrecht,
Burgstr. 21, 04109 Leipzig,
(0341) 9735-270, Fax (0341) 9735-279
E-Mail: marc.desens@uni-leipzig.de

Determann, Dr. Lothar, apl. Prof.,
2 Embarcadero Center, #11fl, c/o Baker/
McKenzie, San Francisco, CA 94119,
USA Freie Universität Berlin,
Fachbereich Rechtswissenschaft
Van't-Hoff-Straße 8, 14195 Berlin
E-Mail: lothar.determann@bakernet.com

Detterbeck, Dr. Steffen, o. Professor,
Stettiner Str. 60, 35274 Kirchhain,
(06422) 4531;
E-Mail: detterbeck@jura.uni-marburg.de

Di Fabio, Dr. Dr. Udo, Professor,
Richter des Bundesverfassungs-
gerichts a. D.;
Institut für Öffentliches Recht,
Abt. Staatsrecht,
Rheinische Friedrich Wilhelms-Universität,
Adenauerallee 44, 53113 Bonn,
(0228) 7355-73,
Fax (0228) 7379 35,
E-Mail: difabio@uni-bonn.de

Dietlein, Dr. Johannes, Professor,
Heinrich-Heine-Universität,
Lehrstuhl für Öffentliches Recht und
Verwaltungslehre,
Zentrum für Informationsrecht,
Universitätsstr. 1, 40225 Düsseldorf,
(0211) 81-1 1420, Fax (0211) 81-1 1455,
E-Mail: dietlein@uni-duesseldorf.de

Dietz, Dr. Andreas, apl. Prof.,
Vorsitzender Richter,
Bayerisches Verwaltungsgericht Augsburg,
Kornhausgasse 4, 86152 Augsburg,
(0821) 327-04 (Zentrale),
E-Mail: andreas.dietz@vg-a.bayern.de

Diggelmann, Dr. Oliver, Professor,
Alte Landstrasse 49, 8802 Kilchberg,
(0041) 43244 4535;
Institut für Völkerrecht und
ausländisches Verfassungsrecht,
Lehrstuhl für Völkerrecht, Europarecht,
Öffentliches Recht und Staatsphilosophie,
Rämistrasse 74/36, 8001 Zürich,
(0041) 44 634-2054 oder -2033,
Fax (0041) 44 634-5399,
E-Mail: oliver.diggelmann@rwi.uzh.ch

Dittmann, Dr. Armin, o. Professor,
Karl-Brennenstuhl-Str. 11,
72074 Tübingen,
(07071) 824 56;
E-Mail: aa.dittmann@gmx.de

Dörr, Dr. Dieter, Universitätsprofessor,
Am Stadtwald 6, 66123 Saarbrücken;
(0681) 372700,
E-Mail: ddoerr@uni-mainz.de

Dörr, Dr. Oliver, LL.M. (London),
Professor,
Universität Osnabrück, Fachbereich
Rechtswissenschaft,
European Legal Studies Institute,
49069 Osnabrück,
(0541) 969 6050 oder -6051,
Fax (0541) 969 6049,
E-Mail: odoerr@uos.de

Dreier, Dr. Horst, o. Professor,
Bismarckstr. 13, 21465 Reinbek,
(040) 722 5834;
E-Mail: dreier@mail.uni-wuerzburg.de

Droege, Dr. Michael, Universitätsprofessor,
Lehrstuhl für Öffentliches Recht:
Verwaltungsrecht, Religionsverfassungs-
recht und Kirchenrecht,
Eberhard Karls Universität Tübingen,
Geschwister-Scholl-Platz, 72074 Tübingen,
(07071) 29 78125,
E-Mail: michael.droege@uni-tuebingen.de

Drüen, Dr. Klaus-Dieter, Professor,
Ludwig-Maximilians-Universität München,
Lehrstuhl für Deutsches, Europäisches und
Internationales Steuerrecht und
Öffentliches Recht,
Professor-Huber-Platz 2,
80539 München,
(089) 2180 27 18; Fax (089) 2180 17 843
E-Mail: klaus-dieter.drueen@jura.
uni-muenchen.de

Durner, Dr. jur., Dr. phil. Wolfgang, LL.M.
(London), Professor,
Viktoriaplatz 1,
53173 Bonn-Bad Godesberg;
Rheinische Friedrich-Wilhelms-Universität
Bonn, Rechts- und Staatswissenschaftliche
Fakultät,
Adenauerallee 44, 53113 Bonn,
(0228) 73 9151, Fax (0228) 73 5582,
E-Mail: durner@uni-bonn.de

Dürrschmidt, Dr. Daniel, LL.M.
(Univ. Sydney), Privatdozent,
Ludwig-Maximilians-Universität München,
Lehrstuhl für Deutsches, Europäisches
und Internationales Steuerrecht
und Öffentliches Recht,
Prof.-Huber-Platz 2,
80539 München,
+49 (0)89/2180-1694,
E-Mail: daniel.duerrschmidt@jura.
uni-muenchen.de

Eberhard, Dr. Harald,
Universitätsprofessor,
Wirtschaftsuniversität Wien, Institut für
Österreichisches und Europäisches
Öffentliches Recht,
Welthandelsplatz 1/D3, 1020 Wien,
(0043) 1313 36-4243,
Fax (0043) 1313 36-90 4243
E-Mail: harald.eberhard@wu.ac.at

Eberle, Dr. Carl-Eugen, Professor,
Kapellenstr. 68a, 65193 Wiesbaden,
(06 11) 5204 68,
E-Mail: eberle.ce@t-online.de

Ebsen, Dr. Ingwer, Professor,
Alfred-Mumbächer-Str. 19, 55128 Mainz,
(06131) 3310 20;
FB Rechtswissenschaft,
Universität Frankfurt, Postfach 11 19 32,
60629 Frankfurt am Main,
(069) 7982 2703,
E-Mail: Ebsen@jur.uni-frankfurt.de

Eckhoff, Dr. Rolf, Professor,
Lehrstuhl für Öffentliches Recht,
insbesondere Finanz- und Steuerrecht,
Universitätsstr. 31, 93040 Regensburg,
(0941) 943 2656 57, Fax (0941) 943 1974,
E-Mail: Rolf.Eckhoff@jura.
uni-regensburg.de

Edenharter, Dr. Andrea
Universitätsprofessorin,
Lehrstuhl für Verwaltungsrecht,
insb. Wirtschaftsverwaltungsrecht
sowie Allgemeine Staatslehre
FernUniversität in Hagen
Universitätsstraße 11, 58097 Hagen
(02331) 987-2341 oder -2419
E-Mail: Andrea.Edenharter@
fernuni-hagen.de

Egli, Dr. Patricia, LL.M. (Yale),
Privatdozentin, Lehrbeauftragte
an der Universität St. Gallen,
Meienbergstr. 65, CH-8645 Jona,
(0041) 79768 9465,
E-Mail: patricia.egli@unisg.ch

Ehlers, Dr. Dirk, Professor,
Am Mühlenbach 14, 48308 Senden,
(02597) 8415;
Zentrum für öffentliches Wirtschaftsrecht,
Westfälische Wilhelms-Universität
Münster,
Universitätsstr. 14–16, 48143 Münster,
(0251) 83-21906,

Fax (0251) 83-28315
E-Mail: ehlersd@uni-muenster.de

Ehrenzeller, Dr. Bernhard, o. Professor,
Kirchlistraße 36a, CH-9010 St. Gallen,
Institut für Rechtswissenschaft und
Rechtspraxis (IRP-HSG),
Bodanstr. 4, CH-9000 St. Gallen,
(0041) 71-224 2440 oder -46,
Fax (0041) 71-224 2441,
E-Mail: Bernhard.Ehrenzeller@unisg.ch

Eichenhofer, Johannes Samuel,
Priv.-Doz. Dr.,
Universität Bielefeld, Fakultät
für Rechtswissenschaft,
Morgenbreede 39, 33501 Bielefeld,
(0049) 179 1458489
E-Mail: johannes.eichenhofer@
uni-bielefeld.de

Eifert, Dr. Martin, LL.M. (Berkeley),
Professor,
Amalienpark 8, 13187 Berlin;
Humboldt-Universität zu Berlin,
Lehrstuhl für Öffentliches Recht,
insbesondere Verwaltungsrecht,
Postanschrift: Unter den Linden 6,
10099 Berlin,
Sitz: Gouverneurshaus, Raum 303,
Unten den Linden 11, Berlin-Mitte,
(030) 2093 3620,
Fax (030) 2093 3623,
E-Mail: martin.eifert@rewi.hu-berlin.de

Eisenberger, Dr. Iris, Univ.-Professorin,
Universität für Bodenkultur Wien,
Institut für Rechtswissenschaften,
Feistmantelstraße 4, A-1180 Wien,
(0043) 1 47654 73600,
E-Mail: iris.eisenberger@boku.ac.at

Eisenmenger, Dr. Sven, Professor,
Hochschule in der Akademie der Polizei
Hamburg/University of Applied
Sciences, Forschungsstelle Europäisches
und Deutsches Sicherheitsrecht (FEDS),
Professur für Öffentliches Recht,
Carl-Cohn-Straße 39, Block III,
Raum EG 6,
22297 Hamburg,
(040) 4286 24433
E-Mail: sven.eisenmenger@
polizei-studium.org

Ekardt, Dr. Dr. Felix, LL.M., M.A.,
Professor,
Forschungsstelle Nachhaltigkeit und
Klimapolitik,
Könneritzstraße 41, 04229 Leipzig,
Tel. + Fax (0341) 49277866,
E-Mail: felix.ekardt@uni-rostock.de

Elicker, Dr. Michael, Professor,
Dunzweiler Straße 6, 66564 Ottweiler,
(06858) 6998 53,
Fax (06858) 6998 53;
Universität des Saarlandes,
Lehrstuhl für Staats- und Verwaltungs-
recht, Wirtschafts-, Finanz- u. Steuerrecht,
Rechtswissenschaftliche Fakultät,
Im Stadtwald, 66123 Saarbrücken,
(0681) 302-2104, Fax (0681) 302-4779,
E-Mail: m.elicker@gmx.de

Emmerich-Fritsche, Dr. Angelika,
Privatdozentin,
Hornschuchpromenade 17, 90762 Fürth,
(0911) 7066 60;
E-Mail: info@emmerich-fritsche.de

Enders, Dr. Christoph,
Universitätsprofessor,
Universität Leipzig, Juristenfakultät,
Lehrstuhl für Öffentliches Recht,
Staats- und Verfassungslehre,
Burgstr. 21, 04109 Leipzig,
(0341) 9735 350, Fax (0341) 97 35359,
E-Mail: chenders@rz.uni-leipzig.de

Engel, Dr. Christoph, Professor,
Max-Planck-Institut zur Erforschung

von Gemeinschaftsgütern,
Kurt-Schumacher-Straße 10,
53113 Bonn,
(0228) 914 16-10, Fax (0228) 914 16-11,
E-Mail: engel@coll.mpg.de

Engels, Dr. Andreas, Privatdozent,
Peter-von-Fliesteden-Str. 23, 50933 Köln,
E-Mail: a.engels@gmx.de;
Universität zu Köln, Institut für Staatsrecht,
Albertus Magnus Platz, 50923 Köln,
(0221) 470 4359,
Fax (0221) 470 5075,
E-Mail: andreas.engels@uni-koeln.de

Englisch, Dr. Joachim, Professor,
Nettelbeckstr. 11, 40477 Düsseldorf,
(0211) 4165 8735,
E-Mail: jo.e@gmx.de;
Westfälische Wilhelms-Universität
Münster, Lehrstuhl für Öffentliches Recht
und Steuerrecht,
Universitätsstr. 14–16, 48143 Münster,
(0251) 83 2 2795, Fax (0251) 83 2 8386,
E-Mail: jengl_01@uni-muenster.de

Ennöckl, Dr. Daniel, LL.M.,
Universitätsprofessor,
Universität für Bodenkultur Wien,
Institut für Rechtswissenschaften,
Feistmantelstraße 4, 1180 Wien,
(0043) 1 47654-73611
E-Mail: daniel.ennoeckl@boku.ac.at

Ennuschat, Dr. Jörg, Professor,
Ruhr-Universität Bochum,
Lehrstuhl für Öffentliches Recht,
insbes. Verwaltungsrecht
Universitätsstr. 150,
44801 Bochum
(0234) 3225275, Fax (0234) 3214282
E-Mail: Joerg.Ennuschat@rub.de

Epiney, Dr. Astrid, Professorin,
Avenue du Moléson 18, CH-1700 Fribourg,
(0041) 26 323 4224;

Universität Fribourg i.Ue./CH,
Lehrstuhl für Europa-,
Völker- und Öffentliches Recht,
Av. de Beauregard 11, CH-1700 Fribourg,
(0041) 26 300 8090,
Fax (0041) 26 300 9776,
E-Mail: Astrid.Epiney@unifr.ch

Epping, Dr. Volker, Professor,
Neddernwanne 38, 30989 Gehrden,
(05108) 9126 97;
Leibniz Universität Hannover,
Juristische Fakultät,
Königsworther Platz 1, 30167 Hannover,
(0511) 762 82 48/49,
Fax (0511) 762 82 52,
E-Mail: epping@jura.uni-hannover.de

Erbel, Dr. Günter, Professor,
Bornheimer Straße 106, 53111 Bonn

Erbguth, Dr. Wilfried, Professor,
Friedrich-Franz-Str. 38, 18119 Rostock,
(0381) 548 6709,
E-Mail: wilfried.erbguth@uni-rostock.de

Erichsen, Dr. Hans-Uwe, o. Professor,
Falkenhorst 17, 48155 Münster,
(0251) 313 12;
Kommunalwissenschaftliches Institut,
Universität Münster,
Universitätsstr. 14–16, 48143 Münster,
(0251) 8327 41,
E-Mail: erichse@uni-muenster.de

Ernst, Dr. Christian, Universitätsprofessor,
Helmut-Schmidt-Universität/
Universität der Bundeswehr,
Fakultät für Wirtschafts- und
Sozialwissenschaften,
Holstenhofweg 85, 22043 Hamburg,
+49 (0)40 6541 -3949
E-Mail: christian.ernst@hsu-hh.de

Errass, Dr. Christoph, Professor,
Titularprofessor für öffentliches Recht an

der Universität St. Gallen Schweizerisches
Bundesgericht,
Av. du Tribunal-fédéderal 29,
CH-1000 Lausanne 14,
(0041) 21 318 9111,
E-Mail: christoph.errass@unisg.ch

Faber, Dr. Angela, apl. Professorin,
Am Beller Weg 65, 50259 Pulheim
(02234) 64370
Mail: mail@angelafaber.de;
Dezernentin für Schule und Integration
beim Landschaftsverband Rheinland,
Kennedy-Ufer 2, 50679 Köln,
(0221) 809 6219,
E-Mail: angela.faber@lvr.de

Farahat, Dr. Anuscheh, LL.M. (Berkeley),
Professorin
Friedrich-Alexander-Universität
Erlangen-Nürnberg, Institut für Deutsches,
Europäisches und Internationales Recht,
Professur für Öffentliches Recht, Migrationsrecht und Menschenrechte,
Schillerstraße 1, 91054 Erlangen,
(0049) 9131 85-26808/26840
Mail: anuscheh.farahat@fau.de

Fassbender, Dr. Bardo, LL.M. (Yale),
o. Professor,
Universität St. Gallen,
Lehrstuhl für Völkerrecht, Europarecht
und Öffentliches Recht,
Tigerbergstraße 21, CH-9000 St. Gallen,
(0041) 71 224 2836,
Fax (0041) 71 224 2162
E-Mail: bardo.fassbender@unisg.ch

Faßbender, Dr. Kurt, Professor,
Universität Leipzig, Lehrstuhl für
Öffentliches Recht,
insb. Umwelt- und Planungsrecht,
Burgstraße 21, 04109 Leipzig,
(0341) 9735-131,
Fax (0341) 9735-139,
E-Mail: fassbender@uni-leipzig.de

Fastenrath, Dr. Ulrich, Professor,
Liliensteinstraße 4, 01277 Dresden,
(0351) 25 40 536;
E-Mail: Ulrich.Fastenrath@tu-dresden.de

Fechner, Dr. Frank, Professor,
TU Ilmenau, Institut für
Rechtswissenschaft,
Postfach 100 565, 98684 Ilmenau,
(03677) 69 4022,
E-Mail: Frank.Fechner@tu-ilmenau.de

Fehling, Dr. Michael, LL.M. (Berkeley),
Professor,
Bucerius Law School, Hochschule für
Rechtswissenschaft,
Jungiusstraße 6, 20355 Hamburg,
Postfach 30 10 30,
(040) 307 06 231, Fax (040) 307 06 235,
E-Mail: michael.fehling@law-school.de

Feichtner, Dr. Isabel, Professorin,
LL.M. (Cardozo)
Julius-Maximilians-Universität Würzburg,
Juristische Fakultät,
Professur für Öffentliches Recht
und Wirtschaftsvölkerrecht,
Domerschulstr. 16, 97070 Würzburg,
(0931) 318-6622,
E-Mail: feichtner@jura.uni-wuerzburg.de

Feik, Dr. Rudolf, ao. Univ.-Prof.,
Hans-Sperl-Straße 7, A-5020 Salzburg,
(0043) 6 76 73 04 33 74;
Universität Salzburg,
Fachbereich Öffentliches Recht,
Kapitelgasse 5–7, A-5020 Salzburg,
(0043) 662 8044 36 03,
Fax (0043) 662 8044 3629,
E-Mail: rudolf.feik@sbg.ac.at

Felix, Dr. Dagmar, Professorin,
Universität Hamburg, Öffentliches Recht
und Sozialrecht,
Fakultät für Rechtswissenschaft,
Rothenbaumchaussee 33,

20148 Hamburg,
(040) 428 38-2665,
Fax (040) 42838-2930,
E-Mail: dagmar.felix@jura.uni-hamburg.de

Fetzer, Dr. Thomas, LL.M., Professor,
Lehrstuhl für öffentliches Recht und
Steuerrecht,
Fakultät für Rechtswissenschaft und
Volkswirtschaftslehre,
Abt. Rechtswissenschaft
Universität Mannheim,
68131 Mannheim;
(0621) 1811 438,
E-Mail: lsfetzer@mail.uni-mannheim.de

Fiedler, Dr. Wilfried, o. Professor,
Am Löbel 2,
66125 Saarbrücken-Dudweiler,
(06897) 7664 01;
Forschungsstelle Internationaler
Kulturgüterschutz,
Universität des Saarlandes, Gebäude 16,
Postfach 15 11 50, 66041 Saarbrücken,
(0681) 302-3200,
Fax (0681) 302-4330,
E-Mail: w.fiedler@mx.uni-saarland.de

Fink, Dr. Udo, Univ.-Professor,
Johannes-Gutenberg-Universität Mainz,
Fachbereich Rechts- und
Wirtschaftswissenschaften,
55099 Mainz,
(06131) 392 2384,
E-Mail: pfink@uni-mainz.de

Finke, Dr. Jasper, PD, LL.M. (Columbia),
Referent im Bundesministerium
der Justiz und für Verbraucherschutz
E-Mail: finke-ja@bmjv.bund.de

Fisahn, Dr. Andreas, Professor,
Grüner Weg 83, 32130 Enger;
Universität Bielefeld, Fakultät für
Rechtswissenschaft,
Postfach 10 01 31,
33501 Bielefeld,
(0521) 106 4384,
E-Mail: andreas.fisahn@uni-bielefeld.de

Fischer, Dr. Kristian, Privatdozent,
Deidesheimer Str. 52, 68309 Mannheim,
(0621) 73 8245;
Lehrstuhl für Öffentliches Recht und
Steuerrecht,
Universität Mannheim,
Schloss Westflügel,
68131 Mannheim,
(0621) 181 1435, Fax (0621) 181 1437,
E-Mail: kfischer@jura.uni-mannheim.de

Fischer-Lescano, Dr. Andreas,
LL.M. (EUI, Florenz), Professor,
Hobrechtsstr. 48, 12047 Berlin;
Zentrum für Europäische Rechtspolitik
(ZERP),
Universität Bremen, Fachbereich
Rechtswissenschaft,
Universitätsallee GW 1,
28359 Bremen,
(0421) 218 66 222,
Fax (0421) 218 66 230,
E-Mail: fischer-lescano@zerp.
uni-bremen.de

Fister, Dr. Mathis Univ.-Professor,
Johannes Kepler Universität Linz,
Institut für Verwaltungsrecht und
Verwaltungslehre,
Altenberger Straße 69, Juridicum, 4. Stock,
Trakt B, J 400 B, 4040 Linz,
(0043) 732 2468 1860,
E-Mail: mathis.fister@jku.at

Fleiner, Dr. Dr. h.c. Thomas, o. Professor,
rte. Beaumont 9, CH-1700 Fribourg,
(0041) 26-4 24 66 94,
Fax (0041) 26-4 24 66 89;
Institut für Föderalismus,
Universität Fribourg,
Route d'Englisberg 7,
CH-1763 Granges-Paccot,

(0041) 26-3 00 81 25 oder -28,
Fax (0041) 26-3 00 97 24,
E-Mail: Thomas.Fleiner@unifr.ch

Folz, Dr. Hans-Peter, Universitätsprofessor,
Klosterwiesgasse 31, A-8010 Graz;
Institut für Europarecht/Department of
European Law,
Karl-Franzens-Universität Graz,
RESOWI-Zentrum,
Universitätsstr. 15/C 1, A-8010 Graz,
(0043) 316-380 3625,
Fax (0043) 316-380 9470,
E-Mail: hans-peter.folz@uni-graz.at

Fontana, Dr. Sina, MLE, Privatdozentin,
Akademische Rätin a.Z.
Georg-August-Universität Göttingen,
Institut für Öffentliches Recht,
Platz der Göttinger Sieben 5,
37073 Göttingen
0551/39-21160 (Sekretariat)
E-Mail: sina-vanessa.fontana@jura.
uni-goettingen.de

Fowkes, Dr. James, LL.M. (Yale),
Professor,
Westfälische Wilhelms-Universität
Münster,
Institut für internationales und
vergleichendes öffentliches Recht Abt. IV,
Rechtswissenschaftliche Fakultät,
Universitätsstr. 14–16, 48143 Münster,
(0049) 251 832 2733,
Email: fowkes@uni-muenster.de

Fraenkel-Haeberle, Dr. Cristina,
apl. Professorin,
Am Rabensteinerweg 2,
67346 Speyer,
Mobil (0162) 3185295;
Programmbereichskoordinatorin,
Deutsches Forschungsinstitut für
öffentliche Verwaltung Speyer,
Freiherr-vom-Stein-Straße 2,
67346 Speyer,

(06232) 654-384, Fax (06232) 654-290,
E-Mail: fraenkel-haeberle@foev-speyer.de

Frank, Dr. Dr. h.c. Götz, Professor,
Cäcilienplatz 4, 26122 Oldenburg,
(04 41) 7 56 89;
Carl von Ossietzky Universität Oldenburg,
Juristisches Seminar,
Öffentliches Wirtschaftsrecht,
26111 Oldenburg,
Paketanschrift: Ammerländer Heerstraße
114–118, 26129 Oldenburg,
(0441) 798-4143, Fax (0441) 798-4151,
E-Mail: Goetz.Frank@uni-oldenburg.de

Frankenberg, Dr. Dr. Günter, Professor,
Institut für Öffentliches Recht,
Goethe-Universität Frankfurt,
Rechtswissenschaft,
Theodor-W.-Adorno-Platz 4,
60629 Frankfurt am Main,
(069) 7983 4-270 oder -269,
E-Mail: Frankenberg@jur.uni-frankfurt.de

Franzius, Dr. Claudio, Professor,
Dürerstr. 8, 22607 Hamburg,
(040) 46776382;
Universität Bremen,
Fachbereich Rechtswissenschaft,
Universitätsallee GW 1, 28359 Bremen,
(0421) 218-66100
E-Mail: franzius@uni-bremen.de

Frau, Dr. Robert, Privatdozent,
Europa-Universität Viadrina,
Juristische Fakultät,
Große Scharrnstr. 59,
15230 Frankfurt (Oder),
(0335) 5534 2914,
E-Mail: frau@europa-uni.de

Fremuth, Dr. Michael Lysander,
Univ.-Professor,
Wissenschaftlicher Direktor des Ludwig
Boltzmann Instituts für Menschenrechte,
Universität Wien, Institut für Staats- und

Verwaltungsrecht,
Freyung 6, 1. Hof, Stiege: II, 1010 Wien,
(+ 43) 1 4277 27420,
Fax (+ 43) 1 4277 27429,
E-Mail: michael-lysander.fremuth@
univie.ac.at

Frenzel, Dr. Eike M., Privatdozent,
Institut für Öffentliches Recht,
Rechtswissenschaftliche Fakultät,
Albert-Ludwigs-Universität Freiburg,
Postfach, 79085 Freiburg i. Br.,
(0761) 203-2252, Fax (0761) 203-2293,
E-Mail: eike.frenzel@jura.uni-freiburg.de

Froese, Dr. Judith, Professorin,
Universität Konstanz, Lehrstuhl für
Öffentliches Recht mit Nebengebieten,
Fach 110,
78457 Konstanz
(0049) 7531 88-3004
E-Mail: judith.froese@uni-konstanz.de

Fromont, Dr. Dr. h.c. mult. Michel,
Professor,
12, Boulevard de Port Royal,
F-75005 Paris,
(0033) 1 45 35 73 71,
E-Mail: Fromont.michel@wanadoo.fr

Frotscher, Dr. Werner, Professor,
Habichtstalgasse 32, 35037 Marburg/Lahn,
(06421) 3 29 61;
E-Mail: w.Frotscher@staff.uni-marburg.de

Frowein, Dres. h.c. Jochen Abr.,
o. Professor,
Blumenthalstr. 53, 69120 Heidelberg,
(06221) 4746 82, Fax (06221) 4139 71;
Max-Planck-Institut für ausländisches
öffentliches Recht und Völkerrecht,
Im Neuenheimer Feld 535,
69120 Heidelberg,
(06221) 482-258,
Fax (06221) 482-603,
E-Mail: frowein@mpil.de

Führ, Dr. Martin, Professor,
Hochschule Darmstadt,
Sonderforschungsgruppe
Institutionenanalyse, Haardtring 100,
Gebäude A12/Raum 310,
64295 Darmstadt, (0049) 6151 16 38734,

Funk, Dr. Bernd-Christian,
em. o. Professor,
Franz-Graßler-Gasse 23, A-1230 Wien,
(0033) 1 45 35 73 71,
Fax (0043) 1889 2935;
Institut für Staats- und Verwaltungsrecht,
Universität Wien,
Juridicum, Schottenbastei 10–16,
A-1010 Wien,
E-Mail: bernd-christian.funk@univie.ac.at

Funke, Dr. Andreas, Professor,
Kochstraße 21, 91054 Erlangen,
(09131) 829 0597;
Friedrich-Alexander-Universität
Erlangen-Nürnberg,
Lehrstuhl für Öffentliches Recht und
Rechtsphilosophie,
E-Mail: andreas.funke@fau.de

Gächter, Dr. Thomas, Professor,
Universität Zürich,
Lehrstuhl für Staats-, Verwaltungs- und
Sozialversicherungsrecht,
Rechtswissenschaftliches Institut
Treichlerstr. 10, CH-8032 Zürich,
(0041) 446 3430 62,
E-Mail: thomas.gaechter@rwi.uzh.ch

Gärditz, Dr. Klaus Ferdinand,
Professor,
Kastanienweg 48, 53177 Bonn;
Rheinische Friedrich-Wilhelms-Universität
Bonn,
Institut für Öffentliches Recht,
Adenauerallee 24–42,
53113 Bonn,
(0228) 73-9176,
E-Mail: gaerditz@jura.uni-bonn.de

Galetta, Dr. Diana-Urania, LL.M.,
Professorin,
Università degli Studi di Milano,
Facoltà di Giurisprudenza
Dipartimento di diritto pubblico italiano e
sovranazionale,
Via Festa del Perdono 7, I-20122 Milano,
(0039) 02-503 12590,
Fax (0039) 02-503 12546,
E-Mail: diana.galetta@unimi.it

Gall von, Dr. Caroline,
Privatdozentin, J.-Professorin,
Universität zu Köln, Institut für
osteuropäisches Recht und
Rechtsvergleichung,
Klosterstr. 79 d, 50931 Köln,
(0221) 470-5575,
E-Mail: CvGall@uni-koeln.de

Gallwas, Dr. Hans-Ullrich,
Universitätsprofessor,
Hans-Leipelt-Str. 16, 80805 München,
(0170) 216 72 08;
Obermaisperg, 84323 Massing,
(08724) 1386,
Universität München,
Professor-Huber-Platz 2, 80539 München,
E-Mail: hu-gallwas@t-online.de

Gamper, Dr. Anna, Univ.-Prof.,
Universität Innsbruck, Institut für Öffentliches Recht, Staats- und Verwaltungslehre,
Innrain 52d, A-6020 Innsbruck,
(0043) 512 507 84024,
Fax (0043) 512 507 84099,
E-Mail: Anna.Gamper@uibk.ac.at

Gassner, Dr. Ulrich M., Mag.rer.publ.,
M.Jur. (Oxon), Professor,
Scharnitzer Weg 9, 86163 Augsburg,
(0821) 632 50,
E-Mail: ugassner@web.de,
Universität Augsburg,
Universitätsstr. 2, 86135 Augsburg,
(0821) 598 45 46, Fax (0821) 598 45 47,

E-Mail: Ulrich.Gassner@jura.
uni-augsburg.de

Geis, Dr. Max-Emanuel, o. Professor,
Valentin-Rathgeber-Str. 1, 96049 Bamberg,
(0951) 5193-305 oder -306,
Fax (0951) 5193-308,
Friedrich-Alexander-Universität Erlangen,
Institut für Staats- und Verwaltungsrecht,
Schillerstr. 1, 91054 Erlangen,
(09131) 852 2818, Fax (09131) 852 6382,
E-Mail: max-emanuel.geis@jura.
uni-erlangen.de

Gellermann, Dr. Martin, apl. Professor,
Schlesierstraße 14, 49492 Westerkappeln,
(05404) 2047, Fax (05404) 9194 75,
Universität Osnabrück,
Fachbereich Rechtswissenschaften,
49069 Osnabrück, (05404) 9196 95,
E-Mail: M.Gellermann@t-online.de

Germann, Dr. Michael, Professor,
Martin-Luther-Universität
Halle-Wittenberg,
Lehrstuhl für Öffentliches Recht,
Staatskirchenrecht und Kirchenrecht,
Universitätsplatz 5, 06108 Halle,
(0345) 55 232 20, Fax (0345) 55 276 74,
E-Mail: Germann@jura.uni-halle.de

Germelmann, Dr. Claas Friedrich,
LL.M. (Cantab.), Universitätsprofessor,
Leibniz Universität Hannover,
Juristische Fakultät,
Lehrstuhl für Öffentliches Recht,
insbesondere Europarecht,
Königsworther Platz 1, 30167 Hannover,
(0511) 762 8186, Fax (0511) 762 8173,
E-Mail: LS.Germelmann@jura.
uni-hannover.de

Gersdorf, Dr. Hubertus, Professor,
Universität Leipzig, Juristenfakultät
Lehrstuhl für Staats- und Verwaltungssowie Medienrecht,

Burgstraße 21, 04109 Leipzig,
(0341) 97 35 191, Fax (0341) 97 35 199,
E-Mail: hubertus.gersdorf@
uni-leipzig.de

Giegerich, Dr. Thomas, Professor,
LL.M. (Virginia), Universitätsprofessor,
Europa-Institut der Universität des
Saarlandes,
Campus Geb. B 2.1, 66123 Saarbrücken,
(0681) 302 3280 (od. -3695 Sekr.),
Fax (0681) 302 4879
E-Mail: giegerich@europainstitut.de

Gillich, Dr. Ines, Priv.-Doz.,
LL.M. (UCLA)
Johannes Gutenberg-Universität Mainz,
FB 03 – Rechtswissenschaften,
Lehrstuhl für Öff. Recht, Völker- u.
Europarecht, Int. Wirtschaftsrecht,
Jakob-Welder-Weg 4, 55128 Mainz,
(06131) 39-27880
E-Mail: igillich@uni-mainz.de

Glaser, Dr. Andreas, Professor,
Lehrstuhl für Staats-, Verwaltungs- und
Europarecht unter besonderer
Berücksichtigung von Demokratiefragen,
Universität Zürich, Rechtswissenschaft-
liches Institut,
Rämistrasse 74/14 CH-8001 Zürich
E-Mail: andreas.glaser@rwi.uzh.ch

Görisch, Dr. Christoph, Prof.,
Von-Weber-Straße 21,
48291 Telgte,
(02504) 9289548;
Hochschule für Polizei und öffentliche
Verwaltung NRW,
Nevinghoff 8/10, 48147 Münster,
E-Mail: christoph.goerisch@hspv.nrw.de

Goerlich, Dr. Dr. h.c. Helmut, Professor,
Universität Leipzig, Institut für Staats- und
Verwaltungsrecht,
Burgstr. 27, 04109 Leipzig,

(0341) 97 351 71, Fax (0341) 97 351 79,
E-Mail: helmut.goerlich@gmx.de

Götz, Dr. Volkmar, o. Professor,
Geismarlandstr. 17a, 37083 Göttingen,
(0551) 43119,
E-Mail: europa@uni-goettingen.de

Goldhammer, Dr. Michael, LL.M.
(Michigan), Professor,
Gluckstraße 37, 60318 Frankfurt a.M.,
EBS Universität für Wirtschaft und Recht,
Lehrstuhl für Öffentliches Recht II,
Gustav-Stresemann-Ring 3,
65189 Wiesbaden,
E-Mail: michael.goldhammer@ebs.edu

Gornig, Dr. Dr. h.c. mult. Gilbert,
Professor,
Pfarracker 4,
35043 Marburg-Bauerbach,
(06421) 1635 66,
Fax (06421) 1637 66;
E-Mail: Gornig@voelkerrecht.com

Grabenwarter, Dr. Dr. Christoph,
Universitätsprofessor,
Institut für Europarecht und Internationales
Recht, Wirtschaftsuniversität Wien,
Welthandelsplatz 1 / Gebäude D3,
1020 Wien,
(0043) 1313 36 4423,
Fax (0043) 1313 36 9205,
Mitglied des Verfassungsgerichtshofs,
Verfassungsgerichtshof, Freyung 8,
1010 Wien,
(0043) 1531 22 1394,
E-Mail: sekretariat.grabenwarter@wu.ac.at

Gramlich, Dr. Ludwig, Professor,
Justus-Liebig-Str. 38 A, 64839 Münster;
Fakultät für Wirtschaftswissenschaften,
TU Chemnitz-Zwickau,
Postfach 9 64, 09009 Chemnitz,
(0371) 531 4164, -65,
Fax (0371) 531 3961,

E-Mail: l.gramlich@wirtschaft.
tu-chemnitz.de

Graser, Dr. Alexander, Professor,
Brennereistraße 66,
85662 Hohenbrunn,
(08102) 7788 55;
Universität Regensburg, Fakultät für
Rechtswissenschaft, Lehrstuhl
für Öffentliches Recht und Politik,
Universitätsstraße 31, 93053 Regensburg,
(0941) 943 5760, Fax (0941) 943 5771,
E-Mail: Alexander.Graser@jura.
uni-regensburg.de

Grawert, o. Prof. em. Prof. h.c.
Dr. Dr. h.c. Rolf,
Aloysiusstrasse 28, 44795 Bochum,
(0234) 4736 92,
Ruhr-Universität Bochum,
Juristische Fakultät,
Universitätsstrasse 150, GC 8/59,
44721 Bochum,
E-Mail: Rolf.Grawert@rub.de

Grewe, Dr. Dr. h.c. Constance,
Universitätsprofessorin,
55 Bd de la Vilette, BAL 132,
F-75015 Paris;
E-Mail: grewe04@gmail.com

Griebel, Dr. Jörn, Professor,
Universität Siegen, Fakultät III,
Kohlbettstraße 15, 57072 Siegen,
(0271) 740-3219,
Fax (0271) 740-13219,
E-Mail: griebel@recht.uni-siegen.de

Grigoleit, Dr. Klaus Joachim,
Universitäts- professor,
Eisenacher Str. 65, 10823 Berlin;
TU Dortmund, Fakultät Raumplanung,
Fachgebiet Raumplanungs- und
Umweltrecht,
August-Schmidt-Straße 10,
44227 Dortmund,

(0231) 755 32 17, Fax (0231) 755 34 24,
E-Mail: klaus.grigoleit@tu-dortmund.de

Griller, Dr. Stefan, Universitätsprofessor,
Hungerbergstr. 11–13, 1190 Wien,
(0043) 132 24 05,
Paris Lodron Universität Salzburg,
Europarecht,
Mönchsberg 2, 5020 Salzburg,
(0043) 662 8044-7608.
E-Mail: stefan.griller@sbg.ac.at

Grimm, Dr. Dr. h.c. mult. Dieter,
LL.M. (Harvard), o. Professor (em.),
Humboldt-Universität zu Berlin,
Juristische Fakultät,
Unter den Linden 6, 10099 Berlin,
Wissenschaftskolleg zu Berlin,
Wallotstr. 19,
14193 Berlin,
(030) 89001-134,
E-Mail: grimm@wiko-berlin.de

Gröpl, Dr. Christoph, Univ.-Professor,
Rechtswissenschaftliche Fakultät,
Universität des Saarlandes,
Campus B4.1, D-66123 Saarbrücken
(0681) 302 3200,
E-Mail: lehrstuhl@groepl.uni-saarland.de

Gröschner, Dr. Rolf, o. Professor,
Stormstr. 39, 90491 Nürnberg,
(0911) 591 408,
E-Mail: rolf.groeschner@t-online.de

Groh, Dr. Kathrin, Universitätsprofessorin,
Universität der Bundeswehr München,
85577 Neubiberg

Gromitsaris, Dr. Athanasios, Privatdozent,
E-Mail: gromitsaris@hotmail.com;
Juristische Fakultät,
Technische Universität Dresden,
01062 Dresden,
(0351) 46337364,
E-Mail: katrin.boerner@tu-dresden.de

Grosche, Dr. Nils, Privatdozent,
Aggrippinenstraße 3, 53115 Bonn,
E-Mail: ngrosche@uni-mainz.de

Groß, Dr. Thomas, Professor,
Universität Osnabrück,
European Legal Studies Institute,
Süsterstr. 28, 49069 Osnabrück,
(0541) 969 4500,
E-Mail: thgross@uos.de,
www.gross.jura.uos.de

Grote, Dr. Rainer, LL.M. (Edinburgh),
Privatdozent,
Im Sand 3A, 69115 Heidelberg,
(06221) 1643 46, Fax (06221) 9147 35;
Max-Planck-Institut für ausländisches
öffentliches Recht und Völkerrecht,
Im Neuenheimer Feld 535,
69120 Heidelberg,
(06221) 4822 44,
Fax (06221) 4822 88,
E-Mail: rgrote@mpil.de

Grupp, Dr. Klaus, Universitätsprofessor,
Mecklenburgring 31, 66121 Saarbrücken

Grzeszick, Dr. Bernd, LL.M. (Cambridge),
Professor,
An der Elisabethkirche 1, 53113 Bonn
(0228) 9268869,
Universität Heidelberg,
Institut für Öffentliches Recht,
Verfassungslehre und Rechtsphilosophie,
Friedrich-Ebert-Anlage 6–10,
69117 Heidelberg,
(06221) 547432
E-Mail: Grzeszick@web.de

Guckelberger, Dr. Annette, Professorin,
Lehrstuhl für Öffentliches Recht, Rechtswissenschaftliche Fakultät, Universität des
Saarlandes,
Postfach 15 11 50,
66041 Saarbrücken,
(0681) 302 5 7401,
E-Mail: a.guckelberger@mx.
uni-saarland.de

Gundel, Dr. Jörg, Professor,
Lehrstuhl für Öffentliches Recht,
Völker- und Europarecht,
Universität Bayreuth,
95440 Bayreuth, (0921) 55 6250,
E-Mail: joerg.gundel@uni-bayreuth.de

Gurlit, Dr. Elke, Universitätsprofessorin,
Rüdesheimer Straße 18, 65197 Wiesbaden,
(0611) 137 5125 oder (0179) 592 2215;
Fachbereich Rechts- und Wirtschafts-
wissenschaft,
Johannes Gutenberg-Universität Mainz,
Jakob-Welder-Weg 9, 55099 Mainz,
(06131) 392 31 14,
Fax (06131) 392 4059,
E-Mail: gurlit@uni-mainz.de

Gusy, Dr. Christoph, Professor,
Universität Bielefeld,
Fakultät für
Rechtswissenschaft,
Universitätsstr. 25, 33615 Bielefeld,
(0521) 10643 97,
Fax (0521) 106 8061,
E-Mail: christoph.gusy@uni-bielefeld.de

Haack, Dr. Stefan, Professor,
Europa-Universität Viadrina,
Juristische Fakultät,
Lehrstuhl für Öffentliches Recht,
insbesondere Staatsrecht,
Große Scharrnstraße 59,
15230 Frankfurt (Oder)
(0335) 5534 2265
E-Mail: haack@europa-uni.de

Häberle, Dr. Dr. h.c. mult. Peter,
o. Professor,
Forschungsstelle für Europäisches
Verfassungsrecht, Universität Bayreuth,
Universitätsstraße 30, Postfach,
95440 Bayreuth,

(0921) 5570 88, Fax (0921) 5570 99,
E-Mail: Peter.Haeberle@uni-bayreuth.de

Häde, Dr. Ulrich, Universitätsprofessor,
Europa-Universität Viadrina, Lehrstuhl für
Öffentliches Recht, insb. Verwaltungsrecht,
Finanzrecht und Währungsrecht,
Postfach 17 86, 15207 Frankfurt/Oder,
Hausanschrift: Große Scharrnstr. 59,
15230 Frankfurt (Oder),
(0335) 5534 2670, Fax (0335) 5534 2525,
E-Mail: haede@europa-uni.de

Haedrich, Dr. Martina, Professorin,
Im Ritzetal 20, 07749 Jena,
(03641) 4485 25,
E-Mail: m.haedrich@recht.uni-jena.de

Hänni, Dr. Peter, o. Professor,
Stadtgraben 6, CH-3280 Murten,
(0041) 26 670 5815;
Universität Freiburg,
Rechtswissenschaftliche Fakultät,
Lehrstuhl für Staats- und Verwaltungsrecht,
Rechtswissenschaftliche Fakultät
Universität Freiburg,
Av. Beauregard 1, CH-1700 Freiburg,
(0041) 26 300 81 47
E-Mail: Peter.Haenni@ifr.ch

Härtel, Dr. Ines, Professorin,
Richterin des Bundesverfassungsgerichts,
Schlossbezirk 3, 76131 Karlsruhe,
Europa-Universität Viadrina
Frankfurt (Oder),
Juristische Fakultät,
Lehrstuhl für Öffentliches Recht,
Verwaltungs-, Europa-, Umwelt-,
Agrar- und Ernährungswirtschaftsrecht,
Große Scharrnstraße 59,
15230 Frankfurt (Oder),
(0335) 55 34-2227/ -2222, Fax -2418
E-Mail: ihaertel@europa-uni.de

Hafner, Dr. Felix, Professor,
Hirzbrunnenschanze 67, CH-4058 Basel,
(0041) 61-691 4064;
Universität Basel, Lehrstuhl für
Öffentliches Recht,
Peter Merian-Weg 8, Postfach, 4002 Basel,
(0041) 612 6725 64,
Fax (0041) 612 6707 95,
E-Mail: Felix.Hafner@unibas.ch

Hailbronner, Dr. Kay, o. Professor,
Toggenbühl, CH-8269 Fruthwilen,
(0041) 71-6 6419 46,
Fax (0041) 71-6 6416 26;
Universität Konstanz,
Universitätsstr. 10, 78457 Konstanz,
(07531) 88 2247,
E-Mail: Kay.Hailbronner@uni-konstanz.de

Hain, Dr. Karl-E., Professor,
Herrenstr. 10, 57627 Hachenburg,
(02662) 9420 64;
Universität zu Köln,
Institut für Medienrecht und
Kommunikationsrecht,
Lehrstuhl für Öffentliches Recht und
Medienrecht,
Aachener Str. 197–199, 50931 Köln,
(0221) 285 56-112, Fax (0221) 285 56-122,
E-Mail: haink@uni-koeln.de

Haller, Dr. Walter, o. Professor,
Burgstrasse 264, CH-8706 Meilen,
(0041) 449 2310 14;
E-Mail: w-haller@bluewin.ch

Haltern, Dr. Ulrich, LL.M. (Yale),
Universitätsprofessor,
Ludwig-Maximilians-Universität München,
Institut für Politik und Öffentliches Recht,
Lehrstuhl für Öffentliches Recht,
Europarecht und Rechtsphilosophie,
Munich Center for Law and the
Humanities,
Prof.-Huber-Platz 2, 80539 München,
(089) 2180-3335, Fax (089) 2180-2440,
E-Mail: europarecht@jura.
uni-muenchen.de

Hammer, Dr. Felix, apl. Professor, Justitiar
und Kanzler der Diözese
Rottenburg-Stuttgart,
Bischöfliches Ordinariat,
Eugen-Bolz-Platz 1, 72108 Rottenburg,
(07472) 1693 61, Fax (07472) 1698 3361,
E-Mail: kanzler@bo.drs.de

Hammer, Dr. Stefan, Univ.-Doz.,
Anton Frank-Gasse 17, 1180 Wien,
(0043) 1470 5976;
Universität Wien, Institut für Staats- und
Verwaltungsrecht,
Schottenbastei 10–16, 1010 Wien,
(0043) 14277-354 65,
Fax (0043) 142 77-354 69,
E-Mail: stefan.hammer@univie.ac.at

Hanschel, Dr. Dirk, Universitätsprofessor
Viktor-Scheffel-Str. 7, 06114 Halle (Saale)
(0151) 17753370
Lehrstuhl für Deutsches, Europäisches
und Internationales Öffentliches Recht
Martin-Luther-Universität
Halle-Wittenberg
Universitätsplatz 3–5, 06108 Halle (Saale)
(0345) 55 23170,
Fax (0345) 55 27269
E-Mail: dirk.hanschel@jura.uni-halle.de

Hanschmann, Dr. Felix, Professor,
Basaltstraße 15c,
60487 Frankfurt am Main,
Bucerius Law School, Hochschule für
Rechtswissenschaft gGmbH,
Dieter Pawlik Stiftungslehrstuhl Kritik
des Rechts – Grundlagen und Praxis
des demokratischen Rechtsstaates,
Jungiusstr. 6, 20355 Hamburg,
(0049) 40 3 07 06-152,
Fax (0049) 40 3 07 06-2935,
E-Mail: felix.hanschmann@law-school.de

Haratsch, Dr. Andreas,
Universitätsprofessor,
Lehrstuhl für Deutsches und Europäisches
Verfassungs- und Verwaltungsrecht sowie
Völkerrecht,
FernUniversität in Hagen,
Universitätsstraße 21, 58084 Hagen,
(02331) 987 2877 oder -4389,
Fax (02331) 987 324,
E-Mail: Andreas.Haratsch@
fernuni-hagen.de

Hartmann, Dr. Bernd J., LL.M.(Virginia),
Universitätsprofessor,
Universität Osnabrück,
Institut für Staats-, Verwaltungs- und
Wirtschaftsrecht,
Martinistr. 12, 49078 Osnabrück,
(0541) 9696168,
E-Mail: ls-hartmann@uni-osnabrueck.de

Hase, Dr. Friedhelm, Professor,
Bandelstraße 10 b, 28359 Bremen,
(0421) 2427 8440;
Universität Bremen,
Fachbereich 6, Rechtswissenschaft,
Universitätsallee, 28359 Bremen,
(0421) 218 66 010,
Fax (0421) 218 66 052,
E-Mail: fhase@uni-bremen.de

Hatje, Dr. Armin, Professor,
Universität Hamburg,
Fakultät für Rechtswissenschaft,
Abteilung Europarecht,
Rothenbaumchaussee 33, 20148 Hamburg,
(040) 428 38 3046,
Fax (040) 428 38 4367,
E-Mail: armin.hatje@jura.uni-hamburg.de

Hauer, Dr. Andreas, Universitätsprofessor
Rechtswissenschaftliche Fakultät,
Universität Linz
Altenberger Straße 69, A-4040 Linz
(0043) 732 2468 1860
E-Mail: andreas.hauer@jku.at

Hebeler, Dr. Timo, Professor,
Universität Trier, Professur für

Öffentliches Recht,
54286 Trier,
(0651) 2012 588,
E-Mail: hebeler@uni-trier.de

Heckel, Dr. iur. Dr. theol. h.c. Martin, o.
Universitätsprofessor,
Lieschingstr. 3, 72076 Tübingen,
(07071) 614 27

Heckmann, Dr. Dirk,
Universitätsprofessor, stv. Mitglied des
Bayerischen Verfassungsgerichtshofs,
Schärdinger Str. 11E, 94032 Passau,
Technische Universität München,
Lehrstuhl für Recht und Sicherheit
der Digitalisierung,
Richard-Wagner-Str. 1, 80333 München,
(089) 907793-301,
E-Mail: dirk.heckmann@tum.de

Heinig, Dr. Hans Michael, Professor,
Institut für Öffentliches Recht
Goßlerstr. 11, 37073 Göttingen

Heintschel von Heinegg, Dr. Wolff,
Professor,
Europa-Universität Viadrina,
Frankfurt (Oder), Lehrstuhl für Öffentliches
Recht, insb. Völkerrecht, Europarecht und
ausländisches Verfassungsrecht,
August-Bebel-Str. 12,
15234 Frankfurt (Oder),
(0335) 5534 2916, Fax (0335) 5534 72914,
E-Mail: heinegg@europa-uni.de

Heintzen, Dr. Markus, Professor,
Freie Universität Berlin,
Fachbereich Rechtswissenschaft,
Van't-Hoff-Str. 8, 14195 Berlin,
(030) 838 524 79,
E-Mail: Heintzen@zedat.fu-berlin.de

Heißl, Gregor, Priv.-Doz. Dr., E.MA,
Universität Innsbruck, Innrain 52 d,
10. Stock, Zi.-Nr. 41008,

A-6020 Innsbruck,
(0043) 512/507/84033,
Fax (0043) 512/507/84099
E-Mail: gregor.heissl@uibk.ac.at

Heitsch, Dr. Christian, apl. Professor,
72 Queens Road, Caversham, Reading,
Berks., RG4 8DL, U.K.,
(0044) 1189 4749 13;
Lecturer in Law, Brunel Law School,
Brunel University West London,
Kingston Lane, Uxbridge,
Middlesex UB8 3PH,
United Kingdom,
(0044) 1895 2676 50,
E-Mail: christian.heitsch@brunel.ac.uk

Hellermann, Dr. Johannes,
Universitätsprofessor,
Hardenbergstr. 12a, 33615 Bielefeld,
(0521) 1600 38;
Universität Bielefeld,
Fakultät für Rechtswissenschaft,
Universitätsstr. 25, 33615 Bielefeld,
(0521) 106 4422,
Fax (0521) 106 6048,
E-Mail: Johannes.Hellermann@
uni-bielefeld.de

Hendler, Dr. Reinhard,
Universitätsprofessor,
Laurentius-Zeller-Str. 12, 54294 Trier,
(0651) 937 2944;
Universität Trier,
Fachbereich Rechtswissenschaft,
Universitätsring 15, 54286 Trier,
(0651) 201 2556 oder 2558,
Fax (0651) 201 3903,
E-Mail: Hendler@uni-trier.de

Hengstschläger, Dr. Johannes,
o. Universitätsprofessor,
Steinfeldgasse 7, A-1190 Wien,
(0043) 132 817 27,
Johannes-Kepler-Universität,
Altenbergerstr. 69, A-4040 Linz,

(0043) 732 2468-4 01,
Fax (0043) 732 246 43,
E-Mail: johannes.hengstschlaeger@jku.at

Hense, Dr. Ansgar, Professor,
Institut für Staatskirchenrecht der Diözesen Deutschlands,
Adenauerallee 19, 53111 Bonn,
(0228) 103 306,
E-Mail: a.hense@dbk.de

Herbst, Dr. Tobias, Professor,
Marc-Chagall-Str. 94, 40477 Düsseldorf
(0211) 26143906
Privatdozent an der Humboldt-Universität zu Berlin,
E-Mail: tobias.herbst@rewi.hu-berlin.de

Herdegen, Dr. Matthias, Professor,
Friedrich-Wilhelm-Str. 35, 53113 Bonn;
Rechts- und Staatswissenschaftliche Fakultät, Universität Bonn,
Adenauerallee 44, 53113 Bonn,
(0228) 7355 70/-80, Fax (0228) 7379 01,
E-Mail: Herdegen@uni-bonn.de

Hermes, Dr. Georg, Professor,
Goethe-Universität Frankfurt am Main,
Fachbereich Rechtswissenschaft,
Campus Westend,
Theodor-W.-Adorno-Platz 4 (RuW),
60629 Frankfurt am Main,
(069) 798 342 75, Fax (069) 798 345 12,
E-Mail: GHermes@jur.uni-frankfurt.de

Herrmann, Dr. Christoph, LL.M., Professor,
Florianstr. 18, 94034 Passau,
(0851) 2155 3389, (0176) 1049 7720;
Universität Passau,
Lehrstuhl für Staats- und Verwaltungsrecht, Europarecht, Europäisches und Internationales Wirtschaftsrecht,
Innstraße 39, 94032 Passau,
(0851) 509 2330, Fax (0851) 509 2332,
E-Mail: christoph.herrmann@eui.eu

Herrmann, Dr. Günter, Professor,
Intendant i.R.
Wankweg 13, 87642 Buching/Allgäu,
(08368) 1696;
Fax (08368) 1297,
E-Mail: herrmann.medienrecht@t-online.de

Heselhaus, Dr. Sebastian, Professor, M.A.,
Obmatt 29, CH-6043 Adligenswil
(00 41) 41 370 25 00;
Universität Luzern, Rechtswissenschaftliche Fakultät, Lehrstuhl für Europarecht, Völkerrecht, Öffentliches Recht und Rechtsvergleichung,
Frohburgstrasse 3, Postfach 4466,
CH-6002 Luzern
(0041) 41 229 53 84,
Fax (00 41) 41 229 53 97,
E-Mail: sebastian.heselhaus@unilu.ch

Hestermeyer, Dr. Holger P., LL.M.
(UC Berkeley),
Professor of International and EU Law,
King's College London,
Dickson Poon School of Law,
Strand, London WC2R 2LS, UK,
E-Mail: holger.hestermeyer@kcl.ac.uk

Hettich, Dr. Peter, o. Professor,
Beckenhofstraße 63, CH-8006 Zürich;
Institut für Finanzwissenschaft, Finanzrecht und Law and Economics (IFF-HSG),
Varnbüelstraße 19, CH-9000 St. Gallen
(0041) 71 2242940,
Fax (0041) 71 224 2670,
E-Mail: peter.hettich@unisg.ch

Hey, Dr. Johanna, Professorin,
Wiethasestraße 73, 50933 Köln,
(0221) 491 1738, Fax (0221) 491 1734;
Universität zu Köln,
Institut für Steuerrecht,
Albertus-Magnus-Platz, 50923 Köln,
(0221) 470 2271,
Fax (0221) 470 5027,
E-Mail: johanna.hey@uni-koeln.de

Heyen, Dr. iur. Lic. phil. Erk Volkmar, Universitätsprofessor,
Arndtstraße 22, 17489 Greifswald,
(03834) 5027 16;
Ernst Moritz Arndt-Universität,
Domstr. 20, 17489 Greifswald,
E-Mail: lsheyen@uni-greifswald.de

Hidien, Dr. Jürgen W., Professor,
Goebenstr. 33, 48151 Münster,
E-Mail: info@hidien.de

Hilbert, Dr. Patrick, Priv.-Doz.,
Ruprecht-Karls-Universität Heidelberg,
Institut für deutsches und europäisches Verwaltungsrecht,
Friedrich-Ebert-Anlage 6–10,
69117 Heidelberg,
(06221) 547426,
E-Mail: patrick.hilbert@jurs.uni-heidelberg.de

Hilf, Dr. Meinhard, Universitätsprofessor,
Bahnsenallee 71,
21465 Reinbek bei Hamburg,
(040) 7810 7510, Fax (040) 7810 7512,
Bucerius Law School, Jungiusstraße 6,
20355 Hamburg,
(040) 307 06 158, Fax (040) 307 06 2 46,
E-Mail: meinhard.hilf@law-school.de

Hill, Dr. Hermann, Professor,
Kilianstraße 5, 67373 Dudenhofen;
Deutsche Universität für Verwaltungswissenschaften Speyer,
Postfach 14 09, 67324 Speyer,
(06232) 654 328,
E-Mail: hill@uni-speyer.de

Hillgruber, Dr. Christian, Professor,
Zingsheimstr. 25, 53359 Rheinbach;
Institut für Öffentliches Recht,
Adenauerallee 24–42, 53113 Bonn,
(0228) 7379 25,
Fax (0228) 7348 69,
E-Mail: lshillgruber@jura.uni-bonn.de

Hindelang, Dr. Steffen, LL.M., Professor,
Fachbereich Rechtswissenschaft,
Süddänische Universität,
Campusvej 55, DK-5230 Odense,
Dänemark,
(0045) 65 50 17 74,
E-Mail: shin@sam.sdu.dk

Hobe, Dr. Dr. h.c. Stephan, LL.M.,
Universitätsprofessor,
Institut für Luftrecht, Weltraumrecht und Cyberrecht und Jean-Monnet Lehrstuhl für Völkerrecht, Europarecht, europäisches und internationales Wirtschaftsrecht,
Albertus-Magnus-Platz, 50923 Köln

Hochhuth, Dr. Martin, Professor,
Hochschule für Polizei und öffentliche Verwaltung NRW,
Dennewartstraße 25–27, 52068 Aachen
(0241) 568072020
E-Mail: martin.hochhuth@hspv.nrw.de

Höfling, Dr. Wolfram, M.A., Professor,
Bruchweg 2, 52441 Linnich,
(02462) 3616;
Universität zu Köln, Institut für Staatsrecht,
Albertus-Magnus-Platz,
50923 Köln,
(0221) 470 3395, Fax (0221) 470 5075,
E-Mail: wolfram.hoefling@t-online.de

Hölscheidt, Dr. Sven, Minsterialrat,
apl. Professor,
Deutscher Bundestag, Fachbereich WD 3, Verfassung und Verwaltung,
Platz der Republik 1, 11011 Berlin,
(030) 227 324 25/323 25,
Fax (030) 227 364 71,
E-Mail: vorzimmer.wd3@bundestag.de

Hösch, Dr. Ulrich, apl. Professor, RA,
Kirchenstraße 72, 81675 München;
GvW Graf von Westphalen Rechtsanwälte Steuerberater Partnerschaft mbH,

Sophienstraße 26,
80333 München,
(089) 689 077 331, Fax (089) 689 077 100
E-Mail: u.hoesch@gvw.com

Hoffmann-Riem, Dr. Wolfgang, em.
Universitätsprofessor,
Auguststr. 15, 22085 Hamburg,
(040) 642 258 48
E-Mail: whoffmann-riem@gmx.de

Hofstätter, Dr. Christoph, Assoz. Professor,
Karl-Franzens-Universität Graz,
Institut für Öffentliches Recht und
Politikwissenschaft,
Universitätsstraße 15/C3,
8010 Graz,
(0043) 316-380-6715,
E-Mail: christoph.hofstaetter@uni-graz.at

Hofmann, Dr. Claudia Maria, Professorin,
Lehrstuhl für Öffentliches Recht und
Europäisches Sozialrecht mit Schwerpunkt
in der interdisziplinären Sozialrechts-
forschung, Juristische Fakultät,
Europa-Universität Viadrina,
Große Scharrnstraße 59,
15230 Frankfurt (Oder),
(0049) 335 5534 2545,
E-Mail: chofmann@europa-uni.de

Hofmann, Dr. Ekkehard, Professor,
Koselstr. 51, 60318 Frankfurt am Main,
(069) 174 989 27,
Lehrstuhl für öffentliches Recht,
insbesondere Umweltrecht,
Direktor des Instituts für Umwelt- und
Technikrecht (IUTR),
Fachbereich Rechtswissenschaft,
Universität Trier, 54286 Trier,
(0651) 201 2556,
E-Mail: hofmann@uni-trier.de

Hofmann, Dr. Dr. Rainer,
Universitätspro- fessor,
Fachbereich Rechtswissenschaft,

Goethe-Universität Frankfurt am Main,
Theodor-W.-Adorno-Platz 4,
60629 Frankfurt am Main,
(+49) 69-798 34293
E-Mail: R.Hofmann@jur.uni-frankfurt.de

Hohenlohe, Dr. Diana zu, LL.M. (Sydney),
Machstr. 3/1/19, A-1020 Wien,
Sigmund Freud Privatuniversität,
Fakultät für Rechtswissenschaften,
Freudplatz 1, 1020 Wien,
E-Mail: dzhohenlohe@gmx.de

Hohmann, Dr. Harald, Privatdozent,
Furthwiese 10, 63654 Büdingen,
(06049) 9529 12, Fax (06049) 9529 13;
Hohmann & Partner Rechtsanwälte,
Schloßgasse 2, 63654 Büdingen,
(06042) 9567 0, Fax (06042) 9567 67,
E-Mail: harald.hohmann@
hohmann-partner.com

Holoubek, Dr. Michael,
Universitätsprofessor,
Institut für Österreichisches
und Europäisches Öffentliches Recht,
Wirtschaftsuniversität Wien,
Welthandelsplatz 1, 1020 Wien,
Gebäude D3, 2. OG,
(0043) 1313 36 4660,
Fax (0043) 1313 36 713,
E-Mail: michael.holoubek@wu.ac.at

Holznagel, Dr. Bernd, LL.M.,
Professor, WWU Münster,
Juristische Fakultät, ITM, Abt. II,
Leonardo-Campus 9, 48149 Münster,
(0251) 83 3 8641,
Fax (0251) 83 3 8644,
E-Mail: holznagel@uni-muenster.de

Holzner, Thomas Dr. jur. Dipl. sc. pol.
Univ., Privatdozent,
Universität Augsburg, Juristische Fakultät,
Universitätsstraße 24,
86159 Augsburg,

08131/513-1002,
E-Mail: thomas.holzner@polizei.bayern.de

Hong, Dr. Mathias, Privatdozent,
Bachstr. 32, 76185 Karlsruhe,
(0721) 9576161;
E-Mail: mathias.hong@jura.uni-freiburg.de

Horn, Dr. Dr. h.c. Hans-Detlef, Professor,
Philipps-Universität Marburg,
Fachbereich Rechtswissenschaften,
Institut für Öffentliches Recht,
Universitätsstr. 6,
35032 Marburg,
(06421) 282 3810 od. 282 3126,
Fax (06421) 282 3839,
E-Mail: hans-detlef.horn@jura.
uni-marburg.de

Hornung, Dr. Gerrit, LL.M., Professor,
Fachgebiet Öffentliches Recht,
IT-Recht und Umweltrecht,
Universität Kassel, FB 07,
Kurt-Schumacher-Str. 25, 34117 Kassel
(0561) 804 7923
E-Mail: gerrit.hornung@uni-kassel.de

Huber, Dr. Peter M., o. Professor,
Richter des Bundesverfassungsgerichts,
Universität München, Lehrstuhl für
Öffentliches Recht und Staatsphilosophie,
Professor-Huber-Platz 2,
80539 München,
(089) 2180 3576,
Fax (089) 2180 5063,
E-Mail: peter.m.huber@jura.
uni-muenchen.de

Hufeld, Dr. Ulrich, Universitätsprofessor,
Helmut-Schmidt-Universität/Universität
der Bundeswehr Hamburg,
Fakultät für Wirtschafts- und
Sozialwissenschaften,
Professur für Öffentliches Recht
und Steuerrecht,
Holstenhofweg 85, 22043 Hamburg,

(040) 6541 28 59, Fax (040) 65412087,
E-Mail: Hufeld@hsu-hh.de

Hufen, Dr. Friedhelm, o. Professor,
Backhauskohl 62, 55128 Mainz,
(06131) 34444
Universität Mainz, Fachbereich Rechts-
und Wirtschaftswissenschaften
E-Mail: hufen.friedhelm@t-online.de

Hummel, Dr. David, Privatdozent,
Prager Straße 352, 04289 Leipzig;
Universität Leipzig, Juristenfakultät,
Lehrstuhl für Öffentliches Recht,
insbesondere Steuerrecht
und Öffentliches Wirtschaftsrecht,
Burgstraße 21, 04109 Leipzig,
(0341) 9735 273,
Fax (0341) 9735 279,
E-Mail: dhummel@uni-leipzig.de

Huster, Dr. Stefan, Professor,
Ruhr-Universität Bochum,
Lehrstuhl für Öffentliches Recht,
Sozial- und Gesundheitsrecht und
Rechtsphilosophie,
Universitätsstraße 150, 44780 Bochum,
Gebäude GD 2/111,
(0234) 3222 239, Fax (0234) 3214 271,
E-Mail: stefan.huster@rub.de

Hwang, Dr. Shu-Perng, LL.M. (Columbia),
Forschungsprofessorin,
Institutum Iurisprudentiae,
Academia Sinica,
128 Academia Sinica Road, Sec. 2,
Nankang,
Taipei 11529, Taiwan,
(00886) 2 2652 5423,
E-Mail: sphwang@gate.sinica.edu.tw

Ibler, Dr. Martin, Professor, Lindauer
Straße 3, 78464 Konstanz;
Universität Konstanz,
Fachbereich Rechtswissenschaften,
Postfach D 106, Universitätsstraße 10,

78457 Konstanz,
(07531) 88-24 80/-2 28,
E-Mail: Martin.Ibler@uni-konstanz.de

Iliopoulos-Strangas, Dr. Julia, Professorin,
Universität Athen – Juristische Fakultät,
Dolianis 38, 15124 Athen-Maroussi
(0030) 210 38 26 083 und 210 38 23 344,
Mobil (0030) 6944 59 52 00,
E-Mail: juliostr@law.uoa.gr

Ingold, Dr. Albert,
Universitätsprofessor,
Johannes Gutenberg-Universität Mainz
Fachbereich 03, Rechts- und
Wirtschaftswissenschaften
Lehrstuhl für Öffentliches Recht,
insb. Kommunikationsrecht und Recht
der Neuen Medien
Jakob Welder-Weg 9,
55099 Mainz,
(06131) 39 33035189,
E-Mail: aingold@uni-mainz.de

Ipsen, Dr. Jörn, o. Professor,
Präsident des Niedersächsischen
Staatsgerichtshofs a. D.,
Luisenstr. 41, 49565 Bramsche,
(05461) 44 96, Fax (05461) 6 34 62,
Institut für Kommunalrecht und
Verwaltungswissenschaften,
Universität Osnabrück,
49069 Osnabrück,
(0541) 969-6169 oder -6158,
Fax (0541) 9 69-6170,
E-Mail: instkr@uos.de

Ipsen, Dr. Dr. h.c. mult. Knut, o. Professor,
Nevelstr. 59, 44795 Bochum,
(0234) 43 1266,
E-Mail: Knut.Ipsen@web.de

Isensee, Dr. Dres. h.c. Josef, o. Professor,
Meckenheimer Allee 150, 53115 Bonn,
(0228) 6934 69,
E-Mail: isensee-bonn@t-online.de

Ismer, Dr. Roland, Professor,
Werderstr. 11, 86159 Augsburg;
Lehrstuhl für Steuerrecht
und Öffentliches Recht,
Friedrich-Alexander-Universität
Erlangen-Nürnberg,
Lange Gasse 20, 90403 Nürnberg,
(0911) 5302-353,
Fax (0911) 5302-165,
E-Mail: Roland.Ismer@wiso.
uni-erlangen.de

Jaag, Dr. Tobias, o. Professor,
Bahnhofstr. 22, Postfach 125,
CH-8024 Zürich,
(0041) 442 1363 63,
Fax (0041) 442 1363 99,
E-Mail: jaag@umbricht.ch

Jachmann-Michel, Dr. Monika,
Universitätsprofessorin,
Vors. Richterin am Bundesfinanzhof,
Honorarprofessorin LMU München
Bundesfinanzhof München,
Ismaninger Straße 109,
81675 München,
(089) 9231-352, Fax 08821 9668462
E-Mail: monika.jachmann@bfh.bund.de

Jaeckel, Dr. Liv,
Universitätsprofessorin,
Gescherweg 28, 48161 Münster,
(0251) 39 580 345,
Technische Universität Bergakademie
Freiberg,
Associate Professor HHL Leipzig,
E-Mail: liv.jaeckel@rewi.tu-freiberg.de

Jahndorf, Dr. Christian, Professor,
Brunnenweg 18, 48153 Münster,
(0251) 761 9683,
Westfälische Wilhelms-Universität,
Institut für Steuerrecht,
Universitätsstr. 14–16, 48143 Münster,
(0251) 832 2795,
Fax (0251) 832 8386,

E-Mail: christian.jahndorf@
schumacher-partner.de

Jakab, András, Prof. Dr.,
Professor für Verfassungs- und
Verwaltungsrecht,
Universität Salzburg, Fachbereich für
Öffentliches Recht,
Völker- und Europarecht, Kapitelgasse 5–7,
5020 Salzburg,
(0043) 662 8044 3605,
E-Mail: andras.jakab@sbg.ac.at

Janko, Dr. Andreas, Univ.-Prof.,
Schwindstraße 4, A-4040 Linz/Auhof;
Institut für Staatsrecht und Politische
Wissenschaften,
Johannes Kepler Universität Linz,
Altenberger Straße 69, A-4040 Linz/Auhof,
(0043) 732 2468 8456,
Fax (0043) 732 2468 8901,
E-Mail: andreas.janko@jku.at
oder Elisabeth.Kamptner@jku.at

Janz, Dr. Norbert, apl. Professor,
Landesrechnungshof Brandenburg,
Graf-von-Schwerin-Str. 1, 14469 Potsdam,
(0331) 866 85 35, Fax (0331) 866 85 18,
E-Mail: janz@uni-potsdam.de

Jarass, Dr. Hans D., LL.M. (Harvard),
o. Professor,
Forschung Öffentliches Recht und
Europarecht,
Baumhofstr. 37 D, 44799 Bochum,
(0234) 772024,
ZIR Forschungsinstitut an der Universität
Münster,
Wilmergasse 12–13, 48143 Münster,
(0251) 8329 780

Jestaedt, Dr. Matthias, Professor,
Marchstraße 34, 79211 Denzlingen;
Albert-Ludwigs-Universität,
Rechtswissenschaftliche Fakultät,
79085 Freiburg i. Br.,

(0761) 2039 7800, Fax (0761) 2039 7802
E-Mail: matthias.jestaedt@jura.
uni-freiburg.de

Jochum, Dr. Georg, Professor,
Oberhofstraße 92, 88045 Friedrichshafen,
(01 0) 238 6758,
Zeppelin University, Lehrstuhl für Europa-
recht & Internationales Recht der
Regulierung,
Maybachplatz 5, 88045 Friedrichshafen,
(07541) 6009 1481,
Fax (07541) 6009 1499,
E-Mail: Georg.Jochum@
zeppelin-university.de

Jochum, Dr. jur. Heike,
Mag. rer. publ., Professorin,
Buchsweilerstraße 77, 66953 Pirmasens,
Institut für Finanz- und Steuerrecht
an der Universität Osnabrück,
Martinistraße 10,
49080 Osnabrück,
(0541) 969-6168 (Sek.), -6161 (direkt),
Fax (0541) 969-61 67,
E-Mail: Heike.Jochum@gmx.net

Jouanjan, Dr. Olivier, Professor,
32, rue de Vieux Marché aux Poissons,
F-97000 Strasbourg,
(0033) 661 33 2559,
Université Panthéon-Assas,
Centre de droit public comparé,
12 place du Panthéon, F-75005 Paris,
(0033) 388 14 3034;
Albert-Ludwigs-Universität,
Rechtswissenschaftliche Fakultät,
Institut für öffentliches Recht (Abt. 2),
Platz der Alten Synagoge,
79085 Freiburg i. Br.,
E-Mail: olivier.jouanjan@u-paris2.fr

Kadelbach, Dr. Stefan, LL.M., Professor,
Goethe-Universität,
Institut für Öffentliches Recht,
Lehrstuhl für Öffentliches Recht,

Europarecht und Völkerrecht,
Theodor-W.-Adorno-Platz 4,
60629 Frankfurt am Main,
(069) 798 34295,
Fax (069) 798 34516,
E-Mail: s.kadelbach@jur.uni-frankfurt.de

Kägi-Diener, Dr. Regula, Professorin,
Rechtsanwältin,
Marktgasse 14, CH-9004 St. Gallen,
(0041) 71 223 81 21,
Fax (0041) 71 223 81 28,
E-Mail: regula.kaegi-diener@ewla.org

Kämmerer, Dr. Jörn Axel, Professor,
Am Kaiserkai 53, 20457 Hamburg,
(040) 48 0922 23;
Bucerius Law School,
Hochschule für Rechtswissenschaft,
Jungiusstraße 6, 20335 Hamburg,
(040) 307 06 190, Fax (040) 3070 6 195,
E-Mail: axel.kaemmerer@law-school.de

Kahl, Dr. Dr. h.c. Arno,
Universitätsprofessor,
Universität Innsbruck,
Institut für Öffentliches Recht,
Staats- und Verwaltungslehre,
Innrain 52d, A-6020 Innsbruck,
(0043) 512/507 84004,
E-Mail: arno.kahl@uibk.ac.at

Kahl, Dr. Dr. h.c. Wolfgang, M.A.,
o. Professor, Universität Heidelberg,
Institut für deutsches und
europäisches Verwaltungsrecht,
Friedrich-Ebert-Anlage 6–10,
69117 Heidelberg,
(06221) 5474 28, Fax (06221) 5477 43,
E-Mail: kahl@jurs.uni-heidelberg.de

Kaiser, Dr. Anna-Bettina,
LL.M. (Cambridge), o. Professorin,
Humboldt-Universität zu Berlin –
Juristische Fakultät,
Professur für Öffentliches Recht und

Grundlagen des Rechts,
Unter den Linden 6, D-10099 Berlin,
(030) 2093 3579, Fax (030) 2093 3430,
E-Mail: kaiser@rewi.hu-berlin.de

Kaltenborn, Dr. Markus, Professor,
Ruhr-Universität Bochum,
Juristische Fakultät
44780 Bochum,
(0234) 32-2 5252 oder -252 63,
E-Mail: markus.kaltenborn@ruhr-
uni-bochum.de

Kanalan, Dr. Ibrahim, Priv.-Doz.
Friedrich-Alexander-Universität
Erlangen-Nürnberg,
Fachbereich Rechtswissenschaft,
Institut für Deutsches, Europäisches und
Internationales Recht,
Schillerstr. 1, 91054 Erlangen,
(0049) 178 13 44 376,
E-Mail: Ibrahim.Kanalan@fau.de

Karpen, Dr. Ulrich, Universitätsprofessor,
Ringstr. 181, 22145 Hamburg,
(040) 677 8398,
E-Mail: ulrich.karpen@gmx.de

Kau, Dr. Marcel, LL.M., Privatdozent,
Blarerstraße 8, 78462 Konstanz;
Universität Konstanz,
Fachbereich Rechtswissenschaft D 110,
Universitätsstraße 10,
78457 Konstanz,
(07531) 8836 34, Fax (07531) 8831 46,
E-Mail: Marcel.Kau@uni-konstanz.de

Kaufhold, Dr. Ann-Katrin,
Universitätsprofessorin
Ludwig-Maximilians-Universität München
Institut für Politik und Öffentliches Recht
Lehrstuhl für Staats- und Verwaltungsrecht
Prof.-Huber-Platz 2, 80539 München
(089) 21892777;
E-Mail: ann-katrin.kaufhold@jura.
uni-muenchen.de

Kaufmann, Dr. Christine, Professorin,
Lehrstuhl für Staats- und Verwaltungsrecht,
Völker- und Europarecht,
Universität Zürich,
Rämistrasse 74/5, CH-8001 Zürich,
(0041) 446 34 48 65,
Fax (0041) 446 3443 78,
E-Mail: Lst.kaufmann@rwi.uzh.ch

Kaufmann, Dr. Marcel, Privatdozent,
Rechtsanwalt,
Senefelderstraße 7, 10437 Berlin;
Freshfields Bruckhaus Deringer,
Environment, Planning and
Regulatory (EPR),
Potsdamer Platz 1, 10785 Berlin,
(030) 202 83 857 (Sekretariat),
(030) 202 83 600,
Fax (030) 202 83-766,
E-Mail: marcel.kaufmann@freshfields.com

Keller, Dr. Helen, Professorin,
Eigenstraße 16, CH-8008 Zürich,
(0041) 444 22 2320;
Universität Zürich, Rechtswissenschaftliches Seminar,
Rämistraße 74/13, CH-8001 Zürich,
(0041) 446 34 3689,
Fax (0041) 446 34 4339,
E-Mail: helen.keller@rwi.uzh.ch

Kemmler, Dr. Iris, L.MM. (LSE),
Privatdozentin,
Sonnenbühl 22, 70597 Stuttgart
(0711) 2844447,
Eberhard Karls Universität Tübingen
Lehrstuhl für Öffentliches Recht,
Finanz- und Steuerrecht
Prof. Dr. Ferdinand Kirchhof
Geschwister-Scholl Platz, 72074 Tübingen,
(07071) 29 74058, Fax (07071) 23 4358
E-Mail: Iris.kemmler@gmx.de

Kempen, Dr. Bernhard, o. Professor,
Rheinblick 1, 53424 Remagen/Oberwinter,
(02228) 9132 91, Fax (022 28) 9132 93;

Institut für Völkerrecht und ausländisches
öffentliches Recht, Universität zu Köln,
Gottfried-Keller-Straße 2, 50931 Köln,
(0221) 470 2364, Fax (0221) 470 4992,
E-Mail: Bernhard.Kempen@uni-koeln.de

Kempny, Dr. Simon, LL.M. (UWE Bristol),
Universitätsprofessor,
Lehrstuhl für Öffentliches Recht
und Steuerrecht,
Fakultät für Rechtswissenschaft,
Universität Bielefeld
Universitätsstraße 25, 33615 Bielefeld,
(0521) 106 67690,
E-Mail: simon.kempny@uni-bielefeld.de

Kersten, Dr. Jens, Universitätsprofessor,
Juristische Fakultät
Ludwig-Maximilians-Universität München,
Professor-Huber-Platz 2, 80539 München,
(089) 2180 2113,
E-Mail: jens.kersten@jura.
uni-muenchen.de

Khakzadeh-Leiler, Dr. Lamiss,
ao. Univ.-Professorin,
Universität Innsbruck, Institut für
Öffentliches Recht,
Staats- und Verwaltungslehre,
Innrain 52 d, A-6020 Innsbruck,
(0043) 507 84032,
E-Mail: lamiss.khakzadeh@uibk.ac.at

Khan, Dr. Daniel-Erasmus, Professor,
Institut für Öffentliches Recht und
Völkerrecht
Universität der Bundeswehr München,
Werner-Heisenberg-Weg 39,
85579 Neubiberg,
(089) 6004-4690 oder -4262 oder -2048,
Fax (089) 6004 4691,
E-Mail: Khan@unibw.de

Kielmansegg, Dr. Sebastian Graf von,
Professor,
Lehrstuhl für Öffentliches Recht

und Medizinrecht
Christian-Albrechts-Universität zu Kiel,
Olshausenstraße 75, 24118 Kiel
(0431) 880 1668; Fax (0431) 880 1894;
E-Mail: skielmansegg@law.uni-kiel.de

Kießling, Dr. Andrea, Privatdozentin
Ruhr-Universität Bochum,
Lehrstuhl für Öffentliches Recht,
Sozial- und Gesundheitsrecht und
Rechtsphilosophie,
Universitätsstraße 150,
44780 Bochum
(0234) 32-26818, Fax (0234) 32-14271,
E-Mail: andrea.kiessling@rub.de

Kilian, Dr. Michael, Professor,
Hohenkogl 62, A-8181 St. Ruprecht/Raab
Juristische Fakultät,
Universität Halle-Wittenberg,
Universitätsplatz 3–5, Juridicum,
06099 Halle (Saale),
(0345) 55 231 70,
Fax (0345) 55 2 7269,
E-Mail: michael.kilian@jura.uni-halle.de

Kingreen, Dr. Thorsten, Professor,
Agnes-Miegel-Weg 10, 93055 Regensburg,
(0941) 70402 41;
Lehrstuhl für Öffentliches Recht,
Sozialrecht und Gesundheitsrecht,
Universität Regensburg, Universitätsstr. 31,
93053 Regensburg,
(0941) 943 2607 od. 26 8,
Fax (0941) 943 3634,
E-Mail: king@jura.uni-regensburg.de

Kirchhof, Dr. Ferdinand, o. Professor,
Walther-Rathenau-Str. 28
72766 Reutlingen
(07121) 490281
E-Mail: ferdinand.kirchhof@t-online.de

Kirchhof, Dr. Gregor,
LL.M., Universitätsprofessor,
Universität Augsburg,

Lehrstuhl für Öffentliches Recht,
Finanzrecht und Steuerrecht,
Universitätsstr. 24,
86159 Augsburg
(0821) 598 4541,
E-Mail: sekretariat.kirchhof@jura.
uni-augsburg.de

Kirchhof, Dr. Dres. h.c. Paul, Professor,
Am Pferchelhang 33/1, 69118 Heidelberg,
(06221) 8014 47;
Universität Heidelberg,
Schillerstr. 4–8,
69115 Heidelberg,
(06221) 54 19356,
E-Mail: paul.kirchhof@paul-kirchhof.de

Kirchmair, MMag. Dr. Lando,
Vertretungsprofessor,
Universität der Bundeswehr München,
Institut für Öffentliches Recht und
Völkerrecht/Institut für Kulturwissen-
schaften, Fakultät für Staats- und
Sozialwissenschaften,
Werner-Heisenberg-Weg 39,
D-85579 Neubiberg,
(0049) 89 6004 2812,
E-Mail: lando.kirchmair@unibw.de

Kirste, Dr. Stephan, Professor,
Am Gutleuthofhang 18, 69118 Heidelberg,
(06221) 804503, Fax (06221) 804503;
Universität Salzburg, Rechts- und
Sozialphilosophie, FB Sozial- und Wirt-
schaftswissenschaften an der Rechtswissen-
schaftlichen Fakultät,
Churfürststraße 1,
A-5010 Salzburg,
(0043-662) 8044-3551,
Fax (0043-662) 8044-74-3551,
Mobil (0043-664) 8289-223,
E-Mail: stephan.kirste@sbg.ac.at

Kischel, Dr. Uwe, LL.M. (Yale),
Attorney-at-law (New York), o. Professor,
Dorfstraße 34, 17121 Düvier,

(0399 98) 315 46;
Ernst-Moritz-Arndt-Universität Greifswald,
Domstr. 20a,
17489 Greifswald,
(03834) 420 2180, Fax (03834) 420 2182,
E-Mail: kischel@uni-greifswald.de

Klatt, Dr. Matthias, Prof.,
Rothenbaumchaussee 33, 20148 Hamburg,
(040) 42838 2380, Fax 040 42838 8296,
Universitätsprofessur für Rechts-
philosophie, Rechtssoziologie und
Rechtspolitik, Rechtswissenschaftliche
Fakultät, Karl-Franzens-Universität Graz,
Universitätsstraße 15 / C2, A-8010 Graz,
E-Mail: matthias.klatt@uni-graz.at

Klaushofer, Dr. Reinhard,
Universitätsprofessor,
Universität Salzburg,
Kapitelgasse 5–7, A-5020 Salzburg,
(0043) 662 8044 3634,
Fax (0043) 662 8044 303,
E-Mail: reinhard.klaushofer@sbg.ac.at

Klein, Dr. iur. Eckart, Universitätsprofessor,
Heideweg 45, 14482 Potsdam,
(0331) 7058 47,
E-Mail: klein@uni-potsdam.de

Klein, Dr. Hans Hugo,
Universitätsprofessor em., Richter
des Bundesverfassungsgerichts a.D.,
Heilbrunnstr. 4, 76327 Pfinztal,
(07240) 7300,
E-Mail: hanshklein@web.de

Klein, Dr. Tonio, Professor,
Kommunale Hochschule für Verwaltung
in Niedersachsen,
Wielandstr. 8, 30169 Hannover,
(0511) 1609 2448,
E-Mail: tonio.klein@nsi-hsvn.de

Kleinlein, Dr. Thomas, Professor,
Friedrich-Schiller-Universität Jena,
Rechtswissenschaftliche Fakultät,
Lehrstuhl für Öffentliches Recht,
Völkerrecht, Europarecht und
Rechtsvergleichung,
Carl-Zeiß-Straße 3, 07743 Jena,
(03641) 942 201,
E-Mail: thomas.kleinlein@uni-jena.de

Klement, Dr. Jan Henrik,
Universitätsprofessor, Direktor am Institut
für Öffentliches Recht,
Albert-Ludwigs-Universität,
Rechtswissenschaftliche Fakultät,
79085 Freiburg im Breisgau,
(0761) 203-97572
E-Mail: jan.henrik.klement@jura.
uni-freiburg.de

Kley, Dr. Dr. h.c. Andreas, Professor,
Stallikerstr. 10a,
CH–8142 Uitikon Waldegg

Kloepfer, Dr. Michael, o. Professor,
Taubertstraße 19, 14193 Berlin,
(030) 825 2490, Fax (030) 825 2690

Kluckert, Dr. Sebastian, Univ.-Professor,
Bergische Universität Wuppertal,
Professur für Öffentliches Recht,
Gaußstraße 20, 42119 Wuppertal,
(0202) 439 5280, Fax (0202) 439 5289,
E-Mail: kluckert@uni-wuppertal.de

Kluth, Dr. Winfried, Professor,
Eilenburger Straße 12, 06116 Halle (Saale);
Martin-Luther-Universität
Halle-Wittenberg,
Juristische und Wirtschaftswissenschaft-
liche Fakultät,
Lehrstuhl für Öffentliches Recht,
Universitätsplatz 10a, 06099 Halle (Saale),
(0345) 552 3223, Fax (0345) 552 7293,
E-Mail: winfried.kluth@jura.uni-halle.de

Kment, Dr. Martin, LL.M. (Cambridge),
Professor,

Donaustraße 16, 81679 München;
Lehrstuhl für Öffentliches Recht und
Europarecht, Umweltrecht und
Planungsrecht,
Universität Augsburg,
Universitätsstr. 24, 86159 Augsburg,
(0821) 598 4535, Fax (0821) 598 4537,
E-Mail: martin.kment@jura.
uni-augsburg.de

Knauff, Dr. Matthias, LL.M. Eur.,
Professor,
von-Salza-Str. 10,
97980 Bad Mergentheim,
(07931) 481 0097, (0163) 729 8371;
Friedrich-Schiller-Universität Jena
Rechtswissenschaftliche Fakultät,
Lehrstuhl für Öffentliches Recht,
insbes. Öffentliches Wirtschaftsrecht,
Carl-Zeiß-Str. 3, 07743 Jena,
(03641) 942 221, Fax (03641) 942 222,
E-Mail: matthias.knauff@uni-jena.de

Kneihs, Dr. Benjamin, Univ. Professor,
Niederland 73, A-5091 Unken, Österreich;
Universität Salzburg,
Fachbereich öffentliches Recht,
Kapitelgasse 5–7, A-5020 Salzburg,
(0043) 662 8044 3611,
Fax (0043) 662 8044 303,
E-Mail: benjamin.kneihs@sbg.ac.at

Knemeyer, Dr. Franz-Ludwig, o. Professor,
Unterdürrbacher Str. 353, 97080 Würzburg,
(0931) 961 18;
Universität Würzburg,
Domerschulerstr.16, 97070 Würzburg,
(0931) 31 8 2899, Fax (0931) 31 23 17,
E-Mail: knemeyer@jura.uni-wuerzburg.de

Koch, Dr. Hans-Joachim, Professor,
Wendlohstr. 80, 22459 Hamburg,
(040) 551 8804, Fax (040) 551 8804;
Universität Hamburg, Fakultät für
Rechtswissenschaft,
Edmund-Siemers-Allee 1, 20146 Hamburg,

(040) 42838-3977 oder -5443,
Fax (040) 42838 6280,
E-Mail: hans-joachim.koch@jura.
uni-hamburg.de

Koch, Dr. Thorsten, Privatdozent,
Emanuel-Geibel-Str. 4,
49143 Bissendorf-Schledehausen,
(05402) 7774;
Institut für Kommunalrecht Universität
Osnabrück,
Martinistr. 12, 49069 Osnabrück,
(0541) 969 6169, Fax (0541) 969 6164,
E-Mail: tkoch@uos.de

Köck, Dr. Wolfgang, Professor,
UFZ-Umweltforschungszentrum
Leipzig-Halle GmbH,
Permoserstraße 15, 04318 Leipzig;
Universität Leipzig, Lehrstuhl für
Umweltrecht,
Postfach 10 09 20, 04009 Leipzig,
(0341) 235 3140, Fax (0341) 235 2825,
E-Mail: Wolfgang.Koeck@ufz.de

König, Dr. Doris, Professorin,
Bundesverfassungsgericht Schlossbezirk 3,
76131 Karlsruhe
(0721) 9101 338, Fax (0721) 9101 720
E-Mail: doris.koenig@law-school.de

König, Dr. Dr. Klaus, Universitätsprofessor,
Albrecht-Dürer-Str. 20, 67346 Speyer,
(06232) 29 02 16;
Deutsche Universität für
Verwaltungswissenschaften Speyer,
Postfach 14 09, 67324 Speyer,
(06232) 654-369 oder -350 oder -355,
Fax (06232) 654 306,
E-Mail: k.koenig@uni-speyer.de

Kokott, Dr. Juliane, LL.M. (Am. Un.),
S.J.D. (Harvard),
Universitätsprofessorin, Generalanwältin,
(06221) 4516 17;
Gerichtshof der Europäischen

Gemeinschaften, Th. More 2214,
Bd. Konrad Adenauer, L-2925, Luxemburg,
(00352) 4303 2221,
E-Mail: juliane.kokott@curia.europa.eu

Kolonovits, Dr. Dieter, Mag., M.C.J.,
ao. Universitätsprofessor,
Berggasse 17/41 A-1090 Wien,
(0043) 699 1920 2895;
Präsident, Verwaltungsgericht Wien,
Muthgasse 62, A-1190 Wien,
(0043) 4000 38501,
Fax (0043) 4000 99 38501,
E-Mail: dieter.kolonovits@vgw.wien.gv.at

Kopetzki, DDr. Christian,
Universitätsprofessor,
Institut für Staats- und Verwaltungsrecht,
Medizinrecht, Universität Wien,
Schottenbastei 10–16, A-1010 Wien,
(0043) 1427 73 5411
E-Mail: christian.kopetzki@univie.ac.at

Korioth, Dr. Stefan, Professor,
Institut für Politik und Öffentliches Recht
der Universität München,
Professor-Huber-Platz 2/III,
80539 München,
(089) 2180 2737, Fax (089) 2180 3990,
E-Mail: Korioth@jura.uni-muenchen.de

Korte, Dr. Stefan, Professor,
Technische Universität Chemnitz,
Lehrstuhl für Öffentliches Recht insb.
Öffentliches Wirtschaftsrecht,
Fachbereich Wirtschaftswissenschaften
Thüringer Weg 7, 09126 Chemnitz,
(0371) 53126460,
Fax (0371) 53126469
E-Mail: stefan.korte@wirtschaft.
tu-chemnitz.de

Kotulla, Dr. Michael, M.A., Professor,
Universität Bielefeld,
Fakultät für Rechtswissenschaft,
Postfach 10 01 31, 33501 Bielefeld,
(0521) 106 2500,
Fax (0521) 106 8091,
E-Mail: Michael.Kotulla@uni-bielefeld.de

Kotzur, Dr. Markus, LL.M. (Duke Univ.),
o. Professor,
Am Sandtorkai 64 b, 20457 Hamburg,
(040) 4191-9344;
Universität Hamburg, Institut
für Inter- nationale Angelegenheiten,
Fakultät für Rechtswissenschaft,
Rothenbaumchaussee 33,
20148 Hamburg,
(040) 42828 4601,
Fax (040) 42838 6262,
E-Mail: markus.kotzur@jura.
uni-hamburg.de

Krajewski, Dr. Markus, Professor,
Friedrich-Alexander-Universität
Erlangen-Nürnberg,
Fachbereich Rechtswissenschaft,
Schillerstr. 1, 91054 Erlangen,
(09131) 85 222 60,
Fax (09131) 85 269 50,
E-Mail: markus.krajewski@fau.de

Krause, Dr. Peter, o. Professor,
Weinbergstr. 12, 54317 Korlingen,
(0 65 88) 73 33;
Universität Trier, 54286 Trier,
(0651) 201 2587, Fax (0651) 201 3803,
E-Mail: Krausepe@uni-trier.de

Krausnick, Dr. Daniel, apl. Professor,
Rumfordstr. 25, 80469 München,
(0160) 92967079
Bayrisches Staatsministerium für
Wissenschaft und Kunst,
Jungfernturmstr. 1, 80333 München
(089) 21862394
E-Mail: daniel.krausnick@web.de,
daniel.krausnick@stmwk.bayern.de

Krebs, Dr. Walter, Professor,
Herderallee 13, 44791 Bochum,

(0234) 511288,
E-Mail: krebs.bo@t-online.de

Kremer, Dr. Carsten, M.A.,
M.Jur. (Oxford), Professor,
Universität Rostock, Juristische Fakultät,
Lehrstuhl für Öffentliches Recht und
Neuere Rechts- und Verfassungsgeschichte
Ulmenstraße 69, 18057 Rostock,
(0381) 498-8171,
E-Mail: carsten.kremer@uni-rostock.de

Kreßel, Dr. Eckhard, Professor,
Lenzhalde 42,
73760 Ostfildern,
E-Mail: ekressel@aol.com
Juristische Fakultät der Universität
Würzburg,
Domerschulstr. 16, 97070 Würzburg,
E-Mail: eckhard.kressel@jura.
uni-wuerzburg.de

Kreuter-Kirchhof, Dr. Charlotte, Professor
Kirchgasse 61, 53347 Alfter,
(02222) 9936 22,
Fax (02222) 9936 21;
Lehrstuhl für Deutsches und Ausländisches
Öffentliches Recht, Völkerrecht und
Europarecht
Heinrich-Heine-Universität Düsseldorf
Universitätsstrasse 1,
40225 Düsseldorf
(0211) 81 114 35,
Fax (0211) 81 114 56
E-Mail: kreuter-kirchhof@hhu.de

Krieger, Dr. Heike, Professorin,
Freie Universität Berlin,
Fachbereich Rechtswissenschaft,
Van't-Hoff-Straße 8, 14195 Berlin,
(030) 8385 1453,
E-Mail: hkrieger@zedat.fu-berlin.de

Kröger, Dr. Klaus,
Universitätsprofessor,
Hölderlinweg 14, 35396 Gießen,

(0641) 522 40; (0641) 9923 130,
Fax (0641) 9923 059

Kröll, Dr. Thomas,
Assoziierter Professor,
Pyrkergasse 37/5, A-1190 Wien;
Institut für Österreichisches und
Europäisches
Öffentliches Recht,
Wirtschaftsuniversität Wien,
Welthandelsplatz 1/D3, A-1020 Wien,
(0043) 1313365441,
Fax (0043) 131336905441,
E-Mail: thomas.kroell@wu.ac.at

Krönke, Dr. Christoph,
Universitätsprofessor,
Institut für Österreichisches und
Europäisches Öffentliches Recht,
Wirtschaftsuniversität Wien,
Welthandelsplatz 1, Gebäude D3,
1020 Wien,
(0043) 1 31336 6609,
E-Mail: christoph.kroenke@wu.ac.at

Krüper, Dr. Julian, Professor,
Professur für Öffentliches Recht,
Verfassungstheorie und interdisziplinäre
Rechtsforschung, Juristische Fakultät
der Ruhr-Universität Bochum,
Universitätsstraße 150,
44780 Bochum,
(0234) 32 29942,
Fax (0234) 32 14282
E-Mail: julian.krueper@rub.de

Krugmann, Dr. Michael,
Privatdozent,
Stellaustieg 3, 22143 Hamburg,
(040) 677 8860,
Fax (040) 677 8860,
E-Mail: dr@michaelkrugmann.de

Krumm, Dr. Marcel, Universitätsprofessor,
Rechtswissenschaftliche Fakultät
Westfälische Wilhems-Universität Münster,

Universitätstraße 14, 48143 Münster
(0251) 83 22795,
E-Mail: marcel.krumm@wwu.de

Kube, Dr. Hanno, LL.M. (Cornell),
Universitätsprofessor,
Institut für Finanz- und Steuerrecht,
Lehrstuhl für Öffentliches Recht unter
besonderer Berücksichtigung des
Finanz- und Steuerrechts,
Ruprecht-Karls-Universität Heidelberg,
Friedrich-Ebert-Anlage 6–10,
69117 Heidelberg,
(06221) 547792,
E-Mail: kube@uni-heidelberg.de

Kucsko-Stadlmayer, Dr. Gabriele,
Universitätsprofessorin,
Rooseveltplatz 4–5, A-1090 Wien,
(0043) 14 08 38 59;
Universität Wien, Institut für Staats- und
Verwaltungsrecht,
Schottenbastei 10–16, A-1010 Wien,
(0043) 1427 7354 18,
Fax (0043) 142 7793 54,
E-Mail: gabriele.kucsko-stadlmayer@
univie.ac.at

Kühling, Dr. Jürgen, LL.M. (Brüssel),
Universitätsprofessor,
Kellerweg 12 b,
93053 Regensburg,
(0941) 705 6079;
Universität Regensburg, Lehrstuhl für
Öffentliches Recht und Immobilienrecht,
Universitätsstr. 31, 93053 Regensburg,
(0941) 943 6060,
Fax (0941) 943 6062,
E-Mail: juergen.kuehling@jura.
uni-regensburg.de

Kühne, Dr. Jörg-Detlef, Professor,
Münchhausenstr. 2, 30625 Hannover,
(0511) 55 65 63;
Universität Hannover,
Königsworther Platz 1, 30167 Hannover,
(0511) 7 62 8148, Fax (0511) 7 62 8228,
E-Mail: Kuehne@oera.uni-hannover.de

Küpper, Dr. Herbert, Professor,
Herrnstr. 15, 80539 München;
Institut für Ostrecht,
Landshuter Str. 4, 93047 Regensburg,
(0941) 943 5450, Fax (0941) 943 5465,
E-Mail: Herbert.Kuepper@ostrecht.de

Kugelmann, Dr. Dieter, Professor,
Der Landesbeauftragte für den Datenschutz
und die Informationsfreiheit
Rheinland-Pfalz,
Postfach 30 40, 55020 Mainz
(06131) 2 08 24 49,
Fax (06131) 2 08 24 97,
E-Mail: poststelle@datenschutz.rlp.de

Kulick, Andreas, Privatdozent Dr.,
Universität Tübingen, Juristische Fakultät,
Lehrstuhl Prof. Dr. Martin Nettesheim,
Geschwister-Scholl-Platz, 72074 Tübingen,
(07071) 297 2953,
E-Mail: andreas.kulick@uni-tuebingen.de

Kunig, Dr. Dr. h.c. (Univ. Athen) Dr. h.c.
(Univ. Istanbul) Philip, Professor,
Freie Universität Berlin,
Institut für Staatslehre,
Boltzmannstraße 3,
14195 Berlin,
(030) 838 530 10, Fax (030) 838 530 11,
E-Mail: Kunig@zedat.fu-berlin.de

Lachmayer, Dr. Konrad,
Universitätsprofessor,
Fakultät für Rechtswissenschaft,
Sigmund Freud Privatuniversität Wien,
Freudplatz 3, 1020 Wien,
(0043) 1 90 500 70 1685,
E-Mail: konrad.lachmayer@jus.sfu.ac.at

Ladeur, Dr. Karl-Heinz, Professor,
Universität Hamburg,
Fakultät für Rechtswissenschaft,

Schlüterstraße 28, 20146 Hamburg,
(040) 428 38 5752, Fax (040) 428 38 2635,
E-Mail: karl-heinz.ladeur@jura.
uni-hamburg.de

Lampert, Dr. Steffen, Professor,
Rolandstraße 7a, 49078 Osnabrück;
Institut für Finanz- und Steuerrecht,
Am Natruper Holz 60a, 49090 Osnabrück,
(0541) 969 6168, Fax (0541) 969 6161,
E-Mail: slampert@uos.de

Lang, Dr. Heinrich, Professor,
Dipl.-Sozialpädagoge,
Steinstraße 13, 17489 Greifswald;
Ernst-Moritz-Arndt Universität Greifswald,
Lehrstuhl für Öffentliches Recht,
Sozial- und Gesundheitsrecht,
Domstraße 20, 17489 Greifswald,
(03834) 420 2174,
Fax (03834) 420 2113,
E-Mail: heinrich.lang@uni-greifswald.de

Langenfeld, Dr. Christine, Professorin,
Menckestraße 30, 04155 Leipzig,
(0341) 5611 4940, Fax (0341) 5611 4941,
E-Mail: Dr.Langenfeld@t-online.de;
Juristisches Seminar der Georg-August-
Universität,
Platz der Göttinger Sieben 6,
37073 Göttingen,
(0551) 39 21150, Fax (0551) 39 21151,
E-Mail: enomiko@gwdg.de

Laskowski, Dr. Silke Ruth, Professorin,
Gertigstraße 13, 22303 Hamburg,
(040) 366615, Fax (040) 366615,
Mobil (0179) 2315663;
Universität Kassel,
Institut für Wirtschaftsrecht,
FG Öffentliches Recht, Völker- und
Europarecht,
Schwerpunkt Umweltrecht, Diagonale 12,
34127 Kassel,
(0561) 804 3222, Fax (0561) 804 2827,
E-Mail: Laskowski@uni-kassel.de

Laurer, Dr. Hans René,
a.o. Universitätsprofessor, Scheffergasse
27a, A-2340 Mödling, (0043) 263 62 0402;

Lee, Prof. Dr. iur. Chien-Liang,
Institutum Iurisprudentiae,
Academia Sinica,
128 Academia Sinica Rd., Sec. 2,
Nankang, Taipei 11529, Taiwan,
(0086) 2 26525412 oder (0086) 2 87320212
Fax (0086) 2 87320272
E-Mail: chenny@sinica.edu.tw

Leeb, Dr. David, Universitätsprofessor,
Institut für Staatsrecht und Politische
Wissenschaften, Johannes Kepler
Universität Linz,
Altenberger Straße 69, 4040 Linz/Auhof,
(0732 2468 7420,
Fax (0732) 2468 7405
E-Mail: david.leeb@jku.at

Lege, Dr. Joachim, o. Professor,
Fischstr. 19, 17489 Greifswald,
(03834) 7739 41,
Rechts- und Staatswissenschaftliche
Fakultät,
Lehrstuhl für Öffentliches Recht,
Verfassungsgeschichte, Rechts- und
Staatsphilosophie,
Ernst-Moritz-Arndt-Universität,
Domstr. 20,
17489 Greifswald,
(03834) 420 2150,
Fax (03834) 420 2156,
E-Mail: lege@uni-greifswald.de

Lehner, Dr. Moris, Universitätsprofessor,
Kaiserplatz 7, 80803 München,
(089) 3402 0646;
Ludwig-Maximilians-Universität,
Lehrstuhl für Öffentliches Recht,
insbesondere öffent- liches Wirtschaftsrecht
und Steuerrecht,
Ludwigstr. 28 (Rgb.), 80539 München,
(089) 2180 2718, Fax (089) 3335 66,

E-Mail: Moris.Lehner@jura.
uni-muenchen.de

Lehner, Dr. Roman, Privatdozent,
Georg-August-Universität Göttingen,
Institut für Öffentliches Recht,
Abteilung für Staatsrecht,
Platz der Göttinger Sieben 5,
37073 Göttingen,
0551/39-21153,
E-Mail: roman.lehner@jura.
uni-goettingen.de

Leisner, Dr. mult. Dr. h.c. Walter,
o. Professor,
Pienzenauerstr. 99, 81925 München,
(089) 9894 05, Fax (089) 9829 0997

Leisner, Dr. Walter Georg, apl. Professor,
Halserspitzstraße 13, 81673 München,
(089) 9894 24,
Freie Universität Berlin Fachbereich
Rechtswissenschaft,
Van't Hoff Str. 8, 14195 Berlin,
E-Mail: leisner@leisner-legal.de

Leisner-Egensperger, Dr. Anna,
Universitätsprofessorin,
Lehrstuhl für Öffentliches Recht und
Steuerrecht,
Friedrich-Schiller-Universität Jena,
Carl-Zeiss-Straße 3, 07743 Jena,
(0173) 392 41 45
E-Mail: A.Leisner@ uni-jena.de

Leitl-Staudinger, Dr. Barbara,
Universitätsprofessorin,
Hohe Straße 135, A-4040 Linz;
Institut für Fernunterricht in den
Rechtswissenschaften,
Johannes Kepler Universität Linz,
Petrinumstraße 12,
A-4040 Linz,
(0043) 732 2468 1900,
Fax (0043) 732 2468 1910,
E-Mail: barbara.leitl-staudinger@jku.at

Lenze, Dr. Anne, Privatdozentin,
Sandstraße 19, 64625 Bensheim,
(06251) 5808 52;
Fachhochschule Darmstadt,
Adelungstraße 51, 64283 Darmstadt,
(06151) 1689 65, Fax (06151) 1689 90,
E-Mail: anne.lenze@t-online.de

Lepsius, Dr. Oliver, LL.M. (Chicago),
Professor,
Veghestr. 20, 48149 Münster
(0251) 83 23610
E-Mail: oliver.lepsius@uni-muenster.de

Lewinski, Dr. Kai von, Professor,
Lehrstuhl für Öffentliches Recht, Medien-
und Informationsrecht, Universität Passau,
Innstraße 40 (Nikolakloster), 94032 Passau,
(0851)509 2221 (Sekr.),
Fax (0851) 509 2222,
E-Mail: kai.lewinski@uni-passau.de

Lienbacher, Dr. Georg,
Universitätsprofessor,
Obere Donaustr. 43/2/44, A-1020 Wien;
Institut für Österreichisches und Euro-
päisches Öffentliches Recht,
Wirtschaftsuniversität Wien,
Welthandelsplatz 1/D3, 1020 Wien,
(0043) 1313 36 5402,
Fax (0043) 1313 36 9222,
E-Mail: Georg.Lienbacher@wu.ac.at;
Mitglied des Verfassungsgerichtshofs,
Verfassungsgerichtshof,
Freyung 8, 1010 Wien,
(0043) 1531 22 1037,
E-Mail: g.lienbacher@vfgh.gv.at

Lindner, Dr. Josef Franz, Professor,
Großhaderner Straße 14 b,
81375 München,
(089) 7032 45, Fax (089) 7400 9385,
Lehrstuhl für Öffentliches Recht,
Medizinrecht und Rechtsphilosophie,
Universität Augsburg,
Universitätsstr. 24; 86159 Augsburg,

(0821) 598 4970,
Fax (0821) 598 14 4970
E-Mail: josef.lindner@jura.uni-augsburg.de

Link, Dr. jur. Dres. theol. h.c. Christoph,
em. o. Professor,
Spardorfer Straße 47,
D-91054 Erlangen (09131) 209335,
E-Mail: linkerta@t-online.de

Linke, Dr. Tobias, Privatdozent,
Universität Bonn,
(02241) 9220010,
E-Mail: tobias.linke@jura.uni-bonn.de

Löwer, Dr. Wolfgang, Professor,
Hobsweg 15, 53125 Bonn,
(0228) 2506 92, Fax (0228) 2504 14;
Universität Bonn,
Adenauerallee 24-42, 53113 Bonn,
(0228) 7392 78/7392 80,
Fax (0228) 7339 57,
E-Mail: wolfgang.loewer@t-online.de

Lohse, Dr. Eva Julia, Privatdozentin,
Bohlenplatz 7,
91054 Erlangen,
(09131) 9756146,
E-Mail: eva.j.lohse@fau.de

Lorenz, Dr. Dieter, o. Professor,
Bohlstr. 21, 78465 Konstanz,
(07533) 6822;
Universität Konstanz,
Postfach 55 60 D 100, Universitätsstr. 10,
78434 Konstanz,
(07531) 8825 30,
E-Mail: Dieter.Lorenz@uni-konstanz.de

Lorz, Dr. Ralph Alexander,
Hessischer Kultusminister, Apl. Professor,
LL.M. (Harvard), Attorney-at-Law
(New York),
Rheingaustr. 161, 65203 Wiesbaden
(0170) 412 1866;
Hessisches Kultusministerium

Luisenplatz 10, 65185 Wiesbaden
(0611) 368 2000
E-Mail: al.lorz@uni-duesseldorf.de

Luchterhandt, Dr. Otto, Professor,
Im Wendischen Dorfe 28, 21335 Lüneburg,
(04131) 2329 65, Fax (04131) 2329 65;
Universität Hamburg,
Schlüterstr. 28 (Rechtshaus),
20146 Hamburg,
(040) 42838 4562,
E-Mail: ottolucht@arcor.de

Ludwigs, Dr. Markus,
Universitätsprofessor,
Frankenberger Straße 52, 52066 Aachen;
Tiepolostraße 2b, 97070 Würzburg,
(0241) 95719015;
Lehrstuhl für Öffentliches Recht und
Europarecht, Universität Würzburg,
Domerschulstraße 16, 97070 Würzburg,
(0931) 31 89979,
E-Mail: ludwigs@jura.uni-wuerzburg.de

Lübbe-Wolff, Dr. Gertrude,
Professorin, (0521) 8826 59;
Universität Bielefeld,
Fakultät Rechtswissenschaft,
Universitätsstr. 25, Postfach 100131,
33615 Bielefeld,
(0521) 106 4386, Fax (0521) 106 8085,
E-Mail: Gertrude.Luebbe-Wolff@
uni-bielefeld.de

Lüdemann, Dr. iur. habil. Jörn,
Max-Planck-Institut zur Erforschung von
Gemeinschaftsgütern,
Kurt-Schumacher-Str. 10, 53113 Bonn,
E-Mail: luedemann@coll.mpg.de

Lühmann, Dr. Hans, Privatdozent,
Pannebäcker Str. 7a, 40593 Düsseldorf,
(0211) 239 9534

Mächler, Dr. iur. August, Professor,
Schindellegistrasse 15, CH-8808 Pfäffikon,

(0041) 554 1043 20;
Sicherheitsdepartement des Kt. Schwyz,
Postfach 1200, 6431 Schwyz,
(0041) 418 1920 02,
Fax (0041) 418 1920 19,
E-Mail: august-maechler@swissonline.ch

März, Dr. Wolfgang, Professor, Lehrstuhl
für Öffentliches Recht und
Verfassungsgeschichte,
Universität Rostock,
Ulmenstr. 69 (Haus 3), 18057 Rostock,
(0381) 498 8190, Fax (0381) 498 118 8190,
E-Mail: wolfgang.maerz@uni-rostock.de

Magen, Dr. Stefan, M.A., Professor,
Kallenweg 6, 53129 Bonn,
(0228) 9091 7679;
Ruhr-Universität Bochum, Lehrstuhl für
Öffentliches Recht, Rechtsphilosophie und
Rechtsökonomik,
Universitätsstr. 150, 44780 Bochum,
(0234) 32 22809, Fax (0234) 32 14327
E-Mail: magen@rub.de

Mager, Dr. Ute, Universitätsprofessorin,
Universität Heidelberg, Juristische Fakultät,
Friedrich-Ebert-Anlage 6–10,
69117 Heidelberg,
(06221) 5477 37 oder (0171) 554 0078,
E-Mail: ute.mager@jurs.uni-heidelberg.de

Magiera, Dr. Siegfried,
Universitätsprofessor,
Deutsche Universität für
Verwaltungswissenschaften Speyer,
Freiherr-vom-Stein-Str. 2,
67346 Speyer,
(06232) 84898,
E-Mail: s.magiera@uni-speyer.de

Mahlmann, Dr. Matthias, Professor,
Lehrstuhl für Philosophie
und Theorie des Rechts, Rechtssoziologie
und Internationa- les Öffentliches Recht,
Universität Zürich,
Treichlerstr. 10, CH-8032 Zürich,
(0041) 44634 1569,
Fax (0041) 44634 4391,
E-Mail: lst.mahlmann@rwi.uzh.ch

Majer, Dr. jur. utr. Diemut,
Rechtsanwältin, Universitätsprofessorin,
Universität Bern;
Welfenstr. 35,
76137 Karlsruhe,
(0721) 8166 50,
Fax (0721) 8176 63,
E-Mail: majer@kanzlei-karlstr62.de

Mangold, Dr. Anna Katharina, Prof., LL.M.
(Cambridge),
Europa-Universität Flensburg
Auf dem Campus 1b
24943 Flensburg
(0461) 805 2766,
Fax (0461) 805 952766
E-Mail: anna-katharina.mangold@
uni-flensburg.de

Mangoldt, Dr. Hans von, Professor,
Goetheweg 1, 72147 Nehren,
(07473) 7908;
Universität Tübingen, Juristische Fakultät,
Geschwister-Scholl-Platz, 72074 Tübingen,
(07071) 297 3302

Mann, Dr. Thomas, Professor,
Lehrstuhl für Öffentliches Recht, insbesondere Verwaltungsrecht, Juristische Fakultät,
Georg-August-Universität Göttingen,
Platz der Göttinger Sieben 6,
37073 Göttingen,
(0551) 39 21160,
Fax (0551) 39 21161,
E-Mail: sekretariatmann@jura.
uni-goettingen.de

Manssen, Dr. Gerrit, Universitätsprofessor,
Konrad-Adenauer-Allee 15,
93051 Regensburg,
(0941) 928 45;

Juristische Fakultät,
Universität Regensburg,
93040 Regensburg,
(0941) 943 3255, Fax (0941) 943 3257,
E-Mail: Gerrit.Manssen@jura.
uni-regensburg.de

Mantl, Dr. Dr. h.c. Wolfgang, em. o.
Universitätsprofessor,
Wiener Str. 256/XI/33,
A-8051 Graz,
(0043) 316-68 1306;
Institut für Österreichisches, Europäisches
und Vergleichendes Öffentliches Recht,
Politikwissenschaft und Verwaltungslehre,
Karl-Franzens-Universität Graz,
Universitätsstr. 15/K3, A-8010 Graz,
(0043) 316 380 3370,
E-Mail: wolfgang.mantl@uni-graz.at

Marauhn, Dr. Thilo, M.Phil., Professor,
An der Fels 20, 35435 Wettenberg,
(0641) 877 3275, Fax (0641) 877 3275,
E-Mail: thilo.marauhn@recht.
uni-giessen.de;
Professur für Öffentliches Recht,
Völkerrecht und Europarecht,
Justus-Liebig-Universität Gießen,
Licher Straße 76, 35394 Gießen,
(0641) 992 1150/51, Fax (0641) 992 1159,
E-Mail: intlaw@recht.uni-giessen.de

Marko, Dr. Joseph, o. Professor,
Kasernstr. 35, A-8010 Graz,
(0043) 316-46 2238;
Institute of Austrian, European and
Compa- rative Public Law and Political
Sciences, University of Graz,
Universitätsstraße 15/B4, A-8010 Graz,
(0043) 316 380 3374,
Fax (0043) 316 380 94 2,
E-Mail: josef.marko@uni-graz.at

Markus, Dr. Till, Priv.-Doz. LL.M.
(Rotterdam),
Universität Bremen, Fachbereich
Rechtswissenschaft,
Universitätsallee GW 1, 28359 Bremen,
(0421) 218 66103,
E-Mail: tmarkus@uni-bremen.de

Marsch, Dr. Nikolaus, D.I.A.P. (ENA);
Universitätsprofessor,
Universität des Saarlandes,
Lehrstuhl für Staats- und Verwaltungsrecht
Campus, Gebäude B4 1, Raum 2.80.2,
66123 Saarbrücken,
(0681) 302-2104 (Sekr.) /-3104 (DW)
E-Mail: nikolaus.marsch@uni-saarland.de

Marti, Dr. Arnold, Titularprofessor
der Universität Zürich,
Fernsichtstraße 5,
CH-8200 Schaffhausen,
(0041) 52 624 1810,
E-Mail: a.g.marti@swissonline.ch

Martínez, Dr. José, Universitätsprofessor,
Universität Göttingen, Juristische Fakultät,
Platz der Göttinger Sieben 5,
37073 Göttingen,
(0551) 39 27415, Fax (0551) 39 26080,
E-Mail: jmartin@gwdg.de

Martini, Dr. Mario, Professor,
Lehrstuhl für Verwaltungswissenschaft,
Deutsche Universität für Verwaltungs-
wissenschaften
Speyer, Freiherr-vom-Stein-Straße 2,
67346 Speyer,
(06232) 654 338,
Fax (06232) 654 404,
E-Mail: martini@uni-speyer.de

Marxsen, Dr. Christian, LL.M. (NYU),
Privatdozent,
Max-Planck-Institut für ausländisches
öffentliches Recht und Völkerrecht,
Im Neuenheimer Feld 535,
69120 Heidelberg,
(0049) 6221-482506,
E-Mail: marxsen@mpil.de

Masing, Dr. Johannes, Professor,
Albert-Ludwigs-Universität Freiburg,
Institut für Öffentliches Recht V,
Werthmannstr. 4, 79085 Freiburg,
(0761) 203 2252,
Fax (0761) 203 2293,
E-Mail: johannes.masing@jura.
uni-freiburg.de

Mathis, Dr. iur. Klaus, Professor,
MA in Economics,
Ordinarius für Öffentliches Recht, Recht
der nachhaltigen Wirtschaft und
Rechtsphilosophie Universität Luzern,
Rechtswissenschaftliche Fakultät,
Frohburgstraße 3, CH - 6002 Luzern;
(0041) 229 53 80, Fax (0041) 229 53 97,
E-Mail: klaus.mathis@unilu.ch

Matz-Lück, Dr., Nele, Professorin, LL.M.,
Walther-Schücking-Institut für
Internationales Recht an der
Christian-Albrechts-Universität zu Kiel,
Westring 400, 24118 Kiel,
(0431) 880 2083, Fax (0431) 880 1619,
E-Mail: nmatz@wsi.uni-kiel.de

Maurer, Dr. Hartmut, o. Professor,
Säntisblick 10, 78465 Konstanz,
(07533) 1312;
Universität Konstanz, Fachbereich
Rechtswissenschaft, Postfach 118,
78457 Konstanz,
(07531) 8836 57, Fax (07531) 8831 96,
E-Mail: hartmut.maurer@uni-konstanz.de

Mayer, Dr. Franz, LL.M. (Yale),
Universitätsprofessor,
Universität Bielefeld, Lehrstuhl für
Öffentliches Recht, Europarecht,
Völkerrecht, Rechtsvergleichung und
Rechtspolitik,
Postfach 10 01 31, 33501 Bielefeld,
(0521) 106 4412,
Fax (0521) 106 89016,
E-Mail: franz.mayer@uni-bielefeld.de

Mayer-Tasch, Dr. Peter Cornelius,
Professor,
Am Seeberg 13, 86938 Schondorf,
(08192) 8668;
Geschwister-Scholl-Institut für Politische
Wissenschaft der LMU München,
Oettingenstraße 67, 80538 München,
(089) 288 0399 0, Fax (089) 288 0399 22
E-Mail: mayer-tasch@hfp.mhn.de

Mayrhofer, Dr. Michael, Univ.-Professor,
Schnopfhagenstraße 4/1,
4190 Bad Leonfelden;
Johannes Kepler Universität Linz,
Institut für Verwaltungsrecht und
Verwaltungslehre,
Altenbergerstraße 69, 4040 Linz,
(0732) 2468 1868, Fax (0732) 2468 1870,
E-Mail: michael.mayrhofer@jku.at

Mehde, Dr. Veith, Mag. rer. publ.,
Professor,
Lehrstuhl für Öffentliches Recht,
insbesondere Verwaltungsrecht, Leibniz
Universität Hannover,
Königsworter Platz 1, 30167 Hannover,
(0511) 762-8206, Sekr.: -8207,
Fax (0511) 762 19106,
E-Mail: mehde@jura.uni-hannover.de

Meinel, Dr. Florian, Universitätsprofessor,
Georg-August-Universität Göttingen,
Juristische Fakultät, Institut für Grundlagen
des Rechts, Abteilung Staatstheorie,
Vergleichendes Staatsrecht und Politische
Wissenschaft,
Nikolausberger Weg 17, 37073 Göttingen,
E-Mail: florian.meinel@jura.
uni-goettingen.de

Merli, Dr. Franz, Universitätsprofessor,
Universität Wien, Institut für Staats- und
Verwaltungsrecht
Schottenbastei 10–16, A-1010 Wien,
(0043) 1 4277 35421,
E-Mail: franz.merli@univie.ac.at

Merten, Dr. Dr. Detlef, o. Professor,
Von-Dalberg-Str. 8, 67487 St. Martin,
(06323) 1875;
Deutsche Universität für Verwaltungs-
wissenschaften Speyer,
Freiherr-vom-Stein-Str. 2–6, 67346 Speyer,
(06232) 654-349; oder -330,
E-Mail: merten@uni-speyer.de

Meßerschmidt, Dr. Klaus, Privatdozent,
Hynspergstr. 29,
60322 Frankfurt am Main,
(069) 5545 87;
University of Latvia, EuroFaculty,
Raina bulv. 19, LV-1586 Riga/Lettland,
(00371) 782 0278, Fax (00371) 782 0260,
E-Mail: Messerschmidtkl@aol.com

Meyer, Dr. Dr. h. c. Hans, Professor,
Georg-Speyer-Str. 28,
60487 Frankfurt am Main,
(069) 7701 2926, Fax (069) 7 01 2927;
Humboldt-Universität zu Berlin,
Juristische Fakultät,
Unter den Linden 6, 10099 Berlin,
(030) 2093-3528 (Sekr.) oder -3347,
Fax (030) 2093-2729,
E-Mail: Hans.Meyer@rewi.hu-berlin.de

Meyer, Dr. Stephan, Professor,
Technische Hochschule Wildau,
Hochschulring 1, 15745 Wildau,
E-Mail: smeyer@th-wildau.de

Meyn, Dr. Karl-Ulrich, Professor,
Leyer Str. 36, 49076 Osnabrück,
(0541) 1 64 82;
Universität Jena, Schillerhaus,
Schillergässchen 2, 07745 Jena,
(03641) 9311 85,
Fax (03641) 9311 87,
E-Mail: karl-ulrich.meyn@t-online.de

Michael, Dr. Lothar, Professor, Professur
für Öffentliches Recht,
Universitätsstraße 1, Geb. 24.91,
40225 Düsseldorf,
(0211) 811 1412,
E-Mail: Lothar.Michael@
uni-duesseldorf.de

Moeckli, Dr. Daniel, Professor,
Universität Zürich,
Institut für Völkerrecht und ausländisches
Verfassungsrecht
Rämistraße 74/50, CH-8001 Zürich,
(0041) 44 634 36 94,
E-Mail: daniel.moeckli@uzh.ch

Möllers, Dr. Christoph, LL.M., Professor,
Kleiststraße 27, 14163 Berlin;
Humboldt-Universität zu Berlin, Lehrstuhl
für Öffentliches Recht, insbesondere
Verfassungsrecht und Rechtsphilosophie,
Unter den Linden 6, 10099 Berlin,
(030) 2093-35 85, Fax (030) 2093-3552,
E-Mail: sekretariat.moellers@rewi.
hu-berlin.de

Möstl, Dr. Markus, Professor,
Rechts- und Wirtschaftswissenschaftliche
Fakultät, Lehrstuhl Öffentliches Recht II,
Universitätsstr. 30, 95440 Bayreuth,
(0921) 55-6210, Fax (0921) 55-6212,
E-Mail: markus.moestl@uni-bayreuth.de

Morgenthaler, Dr. Gerd, Professor,
Universität Siegen, Fakultät III,
Kohlbettstraße 15, 57072 Siegen
(0271) 740 2402,
E-Mail: morgenthaler@recht.wiwi.
uni-siegen.de

Morlok, Dr. Martin, Professor,
Poßbergweg 51, 40629 Düsseldorf,
(0211) 2868 68;
Heinrich-Heine-Universität,
Juristische Fakultät,
Universitätsstr. 1, Gebäude 24.91,
40225 Düsseldorf,
(0211) 81 10794,
E-Mail: martin.morlok@hhu.de

Morscher, Dr. Siegbert,
em. Universitätsprofessor,
Rechtswissenschaftliche Fakultät,
Universität Innsbruck
Innrain 52d, A-6020 Innsbruck,
E-Mail: siegbert.morscher@uibk.ac.at

Muckel, Dr. Dr. h.c.Stefan,
Universitätsprofessor,
Universität zu Köln,
Institut fürReligionsrecht,
50923 Köln,
(0221) 470-3777 oder 470-2679,
E-Mail: institut-religionsrecht@
uni-koeln.de

Mückl, Dr. Dr. Stefan, Professor,
Kanonistische Fakultät
Pontificia Universita della Santa Croce
Via dei Farnesi 83, I-00186 Rom
(0039) 06 68164 670
E-Mail: mueckl@pusc.it

Müller, MMag Dr. Andreas Th., LL.M.
(Yale), Universitätsprofessor,
Institut für Europarecht und Völkerrecht,
Universität Innsbruck,
Innrain 52, 6020 Innsbruck,
(0043) 512 507 81409;
Fax (0043) 512 507 81599,
E-Mail: andreas.mueller@uibk.ac.at

Müller, Dr. Bernhard, Privatdozent,
Lisseeweg 36/2, 1210 Wien,
(0043) 676 934 9343;
Dorda Brugger Jordis
Rechtsanwälte GmbH,
Dr.-Karl-Lueger-Ring 10, 1010 Wien,
(0043) 1533 4795 57,
Fax (0043) 1533 4795 5057,
E-Mail: bernhard.mueller@dbj.at

Müller, Dr. Dr. h.c. Georg,
o. Professor em.,
Sugenreben 29 C,
CH-5018 Erlinsbach,

(0041) 62 844 3873,
E-Mail: georg-mueller@sunrise.ch

Müller, Dr. Dr. h.c. Jörg Paul,
o. Professor em.,
Universität Bern, Kappelenring 42a,
CH-3032 Hinterkappelen bei Bern,
(0041) 319 01 0570,
E-Mail: jpmueller@bluewin.ch

Müller, Dr. Markus, Professor,
Institut für öffentliches Recht, Universität
Bern, Schanzeneckstraße 1, CH-3001 Bern,
(0041) 31 631 4594,
E-Mail: markus.mueller@oefre.unibe.ch

Müller, Dr. Thomas,
Universitätsprofessor, LL.M.,
Universität Innsbruck, Institut für Öffentliches Recht, Staats- und Verwaltungslehre,
Innrain 52d, 10. Stock, Zimmer 41006,
6020 Innsbruck
(0043) 0 512/507/84060
E-Mail: t.mueller@uibk.ac.at

Müller-Franken, Dr. Sebastian, Professor,
Professur für Öffentliches Recht,
Philipps-Universität Marburg,
Universitätsstraße 6, 35032 Marburg/Lahn,
(06421) 282 3122, Fax (06421) 282 3840,
E-Mail: mueller-franken@jura.
uni-marburg.de

Müller-Terpitz, Dr. Ralf, Professor,
Lehrstuhl für Öffentliches Recht, Recht
der Wirtschaftsregulierung und Medien,
Fakultät für Rechtswissenschaft und
Volkswirtschaftslehre der Universität
Mannheim,
Schloss Westflügel, 68131 Mannheim,
(0621)181 1857;
Fax (0621) 181 1860
E-Mail: mueller-terpitz@uni-mannheim.de

Münch, Dr. Dr. h.c. Ingo von, Professor,
Hammerichstr. 2 A,

22605 Hamburg,
(040) 880 99 506, Fax (040) 8234 49

Münkler, Dr. Laura, Professorin,
Universität Greifswald, Rechts- und
Staatswissenschaftliche Fakultät,
Lehrstuhl für Öffentliches Recht mit
Schwerpunkt Verwaltungs- und
Gesundheitsrecht,
Domstr. 20, 17489 Greifswald,
(0049) 3834 420 2100
E-Mail: laura.muenkler@uni-greifswald.de

Murswiek, Dr. Dietrich, o. Professor,
Institut für Öffentliches Recht, Universität
Freiburg,
79085 Freiburg,
(0761) 203 2241,
E-Mail: murswiek@uni-freiburg.de

Musil, Dr. Andreas, Professor,
Mendelssohn-Bartholdy-Str. 34,
14480 Potsdam,
(0331) 745 3453;
Universität Potsdam, Lehrstuhl
für Öffentliches Recht, insbesondere
Verwaltungs- und Steuerrecht,
August-Bebel-Str. 89, 14482 Potsdam,
(0331) 977 3233,
E-Mail: musil@uni-potsdam.de

Mußgnug, Dr. Reinhard, o. Professor,
Keplerstr. 40, 69120 Heidelberg,
(06221) 4362 22,
Universität Heidelberg
E-Mail: Reinhard.Mussgnug@urz.
uni-heidelberg.de

Mutius, Dr. Albert von, o. Professor,
Hof „Frankenthaler Moor",
Poseritz-Ausbau Nr. 8,
18574 Poseritz auf Rügen,
(038307) 40599,
Fax (038307) 4 03 49,
Mobil (0176) 2182 0581,
E-Mail: avm.law@gmx.de

Muzak, Dr. Gerhard,
Universitätsprofessor,
Theodor-Körner-Gasse 20/8, 1210 Wien;
Universität Wien, Institut für Staats- und
Verwaltungsrecht,
Schottenbastei 10–16, 1010 Wien,
(0043) 1 42 77 35423,
E-Mail: gerhard.muzak@univie.ac.at

Nettesheim, Dr. Martin,
Universitätsprofessor,
Juristische Fakultät, Universität Tübingen,
Geschwister-Scholl-Platz 1,
72074 Tübingen,
(07071) 2978101, Fax (07071) 2958 47,
E-Mail: Nettesheim@uni-tuebingen.de

Neumann, Dr. Volker, Professor,
Neckarstaden 10, 69117 Heidelberg,
(06221) 1612 66;
E-Mail: volker.neumann@rewi.hu-berlin.de

Niedobitek, Dr. Matthias,
Universitätsprofessor,
Professur für Europäische Integration mit
dem Schwerpunkt Europäische Verwaltung,
Technische Universität Chemnitz,
Thüringer Weg 9, 09126 Chemnitz,
(0371) 531 349 12,
E-Mail: matthias.niedobitek@phil.
tu-chemnitz.de

Nierhaus, Dr. Michael, Professor,
Am Moosberg 1c, 50997 Köln,
(02236) 636 29,
Fax (02236) 9637 95,
E-Mail: michael@nierhaus.org

Nolte, Dr. Georg, Professor,
Institut für Völker- und Europarecht,
Humboldt-Universität zu Berlin,
Unter den Linden 6,
10099 Berlin,
(030) 2093 3349,
Fax (030) 2093 3384,
E-Mail: georg.nolte@rewi.hu-berlin.de

Nolte, Dr. Jakob, Privatdozent,
Rue des Pavillons 15, CH-1205 Genf,
(0041) 22-3203 427;
Humboldt-Universität zu Berlin,
Juristische Fakultät,
Unter den Linden 6, 10099 Berlin,
(030) 2093 3459,
Fax (030) 2093 3345,
E-Mail: jakob.nolte@rewi.hu-berlin.de

Nolte, Dr. Martin, Professor, Judenpfad 9,
50996 Köln,
(02236) 895 2984,
(0151) 5444 0606 (Mobil);
Deutsche Sporthochschule Köln,
Professur für Sportrecht,
Am Sportpark Müngersdorf 6, 50933 Köln,
(0221) 4982 6088,
Fax (0221) 4982 8145,
E-Mail: M.Nolte@dshs-koeln.de

Novak, Dr. Richard, o. Professor,
Thadd. Stammel-Str. 8, 8020 Graz,
(0043) 316 5 3516;
Universität (0043) 316 380 3371,
E-Mail: richard.novak@uni-graz.at

Nowak, Dr. Carsten, Universitätsprofessor,
Jevenstedter Str. 69g, 22547 Hamburg,
(040) 880 0317;
Lehrstuhl für Öffentliches Recht,
insb. Europarecht,
Europa-Universität Viadrina
Frankfurt (Oder),
Große Scharrnstr. 59,
15230 Frankfurt (Oder),
(0335) 5534-2710, -2711,
Fax (0335) 5534 7 2711,
E-Mail: cnowak@europa-uni.de

Nowrot, Dr. Karsten, LL.M. (Indiana),
Universitätsprofessor,
Universität Hamburg,
Von-Melle-Park 9, 20146 Hamburg,
(040) 42838 3207,
E-Mail: Karsten.Nowrot@uni-hamburg.de

Nußberger, Dr. Angelika, Professorin,
Institut für Ostrecht an der Universität
zu Köln,
Klosterstr. 79 d, 50931 Köln,
(0221) 470 5583,
Fax (0221) 470 5582,
E-Mail: angelika.nussberger@uni-koeln.de

Oebbecke, Dr. Janbernd,
Universitätsprofessor,
Huberstr. 13a, 48151 Münster,
(0251) 230 5170,
E-Mail: oebbecke@uni-muenster.de

Öhlinger, Dr. Theo,
em. o. Universitätsprofessor,
Tolstojgasse 5/6, 1130 Wien,
(0043) 1 877 1260;
E-Mail: theodor.oehlinger@univie.ac.at

Oesch, Dr. Matthias, Professor,
Universität Zürich, Rechtswissenschaftliches Institut, Lehrstuhl für Öffentliches
Recht, Europarecht und Wirtschaftsvölkerrecht,
Rämistraße 74/18, CH-8001 Zürich,
(0041) 44 634 5952,
E-Mail: matthias.oesch@rwi.uzh.ch

Oeter, Dr. Stefan, Professor,
Wulfsdorfer Weg 122, 22359 Hamburg,
(040) 6095 1957;
Universität Hamburg, Institut für
Internationale Angelegenheiten,
Rothenbaumchaussee 33, 20148 Hamburg,
(040) 42838 4565, Fax (040) 42838 6262,
E-Mail: S-Oeter@jura.uni-hamburg.de

Ogorek, Dr. Markus, LL.M. (Berkeley),
Universitätsprofessor,
Universität zu Köln, Institut für Öffentliches Recht und Verwaltungslehre,
Bernhard-Feilchenfeld-Straße 9,
50969 Köln
(0221) 470-76545
E-Mail: markus.ogorek@uni-koeln.de

Ohler, Dr. Christoph, LL.M., Professor,
Rechtswissenschaftliche Fakultät,
Friedrich-Schiller-Universität Jena,
Carl-Zeiß-Str. 3, 07743 Jena,
(03641) 9422 60,
Fax (03641) 9422 62,
E-Mail: christoph.ohler@recht.uni-jena.de

Ossenbühl, Dr. Fritz, Professor,
Im Wingert 12, 53340 Meckenheim,
(02225) 174 82;
Universität Bonn, 53113 Bonn,
(0228) 7355-72 oder -73

Osterloh, Dr. Lerke, Professorin,
Richterin des
Bundesverfassungsgerichts a. D.,
Dünkelbergsteig 6, 14195 Berlin,
(030) 8200 7552, Fax (030) 8200 7550;
Institut für Öffentliches Recht,
Universität Frankfurt,
Postfach 11 19 32,
60054 Frankfurt am Main,
(069) 79 82 -2711 oder -2 8611,
Fax (069) 79 82 2562,
E-Mail: osterloh@jur.uni-frankfurt.de

Pabel, Dr. Katharina,
Universitätsprofessorin,
Wirtschaftsuniversität Wien, Institut für
Europarecht und Internationales Recht,
Gebäude D3, 3. OG,
Welthandelsplatz 1, 1020 Wien
(0043) 1-31336-5719
E-Mail: katharina.pabel@wu.ac.at

Pabst, Dr. Heinz-Joachim, Privatdozent,
Universität zu Köln, Prüfungsamt
der Rechtswissenschaftlichen Fakultät,
Albertus-Magnus-Platz,
50923 Köln,
(0221) 470 5799, Fax (0221) 470 6722,
E-Mail: hpabst@uni-koeln.de

Pache, Dr. Eckhard, Professor,
Hauptstraße 82, 97218 Gerbrunn;

Julius-Maximilians-Universität Würzburg,
Domerschulstraße 16, 97070 Würzburg,
(0931) 31 823 09, Fax (0931) 31 2319,
E-Mail: pache@jura.uni-wuerzburg.de

Palm, Dr. Ulrich, Professor,
Universität Hohenheim, Lehrstuhl für
Öffentliches Recht, Finanz- und
Steuerrecht,
Schloss Osthof-Nord, 70559 Stuttgart,
(0711) 459 22791, Fax (0711) 459 23482,
E-Mail: palm@uni-hohenheim.de

Papier, Dr. Dres. h.c. Hans-Jürgen,
em. o. Professor,
Präsident des
Bundesverfassungsgerichts a. D.,
Mitterfeld 5a, 82327 Tutzing;
Institut für Politik und Öffentliches Recht,
Universität München,
Professor-Huber-Platz 2, 80539 München,
(089) 2180 3339,
E-Mail: hans-juergen@prof-papier.de

Paulus, Dr. Andreas, Professor,
Hermann-Föge-Weg 17, 37073 Göttingen;
Institut für Völkerrecht und Europarecht,
Platz der Göttinger Sieben 5,
37073 Göttingen,
(0551) 3947 51, Fax (0551) 3947 67,
E-Mail: apaulus@jura.uni-goettingen.de

Pauly, Dr. Walter, o. Professor,
Lehrstuhl für Öffentliches Recht,
Rechts- und Verfassungsgeschichte,
Rechtsphilosophie,
Universität Jena,
Carl-Zeiss-Str. 3, 07743 Jena,
(03641) 9422 -30 oder -31,
Fax (03641) 9422 32,
E-Mail: W.Pauly@recht.uni-jena.de

Payandeh, Dr. Mehrdad, LL.M. (Yale),
Professor,
Weidenallee 54, 20357 Hamburg;
Bucerius Law School,

Jungiusstr. 6, 20355 Hamburg,
(040) 3 07 06-201, Fax (040) 3 07 06-235,
E-Mail: mehrdad.payandeh@law-school.de

Pechstein, Dr. Matthias,
Universitätsprofessor,
Lindenallee 40, 14050 Berlin,
(030) 301 9417,
Fax (030) 301 9417;
Jean-Monnet-Institut für Öffentliches Recht
und Europarecht, Europa-Universität
Viadrina Frankfurt (Oder),
Große Scharrnstr. 59,
15230 Frankfurt (Oder),
(0335) 5534 2761, Fax (0335) 5534 2769,
E-Mail: sekretariat-pechstein@europa-uni.de

Pernice, Dr. jur. Dres. h.c. Ingolf,
Universitätsprofessor a.D.,
Laehrstraße 17a, 14165 Berlin,
(030) 847 23 615,
E-Mail: pernice@hu-berlin.de

Perthold-Stoitzner, Dr. Bettina,
Universitätsprofessorin,
Institut für Staats- und Verwaltungsrecht,
Rechtswissenschaftliche Fakultät der
Universität Wien,
Schottenbastei 10–16, A-1010 Wien,
(0043) 1 4277 35425,
E-Mail: bettina.perthold@univie.ac.at

Pestalozza, Dr. Christian Graf von,
Universitätsprofessor (em.),
Freie Universität Berlin, Institut für
Staatslehre, Staats-und Verwaltungsrecht,
Dienstanschrift: Van't-Hoff-Str. 8,
14195 Berlin (Dahlem), Postanschrift:
Bayernallee 12, 14052 Berlin (Westend),
(030) 3046-329 oder -8385 3014,
Fax (030) 3081 3104,
E-Mail: c.pestalozza@fu-berlin.de

Peters, Dr. Dr. h.c. Anne, LL.M.,
Professorin, Direktorin am

Max-Planck-Institut für ausländisches
öffentliches Recht und Völkerrecht,
Im Neuenheimer Feld 535,
69120 Heidelberg,
(06221) 482 307, Fax (06221) 482 288,
E-Mail: apeters-office@mpil.de

Peters, Dr. Birgit, LL.M., Professorin,
Professur für Öffentliches Recht,
insbesondere Völkerrecht und Europarecht
Fachbereich V – Rechtswissenschaften,
Raum C-247, Universitätsring 15,
54296 Trier
(0049) 651 201-2586,
E-Mail: petersb@uni-trier.de

Petersen, Dr. Niels, Professor
Lehrstuhl für Öffentliches Recht,
Völker- und Europarecht sowie
empirische Rechtsforschung,
Westfälische Wilhelms-Universität Münster
Bispinghof 24/25, 48143 Münster
(0251) 83 21862,
E-Mail: niels.petersen@uni-muenster.de

Peuker, Dr. Enrico, Privatdozent,
Humboldt-Universität zu Berlin,
Juristische Fakultät,
Unter den Linden 6, 10099 Berlin,
(030) 2093 91456, Fax (030) 2093 3449,
E-Mail: enrico.peuker@rewi.hu-berlin.de

Pielow, Dr. Johann-Christian, Professor,
Hugo-Schultz-Straße 43, 44789 Bochum,
(0234) 746 33;
Ruhr-Universität Bochum,
Fakultät für Wirtschaftswissenschaft –
Recht der Wirtschaft –,
Universitätsstr. 150, 44780 Bochum,
(0234) 3225 7234, Fax (0234) 321 4074,
E-Mail: christian.pielow@ruhr-uni-bochum.de

Pieper, Dr. Stefan Ulrich, apl. Professor,
Bundespräsidialamt,
Spreeweg 1, 10557 Berlin,

(030) 2000 21 20, Fax (030) 2000 1 99,
E-Mail: stefan.pieper@bpra.bund.de

Pieroth, Dr. Bodo, Universitätsprofessor,
Gluckweg 19, 48147 Münster,
(0251) 2332 91,
Universität Münster,
Universitätsstr. 14–16, 48143 Münster,
(0251) 8321 900,
E-Mail: pieroth@uni-muenster.de

Pietzcker, Dr. Jost, Professor,
Hausdorffstr. 95, 53129 Bonn,
(0228) 2339 54;
E-Mail: Pietzcker@jura.uni-bonn.de

Pilniok, Dr. Arne, Professor,
Universität Hamburg, Fakultät
für Rechtswissenschaft,
Rothenbaumchaussee 33, 20148 Hamburg,
(040) 42838-5767,
E-Mail: arne.pilniok@uni-hamburg.de

Pirker, Dr. Benedikt, Privatdozent,
Institut für Europarecht,
Universität Freiburg,
Avenue de Beauregard 11,
CH-1700 Fribourg,
(0041)26 300 8362,
Fax (0041)26 300 9776,
E-Mail: benedikt.pirker@unifr.ch

Pirker, DDr. Jürgen, Assoz. Professor,
Universität Graz, Institut für Öffentliches
Recht und Politikwissenschaft,
Universitätsstraße 15/D3, 8010 Graz,
(0043) 316/380-7412,
E-Mail: juergen.pirker@uni-graz.at

Pitschas, Dr. Dr. h.c. mult. Rainer,
o. Universitätsprofessor,
Hermann-Jürgens-Str. 8,
76829 Landau-Godramstein,
(06341) 9693 81, Fax (06341) 9693 82,
E-Mail: r.pitschas.landau@t-online.de;
Deutsche Universität für Verwaltungs-

wissenschaften Speyer,
Postfach 1409, 67324 Speyer,
(06232) 654 345, Fax (06232) 654 305,
E-Mail: rpitschas@uni-speyer.de

Pöschl, Dr. Magdalena, Univ.-Prof.,
Institut für Staats-und Verwaltungsrecht,
Schottenbastei 10–16, A-1010 Wien,
(0043) 1 4277 354 71,
E-Mail: magdalena.poeschl@univie.ac.at

Poier, Dr. Klaus, Universitätsprofessor,
Karl-Franzens-Universität Graz,
Institut für Öffentliches Recht und
Politikwissenschaft,
Universitätsstraße 15/C3, A-8010 Graz,
(0043) 316 380-3380 oder -3365,
E-Mail: klaus.poier@uni-graz.at

Polzin, Dr. Monika, LL.M. (NYU),
Professorin,
Wirtschaftsuniversität Wien, Institut für
Europarecht und Internationales Recht,
Welthandelsplatz 1/D3, 1020 Wien,
(0043) 1 31336-6470,
E-Mail: monika.polzin@wu.ac.at

Poscher, Dr. Ralf, Universitätsprofessor,
Zasiusstr. 6, 79102 Freiburg,
(0761) 612 4191;
Max-Planck-Institut zur Erforschung von
Kriminalität, Sicherheit und Recht,
Direktor der Abteilung Öffentliches Recht,
Günterstalstraße 73, 79100 Freiburg,
(0761) 7081-500,
E-Mail: public-law@csl.mpg.de

Potacs, Dr. Michael, Professor,
Hammerschmidtgasse 5/3/2, A-1190 Wien,
(0043) 1324 6623;
Universität Wien,
Institut für Staats- und Verwaltungsrecht,
Abteilung Öffentliches Wirtschaftsrecht,
Schottenbastei 10–16, A-1010 Wien,
(00 43) 1 4277 35452,
E-Mail: michael.potacs@univie.ac.at

Preuß, Dr. Ulrich K., Professor,
Friedbergstraße 47, 14057 Berlin,
(030) 3081 9433;
Hertie School of Governance,
Schlossplatz 1, 10178 Berlin,
(030) 212 3123 10, Fax (030) 212 3129 99,
E-Mail: ukpreuss@hertie-school.org

Proelß, Dr. Alexander, Professor,
Lehrstuhl für Internationales Seerecht und
Umweltrecht,
Völkerrecht und Öffentliches Recht
Fakultät für Rechtswissenschaft,
Universität Hamburg
Rothenbaumchaussee 33,
D-20148 Hamburg
Tel: (040) 42838-4545 oder -8828 (Sek.),
Fax (040) 42838 8855
E-Mail: alexander.proelss@uni-hamburg.de

Pünder, Dr. Hermann, LL.M (Iowa),
Universitätsprofessor,
Bucerius Law School,
Lehrstuhl für Öffentliches Recht
(einschließlich Europarecht),
Verwaltungswissenschaft
und Rechtsvergleichung,
Postfach 30 10 30,
20304 Hamburg,
(040) 30706 260, Fax (0 40) 30706 235,
E-Mail: hermann.puender@law-school.de

Pürgy, Dr. Erich, Hofrat Privatdozent,
Verwaltungsgerichtshof
Judenplatz 11, A-1010 Wien
(0043) 1 53111 101231 und
(0043) 650 9264314
E-Mail: erich.puergy@vwgh.gv.at

Püttner, Dr. Dr. h.c. Günter, o. Professor,
Schwerdstraße 3, 67346 Speyer,
(06232) 71997

Puhl, Dr. Thomas, o. Professor,
In der Aue 26a, 69118 Heidelberg,
(06221) 8036 64, Fax (06221) 8036 69;

Universität Mannheim, Fakultät für
Rechtswissenschaft,
Schloss – Westflügel (W 226),
68131 Mannheim,
(0621) 181-1354 oder -1355,
Fax (0 21) 181 1361,
E-Mail: puhl@staffmail.uni-mannheim.de

Puttler, Dr. Adelheid, LL.M.
(University of Chicago), diplomée de
l'E.N.A., Universitätsprofessorin,
Lehrstuhl für Öffentliches Recht, insbesondere Europarecht, Völkerrecht und
Internationales Wirtschaftsrecht,
Ruhr-Universität Bochum,
44780 Bochum,
(0234) 322 2820, Fax (0234) 321 4139,
E-Mail: LS-Puttler@Ruhr-Uni-Bochum.de

Ramsauer, Dr. Ulrich, Professor,
VRiOVG a.D., Rechtsanwalt,
ehem. Universität Hamburg,
priv. Wiesenstraße 5, 20255 Hamburg,
dienstl. Görg Rechtsanwälte mbB,
Hamburg
Alter Wall 22, 20457Hamburg
(040) 500 360 480
E-Mail: URamsauer@goerg.de

Randelzhofer, Dr. Albrecht, o. Professor,
Wulffstr. 12, 12165 Berlin,
(030) 7926 085

Raschauer, Dr. Nicolas,
Universitätsprofessor,
Hochschulinstitut Schaffhausen,
Rheinstrasse 10, 8200 Schaffhausen,
Schweiz,
(0041) 79 532502,
E-Mail: nicolas.raschauer@gmail.com

Rasenack, Dr. Christian A.L.,
LL.M., Professor,
Taunusstr. 8, 12309 Berlin,
(030) 745 2543;
TU Berlin, Fakultät VIII, Institut für

Volkswirtschaftslehre und Wirtschaftsrecht,
Straße des 17. Juni 135, 10623 Berlin,
(030) 3142 5874, Fax (030) 745 2543,
E-Mail: kriskross_querbeet@web.de

Rauschning, Dr. Dr. h.c. Dietrich,
o. Professor,
Ewaldstraße 40, 37075 Göttingen,
(0551) 4984630,
E-Mail: drausch@gwdg.de

Reich, Dr. Johannes, LL.M. (Yale),
Professor,
Universität Zürich, Rechtswissenschaftliche Fakultät, Institut für Völkerrecht und ausländisches Verfassungsrecht, Lehrstuhl für Öffentliches Recht, Umweltrecht und Energierecht,
Rämisstraße 74/8, CH-8001 Zürich,
(0041) 44 634 2795,
E-Mail: johannes.reich@rwi.uzh.ch

Reimer, Dr. Ekkehart, Professor,
Im Brühl 15, 69151 Neckargemünd
(06223) 867 045

Reimer, Dr. Franz, Professor,
Am Kirschenberg 4, 35394 Gießen;
Justus-Liebig-Universität Gießen,
Fachbereich 1 (Rechtswissenschaft),
Hein-Heckroth-Str. 5, 35390 Gießen,
E-Mail: franz.reimer@recht.uni-giessen.de

Reimer, Dr. Philipp,
Universitätsprofessor,
Universität Konstanz, Lehrstuhl für Öffentliches Recht, insbesondere Verwaltungsrecht und Rechtstheorie,
Fach 111, Universitätsstraße 10,
78457 Konstanz
(0 75 31) 88-36 54,
E-Mail: philipp.reimer@uni-konstanz.de

Reinhardt, Dr. Michael, LL.M. (Cantab.),
Professor,
Universität Trier, 54286 Trier

Remmert, Dr. Barbara,
Universitätsprofessorin,
Eberhard Karls Universität Tübingen,
Lehrstuhl für Öffentliches Recht,
Geschwister-Scholl-Platz,
72074 Tübingen, E-Mail: remmert@jura.uni-tuebingen.de

Rengeling, Dr. Hans-Werner,
Universitätsprofessor,
Langeworth 143,
48159 Münster,
(0251) 2120 38,
E-Mail: H.-W.Rengeling@t-online.de

Rensmann, Dr. Thilo, LL.M.
(University of Virginia),
Universitätsprofessor,
Universität Augsburg, Juristische Fakultät
Lehrstuhl für Öffentliches Recht,
Völkerrecht und Europarecht
Universitätsstraße 24, 86159 Augsburg
(0821) 598 4571,
Fax (0821) 598 4572
E-Mail: Sekretariat.Rensmann@jura.uni-augsburg.de

Ress, Dr. iur. Dr. rer. pol. Dr. iur. h.c. mult.
Georg, em. Universitätsprofessor,
Europa-Institut Universität der Saarlandes,
66041 Saarbrücken,
Richter am EGMR a.D.,
Max-Braun-Straße 3, 66123 Saarbrücken
(0174) 2558255,
E-Mail: ress@mx.uni-saarland.de

Rhinow, Dr. René, o. Professor,
em. Ordinarius für öffentliches Recht
an der Universität Basel,
Leisenbergstr. 26, CH-4410 Liestal,
(0041) 61911 9935,
E-Mail: rene.rhinow@gmail.com

Richter, Dr. Dagmar, apl. Professorin
Lehrbeauftragte an der Universität des
Saarlandes Europa-Institut, Campus B2.1,

D-66123 Saarbrücken
(0681) 302 3695
E-Mail: dr-drichter@t-online.de

Riedel, Dr. Eibe H.,
Universitätsprofessor, Haagwiesenweg 19,
67434 Neustadt,
(06321) 848 19;
E-Mail: eiberiedel@gmail.com

Rinken, Dr. Alfred, Universitätsprofessor,
Treseburger Str. 37, 28205 Bremen,
(0421) 4407 62,
E-Mail: rinken@uni-bremen.de

Rixen, Dr. Stephan,
Universitätsprofessor, Universität Bayreuth,
Rechts- und Wirtschaftswissenschaftliche
Fakultät, Lehrstuhl für Öffentliches Recht,
Sozialwirtschafts- und Gesundheitsrecht,
Universitätsstraße 30, 95447 Bayreuth,
(0921) 55 6010, Fax (0921) 55 6012,
E-Mail: stephan.rixen@uni-bayreuth.de

Robbers, Dr. Gerhard,
Universitätsprofessor,
Dagobertstr. 17, 54292 Trier,
(0651) 53710;
Universität Trier, Postfach 38 25,
54286 Trier,
(0651) 201 2542,
Fax (0651) 201 3905,
E-Mail: Robbers@uni-trier.de

Röben, Dr. Volker, LL.M., Professor,
Durham Law School
Durham University Palatine Centre,
Stockton Road Durham DH1 3LE.
Großbritannien
E-Mail: volker.roeben@durham.ac.uk

Rodi, Dr. Michael, M.A.,
Universitätsprofessor,
Richardstr. 82, 12043 Berlin;
Universität Greifswald, Lehrstuhl für
Öffentliches Recht, Finanz- und Steuerrecht,

17487 Greifswald, (03834) 420 21 00,
E-Mail: michael.rodi@uni-greifswald.de

Röger, Dr. Ralf, Professor,
Fachhochschule des Bundes für öffentliche
Verwaltung, Fachbereich Bundespolizei,
Ratzeburger Landstraße 4,
23562 Lübeck,
(0451) 203 1736, Fax (0451) 203 1709,
E-Mail: roeger@roeger.info

Röhl, Dr. Hans Christian, Professor,
Mainaustraße 207a, 78464 Konstanz,
(07531) 807 1446;
Universität Konstanz, Lehrstuhl für Staats-
und Verwaltungsrecht, Europarecht und
Rechtsvergleichung, Fach D 115,
Universitätsstr. 10, 78457 Konstanz,
(07531) 88 2313, Fax (07531) 88 2563,
E-Mail: hans.christian.roehl@ uni-konstanz.de

Ronellenfitsch, Dr. Michael, o. Professor,
Augusta-Anlage 15, 68165 Mannheim;
Universität Tübingen, Juristische Fakultät,
Geschwister-Scholl-Platz, 72074 Tübingen,
(07071) 972 109,
Fax (07071) 297 4905,
E-Mail: m.ronellenfitsch@
datenschutz.hessen.de

Rossen-Stadtfeld, Dr. Helge, Professor,
Marklandstraße 17, 81549 München,
(089) 7442 7929;
Universität der Bundeswehr München,
Fakultät für Wirtschafts- und
Organisationswissenschaften,
Werner-Heisenberg-Weg 39,
85577 Neubiberg,
(089) 6004 4604, Fax (089) 6004 3700,
E-Mail: helge.rossen-stadtfeld@unibw.de

Rossi, Dr. Matthias, Professor,
Universität Augsburg, Juristische Fakultät,
Lehrstuhl für Staats- und Verwaltungsrecht,
Europarecht sowie Gesetzgebungslehre,

Universitätsstr. 2, 86135 Augsburg,
(0821) 598-4545, Sekr. -4546,
Fax (0821) 598 4547,
E-Mail: matthias.rossi@jura.
uni-augsburg.de

Roth, Dr. Wolfgang, LL.M. (Michigan),
apl. Professor,
RAe Redeker Sellner Dahs,
Willy-Brandt-Allee 11, 53113 Bonn,
(0228) 726 25 0,
E-Mail: roth@redeker.de

Rozek, Dr. Jochen, Universitätsprofessor,
Hinrichsenstr. 31, 04105 Leipzig,
0341 35581665;
Lehrstuhl für Staats- und Verwaltungsrecht,
Verfassungsgeschichte und
Staatskirchenrecht,
Universität Leipzig,
Burgstr. 27, 04109 Leipzig,
(0341) 9735-171, Sekr. -170,
Fax (0341) 9735 179,
E-Mail: rozek@uni-leipzig.de

Ruch, Dr. Alexander, o. Professor em.,
ETH Zürich
Gartenstr. 85, CH-4052 Basel,
(0041) 61 272 3622,
E-Mail: ruch@recht.gess.ethz.ch

Rüfner, Dr. Wolfgang, Professor,
Hagebuttenstr. 26, 53340 Meckenheim,
(02225) 7107,
E-Mail: Ruefner@t-online.de;
zugehörig Universität zu Köln

Rühl, Dr. Ulli F. H., Professor,
Hermann-Allmers-Str. 34,
28209 Bremen, (0421) 346 7484;
Universität Bremen, FB 6: Rechtswissenschaft, Universitätsallee, GW 1,
Postfach 33 04 40, 28334 Bremen,
(0421) 218 4606,
Sekretariat: (0421) 218 2127,
E-Mail: uruehl@uni-bremen.de

Rütsche, Dr. Bernhard, Professor,
Jubiläumsstr. 87, CH-3005 Bern,
(0041) 313 1115 84,
E-Mail: bernhard.ruetsche@bluewin.ch;
Universität Zürich, Rechtswissenschaftliches Institut,
Treichlerstr. 10,
CH-8032 Zürich,
(0041) 446 3461 03,
Fax (0041) 446 3415 89,
E-Mail: bernhard.ruetsche@unilu.ch

Ruffert, Dr. Matthias, Professor,
Humboldt-Universität zu Berlin,
Juristische Fakultät, Lehrstuhl für
Öffentliches Recht und Europarecht,
Unter den Linden 6,
10099 Berlin,
(030) 2093 3773, Fax (030) 2093 3449,
E-Mail: matthias.ruffert@rewi.hu-berlin.de

Ruland, Dr. Franz, Professor,
Geschäftsführer des Verbandes Deutscher
Rentenversicherungsträger a. D.,
Honorarprofessor an der Johann Wolfgang
Goethe-Universität Frankfurt,
Strasslacher Straße 1B, 81479 München,
(089) 7277 9792,
E-Mail: Ruland.Franz@t-online.de

Ruppert, Dr. Stefan, Privatdozent,
Jean-Sauer-Weg 1, 61440 Oberursel;
MPI für europäische Rechtsgeschichte,
Hausener Weg 120,
60489 Frankfurt am Main,
E-Mail: ruppert@rg.mpg.de;
Mobil (0170) 855 4477,
E-Mail: s.ruppert@outlook.de

Ruthig, Dr. Josef, Universitätsprofessor,
Dreiweidenstr. 6, 65195 Wiesbaden;
Johannes-Gutenberg-Universität Mainz,
Fachbereich Rechts- und Wirtschaftswissenschaften, Lehrstuhl für Öffentliches Recht, Europarecht und Rechtsvergleichung,

55099 Mainz,
(06131) 3920 964,
Fax (06131) 3924 059,
E-Mail: Ruthig@uni-mainz.de

Rux, Dr. Johannes, apl. Professor,
Sophienstr. 32, 76133 Karlsruhe,
(0721) 383 1247, Fax (0721) 383 1248;
Nomos Verlagsgesellschaft mbH & Co. KG
Programmleitung Wissenschaft –
Juristisches Lektorat
Waldseestr. 3–5,
76530 Baden-Baden,
E-Mail: rux@nomos.de

Sachs, Dr. Michael, Universitätsprofessor,
Dattenfelder Str. 7, 51109 Köln,
(0221) 8446 57, Fax (0221) 8 06 70;
Universität zu Köln, Lehrstuhl für
Staats- und Verwaltungsrecht,
Albertus-Magnus-Platz, Bauteil V, 2.OG,
50923 Köln,
(0221) 470 5803, Fax (0221) 470 5135,
E-Mail: Sachs@uni-koeln.de

Sacksofsky, Dr. Dr. h.c. Ute, M.P.A.
(Harvard), Professorin,
Goethe-Universität, Fachbereich
Rechtswissenschaft,
Institut für öffentliches Recht,
Theodor-W.-Adorno-Platz 4,
60629 Frankfurt am Main,
(069) 798 34285, Fax (069) 798 34513,
E-Mail: Sacksofsky@jur.uni-frankfurt.de

Sarcevic, Dr. Edin, apl. Professor,
Mozartstr. 9, 04107 Leipzig,
(0179) 60 20 517,
Juristenfakultät Leipzig, Postfach 100 920,
(0341) 973 5210,
Fax (0341) 973 5218,
E-Mail: edin@rz.uni-leipzig.de

Sauer, Dr. Heiko, Professor,
Lehrstuhl für deutsches und europäisches
Verfassungs- und Verwaltungsrecht,

Rheinische Friedrich-Wilhelms-Universität
Bonn,
Adenauerallee 24–42,
53113 Bonn,
(0228) 73 62411
E-Mail: sauer@jura.uni-bonn.de

Saurer, Dr. Johannes, LL.M. (Yale),
Professor,
Eberhard Karls Universität Tübingen
Lehrstuhl für Öffentliches Recht,
Geschwister-Scholl-Platz,
72074 Tübingen,
E-Mail: johannes.saurer@uni-tuebingen.de

Saxer, Dr. Urs, Professor, LL.M.
(Columbia),
Höhenstraße 51, CH-8700 Küsnacht
(0041) 79447 60 63;
E-Mail:
urs.saxer@uzh.ch bzw. Saxer@steinlex.ch

Schachtschneider, Dr. Karl Albrecht,
o. Professor,
E-Mail: Kaschachtschneider@web.de

Schaefer, Dr. Jan Philipp, Privatdozent,
Brenntenhau 22, 70565 Stuttgart,
(0711) 2238 520;
Ludwig-Maximilians-Universität München,
Juristische Fakultät, Lehrstuhl für Öffent-
liches Recht und Staatsphilosophie,
Professor-Huber-Platz 2, 80539 München,
(089) 2180 2746, Fax (089) 2180 5063
E-Mail: schaefer@jura.uni-muenchen.de

Schaks, Dr. Nils, Professor,
Universität Mannheim, Abteilung
Rechtswissenschaft,
Schloss Westflügel – Raum W 150,
68161 Mannheim,
(0621) 181 1372
E-Mail: nschaks@mail.uni-mannheim.de

Schambeck, Dr. Dr. h.c. mult. Herbert,
em. o. Universitätsprofessor,

Präsident des Bundesrates i.R.,
Hofzeile 21, A-1190 Wien,
(0043) 1 3683494,
Universität Linz,
Altenbergerstraße 69, A-4040 Linz,
(0043) 732 2 4687 400

Schefer, Dr. Markus, Professor,
Gartenstadt 18,
CH-4142 Münchenstein/BL,
(0041) 614 1136 28;
Universität Basel, Juristische Fakultät,
Lehrstuhl für Staats- und Verwaltungsrecht,
Peter Merian-Weg 8, Postfach, 4002 Basel,
(0041) 612 6725 13,
E-Mail: markus.schefer@unibas.ch

Schefold, Dr. Dian, Universitätsprofessor,
Mathildenstraße 93, 28203 Bremen,
(0421) 725 76;
E-Mail: schefold@uni-bremen.de

Schenke, Dr. Ralf P., o. Professor,
Spessartstr. 41, 97082 Würzburg,
(0931) 3017 1131;
Julius-Maximilians-Universität Würzburg,
Lehrstuhl für Öffentliches Recht,
Deutsches, Europäisches und
Internationales Steuerrecht,
Domerschulstr. 16, 97070 Würzburg,
(0931) 31 823 60,
Fax (0931) 31 8 6070,
E-Mail: schenke@jura.uni-wuerzburg.de

Schenke, Dr. Wolf-Rüdiger, o. Professor,
Beim Hochwald 30, 68305 Mannheim,
(0621) 7442 00;
Universität Mannheim, 68131 Mannheim,
(0621) 181 1410,
E-Mail: Schenke@jura.uni-mannheim.de

Scherer, Dr. Joachim, LL.M.,
apl. Professor,
Privatweg 9, 64342 Seeheim-Jugenheim,
(06257) 9037 39;
RAe Baker & McKenzie,

Bethmannstr. 50–54,
60311 Frankfurt am Main,
(069) 2990 8189, Fax (069) 2990 8108,
E-Mail: Joachim.Scherer@Bakernet.com

Scherzberg, Dr. Arno, Professor,
Aneustr. 24, 80469 München

Scheuing, Dr. Dieter H., o. Professor,
Finkenstr. 17, 97204 Höchberg,
(0931) 483 31,
Fax (0931) 4081 98;
Universität Würzburg, 97070 Würzburg,
E-Mail: Scheuing@jura.uni-wuerzburg.de

Schiffbauer, Dr. Björn, Privatdozent,
Universität zu Köln,
Institut für Völkerrecht und ausländisches
öffentliches Recht,
Sibille-Hartmann-Str. 2–8, 50969 Köln,
(0049) 221-470-2616,
E-Mail: bjoern.schiffbauer@uni-koeln.de

Schiedermair, Dr. Stephanie,
Universitätsprofessorin,
Lehrstuhl für Europarecht, Völkerrecht
und Öffentliches Recht
Burgstraße 21,
04109 Leipzig,
E-Mail: stephanie.schiedermair@
uni-leipzig.de

Schiess Rütimann, Dr. iur. Patricia M.,
Professorin,
M.P.A. Wissenschaftsmanagement,
Titularprofessorin an der Universität
Zürich, Liechtenstein-Institut,
St. Luziweg 2, LI – 9487 Bendern,
(00423) 373 30 22, Fax (00423) 373 54 22,
E-Mail: patricia.schiess@liechtenstein-
institut.li

Schilling, Dr. Theodor, apl. Professor,
Le Mas des Roses, Fontcaudette,
F-84220 Gordes;
Humboldt-Universität zu Berlin,

10117 Berlin;
(01578) 1948 717, Fax (0033)651 44 04 04,
E-Mail: theodor.schilling@gmail.com

Schindler, Dr. Benjamin, MJur (Oxford),
o. Professor,
Ober Bendlehn 32, CH-9042 Speicher;
Universität St. Gallen, Law School,
Tigerbergstraße 21, CH-9000 St. Gallen,
(0041) 71 22421 63,
Fax (0041) 71 22421 62,
E-Mail: benjamin.schindler@unisg.ch

Schlacke, Dr. Sabine, Professorin,
Querstr. 9, 18107 Elmenhorst,
(0381) 510 6082;
Westfälische Wilhelms-Universität, Institut
für Umwelt- und Planungsrecht,
Universitätsstraße 14/16, 48143 Münster,
(0251) 83-21855 od. -29793,
Fax (0251) 83 29297,
E-Mail: sabine.schlacke@uni-muenster.de

Schladebach, Dr. Marcus, LL.M.,
Univ.-Prof.,
Düstere Straße 24/25, 37073 Göttingen,
E-Mail: schlade@gmx.de;
Universität Potsdam, Juristische Fakultät,
Professor für Öffentliches Recht,
Medienrecht, Luft- und Weltraumrecht,
August-Bebel-Str. 89, 14482 Potsdam,
(0331)977 3476,
E-Mail: marcus.schladebach@
uni-potsdam.de

Schlieffen, Dr. Katharina Gräfin von,
Universitätsprofessorin, FernUniversität
Hagen, Fachbereich Rechtswissenschaft,
Universitätsstr. 21, 58084 Hagen,
(02331) 987 2878, Fax (02331) 987 395,
E-Mail: LG.vonSchlieffen@
fernuni-hagen.de

Schliesky, Dr. Utz, apl. Professor,
Direktor des Schleswig-Holsteinischen
Landtages,
Goosdiek 22, 24229 Dänischenhagen;
Schleswig-Holsteinischer Landtag,
Düsternbrooker Weg 70, 24105 Kiel
(0431) 988 1010;
Lorenz-von-Stein-Institut für Verwaltungs-
wissenschaften an der Christian-
Albrechts-Universität zu Kiel,
Olshausenstr. 75, 24098 Kiel,
E-Mail: Utz.Schliesky@landtag.ltsh.de

Schlink, Dr. Bernhard, Professor,
Viktoria-Luise-Platz 4, 10777 Berlin;
Institut für Öffentliches Recht und
Völkerrecht,
Humboldt-Universität zu Berlin,
Unter den Linden 6, 10099 Berlin,
(030) 2093-3454 oder -3472,
Fax (030) 2093 3452,
E-Mail: Schlink@rewi.hu-berlin.de

Schmahl, Dr. Stefanie, LL.M., Professorin,
Lehrstuhl für deutsches und ausländisches
öffentliches Recht, Völkerrecht und
Europarecht, Universität Würzburg,
Domerschulstr. 16, 97070 Würzburg,
(0931) 31 8 2324,
Fax (0931) 31 2792,
E-Mail: schmahl@jura.uni-wuerzburg.de

Schmalenbach, Dr. Kirsten, Professorin,
Markus Sittikus-Str. 19/20,
A-5020 Salzburg;
Fachbereich Öffentliches Recht/
Völkerrecht,
Paris-Lodron-Universität Salzburg,
Churfürststraße 1, A-5020 Salzburg,
(0043) 662 8044 3651,
Fax (0043) 662 8044 135,
E-Mail: kirsten.schmalenbach@sbg.ac.at

Schmid, Dr. Gerhard, Professor,
Reservoirstraße 178, CH-4059 Basel,
(0041) 613 31 8425;

Schmid, Dr. Sebastian, LL.M. (UCL),
Universitätsprofessor,

Fachbereich Öffentliches Recht,
Völker- und Europarecht,
Universität Salzburg,
Kapitelgasse 5–7, A-5020 Salzburg,
Fax (0043) 662 8044 303,
E-Mail: sebastian.schmid@sbg.ac.at

Schmid, Dr. Viola, LL.M.,
Universitätsprofessorin, Kirchenweg 3,
91126 Schwabach,
(09122) 773 82, Fax (09122) 623 45;
Institut für Öffentliches Recht,
Technische Universität Darmstadt,
Hochschulstr. 1, 64289 Darmstadt,
(06151) 1664 64, Fax (06151) 1639 84,
E-Mail: schmid@jus.tu-darmstadt.de

Schmidt, Dr. Reiner, o. Professor,
Bachwiesenstr. 5, 86459 Gessertshausen,
(08238) 4111, Fax (08238) 609 01,
E-Mail: Rein.Schmidt@t-online.de

Schmidt, Dr. Thorsten Ingo,
Universitätsprofessor,
Dahlemer Weg 102b, 14167 Berlin,
(0163) 135 5487;
Lehrstuhl für Öffentliches Recht,
insbesondere Staatsrecht, Verwaltungs- und
Kommunalrecht, Universität Potsdam,
August-Bebel-Str. 89, 14482 Potsdam
(0331) 977 3284

Schmidt, Dr. Walter, Universitätsprofessor,
Brüder-Knauß-Str. 86, 64285 Darmstadt,
(06151) 64710

Schmidt am Busch, Dr. Birgit, LL.M.
(Iowa),
Juristische Fakultät LMU
Ludwigstr. 28, Rgb., 80539 München,
(089) 2180 2082,
E-Mail: Schmidt-am-Busch@jura.
uni-muenchen.de

Schmidt-Aßmann, Dr. Dr. h.c. mult.
Eberhard, o. Professor,

Höhenstr. 30, 69118 Heidelberg,
(06221) 8008 03;
E-Mail: schmidt-assmann@uni-hd.de

Schmidt-De Caluwe, Reimund,
Universitätsprofessor,
Unterer Hardthof 17 B, 35398 Gießen,
(0641) 345 66, Fax (0641) 960 9966;
Juristische Fakultät der Martin-Luther-
Universität Halle-Wittenberg,
Universitätsplatz 3–5,
06099 Halle (Saale),
(0345) 55-231-38 oder -39,
E-Mail: Schmidtdc@jura.uni-halle.de

Schmidt-Jortzig, Dr. Edzard, o. Professor,
Moltkestraße 88, 24105 Kiel,
(0431) 895 0195, Fax (0431) 8034 71,
E-Mail: esjot@web.de;
Christian-Albrechts-Universität zu Kiel,
Leibnizstraße 6, 24118 Kiel,
(0431) 880 3545,
E-Mail: eschmidt-jortzig@law.uni-kiel.de

Schmidt-Preuß, Dr. Matthias,
o. Professor,
E.-T.-A.-Hoffmann-Straße 12, 53113 Bonn,
(0228) 6780 91;
Universität Bonn, Rechts- und Staats-
wissenschaftliche Fakultät,
Adenauerallee 24–42, 53113 Bonn,
(0228) 7365 02,
Fax (0228) 7365 07,
E-Mail: schmidt-preuss@jura.uni-bonn.de

Schmidt-Radefeldt, Dr. Roman,
Privatdozent,
Kirchstr. 8, 10557 Berlin,
E-Mail: romansr69@yahoo.de;
Deutscher Bundestag, Wissenschaftliche
Dienste,
Fachbereich WD 2 – Auswärtiges,
Verteidigung, Völkerrecht,
Menschenrechte und humanitäre Hilfe,
Platz der Republik 1, 11011 Berlin,
(030) 227 38622,

Fax (030) 227 36526,
E-Mail: Roman.Schmidt-Radefeldt@
bundestag.de

Schmitt Glaeser, Dr. Alexander, LL.M.
(Yale), Privatdozent,
Kunigundenstraße 64, 80505 München,
(089) 3854 7931,
E-Mail: a.schmitt-glaeser@aya.yale.edu;
Bayrisches Staatsministerium für Wissenschaft und Kunst
Referat R1 – Hochschulrecht. Hochschulpersonalrecht, Koordinierung hochschulartübergreifender Themen
Salvatorstraße 2, 80333 München
(089) 2186 2379,
E-Mail: alexander.schmitt-glaeser@
stmwk.bayern.de

Schmitt-Kammler, Dr. Arnulf,
Universitätsprofessor,
Katzenberg 6, 96049 Bamberg;
Universität zu Köln,
Rechtswissenschaftliche Fakultät,
Albertus-Magnus-Platz,
50923 Köln,
(0221) 470-4066 oder -4067,
E-Mail: schmitt-kammler@gmx.de

Schmitz, Dr. Thomas, Professor,
Faculty of Law, Universitas Gadjah Mada
Jalan Sosio Yustisia No.1
Bulaksumur, Kab. Sleman,
D.I. Yogyakarta 55281, Indonesia
E-Mail: tschmit1@gwdg.de

Schnapp, Dr. Friedrich E., o. Professor,
Efeuweg 22, 44869 Bochum,
(02327) 742 13;
Universität Bochum, 44780 Bochum,
(0234) 32 2 2239, Fax (0234) 32 14271,

Schneider, Dr. Christian F., Priv.-Dozent,
Franz-Keim-Gasse 44/13,
A-2345 Brunn am Gebirge; bpv Hügel
Rechtsanwälte OG,
Ares-Tower, Donau-City-Straße 11,
A-1220 Wien,
(0043)1 260 50 204
E-Mail: christian.schneider@
bpv-huegel.com

Schneider, Dr. Jens-Peter, Professor,
Albert-Ludwigs-Universität Freiburg,
Rechtswissenschaftliche Fakultät,
79085 Freiburg,
(0761) 203 97731, Fax (0761) 203 97542
E-Mail: jp.schneider@jura.uni-freiburg.de

Schneider, Dr. Karsten,
Universitätsprofessor,
Professur für Öffentliches Recht,
internationales Recht, Rechtstheorie,
Rechts- und Wirtschaftswissenschaften
Johannes Gutenberg-Universität Mainz,
Jakob-Welder-Weg 9, 55128 Mainz,
(0049) 6131 39-27880,
Fax (0049) 6131 39-28172,
E-Mail: lsschneider@uni-mainz.de

Schoch, Dr. Friedrich, o. Professor,
Kastelbergstr. 19, 79189 Bad Krozingen,
(07633) 9481 04, Fax (07633) 9481 05,
E-Mail: friedrich.schoch@jura.
uni-freiburg.de

Schöbener, Dr. Burkhard, Professor,
Am Glösberg 27, 97342 Obernbreit,
(09332) 5000 04;
Professur für Öffentliches Recht,
Völker recht und Europarecht,
Universität zu Köln,
Gottfried-Keller-Straße 2, 50931 Köln,
(0221) 470-3834 oder -3875,
E-Mail: burkhard.schoebener@
uni-koeln.de

Schönberger, Dr. Christoph, Professor,
Universität zu Köln, Seminar für
Staatsphilosophie und Rechtspolitik,
Albertus-Magnus-Platz 1, 50923 Köln,
(0221) 470-1384,

E-Mail: christoph.schoenberger@
uni-koeln.de

Schönberger, Dr. Sophie, Professorin,
Heinrich-Heine-Universität Düsseldorf
Lehrstuhl für Öffentliches Recht,
Universitätsstraße 1,
40225 Düsseldorf
(0211) 8111465,
E-Mail: sophie.schoenberger@
uni-duesseldorf.de

Schöndorf-Haubold, Dr. Bettina,
Professorin,
Mühltalstr. 16, 69121 Heidelberg;
Justus-Liebig-Universität Gießen,
Professur für Öffentliches Recht,
Hein-Heckroth-Str. 5,
35390 Gießen,
(0641) 99 211 20, Fax (0641) 99 211 29,
E-Mail: bettina.schoendorf-haubold@recht.
uni-giessen.de

Scholz, Dr. Rupert, o. Professor,
Königsallee 71a, 14193 Berlin; Of Counsel,
Rechtsanwaltskanzlei Gleiss Lutz,
Friedrichstraße 71, 10117 Berlin,
E-Mail: rupert.scholz@gleisslutz.com,
Universität München, Institut für Politik
und Öffentliches Recht,
Ludwigstr. 28/RG, 80539 München,
(089) 2180 2113,
E-Mail: rupert.scholz@jura.
uni-muenchen.de

Schorkopf, Dr. Frank, Professor,
Georg-August-Universität Göttingen,
Juristische Fakultät,
Platz der Göttinger Sieben 5,
37073 Göttingen,
(0551) 39 4610,
E-Mail: Frank.Schorkopf@jura.
uni-goettingen.de

Schott, Dr. Markus, Privatdozent,
Rütistr. 38, CH-8032 Zürich,

(0041) 44363 1444;
Bär & Karrer AG, Brandschenkestr. 90,
CH-8027 Zürich,
(0041) 58261 5000,
Fax (0041) 58263 5477,
E-Mail: markus.schott@baerkarrer.ch

Schröder, Dr. Meinhard, o. Professor,
Zum Wingert 2, 54318 Mertesdorf,
(0651) 57887;
Universität Trier, 54286 Trier,
(0651) 201 2586,
E-Mail: schroedm@uni-trier.de

Schröder, Dr. Meinhard, Professor,
Universität Passau, Lehrstuhl für
Öffentliches Recht, Europarecht
und Informationstechnologierecht,
Innstr. 39 – Juridicum, 94032 Passau,
(0851) 509 2380,
Fax (0851) 509 2382;
E-Mail: meinhard.schroeder@
uni-passau.de

Schröder, Dr. Rainer Johannes,
Privatdozent,
Wormser Str. 65, 01309 Dresden,
(0351) 656 9700;
Technische Universität Dresden,
Juristische Fakultät,
Bergstr. 53, 01069 Dresden,
(0351) 4633 7365,
E-Mail: rschroed@jura.tu-dresden.de

Schröder, Dr. Ulrich Jan, Professor,
Mergelberg 109, 48161 Münster;
(0251) 20 89 832;
Hochschule für Polizei und öffentliche
Verwaltung Nordrhein-Westfalen,
Albert-Hahn-Straße 45, 47269 Duisburg,
E-Mail: ulrichjan.schroeder@hspv.nrw.de

Schroeder, Dr. Werner, LL.M., Professor,
Universität Innsbruck, Institut für
Völkerrecht, Europarecht und
Internationale Beziehungen,

Innrain 52, A-6020 Innsbruck,
(0043) 512 507 8320,
Fax (0043) 512 507 2651,
E-Mail: Werner.Schroeder@uibk.ac.at

Schubert, Dr. Mathias, Privatdozent,
Schleswig-Holsteinischer Landtag,
Düsternbrooker Weg 70,
24105 Kiel,
(0431) 988 1109,
E-Mail: schubert.mathias@gmx.net

Schuler-Harms, Dr. Margarete,
Professorin,
Heidkoppel 19, 22145 Hamburg,
(040) 678 6061, Fax (040) 678 8373;
Helmut-Schmidt-Universität,
Universität der Bundeswehr, Institut
für Öffentliches Recht,
Holstenhofweg 85,
22043 Hamburg,
(040) 6541 2782, Fax (040) 6541 2087,
E-Mail: Schuler-Harms@hsu-hh.de

Schulev-Steindl, Dr. MMag. Eva, LL.M.
(London), Universitätsprofessorin,
RESOWI-Zentrum,
Universitätstraße 15/D3,
A-8010 Graz, (0043)316 3806707,
E-Mail: eva.schulev-steindl@uni-graz.at

Schulte, Dr. Martin, Professor,
Funkenburgstr. 21, 04105 Leipzig,
(0341) 24822182,
Lehrstuhl für Öffentliches Recht, Umwelt-
und Technikrecht, Juristische Fakultät,
TU Dresden,
von-Gerber-Bau, Bergstr. 53,
01069 Dresden,
(0351) 4633-7362, Fax (0351) 4633-7220,
E-Mail: martin.schulte@tu-dresden.de

Schulz, Dr. Wolfgang, Professor,
Bismarckstr. 4, 20259 Hamburg,
(040) 4040 75;
Hans-Bredow-Institut für Medien-
forschung,
Heimhuder Str. 21,
20148 Hamburg,
(040) 4502 1711 (Sekr.), -34 (Durchwahl),
Fax (040) 4502 1777,
E-Mail: w.schulz@hans-bredow-institut.de

Schulze-Fielitz, Dr. Helmuth, Professor,
Klara-Löwe-Str. 5, 97082 Würzburg,
(0931) 784 1025,
E-Mail: Schulze-Fielitz@t-online.de

Schuppert, Dr. Gunnar Folke, Professor,
Kaiserdamm 28, 14057 Berlin,
(030) 3061 2168;
Wissenschaftszentrum Berlin für
Sozialforschung,
Forschungsprofessur Neue Formen
von Governance,
Reichpietschufer 50, 10785 Berlin,
(030) 25491 546 oder -246,
Fax (030) 25491 542,
E-Mail: schuppert@wzb.eu

Schwartmann, Dr. Rolf, Professor,
Brucknerstraße 18, 50931 Köln,
(0221) 400 9094;
Fachhochschule Köln, Fakultät für
Wirtschaftswissenschaften,
Claudiusstraße 1, 50678 Köln,
(0221) 8275 3446, Fax (0221) 8275 734 46,
E-Mail: rolf.schwartmann@fh-koeln.de

Schwarz, Dr. Kyrill-A., Professor,
Dönersberg 13, 91550 Dinkelsbühl,
(0177) 831 0768;
Universität Würzburg, Juristische Fakultät,
Professor für Öffentliches Recht,
Domerschulstr. 16,
97070 Würzburg,
(0931) 318 2335,
E-Mail: kyrill-alexander.schwarz@
uni-wuerzburg.de

Schwarze, Dr. Jürgen, Professor,
Universität Freiburg, Institut für

Öffentliches Recht
Abt. I, Platz der Alten Synagoge 1,
79098 Freiburg,
(0761) 203-2238, oder -2251,
Fax (0761) 203 2234,
E-Mail: juergen.schwarze@jura.
uni-freiburg.de

Schwarzer, Mag., Dr. Stephan,
Universitätsdozent,
Rodlergasse 7/10, A-1190 Wien,
(0043) 1 369 1746;
Bundeswirtschaftskammer,
Wiedner Hauptstr. 63,
A-1045 Wien,
(0043) 1 50105 4195,
E-Mail: stephan.schwarzer@wko.at

Schweitzer, Dr. Michael, Professor,
Joseph-Haydn-Straße 6A, 94032 Passau,
(0851) 345 33;
Universität Passau,
94032 Passau,
(0851) 509-2395 oder 2396

Schweizer, Dr. Rainer J., o. Professor,
Kirchgasse 9, CH-9220 Bischofszell,
(0041) 71 223 5624;
Universität St. Gallen,
Tigerbergstr. 21, CH-9000 St. Gallen,
Forschungsgemeinschaft für
Rechtswissenschaften,
(0041) 71 224 2161,
Fax (00 41) 71 224 2162,
E-Mail: Rainer.Schweizer@unisg.ch

Schwerdtfeger, Dr. Angela, Professorin,
Georg-August-Universität Göttingen,
Juristische Fakultät, Lehrstuhl
für Öffentliches Recht, insbesondere
Verwaltungsrecht
Platz der Göttinger Sieben 5,
37073 Göttingen
(0551) 39-21150, Fax (0551) 39-21151
E-Mail: angela.schwerdtfeger@jura.
uni-goettingen.de

Schwerdtfeger, Dr. Gunther,
Universitätsprofessor,
Hülsebrinkstr. 23, 30974 Wennigsen/Deister,
(05103) 1311

Seckelmann, Dr., Margrit, M.A.,
Universitätsprofessorin,
Universitätsprofessur für das Recht der
digitalen Gesellschaft,
Leibniz-Universität Hannover,
Juristische Fakultät,
Königsworther Platz 1, 30167 Hannover,
E-Mail: margrit.seckelmann@iri.
uni-hannover.de

Seer, Dr. Roman, Universitätsprofessor,
Ruhr-Universität Bochum, Lehrstuhl für
Steuerrecht,
Gebäude GCE.Z/389, Universitätsstr. 150,
44801 Bochum,
(0234) 322 8269, Fax (0234) 321 4614,
E-Mail: steuerrecht@rub.de

Seewald, Dr. Otfried, o. Professor,
Schärdingerstraße 21 A, 94032 Passau,
(0851) 3 51 45, Fax (0851) 3 51 45,
E-Mail: otfried_seewald@gmx.de;
Universität Passau,
Innstr. 40, Postfach 25 40,
94030 Passau,
(0851) 509 23-40 oder -41,
Fax (0851) 509 2342,
E-Mail: otfried.seewald@uni-passau.de

Seferovic, Dr. Goran, Privatdozent,
Zürcher Hochschule für Angewandte
Wissenschaften,
School of Management and Law,
Zentrum für Öffentliches Wirtschaftsrecht,
Gertrudstraße 15,
CH-8400 Winterthur,
(0041) 58 934 62 29
E-Mail: goran.seferovic@zhaw.ch

Seibert-Fohr, Dr. Anja, Professorin,
Institut für Staatsrecht, Verfassungslehre

und Rechtsphilosophie,
Friedrich-Ebert-Platz 2,
69117 Heidelberg,
(06221) 54 7469,
Fax (06221) 54 161 7469,
E-Mail: sekretariat.seibert-fohr@jurs.
uni-heidelberg.de

Seiler, Dr. Christian, Professor,
Schwabstr. 36, 72074 Tübingen,
(07071) 549 7780;
Universität Tübingen, Lehrstuhl für
Staats- und Verwaltungsrecht, Finanz- und
Steuerrecht,
Geschwister-Scholl-Platz,
72074 Tübingen,
(07071) 297 2943,
E-Mail: christian.seiler@jura.
uni-tuebingen.de

Selmer, Dr. Peter, Professor,
Akazienweg 9, 22587 Hamburg,
(040) 86 4743;
Universität Hamburg, 20146 Hamburg,
(040) 42838-4574 oder -3026,
Fax (040) 42838 3028,
E-Mail: peter.selmer@jura.uni-hamburg.de

Shirvani, Dr. Foroud, Professor,
Rheinische Friedrich-Wilhelms-
Universität Bonn,
Gottfried-Meulenbergh-Stiftungsprofessur,
Adenauerallee 24–42, 53113 Bonn,
(0228) 7362 416,
E-Mail: shirvani@jura.uni-bonn.de

Siekmann, Dr. Helmut, Professor,
Johann Wolfgang Goethe-Universität,
Professur für Geld-, Währungs- und
Notenbankrecht,
IMFS im House of Finance,
Theodor-W.-Adorno-Platz 3,
60629 Frankfurt am Main,
(069) 798 34014,
E-Mail: geld-und-waehrung@imfs-
frankfurt.de

Sieckmann, Dr. Jan-Reinard, Professor,
Fachbereich Rechtswissenschaft,
Friedrich-Alexander-Universität
Erlangen Nürnberg,
Schillerstraße 1, 91054 Erlangen,
(09131) 85240 97,
E-Mail: jan.sieckmann@fau.de

Siegel, Dr. Thorsten, Professor,
Freie Universität Berlin, Fachbereich
Rechtswissenschaft, Professur für
Öffentliches Recht,
insbesondere Verwaltungsrecht,
Boltzmannstr. 3, 14195 Berlin,
(030) 838 55921,
Fax (030) 838 455921,
E-Mail: thorsten.siegel@fu-berlin.de,
Sekretariat: sekretariat.siegel@rewiss.
fu-berlin.de

Siehr, Dr. Angelika, LL.M. (Yale),
Professorin,
Universität Bielefeld, Fakultät für
Rechtswissenschaft,
Postfach 100131, 33501 Bielefeld,
(0521) 106 4430 oder (0521) 106 6899
(Sekretariat),
E-Mail: angelika.siehr@uni-bielefeld.de

Simon, Dr. Sven, Universitätsprofessor
Philipps-Universität Marburg
Lehrstuhl für Völkerrecht und Europarecht
mit öffentlichem Recht
Universitätsstraße 6, 35032 Marburg
(06421) 28 231 31 oder (06421) 28 231 27
(Sekretariat),
Fax (06421) 28 238 53,
E-Mail: sven.simon@uni-marburg.de

Skouris, Dr. Wassilios, Professor,
Nikolaou Manou 18,
GR-54643 Thessaloniki,
(0030) 31 8314 44;
Gerichtshof der Europäischen
Gemeinschaften,
Palais de la Cour de Justice,

L-2925 Luxembourg, (00352) 4303 2209,
Fax (00352) 4303 2736

Smeddinck, Dr. Ulrich, Apl. Professor,
Juristischer Bereich,
Universität Halle-Wittenberg,
Universitätsplatz 10a, 06108 Halle/Saale,
E-Mail: Ulrich.Smeddinck@jura.
uni-halle.de

Sodan, Dr. Helge, Universitätsprofessor,
Fachbereich Rechtswissenschaft, Lehrstuhl
für Staats- und Verwaltungsrecht,
Öffentliches Wirtschaftsrecht, Sozialrecht,
Freie Universität Berlin,
Van't-Hoff-Str. 8, 14195 Berlin,
(030) 838-53972 oder -73973,
Fax (030) 838-54444;
Präsident des Verfassungsgerichtshofes
des Landes Berlin,
Elßholzstr. 30–33, 10781 Berlin,
(030) 9015 2650, Fax (030) 9015 2666,
E-Mail: sodan@zedat.fu-berlin.de

Somek, Dr. Alexander, Professor,
Mahlerstraße 13/4, A-1010 Wien;
Universität Wien,
Institut für Rechtsphilosophie,
Schenkenstraße 8–10, A-1010 Wien,
(0043) 1-4277-35830,
E-Mail: alexander.somek@univie.ac.at

Sommermann, Dr. Dr. h.c. Karl-Peter,
Universitätsprofessor,
Lehrstuhl für Öffentliches Recht,
Staatslehre und Rechtsvergleichung,
Deutsche Universität für Verwaltungs-
wissenschaften Speyer,
Postfach 14 09,
67346 Speyer,
(06232) 654 344, Fax (06232) 654 414,
E-Mail: Sommermann@uni-speyer.de

Spannowsky, Dr. Willy,
Universitätsprofessor,
Auf dem Kleehügel 17,

67706 Krickenbach,
(06307) 9939 63, Fax (06307) 9939 49;
Lehrstuhl für Öffentliches Recht,
Postfach 3049,
67653 Kaiserslautern,
(0631) 205 3975, Fax (0631) 205 3977,
E-Mail: oerecht@rhrk.uni-kl.de

Spiecker genannt Döhmann, Dr. Indra,
LL.M. (Georgetown Univ.),
Universitätsprofessorin,
Lehrstuhl für Öffentliches Recht,
Informationsrecht, Umweltrecht,
Verwaltungswissenschaften,
Forschungsstelle Datenschutz,
Goethe-Universität Frankfurt,
Theodor-W.-Adorno-Platz 4,
60629 Frankfurt a.M.,
(069) 798 34268, Fax (069) 798 34510,
E-Mail: spiecker@jur.uni-frankfurt.de

Spilker, Dr. Bettina,
Universitätsprofessorin,
Universität Wien, Rechtswissenschaftliche
Fakultät, Institut für Finanzrecht,
Schenkenstraße 8-10,
1010 Wien,
(0043) 1-4277-36015,
E-Mail: bettina.spilker@univie.ac.at

Spranger, Dr. Dr. Tade Matthias,
apl. Professor,
Centre for the Law of Life Sciences Institut
für Öffentliches Recht,
Universität Bonn
Adenauerallee 24–42,
53113 Bonn
(0228) 73 9276,
E-Mail: spranger@jura.uni-bonn.de

Stahn, Dr. Carsten, LL.M. (NYU), LL.M.
(Köln-Paris), Professor,
Grotius Centre for International
Legal Studies, Leiden Law School,
Turfmarkt 99, 2511 DV The Hague,
Niederlande,

0031-70 8009572,
E-Mail: c.stahn@law.leidenuniv.nl

Starck, Dr. Christian, o. Professor,
em. Professor für öffentliches Recht an
der Georg-August-Universität Göttingen,
Schlegelweg 10, 37075 Göttingen,
(0551) 55454,
E-Mail: cstarck@gwdg.de

Starski, Dr. Paulina, LL.B.,
Universitätsprofessorin,
Universität Graz, Universitätsstraße 15/
C3A, 8010 Graz;
Mittelweg 138, 20138 Hamburg
(0049) 176 23506112
E-Mail: paulina.starski-lutoborski@
uni-graz.at

Steiger, Dr. Dominik, Univ.-Professor für
Völkerrecht, Europarecht und
Öffentliches Recht,
Chair of Public International Law,
European Law and Public Law,
Technische Universität Dresden
von-Gerber-Bau, 317, Bergstraße 53,
01069 Dresden,
(0351) 463 37417,
Fax (0351) 463 37465,
E-Mail: dominik.steiger@tu-dresden.de

Stein, Dr. Katrin, Professorin,
Reinhold-Tiling-Weg 61,
49088 Osnabrück,
(0541) 911 8451;
Hessische Hochschule für Polizei
und Verwaltung,
Schönbergstraße 100, 65199 Wiesbaden,
(06108) 603 516,
E-Mail: katrin.stein@hfpv-hessen.de

Steinbach, Dr. Dr. Armin, LL.M., Professor,
Ministerialrat a.D.,
École des hautes études commerciales
(HEC) Paris,
1, rue de la Libération,

78351 Jouy en Josas Cedex, Frankreich,
E-Mail: steinbacha@hec.fr

Steinberg, Dr. Rudolf,
Universitätsprofessor,
Universitätspräsident a.D.,
Wingertstr. 2 A, 65719 Hofheim;
E-Mail: Rudolf.Steinberg@t-online.de

Steiner, Dr. Udo, o. Professor,
Richter des
Bundesverfassungsgerichts a. D.,
Am Katzenbühl 5, 93055 Regensburg,
(0941) 7009 13, Fax (0941) 7606 19,
E-Mail: udo.steiner@web.de

Stelkens, Dr. Ulrich, Universitätsprofessor,
Webergasse 3a, 67346 Speyer;
Deutsche Universität für Verwaltungs-
wissenschaften Speyer,
Freiherr-vom-Stein-Str. 2, 67346 Speyer,
(06232) 654 365, Fax (06232) 654 245,
E-Mail: stelkens@uni-speyer.de

Stelzer, Dr. Manfred, Universitätsprofessor,
Universität Wien,
Schottenbastei 10–16,
A-1010 Wien,
(0043-1) 4277 354 -31 oder -32,
E-Mail: Manfred.Stelzer@univie.ac.at

Stern, Dr. Dr. h.c. mult. Klaus, o. Professor,
Institut für Rundfunkrecht an der
Universität zu Köln,
Aachener Straße 197–199, 50931 Köln,
(0221) 94154 65,
E-Mail: klaus.stern@uni-koeln.de

Stettner, Dr. Rupert, Professor,
Alpenstr. 11 a, 85221 Dachau,
(08131) 2789 96,
Fax (08131) 2789 98;
Institut für Staatswissenschaften,
Universität der Bundeswehr München,
Werner-Heisenberg-Weg 39,
85579 Neubiberg,

(089) 6004-3864 oder -3702 oder -2043,
Fax (089) 6004-2841,
E-Mail: rs@themistokles.net

Stober, Dr. Dr. h.c. mult. Rolf,
Universitätsprofessor,
Prins-Claus-Str. 50, 48159 Münster,
(0251) 16241 62,
Fax (0251) 16241 63;
Fakultät für Wirtschafts- und Sozial-
wissenschaften, Universität Hamburg,
Department Wirtschaftswissenschaften,
Institut für Recht der Wirtschaft,
Max-Brauer-Allee 60, 22765 Hamburg,
(040) 42838 4621, Fax (040) 42838 6458
E-Mail: rolf-stober@gmx.de

Stock, Dr. Martin, Professor,
Lina-Oetker-Str. 22, 33615 Bielefeld,
(0521) 1219 95;
Fakultät für Rechtswissenschaft,
Universität Bielefeld,
Postfach 10 01 31, 33501 Bielefeld,
(0521) 10643 90, Fax (0521) 10615 4390,
E-Mail: martin.stock@uni-bielefeld.de

Stöger, Dr. Karl, MJur,
Universitätprofessor,
Institut für Staats- und Verwaltungsrecht,
Lehrstuhl für Medizinrecht,
Universität Wien,
Schottenbastei 10–16, A-1010 Wien,
E-Mail: karl.stoeger@univie.ac.at

Stoll, Dr. Peter-Tobias, Professor,
E-Mail: ptstoll@web.de;
Institut für Völkerrecht, Abteilung für
Internationales Wirtschaftsrecht,
Universität Göttingen,
Platz der Göttinger Sieben 5,
37073 Göttingen,
(0551) 3946 61,
E-Mail: pt.stoll@jur.uni-goettingen.de

Stolzlechner, Dr. Harald,
o. Universitätsprofessor,
Gneiser Straße 57, A-5020 Salzburg,
(0043) 662 82 3935;
Universität Salzburg,
(0043) 662 80 4436 01,
E-Mail: Harald.Stolzlechner@sbg.ac.at

Storr, Dr. Stefan, Universitätsprofessor,
Wirtschaftsuniversität Wien
Institut für Österreichisches und
Europäisches Öffentliches Recht,
Welthandelsplatz 1, A-1020 Wien,
(0043) 1 31336 4669,
E-Mail: stefan.storr@wu.ac.at

Straßburger, Dr. Benjamin, Professor,
Universität Mannheim, Lehrstuhl für
Öffentliches Recht, Finanz- und
Steuerrecht sowie Verfassungstheorie,
Schloss Westflügel, 68131 Mannheim,
(0049) 621 181 1354,
Fax (0049) 621 181 1361
E-Mail: strassburger@uni-mannheim.de

Streinz, Dr. Rudolf, o. Professor,
Waldsteinring 26, 95448 Bayreuth,
(0921) 94730,
E-Mail: rudolf.streinz@gmx.de;
Ludwig-Maximilians-Universität München,
Lehrstuhl für Öffentliches Recht und
Europarecht,
Professor-Huber-Platz 2, 80539 München,
(089) 2180 3335,
Fax (089) 2180 2440,
E-Mail: streinz.pers@jura.uni-muenchen.de

Stumpf, Dr. Dr. Christoph, Professor,
Curacon Rechtsanwaltsgesellschaft mbH,
Mattentwiete 1,
20457 Hamburg
E-Mail: christoph.stumpf@
curacon-recht.de

Suerbaum, Dr. Joachim, o. Professor,
In der Uhlenflucht 3, 44795 Bochum,
(0234) 4726 26,
E-Mail: Joachim.Suerbaum@t-online.de;

Universität Würzburg,
Domerschulstraße 16, 97070 Würzburg,
(0931) 31-82897 oder 31-82899,
E-Mail: Suerbaum@jura.uni-wuerzburg.de

Suzuki, Dr. Hidemi, Prof.,
Koishikawa 3-25-11-502, Bunkyo-ku,
Tokio 112-0002, Japan,
Keio University, Institute for Journalism,
Media & Communication Studies,
Mita 2-15-45, Minato-ku,
Tokio 108-8345, Japan,
(0081) 3 5427 1211,
Fax (0081) 3 5427 1211
E-Mail: hidemis@mediacom.keio.ac.jp

Sydow, Dr. Gernot, M.A., Professor,
Auf der Burg 17, 48301 Nottuln
(02502) 2269723;
Westfälische Wilhelms-Universität
Münster,
Rechtswissenschaftliche Fakultät,
Universitätsstr. 14–16,
48143 Münster,
(0251) 83 21750,
E-Mail: Gernot.Sydow@uni-muenster.de

Talmon, D. Phil. (Oxon.) Stefan, LL.M.
(Cantab.), Universitätsprofessor,
Institut für Völkerrecht,
Adenauerallee 24–42,
53113 Bonn
(0228) -7391 72 oder -7339 32 (Sekr.),
Fax (0228) 7391 71,
E-Mail: talmon@jura.uni-bonn.de

Tappe, Dr. Henning, Universitätsprofessor,
Universität Trier, Fachbereich V –
Rechtswissenschaft,
Universitätsring 15, 54296 Trier,
(0651) 201-2576 oder -2577,
Fax (0651) 201 3816,
E-Mail: tappe@uni-trier.de

Thiel, Dr. iur. Dr. rer. publ. Markus,
Universitätsprofessor,
Deutsche Hochschule der Polizei,
Fachgebiet III.4 – Öffentliches Recht
mit Schwerpunkt Polizeirecht
Zum Roten Berge 18–24, 48165 Münster
(02501) 806 531,
E-Mail: Markus.Thiel@dhpol.de

Thielbörger, Dr. Pierre M.PP. (Harvard),
Universitätsprofessor,
Ruhr-Universität Bochum,
Juristische Fakultät, Lehrstuhl
für Öffentliches Recht und Völkerrecht,
insbesondere Friedenssicherungsrecht und
Humanitäres Völkerrecht,
Massenbergstraße 9 B, 44787 Bochum,
(0049) 234 32-27934,
E-Mail: pierre.thielboerger@rub.de

Thiele, Dr. Alexander, Professor,
BSP Business and Law School,
Professur für Staatstheorie und
Öffentliches Recht, insbesondere
Staats- und Europarecht,
Calandrellistr. 1–9, 12247 Berlin,
(0160) 8962057,
E-Mail: alexander.thiele@businessschool-berlin.de

Thiemann, Dr. Christian, Professor,
Johannes-Gutenberg-Universität
Fachbereich 3 – Rechts- und Wirtschafts-
wissenschaften, Lehrstuhl für Öffentliches
Recht, Europarecht, Finanz- und Steuerrecht
Jakob-Welder-Weg 9, 55128 Mainz,
(06131) 39 220622725,
E-Mail: Thiemann@uni-mainz.de

Thienel, Dr. Rudolf, Universitätsprofessor,
Präsident des Verwaltungsgerichtshofes,
Judenplatz 11, A-1010 Wien,
(0043) 1 531 11 2 45,
Fax (0043) 1 531 11-140,
E-Mail: rudolf.thienel@univie.ac.at

Thürer, Dr. Dr. h.c. Daniel,
LL.M. (Cambridge), o. Professor,

Abeggweg 20, CH-8057 Zürich,
(0041) 44 362 65 -47 oder -46,
Fax (0041) 44 362 6546,
E-Mail: thuerer@swissonline.ch;
Stiffler & Partner Rechtsanwälte,
Postfach 1072, CH-8034 Zürich,
E-Mail: daniel.thuerer@stplaw.ch

Thurnherr, Dr. Daniela, LL.M. (Yale),
Professorin,
Juristische Fakultät der Universität Basel,
Peter Merian-Weg 8, Postfach,
CH-4002 Basel,
(0041) 61 267 2566,
E-Mail: daniela.thurnherr@unibas.ch

Thym, Dr. Daniel, LL.M. (London),
Professor,
FB Rechtswissenschaft Universität
Konstanz, Fach 116, 78457 Konstanz,
(07531) 88-2307,
E-Mail: daniel.thym@uni-konstanz.de

Tietje, Dr. Christian, Professor,
Heinrich-Heine-Str. 8, 06114 Halle (Saale),
(0345) 548 3912 oder (0345) 524 8312,
Mobil (0175) 37 36134,
Fax (0345) 517 4048;
Martin-Luther-Universität
Halle-Wittenberg,
Juristische Fakultät, Juridicum,
Universitätsplatz 5, 06108 Halle (Saale),
(0345) 552 3180, Fax (0345) 552 7201,
E-Mail: tietje@jura.uni-halle.de

Tomuschat, Dr. Dr. h.c. mult. Christian,
Universitätsprofessor,
(030) 4054 1486,
E-Mail: chris.tomuschat@gmx.de

Towfigh, Dr. Emanuel V., Professor,
(069) 247471757, Fax (069) 247471759
Lehrstuhl für Öffentliches Recht,
Empirische Rechtsforschung und
Rechtsökonomik,
Gustav-Stresemann-Ring 3,

65189 Wiesbaden,
(0611) 7102 2253,
Fax (0611) 7102 10 2253
E-Mail: emanuel@towfigh.net

Traulsen, Dr. Christian,
Richter am Sozialgericht,
Sozialgericht Stuttgart,
Theodor-Heuss-Straße 2, 70174 Stuttgart,
(0711) 89230-0
E-Mail: traulsen@t-online.de

Trute, Dr. Hans-Heinrich,
Universitätsprofessor,
Gryphiusstraße 7, 22299 Hamburg,
(040) 280027679,
Universität Hamburg, Fakultät für
Rechtswissenschaft,
Schlüterstraße 28, 20146 Hamburg,
(040) 42838-5721 oder -5625,
Fax (040) 42838 2700,
E-Mail: Hans-Heinrich.Trute@jura.
uni-hamburg.de

Tschentscher, Dr. Axel, LL.M., Professor,
Lehrstuhl für Staatsrecht,
Rechtsphilosophie und Verfassungs-
geschichte, Universität Bern,
Institut für öffentliches Recht,
Schanzeneckstraße 1, CH-3001 Bern,
(0041) 31 631 8899 (direkt),
(0041) 31 63132 36 (Sekretariat),
Fax (0041) 31 631 3883,
E-Mail: axel.tschentscher@oefre.unibe.ch

Uebersax, Dr. Peter, Professor,
Titularprofessor für öffentliches Recht
und öffentliches Prozessrecht,
Chemin des Grands-Champs 19,
CH-1033 Cheseaux,
(0041) 217 312941;
Schweizerisches Bundesgericht,
Av. du Tribunal-fédéral 29,
CH-1000 Lausanne 14,
(0041) 213 18 9111,
E-Mail: peter.uebersax@unibas.ch

Uerpmann-Wittzack, Dr. Robert,
Universitätsprofessor,
Fakultät für Rechtswissenschaft,
Universität Regensburg, 93040 Regensburg,
(0941) 943 2660,
E-Mail: Robert.Uerpmann-Wittzack@ur.de

Uhle, Dr. Arnd, Professor,
Lehrstuhl für Öffentliches Recht,
insbesondere für Staatsrecht,
Allgemeine Staatslehre und
Verfassungstheorie,
Institut für Recht und Politik,
Juristenfakultät, Universität Leipzig,
Burgstraße 21, 04109 Leipzig,
(0341) 9735250, Fax (0341) 9735259,
E-Mail: arnd.uhle@uni-leipzig.de

Uhlmann, Dr. Felix, LL.M., Professor,
Bruderholzallee, CH-4059 Basel;
Universität Zürich,
Rämistrasse 74 / 33, CH-8001 Zürich,
(0041) 446 34 4224,
Fax (0041) 446 34 4368,
E-Mail: felix.uhlmann@rwi.uzh.ch

Ullrich, Dr. Norbert, Professor
Wilhelm-Stefen-Str. 91
47807 Krefeld

Unger, Dr. Sebastian, Professor,
Lehrstuhl für Öffentliches Recht,
Wirtschafts- und Steuerrecht,
Ruhr-Universität Bochum,
Universitätsstraße 150, 44801 Bochum,
(0234) 32 22781,
Fax (0234) 32 14887,
E-Mail: sebastian.unger@rub.de

Ungern-Sternberg, Dr. Antje von,
M.A., Univ.-Professor,
Lehrstuhl für deutsches und ausländisches
öffentliches Recht,
Staatskirchenrecht und Völkerrecht,
Universität Trier,
FB V – Rechtswissenschaft, 54286 Trier

(0651) 201 2542,
Fax (0651) 201 3905,
E-Mail: vonungern@uni-trier.de

Unruh, Dr. Peter, apl. Professor,
Hakensoll 8a, 24226 Heikendorf;
Landeskirchenamt der Evangelisch-
Lutherischen Kirche in Norddeutschland,
Dänische Str. 21–35, 24103 Kiel,
E-Mail: peter.unruh@lka.nordkirche.de

Vallender, Dr. Klaus A., Professor,
Unterbach 4, CH-9043 Trogen,
(0041) 71 9427 69;
Law School St. Gallen, IFF,
Varnbüelstrasse 19. 4,
CH-9000 St. Gallen,
(0041) 71 224 2519,
Fax (0041) 71 229 2941,
E-Mail: klaus.vallender@unisg.ch

Valta, Dr. Matthias, Professor,
Balinger Str. 67, 70567 Stuttgart,
(0711) 78789924;
Heinrich-Heine-Universität Düsseldorf,
Universitätsstraße 1, 40225 Düsseldorf,
Gebäude 24.81, Etage/Raum U1.50,
(0211) 81 15868, Fax (0211) 81 15870,
E-Mail: LS.Valta@hhu.de

Vašek, Dr. Markus, Professor,
Johannes Kepler Universität Linz,
Institut für Verwaltungsrecht und
Verwaltungslehre,
Altenbergerstraße 69, 4040 Linz,
(0043) 732 2468 1860
E-Mail: markus.vasek@jku.at

Vedder, Dr. Christoph, Professor,
Sollner Str. 33, 81479 München,
(089) 7910 03 83, Fax (089) 7910 0384;
E-Mail: christoph.vedder@jura.
uni-augsburg.de

Vesting, Dr. Dr. h.c. Thomas,
Universitätsprofessor,

Konradstraße 2, 80801 München,
(089) 3887 9545, Fax (089) 3887 9547;
Lehrstuhl für Öffentliches Recht,
Recht und Theorie der Medien,
Johann Wolfgang Goethe-Universität,
Theodor-W.-Adorno-Platz 4, RuW 04,
60629 Frankfurt am Main,
(069) 798 34 274,
Fax (069) 798 763 34273,
E-Mail: T.Vesting@jur.uni-frankfurt.de

Vitzthum, Dr. Dr. h.c. Wolfgang Graf,
o. Professor,
Im Rotbad 19, 72076 Tübingen,
(07071) 638 44, Fax (07071) 9684 89;
Universität Tübingen, Juristische Fakultät,
Geschwister-Scholl-Platz, 72074 Tübingen,
(07071) 297 5266, Fax (07071) 297 5039,
E-Mail: wolfgang-graf.vitzthum@
uni-tuebingen.de

Vöneky, Dr. Silja, Professorin,
Am Schmelzofen 20, 79183 Waldkirch,
(07681) 4925 239;
Albert-Ludwigs-Universität Freiburg,
Institut für Öffentliches Recht, Abt. II
Völkerrecht und Rechtsvergleichung,
79085 Freiburg im Breisgau,
(0761) 203 2207, Fax (0761) 203 9193,
E-Mail: voelkerrecht@jura.uni-freiburg.de

Vogel, Dr. Stefan, Titularprofessor,
Zentralstr. 12, CH-8604 Volketswil
(0041) 43355 5229,
E-Mail: stefan_vogel@bluewin.ch

Volkmann, Dr. Uwe, Professor,
Goethe-Universität Frankfurt am Main,
Fachbereich Rechtswissenschaft,
Theodor-W.-Adorno-Platz 4,
60629 Frankfurt am Main,
(069) 798 34270,
E-Mail: volkmann@jura.uni-frankfurt.de

Vosgerau, Dr. Ulrich, Privatdozent,
Bachemer Straße 225, 50935 Köln,

(0221) 4064 058,
E-Mail: ulrich_vosgerau@web.de

Voßkuhle, Dr. Dr. h.c. mult. Andreas,
Professor, Präsident
des Bundesverfassungsgerichts,
Schloßbezirk 3, 76131 Karlsruhe,
(0721) 9101 3 13;
Albert-Ludwigs-Universität Freiburg,
Institut für Staatswissenschaft und
Rechtsphilosophie,
Postfach, 79085 Freiburg i. Br.,
(0761) 203 2209, Fax (0761) 203 9193,
E-Mail: staatswissenschaft@jura.
uni-freiburg.de

Waechter, Dr. Kay, Professor,
Ceciliengärten 12, 12159 Berlin;
FB Rechtswissenschaft,
Universität Hannover,
Königsworther Platz 1, 30167 Hannover,
(0511) 762 8227,
E-Mail: waechter@jura.uni-hannover.de

Wagner, Dr. Eva Ellen, Privatdozentin,
Johannes Gutenberg-Universität Mainz,
Fachbereich 03, Rechts- und
Wirtschaftswissenschaften
Jakob-Welder-Weg 9, 55128 Mainz,
(0613)1 39 25536,
E-Mail: wagnerev@uni-mainz.de

Wahl, Dr. Rainer, o. Professor,
Hagenmattenstr. 6, 79117 Freiburg,
(0761) 6 59 60;
Universität Freiburg,
Institut für Öffentliches Recht V,
Postfach, 79085 Freiburg,
(0761) 203 8961, Fax (0761) 203 2293,
E-Mail: rainer.wahl@jura.uni-freiburg.de

Waldhoff, Dr. Christian, Professor,
Humboldt-Universität zu Berlin,
Juristische Fakultät Lehrstuhl für
Öffentliches Recht und Finanzrecht,
Unter den Linden 6, 10099 Berlin,

(030) 2093 3537,
E-Mail: christian.waldhoff@rewi.
hu-berlin.de

Waldmann, Dr. Bernhard, Professor,
RA, Lehrstuhl für Staats- und
Verwaltungsrecht, Rechtswissen-
schaftliche Fakultät, Universität Freiburg,
Av. Beauregard 1, CH-1700 Freiburg,
(0041) 26 300 8147,
E-Mail: bernhard.waldmann@unifr.ch

Wall, Dr. Heinrich de, Professor,
Schronfeld 108, 91054 Erlangen,
(09131) 97 1545;
Hans-Liermann-Institut für Kirchenrecht
der Friedrich-Alexander-Universität
Erlangen-Nürnberg,
Hindenburgstraße 34, 91054 Erlangen,
(09131) 85-222 42,
Fax (09131) 85-240 64,
E-Mail: hli@fau.de

Wallerath, Dr. Maximilian,
Universitätsprofessor,
Gudenauer Weg 86, 53127 Bonn,
(0228) 2832 02,
Rechts- und Staatswissenschaftliche
Fakultät der Universität Greifswald
E-Mail: max.wallerath@web.de

Wallrabenstein, Dr. Astrid, Professorin,
Goethe-Universität Frankfurt am Main,
Fachbereich Rechtswissenschaften,
Professur für Öffentliches Recht mit
einem Schwerpunkt im Sozialrecht,
Theodor-W.-Adorno-Platz 4,
60629 Frankfurt am Main,
(069) 798 34 287, Fax (069) 798 34 514
E-Mail: professur-wallrabenstein@jura.
uni-frankfurt.de

Walter, Dr. Christian, Professor,
Ludwig-Maximilians-Universität München,
Institut für Internationales Recht,
Lehrstuhl für Öffentliches Recht und
Völkerrecht,
Prof.-Huber-Platz 2, 80539 München,
(089) 2180 2798, Fax (089) 2180 3841,
E-Mail: cwalter@jura.uni-muenchen.de

Wapler, Dr. Friederike, Professorin,
Lehrstuhl für Rechtsphilosophie und
Öffentliches Recht,
Johannes Gutenberg-Universität Mainz,
Fachbereich Rechts- und Wirtschafts-
wissenschaften
Jakob-Welder-Weg 9, 55128 Mainz,
(06131) 39 25759 oder 39 28172,
E-Mail: lswapler@uni-mainz.de

Weber, Dr. Albrecht, Professor,
Weidenweg 20, 49143 Bissendorf,
(05402) 3907;
Universität Osnabrück, 49069 Osnabrück,
(0541) 9 69 61 38,
E-Mail: aweber@uos.de

Weber, Dr. Karl,
o. Universitätsprofessor, Noldinstr. 14,
A-6020 Innsbruck,
(0043) 0664 162 5739;
Universität Innsbruck, Institut für
Öffentliches Recht, Finanzrecht und
Politikwissenschaft,
Lützowstraße 7, 6020 Innsbruck
(0043) 512-507 8230,
E-Mail: karl.weber@uibk.ac.at

Weber-Dürler, Dr. Beatrice, o. Professorin,
Ackermannstr. 24, CH-8044 Zürich,
(0041) 44262 0420,
E-Mail: beatrice.weber-duerler@rwi.uzh.ch

Wegener, Dr. Bernhard W., Professor,
Friedrich-Alexander-Universität,
Lehrstuhl für Öffentliches Recht und
Europarecht,
Schillerstraße 1, 91054 Erlangen,
(09131) 85 29285,
Fax (09131) 85 26439,
E-Mail: europarecht@fau.de

Wehr, Dr. Matthias, Professor,
Alter Kirchweg 24, 28717 Bremen,
(0421) 690 800 25;
Hochschule für Öffentliche Verwaltung
Bremen (HfÖV),
Doventorscontrescarpe 172 C,
28195 Bremen,
(0421) 361 19 617,
E-Mail: matthias.wehr@hfoev.bremen.de

Weiß, Dr. Norman, Professor,
Martin-Luther-Str. 56, 10779 Berlin;
MenschenRechtsZentrum der
Universität Potsdam,
August-Bebel-Str. 89, 14482 Potsdam,
(0331) 977 3450, Fax (0331) 977 3451,
E-Mail: weiss@uni-potsdam.de

Weiß, Dr. Wolfgang, Universitätsprofessor,
Deutsche Universität für Verwaltungs-
wissenschaften Speyer, Lehrstuhl für
Öffentliches Recht, Völker- und
Europarecht,
Freiherr-vom-Stein-Str. 2, 67346 Speyer,
(06232) 654 331, Fax (06232) 654 123,
E-Mail: weiss@uni-speyer.de

Welti, Dr. Felix, Professor,
Universität Kassel,
FB 01 Humanwissenschaften,
Institut für Sozialwesen,
Arnold-Bode-Str. 10, 34109 Kassel,
E-Mail: welti@uni-kassel.de

Wendel, Dr. Mattias, Universitätsprofessor,
Maitr. en droit (Paris 1),
Universität Leipzig, Öffentliches Recht,
Europa- und Völkerrecht, Migrationsrecht
und Rechtsvergleichung,
Institutsgebäude, Burgstr. 21, Raum 1.30,
04109 Leipzig
(0049) 341 97-35111
E-Mail: mattias.wendel@uni-leipzig.de

Wendt, Dr. Rudolf, o. Professor,
Schulstr. 45, 66386 St. Ingbert-Hassel,
(06894) 532 87, Fax (068 94) 532 50;
Lehrstuhl für Staats- und Verwaltungsrecht,
Wirtschafts-, Finanz- und Steuerrecht,
Rechtswissenschaftliche Fakultät,
Universität des Saarlandes,
Postfach 15 11 50, 66041 Saarbrücken,
(0681) 362-2104 oder -3104,
Fax (0681) 302 4779,
E-Mail: r.wendt@mx.uni-saarland.de

Wernsmann, Dr. Rainer, Professor,
Johann-Bergler-Straße 8, 94032 Passau;
Universität Passau, Lehrstuhl für Staats-
und Verwaltungsrecht, insb. Finanz-
und Steuerrecht,
Innstr. 40, 94032 Passau,
(0851) 509 2351,
Fax (0851) 509 2352,
E-Mail: wernsmann@uni-passau.de

Weschpfennig, Dr. Armin von, Professor,
Professur für Öffentliches Recht mit
Schwerpunkt Planungs- und Umweltrecht
Technische Universität Kaiserslautern,
Fachbereich Raum- und Umweltplanung,
Pfaffenbergstraße 95, 67663 Kaiserslautern,
E-Mail: armin.vonweschpfennig@
ru.uni-kl.de

Wessely, Dr. Wolfgang, Privatdozent,
Universität Wien, Institut für Staats-
und Verwaltungsrecht,
Schottenbastei 10–16, A-1010 Wien,
(0043) 1 9005 11216,
Fax (0043) 1 9005 11210,
E-Mail: wolfgang.wessely@univie.ac.at

Wiater, Dr. iur. habil Dr. phil. Patricia,
Juniorprofessorin,
Tenure-Track-Professur für Öffentliches
Recht, insb. Grund- und Menschenrechts-
schutz,
Friedrich-Alexander-Universität
Erlangen-Nürnberg,
Schillerstraße 1, 91054 Erlangen,
E-Mail: patricia.wiater@fau.de

Wiederin, Dr. Ewald,
Universitätsprofessor,
Universität Wien, Institut für Staats-
und Verwaltungsrecht,
Schottenbastei 10–16, A-1010 Wien,
(0043) 1 4277 35482,
E-Mail: ewald.wiederin@univie.ac.at

Wieland, Dr. Joachim, LL.M.,
Universitätsprofessor,
Gregor-Mendel-Straße 13, 53115 Bonn,
(0228) 923 993 34, Fax (0228) 329 48 98;
Lehrstuhl für öffentliches Recht,
Finanz- und Steuerrecht, Deutsche Univer-
sität für Verwaltungswissenschaften Speyer,
Postfach 1409,
67324 Speyer,
(06232) 654 355, Fax (06232) 654 127,
E-Mail: wieland@uni-speyer.de

Wielinger, Dr. Gerhart, Universitätsdozent,
Bergmanngasse 22, A-8010 Graz,
(0043) 316 31 8714,
dienstl. (0043) 316 70 31 2428,
E-Mail: gerhart.wielinger@uni-graz.at

Wieser, DDr. Bernd, Universitätsprofessor,
Institut für Öffentliches Recht und
Politikwissenschaft,
Karl-Franzens-Universität Graz,
Universitätsstr. 15/C3, A-8010 Graz,
(0043) 316 380-3381 oder -3367,
Fax (0043) 316 380 9450,
E-Mail: bernd.wieser@uni-graz.at

Will, Dr. iur. Dr. phil. Martin,
M.A., LL.M. (Cambr.), Professor,
EBS Universität für Wirtschaft und Recht,
Lehrstuhl für Staatsrecht, Verwaltungsrecht,
Europarecht, Recht der neuen Technologien
und Rechtsgeschichte,
Gustav-Stresemann-Ring 3,
65189 Wiesbaden,
(0611) 7102 2232,
Fax (0611) 7102 10 2232,
E-Mail: martin.will@ebs.edu

Will, Dr. Rosemarie, Professorin,
Humboldt-Universität zu Berlin,
Juristische Fakultät,
Unter den Linden 6, 10099 Berlin,
(030) 2093 33 00 3682,
Fax (030) 2093 3453,
E-Mail: Rosemarie.Will@rewi.hu-berlin.de

Wimmer, MMag. Dr. Andreas,
Universitätsprofessor,
Johannes Kepler Universität Linz,
Institut für Verwaltungsrecht und
Verwaltungslehre
Altenberger Straße 69, 4040 Linz
(0043) 732 2468-1860
E-Mail: andreas.wimmer@jku.at

Wimmer, Dr. Norbert,
o. Universitätsprofessor,
Heiliggeiststr. 16, A-6020 Innsbruck,
(0043) 512 58 6144;
E-Mail: norbert.wimmer@uibk.ac.at

Windoffer, Dr. Alexander, Professor,
Universität Potsdam,
Professur für Öffentliches Recht,
insbesondere Besonderes Verwaltungsrecht
und Verwaltungswissenschaften,
August-Bebel-Str. 89, 14482 Potsdam,
(0331) 977 3513,
E-Mail: Alexander.Windoffer@
uni-potsdam.de

Windthorst, Dr. Kay, Professor,
Prinzregentenstr. 75, 81675 München,
(01 62) 9 02 00 76;
Professur für Öffentliches Recht,
Universität Bayreuth, Rechts- und Wirt-
schaftswissenschaftliche Fakultät,
Universitätsstr. 30, Gebäude B 9,
95447 Bayreuth,
(0921) 55 3519, Fax (0921) 55 4331,
E-Mail: kwindt@t-online.de

Winkler, Dr. Daniela, Professorin,
Professur für Verwaltungsrecht,

Universität Stuttgart, Institut für
Volkswirtschaftslehre und Recht,
Abteilung für Rechtswissenschaft,
Keplerstr. 17, 70174 Stuttgart,
E-Mail: daniela.winkler@ivr.
uni-stuttgart.de

Winkler, Dr. Dr. h.c. Günther,
Universitätsprofessor,
Reisnerstr. 22, A-1030 Wien,
(0043)1713 4415;
Universität Wien, Juridicum,
Schottenbastei 10–16,
A-1010 Wien,
(0043)1 4277 34413,
Mobil (0043) 664 230 6241,
E-Mail: guenther.winkler@univie.ac.at

Winkler, Dr. Markus, apl. Professor;
E-Mail: mwinkl@uni-mainz.de;
Hessisches Kultusministerium,
Luisenplatz 10, 65185 Wiesbaden,
(0611) 368 2517,
E-Mail: Markus.Winkler@kultus.hessen.de

Winkler, Dr. Roland, a.o. Univ.-Prof.,
Borromäumstraße 10/2, A-5020 Salzburg,
(0043) 662 64 1260 oder
(0043) 6769 0701 71;
Fachbereich Öffentliches Recht,
Universität Salzburg,
Kapitelgasse 5–7,
A-5020 Salzburg,
(0043) 66280 44 3624,
Fax (0043) 66280 4436 29,
E-Mail: roland.winkler@sbg.ac.at

Winter, Dr. Dr. h.c. Gerd, Professor, FB 6:
Rechtswissenschaft, Universität Bremen,
Postfach 33 04 40,
28334 Bremen,
(0421) 218 2840, Fax (0421) 218 3494,
E-Mail: gwinter@uni-bremen.de

Winterhoff, Dr. Christian, Professor,
GvW Graf von Westphalen

Poststraße 9 – Alte Post, 20354 Hamburg,
(040) 359 22264,
Fax (040) 359 22-224,
E-Mail: c.winterhoff@gvw.com

Winzeler, Dr. Christoph, LL. M. (Harv.),
Titularprofessor,
St.-Jakobs-Strasse 96, CH-4052 Basel,
E-Mail: capriccio77@bluewin.ch
Universität Fribourg, Institut für
Religionsrecht,
Miséricorde, Büro 4119,
CH-1700 Fribourg,
(0041) 263 0080 23,
Fax (0041) 263 0096 66

Wischmeyer, Dr. Thomas,
Universitätsprofessor,
Universität Bielefeld, Fakultät für
Rechtswissenschaft,
Lehrstuhl für Öffentliches Recht und
Recht der Digitalisierung,
Universitätsstr. 25, 33615 Bielefeld,
(0521) 106 67651
E-Mail: thomas.wischmeyer@
uni-bielefeld.de

Wißmann, Dr. Hinnerk, Professor,
Kommunalwissenschaftliches
Institut (KWI)
Universitätsstraße 14–16, 48143 Münster,
(0251) 83 26311,
E-Mail: kwi@uni-muenster.de

Wittinger, Dr. Michaela, Professorin,
Schauinslandstraße 1, 76199 Karlsruhe,
(0721) 5916 81,
E-Mail: MichaelaWittinger@web.de,
FH des Bundes für öffentliche Verwaltung,
FB Bundeswehrverwaltung, Professur für
Öffentliches Recht (insb. Staats- und
Europarecht),
Seckenheimer Landstraße 10,
68163 Mannheim,
(0621) 4295 4479,
Fax (0621) 4295 42222

Wittmann, Dr. Heinz,
a.o. Universitätsprofessor,
Steinböckengasse 4/14, A-1140 Wien,
(0043) 1914 3175;
Verlag Medien und Recht GmbH,
Danhausergasse 6,
A-1040 Wien,
(0043) 1505 2766,
Fax (0043) 1505 2766 15
E-Mail: h.wittmann@medien-recht.com

Wittreck, Dr. Fabian, Professor,
Cheruskerring 51, 48147 Münster,
Westfälische Wilhelms-Universität
Münster,
Professur für Öffentliches Recht,
Universitätsstr. 14–16, 48143 Münster,
(0251) 832 1199,
Fax (0251) 832 2403,
E-Mail: fwitt_01@uni-muenster.de

Wolf, Dr. Joachim, Professor,
Von-Velsen-Straße 17, 44625 Herne,
(02323) 4596 25;
Juristische Fakultät,
Ruhr-Universität Bochum,
Umweltrecht, Verwaltungsrecht und
Verwaltungslehre,
Gebäude GC, Universitätsstr. 150,
44789 Bochum,
(0234) 322 5252,
Fax (0234) 321 4421,
E-Mail: LS.Wolf@jura.ruhr-uni-bochum.de

Wolff, Dr. Heinrich Amadeus, Professor,
Rudolf-Ditzen-Weg 12, 13156 Berlin,
030-48097948, mobil 0163-9012445,
Fax 032226859576,
HeinrichWolff@t-online.de;
Universität Bayreuth, Rechts- und Wirtschaftswissenschaftliche Fakultät,
Lehrstuhl für Öffentliches Recht,
Recht der Umwelt,
Technik und Information I,
Universitätsstraße 30, 95447 Bayreuth,
Gebäude RW I, Raum 1.0.01.106,

0921-556030 – Sekretariat -6031,
Fax 0921-556032,
E-Mail: Heinrich.wolff@uni-bayreuth.de

Wolff, Dr. Johanna, Professorin,
LL.M. eur. (KCL),
Juniorprofessur für Öffentliches Recht,
Freie Universität Berlin,
Fachbereich Rechtswissenschaft,
Boltzmannstraße 3,
14195 Berlin,
(0049) 30 838 63786,
E-Mail: johanna.wolff@fu-berlin.de

Wolfrum, Dr. Dr. h.c. Rüdiger, o. Professor,
Mühltalstr. 129 b, 69121 Heidelberg,
(06221) 4752 36;
Max-Planck-Institut für ausländisches
öffentliches Recht und Völkerrecht,
Im Neuenheimer Feld 535,
69120 Heidelberg,
(06221) 482 1
E-Mail: wolfrum@mpil.de

Wollenschläger, Dr. Ferdinand, Professor,
Max-Planck-Str. 8, 81675 München,
(089) 470279 73;
Universität Augsburg, Juristische Fakultät,
Lehrstuhl für Öffentliches Recht,
Europarecht und Öffentliches
Wirtschaftsrecht,
Universitätsstr. 24, 86135 Augsburg,
(0821) 598 4551,
Fax (0821) 598 4552,
E-Mail: ferdinand.wollenschlaeger@jura.
uni-augsburg.de

Würtenberger, Dr. Thomas, o. Professor,
Beethovenstr. 9, 79100 Freiburg,
(0761) 7 8623;
E-Mail: Thomas.Wuertenberger@jura.
uni-freiburg.de

Wyss, Dr. iur. Martin, Professor,
Stellvertretender Chef Fachbereich II
für Rechtsetzung, Bundesamt für Justiz,

Bundesrain 20, CH-3003 Bern,
(0041) 58 462 75 75,
Fax (0041) 58 462 78 37,
E-Mail: martin.wyss@bj.admin.ch

Zeh, Dr. Wolfgang, Professor,
Ministerialdirektor a.D.,
Marktstr. 10,
72359 Dotternhausen,
E-Mail: zehparl@t-online.de

Zezschwitz, Dr. Friedrich von,
em. Universitätsprofessor,
Petersweiher 47, 35394 Gießen,
(0641) 45152;
Universität Gießen, 35390 Gießen,
(0641) 702 5020
E-Mail: f_v_z@web.de

Ziegler, Dr. Andreas R., LL.M., Professor,
Gründenstraße 66, CH-8247 Flurlingen;
Universität Lausanne, Juristische Fakultät,
BFSH 1, CH-1015 Lausanne,
E-Mail: andreas.ziegler@unil.ch

Ziekow, Dr. Jan, Universitätsprofessor,
Gartenstraße 3, 67361 Freisbach,
(06344) 5902,
Fax (06344) 59 02;

Deutsche Universität für
Verwaltungswissenschaften Speyer,
Postfach 14 09,
67324 Speyer,
(06232) 654-0,
E-Mail: ziekow@uni-speyer.de

Ziller, Dr. Jacques, Professor,
Università degli Studi di Pavia,
Dipartimento di Economia,
Statistica e Diritto,
Via Strada Nuova 65, I-27100 Pavia,
(0039) 382 98 4437,
Fax (0039) 382 98 4435,
E-Mail: jacques.ziller@unipv.it

Zimmermann, Dr. Andreas,
LL.M (Harvard), Professor,
Universität Potsdam, Lehrstuhl für
Öffentliches Recht, insbesondere
Staatsrecht, Europa- und Völkerrecht
sowie Europäisches Wirtschaftsrecht und
Wirtschaftsvölkerrecht,
August-Bebel-Str. 89,
14482 Potsdam,
(0331) 977 3516,
Fax (0331) 977 3224,
E-Mail: andreas.zimmermann@
uni-potsdam.de

Satzung

(Nach den Beschlüssen vom 21. Oktober 1949, 19. Oktober 1951,
14. Oktober 1954, 10. Oktober 1956, 13. Oktober 1960, 5. Oktober 1962,
1. Oktober 1971, 6. Oktober 1976, 3. Oktober 1979, 6. Oktober 1999,
4. Oktober 2006, 3. Oktober 2007 und 29. September 2010)

§ 1

Die Vereinigung der Deutschen Staatsrechtslehrer stellt sich die Aufgabe:
1. wissenschaftliche und Gesetzgebungsfragen aus dem Gebiet des Öffentlichen Rechts durch Aussprache in Versammlungen der Mitglieder zu klären;
2. auf die ausreichende Berücksichtigung des Öffentlichen Rechts im Hochschulunterricht und bei staatlichen und akademischen Prüfungen hinzuwirken;
3. in wichtigen Fällen zu Fragen des Öffentlichen Rechts durch Eingaben an Regierungen oder Volksvertretungen oder durch schriftliche Kundgebungen Stellung zu nehmen.

§ 2

(1) ¹Der Verein führt den Namen „Vereinigung der Deutschen Staatsrechtslehrer". ²Er soll in das Vereinsregister eingetragen werden; nach der Eintragung führt er den Zusatz „e. V.".

(2) Der Verein hat seinen Sitz in Heidelberg.

(3) Das Geschäftsjahr des Vereins ist das Kalenderjahr.

§ 3

(1) Mitglied der Vereinigung kann werden, wer auf dem Gebiet des Staatsrechts und mindestens eines weiteren öffentlich-rechtlichen Fachs
a. seine Befähigung zu Forschung und Lehre durch hervorragende wissenschaftliche Leistung nachgewiesen hat[1] und

---

[1] Mit der oben abgedruckten, am 1.10.1971 in Regensburg beschlossenen Fassung des § 3 hat die Mitgliederversammlung den folgenden erläuternden Zusatz angenommen: „Eine hervorragende wissenschaftliche Leistung im Sinne dieser Vorschrift ist eine den bisher üblichen Anforderungen an die Habilitation entsprechende Leistung."

b. an einer deutschen oder deutschsprachigen Universität[2] einschließlich der Deutschen Universität für Verwaltungswissenschaften Speyer als Forscher und Lehrer tätig ist oder gewesen ist.

(2) [1]Das Aufnahmeverfahren wird durch schriftlichen Vorschlag von drei Mitgliedern der Vereinigung eingeleitet. [2]Ist der Vorstand einstimmig der Auffassung, dass die Voraussetzungen für den Erwerb der Mitgliedschaft erfüllt sind, so verständigt er in einem Rundschreiben die Mitglieder von seiner Absicht, dem Vorgeschlagenen die Mitgliedschaft anzutragen. [3]Erheben mindestens fünf Mitglieder binnen Monatsfrist gegen die Absicht des Vorstandes Einspruch oder beantragen sie mündliche Erörterung, so beschließt die Mitgliederversammlung über die Aufnahme. [4]Die Mitgliederversammlung beschließt ferner, wenn sich im Vorstand Zweifel erheben, ob die Voraussetzungen der Mitgliedschaft erfüllt sind. [5]Von jeder Neuaufnahme außerhalb einer Mitgliederversammlung sind die Mitglieder zu unterrichten.

§ 4

[1]Abweichend von § 3 kann Mitglied der Vereinigung werden, wer, ohne die Voraussetzungen des § 3 Abs. 1 lit. b) zu erfüllen,

a. eine Professur inne hat, die einer Professur an einer juristischen Fakultät einer deutschen oder deutschsprachigen Universität entspricht,

b. seine Befähigung zu Forschung und Lehre durch hervorragende wissenschaftliche Veröffentlichungen auch in deutscher Sprache zum Öffentlichen Recht Deutschlands, Österreichs oder der Schweiz nachgewiesen und

c. seine Verbundenheit mit der Vereinigung durch mehrmalige Teilnahme als Gast an den Jahrestagungen bekundet hat.

[2]Das Aufnahmeverfahren wird durch schriftlich begründeten Vorschlag von mindestens zehn Mitgliedern der Vereinigung eingeleitet. [3]Für das weitere Verfahren findet § 3 Abs. 2 Sätze 2 bis 5 entsprechende Anwendung.

---

[2] In Berlin hat die Mitgliederversammlung am 3.10.1979 die folgende zusätzliche Erläuterung aufgenommen: „Universität im Sinne dieser Vorschrift ist eine wissenschaftliche Hochschule, die das Habilitationsrecht in den Fächern des Öffentlichen Rechts und die Promotionsbefugnis zum Doctor iuris besitzt und an der Juristen durch einen Lehrkörper herkömmlicher Besetzung ausgebildet werden."

In Berlin hat die Mitgliederversammlung am 29.09.2010 die folgende weitere Erläuterung aufgenommen: „Gleichgestellt sind wissenschaftliche Hochschulen, die das Habilitationsrecht in den Fächern des Öffentlichen Rechts und die Promotionsbefugnis zum Dr. iuris besitzen, wenn an ihnen Staatsrecht und ein weiteres öffentlich-rechtliches Fach von mindestens drei der Vereinigung angehörenden Mitgliedern gelehrt wird."

§ 5

(1) ¹Eine Mitgliederversammlung soll regelmäßig einmal in jedem Jahr an einem vom Vorstand zu bestimmenden Ort stattfinden. ²In dringenden Fällen können außerordentliche Versammlungen einberufen werden. ³Die Mitgliederversammlung wird vom Vorstand unter Einhaltung einer Frist von vier Wochen schriftlich oder in elektronischer Form unter Angabe der Tagesordnung einberufen. ⁴Auf jeder ordentlichen Mitgliederversammlung muss mindestens ein wissenschaftlicher Vortrag mit anschließender Aussprache gehalten werden.

(2) Eine außerordentliche Mitgliederversammlung wird außer in den nach Absatz 1 Satz 2 vorgesehenen Fällen auch dann einberufen, wenn dies von einem Zehntel der Mitglieder beim Vorstand schriftlich unter Angabe des Zwecks und der Gründe beantragt wird.

(3) ¹Verlauf und Beschlüsse der Mitgliederversammlung werden protokolliert. ²Der Protokollführer wird vom Versammlungsleiter bestimmt. ³Das Protokoll ist vom Versammlungsleiter und vom Protokollführer zu unterzeichnen. ⁴Es wird mit dem nächsten nach der Mitgliederversammlung erfolgenden Rundschreiben den Mitgliedern übermittelt.

(4) Für Satzungsänderungen, die Änderung des Vereinszwecks und für die Auflösung des Vereins gelten die gesetzlichen Mehrheitserfordernisse (§§ 33, 41 BGB).

§ 6[3]

(1) ¹Der Vorstand der Vereinigung besteht aus einem Vorsitzenden und zwei Stellvertretern. ²Die Vorstandsmitglieder teilen die Geschäfte untereinander nach eigenem Ermessen. ³Der Vorstand wird von der Mitgliederversammlung auf zwei Jahre gewählt; er bleibt jedoch bis zur Bestellung eines neuen Vorstandes im Amt. ⁴Zur Vorbereitung der Jahrestagung ergänzt sich der Vorstand um ein Mitglied, das kein Stimmrecht hat. ⁵Auch ist Selbstergänzung zulässig, wenn ein Mitglied des Vorstandes in der Zeit zwischen zwei Mitgliederversammlungen ausscheidet. ⁶Auf der nächsten Mitgliederversammlung findet eine Nachwahl für den Rest der Amtszeit des Ausgeschiedenen statt.

(2) ¹Der Verein wird gerichtlich und außergerichtlich durch ein Mitglied des Vorstandes, in der Regel durch den Vorsitzenden, vertreten. ²Innerhalb seines ihm nach Absatz 1 Satz 2 zugewiesenen Aufgabenbereichs ist das jeweilige Vorstandsmitglied alleinvertretungsberechtigt; insbesondere ist in allen finanziellen Angelegenheiten dasjenige Vorstandsmitglied allein-

---

[3] § 6 Abs. 1 in der Fassung des Beschlusses der Mitgliederversammlung in Heidelberg vom 6.10.1999; in Kraft getreten am 1.10.2001.

vertretungsberechtigt, dem der Vorstand nach Absatz 1 Satz 2 die Funktion des Schatzmeisters übertragen hat. [3]Das nach Absatz 1 Satz 4 kooptierte Mitglied des Vorstandes ist in allen Angelegenheiten alleinvertretungsberechtigt, die die Vorbereitung und Durchführung der Jahrestagung betreffen. [4]Ist in den Fällen des Satzes 2 oder 3 das vertretungsberechtigte Vorstandsmitglied verhindert, übernimmt der Vorsitzende die Vertretung, im Falle seiner Verhinderung ist eines der gewählten Vorstandsmitglieder alleinvertretungsberechtigt.

§ 7

Zur Vorbereitung ihrer Beratungen kann die Mitgliederversammlung, in eiligen Fällen auch der Vorstand, besondere Ausschüsse bestellen.

§ 8

[1]Über Eingaben in den Fällen des § 1 Ziffer 2 und 3 und über öffentliche Kundgebungen kann nach Vorbereitung durch den Vorstand oder einen Ausschuss im Wege schriftlicher Abstimmung der Mitglieder beschlossen werden. [2]Ein solcher Beschluss bedarf der Zustimmung von zwei Dritteln der Mitgliederzahl; die Namen der Zustimmenden müssen unter das Schriftstück gesetzt werden.

§ 9

[1]Der Mitgliedsbeitrag wird von der Mitgliederversammlung festgesetzt. [2]Der Vorstand kann den Beitrag aus Billigkeitsgründen erlassen.

§ 10

(1) Die Mitgliedschaft endet durch Tod, Austritt aus dem Verein, Streichung von der Mitgliederliste oder Ausschluss aus dem Verein.

(2) [1]Der Austritt erfolgt durch schriftliche Erklärung gegenüber einem Mitglied des Vorstandes. [2]Für die Erklärung ist eine Frist nicht einzuhalten. [3]Der Austritt wird zum Schluss des Kalenderjahres vollzogen.

(3) [1]Ein Mitglied kann durch Beschluss des Vorstandes von der Mitgliederliste gestrichen werden, wenn es trotz zweimaliger schriftlicher Mahnung mit der Beitragszahlung in Rückstand ist. [2]Die Streichung wird erst beschlossen, wenn nach der Absendung der zweiten Mahnung zwei Monate verstrichen sind, in dieser Mahnung die Streichung angedroht wurde und die Beitragsschulden nicht beglichen sind. [3]Die Streichung ist dem Mitglied mitzuteilen.

(4) [1]Ein Mitglied kann durch Beschluss des Vorstandes aus dem Verein ausgeschlossen werden, wenn es in grober Weise gegen die Vereinsin-

teressen verstoßen hat. ²Vor der Beschlussfassung ist dem Mitglied unter Einräumung einer angemessenen Frist Gelegenheit zur Stellungnahme zu geben. ³Der Beschluss über den Ausschluss ist schriftlich zu begründen und dem Mitglied zuzusenden. ⁴Gegen den Beschluss des Vorstandes kann das Mitglied innerhalb eines Monats nach Zugang der Entscheidung des Vorstandes die Mitgliederversammlung anrufen. ⁵Die Anrufung der Mitgliederversammlung hat bis zu deren abschließender Entscheidung aufschiebende Wirkung.

§ 11

(1) Im Falle der Auflösung des Vereins sind die Mitglieder des Vorstandes gemeinsam vertretungsberechtigte Liquidatoren, falls die Mitgliederversammlung nichts anderes beschließt.

(2) Das nach Beendigung der Liquidation vorhandene Vermögen fällt an die Deutsche Forschungsgemeinschaft, die es unmittelbar und ausschließlich für Zwecke des Fachkollegiums Rechtswissenschaft zu verwenden hat.